U0947856

# 中国快递年鉴

## （2015 年卷）

《中国快递年鉴》编辑部　编

人民交通出版社股份有限公司
China Communications Press Co.,Ltd.

## 内 容 提 要

本年鉴客观记载、全面反映了2015年我国快递业的发展情况以及各地区的进展和主要成就。全书共11部分,分别为:特载、发展概览、发展环境、发展数据、人才建设、市场主体、各地纵览、协会活动、人物志、行业展望和附录。

本书为我国快递领域最具权威的综合性、资料性、史册性工具书,是读者全面了解我国2015年快递领域发展情况的翔实史料,可供快递行业相关人员及其他社会各界人士阅读参考。

**图书在版编目(CIP)数据**

中国快递年鉴. 2015年卷/《中国快递年鉴》编辑部编. —北京:人民交通出版社股份有限公司, 2016.6
ISBN 978-7-114-13107-3

Ⅰ.①中… Ⅱ.①中… Ⅲ.①邮件投递—中国—2015—年鉴 Ⅳ.①F618.1-54

中国版本图书馆CIP数据核字(2016)第133859号

京朝工商广字第8195号(1-1)

**书　　名**:**中国快递年鉴**(2015年卷)
**著 作 者**:《中国快递年鉴》编辑部
**责任编辑**:孙　玺　黎小东
**出版发行**:人民交通出版社股份有限公司
**地　　址**:(100011)北京市朝阳区安定门外外馆斜街3号
**网　　址**:http://www.ccpress.com.cn
**销售电话**:(010)59757973
**总 经 销**:人民交通出版社股份有限公司发行部
**经　　销**:各地新华书店
**印　　刷**:北京市密东印刷有限公司
**开　　本**:880×1230　1/16
**印　　张**:53.25
**插　　页**:8
**字　　数**:1307千
**版　　次**:2016年6月　第1版
**印　　次**:2016年6月　第1次印刷
**书　　号**:ISBN 978-7-114-13107-3
**定　　价**:396.00元
(有印刷、装订质量问题的图书由本公司负责调换)

# 《中国快递年鉴》编委会

彭志先　江西省邮政管理局原局长
戚兰州　四川省邮政管理局原局长
李云山　云南省邮政管理局原局长
李洛郑　陕西省邮政管理局原局长

**特邀委员**:李　雄　中国邮政速递物流股份有限公司董事长
王　卫　顺丰速运有限公司总裁
陈德军　申通快递有限公司董事长
喻渭蛟　圆通速递有限公司董事长兼首席执行官
聂腾云　韵达速递董事长兼总裁
赖梅松　中通快递股份有限公司董事长
周韶宁　百世集团董事长、总裁兼CEO
奚春阳　申通、天天快递战略合作小组组长
朱宝良　红楼集团董事会主席、国通快递董事长
陈加海　全峰集团董事长
余联兵　优速物流有限公司董事长兼总裁
吴传龙　快捷快递有限公司董事长

# 《中国快递年鉴》编辑部

# 编 辑 说 明

《中国快递年鉴》是我国快递领域最具权威的综合性、资料性、史册性工具书，旨在客观记载、全面反映我国快递领域发展情况以及各地区每年度取得的最新进展和主要成就，可为读者全面了解我国快递领域的发展提供翔实的史料。

《中国快递年鉴(2015 年卷)》着重反映 2015 年期间我国快递领域的发展情况。全书共 11 部分，具体内容如下。

1. 特载：包括交通运输部和国家邮政局有关领导的重要讲话及专文专访；

2. 发展概览：包括 2015 年快递服务发展综述，快递领域十大事件，快递发展大事记，各省(区、市)快递发展大事记，以及“十二五”发展综述；

3. 发展环境：包括 2015 快递市场监管和安全监管情况，2015 年市(地)邮政管理工作综述，2015 年修订或颁布的行业法律规章及规范性文件，快递发展相关意见，快递标准，快递政策，重要政策法规及规范性文件解读，同时包含部分省(区、市)、市(地)关于快递服务的政策法规；

4. 发展数据：包括 2015 年邮政行业运行情况及发展统计公报，2015 年快递业测试调查报告，2015 年快递服务公众满意度调查结果及邮政业消费者申诉情况通告，以及 2015 年度中国快递发展指数报告；

5. 人才建设：包括 2015 年快递人才队伍建设概述，2015 年职鉴工作进展，职鉴数据统计情况和各骨干企业人才培养特色举措，以及中国快递技能人才队伍建设“十二五”综述；

6. 市场主体：介绍了“十二五”期间快递市场主体发展情况以及我国快递市场 12 家重点企业发展情况；

7. 各地纵览：介绍了全国各省(区、市)快递市场发展及管理情况；

8. 协会活动：介绍了中国快递协会及各省(区、市)快递协会 2015 年工作情况；

9. 人物志：辑录了 8 位业内外的传奇人物眼中行业的创新、变革、转型和发展；

10. 行业展望:介绍了我国快递领域未来的发展趋势;

附录:包括与快递领域有关的重要文件、快递企业名录等。

《中国快递年鉴(2015 年卷)》的出版,得到了国家邮政局各有关部门,各省(区、市)邮政管理部门、中国快递协会及各省(区、市)快递协会、有关快递企业的大力支持。在此,我们向所有为本年鉴编辑出版做出贡献的单位和个人表示衷心感谢!

本年鉴资料内容未包括香港特别行政区、澳门特别行政区和台湾省资料。

《中国快递年鉴》编辑部

**2016 年 6 月**

# 读懂总理"代言"背后的关键词

文/秦磊

正当我们以为今年全国两会的行业话题将以"中央领导勉励邮政业加快发展服务三农"、"政府工作报告提出'发展物流快递,把新兴消费搞得红红火火'"等圆满收官时,总理在3月15日全国人大会议闭幕后举行的记者会上再次送出"大礼"——他在回答记者提问时表示:"我很愿意为网购、快递和带动的电子商务等新业态做广告。"

总理为快递"代言"!在中外媒体齐聚、寰宇共此时刻的两会记者会上,总理的这番表态究竟该怎样解读?又给快递业发展提出了哪些新的要求呢?

## 关键词一:意义

北京大学毕业,拥有经济学博士学位的李克强,被认为是一位"懂经济"的总理。

每到一处,每出席一个会议,每会见一位领导人,总理都不忘扮演他的另一个角色——"超级推销员"。从钢铁、水泥、平板玻璃、电厂等基础设施,到核电、高铁、电信、港口等高端装备;从石油炼化、成品油加工、煤化工等能源加工,到风能、太阳能、水电等新能源项目,总理都会不遗余力地为这些"中国制造"代言。

而此次力挺网购、快递,是李克强总理首次在"高大上"的公开场合推销"中国服务"。虽然这不是总理首次"点赞"快递,但意义绝对是里程碑式的;地点虽在国内,影响却是全球性的。

## 关键词二:贡献

过去一年对于中国快递业而言无疑值得铭记——

邮政体制改革"八年抗战",终超美国成为世界最大的快递市场;年业务量首次突破100亿件,定格在140亿件;业务收入首次突破2000亿元;日最高处理量突破1亿件,最高"时速"达到每秒1000件,等等。

但不容否认的是,单从产业规模而言快递仍属"小行业",那么总理究竟是看重了啥?其实,他在回答时已经亮明缘由,称快递、网购"极大地带动了就业,创造了就业岗位,而且刺激了消费。"

政府工作报告指出,过去一年"就业稳",新增就业1322万人。根据国家邮政局统计,去年行业新增就业超过20万人,对就业的贡献率超过1.5%。另一方面,在"三驾马车"中的投资、出口相继乏力之际,消费对中国经济增长的贡献率达到51.2%,超过"半壁江山"。总理对快递业刺激消费的判断和评价,实际上把快递推到了经济"推动器"的位置上,不能再高了。

## 关键词三:增长

我们都知道,经济新常态的一大特征,就是经济增速从高速转向中高速。

这种转变,一方面受国内外宏观经济形势的影响,另一方面也是为转方式、调结构赢得空间。但并不是说,经济就不要增长了,总要有那么一些既高速增长,又符合未来发展方向的新产业来支撑,而快递业无疑是符合要求的产业之一。

过去一年,我国快递业务量同比增长51.9%,业务收入同比增长41.9%。至2014年年底,快递业务量已连续46个月同比平均增速超过50%,对经济增长贡献不小。总理愿意为快递做广告,"发展快"是必要条件之一。快递业要做的,是坚持发展第一要务,继续保持高速增长,不争论、不动摇、不放松。

## 关键词四:扩容

总理在回答记者提问时,还巧妙地解答了一个争议话题——网购是否会冲击实体店,是不是一种"替代型"而非"新增型"的产业。

对此,总理坦言"听过这样的议论,开始也难免会有担心",但是他通过在一个网购店集中的村,即浙江义乌青岩刘村的实地调研,发现这里的商家既经营着网店,又开办实体店,"对购物者来说更有真实感,更有竞争力",线上线下相辅相成、相互促进。对此,总理评价称,"网上网下互动创造的是活力,是更大的空间。"

过去不管是在认识上还是实践中,乃至去年的政府工作报告中,快递与网购都如影随形般地出现。而今年政府工作报告中和这次记者会上,总理不断将物流快递与线上线下互动的新兴消费"绑定"在一起。

这让我们深思,如何推动快递产品从"1+1"扩容至"1+3",在支撑线上的同时更多地服务线下,从"风风火火"真正走向"红红火火",实现快递业的多条腿走路、可持续发展。

## 关键词五:提质

在记者会的最后,总理说了两个看似与提问无关的词语,一是"互联网+"这个风口;另一个是"诚信与质量"。

总理以此结尾,显然有着深刻用意。大家都知道,无论是网购还是快递,发展的时间都不长,快速增长也都是在近几年,而且是一个自然成长的过程。当产业尚幼小时,大家更关注发展的速度和潜力,不会过度要求发展的质量和水平。而当中国快递业登顶世界第一、阿里巴巴创下天量IPO时,社会对于行业的要求与期待其实已经发生了转变。

对于快递业而言,一方面要摆脱劳动密集型低端产业的形象,增加科技、资本、管理等先进生产要素,勇于创新、善于"互联网+";另一方面也要更加关注消费者权益,告别价低质次的低端竞争,实现产业自身的转型升级、提质增效,加快推动与小康社会相适应的现代邮政业建设进程和打造"邮政强国"的历史跨越,为实现"中国梦"贡献更大力量。

2015年3月15日,十二届全国人大三次会议闭幕后,国务院总理李克强在人民大会堂三楼金色大厅会见采访十二届全国人大三次会议的中外记者并回答记者提出的问题。会上,总理在谈到电商与快递等新业态时表示,"很愿意为网购、快递和带动的电子商务等新业态做广告。"(刊发于《中国邮政快递报》2015年第117期一版)

2015年11月13日，国务委员王勇在浙江省省长李强、国家邮政局局长马军胜的陪同下，参观“2015年度中国国际快递物流采购博览会”并调研快递发展情况。王勇强调，中国快递业的迅猛发展，极大地推动了经济发展、社会进步和民生改善，鼓励了大众创业、万众创新，吸引了社会就业，带动了产业转型。希望快递业保持快速发展、规范发展、高效发展，提高信息技术水平，提升产业质量效益，推动全球交流合作，早日做大做优做强。

2015年10月26日至27日，全国政协副主席、全国工商联主席王钦敏率领全国政协考察团在北京调研了中国邮政速递物流、顺丰速运和圆通速递等三家各具特色的快递企业，对快递处理、科技创新、客户服务、企业发展和员工劳动保障等各方面情况进行了全方位摸底，并与行业管理部门、协会和企业负责人座谈，倾听快递在发展中遇到的问题，为快递支撑国家战略、打造“快递强国”支招探路、排忧解难。

2015年11月3日，国家邮政局与北京市人民政府在北京签署《关于加快推进首都邮政行业建设与发展合作协议》，共同加快建设“国内领先、国际一流”的首都邮政业，更好服务首都经济社会发展，满足北京城乡居民日益增长的民生需求。图为国家邮政局党组书记、局长马军胜与北京市委副书记、市长王安顺举行会谈。

2015年11月30日，国家邮政局局长马军胜将“中国快递示范城市”的牌匾交至福建泉州市委书记郑新聪手中。泉州由此成为继杭州之后全国第二个获此殊荣的城市。

2015年10月19日至23日，国家邮政局局长马军胜深入湖北、贵州两省，调研当地邮政、快递服务和邮政管理工作情况，尤其是对快递下乡和产业协同等内容进行了深入追踪。在湖北荆州，马军胜深入电商企业、快递公司、乡镇网点、田间地头、农户家中，深入了解快递服务当地特产莲藕的相关情况。在党的群众路线教育实践活动中，马军胜多次来到湖北荆州洪湖。再回洪湖，他与当地藕农亲切交谈，算数据、说发展、谋未来。

2015年11月11日，国家邮政局局长马军胜赶赴部分快递企业北京分拣中心，调研督导企业迎战“双11”，亲切慰问奋战一线的员工，并与阿里巴巴董事局主席马云就落实“错峰发货、均衡推进”，保障快递旺季平稳度峰进行了现场沟通。马云深有感触地表示：“‘双11’支付宝处理速度最高达到了8.6万次/秒，创下了世界纪录，但是快递员更不容易，大家辛苦了！你们了不起！”图为马军胜与马云查看“双11”快件运用电子面单加快流转处理的情况。

2015年3月25日至4月2日，国家邮政局党组成员、纪检组组长解畅赴山东省、河南省多个市（地），围绕精神文明建设工作展开深入调研。她强调，行业发展进入新常态，要狠抓实效，让精神文明建设成为行业发展的助推剂和粘合剂。图为解畅调研山东省泰安市邮政管理局加强自身精神文明建设。

2015年10月22日至24日，国家邮政局副局长王梅率领由国家邮政局和中国邮政集团公司相关人员组成的代表团对德国进行了访问，就邮政行业管理、万国邮联改革、邮政行业的绿色环保等问题与德方有关部门进行了深入交流与探讨。

2015年5月11日至14日，国家邮政局副局长赵晓光、国务院法制办工交商事司司长张建华一行，就《中华人民共和国快递条例》立法前往江苏进行调研，实地考察了中邮航南京集散中心、苏宁云商集团、苏南快递产业园区、海门叠石桥国际家纺城电商交易区、海门申通、南通顺丰等。图为赵晓光视察苏宁云商。

2015年2月2日至3日，国家邮政局副局长刘君在参加于福建省泉州市召开的全国邮政市场监管工作会议期间，到泉州市邮政管理局与干部职工座谈，并到晋江、石狮等物流集散地调研，视察了福建圆通分拨中心。图为刘君在泉州视察快递安全。

2015年11月3日，由共青团中央、人力资源和社会保障部联合主办的第十一届“振兴杯”全国青年职业技能大赛快递业务员决赛举行，国家邮政局副局长邢小江在实际操作比赛现场进行巡视。

2015年12月4日，就《快递条例》的制定，全国政协社会和法制委员会组织部分全国政协委员在北京开展专题调研座谈。调研组先后前往几处具有代表性的快递作业场所，就快递“最后一公里”、电动三轮车、企业用地等问题进行了密集调研，并与企业负责人进行了深入的交流互动。

2015年10月17日，教育部、国家邮政局签署协议，决定共建北京邮电大学现代邮政学院，决定在设立邮政业发展亟需的“互联网+快递”等新学科、新专业，以及设立专项人才培养计划等方面给予政策支持，共同推动现代邮政学院与其他高职院校、科研机构以及与邮政、快递企业开展深度合作，实现资源共享，为邮政、快递领域培养高层次优秀人才，为邮政业的发展提供智力支持和技术支撑。

2015年6月25日，国家邮政局会同国家禁毒办在广东省举办全国寄递行业禁毒主题宣誓倡议活动，并召开寄递渠道禁毒工作座谈会。邮政企业和各主要品牌快递企业代表在活动现场宣誓承诺，将认真履行禁毒义务，严格执行收寄验视制度，坚决将毒品及涉毒物品堵截在寄递渠道之外。

2015年5月，首单167件海运快件通过快件通关管理系统和X光机查验，正式搭乘海峡两岸直航航线高速客滚轮“丽娜”号，从福建平潭澳前港直航台湾，3个小时后直达台北，进入次日正式投入运营的台北港海运快递专区，完成首单大陆对台海运快件，标志着海峡两岸海运快件正式迈入进出口双向运营阶段。两岸海运快件全面双向运行后，可实现72小时从客户揽货到用户手上的“门对门”服务。而且以海运集装箱为运输容器的两岸海运快件，在增加快件运载量的同时，还可节约运输成本，约为航空快递成本的一半。

2015年6月30日，快递“最后一公里”峰会在北京举行。峰会立足推动绿色邮政、智慧邮政建设，聚焦“融合创新 借势发展”的主题，共同梳理了快递“最后一公里”的建设成果，探讨了如何破解快递“最后一公里”问题、如何更好地提升快递末端服务水平。峰会还首次对外发布了《中国快递领域新能源汽车发展现状及趋势报告》和《中国智能快件箱发展现状及趋势报告》。

2015年11月2日至5日，由共青团中央、人力资源和社会保障部联合主办的第十一届“振兴杯”全国青年职业技能大赛决赛在辽宁省沈阳市举行。本届“振兴杯”大赛设置电子商务师、快递业务员、维修电工和数控车工4个竞赛职业（工种）。快递业务员作为竞赛职业之一首次参加“振兴杯”大赛，也是邮政体制改革以来行业首次参加国家级一类大赛，受到各方瞩目，成为此次大赛的焦点之一。

2015年11月13日，首届中国国际快递业大会在浙江杭州桐庐召开，会议以“便民惠民·通达天下”为主题，邀请国内外专家共同探讨“互联网+”视野下的市场开放与中外快递合作、大众创业万众创新与物流产业发展、快递与关联产业融合发展、快递业的质量与安全等话题。会议还解读了《国务院关于促进快递业发展的若干意见》，并发布了2015年第三季度中国快递发展指数。

2015年12月25日，国家邮政局举行新闻发布会宣布，我国快递年业务量于当日首次突破200亿件大关，继续稳居世界第一。这是我国快递业发展史上又一座里程碑，也是行业发展“十二五”规划完美收官的重要内容之一，更是我国快递业从数量增长向质量增长转变的一个拐点。《人民日报》、新华社、《光明日报》、《经济日报》、中央人民广播电台、中央电视台、《工人日报》、《人民政协报》、《中国交通报》、人民网、《中国邮政快递报》、《快递》杂志等中央和行业媒体记者参加通气会，并于会后对第200亿快件进行跟踪采访。图为中央和行业媒体采访第200亿快件的收件人。

# 目 录

## 第一篇 特载

# 第二篇　发展概览

# 第三篇　发展环境

## 第四篇　发展数据

## 第五篇 人才建设



## 第六篇 市场主体

# 第七篇　各地纵览

## 第八篇　协会活动

## 第九篇　人物志



## 第十篇　行业展望

# 附录

# 第一篇　特　载

## 加快我国从邮政大国向邮政强国迈进

### ——交通运输部部长杨传堂在2015年全国邮政管理工作会议上的讲话

2015年1月6日

同志们：

非常高兴参加2015年全国邮政管理工作会议。会前，军胜同志代表局党组向部报告了2014年主要工作和2015年工作安排。局党组对工作的总结、形势的判断和下一步工作的部署，既符合中央精神，也符合我国邮政业发展实际，我完全赞同。

党中央、国务院高度重视、十分关心我国邮政事业发展。李克强总理等领导同志多次莅临邮政、快递企业视察并作出重要批示，国务院常务会议就进一步扩大邮政业改革开放进行专题研究部署，为邮政改革发展指明了方向。一年来，国家邮政局深入贯彻党的十八大、十八届三中、四中全会和习近平总书记系列重要讲话精神，认真落实中央经济工作会议部署、国务院常务会议决定和中央领导同志对邮政工作的重要批示，围绕“全面建成与小康社会相适应的现代邮政业”这个目标，坚持安全为基、发展为要、服务为上，坚持抓改革、促发展、惠民生，积极履行邮政管理职能，着力提升邮政普遍服务能力，推动快递产业转型升级，提高邮政管理体系运行效能，邮政业保持持续快速发展的良好态势，快递业务量跃居世界第一。一是邮政改革开放深入推进。简政放权和职能转变步伐明显加快，“营改增”试点进展顺利，邮政服务价格改革取得新进展，国内包裹快递市场全面开放，市（地）邮政企业全部完成更名。二是行业发展环境持续改善。行业法律法规不断完善，省级邮政立法基本实现全覆盖，多地出台支持快递业发展综合性政策。三是空白乡镇邮政局所补建取得重大进展。全国8440个邮政空白乡镇补建网点竣工7926个，竣工率达93.9%；企业接收6773个，接收率达80.3%；运营6368个，运营率达75.5%，出色完成年度目标，邮政基础网络建设进一步完善。四是快递“三向”工程和产业联合发展成效显著。加快农村和西部地区网络布局和设施建设，快递服务覆盖一半以上农村乡镇，在助力农民享受网购、打开市场、增加收入等方面作用明显，邮政业与综合交通运输有效衔接，与跨境网购、先进制造、现代物流等关联产业联合发展进一步深化，服务地方经济社会发展的作用进一步发挥。五是依法行政能力明显增强。依法加强事中事后监管和行政执法，邮政普遍服务、特殊服务和邮票发行监督有序推进，快递市场进一步规范，消费者申诉机制不断健全。六是安全监管和应急能力稳步提升。建立邮件快件寄递安全管理联动机制，组建邮政业安全中心，“双11”业务高峰实现了不爆仓、不瘫痪、不发生安全生产事故，妥善应对地震等突发事件，有效保障APEC等重大活动期间寄递渠道的安全畅通。七是干部队伍和人才队伍建设得到加强。巩固群众路线教育实践活动成果，在转变工作作风、服务人民群众方面取得了实实在在的成效，涌现出以快递行业青年文明号、最美快递员为代表的一批彰显行业形象和社会正能量的先进集体和先进个人典型。

总之，邮政业一年来成绩显著。这是党中央、国务院高度重视、正确领导的结果，是各有关部门、地方党委政府和人民群众大力支持的结果，是国家邮政局党组认真贯彻落实中央决策部署，科学谋划、改革创新的结果，是邮政系统全体干部职工团结奋斗、强力推进的结果。我代表部党组，向关心支持邮政工作的各级党委政府和各有关部门、局历届党组同志、全国邮政系统广大干部职工和离退休老同志表示衷心的感谢！

去年底，中央先后召开了十八届四中全会、中央经济工作会议、中央农村工作会议等一系列重要会议，对全面推进依法治国、认识适应引领经济新常态作出了全面部署。这是以习近平同志为总书记的党中央，着眼长远准确研判当前形势和未来走势作出的重大战略判断，展示了中央高瞻远瞩的战略眼光和高度自信的决策定力。

认识新常态、适应新常态、引领新常态，是当前和今后一个时期一段时间我国经济发展的大逻辑，也是交通运输判断发展大势、进行战略布局、安排当前和今后一个时期一段时间工作的基本前提。去年 12 月 28 ~ 29 日，部召开了全国交通运输工作会议，提出要全面深化改革、加强法治建设，在新常态下推进交通运输科学发展，必须做到“三个坚持”，即坚持以全面深化改革统领交通运输工作全局、坚持把推进法治建设作为交通运输加快发展的根本保障、坚持以经济建设为中心充分发挥交通运输发展对稳增长的关键作用；努力做到“五个更加”，即更加注重服务国家战略、更加注重转方式调结构、更加注重依靠创新驱动、更加注重可持续发展、更加注重保障改善民生。在此基础上，研究提出了 2015 年交通运输工作的总体要求，就是要全面贯彻党的十八大、十八届三中、四中全会和中央经济工作会议精神，坚持稳中求进工作总基调，坚持以提高交通运输发展质量和效益为中心，坚持以解决突出矛盾问题为导向，主动适应经济发展新常态，狠抓改革攻坚，强化法治建设，推动转型升级，着力推进综合交通运输体系深度融合，全面完成“十二五”规划目标，科学谋划“十三五”规划蓝图，加快推动“四个交通”发展迈上新台阶，让人民交通实现好、维护好、发展好人民的根本利益。今天的会议上，军胜同志将代表局党组，对于贯彻落实中央精神和交通运输工作会议要求，进一步推进邮政业科学发展，提出具体意见。希望各级邮政管理部门按照会议精神，把今年的工作安排好、落实好。

邮政业是现代服务业的关键产业，是推动传统流通方式转型、促进消费升级的现代产业，是物流领域的先导产业。当前，邮政业发展处于重要战略机遇期，人民群众用邮需求不断释放，行业发展态势长期向好。同时，在提高发展质效、确保寄递安全、增强社会活力等方面，也面临着严峻挑战。希望国家邮政局认真贯彻落实中央精神，按照稳中求进工作总基调，健全法制、完善政策、统筹规划、依靠科技，主动适应经济发展新常态，提升服务能力和竞争水平，加快我国从邮政大国向邮政强国迈进，为全面建成小康社会作出新的更大贡献。

在新常态下推进邮政业科学发展，工作千头万绪，任务艰巨繁重。借此机会，我想就邮政业发展中的几项重点工作，也是需要举全行业之力研究解决的几个重大问题，谈一些思考和建议，与大家一起探讨研究。

第一，关于全面推进依法治国问题。法律是治国之重器，法治是国家治理体系和治理能力的重要依托。十八届四中全会明确指出，依法治国，是坚持和发展中国特色社会主义的本质要求和重要保障，是实现国家治理体系和治理能力现代化的必然要求，事关我们党执政兴国，事关人民幸福安康，事关党和国家长治久安。

全面推进依法治邮，在法治轨道上推进邮政

改革发展，是邮政业兴旺发达的根本保障。要全面履行部门法定职能，坚持法定职责必须为、法无授权不可为，逐步推行和研究制定权力清单、责任清单、负面清单制度。要健全重大行政决策机制，建立重大决策终身责任追究制度及责任倒查机制，建立邮政法律顾问队伍。要深化邮政行政执法体制改革，坚持严格规范公正文明执法，加强执法综合管理和行政执法规范化建设，推动健全邮政行政执法和刑事司法衔接机制。要强化对行政权力的制约和监督，主动接受各方面监督，加强对政府内部权力制约，强化审计监督。要全面推进政务公开，坚持以公开为常态、不公开为例外原则，推进决策公开、执行公开、管理公开、服务公开和结果公开。

第二，关于推进快递业提质增效问题。经济发展进入新常态后，我国经济工作中面临很多两难、多难问题。面对经济下行压力，拉动经济的“三驾马车”，存在着投资增长乏力、新的消费热点带动不足、外需没有大的起色等突出问题。在这种情况下，习近平总书记和李克强总理都反复强调，要毫不动摇地坚持以经济建设为中心，坚持发展、主动作为。

目前邮政业发展态势良好，尤其是快递业实现了“爆炸式”增长，成为经济发展中的“亮点”，但仍面临着发展模式单一、服务质量不高、安全保障压力增大以及国际化的挑战，还不能完全满足消费个性化、层次化、多样化和生产小型化、智能化、专业化的要求。我们要坚决贯彻中央决策部署，着力抓好提质增效，切实提高快递业核心竞争力。要加大政策扶持力度，推动促进快递业发展的若干意见早日出台。要不断提升快递业基础能力建设，支持快递产业园区、末端投递服务平台建设。要继续大力推进快递“三向”工程和与关联产业的联合发展，组织实施示范项目，推进快递与农民网商协同发展。要加大与综合交通运输衔接力度，推进快递业与交通运输在信息、标准、设施、业务等领域的对接。要全面放开国内包裹快递市场，形成市场倒逼机制，提升市场主体经营管理和服务水平。要强化科技支撑，综合利用互联网、物联网、大数据、云计算等先进技术，全面提升行业供给能力、运行效率、安全性能和服务质量。要积极支持有条件的快递企业“走出去”，服务“一带一路”发展战略。

第三，关于强化邮政普遍服务保障问题。邮政普遍服务是国家基本公共服务的重要组成部分，也是保障民生的重要领域，在保障国家安全、维护政令畅通、促进社会和谐等方面，发挥着不可替代的作用。随着社会发展和科技进步，邮政普遍服务的内容和方式也发生了变化，人民群众对邮政普遍服务也有了新的现实需求。但邮政普遍服务在国家公共服务中的重要地位没有变，政府提供邮政普遍服务的职责没有变，与时俱进地提供高质量邮政普遍服务的任务没有变。

我们一定要从政治高度和全局角度，进一步强化和优化政府提供邮政普遍服务的职责，切实做好邮政普遍服务监督与管理工作。要全面完成空白乡镇邮政局所补建目标，确保实现全国乡镇邮政网点全覆盖。要鼓励邮政企业发挥网络资源优势，做大做强寄递主业，服务经济社会发展。要加大“挖潜开荒”力度，加强政策支持，继续加快推进邮政普遍服务基础设施和终端服务体系建设。要探索邮政网点分等分级管理机制，健全邮政普遍服务监督管理体系，尽快出台邮政普遍服务监督管理办法，加大行政执法力度，加强邮政机要通信规范落实情况检查。

第四，关于保障行业安全发展问题。在中央领导和有关部门的大力支持下，我们建立了邮政业安全监管多部门联动机制。交通运输部专门拿出 15 个事业编制，支持组建邮政业安全中心，加强邮政业安全管理体系。但是，安全工作只有起点没有终点。邮政业务量特别是快递业务量急剧增加，行业安全发展显得愈发重要，已经成为影响行业可持续发展的重大问题，必须认真研究加以解决。

我们一定要认真贯彻落实好中央领导同志关于做好安全生产工作的重要讲话和批示精神，牢固树立底线思维和红线意识，坚持问题导向，坚持深化改革，坚持依法行政、依法监督、依法问责，根据影响邮政业安全生产的要素和条件，按照科学、规范、严谨、高效的原则，建设完备高效的邮政安全体系。要严格遵守新修订实施的《安全生产法》，把九部委文件逐条落到实处，不存侥幸、不遗余力、不留死角。要进一步健全快递安全监管网络，加快完善寄递渠道安全监管工作机制，推动安全管理网格化、综合治理属地化。要全面落实收寄验视制度，加强寄递实名制、邮件快件安全检查等关键环节和安全防范能力、安全管理责任体系建设等重点领域，联合有关部门共同做好寄递渠道禁毒、反恐、扫黄打非等工作。

同志们，认真贯彻落实中央精神，努力建设与全面小康社会相适应的现代邮政业，任务艰巨繁重。部党组将一如既往大力支持邮政工作，在法治建设、规划衔接、政策协调等方面支持国家邮政局履行职责、开展工作。希望在以军胜同志为班长的国家邮政局党组的带领下，我国邮政业改革创新、科学发展不断迈上新台阶。

值此新春佳节即将来临之际，我代表部党组，向国家邮政局机关、全国邮政系统广大干部职工和同志们，致以节日的问候，祝大家新年愉快、工作顺利、阖家幸福！

谢谢大家！

# 坚持依法治邮 坚持提质增效<br>推动邮政业在适应新常态中更有作为

## ——国家邮政局局长马军胜在2015年全国邮政管理工作会议上的讲话

2015年1月6日

同志们：

这次会议的主要任务是：深入贯彻党的十八大、十八届三中、四中全会和中央经济工作会议精神，深入学习贯彻习近平总书记系列重要讲话和李克强总理重要批示精神，总结2014年工作，部署2015年任务，坚持依法治邮，坚持提质增效，主动适应经济发展新常态，加快推进与小康社会相适应的现代邮政业建设进程。下面，我讲三点意见。

### 一、2014年工作回顾

2014年是全面深化改革的第一年，也是建设与小康社会相适应的现代邮政业进程中具有里程碑意义的一年。中央高度重视邮政工作，李克强总理两次视察快递企业，指出快递业是中国经济的一匹“黑马”；9月24日国务院常务会议对邮政业提出新定位，为今后一个时期行业改革发展明确了目标、指明了方向。在经济下行压力较大的情况下，全行业坚持稳中求进工作总基调，坚持安全为基、发展为要、服务为上，保持了持续快速发展的良好态势。预计全年完成业务总量3690亿元，同比增长35%；业务收入3200亿元（不含邮政储蓄银行直接营业收入部分），同比增长26%。其中，快递业务量完成140亿件，跃居世界第一，最高日处理量超过1亿件，同比增长52%；快递业务收入完成2040亿元，同比增长42%。邮政普遍服务和特殊服务寄递时限达到国家规定标准，邮政机要通信运行稳定。邮政普遍服务和快递服务满意度稳步提升。邮政业消费者申诉处理满意率达到96.1%，圆满完成了各项任务目标。

**（一）行业改革深入推进。**认真贯彻落实国务院关于职能转变和邮政改革工作部署。一是政府职能转变明显加快。取消开办集邮票品集中交易市场许可，下放邮政普遍服务两项行政审批，将经营邮政通信业务审批改为工商登记后置。建立快递业务经营许可“绿色通道”制度，优化许可备案流程，实行形式审查与实地核查相结合，许可变更及备案平均用时显著缩短。全面落实下放和明确邮政管理部门层级职权的要求，市（地）局专有职权和主要行使职权基本下放到位，实现了执法重心下沉。二是市场化改革不断深化。全面开放国内包裹快递市场，加快形成统一开放、竞争有序的市场格局。行业“营改增”试点顺利，新旧税制整体上实现了平稳转换，做到了“应纳尽纳、应改尽改”。邮政服务价格改革不断深化。三是省级以下邮政体制改革取得重要进展。全国298个市（地）邮政企业全部完成更名挂牌，义乌、顺德和常熟等县级邮政管理机构相继成立，邮政管理工作向下延伸。

**（二）发展环境持续改善。**一是抓紧部署邮政业发展规划研究工作。深入研究“十三五”规划前期重大问题，编印《邮政业规划工作指南》，启动“十三五”规划编制工作，研究提出对国家“十三五”规划发展基本思路及重大项目、重大工程和重大政策的衔接建议，多项重要内容纳入《物流业发展中长期规划》。二是大力推动邮政业发展政策出台。抓紧起草促进快递业发展若干意见。配合起草加快生产性服务业发展意见、促进内贸流通健康发展若干意见等文件。落实第二次中央新疆工作座谈会精神，出台实施方案推动新疆邮政业发展。地方政府扶持邮政业政策密集出台，天津、江苏、山东、河南等省（市）以及泉州等重点城市均出台了扶持快递服务发展综合性政策。中国邮政集团公司与河北、宁夏等地方政府签订战略合作协议。三是深入开展邮政业立法工作。推动快递条例报请国务院审议、邮政行政执法监督办法颁布实施，加快修订邮政普遍服务监督管理办法。出台无着邮件、无着快件处理规定等8部规范性文件。湖北、青海颁布邮政地方性法规，北京市快递安全管理办法正式施行，省级邮政立法基本实现全覆盖。大连、长春颁布邮政条例，深圳出台快递业政府规章，邮政地方法规体系进一步完善。四是积极推进邮政业标准制订和科技创新。编制完成《邮政业标准体系》，启动16项基础类、安全类和信息化类标准制订工作，发布《快递专用电动三轮车技术要求》《快递业温室气体排放测量方法》并组织宣贯。积极推动邮政业节能减排与绿色发展，天津等地新能源汽车推广应用取得突破。企业加大分拣自动化设备、先进运输装备以及移动客户端软件等科技成果推广力度，生产效能不断提升。

**（三）设施建设不断完善**。一是邮政普遍服务基础设施持续加强。继续实施西部和农村地区邮政普遍服务及全国邮政机要通信基础设施建设项目，完成营业网点改造2650处，车辆更新1358辆。“村邮户箱”建设制度体系日趋完善，出台住宅楼房信报箱验收工作程序，制订村邮站服务规范，多地将信报箱建设纳入住宅楼房竣工验收项目。二是快递基础能力建设持续加快。改扩建转运分拨中心185万平方米，新增干线车辆1.2万台、从业人员20余万人。各地加快推进快递园区建设，郑州、贵阳等全国性和区域性快递集散中心建设成效突出，苏南“全国快递产业集聚发展试验园区”建设进展顺利。大部分地区快递车辆进城难得到初步缓解，各地发放通行证逾万张，石家庄、佛山、九江等城市将快递用电动三轮车、摩托车通行纳入规范化管理。三是末端能力建设持续提升。积极与院校、物业、超市及专业第三方合作，创新末端投递方式，提升技术支撑能力，全年投入使用智能快件箱1.5万个，派件量占到总业务量的1%。冷链快递网络在20多个城市启用。

**（四）“三向”工程和产业联合成效显著**。一是大力实施快递“向下”“向西”和“向外”工程。加快农村和中西部地区网络布局和设施建设，全国快递服务网络均衡度持续改善。农村快递网点发展到近5万个，乡镇覆盖率提高到50%以上。农村快递市场发展迅猛，全年快递包裹量超过20亿件。各地积极创新传统流通渠道，农民享受到了便捷顺畅的电商快递服务，行业在助力广大农民利用网络打开市场、增加收入等方面效果明显。寄递服务支撑跨境网购能力显著增强，邮政企业充分发挥主力军作用，国际小包和国际E邮宝日均突破140万件，推动出口近千亿元。企业“走出去”步伐不断加快，顺丰、韵达等加大在东南亚、欧美等地布点力度，申通等与俄罗斯、日本等国快递企业加强合作，邮政业在服务国家走出去战略、促进经济结构调整中开始发挥作用。二是不断加大产业联合力度。全年支撑国内网购交易额突破2万亿元，占社会消费品零售总额比重超过7%。通过中国（北京）国际服务贸易交易会和OTO商务洽谈会，为邮政、快递企业与电商、金融等关联企业搭建战略合作平台，重大项目签约协议金额超过500亿元，通过银联网络代收货款突破300亿元。济南、西安、长春、绵阳等地积极为飞机、汽车、电视等先进制造业规模化发展和定制化生产提供多样化服务。与财政、商务部门共同开展“电子商务与物流快递协同发展”试点，为天津等5个城市安排中央财政资金定向扶持。三是继续加强与综合交通运输体系衔接。高铁运送快件模式取得新突破，沪深等首批3对6列电商快递专列正式开通，快件班列覆盖全国65个城市，日均运输能力达2000吨。自主航空运输能力持续增强，邮政 EMS、顺丰加强机队建设,圆通航空机队正在组建,行业新增货机专用航线 40 余条、合作航线 200 余条,快递专用货机增至 68 架。多地利用客运班车代运邮件快件、利用城乡客运站处理快件,邮政企业大力发展代理票务、代办 ETC 卡等业务,交邮合作不断深化,综合运输效能陆续显现。

**(五)履职能力明显增强。**一是推进行政执法制度化规范化建设。发布邮政市场行政执法案件案由、信息公开相关规定,出台邮政普遍服务行政执法若干问题指导意见,建立重大案件督办工作制度。开展全国第二批邮政行政执法资格考试及颁证工作,依法开展行政复议,行政执法能力有效提升。二是加强邮政普遍服务监督。开展两项邮政普遍服务审批和监督检查,依法查处违法使用邮政专用标志车辆、违反邮票发行监督管理办法等案件。完成全国邮政基础设施普查并上网公布。不断强化邮票发行、邮政机要通信监督工作。三是规范快递市场秩序。建立快递市场主体退出机制,依法注销星晨急便、鑫飞鸿等 172 家企业经营许可资质,形成许可闭环管理体系。深入开展规范和清理快递企业经营范围第二阶段工作,规模以上企业直营地域范围不断扩大。规范快递电子面单使用。开展重点地区、重点企业满意度调查和时限测试,发布快递市场年度监管报告。建立快递申诉与市场监管联动机制。四是维护消费者合法权益。全年开展执法检查 11.9 万次,作出行政处罚决定 1693 起。建立集邮市场年度报告制度,开展集邮市场专项执法检查和"诚实守信共建和谐集邮市场"3·15 主题宣传活动,加强邮政用品用具市场监管。开通邮政业消费者申诉微信平台,通过申诉渠道为消费者挽回经济损失 2740 万元。调整优化邮政特邀监督员队伍,进一步发挥社会监督作用。

**(六)安全监管与应急能力稳步提升。**一是认真落实中央领导对邮政业安全工作批示精神。与中央综治办等九部门联合出台《关于加强邮件、快件寄递安全管理工作的若干意见》,建立行业安全监管联动机制,推动寄递渠道安全监管综合治理和属地化管理。与国家安全部共同建立省级以下邮路安全监管联合机制。在相关部门的大力支持下,组建邮政业安全中心,健全安全监管体系。二是积极开展专项整治活动。组织开展落实收寄验视制度、严厉打击侵权假冒行为、规范化学品寄递等专项活动。出台寄递服务用户个人信息安全管理规定,加大个人信息保护力度。建立邮政业安全信息报告制度,明确处理规范。深入推进安全监管信息化建设,向基层部门开放信息系统数据使用权限,实现对 260 多家企业转运中心的实时监控。推广便携式执法检测设备应用。配合公安、国家安全、安监、质检、海关、新闻出版、民航等部门开展寄递渠道信息安全、反恐、禁毒、扫黄打非、打击侵权假冒和航空邮件监管等工作。三是圆满完成旺季服务保障和应急处置工作。继续发挥"错峰发货、均衡推进"核心机制作用,在"双 11"业务量同比增长 56% 的情况下,全行业齐心协力奋力拼搏,圆满实现了"保畅通、保安全、保平稳"目标,得到国务院领导的充分肯定。成功保障北京 APEC 会议、南京青奥会、中国亚欧博览会等重大活动期间寄递安全,积极应对海南、广西台风和云南地震等自然灾害,严肃处理个别企业违规寄递化学品事件,妥善处置个别企业网络运行阻断事件。

**(七)对外交流合作不断深化。**认真履行国际组织义务,积极参加万国邮联、亚太邮联等国际组织工作。加强与亚非拉国家邮政部门交流合作,与秘鲁、希腊、老挝、柬埔寨等国签署合作备忘录,成功组织第六届中日邮政对话会。参与世贸组织贸易政策审议及中韩、中澳等自贸区谈判,提出中美投资协定谈判邮政快递领域中方负面清单。参加国际集邮联合会第 73 届代表大会和韩国 2014 世界邮展,选送邮品获得 4 枚大镀金奖等多个奖项。精心组织参加第 43 届国际少年书信比赛。成功举办 2014 年两岸邮政发展研讨会和海峡两岸珍邮特展,开通两岸海运快件业务,与港澳台邮政交流合作进一步深化。

**（八）干部和人才队伍建设持续加强。**一是加强领导干部选拔任用工作。认真贯彻《党政领导干部选拔任用工作条例》，优化选拔任用程序，加大选拔任用力度，先后对28个单位领导班子进行调整，补充公务员340名。开展领导班子和领导干部队伍建设规划研究，修订国家局党组重大事项议事规则和重大事项决策风险评估规定，完善省（区、市）局领导班子和国家局内设机构考核评价办法。集中开展超职数配备干部、领导干部在企业兼职任职和副处级以上"裸官"3项重点整治工作。二是加大干部教育培训力度。开展学习贯彻习近平总书记系列重要讲话精神轮训和市（地）局长领导能力培训，成功举办第二期赴亚太邮联培训班。全年举办业务培训22次，培训1700余人次。三是加快邮政业人才培养。推进建立5个邮政行业人才培养基地，全年新增合作院校42所，组织快递业务员职业技能鉴定11.5万人次。组织首次快递业务师考试，江苏、河南、广东等省成功举办邮政行业职业技能竞赛，畅通企业高技能人才成长通道。在全国150个市（地）组建了快递协会，为更好发挥服务、协调、自律职能提供了组织保障。

**（九）党风廉政和行业精神文明建设扎实推进。**一是深入开展党的群众路线教育实践活动。通过加强领导、精心组织、上下联动，第二批教育实践活动取得明显成效，市（地）局广大党员干部经受了一次严格的党内生活锻炼，理想信念更加坚定，宗旨意识更加牢固，组织观念更加自觉，为推进行业改革发展提供了可靠政治保证。第一批教育实践活动56项整改措施基本落实到位，群众用邮"最后一公里"等问题得到有效解决。大力推进学习型、服务型、创新型基层党组织建设，重庆等地邮政管理部门在"学习型组织""虚拟团队"建设上取得有效成果。非公快递企业党建工作取得突破，成立了120个快递企业党组织，4125名党员纳入管理。二是党风廉政建设取得新成效。实施分区互查，督查工作有效落实。强化节日期间纪律要求，严防"四风"反弹。依法依规处理群众来信来访，对苗头性倾向性问题早发现早提醒早处理。领导干部离任审计工作稳步推进。廉政教育活动广泛开展，党员干部廉洁自律意识明显增强。省级以下机构纪检监察组织基本建立，纪检监察干部队伍素质进一步提高。三是行业精神文明建设硕果累累。大力弘扬"诚信、服务、规范、共享"的行业核心价值理念，传播正能量，树立新形象。召开邮政行业精神文明建设工作座谈会，开展首批快递行业青年文明号创建工作，组织"中国梦·邮政情"寻找最美快递员评选表彰。中国邮政集团公司组织了最美邮递员评选表彰。上海等地邮政管理部门组织开展的"奋战双11，争当五最佳"等活动成效突出。工会、共青团、妇女和老干部工作稳步推进。

一年来，三级邮政管理体系运转顺畅，基础管理水平稳步提升，尤其是市（地）局依法行政和履职能力明显增强。统计体系更加完善，组织开展了行业统计专项调查。财务支撑保障及风险防范能力不断提高。档案管理、信息化支撑和政府信息公开工作不断加强。发展研究、新闻宣传、协会组织、机关服务等支撑能力建设取得新进展。

特别要指出的是，空白乡镇邮政局所补建工作取得重要突破。截至去年底，全国8440个邮政空白乡镇补建网点竣工7926个，竣工率达93.9%；企业接收6773个，接收率达80.3%；运营6368个，运营率达75.5%，出色完成了"补建竣工率90%、运营率60%"的年度目标。海南、山东、吉林、宁夏、浙江、天津、福建、广东、北京、重庆、湖北、黑龙江、河南等13个省（区、市）全部完成补建运营目标；安徽、贵州、湖南、山西、内蒙古、青海、江西、广西等8个省（区）进展明显，运营率超过80%；河北、陕西、甘肃、四川、云南、辽宁等6省运营率超过60%；新疆、西藏两个补白工作特殊地区，也为实现全国年度目标作出了积极努力。空白乡镇邮政局所补建工作是一项艰巨而又光荣的民生工程,涉及面广、情况复杂,需要开展大量的协调工作来研究解决建设运营保障等环节的各类现实问题。补建过程中,我们坚持从上到下、凝聚共识、协同推进的方针,形成了一套沟通、协调、合力和督导的工作方法,锻炼了一支敢打硬仗、能打硬仗、善打硬仗的管理队伍。

同志们,2014 年邮政工作取得的成效来之不易,这是党中央、国务院坚强领导和亲切关怀的结果,是交通运输部直接领导和中央有关部门、地方各级党委政府大力支持的结果,是全行业、全系统广大干部员工努力奋斗的结果。我谨代表国家邮政局党组,向关心支持邮政业改革发展的领导和同志们,向全体干部员工、离退休老同志,致以崇高的敬意和衷心的感谢!

回顾一年的工作,我们更加深刻体会到:必须坚持发展第一要务,解放和发展生产力,在改革创新中增强新动力,在转型升级中保持好态势。必须坚持市场在资源配置中的决定性作用和更好发挥政府作用,着力优化市场结构,着力加强宏观调控。必须坚持人民邮政为人民的根本宗旨,不断提高发展质量,不断解决人民群众反映的热点难点问题,不断增进人民福祉。必须坚持作风建设常抓不懈,抓班子带队伍,以作风建设的成果凝聚智慧、提高效能、引领发展。

## 二、坚持依法治邮,加快推进与小康社会相适应的现代邮政业建设进程

党的十八届四中全会分析了当前形势,对全面推进依法治国作出了战略部署。我们要深刻认识全面推进依法治国的重大意义,准确把握中央对经济发展新常态的判断和要求,科学研判邮政业发展面临的新形势新任务。总的来看,我国邮政业的发展呈现出以下三个阶段性特征:

第一,邮政业持续快速发展的态势没有变,但市场环境正在深刻变革。我国经济步入新常态,实际增量可观,消费需求逐步成为主体,新型工业化、信息化、城镇化、农业现代化协同推进,电子商务迅猛发展,行业需求不断释放,政策环境不断改善。在深刻变革中,消费个性化、层次化、多样化渐成主流,生产小型化、智能化、专业化渐成趋势。但行业发展模式过于单一、线下线上发展不够均衡、供给消费通道不够顺畅,把握未来和承受风险能力不强等日益凸显。第二,邮政业面临改革创新、转型升级、提质增效、开放合作的多重任务,但内生动力不足。邮政业既要继续深化改革,激活存量资源,增强国有资本的控制力和影响力;又要创新供给,加强行业安全,优化发展结构,提升发展质量,提高核心竞争力。但是,在刚性需求旺盛的现状下,市场主体解决体制机制、提升服务、强化安全、互联互通、同质竞争等问题的意愿不强,从规模速度型粗放增长转向质量效率型集约增长的动力不足。第三,邮政业的新定位对行业发展提出了新要求,但现有能力水平仍有差距。中央提出邮政业是现代服务业的关键产业,是推动流通转型、促进消费升级的现代产业,是物流领域的先导产业。当前邮政业发展还不能适应经济发展新常态的要求、还不能满足人民群众用邮需求,行业队伍和系统干部难以适应形势变化需要,亟需我们按照新定位进一步优化发展有所作为,努力提升行业服务能力和竞争水平。

为深入贯彻党的十八大、十八届三中、四中全会和习近平总书记系列重要讲话精神,落实李克强总理等领导对邮政业的一系列重要指示,国家邮政局党组研究提出,当前和今后一个时期,要坚持依法治邮,以建设普惠邮政、智慧邮政、安全邮政、诚信邮政、绿色邮政为抓手,主动适应经济发展新常态,服务好“两个一百年奋斗目标”,加快推进与小康社会相适应的现代邮政业建设进程。

**(一)加快建设普惠邮政,推动公共服务换挡升级。**建设普惠邮政不仅是民生问题,也是发展问题,更是行业最大的政治;是促进消费公平、统筹城乡发展的战略支点,是适应经济新常态、开辟发展新领域、发挥先导作用、提升基础地位的必由之路。建设普惠邮政,就是要让每个居民都能以

合理的价格获得优质的寄递服务，共享邮政业改革发展成果。加快建设普惠邮政，关键是要共建共享公共资源，创新管理方式，拓宽服务领域，提升服务品质。一要实现普服便捷化。速度不快、服务不便不是邮政普遍服务的本质属性。要通过提高标准、叠加品种、强化保障、严格监督，促进邮政普遍服务强能力、提速度、优服务、拓市场，重新焕发生机。二要实现快递普惠化。推进网络共建共享，加快形成覆盖城乡、配套衔接、布局合理、便民惠民的快递骨干网和末端投递网。到2020年，基本实现“县县有分拨，乡乡有网点，村村通快递”。三要实现普惠品质化。建设普惠邮政首先要坚持品质邮政，为城乡居民提供“迅速、准确、安全、方便”的寄递服务。要探索建立寄递服务质量保障体系和赔付制度，保证普惠邮政真正惠民利民。

**（二）加快建设智慧邮政，打造科学发展新引擎。**建设智慧邮政，是推进行业管理创新的重要手段，是提升行业服务能力的重要途径，也是加快行业转型升级的重要支撑。建设智慧邮政，就是要综合利用互联网、物联网、大数据、云计算等先进技术，通过精准、动态、科学的管理和信息共享，全面提升行业供给能力、运行效率、安全性能和服务质量，创造更大的社会价值。加快建设智慧邮政，一要加强智能化建设。以信息化为牵引，推动现代信息技术与服务和管理全面融合，实现邮政业管理信息化、生产自动化、运输综合化、配送智能化、过程可视化、装备高效化。二要推动科技创新。加强大数据开发和应用，提高趋势研判和决策能力。加强运行管理运筹，充分利用网络拓扑、数据仿真、地理信息系统等技术不断优化网络布局。加强移动互联网等应用，提高收投效率、增进用户体验。加强装备研发和应用，提升生产智能化水平，推动行业从劳动密集型向技术、劳动密集型转变。三要发挥协同支撑作用。制订信息共享的技术标准，促进上下游信息共享，推动产业间协同运作，加强数据安全保护，为邮政业与电子商务、金融业、先进制造业等关联产业链联合发展创造条件。四要提升行业监管效能。加强现代信息技术在政府管理、行业监管和安全监控中的应用，构建智能化的监管环境、服务环境和决策环境。

**（三）加快建设安全邮政，实现持续健康发展。**建设安全邮政，是邮政业可持续发展的重要前提，是维护人民群众用邮权益的根本需要，是实现邮政业“中国梦”的重要保证。建设安全邮政，就是要维护邮政通信与信息安全，防止和减少安全事故，保障人民群众生命和财产安全。加快建设安全邮政，一要树立安全发展理念。深刻认识当前安全形势的严峻性和行业发展的阶段性特征，越是快速发展，越是广受关注，越要强化红线意识。切实坚持“安全为基”，切实增强安全发展共识，珍惜来之不易的发展机遇。二要推动安全工作创新。健全安全责任体系，落实企业安全主体责任。充分发挥联合工作机制作用，按照“常态联动、问题牵引、优势互补、责任共担”的原则，推动在安全管理制度、安全检查、安全宣传、防范能力、标准化建设等多个方面取得突破。三要完善安全监管手段。全面推进安全治理体系和治理能力建设，健全完善培训、检查、执法、考核制度。大力提升信息科技应用对安全监管的支撑作用。加大安全执法检查力度，提高安全管理效能。健全应急处置保障制度，提高处置水平。

**（四）加快建设诚信邮政，夯实行业发展基础。**建设诚信邮政，是践行社会主义核心价值观的具体体现，是保障寄递安全、提升服务质量、促进行业持续健康发展的治本之策。建设诚信邮政，就是要让诚实守信成为行业基本行为准则，建立良性运行秩序，构建服务社会的文明形象。加快建设诚信邮政，关键是建立覆盖政府部门、企业、员工和消费者的综合诚信体系。一要构建诚信政府。全面加强邮政管理部门诚信建设。建立诚信奖励和失信惩戒机制。整合邮政业信用信息资源，加快信用信息系统和共享平台建设。加强公务员的诚信管理和教育，提升监管效能。二要建设诚信企业。建立企业诚信评价体系,推动信用等级评定工作。推动企业建立和完善对加盟企业、员工和消费者的诚信记录和评价。三要引导诚信用邮。推行对用户的收寄验视提醒和告知制度,建立违规寄递“黑名单”和警示制度,加强与其他部门诚信记录共享。四要营造诚信环境。加大诚信企业、从业人员和用户的示范宣传力度,制定行业自律规则,加强失信惩戒措施,营造“守信光荣、失信可耻”的氛围。

**(五)加快建设绿色邮政,实现循环低碳环保。**建设绿色邮政,是建设生态文明的基本要求,是转变邮政业发展方式的重要途径,也是实现邮政业与资源环境和谐发展的关键举措。建设绿色邮政,就是要通过减少收寄、分拣、封发、运输、投递等各个环节对环境的污染和资源消耗,实现邮政业“低污染、低消耗、低排放、高效能、高效率、高效益”发展。加快建设绿色邮政,一要健全完善政策体系。推动落实国家鼓励节能减排、循环利用资源的优惠政策,引导企业走绿色发展道路。制定邮政业绿色发展规划标准和统计监测评价体系,推进绿色低碳试点示范工程。二要推广环保技术材料。鼓励企业采用清洁生产技术,使用可循环利用的包装材料以及可降解的物料辅料,大力降低原材料和能源消耗。创新生产模式,积极开展物料辅料的回收使用。三要推动运输节能减排。合理配置各类运输方式,提高铁路运输比重,积极发展甩挂运输等先进组织模式。大力推广标准集装容器运输方式,推进邮运安检一体化。优化运递路线,提高运递效率。积极稳妥推广节能环保车辆,最大程度地降低运输环节的能耗。

建设“五个邮政”是加快建设与小康社会相适应的现代邮政业的重要抓手。加快推进“五个邮政”建设,必须按照十八届四中全会的要求,不断深化依法治邮,增强法治意识,完善法规体系,提升治理能力,为加快建成与小康社会相适应的现代邮政业提供可靠法治保障。

全面推进依法治邮是一项系统工程,具有全局性、战略性、长期性,需要付出艰苦努力,要重点做好以下五个方面的工作。

**一要全面履行部门法定职能。**法律是治国重器,良法是善治前提。全面推进依法治邮,必须发挥立法的引领和推动作用。推动邮政业行政法规立法建设。结合邮政行政审批改革实践,做好部门规章、规范性文件的立改废释工作。结合地方行业发展特色,着力提高省级地方立法质量。坚持法定职责必须为、法无授权不可为,坚决克服懒政、怠政,坚决惩处失职、渎职。将依法治邮建设成效纳入绩效考核,全面、准确评估各级邮政管理部门依法履职情况,作为各级领导干部选拔任用、培养管理、激励约束的重要依据。

**二要健全依法决策机制。**健全完善重大行政决策机制。坚持把公众参与、专家论证、风险评估、合法性审查、集体讨论决定作为重大行政决策的必经程序。建立重大决策终身责任追究制度和责任倒查机制。加强法制队伍建设,不断提高法制队伍素质。通过政府购买服务等方式,积极推行政府法律顾问制度,建立法制机构人员为主体、吸收专家和律师参加的邮政法律顾问队伍,为重大行政决策、重大项目审批提供法律支撑。

**三要坚持严格规范公正文明执法。**依法惩处各类违法行为,加大涉及用户权益、行业安全等重点领域执法力度。开展邮政普遍服务、邮政市场综合执法试点。坚持执法综合管理,加强行政执法规范化建设。建立执法全过程记录制度,及时将执法材料立卷归档,以案卷评查为基础开展执法评议和考核。完善执法程序,严格执行重大执法决定法制审核制度。健全完善邮政行政裁量权基准制度,进一步规范裁量范围、种类、幅度。创新监管方式,加大执法信息化建设和共享力度,提高执法的效率和规范化水平。推动健全邮政行政执法和刑事司法衔接机制,促进实现邮政行政处罚和刑事处罚无缝对接。继续加强邮政行政执法培训和考核,全面提高执法人员的能力和水平。

**四要强化内外部制约和监督。**邮政管理部门要主动接受监督，完善群众举报制度，强化审计监督。贯彻落实邮政行政执法监督办法，加强配套制度建设，强化层级监督，实行行政执法通报制度。严格办理行政复议案件，做到有错必纠，对违法、不当和不作为的行政行为，该撤销的撤销，该变更的变更，该确认违法的确认违法，并严格追究相关人员执法责任。

**五要全面推进政务公开**。坚持以公开为常态、不公开为例外原则，推进决策公开、执行公开、管理公开、服务公开、结果公开。各级邮政管理部门要向社会公开法定职能、法律依据、实施主体、职责权限、管理流程、监督方式等事项。贯彻落实行政执法信息公开制度，善于使用新媒体手段，发挥微博、微信、移动客户端等社交网络和即时通信工具的积极作用，灵活传递执法信息，增强邮政管理部门舆论引导力。

## 三、2015 年工作安排

2015 年是全面推进依法治国的开局之年，是全面深化改革的关键之年，也是全面完成“十二五”规划的收官之年，做好邮政业改革发展工作意义重大。今年工作的总体要求是：全面贯彻落实党的十八大、十八届三中、四中全会和中央经济工作会议精神，坚持稳中求进工作总基调，坚持依法治邮，坚持提质增效，加强创新驱动，加强公共服务，确保运行安全，主动适应经济发展新常态，把握机遇、巩固态势、突出重点、真抓实干，为全面完成“十二五”规划和建设与小康社会相适应的现代邮政业努力奋斗。预计全年邮政业务总量完成 4610 亿元，同比增长 25%；业务收入完成 3840 亿元，同比增长 20%。其中，快递业务量完成 196 亿件，同比增长 40%；快递业务收入完成 2650 亿元，同比增长 30%。邮政、快递服务满意度持续提高。要重点抓好以下工作。

### （一）坚持稳中求进，巩固邮政业良好发展态势

一是全面推进“十三五”规划编制工作。集中力量做好邮政业发展“十三五”规划，邮政普遍服务、快递服务、监管体系建设 3 个专项规划和京津冀、长三角、珠三角 3 个区域规划以及各地发展规划编制工作。全力做好邮政业规划与国家规划纲要、各级地方经济社会发展、综合交通运输发展及相关产业发展规划的紧密衔接。积极争取“十三五”时期邮政基础设施中央预算内投资。积极推进快递重点项目建设。推动落实《物流业发展中长期规划》和《促进物流业发展三年行动计划》。

二是持续加大政策扶持力度。制定邮政业服务“一带一路”、京津冀协同发展、长江经济带三大战略的指导意见。出台促进邮政服务创新发展指导意见，推动邮政企业抓住电子商务快速发展的契机拓展新兴业务，做大做强寄递主业。加强邮政普遍服务理论研究与创新。推动出台促进快递业发展的若干意见。继续加快推进快递“三向”工程，组织实施示范项目，推进快递与农民网商协同发展。继续做好“电子商务与物流快递协同发展”试点推进工作。协调解决跨境寄递服务中存在的问题，促进邮政业更好服务跨境电子商务发展。继续落实快递服务先进制造业指导意见，积极提供一体化供应链解决方案，为医疗保健、汽车、航空等提供完善的快递服务。扩大冷链快递服务覆盖范围。加大与综合交通运输体系衔接力度，重点解决快递车辆城市通行停靠、电动三轮车禁限行等瓶颈问题；支持邮政、快递与铁路、航空等进一步联动，扩大高铁快递、电商快递班列试点范围；优化快件安检、配载流程，完善航空和高铁快件“绿色通道”。支持末端投递服务平台建设，出台智能快件（包裹）箱管理规范，落实快递末端投递服务网点备案管理规定。

三是着力提升标准与科技支撑能力。修订出台邮政普遍服务标准，发布快递服务发展指数，引导行业科学发展。适时调整邮政业标准体系框架，加大企业牵头制订标准比重。抓紧制订快递安全生产操作、快递末端服务、邮政业个人信息保

护等行业标准，将保障人体健康、人身财产安全的内容纳入强制性标准。以邮政EMS、顺丰快递物流可信服务物联网应用国家示范工程为抓手，推动科技示范与标准制订紧密结合。提升邮政、快递物联网、互联网信息技术应用能力和水平，引导企业加强数据分析与应用，鼓励企业在科技创新提高生产效能上加大投入。引导企业发展标准化、厢式化、专业化的运输车辆。建立科技专家信息库，组建第二届国家邮政局科技专家咨询组。加强节能减排新技术新工艺推广应用，出台行业推广应用环保技术材料指导意见，启动绿色低碳试点示范工程，继续推广节能环保车辆。

（二）坚持放管结合，不断强化事中事后监管

一是继续深化审批制度改革。出台加强事中事后监管若干意见，提升行业依法治理能力。优化许可申请办理流程，有机衔接各环节，提高办事效率。明确经营邮政通信业务审批程序。各地要认真做好两项邮政普遍服务行政审批的承接工作。加强快递业务经营许可注销管理。按照“简化手续，提高效率”原则，做好到期许可证换证工作，完善许可网上办理流程，提高工作透明度。

二是进一步加强市场监管。全面加强邮政市场监督管理，针对市场秩序、服务质量和消费者合法权益等方面存在的问题，开展专项整治行动。继续推进快递企业经营范围规范和清理工作。规范加盟和代理经营快递业务行为。加强国家机关公文寄递管理，依法查处违法行为。完善邮政业消费者申诉与市场监管工作衔接联动机制，认真做好消费者风险提示发布工作。继续做好快递服务满意度调查和时限测试。完善集邮市场监管措施，加强集邮票品进口业务和网络交易监管，严厉打击制售虚假集邮票品违法行为。加强邮政用品用具质量检查力度，督促企业严格按照标准组织生产。制定跨区域协作监管指导意见，加强监管联动和执法协作。推动行业诚信体系建设，出台行业信用信息管理办法，建立企业诚信“黑名单”制度。充分发挥新闻媒体在舆论监督、快递协会等组织在行业自律等方面的积极作用。

三是不断强化立法执法和执法监督。推进颁布快递条例，修订施行邮政普遍服务监督管理办法和集邮市场管理办法，积极参与电子商务立法工作。提出完善行业治理体系和提升治理能力的若干意见。研究编制邮政立法技术规范。加强地方立法指导。建立权力清单和责任清单。出台依法治邮考核制度、指标体系。实施执法信息公开制度，加大重大案件督办力度。加强行政复议规范化建设，提升办案能力和水平。充分发挥邮政特邀监督员作用。

（三）坚持完善机制，有效保障邮政普遍服务

一是积极拓展邮政发展空间。全面完成空白乡镇邮政局所补建目标，确保实现全国乡镇邮政网点全覆盖。完成西部和农村地区邮政基础设施及全国邮政机要通信基础设施建设工作。继续推动各地信报箱验收和村邮站建设。鼓励和支持邮政企业拓展业务范围，开办各类代理业务，打造综合服务平台。放开印刷品、明信片等邮政业务定价权，激发企业发展活力。完善邮政企业负责人经营业绩考核办法，做好考核工作。

二是有效实施邮政普遍服务和特殊服务监管。严守擅自撤销邮政普遍服务营业场所、停限办邮政普遍服务和特殊服务业务行为两条“红线”。重点监督邮件传递时限和投递服务质量不符合普遍服务标准的问题。加强邮政机要通信和党报党刊发行监督，保障邮政机要通信作业系统独立性。制订邮政专用标志车辆使用管理办法，建立健全邮车基础档案，查处违法使用邮政专用标志车辆行为。加强邮票发行监管，做好抗战胜利七十周年等纪特邮票发行工作。巩固邮政设施普查成果，健全投递服务管理基础数据库。研究邮政网点“分等分级”管理办法。推进邮政普遍服务管理信息化应用。继续实施邮政普遍服务、机要通信邮件时限监测，做好邮政普遍服务、机要通信、邮票印制和销售满意度调查。

（四）坚持安全为基，着力提高安全监管和应急保障能力

一是进一步健全安全管理制度。贯彻落实加强邮件快件寄递安全管理工作等意见精神，健全完善安全监管体制机制和制度体系，推动安全管理网格化、综合治理属地化。修订颁布禁寄物品指导目录及处理办法。研究制订特殊物品寄递安全管理制度。修订完善监管信息系统数据管理办法。进一步规范寄递渠道信息登记，实行邮件快件统一码号资源管理。加强实名收寄制度研究，在操作流程制定、信息采集等方面为全面实行实名寄递奠定基础。推动安全监管“绿盾”工程建设。积极探索在推进快递末端投递、服务平台建设及智能快件箱推广中保障安全的措施。

二是切实加强安全管理。建立健全覆盖政府部门、企业和相关环节的人防物防技防安全防控体系。充分发挥邮政业安全中心作用，加强风险预警、应急处置、技术防范、责任追溯等能力，努力提升行业运行安全预警和应急管理水平。严格落实收寄验视制度，对邮件快件收寄实行先验后封。加强邮件快件安全检查，进一步加大邮件快件过机安检比例。加大对寄递企业执行法律法规和落实安全保障制度情况执法检查力度，联合有关部门共同做好寄递渠道禁毒、反恐、扫黄打非、打击侵权假冒等工作。建立安全生产隐患排查治理体系，定期进行安全风险评估分析，出台重大安全隐患备案制度，对重大隐患治理实行挂牌督办，确保监控、整改、防范到位。加强从业人员安全管理与培训。

三是进一步增强安全和应急保障能力。加快行业安全监管信息化建设进度，充分发挥信息化对行业安全监管的重要作用。大力推进行业安全工作标准化建设，明确收寄、分拣、运输、投递等各环节安全操作标准，以及安全检查设备、监控设备等建设标准，推动行业安全管理水平整体提升。做好重大活动和突发事件应急处置工作。针对自然灾害、企业倒闭和寄递渠道阻断等突发事件完善应急预案，积极推动将行业应急管理纳入地方应急体系，确保重点地区、重大活动期间的寄递渠道安全畅通。大力加强业务旺季服务保障。

（五）坚持改革开放，加快引进来和走出去步伐

一是积极稳妥开放国内快递市场。全面开放国内包裹快递市场，组织实施配套方案，对符合许可条件的外资快递企业，按核定业务范围和经营地域发放经营许可。鼓励和支持外资快递企业在华投资经营冷链快递、供应链管理等高端服务，创新国内快递供给。引导国内企业学习借鉴世界先进经验，提高服务能力水平。

二是加快推动企业加快“走出去”步伐。依托国家“一带一路”发展战略，支持有条件的企业通过自建、合作和并购等方式，拓展国际快递网络。探索建立配送海外仓，加强国际运力能力建设，为跨境网购提供有力支撑。积极为企业“走出去”搭建平台提供服务，引导企业整合资源共建共享，共同拓展国际市场。

三是继续深化对外交流合作。认真落实中央外事工作会议精神，服务服从于我国对外开放大局。做好万国邮联和亚太邮联等国际组织工作，进一步扩大在国际邮政组织中的影响力。巩固和发展现有对外交流机制，加强与金砖国家合作交流。配合做好世贸组织贸易政策审议、中美投资协定谈判等多双边交流谈判工作。组织参加2015年两岸邮政发展研讨会，强化两岸业界交流机制。办好世界海关组织—万国邮联海关事务研讨会。

（六）坚持从严治党，大力提升发展软实力

一是持之以恒巩固拓展教育实践活动成果。坚持抓常抓细抓长，把作风转变的势态保持下去，推动形成作风建设新常态。保持政治定力，严明党的政治纪律和政治规矩，强化对“七个有之”的苗头性倾向性问题的督查治理。坚持思想建党与制度建党相结合，坚持治标与治本相结合，强化源头治理，坚决整治“慵懒散”，防止“四风”问题回潮反弹。切实加强党的基层组织建设，发挥党组

织的战斗堡垒和党员的先锋模范作用。继续积极推进行业非公企业党建工作。着力做好工会、共青团和老干部工作。切实加强行业精神文明建设和新闻宣传工作，继续开展“最美快递员”评选活动，充分挖潜宣传行业先进典型，把握正确舆论导向，壮大主流舆论阵地，合理引导社会预期，讲好邮政故事，传播邮政好声音。

二是严明党的纪律坚定不移推进反腐倡廉建设。全面落实党风廉政建设主体责任和监督责任，始终坚持“一岗双责”。认真落实惩防体系规划要求，进一步完善纪检监察、信访审计工作机制，严肃查处各类违纪行为。深入推进廉政风险防控措施落实，努力打造“不敢腐”的氛围，逐步形成“不能腐”“不想腐”的制度体系。

三是大力加强系统干部队伍建设。推动从严管理监督干部常态化，认真贯彻执行《党政领导干部选拔任用工作条例》，做到从严选拔、从严约束、从严监督、从严问责。加大干部交流和挂职锻炼力度，完善领导班子和公务员考核体系。出台关于优秀年轻干部培养的意见。落实干部教育培训规划，加强边远和艰苦地区邮政管理干部队伍建设。加快建立行业职业教育协调机制，稳步推进职业技能鉴定工作。进一步健全县一级邮政监管机制，加强地方邮政管理部门支撑体系建设，不断增强依法履职能力。

四是继续提升发展支撑服务水平。加大政府信息公开力度，完善信息发布机制。完成统计专项调查，认真开展统计检查。规范预算管理执行，提升系统财务管理效能。按照“统筹规划、整合提升、突出抓手、推广应用”的要求，进一步加快信息化建设，以执法为切入点联通业务应用模块，实现数据对接共享。

面对2015年复杂的国内外形势和繁重的改革发展任务，我们必须要深刻领会中央对邮政业的新定位，准确把握邮政业在经济发展新常态中的位置，紧紧抓住发展第一要务不放松，继续保持行业发展的良好态势。要科学理解普惠邮政、智慧邮政、安全邮政、诚信邮政、绿色邮政的丰富内涵，重点加强对行业发展重大政策、重大项目、重大工程的论证研究，全力抓好中央决策部署和2015年各项工作任务的贯彻落实，强化责任分工，加大督查力度，做到“一分部署，九分落实”。

同志们，我们站在新的历史起点上，面对改革发展的新机遇新挑战，倍感任务艰巨、使命光荣。让我们紧密团结在以习近平同志为总书记的党中央周围，高举中国特色社会主义伟大旗帜，锐意进取，奋发有为，携手推动我国从邮政大国向邮政强国迈进，为全面建成小康社会做出新的更大的贡献！

# 更高地擎起邮政业改革开放创新发展大旗

## ——国家邮政局局长马军胜第46届世界邮政日致辞

2015年10月9日

在举国欢庆中华人民共和国66华诞的日子里，我们迎来了第46届世界邮政日。借此机会，我代表国家邮政局，向关心、支持我国邮政事业发展的各地区、各部门和社会各界表示崇高的敬意和衷心的感谢！向全世界邮政业的同行们，特别是我国邮政行业的广大干部职工致以节日的问候和良好的祝愿！

邮政业是现代服务业的关键产业，是推动流通转型、促进消费升级的现代产业，是物流领域的先导产业。当前，行业正处在大有可为的战略机遇期，发展态势长期向好。今年政府工作报告明确提出"发展物流快递，把以互联网为载体、线上线下互动的新兴消费搞得红红火火"。在十二届全国人大三次会议记者会上，李克强总理向世界发出了"我很愿意为网购、快递和带动的电子商务等新业态做广告"的最强音。

看似寻常最奇崛，成如容易却艰辛。邮政体制改革以来，沿着改革开放铺就的石梯，我国邮政业走过坎坷、迈过崎岖，矢志不渝向着更高境界果敢攀登，不断把"不可能"变成了可能，把"可能"变得更精彩。2014年，全行业顶住经济下行压力，保持了持续快速发展的良好态势，业务总量完成3696亿元，同比增长35.6%；业务收入完成3203亿元，同比增长25.7%。其中，快递业务量首次突破百亿大关完成140亿件，问鼎世界第一，最高日处理量超过1亿件。今年也充满惊喜，前7个月快递业务量已超百亿件，比去年提前了3个月；8月份全国快递业务量完成16.9亿件，超过去年"双11"旺季单月最高水平。这些数字就像打开了一扇窗户，让人们看到，当不断深化的邮政改革拆除体制机制屏障时，社会活力竞相迸发、改革红利持续释放、创新潜力不断涌出，行业发展的新动能亦汇聚而成。

当然，也要清醒认识到，行业面临着转方式、调结构、防风险等多重任务，与世界先进水平相比还有不少差距，竞争力不强等问题还比较突出，行业安全形势依然严峻。我们必须深入贯彻"四个全面"战略布局要求，保持战略定力、坚定发展信心，稳态势再鼓干劲、促改革再增动力、调结构再添活力、抓管理再加韧劲，更高地擎起邮政业改革开放、创新发展的大旗，服务好"两个一百年奋斗目标"，加快推进与小康社会相适应的现代邮政业建设进程。

第一，加快"五个邮政"建设步伐。加快建设普惠邮政，推动公共服务换挡升级，让每个居民都能以合理的价格获得优质的寄递服务，共享邮政业改革发展成果。加快建设智慧邮政，打造科学发展新引擎，综合利用大数据等先进技术，通过精准、动态、科学的管理和信息共享，全面提升行业供给能力、运行效率、安全性能和服务质量。加快建设安全邮政，实现持续健康快速发展，维护邮政通信与信息安全，防止和减少安全事故，保障人民群众生命和财产安全。加快建设诚信邮政，夯实行业发展基础，让诚实守信成为行业基本行为准则，建立良性运行秩序，构建服务社会的文明形象。加快建设绿色邮政，实现循环低碳环保，减少收寄、分拣等各个环节对环境的污染和资源消耗，实现邮政业"低污染、低消耗、低排放、高效能、高效率、高效益"发展。

第二，坚持依法治邮不动摇。全面履行部门

法定职能，健全依法决策机制，坚持严格规范公正文明执法，强化内外部制约和监督，全面推进政务公开。坚持简政放权、放管结合、优化服务同时推进。千方百计破除阻碍行业创新发展的“堵点”、影响干事创业的“痛点”和市场监管的“盲点”。戮力同心多出促进行业改革开放的“硬招”、针对性强的“实招”和提升发展能力的“新招”。聚焦重点、突破难点，坚持创新驱动有的放矢，坚持转型升级定向施策，坚持问题导向对症下药，坚持需求导向精准发力。进而加快发掘行业新的增长点并使之破茧而出，加快壮大行业新的增长极并不断蓄积力量，加快形成行业新的增长带并确保引领全局。

第三，推动创新发展提质增效。促进市场开放、资源共享、产业协同、绿色环保发展。大力实施“邮政＋”战略，聚焦跨境贸易、先进制造业、现代农业、医药卫生等关联产业，拓展产业链、供应链和服务链，释放内生动力。引导支持邮政企业做大做强寄递主业，“变中求新、变中求进、变中突破”，进一步整合产品、盘活资源、突出核心、释放优势，不断增强国有经济的活力、控制力和影响力，不断提升邮政普遍服务能力。加速推动快递业务板块从“1＋1”向“1＋3”扩容转型，积极服务“中国制造2025”。力争实现“十二五”圆满收官，扎实推进“十三五”规划编制。主动对接“一带一路”国家战略，坚持“走出去”与“引进来”有机结合，以扩大开放促行业转型升级，推动形成优进优出开放型行业新格局。

通过邮政改革发展，我国已经成为一个体量庞大的邮政大国，正向着一个充满活力的邮政强国迈进。在党中央、国务院的坚强领导下，全行业必须不忘改革初心、饱含开放热情、肩负发展使命，站在新的起点上砥砺奋进，为经济社会发展和人民生活改善、全面建成小康社会作出新的更大的贡献。

# 以更好的发展成效回应中央的期待、人民的期望和社会的期盼

## ——国家邮政局局长马军胜在贯彻落实《国务院关于促进快递业发展的若干意见》电视电话会议上的讲话

2015 年 11 月 27 日

同志们：

10 月 14 日，国务院第 108 次常务会议审议并通过了《关于促进快递业发展的若干意见》。《若干意见》对未来五年乃至更长时期的快递业发展作出总体部署和系统安排。这是邮政体制改革以来国务院出台的第一部全面指导快递业发展的纲领性文件，是快递业发展进程中的重要里程碑，体现了中央对近年来快递业发展成效的充分肯定，体现了对邮政管理部门行业管理工作的充分肯定，更体现了对快递业未来发展的殷切期望和巨大支持。《若干意见》坚持问题导向，强化顶层设计，明确了转型升级提质增效的战略目标、重点措施和政策保障，为快递业发展提供了强大的动力，《若干意见》出台必将对行业发展产生广泛而深远的影响。今天，我们召开专题电视电话会议，部署贯彻落实工作，要求全行业把思想和行动迅速统一到国务院的决策部署上来，认真学习、深刻领会《若干意见》的精神实质和丰富内涵，按照“三严三实”要求切实抓好贯彻落实工作，以更好的发展成效回应中央的期待、人民的期望和社会的期盼。下面，我讲三点意见。

### 一、充分认识《若干意见》的重大意义

（一）出台《若干意见》，是主动适应经济发展新常态，充分发挥快递业在经济社会发展中重要作用的迫切需要

快递业是服务业的重要组成部分，对电子商务、先进制造业、现代农业等关联产业有着重要服务和支撑作用。当前，我国正处在“三期叠加”阶段，经济发展步入新常态，发展环境错综复杂，经济长期向好的基本面没有改变，但经济下行压力仍然较大，市场需求偏弱，稳增长、调结构、促转型的任务紧迫而艰巨。8 月份，国务院领导同志专题研究部署下半年稳增长工作，把促进快递业、网购等新业态发展作为 22 项重点工作之一。促进快递业发展，就是要充分发挥快递业打通线上线下、联通城市乡村的优势，进一步促进生产、搞活流通、拉动消费，提升经济运行效率，为稳增长、促改革、调结构、惠民生做出积极贡献。

（二）出台《若干意见》，是不断满足人民群众日益增长的寄递需求，有效促进民生改善的必然要求

随着快递服务不断从城市向农村、从东部向中西部延伸，快递业越来越具有城乡普惠服务性质，成为一项新型的民生工程，不仅激发了消费热情，也提供了公平的消费环境。快递业与电子商务等关联产业的协同发展，降低了流通成本、提升了消费能力、缩小了城乡差距、扩大了就业渠道，支持了大众创业、万众创新。当前，人民群众对快递服务的通达性、便捷性、安全性的要求越来越高，快递业亟需扩大产业规模、提高服务质量、增强服务可靠性、改进服务体验。《若干意见》提出扩展网络惠及范围、大幅提升服务水平、年均新增就业岗位、日均服务用户等发展目标，就是要把快递建成统筹城乡发展、促进消费公平的重要支撑，为群众创造实实在在的价值，带来实实在在的福祉。

（三）出台《若干意见》，是破解快递业发展瓶颈，推动行业转型升级提质增效的重大举措

快递业是近年来与电子商务等新兴业态协同发展起来的朝阳产业，是我国经济发展的"黑马"。但是由于起步晚、增长快等原因，快递业发展基础仍十分薄弱，在车辆通行、设施建设、网络拓展、许可登记、运输保障、政策支持等方面还面临着许多突出的问题。快递业活力释放仍不充分，总体发展水平与经济社会发展需要仍有较大差距。《若干意见》从国家政策层面对破解快递业发展瓶颈作了系统安排，为在"十三五"期间推动快递业进入健康可持续发展轨道，实现转型升级提质增效打下了坚实基础。可以预见，今后快递业发展将迈入方向明确、路径清晰、政策有力、规范科学的崭新阶段，将迎来在更高起点上实现跨越式发展的新春天。

## 二、认真学习、深刻领会《若干意见》的内容和精神实质

国务院领导同志高度重视快递业发展，多次作出重要指示。李克强总理三次视察快递企业，指出快递业是中国经济的"黑马"，关系经济民生，"从大处说，把农村的东西送到城市去，城市的东西送到农村来，缩小了城乡差距；从小处说，创造了就业岗位，也创造了新生活。"2014 年 9 月 24 日国务院召开常务会议，决定进一步开放国内包裹快递市场，推动内外资公平有序竞争，并强调要确保快递业有序健康发展。2015 年的《政府工作报告》要求发展物流快递，把以互联网为载体、线上线下互动的新兴消费搞得红红火火。《若干意见》贯彻落实国务院领导同志重要指示精神以及国务院常务会议、《政府工作报告》的重大部署，提出了促进快递业发展的总体要求、重点任务和政策措施。全行业要认真学习、深刻领会《若干意见》的内容和精神实质，着重把握好以下几个方面：

（一）深刻领会和把握《若干意见》对快递业定位、重要作用和存在问题的科学判断

《若干意见》站在稳增长、促改革、调结构、惠民生的高度，顺应"互联网＋"发展趋势，准确分析快递业的性质，提出快递业是服务业的重要组成部分，是推动流通方式转型、促进消费升级的现代化先导性产业，是服务电子商务的主渠道；指明快递业对于降低流通成本、支撑电子商务、服务生产生活、扩大就业渠道等具有积极作用。这是国务院首次正式明确快递业在整个国民经济体系中的产业定位，将快递业提升到前所未有的战略高度，充分肯定快递业在国民经济和社会发展中的重要作用。

今后邮政管理部门促进快递业发展的思路、政策和措施，都要围绕新定位、服从新定位，一切从新定位出发，把发挥好快递业在国民经济和社会发展中的重要作用作为工作的出发点和落脚点。《若干意见》还深刻指出我国快递业发展存在着发展方式粗放、基础设施滞后、安全隐患较多、国际竞争能力不强等突出问题。这些判断切中要害、实事求是、科学前瞻，为快递业坚持问题导向，弥补发展短板打下了基础。要通过《若干意见》的贯彻落实，用加快发展的办法、深化改革的手段，不断解决前进中的问题，促进快递业实现更高水平的发展。

（二）深刻领会和把握《若干意见》提出的促进快递业发展的总体要求

《若干意见》在科学研判我国国情和快递业业情，总结行业发展规律和以往工作实践的基础上，提出要坚持市场主导、安全为基、创新驱动、协同发展的基本原则，以解决制约快递业发展的突出问题为导向，以"互联网＋"快递为发展方向，培育壮大市场主体，衔接综合交通体系，扩展服务网络惠及范围，保障寄递渠道安全，促进行业转型升级和提质增效。《若干意见》提出：到 2020 年，快递年业务量、收入分别达到 500 亿件、8000 亿元；寄递服务产品体系更加丰富，国际快递服务通达更广、速度更快；年均新增就业岗位 20 万个，支撑网络零售交易额突破 10 万亿元；建设一批辐射国内外的航空快递货运枢纽，培育形成具有国际竞争

力的大型骨干快递企业。

通过未来五年的发展和奋斗，行业面貌将焕然一新，快递企业实力明显增强，产业规模跃上新台阶，服务水平大幅提升，综合效益更加显著，基本建成普惠城乡、技术先进、服务优质、安全高效、绿色节能的快递服务体系，不断满足人民群众日益增长的寄递需求，更好服务于国民经济和社会发展。总体要求明确了我国快递业发展的基本方向、主要路径和重要目标，方向清晰、路径科学、目标振奋，为我们今后做好快递业发展工作提供了基本遵循。

（三）深刻领会和把握《若干意见》提出的重点任务

为实现发展目标，《若干意见》统筹发展趋势和存在问题，聚焦重点环节、关键领域，提出五项重点任务，概括讲就是培育“一个主体”、坚持“一个方向”、实施“三大工程”。

**培育“一个主体”**，是指培育壮大快递企业“航母群”，支持企业做大做强。鼓励各类资本依法进入快递领域，支持快递企业兼并重组、上市融资，整合中小企业，优化资源配置，实现强强联合、优势互补，加快形成若干家具有国际竞争力的企业集团，鼓励“走出去”参与国际竞争。大力提升快递服务质量，实施品牌战略，加强服务质量监测，引导快递企业从价格竞争向服务竞争转变。支持骨干企业建设工程技术中心，开展智能终端、自动分拣、机械化装卸、冷链快递等技术装备的研发应用。

**坚持“一个方向”**，是指把推进“互联网+”快递作为快递业发展方向。鼓励快递企业充分利用移动互联、物联网、大数据、云计算等信息技术，优化服务网络布局，提升运营管理效率，拓展产业协同空间，推动服务模式变革，加快向综合性快递物流运营商转型。引导快递企业与电子商务企业深度合作，促进线上线下互动创新，共同发展体验经济、社区经济、逆向物流等便民利商新业态。积极参与涉农电子商务平台建设，构建农产品快递网络，服务产地直销、订单生产等农业生产新模式。发挥供应链管理优势，积极融入智能制造、个性化定制等制造业新领域。支持快递企业完善信息化运营平台，发展代收货款等业务。

**实施“三大工程”**，是指加快实施“向下、向西、向外”工程、“上车、上船、上飞机”工程和安全监管“绿盾”工程。通过“三向”工程，完善农村、西部地区快递服务网络，提高邮政基础设施利用效率，推动快递企业“走出去”，构建普惠城乡联通国际的服务网络。通过“三上”工程，加强快递企业与铁路、公路、水路、民航等运输企业的合作，制定并实施快递运载设施通用标准，完善快件处理设施和绿色通道建设，顺畅衔接综合交通体系。通过“绿盾”工程，全面推进安全生产标准化建设，强化企业和寄件人安全责任，利用信息技术提升安全监管能力，加强跨部门、跨区域协作配合，筑牢寄递渠道安全基础。

这些任务重点突出、指向明确，具有战略的高度、布局的深度和实施的精度，充分体现了快递业的发展规律、发展动力和发展方向，是下一步促进快递业发展的行动纲领，也是今后一段时期邮政管理部门的基本工作指南。要深刻理解这五项重点任务，切实抓好贯彻落实。

（四）深刻领会和掌握《若干意见》提出的政策措施

《若干意见》突出问题导向，聚焦长期以来快递业发展的瓶颈问题，提出了一揽子的解决方案，注重综合施策，打出一套政策“组合拳”。具体政策涉及简政放权、优化市场环境、健全法规规划体系、加大财税土地政策支持力度、改进快递车辆管理、建设专业人才队伍等方面，34 项政策点。《若干意见》所提政策在以下几个方面实现了重大突破：

**一是推进简政放权，释放发展活力。**《若干意见》提出：简化快递业务经营许可程序，改革快递企业年度报告制度，精简企业分支机构、末端网点备案手续，探索实行快递企业工商登记“一照多址”模式，扩大电子商务出口快件清单核放、汇总申报的通关模式适用地域范围。

**二是完善配套保障，支持设施建设。**《若干意见》提出：有关方面要将发展快递业纳入国民经济和社会发展规划，在城乡规划、土地利用规划、公共服务设施规划中合理安排快递基础设施的布局建设。中央预算内投资支持农村和西部地区公益性、基础性快递基础设施建设，各地区要统筹安排快递专业类物流园区、快件集散中心等设施用地，研究将智能快件箱等快递服务设施纳入公共服务设施规划。

**三是改进车辆管理，解决通行难题。**《若干意见》提出：制定快递专用机动车辆系列标准，及时发布修订生产企业和产品公告。对快递专用车辆城市通行和临时停靠作业提供便利。出台快递专用电动三轮车国家标准以及生产、使用、管理规定。各地可结合实际制定快递专用电动三轮车用于城市收投服务的管理办法。

**四是加强资金支持，减轻企业负担。**《若干意见》提出：各级财政专项资金要将符合条件的企业和项目纳入支持范围。快递企业可按现行规定申请执行省内跨地区经营总分支机构增值税汇总缴纳政策，依法享受企业所得税优惠政策。鼓励金融机构创新服务方式，开展适应快递业特点的抵押贷款、融资租赁等业务。快递企业用电、用气、用热价格按照不高于一般工业标准执行。

**五是加强队伍建设，提升人才素质。**《若干意见》提出：引导高等学校加强物流管理、物流工程等专业建设，支持职业院校开设快递相关专业。探索学校、科研机构、协会和企业联合培养人才模式，建立一批快递人才培训基地。实施快递人才素质提升工程，建立健全人才评价制度，落实就业创业和人才引进政策。支持快递企业组织从业人员参加相关职业培训和职业技能鉴定，对符合条件的企业和人员可按规定给予补贴。

**六是加强市场监管，优化市场环境。**《若干意见》提出：充实监管力量，创新监管方式，强化事中事后监管，全面提升市场监管能力。建立健全用户申诉与执法联动机制，依法查处违法违规行为，规范市场经营秩序。发挥行业自律和社会监督作用，利用企业信用信息公示系统和行业监管信息系统，建立违法失信主体“黑名单”及联合惩戒制度，营造诚实守信的市场环境。

**七是加强组织领导，合力共促发展。**《若干意见》注重构建促进快递业发展的工作格局，注重统筹发挥中央、地方两个积极性。《若干意见》提出：各地区、各有关部门要充分认识促进快递业健康发展的重要意义，加强组织领导，健全工作机制，强化协同联动，加大支持力度，为快递业发展营造良好环境。各地区要根据本意见，结合本地区实际情况研究有针对性的支持措施并认真抓好落实。各有关部门要各负其责，按照职责分工抓紧制定相关配套措施。

这些政策措施力度大、含金量高、指导性强，解决了长期以来困扰快递业的“老大难”问题，为下一步快递业又好又快发展提供了有力保障。这些政策来之不易，全行业要认真学习，全面把握，狠抓落实，打好这套促发展的“组合拳”。

## 三、全力做好《若干意见》的贯彻落实工作

一分部署，九分落实。当前，促进快递业发展的目标已经确定、任务已经提出、政策措施已经明确。把《若干意见》学习好、宣传好、贯彻好，是对各级邮政管理部门工作能力与作风的重大考验。全系统要切实增强贯彻落实《若干意见》的紧迫感、责任感和自觉性，要把贯彻落实《若干意见》作为当前和今后一段时期核心工作，列入首要议事日程，以踏石留印、抓铁有痕的精神，确保各项政策不折不扣执行到位。

### （一）大力抓好《若干意见》的学习宣传

各级邮政管理部门要把学习领会《若干意见》作为当前和今后一段时期的重点任务，加强组织领导，周密安排部署，不断把学习贯彻工作引向深入。要做好学习组织工作，通过研读文件、集中学

习、座谈研讨、论文征集等多种方式，全面掌握文件内容，吃透精神实质，领会战略意图，为贯彻落实文件提供思想保障。要把学习文件与本地经济社会发展情况、邮政管理工作实际相结合，坚持通过学习指导实践，通过实践深化学习，做到学以致用、知行合一。各级快递协会要充分发挥行业组织的作用，组织企业深入学习文件，引导企业以“互联网+”为发展方向，强化安全意识，扩展服务网络，加快转型升级提质增效，同时要引导企业用足用好各项利好政策。要切实加强《若干意见》的宣传工作，通过报刊、网络、微信等多种媒体手段，广泛宣传快递业改革发展所取得的成绩，国家确定的产业发展目标、提出的重点任务和出台的扶持政策，要通过有力的宣传释放积极信号、提振发展信心、形成社会共识，为推动《若干意见》实施、促进快递业健康发展营造良好的舆论氛围，进一步扩大行业的社会影响力。

（二）切实加强《若干意见》贯彻的组织领导

快递业的产业链条长、涉及范围广，促进快递业的发展离不开各有关方面的支持。邮政体制改革以来，中央各部门、地方各级人民政府都很重视快递的发展，结合部门和地方的实际，出台了一系列重点支持政策和措施。这次《若干意见》在总结以往政策措施的基础上，注重顶层设计、综合配套、突破创新，提出了五项重点任务（23 个折子工程）、34 项具体的政策措施。落实这些政策措施，涉及面广、关联性强、任务繁重，有些任务和政策措施是首次提出，前期没有现成的经验和做法可循，需要我们深入研究、大胆探索。国家局、交通运输部、发展改革委将建立贯彻落实《若干意见》的工作机制，制定部门工作分工方案，加强组织领导，统筹推进落实。各省、市（地）局要及时主动向地方党委和政府汇报有关情况，推动建立贯彻落实《若干意见》的工作机构和工作机制，研究制定贯彻实施方案，明确任务分工、责任部门和进度安排，形成工作合力。要根据本地的实施方案，将相关任务分解落实到内部的各职能部门，明确任务、细化措施、责任到人，按照时间进度推进各项工作。各级邮政管理部门要切实承担起统筹协调、跟踪了解、推动落实的主责，将贯彻《若干意见》的重点任务纳入地方政府的重点督查考核事项，要推动地方出台结合本地实际、针对性强的政策措施并认真抓好落实。要抢抓重大机遇，树立主责意识，强化担当精神，积极主动作为，不等不靠，结合实际，因地制宜，把《若干意见》明确的各项工作部署落到实处、落地生根，为快递业创造更加有利的发展环境。

（三）近期要抓紧启动一批重点工作

全面贯彻《若干意见》是一项长期工作，要统筹谋划、远近结合、突出重点、持续推进。近期要结合行业发展实际和前期工作基础，围绕重点领域和关键环节，精准发力，尽快启动一批重点工作，为贯彻《若干意见》开好局、起好步。一是培育壮大骨干快递企业。提出培育具有国际竞争力的快递企业工作方案，按照市场化、国际化、资本化、差异化的方向，促进兼并重组、强强联合、上市融资，重点培育几家“航母”企业，着力打造各具特色的综合性快递物流运营商。二是积极推进“互联网+”快递。充分发挥支撑电子商务主渠道作用，把快递业打造成“互联网+”典范工程，在服务三农、制造业、跨境电商协同发展、提升管理效能等方面取得新突破。三是顺畅衔接综合交通体系。启动交通运载设施相关通用标准的制订工作，推动航空、铁路“绿色通道”建设。推进公路客运班车代运快件试点和快件甩挂运输方式，加快建立中欧班列运输邮（快）件机制。四是加强寄递渠道安全监管。研究提出“绿盾”工程总体方案，建立健全快递业安保体系，明确工作任务，争取资金支持。切实抓好“双 11”期间安全保障工作。五是改进车辆管理。启动快递专用机动车辆系列标准和专用电动三轮车国家标准的研究制订工作。具备条件的地区先以行业标准为基础加快制定快递专用电动三轮车用于城市收投服务的管理办法。六是落实投资支持政策。联合有关部门开展调研，围绕基础性、公益性提出快递基础设施建设项目需求计划，并争取中央预算内投资支持。七是深入推进简政放权。研究出台快递企业年度报告制度改革方案。协调海关、质检、工商等部门，落实好快件通关等政策。八是加快法规规划工作。积极推动出台《快递条例》，结合《若干意见》抓紧完善邮政业发展“十三五”规划和快递发展“十三五”规划，并推动快递发展重点内容纳入国民经济发展规划纲要和综合交通运输等专项规划。

（四）着力做好《若干意见》落实的督促检查

《若干意见》能否贯彻落实到位，关系到在“十三五”期间能否抓住重大战略机遇，如期建成与小康社会相适应的现代邮政业。各级邮政管理部门要把贯彻《若干意见》与“三严三实”专题教育结合起来，把意见落实的效果，作为系统上下践行“谋事要实、创业要实、做人要实”要求的重要评判标准，两项工作必须两手抓、两促进。国家局将建立工作责任台账，对《若干意见》贯彻落实情况进行检查、督查和责任考核。各地邮政管理部门也要建立贯彻落实《若干意见》的督查和考核机制，充分调动各级干部的使命感、责任感、积极性和主动性，确保各项工作有部署、有落实、有成效。同时，要通过督促检查工作，总结各地好经验、好做法并加以推广。国家局将对《若干意见》贯彻落实情况进行通报。

同志们，促进快递业发展是党中央、国务院赋予邮政管理部门的光荣职责。这次，国务院出台《若干意见》，为快递业指明了产业定位，绘就了发展蓝图，设计了发展路径，明确了功能作用，提出了重大政策措施，为行业发展开启了前所未有的广阔发展前景。全行业必须牢固树立大局意识、责任意识，大力弘扬担当精神，抢抓机遇、锐意进取、鼓足干劲、扎实工作，靠作风干事、凭业绩说话，全力推动行业实现转型升级提质增效，为服务大众创业、万众创新，培育现代服务业新增长点，为国家稳增长、促改革、调结构、惠民生做出新的更大贡献。

# 坚持依规治党　强化履职尽责
# 不断开创党风廉政建设和反腐败工作新局面

## ——国家邮政局纪检组组长解畅在2015年全国邮政管理系统党风廉政建设工作会议上的报告

2015年1月6日

同志们：

受国家局党组委托，我向会议做工作报告，请予审议。

这次会议的主要任务是：以党的十八大和十八届三中、四中全会精神为指导，深入贯彻习近平总书记系列重要讲话和中央纪委三次、四次全会精神，认真落实国家局党组的决策部署，回顾总结2014年邮政管理系统党风廉政建设和反腐败工作，研究部署2015年工作任务。国家局党组对这次会议高度重视，专门进行了研究。党组书记、局长马军胜同志将作重要讲话，我们要认真学习领会，全面贯彻落实。

### 一、2014年全系统党风廉政建设和反腐败工作回顾

2014年，在国家局党组的高度重视和直接领导下，全系统各级党组织和纪检监察部门深入学习贯彻党的十八大、十八届三中、四中全会和习近平总书记系列重要讲话精神，按照中央纪委三次、四次全会和全国邮政管理系统党风廉政建设工作会议的部署，聚焦中心任务、强化监督职能，服务改革发展大局，党风廉政建设和反腐败工作取得了新的进展和成效。

（一）围绕中心工作，推进中央重大决策部署落实

各级纪检监察部门紧紧围绕全系统改革发展的中心任务，加强监督检查，切实维护党的政治纪律，推进中央重大决策部署落实，保证政令畅通。

根据深化行政审批制度改革的统一部署，国家局纪检组监察局按照党组要求，积极加快推进行政电子监察系统建设，督促业务部门清权确权，明确工作职责，简化审批流程，规范权力运行。河北局成立行政服务中心，整合17项行政许可和备案事项，积极推进简政放权；重庆局适应行政执法重心下移的要求，不断完改善行政执法监督机制，实现对派出机构行政处罚的远程审批；围绕强化行业安全监管，上海局纪检监察部门及时介入金桥申通“3·10”事件，督促业务部门总结经验教训，完善应急处置预案；围绕解决行业发展突出问题，天津局建立重点工作督察督办制度，对推进邮政业综合服务平台建设、推动快递与电商协同发展、推广应用新能源汽车、保障“双11”快递旺季服务等重点工作进行督查督办，确保工作进度和效果；陕西局纪检监察部门把空白乡镇局所补建、推进“快递下乡”、解决快递企业用地难、快递车辆通行难等工作纳入监督检查范围，强化效能监察，推动解决热点、难点问题。

（二）创新监督检查方式，加大专项整治力度

各级纪检监察部门主动适应中央反腐倡廉“新常态”，结合党的群众路线教育实践活动整改方案落实，推动深入贯彻中央八项规定要求，驰而不息加强作风建设，不断创新监督方式，加大专项整治力度。

国家局纪检组监察局研究制定了《邮政管理系统纪检监察部门监督检查工作组划分及工作办法》，整合资源，成立7个工作组，按照统一部署开

展分区互查。紧紧围绕贯彻落实中央八项规定精神，在全系统31个省局和部分市（地）局开展了专项检查，共发现并落实整改问题48条。配合财务部门深入开展“小金库”专项治理工作，加强对会议费、培训费、项目费支出情况的监督，及时组织收回了不该支出的费用，纠正避免了存在的风险隐患。

北京、山西、上海、海南等局深入落实中央八项规定精神，制定领导干部深入基层调查研究和党员干部密切联系群众制度；新疆局克服困难，先后下派驻村工作组30余人次；内蒙古、辽宁等局严肃处理“慵懒散”现象；浙江局开展了“酒局”“牌局”专项治理；广西局对机关浮躁、梗阻、懒散等“六病”集中整治，有效推动了作风的好转；黑龙江局建立起一套涵盖投诉处理、问题分析、政策解读、制度建设等方面的纠风工作机制。

借鉴国家局分区互查的做法，江苏、山东、河南等局开展了纪检监察分片监督检查工作，抽调精干力量组成若干个检查组，对各市（地）局贯彻中央八项规定精神情况进行了深入检查；江苏局认真实施廉政回访制度，向管理对象发放《廉政回访函》500多份，详细了解公务人员在执法过程中的廉洁自律情况；山东局利用电子网络监控系统，对行政许可、行政处罚等业务事项进行实时监督；河南局印发《行政效能监察办法》和《行政效能监察量化考核办法》，逐步建立起跟踪问责的长效考核机制；青海局坚持明察与暗访相结合，对发现的问题及时处理。

（三）认真贯彻“三转”要求，积极推动“两个责任”落实

各级纪检监察部门自觉按照党章要求，认真履行职责，发挥纪检监察部门的职能作用，推进落实“两个责任”。

紧紧抓住党风廉政建设责任制这个“牛鼻子”，协助党组督促落实风险防控机制，督促落实“一岗双责”，强化“一把手”的责任意识。国家局纪检组监察局根据党组要求，坚持领导干部离任经济责任审计制度，全年共完成了11个单位领导干部的离任经济责任审计工作。

吉林局向省局机关各部门主要负责人和各市（州）局领导班子发送《关于廉洁从政的提示函》，针对不同单位、不同岗位廉洁从政注意事项给予提示，明确廉政责任；上海局纪检组协助党组研究制定了《关于落实党风廉政建设主体责任的实施意见》，明确党组在抓党风廉政建设中的组织地位和领导责任；四川局明确规定党组书记和纪检组长分别为党组和纪检组的第一责任人，并签订了党风廉政建设主体责任和监督责任承诺书；贵州局明确提出“谁主管谁负责”，发生问题不仅要追究纪检监察部门的责任，更要追究主管部门“一把手”的责任；西藏局注重量化监督考核，把责任落实情况纳入年终考核，并把考核结果与评先评优挂钩。

（四）认真履职尽责，严肃及时查处违纪违规问题

各级纪检监察部门认真贯彻从严治党要求，以“零容忍”态度惩治腐败，今年全系统共受理信访举报90件，全部按照规定进行了处理，其中办结73件，转办8件，留存9件。

国家局纪检组监察局坚持按照规定时限及时受理每一封群众来信，通过调查核实，纠正违规问题7件，诫勉谈话6人，通报批评1人，给予纪律处分2人。在按照分级管理原则办好自办信访举报件的同时，指导省局纪检组牢固树立责任意识，认真研究邮政系统反腐倡廉工作的新情况新特征，不断规范信访举报受理，坚持认真处理群众来信，做到事事有查证，件件有结论。

河北局结合教育实践活动，认真处理群众来信，对1名市（地）局主要领导干部进行了诫勉谈话，并多次深入一线督促整改落实；山东局认真对待“毒快递”事件影响，及时总结教训，将坏事变成好事，加强监管并依据法院判决对相关党员干部给予了纪律处分和批评教育；陕西局根据信访举报，认真调查核实，对1名参与赌博的领导干部给

予了党纪处分；青海局认真总结处理群众来信的经验做法，进一步健全完善信访处置机制，认真完成省纪委交办，在巡视中发现的问题线索的核实；福建局制定《纪检监察信访举报工作暂行办法》，规范信访举报工作流程，严格登记、转办、初核、管辖权限和办理时限。

（五）坚持抓早抓小，不断强化源头治理

各级纪检监察部门坚持预防为先，早打招呼、早提醒，不断完善党员干部“不敢腐”、“不能腐”、“不想腐”的机制。

国家局纪检组监察局抓住关键节点进行廉政提醒，凡是年节时刻，都要在全系统重申纪律要求，进一步明确禁止规定，严防“四风”反弹，同时利用手机、网络发送廉政短信进行提醒。针对邮政系统实际，将 53 项廉政制度规定汇编成册，在全系统印发，推动广大党员干部学习党纪党规，增强“底线”意识。

各省局以廉政风险防控机制建设为抓手，针对风险点不断完善防控措施，着力强化廉政教育和制度建设。吉林局召开党风廉政建设集体谈话会，加强廉政提醒和教育；安徽局从源头规范权力运行，实现行政审批“一站式”办理，有效预防行使权力过程的风险；海南局积极拓展电子信息教育载体，编发党建《简报》190 多期，将廉政文化建设不断引向深入；陕西局坚持早警示、早教育，采取面对面、分批次、全覆盖的方式对各市局“一把手”进行廉政谈话教育。

（六）加强自身建设，着力提高纪检监察干部能力水平

各级纪检监察部门积极应对全系统党风廉政建设面临的新形势新任务，不断加强自身建设，积极组织学习培训，努力提高履职能力。

国家局纪检组监察局深入开展调查研究，到 7 个省局和 10 个市（地）局了解反腐倡廉建设情况。针对本系统纪检监察干部队伍现状，邀请中央纪委、交通运输部、社会科学院等单位的领导、专家授课，组织对全系统 130 余名纪检监察干部进行了培训。各省局积极拓宽渠道，采取多种方式，不断加大纪检监察干部培训力度。广东局积极利用地方资源，组织纪检干部参加省直工委组织的纪检干部业务培训；四川、甘肃等局借助省委党校等平台，组织纪检监察工作培训，提高业务能力水平。

为加强纪检监察工作交流，国家局纪检组监察局先后编辑印发 4 期《邮政管理系统纪检监察信息》，刊登各单位党风廉政建设的突出工作和经验做法。同时，积极向中央纪委监察部网站、纪检监察报投稿，有 7 条被中央纪委监察部网站和紫光阁网站采用。

各省局高度重视市（地）局纪检监察组织机构建设和纪检组长配备工作，截至去年底，全国 332 个市（地）局已经全部建立了党组纪检组，308 名纪检组长已经到位，为有效开展纪检监察工作奠定了组织基础。为增强纪检监察工作的前瞻性和系统性，国家局纪检组监察局牵头成立项目组，结合邮政管理实际，根据中央 2013 年至 2017 年惩治和预防腐败体系建设规划要求，研究制定了国家局《惩治和预防腐败体系建设实施办法》，明确了未来 3 年党风廉政建设和反腐败工作的目标任务和重点工作。

在充分肯定成绩的同时，我们必须清醒地看到，在邮政行业快速发展的同时，行业监管的任务更加艰巨，带来的各种风险也日益加剧，纪检监察工作与党中央的要求和群众的期待还有一定差距，仍存在不少问题：有的党组织和党员领导干部对党风廉政建设和反腐败斗争形势认识不到位，没有把从严治党的政治责任担当起来；有的党员干部落实整改规定心存侥幸，存在打折扣、搞变通的问题；有的单位或部门组织涣散、纪律松弛的现象仍然存在，防止“四风”反弹的任务艰巨；少数党员干部法纪意识淡薄，教育管理监督仍需进一步加强；制度的严密性不够，有的制度执行不力；纪检监察干部队伍需进一步加强，工作能力还不能适应新形势要求。对此，我们必须高度重视，切实

采取措施,认真加以解决。

## 二、一年来的工作体会

2014年,党中央高度重视反腐倡廉建设,坚定不移反腐败,驰而不息抓作风。各级纪检监察机关聚焦主责主业、严格正风肃纪,保持惩治腐败的高压态势,成效显著。过去的一年,对我们邮政系统纪检监察工作也是不断取得新成效的一年。成绩的取得,得益于国家局党组的坚强领导,得益于全系统党员干部群众的支持和参与,得益于广大纪检监察干部付出的辛勤和智慧。我们有以下体会:

### (一)不等不靠,勇于挑战,是做好新常态下纪检监察工作的必然要求

一年来,全系统纪检监察干部虽然人手少、兼职多、任务重,但我们主动出击,着眼准确把握干部队伍廉政现状和作风建设动态,深入调查研究,及时提出有针对性的对策措施;我们不等不靠,着眼形成上下联动齐抓共管的良好局面,积极协助党组织紧紧抓住落实党风廉政建设主体责任这个要害,以上率下、层层传导压力;我们迎难而上,着眼权力规范运行,加快推进市(地)局廉政风险防控体系建设,有效防范廉政和监管风险。各省局直面挑战,主动创造条件,深化廉政教育,建立健全制度体系,对市(地)局主要领导进行任前谈话和定期约谈,有力促进干部队伍健康稳定发展。事实证明,只有负责任的人,才能把冷板凳坐热。我们深深感到,行业越发展,就越要增强忧患意识、危机意识,主动融入、迎接挑战,才能真正成为邮政业改革发展的忠诚捍卫者。

### (二)积极作为,不断创新,是做好纪检监察工作的动力源泉

创新是我们攻坚克难的重要法宝。纪检监察工作在新形势下面临着很多困难,特别是监督力量不足,严重制约了纪检监察职能的发挥。困则变、变则通。回顾一年来的工作,我们积极创新监督检查办法,整合资源,形成合力,分区互查,对31个省局进行全覆盖监督检查,成效明显,受到了中央纪委充分肯定和基层广泛欢迎。我们主动创新审计模式,统一部署,分组审计,集中上报,在较短时间内完成国家局审计任务,有效锻炼了省局队伍,也为开展市(地)局离任审计积累了经验。我们务实创新教育培训方式,各省局运用新兴媒体,增强教育培训的时代感和针对性,收到良好效果。邮政业的迅猛发展,使纪检监察工作遇到的新挑战、新困难会越来越多,但我们坚信,改革创新是事业发展的不竭源泉,创新精神不滑坡,办法总比困难多。我们只有更新观念、锐意创新,尊重规律、开拓进取,才能不断开创反腐倡廉工作的新局面。

### (三)严格执纪,敢于碰硬,是纪检监察干部党性原则的重要体现

对干部最大的爱护莫过于政治上的关心,而政治上的关心重在从严教育、从严监督、从严执纪,这是我们纪检监察部门义不容辞的责任。我们邮政管理系统不是世外桃源、更不是一方净土。去年,我们全系统受理的信访件呈上升趋势,严肃查处违纪问题的力度是前所未有的。在廉政风险面前,同志们坚持问题导向,敢于碰硬、敢于“亮剑”,果断惩处违纪问题,以儆效尤,维护了党纪的严肃性,体现了纪检监察干部的坚强党性。坚持原则,敢于碰硬,就能发现问题;早提醒、早处理,就能挽救干部;惩前毖后、治病救人,就能避免重复犯错、小错酿成大错。随着邮政业的旺盛发展,廉政风险也会越来越大,更加需要从严治党、从严执纪。我们只有继续发扬坚持真理、敢于碰硬的精神,扎实做好每一项纪检监察工作,才能无愧于党组的信任和忠诚卫士的光荣称号。

党风廉政建设永远在路上,习近平总书记就从严治党、严明纪律、改进作风、惩治腐败发表了一系列重要讲话,为我们做好工作指明了方向。“不患无位,患所以立”。有责任、敢担当,才能干好工作、做出成绩,也才能得到尊重、受到拥护、有所发展。我们要敢于担当、不辱使命,按照中央纪委“聚焦主责主业”的要求,继续把力量和精力集

中到监督执纪问责上来，坚定不移地把党风廉政建设和反腐败斗争引向深入。

## 三、2015 年的工作任务

2015 年，是全面深化改革的关键之年，是全面推进依法治国、依法治邮的开局之年，做好各项工作，具有重要意义。今年工作的总体要求是：深入贯彻党的十八大、十八届三中、四中全会精神，认真学习贯彻习近平总书记系列重要讲话精神，按照中央纪委四次全会和即将召开的五次全会部署，以推进惩治和预防腐败体系建设规划为主线，以深化“三转”要求为抓手，以强化监督执纪问责为重点，坚持从严治党、依规治党，严明政治纪律、加强纪律建设，强化责任担当，持之以恒落实中央八项规定精神，改进作风，加强法治教育，完善监督制约制度体系，狠抓自身建设，推进党风廉政建设和反腐败工作迈上新台阶。

### （一）坚持依规治党，切实加强党的纪律建设

**完善党风廉政建设法规制度。**党规党纪是管党治党建设党的重要法宝。要认真贯彻执行中央关于党风廉政建设和反腐败工作的各项法规制度，结合实际及时制定贯彻落实办法，切实加强邮政系统反腐倡廉制度建设。认真落实国家局党组惩治和预防腐败体系 2013 －2017 年工作规划《实施办法》，各级党组织要进一步完善细化落实措施，纪检监察部门要建立和完善督促贯彻执行的办法，形成常态化的监督机制。抓紧制定完善邮政系统三级纪检监察机构《受理信访举报流程及办法》和《离任审计管理办法》；建立国家局纪检组对《新任职的局管干部、纪检组长廉政谈话》制度，建立《重要信访举报线索重大事项报告》制度，扎紧制度篱笆，努力形成具有邮政特色的反腐倡廉法规制度体系。

**严格执行党的各项纪律。**纪律的生命力在于严格执行。要把严明党的纪律作为治本的重要方面，加强纪律教育，从严监督执纪。要严明政治纪律和政治规矩，党员领导干部要对党忠诚，坚决维护中央权威，决不允许自行其是、阳奉阴违；要严明组织纪律、增强组织观念，严格贯彻执行民主集中制，自觉做到“四个服从”；坚决纠正个人主义、自由主义，克服组织涣散、纪律松弛现象，严肃查处目无组织、欺骗组织行为。严格执行党的工作纪律、财经纪律和生活纪律等各项纪律。使党的纪律真正成为全党必须遵守的行为准则。

**不折不扣贯彻落实党中央、国务院和国家局重要决策部署。**各级纪检监察部门要认真履行监督职责，强化对各级党组织和职能部门执行情况的监督检查，坚决查处上有政策、下有对策，有令不行、有禁不止的行为。加大问责力度，维护政令畅通，确保党中央、国务院及国家局重大决策部署落实到位。

### （二）不断改进纪检监察工作，创新方式方法

**建立下级纪检监察部门向上级纪检监察部门报告工作制度。**上级部门可采取定期不定期听取工作汇报、主要领导工作述职的办法，强化上级对下级部门的指导。下级部门要主动向上级部门汇报工作，特别是重大事件、重要举报线索，必须如实报告，如有瞒报、漏报，一经发现，严肃追究有关领导和人员的责任。

改善和加强各级纪检监察机构人员配备。要严格选拔配强纪检组长，真正选用政治上忠诚可靠、工作上勇于担当，讲党性、讲原则的领导干部担任纪检组长；从事纪检监察工作的干部要能带头模范遵守党纪党规、廉洁自律，在群众中有一定威信，敢于坚持原则，纪检监察工作岗位要保持相对稳定。

**创新完善分区互查工作机制。**坚持整合资源，积极主动作为，适应反腐倡廉新常态，国家局纪检组要在总结 2014 年实践的基础上，进一步改进完善监督检查方式，从检查内容、检查程序、人员培训以及基本要求等方面，研究制定可操作的办法流程。要突出重点开展监督检查，紧紧围绕党中央、国务院和国家局的重要决策部署，围绕群众关注的热点问题等，确定检查内容；要坚持问题

导向，认真查找存在的问题，坚持立行立改，督促整改落实。根据不同情况，有必要的，还要组织“回头看”，确保检查取得实效。各级纪检监察部门也要拓宽思路，积极大胆创新，推进邮政系统纪检监察工作不断开创新局面。

**根据需要组织机动灵活的专项巡查。**针对一人一事，一个单位、一个部门、一笔经费等，开展专项巡查。国家局纪检组抽调骨干力量，组成专项巡查组。“一次一授权”，组成人员、地区、部门均不固定。专项巡查前，巡查组要专门收集听取有关部门、方面的意见，研究制定巡查方案。专项巡查的特点是集中力量，采取短、平、快的方法，针对性强、任务明确，目的是着力解决重点难点突出问题。

（三）巩固成果，持之以恒抓作风

**狠抓节点，防止“四风”问题反弹。**改进作风是从严治党永恒的主题。要紧紧扭住四风问题不放松，切实盯住一个个节点，抓住一个个具体问题督促落实，巩固和深化作风建设成果。要强化对违反中央八项规定精神问题的执纪监督，加大通报曝光力度，让“四风”无处藏身。要加大治庸治懒力度，严肃查处为官不为的典型，大力弘扬正风正气，狠刹歪风邪气。要加强对中央关于厉行节约、公务用车、办公用房、“三公”经费支出等规定执行情况的监督检查，进一步落实整改措施，提高制度的执行力，推进作风建设常态化。通过不懈努力，使有“得过且过”、心存侥幸的心态得到切实扭转和纠正。

**抓住重点，正风肃纪。**坚持问题导向，严格执行中央国家机关规范津补贴的制度规定，坚决查处公款吃喝、公款旅游、公款送礼等问题，重点查处十八大后、中央八项规定出台后、开展群众路线教育实践活动后，仍然不收敛不收手的顶风违纪行为。让一些胆大妄为，踩踏作风“红线”和仍然搞不正之风的人望而生畏，望而却步。

**以良好的党风政风带行风。**“风成于上，俗化于下”。党风正则行风优，要以端正的党风凝聚正能量。各级纪检监察部门要督促业务部门，在抓好党风政风的同时，积极推进行风建设。坚持遵纪守法和崇德重礼相结合，强化党性修养和道德养成，发挥德治礼序、乡规民约的教化作用，大力弘扬中华民族和邮政行业的优良传统和文化。要创新方式方法，继续积极参与地方组织的行风热线活动，开展行风评议，不断改进作风，树立良好形象。

（四）强化问题线索管理，坚决严肃查处违纪违规问题

**坚持有问题必查。**要认真处理信访举报，严格按照规定的时限要求，及时受理并展开调查核实；要严格登记制度，规范工作流程，确保不漏查、不积压，切实做到件件有着落、事事有回音；对于中央纪委、地方纪委或上级纪检监察部门交办的信访件，要按照具体要求认真办理，不得无故拖延；对于涉及同级主要领导的问题线索，必须及时向上级纪检监察部门报告，在指导下进行核实；要加强审计工作，对审计中发现的问题线索要及时交纪检监察部门核实查处。

**坚持突出重点，严肃执纪。**坚持有贪必反，有腐必惩，重点查处领导干部以权谋私、贪污贿赂，在干部选拔任用、插手工程、项目，侵吞国有资产等方面的违法违纪问题；重点查处发生在重点领域、重要部门和群众身边的腐败问题；重点查处顶风违纪、线索反映集中、群众反映强烈的突出问题，形成强大震慑。

**坚持抓早抓小。**对于苗头性、倾向性问题，坚持早发现、早提醒、早处置，防微杜渐，多做扯扯袖子、提提领子的工作，防止小问题演变成大问题，避免党员干部犯错误、犯重复性错误、犯大错误。完善“抓早抓小”的监督制约机制，及时进行廉政提醒、诫勉谈话、批评教育等，惩前毖后、治病救人。

（五）落实“两个责任”，开创党风廉政建设良好局面

**落实主体责任。**党风廉政建设和反腐败工作

是全党的重大政治任务，必须强化书记责任担当。要紧紧抓住落实主体责任这个“牛鼻子”，切实落实党风廉政建设责任制，推动各级领导既“挂帅”又“出征”，坚守“主阵地”，种好“责任田”，担负起统一领导、直接主抓、全面落实的主体责任。各级纪检监察部门要发挥组织协调职能，督促业务部门认真抓好职责范围内的反腐倡廉工作，加强与人事、财务、审计等方面的协调配合，相互支持，形成合力。

**强化监督责任。**加大正风肃纪的力度，敢于较真，敢于碰硬。坚决落实“一案双查”制度，做到有责必问，违纪必纠，特别是对中央三令五申仍顶风违纪和违反政治纪律的问题要严肃查处，并追究领导责任。要研究制定责任追究的实施办法，使责任追究具体化、程序化、规范化。要加强廉政监督，抓紧建立廉政档案制度。明确廉政档案的内容、对象。重点收录单位或个人信访举报反映的内容、调查核实的情况，重大事项报告情况，审计报告等。

（六）加强教育管理，深入推进惩防体系建设

**建立完善自律机制，把欲望关进道德的笼子，营造“不想腐”的氛围。**固本才能培元，凝魂才能聚气。要紧贴邮政管理实际，深入开展理想信念、党风党纪、“三严三实”和廉洁自律教育，教育引导广大党员干部坚定理想信念，坚持为民服务的宗旨，坚守廉洁自律的底线。教育引导广大党员干部学习党章、遵守党章，自觉按照纪律要求规范一言一行。充分发挥新兴媒体作用，开展快捷灵活的网上廉政警示等，用身边的人和事进行具有说服力的教育。

**建立完善防范机制，把权力关进制度的笼子，形成“不能腐”的环境。**要以道德约束为基础、以权力制约为核心、以法律规范为主线，完善制度措施，强化制度刚性约束，提高制度执行力。着力构建内容科学、程序严密、配套完备、有效管用的权力运行体系和监督制约机制。积极运用科技手段，不断创新监督管理模式，加快推进电子监察，用计算机代替人脑，强化规范用权。要认真研究邮政系统的特点规律，进一步增强监督制约的有效性。要强化公开透明的舆论监督，不断深化党务公开，让权力在阳光下运行。

**建立完善惩戒机制，坚持依法依纪从严治腐，形成“不敢腐”的高压态势。**以法治思维和法治方式，从严管理、严肃执纪，切实维护党纪国法的尊严。坚持有腐必反、有贪必肃，只要触犯党的纪律和国家法律，决不手软、一查到底，坚决遏制腐败的影响和蔓延。让党员干部牢牢记住“手莫伸，伸手必被捉”的道理。注重发挥媒体、网络、群众等舆论监督的强大优势，形成立体式、全方位、多渠道的宣传网络，宣传教育党员干部增强反腐败的决心和信心。

（七）深化“三转”，培养忠诚干净担当的纪检监察干部队伍

**继续深化“三转”工作。**进一步强化转职能、转方式、转作风的认识，不断挖掘潜力、拓宽思路，把更多的精力放在履行主要职责上。结合邮政管理系统纪检干部队伍的实际，按照急用先学的原则，采取案例剖析、调查报告点评、现场模拟等方式进行培训，增强针对性和有效性。各省和市（地）局也要利用各种资源，邀请当地专家、领导授课。力争2015年底前，全系统纪检监察干部业务培训率达90%以上，切实不断提升纪检监察干部的能力水平。

**培养对党绝对忠诚的政治品格。**对党忠诚是对纪检监察干部最根本的政治要求。要坚持学思践悟，不断增强党性修养，牢固树立宗旨意识，强化责任担当。要严守政治纪律、组织纪律，带头落实中央八项规定精神。时刻对手中的权力心存敬畏和戒惧，坚守廉洁自律的道德情操，自觉遵纪守法。坚持求真务实，养成对工作“严、细、深、实”的高度负责精神。

**信任不能代替监督。**纪检监察干部要强化自律意识，自觉遵守工作纪律、保密纪律、廉政纪律，自觉接受监督，防止“灯下黑”。要踏踏实实做事，

干干净净做人，用铁的纪律打造组织信任、群众信赖的纪检监察干部队伍。

同志们，党风廉政建设和反腐败工作任务艰巨、使命光荣，党和人民寄予厚望。我们要坚决贯彻习总书记重要讲话精神，贯彻中央纪委全会精神，在国家局党组的坚强领导下，开拓进取、恪尽职守、扎实工作，不断开创纪检监察工作新局面。

# 讲好故事　发好声音　促进行业新闻宣传工作不断迈上新台阶

## ——国家邮政局副局长王梅在邮政管理系统2015年度全国记者站工作会议上的讲话

2015年9月16日

同志们:

这次全国记者站工作会议,是在全行业深入贯彻落实习近平总书记系列重要讲话精神,行业新闻宣传工作者学习领会2015年全国宣传部长会议精神形势下召开的一次重要会议。与往年不同,今年记者站会议赶在"双11"旺季之前召开,是希望同志们未雨绸缪,提前谋划,及早着手,做好即将迎面而来的重点宣传任务,例如国办《关于促进快递业发展的若干意见》有望近期出台,全年业务高峰的旺季服务保障即将拉开序幕,做到事前策划、事中管理、事后总结。

时隔一年,大家再次聚首,"坐下来"深入分析过去一年行业新闻宣传工作的得失;"沉下来"共同探讨新常态下的目标任务;"定下来"合力谋划下一阶段的战略布局,这对于讲好行业故事、发好行业声音,促进行业新闻宣传工作不断迈上新台阶,为推动"五个邮政"建设提供有力的思想保证、舆论支持和智力保障,具有非常重要的意义。通过这次会议,我们要把成绩总结透,相互交流借鉴;把问题分析深,找准差距不足;把形势把握准,明确目标方向;把工作部署好,抓好贯彻落实。

在此,结合当前的形势任务和新闻宣传工作实际情况,我讲三点意见。

### 一、2015年行业新闻宣传工作扎实有效,做到了因势而谋、应势而动、顺势而为、乘势而上

2015年,新闻宣传工作始终坚持高度的政治自觉性和大局观,坚持正确的舆论导向,紧紧围绕国家局中心工作和邮政业发展重点任务,以夯实基础、创新发展为抓手,以"3+X"宣传大格局为载体,以努力提升行业影响力为核心,扎实推进实体平台与虚拟平台共建,强化重点报道和任务落实、紧抓领导班子和队伍建设,工作思路更加开阔、报道内容更加丰富、宣传形式更加灵活、业绩成效更加显著,为行业发展营造了良好的舆论环境,有效提升了行业的社会认知度和影响力。主要体现在以下几方面:

(一)因势而谋,升级增效

今年以来,网站建设、外联工作更上一层楼,新媒体获得实质性进展,影响和效果凸显。

**1. 网站:提升服务,稳中求进。**

国家局网站便民服务和公众互动功能不断提升,完成了建站以来第二次改版,信息发布频次加快,重要信息实现"24小时内报",信息发布价值更高。截至8月初,中央政府网转发国家局网站信息近百篇。政府网站监测报告显示,去年,国家局网站继续在部委管理的国家局网站考评总排名中列第1位。

**2. 外联:整合资源,借势发力。**

中央和行业媒体对国家局重点工作等的宣传报道及时、全面、优质,1~8月共刊播235篇新闻报道,同比增幅高于行业增速。报道既有量又有质,尤其是在7月国家局年中工作会前后,新华社连发8篇重磅调查报道,聚焦正在改变中国的经济"黑马"——快递,《人民日报》以《奔跑吧,快递哥!》为题,整版报道快递业蓬勃发展的步伐,中央电视台在新闻联播、新闻直播间等拳头栏目播出多条行业最新动态,中央媒体的密集关注提升了行业的社会影响力、美誉度和各级领导的认知度。舆情监测工作加快完善,中心编写了《2014年快递

舆情监测报告》，在快递服务质量专项整治动员部署会议上进行了通报，为监管部门分析舆论、加强监管提供了参考。同时，每月还汇总分析外部媒体报道情况，提交专项报告。

**3. 新媒体：从无到有，大胆创新。**

经国家局批准，新闻宣传中心正式成立新媒体事业部，目前负责国家局和报刊“两微一端”的运营维护，对国家局重点工作、行业政策与热点话题进行第一时间的宣传。截至今年 8 月，报刊微博粉丝量共 18263 人，微信粉丝量共 38427 人，两者今年共发布文章和消息 2159 篇，其影响力相当于再造一份媒体。

（二）应势而动，创新推进

2015 年，根据国家局部署，行业新闻宣传工作在实体平台换档升级基础上，围绕中心、紧跟热点、及时深入报道，取得了良好的社会效益。

**1. 报纸扩版，杂志求新。**

《中国邮政快递报》今年全面换挡升级，加载提速，从周报扩版至周二报，报道内容既丰富，又有深度，实现了从“看热闹”到“看门道”、从“快消息”到“深解读”的转变，同时在继续做好邮政管理、快递报道的同时，努力开拓邮政业务、集邮市场、关联产业等新领域，做到了增量更提质，扩版更扩容。《快递》杂志定位更加清晰，继续深化面向市场的转型，与《中国邮政快递报》实现差异化发展，彼此分工协作，打好配合战，在“深”上做文章，紧贴社会、行业、企业的热点、重点、难点展开宣传、交流、互动，为传递行业声音、诠释行业发展提供更多智力支持。

**2. 重大报道，联合出击。**

2015 年全国邮政管理工作会、全国两会、快递下乡、补白工程、快递电商协同发展、快递与制造业联动、“最美快递员”、行业规划等重大报道再上新台阶。特别是两会期间，中心报纸、杂志和外联部三个部门负责人作为上会记者，在备受瞩目的记者会上得到了两次提问机会，向央行行长周小川和商务部部长高虎城提出了涉及行业发展的重要问题，展示了邮政业新闻宣传工作者的风采，广东、陕西、江苏、河南、新疆、山东、湖北等地省局领导和记者站站长还协助中心完成对省长等政要的两会专访。在这些重大报道的战役中，凸显出邮政业新闻宣传队伍一个鲜明特点：善于充分调动行业内外的宣传资源，统筹推进；敢于全面展现行业新闻宣传工作的软实力，一呼百应。

**3. 深度调研，拓展领域。**

今年以来，新闻宣传中心团队聚焦“五个邮政”，特别是在绿色邮政和智慧邮政方面，做实新能源汽车、智能快件箱和绿色包装三个支点，进行了十余次深度调研，分别对北京城乡的邮政快递企业服务网点，对《人民日报》、《中国交通报》、《人民邮电报》等权威媒体，对中粮我买网、小麦公社、北京印刷学院等关联企业和院校进行了实地走访、现场考察、座谈交流等多种形式的调研。此外，与北汽新能源和比亚迪等关联企业实现互访。通过系列专题调研活动，深入了解行业发展环境及上下游产业链对行业媒体的传播需求，充分学习借鉴，深化合作关系。整体而言，报刊的采编人员和广大特约记者通讯员队伍更加注重密切联系实际，加强实地采访、现场连线、体验采访，及时总结行业发展模式和先进经验，并就行业发展中遇到的问题献计献策。调研有深度和广度，总结分析报告有力度和高度，深化了“走转改”，适应了新常态。

（三）顺势而为，媒体融合

以“智慧媒体”为方向，以“智能管理”为手段，以“智力支持”为目标，创立并夯实国邮智媒、国邮智库和快递“最后一公里”峰会三大平台。

**1. 打通媒体之间藩篱，顺应融合趋势。**

新媒体的异军突起和传统媒体的发展，不是“此消彼长”，而是“此长彼长”的关系，全行业新闻宣传队伍主动作为，敢于跳进新兴媒体的“汪洋大海”，强迫自己学“游泳”。国家局层面，提速新媒体建设脚步，强化报刊微平台、逐步构建国家局系统政务信息新媒体发布平台和机制，整合快递企业、自媒体与专家资源，打造行业新媒体宣传矩阵等；地方层面，北京、辽宁、黑龙江、福建、山东、河南、湖北、四川、陕西、甘肃等地记者站尝试开设微博窗口、微信平台，有的省份还推出手机报等。

**2. 组建国邮智库，服务大宣传格局。**

上半年，经市场监管司、普遍服务司、政策法规司以及新闻宣传中心各部门推荐征集行业专家人选，经过反复筛选，最终确定近50名专家，出台了《国邮智库专家委员会建设管理办法》，组建了国邮智库专家委员会。智库专家来自各大主要院校与科研机构、行业协会与企业、主要中央媒体、有关政府部门等。借助智库专家队伍，宣传诠释好国家局决策部署，创新舆论引导新方式，不断提升舆论引导的实效和水平。

**3. 创新活动载体，发挥平台效应。**

围绕“五个邮政”，以“融合创新，借势发展”为主题的快递“最后一公里”峰会成功举办。350余名来自政府、学界、业界的专家，来自骨干快递企业和关联产业的代表共议新能源车新政和智能快件箱等热点话题。峰会效果实现了“三个超预期”：一是参会人数之多超预期；二是参与主体覆盖范围之广超预期；三是社会影响之大超预期。峰会上发布了两份调研扎实、数据翔实的报告——《中国快递领域新能源汽车发展现状及趋势报告》和《中国智能快件箱发展现状及趋势报告》，两份报告由新闻宣传中心的采编人员和全国31个省（区、市）记者站同步展开“地毯式”问卷调查、实地调研、信息汇总而成，报告一炮打响，成为业内外资本下一步拓展市场的“风向标”。就在会议现场，全国最美快递员“石头蛋”还得到获赠一辆新能源汽车的承诺，并且在两个月之内梦想成真。借助峰会，扩大了行业社会影响力，摸清了产业链上下游供需情况，为行业下一步提质增效提供了助力；同时，峰会也锻炼了队伍，三级新闻宣传队伍相互协调，互相搭台，为今后举办大型活动积累了经验，奠定了基础。峰会是行业新闻宣传的一个新平台，也是新闻宣传工作发展思路和发展模式的一次突破，是从做行业媒体到做行业平台的一次转型。

（四）乘势而上，借力而行

新闻宣传体系逐步完善，通讯员水平进一步提升，各地记者站的支撑和保障作用显著增强。

7月，新闻宣传中心在北京举办了两期邮政管理系统新闻宣传业务高级研修班，500余名记者站站长和通讯员参加了研修班，这是行业内首次重点针对一线通讯员的一次培训，从工作实绩看，培训研修对促进各地邮政管理部门重视新闻宣传工作，做好国家局以及全系统的新闻宣传支撑保障工作产生了非常积极的作用。

近一年来，全国记者站投稿数量和质量均有提高。2014年四季度至2015年二季度，各记者站给国家局报刊网投稿数量达14036篇，采用3804篇，采用率为27.1%，均比2014年有提升。今年以来，山东、广东、四川、安徽、湖北、浙江、江苏等地记者站配合完成快递与制造业联动的专题报道，四川、山西、江西、广东、陕西、吉林、宁夏、广西、新疆、浙江、贵州、湖北、黑龙江等地记者站对于空白乡镇邮政局所补建、快递下乡和村邮站建设的报道全线跟进，给予报刊强大的后台支撑，也对宣传地方邮政业发展起到了很好的作用。各省局、市局领导亲自出马协调、记者站积极参与配合、专业新闻宣传团队积极努力工作，行业报刊网和中央媒体才有了源头活水，每次重要宣传活动才能够有声有色——这就是我们值得继续发扬的“国邮模式”。

可以说，一年来全国邮政业新闻宣传队伍工作尽心、出色、给力，成绩显著。邮政体制改革以来，我们从零开始、不断突破，用9年时间建立完善“3+X”新闻宣传体系；我们包容并蓄、广纳英才，用6年时间持续壮大行业新闻宣传人才队伍，形成了一支50多人的专业团队和近1000人的通讯员队伍；我们目标一致、上下联动，借助报刊网平台，用3年时间让各地记者站通讯员队伍逐步走向成熟。在此，我代表国家局党组，对同志们一直以来对行业新闻宣传工作的大力支持和辛勤付出表示衷心的感谢！

在取得这些成绩的同时，我们还要清醒地认识到，面对中央为邮政业赋予的新定位和加快建设"与小康社会相适应的现代邮政业"的新要求，行业新闻宣传工作还存在着诸多差距和不适应，亟待真抓实干、迎头赶上。主要体现在"五个不到位"：

**一是舆论引导能力不到位。**当前，各地记者站舆论引导的主动性、针对性、策略性、计划性、跟进性还不强。舆情监测做得不是很扎实，对传媒新趋势研究不是很透彻，对行业媒体新作法跟踪不是很及时，按高标准要求衡量，还缺乏长远的战略目标和清晰定位。舆论引导力量较为薄弱，舆情研判能力不足，舆论引导形式单一。

**二是内容传播功底不到位。**比如依托地方媒体宣传力度不到位，向社会公众传播行业正能量、发展新成就的声音不强，不少群众乃至部分地方党政领导尚不了解邮政体制改革的准确内涵、不熟悉邮政行业和邮政管理工作。传播内容形式单调、缺乏广度和深度、宣教意味浓重，已落后于形势发展的需求。

**三是对行业媒体认识不到位。**行业媒体是否有影响力是衡量行业是否有影响力的重要参考指标之一，但部分记者站有误区，认为行业报刊是为了发行而发行，只站在本省、本位看问题，而不是站在全局、全面看问题。实际上，行业报刊加强发行、提升影响力有以下四个方面目的：一是为了及时准确传达行业主管部门的声音，做到上情下达；二是为了及时真实传递基层一线关注的问题、遇到的困惑，做到下情上传；三是为了及时全面宣传行业发展和成就，树立行业形象，做到凝神聚力；四是及时客观传播行业发展面临的问题和障碍，让各地、各部门、各单位都来为行业发展出谋划策，做到齐心协力。行业报刊发行工作是行业新闻宣传工作重要内容，做好发行工作，有利于我们扩大行业影响、争取发展政策、提高社会关注、赢得百姓理解。

**四是政府网站信息管理不到位。**政府网站是政务信息发布的权威窗口，是权力运行公开透明的重要标志，但个别管局的网站更新不及时、内容陈旧、被媒体曝光为"僵尸网站"的事件时有发生。政府网站运维不足，运维人员缺位失位，说明责任不到位、意识不到位、管理不到位。目前，国务院办公厅全国政府网站普查进入收官阶段，大家要高度重视，要把网站运维工作做好。这是一项全局性工作，也是政府管理工作的重要组成部分，要切实发挥好功能和作用。

**五是深化新闻宣传布局不到位。**行业新闻宣传基础管理工作的前瞻性、计划性和目标性有待加强，各地记者站对新闻宣传工作重视程度不均，机构不健全、制度不完善、工作手段不丰富、人员培训不够，考核激励机制不健全等。通讯员一稿多投、内容空洞、以内部信息代对外宣传的现象虽有所好转但仍普遍存在。目前，行业新闻宣传队伍整体还比较年轻，对于邮政行业的了解不够深入，造成一些重点报道找不准点，抓得不实，不接地气，写得不准、不透、不解渴，系列报道、重磅评论和好的图片都是短板。

## 二、准确把握和适应新常态下邮政行业新闻宣传工作的新特点、新要求

同志们，再有三个月，我国就将迎来新一个五年规划期，邮政体制改革也将走进第10个年头。站在新的分水岭上，服务大局仍然是行业新闻宣传工作的根本职责，观大局、识大局，工作才能有为，服务才能到位。行业新闻宣传工作服务大局，必须紧紧围绕国家局党组提出的目标要求，即邮政业转型升级、提质增效，建设与小康社会相适应的现代邮政业，来筹划、来展开，凝聚人心、鼓舞斗志，加强宣传阐释、提供舆论支持、营造良好氛围，推动局党组决策部署的贯彻落实。

### （一）要充分认识新常态下新闻宣传工作的重要性和必要性，实现"五个突破"

当前，我国经济发展呈现速度变化、结构优

化、动力转换三大特点。适应新常态、把握新常态、引领新常态，是当前和今后一个时期我国经济发展的大逻辑，需要人们的思想观念、发展理念、思路方法有一个深刻调整，通过新闻宣传和舆论引导指引社会预期、提振发展信心、统一思想认识的任务依然格外繁重。这就迫切要求坚持正面宣传为主，巩固壮大主流思想舆论，弘扬主旋律，传播正能量，激发全社会团结奋进的强大力量。中央对邮政业提出了新定位，目前邮政业正处于全面深化改革、依法治邮、加快推进“五个邮政”建设的关键时期，也面临巩固发展态势，改革创新、转型升级、提质增效，融入“四个全面”战略布局的重要机遇期。面对新常态、新业态、新定位和新要求，行业新闻宣传工作任务繁重艰巨。为此，我们要围绕行业进入经济发展新常态积极主动开展宣传舆论工作，宣传新常态新特点、新常态新变化、新常态新要求、新常态新亮点、新常态新作为、新常态新面貌，引导全行业科学认识、主动适应新常态。国家局党组已经提出了面向国内国际的两大发展目标，即建成现代邮政业与邮政强国。同时，明确了通往两个目标的“五个邮政”路径，行业发展面临转型升级、提质增效的重要历史机遇。行业新闻宣传工作要不断丰富“3 + X”体系的内涵，一方面围绕中心、服务大局，进一步做好国家局党组和全系统的“耳目喉舌”，另一方面尊重新闻规律、做强媒体板块，积极面向市场开拓产业布局，锁定“一体两翼”的新目标定位，推动行业宣传工作上水平、上层次、上台阶。

同时，行业新闻宣传工作要树立大格局理念，树立“责任田”意识。习近平总书记说：“要树立大宣传的工作理念，动员各条战线各个部门一起来做，把宣传思想工作同各个领域的行政管理、行业管理、社会管理更加紧密地结合起来。”这番讲话，既是新形势下做好宣传思想工作的重大战略思路，也为统筹宣传思想工作与其他各项工作提供了基本遵循，我们要学习上跟进、认识上跟进、行动上跟进，更好地用习近平总书记讲话精神武装头脑、指导实践、推动工作。

对于邮政业新闻宣传工作，要树立大宣传的工作理念，就是要进一步延伸工作链条，打破小范围自我循环，推动各领域各行业各部门共同做好这项工作，动员更多的力量参与新闻宣传。其中，国家局新闻宣传中心要做好行业新闻宣传工作的总体规划、设计，提升宣传工作的系统性、整体性、全局性、协同性和前瞻性。各地记者站要将新闻宣传“自留地”变为“责任田”，充分利用和调动各部门、各市局及各寄递企业的力量，为新闻宣传工作服务；进行机制创新，将新闻宣传工作纳入绩效考核，明确各部门/单位的新闻宣传工作任务，并实行相应的奖惩制度；充分利用好行业外资源，如行业专家学者、主流媒体等。借鉴新闻宣传中心建立国邮智库的模式，各省局记者站也可以结合本地情况酌情建立。

下一步，行业新闻宣传工作要努力实现“五个突破”：

**第一，要实现抓重点的突破。**重点往往是工作中的难点，具有牵一发而动全身的特点，应坚持问题导向，从矛盾最突出、最迫切需要解决的问题入手，选准新闻宣传工作的切入点和突破口。

**第二，要实现抓典型的突破。**典型人物、典型经验具有示范引导作用，及时培养、树立、宣传典型是开展新闻宣传工作的有效途径。典型就在我们行业，就在我们身边，各地都要用心去捕捉、去挖掘，用好各种载体，增强感染力和说服力。

**第三，要实现抓特色的突破。**特色是亮点、是品牌、是形象，是扩大行业影响力、知名度的金字招牌。行业新闻宣传要注意结合地方特色、企业特点，抓住亮点做文章。例如在全国铺开的大工程“快递下乡”，各地在推进中探索出了不同的模式，呈现出各自的亮点，如果新闻宣传工作中抓住了这些亮点，行业服务“三农”、服务社会的价值就能得到更好体现。

**第四，要实现抓载体的突破。**好的载体是推进工作的有效抓手，积极探索建立符合新闻宣传工作规律和特点的活动载体,不断创新完善载体内容和形式,可以促进各项工作深入开展。"3 + X"行业新闻宣传格局是已有的载体和平台,要在此基础上,推动其在高度、深度、宽度上拓展,延伸我们新闻宣传平台的内涵和外延。

**第五,要实现抓创新的突破。**创新是推动新闻宣传工作发展的不竭动力,提高新闻宣传工作科学化水平,必须善于创新。应着力抓好理念、方法、手段的创新,把握媒体格局、舆论生态的新变化新趋势,适应分众化、对象化、互动化的传播要求,树立大宣传理念,使新闻宣传工作形式更多样,更具有亲和力、感染力和说服力。

(二)要把握脉络,抓住关键,积极做好"五个深度融合"

面对社会发展新形势、行业发展新态势和媒体发展新局势,行业新闻宣传工作要改革创新,繁荣发展,必须做到五个深度融合:

**1. 新闻宣传要与服务大局深度融合。**

邮政行业新闻宣传工作是邮政管理工作的重要组成部分,要讲政治、讲责任、有担当,要与国家局和省市局中心工作以及地方政府工作要求紧密融合。在人人都可以做媒体的时代,中心工作是做好行业新闻宣传工作的指南针,围绕中心开展工作才可以确保行业新闻宣传不跑偏、不移位。紧紧与中心工作相融合,新闻宣传工作才能做到胸怀大局、把握大势、着眼大事,才能做到因势而谋、应势而动、顺势而为,才能激发全行业团结奋进的强大力量,才能正确引导社会舆论和推动行业发展。

**2. 新闻宣传要与行业发展深度融合。**

行业新闻宣传工作是行业发展的助推器。随着"3 + X"格局不断完善,行业新闻宣传的深度和广度不断提升,许多新闻报道甚至成为了省市局向地方政府寻求支持政策的"敲门砖";行业正能量的传播也让社会各界更加了解和认同整个邮政行业特别是快递员这个群体,快递品牌的知名度、美誉度有了明显提升。目前,快递业发展有了新趋势,不断"向下、向西、向外、向深、向全产业链"延伸。新闻宣传更要与行业发展高度融合,要紧贴行业发展的脉搏,更好地发挥弘扬主旋律、传播正能量、服务和推动行业发展的重要作用。同时,新闻宣传工作一定要与管局的业务工作紧密结合,事实上,通讯员们都会有这种感触——新闻宣传工作是能让我们快速熟悉邮政业务和行业管理的最佳路径之一,也是最能淬炼、提升自我综合素养的一个不可替代的舞台。

**3. 新闻宣传要与扎根基层深度融合。**

行业的新闻宣传工作归根结底就是真实生动鲜活地讲好行业故事。其中,及时准确客观深刻反映基层一线是不可或缺的部分。远离群众,脱离群众是做不好行业新闻宣传工作的。人民群众是历史的创造者。对于行业发展而言,基层员工的智慧和力量愈加重要。行业新闻宣传工作要持续"走转改",深化"三贴近",挖掘行业好素材、讲好行业好故事、唱响行业好声音,与抓典型突破结合好,多宣传报道基层员工涌现出来的先进典型和感人事迹,发挥榜样的力量,激励行业人成长。

**4. 新闻宣传要与回应关切深度融合。**

随着行业对经济社会发展贡献愈加明显,邮政业的社会关注度日益提高,一些话题甚至成为社会热议的焦点和敏感话题。行业新闻宣传不能回避社会热点,要与之相互融合,做好舆情研判、跟踪和引导,把正能量传播好,把"负新闻"转为"正能量"。要关注那些关键时间节点和关键环节部位,比如"双 11"快递旺季业务高峰,要提前谋划,借助外部媒体,拟定统一口径,加强正面引导。同时,可借助社会热点的高关注度、高曝光度特性,充分整合主流媒体宣传资源,抢占舆论制高点,传播行业发展成效。

**5. 新闻宣传要与多媒体深度融合。**

媒体融合,代表的是一种全新的思维,即受众思维,这是互联网思维的核心。正是这种思维,倒逼行业媒体融合提速,打造自己在新媒体时代的竞争力。融合不是替代,更不是割裂,而是遵循不同的传播规律，使用不同的传播语言，实现交互性和良好的用户体验，在移动中实现有效的情景传播、精准传播和立体传播。只有传统媒体和新兴媒体增强创新性、提升针对性、体现差异化，做到技术支撑、相互借鉴、优势互补，才能进一步形成传播合力、增强舆论引导能力。

（三）要打造过硬团队，通过“四个强化”，加强新闻宣传队伍建设

人乃事业之本，做好新形势下新闻宣传工作，最根本的在于建设一支政治过硬、业务过硬、作风过硬的行业新闻宣传队伍。要打造一支过硬的记者通讯员队伍来支撑新闻宣传事业，按照正规化、专业化、职业化的要求，切实提高思想政治素质、业务工作能力、职业道德水准，努力建设一支“真学、真信、真懂、真用”的优秀新闻宣传者和践行者队伍，切实提高新闻宣传水平，不断提高发现问题能力、分析透析能力、解决问题能力和传播正能量能力，做到守土有责、守土负责、守土尽责。

队伍过硬，首先是要有过硬的政治素质。新闻宣传工作讲政治是第一位的。要把思想政治建设摆在突出位置，进一步严明政治纪律、宣传纪律，引导新闻宣传工作者增强政治意识、恪守政治规矩，做到忠诚、干净、担当。队伍过硬，还要求业务能力上有“两把刷子”，适应新的形势任务，加强理论学习、潜心钻研业务、努力掌握新知，真正成为让人信服的行家里手。硬起来，还必须深入改进作风，巩固拓展群众路线教育实践活动成果，深化“走转改”活动，使新闻宣传工作做到“三贴近”。

要通过理顺机制，夯实基础，为推动邮政行业新闻宣传工作提供后盾，做到“四个强化”：

**第一，强化人才机制。**要按照一体化发展的理念，实现各种媒介资源、生产要素的有效整合，实现信息内容、技术应用、平台终端、人才队伍的共享融通，形成一体化的组织结构、传播体系和管理体制，这需要我们进一步完善科学合理的人才机制，加强人才培养，加强业绩考核。

**第二，强化组织建设。**目前，记者站在各省局都已建立，在行业新闻宣传中发挥着重要作用，但部分记者站与行业发展的要求还有一定差距。各记者站要出台相关规定，明确职责分工，加强对网站管理、报刊投稿、舆情监测、媒体组织等考核，加强对记者站工作的人、财、物支持，保障记者站工作的正常运行。

**第三，强化载体意识。**一报一刊是国家局主管的行业报刊，是肩负着行业宣传职责的重要载体，在行业媒体融合发展中承担着重要角色。各记者站要助力新闻宣传中心建立高素质的特约记者和通讯员队伍，保障稿源，确保质量；要帮助新闻宣传中心做好一报一刊的品牌推广，扩大报刊覆盖面，通过报刊的增量，扩大行业的影响力。

**第四，强化素质提升。**必须切实转变思想观念，着力提高自身素质，适应媒体融合的大趋势和大潮流。为此，要注重政策理论学习，提高政治素质和政策理论水平，把握正确的舆论方向；要努力向其他媒体和同行学习，在实践中学习，提高新闻专业能力和综合职业素质，写好文章、讲好故事、传好声音、树好形象，传播好正能量；要着力提升培训的针对性、实效性，使培训真正起到适应新形势、学习新知识、拓宽新思路、打开新视野的作用。

## 三、把握机遇，聚焦重点，凝聚思想共识，讲好行业故事，努力为行业发展营造良好舆论环境

到今天，2015 年只剩下 3 个多月了，也就意味着为“十二五”收官和为“十三五”夯实基础都进入了最后冲刺阶段。大家都知道 2016 年是“十三五”的开局之年，最近两年里国家各项利好政策将开始集中发挥作用，邮政行业的改革发展进入关键时期。大家一定要把握好机遇，紧紧围绕国家局部署，服务好发展大局，做好接下来和明年行业新闻宣传的各项重点工作。

当前和今后一段时间，行业新闻宣传工作要紧紧围绕十件大事，把握正确导向，坚持正面引

导，选好突破口，找好落脚点，按照“打一仗、进一步”的要求，不断提升行业新闻宣传工作水平，更好地服务于邮政管理工作和行业改革发展。下一步，我们还将结合国家局今年的务虚会和明年年初召开的全国邮政管理工作会议的任务部署，制定印发2016年全国邮政管理系统新闻宣传工作要点，各记者站一定要抓好落实。

（一）重点宣传好行业“双11”旺季服务保障。每年“双11”期间都是全年业务出现峰值的时间，“双11”旺季是全行业要打的一场硬战，也是我们行业新闻宣传工作要打的一场硬战。我们要提前谋划、充分准备，借助“3+X”宣传体系、调动整合各类资源，科学谋划，做好宣传工作。

（二）重点宣传好行业“200亿时代”。“拿下200亿，突破4000亿，登上新高地”，即快递业务量突破200亿件，业务收入突破4000亿元，是国家局提出的今年年底前行业的新目标。这对于行业发展而言又是一个里程碑，我们的新闻宣传工作要围绕这个目标鼓与呼，凝神聚力，共奔前程。

（三）重点围绕《关于促进快递业发展的若干意见》展开宣传。这个意见出台后，国家局会提出宣传口径，要对国家层面、各部门、各地方通力合作促进快递业发展的政策举措，邮政管理部门简政放权、大力优化发展环境的行动，包括出台邮政行政管理权力清单、责任清单和负面清单的措施等，加强宣传。

（四）重点宣传行业发展“十三五”规划。要继续加强对“十二五”期间所取得的成就的宣传，在此基础上，加强“十三五”规划的编制的宣传报道。明年要重点宣传三级邮政管理机构的“十三五”规划内容，围绕“五个邮政”实现的路径、目标、成效做文章。此外，还要宣传邮政业相关内容纳入国家和地方“十三五”规划纲要、综合交通运输及城乡建设等重点专项规划。

（五）重点宣传邮政管理部门加速推动业务板块从“1+1”向“1+3”扩容转型。加强对《关于加快发展农村电子商务的意见》中提及的“快递向西、向下服务拓展工程”的报道，继续“电子商务与物流快递协同发展”试点扩大的宣传，加大对补齐跨境寄递、快递服务制造业两块“短板”以及继续推进“快递下乡”的报道力度，认真总结好的模式和成效，综合运用宣传典型、评选先进等方式推动各地加大重视和推进力度。

（六）重点宣传空白乡镇邮政网点补建工程的后续实效。对邮政管理部门加强监督、邮政企业创新运营管理进行深入报道，一方面在国家层面形成良好声势，另一方面为补白网点建得好、立得住、可发展提供参考。各记者站要配合做好补白工程宣传画册的资料整理搜集等工作，宣传好这项民生工程、民心工程以及邮政管理部门工作成绩。

（七）重点宣传《快递条例》的立法进程和快递对外开放工作。要重点关注各项政策措施的落实，以及快递市场对外开放以后国内快递企业的变化等内容。

（八）加强以“最美快递员”评选活动为代表的行业精神文明建设工作。第二届寻找“最美快递员”活动已经于今年7月启动，并将于2016年揭晓发布评选结果，各地记者站要切实担起推荐典型、报道先进的职责，协助中心组织好辖区内的评选工作。同时，做好创业创新、非公党建等中央要求的重点领域报道。

（九）重点加强对行业安全的宣传。安全是发展的首要前提，围绕我国第一部强制性邮政业标准《邮政业安全生产设备配置规范》9月1日正式施行，通过各种形式的宣传推进行业加强安全管理，保障协调、可持续发展。

（十）重点完善新闻发布和舆情危机应对制度。形成政务信息公开的长效机制，一方面加强政府网站的内容建设和信息管理；另一方面，新闻发言人及时通过定期的新闻发布会制度，就重点热点话题及时发布信息。

同志们，今后一段时间行业新闻宣传工作的目标和方向已经明确，关键是以钉钉子的精神抓落实。要聚焦确定的目标，抓住事关全局的重点工作，集中资源、集中力量加以推进，确保同向发力、齐心协力、形成合力。要遵循新闻宣传工作规律，把握节奏、保持力度、一锤接着一锤敲，一个项目一个项目地落实，一个问题一个问题地解决，做到抓铁有痕、踏石留印。保持工作的韧性韧劲，对认准的事情扭住不放、镜头不换，聚精会神地抓，驰而不息地抓，久久为功、一抓到底，不见成效不罢休。要坚持眼睛向下、重心下移，牢固树立抓基层、强基础的导向，加大对基层工作的指导和扶持力度，确保新闻宣传工作的各项任务上下贯通、落地生根。让我们在国家局党组的坚强领导下，齐心协力，融合创新发展，把行业新闻宣传工作做得更好，为促进行业发展做出更大的贡献！

# 深入推进依法治邮　促进行业治理体系和治理能力现代化

## ——国家邮政局副局长赵晓光在邮政管理部门行政复议暨行政诉讼培训开班式上的讲话

2015 年 7 月 14 日

同志们：

大家上午好！为加强全系统行政复议工作规范化，贯彻实施新修改的《中华人民共和国行政诉讼法》（以下简称行政诉讼法），提高邮政行政执法能力和水平，全面推进法治邮政建设，国家邮政局决定举办本期行政复议暨行政诉讼培训。邮政政企分开以来，组织这样的专门培训还是第一次。这是邮政管理部门贯彻落实十八届四中全会决定，深入推进依法治邮，强化各级领导干部法治思维和能力，促进行业治理体系和治理能力现代化的重要举措。

行政复议和行政诉讼是行政机关工作的常态，做好这两项工作是对行政机关的基本要求。国家局政策法规司为组织好这次培训，做了精心准备，邀请了全国人大法工委和国务院法制办的专家授课。大家都是各省局负责这方面工作的同志，要珍惜这次学习机会，争取学有所获。

借这个机会，我谈几点意见，供同志们在学习中参考。

### 一、要熟悉行业发展历程，增强法治邮政建设的信心和决心

（一）要全面了解邮政体制改革发展情况

邮政业是一个既古老又现代的行业。邮政业的体制改革经历了三个发展阶段，第一步是 1998 年的邮电分营；第二步是 2006 年的政企分开；第三步就是 2012 年的省级以下邮政监管体制的建立。可以说，邮政体制改革是国家行政体制改革最成功的一个范例。我国改革首先从制造业开始，多个部门被撤销，最后只剩下铁路、烟草和邮政。这三大行业特点不同。党中央国务院对此非常慎重。烟草行业涉及到税收和耕地，情况复杂，只能实行专营专卖。铁路改革更是谨慎，上个世纪七十年代开始，日本、英国等国家陆续开始铁路改革。从世界各国铁路改革的经验来看，情况不一，成功失败的例子皆有。此外就是邮政业，邮政业是网络性、通讯性行业，其发展模式和监管模式与其他行业不同，随着七十年代至九十年代快递业的兴起，整个邮政业发生了巨大变化，为我国改革开放作出了突出贡献。

2012 年，国务院办公厅下发了关于完善省级以下邮政监管体制的通知。这一改革极大的推动了行业的发展。现在不少地方的县级机构正在组建成立。生产领域有一句行话："物流是最后一块成本空间"，也就是说降低成本只能通过物流解决。邮政作为网络性的行业，传递着实物流、信息流和资金流，对生产领域的渗透和影响越来越大。邮政业发展迎来新机遇。李克强总理曾多次为快递点赞，并亲自视察快递企业。去年 9 月 24 号，国务院召开常务会议专门讨论进一步开放国内快递市场问题。在这次会议上，李克强总理把邮政业定位为"快递是服务业的关键产业，是代替传统流通方式、刺激消费升级的现代产业，是物流领域的先导性、领军性产业"。

**快递业是服务业的关键产业。**这是因为快递业与科技、金融、制造以及生产生活密切相关，快递业带动了其他服务业的发展。快递业还是观察经济转型、结构调整、市场活跃的重要标志性产业，是经济发展状态、程度的晴雨表。快递业务量的进出比可以反映出该地区的经济结构。快递业

发达的地方，该地区经济发展程度相应的比较高。

**快递业是代替传统流通方式、刺激消费升级的现代产业。**这是因为快递业改变了传统多层次、多区域、多环节的流通方式，将生产者与消费者直接衔接，丰富了消费者的选择，极大的刺激了消费。就像现在跨境电子商务的发展，离不开快递的作用。国内的消费者可以直接购买外国的产品，邮政小包的快速发展也证明了这一点。

**快递业是物流领域的先导性、领军性产业。**这是因为快递业整合了陆运、空运、海运等几大运输方式。最先进的物流方式，如无人机、识别技术、控制技术、安检技术、大数据、信息跟踪和查询等先进技术已经在快递业率先应用。

（二）要正确认识行业发展现状

邮政业是发展最快、作用越来越大的行业。以中国邮政集团公司为例，其规模称得上世界第一。邮政现有网点，算上便民服务站和村邮站，多达四五十万个。虽然传统业务在下降，但是新业务不断兴起。国内邮政小包的增长速度相当快，2013 年的总量为 1 亿件，2014 年就上升到 2.1 亿件。国际小包也在快速增长，2013 年约 1.7 亿件，2014 年已经达到了 3.1 亿件，占跨境包裹数量一半以上。另外，中国邮政集团公司在世界五百强中的排名也在不断上升，2011 年第 343 位，去年则是排第 168 位，日本邮政为第 23 位，德国邮政第 110 位，美国邮政第 134 位，UPS、联邦快递和 TNT 等快递企业都排在后面。

再以快递业为例。快递这几年增长迅猛，从业务量来看，从 2011 年的 36.7 亿件发展到 2014 年的 140 亿件，每年以 50% 的速度增长，照此速度发展到“十三五”末期，估计能达到 750 亿件左右，再乐观点，也有可能达到 1000 亿件。从业务收入来看，2011 年 750 亿，到 2014 年增长到 2045 亿，每年增长 35%。从处理能力看，2011 年全国最高日处理量为 1800 万件，2014 年则达到 1 亿件。从服务能力看，2011 年以来，快递服务网点增加至 13.2 万处，汽车量增加至 17.8 万辆，飞机增至 67 架，从业人员增至 200 万人。我们同时还应该看到，快递在高速发展的同时，集中度却在下降，从原来的 86% 下降到 78%，这说明进入门槛低，缺少大规模的企业，竞争激烈程度不够，这也说明我们还有很大的发展空间。

（三）要主动适应行业发展新常态

一方面，邮政业持续快速发展的态势没有变，但市场环境正在深刻变革。电子商务迅猛发展，行业需求不断释放，政策环境不断改善。行业正在发生三种变化，一是竞争态势在变，电子商务经营主体入股快递企业。京东、亚马逊等自营快递业务的模式，为企业带来了高效、便捷的商品配送服务，提升了消费者体验。阿里巴巴也入股圆通快递，以增强其在寄递服务方面的话语权、影响力，提高其平台商品的发货速度。二是中国邮政集团公司正在调整业务种类，重新规划发展思路。三是新业态新模式不断涌现。在“最后一公里”环节，顺丰组建了“嘿客”，圆通成立了“妈妈店”，快递企业正在不断探索新型服务模式。在深刻变革中，消费个性化、多样化渐成主流，服务的智能化、专业化渐成趋势。但行业发展模式过于单一、线下线上发展不够均衡、供给消费通道不够顺畅，把握未来和承受风险能力不强等问题日益凸显。邮政管理部门作为行业监管部门，一定要用开放的心态对待这些问题，依法合规监管，宜疏不宜堵，宜宽不宜严。

另一方面，邮政业面临改革创新、转型升级、提质增效、开放合作的多重任务，但内生动力不足。邮政业既要继续深化改革，又要创新供给，加强行业安全，优化发展结构，提升发展质量，提高核心竞争力。但是，目前企业提升服务的主观意愿不强，从规模速度型粗放增长转向质量效率型集约增长的动力不足。此外，邮政业的新定位对行业发展提出了新要求，但现有能力水平仍有差距。中央提出邮政业是现代服务业的关键产业，是推动流通转型、促进消费升级的现代产业，是物流领域的先导产业。当前邮政业发展还不能适应经济发展新常态的要求，还不能满足人民群众用邮需求，亟须我们按照新定位进一步优化发展、有所作为，努力提升行业服务能力和竞争水平。

（四）要科学谋划行业发展方向

**要均衡发展、持续发展、融合发展。**所谓均衡发展，就是城乡要均衡，区域要协调，业务量进出比要合理，邮政企业要发挥主渠道作用，和快递企业协调发展。只有均衡发展，才能实现可持续发展，才能慢慢走向邮政和快递的融合发展。

**要为行业发展打造宽松的政策环境。**从邮政业发展实践看，发展势头好的区域，政策相对就比较宽松。企业就像流水，哪个城市政策好，有政策洼地，就往哪个城市发展。主管部门只有积极为企业争取优惠政策，才能促进行业发展。

**要结合地方特色。**我国地大物博，各地经济发展情况不一。每个地方都有其特色经济。邮政业作为服务业，既依赖需求又促进需求。一定要结合地方特色，才能获得长远发展。像温州制造业发达，当地的快递企业已经全方位的渗透进生产车间、仓库，极大的拉动了地方经济。

**要增强科技含量。**作为物流领域的先导性、领军性产业，邮政业未来的发展离不开高科技的支撑。想要企业做强做大，打造中国的联邦快递，必须要重视科学技术，利用现代化手段提高效率，提升核心竞争力。

行业迅猛发展，加强行业管理，依法治邮的工作也越来越重要。行业的发展，离不开经营主体的做强做大，也离不开政府部门依法行政，为企业发展打造公平合理的营商环境。面对发展这么快、作用这样突出、规模如此之大的这个行业，我们要充分认识行业发展状况，主动适应发展新常态，运用法治的思维和法治的方法，及时调整管理思路、创新管理方式，坚定依法治邮的决心和信心，通过提升依法行政能力，全面建设法治邮政，推动行业健康可持续发展。

## 二、要充分认识行政复议暨诉讼工作的重要意义，切实提升依法行政能力和水平

行政复议是有效化解行政争议、健全权力运行制约和监督机制、推进依法行政的重要方式。行政诉讼是人民法院监督行政机关依法行使职权、解决行政争议，促进行政机关提升依法行政能力和水平的重要法律制度。前者是行政机关内部监督，后者是人民法院外部监督，两者都是监督行政行为的重要方式，目的都是要规范和改进行政机关执法行为，维护群众合法权益。邮政管理部门要充分认识复议、诉讼工作的重要意义，切实提升依法行政能力和水平。

**做好复议暨诉讼工作，是邮政管理部门践行执政为民宗旨、把权力关进制度笼子的必然要求。**没有监督的权力必然导致腐败。在我们国家，一切权力属于人民。党的十八届四中全会专门强调要强化权力运行制约和监督体系。邮政管理部门的监督管理职责，关系行业健康发展，关系用户合法权益，必须要受到监督，通过复议做好内部监督，参加行政诉讼接受外部监督，内外监督相结合，以确保其依法正确运行。

**做好复议暨诉讼工作，是全面推进依法治邮，建设法治邮政的必然要求。**依法治邮，要求邮政管理部门各级领导干部要牢记法律红线不可逾越，法律底线不可触碰，办事要依法、遇事要找法、解决问题要用法、化解矛盾要靠法。复议暨诉讼的结果，则是对邮政管理部门是否依法行政的考量，是依法治邮考核指标体系的重要内容，是检验邮政管理部门执法能力和水平的重要标志，是建设法治邮政的应有之义。

**做好复议暨诉讼工作，是解决邮政行政执法突出问题，推动行业健康可持续发展的必然要求。**长期以来，在国家局党组的带领下，邮政管理部门在推动行业发展方面做出了很多努力，可以说，邮政业这几年的迅猛发展，离不开邮政管理部门全体干部的辛苦付出。但是，还应该看到，我们的依

法行政工作还存在一些问题，与十八届四中全会的精神和现代邮政业的需求还不完全相适应。主要表现在：一是思想认识上，领导干部法治思维和能力依然不强；机关工作人员主动解决争议的意识较弱，被动应对的情况时有发生；二是程序执行上，政府信息公开、信访、申诉等工作程序把握不够，答复存在瑕疵甚至违法性问题；三是执法能力上，不善执法的问题仍然不同程度存在；与行政相对人的沟通协调能力较差，不能及时正确回应相对人诉求，不能妥善处理的话，小事变大事，易事变难事。四是执法监督上，对行政权力的监督制约机制不健全，行政复议机关不能积极受理申请，存在能推就推、能拒就拒的情况，往往顾及下级邮政管理部门的形象，影响复议决定的公正性和合法性。行政应诉自我准备不足，应提交的证据没有提交，应说明的事项没有说明，造成被动甚至败诉。当前，邮政业正面临新常态，处于转型升级、提质增效的关键时期，做好复议暨诉讼工作，发挥其监督纠错功能，可以纠正违法和不当行政行为，可以发现行政管理中的普遍性问题，有助于保障邮政管理部门依法行使权力和履行职责，有助于促进邮政管理部门完善制度和规范管理，有助于营造公平合理的外围环境，有助于推动行业健康发展。

## 三、要准确把握行政复议工作要求，充分发挥行政复议对行政执法的监督作用

随着三级邮政管理体制的完善，邮政行政复议体制从国家邮政局一级行政复议调整为国家邮政局和省（区、市）邮政管理局两级行政复议。省以下邮政管理机构处在邮政监督管理的第一线，是邮政法律法规的具体执行者。随着省以下邮政监管机构开始履行职责，以及企业、用户法治意识的提高，邮政管理部门行政复议案件数量持续增长。2014 年，全系统的行政复议案件为 30 件。进入 2015 年，截至目前，半年时间内，案件数量已经达到 36 件。可以预见，行政复议案件数量持续上升将成为复议工作的新常态。在这种情况下，我们要坚持行政复议与行政执法规范相结合，发挥行政复议的层级监督作用，促进执法行为规范。

### （一）必须畅通行政复议渠道，积极受理行政复议案件

行政复议渠道是否畅通，是行政复议制度能否发挥作用的前提。加强行政复议工作，要把畅通行政复议渠道作为工作的着力点和突破口。群众提出行政复议申请，表明他们对我们充分信任，愿意通过合法、正常的渠道解决行政争议。如果消极对待或以各种方式阻碍受理，就可能迫使他们以不合法渠道、以不正常方式反映诉求，激化矛盾。依法受理、依法办理行政复议案件是邮政管理部门必须履行的职责。凡符合法定条件的行政复议申请，邮政管理部门必须依法受理，绝不允许以任何理由或借口把合法的复议申请挡在大门之外。对依法确实不属于行政复议范围或者应当通过其他途径解决的事项，也要认真作出解释，告知解决问题的途径，绝不允许简单地一推了之。要加大对行政复议权利告知、行政复议案件受理的监督力度，对无正当理由不告知行政复议申请权利的，要按照违反法定程序予以处理；对无正当理由不予受理的，上级行政复议机构应当定期通报，督促纠正；上级行政机关责令后仍不受理造成严重后果的，要依法追究有关人员的责任。

### （二）必须提高行政复议的办案质量，努力做到“定纷止争、案结事了”

办案质量是行政复议的保证，是判断行政复议成效的基本标准，直接关系行政复议的公信力和权威性。提高行政复议的办案质量，关键在于依法审查、公正裁决，绝不搞官官相护，姑息迁就。要坚持以事实为依据，以法律为准绳，对侵害人民群众合法权益的具体行政行为，该撤销的要坚决撤销，该变更的要坚决变更，该确认违法的要坚决确认违法，该赔偿的要坚决赔偿。要把是否依法

有效解决行政争议,化解矛盾,作为衡量行政复议案件办理质量的重要尺度。在工作实践中,既要重视行政行为的合法性审查,又要重视适当性审查;既要重视实体性问题的审查,又要重视程序性问题的审查,要努力把每一件案件都办成“精品”,办成“铁案”,经受得起时间和实践的考验。在坚持依法办案的基础上,要从实际出发,坚持原则性和灵活性相结合,处理好保障和监督行政机关依法行使职权与纠正其违法或不当行政行为的关系,处理好保护当事人合法权益与维护社会公共利益的关系。要通过依法办案、以法明理,努力做到“定纷止争、案结事了”,努力实现法律效果与社会效果的统一。

(三)必须创新行政复议方式方法,提高解决行政争议的效率

解决行政争议的效率是行政复议的生命力所在。当前随着邮政行业的迅猛发展,复议案件呈现新态势:利益主体多元化、利益冲突表面化、利益关系复杂化、行政争议解决难度大。在这种情况下,必须不断创新行政复议工作方式,努力提高案件办理效率,充分发挥行政复议便捷、高效解决问题的优势。对事实清楚、争议不大的案件,可以书面审理为主;对事实不清、争议较大的案件,要认真核实情况,充分听取有关专家和有关各方的意见;对案情复杂、社会关注的重要案件,还要采取当面审理、公开听证等方式;有条件的省局,可以开展行政复议委员会的试点。要弘扬“和为贵”的传统文化,注重运用和解、调解等多种手段,化解矛盾,平衡利益,促进当事人与行政机关的相互理解和信任,最大限度地减少行政争议的负面效应。行政机关对自己明显违法不当的执法行为引起的行政复议案件,可以自行改正,也可由上级机关督促其在规定期限内改正,以取得申请人的理解并避免加重违法不当行为造成的损害。要认真总结实践中好的做法、好的经验,积极探索适应行政复议办案特点的方式方法,提高行政复议的效率和效果。

(四)必须大力推动行政复议规范化建设,提升办案能力和水平

做好行政复议工作,还必须要与时俱进,充分利用高科技信息化手段,提高办案效率和质量。为了加强行政复议工作信息化和规范化建设,国家局在2014年启动了行政复议听证室建设项目,决定在国家局机关、31个省(区、市)邮政管理局和15个副省级城市邮政管理局建设行政复议(执法)听证室。利用听证室配备的多媒体设备可以采集固定证据材料,记录复议听证全过程,起到规范行政复议程序,监督办案人员依法行使职权,维护复议听证现场秩序的作用,有利于维护行政复议工作的严肃性和权威性。第一批包括国家局机关在内的十八家单位的建设已经基本竣工。施工单位正在筹备召开第二批建设单位的项目协调会。此外,国家局正在组织建设行政复议信息化系统,逐步实现复议信息网上录入、审理程序网上流转,复议统计网上完成,切实加强对复议工作的即时性、过程性、系统性管理。

(五)必须充分发挥行政复议的纠错功能,做到“办理一案、纠正一片”

行政复议是对执法行为是否合法进行审查的一种重要形式,其审查结果可能认定具体行政行为合法或非法。如果被认定为非法,在行政复议中就会被撤销并承担相应的法律后果。这就迫使各级邮政管理部门要进一步加强行政执法规范工作,严格按照法定程序依法行政,防止行政执法错案的发生。办理行政复议案件,不能为办案而办案。要通过行政复议案件的审理,发挥警示作用,促使各级邮政管理部门自我完善行政执法规范工作。在具体审理行政复议案件过程中,行政复议机关可以发现行政执法中存在的问题,进而督促下级邮政管理部门开展专项整改,规范执法行为,健全完善执法制度,防止错案的再次发生。复议机关发现执法主体不合法、程序和文书不规范等违法或不当情节时,要及时向被复议的邮政管理部门指出,涉及重大案件还要制发书面建议函,督

促其整改。通过对执法问题的查摆，可以有效地督促邮政管理部门执法机构吸取教训，避免同错再犯。要把行政复议审理结果同违法执法责任追究相结合，以行政复议错案为突破口，促进行政执法人员素质和执法水平的提高。探索建立行政复议案件通报制度，通过行政复议，发现行政执法中存在的问题和薄弱环节，提出整改意见，并对相关责任人在系统内通报。

（六）必须积极应对复议机关共同被告新要求，经得住司法审查

行政诉讼法修改确定了复议机关共同被告制度，规定复议机关维持原行政行为的，作出原行政行为的行政机关和复议机关是共同被告。人民法院不仅要对原行政行为进行审查，还要对复议机关的复议行为进行审查。这就要求我们在办理复议案件时，一定要坚持以法律为依据，以事实为准绳，实体认定要保证合法合规，程序部分也要符合法定要求，切不可因为复议是内部监督，放松程序性要求。邮政管理部门在业务上实行中央垂直管理为主，要建立邮政管理部门复议案件由上级邮政管理部门办理为主的管辖机制。上级邮政管理部门作为复议机关，在办理具体案件如政府信息公开案件时，可以参考地方规定，但不宜作为直接依据。在上位法仅作出原则性规定或者没有直接规定时，各地法院的审查标准可能会和复议机关的审查标准不甚一致，从而存在复议机关败诉的风险。我们要正确对待这样的结果。如果败诉确是复议行为合法性存在问题，要及时整改；若败诉是因为审查标准的差异，要吸取经验，以供后案参考。

## 四、要做好行政诉讼法贯彻实施工作，积极应对邮政管理工作面临的新挑战

行政诉讼法已于今年 5 月 1 日起修改实施。这次修改，扩大了受案范围，完善了依法维权和化解行政纠纷的机制，标志着我国行政机关的行政活动将在更大范围内接受司法监督，进一步体现了司法权对行政权的监督制约和对群众合法权益的保护，是加强法治政府建设的重大举措，对加快推进依法治邮提出了新的更高要求。为组织做好贯彻实施工作，近期，国家局专门制定发布了关于贯彻实施行政诉讼法的通知，结合行业依法治理工作实际，指引各级邮政管理门准确把握行政诉讼法新的制度安排，有针对性地对邮政管理部门行政应诉等工作提出了新要求。

随着邮政业持续快速发展和邮政行政执法工作深入推进，行业法制宣传教育成果日益显现，行政相对人依法维权的意识不断提高，邮政领域行政争议数量呈上升趋势。依法有效解决行政争议，关系人民群众切身利益，关系邮政管理部门权威形象。各级邮政管理部门要主动适应行业发展新常态，依据法定权限和程序全面履行部门法定职能，健全依法决策机制，坚持严格规范公正文明执法，引导和支持当事人通过行政诉讼依法维权，强化法律在维护群众合法权益，解决行政争议中的权威，建设和谐邮政。

（一）依法履行部门职责，牢固树立有权必有责、用权受监督的意识

行政诉讼法在合法性审查的基础上，进一步强化了对明显不合理行政行为的审查，对于重大且明显违法的行政行为，人民法院应当宣告无效。各级邮政管理部门要牢固树立有权必有责、用权受监督的基本法治理念，依法明确权力清单、责任清单和负面清单，严格遵守法定职责必须为，法无授权不可为。要遵守法定程序，严格规范公正文明执法，及时调整执法文书中关于诉讼期限的表述，切实保障当事人的合法权益，从源头上减少行政争议产生的可能性，有效降低被诉几率，全面推进依法行政。

（二）准确把握行政诉讼审查范围，建立健全规范性文件制定程序

行政诉讼法规定了规范性文件附带审查制度，首次明确人民法院可以一并审查据以作出行政行为的规范性文件的合法性，从而赋予了人民

法院就行政机关规范性文件是否合法的司法裁判权。各级邮政管理部门要建立健全规范性文件制定程序，严格执行规范性文件合法性审查制度和定期清理制度。在规范性文件中，不得设定行政许可、行政处罚、行政强制等事项，不得违法增加公民、法人和其他组织的义务。制定对公民、法人或者其他组织的权利义务产生直接影响的规范性文件，要公开征求意见，由法制机构进行合法性审查，并经邮政管理部门领导班子会议集体讨论决定；未经公开征求意见、合法性审查、集体讨论的，不得发布施行。

（三）尊重法院独立审判职能，严格按照法定程序表达意见

依据行政诉讼法的规定，人民法院有权向有关行政机关以及其他组织、公民调取证据，与行政诉讼案件有关的邮政管理部门及其工作人员应当按照人民法院取证通知的要求如期提交证据材料。对于行政诉讼案件，作为当事人的邮政管理部门应当严格按照法定程序积极应诉，与被诉行政行为有关的其他邮政管理部门如需表达意见，也要严格按照法定程序进行。人民法院未通知取证、未正式询问的，非涉诉邮政管理部门及其工作人员不得在案件审理期间向司法机关传递意见或者就案情公开表达意见。上下级邮政管理部门之间关于行政行为的请示、答复，应当在邮政管理部门系统内进行，相关工作意见的效力限于行政行为本身，不得对司法工作提出倾向性意见和要求。

（四）高度重视执行新规定，认真履行法院生效裁判

行政诉讼法加大了行政机关不执行人民法院生效裁判的法律责任，增加了三项规定，一是将原法处罚行政机关修改为处罚行政机关负责人。二是将行政机关拒绝履行的情况予以公告。三是对拒不履行社会影响恶劣的，对行政机关直接负责的主管人员和其他直接责任人员予以拘留，构成犯罪的依法追究刑事责任。各级邮政管理部门要自觉接受人民法院的司法监督，严格执行人民法院作出的生效判决、裁定和调解书。要认真对待人民法院提出的司法建议，深入分析查找原因，纠正相关行政违法行为或者做好善后工作，并按照司法建议书的要求反馈人民法院。

（五）细化完善行政机关负责人出庭应诉制度

行政诉讼法确立了在行政诉讼案件中，被诉行政机关负责人应当出庭应诉的基本原则。《最高人民法院关于适用〈中华人民共和国行政诉讼法〉若干问题的解释》进一步明确，行政机关负责人，包括行政机关的正职和副职负责人。行政机关负责人出庭应诉的，可以另行委托一至二名诉讼代理人。各级邮政管理部门要认真执行，抓紧建立部门负责人出庭应诉制度，明确、细化负责人应当出庭的情形、程序等。确实不能出庭应诉的，应当按照人民法院要求，做好解释说明。

## 五、要把复议暨诉讼工作与其他执法监督相结合，构建严密高效的监督体系

加强执法监督是保证严格规范公正文明执法的关键环节，是全面建设法治邮政的重点内容。十八届四中全会审议通过的《中共中央关于全面推进依法治国若干重大问题的决定》明确提出要坚决纠正不作为、乱作为，坚决惩处失职、渎职。要全面落实行政执法责任制，加强执法监督。今年年初，《邮政行政执法监督办法》已正式施行，为保证本办法落实到位，国家局正在研究制定相关配套文件。我们将结合规范性文件的发布和本办法施行情况，专门召开深入推进行政执法监督工作电视电话会，结合本系统执法监督工作新形势新要求，规范和促进各级邮政管理部门把本办法吃透、用好。实践中，各级邮政管理部门要把复议暨诉讼与其他执法监督方式相结合，在做好复议和应诉的同时，针对邮政管理部门权力运行和监督中的种种问题，开展多途径多方式的监督工作，充分发挥监督的效能，构建严密的法治监督体系，做到有权必有责、用权受监督、违法必追究、侵权需赔偿，坚决纠正有法不依、执法不严、违法不究，

为形成高效的法治实施体系提供有力的支持。为贯彻《邮政行政执法监督办法》，国家局今年重点抓以下两项工作：

（一）建立依法治邮考核制度和指标体系

十八届四中全会决定，“把法治建设成效作为衡量各级领导班子和领导干部工作实绩重要内容，纳入政绩考核指标体系”。为全面掌握依法治邮的进展情况，准确评估各级邮政管理部门依法行政的水平和能力，国家局正在组织建立依法治邮考核制度和指标体系。指标体系包括机构职能、组织领导、制度建设、行政决策、行政执法、政府信息公开、监督与问责、社会矛盾化解与行政争议解决、社会公众满意度调查等九项一级指标，基本涵盖了法治邮政建设的各个方面。同时，考虑到邮政管理工作的重点内容和薄弱环节，指标体系在配置分值权重时突出考察行政执法等重点内容，适当降低行政争议解决等指标权重，确保指标设计能全面、准确评估各级邮政管理部门依法履职情况。近期，考核指标体系草案将会征求大家意见，进一步修改完善后予以印发。

（二）以案卷评查为基础开展执法评议考核

行政执法评议考核，是指对行政执法主体及其工作人员依法行使职权，履行行政职责情况的评价和考查。通过对执法主体是否合法、执法程序是否合法等具体执法事项的量化评议考核，可以督促邮政管理部门执法人员不断增强法治思维，自觉规范其执法行为，最终在整体上提升邮政管理部门的执法能力和水平。目前《邮政行政执法评议考核办法》草案已经初步形成。草案结合邮政管理部门不同岗位的特点，建立邮政行政执法评议考核制度的规范体系，明确考核主体，厘清内容和标准，细化考核实施程序，强化考核结果的奖惩机制，构建了考核指标体系。下一步，国家局将以案卷评查为基础，逐步开展执法评议考核，将考核结果和完善执法责任制相挂钩，加大执法监督力度，全面推进法治邮政建设。

## 六、培训具体要求

对于这次培训，政策法规司进行了认真筹备，为大家联系了有关单位的领导和专家进行授课，内容安排合理，加大了案例教学时间，给大家提供了互相交流讨论的机会。在此，我提几点培训具体要求：

**一要静下心来系统学。**要坐得住，听得进，学得深，求实效。每个专题，每个课时，都要认真对待，真正弄懂弄通，真正理解掌握。

**二要结合实际工作学。**要善于联系邮政管理部门工作的实际进行消化吸收，联系自己的实际工作进行思考和创新。

**三要多挤时间勤奋学。**这次学习培训时间有限，但内容丰富，要珍视此次难得的学习机会，力争多学一点，学得深一点，把学到的知识带回去，吸收转化，确保培训不走过场，取得实实在在的效果。

参加培训的同志要服从统一安排，严格遵守作息时间，不得无故请假。组织培训的同志要多辛苦一下，妥善安排好大家的学习和生活，给大家创造一个舒适的学习氛围。

最后，预祝大家在培训期间身体健康、学习进步！

# 适应新常态　立足新定位
# 推动邮政市场监管工作再上新台阶

## ——国家邮政局副局长刘君在2015年全国邮政市场监管工作会议上的讲话

2015年2月2日

同志们：

这次会议的主要任务是：深入学习贯彻党的十八大、十八届三中、四中全会和中央经济工作会议精神，全面落实2015年全国邮政管理工作会议部署，总结工作，分析形势，安排部署2015年邮政市场监管任务，主动适应经济发展新常态，推动邮政市场监管工作再上新台阶。

下面，我讲三个方面内容。

### 一、2014年工作回顾

2014年是行业服务能力、服务水平、社会影响力全面提升的一年。李克强总理两次视察快递企业，9月24日国务院常务会议对快递业提出新定位，行业发展的利好政策不断涌现。全行业以“抓改革、促发展、惠民生”为主线，按照“安全为基，发展为要，服务为上”的工作思路，结合邮政市场监管工作面临的新形势、新任务和新要求，求真务实，改革创新，全面提升邮政市场监管效能，推动了行业快速、健康、安全发展。快递业务量完成139.6亿件，跃居世界第一，最高日处理量超过1亿件；快递业务收入完成2045.4亿元。快递服务满意度稳步提升，邮政业消费者申诉处理满意率达到96.1%。在一年的工作中，各级邮政管理部门创造和提炼出很多科学、有效的工作方法，推动了全国邮政市场监管工作不断取得新进展。

（一）坚持发展为要，持续优化发展环境

一是推动出台发展政策。2014年快递业政策利好频出，国务院先后印发《关于加快发展生产性服务业促进产业结构调整升级的指导意见》、《物流业发展中长期规划（2014－2020年）》和《关于促进内贸流通健康发展的若干意见》，为快递基础设施建设、产业协同发展、通关便利、车辆通行等提供政策支持。此外，国家层面正在全力推进出台促进快递业发展的指导意见，进一步夯实快递可持续发展的政策基础。吉林、上海、江苏等地推动邮政业发展规划纳入地方规划。上海局联合青浦区开展“全国快递行业转型发展示范区”建设。江苏、安徽、福建、江西、山东、河南等地出台促进快递业发展的综合性文件或专门意见。贵州一些地市对出口电商快件实施财政补贴。

二是完善快递服务网络。推进快递“向西”、“向下”工程，中西部和县、乡快递服务覆盖率明显提高。农村快递网点发展到近5万个，乡镇覆盖率提高到50%以上。农村快递市场全年快递包裹量超过20亿件。内蒙古、河南、四川等地出台快递下乡政策。积极推进快递园区建设，郑州、贵阳等地快递集散中心建设成效突出，苏南“全国快递产业集聚发展试验园区”建设进展顺利，《天津市快递物流园区规划》被纳入当地城乡发展专项规划。同时，快递企业“走出去”步伐加快，顺丰、申通、圆通和宅急送等企业进一步发展跨境电商寄递服务，服务网络已延伸至东南亚、北美、欧洲、大洋洲等地区。吉林、黑龙江对俄跨境业务取得新进展，福建泉州跨境通关政策取得新突破。

三是推动产业协同发展。积极落实国务院办公厅有关文件精神，引导重点快递企业加快建设适应电子商务和制造业发展的配送体系。代收货款、保价快件、验货签收等增值服务进一步推广，以促销活动联动和业务分流联动为主的业务协同机制进一步完善，济南、西安、长春、绵阳等地积极为飞机、汽车、电子等先进制造业提供多样化服务。与综合交通运输体系对接更加顺畅。高铁运送快件模式取得新突破，快件班列覆盖城市范围不断扩大，运输能力显著提升。自主航空运力持续增强，邮政 EMS、顺丰加强机队建设，圆通航空机队正在组建，快递专用货机增至 68 架。河北、吉林、上海、福建、湖北、湖南、云南等地积极推动交邮业务合作，青海出台实施免收快递车辆公路通行费的政策。

四是着力解决“最后一公里”问题。与财政部、商务部联合印发《关于开展电子商务与物流快递协同发展试点有关问题的通知》，由财政专项资金支持，在天津、石家庄、杭州、福州、贵阳开展试点，探索建立适合电子商务快速发展的快递管理和服务体系。北京、内蒙古、辽宁、吉林、江苏、福建、江西、山东等地在推动快递进校园、建设末端配送平台、推广智能快件箱等方面取得较大进展；大部分地区快递车辆进城难得到缓解，各地发放通行证逾万张，宁夏出台《宁夏快递车辆管理办法》；多个城市将快递用电动三轮车、摩托车通行纳入规范化管理；天津等地新能源汽车推广应用取得突破。企业积极与院校、物业、超市及专业第三方合作。全年投入使用智能快件箱约 1.5 万个，派件量占到总业务量的 1%，末端能力持续提升。

（二）坚持服务为上，有效提升服务质量

一是持续做好快递服务质量监督。继续委托第三方机构开展快递服务满意度调查和时限准时率调查，全年快递服务总体满意度得分为 73.7 分，比 2013 年提升 1 分；2014 年下半年国内异地快递服务时限 72 小时准时率平均为 72%，在业务规模快速增长的情况下保持基本稳定。全年受理有效申诉 23.9 万件，开通邮政业消费者申诉微信平台，通过申诉渠道为消费者挽回经济损失 2749 万元。北京、辽宁、江西、广西等地也组织开展本地快递服务满意度调查。江苏快递服务放心消费创建工作被省政府列入“30 件百姓心中比较关注和比较满意的实事”。

二是做好旺季服务保障工作。在 2014 年 11 月 11 日至 16 日短短 6 天时间内，全行业共处理快件 5.4 亿件，同比增长 56%；最高日处理量达到 1.026 亿件，同比增长 57.8%，是日常处理量的 3.1倍。在快递业务量陡增的情况下，全行业有效实施“错峰发货、均衡推进”的工作机制，齐心协力、奋力拼搏，努力保障了全网不瘫痪、重要节点不爆仓、主流媒体不曝光，圆满实现了“保畅通、保安全、保平稳”的目标，得到国务院领导的充分肯定。

三是逐步提高科学管理水平。开展电商快递成本监测，释放政府对“低价竞争”问题的关注信号。完成快递业发展指数编制工作方案，并启动月度试算工作。发布《关于规范使用快递电子运单的通知》，对快递电子运单进行规范引导。研究起草《智能快件箱管理规范》，明确运营主体、使用企业和邮政管理部门等各方职责。山西、辽宁、吉林、上海、四川、陕西等地积极推进快递网点标准化建设。

四是着手构建行业诚信体系。认真贯彻国务院《社会信用体系建设规划纲要（2014 — 2020 年）》，与多部门联合印发《关于加强我国物流业信用体系建设的指导意见》，全面部署物流业信用体系建设工作。完成了《快递行业信用体系建设方案》起草工作。上海、江西、广东以及多个地（市）局纷纷出台加强快递业诚信体系建设的文件，开展快递业诚信体系建设活动。

（三）坚持安全为基，不断强化安全监管

一是推动安全监管体制机制和能力建设。组建成立国家邮政局邮政业安全中心，中央综治办、国家邮政局等九部门联合印发《关于加强邮件、快件寄递安全管理工作的若干意见》，组织召开寄递渠道安全管理领导小组第一次会议，筹备召开九部门联合宣贯电视电话会议。出台《寄递服务用户个人信息安全管理规定》、《邮政行业安全信息报告和处理规定》，开展《禁寄物品指导目录及处理办法》修订、《收寄验视管理制度》等专题项目研究。组织开展安全监管工作培训，改善执法装备，采购移动执法检测设备，提升安全监管能力。

二是抓好各项专项活动。开展落实收寄验视制度专项整治活动、化学品寄递安全专项整治活动、邮政行业打击侵权假冒商品专项活动等，做好“春运”、全国“两会”、上海亚信峰会、南京青奥会、天津夏季达沃斯论坛、新疆第四届中国—亚欧博览会、北京 APCE 会议等重大活动期间寄递渠道安全保障。依法处置上海浦东金桥申通快件化学品泄漏导致吉祥航空公司航班备降事件、成都西部中通速递有限公司黄田坝分公司违规收寄危险化学品发生泄漏事件，协调处理邮政企业航空邮件在浦东机场起火燃烧事件，约谈相关企业总部负责人等。

三是推进安全监管信息化建设。邮政业安全监管信息系统（三期）建设取得实质性突破，向全国 31 个省级邮政管理部门、357 个地（市）级邮政管理部门开放使用权限。通过及时通报各局用户登录使用情况，推动各地积极应用。在北京、上海等 17 个省级邮政管理部门，及宁波、深圳等 13 个地（市）级邮政管理部门开展省级平台和视频系统建设，实现对 260 多家企业转运中心的实时监控。天津、河南、海南等地信息化应用已显成效，北京、上海、重庆等地在不同领域信息技术应用方面积极探索。

四是做好应急处置工作。妥善应对汇强、港中能达快递网络运行阻断事件，协调处理广西南宁中通、云南天天快递内部经营纠纷事件。做好超强台风“威马逊”和四川、云南、新疆地震等自然灾害期间邮政行业安全保障工作。针对昆明、乌鲁木齐暴力恐怖袭击、上海外滩踩踏事件等突发事件，部署加强邮政行业安全防范工作。新疆在乌鲁木齐“4·30”、“5·22”暴恐案件发生后，积极开展寄递实名制试点工作，并全面加强了出港快件过机安检。

五是加强部门协作。就省级以下联合监管机制和外资企业准入把关，寄递渠道治安、禁毒、反恐和信息安全、航空邮件安检及锂电池邮件航空运输等分别与国家安全部、公安部、中国民航局加强协作管控。作为牵头单位，参加国家反恐办和国家禁毒委组织开展的全国性督导检查工作。与中央综治办、国务院办公厅、海关总署、安监总局等部门就寄递渠道安全监管相关工作联合开展调研、检查等。国家局成为全国打击侵犯知识产权和制售假冒伪劣商品工作领导小组成员单位和国务院安全生产委员会成员单位。北京、内蒙古、辽宁、吉林、黑龙江、江苏、浙江、西藏等地联合相关部门出台文件，加强安全监管协作，一些地（市）局在安全监管方面创造出很多值得推广的好做法。

（四）坚持管理为本，积极依法履行职能

一是积极落实简政放权。印发《快递业务经营许可变更审核流程优化方案》，形成“一建两结合”的思路，即建立诚信企业“绿色通道”，形式审查与实地核查相结合、提升服务与加强监管相结合，许可变更和备案用时显著缩短。国家局变更事项平均用时已由 45 天缩短至 25 天，列入“绿色通道”管理的网络型企业变更审批平均用时已缩短至 18 天；各省（区、市）局许可证变更平均办理时限缩短为 21.5 天，“绿色通道”企业办理时限缩短为 16.7 天。出台《经营快递业务的企业分支机构备案管理规定》，将分支机构备案职能下放至地市级邮政管理局。建立快递经营主体退出机制，印发《快递业务经营许可注销管理规定》，依法注销星晨急便、鑫飞鸿等 172 家企业经营许可资质。明确对末端投递网点实行备案管理。

二是推进国内快递市场对外资开放。顺利完成对美企业开放第三批城市国内市场的有关工作，中美双方达成的关于开放国内快递市场三年路线图计划顺利执行完毕。批准联邦快递公司新增 10 个城市的经营地域，联邦快递公司国内经营地域范围已覆盖 68 个城市。全面开放国内包裹快递市场，依法核准雅玛多(中国)运输有限公司、欧西爱司物流(上海)有限公司、嘉里大通物流有限公司3家外资企业关于国内快递业务的许可申请。

三是不断加大执法力度。截至目前，除四川、云南、西藏、青海等局所属的21个地(市)局外，全国94%的地(市)局已经实施行政处罚。2014年全年邮政市场执法检查70341人次，出检169989人次，出检天数6801天，检查单位31653个，查处违法违规行为为18671次，下达行政处罚决定1487份，罚款金额781.08万元。重点对不执行收寄验视制度、未经许可经营快递业务、严重损害用户合法权益等突出问题进行严厉查处。邮政业消费者申诉受理与市场监管工作衔接和联动机制得到有效落实，利用申诉信息，对全峰公司严重违反《快递服务》国家标准等问题进行约谈并公开通报。

四是积极稳妥开展规范和清理快递企业经营范围第二阶段工作。先后约谈"四通一达"、天天企业总部负责人，并加大对各省(区、市)工作的指导与督促。六大品牌在176个目标城市自有网络覆盖完成率达73%，加盟制品牌快递企业自有网络覆盖城市平均数由24个增加到97个。福建、江西、贵州等地率先完成规范和清理第二阶段工作目标。江苏局将快递业务经营许可、规范清理、市场执法统筹推进，取得明显效果。

五是加强执法能力建设。深入开展邮政市场执法规范化建设，印发《邮政市场行政执法案件案由规定(试行)》，制定《邮政市场行政执法重大案件督办工作制度(试行)》，开展全国邮政市场监管情况通报。建设邮政执法管理信息系统。编印《邮政市场监管文件汇编(第一卷)》。启动制作《邮政市场行政执法培训精品课件》。创办《邮政市场监管》电子月刊。上海局通过执法制度化建设，固化执法有效经验，形成长效管理机制。江西局开展邮政管理系统"执法规范年"活动。

六是完善集邮市场监管工作。全面调研全国集邮市场有关情况，印发《关于全国集邮市场有关情况的通报》。调研邮币卡电子交易运行情况及集邮票品网络交易情况。全面启动集邮市场行政审批改革，依法注销《集邮票品集中交易市场开办许可证》。制定实施《集邮市场年度监管报告制度》。精心组织开展"诚实守信、共建和谐集邮市场""3·15"主题宣传活动。开展集邮市场专项执法，甘肃局与公安部门协作配合，破获了一起通过寄递渠道贩卖假邮票的案件，查获假邮票3000多本，案值50多万元。

七是做好邮政用品用具监管工作。通报2013年邮政用品用具检测工作开展情况，依法处理产品不合格的生产企业，开展2014年邮政用品用具抽样检测工作。落实用品用具日常监管和生产监制证换证工作。印发《关于开展快递封装用品和快递运单生产监制工作的通知》，对快递封套、快递包装箱、快递包装袋等快递封装用品实行生产监制管理。

八是推动行业人才队伍建设。职鉴部门全年共组织5次全国快递业务员职业技能鉴定统考，鉴定11.5万人次，并首次组织开展快递业务师技能鉴定试考，持证人数已达36.6万人。邮政行业职业资格网站正式上线。推进建立5个邮政行业人才培养基地，全年新增42所合作院校，培训合作院校已达百所，在校生规模已超万人。

在总结一年成绩的同时，我们也要清醒地看到，快递业核心竞争力偏低，发展能力不足和发展不平衡、不协调、不可持续的问题依然延续；市场发展不成熟、不规范、不可控的问题仍然存在；同质化恶性竞争现象不断升级；寄递渠道安全、信息安全问题堪忧；市场监管队伍依法行政、全面履职尽责的观念还不够强、作风还不够硬。对这些矛盾和问题，我们要高度重视，下大气力，认真加以解决。

同志们，2014年各级邮政管理部门按照"稳中求进"工作总基调，全面落实国家局市场监管工作部署，把改革创新、转型升级贯穿市场监管工作的各个方面、各个环节，切实履行监管职能，各项工作有序开展、成效显著。在此，我谨代表国家局党组和马军胜局长，向战斗在邮政市场监管工作战线的同志们，表示衷心的感谢和诚挚的问候！

## 二、邮政市场监管工作面临的形势与任务

当前，我国经济运行总体平稳，但稳中有忧，下行压力仍然较大，风险和挑战不容忽视。国务院常务会议对快递业的新定位，既是为我们今后的工作明确了目标、指明了方向，也是对我们的市场监管工作提出了更高的要求。新时期的市场监管工作，要牢牢抓住发展的战略机遇期，准确定位，把握大势，乘势而上。

### （一）推动提质增效，促进行业持续发展

邮政体制改革以来，快递业呈现迅猛发展态势，市场规模迅速增长，社会影响不断扩大，市场监管的基础保障性作用日益提升。中国快递业已经连续46个月同比增长50%以上，市场规模跃居世界第一。当前，伴随经济全球化趋势的不断深入，特别是信息技术革命带来新技术、新业态，快递业发展迎来了难得的发展机遇；我国全面深化改革，工业化、信息化、新型城镇化和农村现代化进程持续推进，产业结构调整和居民消费升级步伐不断加快，快递业发展空间越来越广阔；新一轮改革开放浪潮，特别是“一带一路”战略构想的实施，将极大地加快快递业国际化发展的步伐；行业发展新定位提出了新要求，快递要在现代服务业中发挥关键产业作用，成为推动流通转型、促进消费升级的现代产业，成为物流领域的先导性产业等等。

我们在清醒地看到和把握快递业发展机遇的同时，也一定要客观地审视发展中存在的问题。各级邮政管理部门要认清快递业发展形势，针对快递业发展的突出问题，注重定向调控，精准发力，运用市场手段和差别化政策，在优化结构中稳增长，在创新驱动中促转型，推动提质增效升级，为快递业长远发展铺路搭桥。快递要适应新常态，实现新发展，就必须坚持改革创新，加强科技创新与应用，加快产品结构调整和产业升级，走产业融合和集约发展之路，必须在提质增效上下功夫。要坚持产业发展方式由“规模速度型”向“质量效益型”转变、核心动力由“要素驱动”向“创新驱动”转变、企业发展方向由单一物流服务商向供应链综合服务商转变、企业运营方式由“粗放式经营”向“精细化运营”转变、行业发展模式由“独立发展”向“融合发展”转变、服务区域由主打国内市场向打造国内外双向市场转变、增长方式由资源环境消耗型向低碳绿色节约型转变，实现转型升级。

### （二）坚持依法治邮，全面履行政府职能

党的十八届四中全会提出，要全面推进依法治国。形成完备的法律规范体系、高效的法治实施体系、严密的法治监督体系、有力的法治保障体系，坚持依法治国、依法执政、依法行政共同推进，坚持法治国家、法治政府、法治社会一体建设，实现科学立法、严格执法、公正司法、全民守法，促进国家治理体系和治理能力现代化。国家局党组审时度势，结合邮政业发展面临的新形势新任务，确立了“五个邮政”和依法治邮的战略构想，要求邮政市场监管工作要进一步增强法治观念，从简单的“行政管理”升级到规范的“依法治理”，通过有效的法治保障促进行业健康快速发展。

依法治邮是一项全局性的系统工程，按照国家局的总体部署，市场监管工作要结合行业实际和本职工作特点，重点强化法定职能的履行，坚持法定职责必须为、法无授权不可为，坚决克服懒散、怠政，坚决惩处失职、渎职行为；要健全依法决策机制，重点强化程序管控，强化法制队伍建设，完善重大行政决策机制；要严格规范公正文明执法，加大对涉及国家利益、用户权益和市场秩序的执法力度，要从知和行不断加强行政执法的规范化建设；要强化监督制约机制，既要加强内部执法监督和行政效能监察，也要政务公开，接受社会和媒体的监督。要通过有效的市场监管，真正起到

引导行业、规范发展的积极作用。依法治邮客观上要求市场监管工作站位要高、谋事要实、效能要提升，特别是一线的同志们，要抓紧强化队伍建设，抓紧提升监管效能，由传统的靠行政资源事前管控向加强事中事后监管和服务转变，构建面向市场的全程监管体系，要科学理顺政府和市场关系，进一步简政放权，释放市场活力。

（三）强化安全监管，确保行业健康发展

近年来，伴随着行业快速发展，受各种传统和非传统安全因素影响，寄递渠道安全形势日益严峻。2014 年，国家局党组及时调整工作思路，提出“安全为基”理念，推动九部门出台了《关于加强邮件、快件寄递安全管理工作的若干意见》，组建国家邮政局邮政业安全中心，为邮政行业安全监管工作明确了方向，构筑了基础，搭建了框架，提出了要求，各级邮政管理部门认真吸取以往安全事故案件教训，积极履行安全监管职责，着力提升安全监管能力，做了大量深入细致的工作，安全意识逐渐深入人心，全行业安全管理水平不断提升，行业安全形势整体平稳，并且向好发展。实践证明，国家局提出“安全为基”的理念完全符合行业发展实际。建设安全邮政，是邮政业可持续发展的重要前提，是维护国家利益和人民群众用邮权益的根本需要，是实现邮政业“中国梦”的重要保障。没有安全，就没有用户的信任；没有安全，就没有行业的可持续发展。寄递渠道安全监管是社会治理体系的一部分，强化安全监管是落实中央“管行业必须管安全、管发展必须管安全、管经营必须管安全”要求的重要方面，更是各级邮政管理部门的基本职责，希望大家继续坚持“安全为基”的理念，站在讲政治、顾大局的高度持续抓好邮政业安全管理工作。要以落实九部门文件为主线，既立足当前，又谋划长远，突出抓好法治建设、安全标准规制建设、能力建设和基础保障，突出抓好企业主体责任落实和依法严格监管。

## 三、2015 年重点工作安排

2015 年邮政市场监管工作的总体要求是：全面贯彻落实党的十八大、十八届三中、四中全会精神和全国邮政管理工作会议部署，主动适应经济发展新常态和行业发展新定位，保态势、提质效、强安全、重监管，坚持问题导向和唯实理念，努力开创市场监管工作新局面。

（一）坚持第一要务，努力保持良好的发展态势

一要谋长远，加强规划引领。启动快递服务“十三五”规划编制工作，通过做好规划编制，主动将快递业发展纳入国民经济和社会发展大局，推动产业间融合，创建优越政策环境，引领和推动快递业健康发展。规划编制，要把握好行业发展规律和特点，明晰产业定位和发展方向，推进快递重点项目建设，推动企业完善治理结构，加强新技术的推广应用，创新产品与服务，引导和促进快递业做大做强。

二要继续优化发展环境，积极争取政策支持。国家局将推动颁布《快递条例》，积极参与电子商务立法工作，健全法律保障；推动出台促进快递业发展的若干意见，明确快递业发展的基本原则、发展目标、重点任务、政策措施和责任分工，努力为做大做强行业、做大做优骨干企业积极争取政策支持。各地要认真研究本地区快递业发展形势，及时向地方政府报告快递业发展情况、社会作用和发展诉求，争取地方发展改革、财政、国土资源、交通运输、税务等部门给予更大的支持。

三要按照建设普惠邮政的要求，继续坚持和推进“向西向下”工程。目前，全国快递企业乡镇网点数量近 5 万个，乡镇覆盖率超过 50%。到 2020 年，要基本实现“乡乡有网点，村村通快递”的目标。国家局将出台《关于推进“快递向西向下”工程的指导意见》，鼓励通过多方合作、建设公共平台，降低运营成本，提升服务效率，健全中西部、农村地区快递服务网络，保障“网货快递下

乡”、“农村农产品进城”的双向流通；在福建、河南、陕西组织实施示范项目，推进快递与农民网商协同发展。2015年，要实现乡镇网点覆盖率整体提升15%以上，力争实现乡镇网点覆盖率达到70%。各地要将“向下”工程的建设作为今年工作重点，加快农村快递网络布局，一是明确目标，有效推动，在本省范围内广泛开展“快递下乡”建设，进一步加强与地方农业、商务等部门的工作对接，积极争取地方政策性补贴，促进地方市场需求深度挖掘，逐年提高本省（区、市）快递网点乡镇覆盖率。二是科学规划，加强管理。根据各地特点，在维护公共利益和广大消费者合法权益，加强末端服务网点规范化管理，确保寄递渠道安全和服务质量的前提下，有序推进网点建设。

四要坚持并深化快递与电子商务的协同发展。要引导企业向差异化竞争转变，优化快递与电商的供应链关系，以信息化技术实现需求挖掘、智能分拣、高效运输、便捷追踪乃至精准投递，加强信息共享、标准对接，提升电商快递服务质量。要开展好“电子商务与物流快递协同发展试点”工作，形成可落地、可复制、可推广的经验，努力把试点争取到的有利政策固定下来、延续下去，形成长效机制，发挥政策放大效应，拓宽受益面。推动瓶颈问题解决，重点化解“最后一公里”难题，各地要加大与地方政府部门的沟通协调，继续推动解决快递车辆城市通行停靠、电动三轮车禁限行、快递“三进”等问题，因地制宜实现地（市）在解决快递三轮车问题方面都有实质性的突破。北京、上海、广州、深圳、杭州等重点城市要加强协调解决跨境寄递服务中存在的问题，与海关建立有效的工作机制，推动海关、出入境检验检疫、民航等部门进一步优化跨境快件通关、安检等作业流程，提高作业效率，提升口岸通关能力。

五要大力推动产业融合和创新发展。继续推进快递服务制造业，在天津、吉林、山东、广东、四川组织实施示范项目，支持快递企业与电子信息、通信、医疗保健、精密仪器、航空、汽车等企业协作，形成复合服务能力。要重点在供应链管理和冷链快递发展方面取得进展，加快向综合物流运营商转型。要充分发挥社团组织作用，巩固与银联、保险业的合作，规范、做大代收货款等增值业务，引导供应链金融业务向“自有仓储+配送+金融”的综合服务模式升级。各省局要积极培育服务制造业的示范性项目，尤其是位于汽车行业、高科技行业、医药行业等产业带分布地的邮政管理部门，要在快递服务供应链管理和冷链快递发展方面取得新进展，帮助企业加快向综合物流运营商转型。支持邮政企业、快递企业与铁路、航空进一步联动和深度融合，扩大高铁快递、电商快递班列使用范围，重点通过信息对接和标准化建设，解决高铁邮件、快件安检和装卸效率问题。28个重要物流节点城市（北京、天津、呼和浩特、沈阳、大连、长春、哈尔滨、上海、南京、苏州、杭州、宁波、厦门、济南、青岛、郑州、合肥、武汉、长沙、广州、深圳、南宁、重庆、成都、昆明、西安、兰州、乌鲁木齐）要优化快件安检和配载流程，加快“绿色通道”建设。

（二）坚持提质增效，加快推动快递业转型升级

一要加强行业标准化建设。综合运用法律、行政、政策等手段推动快递企业开展标准化建设，重点推动企业落实《快递营业场所设计指南》和《邮政业从业企业标准化工作指南》。东部地区的营业场所达标率力争达到20%，中西部地区达标率力争达到10%。引导企业建立由基础通用标准体系、核心运营标准体系、内部管理标准体系和服务标准体系组成的综合标准体系，完善标准制定，加强标准实施，以标准化建设促进企业健康发展。各地要加强对标准工作的宣传，充分利用会议、培训、新闻媒体等各种载体，确保各级各类的快递从业人员理解和掌握标准；标准宣贯过程中要重点加强静态和动态管理，及时了解和帮助解决企业在达标过程中遇到的难点

问题。

二要加强科技创新，使新技术成为推动产业转型升级的重要动力。提升快递物联网、互联网信息技术应用能力和水平，引导企业加强数据分析与应用。鼓励企业在科技创新提高生产效能上加大投入，加快推广自动化分拣设备。解决好品牌企业全国统一客服中心的服务问题，挖掘用户需求、提升用户体验。引导企业提高 PDA 手持终端使用率，开发手机客户端、微信等移动服务功能。规范和推广智能快件箱的使用。关注和践行绿色、低碳发展，加强节能减排新技术新工艺推广应用，启动绿色低碳示范工程。

三要推动建立行业诚信体系。研究制定《快递行业信用信息管理办法》，明确信用信息的内容和范围、征信的主体、程序、信用等级的评定、信用信息公示及监督管理。建设快递行业信用信息系统，完善信用信息的记录、整合与应用，整合执法检查、消费者申诉、信访举报等信息，完善行业信用记录和从业人员信用档案。建立实施失信企业及从业人员信息发布工作制度。鼓励和支持各地积极开展行业诚信建设，探索创新先试先行。

四要择时发布快递发展指数和电商快递成本指数。加强对行业运行状况的监控，在条件成熟的情况下对外发布快递业发展指数，使之成为能够反映我国快递发展规模、服务质量、发展普及和发展趋势的综合指数，体现快递市场运行变化和未来发展态势。中国快递协会要继续开展快递价格监测，选择合适时机向社会发布报告，引导企业合理定价，推动解决低价格无序竞争问题，引导企业由价格竞争向服务竞争转变。

五要鼓励企业产品创新。鼓励支持企业根据用户需求，开展多元化、差异化、个性化服务，提升服务品质，解决同质化、低价竞争问题。要继续引导企业提高基础建设投资，通过时效、作业模式、服务领域区分，提供差异化产品；采取有灵活度、有弹性的快递价格，实行差异化价格；探索多种方式的配送创新，提供差异化服务。

六要继续做好快递旺季服务保障工作。各级邮政管理部门要认真总结历年快递旺季服务保障工作的经验，提前谋划，科学安排，继续实施“错峰发货、均衡推进”的机制，加强能力储备，强化统一调度、信息系统应用、节点控制，做好宣传引导和上传下达，集中力量，攻坚克难，确保今年旺季生产平稳运行。

七要继续做好行业人才培养工作。继续做好快递从业人员职业技能鉴定工作，提高快递从业人员素质和持证上岗比例。推进院校开设快递相关专业，开展各类业务培训，为快递企业培养紧缺人才。

### （三）坚持安全为基，全面提升安全管理能力水平

以落实九部门《关于加强邮件、快件寄递安全管理工作的若干意见》为主线，坚持“注重当前”与“着眼长远”相结合，突出抓规范、打基础、强能力、严监管，全面系统提升邮政行业安全管理水平。

一要突出抓好安全标准规制建设。明确收寄、分拣、运输、投递等各环节安全操作标准，以及安全检查设备、监控设备等建设标准。建立健全覆盖政府部门、企业和相关环节的人防物防技防安全防控体系。年内，完成禁寄物品指导目录及处理办法的修订和颁布、特殊物品寄递安全管理制度的研究制订。进一步规范寄递渠道信息登记，年内实行邮件快件统一码号资源管理。深化收寄验视管理研究，明确收寄验视操作规程，督促企业严格落实收寄验视制度。积极推动实名收寄制度，按照“以点带面、先行先试、及时总结、逐步推广”思路，在重点地区和重点部位先行启动试点，加快信息采集系统和管理制度的研究，为 2016 年后全面施行实名收寄提供好的做法和经验。加强安全监管“绿盾”工程建设，积极探索在推进快递末端投递、服务平台建设及智能快件箱推广中保障安全的措施。修订完善安全监管信息系统数

据管理办法。建立安全监管行政执法监督考核制度，主动接受社会监督。

二要突出抓好能力建设和基础保障。省、市两级要抓紧推动建立九部门联合监管机制，切实加强部门协同配合，建立工作制度，定期召开会议，研究解决问题，做到“常态联动、问题牵引、优势互补、责任共担”，形成合力，推动寄递渠道安全管理工作落实。结合落实《意见》，积极争取与履行安全监管职责相适应的行政力量和资源，充实安全监管机构和编制，加大经费和装备投入。有条件的省局要推动组建邮政业安全中心，为开展安全管理工作提供组织保障、技术支撑。国家局邮政业安全中心要切实履行好基础服务、技术支撑、规制保障等职能，年内完成与邮政企业、主要快递企业总部内设安全机构的工作对接机制建设。充分发挥三级邮政管理机构合力，健全邮政行业安全监管风险预警、应急处置、责任追溯等规范化管理体系。加快行业安全监管信息化建设进度，督促企业完善与安全监管信息系统的对接机制，进一步提升数据质量。357个地(市)级监管机构要全面提升信息系统应用水平，国家局要强化通报跟踪推进、加强人员培训，省局要抓好落实。有条件的地(市)局要加快企业转运中心视频接入。

三要突出抓好企业主体责任落实。寄递企业是寄递安全的主体责任单位。要督促寄递企业牢固树立安全与发展并重理念，完善安全管理制度、加强安全培训、加大硬件设施建设，真正做到安全投入到位、安全培训到位、基础管理到位、应急救援到位。推动在主要快递企业成立安全委员会，由企业法人亲自担任委员会主任，实行备案管理制度，以强化组织领导、落实安全责任。督促企业健全内部安全管理机构，配备专职安全员，有条件的企业要配备注册安全工程师，专门从事安全生产专业工作。强化企业基础管理，加强人员培训，建立培训考评机制，配合相关部门完善内控机制建设，加强消防、交通、内保等方面的隐患治理，加强人防、物防、技防建设。今年起，各主要快递企业的大型分拨中心，要安排具有专门技术的人员对寄往重点地区、重点部位的邮件、快件实行100%通过X光机进行安检。

四要突出抓好依法严格监管。积极推动将寄递安全管理工作纳入社会治理体系，对寄递安全问题实行系统治理、依法治理、综合治理、源头治理。推动寄递安全网格化管理，坚持“条块结合、以块为主，重心下沉、属地为主，细化分工、责任为主”原则，积极推动落实邮政安全“属地化”管理要求，不断创新监管方式，提高安全监管信息化、精细化、网格化水平。针对行业安全监管面临的严峻形势，按照“全覆盖、零容忍、严执法、重实效”的要求，以落实收寄验视制度为重点，加大安全执法检查力度，切实从源头上堵住禁寄物品流入寄递渠道。督促企业深入开展安全隐患排查整治，切实加强对邮件处理场所、快件分拨中心、营业场所、员工生活区等重点部位的安全防范，及时查处企业在用电、防火、防盗、防交通肇事等方面存在的安全隐患，努力杜绝意外伤亡事故发生。要继续开展危化品寄递专项整治工作，从严掌握执法标准，对顶风违规、屡犯不改、社会影响恶劣的突出问题，抓住不放，依法实施顶格处理，该停业整顿的必须停业整顿，该吊销许可的坚决给予吊销，触犯法律的，还要依法追究刑事责任。强化通信和信息安全管理，外资企业不得投资经营信件的国内快递业务，应当严格按照许可的地域范围和业务范围经营快递业务。积极做好国家机关公文寄递管理，督促快递企业严守不得寄递国家机关公文的法律底线，营造相关单位依法通过邮政企业交寄国家机关公文的良好社会氛围。

(四)注重监管创新，全面履行监管职责

一要继续强化许可管理工作。国家局将进一步下放部分许可审批，提高工作效率。各级市场监管部门要落实许可证变更审核流程优化方案，强化许可时限执行情况的监督检查；完善许可管理信息系统,优化网上办理流程;要按照"简化手续、提高效率"的原则,做好到期许可证换证工作;落实快递末端投递网点备案管理规定,加强末端网点管理;依法受理外资企业许可准入及增设分支机构申请,加强资质审核,按核定地域范围和业务范围发放经营许可;要严格遵守"优质、高效、规范、廉洁"八字方针,严禁吃拿卡要、增加企业负担,一经发现并查实,依法依规处理。

二要强化事中事后监管。各级市场监管部门要切实树立依法治邮理念,严格按照法律规定的职权、程序和实体内容开展监管工作。认真落实国家局关于三级机构职权划分的工作部署,对下放到市(地)局的监管权限,要放到底、放到位,省级邮政管理部门不得截留或改变。要继续开展邮政市场执法规范化建设,深入贯彻落实《邮政行政执法信息公开规定》、《邮政市场行政执法重大案件督办制度》,探索制定《邮政市场执法案件案号编码规则》,研究制定《跨区域监管协作指导意见》,探索实行邮政市场执法案件指导意见制度。完善邮政业消费者申诉受理与市场监管工作衔接和联动机制。继续稳妥推进规范和清理快递企业经营范围工作,推动实现市场主体合法化。

三要继续开展好服务质量测评和发布。继续委托第三方机构做好快递服务满意度、时限准时率监测工作,适度扩大调查广度和深度,优化调查指标,提高调查精度。进一步加大调查结果的公布和数据的使用力度,强化社会和新闻监督作用。做好用户申诉率数据发布工作,引导用户理性消费,促进企业提升服务质量。

四要开展服务质量专项整治。通过组织开展服务质量专项整治行动,进行《快递服务》国家标准再宣贯,发挥消费者申诉受理、媒体曝光、执法检查等多种渠道和手段,及时发现快递服务质量问题,采用约谈告诫、责令整改、行政处罚、通报公示等方式,加强服务质量监管。对违反《快递服务》国家标准严重损害用户合法权益的行为,依法予以处罚并加大公开通报力度。尤其是针对分拣抛扔快件、快件丢失损毁、格式合同霸王条款、末端投递服务等消费者反响强烈、社会高度关注的问题,要加大执法检查工作力度,督促企业开展自查整改。

五要做好集邮市场和邮政用品用具市场监管。修订《集邮市场管理办法》,落实集邮市场简政放权和事中事后监管。建立包括集邮票品集中交易市场、集邮票品经营者、网络经营者等在内的各类市场主体备案制度,健全交易规则,明确对集邮票品网络交易的监管措施,加强集邮票品进口业务监管,着力构建集邮市场行业统计报告制度。严厉打击制售虚假集邮票品等违法行为。推动建立集邮票品经营者协会。继续推进诚信集邮市场建设。加大邮政用品用具有关标准的宣贯力度,认真做好邮政用品用具生产监制和换证等工作,积极开展快递封装用具生产监制,加强邮政用品用具质量抽检力度,督促企业严格按照标准组织生产。

六要加强监管队伍建设。继续做好邮政市场监管工作情况通报,加大对各地邮政管理部门的业务指导力度。实施《邮政市场监管考核管理办法》,强化监督考核。开展多种形式的业务培训,提高监管能力。按照《邮政市场案件评议规则》积极开展案件评议,编印《2014 年邮政市场执法案例汇编》、《典型案例解析》,为各地执法工作提供参考。完善《邮政市场监管》电子期刊等监管业务交流平台,推动监管队伍综合素质提升。

七要创新监管手段。充分利用信息化手段,提高邮政市场监管效能。有效利用邮政业安全监管信息系统、邮政行政执法管理系统等现有业务系统功能,做好数据采集、录入、分析、应用等工作,立足大数据,为监管工作提供支撑。探索并规范邮政监管机构向县级延伸后的监管工作模式。加强与工商、公安等有关部门的沟通,完善监督检查协作机制,落实好邮政安全的属地化管理责任,着力构建齐抓共管的监督检查工作格局。充分发挥新闻媒体外部监督、行业协会推动自律和企业自治等多方面的作用,努力实现邮政市场监管的社会共治。

同志们,2015 年邮政市场监管工作头绪多、担子重。希望大家深刻领会国家邮政局的各项工作部署,准确把握行业定位,全面履行监管职责,有效推动行业发展,全力开创市场监管工作新局面,为全面建成与小康社会相适应的现代邮政业做出新的更大贡献!

值此新春佳节即将来临之际,我代表国家局党组和马军胜局长,给大家拜个早年。祝大家合家团圆,万事如意!

谢谢大家。

# 在新常态下加快邮政行业人才培育

## ——国家邮政局副局长邢小江在2015年度邮政行业职业技能鉴定工作座谈会上的讲话

2015年2月5日

同志们:

非常高兴参加2015年邮政行业职业技能鉴定工作座谈会。这次会议时间紧凑,内容充实。会议将总结2014年工作情况,部署2015年重点工作,对先进单位和个人进行表彰。尹贻军同志的讲话,思路清晰,目标明确,我完全同意。希望大家着眼新形势新任务,梳理总结好的经验做法,认真研究下一步发展思路,为今年的职鉴工作打下更好的基础。

同志们,2014年是全面深化改革的一年,也是现代邮政业发展进程中具有里程碑意义的一年。李克强总理年初、年尾两次视察快递企业,指出快递业是中国经济的一匹黑马。国务院常务会议对邮政业作出新定位,为今后一个时期行业改革发展明确了目标,指明了方向。中央和地方等各方面对邮政业发展给予了很多关怀和支持。一年来,全系统认真贯彻落实中央决策部署,围绕"全面建成与小康社会相适应的现代邮政业"的奋斗目标,坚持安全为基、发展为要、服务为上,积极履行行业监管职能,行业改革深入推进,发展环境持续优化,设施建设不断完善,特别是"三向"工程和产业联合成效显著。在我国经济下行压力加大的情况下,邮政业保持了持续快速发展的良好态势。去年业务收入累计完成3203.3亿元,同比增长25.7%;业务总量累计完成3696.1亿元,同比增长35.6%,其中快递业务量累计完成140亿件,同比增长52%,跃居世界第一。

2014年也是职鉴工作稳步发展,成绩较为显著的一年。全国各级职鉴机构,认真贯彻局党组工作部署,积极开展职业技能鉴定工作,全年鉴定11.5万人次,持证7.6万人次,2009年至今累计鉴定52.5万人次,持证达36.7万人次。职鉴工作不断向省以下延伸。继开展初、中、高级职业技能鉴定之后,快递业务师试考顺利开展。江苏、河南、广东等省成功举办邮政行业职业技能竞赛。积极整合资源,新增合作院校达43所,同时引导院校加强专业建设,推进校企合作,联合培养人才。目前,快递专业在校学生已达1万多人,为行业发展提供了人才支撑。这些成绩的取得,充分体现了职鉴队伍团结奋进、务实创新、勇于担当、顽强拼搏的优良作风。在此,我代表国家局党组向同志们取得的成绩表示热烈祝贺,对大家的辛勤工作和不懈努力表示衷心感谢!

借此机会我讲两点意见。

### 一、统一思想,凝聚共识,充分认识新常态下加快推进职业技能鉴定工作的重要意义

第一,加快推进职业技能鉴定工作是行业实施创新驱动实现提质增效的内在要求。在经济新常态下,市场环境正在发生深刻变化。行业正在从劳动密集型向技术、劳动密集型转变,在实现提质增效、确保寄递安全、增强社会活力等方面,都面临着严峻挑战。现有的人才队伍难以适应形势任务需要,亟需努力提升业务素质和服务水平。邮政业作为现代物流业的先导产业,要对标国际一流,建设邮政强国,就要牢牢抓住人才这个决定性因素。要努力推动行业职鉴工作,加强行业人才队伍建设,更好地发挥职业技能鉴定在促进职业教育培训、提高人员素质、提升服务质量和确保行业安全等方面的重要作用。因此,做好职鉴工

作是当前和今后一个时期各级职鉴机构面临的一项十分重要而紧迫的任务。一定要站在行业发展的高度，切实增强责任感和使命感，创新工作机制和方法，不断提高职鉴工作的质量和效益。

第二，加快推进职业技能鉴定工作是贯彻落实全国职教工作会议精神实现邮政业科学发展的关键环节。人才资源是第一资源，人才问题是关系邮政业又好又快发展的关键问题。十八大以来，党中央国务院加快推进职业教育发展，十八届三中全会明确提出“要构建劳动者终身职业培训体系”，去年4月，国务院印发《关于加快发展现代职业教育的决定》。在召开全国职业教育工作会议前，习近平总书记作出重要批示，提出“要努力培养数以亿计的高素质劳动者和技术技能人才”。李克强总理接见会议代表时指出“要最大限度释放人才红利，推动中国经济在发展中提质增效升级，跃上新台阶”，刘延东副总理和马凯副总理也分别在会上做了重要讲话，部署职业教育工作，明确要加快发展与技术进步、生产方式变革以及社会公共服务相适应、产教深度融合的现代职业教育。中央对技能人才培养的重视程度和推进力度都是前所未有的。我们要深刻领会中央领导的重要指示和全国职教会议精神，将其作为开展邮政行业职业教育培训、技能人才培养的重要依据。当前，行业人才培养还不能满足发展需求，还存在着技能人才总量不足，高技能人才紧缺，合作院校资源优势缺乏有效利用，招生规模较小，专业建设与企业需求脱节等问题。要紧密结合邮政行业实际，突出重点，注重实效，加快培养高素质技能人才，为建设“五个邮政”、全面实现“十二五”发展目标做出应有贡献。

## 二、狠抓机遇，勇于创新，推动职业技能鉴定工作开创新局面再上新台阶

2015年是推进邮政业深化改革、加快发展的关键之年，也是全面完成“十二五”规划的收官之年。面对新形势、新任务，要认真贯彻落实全国邮政管理工作会议精神，主动适应经济新常态，正确认识行业新定位，围绕中心，服务大局，紧紧把握当前行业迅猛发展、人才需求旺盛这个历史机遇期，积极作为，大胆实践，为技能人才队伍建设发挥更大作用。

第一，推动校企合作，有效支撑技能人才队伍建设。加强校企合作既是培养高素质技能劳动者和提高企业竞争力的内在要求，也是提升技能人才培养质量、更好满足企业需求的有效途径。各省局要积极为院校和企业搭建合作平台，加强协调、指导和服务。引导企业、院校共同制定人才培养方案，协同做好专业建设、课程设置、教材开发及师资队伍、实训基地建设等工作，充分发挥院校的教育和科研优势，企业的实践优势。鼓励院校深入了解企业生产实践和人才培养需求，在培养输送人才、改进作业流程及技术创新等方面为企业提供支撑和服务，推动校企深度融合、互利共赢。

第二，加大职鉴工作力度，确保完成年度目标任务。在全面实施行政审批制度改革的新环境下，要积极应对，紧密配合市场监管部门做好业务许可和监管支撑服务工作。2010年，全国快递许可企业6000家，快递从业人员60万人。几年来，快递业发展远远超过了预期，目前，许可企业已超过11000家，行业从业人员每年递增20万人以上。如果按照鉴定合格率70%以上的比例，不考虑流失因素，每年企业需要参加鉴定的员工要达到10万人，所以我们的鉴定任务非常艰巨繁重，各省局一定要统一思想，坚定信心，确保鉴定目标顺利完成。

去年财政部、商务部、国家邮政局联合印发通知，推进天津、石家庄、杭州、福州、贵阳等5个城市开展电子商务与物流快递协同发展试点。在发展目标中提出“要建立从业人员服务和考核标准，完成对从业人员的培训和考核，全面实现持证上岗。”5个试点城市要认真贯彻落实通知精神，积极推进从业人员的培训和鉴定工作，鼓励大型骨

干企业率先推行全员持证上岗。引导企业完善人力资源管理制度，建立员工技术技能水平与薪酬挂钩的激励机制。在工作推进中要注意总结经验，在行业中树立人才培养优秀企业，以点带面，提升技能人才队伍建设整体水平。

第三，加强职鉴队伍建设，确保职鉴工作创新发展。全国共有20个省建立了作为独立法人的职鉴中心，其他省局也设置了内设机构，做了大量工作，取得很大成效。但还存在着发展不平衡、管理不规范、队伍不稳定等问题。各省中心要进一步完善内部管理制度，严格财务、人事管理，独立的省中心要配备专职人员，加快建立一支业务精通、作风扎实、相对稳定的专职管理人员队伍。要根据快递业务发展实际，在重点城市推动设立市（地）局职鉴工作内设机构，指定人员，为职鉴工作向基层延伸奠定基础。要充分利用邮政行业职业资格网站，加强职鉴政策宣传，促进企业加强培训和人才交流。广大职鉴工作人员要加强业务学习，提高业务能力，推动职鉴工作向专业化、制度化、规范化方向发展。

同志们，邮政行业正迎来改革发展的重要机遇期，职业技能鉴定工作任务艰巨、使命光荣，是一项大有可为的事业，我们要坚决贯彻十八届三中、四中全会和习近平总书记系列重要讲话精神，全面落实全国邮政管理工作会议要求，解放思想、开拓创新，锐意进取、再创佳绩，为把我国由邮政大国建设成邮政强国做出积极贡献。新春佳节即将来临，我代表国家局党组，向全国职鉴战线上的干部职工，致以节日的问候，祝大家新年快乐、工作顺利、阖家幸福！

# 第二篇 发展概览

## 第一章 2015 年快递服务发展综述

2015 年是全面深化改革的关键之年,也是全面完成“十二五”规划的收官之年。按照稳中求进工作总基调,全行业坚持依法治邮和提质增效,加强创新驱动,确保运行安全,主动克服“马鞍效应”等带来的不利影响,保持了持续快速发展的良好态势,行业服务能力、服务水平持续提高,普及范围进一步扩展,社会影响力全面提升。快递业务量规模全球领先,快递服务“三向”工程成效显著,“双 11”业务旺季服务连续 5 年实现平稳、安全、有序。全行业加快建设“与小康社会相适应的现代邮政业”,用实实在在的业绩回报党中央、国务院的关注、重视和支持,交出了一份令人满意的答卷,为国家稳增长、调结构、惠民生、促就业发挥了积极作用,做出了重要贡献。

### 一、行业影响力和社会关注度持续增强,快递发展迎来重大政策利好

快递业是现代服务业的重要组成部分,是推动流通方式转型、促进消费升级的现代化先导性产业。近年来,快递业在降低社会流通成本、支撑电子商务、服务生产生活、扩大就业渠道等方面发挥了积极作用。2015 年,我国快递业在国民经济中的基础性作用更加凸显,快递已成为现代社会生产生活不可或缺的组成部分。快递业务量完成 206.7 亿件,最高日处理量超过 1.6 亿件。日均服务超过 1.1 亿,相当于每天 10 个人当中就有 1 个人使用快递,年人均快件使用量达到 15 件,快递使用频率接近中等发达国家水平。2015 年,我国快递业直接吸纳就业超过 140 万人,支撑网购就业超过千万人。带动农副产品进城和工业品下乡超过 3000 亿元,推动出口近千亿元,支撑国内网购交易额规模达到 3.8 万亿元,快递发展所带来的经济社会效益日益凸显。

2015 年,快递业迎来重大政策利好,社会各界对行业发展的关注度得到前所未有地提升。快递业发展得到了党中央、国务院的关注和重视。李克强总理在政府工作报告中明确提出“发展物流快递,把以互联网为载体、线上线下互动的新兴消费搞得红红火火”。在十二届全国人大三次会议记者会上,李克强总理向世界发出了“我很愿意为网购、快递和带动的电子商务等新业态做广告”的最强音。10 月 14 日,国务院第 108 次常务会议确定促进快递业发展的措施,培育现代服务业新增长点。10 月 23 日,《国务院关于促进快递业发展的若干意见》(国发〔2015〕61 号)正式印发,对未来五年乃至更长时期的快递业发展作出总体部署和系统安排。这是邮政体制改革以来国务院出台的第一部全面指导快递业发展的纲领性文件,是快递业发展进程中的重要里程碑,体现了中央对近年来快递业发展成效的充分肯定,体现了对邮政管理部门行业管理工作的充分肯定,更体现了对快递业未来发展的殷切期望和巨大支持。

与此同时,《中共中央国务院关于打赢脱贫攻坚战的决定》《国务院关于加快实施自由贸易

区战略的若干意见》《国务院关于推进国内贸易流通现代化建设法治化营商环境的意见》《国务院关于加快海关特殊监管区域整合优化方案的通知》《国务院关于积极推进“互联网＋”行动的指导意见》《国务院关于改进口岸工作支持外贸发展的若干意见》《国务院关于大力推进大众创业万众创新若干政策措施的意见》《中共中央办公厅国务院办公厅关于深入推进农村社区建设试点工作的指导意见》《国务院办公厅关于促进跨境电子商务健康快速发展的指导意见》《国务院办公厅关于促进农村电子商务加快发展的指导意见》《国务院办公厅关于促进进出口稳定增长的若干意见》《国务院办公厅关于推进线上线下互动加快商贸流通创新发展转型升级的意见》《国家发展改革委员会关于开展现代物流创新发展城市试点工作的通知》《海关总署进一步促进外贸稳定增长若干措施》《共青团中央办公厅商务部办公厅关于实施农村青年电商培育工程的通知》以及《京津冀协同发展规划纲要》《中国制造2025》《全国流通节点城市布局规划（2015－2020年）》《中国（杭州）跨境电子商务综合试验区海关监管方案》等多份文件和规划，为快递基础设施建设、产业协同发展、通关便利、车辆通行等提供一系列重要的政策支持。此外，以《福建省人民政府关于支持快递业加快发展七条措施的通知》《河北省人民政府关于促进快递业发展的实施意见》为代表的各地促进快递业加快发展的政策文件也先后出台。可以说，2015年支持行业发展的政策措施之多、力度之大、覆盖范围之广是前所未有的。邮政管理工作向纵深推进，县级邮政管理机构组建有序推进，截至2015年年底共有54个县级派出机构获批成立。

2015年，《人民日报》、新华社、中央电视台等主流媒体密集报道快递业发展，中央媒体和行业媒体共刊（播）发国家邮政局新闻信息381条（篇）。其中，六大中央媒体205篇，占比55%，《人民日报》46篇，《人民论坛》杂志1篇，人民电视3条，新华社63篇，中央电视台34条。中央及行业媒体制作专版、推出专题报道共29次，《人民日报》2次，新华社和《光明日报》各1次，人民网视频专访1次，《中国交通报》19次21个版，大大提升了行业的社会关注度和影响力。

**国务院总理李克强关注和点赞快递**

·2015年3月5日，李克强在第十二届全国人民代表大会第三次会议上作政府工作报告时两次提到物流快递，强调发展物流快递，把以互联网为载体、线上线下互动的新兴消费搞得红红火火。

·2015年3月15日，李克强在回答《新京报》记者提问时说：“在场的各位都有网购的经历，我也不例外，我网购过，最近还买过几本书，书名我就不便说了，避免有做广告之嫌。但是我很愿意为网购、快递和带动的电子商务等新业态做广告。因为它极大地带动了就业，创造了就业的岗位，而且刺激了消费，人们在网上消费往往热情比较高。”

·2015年8月28日，李克强在主持召开的国务院专题会中强调，在传统增长动力减弱的情况下，要拿出更多改革开放新举措，增加公共产品、公共服务供给，促进大众创业、万众创新，增强经济发展动力。围绕居民消费升级新需求，推出促消费、惠民生的新政策，推动快递等流通业发展，释放消费潜力。

·2015年9月24日下午，李克强到河南保税物流中心视察工作，视察了中通快递（郑州）国际包裹分拣中心工作区。在向中通快递董事长赖梅松了解相关情况后，他嘱咐说，要通过“互联网＋”，做强“大众创业、万众创新”平台，推动民族快递品牌走向全球，同时快递、跨境电商要协同发展，互生互赢。

**"10·14"国务院常务会议**

2015年10月14日，国务院总理李克强主持召开国务院常务会议，决定完善农村及偏远地区宽带电信普遍服务补偿机制，缩小城乡数字鸿沟；部署加快发展农村电商，通过壮大新业态促消费惠民生；确定促进快递业发展的措施，培育现代服务业新增长点。

会议指出，加快发展快递业，可以便利群众生活、降低流通成本、服务创业创新，对于扩大内需和就业、促进结构优化、提高新型城镇化质量，具有重要意义。会议确定，一是向各类资本进一步开放国内快递市场，支持快递企业兼并重组、做优做强。二是简化快递业务经营许可和进出境快件通关手续，探索快递企业工商登记"一照多址"。三是推进"互联网+"快递，引导快递企业与电商深度合作，服务农业订单生产、工业个性化定制等新模式，发展便民利商新业态。支持开展代收货款等业务。四是实施快递"上车上船上机"链接工程，给予快递专用车辆城市通行和作业便利。完善农村、西部地区快递服务网，构建覆盖国内外的快件寄递体系。加强寄递安全和服务质量监管，打造"放心快递"。五是加大财税、金融、用地等政策支持。中央预算内投资重点支持农村和西部地区公益性、基础性快递设施建设。鼓励金融机构开展抵押贷款、融资租赁等业务，拓宽企业融资渠道。使快递业搭上发展快车。

## 二、快递业继续保持高位增长，市场规模再上新台阶

### （一）快递业务量跨入两百亿时代，稳居世界第一

2015年，快递业继续保持持续快速增长态势，市场规模再创新高，快递业务量首次突破200亿件，稳居世界第一。日均快件处理量5663万件，最高日处理量超过1.6亿件。

2015年，全国快递服务企业业务量累计完成206.7亿件，同比增长48%，增长速度是同期国内生产总值增速的7倍；业务收入累计完成2769.6亿元，同比增长35.4%，收入增速为同期国内生产总值增速的5倍以上。其中，同城业务收入累计完成400.8亿元，同比增长50.7%；异地业务收入累计完成1512.9亿元，同比增长33.8%；国际及港澳台业务收入累计完成369.6亿元，同比增长17%。

2015年，同城、异地、国际及港澳台快递业务收入分别占全部快递收入的14.5%、54.6%和13.3%；业务量分别占全部快递业务量的26.1%、71.8%和2.1%。与上年同期相比，同城快递业务收入的比重上升1.5个百分点，异地快递业务收入的比重下降0.7个百分点，国际及港澳台业务收入的比重下降了2.1个百分点。

2015年，东、中、西部地区快递业务收入的比重分别为81.9%、10.3%和7.8%，业务量比重分别为82%、11.2%和6.8%。与去年同期相比，东部地区快递业务收入比重下降了0.9个百分点，快递业务量比重与去年持平；中部地区快递业务收入比重上升了0.9个百分点，快递业务量比重上升了0.6个百分点；西部地区快递业务收入比重与去年持平，快递业务量比重下降了0.6个百分点。

2015年，快递业务收入在邮政行业收入中的占比接近七成，达到68.6%，较上一年提高了4.7个百分点；收入占国内生产总值的比重继续提升，达到4‰，比上年度提高了近1个千分点。这说明快递服务在邮政行业发展中发挥了不可替代的重要作用，快递服务经济、民生的能力和水平进一步显著提升。按照国家统计局《2015年国民经济和社会发展统计公报》全国人口数据计算，2015年，年人均快递使用量15件，是2008年的13.6倍；年人均快递费用支出为，201.5元，是2008年的6.5倍。与上一年相比，人均使用快件量增长了4.7件，人均快递费用支出增加了51.1元。

2008－2015 年人均快递使用量和快递支出情况

| 指　　标 | 2008 年 | 2009 年 | 2010 年 | 2011 年 | 2012 年 | 2013 年 | 2014 年 | 2015 年 |
|---|---|---|---|---|---|---|---|---|
| 人均快递使用量(件) | 1.1 | 1.4 | 1.7 | 2.7 | 4.2 | 6.8 | 10.3 | 15 |
| 人均快递支出况(元) | 30.8 | 35.9 | 42.9 | 56.3 | 77.9 | 106.0 | 150.4 | 201.5 |

(二)快递企业旺季服务保障能力明显提升

2015 年“双 11”当天,主要电商企业全天共产生快递物流订单 4.6 亿件,同比增长 65%;全天各企业共处理 1.48 亿件。国家邮政局根据不同快递企业处理能力合理调节资源,引导电商企业错峰发货、快递企业均衡推进,全网运行平稳顺畅。11 月 11～16 日,全行业处理的邮件(快件)量达到 7.8 亿件,同比增长近 45%;日最高处理量达 1.6 亿件,同比增长 55%,是 2015 年以来日常处理量(5000 万件)的 3 倍。

2015 年“双 11”的快递业与往年相比,呈现出“五个明显”的新特点。一是区域业务明显增多。2014 年以来,区域业务在快递业务类型中始终保持增速最快,超过行业平均增速近 10 个百分点。在苏浙沪皖区域、京津冀区域,广东、山东、福建全等省内,以骨干节点城市为核心的整体化配送解决方案已经开始形成,区域内快件时效已接近同城快件水平。“双 11”期间,全国 14 个揽投量突破 2000 万件的城市中有 12 个分布在上述几个区域。二是县域业务明显增加。快递网点乡镇覆盖率已超过三分之二,“双 11”业务旺季县域是巨大增长点,淘宝(天猫)、京东、苏宁等网络零售平台均将县域及农村地区作为促销和宣传重点,快递业务量迎来高峰。三是国际业务明显增长。在“一带一路”、自贸区建设、跨境电商综合试验区等利好政策的带动下,跨境电商发展提速,业内企业积极发展跨境寄递服务,“走出去”步伐逐渐加快,邮政国际小包业务更是同比增长 90%。“双 11”期间,跨境电商企业产生的快递业务量超过 2000 万件,比去年同期增长 2 倍。四是安全压力明显增大。“8·12”天津港特别重大火灾爆炸事故和“9·30”广西柳州爆炸事件发生后,社会各界对安全工作更加关注,寄递渠道安全监管任务更加艰巨。旺季期间为保障劳动力和运力供给,各企业临时雇(聘)用大量社会人员及车辆,容易因安全管理和防范措施不到位引发各类安全问题。进入冬季,我国部分地区可能出现雨雪大风等极端天气,对快递服务网络运行带来不确定性影响。五是社会关注明显增强。10 月 23 日国务院刚刚印发了《国务院关于促进快递业发展的若干意见》,各项利好政策频现,将快递业热度不断拉升,吸引媒体将越来越多的关注投放到快递业。在经济下行压力较大的背景下,媒体普遍关注“双 11”能否再聚人气,再创新绩。同时,各大电商平台也都在全力造势,引来众多媒体的聚焦。

为确保“双 11”全网不瘫痪、重要节点不爆仓、保畅通、保安全、保平稳目标的完成,国家邮政局建立了国家局、省(区、市)局、市(地)局三级联动和政府、协会、企业三维互动的保障机制,以“全网一盘棋”的整体布局迎接旺季保障任务。多次协调电商平台,根据不同快递企业的处理能力,合理分配业务资源,引导网络卖家错峰发货,快递企业均衡推进。“双 11”期间,国家邮政局依托邮政业安全监管信息系统和电商平台系统等信息化手段,对重点地区、重点路由、重点部位可能出现的问题及时预警报告,对广大消费者反映的集中问题进行有效回应,适时发布消费提示。针对企业在旺季期间容易忽视服务质量的问题,及时做好服务监督,尤其是督促寄递企业避免因“野蛮作业”等行为造成快件损毁。

(三)快递市场结构呈现多个突出特点

**在区域结构方面,中部地区快速崛起。**受产业结构调整和东部产业转移的影响,中部地区经济快速崛起,带动快递实现业务规模的扩大和增速的提升。2015 年,中部地区完成快递业务量 23.1 亿件,同比增长 56.1%,增速比上年提高 6.9

个百分点。实现业务收入283.9亿元，同比增长48.2%，增速比上年提高3.9个百分点。中部地区业务量收增速均高于行业平均增速，业务量收在全国所占比重提高，分别占11.2%和10.3%，比上年分别提高0.6和0.9个百分点。

**在收派结构方面，地区收派比差异较大。**东部地区揽收派送比高于中西部地区，但区域差异正在缩小。2015年，全国仅浙江、广东、北京、上海、福建、江苏六省(市)收派比大于1，河北、天津两地接近均衡。浙江、广东、北京、上海、福建、江苏六省(市)揽收量占全国揽收量比重接近七成，成为快件主要流出地。

**2015年各省(区、市)快递业务收派比**

| 省份 | 收派比 | 省份 | 收派比 |
|---|---|---|---|
| 北京 | 1.28 | 湖北 | 0.62 |
| 天津 | 0.92 | 湖南 | 0.63 |
| 河北 | 0.94 | 广东 | 1.55 |
| 山西 | 0.40 | 广西 | 0.37 |
| 内蒙古 | 0.35 | 海南 | 0.29 |
| 辽宁 | 0.55 | 重庆 | 0.53 |
| 吉林 | 0.42 | 四川 | 0.62 |
| 黑龙江 | 0.49 | 贵州 | 0.29 |
| 上海 | 1.28 | 云南 | 0.40 |
| 江苏 | 1.01 | 西藏 | 0.42 |
| 浙江 | 1.77 | 陕西 | 0.51 |
| 安徽 | 0.70 | 甘肃 | 0.27 |
| 福建 | 1.11 | 青海 | 0.27 |
| 江西 | 0.56 | 宁夏 | 0.44 |
| 山东 | 0.78 | 新疆 | 0.57 |
| 河南 | 0.71 | — | |

**在主体结构方面，市场竞争进一步加剧。**2015年，我国快递市场集中度继续下降，收入排名前八个快递品牌占全国的比重(CR8)为77.3%，收入排名前四个快递品牌占全国比重(CR4)为50.4%，CR8和CR4均比上年下降0.6个百分点。行业集中度的下降说明我国快递市场竞争程度不断加剧，特别是业务收入排名靠前的品牌之间竞争加剧。快递品牌间收入差异缩小。2015年，快递业务收入超过200亿元的快递品牌达到7个，比上年增加5个。业务收入超过10亿元的快递品牌达到22个，比上年增加4个。圆通速递、申通快递、中通快递、韵达速递、百世快递5个快递品牌业务收入首次突破200亿元大关。

**在产品结构方面，同城快递迅猛增长，跨境快递增速逆势上升，增值业务快速发展。**2015年，同城快递完成业务量54亿件，同比增长52.3%，增速高于行业平均值4.3个百分点。完成业务收入400.8亿元，同比增长50.7%，增速比行业平均增速高15.3个百分点。同城快递业务量和业务收入占总体的比重分别为26.1%和14.5%，比上年分别提高0.7和1.5个百分点。国际及港澳台快递业务量4.3亿件，同比增长30.3%；业务收入369.6亿元，同比增长17%。在行业整体增速放缓的情况下，国际及港澳台快递业务增速逆势上升，业务量收增速分别比上年提高5.6和0.3个百分点。快递企业加快产品创新步伐，拓展了快递保价、收件人付费业务、签单返还、限时快递等增值业务，更好地满足了消费者多样化需求。2015年，快递其他业务收入486.3亿元，同比增长46%，占行业总收入的比重为17.6%，比上年提高了1.3个百分点。

## 三、快递服务能力显著提升

### （一）快递企业基础能力建设实现新突破

2015年，主要快递企业顺应快递业务高速增长及需求多样化的发展趋势，纷纷加大装备、设施和技术投入，努力提升服务能力，为快递业务增长和服务质量提升打下良好基础。主要快递企业加强分拨中心建设，新建扩建一批流水线，邮政EMS华中邮件处理中心、圆通速递西北转运中心、京东贵阳“亚洲一号”物流中心等分拨中心正式投入运营。优化作业流程，提高自动化、半自动化分拣设备配置比例，提高分拣处理能力。加强安检设备配备，各主要快递企业省际大型分拨中心安检机配置逐步到位。

加大运输能力建设，公路、航空和铁路三种运输方式并重的格局进一步完善。综合运力明显加强，全年新增干线运输车辆2.2万辆，圆通货运航空已获颁公共航空运输企业经营许可并成功实现首航，至此快递行业已有3家航空公司，拥有国内快递专用全货机72架，比上年末增加5架，圆通速递和邮政EMS分别与波音公司签订15架和17架飞机购买协议，快递企业租用腹舱和包机数量增加。湖北国际快递枢纽项目进入选址阶段；快件占国内货邮吞吐量比例已超一半。铁路运送快件模式取得新突破，中铁快运公司在河北、山东、山西、河南、新疆等省区的73个城市增设了高铁快运业务办理点，在224个城市开办了高铁快运。以广州到北京为例，当日达价格为首重130元，续重每公斤25元；次晨达首重30元，续重每公斤15元；次日达首重17元，续重每公斤14元；隔日达首重15元，续重每公斤10元；经济快递首重12元，续重每公斤6元。

冷链快递网络逐步建立，顺丰速运、中国邮政速递物流（EMS）等多家快递企业提供冷链快递服务，目前全国已有多个城市开通冷链快递服务。新增从业人员20余万人，全国已有45万人获得各级快递职业技能鉴定证书，快递服务队伍继续壮大，快递从业人员素质持续提升，一线收派等末端服务能力稳步增强，服务质量逐步改善。

**近五年快递服务车辆保有量**

| 年　份 | 快递服务车辆（万辆） |
|---|---|
| 2011 | 9.6 |
| 2012 | 12.1 |
| 2013 | 15.7 |
| 2014 | 17.8 |
| 2015 | 19 |

**2015年主要快递企业基础设施建设情况表**

| | |
|---|---|
| 中国邮政速递物流（EMS） | 中邮航与美国波音公司达成协议购进7架B757和10架B737改装货机，货运飞机开通太原专线，开通南京至呼市新航线。湖北邮政EMS通过“自营+代办+校企代办”模式在全省高校布局136个网点。山东邮政EMS共组开省内快速邮路224条。南京邮政EMS引进10辆电动汽车。江苏邮政EMS启用异常邮件监控系统，标志服管理系统上线运行，并打造多元投递终端渠道。福建邮政EMS入驻天翼快递合营店。上海邮政EMS启用邮件处理中心浦东分中心，生产场地面积达6000平方米 |
| 顺丰速运 | 引进首架767-300波音改装货机，自有全货机数量达到25架，加已租赁共计45架。开通长沙—香港、海口—深圳、长春—济南—上海—长春全货机运输航线。在浙江宁波开工新建快件集散中心，占地50亩，建筑面积超过5万平方米。江苏南通枢纽中心二期工程90亩土地已到位，新建4条全自动分拣系统。生鲜配送范围新增哈尔滨、长春、大连等17个东三省主要城市，达到122个城市。“云仓即日”服务覆盖北京、上海、广州、深圳、成都、武汉、西安等25个重点城市，“云仓次日”覆盖全国167个二、三、四线城市。投资10.5亿元设立顺丰东莞电商供应链产业园 |
| 申通快递 | 申通快递首个国际转运中心落户长春。新增内蒙古额尔古纳、根河、化德、凉城、陈巴尔虎旗，新疆托克逊、且末、若羌、沙雅等100多个边远地区县级服务网点和近1000个乡镇、社区服务站点。申通快递河北石家庄转运中心新场地投入运营，新面积达9000平方米。陆续开通了黑龙江集贤、辽宁恒仁、新疆奇台等8家偏远地区县级网点 |

续上表

| | |
|---|---|
| 圆通速递 | 成为我国第三家拥有航空公司的快递企业，圆通航空第3架737-300全货机投入使用，全年21次宣布新增航线，新增航线条数240多条。正式启用总建筑面积约4万平方米的圆通集团总部大楼。全年新增564个乡镇服务网点。圆通速递四川南充转运中心投入运营，占地总面积8300平方米，其中场地操作面积约7700平方米。圆通速递"妈妈店"入驻北京首都国际机场。5000平方米的鲁西南分拨中心落户山东济宁。圆通速递江苏常熟公司新场地投入使用，占地33亩，操作场地总面积为6094平方米 |
| 中通快递 | 中通快递辽宁盘山中心基地项目签约，占地面积50亩，计划投资1亿元，预计2年内建成投产。新增西安至包头、深圳至成都、深圳至潍坊3条对开网络班车路由。北京中通开通325个乡镇服务网点 |
| 韵达速递 | 韵达速递河南漯河分拨中心投入运营，建筑面积近1万平方米，集办公、仓储、操作、生活功能于一体。在北京、上海等12个省市设立300多个智能快递柜网点 |
| 天天快递 | 布局"天天云仓"，打造成专门服务电商的智能一体化仓储物流金融服务平台，"天天云仓"杭州旗舰仓规划面积12万平方米，一期6万平方米已投入使用，陆续建设全国范围的9个大区分仓 |
| 宅急送 | 宅急送华北分拨配送基地在郑州投入运营，总投资1.8亿元 |
| 国通快递 | 总部完成迁址，厂房面积约4.4万平方米，场地内建有2万平方米的现代化分拨中心，超过1万平方米的综合性办公大楼。启动嘉兴、温州、宁波、南京、武汉、深圳、广州等16个分拨中心改造升级，涉及土地面积20万平方米，预计投入资金5亿元。投资1.5亿元建设浙江金华转运中心，规划建筑面积约4万平方米 |
| 京东 | 规划建筑面积约18万平方米的京东贵阳"亚洲一号"物流中心正式投入运营。京东江苏宿迁仓正式运营，面积近1万平方米。在重庆巴南建电商产业园，占地约1000亩，预计投资30亿元，在渝订单将实现一日三送 |
| 苏宁 | 启用占地130亩的兰州物流基地 |

（二）快递产业园区建设推动集聚发展成为新趋势

2015年，全国各地加快快递园区建设，快递发展的集聚效应进一步显现。全年新增快递物流园区31个，大批产业集群初步形成，通过快递物流园区建设实现了资源、资本、人才和技术等方面的有效聚集，无锡苏南、贵州龙里、河南郑州等大型园区产业集聚效应开始发挥，吸纳了一批物流、电商、仓储、农产品加工企业入驻，为物流、资金流、信息流联动发展奠定了基础。快递企业加快园区进驻和建设步伐，通过在园区建设分拨中心、引入配套产业等方式提高处理效率。据不完全统计，全国新建、在建快递物流园区超过200个，集聚发展成为新趋势。

**2015年部分省（区、市）快递物流园区建设及企业入驻情况**

| | |
|---|---|
| 天津 | 顺丰、圆通、中通等企业加快进驻空港快递专业类物流园区 |
| 辽宁 | 辽阳市邮政企业、多家快递企业入驻辽宁第地嘉仓储交通物流中心；营口市快递园区已投产使用 |
| 吉林 | 圆通、中通、申通三家快递企业正式入驻长春快递物流园区。项目投资3亿元，使用面积近20万平方米 |
| 江苏 | 苏南快递产业园成为首个国家级快递示范园区，国际快递巨头DHL签约入驻，投资规模将达7000万美元；苏北快递产业园区、苏中快递产业园临港园区分布在淮安和泰州设立；盐城电商快递产业园已有6家企业入驻；扬州、徐州邮政跨境电商产业园分别投入使用；新沂、响水、兴化等地设立县（市）级快递产业园 |
| 贵州 | 贵州局联合省发改委共同为贵州快递物流集聚区授牌。联合省商务厅组织40余家电商企业到快递园区共商发展，促进双方达成合作意向，打造仓配一体化快递电商集散中心。中通、百世、天天三家快递企业入驻园区，圆通处理中心施工建设 |

续上表

| | |
|---|---|
| 江西 | 吉安、赣州和上饶的快递物流园区开始运营。南昌、萍乡快递（电商）物流园项目建设已进入实施阶段。九江、鹰潭、新余快递园区已列入了当地政府规划建设项目 |
| 广东 | 顺丰建设东莞电商供应链产业园，推出电商专列和买卖保等服务，携手金蝶软件推出电商解决方案 |
| 陕西 | 榆林市快递物流园引入八家快递企业和一家医药配送物流公司。汉中快递园区即将开工，西安顺丰在西安经开区购地约200亩，计划投资10亿元建电商产业园 |
| 甘肃 | 兰州联合弘快递物流园区二期工程投入使用，京东入驻。酒泉市快递物流园区、天水市快递物流园、嘉峪关市快递物流园区等一批快递功能园区纳入当地政府规划 |
| 宁夏 | 银川电商快递物流产业园二期项目正式奠基开工。顺丰、京东、苏宁、申通已正式入驻，一期已建成常温高标准仓库2.2万平方米、冷库1万平方米、清真牛羊肉及熟食加工分拣中心8000平方米。二期规划建筑面积7.6万平方米，其中品牌快递企业分拣场地3万平方米，宁夏特优产品电商公共性仓储设施3万平方米，电商企业展示展销及办公区1.6万平方米 |

（三）快递末端能力建设跃上新台阶

2015年，快递企业注重加强自有品牌末端网点建设，快递服务营业网点18.3万处，其中自有快递营业网点9.8万处，合作快递营业网点8.5万处。主要快递企业加强末端模式探索，智能快件箱、快递公共服务站、连锁商业合作等第三方服务平台不断涌现。智能快件箱应用更加广泛，2015年底，全国主要城市安装智能快件箱已超过6万组，通过智能快件箱投递的快件量超过4亿件。顺丰速运、圆通速递、韵达速递等企业以顺丰家、妈妈店、“快递+便利店”等形式丰富末端服务网络、持续改善末端服务能力，京东携手如风达探索快递众包服务。圆通速递、中通快递等加强城市网点标准化进程，提高服务标准化程度。深化末端战略合作，快递企业通过共建方式强化末端服务能力，顺丰速运、申通快递、中通快递、韵达速递、普洛斯等公司联合成立了深圳市丰巢科技有限公司。部分快递企业利用第三方网点延伸末端网络，江西顺丰速运、江西圆通速递等8家快递企业与江西邮政合作，圆通速递、中通快递等主要快递企业与速递易签订战略合作框架协议，强化终端服务能力。

## 四、快递服务“三向”工程成效显著

2015年，快递“向下、向西、向外”加速拓展、成效显著，服务网络进一步健全。快递企业在巩固现有市场基础上，积极拓展农村、境外市场，发掘中西部市场潜力，快递服务网络均衡度持续改善，普惠程度进一步提升。

（一）快递“向下、向西”打开了新局面

国家邮政局、商务部联合出台《关于推进“快递向西向下”服务拓展工程的指导意见》，联手释放政策红利，快递“向西向下”发展打开了新局面。国家邮政局与吉林省人民政府签署加快推进吉林省快递下乡合作协议，探索建立中西部地区农特产品“出口”新通道。江西省全面启动农村快递服务体系建设战略合作，快递、邮政携手推动服务资源高效共享。内蒙古、安徽、河南、海南等省（区）邮政管理部门与商务部门联合出台扶持快递发展政策，江西、重庆、贵州、陕西等多省（市）局先后推动地方政府对“快递下乡”工作进行专门部署。2015年，全国新增农村地区快递服务营业网点4.5万个，全国乡镇快递服务覆盖率提升至70%，比上年提高了20个百分点，快递网络覆盖城乡差距进一步缩小。天津、上海、江苏等省市的乡镇快递网点覆盖率已达100%，山东、河南、广东等11个省的乡镇覆盖率超过80%。中西部地区实现快递服务县（市、区）基本覆盖，乡镇网络覆盖率超过60%，快递服务均等化程度明显提升。“向西向下”工程的持续推进，不断释放出中西部地区和农村市场活力，全年农村收投快递的包裹量已超过50亿件，成为地方政府扶贫、致富工作的有力抓手。

**媒体视角:**

## 快递破解荔枝销售保鲜难题——记者走访荔枝之乡见闻

新华网广州6月3日电(记者赵文君) “在微信朋友圈卖荔枝,本地七、八元一斤的荔枝能卖到15元,最高等级的荔枝发到华东地区,130元一斤包邮。”广东省高州市根子镇柏桥村村民何国标,通过村级快递便民揽收点发货,将当地最有名的贡园荔枝销往全国。今年荔枝上市十几天来,何国标网上已经卖出1280斤荔枝,预计整个荔枝季节的网上销售额达4万元。

俗话说,荔枝一日变色、三日变味。鲜荔枝的运输保鲜一直是世界性难题。在世界上最大的荔枝产地广东茂名,从5月中旬到6月初,荔枝在1个月时间大量集中上市。记者走访了茂名市下属的高州市根子镇,这里被誉为中国荔枝之乡。乡野间一片莽莽荔海景象,枝头缀满了成熟的红色荔枝。

“以前靠批发商收购,价格最低时被压到几毛钱一斤。”何国标告诉记者,现在送到附近的快递网点,可以直接卖给电商,当场现金结算。

荔枝通过电商销售、快递寄递,能否破解保鲜难题?记者了解到,从茂名快递到北京不超过24小时,到全国大部分地区不超过48小时,基本保证了新鲜荔枝的原汁原味。这是如何做到的?

首先,遍布城乡的快递揽投点,方便了群众寄递荔枝。在根子镇,当地农民凌晨三、四点采摘,早晨便送到了最近的快递网点,相当于从枝头直接装车发运,大大提升了荔枝的运输时效。

其次,当地快递和电商加强合作,打造全程冷链,推出保鲜快递产品,确保荔枝在每一个环节中保持新鲜。今年,在根子镇柏桥村,顺丰速运依托电商企业高州市丰盛食品公司,德邦快递依托微果水果农业合作社,设立了村级便民收寄点,同时建起了冷库。

尽管才6月初,当地已是暑湿难耐,高温、高湿的气候使得荔枝在当地也极易变质。记者在一些村级收寄点看到,农户送来的荔枝经过分拣,直接走入恒温6摄氏度的低温操作间。

“荔枝先低温处理,然后依次装入泡沫保温箱、纸箱,加入冰袋后打包,通过传送带直接上冷藏车。”顺丰速运负责人刘付勇介绍,经过三重保冷措施,荔枝快件的每一个环节都走绿色通道。从村镇揽收上来的荔枝,每天分中午、下午和晚间三拨发往广州、深圳的机场,再发往全国。

刘付勇告诉记者,荔枝等生鲜类快递产品是今年新推出的,从包装到配送都比以前有很大改进。目前,有能力实现全国范围全程冷链配送的企业,只有顺丰、德邦、邮政EMS少数几家。“冷链环节投入大,这部分快递收入只能维持微利,但现在重要的是抢占市场。”刘付勇说。

到2020年,我国要实现乡乡有网点、村村通快递的目标。据统计,今年茂名市设立了150多个村镇便民快递揽收点,方便村民就近寄递荔枝。在广东,已建立快递农村服务网点1700多个,覆盖超过800个乡镇,乡镇覆盖率超过70%。从5月下旬至今,茂名市的快递企业已累计收寄荔枝快件5万多件,总量达300多吨。

“快递下乡”使得荔农改变了原有的销售方式,部分果农从中间商代销变为自产自销,走出了“果贱伤农”困局。

“今年群众来寄荔枝,都是笑着的,对销售很满意。”顺丰茂名分部负责人刘付勇说。

“以前没有保鲜快递产品,荔枝寄不出去。现在有时一天要来寄十几次,完全改变了荔枝销售的传统模式。”在茂名市计星物流园顺丰网点,经营荔枝生意的郑先生告诉记者,他店里的荔枝一箱15斤180元,再加上寄到深圳的快递费40多元,确保24小时内送到,客户反映还不错。目前,该顺丰网点日均揽收的荔枝快件量达1万件。

据邮政部门统计，今年1至4月，广东完成快件收投近21亿件，以单笔快件货值160元计算，广东快递业承载了3360亿元货值的物品寄递。“快递业已成为地方经济社会发展的‘温度计’和‘晴雨表’，要提高快递‘向下’进程的深度，积极升级消费引擎。”广东省邮政管理局局长江明发说。

**西部省（区、市）快递网络建设情况一览表**

| 省（区、市） | 快递网络建设情况 |
| --- | --- |
| 内蒙古 | 全区快递企业法人达到201家，快递服务营业网点由2010年的175处大幅增加至2146处，苏木乡镇快递网点覆盖率由“十二五”之初几乎为零提升至54.11%，鄂尔多斯市实现了全覆盖。全年新增作业场地面积2.4万多平方米，超过2010年总面积，改扩建处理中心20余处 |
| 广西 | 全年新增许可企业291家、分支机构996个，全区取得快递业务经营许可的法人企业达到486家、分支机构达到2253个，合计2739家，其中乡镇快递网点数量达到1550个，覆盖率接近50%。南宁、柳州、桂林、百色、玉林等主要节点城市建设了一批快件分拨中心，全区快递分拨中心面积超过15万平米，最高日处理能力超过200万件 |
| 重庆 | 在临空经济区投入400亩土地用于快递园区建设，辖区8个区县申通快递联合投资120余万元建设了建筑面积近3000平米的跨省快递分拨中心。“快递下乡”持续发力，万州区建立以城市为中心点、城市与重点乡镇沿线覆盖、重点乡镇辐射周边的“点线面”相结合的“快递下乡”立体服务网络，快递营业场所乡镇覆盖率已达92.68% |
| 四川 | 截至2015年底，全省共有法人快递企业507家，快递企业分支机构2953个，代理（代办）点超过10000个。快递服务网络覆盖全省21个市（州），183个区县，以及60%以上的乡镇 |
| 贵州 | 全省快递企业发展到325家，分支机构达到1792个。全省累计新增乡镇快递服务网点326个，在推动“黔货出山”和“网货下乡”中发挥重要作用。建设快递标准化门店85处，推进高校快递综合服务站建设 |
| 云南 | 全省共有455家依法取得快递经营许可证的法人企业和1432个备案分支机构。快递园区建设取得新进展，普洱、曲靖、大理等地快递园区建设正在稳步推进 |
| 西藏 | 快递服务网络也不断健全，快递向下趋势不断加快，由2006年仅有1家非邮快递企业1个经营网点的局面，发展到共有29家非邮快递企业，经营网点增至170个，覆盖全区7个市（地），县乡级网点44个（其中县级网点37个、乡级网点7个） |
| 陕西 | 全省快递企业达到380家，分支机构1284个，服务网点4200余个，其中乡镇快递网点1753个，覆盖率超过80%。快递基础设施建设如火如荼，榆林、渭南快递物流产业园建成启用 |
| 甘肃 | 快递营业网点达到3618个、营业场所面积达25万平方米，末端投递网点2150个，重点快递企业全部覆盖到县级城市，乡镇快递企业网点覆盖率达到31% |
| 青海 | 全省新增快递营业网点100个，网点总数达到337个，较2014年增长42%；建成“快递+电商”综合服务平台16个 |
| 宁夏 | 全区快递企业达到231家，分支机构245个，服务网点301余个。其中，乡镇快递网点195个，覆盖乡镇110个，覆盖率超过57%；标准化网点264个，自营标准化网点覆盖率超过85%。银川电商快递物流产业园建成投入运营，建成首个“校园快递服务中心” |
| 新疆 | 扩大快递服务网络覆盖面，全年新增法人快递企业及其分支机构489家，全区共设立乡镇团场快递网点400个，覆盖160个乡镇团场，克拉玛依市实现乡镇团场快递网点全覆盖 |

（二）快递“向外”取得了新进展

2015 年，快递“走出去”步伐加快。随着《国务院关于加快实施自由贸易区战略的若干意见》《国务院关于加快海关特殊监管区域整合优化方案的通知》《国务院关于改进口岸工作支持外贸发展的若干意见》《国务院办公厅关于促进跨境电子商务健康快速发展的指导意见》《国务院办公厅关于促进进出口稳定增长的若干意见》《海关总署进一步促进外贸稳定增长若干措施》等政策文件的出台和逐步落实落地，国内主要快递企业纷纷拓展境外市场，健全网络覆盖，寄递服务支撑跨境网购能力显著增强。邮政企业充分发挥服务跨境电商主渠道作用，以国际小包、E 邮宝为主的国际快递增长超过 70%。顺丰速运、申通快递、韵达速递等快递企业加大“走出去”步伐，顺丰速运、圆通速递、韵达速递、中通快递、天天快递等企业通过与境外企业合作等多种方式，加大国际网络布局优化，在服务国家“一带一路”战略，促进快递“优进优出”中发挥着越来越多的作用。

快递“向外”工程进展情况表

| | |
|---|---|
| 中国邮政速递物流（EMS） | 中邮航开通济南—首尔航线。山东邮政 EMS 与韩国邮政签署合作备忘录，双方将通过中韩海运邮路降低物流成本，推进济南和周边 11 市对韩跨境电商发展，开通仁川—济南全货机和仁川—威海—济南海陆空多式联运通道。正式开通长春至莫斯科邮政国际货运航线，改变了长春至莫斯科必须中转北京的历史，大大缩短了寄递时限 |
| 顺丰速运 | 将 SNExpress（泰中快运）作为泰国代理商，顺丰速运拓展服务至泰国。顺丰海淘和新西兰邮政、新西兰邮政战略伙伴 Eco Farm 在上海正式签订战略合作协议，以对接新西兰邮政在奥克兰成熟的仓储管理和国际运输经验。开通从长春直飞俄罗斯的跨境全货机航线，顺丰国际对俄罗斯推出电商专递，发往俄罗斯主要城市的时效最快 5 天到达。顺丰海淘与澳大利亚商会签署合作协议备忘录，顺丰旗下“嗨淘全球”澳大利亚馆正式上线，提升澳洲商会众多会员的海外供应链资源。建立 20 个全球仓网来覆盖北美、英国等 4 个主要目标市场。顺丰速运开通中蒙快递业务。顺丰开通宁波—桃园全货机航线，大幅缩短顺丰快件在两岸的往来时效，吸引大陆快件经台湾中转，再运送至欧美其他国家和地区 |
| 申通快递 | 申通快递加拿大公司万锦旗舰店、北约克旗舰店等 5 家旗舰店正式试营业，接受货物揽收（每周一至周三免费上门取件），并将通过正规清关流程连通申通全网络，为用户提供“一单到底”的跨境寄递服务。申通快递与俄罗斯驿马快递深化合作，发挥各自在所在国服务质量、网络布局等方面的优势，在产品设计、客户开发、运营保障等方面展开全面合作 |
| 圆通速递 | 圆通速递牵手津巴布韦打通非洲跨境电商通道，津巴布韦邮政公司成为圆通速递从中国到津巴布韦及南部非洲其他国家和地区包裹服务的合作伙伴，并在津巴布韦及南部非洲其他国家和地区完成包裹派送。圆通速递发起成立“全球包裹联盟”，十余个国家和地区的快递企业共同签署《全球包裹联盟（上海）峰会宣言》。开通上海浦东—韩国仁川—青岛—香港—上海浦东国际航线包机业务，打通中国内地至东北亚（韩国）、香港至内地的快件通道 |
| 中通快递 | “中通国际”正式上线，中通国际进军跨境包裹，际联合欧洲合作伙伴正式推出欧洲专线跨境电商配送业务，欧洲专线业务从深圳口岸始发，5 至 8 日即可到达欧盟各国，从国内揽件到欧盟国家签收时效为 6 到 10 天 |
| 韵达速递 | 韵达速递与印度快递配送公司 TCI XPS 在上海签署战略合作协议，正式进入印度市场。开通俄罗斯和印度专线。开通韩国跨境电商集货业务，为跨境卖家提供从韩国到中国“仓到门”的跨境物流服务。韵达速递新西兰服务中心正式运营。韵达速递开通“中美经济线”网购转运服务。韵达速递跨境电商平台“优递爱”正式上线 |
| 天天快递 | 成立国际事业部，加拿大多伦多分公司正式开业，并在法国、德国、英国、比利时、澳大利亚、新西兰建立海外仓，美国、南美海外仓正在建设中 |
| 京东 | 正式上线京东俄语站，并牵手俄罗斯支付企业提升服务体验，买家可直接通过 Yandex. Money 钱包，Sberbank、Alfa-Bank 和 Promsvyazbank 网上银行支付货款。携手俄罗斯邮政布局两国市场，成为俄罗斯邮政在中国唯一战略合作的电商公司 |
| 德邦 | 开通对台快递业务，包括空运线路和海运航线双行线，海运航线最快 5 天至台湾 |

## 五、产业协同深入推进并向更高水平迈进

### （一）快递与电子商务协同发展形成较为显著的示范效应

近年来，快递与电子商务协同日趋成熟，电商的促销狂欢催动了快递业务旺季，快递从最初的疲于应对发展到常态化运营，两者已经形成了相互依赖、相互影响的稳定发展模式。2015 年，全国快递服务企业业务量60%左右来源于电子商务业务，电子商务已经成为我国快递业持续快速发展的重要推动力量。快递与电子商务的资本协同和产业链协同加速推进，顺丰等快递企业跨界向生产流通等行业扩展，与电子商务企业相互渗透、融合，京东、苏宁等电子商务企业也在发展自建快递物流，构建高效的自建快递服务体系。国家邮政局、财政部、商务部连续推出两批快递与电商协同试点城市，第一批试点效果正在显现，各试点城市陆续出台多部地方政策、规划，天津、贵阳相继建成快递物流园，福州快递处理场所面积增加了 2 倍，石家庄市财政给予专门配套资金支持，杭州通过试点直接带动社会投资近 40 亿元。5 个城市累计培训快递从业人员超过 5000 人次。第二批试点 1.8 亿元中央财政扶持资金全部到位。通过协同发展试点工作，一些可落地、可推广、可复制的成功经验正在逐步形成，巨大的示范效应也逐步显现。快递与电子商务的深度协同，创造了新的消费需求，引发了新的投资热潮，开辟了就业增收新渠道，为大众创业、万众创新提供了新空间。

**2015 年电子商务与物流快递协同发展试点工作情况**

| | | |
|---|---|---|
| 第一批试点城市 | 天津市 | 天津局制定出台《天津市电子商务与物流快递协同发展试点工作实施方案》、印发《2015 年度天津市电子商务与物流快递协同发展试点项目申报指南》、召开协同发展试点资金申报工作部署会，推进全市快递配送公共服务中心（试点）标准化建设等工作 |
| | 石家庄市 | 河北局、石家庄局会同商务、财政等部门积极推进协同发展试点工作，落实快递发展资金 1000 万元，已到位使用 500 多万元 |
| | 杭州市 | 杭州局制定实施方案，组织和动员相关单位积极申报协同发展项目，共有 17 个单位 29 个项目入围。在国家局、商务部委托第三方进行的中期评估中，杭州在五个试点城市中分数位列第一 |
| | 福州市 | 福州局在全国率先创新推出快递车辆标识通行管理并获得商务部肯定，建成快递末端公共服务站 968 个、智能快件箱 942 组，日均派件量超过 8 万件，占市区投递量的 18%，基本形成“可复制、可推广”的协同发展模式 |
| | 贵阳市 | 贵阳局联合商务、财政等部门认真做好试点工作，全市投放新能源物流快递车辆 260 辆，布局智能快件箱 900 余组，建设快递标准化门店 85 处，推进高校快递综合服务站建设，推广“网订店取”自提模式，取得实践成果 |
| 第二批试点城市 | 大同市 | 大同局推动市政府成立大同市电子商务与物流快递协同发展试点城市工作领导组。参与拟订了《大同市电子商务与物流快递协同发展试点城市实施方案》，将安全信息中心、园区建设、末端投递、车辆通行、标准化建设统一纳入试点方案 |
| | 大连市 | 大连局推进电子运单推广应用，主要品牌快递企业协议客户电子运单使用率达到 70% 以上。加大新能源车辆推广应用，扩大智能快件箱应用范围 |
| | 吉林市 | 吉林市局推动吉林市快递物流园区建设，促进快递企业与电商企业集聚发展 |
| | 蚌埠市 | 蚌埠局编制蚌埠试点工作实施方案，成立快递与电子商务协同发展领导小组，参与市政府或商务部门等组织的专项项目，联合调研淘宝村，召开协同发展座谈会 |
| | 洛阳市 | 河南局联合商务部门建立工作机制，深入推进农村快递与电商协同发展。截至 2015 年年底，洛阳市乡镇快递网点覆盖率达到 100%。洛阳市还提出了多项针对物流快递发展的举措，计划将再社区、校区、机关事业单位大面积推广智能快件箱 |
| | 株洲市 | 株洲市成立电子商务与物流快递协同发展试点工作领导小组，设立意向项目 14 个，预算投资 5847 万元 |

（二）快递服务制造业工作快速推进

通过天津、吉林、山东、广东、四川等省（市）试点带动，全国共培育了92个快递服务制造业示范项目，已经形成涵盖航天、汽车、电子、制药、服装等多个领域的服务制造业实验群，基本形成入场物流、仓储配送一体化、订单末端配送、区域性供应链、嵌入式电子商务快递5种服务模式。邮政EMS、顺丰等快递企业与大型制造企业建立长期稳定的战略合作关系，涌现出中国重汽、青岛海尔、四川长虹、小米科技、康佳电子、绫致制衣、长春一汽、通化药业、辽源袜业等一批龙头项目。黑龙江、内蒙古、河南等省（区）邮政管理部门与工业信息化部门联合出台了一批协同发展政策。快递企业积极入驻工业园区、进驻大型制造企业，通过再包装、报关、保险、仓储、供应链方案等增值服务，为制造企业提供近距离、全方位、一体化服务，推动信息流、资金流、实物流的加速融合，有效降低了制造业物流成本。通过提供高价值、小批量、多批次的递送服务，满足制造业多样化、个性化发展需求。此外，快递正在加快与制造业国际化同行，除港澳台、东亚、东南亚等传统地区外，快递国际网络正随着国家“一带一路”战略延伸至中亚、西亚、北美、欧洲、非洲等地区，覆盖全球的快递国际网络正在逐步形成。

**2015年全国部分省（区、市）快递业与制造业协同发展情况**

| | | |
|---|---|---|
| 试点（省）市 | 天津市 | 天津局与市工信委联合召开天津市快递服务制造业座谈会，深入推进快递服务制造业试点城市工作 |
| | 吉林省 | 吉林局推进在长春汽车、通化医药、辽源袜业等产业开展快递服务制造业示范性项目。印发《吉林省推进快递服务制造业示范项目实施方案》，培育快递服务制造业的示范性项目，全省快递服务制造业业务量1199万件，占业务总量13.3%，累计收入9817万元，占总收入5.8% |
| | 山东省 | 山东局鼓励推广邮政EMS“入厂物流”合作模式，引导快递企业为制造企业提供分拣、仓储、配送一体化物流服务。淄博市将快递业作为面向先进制造业的生产性服务业列入“十三五”期间加快发展行列 |
| | 广东省 | 广东局联合商务、经信、海关、检验检疫等部门印发《广东省促进快递服务制造业和快递服务跨境电商的意见》。广东局推进快递业与佛山家电建材、东莞服装、中山灯饰、江门造纸等制造产业集群融合发展。惠州德邦物流为TCL提供驻厂式服务，顺丰为华为和小米提供仓配一体化服务。速尔为塑胶、五金、电器、家具、化工和汽车配件等提供服务。邮政EMS在清远、东莞等地建设仓储平台，专门服务化妆品企业。韵达华南区开设玩具类产品专线，成为深圳玩具制造企业的主要寄递服务提供商 |
| | 四川省 | 四川局与省经信委就快递服务与制造业协同发展进行专题调研，研究配套支持政策。绵阳申通、韵达、顺丰等龙头快递企业为长虹、九州、普思电子、维奇电子等制造业企业提供服务；速尔与连康电子、安和精密电子电器、联普发塑胶、芯联芯通科技、西南磁材等企业达成了长期合作协议。各快递企业与泸州老窖及其他各品牌白酒企业紧密合作。EMS与东方汽轮机有限公司、东方电机有限公司、东方涡炉有限公司、二重集团有限公司、东方风电有限公司等大型制造业企业形成中长期战略合作伙伴关系 |
| 其他代表省份 | 江苏省 | 常州市快递业形成零件寄递到服务产业链的全环节模式。连云港快递业构建先进冷链物流体系，为医药企业提供专业服务 |
| | 浙江省 | 浙江局引导快递企业认真落实省局与省经信委联合下发的《关于推进快递服务制造业工作的实施意见》，跟踪已有初步协同发展的项目并扎实推进。发挥供应链管理优势，积极融入智能制造、个性化定制等制造业新领域 |
| | 福建省 | 福建局印发推进快递服务制造业工作方案，引导快递企业为制造业提供供应链一体化服务。截至2015年年底，全省快递服务制造业12个省级重点项目月均快件量达36万件 |
| | 河南省 | 联合省工信委下发《关于加快推进快递服务制造业工作实施意见》，并会同工信委筛选一批重点试点项目，以点带面，全面推进快递服务制造业工作 |
| | 陕西省 | 陕西局促进各骨干快递企业与制造业企业的合作，为汽配、电子、服装、医药等制造企业提供整体快递物流解决方案。西安局鼓励中小快递企业为电商企业提供更加优化的落地配服务；支持重点快递企业为比亚迪、法士特、西飞等大型制作企业定制服务 |

（三）快递加快"走出去"服务跨境电商

跨境电商的蓬勃发展，推动了快递"走出去"步伐。2015年，快递"走出去"和跨境电商继续保持较快增长势头，国际小包和国际E邮宝出口近7亿件，同比增长超过70%，成为跨境电商出口的主渠道。国际快递业务成为国内各大快递企业竞相争夺的新领域，快递企业先后开辟或加码海外业务，布局跨境网络，分享跨境电商高速发展带来的红利。顺丰的直发业务已经可以覆盖全球241个国家，建立了20个全球仓网，韵达速递再美国洛杉矶与西雅图、德国黑森州等地开设服务中心，"中通国际"正式上线。顺丰在日本推出"日淘免费运"服务，开通大陆地区至俄罗斯全境的收件服务，韵达新西兰服务中心在奥克兰正式运营，圆通发起成立全球包裹联盟，中通加快推进南非、津巴布韦等非洲市场开发，申通布局加拿大、俄罗斯和亚太市场等。"双11"期间，超过3000万国内消费者在当天购买来自全球100多个国家的产品，同时有232个国家和地区的消费者参与了"双11"狂欢，跨境出口物流规模同比增长了224%，跨境寄递快速发展。全年在同城件和异地件增速下滑的情况下，国际快件逆势上扬，业务量同比增长1亿件，增速同比提高5.6个百分点，跨境寄递的加快发展有力支撑了跨境电子商务。此外，北京、上海、杭州、广州、深圳等城市邮政管理部门积极协调推动便捷通关工作，山东省政府出台跨境电子商务专门政策。

**2015年全国部分地区推进快递"走出去"和跨境电商发展情况**

| | |
|---|---|
| 北京市 | 北京局开展了北京市跨境电子商务与快递物流协同发展研究，积极协调有关部门，推进协同发展试点，推动建立适合电子商务发展的快递物流管理制度和服务体系 |
| 上海市 | 上海市充分发挥自贸区创新改革优势和上海口岸优势，出台了若干意见，大力推进跨境电商制度创新、管理创新和服务创新，着力培育跨境电商完整产业链，形成第三方平台和自营平台同步推进，境内外电商共同参与，进出口并重、多种模式并存、线上线下有序结合的跨境电商发展格局 |
| 杭州市 | 杭州局积极助推中国（杭州）跨境电子商务综合试验区申报和建设工作，协调邮政、快递企业为跨境电商综试区发展提供更加便捷的邮件、快件寄递服务。邮政国际互换局在海关等部门支持下实现24小时通关服务 |
| 广州市 | 广东局借助广东自贸区建成契机，加强与海关、检验检疫等部门的工作联系，积极推进企业信息平台与海关电子口岸的衔接，设立跨境通关绿色通道，探索建立粤港澳快件监管协调机制。广州海关联合省EMS启动"互联网+关邮e通"改革，在全国率先将国际邮件通关的主要业务迁移到网上 |
| 深圳市 | 深圳局成为全市跨境电商联席会议成员单位，推动市邮政公司、EMS入选全市跨境贸易电子商务服务试点企业，邮政国际邮件处理中心、EMS国际快件监管中心成为深圳跨境电子商务综合服务平台的主要通道，并与海关跨境电商系统端实现数据对接 |

（四）快递与农业协同加速，促进农村流通现代化

截至2015年年底，全国农村地区快递服务网点已基本具备为3.77亿农村人口提供寄递服务的基础能力。全年农村收投快递的包裹量已超过50亿件，带动农副产品和工业品下乡超过3000亿元。以顺丰、邮政EMS为代表的快递企业逐步拓展生鲜冷链快递服务，广东荔枝、青岛蓝莓、烟台樱桃、阳澄湖大闸蟹、查干湖胖头鱼等通达全国各地。农民的消费需求得到激发，农村市场活力不断释放，农产品全新的销售渠道正在形成。随着快递"向下向西"、加快发展农村电子商务、推动农村物流健康发展等政策文件的陆续出台，快递与农业的协同效应明显增强，服务城乡、服务三农作用得到显著发挥。大批务工人员回乡创业，将各地特色农产品通过快递渠道销往全国。江西铜鼓、广西百色、重庆石柱、贵州铜仁、陕西洛川和甘肃成县等多地通过"快递下乡"，更好地链接城市与农村，吸纳更多的贫困人口就业，推动农产品进城、工业品下乡，帮助老少边穷地区走出了一条脱贫致富的新路。

**2015 年主要快递企业服务农业情况**

| | |
|---|---|
| 中国邮政速递物流(EMS) | 发力农村电商市场,江苏邮政农产品电子商务平台“邮滋味”、安徽邮政“邮乐 e 站”、杭州邮政“村邮乐购”等多个邮政农村电商平台上线,重庆邮政“一县一馆”引农产品进城、甘肃邮政土特产寄递等涉农项目成效显著 |
| 顺丰速运 | 开拓农产品寄递市场,顺丰深化产地直采为浙江仙居杨梅推整合型服务,为江苏兴化开通大闸蟹专线,并与新疆冠农合力打造新疆农产品绿色供应链。2015 年顺丰为烟台外运樱桃超过 5200 吨,发运樱桃产值超过 2.5 亿元 |
| 圆通速递 | 开拓农村电商市场,在青海省海东市开通首个农村网点电商综合服务平台,在云南保山与电子商务企业做好线上衔接和线下配套工作,将当地的茶叶、咖啡等特产借助电商平台向外推广 |
| 韵达速递 | 开拓农村寄递市场,开通陕西眉县油桃运输绿色通道 |

## 六、行业发展环境显著优化

近年来,中央高度关注快递业发展,李克强总理先后 7 次点赞 3 次走访、张德江委员长亲赴网点调研,汪洋、马凯两位副总理也多次就行业发展做出重要批示,以《国务院关于促进快递业发展的若干意见》为代表的一大批国家层面鼓励、支持、促进快递业发展的规制、政策相继出台,行业发展掀开了崭新一页。《快递条例》列入立法计划,一批事关行业发展的重要规章和规范性文件相继出台,行业标准体系不断完善,简政放权深入落实,快递许可制度进一步完善。

2015 年,行业发展环境得到显著优化。**一是政策法规体系更加完善。**国务院出台关于促进快递业发展的若干意见,从国家战略高度对快递业发展作出总体部署,明确了快递业发展的总体要求、重点任务和政策措施。国家邮政局联合相关部门颁布推进快递“向西向下”、加快发展农村电子商务、推动农村物流健康发展等多份政策文件。完成邮政法二次修正。加快推进快递条例立法进程,《快递条例(征求意见稿)》公开征集社会意见,从行政法规层面丰富完善快递业治理体系。积极参与电子商务立法,促成快递物流在《中华人民共和国电子商务法(草案)》中形成独立章节,快递与电子商务协同发展在法律层面实现突破。修订颁布《快递业务经营许可管理办法》。颁布《智能快件箱投递服务管理规定(暂行)》,出台《快递业务经营许可证延续和换发办法》。安徽、山东、福建、新疆等地出台邮政地方法规规章,市(地)立法试点稳步推进。

**二是规划编制有序推进。**邮政业发展“十三五”规划以及快递服务、监管体系建设等 3 个专项规划编制进入全面征求意见阶段,京津冀、长三角、珠三角 3 个区域规划以及各地规划编制工作同步推进。着力推动落实“一带一路”、京津冀协同发展和长江经济带等国家重大战略规划,与国家和地方“十三五”国民经济和社会发展规划纲要、综合交通运输发展等重点专项规划编制有序衔接,“加快完善邮政基础设施网络”等内容纳入中央五中全会规划建议。

**三是科技与标准工作成效明显。**行业标准不断丰富,充分发挥标准的引领作用,继续加大标准制定和宣贯力度,聚焦行业安全、信息共享、服务质量等领域,重点关注生产安全与信息安全、基础代码与交换规范、末端服务设施与服务规范、电子运单与车辆定位等方面,全年国家邮政局编制完成邮政业安全生产设备配置规范等 15 项行业标准。特别是《邮政业安全生产设备配置规范》和《快递安全生产操作规范》等强制性标准的出台,在夯实安全生产基础、提高安全防范能力、减少安全事件发生等方面发挥了重要作用。首次发布中国快递发展指数。电子运单日趋普及,主要品牌快递企业协议客户电子运单使用率超过 60%。引导企业强化绿色发展理念,开展节能减排新技术新材料研究,新能源汽车使用范围不断扩大。快递公共服务站、连锁商业合作等第三方服务平台不断涌现,全国主要城市安装智能快件箱已逾 6 万组。快递企业信息化自主研发能力不断增强,信息系统综合效能日益显现。

**四是地方支持力度不断加大。**国家邮政局与北京市签署战略合作协议共同建设“国内领先、国际一流”的首都现代邮政业，国家邮政局与吉林省签署合作协议加快推进快递下乡服务“三农”，与上海、浙江等地联合举办快递业发展论坛。各地密集出台扶持政策，22个省(区、市)出台了30余项促进快递发展的相关政策文件。各省(区)市党委政府领导多次深入快递企业调研，对行业发展、安全生产等方面进行指导，推动快递业健康发展。此外，广东、福建、山东等地为行业发展和安全生产安排专项扶持资金，北京、浙江、河南、西藏和宁夏等地对企业购置安检设备给予财政补贴，大连、泉州等市(地)出台政策明确具体支持措施。

## 七、快递服务评价体系继续完善

2015年，以服务满意度、时限准时率等为主要指标的快递服务质量评价体系继续完善，测试结果显示，消费者对快递服务质量的满意度持续提升。快递服务满意度和时限准时率双获提升，消费者申诉处理满意率达到97%。

### (一)快递服务总体满意度得分连续7年稳步提升

2015年，快递服务满意度调查范围覆盖50个城市，包括全部省会城市、直辖市以及19个快递业务量较大的重点城市(与2014年相比，替换增加6个中西部地区城市)，测试对象为2014年国内快递业务总量排名靠前且服务水平较好的10家全网型快递服务品牌，包括：中邮速递(EMS)、顺丰速运、圆通速递、申通快递、中通快递、韵达速递、百世快递(原百世汇通)、天天快递、国通快递和宅急送。调查采用计算机辅助电话访问，电话访问由2015年使用过快递服务的用户对受理、揽收、投递和售后4个快递服务环节及13项基本指标进行满意度测评，共获得有效样本30015个。

调查显示，用户对于快递行业的服务品质基本认可，快递服务总体满意度得分连续7年稳步提升，2015年快递服务总体满意度得分为74.0分，较2014年提升0.3分。其中，公众满意度为79.4分，时测满意度为68.5分。

快递企业总体满意度排名和得分依次为：顺丰速运(83.9分)、邮政EMS(79.2分)、中通快递(75.8分)、申通快递(74.1分)、圆通速递(73.8分)、韵达速递(72.4分)、百世快递(71.5分)、宅急送快运(70.6分)、天天快递(70.3分)和国通快递(67.2分)。其中，百世快递、申通快递、天天快递以及中通快递总体满意度提升较为明显。

公众满意度方面，在涉及评价的4项二级指标中，受理环节满意度得分为83.6分，较2014年提高0.4分；揽收环节满意度得分为84.4分，与2014年基本持平；投递环节满意度得分为80.2分，较2014年提升1.0分，进步幅度较大；售后环节满意度得分为73.2分，与2014年基本持平。

在涉及评价的13项三级指标中，用户满意度较高的项目是：揽收员服务、送达质量、揽收质量、普通电话受理、查询服务、上门时限、派件员服务和统一客服热线受理。满意度提升较大的项目是：统一客服热线受理、查询服务和投诉服务。满意度有所降低的项目是：快递费用和上门时限。

在受理环节，普通电话受理满意度为84.9分，与2014年持平；统一客服热线受理满意度为81.5分，与2014年相比提升3.8分，进步显著值得肯定，但仍有进一步提升的空间。各快递企业在普通电话受理服务方面差异较小，表现均达到较高水平；各企业在统一客服热线受理方面差异较大，部分企业仍需加强。受理环节表现较好的企业有：顺丰速运、邮政EMS、天天快递和中通快递。

在揽收环节，揽收员服务满意度得分为88.2分，在全部评价指标中得分最高，表现也较为稳定；上门时限满意度为83.3分，与2014年相比下降0.5分，仍保持较高水平；揽收质量满意度为85.7分，与2014年基本持平。揽收环节各企业均达到83.0分以上，服务水平较高。

在投递环节，送达质量满意度为 86.0 分，受到用户高度认可；派件员服务达到 83.1 分，表现较好；送达时限和投递证实较 2014 年分别提升0.4分和0.7 分。投递环节表现较好的企业有：顺丰速运、邮政 EMS、中通快递、圆通速递和申通快递。

在售后环节，查询服务满意度表现最好，相较 2014 年提升 2.0 分，达到 84.9 分；投诉服务满意度得分较低，为51.9 分，但较 2014 年提升 1.0 分；问题件处理满意度与 2014 年基本持平。售后环节表现较好的企业有：顺丰速运、中通快递、百世快递和韵速快递。用户评价表明，快递企业仍需从沟通便利、处理流程、服务态度、结果反馈等方面进一步改善投诉服务。

从用户对收寄验视制度执行的感知来看，有 44.6% 的用户认为揽收环节收寄验视比 2014 年严格，其中 11.8% 的用户认为严格很多。

从快递企业标准化表现来看，超六成用户认可快递企业在服务操作、营业场所等方面的表现，反映出快递企业标准化工作进一步落实。

从用户对快递查询方式的评价来看，电商平台使用率显著提升，同时满意度达到 86.1 分，较受欢迎；在各类查询方式中，移动端平台满意度最高，达到 87.8 分。多样化的查询方式提升服务的效率和质量，获得公众认可。

从投递方式来看，新兴投递方式呈现高满意态势，自提点和智能快件箱自提的满意度分别为 80.8 分和 82.2 分，与 2014 年相比大幅提升。同时，这两种自提方式的使用率也有所提升，表明新兴投递方式逐渐被用户接受，成为分担“最后一公里”投递压力的重要方式。

在地区方面，东、中、西部快递服务逐步均衡，中部地区得分最高，西部地区次之。2015 年快递公众满意度得分居前十五位的城市是：上海、天津、杭州、沈阳、重庆、金华、太原、郑州、苏州、乌鲁木齐、泉州、长沙、大连、哈尔滨和石家庄。

调查还显示，2015 年快递行业口碑继续提升，用户口碑阻力指数为 0.18，与 2014 年的 0.25 相比有所进步，行业积极评价占主体，正面口碑传播较广。用户口碑较好的企业有顺丰速运、邮政 EMS、中通快递等。快递服务前后端差异进一步缩小，由 2014 年的 7.8 分下降至 2015 年的 7.4 分，行业整体均衡性向好。

(二)时限准时率相对稳定

2015 年快递服务时限准时率测试范围覆盖 50 个城市，包括全部省会城市、直辖市以及 19 个快递业务量较大的重点城市(与 2014 年相比，替换增加6 个中西部地区城市)。测试对象为2014 年国内快递业务总量排名靠前且服务水平较好的 10 家全网型快递服务品牌。测试方式为系统抽样测试和实际寄递测试，其中，系统抽样测试获得有效样本 60 万件，实际寄递测试获得有效样本 5580 件。

在全程时限方面，2015 年快递服务全程时限的均值为 59.20 小时，同比缩短 0.21 小时。2015 年“国内异地快递服务时限 72 小时准时率”的均值为 73.85%，同比提升 1.84 个百分点。从较长周期观察，自 2010 年首次开展全国快递服务时限测试以来，行业全程时限均值基本保持在 58 ~ 60 小时之间，行业 72 小时准时率均值基本保持在 72% ~ 74% 之间。在快递业务量保持连续 50 个月同比平均增速超过 50% 的高速增长，达到 206 亿件市场规模的情况下，快递服务全程时限和 72 小时准时率基本保持平稳，反映出行业服务能力与发展增速匹配程度较好。

在分环节时限方面，测试数据显示，寄出地处理环节平均时限为 12.57 小时，运输环节平均时限为 30.84 小时，寄达地处理环节平均时限为 11.78 小时，投递环节平均时限为 4.01 小时。四个环节中，运输环节改善明显，同比缩短 4.32 小时，但两端处理和投递环节时限均同比延长 1 个多小时，表明快递服务品牌的末端能力建设投入不足。

在不同寄送距离时限方面，测试数据显示，1000 公里以下平均时限为 46.19 小时，同比延长 3.34 小时；1000 ~ 2000 公里平均时限为 59.39 小时，同比缩短 0.03 小时；2000 ~ 3000 公里平均时限为69.59小时,同比缩短2.58小时;3000公里以上平均时限为82.35小时,同比延长3.28小时。表明寄送距离在1000~2000公里和2000~3000公里(测试样本量占比近七成)的快件全程时限得到改善。

在分区域时限方面,东部平均时限为56.39小时,同比延长2.14小时;中部平均时限为59.80小时,西部平均时限为63.38小时,同比分别缩短了0.47小时和8.23小时,快递“向西向下”成效显著。

## 八、行业人才队伍建设成效明显

2015年,快递业人才队伍建设以邮政行业职业技能鉴定为立足点和突破口,紧紧围绕“深化改革、转型升级、提质增效”这条主线,深入实施国家职业资格证书制度,稳步推进职业技能鉴定工作,强化校企合作,突出重点,突破难点,打造亮点,组织建设日趋完善,基础管理逐步规范,队伍能力不断增强,教材编制修订工作扎实推进。全面完成快递百千万人才工程。

**职业技能鉴定实现新突破。**年度鉴定量创历史新高,高技能人才数量增幅明显,促进技能人员素质不断提升的作用更加显著。全年共组织5个批次鉴定考试,鉴定141166人次,其中鉴定初级125451人次,中级9181人次,高级5826人次,业务师及以上708人次,持证9万人次,超额完成13万的年度目标任务,这是自2009年开展快递业务员职业技能鉴定以来年度鉴定量首次突破14万人次大关。截至2015年底,全国历年累计鉴定66.5万人次,持证45.7万人次。鉴定量连续4年平均在10万人次以上。

**快递员职业首次纳入国家《职业分类大典》。**2015年7月,历时五年的《职业分类大典》修订工作圆满结束,邮政业新增快递员、快件处理员和快递工程技术人员3个职业,5个工种。这是我国首次将快递员职业纳入《职业分类大典》,为行业实施国家职业资格证书制度、推进快递专业学科建设、开展职业培训和行业统计等提供了重要依据,有力促进了行业职业分类体系建设工作。

**高技能人才脱颖而出。**国家邮政局职业技能鉴定指导中心积极参与组织2015年中国技能大赛——第十一届“振兴杯”全国青年职业技能大赛,快递业务员首次列入国家级一类大赛竞赛职业,高级快递业务师(高级技师)实现零突破。北京、天津、河北等27个省份1188人次参加了国家级、省级和地市级竞赛,406人次通过竞赛获得职业资格晋升。63家快递企业72名员工参加大赛决赛,山东、江苏、上海3名选手分别获得大赛金、银、铜牌。大赛前5名选手经人力资源和社会保障部、共青团中央核准后,可授予“全国技术能手”和“全国青年岗位能手”荣誉称号。河北、内蒙古、黑龙江、上海、浙江、山东、湖北、新疆等省(区、市)以邮政管理部门为主导组织举办省级一类大赛,部分市(地)组织举办形式多样的市级竞赛,取得良好效果。通过举办大赛,为行业优秀高技能人才脱颖而出搭建了平台,有力促进了行业高技能人才选拔评价工作,扩大了行业影响力,营造了行业尊重人才、崇尚技能的环境氛围。快递专业技术人才达到5.4万人,高技能人才达到1.4万人。

**校企合作质量持续提升。**进一步发挥合作院校作用,以满足企业院校需求为突破口,着力提升校企合作质量。探索尝试“一体化”教学快递专业课程教材建设,编写完成了2本“一体化”教学使用教材。根据企业需求,编写出版口袋书《快递业务百问》,得到企业和员工欢迎,累计销售10万册以上。全国合作院校新增28所,河北、内蒙古、吉林、江苏、安徽、湖北、贵州、宁夏拓展新增合作院校。截至2015年年底,共联合建设170所合作院校,其中本科28所,大专高职87所,中专27所,普通技工院校3所,技师学院25所。全国30个省均有合作院校,23所行业鉴定站建立在合作院校。

## 九、对外交流合作日益深化

国家邮政局积极开展国际交流活动。贯彻落实中央外事工作会议精神和对港澳台工作部署,巩固发展与“一带一路”沿线国家和周边国家邮政交流机制，与俄罗斯等8个国家签署合作文件。参与世贸组织贸易政策审议，中美、中欧投资协定谈判和中澳、中韩等自由贸易协定谈判，推动邮政业贸易政策合规工作。积极参加万国邮联、亚太邮联等国际组织工作，完成3项国际条约国内核准，首次向万国邮联紧急援助基金和亚太邮联培训中心捐款。成功举办世界海关组织－万国邮联邮关合作研讨会，组织参加第44届国际少年书信比赛、纽约书展－中国邮票展和新加坡世界邮展等活动。建立协同工作机制，积极推进中欧班列运输邮件快件试点。

深化港澳台邮政交流，组织参加两岸邮政交流研讨会和珍邮特展，增设苏州两岸邮件封发局，支持昆山、平潭先行先试，拓宽电商邮件快件寄递渠道。圆通发起成立全球包裹联盟，顺丰、申通、中通、韵达等企业也加快国际网络建设，大力开展跨境网购寄递服务等新兴业务。

## 十、细分市场产品日趋多元化

2015年，快递市场竞争加剧，主要快递品牌在深耕传统电商快递业务的同时，也不断拓展产品线，布局细分市场，快递服务产品种类日趋多元化、个性化、定制化。

**2015年主要快递企业新产品新服务情况**

| | |
|---|---|
| 中国邮政速递物流（EMS） | 检察法律文书特快专递在全国范围正式开办。部署推进“极速鲜”原产地直通车服务。在基层经营单位实施“众创众享工程”，共同创业、共同创新、共享经营成果。湖南邮政EMS联合湖南省公安厅共同搭建的便民利民“湖南省身份证寄递受理系统”正式上线。云南邮政EMS携手省财政厅推出会计类考试寄递服务。邮政EMS开启iPhone 6S投递服务专线。吉林邮政EMS上门收寄包裹，积极服务退伍军人。南宁邮政EMS推广二代身份证服务新模式。山东邮政EMS成功测试无人机送快件。湖南邮政EMS上线联通配送项目。江苏邮政EMS携手省公安厅推出身份证专递服务。无锡邮政EMS推出车管“智慧”服务。郑州邮政EMS与郑州国税合作启动发票寄递配送服务。云南邮政EMS启动“七夕”“极速鲜”鲜花项目。重庆邮政EMS启动“中视购物”配送业务。湘粤邮政EMS开办两省港澳通行证再签快递业务。重庆邮政EMS与市公安部门合作推出证件邮件号码短信服务。厦门邮政EMS承接增值税专用发票快递上门服务。新疆邮政EMS启动加急身份证寄递服务。广东东莞邮政EMS荔枝专递“24小时从枝头到舌头”。贵州邮政EMS携手途牛网开通港澳通行证续签寄递。安徽邮政EMS启动“省内限时递”服务。湖南邮政EMS启动电信快递项目。湖南邮政EMS启动福彩省内配送项目。陕西安康邮政EMS开办老年人免费公益卡寄递业务。广东邮政EMS微信办签注 |
| 顺丰速运 | 携手锤子科技推出上门取送一站式服务，“顺维修”再添战略合作新伙伴——锤子科技，获得锤子科技的官方授权，在广东省内开展“免费上门取送”维修试点服务。顺丰仓网布局电商物流。开通东北主要城市冷链业务。推出“条码运单”。为江苏兴化开通大闸蟹专线。为商家“上保险”配送超时全额赔付。试水“行李管家”服务。携手金蝶软件推出电商解决方案。“顺丰次晨”服务扩展至37个城市。推出电商当日达、一日达寄递服务。运推出“日淘免费运”服务。深化产地直采，为仙居杨梅推整合型服务。顺丰全国首家由“嘿客”升级的“顺丰家”在深圳南山区开业，正逐步打造全渠道线下社区服务店。在7个城市推出“顺丰次晨”服务。携手中信银行推出共同推出“中信顺手付”支付账户、APP和中信顺丰联名信用卡等多项创新服务。顺携手苏州银行布局金融O2O服务。顺丰嘿客上线“多洗”业务。携手宁夏自治区农牧厅构建食品流通新模式 |
| 申通快递 | 入股快递在线服务平台“微快递”，提供快递查询和快件异常诊断、网点查询等服务，致力于让快递用户与网点形成“强连接’ |
| 圆通速递 | 推出派送前短信提醒服务，客户在寄件时可在快递面单上选择此项服务，录单后系统会对勾选此服务的快件，在指定的动态节点设置相应短信，推送至客户手机，为客户带来更便捷、优质的服务 |
| 中通快递 | 入股快递在线服务平台“微快递”，提供快递查询和快件异常诊断、网点查询等服务，致力于让快递用户与网点形成“强连接” |
| 韵达速递 | 开启末端派送“零公里”新模式，与上海统冠企业管理有限公司旗下零公里速递服务平台开展战略合作，共同致力于解决商务楼、社区等“最后100米”快递派送服务。韵达速递开通陕西眉县油桃运输绿色通道。韵达速递与浙江十足连锁便利店正式启动合作，通过浙江省区域内的1000多家十足便利店，持续深化O2O业务布局 |

续上表

| | |
|---|---|
| 天天快递 | 与长虹达成战略合作,以长虹“点点帮”智慧社区为平台,共同推进智慧物业相关运营项目,为O2O物流中“最后一公里”难题提出解决方案。天天快递6月起为全网快件绑定保险 |
| 百世快递 | 打造“五朵金花”服务产品线,涵盖商务、电商、同城区域特色、城市本地社区生活服务、农村乡镇服务等五大特色市场 |
| 京东 | 京东物流推出第三方商家同城“当日达”服务。京东物流推出“全国仓配一口价” |
| 德邦 | 德邦物流推出“商务专递”服务,为大企业客户提供VIP式专属快递 |

## 十一、市场主体积极投身公益事业,传递行业正能量

近年来,各快递企业在努力提升快递服务质量和水平的同时,积极履行企业社会责任,参与各种公益活动,尽己所能回报社会,传递正能量,爱心递四方。

**南水北调连京豫饮水思源递爱心。**1月9日,中通快递将北京市水务局和北京市邮政管理局联合发起捐赠的爱心物资——1100余件冬衣打包整齐,提供专用网络运输车免费运往南水北调中线工程水源地——河南省南阳市内乡县。

爱心物资通过中通快递送达目的地后,由当地政府组织,及时发放到山区贫困家庭和当地福利院的老人、孩子手中,在寒冷的冬季送去首都人民的关爱与温暖。爱心物资启运当天,中通快递北京分公司工作人员将爱心物品整理、打包、装车,在寒冷的冬季忙得热火朝天。“我们将以最快的速度,把爱心物资运送到河南南阳,让每个贫困家庭都能过个好年”中通快递华北区负责人如是说。

**助力山区小学生“圆梦1+1”。**1月13日,上海市青浦区教育局与中通快递联合开展“圆梦1+1”爱心捐书公益活动,将上海8所小学上万名师生捐助的爱心书籍免费运送到广西偏远山区的小学。

活动期间,上海市青浦区8所小学的师生共筹集1万余本爱心书籍。中通快递工作人员逐一前往各小学整理打包,将爱心书籍第一时间运送至广西宾阳县武陵镇的小学。“圆梦1+1”活动是上海市青浦区教育局与中通快递联合开展的专项公益活动,已开展了两期。活动为云南、广西等地偏远山区小学的学生募捐寄递爱心图书、生活用品已达2万多份。

**顺丰公益基金在云南建设首所希望小学。**6月9日,云南省临沧市双江县沙河乡邦木顺丰莲花小学奠基仪式启动,这是顺丰公益基金会建设的第六所顺丰莲花小学,也是在云南的第一所。邦木小学始建于1914年,至今已有100年的办学历史。学校辐射周边5个自然村10个村民小组,现有学生114人,其中住校生40人,教师8人。校舍面积共计412平方米,其中教学楼289平方米、食堂66平方米、生活用房57平方米,均属于D级危房。部分家距学校较远的孩子,寄宿只能住在临时搭建的板房中。

顺丰公益基金会2014年起开始关注邦木小学,项目组对当地多所学校进行调研分析后,最终决定帮助双江县沙河乡邦木小学新建教学综合楼、厕所(浴室)及老教学楼加固改造、附属设施建设。项目总投入约为320万元,其中由双江县教育局筹措96.4万元,顺丰基金会资助223.6万元。据了解,除此之外,顺丰公益基金会从2014年起,还在双江地区开展了莲花助学活动,资助学生200余人,今年将增加至300人左右。莲花助学项目是顺丰慈善基金会于2012年成立,主要资助家境贫困的学生,并搭建顺丰志愿者与受助学生的沟通桥梁。

**韵达速递情系江西瑞金灾区捐赠爱心物资。**6月24日,由韵达速递江西瑞金分公司发起、韵达总部倡议并拨出专项爱心资金,韵达速递全国网络爱心网点和韵达员工自愿捐赠的价值近10万元的爱心物资于当日运达瑞金市瑞林镇中心小学

和长沙小学。同时,400多张课桌以及计算机和书架等教学设备正式移交两所学校。

瑞金"5·19"特大洪涝灾害发生后,韵达速递瑞金分公司第一时间发起救灾行动,分别于5月23日、26日在于都和瑞金发起捐款活动。同时,韵达总部向全网络发出捐款倡议,韵达总部、各省公司、分拨中心和网点的负责人、员工纷纷响应,自愿捐款。据了解,首批捐款购买的矿泉水、方便面等食用物资将发放给当地群众。本次捐赠由韵达速递根据瑞林镇中心小学的需求定向捐赠。

**圆通开展"寄·青春"免费寄公益活动。**7月上旬,圆通速递北京分公司联合小麦公社在北京8所高校开展"寄·青春"免费寄公益活动。本次活动打破了原有的寄递打折优惠方式,与小麦公社联合采用"40元内快件"免费寄的方式。学生可通过关注小麦公社的微信平台在线下单预约支付1分钱,即可享受40元免费寄活动。在小麦公社提供40元特惠的基础上,圆通速递为学生提供免费的包装服务。

**中通济南分公司为四川贫困生免费运送爱心物资。**8月下旬,由中通快递济南分公司免费承运的50件爱心包裹从山东济南出发,运往四川巴中的乡村小学。这批爱心物资包括衣服、文具、体育用品、图书等,由济南银座商城玉函店、厚德公益助学服务中心、济南格美公司联合发起。中通快递济南分公司免费承担此次运送任务。爱心人士和中通员工将爱心物资分类、整理、打包、装运,并专门抽调一辆班车,及时把物资送到四川巴中农村贫困学生手中。

**广东邮政EMS发起"爱心直达 情暖万家"公益活动。**9月10日至22日,广东邮政EMS发起了以"爱心直达情暖万家"为主题的公益活动。凡在广东邮政EMS微商城购满300元产品的消费者,可选择为留守儿童、残疾青少年、独居老人或抗战老兵送出一份"中秋爱+礼盒",并以消费者的名义寄递给受赠人。

本次公益活动由广东邮政EMS联合广东河源团市委、河南新县团县委和恒大兴安、王老吉、正心(广州)社会工作服务中心发起组织,具体受赠对象包括广东河源留守儿童和残疾青少年、河南新县抗战老兵、广州独居老人,每份礼盒包括月饼、大米、油、红糖、润喉糖等中秋礼品和生活所需品。礼盒费用、快递费用全部由相关企业和EMS支付。

**2015年全国各省规模以上快递服务企业业务量和业务收入情况**

| 单　　位 | 快递业务量累计(万件) | 同比增长(%) | 快递收入累计(万元) | 同比增长(%) |
|---|---|---|---|---|
| 全国 | 2066636.8 | 48.0 | 27696465.9 | 35.4 |
| 北京 | 141447.3 | 27.4 | 1816522.5 | 23.1 |
| 天津 | 25624.4 | 106.6 | 435370.4 | 73.7 |
| 河北 | 54911.9 | 61.4 | 561787.9 | 36.8 |
| 山西 | 11477.3 | 25.7 | 152901.4 | 47.7 |
| 内蒙古 | 5410.1 | 24.0 | 123053.4 | 19.2 |
| 辽宁 | 24674.1 | 48.1 | 395949.5 | 31.9 |
| 吉林 | 9017.0 | 35.8 | 169634.0 | 29.8 |
| 黑龙江 | 12636.8 | 80.2 | 213466.8 | 72.0 |
| 上海 | 170778.0 | 33.0 | 4552476.2 | 26.0 |
| 江苏 | 229047.7 | 54.3 | 2907286.3 | 44.6 |
| 浙江 | 383145.9 | 55.9 | 3838082.6 | 39.9 |
| 安徽 | 39935.6 | 67.4 | 461132.8 | 58.2 |
| 福建 | 88786.2 | 35.7 | 1008474.8 | 24.4 |
| 江西 | 23471.8 | 46.8 | 276692.2 | 51.9 |

续上表

| 单　位 | 快递业务量累计（万件） | 同比增长（%） | 快递收入累计（万元） | 同比增长（%） |
|---|---|---|---|---|
| 山东 | 73424.9 | 64.3 | 970605.4 | 44.8 |
| 河南 | 51449.7 | 74.5 | 631077.0 | 54.5 |
| 湖北 | 50847.3 | 53.4 | 595633.7 | 43.9 |
| 湖南 | 31786.4 | 39.9 | 338934.3 | 29.3 |
| 广东 | 501335.2 | 49.4 | 6159135.7 | 33.5 |
| 广西 | 12540.9 | 38.5 | 217788.4 | 39.7 |
| 海南 | 2953.0 | 31.3 | 63444.8 | 46.9 |
| 重庆 | 20525.4 | 47.8 | 286533.2 | 42.5 |
| 四川 | 48796.6 | 28.6 | 628897.8 | 31.1 |
| 贵州 | 7034.3 | 50.7 | 132428.3 | 34.9 |
| 云南 | 11109.1 | 30.0 | 201152.5 | 32.0 |
| 西藏 | 578.2 | 19.4 | 16826.3 | -3.2 |
| 陕西 | 20351.0 | 47.9 | 272792.1 | 51.9 |
| 甘肃 | 3541.4 | 33.4 | 72537.1 | 41.7 |
| 青海 | 716.6 | 23.6 | 18236.6 | 18.1 |
| 宁夏 | 2231.9 | 47.4 | 48355.7 | 44.3 |
| 新疆 | 7050.7 | 18.7 | 129256.1 | 20.4 |

**2015 年全国部分省（市）邮政立法情况**

| 省(区、市)、市 | 日期 | 事　件 |
|---|---|---|
| 河北 | 2015 年 7 月 24 日 | 《河北省人民代表大会常务委员会关于修改〈河北省邮政条例〉等 8 部法规的决定》经河北省第十二届人民代表大会常务委员会第十六次会议于 2015 年 7 月 24 日通过，自公布之日起施行 |
| 安徽 | 2015 年 5 月 21 日 | 安徽省第十二届人民代表大会常务委员会第十九次会议通过《安徽省邮政条例》，自 2015 年 7 月 1 日起施行 |
| 山东 | 2015 年 1 月 13 日 | 山东省人民政府第 48 次常务会议通过《山东省寄递安全管理办法》，自 2015 年 5 月 1 日起施行 |
| 福建 | 2015 年 1 月 16 日 | 福建省人民政府第 35 次常务会议通过《福建省促进快递行业发展办法》，自 2015 年 5 月 1 日起施行 |
| 福州 | 2015 年 7 月 11 日 | 福建省福州市人民政府第 13 次常务会议通过《福州市邮政业管理若干规定》，自 2015 年 9 月 1 日起施行 |
| 徐州 | 2015 年 1 月 22 日 | 江苏省徐州市人民政府公布《徐州市寄递业治安管理办法》，自 2015 年 3 月 1 日起施行 |
| 伊犁哈萨克自治州 | 2015 年 5 月 28 日 | 2015 年 2 月 6 日伊犁哈萨克自治州第十三届人民代表大会第四次会议通过 2015 年 5 月 28 日新疆维吾尔自治区第十二届人民代表大会常务委员会第十六次会议批准《伊犁哈萨克自治州邮政管理条例》，自 2015 年 8 月 1 日起施行 |
| 河南 | 2015 年 12 月 12 日 | 河南省邮政管理局向省人大法工委提交了《关于〈河南省邮政条例〉部分内容需要调整的报告》，推进《河南省邮政条例》修订工作 |
| 郑州 | 2015 年 10 月 10 日 | 河南省郑州市邮政管理局向市政府递交了《郑州市快递业管理办法》立法项目申报材料 |
| 四川 | 2015 年 9 月 15 日 | 中共四川省委关于转发《中共四川省人大常委会党组关于调整〈四川省第十二届人大常委会立法规划〉的请示》的通知，《四川省邮政条例》修订工作纳入调整项目目录 |

**2015年国家相关部门支持快递发展的部分政策文件**

| 部　　委 | 政策文件名称 |
|---|---|
| 国务院 | 国务院关于促进快递业发展的若干意见（国发〔2015〕61号） |
| 国务院 | 国务院关于大力发展电子商务　加快培育经济新动力的意见（国发〔2015〕24号） |
| 国务院办公厅 | 国务院办公厅关于清理规范国务院部门行政审批中介服务的通知（国办发〔2015〕31号） |
| 国务院办公厅 | 国务院办公厅关于促进农村电子商务加快发展的指导意见（国办发〔2015〕78号） |
| 国务院办公厅 | 国务院办公厅关于加快发展生活性服务业　促进消费结构升级的指导意见（国办发〔2015〕85号） |
| 商务部等19部门 | 关于加快发展农村电子商务的意见（商建发〔2015〕306号） |
| 交通运输部　农业部<br>供销合作总社　国家邮政局 | 关于协同推进农村物流健康发展　加快服务农业现代化的若干意见（交运发〔2015〕25号） |
| 国家邮政局　商务部 | 关于推进"快递向西向下"服务拓展工程的指导意见（国邮发〔2015〕107号） |
| 国家邮政局　教育部 | 关于加快发展邮政行业职业教育的指导意见（国邮发〔2015〕253号） |

**2015年全国部分省（区、市）支持快递发展政策**

| 省（区、市） | 支持政策文件名 |
|---|---|
| 北京 | 北京市交通委　北京市邮政管理局　北京市农委关于协同推进首都农村物流健康发展加快服务农业现代化的意见（京交运输发〔2015〕125号） |
| | 北京市交通委　北京市邮政管理局关于推进首都交通与邮政融合发展的意见（京交运输发〔2015〕170号） |
| 天津 | 天津市人民政府关于天津市高端装备产业等15个重点产业发展三年行动计划的批复（津政函〔2015〕17号） |
| | 天津市人民政府办公厅关于促进我市内贸流通健康发展的实施意见（津政办发〔2015〕15号） |
| | 天津市人民政府办公厅关于转发市工业和信息化委拟定的天津市推进智慧城市建设行动计划（2015－2017年）的通知（津政办发〔2015〕46号） |
| | 天津市人民政府办公厅转发市发展改革委关于加快发展生产性服务业促进产业结构调整升级的实施意见（津政办发〔2015〕49号） |
| | 天津市交通运输委员会关于印发推进我市海空联运建设指导意见的通知（津交发〔2015〕139号） |
| 河北 | 河北省委关于加快转变农业发展方式推进农业现代化的实施意见（冀发〔2015〕1号） |
| | 河北省人民政府关于加快发展服务贸易的实施意见（冀政发〔2015〕21号） |
| | 河北省人民政府关于进一步做好新形势下就业创业工作的实施意见（冀政发〔2015〕33号） |
| | 河北省人民政府关于推进国内贸易流通现代化建设法制化营商环境的实施意见（冀政发〔2015〕50号） |
| | 河北省人民政府关于推进"互联网＋"行动的实施意见（冀政发〔2015〕51号） |
| | 河北省人民政府关于促进快递业发展的实施意见（冀政发〔2015〕52号） |
| | 河北省人民政府办公厅关于促进内贸流通健康发展的实施意见（冀政办发〔2015〕6号） |
| | 河北省人民政府办公厅印发关于促进外贸稳增长调结构培育外贸竞争新优势若干措施的通知（冀政办发〔2015〕16号） |
| | 河北省人民政府办公厅关于促进跨境电子商务健康快速发展的实施意见（冀政办字〔2015〕37号） |
| | 河北省人民政府办公厅关于推进线上线下互动加快商贸流通创新发展转型升级的实施意见（冀政办字〔2015〕163号） |
| | 河北省人民政府办公厅关于推进农村电子商务全覆盖的实施意见（冀政办发〔2015〕45号） |
| | 河北省人民政府办公厅关于印发河北省加快新能源汽车产业发展和推广应用若干措施的通知（冀政办字〔2015〕173号） |
| | 河北省推进京津冀协同发展工作领导小组关于印发《京津冀协同发展领导小组2015年重点推进督导事项任务分解一览表》和《河北省落实交通、生态环保、产业三个重点领域率先突破2015年重点工作规划和重大项目任务分工表》的通知（冀协同〔2015〕2号） |

续上表

| 省(区、市) | 支持政策文件名 |
| --- | --- |
| 山西 | 山西省人民政府关于加强和改进口岸工作支持外贸发展的实施意见(晋政发〔2015〕48号) |
| | 山西省人民政府关于大力发展电子商务加快培育经济新动力的实施意见(晋政发〔2015〕56号) |
| | 山西省人民政府关于积极推进"互联网+"行动的实施意见(晋政发〔2015〕57号) |
| | 山西省人民政府办公厅关于印发物流业发展中长期规划(2015IC2020年)的通知(晋政办发〔2015〕53号) |
| | 山西省发展和改革委员会关于印发《促进物流业发展两年行动计划》(2015－2016年)的通知(晋发改经贸发〔2015〕151号) |
| 内蒙古 | 内蒙古自治区邮政管理局　商务厅联合印发《关于推进"快递下乡"服务拓展工程的指导意见》(内邮管联〔2015〕3号) |
| | 内蒙古自治区邮政管理局　经信委联合印发《关于推进快递服务制造业工作的指导意见》(内邮管联〔2015〕4号) |
| 辽宁 | 辽宁省发展改革委关于印发辽宁省落实国家发展改革委促进物流业发展三年行动计划的具体贯彻实施意见的通知(辽发改投资〔2015〕949号) |
| | 辽宁省交通运输厅转发《交通运输部　农业部　供销合作总社　国家邮政局关于协同推进农村物流健康发展加快服务农业现代化的若干意见》的通知(辽交运管〔2015〕69号) |
| | 辽宁省交通运输厅　沈阳铁路局　中国民用航空　辽宁安全监督管理局　辽宁省邮政管理局关于融入国家"一带一路"发展战略构筑"辽满欧"综合交通运输大通道的实施意见(辽交运管〔2015〕221号) |
| 吉林 | 吉林省政府办公厅印发关于支持"快递下乡"的意见(吉政办发〔2015〕16号) |
| | 吉林省交通运输厅　吉林省邮政管理局关于交通运输与邮政业融合发展的指导意见(吉交联发〔2015〕62号) |
| | 吉林省邮政管理局关于促进邮政服务创新发展的实施意见(吉邮管〔2015〕32号) |
| 黑龙江 | 关于印发黑龙江省促进物流业发展三年行动计划(2015－2017年)和2015年黑龙江省物流业发展工作要点的通知》(黑发改经贸〔2015〕56号) |
| | 贯彻落实国家发展改革委关于当前更好发挥交通运输支撑引领经济社会发展作用意见的实施意见(黑发改铁航〔2015〕340号) |
| | 黑龙江省关于推进快递服务制造业工作的实施意见(黑邮管联〔2015〕2号) |
| 上海 | 上海市人民政府关于贯彻《国务院关于依托黄金水道推动长江经济带发展的指导意见》的实施意见(沪府发〔2015〕35号) |
| | 上海市人民政府办公厅印发《关于促进本市跨境电子商务发展的若干意见》的通知(沪府办发〔2015〕32号) |
| | 上海市商务委　市发展改革委　市人力资源和社会保障局　市规划国土资源局　市工商局　市食品药品监管局　市邮政管理局印发关于促进本市生活型服务业重点行业规范提升发展的实施意见(沪商服务〔2015〕44号) |
| | 关于进一步加强本市寄递渠道安全监管工作的通告(沪邮管〔2015〕61号) |
| | 关于印发《2015年上海市快递服务质量专项整治工作方案》的通知(沪邮管〔2015〕75号) |
| | 关于印发《智能快件箱使用运营导则(试行)》的通知(沪邮管〔2015〕102号) |
| 江苏 | 江苏省邮政管理局关于进一步提升快递末端投递服务水平的实施意见(苏邮管〔2015〕165号) |
| | 江苏省综治办　省邮政管理局《关于在全省开展"平安寄递"创建活动的意见》(苏邮管〔2015〕183号) |
| | 江苏省智能快件箱运营管理办法(试行)(苏邮规〔2015〕1号) |
| | 江苏省快递服务业标准化实施办法(苏邮规〔2015〕3号) |

续上表

| 省(区、市) | 支持政策文件名 |
| --- | --- |
| 浙江 | 浙江省财政厅　省综治办　省邮政管理局关于下达寄递业安检机配备补助资金的通知(浙财企〔2015〕178号) |
| | 浙江省综治办　省邮政管理局等9部门联合印发《关于加强邮件快件安全管理工作的实施意见》的通知(浙综委办〔2015〕3号) |
| | 浙江省综治办　省邮政管理局等15部门关于印发《全省集中开展危爆物品寄递物流清理整顿和矛盾纠纷排查化解专项行动工作方案》的通知(秘密件)(浙综委办〔2015〕26号) |
| | 浙江省邮政管理局　省商务厅关于推进"快递向下"加快农村电商快递协同发展的实施意见(浙邮管〔2015〕175号) |
| | 浙江省邮政管理局　省经信委关于推进快递服务制造业工作的实施意见(浙邮管〔2015〕105号) |
| | 浙江省邮政管理局　省教育厅关于推进快递服务进校园工作的通知(浙邮管〔2015〕162号) |
| 安徽 | 安徽省人民政府关于2015年重点工作及责任分解的通知(皖政〔2015〕22号) |
| | 安徽省交通运输厅　安徽省农业委员会　安徽省供销合作社联合社　安徽省邮政管理局转发关于协同推进农村物流健康发展　加快服务农业现代化的若干意见的通知(皖交运函〔2015〕157号) |
| | 安徽省邮政管理局　安徽省商务厅关于推进"快递向下"服务拓展工程的指导意见(皖邮管〔2015〕79号) |
| 福建 | 福建省人民政府关于支持快递业加快发展七条措施的通知(闽政〔2015〕62号) |
| 江西 | 中共江西省委　江西省人民政府关于加大改革创新力度加快农业现代化建设的实施意见(赣发〔2015〕1号) |
| | 江西省人民政府关于大力推进大众创业万众创新若干政策措施的实施意见(赣府发〔2015〕36号) |
| | 江西省人民政府印发关于加快推进"互联网+"行动实施方案的通知(赣府发〔2015〕43号) |
| | 江西省人民政府印发江西省贯彻落实国务院关于大力发展电子商务加快培育经济新动力意见若干措施的通知(赣府发〔2015〕43号) |
| | 中共江西省委办公厅　江西省人民政府办公厅转发《省委农工部、省商务厅关于加快我省农村电子商务发展的意见》的通知(赣办发〔2015〕17号) |
| | 江西省人民政府办公厅关于印发支持昌九一体化发展的若干政策措施的通知(赣府厅发〔2015〕20号) |
| | 江西省人民政府办公厅关于大力推进两化深度融合加快制造业转型升级的意见(赣府厅发〔2015〕36号) |
| | 江西省人民政府办公厅转发国务院办公厅关于促进农村电子商务加快发展指导意见的通知(赣府厅发〔2015〕63号) |
| | 江西省人民政府办公厅关于印发江西省促进跨境电子商务健康快速发展工作方案的通知(赣府厅发〔2015〕75号) |
| | 江西省发展改革委等十二部门关于印发江西省物流园区发展规划的通知(赣发改经贸〔2014〕86号) |
| 山东 | 山东省人民政府办公厅关于贯彻国办发〔2014〕51号文件进一步搞活流通促进消费的意见(鲁政办发〔2015〕26号) |
| | 山东省人民政府办公厅关于印发山东省跨境电子商务发展行动计划的通知(鲁政办发〔2015〕33号) |
| | 山东省人民政府办公厅关于促进快递服务业健康发展的意见(鲁政办字〔2014〕89号) |
| | 山东省人民政府办公厅关于转发省经济和信息化委山东省物流业转型升级实施方案(2015－2020年)的通知(鲁政办字〔2015〕205号) |
| | 山东省批发零售餐饮业转型升级实施方案(鲁政办字〔2015〕250号) |
| 河南 | 河南省人民政府关于推动生产性服务业加快发展的实施意见(豫政〔2015〕38号) |
| | 河南省人民政府关于落实先照后证改革决定加强市场主体经营行为监管工作的实施意见(豫政〔2015〕57号) |
| | 河南省人民政府关于印发河南省"互联网+"行动实施方案的通知(豫政〔2015〕65号) |

续上表

| 省(区、市) | 支持政策文件名 |
|---|---|
| 河南 | 河南省人民政府关于扶持小微企业发展的意见(豫政〔2015〕73 号) |
| | 河南省人民政府办公厅关于印发 2015 年河南省服务业重点领域发展行动方案的通知(豫政办〔2015〕17 号) |
| | 河南省人民政府办公厅关于加快培育河南省服务业百户领军企业的通知(豫政办〔2015〕132 号) |
| | 河南省人民政府办公厅关于印发中国(郑州)跨境电子商务综合试验区申建工作方案的通知(豫政办〔2015〕156 号) |
| | 河南省人民政府办公厅关于印发河南省促进智慧城市健康发展工作方案(2015－2017 年)的通知(豫政办〔2015〕109 号) |
| | 河南省邮政管理局关于加强全省快递行业诚信体系建设的指导意见(试行)(豫邮管〔2015〕38 号) |
| | 河南省邮政管理局　河南省商务厅关于快递下乡与农村电子商务协同发展实施意见(豫邮管〔2015〕105 号) |
| | 河南省邮政管理局　河南省工业和信息化委员会关于加快推进快递服务制造业工作实施意见(豫邮管〔2015〕107 号) |
| 湖北 | 湖北省政府关于加快互联网平台经济发展的指导意见(鄂政发〔2015〕44 号) |
| | 湖北省交通运输厅　省农业厅　省商务厅　省供销合作总社　省邮政管理局联合印发《农村物流融合发展规划编制指南》(鄂交运〔2015〕326 号) |
| | 湖北省邮政管理局　省教育厅《关于做好高等院校校园快递服务工作的意见》(鄂邮管〔2015〕88 号) |
| | 湖北省邮政管理局　省经信委　省安监局《关于加强化学品寄递安全管理的通知》(鄂邮管〔2015〕100 号) |
| 湖南 | 湖南省政府发布《关于大力发展电子商务加快培育经济新动力的实施意见》(湘政发〔2015〕50 号) |
| | 湖南省政府办公厅发布《湖南省现代物流业发展三年行动计划(2015－2017 年)》(湘政办发〔2015〕50 号) |
| | 湖南省政府办公厅发布《关于加快农业互联网发展的指导意见》(湘政办发〔2015〕61 号) |
| 广东 | 广东省人民政府关于促进内贸流通健康发展的实施意见(粤府函〔2015〕298 号) |
| | 广东省人民政府关于印发广东省加快发展服务贸易行动计划(2015－2020 年)的通知(粤府函〔2015〕338 号) |
| | 广东省人民政府办公厅关于开展广东省质量提升行动的指导意见(粤府办〔2015〕41 号) |
| | 关于安排广东省快递业发展专项经费的通知(粤财工〔2015〕40 号) |
| | 关于下达广东省寄递企业配备 X 光机财政补贴资金的通知(粤财工〔2015〕683 号) |
| | 广东省经济和信息化委印发实施广东省人民政府　阿里巴巴集团战略合作框架协议分工方案的通知(粤经信生产函〔2015〕689 号) |
| | 广东省邮政管理局关于印发《推进“快递下乡”工作的指导意见》的通知(粤邮管〔2015〕29 号) |
| | 广东省邮政管理局关于印发广东省推进快递服务制造业和快递服务跨境电商的意见的通知(粤邮管〔2015〕88 号) |
| 广西 | 广西壮族自治区人民政府关于加快电子商务发展的若干意见(桂政发〔2015〕22 号) |
| | 广西现代服务业集聚区发展规划(2015－2020 年)(桂政发〔2015〕37 号) |
| | 广西壮族自治区人民政府办公厅关于印发 2015－2017 年全区农村电子商务工作实施方案的通知(桂政办发〔2015〕41 号) |
| | 广西促进现代物流业跨越式发展三年行动计划(2015－2017 年)(桂政办发〔2015〕37 号) |

续上表

| 省(区、市) | 支持政策文件名 |
| --- | --- |
| 广西 | 广西壮族自治区人民政府办公厅关于促进全区跨境电子商务健康快速发展的实施意见(桂政办发〔2015〕121号) |
| | 广西服务业发展重点项目实施方案(2015－2020年)(桂发改服务〔2015〕1000号) |
| 海南 | 海南省人民政府关于印发海南省清理规范税收等优惠政策工作方案的通知(琼府〔2015〕7号) |
| | 海南省人民政府关于印发海南省进一步增强小微企业融资能力构建政银保合作新机制方案(试行)的通知(琼府〔2015〕38号) |
| | 海南省人民政府关于印发财政统筹资金扶持十二个重点产业发展方案的通知(琼府〔2015〕67号) |
| | 海南省人民政府关于扶持小型微型企业健康发展意见的通知(琼府〔2015〕73号) |
| | 海南省人民政府关于印发海南省"十三五"现代物流业发展实施方案的通知(琼府〔2015〕103号) |
| | 海南省人民政府办公厅关于加快发展生产性服务业的实施意见(琼府办〔2015〕153号) |
| | 海南省人民政府办公厅关于促进内贸流通健康发展的实施意见(琼府办〔2015〕178号) |
| | 海南省人民政府办公厅关于推进跨境电子商务发展的意见(琼府办〔2015〕246号) |
| | 关于印发海南省农村青年电商培育工程实施方案的通知(琼团联字〔2015〕14号) |
| | 海南省邮政管理局关于印发《海南省智能快件箱管理办法(试行)》的通知(琼邮管〔2015〕52号) |
| | 关于推进海南省"快递向中西向下"服务拓展工程的指导意见(琼邮管〔2015〕102号) |
| 重庆 | 重庆市促进物流业发展三年行动计划(2015－2017年)(渝府办发〔2015〕106号) |
| | 重庆市商业委员会 重庆市市政管理委员会 重庆市邮政管理局关于规范物流快递末端公共取送点标识的通知(渝商发〔2015〕24号) |
| 四川 | 四川省人民政府关于印发四川省物流业发展中长期规划(2015－2020年)的通知(川府发〔2015〕18号) |
| | 四川省人民政府办公厅关于促进内贸流通健康发展的实施意见(川办发〔2015〕5号) |
| | 四川省人民政府办公厅关于印发四川省电子商务发展三年(2015－2017年)行动计划的通知(川办发〔2015〕44号) |
| | 四川省人民政府办公厅关于印发四川省促进农村电子商务发展实施意见的通知(川办发〔2015〕49号) |
| | 四川省人民政府办公厅关于推动跨境电子商务加快发展的实施意见(川办发〔2015〕97号) |
| 贵州 | 贵州省政府关于研究加快全省邮政快递业发展有关问题的会议纪要(黔府专议〔2015〕172号) |
| | 贵州省人民政府办公厅关于加快发展现代物流业的若干意见(黔府办发〔2015〕3号) |
| | 贵州省人民政府办公厅关于促进快递业加快发展的实施意见(黔府办发〔2015〕53号) |
| 云南 | 云南省交通运输厅关于印发《全省交通运输与邮政行业融合发展指导意见》的通知(云交政发〔2015〕65号) |
| 西藏 | 西藏自治区财政厅关于下达自治区邮政管理局安检机购置经费预算指标的通知(藏财企指〔2015〕63号) |
| | 关于进一步加强全区邮件、快件寄递安全管理工作的意见(藏综治办〔2015〕1号) |

续上表

| 省(区、市) | 支持政策文件名 |
| --- | --- |
| 陕西 | 陕西省物流业发展中长期规划(2015－2020年)(陕政发〔2015〕37号) |
| 甘肃 | 甘肃省商务厅　甘肃省邮政管理局关于印发《甘肃省电子商务与物流快递协同发展的兰州市试点实施方案》(甘商务电商发〔2015〕31号。) |
|  | 甘肃省综治办等九部门《关于加强邮件、快件寄递安全管理工作的意见》(甘综治办〔2015〕1号) |

# 第二章 2015 年中国快递业十大事件

## 一、《国务院关于促进快递业发展的若干意见》出台

经李克强总理签批，2015 年 10 月 23 日，国务院印发《国务院关于促进快递业发展的若干意见》（以下简称《若干意见》），这是国务院出台的第一部全面指导快递业发展的纲领性文件。《若干意见》的出台，是主动适应经济发展新常态，充分发挥快递业在经济社会发展中重要作用的迫切需要；是不断满足人民群众日益增长的寄递需求，有效促进民生改善的必然要求；是破解快递业发展瓶颈，推动行业转型升级提质增效的重大举措。《若干意见》明确指出：快递业是现代服务业的重要组成部分，是推动流通方式转型、促进消费升级的现代化先导性产业；快递业在降低流通成本、支撑电子商务、服务生产生活、扩大就业渠道等方面发挥了积极作用。《若干意见》强调，促进快递业健康发展，对进一步搞活流通、拉动内需，服务大众创业、万众创新，培育现代服务业新增长点具有重要意义。

## 二、李克强总理为快递“代言”

2015 年 3 月 15 日，国务院总理李克强在会见中外记者并回答记者提问时表示：“很愿意为网购、快递和带动的电子商务等新业态做广告。因为它极大地带动了就业，创造了就业的岗位，而且刺激了消费，人们在网上消费往往热情比较高。”这是继 2015 年两会“快递”再度被写入《政府工作报告》后，总理又一次为快递“站台”。2015 年，李克强继续对快递业发展给予极大关注，9 月 24 日，在国务院决定进一步开放国内快递市场整一周年之际，他来到河南保税物流中心视察工作，走进中通快递（郑州）国际包裹分拣中心工作区，听取企业负责人就公司发展和装备升级等问题的情况汇报。

## 三、15 部门联合推动寄递渠道安全管理

2015 年 10 月，中央综治办、公安部、交通运输部、安监总局、国家邮政局等 15 部门决定在全国范围内集中开展危爆物品、寄递物流清理整顿和矛盾纠纷排查化解专项行动。同日，国家邮政局下发通知，在全行业立即启动专项行动，切实抓好寄递安全管理工作。通知要求，要全面落实收寄验视制度，要加快推进实名收寄，要加快推动邮件、快件全面过机安检。决定自 2015 年 11 月 1 日起至 2016 年 3 月底，除信件和已有安全保障机制的协议客户的快件、通过自助邮局（智能快件箱）等交寄的邮件、快件外，一律要求通过对寄件人电话号码及相关身份信息比对核实后方可收寄。

## 四、中国快递发展指数首次亮相

在 2015 年 3 月 26 日召开的“2015 中国快递论坛”上，中国快递发展指数首次亮相。中国快递发展指数是基于中国快递发展的基本特征、规律，对一段时期内中国快递发展程度的量化评估，是反映中国快递发展规律、服务质量、发展普及和发展趋势的综合指数。该指数以 2010 年为基期，基期指数设定为 100，其指标体系包括发展规模指数、服务质量指数、发展普及指数和发展趋势指数。论坛上首度发布的是 2014 年中国快递发展指数，为 282.4，比上一年增长 70.8；2010 － 2014 年，指数增速持续保持高位，年均增速达 29.6%，2014 年为近 5 年来第二高增速。

## 五、“双 11”快递企业处理能力再创历史新高

据国家邮政局发布的数据显示，2015 年“双

11”期间(11 月 11 日～16 日)，全行业处理的邮件(快件)量达 7.8 亿件，同比增长近 45%；日最高处理量达 1.6 亿件，同比增长 55%，是今年以来日常处理量(5000 万件)的 3 倍。其中，11 日全天各主要电商企业共产生快递物流订单 4.6 亿件，同比增长 65%；全天各邮政、快递企业共处理 1.48 亿件。“双 11”期间，全行业处理的邮件(快件)量、日最高处理量均创下历史最高纪录。国家邮政局根据不同快递企业处理能力合理调节资源，引导电商企业错峰发货、快递企业均衡推进，顺利完成保证“两不”(全网不瘫痪、重要节点不爆仓)和“三保”(保安全、保畅通、保平稳)的目标。

## 六、中国快递步入“200 亿时代”

2015 年 12 月 25 日，我国快递业务量首次突破 200 亿件大关，继续稳居世界第一。这是继 2014 年年业务量突破 100 亿件之后，我国快递业发展史上的又一座里程碑，也是行业发展“十二五”规划完美收官的代表性事件，更是我国快递业从数量增长向质量增长转变的一个拐点。

## 七、快递员被纳入职业分类大典

2015 年 7 月 29 日，国家职业分类大典修订工作委员会全体会议审议并颁布了 2015 版《中华人民共和国职业分类大典》，快递员作为新职业被纳入其中，标志着快递员职业身份在“国家确定职业分类”上首次得以确认。新版《大典》中邮政行业涉及职业从原来的 16 个减至 11 个，其中新增快递工程技术人员、快递员和快件处理员 3 个职业，13 个工种。快递员职业身份的确认，充分体现了快递业在国民经济发展中的重要支撑作用和在吸纳就业、大众创业万众创新中的推动作用。

## 八、资本互动助推行业重塑竞争格局

2015 年 5 月，阿里巴巴联手云锋基金对圆通速递进行战略投资；6 月，顺丰、申通、中通、韵达联合普洛斯成立丰巢科技；8 月，阿里巴巴与苏宁云商集团战略互投……2015 年，中国快递领域的资本运作步伐加速，几乎每一家快递企业都或多或少地参与其中。在资本的作用下，传统的“通达系”快递阵营出现分化，行业竞争格局正在面临重塑。值得注意的是，这一轮资本运作，并非以往资金链紧张情况下借助资本完善企业基础设施建设，更多是强强联手，壮大自身，以增强市场竞争力和话语权。

## 九、三份报告填补行业相关领域研究空白

2015 年，受国家邮政局委托，由《快递》杂志、《中国邮政快递报》和国邮智库合力完成的《中国快递领域新能源汽车发展现状及趋势报告》《中国智能快件箱发展现状及趋势报告》和《中国快递领域绿色包装发展现状及趋势报告》先后发布。报告系统梳理了快递新能源汽车、智能快件箱和快递绿色包装的发展现状、政策环境，分析了发展中存在的问题，展望了未来的发展趋势。这是我国快递业在新能源汽车、智能快件箱、绿色包装等领域进行的首次系统研究，报告的发布，填补了相关领域研究的空白，为政府科学决策提供了有力支持。

## 十、快递企业打响空域争夺战

2015 年 6 月，中国民用航空局发布《关于拟批准杭州圆通货运航空有限公司筹建的公示》，这是继顺丰速运、中国邮政先后组建航空公司后，国内又一家快递企业组建的货运航空公司；8 月，顺丰速运拟在湖北鄂州建机场的消息传出。国内快递企业纷纷加码航空运能，意味着快递业向航空领域进发。统计数据显示，距离超过 1200 公里的长途运输，采取航空方式优势最为明显。当各家企业时效之争日益加剧的时候，向空域发展无疑是制胜法宝。

# 第三章 2015 年中国快递发展大事记

## 国家邮政局入驻人民日报客户端移动政务发布厅

1 月 1 日，国家邮政局正式入驻人民日报客户端移动政务发布厅。手机用户可以通过人民日报客户端订阅“国家邮政局”账号，随时随地了解并借助微信、微博等社交媒体分享邮政管理动态、行业政策等资讯。国家邮政局人民日报客户端政务发布平台下设新闻聚焦、权威发布、政策解读、地方邮政管理四个栏目，分别负责发布国家邮政局重要政务信息和邮政、快递行业最新动态，公布国家邮政局通知、公告和行业发展数据，对行业法规、政策进行权威分析和解读，介绍各省（区、市）及市（地）邮政管理部门的工作动态和经验做法。

## 国家邮政局贯彻实施《邮政行政执法监督办法》

1 月 1 日起，《邮政行政执法监督办法》正式生效实施。《办法》明确了邮政管理部门行政执法监督机构、监督范围、监督方式等内容，科学设定监督职责，严格监督程序，把静态的执法资格监督与动态的执法活动监督有机结合，由身份管理向行为管理延伸，规范邮政行政执法行为，坚决杜绝执法中的违法、不当和不作为。国家邮政局党组高度重视办法的宣贯工作，国家邮政局副局长赵晓光明确提出，要坚持守住底线、突出重点、完善制度、严格落实的基本思路，做到依法依规实施监督。此外，为确保办法的贯彻实施，国家邮政局还开展了一系列工作，多角度全方位加强行政执法监督制度体系建设。

## 2015 年邮政快递企业代表座谈会在京召开

1 月 6 日，2015 年邮政快递企业代表座谈会在北京召开，围绕 2015 年全国邮政管理工作会议中提出的“坚持稳中求进，坚持依法治邮，坚持提质增效，加强创新驱动，加强公共服务，确保运行安全，主动适应经济发展新常态。”这一工作总体要求如何在企业生产中落地的话题，国家邮政局副局长刘君从五个方面进行了阐述和说明，要求企业认清新形势、把握新机遇，实现新作为。围绕工作会议上交通运输部部长杨传堂的讲话与国家邮政局局长马军胜的工作报告，与会代表结合企业实际情况，就如何适应经济新常态以及 2015 年的重点工作进行了充分的交流，畅谈新形势下的发展机遇，坦陈发展中遇到的困惑，探寻未来可持续发展之路。会议还向企业代表通报了“2014 年全国快递服务满意度”、“2014 年下半年全国重点地区快递服务时限分析报告”以及“2014 年快递服务消费者申诉情况”。中国邮政速递物流、中外运空运、中铁快运、民航快递、顺丰、申通、圆通、中通、韵达、百世快递、宅急送、天天、优速、全峰等 14 家企业代表参加了此次座谈会。

## 国家邮政局召开 2015 年全国邮政管理工作会议

1 月 6 日至 7 日，国家邮政局在北京召开 2015 年全国邮政管理工作会议和系统党风廉政建设工作会议。交通运输部党组书记、部长杨传堂出席会议并做重要讲话，强调邮政管理部门要主动适应经济发展新常态，提升服务能力和竞争水平，加快我国从邮政大国向邮政强国迈进。国家邮政局局长马军胜在会上作工作报告，全面回顾和总结了 2014 年邮政行业发展情况和邮政管理工作情况，安排部署了 2015 年主要工作，强调加快推进“五个邮政”建设，必须按照十八届四中全会的要求，深刻认识全面推进依法治国的重大意义，不断深化依法治邮，增强法治意识，完善法规体系，提升治理能力，为加快建成与小康社会相适应的现代邮政业提供可靠法治保障。马军胜指出要重点做好全面履行部门法定职能、健全依法决策机制、坚持严格规范公正文明执法、强化内外部制约和监督、全面推进政务公开等五项工作。主动适应经济发展新常态，服务好“两个一百年奋斗目标”，加快推进与小康社会相适应的现代邮政业建设进程。

## “中国快递量世界第一”引热议

1月6日至7日，2015年全国邮政管理工作会议在北京召开。此次会议传递出的2014年邮政行业发展成就和建设“五个邮政”、打造“邮政强国”，特别是中国快递业务量达140亿件、跃居世界第一等信息，引发媒体和社会各界的关注和热议。1月6日会议召开的当天下午，中央电视台《新闻直播间》即播发了会议消息和“2014年我国快递业务量完成140亿件，位居世界第一”的新闻，当晚《新闻联播》也在国内联播快讯里进行了播报。1月7日，相关新闻的关注度在网络媒体上持续走高。当天上午，《人民日报》新浪官方微博发布“去年中国快递量世界第一 你贡献了多少？”的微博之后，“中国快递140亿件”这一话题引发网民关注，连续十几小时位列热门话题排行榜，大家在热议“中国快递业务量登顶世界第一”的同时，也彼此分享“贡献了多少”，有人直呼“hold不住”。截至1月9日9:30，这一话题的阅读量近6000万，讨论量超过1.4万。1月7日，《人民日报》以《140亿件！去年中国快递量世界第一，2020年基本实现“乡乡有网点、村村通快递”》为题撰文报道并配发评论；《人民日报（海外版）》也在头版头条刊发了题为《我国快递量跃居世界第一》的报道。同时，新华社、《光明日报》、《经济日报》、中央人民广播电台、《人民政协报》、《中国交通报》等媒体均第一时间进行了报道。此外，人民日报移动客户端移动政务发布厅里，“国家邮政局”发布账号订阅数量持续上涨，发布的会议消息和行业发展数据引发强烈关注和热议。

## 国家邮政局公布2014年邮政行业运行情况

1月15日，国家邮政局公布2014年邮政行业运行情况。邮政企业和全国快递服务企业业务收入（不包括邮政储蓄银行直接营业收入）累计完成3203.3亿元，同比增长25.7%；业务总量累计完成3696.1亿元，同比增长35.6%。全国快递服务企业业务量累计完成139.6亿件，同比增长51.9%；业务收入累计完成2045.4亿元，同比增长41.9%。其中，同城业务收入累计完成265.9亿元，同比增长59.8%；异地业务收入累计完成1130.6亿元，同比增长36.4%；国际及港澳台业务收入累计完成315.9亿元，同比增长16.7%。

## 国家邮政局党组学习习近平总书记重要讲话精神

1月15日，国家邮政局党组书记、局长马军胜主持召开局党组扩大会议，学习贯彻习近平总书记在中纪委第五次全体会议上的重要讲话精神和中央纪委五次全会精神，部署进一步推进全系统党风廉政建设和反腐败工作。马军胜强调，全系统要按照习近平总书记的重要讲话精神和中央反腐倡廉工作的总体部署，结合刚刚召开的全国邮政管理工作会议以及全系统党风廉政工作会议的部署，在真抓实干、狠抓落实上下功夫，结合本部门的实际，聚焦重点任务，逐项细化抓落实，把反腐倡廉工作持续推向深入。国家邮政局党组成员解畅、王梅、赵晓光、刘君出席会议。

## 国家邮政局分析行业经济运行情况

1月16日，国家邮政局局长马军胜主持召开2015年第2次局长办公会，分析2014年邮政行业经济运行情况，研究2015年行业发展趋势，部署春节期间生产运营、推动快递转型升级、促进邮政服务创新等重点工作。马军胜强调，在肯定成绩的同时,也要看到行业发展不平衡、不协调、不可持续的问题依然存在,服务和安全问题比较突出。在下一步的工作中,要主动适应经济发展新常态,准确把握中央对邮政业的新定位,坚持问题导向,坚持提质增效,加强创新驱动,加强公共服务,确保运行安全,引导行业科学发展。国家邮政局局领导解畅、王梅、赵晓光、刘君、邢小江出席会议。

### 刘君副局长会见美国联邦快递公司中国区总裁

1月22日,国家邮政局副局长刘君在北京会见了美国联邦快递公司中国区总裁陈嘉良一行。双方就中国快递市场的现状和发展等情况进行了交流。刘君对联邦快递公司在过去一年所取得的发展成就表示赞赏,并指出2014年是中国快递丰收的一年,全年快递业务量达140亿件,业务量连续46个月累计同比平均增幅超过50%,创造了中国式的发展速度。随着快递影响力在中国的不断扩大,各企业应该对中国快递市场的发展更加充满信心。陈嘉良向刘君汇报了联邦快递公司过去一年来的发展情况,并表示随着中国快递市场的进一步开放,联邦快递公司会积极转变思路,创新经营方式,把好安全关,为推进中国快递市场的整体发展做出努力。同时,他还对国家邮政局对联邦快递公司的指导和支持表示了感谢。国家邮政局办公室(外事司)、政策法规司和市场监管司有关人员参加了会见。

### 《快递营业场所设计指南》和《邮政业从业企业标准化工作指南》获审议通过

1月22日,国家邮政局局长马军胜主持召开2015年第3次局长办公会,审议通过《快递营业场所设计指南》、《邮政业从业企业标准化工作指南》两项行业标准。《快递营业场所设计指南》着重对快递营业场所的基本要求、功能分区、设施配置以及安全要求等进行了规范。《邮政业从业企业标准化工作指南》则从企业标准化工作的基本要求、组织机构、标准制定范围和标准体系、标准制定程序和要求、标准的实施与监督、标准的复审等方面,进行了系列、全面的说明和指导。马军胜表示,标准化是提升企业管理与服务水平的有效手段。在新常态下发挥标准化工作的作用更为重要。他要求标准的制定要加大力度,紧跟行业发展步伐,充分发挥企业的标准化主体作用,调动各方积极性,为行业整体发展目标的实现提供技术支撑和服务保障;标准的执行要落地有声,在服务质量管理、安全管理、诚信体系建设等方面,发挥好标准对于加强事中事后监管的积极作用。

### 邮政管理系统传达学习十八届中央纪委五次全会精神

1月23日,国家邮政局召开全系统电视电话会议,传达学习习近平总书记在中央纪委五次全会上的重要讲话和中央纪委五次全会精神。国家邮政局党组书记、局长马军胜出席会议并讲话,强调全系统各级党组织要坚决落实中央要求,切实担负起党风廉政建设主体责任,严守党的政治纪律和政治规矩,推动作风建设常态化,切实加强基层党组织建设,深入推进邮政管理系统党风廉政建设和反腐败斗争。局党组成员、纪检组组长解畅主持会议并作传达。马军胜强调,抓好全会精神的贯彻落实,是当前的一项重要政治任务,全系统各级党组织要认真组织学习贯彻,作为2015年落实党风廉政建设主体责任的第一项任务抓紧抓好,在学深悟透、融会贯通和真抓实干、狠抓落实上下功夫。马军胜还提出四点具体要求。国家邮政局机关全体党员、直属单位主要负责同志在主会场,各省(区、市)邮政管理局全体党员在各分会场参加会议。

### 邮政行政执法信息系统上线

1月26日,国家邮政局在其网站开设了执法信息公开专栏并正式上线,实现邮政行政执法信息的在线实时公开。社会公众可以通过国家邮政局网站查询相关执法信息。邮政执法信息在线实时公开，是国家邮政局贯彻落实国务院有关依法行政、政务公开工作部署的具体措施，也是加强邮政事中事后监管的重要举措，有利于规范邮政行政执法行为，实现权力在阳光下运作，也有利于加大对违法行为的警示和威慑力度，切实维护邮政市场秩序与消费者合法权益。

## 国家邮政局要求确保春节前“不休网、不拒收、不积压”

1月下旬，国家邮政局分别向各省（区、市）邮政管理局和各主要快递企业下发通知，要求及早谋划好春节前后的生产运营，努力保持一季度行业经济运行在合理区间，确保不出现业务量收“马鞍效应”的大波动，开好局、起好步，为完成全年发展目标奠定基础。通知强调，各级邮政管理部门要督促邮政、快递企业合理调配人力、运力资源，全力保障春节前“不休网、不拒收、不积压”，为人民群众提供优质的寄递服务。督促企业于1月30日前通过企业网站和营业场所对社会公布春节期间的服务安排、服务监督电话等。要加强对企业落实《快递服务》国家标准的监督检查，积极维护消费者合法权益，维护市场秩序。要按照“谁主管、谁负责”的原则，加强对企业落实收寄验视制度的检查，严肃查处各类违法违规行为，防范重特大安全生产事故的发生。要加强对行业运行情况的监测和分析，采取措施引导企业稳经营、保态势，做好预测预警与信息报告工作，确保一季度行业运行稳中有进。通知同时要求，各企业要妥善安排好春节前后的生产运营工作。

## 马军胜局长赴陕、甘调研邮政业改革发展

1月24日至27日，国家邮政局党组书记、局长马军胜赴甘肃兰州、天水，陕西西安等地，深入邮政、快递企业，邮政管理部门，就邮政业改革发展和邮政管理工作进行调研。随着春节的日益临近，在节前节后快递服务将各出现一个业务高峰期，为此马军胜在快递企业调研时要求企业合理安排生产和人员放假，既满足消费者对快递服务的需求，又保障员工的合法权益。在甘肃省邮政管理局，以及兰州、天水、宝鸡、西安等市邮政管理局，马军胜分别听取了邮政管理部门的工作汇报，对其在当地党委政府的领导下，结合各地经济发展实际，不断推进行业向前发展所取得的成绩给予了充分肯定。调研期间，马军胜强调企业要充分结合地方经济社会发展特点，创新理念、促进发展、提升效益；邮政管理部门要依法行政、认真履职，不断推动行业健康发展。马军胜还在西安和陕西省省长娄勤俭、副省长庄长兴举行了会见，双方就如何推进陕西邮政行业的健康发展，更好地服务地区经济建设深入交换了意见。

## 《邮政业安全生产设备配置规范》等两项标准获审查通过

1月28日，全国邮政业标准化技术委员会在安徽省安庆市召开2015年度第一次会议，审查通过了《邮政业安全生产设备配置规范》、《邮件和快件投递状态分类与代码》两项行业标准。国家邮政局副局长邢小江出席会议并讲话。会议认为，制定《邮政业安全生产设备配置规范》和《邮件和快件投递状态分类与代码》行业标准，有利于增强邮政行业安全防范能力，提升邮件和快件投递服务质量，促进邮政行业加快转型升级。最终，各位委员和专家一致同意两项标准通过审查，并建议按所提出意见修改后尽快形成报批稿，上报国家邮政局审批发布。会后，邢小江冒着大雪前往合肥市邮政速递物流公司和百世快递进行实地调研，并到安徽省邮政管理局和合肥市邮政管理局看望邮政管理干部职工。

## 全国邮政市场监管工作会议召开

2月2日至3日，2015年全国邮政市场监管工作会议在福建省泉州市举行，会议在深入总结分析2014年监管工作的基础上，提出了贯彻落实全国邮政管理工作会议部署的具体措施，要推动

提质增效，促进行业持续发展；要坚持依法治邮，全面履行政府职能；要强化安全监管，确保行业健康发展。国家邮政局副局长刘君出席会议并讲话。刘君要求，各级邮政管理部门要坚持问题导向和唯实理念，主动适应经济发展新常态和行业发展新定位，保态势、提质效、强安全、重监管。并提出四项具体工作。会上，国家邮政局市场监管司各处及邮政业安全中心介绍了2015年重点工作安排。天津、江苏、福建、江西等省（市）邮政管理局和泉州市邮政管理局进行了经验交流发言。与会代表分组讨论了2015年工作，电商与物流快递协同发展试点省市局代表还专题研究了深化发展的长效机制。会议期间，刘君到泉州市邮政管理局与干部职工座谈，并到晋江、石狮等物流集散地调研，视察了福建圆通分拨中心。

## 国务院印发《落实“三互”推进大通关建设改革方案》

2月3日，国务院印发《落实“三互”推进大通关建设改革方案》，推动内陆同沿海沿边通关协作，实现口岸管理相关部门信息互换、监管互认、执法互助，提出到2020年，跨部门、跨区域的内陆沿海沿边大通关协作机制有效建立，信息共享共用，同一部门内部统一监管标准、不同部门之间配合监管执法，互认监管结果，优化通关流程，形成既符合中国国情又具有国际竞争力的管理体制机制。

## 电子商务与物流快递协同发展试点城市座谈会召开

2月3日，电子商务与物流快递协同发展试点城市座谈会在福建省泉州市召开。国家邮政局副局长刘君出席会议，市场监管司以及天津、石家庄、杭州、福州、贵阳5个试点城市及所在省（市）邮政管理局的代表参加会议。会议期间，福州市邮政管理局介绍了1月底商务部在闽调研试点工作情况。各试点城市代表分别就本地试点工作推进情况和试点方案内容进行了交流。刘君指出，试点工作对于优化行业发展环境、解决电子商务与物流快递协同发展的瓶颈问题意义重大。各地要按照市场主导、政府引导，统筹规划、创新发展，因地制宜、突出特色的原则，全力以赴推进试点工作。试点工作站位要高，通过加强规划引领，解决长远发展问题，要在试点通知要求的园区建设、车辆通行管理、末端配送平台建设、人员培训、信息平台建设等方面着重加大工作力度，将试点工作嵌入社会管理体系建设，将协同发展融入经济社会发展大局。

## 王梅副局长赴山西调研邮政行业发展

2月3日至4日，国家邮政局副局长王梅赴山西调研指导工作，王梅先后来到山西百世快递快件分拨中心和山西顺丰快件分拨中心分拣场地，对百世快递自行研制的风暴分拣器和顺丰自行研发的阻燃箱、分拣箱和快件包等生产机技术创新成果进行了深入了解。王梅指出科学技术就是生产力，企业要转型升级、提质增效，必须不断进行科技创新，提高生产环节的科技含量，既可以减轻工人劳动量，又能够提高生产效率，企业更要从社会责任出发，不断推广使用可循环利用的新型包装材料，降低能源消耗，走绿色发展之路。调研期间，王梅还专程到山西省邮政管理局，听取了山西局的工作汇报，并与局机关干部职工进行了近三个小时的座谈，并对对今后一段时期的工作提出三点希望。在晋期间，王梅还会见了山西省省委常委、副省长付建华，就邮政行业安全监管、邮政普遍服务保障措施以及推进快递持续健康发展等问题交换了意见。

## 中国、阿根廷签署关于双方加强邮政领域合作的谅解备忘录

2月5日，国家邮政局局长马军胜在北京会见了随同阿根廷共和国总统访华的阿联邦规划、公共投资和服务部（以下简称“规划部”）部长胡利奥·德比多、通信秘书处国务秘书诺伯特·伯纳

一行，并与诺伯特·伯纳共同签署了关于双方加强邮政领域合作的谅解备忘录。胡利奥·德比多、阿驻华大使古斯塔沃·马蒂诺及我驻阿大使杨万明见证签署。根据备忘录，中阿将建立邮政高层交流机制，及时分享邮政行业改革和发展的经验；通过多种形式促进双方邮政监管、法规和政策制定、邮政普遍服务保障和邮政安全方面的信息交流；在万国邮政联盟框架下加强沟通和相互支持；以及支持两国指定经营者在平等互利原则下开展交流与合作，共同推动两国邮政行业的发展。国家邮政局办公室（外事司）、市场监管司和新闻宣传中心相关人员参加了签署仪式。

### 邮政行业职业技能鉴定工作座谈会在京召开

2月5日，2015年度邮政行业职业技能鉴定工作座谈会在北京召开。会议回顾了2014年行业职业技能鉴定工作的主要情况，并对2015年重点工作进行了安排部署。国家邮政局副局长邢小江出席会议并讲话。会议还就“如何应对行业发展新形势，采取措施推动鉴定工作规模发展，确保全年鉴定任务目标完成”“如何利用合作院校资源，充分发挥合作院校在技能人才培养、职业技能培训、鉴定工作中的作用”等重点问题进行了深入研讨。

### 九部门联合宣贯部署推进寄递渠道安全管理工作

2月5日，中央综治办、国家邮政局等九部门在京联合召开《关于加强邮件、快件寄递安全管理工作的若干意见》宣贯部署电视电话会议，明确任务分工，扎实有效推进意见贯彻落实。寄递渠道安全管理领导小组组长、中央综治办专职副主任徐显明，领导小组组长、国家邮政局局长马军胜出席会议并作重要讲话，领导小组副组长、国家邮政局副局长刘君主持会议。徐显明强调，要用好综治考评这一重要载体，充分发挥好综治考评的杠杆推动作用。对因重视不够、社会治安防范措施不落实而导致违法犯罪现象严重、治安秩序严重混乱或者发生重特大案（事）件的地区，依法实行一票否决权制，并追究有关领导干部的责任。马军胜强调贯彻落实意见，要加强部门协作，形成“齐抓共管、综合治理”格局，要坚持常态联动、问题牵引、优势互补、责任共担。

### 解畅组长深入湖北调研邮政行业发展

2月4日至6日，国家邮政局党组成员、纪检组组长解畅率调研组赴湖北调研，与省、市两级邮政管理干部会议座谈，深入邮政企业服务网点和快递企业分拨中心网点视察邮政、快递服务以及发展管理等情况，亲切慰问邮政行业干部职工，并对深入贯彻落实好2015年全国邮政管理工作会精神提出了要求。调研期间，解畅强调，省、市邮政管理部门要注重认真学习贯彻习近平总书记系列重要讲话精神，按照2015年全国邮政管理工作会和全系统党风廉政建设工作会部署，聚焦中心任务，强化邮政监督管理职能，服务改革发展大局。

### 赵晓光副局长赴贵州开展调研指导工作

2月8日至10日，国家邮政局副局长赵晓光受局党组和国家邮政局局长马军胜的委托，到贵州调研指导工作，深入基层邮政网点和快递园区了解情况，与地方政府负责人沟通，同邮政管理干部职工亲切座谈，指导空白乡镇邮政局所补建等工作进一步推进。在贵阳龙洞堡机场附近的“双龙”临空快递园区，赵晓光详细了解园区建设及入园企业生产经营情况，对申通高标准的安全监控设施和各快递企业促进行业发展做出的贡献给予肯定。他强调，春节等节假日期间，要在全力确保安全生产的基础上，安排人员坚守岗位，避免快件积压、延误等现象发生。邮政管理部门要充分履职，加强学习调研，不断研究解决快递业发展中出现的新情况、新问题，促进行业健康发展。调研期间，赵晓光会见了贵州省副省长王江平和毕节市等地方党政负责人，就促进地方邮政业更好更快发展等进行沟通。

### 全国邮政行业 20 个单位和个人荣获表彰

2 月 11 日，在交通运输部认真开展的 2012－2013 年度全国交通运输行业精神文明建设先进集体和先进个人评选活动中，根据交通运输部《关于表彰全国交通运输行业精神文明建设先进集体和先进个人的决定》（交政研发〔2015〕15 号），全国邮政行业 20 个单位和个人荣获表彰。其中，上海市邮政管理局等 7 个单位荣获“全国交通运输行业文明单位”称号，浙江省邮政速递物流有限公司义乌市分公司等 7 个单位荣获“全国交通运输行业文明示范窗口”称号，马永强等 4 名同志荣获“全国交通运输行业文明职工标兵”称号，刘忠臣等 2 名同志荣获“全国交通运输行业精神文明建设先进工作者”称号。

### 马军胜局长春节前赴苏、豫进行调研慰问

2 月 9 日至 11 日，国家邮政局局长马军胜赴江苏和河南两省了解节前行业生产情况，并深入邮政、快递企业慰问广大干部职工。期间，马军胜来到江苏省徐州市睢宁县淘宝村——沙集镇东风村，了解了家具产品的生产、销售、配送等各个环节的情况，并在沙集镇物流分拨中心考察了为电商提供物流配送的相关物流和快递企业；在宿迁市，考察了京东商城呼叫中心，详细了解了京东的客户服务情况。马军胜前往河南省鹤壁中通分拨中心，看望荣获最美快递员称号的马朝立、高红娟夫妇，并详细了解了公司运转情况；考察了郑州市郑东新区的中南邮政物流集散中心、郑州圆通标准门店的建设情况和顺丰公司嘿客店的业务开展情况。马军胜还先后来到徐州市、宿迁市、河南省、郑州市、鹤壁市邮政管理局，向一年来奋战在邮政管理工作上的干部职工表示慰问。在河南，马军胜会晤了河南省副省长赵建才，就如何促进河南邮政、快递服务快速发展等问题交换了意见。

### 国务院印发《关于加快发展服务贸易的若干意见》

2 月 14 日，国务院印发《关于加快发展服务贸易的若干意见》，这是国务院首次全面系统地提出服务贸易发展的战略目标和主要任务，并对加快发展服务贸易作出全面部署。意见指出，大力发展服务贸易，是扩大开放、拓展发展空间的重要着力点，有利于稳定和增加就业、调整经济结构、提高发展质量效率、培育新的增长点。意见提出，要充分发挥现代服务业和服务贸易集聚作用，在有条件的地区开展服务贸易创新发展试点，要积极探索信息化背景下新的服务贸易发展模式，打造一批主业突出、竞争力强的大型跨国服务业企业，培育若干具有较强国际影响力的服务品牌，要进一步扩大服务业开放，大力推动服务业对外投资。

### 国务院常务会议确定进一步减税降费措施

2 月 25 日，国务院总理李克强主持召开国务院常务会议，确定在前期国家已出台一系列优惠政策基础上，继续加大对小微企业和创业创新的减税降费力度。一是从 2015 年 1 月 1 日至 2017 年 12 月 31 日，将享受减半征收企业所得税优惠政策的小微企业范围，由年应纳税所得额 10 万元以内（含 10 万元）扩大到 20 万元以内（含 20 万元），并按 20% 的税率缴纳企业所得税，助力小微企业尽快成长。二是从 2015 年 4 月 1 日起，将已经试点的个人以股权、不动产、技术发明成果等非货币性资产进行投资的实际收益，由一次性纳税改为分期纳税的优惠政策推广到全国，以激发民间个人投资活力。三是将失业保险费率由现行条例规定的 3% 统一降至 2%，单位和个人缴费具体比例由各地在充分考虑提高失业保险待遇、促进失业人员再就业、落实失业保险稳岗补贴政策等因素的基础上确定。初步测算，仅这一减费措施每年将减轻企业和员工负担 400 多亿元。

### 国家邮政局部署全国两会期间邮政、快递服务和安全工作

2月25日，国家邮政局下发《关于做好全国“两会”期间邮政、快递服务和安全工作的通知》，要求各省（区、市）邮政管理部门切实增强政治责任感和紧迫感，切实做好两会期间邮政服务工作，全力确保两会期间寄递渠道安全畅通，努力为两会提供优质、便捷、安全的邮政、快递服务。

### 国家邮政局党组召开中心组（扩大）学习会

2月27日，国家邮政局党组召开中心组（扩大）学习会，会上局党组成员带领局机关各司局和直属单位全体党员深刻理解习近平总书记强调的“加强纪律建设，把守纪律讲规矩摆在更加重要的位置”的精髓要义。中央纪委案件审理室主任耿文清应邀出席做了专题讲座。在两个半小时的讲座中，耿文清结合当前反腐工作的新形势、新任务，从三个维度、五个方面和党员领导干部要过好的八个关口深入解读了中央纪委五次全会精神，并就党员领导干部如何做到“不敢腐、不能腐、不想腐”，严守党纪党规、加强党风廉政建设作了专题辅导。国家邮政局党组书记、局长马军胜，局党组成员、副局长王梅、刘君、邢小江出席会议。局党组成员、纪检组组长解畅主持会议。

### 国家邮政局表彰2014年度专项工作优秀团队

2月28日，国家邮政局召开2014年度专项工作优秀团队表彰大会，对进一步对外开放国内快递市场等专项工作的7个优秀团队进行表彰。国家邮政局局长马军胜听取了部分优秀团体的经验介绍，并做讲话。马军胜在向获得表彰的优秀团队表示祝贺的同时，要求全系统干部职工向他们学习，建设一支有战斗力的、关键时刻能拉得出去的、能打硬仗的队伍。

### 刘君副局长夜查节后快递企业生产服务情况

2月28日晚，国家邮政局副局长刘君一行专程赶赴北京申通、中通等快递企业进行检查，了解企业节后运行、安全生产和业务量变化等情况，鼓励企业努力克服“马鞍效应”影响，继续保持快递业良好的发展态势，并对坚守在一线的快递员工致以了亲切问候。

### 马军胜局长会见美国德勤公司邮政行业总监

3月2日，国家邮政局局长马军胜在北京会见了来访的美国德勤公司邮政行业总监保罗·沃格尔一行。双方就过去一年中美两国邮政和快递以及物流和电子商务的发展情况进行了交流，并就全球快递市场未来的发展趋势和中小微企业在快递市场中所发挥的作用等交换了意见。国家邮政局办公室（外事司）有关人员参加了会见。

### 国家邮政局人员成功竞聘万国邮联发展合作局高级职位

3月，国家邮政局办公室（外事司）原国际合作处处长富晓莉经考试选拔被万国邮联国际局正式聘用为万国邮联国际局发展合作局业务协调和亚太地区项目部协调员（P5级），填补了中国在万国邮联高级职位的空缺。万国邮联国际局现有工作人员约250人，其中预算内工作人员150人左右，P5级以上高级职员20余人。此次竞聘成功得益于中国邮政业改革发展业绩、业务创新和行业管理成效，中国的经验为其他国家提供了榜样。中国一直与万国邮联保持良好的合作关系，积极参与万国邮联的各项事务，积极支持万国邮联倡导的各项工作，在万国邮联具有很强的影响力。

### 17家寄递企业联合对非法野生物交易“零容忍”

3月3日，“世界野生动植物日”国家邮政局市场监管司会同国家濒危物种进出口管理办公室（国家濒管办）、国家林业局森林公安局、中国野生

动物保护协会（CWCA）、国际野生物贸易研究组织（TRAFFIC）、中国快递协会等组织邮政企业、16家快递企业联合提出对非法野生物交易“零容忍”倡议。中国邮政集团公司、中国邮政 EMS、顺丰、申通、圆通、中通、韵达、百世汇通、天天、宅急送、国通、优速、全峰、快捷、FedE、DHL、TNT 等邮政、快递企业代表参加了倡议活动。

## 马军胜局长做客人民日报两会 e 客厅与专家对话

3 月 4 日，人民日报“两会 e 客厅”邀请国家邮政局局长马军胜、北京邮电大学邮政发展研究中心主任赵国君，共同探讨新起点下快递业的发展，访谈由人民日报记者左娅主持。访谈围绕如何看待 2014 年中国快递业首次以 140 亿件的年业务量，跃居世界第一？快递给经济生活带来怎样的改变？等话题展开。访谈中，马军胜提到“‘双 11’期间，一秒钟就发出了超过 1000 件快递，这在世界各国都是绝无仅有的”，“现在全国 48% 的乡镇都能用得上快递了。去年一年递送快递包裹下乡 20 亿个，带动工业品销售下乡 1600 亿元”。赵国君认为“很多人都为快递点赞，可以说，快递搞活了，新的市场就活了”。

## 习近平总书记寄语邮政

3 月 4 日，第十二届全国人大第三次会议主席团第一次会议结束后，习近平总书记听取了再次当选大会主席团成员的邮政代表、泰兴市邮政局江平路支局支局长何健忠的邮政工作汇报，并对邮政工作做出重要指示：“农村市场广阔，电子商务更是大有可为！希望邮政能够做好！”

## 政府工作报告为邮政行业发展再添薪火

3 月 5 日，第十二届全国人民代表大会第三次会议在北京人民大会堂开幕，国务院总理李克强作政府工作报告时两次提到“物流快递”，并强调要加快培育消费增长点。发展物流快递，把以互联网为载体、线上线下互动的新兴消费搞得红红火火。李克强在回顾 2014 年工作时特别指出，互联网金融异军突起，电子商务、物流快递等新业态快速成长，众多“创客”脱颖而出。

## 国家邮政局开展全国两会期间寄递安全专项检查

3 月 8 日至 11 日，国家邮政局市场监管司派出 2 个检查组，分赴河北、山西、河南、陕西 4 省开展全国两会期间寄递安全专项检查。检查组先后在石家庄、郑州、太原、西安、新乡、临汾、宝鸡等 7 个城市，检查了解省、市两级邮政管理部门及邮政、快递企业全国两会期间安全工作开展情况，分别与邮政 EMS、顺丰、中通、圆通、百世汇通、韵达、德邦等企业负责人召开了座谈会，实地检查了邮政、快递企业分拨中心和收（投）网点的安全生产情况，通过调取监控录像、现场抽查等方式，对企业落实收寄验视、安全检查、实名收寄、安全生产责任制、隐患排查治理、应急处置准备以及进京、涉疆邮（快）件检查等制度措施情况进行了督导检查。

## 周小川行长表示发展基层金融服务　改善企业融资难题

3 月 12 日，在十二届全国人大三次会议新闻中心举行的记者会上，中国人民银行行长周小川在回答《快递》杂志和《中国邮政快递报》记者提问时表示：“在基层，要大力发展民营资本中小银行，为市场提供竞争性金融服务”。周小川指出，大中型企业的总部驻地往往位于大型城市，这些地方金融机构资源丰富，企业的选择余地很大。而小微企业和一些初创企业广泛存在于基层。因此，需要进一步扩展基层金融服务，形成竞争性的金融服务，从而改善小微企业贷款难、贷款贵的问题。周小川还表示，随着利率市场化进程的推进，市场供求关系将得到进一步平衡。金融政策、监管政策以及宏观调控政策还有发挥作用的空间。

### 15 家快递企业发表诚信宣言

在 3 · 15 国际消费者权益保护日来临之际，EMS、顺丰、申通、圆通、中通、百世汇通、韵达、宅急送、全峰、优速、天天、快捷、速尔、龙邦速运、国通共计 15 家快递企业签署并联合发表了《我承诺，你监督——3 · 15 诚信宣言》，从厚植企业诚信意识、自律诚信经营行为、争当行业诚信标杆、深化诚信共赢理念 4 个方面郑重承诺，将在服务与生产中，认真对待消费者的每一个投诉、每一条意见，采取有效措施，以实际行动维护消费者合法权益。15 家快递企业还公布了各自的投诉和监督电话，方便消费者维权。

### 王梅副局长赴内蒙古调研县级邮政监管（派出）机构组建等工作

3 月 11 日至 12 日，国家邮政局副局长王梅到内蒙古自治区调研县级邮政监管（派出）机构组建工作和财务工作。调研期间，王梅逐一听取了内蒙古 12 个盟（市）邮政管理局局长和区局机关处室关于组建县级邮政监管（派出）机构的情况汇报，国家邮政局人事司负责人介绍了已经组建的县级邮政监管（派出）机构的情况和经验。王梅强调，县级邮政监管（派出）机构组建工作情况复杂、任务艰巨，大家要提高认识、统一思想、拓宽思路，要从邮政行业的新定位、从行业发展的新态势、从安全监管的新挑战等方面加深对组建工作的认识。她要求区局要充分论证，加强顶层设计；要借鉴经验，全力沟通协调；要重点突破，扎实稳步推进，积极探索完善县级邮政管理体制。王梅一行还专程来到区局、呼和浩特市局调研工作，慰问干部职工。此外还会见了内蒙古自治区党委组织部常务副部长董树君和区邮政公司总经理李光。

### 邮政业标委会审查通过两项标准

3 月 13 日，全国邮政业标准化技术委员会在深圳召开 2015 年度第二次会议，审查通过了《邮政业信息系统安全等级保护定级指南》、《快递代收货款服务信息交换指南》两项行业标准。会议认为，两项标准的制定，为邮政企业和快递企业开展信息系统互连互通和信息化建设工作提供了指导，有利于夯实安全生产基础，增强信息系统安全防范能力，提升快递服务质量。最终，各位委员、专家和代表一致同意两项标准通过审查，并建议按所提出意见修改后尽快形成报批稿，上报国家邮政局审批发布。国家邮政局副局长邢小江出席会议并讲话，18 名标委会委员、特邀专家和代表参加了会议。会后，邢小江前往顺丰速运（集团）有限公司进行了调研。

### 政协委员谋良策探寻快递新增长点

3 月 13 日，全国政协十二届三次会议于闭幕。今年的会议，承担着将新兴消费搞得红红火火重任的快递物流成为了委员们口中的“热词”，无论是在提案里，还是在大会发言材料中，或者是在分组讨论的现场，都被多次提及，每每都能引发委员们的共鸣。透过委员们的观点，邮政、快递在未来发展中可以着力的诸如农村电商、冷链物流、跨境电商等若干新增长点一一露出尖尖角。

### 邮政行业职业技能鉴定考评员培训在京举行

3 月 13 日至 14 日，国家邮政局职业技能鉴定指导中心会同人社部职业技能鉴定中心在北京举办邮政行业职业技能鉴定考评员培训班。来自全国 28 个省（区、市）的省、市两级邮政管理局，职鉴中心、鉴定站及相关合作院校共 245 名学员参加了此次培训。据悉，这是 2009 年以来举办的第 8 期考评员培训，也是首次组织高级考评员培训。通过培训后考试的学员，将分别获得由人社部颁发的考评员、高级考评员证书。培训期间，部分省（市）职鉴中心负责人围绕 2015 年区域职业技能竞赛、快递业务师考试以及“快递业务师鉴定考评工作实施办法（征求意见稿）”修订等进行了专题研讨和座谈。

## 李克强总理表示愿为网购、快递等新业态做广告

3月15日，国务院总理李克强在人民大会堂三楼金色大厅会见采访十二届全国人大三次会议的中外记者并回答记者提出的问题。会上，总理在谈到电商与快递等新业态时表示，“很愿意为网购、快递和带动的电子商务等新业态做广告。”

## 国家邮政局传达学习全国两会精神

3月16日，国家邮政局召开全体干部大会，全国政协委员、国家邮政局局长马军胜传达了刚刚闭幕的全国两会精神。他强调指出，全行业要认真贯彻落实全国两会精神，把握新机遇，适应新常态，落实新定位，实现新发展。全系统要认真学习、深刻领会，把思想和行动统一到中央对形势的分析判断和重大决策部署上来，紧紧结合行业实际。马军胜还提出六个方面的重点工作。局领导解畅、王梅、刘君、邢小江出席大会。

## 申通、全峰因服务质量问题被国家邮政局约谈

3月中旬，国家邮政局约谈了申通快递有限责任公司与北京全峰快递有限责任公司相关负责人，就2014年消费者申诉集中反映的快递服务质量问题进行了告诫。国家邮政局要求上述两企业认真学习贯彻《快递服务》国家标准，积极开展达标活动，加强企业内部管理，严格快递服务质量管控，最大限度降低消费者有效申诉率，提高消费者满意度，确保为人民群众提供符合国家标准的快递服务。接受约谈的两企业均表示，服务质量是快递企业生存和发展的基石，将严格按照要求，认真贯彻落实相关法律规定，积极开展自查整改并按时提交整改报告，以实际行动不断改进和提高服务质量。

## 马军胜局长会见北京邮电大学校领导

3月18日，国家邮政局局长马军胜、副局长王梅在北京会见了北京邮电大学党委书记王亚杰、校长乔建永一行。双方重点就合作开展邮政业高端专业人才培养交换了意见。马军胜表示，北京邮电大学在信息技术等领域享有盛誉，希望进一步发挥学科优势，在行业人才培养上加强与邮政管理部门之间的合作，推动政学产研有机结合，实现多方互利共赢，共同推动邮政业科学发展。王亚杰、乔建永表示，邮政业成绩有目共睹，让人倍感振奋。北京邮电大学与邮政业渊源深厚，一定抓住难得机遇，继往开来，积极融入邮政业发展，为邮政业人才培养、科技创新贡献力量。

## 《邮政业安全生产设备配置规范》和《邮件和快件投递状态分类与代码》获审议通过

3月19日，国家邮政局局长马军胜主持召开2015年第5次局长办公会，审议并原则通过《邮政业安全生产设备配置规范》和《邮件和快件投递状态分类与代码》两项标准。会议认为，制定并出台《邮政业安全生产设备配置规范》强制性行业标准，有利于指导企业科学配置安全生产设备，夯实安全生产基础，构建安全防范体系；有利于邮政管理部门加强事中事后监管，落实安全检查职责，有效治理安全隐患；制定《邮件和快件投递状态分类与代码》，则为邮政企业和快递企业开展相关业务系统的信息化建设提供指导，对于提升全行业科学管理水平、提质增效具有重要意义。局领导解畅、王梅、刘君、邢小江出席会议。

## 刘君副局长会见美国联合包裹公司中国区总裁

3月19日，国家邮政局副局长刘君在北京会见了美国联合包裹公司中国区总裁黎松江一行。双方就联合包裹公司在中国的业务发展等情况进行了交流。刘君对联合包裹公司在过去一年所取得的发展成就表示赞赏。他指出，2014年国内包

裹快递市场的进一步开放为企业营造了良好的发展环境，希望企业能够抓住跨境电子商务发展的机遇，创新服务模式，提升服务质量，在中国市场上取得更好的发展。黎松江汇报了联合包裹公司的发展近况，并表示公司非常重视在中国的发展，未来会不断探索和创新发展模式，积极拓展在华业务，为促进中国快递市场的发展做出努力。同时，他还对国家邮政局对联合包裹公司的指导和支持表示了感谢。国家邮政局办公室（外事司）和市场监管司有关人员参加了会见。

**国家邮政局部署邮政管理系统信息化建设工作**

3月20日，国家邮政局局长马军胜主持召开国家邮政局信息化建设领导小组会议，部署2015年以及今后系统信息化建设工作。会议充分讨论并通过了国家局信息化建设领导小组办公室提出的2015年信息化建设的主要工作安排。强调要充分发挥信息化对依法治邮、建设邮政强国的支撑作用，逐步构建国家局“314”信息化框架（即3个信息网络、1个云服务中心、4个应用和服务体系），形成具有现代邮政行业管理特色的信息化支撑服务体系。马军胜在讲话中对2015年全系统信息化工作提出了具体要求。局领导解畅、王梅、赵晓光、刘君、邢小江出席会议。

**《关于促进邮政服务创新发展的若干意见》获审议通过**

3月24日，国家邮政局局长马军胜主持召开2015年第6次局长办公会，审议并原则通过《关于促进邮政服务创新发展的若干意见》和《村邮站服务规范》。为促进邮政服务转型升级、创新发展，推动邮政企业大力发展寄递业务，国家邮政局于2014年9月起草了《关于促进邮政服务创新发展的若干意见》，书面征求了中国邮政集团公司、各省管局、相关单位的意见，根据反馈意见，进行了修改完善，数易其稿，最终形成送审稿。局领导解畅、王梅、赵晓光、刘君、邢小江出席会议。

**中国快递协会二届二次会员大会召开**

3月26日，中国快递协会二届二次会员大会在上海召开，中国快递协会副会长单位、理事单位、会员单位等300多位会员单位代表参加了会议。国家邮政局副局长刘君出席会议并讲话，上海市青浦区区委常委、副区长华源出席会议。刘君强调，全行业共同努力，适应新常态、把握新机遇、落实新定位、实现新发展。会议还对申请加入的十余家副会长单位、理事和普通会员单位的入会申请进行了审议表决，听取了会员对协会制定的《快递业中长期发展规划》及《促进快递业发展三年行动计划（2014－2016）》的意见与建议。

**2015中国快递论坛召开**

3月26日，2015中国快递论坛在上海召开。本届论坛聚焦“全面开放下的中国快递业转型升级”，首次发布了中国快递发展指数，揭晓了2014年中国快递业十件大事，并启动了《2015中国快递业蓝皮书》项目。国家邮政局局长马军胜、新华社副社长慎海雄、上海市副市长蒋卓庆、中国快递协会会长高宏峰等出席论坛并致辞。

**中国快递发展指数首次发布**

3月26日，国家邮政局首次发布了中国快递发展指数。2014年中国快递发展指数达到282.4，比上年增长70.8，2010－2014年中国快递发展指数年均增速29.6%。指数显示，中国快递发展规模快速增长。中国快递进入高速增长期，市场需求强劲，业务量和业务收入规模屡创新高，2014年中国已成为全球第一快递大国。2014年发展规模指数为510.0，比2013年提高168.3。2010－2014年发展规模指数年均增速50.3%，是同期国内生产总值增速的6倍以上；服务质量稳中向好；发展普及保持增长；发展趋势趋于稳定。

**马军胜局长上海调研强调要创新转型争做表率**

3月26日至27日，国家邮政局局长马军胜深入邮政、快递企业、第三方末端服务平台企业和邮政管理部门，对上海市邮政行业发展工作进行调研。马军胜强调，上海市邮政业要牢记使命，把握机遇，加快转型升级、提质增效，为全国邮政业创新发展做出新表率。国家邮政局副局长刘君一同调研。期间，马军胜还会见了上海市杨雄市长和蒋卓庆副市长，双方就如何进一步促进上海市邮政业发展交换了意见。

### 亚太邮联2015年执行理事会年会召开

3月24日至27日，亚洲太平洋邮政联盟2015年执行理事会年会在巴基斯坦首都伊斯兰堡举行。来自亚太邮联32个成员国中的17个国家的邮政管理部门和指定经营者，以及亚太邮联、万国邮联和亚太工会联盟代表近70人出席了会议。国家邮政局、中国邮政集团公司和香港邮政共同组成中国代表团参加会议。本次年会主要审议亚太邮联行政部、亚太邮联培训部、亚太邮政合作机构、亚太地区技术中心的工作报告，并召开亚太邮联培训部管委会、财务委员会、实物业务、电子业务、邮政金融、可持续发展工作组会议，分别就亚太邮联改革、函件、包裹、金融、电子业务等议题进行讨论。中国代表团应邀就中国邮政行业可持续发展在会上做主旨发言。亚太邮联秘书长林洪亮、万国邮联总局长比沙尔·侯赛因、巴基斯坦国会事务部长谢赫·阿夫塔卜·阿赫迈德、巴通信部秘书奥朗则布·哈克、巴邮政总局长马沙尔·喀汗出席开幕式并致辞。开幕式上还举行了亚太邮联2015年执行理事会年会纪念邮票的揭幕仪式。

### 快递业务经营许可工作专题座谈会召开

3月27日，国家邮政局在上海召开快递业务经营许可工作专题座谈会，会议分别听取了东中西部10个省份邮政管理局以及中国邮政速递物流、顺丰、申通等10家快递企业相关负责人的意见和建议，达成了基本共识。国家邮政局副局长刘君出席会议并讲话。刘君强调，快递经营许可制度与行业发展相辅相成，在保障和促进行业发展方面发挥了应有的作用。经济新常态提出了新要求，快递经营许可制度要随之不断优化，要简化手续、优化流程、压缩时限、下放权限、强化公开，要从根本上解放生产力，释放活力，推动行业红红火火地发展。

### 2015年首次快递业务员职业技能鉴定全国统考举行

3月28日，2015年首次快递业务员职业技能鉴定全国统考在25个省(区、市)同时开考。此次统考共设考点94个，考场627个，其中省以下考点69个，方便考生就近参加考试。该次统考共有18190人参加考试。其中，初级鉴定参考人数为16504人，中级鉴定参考人数为1158人，高级鉴定参考人数为528人，在校生135人。参考人数超过千人的省份有7个，其中江苏1744人，山东1682人，山西1618人，安徽1527人，浙江1386人，黑龙江1334人，河南1013人。

### 刘君副局长在沪调研快递企业信息化建设

3月28日，国家邮政局副局长刘君在上海主持召开部分快递企业信息化建设工作座谈会，听取申通、圆通、中通、韵达等快递企业电子面单应用等情况汇报，调研快递企业信息化建设现状及需求。刘君强调，要加强数据安全保护，高度重视电子面单应用中存在的问题和风险，并采取有效措施予以解决。要加快相应技术的标准化建设，优化流程，统一标准，规范应用，促进上下游信息共享，推动产业间协同运作。要将电子面单推广应用和码号资源管理、快递实名制等相关工作统筹安排，协同推进。

### 马军胜局长、张延昆副市长与北京快递企业代表深夜座谈

3月31日晚，国家邮政局局长马军胜、北京市副市长张延昆带领市公安、交通、邮政管理等相关

部门负责人，先后赶赴位于首都国际机场附近的圆通速递华北分拨中心和顺丰速运华北航空分拨中心，实地查看和调研企业运行、服务保障和安全生产情况，并就加快快递业健康发展、转型升级与企业负责人进行了深入座谈。座谈期间，张延昆特别强调，在京快递企业要认真研究首都的城市定位，着力做好“流通＋金融”这个新课题，抢占经济发展的制高点。马军胜代表国家邮政局党组对北京市委市政府一直以来的大力支持表示感谢，首都邮政业要以更加优异的成绩回报市委市政府的厚爱与支持。

### 国务院常务会议确定加快发展电子商务的措施

4月1日，国务院总理李克强主持召开国务院常务会议，部署盘活和统筹使用沉淀的存量财政资金，有效支持经济增长；确定加快发展电子商务的措施，培育经济新动力；决定适当扩大全国社保基金投资范围，更好惠民生、助发展。会议指出，发展电子商务等新兴服务业，是“互联网＋”行动的重要内容，对于促进传统产业和新兴产业融合发展，减少流通成本，激励创业扩大就业，拉动消费，改善民生，增加金融活力，促进发展升级，具有重要意义。要创新政府管理和服务，积极支持电子商务发展，为其清障搭台，在发展中规范和引导。

### 解畅组长赴鲁豫调研强调抓实精神文明建设

3月25日至4月2日，国家邮政局党组成员、纪检组组长解畅赴山东省、河南省多个市（地），围绕精神文明建设工作展开深入调研。她强调，行业发展进入新常态，要狠抓实效，让精神文明建设成为行业发展的助推剂和粘合剂。调研期间，解畅赴滕州视察了“山东省十佳快递企业”滕州申通网点，对网点负责人“用企业文化留住员工”实现年后返工率100%的举措频频称赞；她还赴鹤壁亲切慰问了全国“最美快递员”——鹤壁中通快递公司马朝立夫妇，勉励他们自强不息，继续发挥好行业标杆、模范带头作用，传播更多的正能量。

### 马军胜局长海南调研强调要求结合实际创新发展

4月2日至3日，国家邮政局局长马军胜赴海南调研行业发展及邮政管理工作情况。他勉励海南邮政和快递企业把握机遇，发挥海南农贸、旅游等特色产品的优势，加快发展，提升服务；冀望海南邮政管理部门立足本地实际，创新性开展工作，促进行业提质增效，更好服务地方经济社会发展。

### 寄递安全管理工作联系座谈会召开

4月9日，为深入贯彻落实《关于加强邮件、快件寄递安全管理工作的若干意见》（中综办〔2014〕24号）精神，推动建立国家邮政局邮政业安全中心与寄递企业总部安全管理机构的日常联系机制，国家邮政局在北京召开寄递安全管理工作联系座谈会。会议听取了邮政EMS、顺丰、申通等14家快递企业落实24号文件情况的汇报，就建立日常联系机制和《关于加快寄递企业安全和应急管理组织建设的方案》进行研究讨论，并部署了2015年邮政业安全和应急体系建设工作。

### 马军胜局长率团访问丹麦和波兰

4月7日至11日，国家邮政局局长马军胜率团对丹麦、波兰两国进行了工作访问。在丹麦，马军胜一行与以丹麦交通部常务国务秘书雅各布·海茵森（JacobHEINSEN）先生为首的丹方代表团进行了工作会谈，双方围绕邮政改革、创新和市场开放情况进行了交流。双方签署了关于加强两国邮政领域合作的谅解备忘录。中丹双方将分享两国邮政行业改革和市场监管方面的经验，鼓励和支持两国邮政企业开展不同形式的双边合作。在波兰，马军胜与以波兰行政与数字化部国务秘书斯坦尼斯拉夫·胡斯考夫斯基（StanislawHuskowski）先生为首的波方代表团进行了工作会谈，就邮政业改革发展、行业监管与市场开放、邮政普遍服务政策及拓展跨境电子商务等情况进行了深入交流。双方签署了关于加强邮政交流与合作的谅解备忘录。中波将在万国邮联框架下继续就共同关心的问题加强沟通,鼓励和支持两国邮政企业开展合作。代表团还与丹、波两国的邮政企业代表进行了会谈,与他们就邮政发展战略、业务发展和国际合作等进行了深入探讨,回答了两国邮政企业关心的问题,并应邀参观了丹、波两国的邮件处理中心。访问期间,马军胜分别会见了中国驻丹麦大使刘碧伟和驻波兰大使徐坚。

### 马军胜局长率团出席万国邮联战略大会

4 月 13 日至 14 日,万国邮联战略大会在瑞士日内瓦国际会议中心召开,来自国际组织、成员国高级官员、邮政企业负责人等 750 余人出席了会议。此次战略大会对《2013 - 2016 年多哈邮政战略》的落实情况开展了中期评估,对邮政行业面临的机遇和挑战进行梳理。来自联合国机构、万国邮联成员国 40 余名发言嘉宾围绕“创新、整合、包容”主题、九个分项议题展开讨论。国家邮政局马军胜局长应邀参加“迎接电子商务的挑战——用户预期与邮政服务能力”议题的讨论,并以“中国快递包裹行业与电子商务的协同发展”为题做了主题发言。会议期间,马军胜拜会了万国邮联总局长侯赛因、副总局长克里瓦茨,就进一步加强中国与万国邮联的合作进行了交流,并分别与科特迪瓦总理、法国、瑞士和加拿大等国邮政总裁进行了会谈,就双边合作事宜交换了意见。会前,马军胜还拜会了中国驻日内瓦代表团吴海龙大使。

### 2015 年万国邮联邮政经营理事会年会召开

4 月 15 日,万国邮联邮政经营理事会 2015 年年会在瑞士伯尔尼总部召开。会议期间,召开了邮政经营理事会全会及下设邮政运输安全、邮政市场开发、函件终端费、海关通关、. post 顶级域名等工作组会议。同期召开的行政理事会各工作组会议还重点讨论邮联改革、监管、可持续发展和邮联战略等问题。在首日召开的行政理事会一委监管事务项目组会上,国家邮政局办公室(外事司)副主任杨金发言,提请万国邮联关注跨境业务中出现的新问题,引起了万国邮联国际局的高度重视和与会代表的热议。会议期间,代表团还与俄罗斯电信和大众通信部、阿根廷、印度等国邮政代表就中国邮政行业发展情况及双边合作等问题交换了意见。

### 重点省快递服务制造业示范建设项目推进座谈会召开

4 月 12 日至 16 日,国家邮政局副局长刘君先后在广东省和山东省对快递服务制造业示范项目进行实地调研,并在济南主持召开有天津、吉林、山东、广东、四川等五省市邮政管理局负责人参加的快递服务制造业示范建设项目推进座谈会和五省市一季度快递市场运行情况分析会,强调要按照中央“稳中求进”的总要求,把握发展大势,继续推进快递业务板块从 1 + 1 向 1 + 3 拓展,用发展的成果来解决发展中存在的问题。刘君指出,此次调研的主要任务是研究提升快递服务制造业发展的规律性认识,研究探讨快递如何按照服务制造业的要求加强能力建设问题。在广东调研期间,刘君专程赴顺丰速运公司调研,听取了顺丰速运服务制造业以及跨境业务开展情况,并于 4 月 13 日下午和 4 月 14 日上午先后主持召开快递服务制造业企业专题座谈会和跨境电子商务通关工作专题座谈会,听取广东省快递业与制造业联动发展以及跨境快递发展情况汇报。

### 艾克帕尔 · 伊敏当选 2014 年感动交通十大年度人物

4 月 21 日,交通运输部召开视频会议,表彰“2014 年感动交通十大年度人物”。国家邮政局推选的新疆邮政速递物流有限公司乌鲁木齐分公司艾克帕尔 · 伊敏光荣当选。“2014 年感动交通十大年度人物”推选活动由交通运输部和中华全国总工会主办、中国交通报社承办。经过报名推荐、宣传事迹、媒体公示、公众投票、专家评审等环节，艾克帕尔·伊敏等10名同志从200多位候选人中脱颖而出，当选“2014年感动交通十大年度人物”。活动同时推选出了40位年度人物。交通运输部部长杨传堂、中华全国总工会副主席刘国中讲话，交通运输部副部长王昌顺主持会议，国家邮政局纪检组组长解畅、中国邮政集团公司副总经理李雄出席会议。

### 快递企业分等分级管理工作座谈会召开

4月22日，快递企业分等分级管理工作座谈会在北京召开，国家邮政局副局长刘君出席会议并讲话。会上，中国快递协会相关负责人介绍了快递企业等级评定工作的进展情况，上海、广东、河北三个试点省（市）的快递协会相关负责人分别介绍了经验和做法，并进行了讨论和交流。会议决定，国家邮政局、中国快递协会将在试点工作的基础上进一步完善等级评定方案。

### 国家邮政局职鉴指导中心召开评审会

4月22日至24日，国家邮政局职业技能鉴定指导中心在京组织召开了快递业务百问手册、快递专业（方向）教材及2015年全国青年职业技能大赛快递业务员职业竞赛考核项目评审会。与会专家对“快递业务百问手册”，“快递客户关系与管理”、“快件收派操作实务”、“快件处理操作实务”等3本职业院校快递专业（方向）教材内容及大赛考核项目进行了认真评审，提出了具体修改意见建议。会议对项目内容修改工作进行了具体部署，明确了任务分工和完成进度。

### 中邮航飞机急飞尼泊尔执行人道主义救援任务

4月25日14时11分，尼泊尔加德满都发生8.1级地震。针对目前在尼泊尔的中国公民人数较多和大批人道主义救援物资亟待运送的状况，中国民航局就切实做好航空运输保障工作发出紧急通知，要求各航空单位合理安排航班，优先保障救灾人员、物资的运输紧急需要。中国邮政航空公司紧急响应，自4月27日起配合相关部门，将分别执行EMS业务量较大的“成都—南京—成都”、“长春—沈阳—南京—长春”、“广州—南京—广州”和“北京—南京—北京”等四条重点航线的四架波音757型飞机，全部调配飞赴尼泊尔执行运送抗震救灾任务，为不影响正常邮件的运转，邮政航空公司迅速采用以部分737机型顶替原757航线、调整运行频次等方式，确保在主力机型参与抗震救灾的同时，EMS邮件运输不受影响。

### 国家邮政局党组研究部署邮政管理系统“三严三实”专题教育工作

4月27日，国家邮政局党组书记、局长马军胜主持召开党组会议，传达学习中央“三严三实”专题教育工作座谈会精神，研究并原则通过《关于在全国邮政管理系统领导干部中开展“三严三实”专题教育实施方案》，对邮政管理系统开展专题教育工作进行部署。他强调，全系统要充分认识开展“三严三实”专题教育的重大意义，认真落实中央部署，按照实施方案，扎实做好“关键动作”，从严从实组织实施，确保专题教育取得实实在在的成效。局党组成员解畅、王梅、刘君、邢小江出席会议。

### 《2014年度快递市场监管报告》获审议通过

4月27日，国家邮政局局长马军胜主持召开2015年第9次局长办公会，审议并通过《2014年度快递市场监管报告》。国家邮政局市场监管司汇报了报告的编制经过、主要内容和特点。报告主体部分从行业影响、市场规模、市场结构等方面回顾了2014年快递市场运行情况，并从依法治邮、改革创新、科学调控、强化监管等方面总结了邮政管理部门履行监管职责的情况。报告指出了快递市场存在的主要问题及2015年市场监管工作的基本思路。会议还审议并原则通过了《快递代收货款服务信息交换指南》标准和《快递业务经营许可证延续和换发办法》。局领导解畅、王梅、刘君、邢小江出席会议。

### 国家邮政局召开推进精神文明建设电视电话会议

4月29日，国家邮政局召开推进精神文明建设电视电话会议暨“中国梦·邮政情”微见闻活动表彰会，展示近一个时期邮政行业在精神文明建设方面取得的成绩，号召全行业干部职工向先进集体、个人学习。会议宣读了国家邮政局《关于在全国邮政行业开展向艾克帕尔·伊敏同志学习活动的通知》。会上，国家邮政局外事司、政策法规司的青年党员代表分别作了发言。国家邮政局党组成员、精神文明建设领导小组副组长解畅出席会议并讲话。中国邮电工会邮电部部长卢忻出席会议。

### 国家邮政局部署2015年打击侵权假冒工作

4月下旬，国家邮政局向各省、自治区、直辖市邮政管理局下发通知，就做好2015年邮政行业打击侵权假冒工作进行全面部署。通知指出，当前，我国邮政业打击侵权假冒工作形势严峻、任务艰巨，寄递渠道已日益成为被不法商家利用从事贩运各类侵犯知识产权和假冒伪劣商品的重要途径之一。各级邮政管理部门要充分认清在打击侵权假冒工作中肩负的重要责任，切实增强大局意识，主动适应邮政业发展新常态和依法治邮新要求，加强领导，明确分工，落实责任，强化配合，把打击侵权假冒各项工作抓紧、抓实、抓到位。

### 38名邮政系统代表获表彰

4月28日，2015年庆祝“五一”国际劳动节暨表彰全国劳动模范和先进工作者大会在京举行。中共中央总书记、国家主席、中央军委主席习近平发表重要讲话。李克强主持大会。张德江、俞正声、王岐山、张高丽出席。刘云山宣读表彰决定。2968名全国劳动模范和全国先进工作者接受表彰，其中包括38位来自邮政系统的代表。

### 马军胜局长会见新加坡邮政董事会主席林和纪

5月5日，国家邮政局局长马军胜在北京会见了来访的新加坡邮政董事会主席林和纪一行。双方就去年中新两国邮政行业的发展情况进行了交流，并就邮政业的可持续发展、国际化的合作空间以及加强双方的合作与交流等交换了意见。国家邮政局办公室（外事司）有关人员陪同会见。

### 国家邮政局通知要求加强快递车辆安全管理工作

5月初，国家邮政局下发通知，要求各企业做好车辆安全检查和从业人员安全教育，查找并消除安全隐患，切实做好车辆安全管理，确保运输安全。通知提出四点要求，即组织开展车辆安全专项检查；要强化从业人员安全教育管理；要建立健全车辆安全管理制度；要做好车辆安全应急管理工作。

### 国务院发文力促电商发展　邮政行业再获利好

5月7日，国务院发布《关于大力发展电子商务加快培育经济新动力的意见》，部署进一步促进电子商务创新发展。意见提出了营造宽松发展环境、促进就业创业、推动转型升级、完善物流基础设施、提升对外开放水平等七方面的政策措施，邮政行业再获重大利好。其中，为完善物流基础设施，意见提出支持物流配送终端及智慧物流平台建设；规范物流配送车辆管理；合理布局物流仓储设施。

### 刘君副局长出席2015中国电子商务创新发展峰会

5月7日至8日，以“拥抱电子商务+”为主题的2015年中国电子商务创新发展峰会在贵阳召开，来自相关政府部门、产业链企业以及高校和研究机构等单位的代表共计1200余人参会。国家邮政局副局长刘君出席会议并讲话。7日下午，全国电子商务与物流快递发展试点工作座谈会召开。贵阳、天津、石家庄、杭州、福州等五个试点城市的商务、邮政管理部门做了工作汇报。国家邮政局市场监管司司长韩瑞林听取汇报之后表示，对各试点城市的成绩表示肯定。同时要求邮政和商务部门人士认识到协同发展的重要性，早日完成试点工作目标。此次峰会期间，还举办了国家电商示范城市交流、电商立法、物流快递、农业电商、众筹金融、跨境电商、移动金融、医药电商等八个分论坛。

### 刘君副局长贵州调快递业发展

5月7日至8日，国家邮政局副局长刘君赴贵州调研快递园区建设和“快递下乡”工作，实地考察贵州省邮政管理局、贵州龙里快递园区、铜仁市高新区电商创业企业和“淘宝馆”、铜仁市农村快递网点及农村电商代购点。刘君听取了贵州省邮政管理局对本省快递行业发展，特别是快递园区建设和“快递下乡”工作的汇报，考察了办公场所和工作情况，慰问了干部职工，充分肯定了贵州局所取得的工作成果。

### 顺丰全货机驰援尼泊尔

5月12日12点54分，一架顺丰速运B757全货机载着由云南省政府提供的17.5吨赈灾物资，从成都双流国际机场起飞，直越喜马拉雅山脉，经昆明－缅甸－印度－孟加拉，飞赴遭受强震重创的尼泊尔首都加德满都。这是中国民营快递企业首次参与国家组织的国际救灾运输。

### 国家邮政局开展快递服务质量专项整治

5月14日，国家邮政局在江苏南京召开会议，对快递服务质量专项整治工作进行动员部署。会议指出，2015年快递服务质量专项整治工作分为动员部署、企业自查、专项检查、中期评估、总结五个阶段，一直持续到2015年年底。根据要求，即日起至7月31日，各品牌快递企业总部将对照《快递服务》国家标准，结合自身存在问题进行品牌内自查整改；8月1日起至11月30日，各级邮政管理部门将依据《中华人民共和国邮政法》、《快递市场管理办法》和《快递服务》国家标准，结合企业自查整改报告和快递服务达标工作方案开展专项检查，强化动态监管，全面督促企业提高快递服务水平。会议还就快递服务质量、诚信建设和码号资源管理等问题进行研讨。邮政管理部门和外资快递企业进行座谈，重申法律规定与监管要求，听取企业意见和建议。

### 国家邮政局要求配合做好全国缉枪治爆专项工作

5月，国家邮政局下发通知，要求各省（区、市）邮政管理部门认真落实邮政行业安全监管职责，积极配合公安机关在全国范围开展的缉枪治爆专项行动，严防不法分子利用寄递渠道从事涉枪涉爆犯罪。通知指出，寄递渠道已日益成为被不法分子利用从事涉枪涉爆犯罪的重要途径之一，各级邮政管理部门要将寄递渠道缉枪治爆纳入重点监管范围，充分发挥寄递渠道安全管理领导小组机制作用，加强与地方公安、国家安全、海关等部门的联系协作，及时了解涉枪涉爆方面的情况信息，有针对性地做好重点防范处置工作。

### 《快递业务经营许可工作优化方案》获审议通过

5月15日，国家邮政局局长马军胜主持召开2015年第11次局长办公会，审议并原则通过《快递业务经营许可工作优化方案》，局领导解畅、赵晓光、刘君出席会议。优化方案在坚持现有许可制度的前提下，坚持问题导向，从梳理权限、优化流程、缩短时限等方面入手，大幅精减材料，缩短审批时限；放宽绿色通道，提高审批效率；升级信息系统，实现流程控制，使许可工作更好地适应行业发展。在制订过程中，市场监管司广泛听取了各省（区、市）邮政管理局、市（地）邮政管理局、主要快递企业的意见，优化方案完成初稿后再次广泛征求了各地邮政管理部门及相关部门意见，有效吸纳各方面意见建议，形成送审稿。

### 世界海关组织—万国邮政联盟邮关合作联合研讨会召开

5 月 19 日，世界海关组织—万国邮政联盟邮关合作联合研讨会在广州开幕。万国邮联副总局长帕斯卡尔·克里瓦茨、世界海关组织代表涽迪、国家邮政局局长马军胜、中国海关总署副署长孙毅彪、广东省副省长李春生、中国邮政集团公司总经理李国华、亚太邮联秘书长林洪亮出席开幕式并致辞。国家邮政局副局长赵晓光主持开幕式。本次研讨会，来自万国邮联、世界海关组织、亚太邮联以及 33 个国家的邮政与海关的 100 余名代表出席了开幕式。在为期三天的会议中，各国代表围绕“加强邮关合作，促进跨境电子商务发展”的主题，就海关监管、电子数据交换、跨境电子商务、安全事务等内容展开讨论，共同分享邮关合作的成功经验。

### 马军胜局长赴顺德考察快递服务制造业

5 月 19 日，国家邮政局局长马军胜一行赴顺德考察了快递服务制造业的有关情况。马军胜高度重视快递服务制造业工作，对广东顺德等制造业发达地区尤为关注。他来到顺德海尔生产车间，详细了解顺丰速运与海尔公司的合作情况，询问和查看了顺丰进厂项目组在业务、流程、信息系统等方面对接海尔公司的具体情况，并与项目组负责人、海尔厂方代表进行了座谈交流。他期望邮政企业、快递企业和邮政管理部门积极开展服务制造业的模式创新，积累经验形成可复制样板，以期在全国推广。

### 国家邮政局召开全国邮政管理部门禁毒工作会议

5 月 22 日，国家邮政局召开全国邮政管理部门禁毒工作电视电话会议。国家邮政局副局长、国家禁毒委员会委员刘君出席会议，传达了国家邮政局局长马军胜对全系统做好禁毒工作的重要批示精神，就贯彻落实近期党中央、国务院、国家禁毒委员会关于禁毒工作的一系列重大决策部署讲话，并针对邮政行业禁毒工作面临的严峻形势，对邮政行业开展禁毒工作进行全面部署。

### 马军胜局长会见万国邮联副总局长

5 月 23 日，国家邮政局局长马军胜在北京会见了万国邮联副总局长克里瓦茨。双方就之前在广州召开的世界海关组织－万国邮联邮关合作联合研讨会情况、邮政改革发展及国际合作等事宜进行了深入交流。国家邮政局办公室(外事司)有关人员参加了会见。

### 第八届国际邮政研讨会召开

5 月 25 日至 26 日，第八届国际邮政研讨会在土耳其西南部城市安塔利亚举行。本次研讨会的主题是“邮政业创新发展方式—迎接未来”。来自亚洲、欧洲和非洲 50 个国家近 140 名邮政部门和行业相关企业代表，就影响邮政技术发展、物流、金融服务以及电子商务发展的主要趋势展开讨论。土耳其邮政董事会主席兼总局长哈鲁恩·马登、土耳其前交通、海事和通信部长艾尔万、万国邮政联盟总局长比沙尔·侯赛因出席了研讨会开幕式并致辞。应土耳其邮政总局邀请，国家邮政局副局长赵晓光率中国代表团出席会议，并以“邮政服务的创新方式”为题做主旨发言，在与会国家中引起强烈共鸣。会议期间，赵晓光分别与万国邮政联盟总局长比沙尔·侯赛因和土耳其邮政董事会兼总局长哈鲁恩·马登举行了会晤，就继续加强中国与万国邮政联盟的协调合作，密切中土两国邮政交流合作等问题交换了意见。

### 王梅副局长会见斯洛伐克邮政董事会主席兼总裁

5 月 26 日，国家邮政局副局长王梅在北京会见了斯洛伐克邮政董事会主席兼总裁托玛斯·德鲁克一行。双方就两国邮政的改革发展、邮政市场监管及加强两国在邮政领域的交流合作等事宜进行了会谈。国家邮政局办公室(外事司)相关人员参加了会见。

**刘君副局长参加“一带一路”海关高层论坛**

5月27日至28日,“互联互通 共建共赢‘一带一路’”海关高层论坛在陕西西安举行,国务院副总理汪洋在开幕式上做了重要讲话。国家邮政局副局长刘君参加论坛。“一带一路”沿线70多个国家(地区)的海关负责人及相关代表围绕互联互通、共建共赢这一主题,共商进一步加强国际海关间合作、实现国际海关间的互联互通,有效推进贸易便利化,促进区域经济发展的进程与举措。会议期间,刘君代表国家邮政局会见了前来参会的万国邮联运营与技术局局长阿卜杜拉·布塞塔先生,并与其就中国支持万国邮联的工作和“一带一路”给沿线国家带来的邮政发展机遇等交换了意见。在陕期间,刘君先后实地察看了圆通、顺丰处理中心,深入到华阴县、大荔县调研快递下乡工作,并分别和西安市邮政管理局、陕西省邮政管理局干部职工座谈,听取两级邮政管理部门工作汇报。

**简政放权方案和邮(快)件收寄验视规定获审议通过**

5月29日,国家邮政局局长马军胜主持召开2015年第12次局长办公会,审议并原则通过《国家邮政局关于规范和改进邮政行政审批工作深入推进简政放权放管结合职能转变的实施方案》和《邮件快件收寄验视规定》。局领导解畅、王梅、刘君、邢小江出席会议。马军胜指出,邮政管理部门要认真落实国务院关于推进简政放权放管结合职能转变工作的各项要求和任务部署,坚持简政放权、放管结合、优化服务“三管齐下”,主动积极、不折不扣地做好这件“分内事”。出台《邮件快件收寄验视规定》,是推动依法治邮、促进行业健康发展和保障公众合法权益的重要举措。

**国家邮政局与摩洛哥工贸投资和数字经济部签署合作备忘录**

5月29日,国家邮政局副局长赵晓光率团访问摩洛哥工贸投资和数字经济部,与该部大臣级代表穆罕默德·马蒙·布哈杜为首的摩洛哥代表团,就中国与摩洛哥邮政行业的改革、发展及监管等问题举行会谈,并共同签署了关于加强两国邮政领域合作的谅解备忘录。赵晓光一行还与摩洛哥邮政总局长图伊米进行了交流,并应邀参观了拉巴特和卡萨布兰卡中心邮局及邮政银行,考察了摩洛哥邮政服务的运营情况。

**国家邮政局、商务部共推“快递向西、向下”**

5月29日,国家邮政局、商务部联合发布《关于推进“快递向西向下”服务拓展工程的指导意见》,要求进一步健全城乡快递服务网络,加强快递在中西部、农村地区与电子商务的协同发展,促进农村流通现代化。“快递向西向下”服务拓展工程将遵循市场主导与政府引导相结合、促进发展与加强规范相结合、自身建设与合作发展相结合的原则,促进中西部和农村地区快递服务网络进一步完善,基本形成覆盖城乡、配套衔接、布局合理、便民惠民的快递骨干网和末端投递网。进一步巩固快递与电子商务的协同发展,使快递与农民网商的协同效应明显增强,服务城乡、服务三农作用得到显著发挥。到2020年,基本实现“乡乡有网点,村村通快递”。

**2015年第二次快递业务员职鉴全国统考报考人数创新高**

5月30日,2015年第二次快递业务员职业技能鉴定全国统考在30个省(区、市)同时举行,47833人报名参考,单批次报考人数创历史新高。统考期间,国家邮政局职业技能鉴定指导中心赴天津、河北、辽宁和山东四省（市）督导调研，与省、市邮政管理部门、部分快递企业和院校就职业技能鉴定和技能人才培养等工作进行座谈交流，重点听取各方对鉴定考试、证书管理、快递专业建设等方面的意见建议，掌握一手情况和信息，并对2015年全国青年职业技能大赛快递业务员竞赛决赛筹备工作进行了具体布置。

### 邮政行业为客船翻沉事故救援提供服务保障

6月1日，“东方之星”客船翻沉事故发生后，大批救援官兵、遇难者家属来到监利，对救灾物资、物品寄递等有大量需求。当地邮政企业、快递企业积极行动，利用运输、网络优势进行救灾物资运输、物品寄递工作。截至6月8日，监利邮政行业已经为救援部队和遇难者家属寄出30多个爱心包裹，包括打捞队的设备和遇难者家属的物品、驻地记者的资料等。监利各快递公司负责人还带头捐款一万多元，为部队购买300多套雨衣、100多箱水、若干袋大米等。

### 国家邮政局组织召开“十三五”规划编制工作系列座谈会

4月22日、5月12日、6月2日，国家邮政局在云南、陕西、辽宁先后组织召开了邮政业发展“十三五”规划编制工作系列座谈会。国家邮政局副局长邢小江出席会议并做讲话，政策法规司副司长金京华主持会议。各省（区、市）邮政管理局规划编制领导小组组长和主管规划工作的处长参加了会议。在三个座谈会上，国家邮政局政策法规司汇报了规划编制工作进展情况，介绍了邮政业发展“十三五”规划的初步考虑，提出了国家邮政局规划编制的下一步工作安排。各省（区、市）邮政管理局规划编制领导小组组长介绍了规划编制、与地方规划纲要、物流业和综合交通运输等专项规划衔接工作情况，汇报了本地区邮政业发展“十三五”规划发展目标、基本思路、主要任务、重大项目和工程等的初步考虑以及下一步工作安排，提出了对行业规划工作的意见建议。

### 国家邮政局推“五个统一”优化快递业务经营许可

6月3日，国家邮政局召开电视电话会议，要求从减少材料、下放权限、优化流程、缩短时限等方面入手，做到“五个统一”，即统一基本制度，统一审批程序，统一申请材料，统一核查标准，统一时限要求，全面落实好快递业务经营许可优化工作。国家邮政局副局长刘君明确提出此次改革优化的目标：企业申请材料总体减少50%以上；许可准入审批时限由45个工作日压缩至25个工作日以内；分支机构名录发放权下放至省以下邮政管理机构；最大限度放宽绿色通道限制，绿色通道企业变更事项审批时限压缩至15个工作日以内。

### 九部门联合开展专项督导检查

6月初，国家寄递渠道安全管理领导小组办公室下发《通知》，决定于6月10日至30日，由中央综治办、公安部、国家安全部、国家邮政局牵头，交通运输部、海关总署、国家工商总局、国家铁路局、中国民航局等寄递渠道领导小组成员单位派人参加，组成四个联合督导组，分赴天津、山西、吉林、上海、浙江、福建、山东、河南、湖北、四川、云南、新疆等12个省（区、市），就贯彻落实中央综治办等九部门《关于加强邮件、快件寄递安全管理工作的若干意见》（中综办〔2014〕24号）文件情况进行专项督导检查。期间，检查组采取听汇报、查阅资料、召开座谈会、实地抽查、个别提问等方式，深入检查了解各地开展意见宣贯工作、建立健全九部门联合工作机制、出台地方性政策措施、推动寄递安全“属地管理”、落实寄递实名制、100%验视、100%安检等情况，并赴相关寄递企业及邮（快）件分拨中心、营业场所等实地查看寄递企业安全防范能力建设情况。

### 邢小江副局长赴辽宁调研邮政行业发展

6月3日至5日，国家邮政局副局长邢小江赴辽宁丹东、鞍山、盘锦、营口、大连市调研邮政业发展情况。实地考察丹东鸭绿江邮局、盘锦邮政网点、淘宝特色中国盘锦大洼馆和邮乐购服务中心、营口快递物流园区和理工学院快递综合服务站，听取了市邮政管理局工作汇报。

### 民营快递总部评估指标体系基本框架发布

6月上旬，上海市邮政管理局在上海召开项目研讨会，来自国家邮政局、部分省邮政管理局及快递协会、研究机构的业内人士及高校学者参加研讨。会上发布了上海民营快递企业总部评估指标体系基本框架。该指标体系将从战略引导、管控力度、系统支撑、企业文化、业绩表现等五大维度59个指标开展测评。与会专家认为，该指标体系对指导快递总部发展具有前瞻引领作用，同时兼顾实践操作性。

### 刘君副局长赴京东集团总部调研

6月10日，国家邮政局副局长刘君一行赴京东集团总部调研考察。调研组考察了京东自提点、智能自提柜等产品，听取了京东配送、京东到家等业务情况汇报，观看了GIS实时监控系统应用于订单配送管理、运力调度、多环节信息跟踪的演示，了解京东作为一家电子商务公司开展快递服务的业务组织。京东集团副总裁马健荣、王辉陪同调研。市场监管司和中国快递协会相关负责人一同参加调研。

### 赵晓光副局长会见斯洛伐克大使

6月12日，国家邮政局副局长赵晓光在京会见了斯洛伐克大使弗兰季谢克·德霍波切克一行。双方就联合发行邮品纪念“中国—捷克—斯洛伐克友谊农场成立60周年”及加强两国在邮政领域交流与合作等事宜进行了会谈。国家邮政局办公室（外事司）和普遍服务司相关人员参加了会见。

### 国家邮政局审议通过两项规定三项标准

6月12日，国家邮政局局长马军胜主持召开2015年第13次局长办公会，审议通过了《邮政企业设置和撤销邮政营业场所管理规定》《邮政企业停止办理或者限制办理邮政普遍服务和特殊服务业务管理规定》等两项规定和《快件基础数据元》《快递末端投递服务规范》《邮政业服务设施设备分类与代码》等三项标准。局领导解畅、王梅、赵晓光、刘君、邢小江出席会议。

### 赵晓光副局长会见德国物流联盟秘书长

6月23日，国家邮政局副局长赵晓光会见了德国物流联盟秘书长史戴芬·施罗德一行。双方就“一带一路”战略规划下的合作、电子商务和快递领域的交流合作等事宜进行了探讨。国家邮政局办公室（外事司）、政策法规司、普遍服务司、市场监管司、德国驻华使馆、商务部投资促进事务局、中国快递协会和德国企业代表相关人员参加了会见。

### 国务院常务会议部署推进“互联网+”行动

6月24日，国务院总理李克强主持召开国务院常务会议，部署推进“互联网+”行动，促进形成经济发展新动能。快递业发展再获政策利好，“互联网+快递”融合发展又获新动力。会议认为，推动互联网与各行业深度融合，对促进大众创业、万众创新，加快形成经济发展新动能，意义重大。根据《政府工作报告》要求，会议通过《“互联网+”行动指导意见》，明确了推进“互联网+”，促进创业创新、协同制造、现代农业、智慧能源、普惠金融、公共服务、高效物流、电子商务、便捷交通、绿色生态、人工智能等若干能形成新产业模式的重点领域发展目标任务，并确定了相关支持措施。

### 2014年邮政市场行政执法情况通告发布

2014年，全国邮政管理部门加大邮政市场检查和行政执法工作力度，全年出动执法人员169989人次，执法检查70341次，检查单位31653家次，出检天数6801天，查出违法违规行为18671次，办理邮政市场行政处罚案件2178件，罚款1092.39万元。其中，寄递市场案件2167件。按照邮政市场行政处罚案件类别统计，其中，邮政行业安全监管类案件数量为1177件，快递业务经营许可类案件数量为782件，快递服务质量监管类案件数量为248件。

### 寄递行业宣誓：对涉毒非法行为“零容忍”

6月25日，国家邮政局会同国家禁毒办在广东省举办全国寄递行业禁毒主题宣誓倡议活动，并召开寄递渠道禁毒工作座谈会。邮政企业和各主要品牌快递企业代表在活动现场宣誓承诺，将认真履行禁毒义务，严格执行收寄验视制度，坚决将毒品及涉毒物品堵截在寄递渠道之外。

### 云南邮政一职工获“全国禁毒工作先进个人”表彰

6月25日，中共中央总书记、国家主席、中央军委主席习近平在北京亲切会见全国禁毒工作先进集体代表和先进个人，并发表重要讲话。中共中央政治局常委、国务院总理李克强参加会见。会上，全国100个禁毒工作先进集体和100个先进个人受到表彰。其中，邮政行业代表——中国邮政集团公司德宏州分公司员工段志光荣获“全国禁毒工作先进个人”称号。

### 刘君副局长接见受表彰职工段志光

6月25日，受国家邮政局党组书记、局长马军胜委托，国家邮政局党组成员、副局长、国家禁毒委委员刘君在北京接见了“全国禁毒工作先进个人”段志光。段志光在地处边疆的德宏州从事邮政禁毒工作长达31年之久，并且多次因出色业绩获得表彰。接见临近结束时，刘君反复叮嘱段志光，在全力做好禁毒工作的同时，一定要保护好基层员工尤其是一线禁毒人员的人身和财产安全，为全行业禁毒工作积蓄力量。受表彰后，段志光表示“责任重大，使命光荣！”

### 《中国互联网禁毒公约》发布

6月29日，为深入贯彻落实习近平总书记在会见全国禁毒工作先进集体和先进个人时的重要讲话精神，坚决遏制网络涉毒违法犯罪活动的发展蔓延，国家禁毒办、中宣部、中央网信办、最高法、最高检、公安部、工信部、国家工商总局、国家邮政局和中国互联网协会等在京联合发布《中国互联网禁毒公约》。《中国互联网禁毒公约》是我国首个面向互联网服务提供者和广大网民的禁毒自律规范。国家邮政局市场监管司及中国邮政EMS、顺丰、圆通、宅急送、全峰等邮政企业、快递企业总部相关负责人参加了公约发布仪式。

### 快递“最后一公里”峰会举行

6月30日，快递“最后一公里”峰会在北京举行。峰会立足推动绿色邮政、智慧邮政建设，聚焦“融合创新 借势发展”的主题，共同梳理了快递“最后一公里”的建设成果，探讨了如何破解快递“最后一公里”问题、如何更好地提升快递末端服务水平。峰会还首次对外发布了《中国快递领域新能源汽车发展现状及趋势报告》和《中国智能快件箱发展现状及趋势报告》。国家邮政局副局长刘君出席峰会并致辞。来自国家发展改革委、工业和信息化部、邮政管理部门和相关科研院所的专家学者及关联产业企业、快递企业负责人等近300名代表出席本次峰会。

### 赵晓光副局长会见美国UPS中国区总裁

7月2日，国家邮政局副局长赵晓光在北京会见了美国UPS中国区总裁黎松江一行。双方就UPS在中国的业务发展等交换了意见。赵晓光肯定了UPS在华发展所取得的成就，并表示希望外资快递企业在不断提高业务量的同时，更要注重提升服务品质和创新服务方式，发挥企业自身优势，积极推动中国快递市场的有序健康发展。黎松江感谢国家邮政局对UPS在华业务发展的支持，并就UPS下一步的发展规划和企业所关注的问题进行了汇报。国家邮政局办公室（外事司）和市场监管司有关人员参加了会见。

### 马军胜局长督导邮政业行政执法信息系统建设

7月3日，国家邮政局局长马军胜深入发展研究中心，听取邮政业行政执法信息系统项目建设情况汇报，看望慰问了正在紧张工作的技术研发人员并对做好项目下阶段工作提出了具体要求。邮政业行政执法信息系统项目是国家邮政局2015年重点工程之一，项目投产后全系统均可实现网上行政检查、行政处罚、行政复议和信息公开实时处理目标，项目将覆盖邮政普遍服务、邮政市场、集邮市场以及统计检查等行政执法领域，与已经运行的普遍服务监督管理、快递企业经营许可、邮政业统计和安全监管等系统实现横向联通，对强化邮政管理部门执法能力，提高执法效率意义重大。

### 刘君副局长赴山西调研指导工作

7月2日至3日，国家邮政局副局长刘君到山西太原市和吕梁市，就快递业务经营许可优化及“快递下乡”工作进行调研指导，并与当地邮政管理局党员干部进行了座谈。刘君要求，各级邮政管理部门要认真学习、深刻领会中央简政放权精神和政策，坚持依法行政，将快递业务经营许可优化方案落实到位，最大限度地释放行业发展活力。鼓励企业依托当地农业资源优势，扩大需求合作，整合网络资源，搭建快递和电商协同发展综合平台，探索服务盈利新模式，为老百姓提供更加便捷服务，实现企业网络资源和经济发展的有效结合。

### 第2期阿富汗高级邮政官员研修班开班

7月6日，第2期阿富汗高级邮政官员研修班在北京开班。国家邮政局副局长赵晓光出席了开班仪式并致辞。赵晓光对阿方代表团就两国邮政业发展相关问题来华进行研修表示热烈欢迎。2015年恰逢中阿建交60周年暨“中阿友好合作年”，两国关系将进一步深化。国家邮政局愿意同阿方继续保持高层交往，分享经验，共同提高，推进邮政领域各层次交流合作，一道推进丝绸之路经济带建设。阿方代表对中国政府和国家邮政局长期以来对阿富汗的支持表示感谢。他们表示，阿富汗通信和信息技术部将进一步推动两国在通信、邮政等领域的合作，充分利用研修班这一平台，与中国同行加强交流，加快阿富汗邮政的转型发展。国家邮政局办公室（外事司）等部门的相关人员出席了开班仪式。

### 赵晓光副局长会见内蒙古自治区副主席王波

7月8日，国家邮政局副局长赵晓光在北京会见了内蒙古自治区副主席王波一行。双方就发挥邮政业优势促进地方经济发展交换了意见。赵晓光表示，国家邮政局将积极支持内蒙古自治区邮政业有关项目的发展，充分发挥邮政业优势，更好地服务“一带一路”战略规划和自治区经济社会发展。王波表示，将进一步推动邮政业规划和地方有关规划的衔接，充分发挥邮政业在提供便民服务等方面的优势，为老百姓提供更好的公共服务。国家邮政局办公室、普遍服务司，内蒙古自治区邮政管理局以及自治区有关部门和企业的负责同志参加会见。

### 国家邮政局调研指导各省县级邮政管理机构组建工作

4月1日至7月10日，国家邮政局先后在云南省昆明市、吉林省长春市、安徽省合肥市、海南省海口市以及青海省西宁市，以片区会的形式分别召开有各省（区、市）邮政管理局主要负责同志参加的县级邮政管理机构组建工作座谈会。国家邮政局党组成员、副局长王梅出席以上会议并讲话。县级邮政管理机构组建是继续落实国务院办公厅《关于完善省级以下邮政监管体制的通知》有关要求,适应当前新业态的发展,完善邮政管理体制,提高监管效能的需要。在部分省份的部分县(市)已经建立了邮政管理派出机构,并且通过运行,探索出了比较成功的经验。在上述几个座谈会上,各省邮政管理局针对本地行业发展的实际情况,就县级邮政管理机构的组建工作进行了充分交流。

### 马军胜局长会见老挝邮电部副部长

7 月 16 日,国家邮政局局长马军胜会见了来访的老挝邮电部副部长希通·通乔。双方就两国邮政业的改革与发展、邮政立法和邮政普遍服务等情况进行了深入交流。双方还就邮政行业管理、邮政金融和电子商务发展等进行了交流。办公室(外事司)、政策法规司、普遍服务司和市场监管司相关人员参加了会见。

### 全峰、快捷因快递空包刷信被约谈

通过邮政业消费者申诉等途径,邮政管理部门发现北京全峰快递有限责任公司和上海快捷快递有限公司部分营业网点与电商经营者串通,利用快递空包为电商经营者虚构交易量,制造虚假商业信用,欺骗和误导消费者。7 月 21 日、23 日,国家邮政局先后约谈了北京全峰快递有限责任公司和上海快捷快递有限公司相关负责人,就快递空包刷信问题进行了告诫。国家邮政局要求,任何快递企业及从业人员,均不得非法提供和使用基于快递服务而获取的用户信息,不得通过违反快递服务操作规范、违规操作为电商经营者刷单刷信用提供各种便利,不得与电商经营者等其他主体串通利用快递服务从事各种违反法律、诚信原则的活动。

### 全国邮政管理局长座谈会召开

7 月 25 日至 26 日,全国邮政管理局长座谈会在河北石家庄召开。与会代表集体参观了革命圣地西柏坡,重温了毛泽东同志率领党中央从这里"进京赶考"时提出的"两个务必"。国家邮政局党组书记、局长马军胜在讲话时强调,要牢记"两个务必",践行"三严三实",提振士气、奋发有为,用优良的传统和扎实的作风完成全年各项目标任务,加快推进"与小康社会相适应的现代邮政业"和"邮政强国"建设。局领导解畅、赵晓光、刘君、邢小江出席会议并发言。副局长王梅主持会议。

### 国务院法制办和国家邮政局联合开展快递条例立法调研

7 月 27 日,国务院法制办公室会同国家邮政局在北京开展快递条例立法调研。快递条例是列入国务院 2015 年度立法计划的行政法规制定项目,国务院领导同志高度重视,相关部门按照部署加快推进条例立法工作。国务院法制办公室党组成员、副主任袁曙宏和国家邮政局党组成员、副局长赵晓光一行先后踏查、调研了中通快递中关村网点的快件处理场所、京东集团总部。国务院法制办还召开快递企业座谈会,听取顺丰、京东、申通、圆通、中通、韵达等快递企业北京区域负责人关于快递条例草案的意见、建议。

### 马军胜局长会见河北省副省长姜德果

7 月下旬,国家邮政局局长马军胜在石家庄会见了河北省副省长姜德果,双方就推动河北省邮政业转型发展等事宜交换了意见。马军胜对河北省委省政府长期以来给予邮政业的大力支持表示感谢。姜德果指出,河北省委、省政府将一如既往地支持邮政业在河北的发展,与国家邮政局加强合作,为河北邮政业发展创造更加有利的条件。国家邮政局办公室、市场司、普服司、河北省交通运输厅、河北省邮政管理局负责同志参加会见。

## 国家邮政局传达国务院安委会全体会议精神

7月28日，国家邮政局党组书记、局长马军胜主持召开专题会议，传达国务院安委会全体会议精神，并结合邮政业安全形势，对下半年安全重点工作进行了研究部署。副局长刘君出席会议。马军胜强调，下半年安全工作要围绕落实“九部门文件”这一主线，按照“深下去、严起来”的要求，突出五个重点，确保寄递渠道安全畅通。

## 国家职业分类中首次出现“快递员”

7月29日，国家职业分类大典修订工作委员会全体会议在京召开。会议审议并颁布了2015版《中华人民共和国职业分类大典》。历时五年的《大典》修订工作圆满结束，新版《大典》正式公布，快递员作为新职业纳入《大典》，这标志着其职业身份在“国家确定职业分类”上首次得以确立。

## 国家邮政局深度研讨行业精神文明建设工作

7月27日至29日，国家邮政局在上海召开全国邮政行业精神文明建设工作研讨会，来自全国部分省（区、市）邮政管理局和邮政、快递企业负责人，就新形势下如何深入推进邮政行业精神文明建设，提升行业发展软实力进行了深度研讨。国家邮政局党组成员、纪检组组长解畅主持会议并讲话。会议期间，与会代表参观了申通宝山罗泾公司、月浦邮政支局、圆通宝山罗泾公司等上海市邮政业精神文明建设示范点。会议还讨论了《关于进一步加强邮政行业精神文明建设的意见》和《第二届中国梦. 邮政情“寻找最美快递员”活动策划方案》，研究了非公快递企业建立党组织、工会组织等有关问题，部署了行业先进典型艾克帕尔. 伊敏事迹的宣传工作。

## 赵晓光副局长调研天津智能信报箱情况

7月30日，国家邮政局副局长赵晓光赴天津，专题调研智能信报箱试点使用情况。实地调研后，赵晓光充分肯定天津市邮政管理局推进智能信报箱试点工作取得的初步成效。他强调，智能信报箱实现了邮政普遍服务和快递服务的有机统一，有效提升邮政业基础设施信息化智能化水平，具有很强的变革性、创新性和超前性，符合国家邮政局建设智慧邮政的思路和要求。智能信报箱的安全性、便捷性和低成本符合邮政业未来发展趋势，具有重要的推广价值和普遍意义。在津期间，赵晓光还听取了天津局有关信息化智能化工作设想、寄递安全管理机制建设等情况汇报，并实地参观了天津局邮政业信息中心。

## 第二届“寻找最美快递员”活动启动

7月底，在上海召开的全国邮政行业精神文明建设工作研讨会，通过了《第二届中国梦·邮政情“寻找最美快递员”活动策划方案》，意味着备受关注的“寻找最美快递员”活动再次拉开大幕。此次活动评选对象将大大拓展，涵盖快递服务的收、转、运、派以及客服、IT等各个环节。

## 国家邮政局与吉林省政府签署合作协议

8月4日，国家邮政局与吉林省人民政府在长春签署加快推进吉林省快递下乡合作协议。双方合作重点主要包括实现“快递下乡”与吉林省农村地区发展规划的有效衔接；发展农村共同配送，打造农村公共服务平台；搭建农村电商与快递企业的合作平台；提升快递服务运营能力和水平；加强快递市场监管；加强快递人才队伍建设六大方面。协议还明确了成立合作协调工作小组，建立合作会商机制，建立信息通报和交流机制三个双方合作机制。

## 马军胜局长在吉林进行专题调研

8月4日至6日，国家邮政局局长马军胜，深入吉林省邮政、快递企业、电子商务企业和邮政管理部门，进行专题调研。马军胜强调，吉林省邮政行业广大干部职工要深入学习贯彻习近平总书记在吉林视察指导工作时的重要讲话精神，保持战略定力和发展信心，积极抢抓机遇，释放优势潜能,加快行业转型升级、提质增效,为推进吉林新一轮振兴发展作出更大贡献。调研期间,马军胜专门听取了吉林省、市两级邮政管理部门的工作汇报,充并对下一阶段工作提出具体要求,在吉林期间,马军胜还会见了省、市有关领导同志,就进一步促进邮政业发展交换了意见。

### 国家邮政局部署抗战胜利70周年纪念活动期间安保工作

8月7日,国家邮政局召开局长专题会议,研究部署中国人民抗日战争暨世界反法西斯战争胜利70周年纪念活动期间寄递渠道安全保障工作相关事宜。国家邮政局局长马军胜、副局长刘君出席会议并讲话。马军胜强调,各级邮政管理部门要充分认识到做好抗战胜利70周年纪念活动期间寄递渠道安全保障工作的重大意义。要按照中央的要求,切实加强领导,精心组织,周密部署,统筹安排,进一步完善工作方案和应急预案,密切部门间协作,加大执法检查力度,要督促寄递企业认真执行收寄验视制度,在活动期间做到两个百分百,即对进京包裹类邮件、快件实行100%实名收寄和100%过机安检措施。

### 邢小江副局长率队调研上海、广东创新发展

8月3日至7日,由国家邮政局副局长邢小江率队,国家邮政局政策法规司、市场监管司、发展研究中心及国家发改委综合运输研究所联合组成调研组,赴上海、广东开展创新发展专题调研。期间,调研组与上海、广东省(市)邮政管理局、部分地市局(派出机构)、省(市)邮政企业及部分重点快递企业负责人围绕创新发展进行了专题座谈。听取了省(市)局关于本地区邮政业发展“十三五”规划编制进展和行业创新发展方面的汇报。重点了解了包括公共服务平台、跨境电商、快递末端建设模式、快递服务制造业等创新发展的新情况。邮政企业和重点快递企业围绕业务领域、服务模式、网络建设、科技装备应用等几个方面,详细介绍了企业的创新实践及未来考虑,并就发展跨境电商、合同物流、供应链管理等新型业务提出了相关意见和建议。

### 国家邮政局要求加强安全信息报送工作

8月上旬,国家邮政局向各省(区、市)邮政管理局发出通知,要求进一步贯彻落实《国家邮政业突发事件应急预案》和《邮政行业安全信息报告和处理规定》等有关要求,加强邮政业安全信息报送工作。通知明确,邮政业安全信息分为两大类,即邮政业突发事件信息和邮政业日常安全信息。按照邮政业突发事件性质、严重程度、可控性和影响范围等因素,共分为四级:特别重大邮政业突发事件(Ⅰ级)、重大邮政业突发事件(Ⅱ级)、较大邮政业突发事件(Ⅲ级)、一般邮政业突发事件(Ⅳ级)。在此基础上,通知对安全信息的报送流程、文本格式、时限要求等作出了规定。

### 快递业务量七月已过百亿件

8月13日,国家邮政局发布最新行业运行情况。数据显示,2015年前7月,全国快递业务量累计完成101亿件,比2014年提前3个月实现“过百亿”目标。

### 国家邮政局全面部署寄递安全“护城河工程”

8月14日,国家邮政局在北京召开北京及环京六省(区、市)邮政管理局“护城河工程”暨主要寄递企业安全保障工作协调会议,对构筑首都安全屏障、强化企业总部统筹调控,切实加强寄递渠道安全保障工作进行再动员、再部署。国家邮政局党组成员、副局长刘君出席会议并讲话。国家邮政局相关司局和直属单位,北京和天津、河北、山西、内蒙古、辽宁、山东等“1+6”省(区、市)邮政管理局负责同志,以及中国邮政集团公司、各主要快递企业负责人参加会议。会上,各单位、各企业分别汇报了各自安保工作进展,对下一步工作提出了意见和建议,并就工作协同等问题进行了

深入探讨。会后，各邮政、快递企业总部还将与国家邮政局签署《抗战胜利70周年纪念活动寄递安全与服务保障承诺书》。

### 王梅副局长赴锡林郭勒盟调研

8月14日至17日，国家邮政局副局长王梅在内蒙古自治区中部的锡林郭勒盟调研。调研期间，王梅会见了锡林郭勒盟委书记张院忠、副盟长乌力吉，双方就寄递渠道安全、县级邮政监管机构组建、地方政策扶持等内容交换了意见，并达成共识。王梅一行还深入邮政、快递网点，并前往锡林郭勒盟邮政管理局调研。

### 国家邮政局党组部署加强行业安全生产工作

8月17日，国家邮政局党组书记、局长马军胜主持召开党组会议，认真学习习近平、李克强等中央领导同志的重要批示以及国务院有关会议精神，研究部署进一步加强邮政行业安全生产和安全管理工作。马军胜强调，各级邮政管理部门要对安全发展理念再认识再深化，对安全生产工作再研究再部署，把安全发展摆在首要位置和重中之重，把“安全为基”真正落到实处，在安全管理失责方面实行“一票否决”。局党组成员解畅、王梅、赵晓光、刘君、邢小江出席会议。

### 国家邮政局部署西藏自治区成立50周年庆祝活动期间安保工作

2015年是西藏自治区成立50周年，中央将在西藏举办一系列庆祝活动。按照庆祝活动安全保卫工作总体方案，8月初，国家邮政局向四川、云南、甘肃、青海、新疆五省（区）邮政管理局下发通知，要求配合做好活动期间寄递渠道安全保障工作。通知强调，要积极配合西藏自治区邮政管理部门做好安全保障工作。五省（区）邮政管理部门要充分发挥“护城河”作用，支持、配合西藏自治区邮政管理部门做好寄递渠道安全保障工作。要加强与西藏自治区邮政管理局的信息沟通和工作协调，遇有重要情况，要及时联系西藏局并按要求上报国家局；要督促辖区内寄递企业严格落实三个“100%”工作措施，必要时对进藏邮件、快件发运路由进行调整，确保全部过机安检；要会同公安、国家安全机关加大执法检查力度，严防各类禁寄物品进入西藏，有效缓解西藏安全保障工作压力。

### 马军胜局长赴天津滨海新区看望慰问一线人员

8月19日，国家邮政局党组书记、局长马军胜赴天津滨海新区，看望慰问邮政、快递企业一线员工和邮政管理干部，并就下一步邮政服务、安全保障工作作出部署安排。马军胜先后来到距离天津港瑞海公司危险品仓库特别重大火灾爆炸事故核心区较近的邮政营业场所、在事故中受损最严重的一个快递网点宅急送泰丰路网点。看望慰问期间，马军胜听取了邮政管理部门、邮政、快递企业的相关情况汇报。他要求天津邮政业认真吸取此次重大事故教训，牢固树立安全发展理念，认真做好滨海新区（塘沽地区）邮政通信保障工作，有序恢复各地寄往本区域邮件、快件业务，将事故对行业发展的影响降到最低限度。同时，要做好基层一线人员安全和后勤保障工作。

### 国家邮政局全面开展安全生产大检查

8月20日，国家邮政局下发通知，要求全行业深刻汲取天津港“8·12”瑞海公司危险品仓库特别重大火灾爆炸事故的教训，自即日起至12月底，在全国范围内开展寄递渠道安全生产大检查、深化危险化学品和易燃易爆物品安全专项整治工作。此次安全生产大检查主要从建立健全安全生产责任体系、贯彻落实有关法律法规标准、落实企业主体责任、落实安全检查责任制、安全监管执法、应急管理、消防安全管理和车辆运输安全管理等方面展开。

### 刘君副局长访问印度通信信息技术部

8月20日至23日，国家邮政局副局长刘君率团访问了印度通信信息技术部，与该部负责邮政事务的秘书长（副部级）卡芙丽·班纳吉（Kavery Banerjee）女士进行了会谈。双方同意将致力于加强两国在国际邮政组织的沟通和相互支持，努力维护两国和其他发展中国家的切身利益，推动在跨境电子商务、人员交流培训等方面的交流合作，促进两国邮政行业的共同发展。

### 国家邮政局召开推动京津冀邮政业协同发展专题会议

8月26日，国家邮政局副局长邢小江在北京主持召开推动京津冀邮政业协同发展专题会议，部署落实《京津冀协同发展规划纲要》，切实推动《规划纲要》在邮政业领域落地实施。会议传达了京津冀交通一体化领导小组会议精神，通报了推动京津冀邮政业协同发展前期工作情况。京津冀三省（市）邮政管理局汇报了推动京津冀邮政业协同发展工作进展情况和下一步工作打算。京津冀三省（市）邮政管理局局领导及相关处室负责人，国家局办公室、政策法规司、市场监管司领导及相关处室负责人参加会议。

### 马军胜在京检查“两项活动”寄递安保情况

8月27日，国家邮政局局长马军胜率领国家邮政局相关司局和直属单位负责同志，深入快递末端网点、邮件分拨中心等生产一线，实地检查寄递渠道特别是重点区域、重点企业和重点环节的安全保障情况，并与邮政管理部门和邮政、快递企业负责人进行了座谈。马军胜强调，邮政业特别是首都邮政业在保障国家重大活动方面具有光荣的传统，也有有效的做法，希望全行业上下齐心、各方面共同努力，将寄递安保各项工作落到实处，向中央和广大人民群众交出一份满意的答卷。

### 万国邮联亚太地区战略圆桌会召开

8月24日至28日，万国邮联亚太地区战略圆桌会和亚太邮联终端费圆桌会在泰国曼谷举行。期间，还召开了万国邮联产品整合专题会议和万国邮联及亚太邮联改革问题专题会议。来自亚太邮联32个成员国中的27个国家的邮政管理部门和指定经营者，以及亚太邮联和万国邮联代表近130人出席了会议。国家邮政局副局长刘君率领由国家邮政局、中国邮政集团公司、香港邮政和澳门邮政共同组成的中国代表团参加了会议。会议期间，刘君副局长会见了万国邮联国际局总局长侯赛因和副总局长克里瓦兹，并就加强中国与万国邮联合作等问题交换了意见。

### 马军胜局长与教育部副部长林蕙青一行座谈

8月28日，国家邮政局局长马军胜与前来调研的教育部副部长林蕙青一行进行工作座谈，双方就加快邮政业高端人才培养和学科建设进行了深入交流。北京邮电大学党委书记王亚杰、校长乔建永参加了座谈。座谈会上，国家邮政局相关司局和直属单位负责人分别就行业发展和人才需求情况以及行业信息化监管平台建设等作了介绍。北京邮电大学介绍了邮政行业人才培养和学科建设的有关设想。

### 2015年第三次职鉴全国统考报考人数再创新高

8月29日，2015年第三次快递业务员职业技能鉴定全国统考在28个省（区、市）同时举行，53980人报名参考，这是自2009年开展鉴定以来第一次单批次参考人数突破5万人，再创历史新高。

### 赵晓光副局长赴黑龙江省开展调研

8月26日至29日，国家邮政局副局长赵晓光在黑龙江省调研。调研期间，赵晓光出席了黑龙江省邮政管理局召开的依法治邮工作推进会议，与黑龙江省副省长胡亚枫进行了会晤，参加黑龙江省邮政管理系统领导干部座谈会，并前往哈尔滨、佳木斯、伊春、绥化等地的邮政、快递网点进行调研指导。

### 《寄递服务用户个人信息保护指南》等3个文件获审议通过

9月2日，国家邮政局局长马军胜主持召开国家邮政局2015年第17次局长办公会，审议并原则通过《寄递服务用户个人信息保护指南》《快递服务监管信息交换规范》和《经营邮政通信业务审批工作细则（试行）》。局领导解畅、王梅、赵晓光、刘君、邢小江出席会议。

### 第七届中日邮政政策对话在日本举行

9月8日，第七届中日邮政政策对话在日本札幌顺利举行。国家邮政局邢小江副局长、日本总务省邮政业务政策司司长武田博之出席了对话。期间，中日双方就两国邮政改革的新情况、邮政普遍服务的发展等共同关注的行业话题进行了发言和研讨。中方做了中国邮政市场的放松管制、中国邮政普遍服务的发展情况、中国快递条例立法、中国邮政和海关合作情况四个主题发言和交流。日方做了日本邮政集团的上市、邮政普遍服务的现状及邮政网络的有效利用、邮政市场规制的调整和变化、制定实施EDA（邮政事先电子数据）路线图四个主题发言和交流。双方还就其他相关问题进行了深入的讨论。会议前一天，中方代表还访问了札幌中央邮局，就邮政业务运行，尤其是邮政冷链业务发展情况进行了考察。

### 十九部门合力提速农村电商发展

9月初，商务部、交通运输部、国家邮政局等19部门联合发布《关于加快发展农村电子商务的意见》，为完善农村现代市场体系、促进农村流通现代化、提高农村流通效率、释放农村消费潜力提供了有力的政策支持。由国家邮政局牵头的"快递向西、向下服务拓展工程"，列入《意见》的重要内容，并入围当前五项重点工作加快推进。

### 全国首例省级"快邮"合作亮相江西

9月9日，在江西省邮政管理局、省农工委、省商务厅和省快递协会的见证下，中国邮政集团公司江西省分公司与江西顺丰、申通、圆通、中通、汇通、韵达、天天、优速8家省内主要品牌快递企业正式签订战略合作协议。双方将在22个县区共同推进农村快递服务体系建设，并力争至2017年年底实现"乡乡有网点、村村通快递"。这是全国首个省级农村快递服务体系建设战略合作的范例。

### 中越两国签署邮政领域合作谅解备忘录

9月10日，国家邮政局邢小江副局长率团对越南信息通信部进行友好访问，与越南信息通信部副部长阮明洪会谈，双方就加强邮政领域合作交换了意见，并签署了谅解备忘录。邢小江一行还访问了越南邮政集团公司，并就相关问题进行了交流。

### 赵晓光副局长赴河南省调研

9月7日至10日，国家邮政局副局长赵晓光一行就持续推进邮政普遍服务便捷化、快递服务普惠化到河南省调研。调研期间，赵晓光与河南省副省长赵建才进行了会晤，并前往漯河、许昌、新郑、开封等地进行调研指导。赵晓光重点强调了保障行业安全和坚持依法治邮的重要性，要求邮政管理部门要加强学习，增强保障行业发展的使命感和责任感，运用法治思维，全面准确履行政府职能，不断提高依法行政的能力和水平，为邮政业发展提供更坚强的保障。

### 第二批电子商务与物流快递协同发展试点城市座谈会召开

9月16日，第二批电子商务与物流快递协同发展试点城市座谈会在黑龙江哈尔滨召开。国家邮政局市场监管司、大同市、大连市、吉林市、蚌埠市、洛阳市、株洲市等6个试点城市以及所在省邮政管理局代表参加了会议。继2014年财政部、商务部、国家邮政局联合下发《关于开展电子商务与物流快递协同发展试点有关问题的通知》,确定天津等5城市为第一批试点城市之后,2015年,又确定大同市等6个城市为第二批试点城市,加快推进电商快递协同发展工作。2015年5月,国务院还印发了《关于大力发展电子商务加快培育经济新动力的意见》,为推进电子商务与物流快递协同发展提供了更为强有力的政策支持,并提出了具体部署。

### 首届上海快递论坛在沪举行

9月16日,由上海市邮政管理局指导,上海市快递行业协会主办的首届"上海快递论坛—聚焦快递安全"在沪举行。上海市寄递安全管理工作领导小组成员单位负责人、行业知名专家学者及15家快递企业负责人共50余人参加论坛。会议指出,快递业近年来发展迅速,对提高人民生活质量和提振国民经济发挥了重要作用。同时,也要加强行业安全生产工作,从建立制度、严格管理、员工培训、严肃追责、高科技手段运用等全方位入手,坚决守住行业安全"底线"。

### 邮政管理系统2015年度全国记者站工作会议召开

9月15日至17日,邮政管理系统2015年度全国记者站工作会议在辽宁大连召开。国家邮政局党组成员、副局长王梅代表局党组出席会议并讲话,强调要准确把握和适应新常态下邮政行业新闻宣传工作的新特点、新要求,抓住机遇,聚焦重点,凝聚思想共识,讲好行业故事,按照打一仗、进一步要求,不断提高行业新闻宣传工作水平,努力为行业发展营造良好舆论环境。会议期间,王梅利用会议间隙深入大连市邮政管理局、黄河社区邮政快递服务站、大连海事大学邮件收发管理服务中心,调研邮政管理工作和行业发展情况。在连期间,王梅还会见了大连市市长肖盛峰,就推动大连邮政业加快发展、更好服务地方经济社会发展交换了意见。

### 赵晓光副局长率团参加中俄通信和信息技术分委会

9月17日,中俄总理定期会晤委员会通信和信息技术分委会第十四次会议在莫斯科举行。会议总结了一年来中俄两国在电信、有效使用无线电使用频率和边境地区频率协调、信息技术、邮政领域的合作情况,并就下一步工作进行了部署。会上,中国工业和信息化部总工程师张峰与俄罗斯联邦电信和大众传媒部副部长德米特里·阿尔汗佐夫共同签署了《中俄总理定期会晤委员会通信和信息技术分委会第十四次会议纪要》。国家邮政局副局长赵晓光率代表团参加了邮政工作组会议,并代表中方向分委会汇报了邮政工作组的工作成果。会议期间,赵晓光一行应俄罗斯邮政邀请,在莫斯科参观了火车站邮件处理中心和伏努科沃物流中心,并应俄斯维尔德罗夫斯克州政府邀请,访问了叶卡捷琳堡契卡洛夫商贸仓储中心,针对中欧铁路沿线物流仓储中心建设进行了实地调研。本次邮政工作组会议的最大成果是两国邮政部门为响应"一带一路"倡议,在利用中欧铁路运邮,促进跨境电子商务市场发展方面达成了多项合作共识,包括两国邮政企业将共同开发7天包裹服务、开启中俄铁路运邮合作,双方邮政管理部门还将为组织中欧铁路运输邮件提供必要的政策支持。

### 李克强总理鼓励邮政业加快改革争创一流

9月18日,国务院总理李克强主持召开深化国有企业改革和发展座谈会,听取国资委及包括中国邮政集团公司在内的多家国有企业关于改革发展的汇报。在听到中国邮政集团公司总经理李国华汇报的企业转型升级、深化改革和激发活力的做法时，李克强总理表示肯定。李克强总理还赞扬了中国邮政与阿里巴巴等民营企业的合作，关注和鼓励中国邮政进行混合所有制改革探索。9月24日下午16时左右，李克强总理到河南保税物流中心视察工作，走进中通快递（郑州）国际包裹分拣中心工作区。李克强总理一边在分拣区查看，一边关心地问道："你的快递量（列）全国第几位？""顺丰有飞机了，你们有了吗？""那与FedEx相比呢？"。

## 马军胜局长会见美国联合包裹公司首席执行官

9月18日，国家邮政局局长马军胜会见了美国联合包裹公司首席执行官大卫·艾博尼一行。双方就中国快递市场的发展及联合包裹公司在华业务发展情况进行了交流。马军胜表示，随着中国改革的进一步深入和互联网+模式的创新发展，必将给企业带来更多的发展空间，希望企业能够创新服务模式，更多地发挥自身优势，实现在中国市场更好的发展。大卫·艾博尼表示，中国全面开放国内包裹市场的政策对于国际企业在华的业务拓展发挥了重要的作用，并对国家邮政局给予国际企业的指导和支持表示感谢。双方还就彼此关心的其他问题交换了意见。国家邮政局办公室（外事司）和市场监管司有关人员参加了会见。

## 赵晓光副局长访问哈萨克斯坦投资发展部

9月18日至19日，应哈萨克斯坦共和国投资发展部邀请，国家邮政局副局长赵晓光率团访问哈萨克斯坦。9月18日，赵晓光在阿斯塔纳与该部通信与信息化委员会副主席德米特里·瓦西里耶维奇、哈萨克斯坦邮政董事会主席巴格达提·穆希举行会谈。双方就进一步加强邮政领域合作交换了意见，并签署了会议纪要。双方还就进一步加强邮政行业监管政策交流、在多边国际邮政事务中加强协调、支持两国邮政企业探讨在国际邮件转运和信息系统对接方面的合作等问题达成了共识。19日，赵晓光一行应哈萨克斯坦邮政邀请，实地查看了阿拉木图国际邮件处理中心，重点了解了该中心规划建设、生产组织和运营管理等方面的情况，并与该中心的工作人员进行了座谈，就改进中国出口哈国邮件质量问题听取了哈方的意见和建议。赵晓光还了解了哈萨克斯坦邮政与德国邮政合作开办物流业务的情况。

## 国家邮政局成为服务贸易发展部际联席会议成员单位

9月中旬，国务院批复同意建立国务院服务贸易发展部际联席会议制度，以加强对服务贸易工作的宏观指导和部门间协调配合，推动服务贸易加快发展。国务院批复要求，交通部、商务部、国家邮政局等39个成员单位要按照职责分工，深入研究服务贸易发展中的重大问题，制订相关配套政策措施或提出政策措施建议。

## 西藏邮政行业发展获重大利好

9月，《中共中央关于进一步推进西藏经济社会发展和长治久安的意见》出台，西藏邮政行业发展获政策利好。意见要求，要建立电子商务与实体流通相结合的农牧区物流体系；加快完善电子商务等重大信息化工程建设；加强邮政物流配送体系建设，提升乡镇邮政普遍服务能力；完善对电力、通信、邮政等行业的普遍服务机制等。

## 8月快递有效申诉同比环比"双降"

9月下旬，国家邮政局发布2015年8月邮政业消费者申诉情况的通告。在业务量猛增的情况下，8月有效申诉环比、同比均呈下降趋势，快递业务有效申诉继续保持自5月份以来的下降趋势。

## 王梅副局长深入杭州调研

10月9日至10日，国家邮政局副局长王梅到浙江杭州调研，深入邮政、快递企业，考察空白乡镇补建邮政局所和村邮站运营情况，并前往杭州市邮政管理局与干部职工座谈。王梅要求，杭州市邮政管理局要充分发挥首个"中国快递示范城市"的作用,从提质增效、安全发展和绿色邮政等方面起到示范引领作用。在浙期间,王梅还出席了浙江省邮政管理局全体干部大会,宣布了浙江局主要领导职务任免决定,并对新组建的局领导班子提出工作要求。

## 马军胜局长会见浙江省副省长孙景淼

10月12日,国家邮政局局长马军胜在北京会见了浙江省副省长孙景淼一行。双方就加快浙江邮政行业特别是快递业发展等交换了意见。孙景淼表示,浙江省政府将一如既往支持邮政业发展,认真贯彻国家关于促进快递业发展的政策措施,更好发挥示范引领作用,为国家稳增长调结构惠民生多做贡献。马军胜指出,浙江省互联网经济发达,电子商务交易规模居全国前列,发展"互联网+快递"模式前景十分广阔,希望省政府在快递与电子商务协同发展、快递下乡和向外发展、行业安全监管能力建设等方面给予更多的政策支持,加快浙江邮政业发展,为促进浙江平稳发展、创新发展发挥更大的作用。

## 全国人大财经委、国家邮政局进行电子商务立法联合调研

10月12日至13日,全国人大财经委副主任委员、电子商务法起草领导小组组长吕祖善带队前往上海开展电子商务立法调研。国家邮政局作为电子商务法起草小组成员单位全程联合参加调研,并就有关快递物流、跨境电商等问题召开征求意见座谈会,听取邮政企业、快递企业和有关部门的意见、建议。申通、圆通、韵达、中通、百世汇通、国通公司的主要负责人和企业法律顾问参加座谈。调研组现场考察了上海圆通速递物流有限公司,观摩了圆通公司分拣作业和企业发展历程展示;实地踏查了中国邮政集团上海邮政物流分公司。

## 国务院常务会议确定促进快递业发展的措施

10月14日,国务院总理李克强主持召开国务院常务会议,确定促进快递业发展的措施,培育现代服务业新增长点。会议指出,加快发展快递业,可以便利群众生活、降低流通成本、服务创业创新,对于扩大内需和就业、促进结构优化、提高新型城镇化质量,具有重要意义。会议确定,一是向各类资本进一步开放国内快递市场,支持快递企业兼并重组、做优做强。二是简化快递业务经营许可和进出境快件通关手续,探索快递企业工商登记"一照多址"。三是推进"互联网+快递",引导快递企业与电商深度合作,服务农业订单生产、工业个性化定制等新模式,发展便民利商新业态。支持开展代收货款等业务。四是实施快递"上车上船上机"链接工程,给予快递专用车辆城市通行和作业便利。完善农村、西部地区快递服务网,构建覆盖国内外的快件寄递体系。加强寄递安全和服务质量监管,打造"放心快递"。五是加大财税、金融、用地等政策支持。中央预算内投资重点支持农村和西部地区公益性、基础性快递设施建设。鼓励金融机构开展抵押贷款、融资租赁等业务,拓宽企业融资渠道。使快递业搭上发展快车。

## 国家邮政局学习贯彻《关于促进快递业发展的若干意见》精神

10月14日,国家邮政局党组书记、局长马军胜主持召开局党组扩大会议,研究贯彻落实《关于促进快递业发展的若干意见》精神的有关事项。局党组成员解畅、王梅、刘君、邢小江出席会议。当天上午召开的国务院第108次常务会议审议通过了《关于促进快递业发展的若干意见》。马军胜强调,意见的出台,既是中央对邮政行业地位和作用的肯定,也是对邮政体制改革以来行业发展思路、发展路径和发展成效的肯定;既指明了行业发展方向,也明确了行业的发展任务和保障措施;对确保行业在"十三五"期间乃至更长时间持续在

“快车道”上发展，提高对流通产业转型、消费升级的贡献，打造快递企业“航母”意义重大。意见的出台至关重要，但更加重要的是如何做好贯彻落实工作。对此马军胜提出三点要求。

### 马军胜局长出席国务院政策例行吹风会

10月16日上午10时，在国务院新闻办新闻发布厅举行国务院政策例行吹风会，请工业和信息化部新闻发言人、总工程师张峰，商务部部长助理王炳南和国家邮政局局长马军胜介绍完善电信普遍服务补偿机制、加快发展农村电子商务和促进快递业发展的有关政策情况，并答记者问。马军胜就促进快递业发展的有关政策情况进行了介绍。

### 杨传堂部长强调加快向邮政强国迈进

10月16日，交通运输部召开邮政业工作汇报专题会。交通运输部部长杨传堂主持会议并强调，要坚决贯彻党中央、国务院决策部署和中央领导重要指示精神，牢牢抓住邮政业发展的重要战略机遇期，大力推进快递“3+1”工程，大力加强邮政基础设施建设，使邮政业在助力经济稳增长中更有作为，推动中国由邮政大国向邮政强国迈进。国家邮政局副局长邢小江在会上做了工作汇报。

### 教育部、国家邮政局合作共建北京邮电大学现代邮政学院

10月17日，教育部、国家邮政局签署协议，决定共建北京邮电大学现代邮政学院。国家邮政局局长马军胜、教育部副部长林蕙青代表双方在协议上签字并为现代邮政学院揭牌。国家邮政局副局长邢小江，亚太邮联秘书长林洪亮出席仪式。仪式由北京邮电大学党委书记王亚杰主持。根据协议，双方将秉承“服务性、探索性、示范性”的理念，高水平建设现代邮政学院，决定在设立邮政业发展亟需的“互联网+快递”等新学科、新专业，以及设立专项人才培养计划等方面给予政策支持。同时，在建立健全校企联合培养模式、构建高等职业教育与大学本科教育之间的有效衔接机制等方面进行积极探索。共同推动现代邮政学院与其他高职院校、科研机构以及与邮政、快递企业开展深度合作，实现资源共享，为邮政、快递领域培养高层次优秀人才，为邮政业的发展提供智力支持和技术支撑。

### 马军胜局长会见南邮、西邮校长

10月16日至17日，国家邮政局局长马军胜分别会见了南京邮电大学校长杨震和西安邮电大学校长范九伦一行。双方就加快邮政行业人才培养事宜交换了意见。国家邮政局办公室和人事司有关负责同志参加了会见。

### 国家邮政局和西班牙公共建设部签署双边会议纪要

西班牙当地时间10月19日，国家邮政局副局长王梅在马德里和西班牙公共建设部副部长玛里奥·加塞斯（Mario Garcés Sanagustín）签署了《中国国家邮政局和西班牙王国公共建设部双边会议纪要》，就双方进一步加强合作与交流达成了协议。协议签署后，王梅和西班牙邮政集团总裁和首席执行官哈维尔·库艾斯塔·努因（Javier Cuesta Nuin）先生共同出席了有国家邮政局、中国邮政集团公司有关人员和西班牙公共建设部、西班牙邮政集团有关人员参加的座谈交流会，就中西两国进一步加强邮政领域的合作深入地交换了意见。访问期间，王梅还专程实地查看了西班牙的邮政局所、邮政处理中心，详细了解了西班牙邮政在企业管理、业务开发、服务流程等方面的做法和经验。

### 快递专业（方向）教材终审会召开

10月20日至21日，国家邮政局职业技能鉴定指导中心在京组织召开快递专业（方向）职业教育教材终审会，对《快递操作实务》和《快递客户关系管理》2本教材进行评审。评审专家认为教材

结合行业实际，集品牌快递企业的经验做法，对快件收寄、分拣、封发、派送、客户关系管理、客户服务等方面内容进行了较为系统的阐释。教材内容与职业院校快递专业（方向）教学紧密结合，根据快递作业流程按项目、分任务进行编写，可作为职业院校快递专业（方向）教学和快递从业人员职业培训使用。

### 国家邮政局加快推动寄递渠道安全管理制度全面落实

中央综治办、公安部、交通运输部、安监总局、国家邮政局等15部门决定，即日起到2016年3月底，在全国范围内集中开展危爆物品、寄递物流清理整顿和矛盾纠纷排查化解专项行动。22日，国务委员、中央政法委副书记、中央综治委副主任、公安部部长郭声琨主持召开电视电话会议，就开展专项行动、做好当前社会稳定工作进行动员部署。同日，国家邮政局下发通知，在全行业立即启动专项行动，切实抓好寄递安全管理工作。通知要求：一是要全面落实收寄验视制度。各级邮政管理部门要督促寄递企业切实落实和执行验视制度，对执行不力或走过场、流于形式的，一经发现严厉处置，决不姑息。二是要加快推进实名收寄。自2015年11月1日起，除信件和已有安全保障机制的协议客户的快件、通过自助邮局（智能快件箱）等交寄的邮件、快件外，一律要求通过对寄件人电话号码及相关身份信息比对核实后方可收寄。要重点强化对街边、车站、酒店、广场等人员流动公共场所收寄邮件快件的实名管控。同时，通知要求各企业对电商协议客户也要填写完整准确的寄件人信息并定期抽查核实，确保向邮政管理部门报送完整真实的用户信息，实现寄件人身份可追溯、可查询。三是要加快推动邮件、快件全面过机安检。对寄往重点地区、重点部位的邮件、快件，对航空、进出境邮件、快件及可疑邮件、快件实行过机安检。对其他仍没能达到全面过机安检要求的，各级邮政管理部门要责令企业限期整改到位。

### 马军胜局长鄂黔两省5天28个点密集调研

10月19日至23日，国家邮政局局长马军胜轻车简从，深入湖北、贵州两省，调研当地邮政、快递服务和邮政管理工作情况，尤其是对快递下乡和产业协同等内容进行了深入追踪。他强调，中国经济增长正在向消费和服务转移，快递业因网而起，因网而兴，具有天然的互联网基因，各地要深入学习国务院《关于促进快递业发展的若干意见》，创新思路，创新发展，因地制宜，做好“互联网＋”快递这篇大文章，把快递业打造成“互联网＋”的典范工程。

### 王梅副局长访问德国

10月22日至24日，国家邮政局副局长王梅率领由国家邮政局和中国邮政集团公司相关人员组成的代表团对德国进行了访问，就邮政行业管理、万国邮联改革、邮政普遍服务、邮政行业的绿色环保等问题与德方有关部门进行了深入交流与探讨。王梅此次访问德国，先后走访了德国邮政、德国联邦经济与能源部和作为德国邮政监管部门的联邦网络局，介绍了中国邮政体制改革及行业发展情况。

### 国家邮政局部署贯彻落实《国务院关于促进快递业发展的若干意见》

《国务院关于促进快递业发展的若干意见》发布后，国家邮政局召开全系统电视电话会议，专题动员部署《国务院关于促进快递业发展的若干意见》的贯彻落实工作。国家邮政局局长马军胜出席会议并讲话，强调全行业要迅速把思想和行动统一到国务院的决策部署上来，认真学习、深刻领会意见的精神实质和丰富内涵，按照“三严三实”要求切实抓好贯彻落实工作，全力推动行业实现转型升级提质增效，为国家稳增长、调结构、促改革、惠民生做出新的更大贡献。会议由国家邮政局副局长邢小江主持。

## 全国政协副主席王钦敏在京调研快递业

10月26日至27日,由全国政协副主席、全国工商联主席王钦敏率领的全国政协考察团在北京调研了中国邮政速递物流、顺丰速运和圆通速递等三家各具特色的快递企业,对快递处理、科技创新、客户服务、企业发展和员工劳动保障等各方面情况进行了全方位摸底,并与行业管理部门、协会和企业负责人座谈,倾听快递在发展中遇到的问题,为快递支撑国家战略、打造“快递强国”支招探路、排忧解难。全国政协常委、经济委员会主任周伯华,副主任石军、李克农,部分全国政协常委和委员参加考察。全国政协委员、中国快递协会会长高宏峰、国家邮政局副局长刘君等陪同调研并在座谈时讲话。

## 国家邮政局党组传达学习党的十八届五中全会精神

10月30日,国家邮政局党组书记、局长马军胜主持召开党组扩大会,传达学习党的十八届五中全会精神和习近平总书记重要讲话精神。会议传达学习了习近平总书记受中央政治局委托所作的工作报告,《中共中央关于制定国民经济和社会发展第十三个五年规划的建议》(以下简称《建议》),以及习近平总书记就《建议(讨论稿)》向全会作的说明。马军胜结合邮政业工作实际,就全系统贯彻落实全会精神作出了部署,并对下一步工作提出具体要求。局党组成员、纪检组组长解畅,党组成员、副局长王梅、赵晓光、邢小江出席会议。

## 刘君副局长出席电子商务与物流快递协同发展座谈会

10月28日,电子商务与物流快递协同发展座谈会在浙江杭州召开,国家邮政局副局长刘君出席会议,并随后在浙江调研工作。商务部电子商务和信息化司、国家邮政局市场监管司以及电子商务与物流快递协同发展试点第一批天津、石家庄、杭州、福州、贵阳5个试点城市和第二批大同、大连、吉林、蚌埠、洛阳、株洲6个城市的代表参加会议。在浙期间,刘君先后赴杭州市和宁波市,深入调研快递服务跨境电商情况。在杭州、宁波期间,刘君实地走访了从事跨境出口业务的电商企业以及在中国(杭州)跨境电子商务综合试验区和宁波保税区提供跨境电商快递服务的邮政、快递企业,座谈听取了当地跨境电商管理部门和企业的汇报。刘君还前往顺丰浙江印象和宁波EMS罗蒙快递服务制造业项目调研,参观了顺丰杭州萧山机场航空枢纽。

## 国家邮政局、北京市政府签署合作协议

11月3日,国家邮政局与北京市人民政府在北京签署《关于加快推进首都邮政行业建设与发展合作协议》,共同加快建设“国内领先、国际一流”的首都邮政业,更好服务首都经济社会发展,满足北京城乡居民日益增长的民生需求。协议确定了双方合作的“十大方面”和“六大领域”,这也是首个全面涵盖邮政、快递两大业务领域的综合性、系统性合作协议。国家邮政局党组书记、局长马军胜,北京市委副书记、市长王安顺举行会谈。国家邮政局副局长刘君、北京市副市长程红代表双方在协议上签字。北京市政府秘书长李伟出席仪式。

## 赵晓光副局长在沪调研邮政业末端配送创新等工作

11月2日至3日,国家邮政局副局长赵晓光在上海专题调研邮政业末端配送创新工作。期间,专程前往上海祝桥国际物流快递园区,实地考察浦东祝桥国际现代快递物流园区规划情况;到德邦物流公司了解企业运营管理、末端派送和“双11”旺季服务安全保障等情况。

### 马军胜局长接受中国政府网在线访谈

11月4日，国家邮政局党组书记、局长马军胜接受中国政府网在线访谈，围绕贯彻落实《国务院关于促进快递业发展的若干意见》暨做好快递旺季服务保障等热点话题与网友互动交流。这是继2009年解读修订后的《中华人民共和国邮政法》后，马军胜再一次做客中国政府网。

### 全国快递员技能大赛决赛在沈阳举行

11月2日至5日，由共青团中央、人力资源和社会保障部联合主办的第十一届“振兴杯”全国青年职业技能大赛决赛在辽宁省沈阳市举行。本届“振兴杯”大赛以“岗位练技能、青春助转型”为主题，设置电子商务师、快递业务员、维修电工和数控车工4个竞赛职业（工种）。快递业务员作为竞赛职业之一首次参加“振兴杯”大赛，也是邮政体制改革以来行业首次参加国家级一类大赛。国家邮政局副局长邢小江出席大赛闭幕式并为快递业务员竞赛职业获得金奖的选手颁奖。在辽宁期间，邢小江利用出席大赛决赛的空余时间，到沈阳、锦州、葫芦岛市邮政管理局调研指导工作，还实地考察了全国首个跨境泳装电子商务平台兴城市电子商务大厦及泳装国际仓储物流中心，详细了解了电子商务平台及仓储物流中心的快件分拣等业务流程和企业运营情况。

### 刘君副局长在京调研寄递渠道安全保障措施落实

11月5日晚，国家邮政局副局长刘君赶赴北京部分快递企业调研指导，了解实名收寄等寄递渠道安全保障举措落实和企业“双11”的保障情况。刘君先后到中通快递华北转运中心和韵达快递转运中心进行调研座谈。刘君强调，要根据中央综治办等15部门联合开展的专项行动工作方案，不折不扣地推进各项安全举措全面落实。要加强对实名收寄操作流程的细化，重点做好寄件人特别是非协议客户有关信息的“比对核实”，形成可追溯的追责机制。对于已签署安全协议的大客户，寄递企业要进一步要求其完整填写面单，同时对协议客户要定期抽查。刘君还分别详细询问了应对“双11”业务旺季的准备工作。

### 杨传堂部长对2015年“双11”旺季服务保障工作作出重要批示

在2015年“双11”快递旺季到来之际，交通运输部党组书记、部长杨传堂11月9日在国家邮政局《关于2015年“双11”旺季服务保障工作筹备情况的报告》上，对“双11”旺季服务保障工作作出批示。杨传堂指出，今年“双11”旺季保障工作任务艰巨、责任重大。能否顺利完成保证“两不”（全网不瘫痪、重要节点不爆仓）和“三保”（保安全、保畅通、保平稳）的任务，是对我国邮政行业的一次重大考验。杨传堂要求国家邮政局进一步加强组织领导，严格监督检查，强化监测预警，注重宣传引导，确保安全平稳，坚决打赢这场硬仗，向商家和广大人民群众交出一份满意的“答卷”。

### 马军胜局长在京调研“双11”快递旺季服务保障工作

11月11日下午，国家邮政局局长马军胜赶赴部分快递企业北京分拣中心，调研督导企业迎战“双11”，亲切慰问奋战一线的员工，并与阿里巴巴董事局主席马云就落实“错峰发货、均衡推进”，保障快递旺季平稳度峰进行了现场沟通。马云表示，阿里巴巴与快递企业已经建立起紧密的协同关系，旺季期间设立联合办公室加强沟通协调，一定按照国家邮政局部署，落实好错峰发货，控制好旺季峰值。他深有感触地表示：“‘双11’支付宝处理速度最高达到了8.6万次/秒，创下了世界纪录，但是快递员更不容易，大家辛苦了！你们了不起！”。在调研过程中，马军胜还鼓励重点快递企业以全球化“双11”为起点，发挥众筹、众包的优势，加快推进国际网络建设，早日实现中国快递业经营模式和服务能力“走出去”。

### “双11”当天快件量达1.48亿件

11月11日20:00，国家邮政局局长马军胜视察了部分快递企业的北京分拨中心后，又马不停蹄地赶到国家邮政局邮政业安全中心，与一直值守在此的国家邮政局副局长刘君会合，通过信息系统现场指挥调度。马军胜强调，各地邮政管理部门要加强全网监测预警，继续发挥“错峰发货，均衡推进”机制作用，出实招、下狠劲，在旺季高峰期保证快递服务质量和安全，要督促企业落实好安全责任，贯彻落实收寄验视、安全检查等各项制度措施，深入排查安全隐患，切实堵住安全漏洞，各负其责，各司其职。据国家邮政局监测数据显示，主要电商企业全天共产生快递物流订单4.6亿件，同比增长65%；全天各邮政、快递企业共处理1.48亿件。

### 中国首部“绿色快递包装报告”正式发布

2015年“双11”期间，国家邮政局新闻宣传中心联合中国邮政速递物流、顺丰速运、申通快递、圆通速递、中通快递、韵达速递、百世汇通、宅急送、天天快递、优速快递、全峰快递、国通快递、快捷快递、速尔快递、德邦快递、龙邦速运等16家快递公司，向社会各界发出关于快递包装的绿色倡议和宣言。《中国快递领域绿色包装发展现状及趋势报告》相继正式发布。

### 首届中国国际快递业大会召开

11月13日，首届中国国际快递业大会在杭州桐庐召开，国务委员王勇同志亲临现场并作重要讲话，浙江省政府省长李强、国家邮政局局长马军胜出席会议并致辞。会议以“便民惠民 · 通达天下”为主题，邀请国内外专家共同探讨“互联网+”视野下的市场开放与中外快递合作、大众创业万众创新与物流产业发展、快递与关联产业融合发展、快递业的质量与安全等话题。会议还解读了《国务院关于促进快递业发展的若干意见》，并发布了2015年第三季度中国快递发展指数。

### 国务委员王勇调研快递业发展

11月13日，国务委员王勇在浙江省省长李强、国家邮政局局长马军胜的陪同下，参观“2015年度中国国际快递物流采购博览会”并调研快递发展情况。王勇充分肯定了快递业的发展成就，他强调，中国快递业的迅猛发展，极大地推动了经济发展、社会进步和民生改善，鼓励了大众创业、万众创新，吸引了社会就业，带动了产业转型。希望快递业保持快速发展、规范发展、高效发展，提高信息技术水平，提升产业质量效益，推动全球交流合作，早日做大做优做强。在申通、中通、圆通、韵达、国通、快捷等快递企业和上下游关联企业的展台前，王勇国务委员和每家企业负责人进行了认真交流，细致了解了各企业发展状况和效益、业务框架和信息技术利用水平等情况，逐一对每一家企业进行了勉励。

### 马军胜局长赴浙江、广西督导“双11”旺季服务保障

11月13日，国家邮政局局长马军胜赴杭州顺丰华东枢纽和广西南宁督导快递旺季服务保障工作，亲切慰问奋战在一线的广大快递企业员工。马军胜表示，浙江是快递重镇，“双11”期间的出件量一直居全国前列，随着快件洪流逐步涌向中西部地区，广西将会遇到前所未有的派件高峰，各地要继续加大投入，克难攻坚，协同作战，狠抓落实，共保旺季高峰平稳度过。

### 万国邮联行政理事会2015年年会召开

10月26日至11月13日，万国邮联行政理事会2015年年会在瑞士伯尔尼召开。邮政经营理事会部分工作组会议、邮联改革论坛和邮政监管会议同期举行。10月9日，万国邮联国际局总局

长侯赛因接见了中国代表团。他对中国多年来给予万国邮联及其本人工作的支持表示感谢，希望中国继续在邮联改革进程中发挥重要作用，配合万国邮联做好中德铁路运邮试点项目的组织实施工作。中国代表团还参加了邮政经营理事会有关邮联产品整合、电子业务、终端费、海关和.Post顶级域名等工作组的会议。国家邮政局、中国邮政集团公司、香港邮政署、澳门邮政局和中国常驻联合国日内瓦代表团共同组成中国代表团出席会议。

### 赵晓光副局长赴新疆调研指导工作

11月11日至13日，国家邮政局副局长赵晓光到新疆伊犁、乌鲁木齐调研指导工作。赵晓光一行先后来到伊犁霍尔果斯口岸、新疆邮政速递物流公司、乌鲁木齐邮区中心局分拣处理场地，调研跨境寄递业务、查看了生产运行和旺季服务保障工作。赵晓光还专程来到顺丰分拨中心、韵达分拨中心、顺丰火车头营业部、百世汇通天山区直营点部等地，重点调研了“双11”快递业务旺季服务和安全保障工作，分别检查了企业进、出口分拨中心，详细了解了企业“双11”旺季服务安全保障备战情况，现场查看了企业出口快件的实名登记和收寄验视工作。调研过程中，赵晓光对企业“双11”旺季服务安全保障工作应对措施表示肯定，对奋战在一线的快递员工表示慰问，同时提出希望和要求。

### 刘君副局长深入北京快递网点督导旺季保障工作

11月15日，正值快递旺季高峰期，国家邮政局副局长刘君专程到北京的部分快递网点进行督导检查，慰问奋战在收派服务一线的快递员工。刘君先后来到北京中通、百世汇通、全峰、顺丰等快递企业的基层网点，现场督促指导企业旺季服务保障工作。他详细询问了各快递企业网点的整体运行情况，了解旺季期间网点各项服务保障工作措施，收派业务量变化等情况，还同网点的快递员工进行了亲切交谈，询问他们的工作、生活情况，对大家的辛勤付出表示亲切的慰问。

### 全国政协社法委开展《快递条例》立法专题调研座谈

12月4日，就《快递条例》的制定，全国政协社会和法制委员会组织部分全国政协委员在北京开展专题调研座谈。当天上午，调研组到几处具有代表性的快递作业场所进行了密集调研。在下午召开的座谈会上，国务院法制办、国家邮政局、公安部、交通运输部等部门负责同志先后介绍了制订《快递条例》的有关情况，中国快递协会主要负责同志、部分专家学者和快递企业代表受邀在会上做了发言。全国政协社法委驻会副主任吕忠梅，全国政协委员、国家邮政局局长马军胜，全国政协委员、中国快递协会会长高宏峰等出席调研座谈。国家邮政局副局长赵晓光陪同调研并在座谈会上介绍了有关情况。

### 赵晓光副局长会见韩国邮政代表团

12月7日，国家邮政局副局长赵晓光在京会见了来访的韩国邮政代表团。双方就邮政改革发展、政府管理体制、邮政普遍服务、邮件通关及电子商务的发展等进行了会谈。赵晓光希望双方邮政能够进一步加强在邮政行业各领域的合作，共同应对跨境电子商务迅速发展所带来的机遇和挑战。韩国邮政代表团团长李丞宰先生希望通过此次交流深入了解中国邮政业的发展情况。办公室（外事司）、政策法规司、普遍服务司和市场监管司分别派人员参加了会谈。

### 国家邮政局贯彻中央扶贫开发工作会议精神

12月7日，国家邮政局党组书记、局长马军胜主持召开局党组扩大会议，学习贯彻中央扶贫开发工作会议精神。马军胜强调，全国邮政管理系统要聚焦精准扶贫、精准脱贫，着力结合实际下功夫，进一步做好邮政业脱贫攻坚战工作，确保到2020年我国所有贫困地区和贫困人口一道迈入全面小康社会发挥邮政业应有的作用。局党组成员解畅、王梅、赵晓光、刘君、邢小江出席会议。

### 王梅副局长赴青岛调研快递绿色包装

12月7日至8日，国家邮政局副局长王梅率领新闻宣传中心项目团队在青岛实地调研快递包装应用情况，并与北京印刷学院、中德生态园相关领导就快递包装实现标准化、规范化、绿色化，推动"绿色邮政"落地进行了深入交流。王梅一行先后奔赴百世物流青岛分拨中心、中德生态园开展调研。在位于国家级新区青岛西海岸新区的中德生态园，了解园区在引进德国环保标准和技术，开展绿色实践的情况，并参观了正在筹建中的北京印刷学院青岛研究院新址。调研期间，王梅还实地参访了海尔集团EMS供应链物流项目、青岛跨境电商产业园，勉励企业做好"快递＋"这篇大文章。

### 《快递电子运单》等2项行业标准获审议通过

12月8日，国家邮政局局长马军胜主持召开2015年第21次局长办公会，审议并原则通过了《快递电子运单》和《快递安全生产操作规范》两项行业标准以及《智能快件箱投递服务管理规定（暂行）》。马军胜指出，快递电子运单的应用是行业技术进步的重要标志，是产业融合、市场发展的重要产物，也是快递企业提升运行效率、经营效益的重要途径。《快递安全生产操作规范》行业标准遵循现有法律法规，立足强制性标准定位，突出重点安全风险环节，注重与其他标准的协调，规定了快递安全生产操作的基本要求以及收寄安全生产操作、分拣安全生产操作、运输安全生产操作、投递安全生产操作、重大活动时期安全生产操作、安全事件处理等要求。会议认为，制定《智能快件箱投递服务管理规定》，是规范末端投递创新的现实需要，是维护用户合法权益的内在要求，也是引导市场治理机制的发展方向，将有助于促进智能快件箱投递服务规范发展、维护用户合法权益、鼓励快递末端服务创新、推动快递市场健康有序发展。局领导解畅、赵晓光、刘君、邢小江出席会议。

### 马军胜局长赴新疆调研

12月9日至11日，国家邮政局局长马军胜一行到新疆调研，深入哈密地区、乌鲁木齐市邮政、快递企业和基层管理部门，实地调研新疆邮政业发展现状和邮政管理工作情况。马军胜强调，新疆邮政业发展要立足区情，充分发挥自身优势，不断提升行业发展水平；坚持保障和监督并重，持续做好邮政普遍服务和特殊服务；坚持安全为基，不断强化行业安全监管工作，促进新疆邮政业平稳健康发展。调研期间，马军胜分别到哈密地区和乌鲁木齐市邮政管理局慰问全体干部职工，与基层同志进行面对面座谈交流，勉励大家增强信心、扎实工作、务实创新，合力推进区域邮政业的持续快速健康发展。在疆期间，马军胜与自治区人民政府常务副主席黄卫进行了会晤，双方就促进新疆邮政业发展等事宜交换了意见。

### 赵晓光副局长一行赴浙调研跨境电商发展

12月9日至11日，国家邮政局副局长赵晓光率办公室（外事司）、普遍服务司等部门负责人一行赴浙江义乌、杭州等地调研跨境电商发展工作。在义乌，赵晓光一行先后来到义乌国际邮件互换局过渡场地、泰伦国际、国际商贸城进口商品馆等地考察，与跨境物流监管平台相关负责人、跨境物流经营者、电子商务经营户亲切交谈，深入了解义乌跨境电子商务发展情况。之后又到中国邮政集团公司浙江省分公司调研，听取了企业负责人关于邮政助推"农产品进城"、"工业品下乡"，助力地方政府"精准扶贫"等工作情况的汇报。在浙江调研期间，赵晓光还主持召开了部分省份局长座谈会，专题研究境外邮政在华收寄邮政国际小包有关情况。会上并与上海、江苏、浙江、广东省邮政管理局局长深入探讨和交换意见。

## 国家邮政局、公安部联合督导做好第二届世界互联网大会期间寄递安保工作

12月11日，国家邮政局市场监管司、公安部反恐怖局派员组成联合工作组，赴浙江嘉兴就寄递渠道落实安全反恐防范措施情况进行实地督导检查。工作组一行先后赴乌镇邮件快件集中安全检查中心、桐乡市圆通快件分拨中心、桐乡市顺丰稻乐路营业部，并召开邮政EMS、圆通、百世汇通、韵达等品牌寄递企业区域负责人座谈会，详细了解大会期间邮件快件收派作业组织及安全管控流程，深入检查收寄验视、实名收寄、过机安检"三个100%"制度落实以及消防、视频监控、车辆运转等情况。同时，工作组就进一步规范邮件快件集中安检中心作业现场秩序、加强协议客户安全管理、严格落实实名收寄和过机安检等制度措施提出具体要求。

## 2015年"双12"快递业务量同比增长6成

根据国家邮政局监测数据显示，12月12日全天，邮政企业、快递企业共揽收快递包裹1.13亿件，比去年"双12"同期增长60%，是今年以来日常处理量的2倍。

## 刘君副局长会见哈萨克斯坦邮政总裁

12月14日，国家邮政局副局长刘君在北京会见了来访的哈萨克斯坦邮政代表团。双方就进一步加强两国邮政领域的合作交换了意见。刘君表示，近年来两国高层互访频繁，双方同意共同推动实现丝绸之路经济带建设和哈方"光明之路"新经济政策对接，全面加强各领域的务实合作。国家邮政局将支持两国在中欧铁路运邮、双边及国际邮政事务方面开展合作。穆希先生表示，跨境电子商务的快速发展极大地推动了各国邮政之间的业务往来。哈方希望国家邮政局能够积极支持两国邮政指定经营者之间的合作。他还详细介绍了中哈双方在邮政领域开展合作的未来愿景。双方还就邮政普遍服务、市场监管及创新发展等进行了交流。办公室（外事司）、普遍服务司和市场监管司等有关人员陪同参加了会见。

## 2015年两岸邮政发展研讨会召开

12月15日，2015两岸邮政发展研讨会在台北召开。本届研讨会参与主体多元、务实高效、内容丰富，此次研讨会，两岸邮政界同仁欢聚一堂，多角度、多维度、多方位地审视两岸邮政普遍服务、电子商务与物流发展、邮政金融合作、邮政改革创新等领域的新动态、新形势和新前景。财团法人台湾邮政协会荣誉顾问王廷俊，国家邮政局副局长、海峡两岸邮政交流协会副会长赵晓光，中华邮政公司总经理陈宪着，中国邮政集团公司副总经理李丕征等出席开幕式并为大会致词。赵晓光和周瑞祺分别致闭幕词。海峡两岸邮政交流协会、台湾邮政协会、中国邮政集团公司、中华邮政公司等有关领导和邮政业界专家出席会议。

## 王梅副局长赴苏调研完善省级以下邮政监管机构工作

12月18日至19日，国家邮政局副局长王梅一行赴江苏省苏州市，深入调研完善省级以下邮政监管机构情况，并就有关工作召开座谈会集中研讨。调研期间，王梅率队专程赴常熟邮政管理局，现场调研该局成立一年多来的工作开展情况。她对常熟局稳扎稳打、巧干实干，充分利用地方资源，做好各项基础性开局工作表示充分肯定。她指出，常熟局通过工作实践，探索出了可行路径，形成了示范样板，对各省有借鉴意义。座谈会上，参加调研的10个省邮政管理局相关负责人踊跃发言，结合本省实际，详细介绍了机构组建及运转情况、存在的困难和有关建议。国家邮政局办公室、人事司、政策法规司及山西、内蒙古、辽宁、江苏、浙江、安徽、福建、山东、广东、云南等10省

（区）局相关负责人陪同调研。

### 国家邮政局传达学习中央经济工作会议精神

12月21日，国家邮政局党组书记、局长马军胜主持召开党组扩大会议，会议传达学习了习近平总书记、李克强总理在中央经济工作会议上的重要讲话精神，强调全系统、全行业干部职工要认真学习领会会议精神，统一思想，增强信心，主动作为，敢于担当，认识领会经济新常态，积极做好邮政业结构性改革工作，主动推进行业转方式、调结构和增动能，保持行业持续健康发展势态，为"十三五"开好局、起好步打下坚实基础。局领导解畅、王梅、赵晓光、刘君、邢小江出席会议。

### 我国快递年业务量首次突破200亿件

12月25日，国家邮政局举行新闻发布会宣布，我国快递年业务量于当日首次突破200亿件大关，继续稳居世界第一。这是继去年我国快递年业务量首次突破100亿件之后，我国快递业发展史上又一座里程碑，也是行业发展"十二五"规划完美收官的重要内容之一，更是我国快递业从数量增长向质量增长转变的一个拐点。国家邮政局党组成员、副局长王梅代表局党组出席了发布会并讲话，国家邮政局新闻发言人、市场监管司司长韩瑞林向与会媒体介绍了几年来我国快递业发展的有关情况。《人民日报》、新华社、《光明日报》、《经济日报》、中央人民广播电台、中央电视台、《工人日报》、《人民政协报》、《中国交通报》、人民网、《中国邮政快递报》、《快递》杂志等中央和行业媒体记者参加通气会，并于会后对第200亿快件进行跟踪采访。

### 第三次邮政行政执法资格全国统考开考

12月29日，第三次邮政行政执法资格全国统一考试在31个省（区、市）考场同步开考，来自各级邮政管理部门的660名考生报名参加了此次考试。国家邮政局副局长赵晓光到设在北京邮电疗养院的北京考点巡考。

### 《智能快件箱设置规范》等标准和意见获审议通过

12月29日，国家邮政局局长马军胜主持召开2015年第22次局长办公会，审议并原则通过了《智能快件箱设置规范》《邮政业车辆定位系统技术要求》两项标准和《关于促进环保科技在邮政业推广应用的指导意见》。局领导解畅、王梅、赵晓光、刘君、邢小江出席会议。《智能快件箱设置规范》，将更好地指导快递企业和第三方运营商开展智能快件箱的建设工作，为更好地服务群众生产生活需要提供有力支撑。《邮政业车辆定位系统技术要求》是在邮政业车辆定位系统使用现状和需求基础上，结合市场和技术发展趋势，研究提出的邮政业车辆定位的功能要求、性能要求和接口要求，以更好地引导邮政企业和快递企业开展车辆定位系统的建设和维护工作，提高车辆管理水平，保障车辆运输安全和邮件快件安全，提高运行效率和服务质量。《关于促进环保科技在邮政业推广应用的指导意见》紧紧围绕建成与小康社会相适应的现代邮政业目标，倡导企业建立健全邮政快件运输、包装物料、基础设施和信息化等多维度的环保科技应用体系，形成以企业为主体、技术创新为支撑、研发应用有效衔接、社会公众共同参与的行业发展新格局。

# 第四章 2015年各省(区、市)快递发展大事记

## 北京市快递发展大事记

### 开展强化行业安全专项联合检查

北京市邮政管理局1月1日紧急通令各快递企业进行安全自查,1月4日印发文件强调加强寄递渠道安全,并自1月5日开始,联合市公安局、市国家安全局组织开展邮政行业安全专项执法检查,检查、督促、指导全市快递企业保证渠道安全工作。联合检查组先后对顺丰、圆通、申通、百世汇通、优速、全峰、韵达、宅急送等规模以上快递企业的分拨中心进行了督导检查。针对检查中发现的安全隐患,检查组现场督促相关企业立即进行整改。

### 传达部署邮政安全监管工作

1月8日,北京市邮政管理局组织召开专题会议,传达部署邮政行业安全监管工作。会议通报了国家邮政局关于山东"毒快递"事件的处理情况,传达了国家邮政局加强行业安全监管工作部署,明确了邮件、快件寄递安全管理工作要求,部署了烟花爆竹禁放点梳理与安全管理等重点工作。北京局副局长杨新明就加强行业安全监管工作强调了四点意见。

### 政企座谈谋划行业发展

1月23日,北京市邮政管理局召开2015年邮政管理工作会议,邀请快递企业参加会议并与企业开展了座谈交流。北京局全体干部职工和北京市快递协会、全市15家规模以上快递企业主要负责人参加了座谈。座谈会上,政府、协会、企业三方从加强规范管理、促进行业发展和解决突出问题等方面开展了研讨交流。各快递企业结合北京局工作报告,着眼发展,建言献策;北京局广泛听取意见建议,梳理思路,布局谋篇。北京局局长靳兵与各快递企业共同展望了行业的发展前景,并就不断推进行业持续健康发展、逐步解决行业突出问题进行了深入的交流。

### 部署春节、两会期间快递服务与安保工作

1月29日,北京市邮政管理局召开会议传达部署2015年春节、"两会"期间快递服务与安全保障工作。全市100余家快递企业负责人和各区邮政管理局有关负责人参加了会议。会议通报了最近一段时期快递业消费者申诉、行政执法检查、服务时限测试等情况,传达学习了九部委关于加强邮件快件寄递安全管理的文件精神。根据国家邮政局和北京市有关要求,重点部署了2015年春节、"两会"期间的邮政服务与安全保障工作。

### 赵文芝副主席表示要将促进快递发展列入市政协重点改革课题调研

2月3日,北京市邮政管理局局长靳兵在副巡视员权忠敏和办公室主任黄立群陪同下,前往会见了北京市政协副主席赵文芝。靳兵向赵副主席汇报了北京邮政行业发展情况,对市政协多年来对行业发展的支持与帮助表示感谢。赵副主席表示,市政协将组织专项视察,对国有、民营和外资快递企业进行实地调研,组织座谈,对快递问题进行系统研究,并将其列入北京市改革发展的重要课题,找准切入点,为促进首都经济发展发挥建言

献策的积极作用。

## 市政府工作报告为首都邮政业送利好

1月25日，北京市第十四届人民代表大会第三次会议召开，北京市市长王安顺代表市政府做工作报告。报告在2015年主要任务中提出四点要求，为首都邮政业发展带来利好。一是树立“三地一盘棋”思想，积极推动京津冀协调发展。二是力促连锁经营、集中配送等现代流通方式发展。三是要更加注重精细化服务管理。四是推进天竺综保区、平谷国际陆港建设发展，促进跨境电子商务发展，为推动快递电商协同发展提供了支持。

## 进一步深化交通与邮政融合发展

新年伊始，北京交通与邮政融合发展传出利好消息，2015年全市交通工作会议将出台《交通与邮政融合发展意见》列为交通全年重点工作之一，会议提出要推动交通改革发展，建设北京现代化综合交通体系，实现航空、铁路、公路、邮政发展，加强基础设施改造，提升完善城市配送体系，保障城市正常运行，满足生产生活需要。北京市副市长张延昆出席会议并作重要讲话，他指出要积极推进交通、邮政业转型升级，加大北京交通与邮政融合发展力度，主动适应经济发展新常态。

## 成为市政府四个专项议事协调机构成员单位

2月，在北京市副市长张延昆支持下，由市政府秘书长李伟亲自协调，北京市常务副市长李士祥、副市长程红、党组成员洪峰同志批示，北京市邮政管理局成为“京津冀区域协同发展领域改革专项小组”、“北京市新机场建设总指挥部”、“北京市推进跨境电子商务发展工作小组”和“市新农村建设领导小组”四个议事协调机构的成员单位。上述议事协调机构分别由常务副市长、主管发改、商务和农村建设的副市长任组长。

## 开展两会寄递渠道安全专项检查

3月3日，北京市邮政管理局联合市公安局、市国家安全局组织开展了两会寄递渠道安全专项检查，检查督导邮政、快递企业两会期间安全保障工作落实情况。联合检查组对邮政、快递企业两会寄递安全保障工作提出三点要求：一要制定完善工作方案和应急预案，严格落实安全管理制度，认真执行收寄验视制度，确保将各类危险品堵截在寄递渠道之外；二要提升安全防范登记，对重点地区进京的快件实行全面安检并做好安检情况记录，发现各类危险品立即报告；三要明确责任义务，严格工作流程，两会会场及代表、委员驻地的邮政快递服务要定时、定点、专人交接，认真做好邮件、快件的查验、安检等工作，并妥善处理快件的查询、投诉等各项服务，确保两会邮政快递服务的安全、优质、高效。

## 张延昆副市长对北京局工作作重要批示

3月，北京市邮政管理局就谋划2015年首都邮政业发展情况向市政府提交专题报告，北京市副市长张延昆对北京局的工作给予充分肯定，并作出重要批示。他指出：北京市邮政管理局对首都邮政业的工作安排符合实际。实现优质、高效、安全的行业发展，需在体制、机制上优化，部门间资源整合，力量协同，完善法规，提高信息化水平。

## 推进北京市寄递安全管理工作

3月5日，北京市政法委副书记、首都综治办主任闫满成主持召开专题会议，与北京市邮政管理局共同研究中综办〔2014〕24号文件的贯彻落实工作。闫满成指出：寄递安全管理工作是全市综合治理工作的重要环节，在加强《北京市快递安全管理办法》实施基础上，要认真贯彻落实中综办〔2014〕24号文件精神，建立完善寄递安全管理机构，尽快出台寄递安全工作实施意见，有力提升寄递安全管理能力，逐步推进落实北京市寄递安全各项工作，保障寄递渠道安全畅通，维护首都和谐稳定。通过积极沟通协商，北京局与首都综治办研究还确定了下一步贯彻落实工作具体安排。

## 新机场建设总指挥部首次听取北京邮政业发展需求报告

3月6日，北京市邮政管理局参加了由市领导洪峰同志主持召开的北京市新机场建设总指挥部第七次全体会议，这是北京局作为"市机场建设总指挥部"新成员单位后首次参加专题会议。会上市政府首次听取了北京邮政业发展需求报告，洪峰做重要指示。

## 新闻宣传工作获市委宣传部支持

3月18日，北京市邮政管理局局长靳兵到市委宣传部，与市委副秘书长、市委宣传部副部长严力强会面。靳兵向严副部长介绍了邮政行业近年来发展概况和近期规划，对市委宣传部一直以来关心和支持邮政行业发展表示感谢，希望双方进一步密切工作联系，在行业新闻宣传方面得到市委宣传部更多指导与帮助。严副部长表示将全力支持邮政行业新闻宣传工作，为行业发展营造舆论支持，并推动行业监督，传递正能量。

## 推进快递下乡工作

3月24日，北京市邮政管理局办公室、普遍服务处、市场监管处和快递下乡项目组成员组成联合调研组，赴南区邮政管理局开展快递下乡专题调研，并对房山区村邮站和快递企业进行实地走访，切实推进快递下乡暨交邮融合发展工作。通过调研，进一步形成了南区局快递下乡试点工作"四个方面"指导意见。

## 启动行业理论知识系列培训活动

3月25日，北京市邮政管理局邀请1号店公共事务总监为全体工作人员进行电子商务相关知识培训，此次培训标志着北京局2015年行业理论知识系列培训工作正式启动。培训中，主讲人围绕电子商务发展现状与趋势、O2O商业模式、跨境电子商务和互联网金融等与快递行业紧密相关的新业态进行了介绍，并结合1号店运营和发展实例分析了快递行业对电子商务的巨大促进作用，同时就快递配送车辆、配送站及政策衔接提出了很好的建议。

## 北京市邮件快件寄递安全管理工作实施意见获审议通过

6月15日，北京市委副书记、市长王安顺主持召开专题会议研究审议并通过了《北京市邮件快件寄递安全管理工作实施意见》，意见以全面贯彻落实中央九部门文件精神为主线，从统筹组织领导、落实属地管理责任、加强源头管控、严格安防标准、建立警示制度、强化科技支撑、强化部门协作等七个方面提出了22条措施，着重体现北京寄递安全的"首都标准"。专题会上，王安顺对意见出台给予充分肯定，并就下一步抓好落实提出四点意见。

## 深入推进交通与邮政融合发展

6月18日，北京市邮政管理局与市交通委联合召集北京铁路局、民航华北局、首发集团召开座谈会，探讨邮政行业与交通行业融合发展的思路与路径。座谈会上，民航、铁路、公路三部门各自介绍了当前已开展的合作项目，并从各自行业特点提出了下一步与邮政融合发展的思路。通过座谈交流，进一步增进了交通行业与邮政行业的互相了解，进一步明确了交通与邮政融合发展的方向。

## 快递服务设施规划纳入京津冀综合运输服务示范区项目

6月，北京市常务副市长李士祥组织召开专题会议，研究京津冀综合运输服务示范区建设项目。会议强调，要深入贯彻落实《京津冀协同发展规划纲要》，以疏解北京非首都功能和保持本市经济持续较快增长为重要抓手，加快推进项目建设，并首次提出把快递物流园区、快递分拨中心等基础设施规划纳入京津冀综合运输服务示范区建设中，落实新机场快递物流园区规划，推动天竺临空经济区快递核心区发展。

**“快递进校园”进驻北京信息科技大学**

6 月，北京市邮政管理局局长靳兵出席北京信息科技大学永嘉易站校园快递服务站正式运行仪式，并现场宣布：永嘉易站北京信息科技大学校园快递服务站正式运行。这标志着北京局“快递进校园”工作持续推进。靳兵一行现场听取了永嘉易站负责人对该服务站试运行情况、与快递企业合作情况及收派件安全保障情况的详细汇报，参观了学生代表当场试用智能快件箱的全过程。北京信息科技大学柳贡慧校长对永嘉易站校园快递服务站表示充分肯定和认可。

**程红副市长对跨境电商与快递协同发展做重要批示**

6 月底，北京市邮政管理局向北京市政府提交了《关于北京快递企业开展跨境电子商务情况的报告》，副市长程红对北京局推进跨境电商与快递业协同发展所做的工作给予充分肯定，并做出重要批示。程红指出：快递通关是跨境电子商务的关键之一，要以运行中的几个快递公司为典型，优化流程，简化手续，尽快让跨境电商真正运转起来，优势真正发挥出来。同时程红要求市商务委、北京海关等部门积极配合邮政管理部门共同研讨解决跨境电子商务发展中的瓶颈问题，推动跨境电商与快递业协同发展。

**邮政市场监管工作简政放权意见获审议通过**

6 月底，北京市邮政管理局审议通过包括《北京市邮政管理局快递业务经营许可工作优化方案》、《关于下放集邮市场备案工作的意见》和《关于下放邮政用品用具生产监制部分工作职能的意见》在内的邮政市场监管工作简政放权相关内容，自 2015 年 7 月 1 日起将快递业务经营许可相关事项、集邮市场备案及邮政用品用具生产监制证办理工作职能下放至派出机构。

**共谋行业资源共享优势互补协同发展问题**

7 月初，北京市邮政管理局联合市供销合作社召开共谋搭建北京农村供销快递综合服务平台专题研讨会，研讨中，双方围绕跨部门共建共管，跨行业合作发展等问题积极研讨，达成四点共识：一是农资服务站与快递网点可在“场站共享、服务同网”等领域开展合作，通过相互进驻等方式，提高双方场地利用效率，实现“多站合一、资源共享”的发展模式；二是积极搭建供销快递综合服务平台，开发农资服务站快件转投代收服务，解决农村地区快递“最后一公里”配送难题；三是强化供销、快递间业务合作，发挥各自优势，实现供销、配送无缝对接，努力打造农副产品产、销、运一体化的物流供应服务；四是整合供销、快递行业信息资源，实现双方信息互联互通、集约共享和有限联动，实现各类物流资源的最佳调配。

**推动快递与商品流通领域融合发展**

7 月 16 日，北京市邮政管理局与北京市商务委座谈，共商推动快递业与商品流通领域融合发展。双方就编制物流专项规划、推动首都电子商务和跨境电子商务与快递协同发展，建设城乡公共配送平台解决最后 100 米服务，北京市提高生活性服务业品质行动计划推进、新能源车推广和快递电动三轮车规范管理等可合作领域进行了热烈探讨，并就今后加强深度合作达成六点意见。

**北京市寄递渠道安全管理协调小组首次会议召开**

8 月 3 日，北京市寄递渠道安全管理协调小组第一次（全体）会议召开，会上，协调小组副组长、市委政法委副书记、首都综治办主任闫满成宣布协调小组及办公室成立。市邮政管理局副局长杨新明代表协调小组对全市邮件、快件寄递安全管理工作进行了部署。市公安局、市国家安全局、市商务委、市安监局分别就分管工作发言，表示将共同推进寄递渠道安全管理工作。会议细化了职责任务，强化了寄递渠道安全的“首都标准”。协调小组组长由市政府主管副市长张延昆担任，常务副组长由市政府主管副秘书长王成国担任，这一组织领导的高规格配备充分体现了北京市对寄递安全的高度重视，在全国尚属首家。

### 部署两大活动期间邮政行业安全保障工作

8月7日，北京市邮政管理局组织召开会议，全面部署2015年北京田径世锦赛和纪念中国人民抗日战争暨世界反法西斯战争胜利70周年阅兵两项重大活动期间邮政行业安全保障工作。会上，北京局就做好两项重大活动期间有关快递服务与安全保障工作做了细致部署。要求全行业要充分认识当前寄递渠道安全形势，切实提高安全意识、责任意识，强化组织领导与工作统筹，深入开展寄递安全隐患排查治理，严格落实活动期间实名收寄，严把进京邮件、快件安检关，切实做好重点区域、重要场所寄递安全保障工作，同时严格执行服务标准，积极应对北京活动期间限行问题，保障行业安全平稳运行，确保寄递渠道安全畅通。会上，市公安局、市国家安全局结合当前寄递渠道安全保障与反恐防范工作形势，分别做了有关工作部署。

### 邮政行业发展纳入全市提高生活性服务业品质行动计划

8月初，北京市政府印发《北京市提高生活性服务业品质行动计划》，北京市邮政管理局推动的快递进校园、进社区等重点项目被纳入行动计划。行动计划指出，要以进社区、进校园为重点，加快共同配送服务网点建设，承接电子商务、快递等企业的末端配送服务。2017年底前，建成500个共同配送服务网点；2020年底前，累计建成800个共同配送服务网点。鼓励邮政企业、快递企业加强末端网点建设，为市民提供便利的寄递服务；设立智能快件箱，服务市民网络购物需要。

### 组织开展快递企业反恐防爆安全演练

8月13日，北京市邮政管理局与市国家安全局共同组织指导北京金韵达速递有限公司开展了寄递渠道反恐防爆安全演练活动。国家局邮政业安全中心、市国家安全局、市公安局、北京局各派出机构及全市12家规模以上寄递企业相关领导观摩了安全演练活动。

### 邮e安移动视频监控系统上线运行

8月中旬，由北京市邮政管理局与中国电信公司合作开发“邮e安移动视频安全监控系统”已完成一期建设任务，邮政管理部门可以运用移动终端实时监控10家快递企业分拨中心生产情况，初步搭建起移动视频监控管理平台，未来将逐步接入更多快递企业和邮政企业处理中心和营业网点的监控视频图像资源，完善视频监控管理中心功能。

### 《北京邮政与交通融合发展研究》课题通过专家验收

8月26日，北京市交通发展研究中心组织召开《北京邮政与交通融合发展研究》课题报告专家评审会，来自市交通委、北京工业大学、中国民航机场建设集团、中国铁道科学研究院和北京交通大学的专家参加评审。与会专家认为《北京邮政与交通融合发展》课题研究充分、数据详实、分析透彻，具有较强针对性与指导性，一致同意验收结题。

### 约谈问题企业 确保安全措施落实到位

8月26日，北京市邮政管理局局长靳兵带队到重点区域快递企业进行暗访，重点检查“两大活动”期间快递企业落实收寄验视、实名收寄和快件安检三个100%工作措施情况。检查中，北京局发现个别快递企业在实名收寄和重点区域、重要场所邮件二次安检方面落实不到位，存在较大安全隐患。针对这一问题，当天下午，北京局立即对问题企业进行约谈，向该公司负责人通报现场检查情况，要求其强化责任意识，细化工作措施，务必以最高标准、最严措施落实三个100%工作措施。

### 推进首都农村快递物流健康发展意见出台

9月6日，北京市邮政管理局联合市交通委员会、市农村工作委员会共同印发《关于协同推进首都农村物流健康发展加快服务农业现代化的意见》，制定出台促进全市农村快递物流健康发展的具体措施，积极打造“首都高标准，发展新模式，交农邮融合”的农村快递物流服务网络。

### 推进首都邮政基础设施升级发展

9月9日，北京市市政市容委主任孙新军带队到访北京市邮政管理局，与北京局局长靳兵座谈，就深化两部门间协调合作、升级发展邮政报刊亭、邮筒（箱）等邮政基础设施、优化快递末端投递等问题进行充分交流。孙新军表示，两部门应持续密切合作，在升级邮政报刊亭、邮筒（箱）等邮政设施以及规范快递末端投递等领域深入研究，共同推进北京“国际一流和谐宜居之都”建设工作。针对深化部门间协调合作，共同推进首都邮政业发展和市政市容建设等问题，双方达成了四项一致意见。

### 召开“十三五”期间重大工程和重大项目对接会

9月11日，北京市邮政管理局组织快递企业、专家学者和相关政府部门召开对接会，座谈交流“十三五”期间快递业拟规划建设的重大工程和重大项目。顺丰、“四通一达”等国内快递和FedEx等国际快递共16家企业汇报发言并以书面形式提出“十三五”期间拟建设的重大工程和重大项目。国务院发展研究中心、商务部国际电子商务中心、北京市城市规划设计研究院、北京交通大学等研究机构的专家学者对拟建设的重大工程和重大项目提出专业建议。北京市发展改革委、规划委、交通委、商务委相关人员从政府部门角度出发，对重大工程和重大项目发表意见。

### 荣获抗战胜利70周年纪念活动服务保障工作先进集体

9月18日，北京市隆重召开纪念活动服务保障工作总结表彰大会，市委书记郭金龙讲话，市长王安顺做总结报告。会议宣读了表彰决定，北京市邮政管理局和北京市邮政公司荣获阅兵服务保障工作先进集体。

### 推进“农邮通”合作服务站试点工作

9月22日，北京市邮政管理局、市交通委、市农委三部门召开工作推进会，共商强化资源整合，落实部门协同，打造一批功能叠加、一点多能的“农邮通”合作服务站等工作。会上，三部门重点就如何落实《关于协同推进首都农村物流健康发展加快服务农业现代化的意见》要求、如何开展“农邮通”试点示范以及如何争取地方政策等工作进行了充分沟通。研讨中，三部门就开展“农邮通”合作服务站建设工作达成四点共识。

### 首都寄递安全管理进入智能化科技管理新时代

9月24日，北京市邮政管理局和中国电信集团系统集成有限责任公司在北京签署“邮e安”信息化平台建设战略合作框架协议，标志着首都邮政业寄递安全管理进入智能化科技管理新时代。新华社、经济日报、光明日报、北京日报、北京电视台等15家新闻媒体到会宣传报道。

### 快递行业青年文明号结果揭晓

9月29日，北京市邮政管理局组织召开快递行业青年文明号授牌仪式大会，与会领导为获得2014年度北京市青年文明号荣誉称号的12个集体进行了授牌。

### 荣获阅兵联合指挥部“阅兵保障突出贡献奖”

9月底，中国人民抗日战争暨世界反法西斯战争胜利70周年纪念活动阅兵联合指挥部授予北京市邮政管理局阅兵保障突出贡献奖牌，表彰北京市邮政管理局在全市寄递渠道安全保障、阅兵村邮局建设、邮政快递服务质量保障等方面做出的突出贡献。同时，北京市纪念活动领导小组向北京局五位同志颁发了纪念活动先进个人证书。

### 部署十八届五中全会和快递业务旺季安保工作

10月23日，北京市邮政管理局组织召开全市邮政、快递企业会议，传达部署十八届五中全会和快递业务旺季期间安全与服务保障工作。会议传达了国家邮政局和北京市有关十八届五中全会安全保障工作要求以及国家邮政局快递业务旺季服务保障工作电视电话会议精神，对十八届五中全会和业务旺季期间北京市邮政快递安全与服务保障工作进行了全面部署。

### 张延昆副市长带队视察寄递渠道安全管理工作

10月24日，北京市委常委张延昆在政法委常务副书记邱水平、首都综治办主任闫满成、市邮政管理局局长靳兵等同志陪同下，先后到北京市顺丰速运有限公司宣武分公司和十八届五中全会寄递服务保障集中安检点，视察北京市五中全会寄递服务保障及寄递渠道安全管理工作。

### 首都邮政行业加快推进新能源汽车应用

11月初，北京市邮政管理局专门召开动员部署会，下发《关于在邮政业推广应用新能源汽车的工作方案》，加快首都邮政业推广新能源汽车应用的步伐。市邮政公司和全市所有获得许可的快递企业相关负责人参加了会议。方案提出要充分发挥政府引导、企业自主和市场决定作用，推动配套设施建设，创新推广应用模式、落实扶持补贴政策、建立健全推广应用长效机制。

### 五部门联合调研寄递渠道安全管理工作

11月5日，北京市政法委副书记闫满成带队，首都综治办、市公安局、市安全局、市安监局、市邮政管理局五个部门开展联合调研北京市寄递渠道安全管理工作，调研组到北京申通快递服务有限公司了解有关情况，并在天竺邮政管理局与六家品牌企业进行座谈。

### 程红副市长关注北京跨境电商与快递协同发展

11月10日，北京市副市长程红带队到大兴区调研跨境电子商务企业发展情况，北京市邮政管理局参加调研。程红指出：近年来电子商务发展异军突起，电子商务、跨境电子商务、快递物流和信息流在北京具备优势，在互联网+的环境下，要认真研究快递与电商和跨境电商协同发展问题，营造良好的政策环境，推进北京市跨境电子商务信息化平台建设，发挥首都综合优势，促进产业升级。

### 靳兵局长调研指导马村“农邮通”

11月16日，北京市邮政管理局局长靳兵带队前往大兴区北臧村镇调研马村“农邮通”合作站试点建设工作，了解试点建成以来运营情况，指导合作站拓展服务领域，创新运营模式，为全面推广建设“农邮通”综合服务平台提供宝贵经验，推动北京农村邮政快递市场持续健康发展。

### 推进邮政与交通融合发展意见出台

11月26日，北京市交通委和北京市邮政管理局联合出台《关于推进首都交通与邮政融合发展的意见》。这是北京局贯彻落实《京津冀协同发展规划纲要》交通一体化战略的先行举措，是迅速落实部市协议的第一个配套文件，也是新形势下加速交通和邮政全方位深度融合的创新探索。意见以建设京津冀地区交邮融合发展示范先行区为目标，以规划融通、资源融通、信息融通、政策融通和业务融通的“五通”为实现路径，提出构建航空、铁路、公路立体化快递综合运输枢纽体系的新思路，将加深行业间融合、企业间融合为重点，明确五大任务和四项措施，致力于建设智能化、信息化、便捷化、规范化的交通与邮政融合发展新格局。

### 张建东副市长充分肯定北京邮政行业管理工作

12月8日，北京市邮政管理局局长靳兵向北京市新分管邮政的副市长张建东同志汇报行业管理工作。张建东在北京局上报的专题报告上做出批示：“市邮政管理局在邮政行业监管、保障、服务等方面做了大量工作，值得肯定。下一阶段，要结合新的形势，在进一步提高服务质量的同时，在保障邮件、快件基地安全上下功夫，也请相关部门给予支持”。

### 《北京市跨境电子商务与快递物流协同发展研究》通过专家验收

12月18日，北京市邮政管理局组织召开《北京市跨境电子商务与快递物流协同发展研究》专家评审会。来自北京市发展改革委、北京市商务委、北京海关、对外经济贸易大学、北京交通大学等单位的专家参加评审。与会专家表示，《北京市跨境电子商务与快递物流协同发展研究》课题组对北京市跨境电商和快递物流的发展现状、问题及趋势进行了深入研究，并根据北京市跨境电子商务与快递物流协同发展的需求，提出了相关政策建议，整个课题研究充分、思路清晰、结构完整、数据详实，一致同意验收结题。

### 市政府亿元资金支持首都寄递渠道安全保障

在首都综治办的大力支持下，经北京市邮政管理局积极协调争取，12月末，北京市政府决定一次性给予北京邮政业财政补贴10050万元，专项补贴全市快递企业购置安检设备。

### 《首都城乡快递末端公共服务平台建设》课题研究通过专家评审

北京市邮政管理局联合北京物资学院开展《首都城乡快递末端公共服务平台建设》课题研究，12月底课题报告通过专家评审会审定。课题研究围绕快递“五进”暨进校园、进社区、进机关、进商厦和进乡村情况，通过对快递企业、第三方共同配送企业、物业管理部门、用户进行深入调研，收集大量实际数据并对全市末端配送中需要解决的问题进行系统分析，对各种配送模式进行调研和论证。快递末端公共服务平台建设课题研究，对于缓解城市交通、快递服务民生等都有积极的推动促进作用。

## 天津市快递发展大事记

### 孙文魁副市长批示肯定天津邮政管理工作

1月12日，天津市副市长孙文魁在天津市邮政管理局报送的《关于全国邮政管理工作会议情况及我局2014年主要工作和2015年重点工作思路的报告》上作出批示。他在批示中指出：“2014年市邮政管理局坚持围绕中心、服务大局，按照交通运输部、国家邮政局和天津市委市政府的工作部署，主动作为、开拓创新，各项工作取得显著成绩，为天津经济社会发展做出了重要贡献。2015年工作思路和安排很好，针对性、操作性很强，望抓好落实。”

### 天津局与滨海新区政府共商快递与电商协同发展

1月13日，天津市邮政管理局局长陈凯与滨海新区副区长、代理区长张勇进行座谈，共商快递与电子商务协同发展事宜。张勇希望双方充分利用天津市“五大战略”机遇期和滨海新区海港、空港的优势，共同谋划快递物流园区和相关产业布局，吸引规模快递企业总部来津投资，形成产业集聚效应，为服务滨海新区跨境电子商务、先进制造业等做好服务支撑。

### 市政府召开2015年天津市邮政管理工作会议

1月20日，天津市政府召开2015年天津市邮政管理工作会议，副市长孙文魁出席会议并讲话。会议明确2015年是天津邮政行业“项目落地年”，要求全面贯彻落实党的十八大、十八届三中、四中全会精神和全市经济工作会议精神，按照国家邮政局和市委市政府总体工作部署，以“一二三四五”重点工作为抓手，准确把握新常态，进一步强化协同发展，进一步强化提质增效，紧紧抓住发展不放松，推动邮政业在天津市现代服务业中成为关键产业，努力促进邮政业做大做强。

### 天津两会召开 邮政行业获多项政策利好

1月25日，天津市人大十六届三次会议召开，市长黄兴国作政府工作报告。黄兴国在《政府工作报告》中指出，2015年，天津将建设好中国（天津）自由贸易试验区。完善市场主体信用信息公示平台，健全分类监管机制，让守法企业一路绿灯，失信企业处处受限。加快外贸转型升级，建设跨境电子商务综合服务平台。高水平建设国家自主创新示范区，构建“一区多园”发展格局，打造具有国际影响力的产业创新中心和国家级区域创新中心。推动现代服务业发展实现新突破。促进生产性服务业与先进制造业融合发展，延伸制造业产业链条，大力发展电子商务，培育大数据产业。加快建设大型门户枢纽机场，货邮吞吐量达到26万吨。

### 推进航空物流园区建设

1月28日，天津市邮政管理局局长陈凯接待天津港保税区、空港经济区管委会主任杨兵一行。双方就对接天津航空物流园区建设、电子商务与快递服务公共信息平台搭建等事宜进行商讨，并就建设现代高端航空物流产业园区达成三点共识：一是共同做好天津航空物流物流园区建设工作，鼓励快递企业参与产业园区的投资建设，推动已签约企业的开工建设。二是快递产业园区作为航空物流园区“一区四园”的核心园区之一，纳入整体园区布局。三是搭建电子商务与快递服务公共信息平台，提升园区信息技术水平，扩大园区服务功能。

### 市政府批复15个重点产业发展三年行动计划

2月4日，天津市政府批复《天津市民用航空产业发展三年行动计划》（2015－2017年）、《天津市新能源汽车产业发展三年行动计划》、《天津市现代物流业发展三年行动计划》等15个重点产业发展三年行动计划，邮政业获多项政策利好。

### 天津局与武清区政府共推农村电商快递协同发展

2月11日，天津市邮政管理局局长陈凯与武清区政府副区长尤天成一行进行座谈，双方就建设农村电子商务与快递物流综合服务平台、搭建公共信息服务平台、建设武清区快递物流园区等工作进行了深入交流。尤天成表示，武清区政府将与天津局联合推进快递与电子商务的深度融合，更好地服务电子商务发展，进一步提升电子商务与快递企业的聚集效应，共同拓展农村电商市场。

## 市领导检查组春节前检查邮政行业安全生产

2月16日，天津市副市长王宏江带领市公安消防、水务、交通运输、安全监管等部门负责同志，赴市邮政速递物流有限公司检查春节前安全生产工作。王宏江要求企业要切实绷紧安全生产这根弦，严格落实安全生产主体责任，按照市委市政府关于安全生产的工作部署做好企业安全生产工作。

## 一个人一集体被评为2014年度市三八红旗手（集体）

2月25日，天津市妇联下发《关于表彰2014年度天津市三八红旗手标兵、三八红旗手（集体）的决定》，对10名三八红旗手标兵、218名三八红旗手、105个三八红旗集体进行表彰。天津市天地申通物流有限公司总经理王玉琴被评为“天津市三八红旗手”，天津顺丰速递有限公司客服部被评为“天津市三八红旗集体”。

## 天津报备电子商务与物流快递协同发展试点工作实施方案

2月26日，天津市邮政管理局会同市财政局、市商务委将主管副市长签批同意的《天津市电子商务与物流快递协同发展试点工作实施方案》分别报国家邮政局、财政部和商务部备案。天津市电子商务与物流快递协同发展试点工作取得阶段性进展。根据方案，到2015年底，天津将布局建设多个大型电商物流快递产业园区、物流分拨中心、快件处理中心、保税仓储中心及校园快递综合服务中心，升级改造或建设若干农村邮政业综合服务平台和社区综合服务平台，布设数百个智能快件箱。方案还对专项资金的使用作了细化安排。

## 提前部署全国两会期间寄递服务和安全监管工作

2月27日，天津市邮政管理局召开全国两会期间寄递服务和安全监管工作动员部署会。会议下发了《关于做好全国“两会”期间寄递服务和安全监管工作的通知》，要求各派出机构从三方面做好相关工作：一是要切实增强政治责任感和紧迫感；二是重点抓好企业收寄验视制度落实工作；三是要加大执法检查力度，依法开展“无着”邮件、快件处理工作大检查，细化工作流程，做到全面排查无盲区。

## 电子商务与物流快递协同发展试点领导小组第一次工作会召开

3月6日，天津市政府召开电子商务与物流快递协同发展试点领导小组第一次工作会。副市长、领导小组副组长孙文魁出席会议并讲话。会上，市商务委就《天津市电子商务与物流快递协同发展试点工作实施方案》起草制定、主要内容和工作分工情况作了汇报。天津市邮政管理局就试点工作开展的最新情况及下一步工作计划作详细汇报。孙文魁对试点工作进展情况予以充分肯定，要求财政、商务、邮政等部门根据与会人员提出的意见建议，对试点工作具体实施意见作进一步修改和完善，使其更具有可行性、可操作性。

## 共商跨境电商与快递通关平台建设

3月18日，天津市邮政管理局局长陈凯与天津市海关副关长刘来久座谈，共同商讨建设跨境电子商务与快递服务通关平台事宜。刘来久表示，天津海关将一如既往支持邮政管理工作，鼓励邮政企业、快递企业在一些领域搞先行先试。他希望加强双方信息沟通，密切配合，与有关部门共同努力尽快将天津市纳入全国跨境电商试点城市，为跨境领域快递业发展再创良好政策环境。

## 召开《天津市快递条例》立法座谈会

3月18日，天津市人大法工委、财经委联合召开《天津市快递条例》立法座谈会，听取天津市邮政管理局关于立法工作的汇报和建议。市人大法制委员会主任矫捷、市人大财经委员会主任、市人大常委会财经委主任吴初、市人大法制委员会副主任、市人大常委会法工委主任高绍林、市人大常委会财经委副主任李玉星，市邮政管理局、市人大法工委、财经委相关负责同志和工作人员参加座谈会。

### 市政府出台促进内贸流通健康发展实施意见

3月25日，天津市政府办公厅出台关于促进天津市内贸流通健康发展的实施意见，市邮政业获多项政策利好。意见共分为推进现代流通方式发展、完善流通基础设施建设、推进流通领域改革创新、进一步优化营商环境、切实加强组织领导等五部分内容。明确了由天津市邮政管理局会同相关部门牵头，负责推进电子商务与物流快递协同发展和推动优势流通企业做大做强。

### 研究建立完善寄递渠道安全管理机制

4月3日，天津市邮政管理局局长陈凯与市委政法委副书记、市综治办主任刘玉友座谈，研究建立完善天津市寄递渠道安全管理机制。刘玉友表示，市综治办将发挥统筹协调的作用，全力支持寄递渠道安全管理工作，推动各部门落实责任、拿出对策、抓出成效。双方同意尽快召开天津市首次寄递渠道安全管理领导小组会议。

### 约谈圆通、申通两家快递企业

4月13日，天津市邮政管理局约谈了圆通速递有限公司天津分公司与天津市天地申通物流有限责任公司负责人，就最新消费者申诉集中反映的快递服务质量问题以及与加盟商合作纠纷导致快递服务阻断进行了告诫。

### 快递业发展首次纳入全市服务业发展工作要点

4月14日，天津市发改革委印发2015年全市服务业发展工作要点，其中，快递业发展内容首次被纳入全市服务业发展工作要点：一是加快建设快递物流配送中心，构建高效、绿色、便捷的城市快递物流配送网络。二是加快空港、东疆港、武清等重要交通节点地区的电商物流快递聚集区规划建设。三是落实电子商务与物流快递协同发展国家试点任务，构建快递末端配送网络，推进电子商务与物流快递公共信息平台建设。此外，还提出加快航空物流区建设，努力完善机场集疏运体系，加快新开机场客货运航线航班，提高机场客货运吞吐量；推进跨境电子商务创新试验区建设，发展以直邮、集货和保税备货等模式为主的跨境电子商务业务等。

### 两项工作纳入市推动京津冀协同发展2015年工作要点

4月15日，天津市京津冀协同发展领导小组办公室印发《天津市推动京津冀协同发展2015年工作要点》，其中明确天津市邮政管理局牵头办理的两项工作任务和进度要求。一是推进区域快递分拨中心和基础设施建设，要求年内取得阶段性成果。二是出台《天津市关于促进快递服务与电子商务协同发展的意见》，要求年内完成。此外，工作要点还提出加快新能源汽车推广应用、充换电站（电桩）建设及天津航空物流园建设等工作任务。

### 部署全市2015年快递服务质量专项整治工作

4月27日，天津市邮政管理局组织召开全市2015年快递服务质量专项整治工作动员部署会。会议印发了《2015年天津市快递服务质量专项治理工作方案》，从工作目标、组织领导、主要职责、工作步骤和工作要求五个方面对下一步工作进行了部署，并通报了前期在网点规范治理执法检查中发现的问题。会议还对做好天津市快递服务质量专项整治工作提出四点要求。

### 推进海空联运建设指导意见出台

5月4日，天津市交通运输委制定出台了《推进我市海空联运建设的指导意见》，根据意见，2015年天津海空联运客货流量将实现零的突破，2016年至2020年年均增长保持10%以上。意见提出大力推进跨境电商业务、推动跨境电商与快递物流协同发展，加强海空港资源共享信息互通、提升产业发展竞争力等四项重点工作。

### 部署电商物流协同发展试点资金申报工作

5月14日，天津市邮政管理局、市商务委、市财政局联合召开电子商务与物流快递协同发展试点资金申报工作部署会。会议宣讲了《2015年度天津市电子商务与物流快递协同发展试点项目申报指南》。申报指南对试点资金支持方向及标准、项目申报单位的资格条件、申报材料、申报流程及监督检查等五方面内容作了规定，其中明确了试点资金将重点支持网络骨干节点建设、末端基础设施建设、公益性信息服务系统建设、末端配送车辆更新改造等。

### 新能源邮政执法车投入使用

5月22日，天津新能源邮政执法用车正式交付使用。为了更好地跟踪新能源汽车的使用性能和效果，带动推广工作，天津市邮政管理局采取政府购买服务的方式，利用新能源汽车保障邮政业监管工作。

### 1.5万册《家庭禁毒手册》由快递企业免费发到千家万户

5月下旬，由国家禁毒委印制的1.5万册《家庭禁毒手册》，由申通、圆通、中通、汇通、韵达等快递企业业务员在派送快件时免费发放给广大消费者。此举是天津市邮政管理局开展邮路禁毒宣传，将寄递关口前移，保障寄递渠道安全畅通的有益尝试。

### 与市工信委对接快递服务制造业工作

5月29日，天津市邮政管理局局长陈凯与市工业和信息化委主任李朝兴座谈，就天津市快递服务制造业有关工作进行研究探讨。双方就推进天津市快递与制造业联动、融合发展达成四点共识：一是建立沟通联络机制，共享有关业务数据和资源。二是适时组织赴外省考察调研，学习快递服务制造业成熟做法和经验，找准快递业与制造业的切入点和契合点。三是组织召开制造业企业、快递企业业务对接会，深化双方的合作。四是在充分调研的基础上，拟定我市推进快递服务制造业工作的实施意见，为促进快递与制造业联动、融合发展创造良好政策环境。

### 举行2015年邮政快递新能源汽车大型推介会

6月10日，天津市邮政管理局会同市快递协会组织召开2015年邮政快递新能源汽车推介会。会议通报了2015年以来天津市邮政快递新能源汽车推广应用情况，介绍了最新的国家和天津市连续出台的利好政策。

### 快递服务进社区获政策利好

6月18日，天津市国土房管局印发了《关于物业服务企业配合做好小区安装新能源汽车充电桩等有关工作的通知》，其中对快递服务进社区有关工作进行了明确，为解决快递“最后一公里”服务问题提供了有力保障。通知要求，各物业服务企业要切实提高服务意识和法制观念，不设置门槛、不违规操作、不提利益要求，不得以任何形式和理由阻碍快递业务员进入物业小区开展快递服务，不得以任何形式和借口违规收取费用。

### 推进智慧城市建设行动计划出台

6月30日，天津市政府办公厅印发《天津市推进智慧城市建设行动计划（2015－2017年）》，行动计划明确了天津市邮政管理局在智慧社区建设、城建监管信息化建设、电子商务发展等方面的相关职责。提出要在社区规划建设以智能邮件快件箱为主的终端自提网络；将天津局纳入城市建设管理网络监管平台，实现城建领域各类基础数据、项目审批进度各部门信息共享；推动天津电子商务与快递物流协调发展，加强电子商务与快递物流公共信息系统建设等具体内容。

### 何树山副市长听取邮政快递新能源汽车推广应用情况汇报

7 月 2 日，天津市副市长何树山赴清源公司视察邮政快递新能源汽车生产经营情况，并听取天津市邮政管理局推广应用新能源汽车情况及下一步推广计划。他强调，天津市新能源汽车推广应用工作已经到了关键时刻，在邮政快递领域推广新能源汽车符合绿色邮政发展方向，要解放思想、拓宽思路，采取与关联产业联合，在贷款、融资、租赁等方面寻求突破。

### 加快发展生产性服务业实施意见出台

7 月 6 日，天津市政府办公厅印发《关于加快发展生产性服务业促进产业结构调整升级实施意见的通知》，邮政行业发展获多项利好。实施意见提出，到 2020 年，天津市生产性服务业总量占地区生产总值的比重比 2014 年提高 6 个百分点，区域性总部和职能性总部达到 300 家左右。还明确了天津市邮政管理局需要会同相关部门牵头做好的三方面工作。

### 天津局与北汽新能源有限公司签订战略合作协议

7 月 29 日，天津市邮政管理局与北京新能源汽车股份有限公司签订战略合作协议。根据协议，双方将建立天津市邮政快递新能源汽车推广应用长效机制，充分发挥政府引导、企业主体和市场决定作用，积极探索快递“最后一公里”与智能快件箱等快递模式创新，推动绿色循环低碳发展，促进天津邮政业转型升级，共建“绿色邮政”和“美丽天津”。天津申通物流有限公司与北汽新能源现场签订了 500 辆新能源汽车采购协议。

### 天津快递业积极参与爆炸事故救援志愿服务工作

8 月 12 日晚，天津滨海新区瑞海公司所属危险品仓库发生爆炸事故。事故发生后，天津快递业积极行动，主动参与事故救援、物资运输、义务献血等志愿服务活动，认真履行社会责任，奉献快递业的一分光、一分热、一份爱心，彰显快递业的担当。

### 积极应对滨海新区危险品爆炸事故对行业的影响

8 月 12 日 23 时 30 分许，天津滨海新区瑞海公司所属危险品仓库发生爆炸事故。8 月 13 日一早，国家邮政局局长马军胜第一时间专门致电天津市邮政管理局局，询问有关情况并指示要求做好邮政业服务及安全管理等工作。当日下午，马军胜再次指示天津局，要做好管制区域内因爆炸造成区域内邮件、快件的处理工作和对用户的解释工作。国家邮政局副局长王梅、刘君也来电询问情况并予指导。按照国家局领导的指示要求，天津局积极应对，启动采取四项举措，应对爆炸事故对邮政行业造成的影响。

### 召开抗战胜利 70 周年纪念活动寄递渠道安保工作会议

8 月 17 日，天津市召开抗战胜利 70 周年纪念活动期间寄递渠道安全保障工作部署会，市寄递渠道安全管理领导小组副组长李国强部署了《天津市抗战胜利 70 周年纪念活动等重大活动期间进京、进藏、进疆邮件、快件集中安检工作方案》，市寄递渠道安全管理领导小组副组长、市邮政管理局副局长王东宣读了《国家邮政局公安部 国家安全部关于加强抗战胜利 70 周年纪念活动等重大活动期间寄递物品安全管理工作的通告》。市邮政管理局局长陈凯在总结讲话时对做好天津市抗战胜利70周年纪念活动等重大活动期间寄递渠道安全保障工作提出了三点要求。

### 为"812"事故中牺牲遇难及受伤人员捐款

8月19日，天津市邮政管理局机关党委组织各党支部为"812"事故中牺牲遇难及受伤人员进行捐款活动，表达哀悼之情。活动当天，共收到来自天津市邮政管理系统、顺丰、申通、全峰、快捷、百世汇通等快递企业及其他爱心人士的捐款82400元。其中单笔最大捐款额为3万元。

### 天津市邮政业信息中心正式启用

8月19日，天津市邮政业信息中心正式启用，中心作为天津市邮政管理局内设机构，主要负责市邮政行业信息化推进、网络建设相关工作；拟订天津市邮政行业信息化安全管理政策、规范、标准并组织实施，指导行业信息化发展；负责市邮政行业信息网络与信息安全保障体系、网络与信息安全技术平台的建设和使用管理；承担天津局信息系统、电子政务系统的建设和运行维护等。

### 11部门联合印发加强物流安全管理工作的实施意见

8月25日，天津市综治办、市交通运输委、市公安局、市工业和信息化委、市邮政管理局、市商务委、天津海关、市市场监管委、市安全监管局、北京铁路局天津办事处、民航天津监管局等11部门联合印发《关于加强物流安全管理工作的实施意见》，明确了市邮政管理部门负责市邮政业安全生产监管、邮政业运行安全的监测预警和应急管理，保障全市邮政通信与信息安全。

### 新能源汽车租赁模式启动

8月，天津市2家邮政快递新能源汽车租赁公司相继成立，首批107辆租赁新能源汽车陆续投入使用。天津市邮政快递新能源汽车推广应用工作全面提速。新能源汽车租赁模式的启动，有效缓解了邮政快递企业一次性购车的资金压力，有力推动了新能源汽车在邮政快递领域的推广，为全面完成2015年邮政快递领域新能源汽车推广应用任务奠定了基础。

### 行政执法记录仪使用管理办法出台

9月21日，天津市邮政管理局出台了《行政执法记录仪使用管理办法》。办法明确邮政行政执法人员在实施行政执法及相关管理工作时须佩戴使用执法记录仪，并严格遵循同步摄录、集中管理、规范归档、严格保密的原则，确保执法记录信息资料全面、客观、合法、有效。办法还就执法记录仪数据保存、互联、存储、归档等内容作了规定。

### 崔津渡副主任调研市快递业立法工作情况

9月29日，天津市人大常委会副主任崔津渡带领部分常委会组成人员和市人大代表，深入到市商务委、中山门西里社区和百世物流有限公司，就天津市快递业立法工作情况进行调研。调研组实地察看了智能快件箱、智能信报箱使用情况和快递分拨中心，听取了市邮政管理局关于天津市快递业发展情况的汇报，征求了邮政、顺丰、申通、百世汇通、中外运敦豪5家快递企业和慧科公司关于促进快递业发展的立法意见和建议。

### 市领导肯定邮政快递新能源汽车工作

10月30日，天津市政府召开全市新能源汽车推广应用工作推动会，天津市副市长何树山对天津市邮政管理局积极探索邮政快递新能源汽车租赁模式、引导快递企业全国总部给予政策资金支持、使推广总量位居全国邮政快递领域前列等方面所做的工作予以充分肯定，要求市公安交管部门研究解决邮政快递租赁模式车辆上牌事宜，市科委资金支持邮政快递新能源汽车运营监控服务平台建设，保障新能源汽车长期安全运营和可持续发展。

### 调研推进快递服务进校园

11 月 12 日，天津市邮政管理局局长陈凯与市教委副主任邢立华深入天津财经大学和天津职业技术师范大学，实地调研智能快件箱安装使用情况，共同座谈研究推进快递服务进校园工作。双方还就共同推进快递服务进校园工作达成五点共识。

### 市领导充分肯定天津局 2015 年各项工作

11 月 30 日，天津市副市长孙文魁听取了天津市邮政管理局 2015 年以来主要工作情况汇报，对天津局在促进邮政行业发展、加强寄递渠道安全监管、推进电商与物流快递协同发展试点城市建设、新能源汽车推广、快递服务生产性服务业等方面所做工作给予充分肯定。孙文魁同时就做好下一步邮政管理工作提出了四点意见。

### 推进跨境电商快递服务工作

12 月 8 日，天津市邮政管理局局长陈凯与市口岸办主任朱振宇就推进快递与跨境电子商务协同发展、加强双方沟通合作、实现信息互联互通等工作进行交流座谈。双方就进一步加强合作达成三点共识：一是建立定期沟通座谈机制，就快递服务与跨境电商协同发展等工作进行研究。二是紧紧抓住天津获批全国第八个跨境电商试点城市有利契机，发挥天津空港、海港优势，开发建设跨境电商服务平台，满足海关、检验检疫、邮政管理等部门联合监管需要，实现进出口邮件、快件全程监控。三是加快推进双方在监管信息互联互通、跨境电商服务平台与邮政安全监管平台系统的信息对接等方面工作，服务天津自贸区建设和天津口岸经济发展。

### 市领导批示肯定天津局“双 11”管理工作

12 月 9 日，天津市常务副市长段春华、副市长孙文魁分别在天津市邮政管理局《关于 2015 年“双十一”快递旺季服务保障和寄递渠道安全管理工作的情况报告》上作出批示，对天津局在加强行业监管、服务保障和寄递安全等方面所做的工作给予充分肯定。

### 促进快递服务与新农村协同发展

12 月 9 日，天津市邮政管理局局长陈凯与市农委主任沈欣就促进快递服务与新农村建设协同发展、提升村邮站服务效能、整合农村配送资源、深化双方合作等工作进行交流座谈。双方同意尽快制定工作实施方案，选取涉农区县具有特色的乡镇、行政村作为试点，点面结合推进邮政、快递服务与农村电商、现代农业的协同发展，形成可复制、可推广的模式。

### 寄递渠道一集体两个人获公安综治部门嘉奖

12 月 10 日，天津市公安局联合市综治办对市寄递渠道一集体两个人通报嘉奖。给予杭州百世网络技术有限公司天津分公司安全委员会集体嘉奖；给予该公司安保主管陈祺亮记个人三等功，并授予其“天津市平安志愿者标兵”称号；给予天津市邮政管理局吴广磊个人嘉奖。

### 一单位一个人分获“党组织示范窗口”和“党员先锋岗”称号

12 月 18 日，天津市委市级机关工委下发《通报》，天津顺丰速递有限公司党支部被评为市级机关“党组织示范窗口”，顺丰公司李元同志被评为市级机关“党员先锋岗”。

### 推动快递物流园区建设

12 月 24 日，天津市邮政管理局局长陈凯与空港管委会工委书记尤天成就推进空港快递物流园区建设、加强双方沟通合作等事宜进行座谈。双方就进一步加强合作达成四点共识：一是通过签订战略合作框架协议等，加强双方合作的顶层设计，共促邮政行业更好服务天津自贸区建设。二是充分利用天津空港、海港优势，引进快递企业总部或区域总部落户自贸区天津机场片区，承接首都非核心功能溢出，推进空港快递专业类物流园区建设，形成辐射京津冀协同发展的区域性枢纽中心。三是支持建设自贸区邮政管理机构，依法履行相关行政管理职能，落实有关自贸试验区的政策措施，支持自贸区改革创新工作。四是紧紧抓住“互联网＋”契机，推进天津市邮政业与融资租赁、金融保险、信息技术、先进制造等产业融合发展，促进跨境电商进出口贸易。

### 邮政管理部门成为天津自贸试验区法定驻区机构

12 月，天津市十六届人大常委会第二十三次会议，表决通过《中国（天津）自由贸易试验区条例》，邮政管理部门作为法定驻区机构被写入《条例》，这在全国四个自贸区中尚属首次，为邮政行业更好服务天津自贸试验区建设打下坚实基础。条例共 8 章 58 条，从管理体制、投资开放、贸易便利、金融创新、服务京津冀协同发展、营商环境等方面，对推进天津自贸试验区建设进行了全面规范，邮政行业获诸多政策利好。

## 河北省快递发展大事记

### 姜德果副省长冀望邮政管理工作

1 月 23 日，河北省邮政管理局向主管省领导河北省副省长姜德果汇报了河北局 2014 年邮政管理工作情况及下一步工作安排。姜德果作出重要批示：“在过去的一年里，省邮政管理局认真贯彻落实省委、省政府决策部署，立足本职、开拓创新，在促进行业发展、完善基础设施、提升服务水平、规范行业秩序、保障行业安全等方面取得了新的突破，为服务全省经济社会发展和民生改善做出了积极贡献。希望在新的一年里再接再厉，认真贯彻落实省委八届九次全会、全省经济工作会议和省两会精神，坚持依法治邮、提质增效，促进行业转型升级，确保行业运行安全，不断开创邮政管理事业新局面，为全省改革发展稳定大局做出新的贡献。”

### 快递下乡工作纳入河北省委 2015 年 1 号文件

2 月 5 日，河北省委出台的《关于加快转变农业发展方式推进农业现代化的实施意见》，将空白乡镇邮政网点建设、快递下乡等作为重点工作进行了部署。意见明确指出：“加快农村信息基础设施建设和宽带普及，开展电子商务进农村综合示范，加快空白乡镇邮政网点建设，支持快递服务网络向农村延伸。解决一事一议财政奖补‘空白村’议事难、筹资难问题，着力改变农村基础设施和公共服务落后状况。”

### 促进内贸流通实施意见出台

2 月 25 日，河北省政府办公厅印发了《关于促进内贸流通健康发展的实施意见》，提出了促进内贸流通健康发展的措施，对促进电子商务与物流快递协同发展、城市配送车辆统一管理等工作作出具体部署。

### 多市邮政业发展纳入政府工作报告

2 月 27 日，在各市召开的两会上，廊坊、保定、邢台、张家口市政府工作报告均对邮政、快递业务发展提出了要求。

### 加强全国两会期间邮政、快递服务和安全工作

3 月 9 日，河北省邮政管理局结合地方实际，精心部署，多举措做好“两会”期间邮政、快递服务

和安全工作。下发通知要求各市局充分认识两会期间邮路安保任务的重要性和紧迫性，切实提高责任意识，采取有效措施，督促企业落实收寄验视制度，严密防范不法分子利用寄递渠道从事各类违法犯罪活动，抓好企业安全生产工作，保证服务质量，妥善处理消费者投诉、申诉，加强舆论引导，妥善处置突发事件。

### 石家庄市电商与物流快递协同发展试点实施方案出台

3月11日，由石家庄市邮政管理局、商务局、财政局联合制定的《石家庄市电子商务与物流快递协同发展试点工作实施方案》获石家庄市政府批准。根据方案，作为全国电子商务与物流快递协同发展试点城市，石家庄将进一步创新物流配送服务模式，计划到2017年底，物流快递末端投递服务站点及职能投递终端城区覆盖率将达到100%，县域乡镇与自然村达到40%。方案还对专项资金的使用进行了细化安排，除国家支持的3000万元外，市级还将安排500万元配套资金。

### 省邮政管理系统建立法律顾问制度

3月16日，河北省邮政管理局积极采取措施建立法律顾问制度，加快推进“法治邮政”建设进程。在全省邮政系统采取公开招聘、定向邀请等方式，科学、自主地聘请具有一定专长的执业律师和律师事务所提供法律服务，法律服务内容包括：重大决策、重大项目等事项法律论证、评估，出具法律意见；参与拟订地方立法草案、制定规范性文件；参与处置重大突发事件、审查合同文本、协助开展法制宣传教育工作等方面内容。

### 召开全省县级邮政监管机构组建工作座谈会

4月4日，河北省邮政管理局组织召开了县级邮政监管机构筹建工作座谈会，局长王跃、党组成员刘燕宏同志出席并讲话。各市局针对本地区机构拟设置模式、编制来源及经费保障等提出具体意见建议。河北局人事处介绍了江苏等省份组建县级邮政监管机构的做法和经验。参会人员研究讨论了全省县级邮政监管机构组建工作方案。王跃要求，各市局要按照国家邮政局和河北局的总体部署，统一思想，提高认识，认真做好县级邮政监管机构组建工作。

### 推进区域快递分拨中心和邮政基础设施建设

4月7日，河北省省长张庆伟主持召开第45次省政府常务会议，听取关于京津冀协同发展工作座谈会精神及全省贯彻落实意见的汇报，研究《三个重点领域率先突破方案》，河北省邮政管理局局长王跃参加会议。京津冀协同发展2015年重点推进督导事项共113项，推进区域快递分拨中心和基础设施建设列入其中，要求2015年年底前取得阶段性成果，由主管省长牵头，省邮政管理局为牵头部门，省发展改革委及有关市政府为配合部门。

### 首届河北（邯郸）县域电子商务大会召开

4月9日，由河北省商务厅、邯郸市人民政府、阿里巴巴集团共同主办，邯郸市邮政管理局、邯郸市商务局等单位承办的首届河北（邯郸）县域电子商务大会在邯郸召开。河北省邮政管理局局长王跃出席会议并讲话。顺丰、申通、圆通、韵达、EMS等企业主要负责人参加了大会。

### 省政府提出要着力解决城市快递车辆问题

4月13日，河北省省长张庆伟主持召开第46次省政府常务会议，听取全省一季度经济运行情况的汇报，对下一步经济工作进行研究部署。河北省邮政管理局局长王跃参加会议。张庆伟在讲话中明确要求，要推动服务业上档升级，大力发展现代物流、商务会展、金融保险、信息服务、文化体育等现代服务业。会议明确提出，要着力解决城市快递车辆“绿色通道”等方面的政策障碍，建立省级引导基金。

### 启动省邮政行业发展“十三五”规划调研

4月13日至15日，河北省邮政管理局和课题承担单位国家邮政局发展研究中心组成调研组，赴邢台、邯郸开展调研，与市邮政管理局、发展改革部门和邮政、快递企业进行了座谈，充分听取了地方政府部门、邮政、快递企业对规划的建议。

### 姜德果副省长专题听取快递业发展情况汇报

4月24日，河北省主管副省长姜德果专题听取了全省快递业发展情况汇报，姜德果强调，要充分发挥市场作用，营造好的发展环境，吸引业内品牌企业的总部和分拨中心落到河北。要进一步强化寄送渠道安全管理，规范收投运输方式，促进河北省快递业持续快速发展。要围绕京津冀协同发展战略准确定位，充分发挥河北省的区位优势和比较优势，编制好快递服务业“十三五”发展规划，织好互联网和实体企业线上线下两张网，切实与地方发展适应融合，促进河北省产业转型升级。

### 召开寄递企业京津冀协同发展座谈会

5月5日，河北省邮政管理局召开寄递企业京津冀协同发展座谈会，会议重点围绕全省快递企业如何抢抓京津冀协同发展战略机遇，加快行业发展进行了研讨，企业负责人对园区建设、项目用地、人才培养、末端投递、车辆通行等问题提出了意见建议。

### 韩瑞林司长赴河北调研

5月25日至26日，国家邮政局市场监管司司长、安全中心主任韩瑞林一行到河北调研快递业发展情况并指导安全监管工作。韩瑞林先后深入到分拨中心、营业网点和电商市场，重点考察了电子商务与物流快递协同发展试点工作和快递服务制造业的有关情况，在沧州召开了部分地市局长座谈会。调研期间，韩瑞林还会见了石家庄市市长张业副、沧州市副市长袁志刚以及市政府张在月咨询，就电子商务与快递协同发展、邮政业服务地方经济以及产业联动等工作进行了沟通。

### 加快发展服务贸易实施意见出台

5月28日，河北省政府下发了《关于加快发展服务贸易的实施意见》，加快发展现代服务贸易，推动服务贸易转型升级，河北省邮政管理局被列为责任部门。意见明确，要加快发展现代服务贸易，大力实施“互联网+”战略，培育完善信用、快递物流、支付等电子商务支撑体系。要发展交通运输、现代物流和供应链管理服务，加快建设综合运输网络，完善跨国（境）物流管理政策和配套服务，积极发展第三方物流，鼓励现有运输、仓储、货代、联运、快递企业整合功能和延伸服务。推动商贸服务业转型升级，建设一批集展贸直销、电子商务、信息发布、物流配送、融资结算等服务一体，面向国内外市场的服务平台。支持中小型服务业企业开展对外业务，鼓励企业建设境外保税仓，积极构建跨境产业链，带动国内劳务输出和货物、服务、技术出口。

### 促外贸增长利好文件出台 利好快递业

5月29日，河北省政府办公厅印发了《关于促进外贸稳增长调结构培育外贸竞争优势若干措施》，鼓励企业开展跨境电子商务，加快建设快件监管中心。文件明确，加快石家庄机场邮寄物和快件监管中心建设，推进对跨境电子商务进口商品实施“分类管理、便利进出”和“一次申报、分批核销”的海关、检验检疫监管措施，支持符合条件的支付机构开展跨境电子商务外汇支付业务，适时建立集信息流、资金流、物流于一体的跨境电商平台，为企业提供综合服务。此外，将大力发展保税物流，推动保税展示、跨境电子商务、融资租赁、服务外包、产品研发等新兴业态发展，在全省开展工商营业执照、组织机构代码证和税务登记证“三证合一”登记制度，方便企业登记。

## 对接企业总部推动快递基础设施建设

6月4日至6日，河北省邮政管理局副局长魏水旺率秦皇岛、保定、邯郸、邢台、张家口市局主要负责人和河北局市场处相关人员赴沪、浙地区开展考察调研，主动与国内主要快递企业总部进行对接，在上海召开了以促进河北快递业发展为主题的座谈会，取得良好效果。

## 九部门联合印发加强寄递安全管理工作实施意见

6月19日，河北省综治办、省邮政管理局、省公安厅、省国家安全厅、省交通厅、石家庄海关、省工商局、石家庄铁路办事处、民航河北安监局等九部门联合印发了《关于加强全省邮件、快件寄递安全管理工作的实施意见》。意见明确了省寄递渠道安全管理工作领导小组成员单位的工作职责，并将各单位列为各项落实措施的责任单位。要求公安、国家安全部门派员参加寄递渠道安全管理工作领导小组办公室工作，每年至少组织开展一次安全隐患排查整治行动，便于及时协调解决寄递安全问题。落实寄递安全属地管理责任，实行一票否决权制。每年6至8月期间要开展北戴河暑期邮路安保专项行动。

## 扶持电子商务、小微企业就业创业工作文件出台

6月29日，河北省政府出台了《关于进一步做好新形势下就业创业工作的实施意见》，扶持电子商务、小微企业就业创业工作，邮政行业获利好。

## 组织开展全省联合执法行动

7月14日，根据河北省寄递渠道安全管理工作领导小组办公室印发的《河北省2015年寄递渠道安全执法检查联合行动方案》，河北省邮政管理局对全省开展寄递渠道安全执法检查工作进行了安排部署。方案要求各地市领导小组办公室协调当地邮政管理、公安、工商等部门成立联合执法行动组，对照制定检查工作方案，细化检查内容，明确职责分工，做到全省行动统一，步调一致。为督促各地各部门积极履行职责，确保联合执法行动效果，河北省在省级层面成立了由省邮政管理局、省公安厅、省国家安全厅、省工商局四部门组成的联合行动督导组，对全省的联合执法行动进行督导和检查。

## 省政府支持新能源汽车在邮政行业推广应用

7月23日，河北省省长张庆伟和副省长姜德果分别做出批示，支持新能源汽车在邮政快递领域推广应用。7月17日省政府办公厅专门召开会议研究落实意见。会议听取了河北省邮政管理局局长王跃对新能源汽车在行业推广应用的调研情况介绍和有关支持意见，对有关意见进行研究，在加大省、市政策补贴、保障车辆通行、完善应用环境等方面达成一致意见。确定在石家庄市快递企业先行先试，结合电子商务与物流快递协同发展试点工作共同推进，取得经验后在全省推广。

## 张庆伟省长批示要求促进快递业健康发展

8月26日，河北省省长张庆伟就《加强政策扶持，强化行业监管，将快递业打造成经济发展的增长极》调研报告作出批示：“文中建议请有关部门研究，促进快递业健康发展。”副省长姜德果也批示要求，省政府主管副秘书长协调相关部门提出扶持省快递业发展的支持措施。其他多位省领导也分别批阅或批转。该调研报告是由省委政策研究室和省委省政府决策咨询委员会对省快递业进行了深入调研后联合编写。报告详细阐述了省快递业发展现状、存在的问题及其他省（市）的先进经验做法。

## 张庆伟省长指示快递业要在全国现代商贸物流基地建设中率先突破

11月7日，河北省省长张庆伟主持召开省长办公会，听取了《河北省建设全国现代商贸物流重要基地规划》及起草说明等有关工作情况的汇报。张庆伟对全省快递业发展的目标思路、网络布局、工作措施等情况给予充分肯定。他指出，邮政行业是现代服务业的重要组成部分，在现代商贸物流发展中发挥着重要作用。相关部门要将快递业发展工作有机融入规划，争取快递业发展在现代商贸物流基地建设中实现突破。邮政管理部门要牵头落实《国务院关于促进快递业发展的若干意见》，尽快拿出实施意见。要按照国务院文件精神，支持新能源车辆在快递领域的应用。

## 姜德果副省长"双11"视察快递企业

11月16日，河北省副省长姜德果赴快递企业视察旺季生产保障工作并调研快递业发展情况。姜德果先后到河北顺丰速运有限公司和河北圆通速递有限公司分拨中心进行现场视察，详细询问了快件处理情况和"双11"保障措施，并在圆通速递有限公司召开座谈会，了解快递企业的经营发展情况、面临的主要问题和有关建议。姜德果还对快递业加快发展提出四点要求。

## 促进跨境电子商务健康快速发展的实施意见出台

11月23日，河北省政府办公厅出台了《关于促进跨境电子商务健康快速发展的实施意见》，提出支持邮政和国内外快递、物流企业设立仓储物流中心和集中监管场所。意见指出，要积极发展跨境电子商务物流体系，支持秦皇岛—仁川海运邮路，推动石家庄等有条件的城市建设国际邮件互换局(交换站)，充分利用中欧班列快捷安全的优势，形成航空、海运、铁路等多种运输方式服务跨境电子商务业务的格局。支持邮政和国内外快递、物流企业依托综合保税区和武安保税物流中心设立仓储物流中心和集中监管场所，为跨境电子商务提供物流服务。同时，鼓励有条件的企业依托海外仓在境外建立快递物流分拨中心。

## 建设廊坊国家一级快递枢纽节点

11月26日，河北省委下发了《关于制定河北省国民经济和社会发展第十三个五年规划的建议》，建议指出，要催生现代服务业发展新业态，鼓励跨界竞争、跨界融合，以大流通链、大数据链为重点，延伸产业链条，构建服务业发展新模式。同时，将大力发展现代商贸物流业，推进商贸流通提档升级。积极承接北京批发市场、物流功能疏解，打造大型现代商贸物流园区，建设石家庄、唐山、邯郸等国家级物流枢纽城市，建设廊坊国家一级快递枢纽节点，开通"石—新—欧""冀—蒙—俄"国际货运班列，拓展国际综合物流通道。

## 姜德果副省长批示支持快递电动三轮车城市通行

11月27日，河北省副省长姜德果在河北省邮政管理局上报的《关于支持快递电动三轮车城市通行的请示》上作出批示，要求石家庄市政府结合当前实际研究给予支持，对快递电动三轮车采取禁限行措施给予一年时间的过渡期。

## 张庆伟省长强调加快快递园区建设

12月9日，在河北省政府第69次常务会上，河北省张庆伟听取了各市市长对2016年及"十三五"工作思路的汇报。张庆伟在总结讲话中强调，廊坊市要将建设国家一级快递枢纽、石家庄和保定市要将建设国家二级快递园区列入"十三五"重点工作，2016年要狠抓落实。省发改委、邮政管理局等部门要做好规划等相关支持协调工作。

## 推进农村电子商务全覆盖

12月21日，河北省政府出台了《关于推进农村电子商务全覆盖的实施意见》,到2016年底,全省实现县域农村电子商务体系全覆盖、农村电子商务双向流通渠道全覆盖、行政村电子商务应用全覆盖。同时对快递业发展作出部署,提出了具体要求。

### 着力打通农村电子商务"最后一公里"政策出台

12月21日,河北省政府出台了《关于推进线上线下互动加快商贸流通创新发展转型升级的实施意见》,意见指出,鼓励企业在欧美、日韩和中东欧等出口重点地区建设海外仓,推进跨境电子商务发展。加快实施"快递下乡"工程,支持快递服务网络向农村地区延伸,构建农产品快递网络,服务产地直销、订单生产等农业生产新模式。鼓励国内电子商务龙头企业在全省农村全面布局,建设电子商务县级运营中心、仓储物流中心及村级服务网点,打通农村电子商务"最后一公里"。

### 推进贸易流通现代化建设法治化营商环境实施意见出台

12月25日,河北省政府出台了《关于推进国内贸易流通现代化建设法治化营商环境的实施意见》,要求到2020年,全省基本形成布局合理、设施完善、主体多元、业态先进、统一开放、竞争有序、绿色低碳、高效便民的内贸流通体系和较为完善的法治化营商环境。邮政业获政策支持。

### 张庆伟省长强调邮政、快递要在扶贫开发中发挥积极作用

12月27日,河北省省长张庆伟在全省扶贫开发工作会议上强调,支持邮政、快递和供销合作社在贫困乡村建立服务网点,畅通农副产品销售渠道。实施贫困村"一村一网店"工程,落实好与阿里巴巴签署的《互联网+扶贫合作备忘录》,对贫困村开设服务站,力争2016年年底基本实现贫困村电商服务站全覆盖。

## 山西省快递发展大事记

### 付建华副省长对邮政管理工作做出重要批示

1月20日,山西省委常委、副省长付建华在全省邮政行业发展情况报告上做出重要批示,充分肯定了邮政管理部门在促进和规范行业发展工作中做出的努力和成绩,对邮政管理事业给予了特别关注和大力支持,对邮政管理工作提出了新的希望和要求。

### 部署全国两会期间寄递渠道安全保障工作

3月2日,山西省邮政管理局下发通知,全面部署"两会"期间寄递渠道安全保障工作。一是要求各市局及时将有关文件精神传达至辖区内各邮政、快递企业,认真落实收寄验视制度,重点对发往北京的邮件、快件做到100%验视。二是在全省范围内开展"两会"期间安全保障专项监督检查,采取"四不两直"的方式,深入企业对收寄验视制度执行情况和寄递渠道安全进行重点检查,并建立值班领导带班制度,切实加强领导,逐级落实工作责任,细化各项工作措施。

### 促进物流业发展两年行动计划出台

3月24日,山西省发改委印发了《山西省促进物流业发展两年行动计划(2015－2016年)》,其中涉及邮政业发展的内容就有五大类13项,占到行动计划总数的三分之一,同时明确山西省邮政管理局作为牵头单位之一,与有关部门共同负责落实。行动计划对"十三五"时期山西邮政业转型跨越发展将起到极大促进作用。

### 组织成立全省寄递渠道安全管理领导小组

4月2日,山西省综治办牵头,山西省邮政管

理局组织召开山西省寄递渠道安全管理领导小组第一次会议，讨论通过了山西省寄递渠道安全管理领导小组工作机制，成立了由省综治办副主任、省邮政管理局局长任领导小组组长，其他各部门负责人任领导小组副组长，相关处室负责人任领导小组成员的山西省寄递渠道安全管理领导小组，领导小组办公室设在省邮政管理局。讨论通过了山西省《关于贯彻落实"中综办〔2014〕24 号"文件的任务分工方案》，从严格落实规章制度、提高防范工作水平、依法严格监管、建立工作联动机制等四个方面提出了 21 条具体措施，明确了牵头单位和配合单位、时间节点及任务要求。山西省寄递渠道安全管理领导小组组长、省邮政管理局局长秦红保安排部署了寄递渠道安全管理重点工作，省综治办、省公安厅、省交通厅、省国家安全厅、省工商局、太原海关、太原铁路局、民航山西监管局等九部门相关负责人和有关人员参加了会议。

### 召开规范和清理快递企业经营范围推进会

4 月 10 日，山西省邮政管理局组织申通、圆通、中通、汇通、韵达、天天等 6 家品牌省级企业负责人，召开规范和清理快递企业经营范围 2015 年工作推进会。会议通报了 2014 年全省规范和清理快递企业经营范围第二阶段工作情况，安排部署了 2015 年规范和清理工作，对规范和清理过程中出现的问题进行了分析和解答。会议要求企业要指定专人负责规范和清理工作，加强政企沟通，按要求上报工作进度。

### 就快递服务质量约谈 EMS 和申通两家企业

4 月 16 日至 17 日，根据 2014 年第四季度和 2015 年第一季度全省申诉量变化情况，山西省邮政管理局就申诉量较高的 EMS 和申通两家企业，分别约谈了省 EMS 总经理和申通华北区负责人。对山西 EMS 投递、赔偿不及时，申诉转办多次后无果，申通虚假签收、丢件现象严重等问题，要求企业根据《邮政业消费者申诉处理办法》相关规定，对各自存在的问题进行认真分析研究，制定切实可行的整改措施，提升服务质量，减少申诉量。

### 部署开展全省快递服务质量专项整治工作

5 月 8 日，山西省邮政管理局召开全省快递服务质量专项整治动员会。全省 11 个地市的邮政管理局领导班子、市场科负责人和省市两级 EMS 负责人、156 家快递企业法人，共 200 余人参加了会议。会议印发了《2015 年山西省快递服务质量专项整治工作方案》，对规范和清理快递市场经营秩序整顿工作进行了再动员、再部署，参会的市邮政管理局代表和快递企业代表分别就服务专项整治活动作了表态发言。会议还组织各品牌企业山西总部负责人就快递服务质量专项整治工作进行座谈，大家纷纷提出了对推进活动开展的意见和建议。

### 推进落实创新驱动战略实施意见出台

5 月 21 日，山西省邮政管理局印发《关于落实创新驱动战略的实施意见》，意见强调，要逐步建立创新驱动、科学管理的工作研究机制、政策扶持机制、成效考评机制、成果共享机制；进一步健全与邮政业发展相适应的能力培养机制、决策运行机制、工作落实机制，为更好更快适应行业发展"新常态"提供坚实保障。

### 物流业中长期规划出台

6 月 9 日，山西省人民政府办公厅印发《山西省物流业发展中长期规划(2015 －2020 年)》，邮政行业在优化发展环境，促进提质增效等方面获诸多重大利好政策。其中，山西顺丰速运有限公司"顺丰太原智能综合物流基地"工程作为重大储备项目之一获得大力支持。规划提出力争到 2020 年基本实现建设中西部现代物流中心的发展目标。并明确各部门任务分工和重大储备项目，山西省邮政管理局作为牵头单位之一，在八大重点任务中主要负责落实着力完善物流配送网络、电子商务物流工程建设、加强安全监管等方面的工作任务。

### 加强行业精神文明建设实施意见出台

6月9日，山西省邮政管理局出台《关于加强全省邮政行业精神文明建设的实施意见》，提出加强全省邮政行业精神文明建设的指导思想、总体目标和基本原则，明确了推进行业精神文明建设的具体思路和途径。意见强调，要将精神文明建设与依法治邮、强化行业管理紧密结合起来，充分调动从业人员的积极性，加强舆论宣传，着力营造行业精神文明建设的宏观环境；通过培育行业精神、加强品牌建设、开展“最美快递员”评选、青年文明号创建等活动，促使行业核心价值理念深入人心、自觉践行；加强对邮政传统文化思想的挖掘和萃取，并赋予其新的时代内涵，充分发挥邮政传统文化的支撑作用。

### 晋冀蒙长城金三角区域探索加强邮政业合作发展

6月12日，晋冀蒙（大张乌）长城金三角区域邮政业合作座谈会召开，大同、张家口、乌兰察布三市邮政管理局参加。会议指出，大同、张家口、乌兰察布位于晋冀蒙三省交界处，地缘关系密切、行业生态相似，有着较强的产业互补性和区域经济合作基础。三市邮政管理部门要紧紧围绕《晋冀蒙（大张乌）长城金三角合作区共建协议》，主动将邮政业协同发展纳入合作区发展规划。

### 推进农村电子商务的发展

7月31日，山西省农村电子商务推进大会召开。山西省邮政管理局局长秦红保出席会议并提出意见。会上，山西局介绍了全省邮政业发展现状和发展趋势，以及邮政业在促进农村电商发展的方面做出的积极努力等，并就加快推进农村电子商务发展提出四点意见。山西省委副书记楼阳生在讲话中对山西局推动农村电子商务发展所做的工作给予肯定，要求山西局要继续推进“快递下乡”、加强农村电商服务平台建设、推动全省农村电子商务快速健康发展。

### 大同成为全国电商物流快递协同发展试点城市

8月，大同市申报国家电子商务与物流快递协同发展试点城市获国家商务部等3部委批准，此次试点城市的申报成功，一方面将推动大同市物流快递业发展规范化、标准化及综合配套基础设施的建设；另一面将推动电子商务与物流快递业协同发展，对于促进产业结构转型升级、增加就业、促进地方经济发展将起到巨大的促进作用。

### 部署开展抗战胜利70周年纪念活动寄递渠道安全保障工作

8月17日，山西省邮政管理局在太原组织召开了抗战胜利70周年纪念活动山西省寄递渠道安全保障工作动员部署会，印发和解读了《纪念中国人民抗日战争暨世界反法西斯战争胜利70周年纪念活动等重大活动山西省寄递渠道安全保障工作实施方案》，要求各市邮政管理局、各寄递企业充分认识纪念活动安全保障工作的重要意义，增强安保工作的责任感和紧迫感。山西省邮政管理局党组成员、副局长赵俊芝出席会议并作动员讲话，省局机关相关处室、全省各市局分管局领导、各寄递企业省级公司负责人参加了会议。

### 全省快递业开展青年文明号创建活动

8月17日，山西省邮政管理局与共青团山西省委联合印发了《关于在全省快递行业开展青年文明号创建活动的通知》，促进行业青年成长成才。通知要求，全省邮政管理系统要加强组织领导，认真筹划部署，拓展创建覆盖领域，通过会议动员、座谈、现场观摩等方式，增强企业对活动的认识和了解。利用各类媒体积极宣传先进人物和典型事迹，营造浓厚活动氛围。强化载体建设，发挥示范作用，激发基层创建活力。培育示范集体，做好经验推广，促进创建活动取得实效。

### 成功举办快递业务员青年职业技能竞赛

10 月 10 日，共青团山西省委、山西省人力资源和社会保障厅、山西省邮政管理局联合举办山西省快递业务员青年职业技能竞赛。全省 8 家品牌快递企业的 42 名选手参加了竞赛。此次竞赛由理论知识、计算机操作和实际操作技能三部分组成，选手们通过多类型物品收寄、快件派前作业、快件分拣和建立总包三个模块展示了实际操作技能。中国邮政速递物流股份有限公司太原市分公司的田敬文摘得桂冠。组委会根据竞赛成绩，授予三名获奖选手“三晋技术能手”荣誉称号，并代表山西省参加第十一届“振兴杯”全国青年职业技能大赛。

### 付建华副省长调研寄递渠道安保工作

10 月 21 日，山西省委常委、副省长付建华一行深入太原市邮区中心局、太原圆通天下速递有限公司的分拨中心，调研寄递渠道安全保障工作。调研中，付建华要求省、市两级邮政管理部门作为行业管理部门，不仅要加大对行业发展的支持扶持力度，更重要的是要加大对行业的安全监管力度，没有安全保障的发展不是真正的发展，要提升行业的准入门槛，对不符合安全要求的企业绝不姑息手软，该关停的必须关停。要加强与有关部门的合作，共同解决快递车辆进城难、停靠难等制约行业发展的问题。要推进“绿色邮政”建设，鼓励企业推广使用清洁能源型车辆，走绿色发展之路。

### 部署快递业务旺季服务保障工作

10 月 27 日，山西省邮政管理局召开 2015 年快递业务旺季服务保障工作暨集中开展危爆物品寄递清理整顿动员部署会，要求抓好备战预案，健全组织领导。抓好新闻宣传，营造良好氛围。抓好运行组织，保障服务能力。抓好督导检查，防止侵权发生。抓好安全保障，全力防范风险。要求充分发挥寄递渠道安全管理领导小组联合工作机制作用，依法严厉打击利用邮件、快件实施的违法犯罪行为，加强快递从业人员管理，做好突发事件应急处置准备，最大限度减少和控制危害影响。山西局党组成员、副局长赵俊芝出席会议并作动员讲话，市场监管处和各市局负责人、相关科室负责人，省级邮政企业、各品牌快递企业负责人参加了会议。

### 山西首家县级邮政管理机构揭牌

11 月 17 日，盂县邮政管理局在阳泉市盂县举行揭牌成立仪式，标志着山西省首家县级邮政监管机构正式成立。揭牌仪式上，阳泉市副市长赵峰、盂县县委书记张玉斌分别致辞讲话，要求各级各部门要主动配合，积极协作，为邮政业发展创造良好环境。山西省邮政管理局局长秦红保要求盂县邮政管理局要立足行业实际，强化行业监管，为地方经济发展和民生改善积极贡献力量。

### 付建华副省长对旺季服务保障准备工作给予充分肯定

11 月 12 日，山西省副省长付建华在听取山西省邮政管理局关于旺季服务保障准备工作汇报后，对山西局狠抓旺季服务保障、强化行业安全管理给予了充分肯定，并详细了解了当前全省邮政行业发展面临的困难和存在的问题，以及需要省政府协调解决的事项，表示将协调相关部门在邮政行业安全管理机制建设上给予更大力度的支持。

# 内蒙古自治区快递发展大事记

### 副主席批示肯定全区邮政管理工作

2月10日，内蒙古自治区政府副主席王波就自治区邮政管理局上报的2015年全国邮政管理工作会议简要情况及我局贯彻落实意见作出批示，指出2014年内蒙古邮政管理局主动服务于内蒙古经济社会发展大局，为“五大基地”建设做出了新贡献，希望在新的一年里进一步提升服务质量，为自治区作出新的更大的贡献。

### 约谈申通、圆通、百世汇通、韵达四家快递企业

3月24日，为深入贯彻落实国家邮政局规范和清理快递企业经营范围2015年工作部署，内蒙古自治区邮政管理局约谈申通、圆通、百世汇通、韵达四家快递企业省级公司负责人，向企业负责人传达了国家邮政局开展规范和清理工作的有关精神，对以上四家企业2014年度规范和清理工作推进情况进行了通报。约谈中，内蒙古局强调了规范清理工作的重要性，对推进的方式方法进行了讲解，要求相关企业制定具体的建设方案和二作推进日程表，定期上报推进进度。

### 召开全区邮政市场监管工作会议

3月，内蒙古自治区邮政管理局召开全区2015年邮政市场监管工作会议。会议回顾了2014年邮政市场监管工作，分析研判了当前邱政市场形势，并对2015年重点任务进行了安排部署，内蒙古局副局长索聪明出席会议并讲话。

### 妥善应对阿拉善盟地震影响

4月15日15时39分，内蒙古阿拉善盟阿拉善左旗境内发生5.8级地震，阿拉善盟、乌海市、鄂尔多斯市鄂托克旗震感强烈，巴彦淖尔市震感较为明显。地震发生后，区局迅速采取有效措施，妥善应对地震影响。受地震影响的阿拉善等四盟市局均按照要求迅速启动了应急机制，及时了解核查邮政和快递企业受灾情况。

### 开展快递服务质量专项整治活动

4月，为落实国家邮政局的工作要求，内蒙古自治区邮政管理局印发了全区快递服务质量专项整治活动方案，成立专门的领导机构，召开专题会议部署落实全区快递服务质量专项整治工作。会议明确了整治工作的目标、主要任务和工作职责等内容，并提出四点要求。

### 自治区邮政行业“十三五”规划编制组赴三盟市开展调研

5月18日至22日，国家邮政局发展研究中心主任董党生与内蒙古自治区邮政管理局局长钟奇志带队组成调研组，先后赴阿拉善盟、锡林郭勒盟和赤峰市开展“十三五”规划编制调研。调研组先后实地走访调研了阿拉善左旗、额济纳旗，锡林浩特市、西乌珠穆沁旗、喀喇沁旗和宁城县6个旗县的7个邮政普遍服务网点和顺丰、申通、圆通、天天等5个快递服务网点以及酒泉卫星发射中心军邮局、赤峰市顺丰快递分拨中心、申通分拨中心，行程达5000余公里。并先后召开了与自治区邮政管理局、内蒙古邮政分公司、全区规模以上快递企业及阿拉善盟邮政管理局、锡林郭勒盟邮政管理局、赤峰市邮政管理局6个座谈会。

### 推进“快递下乡”服务拓展工程

6月，内蒙古自治区邮政管理局与商务厅联合印发《关于推进“快递下乡”服务拓展工程的指导

意见》，切实加大力度推进“快递向西向下”工作，指导意见重点明确了五项重点措施：一是加强快递基础设施建设；二是加强资源整合共享与合作开发；三是推进农牧产品快递服务；四是提升苏木乡镇、农村牧区快递服务水平；五是加强邮政管理部门与商务主管部门的沟通协作。

### 开展2015年快递服务质量专项交叉执法检查

7月，内蒙古自治区邮政管理局按照2015年快递服务质量专项整治行动安排，抽调部分各盟市局组成联合检查组，对呼和浩特地区的主要品牌快递企业开展专项交叉执法检查，此次执法检查主要以现场检查、查看监控记录、组织座谈和征询监督员意见等方式，对野蛮分拣、露天作业、快件丢失损毁、格式合同霸王条款和末端投递服务不规范等消费者反映强烈的问题进行了重点检查，综合运用约谈、责令整改等手段，督促企业不断提高服务水平，并对检查中发现的问题综合运用约谈、责令整改等有效措施，要求企业认真整改，不断提高服务水平。

### 推进快递服务制造业工作

7月，内蒙古自治区邮政管理局与经济和信息化委员会联合印发《关于推进快递服务制造业工作的指导意见》，加快结构调整和转型升级，提升发展的质量和效益，指导意见明确了八项重点工作措施：一是建设协调工作机制；二是搭建合作交流平台；三是实施示范和试点工程；四是引导开展跨行业协同创新；五是促进信息共享、标准对接；六是引导快递企业加强能力建设；七是加强复合型、创新型人才培养；八是优化推进快递服务制造业发展的政策环境。

### 钟奇志局长陪同王波副主席在京会见赵晓光副局长

7月8日，内蒙古自治区邮政管理局局长钟奇志陪同自治区政府副主席王波，赴北京会见国家邮政局副局长赵晓光，双方就发挥邮政业优势促进地方经济发展交换了意见。王波表示，将进一步推动邮政业规划和地方有关规划的衔接，充分发挥邮政业在提供便民服务促进地方经济发展等方面的优势，为老百姓提供更好的公共服务。现代之路（内蒙古）跨境电商物流有限公司董事长李劲松介绍了“俄蒙通”项目情况。赵晓光表示，国家邮政局将积极支持内蒙古自治区邮政业有关项目的发展，充分发挥邮政业优势，更好地服务“一带一路”战略规划和自治区经济社会发展。

### 落实抗战胜利纪念活动寄递安全保障工作

8月18日，为贯彻落实国家邮政局“护城河工程”会议精神，内蒙古自治区邮政管理局充分发挥寄递渠道安全管理领导小组协作机制作用，第一时间联合自治区综治办、公安、安全、交通、铁路等五部门印发了《关于做好抗战胜利70周年纪念活动寄递渠道安全保障工作的通知》，确保寄递安全保障的核心工作的落实。

### 2015年中国技能大赛内蒙古快递职业技能初赛举行

8月21日至22日，由内蒙古自治区赤峰市邮政管理局主办，赤峰市人力资源和社会保障局、赤峰市财政局、赤峰市总工会、赤峰市妇女联合会、共青团赤峰市委员会联合举办的“2015年中国技能大赛——内蒙古赤峰市快递业务员职业技能竞赛”在内蒙古交通职业技术学院举行，共有赤峰市邮政分公司、邮政速递物流赤峰分公司、韵达快运、中通快递等6家企业的30名优秀选手参加竞赛。中国邮政集团公司赤峰市分公司的选手孙亚东夺得竞赛第一名，第二名和第三名分别是中国邮政集团公司赤峰市分公司的巴特尔和邮政速递物流赤峰市分公司的李亚丽，经大赛组委会综合考察，为赤峰市韵达快运有限公司颁发优秀组织奖。

### 2015年内蒙古自治区快递业务员职业技能大赛决赛举行

9月22日，由内蒙古自治区人社厅等10家单位联合举办，内蒙古邮政行业职业技能鉴定中心协办的“2015年中国技能大赛——内蒙古职业技能大赛”快递业务员项目决赛，在包头市轻工职业技术学院举行。全区各邮政、快递企业和有关高校的63名选手参加决赛。最终评出十名优秀的快递业务员，其中内蒙古邮政速递物流有限公司鄂尔多斯市分公司李双江、鄂尔多斯市东胜区众合速递有限公司方玲获得并列第一名，内蒙古邮政速递物流有限公司鄂尔多斯市分公司马宇获得第三名。决赛中成绩优秀者根据竞赛相关规定颁发相应级别国家职业资格证书，同时，对符合条件的选手由相关主办单位授予“内蒙古自治区五一劳动奖章”、“全区技术能手”、“全区青年岗位能手”、“巾帼建功标兵”等荣誉称号。决赛优胜者将代表自治区参加2015年中国技能大赛—第十一届“振兴杯”全国青年职业技能大赛。

### 钟奇志局长会见蒙古国邮政公司总裁巴图赛汗一行

10月22日，受国家邮政局委托，内蒙古自治区邮政管理局局长钟奇志在呼和浩特市会见蒙古国邮政公司总裁巴图赛汗先生一行四人，并就中蒙跨境电商物流通道建设项目等进行了会谈。钟奇志表示，注意到中蒙跨境电商物流通道建设项目将在二连浩特建设国际快件监管中心，内蒙古邮政业“十三五”规划亦将大力发展跨境电子商务作为行业新的增长点，其中二连浩特作为自治区快递物流节点城市将得到重点发展。内蒙古局将依法监管，服务好中蒙、中俄间跨境电商业务，为中蒙邮政业合作创造良好环境。希望双方就中蒙跨境电商物流通道项目加强信息沟通。巴图赛汗总裁表示自上任两年来十分重视中蒙跨境电商物流通道建设项目的实施，相信随着互联网经济的发展，中蒙两国在邮政业的合作会更紧密，前景十分广阔。

### “双11”内蒙古出港快件激增

11月11日至11月16日，内蒙古自治区累计收投快件量796.74万件，其中出港快件累计170.56万件，同比增长72.74%。全区快递企业主动加强与电商的合作，让驼绒、羊肉、马铃薯等当地名特产品，由虚拟的网络展示切实走进了各地消费者生活中。

### 首个县级邮政监管机构获得国家邮政局批准

12月，满洲里邮政管理局获国家邮政局批准成立，这是内蒙古自治区首家获批的县级邮政监管机构。满洲里市作为联接亚欧大陆桥的重要通道，位于丝绸之路经济带重要节点，是中国与俄罗斯接壤的最大陆路口岸，能实现铁路、公路和航空通关，快递业务量、业务收入以年均40%以上的速度迅猛增长，在促进社会就业、助推经济发展等方面发挥着日益重要的作用。

### 多部门开展寄递渠道清理整顿专项行动督导检查

12月14日至18日，内蒙古自治区邮政管理局联合自治区综治、公安、安全、铁路等寄递渠道安全管理成员单位对包头、乌兰察布等重点盟市联合开展督导检查。督导检查组对主要品牌快递企业的分拨中心进行检查，突出安全管理基础建设、安检设备配置、安全检查制度及专项行动执行等方面的落实情况；深入旗县检查快递企业基层网点，突出收寄验视制度、实名收寄制度、安全隐患和安全防范意识等方面的具体落实情况。督导检查组对发现问题的企业进行了约谈，并责令其限期整改。

# 辽宁省快递发展大事记

## 提出落实物流业发展三年行动计划具体实施意见

1月20日，为进一步推进辽宁省邮政行业健康快速发展，更好落实省发展改革委《促进物流业发展三年行动计划(2014－2016年)》，辽宁省邮政管理局因地制宜，提出具体实施意见，并设定目标及完成时限。

## 为百姓排忧解难获民心网五星评价

1月，辽宁省邮政管理局为百姓排忧解难，快速高效办理民众诉求，解决快递延误问题，获民心网百姓最满意五星评价。辽宁局局长刘彦辰亲自批示：践行群众路线，关注民生诉求，用真诚的态度、优质的服务为百姓排忧解难，让邮政服务普惠千家万户！2014年，共办理民心网转办案件100件，其中64件获得五星评价，五星评价率超6成以上，辽宁局用实际行动践行了党的群众路线教育实践活动，通过办理民生诉求，积极传导邮政管理正能量，得到了广大群众的认可和点赞，赢得了民心！

## 4家企业被评为“邮政行业统计工作先进企业”

3月24日，在国家邮政局2014年度邮政行业统计工作先进评选表彰活动中，辽宁省4家企业获得“2014年邮政行业统计工作先进企业”荣誉称号。这4家企业分别是：沈阳昌盛中通速递服务有限公司、辽宁省邮政公司鞍山市分公司、铁岭市信达通快递有限公司和盘锦鑫万发物流有限公司。

## 召开寄递渠道安全管理工作联席会议

3月27日，辽宁省邮政管理局联合省综治办、公安、海关、民航、交通、铁路等部门召开了寄递渠道安全管理工作联席会议。会议明确了各部门职责任务分工，重点介绍了贯彻落实的措施，并就做好下一步工作进行了探讨，确保寄递安全管理工作的属地责任、部门责任和企业主体责任得到有效落实。省政法委副书记、综治办主任国长青同志在会上提出四点要求。

## 荣获全国申诉处理工作先进集体称号

2014年，辽宁省邮政管理局加强省市两级申诉体系建设，加大消费者维权力度，提高全省申诉处理质量，继2013年当选全国先进集体后，再次荣获2014年度全国邮政业消费者申诉处理工作先进集体称号。

## 全面完成各市快递协会组建工作

截至4月29日，随着鞍山市快递协会成立，辽宁省14个市快递协会组建工作圆满完成，初步形成政府监管、行业自律、社会监督“三位一体”的市级邮政监管体系。

## 快递末端配送取得阶段性成果

5月，辽宁省已投放智能快件箱550余处，总格口近30000个。已基本覆盖沈阳、大连等全省一线城市重点区域。全省智能快件箱的平均投件率约为60%，部分繁华小区和电商旺季智能快件箱周转率最高可达350%，辽宁省通过智能快件箱推进快递末端配送已取得阶段性成果。

## 建设普惠邮政助推农村物流

5月25日，辽宁省邮政管理局会同省交通、农业、供销社等部门，召开全省电视电话联席会议，共同贯彻落实交通运输部、农业部、供销合作总社、国家邮政局《关于协同推进农村物流健康发展加快服务农业现代化的若干意见》文件精神。会议决定，建立全省农村物流及农产品现代流通体系建设联系会议制度。参加联席会议的相关单位领导，分别对本系统提出工作要求。

### 全省“爱心驿站”投入使用

辽宁省邮政管理局积极引导企业践行社会责任，为社会发展和民生改善贡献力量，6月1日起，全省各市“爱心驿站”纷纷启动并投入使用。“爱心驿站”是以邮政企业网点为依托，为奋战在一线的环卫工人和交通警察提供贴心、便利服务，切实解决他们在工作中饮水难、热饭难、休息难等实际问题。

### 加强省邮政行业诚信体系建设指导意见出台

7月31日，辽宁省邮政管理局出台了《关于加强全省邮政业诚信体系建设的指导意见》，对省邮政行业诚信体系建设做出全面部署。意见明确了全省邮政行业诚信体系建设的框架结构，拟定了建设路径和措施，规划了诚信体系整体建设目标，以推进诚信政府建设为引领，快递企业诚信建设为核心，通过构建守信激励和失信惩戒机制，综合运用多载体、多途径，加强行业诚信文化建设。同时，辽宁局要求各市局根据意见精神，制定具体工作方案，确保省邮政行业诚信体系建设的各项仨务落到实处。

### 全省首个县级邮政管理机构正式成立

8月12日，辽宁省首个县级邮政管理机构——鲅鱼圈邮政管理局正式成立。截至12月18日，辽宁省葫芦岛市绥中邮政管理局，丹东市宽甸邮政管理局、东港邮政管理局，本溪市桓仁邮政管理局，盘锦市大洼邮政管理局、盘山邮政管理局，鞍山市岫岩邮政管理局，朝阳市朝阳邮政管理局、抚顺市新宾邮政管理局、抚顺邮政管理局、阜新市阜蒙邮政管理局、沈阳市康平邮政管理局、大连市庄河邮政管理局相继挂牌成立。

### 强化“技防”建设

9月，辽宁省邮政管理局狠抓寄递渠道“技防”能力建设，在全省政企的积极努力下，全省寄递企业配备X射线安检机达25台，全面投入到抗战胜利70周年纪念活动安保工作之中，有力地保证进京快件100%过机安检要求的落实，为寄递渠道安全保障工作的顺利开展提供了重要的技术防范手段，全省寄递渠道安全保障能力得到跨越式提升。

### 全国首个地市局机关党委和机关纪委成立

9月10日，沈阳市邮政管理局召开机关党员大会，正式成立中共沈阳市邮政管理局机关委员会和机关纪律检查委员会，这是全国首个成立的地市局机关党委和机关纪委。大会听取并审议通过了机关党委（纪委）工作报告，选举产生了新一届机关党委委员和机关纪委委员。

### 完善化工类产品定点定人收寄制度

9月，按照《关于开展化工类产品寄递安全专项整治活动实施方案》的部署，辽宁省邮政管理局指导寄递企业建立化工类产品定点定人收寄制度，指定专门地点、专门人员从事化工类产品收寄，并对相关人员开展了专业培训。督导定点收寄化工类产品的企业建立化工类产品寄递应急处置流程，采取必要的防护和物理隔离措施。建立了全省定点收寄化工类产品企业台账，详细登记此类网点的名称、地址、联系人以及与其合作的化工企业名称、联系人等信息。完成全省定点收寄化工类产品的52家快递企业，134个营业网点的备案管理工作。

### 修订省快递业标准化建设评定细则

10月，辽宁省邮政管理局依据国家邮政局《邮政业安全生产设备配置规范》和《快递营业场所设计基本要求》，及时修订省快递业标准化建设评定细则，确保落地实施。辽宁局对《辽宁省〈快递服务〉（国家标准）标准化建设评定细则（处理环节）》和《辽宁省〈快递服务〉（国家标准）标准化建设评定细则（收派环节）》进行修订，并要求各市局按照新修订的评定细则，继续深化推进《快递服务》系列国家标准实施工作，认真贯彻落实相关要求。

### 快递业实现党组织建设全覆盖

11 月，辽宁省鞍山市邮政管理局机关党支部改建为机关党总支，下设机关党支部和快递业党支部，这是辽宁省成立的第 14 个快递行业党组织，标志着辽宁省快递业非公党建工作圆满完成。

### 开展危化品泄漏突发事件应急救援演练

11 月 5 日，辽宁省邮政管理局在顺丰速运分拨中心组织开展了危化品泄漏突发事件应急救援演练。通过开展此次安全演练，提高了参演和观摩人员风险防范意识和自救互救能力，强化了全省寄递企业在危化品泄漏突发事件中的应急处置能力。辽宁局同时根据本次安全演练中发现的问题，指导全省寄递企业对已有的突发事件应急预案进行进一步修订，提高应急预案的科学性、实用性和可操作性。

## 吉林省快递发展大事记

### 快递企业基层党组织组建工作全面启动

1 月 9 日，吉林省邮政管理局机关党委牵头组织召开了快递行业党组织成立大会，快递企业基层党组织组建工作正式启动，会议按照《中国共产党基层组织选举工作暂行条例》的有关规定和程序，选举产生了快递行业党总支委员会。吉林局局长王永利、副局长魏遵红出席会议并讲话。

### 助阵快递企业携手民航

1 月 22 日，吉林省顺丰速运公司在长春龙嘉国际机场举行了全货机吉林省首航仪式。吉林省邮政管理局、长春市邮政管理局、吉林省民航机场集团公司等单位的负责人出席了首航仪式。此次顺丰速运开通上海—济南—长春往返货运航线，主营华东与东北之间的国内快递市场，保障东北与华东之间快件服务实效。

### 吉林省物流园区发展规划出台

1 月 26 日，吉林省邮政管理局联合省发改委、国土厅、住建厅、交通运输厅、商务厅等共十二个部门出台了《吉林省物流园区发展规划》，明确将快递服务纳入基本物流功能，为快递企业争取了优先发展空间。规划结合吉林省物流业发展实际，规划期为 2014 －2025 年。

### 有效应对松原地震影响

2 月 9 日凌晨，吉林省松原市乾安县发生 4.3 级地震。吉林省邮政管理局在得知地震消息的第一时间通过电话询问震区邮政业生产情况和受损程度，要求松原市邮政管理局掌握准确情况，及时、有效应对地震灾害对邮政业带来的影响。

### 省政府工作报告首提加快农村邮政快递发展

2 月 9 日，吉林省十二届人大四次会议召开。吉林省省长蒋超良在会上代表省政府作工作报告。报告首次纳入邮政快递发展内容，明确提出，要大力发展电子商务，培育企业电商和农村电商，开展中小企业网络营销试点示范工程，加快农村邮政快递发展，扩大名特优农产品网络销售规模，抓好 10 个电商试点县（市），发展 100 个电商村镇。同时，省政府还就落实工作报告重点工作责任分工形成了专门意见，明确要求吉林省邮政管理局在推动快递协同电子商务发展，加快农村邮政快递发展中切实发挥作用。

### 出台文件加强寄递安全管理

4月6日，吉林省邮政管理局与相关部门积极联系出台了吉林省九部门《关于加强全省邮件、快件寄递安全管理工作的实施意见》，并印发全省。意见就进一步加强全省寄递渠道安全管理工作，切实保障邮件、快件寄递安全，提出六个方面的实施意见。

### 支持“快递下乡”意见出台

5月7日，吉林省政府办公厅出台了《吉林省人民政府关于支持“快递下乡”的意见》，支持快递服务业延伸至乡镇一级。意见的出台，对于优化全省农村发展环境、搞活全省农产品流通、促进农村经济增长具有重要意义。

### 与省农委商榷推进“快递下乡”相关事宜

5月14日，吉林省邮政管理局与吉林省农委召开会议，就落实《吉林省人民政府办公厅关于支持“快递下乡”的意见》精神，积极协调和推动国家邮政局和省政府尽快签署《合作协议》，协调推进“快递下乡”工作进行了商讨。吉林局局长王永利出席会议并讲话。

### 省政府出台文件加快发展生产性服务业

6月11日，吉林省政府出台了《吉林省人民政府关于加快发展生产性服务业促进产业结构调整升级的实施意见》。意见明确，将完善农村物流服务体系。发挥邮政物流、供销系统覆盖农村的网络优势，支持快递下乡，鼓励快递代替传统流通方式。建立和完善农村物流服务体系。组织实施“新网工程”、“农超对接”及“农产品批发市场升级改造”三大市场工程，构建覆盖全省的农产品物流绿色通道，推进粮食“四散化”运输和整个流通环节的供应链管理。加快发展农产品冷链物流，逐步形成“从田间到餐桌”的一体化农产品冷链物流体系。

### 省政府出台促进内贸流通健康发展实施意见

6月23日，吉林省政府办公厅印发了《关于促进内贸流通健康发展的实施意见》，提出了促进内贸流通健康发展的十三条实施意见，对发挥邮政网络和服务优势，促进电子商务与物流快递协同发展以及城市配送车辆统一管理等工作提出了一系列优惠政策和任务措施。

### 省快递业2015年度“最美快递员”评选揭晓

6月26日，吉林省快递业2015年度“最美快递员”表彰大会召开，由吉林省邮政管理局精神文明办公室、吉林省快递行业协会联合组织的“最美快递员”评选活动正式落下帷幕，刘力群、李春会、邢亮等10名基层快递员荣获“最美快递员”称号。

### 约谈长韵公司负责人

6月29日，吉林省邮政管理局市场监管处就消费者在“政风行风热线”中反映的韵达快递服务质量问题和全省规范清理快递企业经营范围工作约谈了长春市长韵速递有限公司(韵达快递吉林省公司)负责人。市场监管处还向该负责人要求韵达要高度重视，加大规范服务的推进力度，确保按时完成直营工作。若到期未完成，邮政管理部门将依法进行查处。

### 督促申通快递长春公司提升服务质量

7月7日，吉林省邮政管理局市场监管处相关负责人，就申通公司2015年上半年有效申诉量过大的问题，约谈了长春申通快递公司负责人，要求该公司对用户申诉要逐一分析并跟进落实，并提出五点具体要求。

### 首架跨境电商全货机首航

7月17日，吉林省冬晨国际物流公司的跨境电商货运包机，满载着阿里巴巴“速卖通”线上交易并经长春兴隆综保区通关的跨境电商货物，在长春龙嘉国际机场起航飞往莫斯科，这是吉林省首架跨境电商全货机。此次开通的长春至莫斯科货运航线，初期每周飞行一班，定航后每周飞行两班。还将陆续开通长春至日本东京、长春至韩国首尔、长春至巴西里约热内卢等货运航线。吉林省跨境电商货运包机首航成功，标志吉林省为国家“一带一路”战略和吉林省“长东北”战略的发展架设了自己的空中走廊，对发展跨境电子商务具有重要作用。

### 吉林市成为 2015 年电子商务与物流快递协同发展试点城市

财政部、商务部、国家邮政局联合开展的 2015 年电子商务与物流快递协同发展试点工作中，吉林市成为全国六个试点城市之一。此次试点将在试点城市建立适合电子商务快递发展的物流快递管理和服务体系；将电子商务与物流快递基础设施建设纳入城市总体规划，完善网络化布局骨干结点和末端投递服务站点建设；建立完善配送车辆标准体系，实现配送车辆规范运营；建立从业人员服务和考核标准，加大对从业人员的培训和考核，提高快递从业人员的素质和持证上岗比例。

### 省政府拨付专项资金支持邮政行业安全监管

10 月 16 日，吉林省政府拨付 200 万元专项资金，用于全省邮政业安全监管远程监控系统改造升级。通过此次专项拨款，助力寄递渠道安全平稳运行，推动邮政业安全建设迈上新台阶。

### 快递实名制落实情况受媒体广泛关注

11 月 1 日起，吉林省全面实行快递实名收寄制度。此项制度的实施，引起了吉林省媒体的广泛关注，为增强消费者对实名制的认识和理解，积极传递行业“正能量”信息，吉林省邮政管理局组织多家媒体，赴申通快递省级分拨中心及营业网点，进行实地调研采访。

### 建立企业新闻宣传联络组

12 月 2 日，吉林省邮政管理局决定建立企业新闻宣传联络组，并下发《关于报送邮政快递企业新闻宣传工作联络人的通知》。通知要求，各快递企业要充分认识到企业新闻宣传工作对于推进行业新闻宣传的重大作用，设立专门的新闻宣传队伍，确定 1 名新闻宣传负责人和 1 名联络员，积极配合邮政管理部门开展行业新闻宣传工作，定期向吉林局报送企业工作亮点和发展热点，并对行业发展重点时期（如“双 11”期间、“雨雪”季等）进行专题报道。

### 深入推进寄递渠道清理整顿工作

12 月 14 日，吉林省综治办、省公安厅和省邮政管理局组建“史上最强阵容检查组”，由省综治办主任麻东升、省公安厅常务副厅长刘培柱、吉林局局长王永利亲自带队，历时两天，先后对吉林市和长春市的部分寄递企业分拨中心和营业网点进行了检查。两地综治、公安、邮管等部门陪同检查。检查中，检查组仔细检查了“收寄验视 + 实名收寄 + 过机安检”三项措施的落实情况和企业在安全责任落实、应急措施制定等方面的工作开展情况，强调寄递企业要高度重视寄递渠道安全生产工作，进一步健全各项安全生产制度，确保生产安全。

### 王永利局长受邀参加“青年创新创业与电子商务”主题论坛

12 月 16 日，由共青团中央城市青年工作部主办、共青团吉林省委城市部协办，共青团延边州委、共青团汪清县委承办的全国青年创业训练营在延边汪清举行。吉林省邮政管理局局长王永利受邀参加全国青年创业训练营“青年创新创业与电子商务”主题论坛并做主旨演讲。

### 省邮政行业发展“十三五”规划通过专家评审

12月18日，吉林省邮政管理局组织召开吉林省邮政业发展“十三五”规划专家评审会，来自省发改委、省交通厅、吉林大学、省快递协会的各位专家学者以及省邮政管理局规划编制领导小组和省社科院规划编制课题组全体成员参加会议。专家评审组听取了吉林局关于规划编制委托情况介绍，以及省社科院规划编制课题组关于《吉林省邮政业发展“十三五”规划》（送审稿）规划编制情况和主要内容的说明，并严格按照规划评审程序和规定，组织专家合议，提出了修改意见和建议，表决通过了规划（送审稿），形成了规划评审意见。

### 举办全省农村劳动者快递业岗前培训

12月22日，吉林省邮政管理局、省农委共同举办“‘冬春大培训’——全省农村劳动者快递行业岗前培训”。培训共分八期，第一期于12月22日在长春市开班，共计137名学员参加。培训的主要对象是有意向从事快递行业的农村劳动者，或未经过岗前培训的农村户口在职人员。培训内容包括：邮政行业相关法律法规、行业准入、行业安全、服务礼仪和实操规范等方面。培训班对参培人员进行了登记备案，并将备案名录提供给品牌快递企业，备案的参训人员将得到企业的优先录用资格。

## 黑龙江省快递发展大事记

### 开展规范快递末端服务网点专项整治

1月5日，黑龙江省邮政管理局出台《快递法人企业、分支机构以及末端投递网点专项规范整治行动的意见》，规范快递末端服务网点管理，推进快递网络“向下”延伸。意见依据相关法律法规要求，从性质和标准着手，准确划分快递企业法人、分支机构和末端投递网点，并采取不同的方式进行规范整治。同时，对快递企业设置末端投递网点实行企业统一编号，严格备案。

### 胡亚枫副省长冀望省邮政行业取得新发展

1月22日，黑龙江省副省长胡亚枫出席了黑龙江省邮政管理工作会议，对黑龙江省邮政管理局推动全省邮政业监管水平稳步提升，促进龙江经济社会发展所取得的可喜成绩给予了充分肯定，并表示将一如既往地支持省邮政行业发展。胡亚枫还对贯彻落实全省“五大规划”战略实施，推动邮政行业发展达到新水平提出五点希望。

### 与省交通运输厅共谋交邮合作新思路

1月22日，黑龙江省交通厅领导出席了黑龙江省邮政管理工作会议，充分肯定了2014年全省邮政行业取得的成绩，并就2015年如何找准切入点，进一步深化“交邮合作”，实现联动发展提出六点意见。

### 加强申诉受理与行业监管联动机制建设

1月27日，黑龙江省邮政管理局出台《关于完善邮政业消费者申诉受理与市场监管、普遍服务工作衔接和联动机制的指导意见》。意见从建立长效机制、加强联动衔接、依法查处违法行为、加强监管效能考核等方面，提出建设申诉受理与行业监管联动机制办法。同时，要求做好信息采集和记录工作。对申诉受理中发现的涉嫌违法违规线索的记录，要做到要素齐全、条理清楚。

### 省政府工作报告首提大力支持邮政行业发展

2月2日，在黑龙江省第十二届人民代表大会第四次会议上，黑龙江省省长陆昊在政府工作报告中首次提到“快递”发展，报告提出继续推进万达、华南城、红星美凯龙等大型商贸流通项目建设，加快发展仓储、货代、联运、快递，以及集装箱和冷链物流等现代物流业，注重吸引高水平物流企业。推动发展电子商务等新业态，推动跨境通关、港口和运输便利化，积极参与物流、跨境电子商务等领域的合作开发，推动哈尔滨综合保税区和临空经济区建设，重点建设一批功能完善、辐射面广的农产品批发市场，继续推动绿色食品销售体系建设。同时，黑龙江省政府就落实《政府工作报告》重点工作责任分工形成了专门意见，明确要求黑龙江省邮政管理局在推进商贸流通业发展中要切实发挥协办作用。

### 建立新闻发布会制度

2月，黑龙江省邮政管理局建立新闻发布会制度。新闻发布会由新闻发言人发布新闻，必要时邀请领导或有关方面负责人发布新闻。新闻发布会原则上根据实际需要举行，遇灾情或者突发事件按规定报有关部门审批后以最快速度随时发布。

### 发放2015年快递车辆通行证

2月6日，黑龙江省邮政管理局联合黑龙江省交通警察总队、省道路运输管理局为全省13个市（地）51家快递企业的425辆快递车辆下发了通行证。2015年，黑龙江局下发了《关于申请办理2015年度黑龙江省〈邮政业快递车辆通行证〉的通知》，确定由各市（地）局审核申请办理通行证的快递车辆是否符合要求，并将审核材料和车体照片报黑龙江局备案，极大缩短了办理时间，提高了办理效率。

### 局党组会见省发改委郑大光副主任

2月12日，黑龙江省邮政管理局党组成员到省发展改革委，与分管副主任郑大光进行了会谈，双方就加快黑龙江邮政行业发展进行了积极探讨：一是将邮政业“十三五”规划纳入到黑龙江省国民经济和社会发展“十三五”规划中，或者将快递服务规划纳入到省政府专题规划中。二是对于邮政普遍服务设施配套资金缺口问题，希望省发展改革委能够给予支持，帮助协调解决，共同推动邮政公共服务均等化。三是对于快递企业的集散分拨中心建设，希望在建设用地、财政支持、飞机场二期建设等方面给予必要的支持。

### 推进全省快递“三化”建设

3月6日，黑龙江省邮政管理局制定出台了《关于推进快递“营业场所标准化、分拨中心规范化、作业流程制度化”建设工作方案》。方案要求，2015年底全省标准化营业场所累计达到30%，2016年底达到60%，2017年底全部达标。2015年底全省各重点网络型快递企业规范化快件分拨中心累计达到30%，2016年底达到70%，2017年底全部达标。2015年底全省重点品牌网络型快递企业作业流程制度化达到40%，2016年底达到70%，2017年底全部实现作业流程制度化。

### 邮件、快件寄递安全纳入平安黑龙江建设

3月20日，黑龙江省委办公厅和省政府办公厅联合下发了《2015年全省综治（平安黑龙江建设）工作要点》，将进一步加强邮件、快件寄递安全管理列入大力推动立体化社会治安防控体系建设重点工作任务。

### 规范全省快递末端服务站备案工作

3月24日，黑龙江省邮政管理局印发了《黑龙江省规范快递末端服务站备案工作的指导意见》，从四个方面对快递末端服务站备案工作进行规范：一是明确快递末端服务站备案范围，对快递企业以合作设立或委托设立的方式在居住区、商业区、办公区、工厂、学校、乡镇等区域设立的末端服务站点进行备案管理。二是明确快递末端服务站的备案条件、备案主体、备案材料以及备案审核过程。三是明确智能快件箱的备案工作流程，由智能快件箱的建设运营主体将智能快件箱的建设单位、投资数额、所处位置、格口数量等内容向所在

市（地）局备案。四是明确末端服务站备案原则，要求各市（地）邮政管理局遵循以安全为基准，以维权为宗旨，以开放为视角，以标准化为标杆的原则，督导规范快递末端服务站备案工作。

### 王宪魁书记为快递电商发展点赞

4月2日，黑龙江省委书记王宪魁到七台河市调研。期间，在专题听取七台河市委书记张宪军关于全市转型升级情况和发展电子商务情况的汇报时，对汇报中提到的七台河市勃利县中通速递有限公司及其负责人张雷走快递电商协同发展之路，逐步壮大规模到如今成为区域电商“盟主”事迹给予肯定，为快递和电子商务在支持煤城转型升级中所做的贡献“点赞”。

### 省发展改革委部署促进物流业发展措施

4月7日，黑龙江省发展改革委下发了《关于印发黑龙江省促进物流业发展三年行动计划（2015－2017年）和2015年黑龙江省物流业发展工作要点的通知》，将完善城市配送车辆运营管理、提升物流企业规模化水平、加强物流基础设施网络建设等纳入其中，并明确了黑龙江省邮政管理局的工作任务。

### 快递业发展“十三五”规划纳入省促进物流业发展三年行动计划

4月7日，在印发的《黑龙江省促进物流业发展三年行动计划（2015－2017年）》中，黑龙江省发展改革委首次将全省快递业发展“十三五”规划纳入黑龙江促进物流业发展三年行动计划（2015－2017年）。

### 省委省政府高度重视邮政行业发展

4月14日，黑龙江省委书记王宪魁在黑龙江陆海丝绸之路经济带建设推进工作会上强调，要立足黑龙江的基础和优势，全面开展全省铁路、公路、航空、邮政等综合交通网络设施建设。

### 成立精神文明建设指导委员会

5月13日，黑龙江省邮政管理局成立了黑龙江省邮政管理局精神文明建设指导委员会及其办公室，全面负责精神文明创建工作。精神文明建设指导委员会办公室主要职责是落实省局精神文明建设指导委员会决策和部署，起草并组织实施行业精神文明建设的规划、工作计划和规章制度，组织精神文明创建工作和评比表彰等具体工作。

### 省委常委要求实现电商快递协同发展

7月23日，中共哈尔滨市委十三届八次全体（扩大）会议召开。黑龙江省委常委、哈尔滨市委书记陈海波在会上做工作报告，提出要“继续推进‘快递下乡’工程，实现电子商务与物流快递协同发展。”

### 省政府出台“互联网＋流通”行动计划

7月28日，黑龙江省政府出台《黑龙江省“互联网＋流通”行动计划》，重点推动对俄跨境贸易、农产品和绿色食品销售、商贸流通和社会生活与电商深度融合。行动计划明确提出推进电商物流基地建设，鼓励物流服务企业面向中小城市和社区居民开展电子商务相关增值服务等，为邮政行业发展带来利好。

### 胡亚枫副省长要求合力支持依法治邮工作

8月26日，黑龙江省副省长胡亚枫专题听取黑龙江省邮政管理局依法治邮工作汇报并给予肯定。他强调，邮政行业是国家基础性、公益性、公共性和服务性行业，与老百姓生活紧密相联。省直各有关部门要给予邮政管理部门大力支持和密切配合，形成依法治邮的合力。

### 促进交通运输发展相关实施意见出台

9月7日，黑龙江省发展改革委出台《贯彻落实国家发展改革委关于当前更好发挥交通运输支撑引领经济社会发展作用意见的实施意见》，要求积极发挥交通运输支撑引领经济社会发展作用。其中，六个项目涉及邮政业，并明确由黑龙江省邮政管理部门牵头或配合完成。意见提出，将大力推进邮政基础设施、快递物流园中心区、航空快件分拨中心、高铁快件大型集散处理中心等重大项目建设，推进城区信报箱改造工程、智能包裹柜推广和新能源汽车的推广应用，明确了各部门的责任分工、任务目标和完成时限。

### 物流安全管理工作实施意见出台

9月20日，黑龙江省综治办、省交通运输厅、省公安厅、省工信委、省邮政管理局、省商务厅、省质监局、省安监局、哈尔滨海关、哈尔滨铁路局、民航黑龙江监管局等十一部门联合出台了《关于加强全省物流安全管理工作实施意见》，要求进一步加强全省物流安全管理，并明确省邮政管理部门负责省邮政业安全生产监管、行业运行安全监测、预警和应急管理工作，保障全省邮政通信与信息安全。

### 开展全省邮政业青年文明号创建活动

9月24日，黑龙江省邮政管理局联合团省委印发了《关于在全省邮政行业开展青年文明号创建活动的通知》，决定在全省邮政行业开展青年文明号创建活动。通知明确了活动的目的、基本条件、创建措施和评选办法，并提出了四点工作要求。

### 搭建快递企业与金融企业合作平台

9月25日，黑龙江省邮政管理局局长訾小春一行到中国邮政储蓄银行黑龙江省分行进行调研交流，就中小型快递企业融资问题与黑龙江省邮政储蓄银行达成三点共识，搭建中小型快递企业与金融企业合作平台。

### 联合省工信委发文推进快递服务制造业

9月30日，黑龙江省邮政管理局联合省工信委出台《黑龙江省关于推进快递服务制造业工作的实施意见》，要求充分发挥快递在服务制造业发展方面的重要作用，进一步促进快递业与制造业协同发展。意见对推进全省快递服务制造业发展工作提出了五项措施。

### 孙尧副省长会见顺丰集团副总裁

10月20日，黑龙江省副省长孙尧会见顺丰集团副总裁，黑龙江局党组书记、局长訾小春陪同参加了会谈。会谈就利用现代快递物流进一步深化合作，发展龙江经济进行了交流并达成共识。

### 省委常委肯定邮政行业精神文明建设

10月28日，黑龙江省委常委、宣传部部长张效廉出席了黑龙江省邮政管理系统行业精神文明建设大会并作重要讲话。他强调，黑龙江邮政行业精神文明建设成果显著，一年内涌现出了一大批文明企业、青年文明号、先进企业和最美快递员，展示了邮政行业良好的精神文明风尚。全省邮政系统要继续践行社会主义核心价值观，以美丽邮政为主题，提高从业人员素质，建设行业文明新风。张效廉同时对全省邮政行业精神文明建设工作提出了“三个美”。

### 组织召开全省快递企业运能合作签约仪式

11月10日，由黑龙江省邮政管理局牵头，中铁快运股份有限公司哈尔滨分公司、哈尔滨龙运城市配送有限公司与顺丰、申通、圆通、百世汇通、天天等省重点品牌快递企业签订旺季期间运能合作协议。合作明确了旺季期间支撑快递企业运力资源类型、合作业务的服务规范、快件运输的作业程序、协议快件符合的具体要求及相关旺季安全服务保障工作相关责任。签约仪式还就利用铁路与园区资源搭建平台、共享资源、合作共赢方面深入交换了意见。黑龙江局就运能合作主要方向以及下阶段快递企业在运能协议基础上开展旺季服务进行了动员部署。

### 胡亚枫副省长批示肯定“双11”旺季快递服务保障

11月30日，黑龙江省副省长胡亚枫就黑龙江省邮政管理局报送的《黑龙江省“双11”旺季快递服务保障工作情况报告》作出批示，高度肯定了全省“双11”旺季服务保障工作，指出旺季期间行业运行安全平稳，成绩显著，可喜可贺！希望再接再厉，超前谋划好2016年工作，紧抓推进“互联网+”和“双创”等重大机遇，着力破解行业发展瓶颈，有针对性地做好旺季服务保障和行业监管工作，促进省快递业健康快速发展，为服务地方经济和社会发展作出更大贡献。

## 上海市快递发展大事记

### 召开2015年市邮政业工作会议

1月15日，上海市邮政业2015年工作会议召开，确定2015年为上海邮政业“项目建设年”。上海市邮政管理局局长曾军山作2015年工作报告，市交通委员会党组成员、副主任戴晓坚出席会议并作重要讲话。会议表彰了上海局2014年度先进集体和先进个人，颁发了2014年度上海市快递行业精神文明建设“十佳”好人好事及“五最佳”提名奖。会议还邀请了“上海市促进邮政业发展联席会议”等31个市直部门及全市17个区、县交通管理部门的负责同志出席会议。

### 联合市交通委出台意见推动交邮融合发展

1月，上海市邮政管理局、上海市交通委员会联合印发《上海市交通运输业和邮政业开展战略合作、促进融合发展的意见》，提出到2020年要基本建立上海市交通运输业与邮政业全方位、深层次、宽领域的融合发展格局，力创全国交邮融合工作先行经验。

### 出台加强寄递安全管理实施意见

2月，上海市邮政管理局会同上海市综治办等11个委办局，联合发布了《关于本市进一步加强邮件、快件寄递安全管理工作的实施意见》，切实加强上海地区邮件、快件寄递安全管理。

### 获全国交通运输行业精神文明建设荣誉称号

2月，根据交通运输部《关于表彰全国交通运输行业精神文明建设先进集体先进个人的决定》，全国邮政行业20个单位和个人荣获表彰。其中，上海市邮政管理局、中通快递股份有限公司上海分公司等2个单位荣获“全国交通运输行业文明单位”称号，申通快递上海罗泾公司荣获“全国交通运输行业文明示范窗口”称号。

### 促进快递等生活性服务业规范提升发展实施意见出台

3月初，上海市邮政管理局联合市商务委、发展改革委、民政局、人力资源社会保障局、交通委、规划国土资源局、工商局、食品药品监管局九部门印发了《关于促进本市生活性服务业重点行业规范提升发展的实施意见》，将快递业作为生活性服务业重点行业予以政策支持。

### 加快建设“智慧邮政”

3月12日，上海市智慧城市领导小组办公室召开上海市智慧城市建设工作推进会，“智慧邮政”作为其中一项内容列入了上海市近三年行动计划，上海市邮政管理局承担相关牵头工作。

### 蒋卓庆副市长赴上海局调研

3月17日，上海市副市长蒋卓庆、市政府副秘书长黄融赴上海市邮政管理局调研指导工作。市发展改革委、经济信息化委、建设管理委、交通委、公安局、财政局、工商局、国家安全局、市政府法制办、市口岸办等部门负责同志参加调研。

### 发布2015年电子商务工作要点快递业获利好

4月初，上海市电子商务发展联席会议办公室印发了《2015年上海市电子商务工作要点》，将“推动电子商务与物流快递协同发展”列入了主要任务，上海市邮政管理局被列为相关工作的共同牵头单位和配合单位。上海市电子商务发展联席会议排定的《上海市电子商务发展问题清单（2015年）》，纳入了邮政小包出口模式结汇难、物流标准化程度不高、城市配送“最后一公里”等制约电子商务发展的问题。

### 对接纳入上海市城市网格化综合管理

为更好地纳入城市网格化管理，促进对邮政行业末端监管，上海市邮政管理局成立“网格化管理五人小组”。4月24日，“五人小组”赴上海市城乡建设和交通发展研究院，就融入上海市城市网格化综合管理工作进行座谈。作为上海市城市网格化综合管理的主管部门，上海市城乡建设和交通发展研究院常务副院长袁钢、上海市城乡建设和管理委员会城市管理处、信访（综治）办公室参加座谈会。双方最终确定就邮政管理纳入上海市城市网格化综合管理工作达成了共识，首批纳入两个方面作为网格化巡查重点：一是邮筒的设立及使用维护；二是快递公司未经许可非法设置网点的问题，并将相关事项写入6月份出台的2015版的《管理标准》。

### 组织快递行业精神文明创建现场会

5月18日，上海市邮政管理局在申通快递上海罗泾公司组织快递行业精神文明创建现场会暨联系点授牌仪式，展示文明创建活动启动一年来的工作成果，并以建立联系点制度为新起点，推动创建工作再上新台阶。

### 成立上海局邮政业安全中心

6月1日，上海市邮政管理局局长曾军山主持召开第16次局长办公会议，决定成立上海市邮政管理局邮政业安全中心。

### 航空快递发展纳入国际航运中心建设重点工作

6月初，上海市政府办公厅印发了《上海国际航运中心建设2015年重点工作安排》，将“支持国内快递企业发展航空快递，在浦东国际机场研究建设民营快递企业国际航空快件转运中心，建立长三角地区航空快递协会”列入主要任务，明确由机场集团和民航华东管理局配合上海市邮政管理局推进该项工作。

### 上海快递员勇救公交事故受伤乘客

6月10日，上海市延安西路靠近定西路，一辆44路公交车在行驶中撞向高架立柱，造成2名乘客死亡，20余人受伤。事故发生后第一时间，附近的快递员、店主、公司职员以及路过的市民都纷纷伸出援手，其中见义勇为的快递员是圆通速递上海长宁东分公司员工周建飞。事发时，他正在延安西路研究所附近送快件，是当时第一位赶到现场参与救人的市民。

### 组建快递业创新发展“十大沙龙”

7月中旬，上海市邮政管理局组建快递业创新发展“十大沙龙”，研讨内容聚焦快递业服务提升、安全管控、队伍塑造、末端交融、优势巩固、转型示范、多业融合、高端引领、双轮驱动、区域协作十个主题。

### 中通党委被命名为市建设交通行业“建设先锋”党组织示范点

6月25日，上海局参加市建设交通工作党委召开纪念“七一”表彰大会。会上，上海局推进的中通快递股份有限公司党委被命名为63个市建设交通行业“建设先锋”服务型党组织示范点之一。

## 出台若干意见力推跨境电子商务发展

7月28日，上海市政府办公厅印发《关于促进本市跨境电子商务发展的若干意见》。意见的出台有利于提升上海跨境电商贸易的综合竞争力，化解制约跨境电商进口规模的瓶颈问题，对于邮政业跨境快递服务发展是重大政策利好消息。

## 快递列入“四新”经济重点领域

8月，上海市经信委发布了《上海“四新”经济重点领域发展导向(2015版)》(“四新”即新技术、新产业、新业态、新模式)，在第十九部分“商贸流通与电子商务”中明确将快递业纳入“四新”经济重点领域，即“快递业信息化和快件末端投递智能化系统，基于安卓系统跨硬件平台的快递柜，基于微信的快递柜快速取件系统”。

## 上海局与上海机场集团签署合作备忘录

9月6日，上海市邮政管理局与上海机场(集团)有限公司正式签署合作备忘录，以进一步密切双方战略合作，加快建立具有全球影响力的国际航空快递枢纽，促进上海邮政行业健康快速发展。

## 首届上海快递论坛举行

9月16日，首届“上海快递论坛—聚焦快递安全”举行。论坛由上海市邮政管理局指导，上海市快递行业协会主办，永驿物联智库承办，圆通速递有限公司支持。上海市寄递安全管理工作领导小组成员单位领导、市邮政管理局领导、行业知名专家学者及15家快递企业分管领导共50余人出席论坛。

## 上海市快递行业职业技能竞赛举行

9月24日，中国技能大赛—上海市快递行业职业技能竞赛举行。经考评、评审，圆通速递陶小燕等6名选手获得了快递收派个人奖；申通快递的马联仙等6名选手获得了快件处理个人奖；中通快递和韵达速运等公司获得团体奖；圆通、申通、中通、韵达、百世汇通和UPS或优秀组织奖。同时，个人第一名至第三名的12名选手获得“上海市邮政行业岗位能手”称号。获得第一名的青年选手，团市委授予其“上海市青年岗位能手”称号。为参加竞赛的选手成绩合格者，也同时颁发相应职业的国家职业资格三级(高级)证书。对竞赛成绩合格且名列前5%并符合相关要求的选手，可晋升国家职业资格二级(业务师)证书。

## 上海局与四家研究机构开展合作

10月28日，上海市邮政管理局与市城乡建设和交通发展研究院、上海邮政科学研究院、市交通港航发展研究中心、上海永驿管理咨询有限公司等四家研究机构举行签约和授牌仪式，共同签署《合作框架协议》，深入谋划推动“上海市邮政业创新发展研究基地”建设相关工作。

## 部署开展民营快递企业总部成长性评估

10月29日，结合上海市邮政行业迎“双11”动员暨产业发展大会契机，上海市邮政管理局正式部署开展上海市民营快递企业总部成长性评估工作。经过近一年的调研、访谈、评审，第三方研究机构提出了上海市民营快递企业总部成长性评估指标体系，并在会上做了宣讲。评估工作分指标细化、宣传动员、收集上报、评估打分和报告撰写五个阶段有序推进。

## 开展“双11”期间媒体一线行活动

11月10日至11日，上海市邮政管理局开展“双11”期间媒体一线行活动，由国家邮政局新闻中心邀请的《人民日报》、新华社、《经济日报》、《人民政协报》、《工人日报》、《中国交通报》等中央媒体，《中国邮政快递报》、《快递》杂志等行业媒体，及中央人民广播电台上海记者站、中央电视台上海记者站、上海电视台、上海广播电台、新华社上海分社、《解放日报》、《东方早报》等本市媒体近25名记者参加了此次活动。11月9日至11月16日，上海市各家媒体通过电视、广播、报纸、网络、APP新闻客户端、微信公众号等多类载体，共发表刊登新闻报道78篇，发挥了舆论正面导向的积极作用，在社会上产生了良好的舆论氛围。

### 周波副市长赴青浦区调研快递物流和跨境电商

11月25日，上海市副市长周波一行赴青浦区实地调研快递物流和跨境电商发展，听取了青浦区委书记赵慧琴关于青浦区快递总部发展的情况汇报，充分肯定了快递业发展成就。周波表示政府要成立专家课题组，进行专门研究并提出解决方案，并强调，上海发展的精神内核是开放创新，政府部门要全力以赴做好支持服务工作，希望中央在沪单位和各部门加强协作，共同探索发展路径。

### 雷娟娟荣获"刘源张一线员工质量贡献奖"

12月初，经上海市邮政管理局团委推荐，速尔快递雷娟娟作为基层一线青年代表获评"刘源张一线员工质量贡献奖"。

### 《快递揽投专用电动自行车》课题结题评审

12月17日，上海《快递揽投专用电动自行车》（上海团体标准T31/07002-C002—2015）课题结题评审。市公安局交警总队、市交通委、市经信委、市质监局、新华社上海分社、市快递行业协会、市自行车行业协会、市邮政公司、中通快递等单位组成的专家组共20余人参加评审会。上海市邮政管理局局长曾军山、副局长夏颐出席会议。

### 上海局与祝桥镇人民政府签署战略合作协议

12月18日，上海市邮政管理局与浦东新区祝桥镇政府举行《共建祝桥国际现代快递物流园区战略合作协议》签署仪式。协议以强化规划衔接、加强政策研究、完善基础设施、促进多业融合等四个方面为战略合作重点，以商飞总装基地及其配套产业区为载体，推进祝桥国际现代快递物流园区建设，促进上海市快递业转型升级。

### 上海局与中国（上海）自由贸易试验区签署监管信息共享协议

12月，上海市邮政管理局委托浦东邮政管理局与中国（上海）自由贸易试验区管委会委托单位中国（上海）自由贸易试验区管理委员会保税区管理局正式签署监管信息共享协议。自贸区信息共享平台经上海市政府授权，由上海自贸区联合税务、海关、工商、质监、网安、综治等部门搭建。该平台打通部门沟通渠道，搭建全链条监管框架，践行强化事后监管，推进共联共享，探索大数据下的监管网络新模式，具有积极意义。共享协议的签署标志着邮政监管信息正式纳入自贸区信息共享平台，邮政监管体系纳入地方执法大网络进一步深入。

### 蒋卓庆副市长召开专题会议研究全市寄递安全工作

12月21日，上海市副市长蒋卓庆主持召开会议，专题研究全市寄递安全工作。市政府副秘书长黄融出席会议。会上，市交通委副主任张林、市邮政管理局局长曾军山汇报了上海市寄递安全工作情况。蒋卓庆表示，市政府支持加强本市寄递安全工作，将根据中央"三个100%"以及国家邮政局有关要求，做好指导、推进和落实。蒋卓庆要求，市相关部门要指导支持市邮政管理局，具体研究探索解决"三个100%"的有效方法、途径，采取切实措施，落实好建设属地化邮政业安全监管机构的编制及经费问题。

# 江苏省快递发展大事记

## 邮政便民服务覆盖2031个城乡社区

1月，江苏省邮政管理局对全省邮政便民服务进社区情况进行了初步统计，全省已有2031个城乡社区提供邮政便民服务。其中城市社区512个、农村社区1519个；可提供邮件代收投服务的社区1488个、可提供代办快递服务的社区133个。

## 史和平副省长视察邮政管理工作

1月14日，江苏省副省长史和平专程到江苏省邮政管理局，视察邮政管理工作情况，看望全局干部职工。他对江苏局一年来取得的成绩和对江苏经济社会发展做出的贡献表示充分肯定，并对今后工作表示大力支持。省政府副秘书长陆永泉、省交通运输厅厅长游庆仲陪同视察。

## 编发行政执法工作手册

3月，江苏省邮政管理局编制下发了《邮政行政执法工作手册》，实现全省邮政管理系统公务员人手一本。该手册立足执法工作实际，具有较强的可操作性和指导性，成为邮政行政执法人员业务学习及行政执法的重要工具。

## 江苏快递业荣登“2015，为中国点赞”榜前三位

全国两会前夕，新华日报联合腾讯新闻推出大型全媒体策划“2015，为中国点赞”活动，邀请网友对2014年江苏民生最满意行业投票，数据显示，江苏省总参与投票数超112万。活动最终投票结果于3月4日公布，教育、反腐、快递、交通和治安分列前五位，网友纷纷感叹，“快递的兴起的确为人们的日常生活提供了极大便利”。

## 海门邮政管理局揭牌成立

3月18日，江苏省第二家县级邮政管理机构——海门邮政管理局揭牌成立。海门是全国、全省经济强县之一，是江苏长江以北第一个全面小康达标城市，位居《环球时报》“2014年度中国最具投资吸引力城市”前十强。电子商务发展迅猛，以全国最大的家纺市场——海门叠石桥家纺行业特色产业群为代表，海门市电子商务综合指数位列“中国电子商务百佳县”第20位，仅家纺产品年线上交易额超过百亿，支付宝人均网上消费金额超过2万元。2014年财政收入指标在南通地区五个县市中位列第一，在全省位列第七，是全省邮政业市场最活跃、业务规模居前的县市，快递业务量收占南通全市的一半以上。

## 新沂、沭阳邮政管理局相继揭牌成立

3月30日和31日，新沂、沭阳邮政管理局相继揭牌成立。至此，苏南、苏中、苏北都已设置县级邮政监管机构，有效填补了江苏县域邮政监管机构的空白。

## 规范智能快件箱市场运营发展

4月1日，江苏省邮政管理局制定出台《江苏省智能快件箱运营管理办法(试行)》正式实施。办法主要明确了五个方面的内容：一是规定了智能快件箱运营人应将运营情况向所在地邮政管理部门登记，将运营人纳入监管范围；二是设定了智能快件箱的代码管理制度，为智能快件箱明确统一标识；三是对智能快件箱的设置、使用做出规定，以保障快件安全；四是明确快递企业在寄递服务中的主体责任，以切实维护用户权益；五是对运营人的市场退出做出规定。与其同时，江苏局还

配套开发建设了智能快件箱监管信息系统，实现对智能快件箱设置、格口使用、快件投递等情况的动态监管，以及运营人登记报备、快件箱的代码申请等功能。

### 江苏省邮政业安全中心揭牌

5月18日，江苏省邮政业安全中心举行揭牌仪式，省邮政管理局局长张水芳、副局长孙安宁共同揭牌。

### 积极推进交邮合作

5月，江苏省邮政管理局协调省交通运输厅赴省邮政公司开展交邮合作调研，并召开合作推进会。省交通运输厅厅长游庆仲、省邮政管理局局长张水芳、各省级邮政企业主要负责人及相关人员参加会议。游庆仲对全省交邮合作取得的成效给予充分肯定，，并对下一阶段交邮合作的推进提出了三个方面的工作要求：一是进一步深化合作，对成熟的合作项目要加大推进力度，努力形成一批交邮合作的示范项目；二是进一步加强政策研究，支持协会参与政策协调，对智能快件箱列入公共服务设施、电动三轮车城市道路通行等问题从立法层面进行操作；三是进一步做好具体实施工作，建立交邮合作的协调机制，定期开展研讨和会商活动。

### 江苏省快递发展研究中心成立

5月28日，江苏省邮政管理局与省交通技师学院举行了战略合作协议签字仪式。仪式上，江苏省交通运输厅党组书记刘广忠，江苏省邮政管理局党组书记、局长张水芳共同为“江苏省快递发展研究中心”、“江苏省邮政行业人才培养基地”揭牌。双方战略合作的主要内容包括：一是设立邮政行业人才培养基地，推进学历教育，江苏省交通技师学院将积极创造条件，开设快递相关专业的全日制学历教育；二是在江苏省交通技师学院建立江苏省快递发展研究中心，加强对邮政行业、特别是快递新型业态的研究，江苏局做好业务支撑和有关工作协调；三是学院组织相关专业在校学生参加快递业务员技能鉴定。

### 部署推进快递行业诚信体系建设

6月25日，江苏省邮政管理局联合省政府信用办公室、省放心消费创建活动办公室召开全省快递行业诚信体系建设暨快递服务放心消费创建活动表彰动员大会，对2014年度全省放心消费创建先进、示范单位的快递企业进行表彰，对快递业诚信体系建设进行全面部署。

### 实现寄递安全管理联合协调机制全覆盖

截至6月底，江苏省13个地市全部成立由市综治办、公安局、交通局、邮政管理、国家安全、海关、工商局等部门组成的寄递渠道安全管理领导小组，实现寄递安全管理联合协调机制全覆盖。

### 徐鸣副省长对邮政行业发展提出要求

7月6日，江苏省委常委、副省长徐鸣专题听取江苏省邮政管理局工作情况汇报，对进一步加强邮政管理工作提出了具体要求，对邮政管理部门提请省政府关心支持的相关事项给予积极回应，并表示省委、省政府将一如既往地关心支持邮政事业发展。省政府副秘书长陆永泉等参加汇报会。

### 启动首届寻找“最美快递员”活动

8月，江苏省邮政管理局下发文件，决定在全省范围内开展首届寻找“最美快递员”活动。活动历时5个月，由省邮政管理局主办，省快递协会承办。由各市局、各快递企业、社会媒体等渠道推荐入围人选，经过推荐、公示、投票、统计等环节，最终推选出10名“最美快递员”和16名“最美快递员”提名奖，10月份揭晓公布。

### 省邮政业消费者申诉中心荣获省级"青年文明号"称号

8月，共青团江苏省委、中共江苏省委省级机关工作委员会联合下发《关于命名2013－2014年度省级机关江苏省青年文明号的通知》，省邮政业消费者申诉中心获批省级"青年文明号"。

### 省政协协调积极推进扶持快递产业提案的办理

8月，江苏省政协专门组织召开提案办理协调会，积极推进提案《大力扶持快递产业，推动电子商务发展》的办理。该提案由江苏省邮政管理局推动省政协经济委员会提出，建议从规划引领、强化管理、鼓励创新、融资支持、产业融合、共同配送等六个方面大力扶持快递产业。会议针对快递车辆通行、快递服务用地用房、快递专业人才培养等重点问题进行了深入的协商讨论。省政协提案委、经济委、省公安厅、教育厅、住建厅和江苏局参加了提案办理协调会。

### 率先实现快递服务"乡乡有网点"

据8月最新统计结果显示，江苏省乡镇快递网点覆盖率已达100%，率先实现"乡乡有网点"。全省共有乡镇879个，共设置乡镇快递网点4133个，平均每个乡镇设有4.7个快递服务网点。

### 华东地区邮政业发展研讨会举行

9月22日，华东地区邮政业发展研讨会在苏州召开。华东六省一市邮政管理局的主要负责人参加了会议。此次会议，重点就新常态下政府如何推动行业发展与加强监管，在互联＋和大数据的背景下如何加强安全管控，如何加强行业人才队伍建设，以及长三角快递服务业如何实现一体化发展等议题进行了深入探讨。通过交流探讨，会议形成了五点共识，同时确立了华东地区的三个联系机制：一是定期交流机制；二是信息共享机制；三是市场监管的协作机制。

### 马军胜局长鞭策苏南快递产业园加快发展

9月22日，原无锡市副市长、无锡市快递协会会长吴建选、市邮政管理局和空港产业园管委会负责人一行专程赴北京拜会国家邮政局领导，就苏南快递产业园建设发展、国际邮件互换局建设等工作进行汇报。国家邮政局局长马军胜亲自接见，并认真听取了汇报。马军胜在听取了吴建选一行关于无锡快递业发展情况、苏南快递产业园成立两年来取得的积极成效、无锡市邮政管理局开展的主要工作等详细汇报后，对吴建选一行来访表示欢迎，并充分肯定了无锡局取得的各项工作成绩。马军胜表示，苏南快递产业园建成以来，充分发挥产业集聚优势，促进快递业转型升级，成绩喜人，国家邮政局将一如既往地给予支持。针对国际邮件互换局的建设，马军胜介绍了相关政策和支持方向。

### 表彰江苏省首届"最美快递员"

9月29日，江苏省首届"最美快递员"表彰仪式在盐城举办，曹晓祥等10人被授予江苏省首届"最美快递员"称号，陶骥文等16人获得江苏省首届"最美快递员"提名奖。

### 快递服务质量满意度列全省十大公共服务行业之首

10月，江苏省邮政管理局联合省放心消费创建办公室召开全省快递行业放心消费创建工作推进会。会上公布：经江苏省社情民意调查中心调查，2014年度江苏快递行业服务质量满意度达76.8%，列全省十大公共服务行业之首。

### 快递服务进驻11437个城乡社区

10月，江苏省邮政管理局对全省快递服务进社区情况进行了初步统计：截至9月底，江苏省已有11437个城乡社区提供快递服务，覆盖率达41.6%。

## 全面启动“平安寄递”创建活动

10 月，江苏省综治办和江苏省邮政管理局联合下发了《关于在全省开展“平安寄递”创建活动的意见》，全面启动全省“平安寄递”创建活动。该活动分为“平安寄递企业”创建和“平安寄递示范点”创建两个部分。其中“平安寄递企业”创建对象为全省范围内的邮政、快递企业；“平安寄递示范点”的创建对象为全省范围内的邮政、快递企业营业场所。通过开展“平安寄递”创建活动，将进一步促进寄递企业落实安全主体责任，加快推进收寄验视、实名寄递、安全检查等制度落实，规范寄递企业经营行为，确保全省寄递渠道安全畅通。

## 实施快递高管“512”培训计划

10 月，江苏省邮政管理局会同省快递协会启动并实施了快递高管“512”培训计划，即利用 5 年时间培训 1000 名快递高级管理人员，每位学员接受 2 天全脱产的省级培训。在已完成的两期培训工作中，EMS、顺丰、申通、圆通、中通、韵达、百世汇通等 10 余品牌近 200 名快递企业高级管理人员参加了培训。此项培训旨在重点提高全省快递企业领导层的政治素质、战略思维、法治思维、领导能力、领导艺术以及处理复杂问题的能力。为保障“512”快递高管培训计划有效实施，江苏局制定了《江苏省快递高管“512”培训计划实施方案》，设立了“512”培训计划项目组。

## 探索“快递下乡”新渠道

10 月，江苏省邮政管理局受邀参加全省“信息进村入户”试点工作推进会，并就整合推进“快递下乡”与“信息进村”工作进行了专题发言，受到农业主管部门的肯定。“信息进村入户”工作是农业部近年来在全国主推的一项重点工程，通过在行政村建立信息服务站、选聘信息员，将农业信息服务延伸到乡村和农户。江苏是该项工作的试点省份。

## 苏南快递产业园成为首个国家级快递示范园区

11 月，国家邮政局正式复函，同意授予苏南快递产业园区“全国快递产业集聚发展示范园区”称号，由此，苏南快递产业园成为首个国家级快递示范园区。

## 召开“双 11”快递业务旺季服务保障新闻通气会

11 月，江苏省邮政管理局召开新闻通气会，就“双 11”全省快递业务旺季服务保障工作进行介绍和说明。新华网、新华日报、江苏省电台、扬子晚报、南京新闻台等新闻媒体参加新闻通气会。江苏局在会上就全面推进“收寄验视 + 实名收寄 + 过机安检”“三个 100%”安全制度措施进行了介绍，并对与会媒体提出的旺季快件时限等热点问题进行了一一解答。

## 加强快递业务旺季行业新闻宣传工作

11 月 11 日晚，江苏省邮政管理局联合南京市邮政管理局组织新华网江苏频道、新华日报、江苏卫视、江苏电台、南京日报、南京电视台等十余家省、市地方主流媒体深入快递企业生产一线进行现场采访。11 月 12 日，新华日报、南京日报、南报网等媒体纷纷对省内快递旺季服务保障情况进行了报道，进一步展示了行业新形象。

## 省统计局首次单列分析快递业发展指标

11 月，江苏省统计局对 2015 年前三季度全省快递业发展情况进行了统计分析，认为“前三季度，全省快递业主要指标在近几年高增长的基础上，继续实现快速增长。”此为省统计局首次将快递指标进行单列分析。

## 曹晓祥入选“中国网事·感动 2015”网络人物

11 月 26 日，江苏泰州汇通的“最美快递员”曹晓祥成功入选“中国网事·感动 2015”第四季度网络人物。“中国网事·感动 2015”网络人物评选由新华社发起并主办，每季度在全国范围内通过新媒体和传统媒体联合评选的方式，评选出10位在网民中有较大影响力、主要事迹引起网络广泛关注的“平民英雄”。经过严格的提名、展示、投票、计票、评审等程序，曹晓祥最终以5204票从26名侯选人中脱颖而出，成功入选，名列第二名。

### 高港邮政管理局挂牌成立

12月16日，泰州市高港邮政管理局举行挂牌仪式。江苏省邮政管理局局长张水芳、高港区委书记王建共同揭牌。这是江苏省成立的第5家县（区）级邮政管理机构。当天，张水芳和王建还共同为“苏中快递产业园临港园区”揭牌。该园区将紧紧围绕“集纳高端快递企业、创建精品物流基地，打造苏中快递集散中心”的目标定位，进一步推动高港区快递产业的发展。

### 组织寄递渠道安全生产大检查“回头看”

12月，江苏省邮政管理局联合省国家安全厅组织开展了安全生产大检查“回头看”工作，重点检查收寄验视、实名收寄及过机安检等制度执行情况。通过开展“回头看”安全检查，检查组进一步了解了全省深化危险化学品和易燃易爆物品安全专项整治工作取得的成效及需要解决的问题。

## 浙江省快递发展大事记

### 下发通知严禁通过寄递渠道交寄危险化学品

1月，浙江省邮政管理局会同省安监局联合下发《关于严禁通过寄递渠道交寄危险化学品的通知》，要求各级邮政管理部门和安监部门要充分认识寄递危险化学品的严重性和危害性，加强协调配合，形成监管合力。

### 省政府领导批示肯定邮政管理工作

1月12日，浙江省政府党组副书记、顾问王建满在浙江省邮政管理局的年度工作报告上作出重要批示：过去一年，全省邮政管理部门围绕省委、省政府中心工作，在保障邮政普遍服务和特殊服务、促进快递行业发展、完善邮政监管体系等方面做了大量工作，取得了很好的成效，向同志们表示感谢和慰问！2015年是完成我省“十二五”规划、“干好一三五、实现四翻番”的关键一年，希望全省邮政管理系统认真贯彻落实党的十八大和十八届三中、四中全会精神，坚持以“八八战略”为总纲，按照浙江省委、省政府和国家邮政局决策部署，主动适应经济发展新常态要求，加快我省邮政业改革创新和转型升级，更好地发挥邮政业作为现代服务业的关键产业和物流领域的先导产业作用，为建设“两富”和“两美”浙江作出新的更大的贡献！

### 提出打造“五个邮政”浙江样本

1月13日至14日，浙江省邮政管理局召开全省邮政管理工作会议，传达了全国邮政管理工作会议特别是国家邮政局局长马军胜的重要讲话精神和省政府党组副书记、顾问王建满的重要批示精神，总结2014年全省邮政管理工作，部署2015年全省邮政管理重点工作。浙江局党组书记、局长王文海强调，要深化依法治邮，建设“五有”法治邮政，坚持创新驱动，全力打造“五个邮政”的浙江样本。

### “E邮柜”建设列为2015年十件民生实事

1月，浙江省政府公布了2015年十件民生实事，其中明确：加快电商服务网络建设，在城乡社区新建6000个以上“E邮柜”等电子商务投递终端，解决电子商务“最后一百米”问题。

### 省政府多项措施支持行业发展

1月21日，浙江省省长李强在作省政府工

作报告时指出，要支持企业大力发展跨境电子商务和大力发展农村电子商务，积极创建中国（杭州）跨境电子商务综合试验区，加快设立义乌国际邮件互换局和国际邮件交换站。《报告》强调，把发展以互联网为核心的信息经济作为重中之重，加快培育大数据、物联网等产业，加快发展电子商务产业。省政府将进一步加大财政投入，健全工作机制，明确时间要求、责任单位，切实加快电商服务网络建设，把民生实事办实办好。

**切实加强寄递安全管理工作**

2 月，浙江省九部门联合下发了《关于加强邮件、快件寄递安全管理工作的实施意见》文件，从落实寄递安全管理制度、加强安全防范能力建设、打击寄递渠道违法犯罪活动、健全寄递安全管理责任体系、加强组织协调和监督保障等方面提出了明确要求。

**村级邮政电商服务点突破一万个**

3 月 26 日，诸暨市建辉村村邮站正式开办电子商务服务，标志着浙江省邮政村级电商服务点已突破一万个。

**《浙江省跨境电子商务发展三年行动计划》发布**

4 月，《浙江省跨境电子商务发展三年行动计划》正式发布。计划明确提出，将积极推进跨境电商公共海外仓建设。在 2014 年首批认定公布 10 家省级跨境园区的基础上，全省计划在 3 年内累计建成 100 家。同时，建成覆盖五大洲主要出口国家的 60 个公共海外仓，实现“本土直邮”。计划有利于快递企业与跨境电商物流仓储中心进行业务对接，降低企业成本，提升出口量。

**快递服务网点覆盖率纳入电商发展评价指标体系**

4 月，浙江省邮政管理局会同省商务厅、统计局、通信管理局、人民银行杭州中心支行等部门联合制定了《浙江省电子商务发展指标评价方案》。按照国家邮政局“快递下乡”工作部署，浙江局通过《方案》，积极推进农村地区快递发展，引导快递企业向农村布局，明确将快递服务网点乡镇（街道）覆盖率纳入评价指标体系。

**加快推进杭州电商物流快递协同发展试点工作**

4 月 27 日，杭州市电子商务与物流快递协同发展领导小组办公室组织召开项目专家评审会，对全市 35 家企业申报的 60 个协同发展试点项目进行了评审。申报项目涉及电商物流快递基础设施建设、城市物流快递末端投递车辆规范化、末端投递设施建设、具有开放性、公益性电商物流快递信息对接服务平台，或电商物流快递公益性信息服务系统、快递从业人员全面持证上岗相关系统开发和培训等内容。经专家评审小组审议，20 个企业申报的 36 个项目初评入围，其中快递分拨中心或仓配一体化项目 8 个，智能快件箱项目 6 个，末端投递车辆项目 8 个，标准化网点建设项目 4 个，信息系统项目 4 个，创新型协同发展项目 5 个，从业人员培训项目 1 个，涉及总投资 44 亿元。

**寄递渠道管理纳入“平安浙江”考核**

5 月，浙江省委建设平安浙江领导小组办公室下发《2015 年度浙江省平安市、县（市、区）考核评审条件若干问题的解释》，在第一项“社会政治稳定”中将寄递渠道安全管理纳入其中，明确浙江省邮政管理局为考核牵头部门。解释明确，寄递渠道未落实收寄验视制度或收寄禁寄物品的，每起扣 3 分。

**苍南邮政管理局成立**

5 月 27 日，浙江省首个由市邮政管理局派出的邮政管理机构——苍南邮政管理局正式揭牌成立，这是市级邮政管理工作向下延伸的有效探索和实践。

### 谢济建副秘书长赴桐庐调研

5月29日，浙江省政府副秘书长谢济建、浙江省邮政管理局局长王文海一行赴桐庐县政府座谈，共同研商国际快递产业发展促进大会筹备工作。会议听取了桐庐县政府关于会议方案的汇报，实地察看了拟定的会议地址，并就首届国际快递业发展促进大会方案深入交换了意见。

### 王辉忠副书记调研寄递行业安全

6月25日，浙江省委副书记、政法委书记王辉忠在杭州调研寄递行业安全工作时指出，要清醒认识当前维护社会稳定面临的新形势新要求，严格把好安全意识关、制度执行关、日常监督关、信息管控关、行业自律关，不断提升维护公共安全和服务人民群众的能力和水平。省局王文海局长陪同调研。

### 发文推进快递服务制造业工作

7月，浙江省邮政管理局与省经信委联合下发了《关于推进快递服务制造业工作的实施意见》，提出了“入厂物流”、“仓储+配送”一体化、“订单末端”、“区域性供应链”、“嵌入式电子商务”等发展模式，鼓励快递企业为制造业提供一体化供应链及开展末端投递增值服务、鼓励快递企业进驻制造业集聚区、鼓励快递企业与制造企业加强信息对接、鼓励传统制造业发展网络营销步伐，通过细化和完善配套政策措施，切实提升快递企业服务制造业的能力与水平。

### 天台、桐乡、诸暨邮政管局相继成立

7月29日，台州市天台邮政管理局正式挂牌成立。天台县是全国电商百佳县，2014年跃居全国县级网商前十位，其中五百村、东陈村、鱼山村、湖岸村、鹤栖新村等五个行政村均进入中国“淘宝村”序列。9月23日，嘉兴市首家县级邮政监管机构—桐乡邮政管理局成立暨揭牌仪式举行；12月8日，绍兴市首家县级邮政监管机构—诸暨邮政管理局正式揭牌成立。

### 首届快递业务员职业技能竞赛举办

9月19日至20日，浙江省首届快递业务员职业技能竞赛举办。浙江省16家快递企业的138名选手同场竞技。竞赛产生了24名个人全能奖、12名团体奖、3名领队和6名教练奖，所有获奖选手、团体、领队和教练由主办单位颁发了相应的荣誉证书和奖牌。组委会根据竞赛组织和竞赛成绩，授予了相关优秀选手“浙江省技术能手”、“浙江金蓝领”、“浙江省青年岗位能手”“浙江省快递技术能手”等荣誉称号，并根据相关条件择优向省总工会申报“浙江省五一劳动奖章”称号。

### 王辉忠副书记批示加强寄递渠道安全管理

10月，浙江省委副书记王辉忠就省寄递渠道安全工作作出批示，要求督促严格落实开箱验视制度，堵塞安全漏洞，消除安全隐患，严防发生寄递渠道安全事故。

### 马军胜局长会见孙景淼副省长

10月12日，国家邮政局局长马军胜在北京会见了浙江省副省长孙景淼一行。双方就加快浙江邮政行业特别是快递业发展等交换了意见。孙景淼表示，浙江省政府将一如既往支持邮政业发展，认真贯彻国家关于促进快递业发展的政策措施，更好发挥示范引领作用，为国家稳增长调结构惠民生多做贡献。马军胜指出，浙江省互联网经济发达，电子商务交易规模居全国前列，发展“互联网+快递”模式前景十分广阔，希望省政府在快递与电子商务协同发展、快递下乡和向外发展、行业安全监管能力建设等方面给予更多的政策支持，加快浙江邮政业发展，为促进浙江平稳发展、创新发展发挥更大的作用。

### 专题部署邮政行业安全管理工作

10月16日，浙江省委政法委、省寄递渠道安全管理领导小组召开会议专题研究部署寄递渠道安全管理工作。会议讨论通过了《关于贯彻落实

“中综办〔2014〕24 号”文件的任务分工方案》，方案明确，省综治办、省邮政管理局牵头各部门开展寄递渠道安全隐患排查整治活动，加强统筹协调，健全行业管理与企业机构队伍，督促各部门依法履职，进一步落实邮件、快件寄递安全管理属地责任和责任追究制度等。

### 全省邮政行业突发事件应急演练举行

10 月 19 日，由浙江省邮政管理局主办，台州市邮政管理局承办的 2015 年邮政业突发事件应急演练在台州举行。演练由“现场演练”和“桌面推演”两部分组成。各参演单位负责人根据情景和本单位相关应急预案，以问答、陈诉等方式圆满完成演练。

### 孙景淼副省长带队赴浙江局视察调研

10 月 23 日，浙江省副省长孙景淼率省政府副秘书长谢济建、省交通厅巡视员郑黎明一行赴浙江省邮政管理局调研。孙景淼强调，全省邮政管理系统的干部职工着重要把握“互联网 + 快递”的机遇，不仅行业发展数量要继续走在前列，而且发展质量也要走在前列，做到“人无我有、人有我优、人优我快”。要把握跨境电商发展的机遇，通过建设好杭州跨境商务试点城市、义乌国际邮件互换局和交换站、金华邮政电子商务示范园和杭州空港园区等，把浙江的跨境快递做大做强。要把握农村电商的发展机遇，利用邮政网点成形、覆盖面广的优势，进一步将电商服务站、村邮站连城片状带起来、抓上去。孙景淼表示，省政府将重视支持邮政管理工作，积极帮助协调解决行业发展中遇到的困难和问题，为全省邮政管理工作开展创造良好的环节。

### 发文推动快递进校园

11 月，浙江省邮政管理局与省教育厅联合下发了《关于推进快递服务进校园工作的通知》。通知提出，通过利用现有资源建立高校快件派送点、建立快递服务中心、引入第三方开展校园快件派送服务、鼓励高校自建配送站点等方式，解决高校快递投递难题。

### 召开旺季服务保障工作新闻通气会

11 月 6 日，浙江省邮政管理局在杭州召开全省快递业务旺季服务保障工作新闻通气会。浙江在线、浙江卫视、浙江之声等省级新闻媒体及 EMS、顺丰等主要网络型快递企业参加会议。会议分析了 1015 年快递业务旺季的特点，介绍了全省快递行业业务旺季服务保障工作部署及企业的人员、车辆、物资配备情况。各参会快递企业分别介绍了本企业应对业务旺季所采取的工作措施和应急方案。会议就快件实名制、跨境电商、快递向下、消费者的权益保护等热点问题进行了一一解答。

### 桐庐邮政管理局成立

11 月 13 日，桐庐邮政管理局举行成立暨揭牌仪式，标志着杭州市第一家县级邮政管理机构——桐庐邮政管理局正式成立。国家邮政局副局长刘君、浙江省邮政管理局副局长黄立群、桐庐县县长方毅共同出席揭牌仪式。

### 发文推进“快递向下”工作

11 月，浙江省邮政管理局与省商务厅联合下发了《关于推进“快递向下”加快农村电商快递协同发展的实施意见》。意见提出，通过完善农村地区快递基础设施、加强资源整合共享与合作开发、健全农产品快递服务、提升农村地区快递服务水平等重点措施，推进“快递向下”工作。

### 王辉忠副书记充分肯定省寄递业清理整顿工作

12 月，浙江省委副书记、政法委书记王辉忠作出重要批示，充分肯定了浙江省邮政管理局寄递业清理整顿工作和下步采取的工作措施，要求要将寄递业清理整顿盯住不放，通过各项措施的落实、落地、落人，变不习惯为自觉，变不规范为规范，持之以恒推动寄递业安全管理预期目标和效果的实现。

### 督查世界互联网大会寄递渠道安保工作

12月1日，浙江省邮政管理局局长詹永枢一行赴嘉兴桐乡督查第二届世界互联网大会寄递安保工作，他强调，大会筹备工作已到临战状态，要全力冲刺，强化落实“三个100%”措施，措施再加码，工作再细致，切实落实各个安保环节，确保大会圆满召开。

### 国家邮政局督导组赴嘉兴乌镇督查寄递安保工作

12月11日，由国家邮政局、公安部组成的寄递安保督导组一行到桐乡乌镇督查世界互联网大会寄递安保、调研“三个100%”执行情况。督导组视察了乌镇邮件快件安检中心，并听取了嘉兴局对大会期间寄递安保筹备工作的汇报，详细询问了安检中心工作流程、对疑似件处理等情况。督导组一行还实地检查了桐乡圆通快递公司、顺丰桐乡营业网点对开箱验视、实名收寄制度的执行情况，专门了解企业对协议客户的管理情况，并与桐乡部分寄递企业代表开展了座谈。

### 委省政府领导批示感谢邮政管理系统支持设立宁波国际邮件互换局兼交换站

12月，经国家邮政局协商相关部门，正式批复同意设立宁波国际邮件互换局兼交换站。为此，浙江省委省政府领导相继批示感谢邮政管理系统支持设立宁波国际邮件互换局兼交换站。12月16日，浙江省政府副省长孙景淼在浙江省邮政管理局《关于国家邮政局批复同意设立宁波国际邮件互换局兼交换站的报告》上批示：感谢国家邮政局对我省的指导和支持。省邮政管理局积极参与并推动支持地方工作应予表扬。希望宁波市抓住机遇，扎实做好相关工作，更好地发挥新设局、站的功能和作用。12月22日，浙江省委常委、宁波市委书记刘奇在浙江省邮政管理局《关于国家邮政局批复同意设立宁波国际邮件互换局兼交换站的函》上批示：宁波国际邮件互换局兼交换站的顺利获批，离不开贵局的大力支持和帮助，在此深表谢意！对互换局下步工作的开展，请贵局继续给予关心和指导。

## 安徽省快递发展大事记

### 花建慧副省长指示做好岳西县电商快递发展工作

1月5日，安徽省副省长花建慧赴安庆市岳西县调研指导电子商务发展工作，花建慧强调发展电子商务是新形势下转变发展方式、打造经济升级版的现实要求。电商企业要做大做强，就必须加大品牌推广，完善快递配送等支撑服务，既要生产出优质的特色产品，又要确保产品能够迅速完好地送达消费者手中。

### 各地市政府工作报告明确提出推动邮政行业发展

1月，安徽各市两会相继召开，六安、蚌埠、芜湖、淮南、池州、安庆等地市在市政府工作报告中都充分肯定了2014年当地邮政行业发展取得的成绩，并明确将推动邮政行业发展纳入工作报告中。

### 省政府工作报告明确提出推动快递电商融合发展

1月27日，安徽省十二届人大四次会议第一次全体会议召开，安徽省省长王学军作政府工作报告。报告在回顾2014年工作时充分肯定，在深入实施创新驱动战略下，全省进一步加快转型升级步伐，物流快递等行业实现了快速增长。同时在部署2015年十项主要任务中，明确提出要大力促进居民消费，推动电商、网购、快递等融合发展。省两会前夕，安徽省邮政管理局局长方晓潜就全省邮政行业发展整体形势和邮政管理工作思路向省政府副省长陈树隆作了专题汇报，并提出了出台全省邮政业发展扶持政策等三项加快行业发展的建议。陈树隆对此高度重视，当即表示支持出台相关扶持政策。

**省人大法工委召开《安徽省邮政条例》（草案）讨论修改会**

2月10日至11日，安徽省人大常委会法制工作委员会召开《安徽省邮政条例》（草案）讨论修改会，为条例上会二审做好准备工作。会议由省人大常委会委员、法工委主任吴斌主持，省邮政管理局局长方晓潜、副局长傅风潮出席会议。会议围绕省十二届人大常委会第十四次会议一审时提出的修改意见，并结合省人大常委会城建环资委赴市县调研征求的意见，对条例（草案）文本逐条进行了讨论修改。

**省政府将促进快递发展列入年度重点工作任务**

2月17日，安徽省政府下发了《关于2015年重点工作及责任分解的通知》，将促进快递发展列入省政府年度重点工作任务。通知明确安徽省副省长花建慧为该项工作牵头责任领导，安徽省邮政管理局为落实责任单位。通知提出，要“促进电商、网购、快递等融合发展”，安徽局一要牵头“加快实施快递下乡工程，力争全省乡镇快递服务覆盖率超过50%”；二要协同配合省商务厅做好“推进电子商务进农村综合示范省建设，通过网络销售带动特色农产品规模化经营、标准化生产”。

**安徽局配合省人大常委会开展邮政条例立法调研**

3月3日至5日，安徽省人大常委会委员、法制工作委员会主任吴斌率调研组赴马鞍山、绩溪等市县进行《安徽省邮政条例》立法调研，安徽省邮政管理局局长方晓潜、省邮政公司总经理王小东参加调研。调研组在两地召开了《安徽省邮政条例》草案修改初稿征求意见座谈会，听取了当地邮政管理部门对辖区邮政行业发展、监管情况的专题汇报，并向当地人大、政府，交通、发展改革、财政、国土、公安、住建、规划等相关政府部门负责人，省人大代表，以及邮政、快递企业负责人等征求意见。

**省人大常委会二次审议《安徽省邮政条例》（草案修改稿）**

3月23日，安徽省十二届人大常委会召开第十八次会议。会议听取了省人大法制委员会委员马亚杰关于《安徽省邮政条例（草案）》修改情况的说明，并于25日上午分成四个组对草案修改稿进行了二次审议。省人大常委会副主任胡连松、沈卫国、陈先森、宋卫平、王翠凤，秘书长朱读稳，以及出席会议的常委会委员参加了审议。

**四部门联合推进农村快递物流快速发展**

4月9日，安徽省交通厅、农委、供销联合社、邮政管理局等四部门联合下文，协同推进安徽省农村快递物流快速发展。文件明确提出，“继续推进快递下乡工程，支持邮政和快递企业利用服务网点或者村邮站、农家店、农村综合服务社等，发展紧密型农村物流、快递服务网点，健全农村物流、快递的末端网络。继续拓展小件快运网络，鼓励通过客运班车代运邮件和快件”。

**九部门出台实施意见加强寄递安全管理**

4月28日，安徽省综治办、省邮政管理局等九部门联合印发《关于加强邮件、快件寄递安全管理工作的实施意见》，从落实寄递安全管理制度、加强邮件和快件安全检查、加强安全防范能力建设、打击寄递渠道违法犯罪活动、健全寄递安全管理责任体系等方面提出具体工作要求。

**合肥市28家品牌快递企业实现全部直营**

截至2015年4月，合肥市28家品牌快递经营机构通过总部控股,设立子公司、分公司等方式实现全部直营,市场规范和清理工作取得阶段性成果。

### 省人大常委会开展邮政条例三审前立法调研

4月21日至23日,安徽省人大常委会委员、法制工作委员会主任吴斌率调研组一行到蚌埠、安庆和桐城等地开展《安徽省邮政条例》三审前立法调研。安徽省邮政管理局局长方晓潜、省邮政公司总经理王小东等陪同调研。调研组召开了《安徽省邮政条例》(草案修改二稿)征求意见座谈会,听取了蚌埠、安庆市邮政管理部门对辖区邮政行业发展、监管情况的专题汇报,并向当地人大,市交通、财政、住建、商务、规划、发展改革、国土、公安等相关政府部门负责人和省人大代表以及邮政、快递、物业企业负责人等征求意见。

### 加强寄递企业安全和应急组织建设意见出台

5月12日,安徽省邮政管理局出台指导意见,要求省邮政速递物流有限公司和各快递企业安徽区域总部落实企业安全生产主体责任,加强安全和应急管理组织建设。意见提出了加强寄递企业安全生产组织建设的具体措施和2015年全力抓好的五项重点工作。

### 省人大常委会表决通过《安徽省邮政条例》

5月21日,安徽省十二届人大常委会第十九次会议表决通过《安徽省邮政条例》。会议结束后,安徽省人大举行了安徽省邮政条例新闻发布会。安徽省人大法工委、城建环资委,省人大常委会研究室,省邮政管理局等相关部门的领导出席会议。《中国邮政快递报》以及省内近20家新闻媒体的记者参加会议。

### 马军胜局长对《安徽省邮政条例》出台作重要批示

《安徽省邮政条例》经安徽省人大常委会表决通过后,国家邮政局党组书记、局长马军胜高度重视,于5月25日专门作出重要批示:“祝贺《安徽省邮政条例》颁布施行。望安徽省局认真宣贯条例,积极实践施行条例,为促进安徽省邮政业健康发展作贡献。”

### 蚌埠获批全国电子商务与物流快递协同发展试点城市

7月17日,蚌埠市被国家邮政局、商务部、财政部批准为6个试点城市之一,获中央财政扶持资金3000万元。试点主要任务是:围绕“互联网+”在流通领域深度应用,解决制约电子商务发展瓶颈问题,创新管理和服务机制,完善物流快递骨干节点和末端投递服务站点建设,促进电商企业与物流快递企业合作等。

### 阜阳获准设立皖北快递产业园

7月,安徽省邮政管理局和阜阳市政府分别下文,批复同意设立皖北快递产业园,园区位于阜阳市颍东区,有四家企业签订进驻合同,由安徽局和阜阳市政府联合授牌。

### 皖北快递产业园成立

8月12日,皖北快递产业园在阜阳揭牌成立。皖北快递产业园位于颍东区,规划用地580亩,计划总投资8亿元。6家企业已与颍东区政府达成入园签约意向,阜阳申通、圆通、中通、国通与颍东区政府签订了投资建设合同书。阜阳建设皖北快递产业园将吸引邮政、快递企业总部在阜阳投资建设区域性的分拨中心,充分发挥快递集聚发展效应,形成促进电商、快递协同发展的独特区位优势,带动阜阳及皖北电商和快递产业转型升级,辐射豫东南、鄂东北等周边地区。

### 李勇局长赴快递企业总部调研

9月14日至15日,安徽省邮政管理局局长李勇一行前往上海市中通、韵达、申通等快递企业总部调研。李勇一行参观了中通分拨中心、韵达呼叫中心、申通总部后台基地及转运中心，并分别与中通公司董事长赖梅松、韵达公司董事长聂腾云、申通公司董事长陈德军座谈。各快递企业介绍了自身发展历程、发展现状、发展规划以及在安徽快递市场发展情况，并对安徽省邮政管理工作提出意见和建议。

### 中通快递总部考察皖南快递产业园

9月22日，中通快递股份有限公司副总裁赵伟率员到芜考察皖南快递产业园，芜湖市副市长胡锡萍会见考察团一行。

### 首个县级邮政监管机构成立

9月23日，安徽省首个县级邮政监管机构界首邮政管理局成立。

### 第十二届安徽青年职业技能大赛快递业务员决赛举行

9月29日，第十二届安徽省青年职业技能大赛快递业务员决赛举行。快递业务员作为新的工种首次纳入竞赛内容，这也是快递业务员工种在安徽省各类技能大赛中首次亮相。

### 快递员卢海龙在荣获全国青年职业技能大赛第六名

11月2日，在第十一届“振兴杯”全国青年职业技能大赛决赛上，六安邮政速递快递员卢海龙获得全国第六名的好成绩，晋升为快递业务师职业资格。实现了安徽快递业务师零的突破。

### 召开“双11”快递旺季服务保障新闻吹风会

11月5日，安徽省“双11”快递旺季服务保障新闻吹风会在合肥市邮政管理局召开。安徽日报、安徽电视台、中国日报、新安晚报、合肥日报、合肥电视台等10多家中央、省市新闻媒体，以及EMS、申通、中通、韵达等多家快递企业负责人参加吹风会。安徽省邮政管理局局长李勇出席会议并讲话。同时安排了现场参观和采访活动。

### 陈树隆副省长“双11”期间慰问快递企业员工

11月16日，“双11”旺季高峰期间，安徽省委常委、副省长陈树隆出差途中专门打来电话，通过安徽省邮政管理局局长李勇慰问奋战在快递旺季服务一线的企业员工，对大家的辛勤努力和付出表示感谢。

### 皖南快递产业园揭牌

11月28日，皖南快递产业园揭牌仪式暨园区招商推介会在芜湖市鸠江经济开发区举行。安徽省邮政管理局局长李勇，市委副书记、市长潘朝晖共同为产业园成立揭牌。

### 中央综治委推广合肥局安全管理工作经验

12月2日，全国加强寄递物流安全管理工作经验交流视频座谈会在北京召开。国家邮政局副局长刘君出席并讲话，中央综治委、公安部、国家邮政局等有关单位参加会议。合肥市邮政管理局作为唯一一家交流经验的基层单位，汇报了合肥邮政业安全监管中心建设、寄递物流清理整顿等安全管理工作情况，并重点介绍了合肥市寄递企业安全员制度实行情况。

### 濉溪、东至邮政管理局和县邮政发展中心成立

12月10日，淮北市濉溪邮政管理局和濉溪县邮政发展中心挂牌成立，安徽省邮政管理局局长李勇和淮北市委常委、副市长谌伟共同揭牌。12月25日，池州市东至邮政管理局和东至县邮政发展中心挂牌成立。安徽省邮政管理局局长李勇、池州市政府副秘书长笪久富和东至县县长李明月共同揭牌。

# 福建省快递发展大事记

## 部署开展快递末端服务网点备案工作

1月4日，为促进和规范快递末端服务网点发展，切实提升行业发展水平，贯彻落实国家邮政局局长马军胜关于“对快递企业末端网点实行备案管理”的讲话精神，福建省邮政管理局印发《关于规范快递末端服务网点备案工作的指导意见》从四个方面对快递末端服务网点备案工作进行规定。

## 福建省政府出台促进措施支持快递业发展

1月7日，福建省人民政府出台《关于促进大中型物流企业发展的若干措施》，从强化物流用地保障、落实税费优惠政策、提高物流通行效率及加大支持服务力度等四个方面提出十三条促进物流业健康发展措施，并明确快递企业同步享受所有政策措施。

## 福建局传达学习全国邮政管理工作会议精神

1月9日，福建省邮政管理局党组书记、局长王丰主持召开党组扩大会议，传达全国邮政管理工作会议和系统党风廉政建设工作会议精神。会议学习了中共中央政治局委员、国务院副总理马凯对邮政管理工作的重要批示精神，传达贯彻了交通运输部部长杨传堂的要求和国家邮政局局长马军胜讲话、纪检组长解畅党风廉政建设工作报告等精神，并结合副局长王梅等领导提出的要求和福建工作实际，提出七点贯彻意见。会议要求深刻理解中央对邮政业的新定位，保持好态势、创造新优势，唱好“重头戏”，打好“组合拳”，为全面完成“十二五”规划目标任务和建设机制活、产业优、百姓富、生态美的新福建而努力奋斗。

## 推进快递下乡工作获省直机关工委肯定

1月12日，福建省直机关工委主办的“学厦航、打造优质软环境活动”第三轮十佳举措征集评选活动揭晓，邮政管理局选送的“多渠道推进‘快递下乡’服务农村”获得十佳举措提名奖。

## 《福建省促进快递行业发展办法》获省政府审议通过

1月16日，福建省召开第35次省政府常务会议，《福建省促进快递行业发展办法》顺利通过审议。该《办法》是全国第一部以促进快递行业发展为主旨的省级地方立法，对促进全省快递行业提质增效、加快发展具有重要意义，对在全国范围内推动出台支持快递行业发展的政策措施也具有一定的借鉴意义。《办法》共7章40条，包括总则、支持措施、快递服务、快递安全、闽台快递合作、法律责任和附则。

## 召开全省邮政管理工作和党风廉政建设工作会议

1月18日，福建省邮政管理局召开2015年全省邮政管理工作和党风廉政建设工作会议，贯彻落实全国邮政管理工作会议精神，总结2014年工作，明确2015年工作思路，安排部署各项重点任务。会议提出2015年工作总体要求：全面贯彻党的十八大，十八届三中、四中全会以及中央经济工作会议精神，按照稳中求进的总基调，坚持提质增效，坚持依法治邮，加强公共服务，确保运行安全，保持好态势、增强新动力，唱好“重头戏”，打好“组合拳”，为全面完成“十二五”规划目标任务和建设与小康社会相适应的现代邮政业而努力奋斗。

## 促进快递发展首次纳入福建省政府工作报告

1月28日，福建省召开十二届人大三次会议，苏树林省长代表省政府向大会作政府工作报告。报告提出九项重点工作安排，要求全力落实科学发展跨越发展行动计划，促进产业创新转型做大做强，加强特色现代化农业建设，推动重点领域改革取得更大进展，深化全方位开放合作，扎实推进以中小城市和城镇为重点的新型城镇化，推动闽台融合发展，加快生态文明先行示范区建设，让发展成果更多惠及民生。报告提出大力发展互联网经济，积极发展电子商务，加强示范基地建设，引进培育一批骨干企业，打造闽货网上专业市场、行业垂直电商平台，支持电商企业向农村延伸业务，促进快递等配套产业发展。这也是“快递”首次纳入福建省政府工作报告。

### 福建局发布省、市邮政管理部门权力清单

1月28日，福建省邮政管理局编制完成省、市邮政管理部门行政权力清单，并在门户网站和官方微信等平台对外发布，接受社会监督，规范行政权力行使。福建局依据《邮政法》、《快递市场管理办法》等法律、部门规章和《福建省邮政条例》、《福建省促进快递行业发展办法》等地方性法规、规章，梳理出省、市邮政管理部门的行政许可、行政征用、行政强制、行政处罚、行政监督检查等五类行政权力，并以权力清单的形式向社会发布。清单列明了权力名称、权力编码、设定依据、实施部门和实施对象等内容。福建局要求省、市邮政管理部门：一要明确行政权力范围。二要规范行政权力行使。三要强化权力制约监督。四要严格追究违法责任。

### 福建2014年度职鉴工作再获全国二等奖

2月5日，2014年度全国邮政行业职鉴工作表彰大会在京召开，国家邮政局职业技能鉴定指导中心在全国评选出10个先进单位，分设一等奖2名、二等奖3名、三等奖5名。福建省邮政行业职业技能鉴定中心在表彰评选活动中再获全国二等奖，连续两年获得此殊荣。

### 福建省出台促进措施支持快递业服务跨境电子商务发展

2月25日，福建省人民政府出台《进一步推进跨境电子商务发展行动方案》，从完善支持政策、构建发展环境、培育优势品牌、打造产业优势等四个方面提出十六条促进跨境电子商务健康发展措施，并在通关便利、快递企业入驻跨境电商园区、仓配一体化服务、快递企业拓展电商业务和闽台快递企业合作等方面给予快递业政策支持，对促进快递业服务跨境电子商务发展具有重要意义。

### 福建省寄递安全管理工作第一次联席会议顺利召开

为贯彻落实国家九部门出台的《关于加强邮件、快件寄递安全管理工作的若干意见》，福建省邮政管理局与省综治办牵头，会同省公安厅、交通运输厅、国家安全局、福州海关、厦门海关、工商行政管理局、南昌铁路局、民航福建安全监督管理局、民航厦门安全监督管理局等11个厅局联合转发了意见，从统一思想认识、严格落实责任、健全制度机制和加强统筹协调四个方面对各部门贯彻落实意见提出具体要求，并建立了寄递安全管理联席会议制度。3月24日，11个厅局在福州联合召开了寄递渠道安全管理工作第一次联席会议，正式建立和启动了省际层面的联动机制。会议研讨了省级联席会议工作规则、明确了各部门职责任务分工，并就做好下一步工作进行了研究。期间，福建省局重点介绍了邮政管理部门近期《意见》的贯彻落实情况，提出了贯彻落实措施。

### 福建省召开新闻发布会解读《福建省促进快递行业发展办法》

4月15日，福建省人民政府召开新闻发布会，邀请福建省邮政管理局局长王丰和省政府法制办有关领导解读《福建省促进快递行业发展办法》并

回答记者提问。发布会由福建省委宣传部副部长、省政府新闻办主任卢承圣主持，新华网、中国日报、福建电视台、东南网等50余家媒体参加发布会。《福建省促进快递行业发展办法》2015年1月16日经福建省人民政府第35次常务会议通过，自2015年5月1日起施行。在生效实施前夕，福建局协调省政府通过召开新闻发布会的形式，扩大社会认知度和行业影响力，起到了良好效果。

### 福建开展行政处罚案卷交叉评查 提升行政执法水平

4月27日，福建省邮政管理局在全省范围内开展行政处罚案卷评查活动，对2014年全省各市局办理的76起行政处罚案卷进行交叉评查，查找案件办理存在的不足，提升行政执法水平。此次案卷评查采取分组交叉互评的方式开展，由各市局法制人员和行政执法人员共同参与，分别从案件的法律适用、证据收集、处罚程序、办案时效、文书使用、案卷装订等方面对行政处罚案件的办理提出评查意见，并在此基础上评选出2014年优秀案卷。

### 福建四城市入选全国流通节点城市 快递发展获利好

5月25日，商务部等10部门联合印发《全国流通节点城市布局规划(2015－2020年)》，福建四城市入选全国流通节点城市，快递行业发展再获利好。按照规划目标和总体布局思路，国家将构建“3纵5横”全国骨干流通大通道，努力提升流通节点城市功能，更好发挥流通产业的基础性和先导性作用，进一步释放消费潜力。根据规划，福州、厦门入选国家级流通节点城市，泉州、漳州入选区域级流通节点城市，成为全国骨干流通网络中的重要节点，将大大提升相关城市的集散中转能力，有助于全省快递行业依托全国骨干流通大通道，提升流转和交换效率。

### 福建局规范快递综合服务站与智能快件箱管理 提升快递末端服务水平

6月2日，为规范全省快递综合服务站与智能快件箱管理，提升快递末端综合服务水平，保障用户合法权益，福建省出台了《快递综合服务站与智能快件箱管理规范(试行)》。规范主要包括总则、场地设施要求、收寄服务规范、投递服务规范、信息和数据等五个方面。明确了快递综合服务站的定义，要求寄递企业应当与快递综合服务站、智能快件箱运营组织签订书面协议明确权利义务、建立快件交接制度，确立了使用智能快件箱投递前应先检查外包装完好并征得用户同意的原则，同时要求寄递企业要及时将快件在末端服务的流转环节录入快件跟踪查询系统，并采取措施保护寄递服务用户个人信息。

### 福建省出台进一步促进全省现代物流业发展若干措施 快递业获支持

7月3日，福建省出台《进一步促进我省现代物流业发展若干措施》，在支持做强做大、加快融合发展、鼓励设施建设、支持创新发展、提升发展水平、给予通行便利、强化用地供给、创新管理服务、加大融资服务等9个方面提出了13条扶持现代物流业发展的措施。其中，快递业获得多项利好措施，对促进福建省快递业发展具有重要意义。

### 福建局三项举措贯彻落实《快递业务经营许可工作优化方案》

7月10日，为贯彻落实国家邮政局《快递业务经营许可工作优化方案》，全面推进快递业务经营许可简政放权，建立高效廉洁便民的政府，福建省邮政管理局采取三项举措进行宣贯实施。一是举办全省快递业务经营许可工作培训班。传达国家邮政局快递业务经营许可工作电视电话会议精神和有关要求。在吃准吃透许可优化方案内容和精神的基础上，向市局详细讲解优化方案和许可工作前后的变化要点，指导市局做好优化方案的落实工作。二是及时按照优化方案的要求确定许可证变更“非绿色通道”企业名单，对“绿色通道”企业和“非绿色通道”企业进行区别对待。并按要求对快递业务经营许可管理信息系统的有关信息进行补录、修正。三是结合实际，制定《关于贯彻落实国家邮政局〈快递业务经营许可工作优化方案〉的指导意见》，对7月1日以后的许可材料接收、审核标准、征求安全部门意见、许可系统信息、分支机构名录打印等九大问题提出贯彻实施意见，并要求全省邮政管理工作人员严明组织纪律，不得在许可工作中有吃拿卡要的行为，树立高效廉洁的政府形象。

## 福建省出台电商闽九条利好快递业

7月10日，福建省人民政府办公厅印发《关于加快电子商务发展九条措施的通知》，在促进电子商务加快发展的同时，在服务农村电子商务发展以及支持跨境电子商务快速发展两个方面给予快递业政策利好，这将有利于加快推进“快递下乡”及“快递向外”两项工作。

## 福建省委常委、常务副省长张志南鼓励邮政业转型升级加快发展

8月23日，福建省委常委、常务副省长张志南专题听取邮政管理工作汇报，充分肯定上半年邮政业发展和邮政管理工作实绩，鼓励行业转型升级加快发展。张志南常务副省长指出，邮政业作为公共服务，近年来不断带动现代服务业和物流业发展，对消费、税收以及就业等方面的贡献日渐凸显。当前要引导传统邮政服务转型升级，挖潜开荒，创新发展，同时要鼓励快递服务电子商务、制造业、农业等。他支持通过省政府规章或规范性文件形式，强化邮政普遍服务的保障措施。对于快递发展存在的瓶颈问题，他要求邮政管理局向省政府专题报告，并表示牵头协调相关部门研究解决。

## 福建各市局多举措落实寄递安全“三个100%”

8月31日，为保障抗日战争胜利70周年纪念等重大活动顺利举办，创造良好的安全环境，全力做好重大活动期间寄递安全与服务保障，近日，福建各市局积极响应，通过夜巡、培训、实物测寄、知识测试等方式，积极落实寄递安全“三个100%”。

## 福建省召开邮政业安全监管工作培训班在漳州

9月17日至19日，2015年福建省邮政业安全监管工作培训班在漳州召开。培训期间，各市局分别介绍了九部委《意见》贯彻落实情况、抗战胜利70周年纪念活动寄递渠道安保工作经验、电子商务与物流快递协同发展试点情况以及建设全国快递示范城市相关情况经验，福建省邮政管理局介绍了全省快递“向下”、对台、服务制造业等工作的推进情况，介绍了三级防控联动体系建设工作方案，并对邮政综合监管平台进行调研。此外，各市局还围绕2016年市场监管重点工作思路进行深入交流。省局党组成员王文胜作了总结发言，对各市局提出四项要求：一是结合本地实际，对明年工作提早思考、提早规划、提早部署。二是根据企业需要制定政策，抓好落地。三是深入企业调研，提升行业经济运行分析能力。四要配合省局完成三级防控体系建设，持续抓好安全生产监管工作。

## 福建局动员部署全省快递业务旺季服务保障工作

11月3日，为贯彻落实国家局快递业务旺季服务保障动员部署电视电话会议精神，福建省邮政管理局召开2015年快递业务旺季服务保障动员部署会，全面部署旺季服务保障工作。各市局负责人和工作人员及快递企业代表共100余人参加会议。会议结合实际，就旺季服务保障和当前工作重点工作提出了三点要求。

## 福建省政府出台措施 每年2500万支持快递业发展

11月27日，福建省常务副省长张志南主持召

开常务会议,研究并原则通过《关于支持快递业加快发展的七条措施》(以下简称《七条措施》),提出每年2500万资金支持快递业发展,并力争2018年前全省各设区市至少立项建设一个快递电商园区等。

### 福建省政府安排100万元工作奖励经费支持邮政管理工作

12月1日,经福建省政府研究,决定由省财政一次性安排100万元工作奖励经费,用于支持邮政管理工作。此外,财政厅将会同省邮政管理局拟定《邮政管理部门支持福建经济建设贡献奖励办法》,待省政府审定后,2016年起,将按《办法》有关规定给予奖励,实现工作常态化。

### 福州和平潭海峡两岸电子商务经济合作实验区获批闽台邮政合作前景看好

12月24日,国家发展改革委、国家邮政局等12部委联合发文批复同意设立福州和平潭海峡两岸电子商务经济合作实验区,文件包含实验区建设方案要点,对两岸邮件中心建设做了具体介绍,闽台邮政合作前景看好。

### 《福建省邮政普遍服务保障办法》列入2016年省政府立法计划

12月29日,《福建省人民政府2016年立法计划》正式印发,《福建省邮政普遍服务保障办法》列为省政府规章制定项目,预计2016年内出台,福建省完善邮政业法规体系的步伐进一步加快。

## 江西省快递发展大事记

### 鹿心社省长走访慰问快递行业职工

在新年到来之际,江西省省长鹿心社走访中通快递江西公司慰问一线员工,并代表省委、省政府向全省快递行业职工及家人致以节日的问候和新年的祝愿。

### 全面吹响邮政行业提质增效号角

1月23日至24日,江西省邮政管理局召开2015年全省邮政管理工作会议,传达落实全国邮政管理工作会议精神,总结2014年邮政管理工作,分析江西省邮政行业发展形势,部署2015年开展“提质增效年”活动。

### 省政府着力推动快递业发展

1月27日,在江西省两会上,江西省省长鹿心社在的政府报告中明确提出,要促进电子商务、网购、快递等上下游行业融合式发展,积极拓展居民消费;要加快发展包括快递业在内的现代物流业,建设一批重点示范园区和物流港,鼓励制造业企业与第三方物流深度合作、联动发展,实施城市配送试点工程,支持有条件的市县建设区域物流信息平台,推动物流业标准化、专业化、集约化发展。快递业发展获得政策支持利好。

### 李贻煌副省长对江西局工作给予充分肯定

2月,江西省政府副省长李贻煌专门听取了江西省邮政管理局党组书记、局长彭志先的工作汇报,对江西邮政管理系统的工作给予了充分肯定。李贻煌要求,邮政管理部门下一步要积极推动落实与省发展改革委联合下发的《关于促进快递业健康发展的意见》,确保相关政策落地实施到位;要科学谋划,做好江西邮政业“十三五”规划的编制工作,与综合交通规划和各级政府规划进行有效衔接;要强化落实中央九部委文件,形成齐抓共管的有效机制,确保寄递安全万无一失。并表示省政府将继续大力支持邮政业科学健康发展。

### 江西一号文件助力“快递下乡”工程

3月，江西省委、省政府下发《关于加大改革创新力度加快农业现代化建设的实施意见》的一号文件，专门就农村快递发展做出部署，明确“开展电子商务进农村综合示范，支持农村物流快递配送点建设”，为农村快递业发展提供了有力的政策支持。

### 部署2015年快递服务质量专项整治工作

4月，江西省邮政管理局印发2015年快递服务质量专项整治工作方案，要求各市邮政管理局从2015年5月起至年底，按照国家快递服务质量有关规定，开展服务质量专项整治工作，发挥消费者申诉、媒体曝光、检查执法等作用，及时发现和解决快递服务质量问题。方案还包括了组织机构、职责任务、工作步骤和工作要求等内容。

### 农村电商发展意见出台

6月，中共江西省委办公厅省政府办公厅转发了《省农工委省商务厅关于加快我省农村电子商务发展的意见》，意见提出到2017年全省实现农产品电商交易额超过500亿元，实现每个国家级和省级现代农业示范园区都建立集电子交易、商贸物流、监管服务于一体的综合性电商平台。并指出，要重点构建农村电子商务交易技术体系，构建农村电子商务物流体系，为我省名特优农产品“走出去”打开通道，力争大米、脐橙、蜜橘、茶油、茶叶、葛粉、白莲、大闸蟹等农产品市场占有率居全国前列。快递业“向下”获利好。

### 推动电子商务与快递协同发展

7月6日，江西省邮政管理局局长彭志先与省商务厅副厅长李青华举行会谈，双方就如何贯彻国家邮政局、商务部联合下发的《关于推进“快递向西向下”服务拓展工程的指导意见》以及快递与电子商务协同发展工作做了具体的会商。双方对下一步强化协作共同推进各项工作达成了一致意见。

### 启动第二批电子商务进农村综合示范工作

8月27日，由江西省商务厅主办，省财政厅、省邮政管理局、省农业厅、省邮政公司共同参加的第二批电子商务进农村综合示范工作会议在赣州举行，标志着江西省第二批共15个县电子商务进农村综合示范工作正式启动。

### 农村快递服务体系建设战略合作协议签约

9月9日，中国邮政集团公司江西省分公司和江西顺丰、申通、圆通、中通、百世汇通、韵达、天天、优速等8家省内主要民营品牌快递企业就共同推进江西省“快递下乡”达成共识，正式签订战略合作协议。邮政公司将为民营快递企业全面开放其农村服务平台，为其提供快件转运、收寄投递等服务，双方将在信息接口、宣传渠道、信息安全保密、费用结算及支付机制、质量服务管控机制等方面密切合作，力争两年内实现快递服务全面覆盖江西省农村地区。该合作也成为全国首例省级农村快递服务体系建设战略合作范例。

### 大力发展电子商务意见出台

10月，江西省政府出台《江西省人民政府印发江西省贯彻落实国务院关于大力发展电子商务加快培育经济新动力意见的若干措施的通知》，加大政策支持力度，着重加快农村快递服务体系建设力度，推动全省电子商务与快递协同跨越式发展。快递下乡获重要支持。

### 召开2015年快递业务旺季服务保障新闻媒体通气会

11月4日，江西省邮政管理局联合省快递行业协会、南昌市邮政管理局举办新闻媒体通气会，就2015年全省快递业务旺季服务保障工作，向新闻媒体进行通报。会议邀请了邮政企业和顺丰、圆通、申通等10家主要品牌快递企业负责人参加，江西日报、江西电视台、江西三套、大江网、江南都市报、江西晨报、南昌日报、南昌电视台等省市主要新闻媒体应邀参加通气会。会上，邮政管理部门负责同志及企业负责人，就部分新闻媒体关心和社会公众关切的问题进行了现场答复。通气会内容紧贴旺季保障工作实际，回应了近期社会各界对旺季保障工作信息公开的期待和关注，宣传了行业旺季保障工作的正面形象，取得了良好的社会反响。

### 启动综治考评强化寄递安全属地管理

12 月，江西省全面启动了 2015 年社会治安综合治理考评工作，寄递安全管理首次纳入考核内容。

## 山东省快递发展大事记

### 夏耕副省长批示肯定邮政管理工作

1 月，山东省邮政管理局向省政府呈报了《关于 2015 年全国邮政管理工作会议精神和 2014 年全省邮政管理工作情况的报告》，山东省分管副省长夏耕做出批示，充分肯定全省邮政管理工作，对做好今年工作提出要求。夏耕要求："在新的一年里，要主动适应经济发展新常态，积极提升服务质量，全面推进依法治邮，着力强化安全监管和应急水平，不断增强发展内生动力，更好地推进邮政业提质增效，更好地满足人民群众用邮需求，更好地服务经济社会发展"。

### 出台邮政行业寄递物品收寄验视工作指导意见

2 月，山东省邮政管理局出台《山东省邮政行业寄递物品收寄验视工作指导意见》。意见要求：一是进一步加强寄递企业员工收寄验视安全教育培训，通过多种方式，增强收寄验视意识和安全防范能力；二是严格落实寄递企业"三不寄递"原则（即对于用户拒绝验视、拒不如实填写寄递详情单的不予寄递、拒不提供相关证明的不予寄递、不按照相关规定出示有效身份证件的不予寄递）；三是采取重点检查、专项检查、突击检查、日常检查、明察暗访、查阅资料、开验检查、调取监控录像记录等多种方式进行收寄验视检查，保证收寄验视制度真正落到实处；四是以多种方式和手段，对邮政、快递企业收寄验视制度执行情况进行寄递测试，从源头上把好收寄验视关，确保验视制度的落实和寄递渠道安全。

### 《山东省寄递安全管理办法》实施

2 月 26 日，山东省省长郭树清签署第 286 号省政府令，正式公布《山东省寄递安全管理办法》。办法于 2015 年 5 月 1 日起正式实施。

### 开展全省快递业"巾帼建功"评选表彰活动

3 月，山东省邮政管理局联合省妇联、省快递协会开展了全省快递业"巾帼建功"评选表彰活动，通过广泛推荐和严格评审，共推选出山东省快递业"巾帼建功十大标兵"10 名和山东省快递业"巾帼建功先进个人"30 名。

### 启动全省快递业"服务质量提升年"活动

4 月，山东省邮政管理局结合国家邮政局《2015 年快递服务质量专项整治工作方案》部署要求，在全省启动开展 2015 年快递业"服务质量提升年"活动。活动要求各级邮政管理部门、快递企业以促进行业科学健康发展为主线，以提高群众满意度为核心，以落实快递服务国家标准为抓手，构建"四个体系"（落实企业主体责任，构建快递服务质量内控体系；推进申诉处理延伸下沉，构建消费者合法权益保障体系；提升综合监管效能，构建快递服务质量管理体系；发挥行业组织自律作用，构建行业诚信和自律体系），积极推进服务理念创新、制度创新和手段创新，不断健全体制机制、强化标准规范、加强市场监管、提高队伍素质，日益增强快递企业和从业人员的服务意识、标准意识和品牌意识，使群众满意度和认可度不断提高，更好地满足群众用邮需求，服务经济社会发展，塑造行业服务新形象，推进快递业科学健康发展。

### 依法约谈山东全峰、快捷两家企业

5月，山东省邮政管理局加强邮政业消费者申诉处理与市场监管联动机制建设，综合运用邮政业消费者申诉数据，及时分析快递服务质量问题，约谈问题较为突出的济南全峰飞扬货运代理有限公司、山东快捷快递有限公司。约谈中，山东局通报了一季度全省邮政业消费者申诉情况，对上述企业存在的问题进行深入分析，重申了企业处理投诉、办理申诉的相关规定要求，要求企业高度重视，认真抓好整改，严格快递服务质量管控，有效降低申诉率，提高消费者满意度。

### 王书坚副省长听取山东局工作汇报

5月20日，山东省副省长王书坚听取山东省邮政管理局局长赵民关于全省邮政行业发展和邮政管理工作情况的专题汇报，王书坚对全省邮政管理工作给予充分肯定，详细询问了解了邮政业发展面临的瓶颈问题，就服务业与制造业融合发展、快递产业园区建设等重点问题进行深入交流。王书坚表示支持邮政业发展，要求进一步完善邮政业发展对接协调机制，支持开展全省快递行业发展调研，研究提出促进行业发展的对策措施。

### 搞活流通促进消费意见出台

6月，山东省政府办公厅出台《关于贯彻国办发〔2014〕51号文件进一步搞活流通促进消费的意见》，意见提出，构筑城乡便利消费网络。围绕打造乡村“一站式”便利消费网络，培育一批集零售、餐饮、快递邮寄等于一体的乡村综合服务中心，推动便利消费进社区、进乡村，便民服务进家庭。意见要求，完善城市共同配送体系。实施省级城市共同配送示范工程，允许符合标准的非机动快递车辆从事社区配送；大力发展跨境电子商务。推动国际物流、邮政快递等相关企业开展跨境电商物流配送业务。邮政行业发展获利好。

### 10个快递业集体首获“省级青年文明号”称号

6月，共青团山东省委、山东省邮政管理局、山东省快递协会联合印发《关于命名快递行业2013—2014年度山东省青年文明号的决定》，授予山东省邮政业消费者申诉中心、山东顺丰速运客服团队、枣庄申通客服部等10个优秀青年集体2013—2014年度“山东省青年文明号”称号。这是山东省快递业企业首次获此殊荣。

### 济宁曲阜、邹城邮政管理局成立

7月10日，曲阜、邹城邮政管理局成立揭牌仪式在济宁举行。山东省邮政管理局长赵民，济宁市副市长田志锋出席仪式并揭牌。

### 山东局与省商务厅建立合作领导小组工作机制

7月，山东省邮政管理局与省商务厅举行工作对接会议。双方确定，建立合作领导小组工作机制，加强资源整合，实现优势互补，重点在以下领域加强合作：一是加强电商快递物流终端配送体系建设；二是促进快递行业与电子商务融合发展；三是健全农产品快递服务；四是加强标准化建设，提升快递服务水平；五是推动“宅配”与“店配”融合发展；六是加强跨境电子商务发展；七是大力发挥行业协会作用。

### 山东局联合三部门促进农村物流发展

7月，山东省邮政管理局与省交通运输厅、农业厅、供销社联合印发《通知》，认真落实交通运输部、国家邮政局等四部委《关于协同推进农村物流健康发展加快服务农业现代化的若干意见》，出台促进农村物流健康发展具体措施：一是统筹农村物流规划，优化农村物流体系；二是加强农村物流电商平台建设；三是大力扶持培育农村物流龙头骨干企业；四是建立农村物流发展联席会议制度。

### 开通中韩海运邮路 促进跨境电商发展

7月，山东省邮政管理局与威海市政府、邮政企业积极协调海关等相关部门，恢复开通中韩威海—仁川EMS速递海运邮路。7月22日，首批从韩国仁川发往山东威海的122件进口邮件，正式在威海口岸通关查验，标志着停用7年的威海—仁川海运邮路再次启用。开通这条海上邮路，实现了中韩邮政速递包裹互寄。

### 依法约谈山东国通快递网络

7月，山东省邮政管理局综合运用邮政业消费者申诉数据，分析快递服务质量问题，约谈服务问题突出的山东红楼快递服务有限公司（国通快递网络）。2015年3～5月，山东国通快递网络邮政业消费者申诉率在全省连续三个月排名前列，山东局根据《邮政业消费者申诉处理办法》对其负责人进行约谈，提出整改要求。约谈过程中，通报了申诉处理情况，深入分析了企业存在的问题，重申了企业处理投诉、办理申诉的相关规定要求，要求企业高度重视，严格快递服务质量管控，有效降低申诉率，提高消费者满意度。

### 制定跨境电商发展行动计划

8月，山东省政府办公厅印发《山东省跨境电子商务发展行动计划》，鼓励支持邮政电商协同发展。计划指出，支持邮政、快递开展跨境电子商务业务。加快建设国际邮政、快递和跨境网购业务服务平台。支持威海—仁川海运邮路。推动有条件城市建设国际邮件互换局（交换站），促进寄递服务与跨境电子商务联动发展。鼓励有条件的快递企业在海外建立跨境电子商务公共海外仓和快递物流分拨中心。计划要求，建立部门联合工作机制，商务部门会同邮政、财政、金融、口岸、海关等相关部门建立联合工作机制，加强部门协调、相关政策衔接和信息沟通。

### 举办全省青年（快递业务员）职业技能大赛

9月24日至26日，山东省第十一届青年（快递业务员）职业技能大赛在聊城举行。此次大赛是山东省首届“技能兴鲁”技能大赛项目，也是2015年中国技能大赛——第十一届“振兴杯”全国技能大赛山东赛区选拔赛，属省级一类竞赛。经过精心组织选拔，全省17地市邮政快递企业的67名选手参加竞赛。成绩优秀的选手将分别获得山东省技术能手、山东省富民兴鲁劳动奖章、山东省青年岗位能手等荣誉称号，经专家审核评议择优推荐代表山东参加第十一届“振兴杯”全国青年职业技能大赛。

### 庆云、郯城、沂南县级邮政管理局成立

10月，山东德州庆云和临沂郯城、沂南三个县级邮政管理局成立。山东省邮政管理局局长赵民，德州市和临沂市、县政府领导出席揭牌仪式。

### 张务峰副省长为首批寄递行业消防志愿者代表授予绶带

11月9日，山东省暨济南市“119消防安全宣传月”活动启动仪式在中海社区寰宇城北广场举行。山东省副省长张务峰出席仪式并为首批寄递行业消防志愿者代表授予绶带和“寄递企业消防志愿服务队”旗帜。启动仪式上，山东省邮政管理局还制作了寄递企业消防知识展架4个，现场发放“合法用邮 平安你我”卡片300余张，并对市民提出的关于“如何开展实名制”和“收寄验视”等问题进行了详细解答。

### 山东局联合五部门督导“双11”快递旺季服务保障工作

11月12日晚，山东省邮政管理局联合省服务业办公室、省发改委、省经信委、省交通厅和省商务厅组成督导组，由山东局局长赵民带队，赴顺丰、百世汇通和圆通等快递企业济南分拣中心，督导企业迎战“双11”情况，慰问奋战一线的企业员工。

### 出台物流业转型升级实施方案

11月，《山东省物流业转型升级实施方案（2015－2020年）》获省政府批准。方案指出加快推进快递业务发展。明确加快布局、规范建设一批快件处理中心和航空、高铁、陆运集散中心。引导快递企业为特色农产品提供包装、仓储、运输的标准化、定制化服务，发展农产品冷链物流，提供适应农业生产季节性特点的快递服务。继续加大对电商物流和快递企业的金融服务支持，积极探索创新融资方式，为企业提供扶持性担保，着力帮助企业解决融资问题。方案明确了物流业转型升级路径，邮政行业获多项政策利好。

### 周杰华副书记赴山东局检查指导工作

11月19日，山东省委省直机关工委副书记周杰华率检查组赴山东省邮政管理局指导验收省级文明单位创建工作。山东局党组书记、局长赵民作了创建工作专题汇报，山东局领导班子成员及机关各处室负责人参加活动。周杰华表示，希望山东局进一步加强精神文明建设，以良好的机关作风带动行风，有效推动全行业健康发展，不断总结推广好的经验做法，再接再厉，开拓创新，为推动行业发展再上新台阶作出新的贡献。

### 山东局与山东交通学院签署战略合作协议

11月27日，山东省邮政管理局、山东交通学院签署战略合作协议，根据协议，双方将本着“平等互利、优势互补、资源共享，合作共赢”的原则，在邮政行业发展趋势、产业规划、政策制定、安全管理、物联网大数据技术应用、服务质量提升以及与相关产业协同发展等领域，共同开展课题研究。围绕邮政业发展与改革主题和行业焦点、热点、难点问题，不定期举办研讨会，加强相关领域的专题研究与技术成果交流。开展行业人才继续教育，实施邮政和快递企业管理人员、专业技术岗位人员培训。加强学院教师与企业高管人员相互交流，共建邮政行业人才培养、知识更新和智力创新基地。山东局局长赵民、山东交通学院院长鹿林为山东省邮政业发展（安全）研究中心揭牌，山东局副局长韩敬华、山东交通学院副院长孙云早代表双方签署战略合作协议。山东顺丰速运有限公司和山东百世汇通有限公司还分别与山东交通学院签署了校企合作协议。

## 河南省快递发展大事记

### 首批邮政快递新能源汽车投入使用

1月，首批79辆电动汽车全部办好了购置、上牌手续，全部交付并投入使用。落实绿色邮政发展理念，河南省邮政管理局多举措、强力度，积极推动新能源汽车在行业中的应用，并取得显著成效。

### 赵建才副省长批示要做好邮政管理工作

1月16日，河南省副省长赵建才全面听取了省邮政管理局工作汇报，对全省邮政业发展取得的成效给予了高度肯定并作出重要批示。赵建才指出，2014年，河南省邮政管理局认真贯彻省委、省政府决策部署，开拓创新、紧抓落实，在完善基础设施、引领行业发展、扩大社会就业、改善民生服务等方面都取得了新的进步,为河南经济社会发展做出了新的贡献。希望河南邮政管理部门主动适应经济新常态,深化邮政改革,深化依法治邮,坚持创新驱动,坚持提质增效,积极服务河南粮食生产核心区、中原经济区、郑州航空港经济综合实验区三大国家战略和“四个河南”建设,为加快中原崛起河南振兴富民强省做出新的更大贡献。

### 河南局与安阳市政府建立战略合作关系

3 月 18 日,河南省邮政管理局与安阳市政府签订《共同推进安阳市快递服务业示范市建设合作框架协议》。按照协议,河南局和安阳市政府将在规划建设豫北快递电商物流园、城市快递末端服务平台、提高重点快递企业乡村覆盖率、推广使用新能源电动车配送快件、促进快递服务业与关联企业融合发展、积极构建市场合规化运营监管体系等七方面加强合作。河南局将积极引导国际、国内大型快递企业投资安阳,安阳市人民政府协调落实国家和省关于扶持快递物流业发展在财政、税收、土地等方面的优惠政策。双方承诺将建立和加强合作会商机制、信息通报和交流机制,共同把协议规定的合作内容落到实处,取得实效。

### 各地出台利好政策推动快递业发展

3 月,许昌、濮阳、南阳、商丘等市政府签发促进当地快递服务业发展的实施意见,安阳等多个地市完成起草审核工作,做最后完善。各地市《促进快递服务业发展实施意见》从促进企业转型升级、促进产业联动发展、构建优质高效的快递服务体系、强化企业科技应用、保障行业安全等方面,提出了促进快递业健康发展的主要任务;通过与国土、财政、税务、公安、商务、交通等部门加强协调,保障规划编制、土地供给、金融扶持、投资资源共享、快递便捷通行、人才培养、财税政策等政策扶持,为快递业发展提供保障和支撑。

### 丁平局长赴沪快递企业总部推介河南诚邀投资兴业

3 月 24 日至 26 日,河南省邮政管理局党组书记、局长丁平利用赴上海出席 2015 中国快递论坛之机,率队先后走访了国通快递、申通快递、圆通速递、中通快递、百世汇通快递公司总部,与总部负责人及上海有关机构、企业界人士进行洽谈,大力推介河南发展快递物流的优势及招商引资的优惠政策,诚邀总部企业加大在豫投资及布局力度,共谋发展,合作共赢。

### 全面部署快递行业诚信体系建设工作

4 月 15 日,河南省邮政管理局在调查研究、充分论证的基础上,出台了《关于加强全省快递行业诚信体系建设的指导意见(试行)》,对全省快递业诚信体系建设做出全面部署。关于诚信体系建设河南局提出了四条基本原则,并明确了五个方面的主要任务:一是推进诚信政府建设;二是推进快递企业诚信建设;三是构建守信激励和失信惩戒机制;四是加强行业诚信文化建设;五是发挥快递行业协会在诚信建设中的作用。同时从加强组织协调、发挥邮政行业信息平台作用、加大宣传力度等方面制定了保障措施。

### 《河南省 2015 年国民经济和社会发展计划》出台

4 月 15 日,河南省政府印发《河南省 2015 年国民经济和社会发展计划》,明确了河南省 2015 年国民经济和社会发展主要目标、任务和措施,提出要着力抓好十个方面的工作,其中,在加快发展高成长性服务业、全面推进郑州航空港经济综合实验区建设、加强基础支撑能力建设三个方面的工作中,邮政行业发展再获利好政策支持。

### 举办首届“快递杯”职工篮球赛

4 月 25 日至 26 日,河南省举办首届“快递杯”职工篮球赛,邮政 EMS、中通、申通、韵达以及河南省邮政管理局等 13 支代表队参加了本次比赛。在两天的比赛中，运动员们努力拼搏，观众文明助阵，裁判公平判罚，赛出了成绩，赛出了水平。经过 18 场精彩的比赛，最终中通和德邦代表队分获冠亚军。

### 印发河南省晋陕豫黄河金三角区域合作规划实施方案

5 月 7 日，河南省人民政府印发《河南省晋陕豫黄河金三角区域合作规划实施方案》。

### 推进快递与铁路、航空对接

5 月，为充分发挥郑州“一网两链四港一体”枢纽功能优势，切实解决快递企业在航空、铁路运输中存在的困难，河南省邮政管理局积极推动快递企业与民航部门、铁路部门对接，破解快递企业“向西、向下、向外”发展的瓶颈，加速河南快递业融入国家“一带一路”战略。

### 河南省政府与中国邮政集团公司开展战略合作

5 月 15 日，河南省人民政府与中国邮政集团公司签订战略合作协议，进一步加快河南邮政基础设施建设，完善邮政网络，不断提升邮政服务河南经济社会发展的能力。

### 马朝立荣获“全省自强模范”荣誉称号

5 月 17 日，由河南省人力资源和社会保障厅主办的全省自强模范和全省残联系统先进工作者评选活动落下帷幕，鹤壁市中通速递有限公司马朝立荣获“全省自强模范”荣誉称号。颁奖仪上，马朝立作为模范代表上台领奖，并表示要再接再厉，以实际行动，传播正能量，向全社会展示快递人乐观向上、自强不息的良好形象。

### 推进农村电子商务与快递协同发展

6 月，河南省邮政管理局联合省商务厅、圆通公司总部、菜鸟网络科技公司召开座谈会，研讨推进农村电子商务与快递协同发展。会上三方达成共识，将继续加强沟通，建立联合工作机制，加快推进快递县乡村网点建设，共同推进河南农村电子商务与快递协同发展。。

### 河南局支持信阳新县经济转型

7 月 8 日，河南省邮政管理局组织全省各市局局长、副局长，省局机关相关处室负责人和全省 20 家快递企业负责人等 70 余人参加支持信阳市新县物流业发展座谈会。会上，新县电商企业代表与各快递企业省公司负责人进行了交流探讨，并就加强农村地区快递网络建设、提高快递配送服务水平、调整快递资费等问题达成共识。

### 打造“物流”铁路专用线

7 月 30 日，万庄农资集团安阳公铁物流园铁路专用线项目建设合作协议正式签订。该项目建成后对提高货物运输效率、节约城乡物流成本、促进区域经济发展将起到重要作用。河南万庄农资集团计划在河南省布局 11 个物流园区，由 100 多条运输专线连接到乡村 1.2 万个物流节点，形成区域内物流全覆盖、全链接，实现农资、农村生活资料的一次性中转、分拨、配送。其中，安阳公铁物流园区是整个布局的核心节点，整个公铁物流园区建成后，将通过与万庄全省物流园区的贯通，辐射豫冀鲁晋四省，实现城市与农村的连接、公路与铁路的连接、现代物流和的连接。

### 河南全国性快递集散交换中心首个子项目投入运营

8 月，河南全国性快递集散交换中心子项目——宅急送公司华北分拨配送基地投入运营。该分拨配送基地是宅急送公司集仓储、分拨、物流配送于一体的第一个自有土地建设项目，该基地投入运营后具备四大功能：一是将成为宅急送全国陆运交通枢纽；二是将成为服务河南的货物进出操作平台；三是将服务于品牌商仓储布局；四是将成为宅急送全国后台服务中心。宅急送河南分公司综合运营能力也将达到年货物周转量 8.5 万吨、年分拣货物 8000 万件。该项目的投入使用，标志着宅急送加快推进转型升级迈出了新的步伐。

### 赵建才副省长视察河南电子商务快递物流园

8 月 5 日，河南省副省长赵建才、河南省交通厅厅长张琼一行赴河南全国性快递集散交换中心、河南电子商务快递物流园等地视察，就企业建设、运营、货物配送、行业发展等情况进行视察指导。赵建才视察了园区内宅急送、百世汇通配送基地的货物分拨、处理情况，对快递行业经营、员工生活等存在的困难进行全面的了解。关于快递企业提出的问题，赵建才现场要求物流园区相关管理单位尽快解决，为企业发展创造良好外部环境；同时强调地方政府一定全力支持快递行业等民生工程的发展。

### 推动快递下乡与农村电子商务协同发展

8 月 19 日，河南省邮政管理局联合省商务厅下发了《关于快递下乡与农村电子商务协同发展实施意见》，实施意见确定了"市场主导，政府引导"、"强化基础，协同发展"、"务实探索，有序推进"的基本原则，制定了到 2016 年，全省基本建立与农村电子商务发展相适应的乡镇快递网络，形成覆盖城乡、配套衔接、布局合理、便民惠民的快递骨干网和末端投递网的发展目标。要求各级邮政管理和商务部门做好《河南省人民政府关于促进快递服务业发展的意见》和《河南省人民政府关于加快电子商务发展的若干意见》的政策落实工作。

### 举行出台实施意见推动快递服务制造业联动发展

8 月 20 日，河南省邮政管理局联合省工信委下发了《关于加快推进快递服务制造业工作实施意见》，实施意见要求各级邮政管理、工信部门要加强统筹指导和政策协调，以落实《中国制造 2025》为契机，充分发挥快递在服务制造业发展中的重要支撑作用，积极推进快递业与制造业协同发展和转型升级，逐步建立结构合理、体制完善、协作顺畅、标准统一的发展新模式。并对鼓励快递企业提供一体化供应链、开展末端投递增值服务、进驻制造业集聚区、加强与制造企业信息对接等内容予以强调。

### 第十一届"振兴杯"河南赛区（快递员）选拔赛

9 月 18 日至 19 日，河南青年职业技能大赛河南赛区（快递员）选拔赛在郑州举行。经过两天的激烈角逐，来自河南省顺丰速运有限公司的张浩和河南优速快递服务有限公司的李俊获得一等奖，其他 8 名选手分别获得了二等奖和三等奖。竞赛前五名的选手将通过集训选拔出 3 人代表河南参加全国决赛。

### 豫、鄂、陕三省四市深入开展邮政行业区域合作调研

9 月 24 日至 25 日，河南省邮政管理局局长丁平会同陕西省邮政管理局局长李洛郑、湖北省邮政管理局局长唐顺益等一行，深入河南省荆紫关镇、陕西省白浪镇、湖北省白浪镇，调研邮政普遍服务和快递下乡工作，共商行业发展大计。

### 省政府刊发政务要闻表彰快递业高速发展

10 月 10 日，河南省人民政府办公厅以《政务要闻》形式专刊编发快递业发展情况，并指出："省邮政管理局认真探索，主动作为，采取积极有效措施，推动我省快递行业持续快速增长。"

### 省财政支持邮政行业生产与信息安全建设

截至 11 月，河南省邮政管理局本级和 9 个市局累计争取地方财政资金 375.85 万元，为全省邮政行业发展提供政策资金支持。项目在省财政厅

政府采购监督管理处的监督指导下，委托第三方公司通过公开招投标进行招标，工程施工合同按统谈分签方式陆续签订，项目实施顺利推进。

### 赵素萍部长表示要大力支持邮政快递业发展

11月6日，河南省委常委、宣传部长赵素萍专题听取了河南省邮政管理局工作汇报。赵素萍对河南局因势而谋顺势而为、多措并举引领行业发展的做法予以肯定，并表示，互联网的普及和发展为邮政快递业发展带来了机会，河南局要扎实推动国务院、省政府关于快递业发展相关政策的落地，引导邮政快递业与电子商务、金融业、制造业等的融合，积极服务三农，搭建"工业品下乡"和"农副产品进城"的绿色通道，消除服务航空港发展的障碍，为我省经济社会发展做出更大贡献，下一步宣传工作要围绕中心服务大局，建立战略合作机制，加大行业宣传力度，营造良好发展环境，大力支持邮政快递业发展。

### 赵建才副省长批示要加快推进快递物流基础项目建设

根据国务院、河南省政府促进快递物流业发展的有关精神，为更好地促进快递物流业健康快速发展，河南省邮政管理局谋划启动了河南省国际快递物流港项目，并向河南省政府进行了专题汇报。11月10日，河南省副省长赵建才批示，郑州航空港区管委会（项目所在地）要高度重视该项目建设，并给予政策支持；省重点项目办要将该项目列入2016年重点项目加快推进；邮政管理部门要发挥主导作用，努力扩大行业发展优势。

### 引入第三方测评机构监测评估省内快递服务水平

为提升快递服务质量，优化快递运输时效，保障快递业消费安全，河南省邮政管理局引入零点公司对省内快递服务水平进行了监测评估。12月，河南局组织该监测机构对全省快递服务水平监测评估情况进行了通报，并对服务质量内容进行专题培训。

### 省政府督导上合组织会议期间郑州邮政行业安保工作

12月13日，受河南省政府委托，省政府副秘书长赵宏宇率省公安厅、国安厅相关负责同志深入郑州市邮政和快递企业处理中心，督导检查上合组织会议期间郑州市邮政行业安保工作。期间，赵宏宇与河南省邮政管理局局长丁平就提升过机安检效率、强化安保人员培训等内容进行了深入探讨。

### 省政府拨出专项资金加强快递安全保障

12月，经河南省邮政管理局积极协调争取，河南省政府决定一次性给予河南省邮政行业财政补贴4500万元，专项用于全省快递企业X光机购置。

## 湖北省快递发展大事记

### 许克振副省长冀望湖北交通邮政融合发展

1月20日，湖北省综合交通运输会议召开，湖北省副省长许克振出席会议并讲话，他肯定了邮政行业2014年的成绩，希望邮政行业依托湖北区位优势地位，与公路、铁路、水路、航空运输业融合发展，并成为加快构建综合运输体系、推进交通、邮政业转型升级，促进现代物流业健康发展的重要力量。

### 约谈全峰快递湖北区负责人

2月12日，针对湖北宜昌全峰快递公司下属的宜都分公司违规收寄禁限寄物品事件，在前期宜昌市邮政管理局对宜昌全峰进行停业整顿行政处罚的基础上，湖北省邮政管理局主要领导行政约谈了全峰快递湖北区负责人。湖北局主要领导严肃指出了该事件的社会危害性和对行业发展的负面影响，全峰快递存在严重的管理漏洞，致使网络和寄递渠道被犯罪分子利用。要求全峰快递湖北区通报全峰宜都分公司违规收寄禁限寄物品事件，并在全省境内开展自查整改活动，加强网点和员工的教育培训工作，切实履行好安全生产的主体责任，严格执行收寄验视制度，并限期向湖北局提交整改情况报告。

### 国家邮政局政策法规司赴湖北调研

3月，国家邮政局政策法规司副司长金京华率调研组赴湖北就快递企业重大建设项目及“十三五”规划有关工作进行调研。调研组与湖北省发改委就顺丰超级枢纽项目有关情况交换了意见。调研组在汉期间，还到武汉市邮政管理局进行了调研座谈，听取对邮政行业“十三五”基础设施建设思路的意见和建议，同时要求邮政管理部门要认真履行邮政业基础设施的监管职责，提升行业服务质量，增强行业监管效能。

### 出台新闻信息宣传工作(暂行)管理办法

3月，湖北省邮政管理局制订出台《湖北省邮政管理系统新闻信息宣传工作(暂行)管理办法》，以进一步加强和规范全省邮政管理系统新闻信息宣传工作，加强通讯员(信息员)队伍的建设、管理和考核，营造良好舆论环境，不断提升新闻信息宣传工作水平。

### 监利邮政行业积极参与长江倾覆客轮救援

6月1日，长江客船翻沉事件发生后，监利县邮政行业积极行动，利用行业优势贡献力量，中国邮政集团公司湖北省监利县分公司第一时间成立沉船应急工作小组，调派6台车辆待命以保障应急运输。6月2日，随着遇难者家属陆续赶赴监利县，监利县分公司组织了10名志愿者，在定点宾馆配合政府部门做好家属的安抚、稳定工作；同时抽调10名业务骨干在5家宾馆设立临时邮政服务台，全天候为遇难者家属免费提供邮政服务。监利中通、优速、天天积极准备车辆设施，充分发动员工参加救援活动，全峰、国通、汇通……等11家快递企业也相继加入。为加强沟通协调，快递企业自发成立监利快递企业志愿者联盟，捐赠物资，开通免费快递物品的“绿色通道”，为事故家属、参与救援的官兵及其救援物资提供免费寄递运输服务，提供10多辆快递车辆运送救援物资和接送遇难家属，发动一百多名快递从业人员做义工。

### 《农村物流融合发展规划编制指南》出台

6月，湖北省邮政管理局联合省交通运输厅、省农业厅、省商务厅、省供销合作总社出台《农村物流融合发展规划编制指南》，指南明确要求农村物流融合发展规划应全面评价农村物流发展现状，分析发展需求和趋势，明确总体目标，对农村物流基础设施、物流网络体系建设、运输组织、运营模式、市场主体培育、物流装备应用、信息化建设等进行规划，并确定规划安排实施，评价预期效果，提出支持保障措施及建议。

### 田承忠副主任一行赴恩施州调研

8月3日至5日，在《湖北省邮政条例》施行一周年之际，湖北省人大常委会党组副书记、副主任田承忠率省人大执法调研组赴恩施州开展调研，先后实地调研了恩施州圆通快递公司分拨中心、宣恩县椒园镇庆阳坝村村邮站、恩施市芭蕉侗族乡快递超市等现场，并组织召开了贯彻省邮政条例情况座谈会。

### 国家邮政局市场监管司赴湖北调研

8月4日至7日，国家邮政局市场监管司与发展研究中心组成联合调研组赴湖北省宜昌和武汉，就“十三五”规划重大工程项目开展调研。调研组实地考察了宜昌三峡物流园、枝江乡镇快递超市和武汉东西湖保税物流中心，并结合十三五规划编制工作，提出了指导意见和建议。

### 省政府发文加快互联网平台经济发展

8月，湖北省人民政府出台《关于加快互联网平台经济发展的指导意见》，全省邮政业获利好。意见指出要加快发展商贸销售服务平台，推动电子商务向乡镇和农村延伸，鼓励有条件的企业开展农产品网络营销和同城配送业务；要求省商务厅牵头，省发改委、省经信委、省科技厅、省工商局、省供销社、省邮政管理局联合支持电子商务企业、供销社、邮政、快递及大型龙头流通企业建设农村电子商务配送及综合服务网络。意见还表示要加快完善城市配送体系及终端网络建设，加快推进武汉、襄阳等试点城市的共同配送示范工程。意见对邮政、快递企业完善物流信息平台和服务网络，进一步与电商和制造业深度协同发展、打造专业化互联网商贸物流服务平台具有重要指导意义，将深入推动邮政、快递企业更好地参与融入互联网平台经济发展。

### 许克振副省长对全省寄递渠道安全工作重要指示

8月21日，湖北省副省长许克振召集省交通厅、省安监局、省邮政管理局等部门召开安全生产维稳工作会议，研究近期全省安全维稳工作，对全省寄递渠道安全工作作出重要指示，要求全省邮政业切实贯彻进京、进藏邮件、快件100%“验视、实名、安检”措施，邮政管理部门“分兵把守、严防死守”，加强执法检查，确保纪念活动期间全省寄递安全万无一失。

### 跟踪衔接顺丰国际物流核心枢纽重点项目

8月，湖北省人民政府办公厅印发《重大项目跟踪衔接工作方案》，要求湖北省邮政管理局等单位加强组织领导、明确责任分工、做好顺丰国际物流核心枢纽项目前期准备工作、强化督促检查，全力争取重大项目落地落实。湖北局按照省政府要求，成立项目衔接工作组，主要领导任组长，主动对接和落实有关责任，积极为顺丰速运在鄂发展做好服务，促进企业的健康发展。

### 深入推进寄递渠道安全监管受社会媒体关注

9月，湖北省宜昌市严格督导邮政、快递企业执行收寄验视制度，引起全国多家新闻媒体及网站的广泛报道和关注。中央电视台新闻频道《朝闻天下》栏目以“关注治安防控：从严把关，构筑物流寄递安全防线”为题、法制网等媒体以“三个100%给物流寄递系上‘安全带’”为题，对宜昌市综治办、市邮政管理局等部门严格寄递渠道安全监管、深入开展行业安全培训等举措进行了专题报道。

### 湖北省首届邮政行业职业技能竞赛举办

10月11日，由湖北省邮政管理局、省人力资源和社会保障厅、省总工会、共青团湖北省委联合举办的2015年中国技能大赛－湖北省首届邮政行业职业技能竞赛顺利完成。竞赛首次搭建起了全省邮政行业技能交流的平台，全省15家快递企业、9所职业院校的157名选手竞相展示了崇技能、重服务、爱拼搏的风采。经过两天的激烈比赛，最终中国邮政速递物流股份有限公司湖北省分公司、湖北顺丰速运有限公司勇夺团体一等奖，湖北邮政EMS赵敏、吴江分别摘得快件收派、快件处理个人全能桂冠。

### 邮政行业发展纳入省综合运输交通“十三五”规划

10月13日，湖北省副省长许克振召集省发改委、省交通运输厅、省邮政管理局等部门，专题研究全省综合交通运输“十三五”规划编制工作。许克振在会上强调，要将邮政业发展作为重要内容纳入全省综合交通运输“十三五”规划，使规划更具全局性、战略性、前瞻性与科学性。

### 首个县级邮政管理机构成立

10 月 22 日,湖北省首个县市级邮政监管机构一宜城邮政管理局揭牌成立。湖北省邮政管理局局长唐顺益、宜城市市委书记李诗、襄阳市邮政管理局局长宫世成等领导,出席宜城邮政管理局成立揭牌仪式并讲话。

### 关于做好高等院校校园快递服务工作的意见出台

11 月,湖北省邮政管理局与省教育厅联合印发《关于做好高等院校校园快递服务工作的意见》,切实推动解决快递服务进高校的“最后一公里”配送难题。意见出台有利于加快建立“开放、规范、诚信、安全”的校园快递环境,引导校园快递服务良性发展,促进国务院提出的“快递进校园”的要求早日全面实现。

### 郧西邮政管理局成立

12 月 30 日,湖北省第二家县级邮政监管机构、十堰市首家县级邮政监管机构——郧西邮政管理局正式揭牌成立。湖北省邮政管理局局长唐顺益、郧西县县长张涛、十堰市邮政管理局局长侯建国等领导共同为郧西县邮政管理局揭牌并讲话。

## 湖南省快递发展大事记

### 周国繁局长建言献策促快递业发展

1 月 26 日,湖南省政协十一届三次会议召开。省政协委员、省政协提案委兼职副主任、省邮政管理局局长周国繁,积极建言献策,参与民主协商,充分利用地方两会平台,宣传加深社会各界对邮政业的理解支持,推动邮政管理重点工作的开展。会前周国繁立足省情业情实际,深入一线开展专题调研,提交了题为《助力小快递 服务大民生 促进我省快递业发展与人民日益增长的用邮需求相适应》的提案,并代表省政协提案委员会发言,引起委员们热议和广泛关注。

### 协同推动解决快递车辆通行难问题

5 月 7 日,受湖南省公安厅领导委托,省交警总队联合长沙市交警支队来湖南省邮政管理局上门办理提案,向周国繁委员当面提交了关于“解决快递车辆城市配送通行的问题”的答复,并与省市两级邮政管理部门面对面座谈沟通,推动破解快递车辆通行难问题。湖南省邮政管理局局长周国繁主持座谈。在提案答复中,省公安厅明确表示,“快递车辆确需通过禁行区域的,快递企业可到公安交警部门申领禁区通行证,公安交警部门按照城市交通状况和总量控制的原则发放,对快递车辆配送货物时需临时停车,驾驶人在现场且不影响其他车辆正常通行的,公安交警部门也不会以违法停车进行处罚。”

### 约谈快递企业强调要守住群众利益的底线

5 月 14 日,针对湖南申通申诉率居高不下的情况,湖南省邮政管理局局长周国繁约谈了湖南申通负责人,强调快递服务质量事关百姓切身利益,是快递企业生存和发展的基石,要强化社会责任,通过改进服务质量,提升用户体验和服务满意度。

### 建立法律顾问制度 深入推进依法治邮

7 月 14 日,湖南省邮政管理局举行法律顾问聘任仪式,聘任湖南天地人律师事务所主任律师翟玉华、律师严彩艳为湖南局法律顾问。湖南局积极建立法律顾问制度,是贯彻党的十八大、十八届四中全会关于普遍建立法律顾问制度精神,落实国家邮政局工作部署,加强对省局重大决策和邮政管理规范性文件的合法性审查工作，提高领导干部依法执政、依法决策水平，深入推进依法治邮建设进程的重要举措。

### 国家邮政局邮政业安全中心赴湖南开展调研

9月16日至17日，国家邮政局安全中心副主任王锡彬一行到湖南调研视察邮政业安全法律法规执行情况。调研组先后深入长沙、湘潭部分快递营业网点，重点考察了当地邮政行业安全生产制度落实的有关情况。

### 开展县级寄递企业贯彻落实“三个100%”情况调研

11月23日至25日，由湖南省寄递渠道安全管理办公室专职副主任、省邮政管理局副局长谢强带队，省邮政管理局、省公安厅组成联合调研组赴株洲醴陵、湘潭湘乡等地就县级寄递渠道有关单位贯彻落实“收寄验视＋实名收寄＋过机安检三个100%”制度情况开展专题调研。

### 黄关春副省长调研寄递渠道安全保障工作

12月18日，湖南省副省长、省公安厅厅长黄关春率队先后来到百世汇通长沙东站营业点、湖南中通速递分拨中心、湖南顺丰速运分拨中心，调研寄递渠道安全保障工作，并在顺丰速运公司召开专题会议，听取长沙市政府工作汇报，与部分寄递企业负责人座谈交流，研究部署安全保障工作。黄关春对省、市邮政管理部门以及各寄递企业安全保障的各项工作给予充分肯定。他指出，快递业是经济社会发展中的新业态，寄递渠道是安全管理工作的重点领域，行业监管体系要与时俱进，积极完善，各级政府有关部门以及寄递企业要严格执行“三个100%”的工作要求，切实筑牢寄递渠道安全基础。

## 广东省快递发展大事记

### 邮政行业工作获省主要领导充分肯定

1月，广东省省长朱小丹，常务副省长徐少华以及副省长刘志庚相继在广东省邮政管理局报送的《广东省邮政业2014年工作总结和2015年工作安排》上作出重要批示，充分肯定广东邮政行业2014年取得的成绩，勉励再创新业绩，为广东经济社会发展做出更大贡献。

### 江明发局长会见中华邮政公司董事长翁文祺

2月2日，受国家邮政局局长马军胜委托，广东省邮政管理局局长江明发对翁文祺董事长来粤交流访问表示热烈欢迎，并介绍了广东经济社会和邮政业改革发展情况。翁文祺感谢主人的周到安排。翁文祺指出，广东和台湾有历史、地理以及台商等诸多优势，双方邮政有很大合作空间，比如小包业务等，希望大家加强全方面、多层次合作，做好对接，开发适合两地的邮务产品，争取达到事半功倍的效果，推动粤台邮政合作迈上新的台阶。

### 出台落实中综办〔2014〕24号文件《分工实施方案》

2月，广东省邮政管理局与省综治办、省公安厅、省国家安全厅、省交通运输厅、省工商局、民航中南地区管理局、海关总署广东署、广州铁路监督管理局等九部门，联合印发《贯彻落实中央综治办等九部门〈关于加强邮件、快件寄递安全管理工作的若干意见〉分工的实施方案》。在全面贯彻落实《关于加强邮件、快件寄递安全管理工作的若干意见》精神的基础上，积极行动，加强协调，创新履职。

### 省政府工作报告三提快递业

2月9日，在广东省第十二届人民代表大会第三次会议上，广东省省长朱小丹作工作报告，报告在回顾2014年工作时指出，广东坚持以质量效益为中心，全力以赴稳增长，特别是快递业务量增长59%，为消费持续平稳增长作出了重要贡献。报告在部署2015年工作中明确要求，强化内需拉动经济主引擎作用，力促经济平稳健康发展，要扶持发展快递综合服务企业，实施“快递下乡”工程，积极培育消费新增长点。报告还提出，要创新推进广货全国行、广货网上行，鼓励支持电子商务新业态发展，发展线上线下相融合的服务模式。抓好现代流通综合改革试点，深入推进“农超对接”、“万村千乡”市场工程和“新网工程”。要大力发展现代服务业，加快升级现代服务业集聚区建设，大力发展金融服务、现代物流等生产性服务业。要以自由贸易试验区建设为引领，全面提升开放型经济水平，积极打造跨境电子商务、专业市场、境内外展示中心等新贸易平台，扩大跨境电子商务试点范围，统筹推进跨境电子商务平台建设和业务拓展，完善跨境供应链服务，大力扶持发展外贸综合服务企业和供应链龙头企业，创新新业态监管方式。

### 省发展改革委表示支持邮政行业规划编制工作

3月11日，广东省邮政管理局局长江明发就有关工作与省发展改革委副主任余云洲进行了沟通会谈。江明发指出，国家邮政局及省委、省政府领导对广东邮政业发展寄予殷切希望，要求广东加快建设“邮政强省”，广东局正在积极开展全省邮政业发展十三五规划研究，并恳请发改委给予大力支持和指导，促进邮政行业积极融入地方经济发展。余云州表示支持邮政行业规划相关内容纳入全省国民经济和社会发展十三五规划纲要之中，统筹谋划行业发展。省发展改革委和邮政管理部门可以共同研究邮政业规划相关内容，促进行业规划落地实施。

### 快递下乡被列为2015年省政府重点工作

3月，广东省人民政府出台《关于印发2015年省政府重点工作实施方案的通知》，明确了2015年省政府重点工作，其中“扶持发展快递综合服务企业，实施‘快递下乡’工程”被列为重点工作任务之一。根据通知要求，“扶持发展快递综合服务企业，实施‘快递下乡’工程”工作任务分管领导为广东省副省长刘志庚，牵头承办部门为省邮政管理局，要求在2015年底前简称乡镇快递网点2600个，乡镇网点房覆盖率达到80%。

### 协同推进农村快递物流发展

5月6日，广东省邮政管理局与省交通运输厅、省农业厅和省供销合作联社联合召开协同推进农村快递物流发展座谈会，就如何进一步贯彻落实国家邮政局等四部门《关于协同推进农村物流健康发展，加快服务农业现代化的若干意见》精神，加强部门协同配合，优化资源配置，降低物流成本，健全完善农村物流服务体系，促进邮政行业与农村生产、运输、供销等领域的深化合作等方面进行研讨。会议还对建立部门联络机制，抓好工作对接进行了部署安排。

### 中央媒体广东实地体验茂名荔枝“华丽蜕变”

6月1日至3日，新华社、光明日报、经济日报、人民网、央广、人民政协报、中国交通报等多家中央新闻媒体和行业媒体记者前往茂名采访，就“快递下乡”工作与荔枝旺季鲜果寄递服务工作作了深度挖掘。在为期三天的采访时间里，媒体记者一行冒着炎炎酷暑，先后驱车下乡镇、进山村、入果园，相继采访了“快递下乡”企业代表、快递客户代表、农民合作社、电商企业、果农、村民等，深入挖掘了茂名在推进“快递下乡”工作的做法及成效。

### 快递业首获省财政经费补助

6月，广东省省长朱小丹、常务副省长徐少华和副省长刘志庚分别在省财政厅和省邮政管理局的请示上作出批示，同意省财政在2015年度安排广东快递业发展专项经费1000万元，广东快递业首获省财政经费补助。

### 圆通速递粤东总部落户揭阳空港物流园

6月，圆通速递粤东总部项目举行签约仪式，正式落户揭阳空港物流园。该项目位于空港经济区机场路中段北侧，由圆通速递有限公司投资建设，旨在打造连接潮汕地区与广州、珠三角等地的“高效经济物流圈”，以服务汕潮揭城市群为主，辐射带动整个潮汕地区物流业发展，快递进出港年预计超2亿件，从业人员超过1000名。圆通速递粤东总部项目的签约，标志着第7个快递区域分拨中心落户揭阳，揭阳市境内分拨中心由原来的申通、中通、韵达、快捷、天天、国通共6个品牌新增为7个品牌，区域分拨中心聚集区初步形成。

### 普宁邮政管理办公室成立

7月15日，广东省第二个县级邮政管理机构——普宁邮政管理办公室正式揭牌成立。广东省邮政管理局局长江明发，揭阳市、普宁市政府以及有关部门领导出席揭牌仪式，邮政企业、快递企业有关代表参加揭牌仪式。

### 阿里巴巴广东首家LBS服务中心落户云浮

9月16日，在云浮石材博览中心，阿里巴巴集团向全国首批合伙人——广东菁橙汇电子商务有限公司正式授牌。这标志着，阿里巴巴LBS服务中心正式落户云浮。这是阿里巴巴集团在广东的首家LBS服务中心，它的落地对进一步加快云浮大众创业、万众创新，探索山区中小企业跨境电商快递成长新模式具有十分重要意义。LBS是借助移动互联网获取移动终端用户的位置信息，在GIS平台支持下为用户提供相应服务的一种增值业务。

### 深圳媒体点赞快递淡定哥

10月17日凌晨，圆通速递深圳国贸分公司快递员谢永平，到机场附近的圆通分拣中心取完快件后，在沿107国道返回市区的途中发生车祸，一只腿被卡在驾驶室里面，还流着血，当其从昏迷中醒来时，并没有着急自己的身体，而是很冷静地让周边群众找来电话，淡定地联系公司同事赶快安排其他车辆来转运快件。事迹经深圳媒体多番报道后，网友称赞这个快递员好敬业，纷纷为“淡定哥”点赞。10月20日，深圳市邮政管理局、深圳市快递协会在圆通速递公司总部人员的带领下，前往市人民医院住院部看望慰问了感动市民的“淡定哥”——快递员谢永平。

### 快递业获省财政9000万元资金扶持

11月，广东省省长朱小丹、常务副省长徐少华以及副省长刘志庚相继在省财政厅请示上作出批示，同意安排广东省快递业安全发展扶持资金，期限三年(2016－2018年)，每年3000万元，三年共计9000万元。这是继省财政在2015年度安排广东快递业发展专项经费1000万元后，广东快递业再次获得的省财政经费扶持。

### 邮政国际小包单日收寄量创新高

2015年以来，广东邮政国际小包业务发展势头良好，业务量收继续保持全国双第一。11月18日，在全球购物狂欢热浪的推动下，创下单日收寄国际小包104万件的历史新高。

### 湛江进出境快件监管中心揭牌

11月30日，湛江进出境快件监管中心正式开业并举行揭牌仪式。湛江进出境快件监管中心的启用，填补了粤西地区国际邮包业务空白，标志着湛江市快递“向外发展”取得重大突破。

### 出台文件促进服务贸易发展　跨境快递发展获利好

12月，广东省政府印发《广东省加快发展服务贸易行动计划(2015－2020年)》，明确指出要深入实施创新驱动发展战略，以加快中国(广东)自由贸易试验区(以下称广东自贸试验区)、全面推进粤港澳服务贸易自由化为重要抓手，突出深化改革、扩大开放和创新发展，充分发挥服务贸易在促进产业转型升级、加快培育新的经济增长点等方面的积极作用，进一步完善服务贸易政策体系，构建公平竞争的市场环境，促进服务贸易集聚发展、结构优化、质量提升。文件对完善跨境快递服务体系做出了明确要求，并将广东省邮政管理局列为责任单位。

### 省邮政行业发展“十三五”规划通过评审

12月30日，广东省邮政管理局在广州主持召开了《广东省邮政业发展“十三五”规划》和《珠三角地区快递服务发展“十三五”规划》专家评审会。来自广东省政府发展研究中心、广东省交通规划研究中心、广东省物流行业协会、暨南大学、广东工业大学的5位专家听取了编制单位广东省产业发展研究院关于规划主要内容的汇报。经认真讨论，专家评审组一致同意规划通过评审，并建议编制组根据评审会提出的意见和建议，进一步修改完善后，按程序上报审批。

### 8480万元专项资金支持寄递渠道安全保障工作

12月，在广东省邮政管理局和省综治办的共同努力下，省政府决定一次性给予财政补贴7500万元，专项补贴全省寄递企业购置安检设备。同时，广州市政府决定安排980万元财政资金支持全市寄递企业配备X光机。广东省因此累计补助寄递渠道X光机财政资金8480万元。

## 广西壮族自治区快递发展大事记

### 约谈3家品牌快递企业

3月31日，广西邮政管理局对规范和清理企业经营范围工作进展较慢的申通、圆通、韵达3家品牌的华南片区、广西区快递企业负责人进行约谈，要求3家品牌在2015年5月31日前完成规范和清理工作。此次约谈内容主要包括督促企业加快规范和清理工作进度、讲解相关法律法规、介绍整改方式方法、申明广西区规范和清理工作最后完成时限等。

### 调查摸底寄递企业安检设备配置情况

5月8日，广西邮政管理局组织开展对全区寄递企业配置X安检机等安检设备配置情况的调查摸底工作，调查摸底工作面向全区所有快递品牌，主要包括区内网络型品牌寄递企业的省际处理中心安检机配置情况和日均出口业务量超过1万件的其他企业处理中心安检机配置情况。从摸底情况看。广西区寄递企业的安检设备来源主要有总部下发、加盟商自购、当地公安部门借用等途径，但总体数量较少。主要原因在于目前各品牌业务规模尚小，日均出口超过1万件的企业较少，部分企业对安全生产认识不足，不愿意承担购置费用等。

### 突出地方特色　加强寄递安全管理工作

5月11日，广西邮政管理局与自治区综治办、公安、交通运输等9个部门联合下发《关于加强邮件、快件寄递安全管理工作的实施意见》。意见根据中综办〔2014〕24号文件精神，在完善寄递渠道安全管理制度、加强安全检查、加强安全防范能力建设、严厉打击各种违法犯罪活动、健全寄递安全管理责任体系、加强组织协调和监督保障等方面提出了具体措施和要求。重点内容包括在全区寄递行业实行100%验视，逐步推行寄递实名制等。意见还结合广西区邮政管理工作实际，提出多项地方特色措施。

### 参与打击利用进出境寄递渠道采血鉴定胎儿性别行为

5月21日，广西邮政管理局与自治区卫生、公安、出入境检验检疫等13个部门联合下发《关于做好打击防控采血鉴定胎儿性别行为工作的通知》，依法履行进出境寄递渠道安全监管职责，积极参与打击为区内孕妇采血送往境外进行鉴定等各类非法鉴定胎儿性别行为，配合做好广西区人口性别比综合治理工作。

### 形成合力做好寄递渠道禁毒工作

7月22日，广西邮政管理局与自治区禁毒委员会就全区寄递渠道禁毒工作进行交流座谈，双方互相通报了工作情况，并商定了在全区寄递渠道开展禁毒行动的系列措施和办法。双方商定进一步加强合作，采取系列措施继续加强全区寄递渠道禁毒工作：一是深入贯彻落实九部委关于加强寄递渠道安全管理相关要求，严格执行收寄验视制度和逐步推进寄递实名制；二是进一步加强信息沟通，及时互相通报各自寄递渠道禁毒工作开展情况、发现的问题等内容；三是建立寄递渠道禁毒奖励机制，激发广大快递员认真执行收寄验视制度，及时举报涉毒线索，参与禁毒斗争的积极性；四是合作加强禁毒宣传教育和培训工作，提高行业从业人员禁毒意识和辨识毒品、配合公安机关查办涉毒案件的能力；五是组织开展联合执法行动，对违反行业安全相关法律法规，不执行收寄验视制度、不认真查验和登记寄件人信息的企业予以严肃处理。

### 出台寄递企业员工报告可疑邮件、快件奖励办法

8月4日，广西邮政管理局与有关部门联合印发《寄递企业员工报告可疑邮件、快件奖励办法》，在全区寄递行业建立从业人员举报奖励制度。办法明确了武器弹药、易燃易爆物、放射性元素、毒品、生化制品等十二大类可疑邮件、快件，要求寄递企业员工在发现时应及时报告监管部门。规定快递员在收件过程中发现可疑邮件、快件时，可以先行收件，待寄件人离开后再报告。寄递企业员工报告可疑邮件、快件，经查证属实的，由广西区邮路安全监管领导小组办公室按照发挥“一般作用”、“重要作用”、“极其重要作用”三个档次，给予100至10000元的不同程度奖励。对员工报告可疑邮件、快件次数多，作用大的寄递企业，监管办另行予以表彰。办法要求邮路安全监管领导小组办公室及其工作人员严格执行保密制度，保护举报人个人信息。

### 邮政安全监控中心正式建成并投入使用

10月27日，广西邮政安全监控中心正式建成并投入使用，实现了与区内较大的邮件、快件分拣中心现场及全区14个市规模以上寄递企业快递经营场所视频系统的专线连接。监控中心将通过技术手段，实时监控各邮件、快件分拣中心分拣营业网点作业等情况，为执法监管提供线索及证据，同时能够高效地发现和纠正寄递企业各种违规操作等行为。

### 应用技术手段支撑旺季服务保障工作

11月2日，广西邮政管理局加大视频监控系统、邮政行业安全监管信息系统等技术手段在监管工作中应用力度，为旺季服务保障工作提供有力支撑。广西局利用视频监控系统24小时监控各企业生产情况，重点监控主要快递品牌设在南宁、柳州两地分拨中心的快件分拣、转运情况。同时，充分发挥国家邮政局邮政业安全监管信息系统的业务量监测功能，及时读取各企业每天收寄和投递业务量数据，通过监测数据和实时画面的相互比对，掌握各品牌在广西区的生产情况，并在此基础上开展预警预测工作。以电话通知、现场检查等方式督导部分压力较大企业及时调配生产资源，避免爆仓或快件大面积积压、延误现象。通过视频监控系统，广西局和各市局还对企业服务质量实施了有效监督，及时发现和警告了部分企业员工

在分拣场地违规抛扔、踩踏快件等行为，维护了消费者权益。

### 多个快递物流园区列入自治区相关规划

11 月 3 日，广西发展改革委、商务厅、财政厅联合举办新闻发布会，对《中共广西壮族自治区委员会、广西壮族自治区人民政府关于加快服务业发展的若干意见》、《广西现代服务业集聚区发展规划(2015 －2020 年)》、《广西服务业发展重点项目实施方案(2015 －2020 年)》等政策规划进行解读，广西电商快递物流园区等多个涉及邮政快递基础设施的项目被纳入。其中，广西电商快递物流园区、玉林电子商务快递物流园列入《广西现代服务业集聚区发展规划(2015 －2020 年)》；百色市快递物流园、柳州快递物流产业集聚区、玉林市福泽电商快递物流园、河池市电子商务城等项目列入《广西服务业发展重点项目实施方案(2015 －2020 年)》；广西中邮(南宁)一级物流电商集散基地、广西邮政速递航空邮件处理中心、广西顺意丰嘿客 O2O 电子商务平台、桂林市临苏经济开发区物流园、贺州市快递物流园区、平桂物流中心、来宾市快递配送中心、梧州市快递电商物流园等列入《广西促进现代物流业跨越式发展三年行动计划(2015 －2017 年)之中。

## 海南省快递发展大事记

### 毛超峰副省长批示肯定寄递服务安全保障工作

4 月 19 日，海南省省委常委、常务副省长毛超峰在海南省邮政管理局呈报的《关于博鳌亚洲论坛 2015 年年会期间寄递服务安全保障工作情况的报告》上作出批示，对邮政管理部门工作给予充分肯定：“感谢邮政系统的辛勤工作。”

### 省政府将邮政行业纳入年度服务业发展工作之中

4 月 22 日，海南省政府办公厅印发通知，将邮政行业纳入其中，要求进一步做好服务行业发展工作。通知要求，一要进一步增强责任感，千方百计挖潜力，加快发展行业，培育新的经济增长点，确保完成服务业增长目标；二要深入调查研究，充分发挥本行业优势和亮点，采取更有力的工作措施，全面推进服务业发展；三要结合国务院关于促进服务业发展的指导意见，尽快制订关于促进行业发展的贯彻实施方案，研究扶持政策，促进优势产业加快发展。

### 推动快递航空专机首次落地海南

4 月 27 日，顺丰 B737-300 型号航空货运专机平稳降落海口市美兰机场，这是在海南落地的首架快递航空专机。荔枝对保鲜要求较高，对快件时效、运力资源提出了更高的要求。为满足市场需求，海南顺丰在农场实地采取冷链包装、航空专机运输的方式，客户次日便可收到从枝头到舌尖上的新鲜荔枝，逐步将海南荔枝等农产品推向了全国各地。这也是海南省邮政管理局积极引导企业逐步将海南地方特色农产品、旅游产品、海洋产品推向全国，激活双向物流，实现快递普惠化的显著成效。

### 毛超峰副省长要求并鼓励邮政管理部门参与城乡配送体系建设

6 月 18 日，海南省委常委、常务副省长毛超峰主持会议研究海南省发展现代物流业课题，指出发展现代物流业要坚持市场运作、政府引导、开放合作和问题导向 4 项原则，要抓好物流园区规划建设、招商引资、现代信息化平台建设、城乡配送体系建设和加强政府引导等 5 个方面的工作。将现代物流业发展成为海南经济的支柱产业之一，提升产业 GDP 占比。在听取海南省邮政管理局的汇报后讲话，强调邮政管理部门要积极参与城乡配送体系建设工作，有效提升服务效率和服务质量，更好地服务城乡群众生产生活，为促进海南现代物流业发展做贡献。

## 应对台风"鲸鱼"保障快递服务

6月22日18时，2015年第8号台风"鲸鱼"（强热带风暴级）在海南万宁沿海地区登陆，登陆时中心附近最大风力达10级。受台风"鲸鱼"影响，自22日起，琼州海峡全线停航，航班大面积延误。海南省邮政管理局为做好台风汛期的应对防范工作，加强预判预报预警，加大网络巡察力度，及时开展督导巡查，并对邮（快）件的疏运工作提出了具体要求，确保海南快递服务网络正常运营。

## 刘赐贵省长要求邮政要发挥优势构建海南热带高效农业营销渠道

6月28日，海南省召开做大做强热带特色高效农业专题座谈会，广泛听取各方面意见建议。省委副书记、省长刘赐贵强调，要充分认识发展热带特色高效农业对贯彻"四个全面"战略布局和推动国际旅游岛建设的重大意义，做大做强热带特色高效农业，全力推进海南省全面小康社会的建设。刘赐贵要求在"产销顺畅，建电商平台"中，"鼓励农业龙头企业带头搭建电商平台，邮政、供销等机构发挥各自优势构建营销渠道，鼓励更多的人加入农产品电商队伍，构筑和叫响海南农产品的整体品牌形象。"

## 举办2015海南国际旅游岛青年服务技能大赛

7月12日，海南省邮政管理局与共青团海南省委、海南省旅游发展委员会、海南省人力资源和社会保障厅、海南省商务厅联合印发了《关于举办2015海南国际旅游岛青年服务技能大赛的通知》。此次大赛将快递业务员职业技能作为竞赛项目之一，不但为海南广大青年和快递业务员搭建了一个展示邮政行业精神面貌的平台，同时也为其职业资格的晋升及争取"海南省青年岗位能手"等荣誉称号提供政策支持。

## 开展农村青年电商培育工程

7月12日，海南省邮政管理局联合共青团海南省委、海南省商务厅、海南省人力资源和社会保障厅制定了《关于印发海南省农村青年电商培育工程实施方案的通知》，提出成立现代物流、快递网络联盟，整合物流、邮政、快递等企业网络资源，联合为电商创业青年提供收寄、仓储、运输、投递等优质服务。同时，鼓励利用"村邮站"等邮政、快递基础设施公共服务平台，协调邮政、快递企业为农村青年电商寄递物品通过多方合作，整合网络资源，降低运营成本。推进乡镇、农村地区快递服务网络建设，推进"快递下乡"、"农村农产品进城"双向流通，逐步将海南农特产品推向全国。

## 中央台新闻联播报道海南推广定安县共建模式

8月3日，中央电视台新闻联播报道"海南：整合资源'一站'便民"，播发时长1分29秒。报道称，海南推广定安县农家书屋+村邮站+行政便民服务点的整合资源共建模式，力争在每一个行政村都打造一个集公共文化服务、社会管理、产业发展于一体的综合性便民服务中心。

## 举办首届全省邮政行业（快递企业）文体活动

8月15日，首届海南省邮政行业（快递企业）文体活动举行。该活动主题是"我运动，我健康，我参与，我快乐"，参加活动的有参赛快递企业负责人、运动员、和全省邮政管理系统干部职工近300人。

## 推进"快递向中西向下"服务拓展工程指导意见出台

8月24日，海南省邮政管理局联合省商务厅印发了《关于推进海南省"快递向中西向下"服务拓展工程的指导意见》。指导意见阐述了加快实施海南省“快递向中西向下”服务拓展工程的重要意义,提出了市场主导与政府引导相结合、促进发展与加强规范相结合、合作发展与创新发展相结合等3项基本原则和到2020年全省基本实现“乡乡有网点,村村通快递”的发展目标,同时明确了4项重点任务,即完善快递基础设施、加强整合合作发展、优化农特产品服务、提升快递服务水平,和7项保障措施,即加强沟通协调、争取政策支持、引导协同发展、实施示范试点、规范快递发展、加快人才培育、加强宣传引导。

### 陈志荣书记高度评价寄递渠道安保工作

9月1日,中央候补委员、海南省委常委、政法委书记陈志荣一行7人,在海南省邮政管理局党组书记、局长唐健文的陪同下,冒雨前往慰问,看望了参加抗战胜利70周年纪念活动寄递渠道安全保障值班值守工作的全体邮政管理干部职工,并在海南局开展工作调研。陈志荣听取相关工作汇报后高度评价海南局抗战胜利纪念活动寄递渠道安保工作。他指出,全省邮政管理工作成效显著,特别是做好9.3阅兵重大国事活动期间的安全保障,省邮政管理局党组政治敏感度高,各项措施及时到位,全面扎实落实相关工作部署,做到了收寄验视、实名收寄、安全检查三个100%。

### 邮政行业纳入省促进内贸流通健康发展的实施意见

10月11日,海南省人民政府办公厅印发《关于促进内贸流通健康发展的实施意见》,将海南省邮政行业纳入实施意见整体部署中。实施意见从大力发展现代流通方式、推进流通基础设施建设、提高流通企业竞争力、营造规范有序的市场环境等方面提出加快发展内贸流通。将积极推进快递与电子商务协同发展等内容纳入整体部署,提出鼓励快递企业建立健全快递服务网络,提升快递服务对电子商务的支撑能力和水平。指出要落实《海南省邮政业快递车辆运行管理办法》,鼓励邮政、快递企业使用符合标准的非机动车快递车辆及新能源三轮车从事城市邮(快)件运输和收投服务。

### 完善邮政配套服务设施等纳入会展业发展规划

10月20日,海南省政府办公厅印发《海南省会展业发展规划(2015－2020年)》,将完善邮政配套服务设施等内容列入规划。规划提出“完善广告设计、邮政、银行、海关、商检、运输、保险、贸易咨询等配套服务设施”、“提升会展城市建设和管理水平,完善水电气供应、邮电通信等市政设施,提高城市接待能力”等内容。

### 毛超峰副省长支持省邮政行业参与城乡末端物流配送服务

10月25日,海南省政府召开专题会议研究《海南省“十三五”现代物流业发展实施方案》(送审稿),省邮政行业多项内容纳入了实施方案整体部署中。海南省委常委、常务副省长毛超峰在主持会议时,指出各有关部门要加大对邮政、供销等部门城乡末端配送服务网络的支持力度,鼓励省邮政业参与城乡末端物流配送服务。

### 中央督导组对海南寄递物流清理整顿工作给予肯定

11月8日,国家海关总署监管司副司长何晓睿率领中央督导组一行,深入海口申通分拨场地等对海口市开展危爆物品寄递物流清理整顿和矛盾纠纷排查化解情况进行专项督导检查。中央督导组详细听取、了解企业生产经营、生产安全管理、安全制度落实、企业安全培训、寄递物品安检设施使用和社会矛盾排查化解等情况,对海南省邮政管理局寄递渠道清理整顿相关工作给予充分肯定。

### 毛超峰副省长听取海南局工作专题汇报

11月9日,海南省邮政管理局党组书记、局长唐健文一行到省人民政府向分管邮政行业的省委常委、常务副省长毛超峰汇报全省邮政管理、邮政业发展和“双11”旺季保障等工作情况，以及详细介绍了海南局对国务院《关于促进快递业发展的若干意见》的宣贯落实情况。听取汇报后，毛超峰对海南局坚决贯彻中央和国家邮政局党组、省委省政府决策部署和取得的工作成效给予充分肯定。并表示，省委省政府将贯彻落实好中央关于邮政业改革发展的部署要求，积极为全省邮政业的发展创造环境，加大支持力度，促进全省邮政业持续较快健康发展，更好地服务地方经济社会。

### 陈志荣书记支持安全规范试点工作

12月21日，海南省邮政管理局局长唐健文带领局班子成员一行向省委常委、政法委书记陈志荣专题汇报了全省邮政业发展的基本情况、寄递渠道安全监管工作情况和建议，以及贯彻落实全国集中开展危爆物品寄递物流清理整顿和矛盾纠纷排查化解专项行动做好当前维护社会稳定工作电视电话会议精神的有关情况。省委常委、政法委书记陈志荣听取汇报后，对海南局贯彻落实中央和省委省政府、国家邮政局党组决策部署，积极推动寄递渠道安全监管工作取得的成效给予充分肯定，同时表示，为确保专项行动取得实际成效，将加大支持省邮政行业寄递渠道安全监管工作力度，积极推动组建海南省邮政业安全中心，加大安检设备的资金扶持力度，推进海南省屯昌县寄递渠道安全整治规范试点工作，督促企业落实安全主体责任，确保寄递渠道安全畅通，更好地服务海南经济社会发展。

## 重庆市快递发展大事记

### 推动行业利好政策出台

3月，重庆市人民政府印发《重庆市人民政府关于贯彻落实国家物流业发展中长期规划（2014—2020年）的实施意见》，意见明确提出：进一步发挥邮政网络和服务优势，加强农村配送设施建设，加快构建农产品现代化流通体系，促进农村地区商品的双向流通。并鼓励邮政、商贸、供销、出版物销售等部门开展合作，整合利用现有物流资源，提高共同配送能力。为改善物流薄弱环节，将加快重庆市快件集散中心等区域性仓储基地建设，吸引电商、快递、第三方服务公司入驻纳入了重点工作。重庆市发改委在关于重庆市2014年国民经济和社会发展计划执行情况及2015年计划草案的报告中提出，将“推进重庆市快件集散中心前期工作纳入2015年重大基础设施项目”。

### 整合资源推进“快递下乡”

3月19日，万州武陵镇快递服务中心举行签约仪式，万州武陵镇委镇政府为做好“快递下乡”出台“服务中心”房租免费等支持政策。重庆市邮政管理局根据全市快递业发展实际，不断推动“快递下乡”工程：一是积极联系市商委及地方商务局，大力发展农村电子商务并推动出台“快递下乡”的支持政策，做到电子商务与快递的协同发展；二是积极联系地方政府，选择具有一定人口规模、特色农产品的乡镇率先试点“快递下乡”，以点带面加快发展；三是积极支持乡镇快递服务三方平台的建设，鼓励整合资源，以集中节约、规范合作的方式推动“快递下乡”健康发展。

### 首批快递企业入驻重庆空港物流中心

3月29日，澳大利亚嘉民重庆空港物流中心开业，标志着重庆快递集中分拣处理正式进入运行阶段。首批入驻的百世汇通、韵达快递共计租用操作仓储面积约2.2万平方米，日处理快件量约25万件。重庆空港现代商贸物流园的建成将为全市快递集中分拣处理提供高质量的处理场地及便捷的运输通道，将同步带动重庆保税仓储、快递物流配送、跨境电子商务发展，并与重庆成熟的高速路网一起构建起国际互通、辐射内陆的物流格局，进一步消除重庆作为西部地区龙头城市的快递物流发展瓶颈。

### 搭载政府“创新消费模式”平台

6月，重庆市邮政管理局紧扣“促消费、稳增长、惠民生、助发展”的活动主题，主动承担起重庆市促进消费工作重点任务之“创新消费模式”，制定实施方案。方案明确任务重点：一是把握“利用快递配合电商促进全市消费”的总体基调，大力发展电子商务，加快发展网络零售和移动电子商务；二是鼓励网络零售向城市社区和农村延伸，推动电子商务和快递服务在农村的融合发展；三是积极推进“电商进乡村”行动计划，着力推进跨境电子商务，打造一批农产品电商平台，建设一批农村电商服务站点；四是落实新能源汽车财政支持政策，鼓励新能源汽车消费，促进绿色消费；五是以此次活动为契机，加强与地方政府及其相关部门的沟通联系，进一步推进快递向下向西落到实处；六是通过工作会、现场会、培训会、基层调研等多种形式，了解企业的困难、问题、顾虑和发展思路，督促企业制定各类促销活动应急预案，增进监管部门和企业之间的融合，更好地为企业服务。

### 创新开展政企“一对一”联系工作

7月，重庆市邮政管理局制定了《政企“一对一”联系工作实施方案》，根据方案，一名公务员联系一家快递企业，实现“一对一”联系，通过安排专人对全市主要快递企业进行“一对一”的服务，实现与快递企业的有效沟通：一是通过政企联系工作，快递企业实时向邮政管理部门反映企业发展中遇到的问题，便于邮政管理部门及时协调和督导解决。二是通过政企联系工作，为邮政企业和各快递企业搭建交流合作的平台，共享资源，探讨和创新行业发展模式。三是通过政企联系工作，不断提升邮政管理部门的监管能力和水平。

### 制定促进物流业发展三年行动计划落实方案

7月，重庆市政府印发了《重庆市促进物流业发展三年行动计划（2015－2017）》，重庆市邮政管理局根据文件精神，承担起三年行动计划之“改善物流薄弱环节”牵头部门职能，认真制定落实方案，逐条提出落实措施，并确定了目标和完成时限，落实方案明确了四项重点任务。

### 成功处置危险品确保寄递渠道安全生产

8月26日16时50分，宅急送大学城分公司收到一单从深圳发往重庆大学城的疑似危险化学品快件，重庆市邮政管理局接报后立即启动应急预案，经核实鉴定，该快件内含6桶低烈度危险化学品。相关部门现场会商后，重庆局责成宅急送大学城分公司和收件方一道立即将该危化品安全移送至指定地点妥善放置，并派员全程监督。重庆局成功处置低烈度危险化学品确保寄递渠道安全生产。

### 统一规范物流快递公共取送点标识

9月，重庆市邮政管理局与市商业委员会、市市政管理委员会，三部门联合印发了《关于统一规范物流快递末端公共取送点标识的通知》，对重庆市物流快递末端公共取送点标识进行统一规范。通知对物流快递公共取送点标识的名称、图案、颜色等元素进行了统一规范，以达到物流快递末端公共取送点具有一定的识别度的要求，并采取三部门共同组织实施和宣传推广；企业自主申报、制作；商贸部门汇总后统一向市政管理部门登记备案；标识制作费用由商贸部门在项目建设支持资金中列支的方式推动落实。

### 申报“2015年城市物流快递配送车辆项目”

9月8日，重庆市邮政管理局联合市商委联合印发了《关于申报2015年城市物流快递配送车辆项目的通知》，通知在申报条件中提出，需在主城区从事城市电商物流快递配送的快递企业、电商企业和提供物流快递配送车辆租赁业务、实行统一管理的企业；有将摩托车更新替换为城市物流快递配送车配送快递包裹的愿望；承诺使用统一标识、统一管理的新能源轻微封闭型配送车辆，严格遵守交通运输管理规定；承诺政府补贴的物流快递配送车辆用于城市电商物流快递配送等规范要求，并结合行业实际，将企业员工自有车辆也纳入了申报范畴。

**第四届青年职业技能大赛快递业务员决赛举行**

9月21日，由共青团重庆市委、重庆市邮政管理局、涪陵区人民政府主办，共青团涪陵区委、涪陵邮政管理局承办的重庆市第四届青年职业技能大赛快递业务员项目决赛举行。参加本次大赛获得前三名的选手，且年龄在35周岁（含）以下，即代表重庆市参加第十一届“振兴杯”全国青年职业技能大赛，这是重庆市邮政行业首次参加国家级一类大赛。

**万州首家跨省快递分拨中心成立**

中秋、国庆双节前夕，万州首家跨省快递分拨中心正式投入运营。该分拨中心由万州局辖区8个区县的申通快递联合投资120余万元建设，建筑面积近3000平米，设计日最高处理能力达6万件。同时，该分拨中心经申通总部批准，开通了万州直达湖北武汉、安徽合肥的每日班车，辐射华中、华东多个省市，投入运营后渝东北地区进出该区域快件时效将至少缩短一天。

**推动主城区快递车辆便利通行取得新突破**

10月，经重庆市邮政管理局的积极努力，主城区快递企业再度获准办理快递车辆绿色A型通行证共计150个，其中首批70个已成功办理。办理的绿色A型通行证较之此前办理的快递车辆绿色B型通行证，禁行道路区域进一步缩小，通行权限相对扩大，为化解主城快递车辆高峰时段通行压力，支持快递企业配送效能提升，畅通城市“最后一公里”末端配送环节，便利群众享受高品质的快递服务提供了有力保障。

**《关于加快黔江区快递业发展的实施意见》获审议通过**

11月，黔江区政府第13次常务会议，审议并通过了重庆市黔江邮政管理局牵头草拟的《关于加快黔江区快递业发展的实施意见》。实施意见进一步明确行业准入、财政资金、税收金融、用地、人才、车辆通行、末端投递等支持政策。区政府将成立促进快递业发展工作领导小组，在重庆市黔江邮政管理局下设办公室，会同各成员单位具体负责快递业发展各项工作的统筹、协调与落实。

**江津区出台政策支持快递向下发展**

11月2日，江津区政府印发《关于大力发展电子商务的意见》，加大对电子商务扶持力度，支持快递向下发展。意见明确，江津区政府将“从2016年起每年增加电子商务发展资金500万元，同时整合农委、工商、社保等各部门专项资金，专项扶持电子商务发展。……对农村三级服务体系站点建设和物流配送体系建设的物流企业、快递公司（人员）给予一定的资金补助。”

**首个县级邮政管理机构成立**

12月24日，垫江邮政管理局揭牌，标志着重庆市首个县级邮政管理机构——垫江邮政管理局正式成立。重庆市邮政管理局局长徐文葛、垫江县县长梅时雨出席了揭牌仪式。

**进一步推进城市快递共同配送工作**

12月29日，重庆市邮政管理局联合市商委召开新闻发布会，向媒体介绍城市电商快递网络体系，增进舆论宣传，推动社会各界对共同配送的了解和支持。市快递行业协会、市电商协会、主城区末端公共取送点建设试点企业、主要快递和电商企业负责人以及重庆日报、重庆电视台、重庆晚报、华龙网等新闻媒体记者参加了会议。重庆局与市商委分别介绍了重庆快递与电商协同发展现状以及电商快递园区建设、新能源汽车使用、城市末端快递公共取送点规范发展的相关情况,并回答了记者提问。

# 四川省快递发展大事记

## 王宁副省长批示肯定邮政管理工作冀望取得新发展

1月14,四川省副省长王宁在四川省邮政管理局《关于报送2015年全省邮政管理工作会议工作报告的报告》上作出批示,肯定2014年邮政管理工作成绩,冀望全省邮政业取得新发展。

## 省政府部署推进快递电商协同发展

2月25日,四川省政府办公厅下发《2015年全省电子商务产业发展工作安排》,部署推进电商产业发展。其中,快递与电商协同发展被纳入重要内容予以推进。工作安排提出,推动电商进农村重点县建设,整合“万村千乡”店、邮政快递物流体系等资源,初步实现工业品下乡和农产品进城的双向流通。完善配套体系,以电商园区、基地等为重点,提供配套服务,促进电商与快递物流协司发展。

## 省政府出台实施意见加快发展生产性服务业

4月29日,四川省政府下发《关于加快发展生产性服务业促进产业结构调整升级的实施意见》,实施意见指出,要积极对接国家生产性服务业发展重点,结合五大新兴先导型服务业发展部署,重点发展电子商务、现代物流、现代金融等12个领域。实施意见强调,要加快综合交通运输网络配套物流设施建设,大力发展电商物流和农业生产资料、农产品等专业物流,实施物流业与制造业联动工程。加快建设开放式快递配送信息平台及社会化仓储设施网络,加强共同配送末端网点建设,完善城市快递车辆管理。同时,规划建设一批国家级、省级示范物流园区,引导物流设施资源集聚集约发展。四川省快递业发展获政策利好。

## 省政府出台文件促进农村电子商务发展

5月22日,四川省政府下发《促进农村电子商务发展的实施意见》,鼓励邮政、快递企业深入农村发展。实施意见提出,到2017年,建成全省农村电子商务综合服务平台,邮政便民网络覆盖100%的行政村、60%的自然村,使“卖得出、买得到、带得动、得实惠”的农村电子商务体系更加完善。实施意见强调,要以电子商务进农村综合示范县(市、区)建设为抓手,整合邮政、物流、快递企业资源,充分发挥政府与市场的合力推动作用,加快电子商务在全省农村的推广应用;建立“县域运营服务中心+乡(镇)服务站+村服务点”三级电子商务运营服务网络,鼓励邮政快递、乡村商贸和供销网点拓展自提、配送、电子支付、代购代销、小额取现等服务功能。

## 省人大组织在川代表专题视察邮政行业发展

6月18日,全国人大代表、四川省人大常委会副主任彭渝带队,组织在川全国人大代表、省人大代表,专题视察邮政行业发展工作。省人大民宗委、财经委,省人大常委会法工委、人代工委、预工委领导参加视察。视察组一行先后到顺丰四川分拨中心、圆通速递成都转运中心、成都邮区中心局的生产作业现场，查看了解邮政生产作业的基本情况，并组织召开座谈会，进一步听取了四川省邮政管理局、中国邮政集团公司四川省分公司、四川顺丰速运有限公司、圆通速递有限公司西南管理区的工作汇报。彭渝对省邮政行业的发展提出三点要求：一要继续依靠改革创新促发展；二要坚持走科技创新之路；三是省人大支持邮政业发展。

### 省发展改革委出台文件支持交通运输业和邮政快递业联动发展

6月26日，四川省发展改革委出台《关于印发四川省发挥交通运输支撑引领经济社会发展作用行动计划的通知》，通知指出，要加强交通运输业和邮政快递业的规划融合，共享站点、网点、班线资源，大力推动航空快运、发展高铁快递，充分发挥好综合交通运输体系对邮政快递业的支撑带动作用，逐步完善配套政策，延伸和拓展产业链。满足多样化运输需求，支持引导快递快运发展。

### 四川局与内江市政府共商推进快递电商协同发展

8月6日，四川省邮政管理局局长戚兰州在成都会见了内江市副市长陈朗一行。双方就加快快递电商协同发展、快递园区建设等工作进行了深入沟通。

### 省政府发文推进跨境电商发展

11月25日，四川省政府印发《关于推动跨境电子商务加快发展的实施意见》，实施意见提出，在跨境电商园区（基地）建设集中监管园区，建立“线上公共服务平台＋线下综合园区”发展新模式。选择四川邮政国际快件处理中心等作为首批线下试点区域；要打造省跨境电子商务通关综合服务平台，实现地方政府以及商务、工商、邮政、海关、检验检疫、税务、外汇等部门和金融机构、电子商务企业（平台）、物流快递企业、外贸综合服务企业之间信息互联互通和标准化数据共享。省邮政行业发展获利好，四川省邮政管理局也被纳入省跨境电子商务工作推进小组成员单位。

## 贵州省快递发展大事记

### 省政府出台发展现代物流业意见

3月，贵州省政府办公厅下发《关于加快发展现代物流业的若干意见》，提出进一步加快全省现代物流业发展，将其培育成全省现代服务业重要支柱产业，加快构建布局合理、技术先进、便捷高效、绿色环保、安全有序的现代物流服务体系，逐步将贵州建设成为西南地区重要物流枢纽。意见还将加快邮政行业发展作为重要内容，在多个方面予以支持和保障。

### 2015 中国电子商务创新发展峰会在贵阳举行

5月7日，2015中国电子商务创新发展峰会在贵阳举行，国家邮政局副局长刘君出席并发表讲话，强调当今的互联网时代，快递物流和电子商务等新业态深度契合、互为彼此，相互支撑、协调发展。国家邮政局市场监管司司长韩瑞林在会议期间举行的全国电子商务与物流快递发展试点工作座谈会上，听取了贵阳市商务、邮政管理部门做的试点情况工作汇报。

### 2015 年贵州省青年职业技能大赛首次将快递职业技能纳入比赛项目

6月17日，贵州省邮政管理局与贵州团省委、省人力资源和社会保障厅、省总工会及贵州日报社、贵州广播电视台等七家单位联合主办2015年贵州省青年职业技能大赛，快递职业技能首次纳入比赛项目。

**贵州快递物流集聚区挂牌**

7月，贵州省邮政管理局会同省发展改革委赴贵州快递物流园调研，了解前期两家联合发文支持建设省快递物流园区示范工程的落实情况，并共同为贵州快递物流集聚区挂牌。贵州快递物流集聚区于6月30日获省发展改革委认定为省级现代服务业集聚区，将优先获得国家、省级服务业发展引导资金扶持。集聚区已签约入驻贵州快递物流园、双龙商贸物流城、深高速综合物流港、万豪商贸总部城等8个大型商贸物流综合体项目，占地5000余亩，项目总投资达650余亿元，现已完成投资近120亿元，入驻企业近100家，入驻商户800余户，预计2015年总产值可达60亿元以上。

**省政府发文推进电子商务发展邮政行业获利好**

8月16日，贵州省政府出台《关于大力发展电子商务的实施意见》，意见要求加快发展电子商务，要着力增强基础支撑能力，特别是要加快快递物流基础设施建设。意见还提出，要创新跨境电子商务模式，依托跨境电商综合服务平台，探索创新9610监管模式下直邮进口跨境电商业务。要加快推进国际邮件互换局建设，提高国际物流效率，根据全省产业发展需要，构建跨境B2C、B2B进出口产业链，推进省内优势产品跨境外销。

**省委书记调研贵州(龙里)快递物流园**

8月18日，贵州省委书记、省长陈敏尔率领2015年全省第二次项目建设现场观摩会第一观摩组到贵州(龙里)快递物流园进行实地考察。陈敏尔听取了园区交通优势和聚集效应以及省邮政管理局大力支持、推动快递企业入园等情况汇报，对快递物流企业集聚发展给予了充分肯定，称其“超出想像”，并鼓励快递企业做大做强。他强调，贵州(龙里)快递物流园区集小龙成大龙，集快递园区成现代物流园区，体现了集聚效应；园区引进电商，将电商仓储与快递物流集聚园区协同发展，是一种产业联动方式，是园区组织模式的创新；要着力解决农货出山、山货进城、黔货出省问题，研究省农村电子商务产品如何从农村到园区的“农村快递”问题，实现线上线下、电商销售与快递物流的协调发展。

**省委书记要求积极推动“快递下乡”**

8月20日，贵州省委、省政府组织召开全省电子商务发展大会，省委书记、省长陈敏尔出席会议并讲话。他强调，发展电商的核心是要抓住农村电商，关键之一就是要建好快递物流通道，要积极推动“快递下乡”，让农民群众买货、卖货就在家门口。

**省政府召开专题会议研究加快全省邮政快递业发展有关问题**

9月14日，贵州省委常委、常务副省长秦如培主持召开省政府研究加快全省邮政快递业发展有关问题专题会议，时任分管副省长王江平参加，对事关全省邮政业发展的一系列重要问题进行了深入研究和安排布置，会议研究确定在“完善顶层设计、加强机构建设、推进网点覆盖、培育特色业务、打造综合平台、加大资金支持、加强车辆管理、强化安全管理”八个方面对全省邮政业发展予以支持。

**秦如培副省长要求加强农村快递物流网建设**

10月26日至27日，贵州省现代服务业发展大会在遵义召开。期间，贵州省委常委、常务副省长秦如培在参观遵义传化智能公路港建设现场时要求，要加强贵州物流快递骨干网络建设，利用贵州县县通高速和大数据产业优势，建设物联网，分级设立中心，降低物流成本，提高产品配送效率。要尽早完成深入农村的实物传递网建设，实现农村电商线上线下协同发展。

### 孙志刚省长调研快递企业

11月3日，贵州省委副书记、省长孙志刚到中通速递快件分拨中心调研，详细了解企业推进"快递下乡"情况，要求企业进一步延伸服务网络，树立企业形象，做到以服务竞争、靠质量发展，让广大群众受益。

### 探索快递校企合作新模式迎战"双11"

11月10日，贵州交通职业技术学院和百世速递公司校企合作启动仪式在贵州(龙里)快递物流园举行。通过贵州省邮政管理局的牵线搭桥，贵州交通职业技术学院将物流专业近100名学生送至百世速递在贵州(龙里)快递物流园的分拨处理中心，在服务旺季期间实习，协助企业应对生产服务旺季。校企合作将增强学生与快递企业之间的了解，利于企业从实习学生中择优选择，量才而用，为学生毕业后双向选择提供条件。

### 省政府办公厅出台《关于促进快递业加快发展的实施意见》

12月28日，贵州省政府办公厅出台《关于促进快递业加快发展的实施意见》，明确快递业加快发展的思路和目标，提出七项重点任务和三项保障措施。

## 云南省快递发展大事记

### 丁绍祥副省长冀望邮政行业取得新成绩

2月，云南省副省长丁绍祥就云南省邮政管理工作做出批示，他充分肯定2014年云南省邮政管理工作。希望2015年省邮政管理系统深入学习贯彻落习近平总书记在云南考察时的重要讲话精神，坚持安全为基、发展为要、服务为上，再接再厉，扎实工作，全力推进云南邮政管理工作取得新成效。

### 发布交邮融会发展指导意见

2月，云南省邮政管理局和交通运输厅联合发布《关于促进全省交通运输与邮政行业融会发展的指导意见》，提推进资源共享共用、推进业务全面合作有关指导意见。

### 丁绍祥副省长充分肯定全省邮政行业发展成果

6月30日，云南省副省长丁绍祥听取了云南省邮政管理局上半年工作汇报，对全省邮政行业取得的发展成果给予了充分肯定，并对下步工作提出了殷切希望和具体要求。

### 中央组督导检查云南省相关贯彻落实工作

7月，为推进邮件、快件寄递安全管理各项工作的贯彻落实和有序开展，由国家安全部、国家邮政局和国家工商总局组成、国家安全部副巡视员张华带队的中央寄递渠道安全管理联合督导检查组就云南省贯彻落实中综办24号文件情况进行督导检查。中央督导检查组通过召开会议、听取汇报、实地抽查等方式，督导检查了云南省相关工作贯彻落实情况，并提出三方面意见。

### 15部门专项督导组赴昆明检查督导工作

11月，由国家信访局办信司张仁光司长带队的中央综治办等15部门联合组成的专项督导组，在市邮政管理局及省、市综治办、市信访局相关领导的陪同下，对昆明市邮政行业开展危爆物品寄递物流清理整顿和矛盾纠纷排查化解专项行动及做好当前社会稳定工作等有关情况进行了检查督导。

### “振兴杯”云南参赛选手摘得奖项

11 月，云南省邮政管理局经过精心筹备、严格选拔，共派出 3 名优秀快递员参加第十一届“振兴杯”全国青年职业技能大赛决赛，经过四天紧张激烈的角逐，昆明市速递物流的李艾容获得快递业务员竞赛个人奖第 11 名，创造了云南省代表团参加“振兴杯”以来最好的成绩，实现了获奖荣誉零的突破。

### 普洱局实现了市县两级邮政业发展规划全覆盖

为解决县级邮政行业发展缺乏政策保障的问题，完善市、县（区）两级邮政业行发展“十三五”规划体系，普洱市邮政管理局在充分调研的基础上，拟写了《普洱市邮政业发展“十三五”规划》。规划现通过评审并印发至各县（区）交通运输局。各县（区）交通运输局按照规划要求，将邮政业发展规划纳入各县（区）综合交通运输规划，标志着普洱市实现了市、县两级邮政业发展规划全覆盖。

### 首家县级邮政监管机构成立

11 月，勐腊邮政管理局、勐腊县邮政快递发展中心正式揭牌成立，成为云南省首家获批成立的县级邮政监管机构，揭开了云南省县级邮政管理机构组建的序幕。勐腊县副县长黄兴国、州局局长陈景及县邮政快递企业、综治办、交通运输、公安、工商等相关部门领导共同出席揭牌仪式。

## 西藏自治区快递发展大事记

### 陈全国书记对邮政行业发展提出要求

1 月，西藏自治区召开 2015 年全区经济工作会议，自治区党委书记陈全国对邮政行业发展提出三点要求：一是加强邮政设施建设，加快推进空白乡镇邮政局所建设，实现邮政普遍服务网点乡镇全覆盖。二是要进一步改善农牧区生产生活条件，继续实施水、电、路、迅、邮政、农家书屋、广播电视、优美环境“八到农家”。三是着力扩大信息消费，加快促进电子商务、网络购物、物流快递等融合发展。

### 出台加强全区邮件、快件寄递安全管理工作的意见

2 月，西藏自治区综治办、公安厅、交通运输厅、邮政管理局、安全厅、拉萨海关、工商局、青藏铁路拉萨办事处、民航局等九个区（中）直单位联合出台了《关于进一步加强全区邮件、快件寄递安全管理工作的意见》，意见分为五个部分：一是提高思想认识、增强安全意识；二是建立监管机制、强化安全管理；三是明确部门职责，形成工作合力；四是强化协作配合，加大执法力度；五是强化政策宣传，提高守法意识。意见明确规定，邮件、快件寄递工作要实行实名登记制度、企业报备制度、收寄转运验视检封制度、特殊物品寄递安全管理制度、个人信息安全保障制度、监督管理制度、企业主体安全责任制度、安全防范制度、从业人员管理制度、违规寄递处罚警示通报和责任追究制度等 10 项制度。

### 邮政巾帼荣获全国妇联和全国总工会表彰

3 月，中华全国总工会印发《关于表彰全国五一巾帼奖状（奖章）、全国五一巾帼标兵岗（标兵）的决定》。西藏邮政山南分公司错那县邮政局被评为“全国巾帼文明岗”和“全国五一巾帼标兵岗”。西藏邮政那曲分公司尼玛县邮政局乡邮员巴姆被评为“全国五一巾帼标兵”。

### 西藏局成立安全生产委员会

4 月 2 日，西藏自治区邮政管理局发文成立安全生产委员会，文件明确了安委会主要职责，主要

包括制定党政同责细则、拟定年度执法计划、组织开展专项整治与督查、组织安全生产培训、督查各市（地）局落实安全生产各项制度、报送事故报表及分析等与安全生产控制指标及安全生产目标考核内容相关的工作。

**加强寄递行业安全管理工作**

4月，西藏自治区邮政管理局与自治区公安厅联合下发《关于加强寄递行业安全管理工作的紧急通知》，通知强调，要严格执行实名登记制度、严格执行收寄转运验视检封制度、实行企业报备制度、实行监督管理和个人信息安全保障制度、强化行业主体安全责任、严格从业人员管理、严格落实安检制度和措施、严格执行违规收寄处罚警示通报和责任追究制度。

**首批安检设备投入民营快递企业**

为确保寄递渠道的安全畅通，西藏自治区邮政管理局经过多方联系，与地方相关部门数次沟通协调后，由公安部门无偿为全区民营快递企业提供五台安检设备，价值共计160余万元。4月，五台安检设备已投入快递企业的分拨中心，由厂家上门安装调试，并组织培训。

**开展电子商务与快递物流协同发展调研**

4月，由西藏自治区邮政管理局牵头，区政府办公厅、区政府研究室、区商务厅、区农牧厅、区交通运输厅、区发改委、区邮政公司等部门组成电子商务与快递物流协同发展调研组，深入山南、林芝地区调研了解基层电子商务和快递物流发展情况，为相关政策的出台和试点工作的开展奠定了基础。

**智能信报箱使用战略合作协议签订**

4月21日，拉萨市属邮政、快递企业与智能信报箱运行商战略合作协议签署仪式在拉萨举行。拉萨市邮政管理局、易柜公司、邮政公司拉萨分公司、EMS及驻拉萨的16家民营快递公司负责人参加了签字仪式。协议的签署标志着智能信报箱作为公共服务平台通过试点在拉萨逐步展开，为邮政、快递企业准确、及时投递搭建了平台，为市民收寄邮件提供了便利。

**全力以赴开展抗震救灾工作**

4月25日，尼泊尔发生8.1级地震。地震造成西藏自治区聂拉木县樟木镇通信中断，吉隆县、聂拉木县樟木镇等地部分村庄房屋倒塌、路面坍塌。地震发生后，西藏自治区邮政管理局立即召开紧急会议，迅速启动应急预案，第一时间要求日喀则市邮政管理局，自治区邮政公司以及非邮快递企业认真开展好抗震救灾工作。

**自治区领导高度评价日喀则市邮政分公司救灾工作**

5月2日，西藏自治区党委常务副书记、自治区抗震救灾工作领导小组副组长吴英杰及日喀则市委、市政府视察了邮政服务临时网点，看望了邮政分公司干部职工，详细了解了邮政服务情况，对邮政分公司为灾区群众及时提供邮政服务给予了高度评价和充分肯定，同时要求邮政分公司扎实工作，为广大用户提供优质高效、满意便捷的邮政服务。

**两位副主席批示加快快递服务业发展**

5月，西藏自治区邮政管理局联合区政府研究室、区商务厅向自治区人民政府提交了《关于赴山南、林芝两地调研电子商务与快递物流协同发展情况的报告》，得到了自治区政府自治区政府副主席甲热·洛桑丹增和董明俊的高度重视，分别作出重要批示，要求对调研中存在的问题加以重视和进一步研究，为加快推进西藏快递服务业发展提出对策。

**区政府召开快递物流与电子商务协同发展调研座谈会**

5月26日，西藏自治区政府专项调研组联

合昌都市商务局、邮政公司、电商企业及各民营快递企业，召开快递物流与电子商务协同发展座谈会。调研组充分肯定昌都市的电子商务与快递物流工作成绩，要求政府部门，要积极发挥自己的作用，推动电子商务、快递物流协同发展；同时要求企业树立适应经济发展新常态的新思维，加强合作、协同发展，让老百姓共享改革发展成果。

### 《中共中央关于进一步推进西藏经济社会发展和长治久安的意见》利好西藏邮政行业发展

中央第六次西藏工作座谈会后，中央下发《中共中央关于进一步推进西藏经济社会发展和长治久安的意见》，意见确定了推动西藏工作前所未有的新举措，西藏邮政行业发展获得利好。意见指出，要建立电子商务与实体流通相结合的农牧区物流体系；加快完善电子商务等重大信息化工程建设；加强邮政物流配送体系建设，提升乡镇邮政普遍服务能力；完善对电力、通信、邮政等行业的普遍服务机制等。

### 吴英杰副书记一行调研全区寄递业发展情况

10 月 26 日，西藏自治区党委常务副书记吴英杰带领区党委、政府及部门相关领导深入区邮政分公司、顺丰快递分公司调研全区寄递业发展、快递实名制落实情况。

### 拉萨快递进校园实现突破

12 月，西藏大学智能快件箱正式投入运行，标志着拉萨市“快递进校园”工作取得了重大突破。

## 陕西省快递发展大事记

### 庄长兴副省长对邮政管理工作作重要指示

1 月 16 日，陕西省邮政管理局局长李洛郑就贯彻落实马凯副总理对邮政管理工作的重要批示和全国邮政管理工作会议情况向分管副省长庄长兴作了专题汇报。听取汇报后，庄长兴表示，省政府将一如既往地对邮政业发展和邮政管理工作给予全力支持，并作出四项重要指示：一是要按照建设“五个邮政”的总体思路，紧密结合陕西实际，积极推动邮政业与陕西经济社会融合发展。二是要站在打造丝绸之路经济带新起点的高度，充分认识并积极适应陕西经济发展新常态，服从地方工作大局，认真谋划好陕西邮政业的改革和发展，主动为建设“三个陕西”做出贡献。三是要坚持依法治邮、坚持提质增效，准确研判邮政行业发展的新形势，引领行业新业态不断向前发展。四是要进一步加强基础设施建设，夯实行业发展基础，提升行业监管能力。

### 国家邮政局发展研究中心、陕西局赴汉中调研

4 月 28 日，国家邮政局发展研究中心、陕西省邮政管理局赴汉中调研地方邮政行业发展现状、政策环境、发展前景和“十三五”规划编制情况。国家邮政局发展研究中心、陕西局详细了解汉中市快递园区、空白乡镇邮政网点补建和“快递下乡”等重大课题的推进情况，并听取了汉中市邮政管理局在融入地方经济社会、规范企业经营及服务“三农”和协调产业协同发展等方面的各项举措。

### 西安局与西安文理学院开展战略合作

5 月 8 日，陕西省邮政管理局局长李洛郑在出席西安市邮政管理局与西安文理学院战略合作协议签署暨就业实训基地授牌仪式时强调，陕西省是我国高校资源相对集中的省份，邮政管理部门与高校建立战略伙伴关系，有利于充分发挥邮政行业的经济、产业、资源优势，有利于充分发挥学

校的教育、科研、人才优势，对于进一步促进大学生就业，加强邮政行业人才队伍建设、推动陕西省邮政业科学发展具有重要现实意义。

## 部署加快推进全省快递下乡工程

6月24日，陕西省邮政管理局部署加快推进全省快递下乡工程，要求各市邮政管理局紧密部署，责任到人，鼓励和引导企业加快网点设置，完善服务体系，切实提高全省乡镇网点覆盖率，同时加大监管力度，确保网点规范经营、安全生产。陕西局要求，一方面明确目标，有效推动，注重加强与地方农业、交通、商务、改革等部门的对接和联系，积极争取地方政策利好，深度挖掘“网货下乡、农货进城”的双向流通市场，稳步提高快递网点的乡镇覆盖率；另一方面，要科学规划，强化管理。积极维护国家利益和消费者的合法权益，丰富监管手段，加强监管力度，规范末端网点，确保寄递安全，保证服务质量。

## 印发关于推进“快递向下”服务拓展工程的指导意见

8月4日，陕西省邮政管理局和陕西省商务厅联合印发《陕西省邮政管理局陕西省商务厅关于推进“快递向下”服务拓展工程的指导意见》，文件要求到2020年，全省快递网点乡镇覆盖率达到100%、村村通达率达到100%，基本实现“乡乡有网点，村村通快递”的发展目标。

## 晋陕豫黄河金三角区域邮政行业合作座谈会召开

8月12日至13日，2015年晋陕豫黄河金三角区域邮政业合作座谈会在渭南召开。座谈会以“快递下乡”与“邮政行政执法”为主题，交流各省市的先进经验和成功做法，探讨深化邮政业区域合作的新举措和新思路。陕西省邮政管理局局长李洛郑、山西省邮政管理局局长秦红保、河南省邮政管理局局长丁平出席会议。会上，郑州、三门峡、运城、临汾、渭南、咸阳、榆林、延安等市在会上作了发言，并调研渭南市大荔县韵达快递分拨中心和乡镇网点。

## 省物流业发展三年行动计划发布

8月15日，陕西省人民政府发布了《陕西省物流业发展三年行动计划（2015－2017年）》，涉及邮政行业的17项重点工作任务由陕西省邮政管理局作为牵头成员单位参与编写，其中4项工作是第一牵头单位：一是充分发挥邮政、快递的网络、信息和服务优势，进一步完善基础设施网络，因地制宜发展农村物流服务和农村电商，推动农资下乡和农产品进城；二是编制《陕西省快递物流发展规划》；三是引导快递企业提升现有在陕分支机构管理等级，争取设立更多快递独立法人机构，加快引进国内外快递企业来陕设立总部机构，推动EMS、顺丰、FedEx、DHL等国内外快递公司在西安咸阳机场设立转运中心；四是开展快递业与制造业、商贸业、电子商务、金融业融合发展。另有超过35项工作为邮政业搭建了良好的物理环境；在141个重点建设项目中涉及邮政快递企业的有9个，主要包括各地市的快递园区和重点快递企业的西北转运中心建设项目。省邮政行业获重点支持。陕西省人民政府同时发布了《陕西物流业发展中长期规划（2015－2020年）》。

## 赵正永书记视察圆通速递西北转运中心

8月18日，陕西省委书记赵正永在深入西咸新区调研期间，在西咸新区空港管委会、咸阳市政府、渭城区政府、北杜镇政府及省邮政管理局相关领导的陪同下，莅临圆通速递西北管理区视察指导，鼓励企业继续保持目前良好的发展态势，借助丝绸之路经济带发展的东风，为陕西的经济建设作出更大的贡献。

## 十二单位合力强化物流安全管理工作

9月9日，陕西省综治办、交通运输厅、公安厅、工业和信息化厅、商务厅、邮政管理局等十二家单位，联合转发国家十部委《关于加强物流安全管理工作的若干意见》，并发出通知，加强对物流安全管理，严密防范、严厉打击涉及物流领域违法犯罪活动，切实保障人民群众生命财产安全和公共安全。

### 榆林久旭快递物流园区开园

10月23日，榆林市久旭快递物流园区正式开园，国家邮政局市场监管司副司长林虎和榆林市委副书记高中印为园区揭牌。陕西省邮政管理局党组书记、局长李洛郑和榆林市人民政府副市长李文明出席仪式并致辞。久旭快递物流园区的建成，将极大改善榆林快递行业的整体形象，提升行业发展层级，对大力发展现代物流业，构建高效便捷的运输体系，打造呼包银榆经济区枢纽式交通物流集散地，具有十分重要的战略意义和现实意义。

### 庄长兴副省长对全省邮政行业发展提出要求

12月1日，陕西省副省长庄长兴听取了陕西省邮政管理局2015年全省邮政行业发展基本情况、“双11”快递旺季服务保障工作和邮政管理工作的汇报，充分肯定了全省邮政业增量提速为社会经济作出的贡献，鼓励邮政管理部门落实好行业利好政策，确保“十二五”良好收官。

### 省邮政业安全中心成立

12月21日，陕西省邮政业安全监测中心由陕西省事业单位登记管理局许可设立登记。陕西省邮政业安全监测中心主要负责省内邮政业安全信息系统的管理、运行、维护和应用推广工作，为全省寄递渠道安全管理提供技术支撑和信息服务。

## 甘肃省快递发展大事记

### 省政府指示加快协商解决兰州市快递车辆管理问题

针对兰州市主城区实行交通管制后，快递运输车辆进城难、通行难等问题，甘肃省省长刘伟平、副省长黄强作出指示，由省工信委召集兰州市政府、省交通厅、省交警总队、省市邮政管理部门召开协调会，摸清情况，协商方案，着力解决快递车辆管理有关问题。1月15日，省工信委快递运输车辆管理有关问题召开协调会，会议要求各相关部门要对小微企业、特别是快递企业健康发展提供便利，尽快协商制定《甘肃省邮政快递运输车辆管理指导意见》，并由兰州市相关部门尽快摸清情况、制定方案、采取措施，于2月1日起先行实施，切实提高城市快递配送效率。

### 推进电子商务与物流快递融合发展

2月，甘肃省邮政管理局与省商务厅为扎实推进全省电子商务与物流快递协同发展，建立适合电子商务快速发展的物流快递管理和服务体系，联合制定了《甘肃省电子商务与快递协同发展兰州市试点的实施方案》，明确在2015年6月底前在兰州市重点社区、院校及商业集聚区建设电子商务与快递协同发展示范点，由商务部门和快递企业共同筹资对示范点进行装修改造、并对设施配套投入及人员培训等方面进行资金补助。

### 下放部分快递业务经营许可审批权限

3月12日 根据国家邮政局简政放权和优化快递业务经营许可工作流程的要求，甘肃省邮政管理局下发了《关于下放部分快递业务经营许可审批权限的通知》，将快递业务经营许可的初审和受理、快递业务经营许可事项变更的初审和受理、快递业务经营许可年度报告的审核办理等三项审批权限下放至市州邮政管理局。

### 规范投递网点备案工作

3月12日，为切实解决快递服务“最后一公里”问题，推进快递企业向西向下，甘肃省邮政管理局印发《甘肃省快递服务末端投递网点备案实施意见》，从四个方面对快递服务末端投递网点备案工作进行了规范。

### 根据省委书记批示推动电商与快递协同融合发展

5月6日，为进一步推动电商与快递协同融合发展，按照甘肃省委书记批示要求，甘肃省邮政管理局联合省商务厅在省内电商发展比较活跃的陇南市成县组织召开了推进电商与快递协同发展座谈会。省商务厅、陇南市政府、成县县政府相关部门领导以及省内重点快递企业和陇南电商企业代表共60余人参加了会议。

### 省会城市快递车辆运输难得到解决

5月8日，《关于加强和改进城市快递运输车辆管理工作的意见》文件由兰州市政府正式印发，该意见的印发标志着甘肃快递业面对多年的运输车辆进城难、通行难、停靠作业难等问题得到顺利解决。

### 省快递协会对申报星级快递企业实地验收

5月11日至14日，甘肃省快递协会分两组对嘉峪关、酒泉、张掖、平凉、庆阳市邮政管理局申报的22家参与星级评选的快递企业进行了实地验收。

### 表彰全省星级快递企业

6月16日，甘肃省快递协会二届四次会员大会暨邮政业安全监管现场会在酒泉市召开，会议现场与各快递企业签订了《甘肃省快递行业自律公约》，并为全省星级快递企业颁牌表彰。甘肃省邮政管理局、省快递协会、全省各市州邮政管理局、邮政公司、快递公司等企业负责人参加了会议，酒泉市政府副市长李永军参加会议。

### 邮政行业人才培养基地揭牌

10月28日，甘肃省邮政行业人才培养基地的揭牌仪式暨校企合作推进会在甘肃省交通职业技术学院举行。甘肃省邮政管理局、甘肃省交通职业技术学院和快递企业负责人参加揭牌仪式及座谈会议。

### 规范快递三轮车

10月12日，为贯彻落实国务院关于促进电子商务发展加快发展物流配送的有关精神，积极响应兰州市政府办公厅下发的《关于加强和改进城市快递运输车辆管理工作的意见》，由省快递协会牵头组织统一招标采购的车型统一、“甘肃快递”标识统一的350台电动三轮车在兰州市区正式投入使用，全年累计投入使用1000台。新型快递电动三轮车的投入使用改善了一直以来影响甘肃省快递业形象的快递车辆标识不统一、破旧、不规范的形象，获得较好的社会影响力。

### 召开快递业务旺季服务保障媒体通气会

11月，甘肃省邮政管理局组织召开快递业务旺季服务保障媒体通气会，中新社甘肃分社、甘肃日报、中国交通报驻甘肃记者站、甘肃经济日报、兰州日报、西部商报、甘肃电视台等多家媒体参加了本次会议。会上，甘肃局向与会媒体介绍了《国务院关于促进快递业发展的若干意见》将会带来的行业政策利好，对全省“双11”旺季形势作了研判，介绍了全省邮政管理部门旺季期间服务保障情况，以及快递企业的应对措施。针对媒体关注度较高的实名收寄问题，现场介绍了执行时间、具体要求和用户寄递信息安全保障措施三方面内容，并邀请各媒体在业务高峰期间与甘肃局一起深入寄递企业旺季生产现场进行采访，报道企业旺季期间辛勤工作情况以及半自动分拣设备等建设取得的成效，积极传递行业正能量，引导公众正确、理性认识旺季消费。

### 中央督导组督查调研兰州市寄递渠道安全工作

11月，由国家煤监局副司长康荣带队，中央综治办寄递渠道安全管理督导组一行赴兰州市督导调研。中央督导组先后深入兰州市顺丰速运、圆通速递、韵达速递、EMS等大型的寄递物流企业了解企业在全面落实实名收寄100%、开箱验视100%、过机安检100%等方面的工作情况，并现场提出了指导意见。

### 邀请多家媒体夜访快递企业分拨中心

11月16日晚，甘肃省邮政管理局旺季服务保障督导组组织新华社甘肃分社、甘肃日报、甘肃电视台、甘肃经济日报、兰州日报等多家省、市主流媒体深入顺丰、圆通、申通、中通、韵达、EMS等多家快递公司分拨中心进行实地调研和现场采访。通过夜访，使甘肃省、市媒体更客观的了解甘肃快递业发展现状，体会基层快递员的辛苦，更好的引导社会舆论，营造甘肃快递业发展的良好环境。

### 泽巴足书记深入快递企业调研安全生产管理工作

11月26日，甘肃省委常委、政法委书记泽巴足到兰州市快递企业调研安全生产管理工作，泽巴足先后来到甘肃联合快递公司分拨中心和顺丰速运兰州分拨中心，了解了两家企业的基本运营与生产安全情况，实地查看了企业落实“三个100%”的情况，详细询问了市邮政行业发展情况和寄递安全工作开展情况，在听取了兰州市邮政管理局有关工作汇报后，泽巴足充分肯定了邮政管理部门在寄递安全保障方面做出的努力。希望兰州局继续创新工作方法，推动各项工作再上新台阶。

### 甘肃局积极应用信息化执法

自12月起，甘肃省邮政管理局在全面应用新版执法信息系统的同时，充分利用新系统的执法信息公开功能，全面公开行政执法信息，主动接受执法对象的监督。12月16日，甘肃局深入应用新版执法信息系统的执法信息公开功能，以信息化手段促进行政执法信息公开水平的提升，积极推行“阳光执法”，取得显著成效。截至12月31日，甘肃局行政执法信息系统推广应用重实用、出实效，在两个月的应用期间，甘肃局累计利用执法系统现场开展执法检查1282次，实施行政处罚16次，执法系统推广应用工作取得显著成效。

### 快递企业助力“壹基金”温暖包免费发放

12月5日，由共青团甘肃省委主导的壹基金温暖包甘肃地区发放公益活动在兰州市正式启动，甘肃省邮政管理局协调快递公司免费助力爱心公益行动受到好评。该活动为甘肃省内13个市州所辖贫困县区的留守和贫困儿童合计发放5000件温暖包，由联合、顺丰、圆通、申通4家快递公司对所有温暖包分区域免费运送，往返行程近万公里。

## 青海省快递发展大事记

### 首个农村快递电商综合服务平台建成

4月22日，青海省首个农村快递电商综合服务平台——圆通速递互助双树服务点在青海省海东市互助土族自治县塘川镇双树村正式挂牌营业，这是青海省首个扎根农村、服务农业、面向农民，寓电子商务和快递服务于一体的综合性服务平台。该服务平台主要提供网络购物、网络销售、网订店取、网订店送、缴费支付、取送货品、农村创业、本地生活等八个方面服务，可以及时周到为农村群众提供生活用品网上代购、特色农产品代收代售、农资供应、农技服务等便民服务，让农村群众足不出户就能体验到优质便捷的电子商务和快递服务，为农村群众生产、生活、休闲带来了极大的方便。

### 召开促进快递电商协同发展会议

8 月 18 日青海省邮政管理局与省商务厅在青海朝阳国家电子商务示范基地联合组织召开了“青海省促进快递电商协同发展会议”。会议由省商务厅电子商务处处长马俐主持，青海局副局长赵群静对青海省快递业的发展现状做了详细介绍，重点围绕青海省“快递行业与电子商务行业协同发展”的议题做了论述。马俐向与会的快递企业和电子商务企业就 2015 年电子商务进农村综合示范申报工作的相关政策和申报条件进行了详细解读。青海省四个示范县所在的市、州邮政管理局局长分别结合示范申报工作对本地区快递行业与电子商务行业协同发展提出了各自的看法和意见。会议还对《加快青海省快递电商协同发展措施意见》(草案)进行了讨论，与会的各快递企业和电子商务企业对该草案提出了各自的宝贵意见。

### 部署全省邮政行业旺季服务保障和安全生产工作

10 月 20 日，青海省邮政管理局组织召开专题会议，安排部署 2015 年邮政行业旺季期间服务保障和安全生产工作。青海局副局长赵群静作动员讲话。她指出，全省各级邮政管理部门，各邮政、快递企业，要戒骄戒躁、未雨绸缪、精心组织、沉着应对，做好六方面工作，确保旺季期间全省寄递渠道安全畅通。青海局还与各寄递企业负责人现场签订《寄递渠道安全保障承诺书》，并要求各市、州邮政管理局会后及时与辖区各邮政、快递企业及其分支机构签订承诺书，层层落实安全责任。

### 韩建华副省长、王梅副局长调研指导“双 11”服务保障工作

11 月 16 日夜，甘肃省副省长韩建华与国家邮政局副局长王梅一同到青海圆通速递西宁分拨中心、省邮政分公司西宁邮区中心局调研指导“双 11”期间青海省邮政行业服务保障工作。调研指导过程中，韩建华表示，省政府一直高度重视邮政行业发展，在省以下邮政监管机构改革、空白乡镇邮政局所建设、邮政和快递车辆过路过桥费用减免等方面，给予了一定的支持政策，未来将会继续大力支持邮政行业改革发展。王梅感谢青海省政府对邮政行业发展的关心支持，希望青海各级政府在快递园区建设、快递“向西、向下、向外”发展等方面给予邮政业更大的支持。她表示国家邮政局将充分发挥职能作用，一如既往地支持青海和青海邮政业发展，引导邮政企业、快递企业更好地服务地方经济发展，为青海“三区”“两新”建设作出更大贡献。

## 宁夏回族自治区快递发展大事记

### 白雪山副主席批示肯定自治区邮政管理工作

1 月 27 日，宁夏回族自治区政府副主席白雪山就宁夏回族自治区邮政管理局上报的 2014 年邮政管理工作情况及 2015 年工作安排作出批示，指出自治区邮政管理局在过去的一年里，坚持安全为基、发展为要、服务为上，按照“夯基础、抓管理、促发展、带队伍、正党风”的工作方针，在优化行业发展环境、完善基础设施和基础能力、提升行业监管能力和依法行政水平、深化邮政行业改革、加强队伍建设等方面做了大量工作，取得了新成绩，为宁夏经济社会发展和民生改善做出了新贡献。希望全区邮政管理系统

干部职工，继续围绕中心，服务大局，主动适应经济发展新常态，坚持以“提能力、促发展、善引领、强法制、树清廉”为抓手，坚持依法治邮，坚持改革创新，坚持提质增效，全面提升服务水平，为全面建设开放富裕和谐美丽宁夏做出新的更大贡献。

### 区市两级政府将加快邮政行业发展纳入政府工作报告

2月，宁夏回族自治区和银川等5地市两会先后召开，各地政府工作报告均将加快邮政行业发展纳入2015年重点工作，为宁夏邮政行业加快发展提供了保障。

### 召开快递产业与电子商务协同发展座谈会

3月，宁夏回族自治区邮政管理局联合自治区商务厅召开快递产业与电子商务协同发展座谈会，就推动全区快递产业支撑服务电商相关问题进行交流研讨。会上，宁夏局介绍了全区快递业发展现状和快递产业与电子商务协同发展中遇到的突出问题以及下一步工作建议。与会代表就快递下乡、支持快递行业发展优惠政策、促进全区快递业与电子商务协同发展等议题进行了讨论。自治区商务厅表示将积极推动“快递下乡”和“快递西进”工程，统筹考虑将邮政行业发展纳入自治区“一路一带”工程和“千村电商”工程中，同时计划将相关快递企业端口接入自治区各电子商务平台，并给予快件相应政策。宁夏邮政公司、EMS、自治区快递协会等单位参加了座谈会。

### 全面启动基层服务型党组织星级创建活动

3月18日，宁夏回族自治区邮政管理局制定印发《宁夏邮政管理系统基层服务型党组织建设星级管理实施方案》，全面启动全系统星级基层服务型党组织创建活动。

### 宁夏局与石嘴山市政府合力推进“快递下乡”

3月31日，宁夏自治区邮政管理局带领顺丰速运宁夏有限公司一行赴石嘴山市政府，与石嘴山市政府副市长潘明生及平罗县主要负责人就进一步深化交流合作，加大对快递业支持力度，促进“快递下乡”等工作进行了深度沟通对接，并达成了一致意向。

### 宁夏银川电商快递物流产业园二期项目开工

4月20日，宁夏银川电商快递物流产业园二期项目奠基开工。宁夏顺丰、京东、苏宁、申通已经入驻，产业园区建成运营之后，有望吸引大量快递企业宁夏总部入驻，总业务量预计占全区市场份额的85%以上，将成为宁夏快递企业聚集区。宁夏银川电商快递物流产业园地处银川市区与贺兰县交界，为鼓励引导快递企业进一步做大做强，贺兰县委、县政府专门印发了《贺兰县关于推进电子商务发展的若干意见（试行）》，给予在县区注册缴税的企业“为电商发售本土产品每年达10万单以上的，按每单交易业务0.5元的标准进行运费补贴；为电商开展快递服务的，每年按实际发出的单数100万单以上享受每单0.1元的标准进行物流运费补贴”的补贴政策。

### 召开全区邮政行业人才培养座谈会

5月19日，宁夏回族自治区邮政管理局组织召开全区邮政业人才培养暨校企合作座谈会。宁夏回族自治区邮政管理局领导及各处室负责人，自治区教育厅、宁夏大学、银川大学、宁夏工商职业技术学院、宁夏交通技师学院等单位及院校相关负责人，宁夏邮政公司和重点快递企业负责人30余人参加座谈。参会人员就建立邮政行业校企合作、扎实推进高校培养快递企业急需人才、设置快递专业等内容进行了广泛深入的座谈，并达成初步意向和共识。

### 宁夏6月起全区实行实名寄递

6月1日，根据宁夏自治区综治办、邮政管理局等九单位联合印发的《关于加强寄递行业安全管理工作的实施意见》，宁夏自治区全面实行实名寄递制度，这标志着宁夏成为全国首个全面实行实名寄递的省份。

### 白雪山副主席充分肯定宁夏邮政行业工作

6月9日，宁夏自治区政府副主席白雪山专题听取了自治区邮政管理局、自治区邮政公司关于宁夏邮政业整体发展情况及需要协调解决的主要困难和问题的汇报。听取汇报后，白雪山充分肯定了宁夏局、宁夏邮政公司在促进地方经济社会发展等方面的工作和取得的成效。针对宁夏局提出的当前邮政行业发展面临的17个方面的问题和困难，白雪山当即批示，由自治区政府办公厅负责近期召集专题会议，协调解决当前邮政行业发展中存在的问题和困难，并同意适时召开全区加快邮政行业发展工作会议，研究制定促进邮政业发展的相关实施意见。他希望宁夏局、宁夏邮政公司要再接再励，继续巩固保持邮政行业当前良好发展态势，切实抓好邮政业转型升级和提质增效，强化行业安全生产，全面提升普遍服务工作水平，更好地满足人民群众的用邮需求，为“四个宁夏”建设作出新的贡献。

### 融入“一带一路”邮政行业获利好

7月27日，中共宁夏回族自治区十一届委员会第六次全体会议通过《关于融入“一带一路”加快开放宁夏建设的意见》，明确提出要挖掘潜力，补齐短板，创新业态，大力培育现代物流等服务业。意见指出将“支持国内外大型航空公司、快递物流企业来宁设立分公司或运营基地，加快建设宁夏国际航空物流园，大力发展通航产业等临空经济”；强调“建设中阿国际航空邮包和快件分拨转运中心，建成邮件快件集散枢纽”。邮政行业发展获利好政策。

### 自治区党委充分肯定寄递安全工作

8月，宁夏自治区深化平安建设工作电视电话会议召开。宁夏自治区党委副书记、综治委主任崔波作重要讲话。他指出，宁夏自治区邮政管理局切实加强寄递安全管理，结合行业实际在平安建设方面先行先试、大胆创新，是注重基层综合治理、加强综治基础工作的充分体现。自治区党委常委、政法委书记李文章在《2015年全区平安建设督查通报》中，对自治区综治办、邮政管理局等9部门联动加强全区寄递安全管理，采取全面施行实名寄递制度等7项有利举措，安排专项资金补贴寄递企业配置安检设备等做法给予充分肯定，认为上述部门很好地发挥了牵头部门作用，平安建设工作推进成效良好。同时，在深入开展公共安全管理方面，李文章对各地严格贯彻落实寄递行业安全管理工作，6月1日起全面推行实名寄递给予了高度评价。

### 出台促进电子商务发展意见

10月8日，宁夏人民政府印发《关于促进电子商务发展加快培育经济新动力的实施意见》，明确宁夏回族自治区邮政管理局等多部门“加大就业创业扶持力度、逐步完善物流配送、推动电子商务进入农村、建设农村电子商务综合示范县、推进跨境电子商务发展”等25项工作，要求按照“资源整合、体系健全、功能完善、服务规范”的原则，大力推进电子商务与快递物流等产业联动发展。快递业发展获利好。

### 李文章书记充分肯定宁夏寄递行业安全工作

10月21日，宁夏自治区党委常委、政法委书记李文章专题听取自治区邮政管理局关于宁夏邮政行业整体发展、安全管理及旺季服务保障工作情况的汇报。李文章对宁夏局寄递安全管理工作情况及旺季服务保障准备工作给予充分肯定。针对宁夏局提出的困难和难题，李文章表示，将积极协调有关部门加以解决。同时,他希望宁夏局要继续保持邮政行业当前良好的发展势头,加大与执法部门的联合检查力度,全力抓好旺季服务保障和行业安全监管,为促进全区经济社会发展和政治稳定作新贡献。

### 举办青年职业技能竞赛快递业务员项目决赛

10月21日,由宁夏回族自治区团委、自治区人力资源和社会保障厅、宁夏回族自治区邮政管理局联合主办的第四届宁夏青年职业技能竞赛快递业务员项目决赛在银川结束。经过紧张而激烈的角逐,竞赛产生个人一、二、三等奖各一名,优秀奖3名,5个企业获得团体奖项,其中,有1名选手获得“全区技术能手”的荣誉称号。

### 中央综治办专项督导组赴宁检查督导

10月,中央综治办专项行动督导组赴宁夏,对全区寄递行业集中开展危爆物品寄递物流清理整顿和矛盾纠纷排查化解专项行动、做好当前社会稳定工作等有关情况进行专项督导。

### 召开快递业务旺季服务保障工作新闻媒体通报会

11月9日,宁夏自治区邮政管理局召开2015年宁夏快递业务旺季服务保障工作新闻媒体通报会。中央人民广播电台宁夏记者站、新华社宁夏分社、宁夏电视台、宁夏日报、银川新闻网、新消息报、银川晚报、银川日报等区、市两级多家新闻媒体单位相关负责人参加会议。通报会旨在为“双11”等宁夏邮政行业旺季服务保障工作创造一个良好的新闻舆情环境,呼吁广大消费者冷静消费、错位消费、依法消费和依法维护自身合法权益。宁夏局还同与会新闻媒体进行了互动交流。

### 李文章书记肯定宁夏局三个100%安全制度落实工作

12月2日,宁夏回族自治区党委常委、政法委书记李文章就宁夏回族自治区邮政管理局上报的关于开展实名收寄、开箱验视、过机安检工作情况的报告作出批示,指出“今年以来自治区邮政管理局,认真贯彻中央和自治区会议精神,狠抓落实,积极推行寄递实名制,推行‘三个100%’,这项工作走在了全国前列,确保了寄递行业的安全稳定,对自治区邮政管理局的工作自治区是充分肯定的。希望全区邮政管理系统再接再厉,落实好中央综治委‘10·22’电视电话会议精神,为全面建设开放富裕和谐美丽宁夏做出新的更大贡献。”

### 崔波副书记调研吴忠市快递企业安全生产

12月9日,宁夏回族自治区党委副书记崔波、自治区党委常委、政法委书记李文章等领导,深入吴忠市中通快递公司调研,全面了解邮政行业发展情况及安全生产工作。调研中,崔波对宁夏率先在全国落实“三个100%”安全制度给予了高度评价,对吴忠市寄递行业安全监管工作给予了充分肯定。崔波强调,寄递行业安全事关重大、不可小觑,要认真吸取山东“毒快递”、广西柳州爆炸案等事故的教训,切实抓好行业安全管理;当前快递业迎来发展的“黄金时期”,快递业在迅猛发展的同时,也遇到一系列影响和制约产业健康可持续发展的问题,邮政管理部门要进一步落实安全监管责任,更好地履行安全监管职责,保障公共安全和行业安全,规范快递市场秩序;寄递企业要认真贯彻中央和自治区会议精神,夯实行业安全基础,不断提升服务水平,积极落实“三个100%”安全制度,确保行业安全健康发展。

# 新疆维吾尔自治区快递发展大事记

## 自治区发展改革委召开新疆邮政跨境电商业务发展座谈

2月2日，新疆维吾尔自治区发展改革委牵头召开新疆邮政跨境电子商务业务发展座谈会。自治区发展改革委和新疆邮政管理局对全区邮政行业积极参与跨境电子商务发展提出四点共识：一是科学制定邮政业“十三五”规划，并加强与自治区“十三五”总体规划以及“十三五”综合交通运输体系规划的衔接工作。二是进一步加快全区空白乡镇邮政局所补建工作步伐，确保按照国家发改委、国家邮政局制定的在2015年6月底全面完成补建工作目标。三是站在更高的格局上、从战略的高度审视和谋划邮政业在自治区新形势、新机遇、新挑战下的发展定位、发展思路和发展战略。四是邮政企业要敢于担当、勇于创新，为新疆跨境电子商务的发展贡献智慧和力量。围绕战略管理、企业文化、制度建设、人才培养、市场开拓等方面进一步加强管理，努力提升企业管理水平，增强企业发展跨境电子商务中的后劲和潜力。

## 部署向“最美快递员”艾克帕尔·伊敏同志学习活动

2月10日，新疆邮政管理局部署在全区邮政行业开展向“最美快递员”艾克帕尔·伊敏同志学习活动，并提出四个方面具体要求：一要认真学习先进，发挥好榜样示范带头作用；二要突出学习宣传，营造学先进、赶先进的浓厚氛围；三要注重结合实际，将活动转化为推动工作的强大动力；四要加强组织领导，将学习活动不断引向深入。

## 交通运输部规划研究院赴座谈调研

为做好自治区综合交通运输“十三五”发展规划编制工作，3月18日，交通运输部规划研究院、自治区交通厅调研组一行到新疆邮政管理局开展座谈调研。新疆邮政公司、新疆邮政速递物流有限公司以及顺丰、申通、圆通、中通、韵达等快递企业相关负责人参会。

## 部署开展快递服务质量专项整治工作

4月，新疆邮政管理局印发《2015年快递服务质量专项整治工作方案》，部署开展全区快递服务质量专项整治工作。专项整治工作目的标是：对违反《快递市场管理办法》、《快递服务》国家标准等严重损害用户合法权益的行为，尤其是针对野蛮分拣、露天作业、快件丢失损毁、格式合同霸王条款和末端投递服务不规范等消费者反响强烈、社会高度关注的问题，全面加强治理，有效降低邮政业消费者申诉率，稳步提高快递消费者满意度，促进行业健康发展，力争2015年有效申诉率和投递服务、延误、丢失、收寄等问题申诉率较2014年均同比下降，快递服务总体满意度较2014年进一步提升。

## 举行艾克帕尔·伊敏同志先进事迹报告会

五一国际劳动节前夕，根据国家邮政局的安排部署，新疆邮政管理局、新疆邮政公司、新疆邮政速递物流有限公司以电视电话会议的形式，举行艾克帕尔·伊敏同志先进事迹报告会，在全区邮政行业进一步掀起学习活动高潮，营造学先进、赶先进、争先进的良好氛围。

## 组织召开铁路快递服务座谈会

5月，新疆邮政管理局组织召开铁路快递服务座谈会。新疆局副局长安长来指出，随着跨境寄递业务的发展，新疆作为丝绸之路经济带核心区，要着力于打通面向中亚甚至欧洲的跨境寄递通道，为跨境电商的发展提供服务支撑。他希望包括中铁快运在内的各企业要切实发挥各自优势，加强网络间的合作共赢，积极协作开发普通铁路、高铁等铁路快递运输，促进快递运输多样化。同时，积极研究利用铁路开展跨境寄递业务问题，推进快递“向外”发展。会上，中铁快运乌鲁木齐分公司就铁路运能、运输线路、价格等作了详细介绍，各企业围绕铁路运输合作、跨境寄递等进行了座谈讨论。

### 交邮合作开启新篇章

6月16日，新疆交通运输厅、新疆邮政管理局与中国邮政集团公司新疆分公司签署战略合作框架协议。根据协议，新疆交通运输厅、新疆邮政管理局和中国邮政集团公司新疆分公司建立战略合作关系。按照“诚信合作、资源共享、政策支持、长期发展”的原则，充分发挥交通运输业和邮政业在促进我区现代物流业发展中的重要作用，在行业规划、交通运输、人才培养、农村物流、车辆通行、跨境业务等方面广泛开展业务合作，实现平台共建、资源共享、互利互惠，更好地服务我区经济社会民生。新疆“交邮融合”发展，翻开了崭新地一页。

### 建立寄递渠道安全监管联合工作机制

8月10日，自治区综治办、经信委、交通运输厅、邮政管理局、网信办、公安厅、国家安全厅、商务厅、工商局、质监局、新闻出版广电局（版权局）、安监局、出入境检验检疫局及乌鲁木齐海关、民航新疆管理局、乌鲁木齐铁路局等十六厅局联合印发《关于加强物流及寄递行业安全管理工作的意见》，自治区寄递渠道安全监管联合工作机制正式建立。意见细化了十六部门职责分工，就建立特殊物品寄递安全管理制度、落实寄递托运实名制、完善收寄验视制度、落实安检制度和措施、落实寄递托运警示制度等十九个方面的工作任务要求和时间节点作了详细规定。

### 国家邮政局行业媒体采访团赴疆采访艾克帕尔·伊敏

8月25日至27日，国家邮政局机关党委常务副书记张星朝带领中国邮政集团公司、EMS总部党群部门负责人和《中国邮政快递报》、《中国邮政报》记者，组成国家邮政局行业媒体采访团，对艾克帕尔·伊敏同志先进事迹进行采访。

### 开展抗战胜利70周年纪念活动寄递渠道安全保障联合检查

8月28日，新疆邮政管理局与自治区公安厅、自治区国家安全厅组成联合检查组，对乌鲁木齐地区寄递企业抗战胜利70周年纪念活动寄递渠道安全保障的部署和落实情况进行检查，对存在的问题予以及时纠正。

### 举行第十一届“振兴杯”（快递业务员）新疆赛区比赛

10月18日至20日，第十一届“振兴杯”全国青年职业技能大赛（快递业务员）新疆赛区在乌鲁木齐市精彩举行。全区18家快递企业的51名选手参加了竞赛。经过三天的激烈角逐，中国邮政速递物流股份有限公司新疆分公司选手陈珍、中国邮政速递物流股份有限公司新疆分公司选手杨乐乐、新疆江南申通物流有限公司选手马瑞分别夺得了竞赛的前3名，他们代表新疆参加第十一届“振兴杯”全国青年职业技能大赛（快递业务员）决赛的角逐。此次竞赛成绩第1名～3名选手将被授予“新疆杰出青年岗位能手”称号，第4名～10名将被授予“新疆青年岗位能手”称号；竞赛成绩第1名～6名的选手将直接晋升技师职业资格，成绩合格的其他参赛选手将获得高级工职业资格证书。

# 第五章　中国快递“十二五”发展综述

“十二五”时期，是我国快递业高速发展的重要阶段。五年间，在政策环境、市场竞争、消费方式等多种因素的共同驱动下，快递业务量从“十一五”末期的23.4亿件，提升至“十二五”末的206.7亿件，增长了7.8倍。快递企业数量大幅增加，业务规模持续扩大，服务水平不断提升，在降低流通成本、支撑电子商务、服务生产生活、扩大就业渠道等方面发挥的积极作用得到了全社会的认可。中央赋予邮政业“现代服务业的关键产业、推动流通转型促进消费升级的现代产业、物流领域的先导产业”的新定位，李克强总理先后三次亲临快递企业视察指导，多次为快递行业点赞和“代言”，极大地增强了全行业发展的信心。

“十二五”时期，快递业发展政策环境得到了前所未有的优化，行业深入推进法治邮政建设，以邮政法为主干，行政法规、部门规章、地方性法规和规范性文件等为补充的行业法规体系基本形成；行业监管能力得到了前所未有的提升。邮政体制改革继续深化并实现重大突破，三级邮政管理体系建立、完善并逐步向下延伸，市、县级邮政企业更名先后完成。

“十二五”期间，快递业为中国经济的腾飞贡献了巨大的能量。中国快递持续快速发展，降低了流通成本，改变了地方经济的版图，带动了消费方式的转变。快递正变为一种基础设施，一种强大的提质增效工具。

站在“互联网+”和“大众创业、万众创新”的新风口，快递业仍将在变革中自我完善，在不断的推陈出新中促进中国经济的发展，将继续架起连通亿万消费者和制造者的桥梁，继续为中国经济的腾飞保驾护航。

## 一、行业活力全面迸发

“十二五”时期是我国全面建设小康社会的关键时期，是深化改革开放、加快转变经济发展方式的攻坚时期，也是邮政行业实现转型升级和跨越发展的重要战略机遇期。五年中，快递行业发展活力全面迸发，呈现出生机勃勃的行业图景。

### （一）快递业务量稳居世界第一

自“十二五”初期，快递业就在政策和市场的双重驱动下，进入超高速增长轨道，快递业务量和业务收入逐年增长。其中，2011年，全国快递服务企业业务量累计完成36.7亿件，同比增长57.0%，业务收入累计完成758亿元，同比增长31.9%；2012年，全国快递服务企业业务量累计完成56.9亿件，同比增长54.8%，业务收入累计完成1055.3亿元，同比增长39.2%；2013年，全国快递服务企业业务量累计完成91.9亿件，同比增长61.6%，业务收入累计完成1441.7亿元，同比增长36.6%；2014年，全国快递服务企业业务量累计完成139.6亿件，同比增长51.9%，业务收入累计完成2045.4亿元，同比增长41.9%。2015年，全国快递服务企业业务量累计完成206.7亿件，同比增长48%，业务收入累计完成2769.6亿元，同比增长35.4%（图2-1、图2-2）。

五年间，快递业务量同比平均增速超过50%，快递业务量和业务收入分别增长7.8倍和3.8倍，行业收入占GDP的比重从0.3%提高到0.6%，新增就业岗位100万个以上。目前，快递从业人员已经超过200万，他们在收派、分拣、客服等不同岗位上，为广大快递用户提供着方便、快捷的服务。

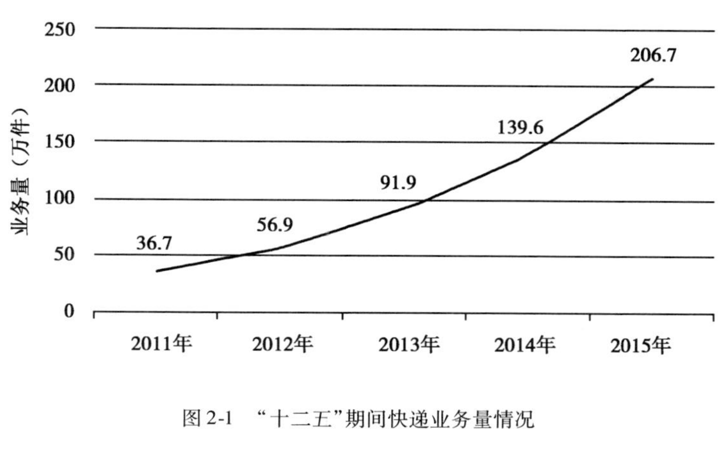

250
200
150
100
50
0
业务量（万件）
206.7
139.6
91.9
56.9
36.7
2011年
2012年
2013年
2014年
2015年

图 2-1 “十二五”期间快递业务量情况

3000
2500
2000
1500
1000
500
0
业务收入（万元）
2769.6
2045.4
1441.7
1055.3
758
2011年
2012年
2013年
2014年
2015年

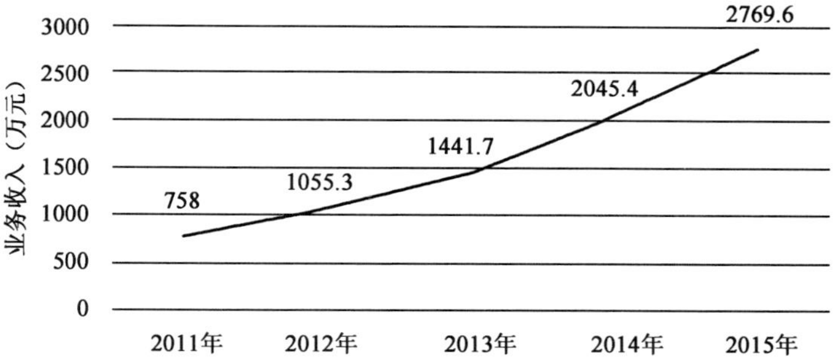

图 2-2 “十二五”期间快递业务收入情况

“十二五”期间，中国网络零售交易额规模跃居全球第一，网络购物用户达到 3.61 亿人，网络零售交易额规模达到 27898 亿元，同比增长 2.5 倍，中国超过美国成为全球最大的网络零售市场，中国快递业支撑起 3 万亿的网购交易额。

同时，高速发展的快递业加速了中国城市化进程。在快递与电子商务协同发展中，只要有快递网络的地方，当地特色产品可以向全国辐射，成为拉动地区经济发展的重要推动力量。快递市场的蓬勃发展已经成为推动中国城市化进程的一个重要因素。

（二）基础设施建设日趋完善

“十二五”期间，我国基础设施水平全面跃升。交通、水利、能源、信息等基础设施建设步伐加快。高效、便捷的铁路网、公路网、航空运输网、城际铁路网、航道网逐步形成。

在此基础上，快递运输方式日趋多样化，快递信息基础日益完善。在铁路运输方面，为适应我国快递业发展的需要，提高铁路服务质量，降低社会物流成本，中国铁路总公司于 2014 年 07 月 31 日在北京、上海、广州和深圳间开行了 3 对 6 列最高时速 160 公里的电商班列，每天运送小件货物 50 万件，运达时效较电商班列开行前提高 20%，班列准点率在 98% 以上。随后顺丰速运、京东快递等电商专列也相继开通。继公路、航路运输后，其准时、安全、稳定的特性正在给快递业注入新鲜、强大的活力。我国快递企业的运输方式正在不断创新和优化，大交通体系和多式联运的格局也正逐步形成。

电商班列的出现，开拓了铁路货运电商服务的新市场，促进了公铁联运的发展，并且有效降低了快递能耗水平和社会物流总成本。2015 年 6 月，渝新欧国际班列开通四年后首次运输跨境电商货物回程，也是跨境电商第一次采用铁路运输方式从国外运回商品，而跨境电商也将通过该线路将货物运往重庆，发向全国。首趟电商快递班列开通。快递“大交通”格局初现。2014 年 7 月 1 日凌晨，国内首趟电商班列申通快递沪深线开通，之后，在航空方面，成立于 1996 年的中国邮政航空公司，在“十二五”期间实现了快速发展，航空机队规模不断扩大。截至“十二五”末期，邮航自有飞机数量达到 26 架，航线达到 40 余条 2015 年 04 月 14 日，邮航开通了中国济南—韩国仁川货运航线，结束了以往使用民用航空客机附舱运输邮件、快件的历史，成为中国货运航空发展历程中的重要篇章。

“十二五”期间，顺丰航空也迎来了高速发展，截至 2015 年 12 月，顺丰自有航空飞机数量已经达到 28 架，形成了以北京、杭州、深圳为核心枢纽，辐射全国的航线网络。“十二五”期间，顺丰航空完成了股权重组，2011 年 8 月，顺丰速运有限公司向顺丰航空增资 4 亿元，实现对其 85% 的股权，这是国内民营快递公司首次控股航空公司，在中国货运航空发展历程中再次实现零的突破。2015 年，顺丰参与了位于湖北的国际物流核心枢纽项目的建设和运营。未来，该核心枢纽将被纳入国家长江经济带规划，在改善中小企业物流现状、助力工业转型升级、对外输出中国品牌形象等方面意义重大。

继中国邮政航空公司和顺丰航空有限公司之后，2014 年 8 月，圆通速递取得中国民用航空局《关于筹建杭州圆通货运航空有限公司的批复》（民航函〔2014〕921 号）。2015 年 10 月，圆通航空正式开航运营。截至“十二五”末期，圆通自有飞机数量为 3 架，在国内开通三条定期货运航线。三家航空公司的快速发展为中国快递航空搭建了更完善的网络，自有货机数量从 2011 年 7 月的 21 架增至 2015 年 12 月的 56 架。

在信息技术方面，快递企业拥有天然的海量用户基础和终端渠道入口，互联网技术的发展为快递行业带来新的机遇。“十二五”期间，快递企业拥有计算机数量不断提高，从 2013 年统计的 29.2 万台到 2014 年的 35.7 万台，计算机数量增长率达到 22.1%；快递员手持终端数量也在不断攀升，从 2013 年的 44.4 万台到 2014 年的 57.1 万台，增长率达到 28.7%。快递信息管理系统日趋完善，呼叫中心系统、GIS 辅助分拣系统和 GPS 定位系统均在“十二五”期间实现了突破。快递企业充分利用移动互联、物联网、大数据、云计算等信息技术，优化服务网络布局，提升运营管理效率，拓展系统发展空间，推动服务模式变革，加快向综合性快递物流运营商转型。

在物流园区建设方面，国内开始涌现大批物流产业园区。数据显示，截至 2015 年 7 月，全国包括运营、在建和规划的各类物流园区共计 1210 家，相比“十二五”初期的 754 家，增长了 37.7%。目前，全国八大经济区均有物流园区。其中，北部沿海经济区（北京、天津、河北、山东）物流园区数量最多，为 216 家，然后依次是长江中游经济区（湖北、湖南、江西、安徽）211 家、黄河中游经济区（陕西、山西、河南、内蒙古）175 家、东部沿海经济区（上海、江苏、浙江）156 家、南部沿海经济区（福建、广东、海南）135 家、西南经济区（云南、贵州、四川、重庆、广西）132 家、东北经济区（辽宁、吉林、黑龙江）111 家、西北经济区（甘肃、青海、宁夏、西藏、新疆）74 家。作为物流基础设施的集聚载体，物流园区不仅具有仓储、运输、配送等业务功能，还在提供流通加工、金融物流业务等方面促进了现代快递物流业的发展。（参考了中国物流学会的调查）

### （三）行业服务能力明显提高

“十二五”期间，快递业服务能力不断提高。2010－2014 年，中国快递发展指数年均增速达到 29.6%。中国快递发展指数是基于中国快递发展的基本特征、规律，对一定时期内中国快递发展程度的量化评价，以 2010 年为基期，基期指数设定为 100。中国快递发展指数指标体系包括发展规模、服务质量、发展普及和发展趋势四个方面，共 11 个指标，数据来源为国家邮政局和国家统计局。据统计，2010 － 2014 年发展规模指数年均增速

50.3%,是同期国内生产总值增速的6倍以上;我国快递在业务量高位增长的情况下服务质量相对稳定,在88上下波动;发展普及指数年均增速为19.7%,尤其是近两年的网络普及明显加快;行业发展趋势指数增速在经历2年快速提升后趋于平稳。上述四个指数从宏观上展现了"十二五"期间我国快递业的高速发展,行业服务能力正在稳步提升。同时,快递基础设施、快递产品体系以及快递服务满意度的不断完善和提升也彰显了中国快递服务能力的明显提升。

第一,快递服务营业网点和服务车辆数量逐年递增。2011年,快递服务营业网点7.5万个,快递服务汽车9.6万辆;2012年,快递服务营业网点8.9万处,比上年末增长18.3%,快递服务汽车12.1万辆,比上年末增长26.1%;2013年,快递服务营业网点11.8万处,比上年末增长32.4%,快递服务汽车15.7万辆,比上年末增长30.4%,国内快递专用货机达到54架。2014年,快递服务营业网点13.2万处,比上年末增长12.1%,快递服务汽车17.8万辆,比上年末增长13.2%,全行业拥有国内快递专用货机67架,比上年末增加13架;2015年,有关统计显示快递服务营业网点达到14.5万处,重点快递企业乡镇网点覆盖率达70%,网络覆盖广度和深度大幅提升。"十二五"期间,快递服务网络布局的持续优化,为消费者提供了高效便捷优质的服务,满足经济社会发展的需求。建成了一批快件分拨中心和快递物流园区,行业信息化、智能化水平明显提升,监管手段、监管能力不断提高,平安邮政稳步增强,人民群众的满意度有效提升,据统计,我国人均快件的使用量已经从2010年的人均1.7件,增长到2014年的10.7件。人均快件费用从2010年的42.9元增长到目前的149.5元。日均服务能力从2010年的1260万人次,增长到目前每天要服务7649万人次。

第二,快递产品体系日益丰富。"十二五"时期,随着"互联网+"兴起,我国快递业呈现高速发展态势,涌现出若干具备一定实力的骨干企业,形成了直营、加盟、"电商+快递"等特色经营模式,快递产品体系逐步丰富。到"十二五"末期,不少骨干企业都推出了针对不同客户的时效产品,从当日达、次日达到两日达等,寄递服务产品不断满足着消费者的需求,中国快递业正在为不同地区、不同需求的消费者提供了更加多样化的产品。与此同时,快递产品体系也在宏观层面上不断丰富。2014年,快递业务板块实现了由"1+1"向"1+3"拓展,在标准快递和国内电商快递础上,服务先进制造业快递和跨境电商快递均有所发展。快递企业积极调整产品结构,丰富产品类型,严格服务标准,多层次、多样化和个性化的产品体系日益完善。

第三,快递服务满意度逐年提升。"十二五"初期,快递服务总体满意度得分为68.9分。当时的快递服务满意度较"十一五"末期有所提升,但增速放缓,快递服务还不能满足公众不断增长的需求,服务水平的健康度较低。在服务环节中,受理和揽收满意度较高,投递和售后服务满意度偏低,快递服务"重前不重后"的现象未得到有效改善。同时,快递服务水平存在较大地区差异性,东北地区满意度高,西南地区相对较差,存在不均衡问题。

伴随"十二五"期间快递业的大发展,快递服务满意度开始逐年提高。2012年,快递服务总体满意度为71.7分,2013年为72.7分,2014年为73.6分,2015年74分。公众对快递服务在受理环节、揽收环节、投递环节和售后环节的满意度有所提升。快递服务新兴投递方式满意度呈现高涨态势,自提点和智能快件箱自提的满意度分别为80.8分和82.2分,与2014年相比大幅提升。东、中、西部快递服务亦呈现出逐步均衡态势。同时,2015年快递行业口碑继续提升,行业积极评价占主体,正面口碑传播较广,快递服务前后端差异进一步缩小,行业整体均衡性向好。

第四,末端投递方式不断创新。"十二五"期间，快递末端配送日益高效。各地“快递下乡”过程中，企业间因地制宜、因事制宜，有针对性尝试“快快合作”“邮快合作”，整合网点、运输、投递、宣传信息等行业资源，搭建综合服务平台，并利用平台的规模和影响力搭载商务活动。截至2015年，全国农村地区直接通邮率达到94%，全国乡镇快递服务营业网点覆盖率提升至70%，江苏、上海、天津实现100%全覆盖。2015年乡镇快件量收投超过50亿件，带动农副产品进城和工业品下乡超过3000亿元，江西铜鼓、广西百色、重庆石柱、贵州铜仁、陕西洛川和甘肃成县等多地通过“快递下乡”帮助老少边穷地区走出了一条脱贫致富的新路。快递业末端投递方式不断创新，快递“最后一公里”派送已形成由智能快递箱、校园派送站、商超合作代收店、社区O2O门店、第三方代收平台等多种模式组成的小生态圈。截至2015年年末，全国主要城市安装智能快件箱逾6万组，“最后一公里”投递压力因此有所缓解。各地快递服务平台整合、连锁复制、结盟联合方式不断涌现，有力地促进了快递末端服务的创新与发展。

（四）企业竞争实力逐步提升

“十二五”期间，中国快递业发展迅猛，骨干企业作用日益明显。其中，中国邮政始终保持较快的发展势头，收入稳步增长。2011年，中国邮政首次入列世界500强榜单，以280.9亿美元收入跻身世界500强的第343位；2012年，排名升至第258位，收入为400.2亿美元；2013年，以509.3亿美元收入排名第196位；2014年，收入为589.6亿美元，排名上升至第168位。2015年，，以656.9亿美元收入再次刷新排名，位列第143位。同时，顺丰、四通一达等民营企业也得到长足发展。截至“十二五”末期，有7家企业年营业收入超过200亿元，9家企业年营业收入超过100亿元。快递企业集群现象越来越明显，而随着互联网+的不断深入、信息技术的大范围应用，现代管理制度的逐步建立以及企业国际化步伐的明显加快，中国快递企业的竞争实力还将进一步提升。

## 二、要素资源有效汇集

（一）发展环境显著优化

“十二五”的五年里，中国快递业的发展环境日益优化，规划、政策、法规以及标准体系均逐步完善，在解决快递基础设施、车辆通行、末端投递以及人才建设等方面，来自政策层面的助推力都为快递业发展提供了沃土。

**第一，规划引领快递业发展。**2011年，《邮政业发展“十二五”规划》出台，这是邮政体制改革以来第一个覆盖完整周期的行业发展规划。《规划》注重与国家“十二五”规划纲要和专项规划的有机对接，“邮政服务做到乡乡设所、村村通邮”等内容被纳入国家“十二五”规划纲要。邮政业相关重点内容在《社区服务体系建设规划（2011－2015）》《“十二五”综合交通运输体系规划》《“十二五”国家政务信息化工程建设规划》《服务业发展“十二五”规划》《电子商务“十二五”规划》等12部国家及部门重点专项规划中得以体现。同时，行业内的4个专项规划、31个省级邮政行业规划以及海峡西岸经济区快递服务发展规划等区域性规划也相继出台，并与地方规划实现有效衔接。一个层次清晰、统筹协调、功能衔接、符合业情的邮政规划体系就此形成。

“十二五”时期是我国全面建设小康社会的关键时期，是深化改革开放、加快转变经济发展方式的攻坚时期，也是邮政行业实现转型升级和跨越发展的重要战略机遇期。为更好地促进快递服务发展，满足经济社会发展和人民生活需要，国家邮政局按照《邮政业发展“十二五”规划》的总体要求，结合我国快递服务发展实际，制定《快递服务“十二五”规划》（以下简称《快递规划》）。《快递规划》从2010年12月启动编制到2012年12月20日正式发布，历时约两年时间，共开展了2次全国范围较大规模的调研，召开了3次规划领导小组会议和10余次相关工作组会议，向全国各层面征求意见3次。《快递规划》不仅是我国邮政业

“十二五”规划体系的重要组成部分，也是我国快递领域第一个五年规划。《快递规划》科学谋划了“十二五”时期我国快递服务发展的思路和举措。

自2013年启动行业“十三五”规划编制后，国家邮政局提前开展规划前期重大问题研究，进一步明确了“1+3+31+332”的行业规划体系。注重加强与物流业发展中长期规划和促进物流业发展三年行动计划的衔接，使规划中涉及邮政系统和邮政业的61项任务得到落实。2015年10月，“加快完善邮政基础设施网络”等内容，又被纳入《中共中央关于制定国民经济和社会发展第十三个五年规划的建议》。

**第二，法规护航快递业发展。**“十二五”时期，国家邮政局始终坚持法治邮政建设不动摇，先后两次修正邮政法，制定、修订9项部门规章，并出台邮政地方性法规、地方政府规章35部。2012年，邮政法修正工作完成了完整的修法程序，实现了“当年立项、当年审议、当年通过”，解决了省级以下邮政管理机构的法律地位和执法依据问题。同时，国家邮政局建立中央多个部门参与的工作协调机制，为积极推动落实邮政法创造了良好环境；《快递条例》务实推进，已进入征求意见环节。目前，以邮政法为主干，行政法规、部门规章、地方性法规和规范性文件等为补充的行业法规体系基本形成。

为强化执法监督，新《邮政行政处罚程序规定》和《邮政行政执法证件管理规定》相继推出，国家邮政局先后举办了三次全国邮政行政执法资格统一考试，向3000多名考试合格人员颁发了邮政行政执法证。为提升全系统依法行政能力，加快法治政府建设步伐，国家邮政局印发了《国家邮政局关于全面加强法治邮政建设的意见》，提出法治邮政的奋斗目标。

**第三，政策促进快递业发展。**“十二五”时期，促进快递业发展的多种政策相继出台。国家邮政局推动国家“十二五”规划将邮政服务定位为“国家基本公共服务范畴的重点项目”，推动国家出台产业扶持政策。2011年，修订后的国家《产业结构调整指导目录》第一次单设“邮政业”类别，第一次在邮政业下增设快递内容，第一次将邮政全行业纳入鼓励类项目，增强了促进邮政业发展的政策导向，这也标志着邮政业正式纳入国家鼓励发展的产业政策体系。积极贯彻十八届三中全会关于推进服务业领域有序开放、以开放促改革的精神，研究提出进一步开放国内快递市场的原则和配套措施，并获国务院常务会议审议通过。推动出台了符合行业业情的营改增政策。同年，《快递行业特许经营（加盟）合同（示范文本）》发布，该合同示范文本依据《中华人民共和国合同法》、《中华人民共和国商标法》、《商业特许经营管理条例》、《快递市场管理办法》、《快递业务经营许可管理办法》以及快递服务邮政行业标准制定，自2011年5月1日起施行，该文本有利于规范快递企业的加盟行为。2011年5月24日，《关于快递企业兼并重组的指导意见》获审议通过，该意见提出以“市场化、产业化、现代化”为方向，鼓励指导快递企业通过兼并重组建立健全现代企业制度，积极争取支持快递企业兼并重组的财税、土地等优惠政策，促使5年内培育出一批年收入超百亿、具有较强国际竞争力的大型快递企业。通过兼并重组，到2015年前国内快递产业集中度明显提高。

2012年，第十一届全国人民代表大会常务委员会第二十九次会议决定对《中华人民共和国邮政法》进行修订，2015年，第十二届全国人民代表大会常务委员会第十四次会议决定，对《中华人民共和国邮政法》进行再次修订，两次邮政法的修订，为邮政行业可续发展提供了法律保障，极大的促进了快递业的健康发展。2012年2月27日，国家邮政局与商务部联合下发《关于促进快递服务与网络零售协同发展的指导意见》（下称《指导意见》），提出七条政策措施：优化协同发展政策环境；推动双方信息共享、标准对接；推动信用体系建设；鼓励快递企业构建与网络零售配套的服务体系；积极探索创新服务模式；深化安全领域合作；提升快递服务网络零售科技应用水平。5 月 28 日，EMS、顺丰、申通、圆通、韵达、中通、宅急送、百世、海航天天等九家全国性快递企业与浙江淘宝商城网络有限公司签订战略合作框架协议。九家企业还将根据各自运营特点及优势，针对淘宝会员的快递服务需求，以“速度”、“时效”、“承诺保障”等内容为服务核心，开发对应的新型电子商务增值服务，提供晚间配送、退换货预约服务、快捷货到付款、自提服务、在线预约快递等服务。该意见的提出极大的促进了快递业与上游电子商务的融合发展。

2013 年 12 月 4 日，邮政服务业被纳入营业税改征增值税试点。“营改增”是深化财税体制改革的“重头戏”，是落实十八届三中全会有关税制改革要求的重要内容。从 2014 年 1 月 1 日起，邮政服务业被纳入“营改增”试点，这不仅会减轻行业总体税负，促进流通行业发展，还将推动全国范围所涉及行业企业特别是小微企业的税收负担进一步降低，使这一重大改革红利持续显现。

2015 年 5 月，国家邮政局、商务部联合发布了《关于推进“快递向西向下”服务拓展工程的指导意见》，要求进一步健全城乡快递服务网络，加强快递在中西部、农村地区与电子商务的协同发展，促进农村流通现代化。同年 10 月，《国务院关于促进快递业发展的若干意见》出台，这是邮政体制改革以来国务院出台的第一部全面指导快递业发展的纲领性文件，明确了行业转型升级提质增效的战略目标、重点措施和政策保障，为快递业转型升级提供了强有力的政策保障。《意见》提出坚持市场主导、安全为基、创新驱动、协同发展的原则，以解决制约快递业发展的突出问题为导向，以“互联网 + ”快递为发展方向，培育壮大市场主体，融入并衔接综合交通体系，扩展服务网络惠及范围，保障寄递渠道安全，促进行业转型升级和提质增效，不断满足人民群众日益增长的寄递需求，更好服务于国民经济和社会发展。在这份意见中，快递业被称为“现代服务业的重要组成部分，是推动流通方式转型、促进消费升级的现代化先导性产业。”在此基础上，力推快递业发展，进一步搞活流通、拉动内需，服务大众创业、万众创新，培育现代服务业新增长点，更好发挥快递业对稳增长、促改革、调结构、惠民生的作用。

放眼整个“十二五”，包括促进与制造业等关联产业协同、企业兼并重组、邮政创新发展、快递末端投递、快递车辆通行、寄递安全管理、行业职业教育等在内的一系列重大产业政策相继出台。

**第四，标准体系规范快递业发展。**“十二五”期间，行业科技标准工作大步前行，先后有《快递服务》等 22 项国家和行业标准发布，邮政业法规及标准体系更加健全。

2011 年，《快递运单》国家标准正式出台，促进了快递服务的规范化。国家邮政局协调住房和城乡建设部发布实施《住宅信报箱工程技术规范》，出台《住宅设计规范》并将设计信报箱设置列为强制性要求，从源头上解决了新建楼房信报箱的设置问题。2012 年，国家邮政局推动构建科技标准体系，出台了《邮政业标准化管理办法》，组织完成《快递服务与电子商务信息交换标准化指南》行业标准的制定，为有序开展科技工作提供依据。2013 年，组织完成了《快递代收货款服务规范》《快件信息跟踪查询规范》和《智能快件箱》标准制定工作，其中，《智能快件箱》规定了智能快件箱的总体功能、系统结构、硬件要求、控制体系、造作流程、系统接口、代码、安全要求和环境要求等内容。对于规范快递最后一公里意义重大。2014 年，组织完成了《邮政业标准体系》的编制，“邮政业标准体系”是《邮政业“十二五”发展规划》中提出的将着力建立健全的标准化“三大体系”之一。已完成的邮政业标准体系编制工作，全面系统地体现了行业的特点、展示了行业的特色，既尊重现实，又面向未来，对系统规划邮政业标准体系总体框架和发展蓝图，支撑邮政业转型升级意义深远。同时，《快递专用电动三轮车技术要求》《快递温室气体排放测量方法》等标准制定完成。2015 年，聚焦生产与信息安全、末端服务设施与服务规范、电子运单与车辆定位等重点工作加大标准制定力度，首部强制性行业标准《邮政业安全生产设备配置规范》出台，共计完成15项行业标准的制定。同时，围绕“绿色邮政”建设要求，在行业内首次开展节能减排新技术新工艺新材料研究，提出促进环保科技在邮政业推广应用的指导意见，引导寄递企业采用科技手段节能减排，减少环境污染。

(二)改革力度逐步加强

“十二五”时期，邮政业体制机制改革取得重大进展。

**第一，坚持简政放权，不断释放新活力。**各级邮政管理部门认真贯彻落实国务院关于简政放权、放管结合、优化服务等工作部署，用政府权力的“减法”换取市场活力的“乘法”：努力推进简政放权，放管结合，优化服务，取消和下放了一批邮政审批项目，审批流程持续优化；建立快递业务经营许可“绿色通道”制度，优化许可备案流程，实行形式审查与实地核查相结合，许可变更及备案平均用时显著缩短，企业申请材料总体减少50%以上，许可准入审批时限由45个工作日压缩至25个工作日以内。截至“十二五”末期，全国共发放快递业务经营许可1306件，比2014年同期增长164%；核准许可变更企业1741家，比2014年同期增长48%；核准变更事项8291项，比2014年同期增长65%。

**第二，稳妥有序地推进市场化改革。**2014年9月24日，国务院总理李克强主持召开国务院常务会议，部署完善固定资产加速折旧政策、促进企业技术改造、支持中小企业创业创新，决定进一步开放国内快递市场、推动内外资公平有序竞争。扩大全方位主动开放，打造内外资企业一视同仁、公平竞争的营商环境，是我国长期坚持的重大政策取向。截至“十二五”末期，我国国际快递业务已基本对外资开放，联合包裹和联邦快递等外资公司已在全国77个城市开展业务。依据我国加入世界贸易组织时的承诺，进一步放开国内市场，让国内外快递企业同台竞争，有利于倒逼国内企业改善经营管理、提升服务水平，使广大消费者有更多选择。2015年10月，国家发展改革委、国家邮政局联合发布《关于放开部分邮政业务资费有关问题的通知》，《通知》要求，将国内特快专递资费、明信片寄递资费、印刷品寄递资费和单件重量10公斤以下计泡包裹(每立方分米重量小于167克的包裹)等竞争性包裹寄递资费，由政府定价改为实行市场调节价。邮政企业在制定或调整实行市场调节价的邮政业务资费项目和资费标准时，应当提前30天向社会公示。邮政企业要严格落实明码标价规定，在经营场所显著位置或以方便用户查询的方式公布资费项目和资费标准，接受社会监督。同时，行业“营改增”试点顺利，“十二五”时期，快递业新旧税制整体上实现了平稳转换，做到了“应纳尽纳、应改尽改”。

**第三，交邮合作不断深化。**“十二五”以来，各地纷纷推动邮政与交通运输建立合作关系，在发展客货运输的同时，推动邮政和快递的服务网点、处理中心等设施的同步配套，促进综合交通运输设施的集约利用，鼓励邮政、快递企业与运输企业实现资源与优势互补。

交邮合作不断深化，综合运输效能逐步显现。利用客运班车代运邮件快件、城乡客站处理快件，屡见不鲜。铁路客货运线路加载邮件、快件车厢，开行邮件、快件专列，成为趋势。去年，电商快递专列正式开通，覆盖全国65个城市，日均运输能力达2000吨。邮件和快件的航空运力供给也不断增强，仅2014年，各地就新增货机专用航线40余条、合作航线200余条，快递专用货机增至68架。

**第四，三级邮政管理体系全面确立。**“十二五”时期，邮政体制改革持续推进，三级邮政管理体系全面确立，2013年，国家—省—市(地)三级统计工作管理体系正式运行，三级统计工作体系衔接顺畅、运转高效，统计调查顺利开展，数据质量稳步提高，行业管理基础得到夯实，信息服务质量不断提升，为宏观决策发挥了重要的支撑保障作用。此后，该体系不断优化，三级统计范围由按年调整改为按季调整，纳入统计范围的机构达到2.6万家，统计数据细分到县一级；全国298个市（地）邮政企业全部完成更名挂牌，357个市（地）邮政管理机构建立，义乌、顺德和常熟等县级邮政管理机构相继成立，县级邮政管理机构组建取得突破，三级邮政管理体系全面确立，邮政管理工作向下延伸。安全管理工作取得进展。为保障行业安全发展，2015年10月，国家邮政局与中央综治办等九部门联合出台《关于加强邮件、快件寄递安全管理工作的若干意见》，建立了邮政业安全监管多部门联动机制；组建邮政业安全中心，邮政业安全监管体系逐步得以完善。市县级邮政企业全面更名为分公司，中国邮政集团“母子”改“总分”的经营管理体制改革不断推进。

（三）区域力量支撑明显

**第一，京津冀一体化促进快递物流基础设施发展。**自李克强总理在2014年3月5日作政府工作报告时指出，加强环渤海及京津冀地区经济协作时起，实现京津冀协同发展就成为一个重大的国家战略。截至“十二五”末期，京津冀一体化对于三地的物流快递基础产生了有利影响。“以北京为中心，50到70公里半径范围内将形成1小时交通圈。”这是京津冀交通一体化的发展目标，其核心是打造"轨道上的京津冀"。未来，国家干线铁路、城际铁路、市郊铁路、城市地铁，将构成京津冀之间的四层轨道交通网络。在京津冀协同发展顶层设计落地后，作为一大突破口，交通领域的一体化规划《京津冀协同发展交通一体化规划（2014－2020年）》也已于2015年11月26日正式获批。为推进京津冀交通一体化，河北省谋划了“二环八通四连八港八枢纽”为主骨架的综合交通运输网络布局，完善“东出西联”、“疏内通外”的省际、区际乃至国际运输大通道。三地协同发展不断升级，快递物流基础设施不断完善，大大利于行业快速发展。

**第二，快递业在长三角地区获重点扶持。**“十二五”期间，长三角作为中国经济转型的先行区域，不少城市将快递业确定为重点扶持发展的产业。2013年12月，杭州被国家邮政局授予全国首个“中国快递示范城市”称号。2014年，浙江杭州利用阿里巴巴等电商企业高速发展的机会，专门出台政策，在解决快递车辆进城难、通行难、用地难、注册难等方面着力推进。截至“十二五”末期，长三角已成为全国电商经济的领跑区域，全国有42.8%的网络包裹都产生于江浙沪地区，由于电商的带动，苏浙沪目前已成为中国整个物流最便捷的区域。长三角地区的营商环境、资本容量、民企活力等方面具有独特优势，加之又承担了上海“两个中心”建设、上海自贸试验区建设、国际贸易综合改革试点、苏南现代化建设示范区等多个国家战略，对快递业的扩张和升级创造诸多利好。

**第三，区域经济一体化为行业发展提供支持。**“十二五”时期，程度不断加深的区域合作，给快递物流行业的迅速发展提供了有利条件。诞生于“十一五”末期的《珠江三角洲地区快递服务发展规划（2010－2014）》和《长江三角洲地区快递服务发展规划（2009－2013）》均在“十二五”时期取得成效，快递服务收入超过预期，快递服务准时率和满意率均大大提升。2014年，广东省政府颁布了《推进珠江三角洲地区物流一体化行动计划（2014－2020年）》，以19项措施为珠三角地区乃至全省物流一体化制定了全面规划。《物流一体化行动计划》推进物流网络一体化，加快物流基础设施一体化、推进城乡物流一体化、培育建设一批省级物流园区以及统一设置省外物流节点等。

（四）“快递下乡”等工程取得重大突破

2014年，“快递向下”、“快递西进”工程正式启动，国家邮政局认真贯彻落实中央城镇化会议精神，鼓励企业加快农村和中西部网络布局和基础设施建设，提高网络覆盖率和稳定性。启动“快递下乡”工程，尽快让广大农民享受网购服务；推进“快递西进”工程，改善区域均衡度；适应经济全球化新形势，推进“引进来”和“走出去”更好地结合，积极有序地提高开放水平，积极支持重点企业开拓海外市场。

2015 年 6 月，国家邮政局、商务部联合发布《关于推进“快递向西向下”服务拓展工程的指导意见》，提出进一步完善中西部和农村地区快递服务网络，基本形成覆盖城乡、配套衔接、布局合理、便民惠民的快递骨干网和末端投递网，增强快递与农民网商的协同效应，到 2020 年基本实现“乡乡有网点，村村通快递”。重点采取四方面推进措施：一是完善快递基础设施，引导快递企业合理规划中西部快递节点布局，促进快递与航空、铁路、公路基础设施的顺畅衔接；鼓励快递企业加强中西部、农村地区自营网点建设，实现市、县基本覆盖。二是鼓励快递企业间在业务量较小的乡镇和村合作建立服务网点开展快递服务。鼓励快递企业与符合条件的农村公路客运站加强合作，通过农村客运班车搭载快件。三是鼓励快递企业积极服务农产品进城，探索与涉农电子商务企业等农产品网络销售渠道的有效对接。引导快递企业为特色农产品提供包装、仓储、运输的标准化、定制化服务，发展农产品冷链物流。四是引导快递企业完善中西部、农村地区网点建设标准和服务标准，加强服务监督，确保快递服务质量和寄递渠道安全。

2015 年 10 月，《国务院关于促进快递业发展的若干意见》也提出实施快递“向下、向西、向外”工程，构建完善服务网络；实施快递“上车、上船、上飞机”工程，衔接综合交通体系。“三向”工程顺应了当下快递市场发展方向。伴随着全国城镇化的加速、西部地区经济和海外贸易的发展，快递和电商开始大力推进渠道和网络的下沉，打造农村和城市的双向流通，开拓海外市场。“三上”工程是为物流快递在实物传送过程中有效衔接、提高效率提供了方向。依托日益完善的快递物流网络，快递“走出去”步伐加快。

“十二五”期间，“三向”工程均取得成效。快递下乡工程探索出三条实现路径：一是利用邮政既有网络和设施，“快递 + 乡邮”联合；二是成立第三方快递公司替所有快递企业送件下乡；三是几家快递公司出资成立派件公司，降低运营成本。截至“十二五”末期，“快递下乡”与“快递向西”工程设施顺利，农村与中西部地区快递业务发展迅猛。快递服务全国乡镇平均覆盖率大幅度提升，已经接近 50%，全年农村地区包裹数量达到 20 亿个，带动工业品销售下乡 1600 亿元。快递企业在助力广大农民利用网络打开市场、盘活渠道、增加收入等方面开始发挥更大的作用。快递向外工程也取得重大进展。在国际市场上，跨境快递业务量也创新高，借助“海淘”业务东风，“国家队”积极拓展业务范围和规模，民营企业也在保税区内和海外建仓布点，快递企业不断加快走出去步伐，顺丰携手立陶宛邮政、荷兰邮政全面打开欧洲市场；中国邮政和亚马逊全面启动战略合作；圆通开通韩国的包机直邮业务；韵达快递涉足中美海淘及转运市场；申通开通专线覆盖日本全境。

（五）地方支持力度不断加大

“十二五”时期，地方支持力度不断加大，快递业甚至成为不少地区的经济发展助推器。许多地区管局积极贯彻国家政策，结合地方规划编制和重点工程项目实施，推动出台支持行业发展的配套政策，破解发展瓶颈，优化发展环境。在宏观层面，截至“十二五”末期，广东、北京、上海等 29 个省（区、市）80 多位主要领导对快递健康发展做出批示，支持快递业进一步发展。上海、天津、浙江等 22 个省（区、市）出台了多项涉及促进快递发展的相关文件，内容涉及快递向西向下、快递物流园区建设、快递与关联产业协同发展等政策利好。

在促进快递最后一公里发展方面，各地政府大力推广智能快件箱的建设与应用。截至“十二五”末期，已有 40 个城市出台了政策助力快件箱企业发展，有 31 个城市的相关部门帮助快件箱企业与物业等机构进行协调，17 个城市提供了相应的资金补贴或税收优惠以减轻快件箱企业资金负担。

（六）社会资本加速进入快递领域

“十二五”期间，社会资本加速进入快递领域。2013年2月，全峰快递引入力鼎资本、彭康投资、凤凰资本2亿元投资，并在同年11月引入景林资本不超过2亿元的投资；2013年5月，红杉资本通过购买老股形式入股中通，收购中通股权不超过10%；同年8月，元禾控股、招商局集团、中信资本和古玉资本等四家机构与顺丰速运有限公司签署了融资协议，投资方总体投资不超过顺丰25%的股份。2014年5月，全峰快递获得马云旗下云峰基金注资；同年10月，宅急送与复兴集团、招商证券、海通证券、弘泰资本以及中新建招商股权投资基金达成战略合作意向，投资10亿元，向五大股东开放30%的股权。2015年1月，全峰快递引入海通证券2亿元投资；同年6月，红杉资本、华平投资、高瓴资本和渣打银行等向中通进行投资；同年9月，阿里创投联合云锋新创战略投资圆通速递25亿元，取得圆通速递20%的股权。

“十二五”初期，快递企业融资难一度影响了快递业发展，由于现在快递公司多为人工分拣，分拣场地由租赁方式取得，固定资产少，因此银行放贷难，当时很多快递公司的发展因此受阻。而随着“十二五”期间快递业体制机制的不断变革，业务量的不断提升，快递融资难题完全化解，甚至在快递业形成了资本竞相追逐的局面。2015年10月，《国务院关于促进快递业发展的若干意见》中指出，支持快递企业兼并重组、上市融资，以“互联网+”快递为发展方向，培育壮大市场主体。该《意见》的指引再一次明确了快递业上市融资的路径。

## 三、科技创新激发活力

（一）科技成果加速转换

“十二五”时期，快递业的高速发展背后不仅有改革的助推力，还有科技成果对行业发展的推动。电子运单推广使用、快递员手持终端“巴枪”日益便捷化、快递信息系统进一步升级换代、电子监控体系搭建完成以及GPS车辆定位、自动分拣等技术的在快递也中的研发和使用都极大的促进了快递业的转型升级。

电子面单于2012年首次应用在国内快递行业。电子面单服务在行业内也被称为热敏纸快递标签、经济型面单、二维码面单等。随着网购的普及和电子商务的快速发展，快递配送业务越来越多。在快递配送业务流程中，快件面单信息填写和打印是一个非常重要的环节。传统的多联复写式面单一般由手写或针式打印机完成，存在着耗时长、辨识难、不易保存及耗材成本高等问题。电子面单打印机则具有制单效率高、发货效率高、出错率低、噪音低以及成本低等多种优势。电子运单对于推动行业科技进步和资源节约，提升企业运行效率和经营效益有重要价值。

“十二五”时期，快递业手持终端不断注入科技含量，从一款体积大、重量大的“巴枪”演变为“指环王”。2013年，浩创信息科技有限公司开发了一款可穿戴无线数据采集设备，与传统手持巴枪相比，这款名为“指环王”的条码扫描器做到了极致小巧且低功耗，可连续工作18小时，支持即插即用和蓝牙连接，可连接至PC机、平板计算机、智能手机、工控设备、POS机等，并且支持广泛无线互联和高度开放的应用需求。同时，“指环王”不仅支持条码扫描，还支持激光一维码和二维码扫描，未来还可以直接测量获取货物的长宽高等数据。快递业秩序佩戴小型的指环王就可以完成产品的扫描，在作业环节上真正做到了“解放双手、省人省力”。而随着快递实名制的落实，快递业手持终端也开始通过科技力量主推该制度的实施。2015年11月1日，全国全面实行收寄快递实名制，浙江嘉善县则作为试点创新推出信息化改革，即通过对传统“巴枪”进行技术改造，实现信息化录入，同时扫描二代证信息实时上传到服务器，不留存个人信息，保护寄件人隐私。这样，既实现信息数据的电子化实时录入,进行系统管理,又在登记效率方面得到极大提高。科技因素不仅为快递企业发展提供助推力,也有助于快递业相关政策的推进与落实。

在快递信息系统方面,传统物流信息化系统受限于信息系统的产品模式和业务的经营模式,升级空间十分有限。“十二五”时期,快递企业官网、物流业务软件、辅助管理软件、PDA 等主要物流信息化系统不断升级,借助云联网和大数据,快递信息系统与上游电商和终端消费者之间形成联动机制,大幅提高物流效率,降低物流成本。

在电子监控体系搭建方面,2015 年 9 月 1 日开始施行的《邮政业安全生产设备配置规范》要求快递企业的营业场所、处理场所、与外相通的各出入口、停车与装卸区等区域应安装视频监控摄像头,保持全天候运转,图像资料保存时间不应少于 30 天。视频监控图像和数据应实现与邮政管理部门视频监控系统联网联通,有利于邮政管理部门加强对快递企业的安全规范,促进快递业健康发展。

(二)产业链条向上下游延伸

“十二五”时期,快递业从单纯的寄递服务过渡到更加丰富的产品线,涉及电子商务、仓配服务、O2O 服务以及跨境服务等。快递企业市场经济力大幅提升,快递行业整合加速,正在由耕耘单一市场向布局多元市场转型,行业整体发展水平显著提升。

“十二五”时期,部分国内大型快递企业开通了电子商务平台,顺丰速运开通自有电商平台“丰趣海淘”、圆通开通自有电商平台“一城一品”,韵达开通“优递爱”网上购物商城……在仓配服务方面,邮政、顺丰、百世等企业不断升级其仓配网络。其中,百世云仓从 1.0 时代不断升级进入 3.0 时代,截至 2015 年 10 月,百世云仓历时 5 年,为国内外 200 多家品牌企业提供仓配一体化服务,在全国 30 个重点省份城市已有超过 85 个百世云仓服务网络,服务面积超过 120 万平方米。“十二五”末期,快递业的“爆仓”现象有所缓解,主要得益于出台了三个方面的对策:一是电商、快递等企业在全国的仓储网络逐年完善;二是运用大数据的分析结果、提前在各“分仓”铺货;三是“仓配一体化”运作模式、相关设备技术的应用以及业务流程优化。

## 四、行业管理能力水平再上台阶

“十二五”时期,快递行业的快速发展离不开行业管理水平的提升。以往,管理部门是快递业的关注者和企业的关心者,而“十二五”时期,管理部门逐渐成为规则标准的制定者和行业发展的监督者。邮政管理部门不断加强制度建设,完善相关法律、法规、标准的建设。

**第一,行业评价体系基本形成。**“十二五”时期,快递业建立并逐步完善以“服务满意度、时限准时率、用户申诉率”、快递市场年度报告四维并举的‘三率一报告’的质量监控体系为主要指标的快递服务评价体系。并积极推进快递企业等级评定工作,加快培育优秀骨干企业,建立快递行业诚信管理体系。加大对企业薄弱环节的指导力度,在重点地区建立快递准时率通报机制,形成旺季服务保障长效机制。

**第二,业务高峰期实现平稳过渡。**随着行业运营能力的不断提升和行业管理能力的逐步加强,“双 11”等业务高峰期爆仓现象有所缓解,管理部门指导快递企业从容应对,安排错峰发货,均衡推进。“十二五”阶段,全行业从容应对快递业务量的爆发式增长。

**第三,安全管理制度逐步完善。**“十二五”时期,快递业圆满完成历年重点地区和重大活动寄递渠道安全保障工作。安全中心陆续在各地成立完成、各地建立寄递渠道安全保障领导小组。截至“十二五”末期,寄递企业已经完成安全管理组织机构和专业人员配备工作,建立政企沟通协调机制,落实备案制度,要加强与邮政业安全中心的工作联系与沟通。邮政管理部门、邮政业安全中心、寄递企业三方要加强政企、事企、上下、内外工作联动协同。国家邮政局要对寄递安全工作实行分类分级管理，全面落实“全覆盖，零容忍，严执法，重实效”的工作要求。同时，收寄验视、实名收寄、过机安检三项制度建立完成。

**第四，行政执法日益规范化。**“十二五”末期，中央综治办、公安部、工信部、国土资源部、交通运输部、安监总局等15部门在全国集中开展危爆物品、寄递物流清理整顿和矛盾纠纷排查化解专项行动，整治影响公共安全和社会稳定的各类风险隐患，确保社会大局持续稳定和人民群众生命财产安全。邮政行业行政执法的规范化逐步加强。

## 五、对外交流日益紧密

“十二五”时期，全行业积极开展系列重大外事活动和加强港澳台工作，在国际舞台展现中国快递业风采。围绕中心工作，树立“大外事”理念，积极推进对外交流合作。加强与重点国家邮政部门的交流与合作，成功举办了第四届“中日邮政政策对话”、第五届“中美邮政改革和快递服务”研讨会。两岸三地邮政部门的合作与交流进一步深化，主办了“第三届海峡论坛·两岸邮政发展圆桌会议”。

2015年4月23日，圆通速递联合亚、美、欧等多个国家和地区快递企业发起成立了一个覆盖全球主要市场的国际包裹服务网络—“全球包裹联盟”。联盟内成员将遵循共同的运营标准和流程、统一的IT基础设施以及结算机制。包括圆通、韩国CJ大韩通运、日本西浓等在内的13家物流企业作为意向创始成员参加了本次峰会，各方在会上共同签署了《全球包裹联盟（上海）峰会宣言》。参与成员共同制定“全球包裹联盟”的规则和合作协议，在共同的运营标准和流程、统一的IT基础设施以及结算机制下开展合作。“全球包裹联盟”的成立或将大幅提升邮件时效和降低成本，联盟成员间合作将涉及电商企业、政府及海关等多个方面数据交换。

2015年11月13日，首届中国（杭州）国际快递业大会在桐庐圆满落幕。这是全球首个快递业国际型盛会，更是10月26日国务院出台《关于促进快递业发展的若干意见》后，由国家邮政局、中国快递协会、浙江省政府召开的第一次重量级工作大会，来自全国600多家快递企业的负责人和部分知名电商负责人将在这次盛会讨论中国快递业未来五年的产业发展思路和走向。

## 六、人才建设扎实推进

“十二五”期间，围绕“深化改革、转型升级、提质增效”这条主线，邮政行业人才队伍建设稳步推进。

**第一，快递员被纳入国家职业分类大典。**2015年7月30日，国家职业分类大典修订工作委员会全体会议在京召开。会议审议并颁布了2015版《中华人民共和国职业分类大典》。历时五年的《大典》修订工作圆满结束，新版《大典》正式公布，新增快递员、快件处理员、快递工程技术人员三个职业，快递员作为新职业纳入《大典》，这标志着其职业身份在“国家确定职业分类”上首次得以确立。这次《职业分类大典》的重新修订，让邮政业职业分类体系重新确立，今后为邮政业开展信息统计、人力资源开发管理、职业教育培训、推行职业资格制度等工作也奠定了基础。同时，快递员的行业规范、职业资格和培训方面有进一步的计划。

**第二，行业职业资格证书制度深入实施。**“十二五”时期，快递人才建设工作不断推进，职鉴工作实现跨越发展，快递业务员技能大赛不断丰富。2010年10月，全国邮政行业职业技能鉴定暨快递人才培养工作座谈会在江苏南京召开，会议提出了“十二五”期间将开展快递“百千万人才工程”的设想。

2011年6月，快递业务员中级职业技能鉴定培训教材通过评审。8月，人社部同意建立14个邮政行业特有工种职业技能鉴定站。至此，全国共有20个省（区、市）已建立24个邮政行业特有工种职业技能鉴定站，为开展鉴定工作提供了较有力的组织保障。

2012 年 5 月 5 日，快递业务员高级鉴定培训教材以及快递业务员职业技能鉴定培训教材基础理论知识修订部分内容通过评审。8 月，首次全国邮政行业职业技能鉴定管理人员业务培训班在国家邮政局南戴河培训中心举办。10 月，全国首次高级技能快递业务员职业技能鉴定试考在山东举行。

2013 年 2 月，人社部同意建立 9 个邮政行业特有工种职业技能鉴定站。至此，全国共有 26 个省（区、市）已建立 33 个邮政行业特有工种职业技能鉴定站，为开展鉴定工作提供了较有力的组织保障。6 月，山东省首届邮政行业职业技能竞赛在青岛举办。本次竞赛是国家邮政局系统举办的第一次大规模的区域性职业技能竞赛。

2014 年 6 月，《快递业务员安全指导手册》出版发行。

2015 年 3 月，《快递业务师职业技能鉴定考试指导手册》出版发行。5 月，快递业务员职业技能鉴定全国统考在 30 个省（区、市）同时举行，47833 人报名参考，单批次报考人数首创历史新高。11 月，由共青团中央、人力资源和社会保障部联合主办的第十一届“振兴杯”全国青年职业技能大赛快递业务员决赛在辽宁省沈阳市举行。快递业务员作为竞赛职业之一首次参加“振兴杯”大赛，也是邮政体制改革以来行业首次参加国家级一类大赛，受到各方瞩目，成为本次大赛的焦点之一。

**第三，快递“百千万人才工程”成果斐然。**于“十二五”期间启动的快递“百千万人才工程”，重点推进快递服务人才培养。通过整合社会资源，“十二五”期间，我国建设近百所快递专业人才培养基地（院校），通过多种渠道和方式，建设千人快递专业技术人才队伍。通过职业教育与在职培训鉴定，建设万名高层次技能型快递专业人才队伍。“百千万工程”在“十二五”期间圆满完成。

**第四，快递人才建设多方合作推进。**“十二五”期间，快递人才建设不断得到社会各方的重视，校企合作、校部合作深入推进。各地邮政管理局因地制宜选取合作院校搭建校企合作平台，学院办学综合能力强，双方合作共建，进一步完善“政府搭台、院校支撑、企业参与”的快递人才队伍建设机制，为快递的可持续发展提供智力支持和人才保证。

五年来，北京、吉林、山东、福建、宁夏、甘肃等地均在校企合作和校部方面取得进展，上述部门与当地院校合作开设与快递业相关的专业，把职前教育和职后培训有机结合，不断丰富和提升校企合作内涵，促进行业深度发展。同时，圆通、申通等快递企业也在积极探索快递人才的校园培养方式。2012 年 5 月，由山东淄博职业学院与上海圆通速递有限公司共同打造的“圆通速递学院”在淄博职业学院正式成立。双方共同建设的“邮政速递服务管理专业”，将迎来首批 100 名学生，该专业是全国高校首批三个快递专业之一，校企共建速递学院的做法在行业是首创。2015 年 3 月，申通快递相继在成都市技师学院及成都工业职业技术学院成立“申通班”，实现人才的订单培养。过订单班的组建，进一步开展师资互聘、共建培训平台等深层次的合作，共同提升学院的办学质量与企业的管理水平。

# 第三篇　发展环境

## 第一章　2015年快递市场监管和安全监管情况

### 第一部分　一季度市场监管和安全监管情况

2015年一季度，各级邮政管理部门认真落实全国邮政管理工作会议和全国邮政市场监管工作会议有关部署，结合本地区实际，坚持依法治邮，坚持提质增效，扎实推进市场监管工作各项工作，取得明显成效。

#### 一、不断优化行业发展环境

国家邮政局发布2014年度中国快递发展指数，收到良好反响；组织开展了智能快件箱专题调研，为第二季度出台专门管理规范打牢基础；全面启动快递服务"十三五"规划编制工作；积极推动吉林省人民政府和国家邮政局《快递下乡框架性协议》起草工作，这是首个部委（局）与省级人民政府协同为快递下乡量身定做的专门政策，对于快递下乡工程向纵深开展有着重要的示范意义；坚持并深化快递与电子商务的协同发展，大力推进快递与电子商务协同试点工程。

**（一）继续争取行业利好政策。**吉林局联合省发改委、国土厅、住建厅、交通运输厅、商务厅等共十二个部门出台了《吉林省物流园区发展规划》，明确将快递服务纳入基本物流功能，为快递企业争取了优先发展空间。广东局与商务、经信、海关、检验检疫等部门对接完成了《关于推动跨境快递发展的框架合作协议》的定稿工作。揭阳局配合市政府开展潮汕首届电商年货大会活动；普宁物流园区建设为快递企业服务电商发展提供了作业场地保障。茂名市政府成立专门小组牵头推进快递物流园区建设工作，组织市国土、规划等部门协调解决园区面临的建设用地、规划等问题。清远市局加强与市发改局工作对接，获发改局同意，拟在清远市物流园区内规划快递园区，并提供基础设施和优惠政策。海南省将邮政业纳入《海南省现代服务业产业指导目录（鼓励类）》，同时明确将"城市快件分拣中心、转运中心、集散中心、处理枢纽等快递处理设施建设，快件运输与交通运输网络融合技术开发"等项目纳入其中，要求各市县、部门要对符合《目录》的企业给予政策支持和倾斜。江西南昌市政府印发《南昌市促进快递业健康发展若干意见》，从发展目标、组织领导、专项资金和立法规划以及具体发展举措等方面提出促进南昌市快递业进一步健康发展的十六条意见。九江局印发《九江市快递市场健康快速发展意见》，加大对快递企业的政策扶持力度。广西南宁市获批成为国家跨境贸易电子商务服务试点，南宁局制订跨境电子商务快递企业配套监管措施和管理办法，从许可申请、审批、服务质量、安全管理等方面加以规范，更好地促进跨境快递企业发展。

**（二）加快推进快递下乡工程。**吉林局联合省农委印发了

《国家邮政局吉林省人民政府关于加快推进吉林省快递下乡合作协议》、《吉林省人民政府关于支持农村快递下乡的政策意见》的征求意见函开始征求意见，将农村快递人员培训工作纳入“新型职业农民培育”工程，对有意向从事快递行业的农村劳动者开展免费培训，每期培训七天，包括理论知识和实践操作。黑龙江局制定《关于推进快递下乡工程的实施方案》，以“发挥企业主体作用、明确政府角色定位，严格企业管理规范、推动行业有序发展，加强企业互惠合作、整合特色优势资源”为原则，采取五项具体措施部署推动全省快递下乡工程。江西局持续推进快递下乡惠民利民工程，进一步加强与省委、省政府及有关部门的沟通协调，着力引导快递企业加强农村网点建设。江西省委、省政府下发《关于加大改革创新力度加快农业现代化建设的实施意见》的一号文件，专门就农村快递发展做出部署，明确提出“开展电子商务进农村综合示范，支持农村物流快递配送点建设”。截至3月底，江西省快递企业已在788个乡镇设点1314处，从业人员2100余人，乡镇快递覆盖率已达55%，较上年同期提高28%。全年农村收投快件量已突破2000万件，较上年同期实现翻番。广东省政府将快递下乡工程列为重点工作，广东局印发《关于推进“快递下乡”工作的指导意见》，明确了2015年底前乡镇快递网点2600个、乡镇网点覆盖率达到80%的工作目标。梅州局快递下乡工作在增加农民收入、提高快递企业营利、优化农村消费格局等方面取得积极成效，得到国家局马局长充分肯定。清远局积极与当地政府协调沟通，将对快递企业下乡派送的快件给予2元/件的补贴，积极宣传推广快递与地方特色农产品、风俗文化等方面结合的成功经验，帮助企业增加赢利点；连山县政府同意为快递企业下乡提供专项资金补贴，并在各主要乡镇免费提供快件分拣、包装所需要的操作场地。

**（三）积极推进快递和电子商务协同发展。**江西局与省委农工部协商将快递下乡工程融入《关于加快我省农村电子商务发展的意见》中，把“将省邮政管理部门纳入了农村电子商务发展工作领导小组、将快递纳入农村电商物流基础设施建设内容、将快递与农电商协同发展纳入电子商务交易技术体系建设内容、将快递纳入农村公共服务平台建设内容、支持快递物流用地建设、支持快递企业融资问题、鼓励农村青年从事快递业、将快递服务纳入农村电子商务知识普及”八个方面写入意见。甘肃局与省商务厅联合制定了《甘肃省电子商务与快递协同发展兰州市试点的实施方案》，明确在2015年6月底前在兰州市重点社区、院校及商业集聚区建设电子商务与快递协同发展示范点，由商务部门和快递企业共同筹资对示范点进行装修改造，并对设施配套投入及人员培训等方面进行资金补助。广西南宁局动员快递与电商融合并申报建设市级财政资金支持计划项目，获当地财政资金支持。福建局指导福州局与福州市商贸局、财政局完成电子商务与物流快递协同发展试点方案及资金管理，现已获得福州市政府批准并报省级部门。

**（四）加强营业场所标准化建设。**黑龙江局制定下发了《黑龙江省快递“营业场所标准化、分拨中心规范化、作业流程制度化”建设方案（试行）》。江苏扬州局召开全市快递门店规范化建设推进大会，播放快递门店规范化建设专题片，对2014年度快递门店规范化建设先进单位暨达标、示范快递门店进行表彰。河南各市局根据《关于进一步推进快递营业场所标准化分拨中心规范化作业流程制度化建设工作的通知》要求，加大“三化”建设工作力度，截至2014年底全省共建成标准化营业场所1255处，形象营业网点160处，规范化分拨中心97处。

**（五）协调快递车辆通行问题。**黑龙江局联合省交警总队、省道路运输管理局为全省13个市（地）51 家快递企业累计发放快递车辆通行证 425 张。广东肇庆局协调交警、交通部门在快递车辆便捷通行专用证明加盖部门公章，提高证件公信力。深圳局推进制定《深圳市快递车辆备案办法》，快递车辆信息管理系统网络平台正式上线，顺丰速递有限公司首批 30 台快递车辆领取了《深圳市快递车辆专用证明》。

**（六）着力解决最后一公里问题**。黑龙江局出台《黑龙江省规范快递末端服务站备案工作的指导意见》，甘肃局印发《甘肃省快递服务末端投递网点备案实施意见》，对快递服务末端投递网点备案工作进行了规范。江苏局印发《江苏省智能快件箱运营管理办法（试行）》，规范全省智能快件箱的管理，提升快递末端投递服务水平。江西上饶局争取市政府的支持，将智能快递箱项目纳入该市"信息惠民国家试点城市"建设配套。新余局完成了江西工程学院快递服务中心建设工作，推动解决校园快递"最后一公里"难题。广东东莞市局配合市规划局开展城市共同配送试点工作调研，并对市内快递集聚区进行了摸底，掌握了行业基础数据。梅州局发放《农村快递服务网点备案证明》15 份，阳江局新发 2 家农村快递网点备案证明，进一步规范农村快递网点。

## 二、切实履行邮政行业安全监管职责

2015 年 2 月 5 日，国家局、中央综治办等九部门联合召开《关于加强邮件、快件寄递安全管理工作的若干意见》宣贯部署全国电视电话会议。制定出台《邮件快件收寄验视规定》，并公开征求意见。与国家反恐办开展寄递实名制课题合作，研究系统对接工作。建立安全生产隐患排查治理体系，定期进行安全风险评估分析，出台重大安全隐患备案制度，对重大隐患治理实行挂牌督办，确保监控、整改、防范到位。

**（一）深入贯彻落实九部门 24 号文件精神**。为进一步充实安全监管力量，以 10 个已安装视频监控大屏的省份加西藏、新疆、贵州、云南、山西共 15 个省（区、市）局为重点，起草了《关于组建省级邮政业安全中心的实施方案》。江苏局积极争取地方政策支持，推动成立了江苏省邮政业安全中心，强化对寄递渠道安全管理的支撑和保障。内蒙古、辽宁、上海、江苏、安徽、福建、江西、广东、贵州、西藏、陕西 11 个省（区、市）成立寄递渠道安全管理领导小组及办公室，正式建立了相应的工作协调机制。其余 20 个省（区、市）局均已草拟成立领导小组文件并报综治办同意，目前正在部门会签中。广州、汕头、惠州、汕尾等市局也建立了联系机制，召开协调会议。天津、内蒙古、上海、浙江、江西、广东、西藏、陕西、甘肃、青海 10 个省（区、市）邮政管理、综治、公安、交通运输、国家安全、海关、工商、民航、铁路等部门结合实际联合制定了专门文件，出台了相关措施，明确了部门职责分工，提出了工作目标和时间计划表。内蒙古、辽宁、黑龙江、上海、江苏、安徽、福建、河南、湖南、广东、重庆、贵州、西藏、陕西、甘肃 15 个省（区、市）已经召开寄递渠道安全管理领导小组会议，贯彻落实加强邮件快件寄递安全管理工作等意见精神，健全完善安全监管体制机制和制度体系，推动安全管理网格化、综合治理属地化。黑龙江局和省综治办联合下发了《邮件、快件寄递安全管理考核评分内容、标准》，将寄递安全管理工作纳入全省综治考评。湖南省制定了《寄递渠道安全管理工作考评细则》，将寄递渠道安全管理工作纳入全省综治护路护线联防专项工作考评体系。上海市已将寄递渠道安全管理工作纳入本市平安建设考核体系，同时，上海市局将和市综治办联合印发《邮件、快件寄递安全管理工作属地责任考评细则》，进一步细化考核方案。国家局召开快递企业总部座谈会，明确要求各企业要结合贯彻落实九部门《意见》，按照《安全生产法》、《邮政法》有关要求，建立健全安全隐患排查治理、从业人员教育培训等制度，加强快递企业安全台账资料规范化建设，尽快制定安检、配载操作流程和相关安检责任制度，安排具有专门技术的人员从事安检工作。

**（二）开展实名寄递试点。**新疆积极争取将寄递实名制纳入地方立法计划，伊犁哈萨克自治州在《伊犁哈萨克自治州邮政管理条例》中明确规定实行实名寄递制度；云南德宏州和楚雄州分别在《德宏州公安机关物流寄递业治安管理制度》和《楚雄彝族自治州物流寄递实名管理办法》中对实名寄递制度提出明确要求；广东局与省禁毒办联合在珠海、惠州、中山等3个城市专题部署开展了寄递实名制试点。

**（三）督促企业提高安检能力。**各省按照《意见》第8条要求，督促企业加大安检机配置，采取循序渐进方式，分区域、分路径、分层次督促企业加大安检机配置，各网络型企业省际大型分拨中心年底前安检机配置到位。部分地方公安等部门主动为寄递企业配置了安检机。

**（四）紧抓安全生产不放松。**吉林局举办全省邮政行业危化品运输风险防控培训班，印发危险化学品知识普及手册，传达了国家局《关于确保春节前后行业发展态势的通知》，通报了山东潍坊捷顺通快递有限公司快件有毒化学品泄漏事件的有关情况，邀请省内危化品专家讲授危化品知识。2014年12月25日至2015年2月10日，河南局组织开展了以邮政行业安全生产为重点的大检查活动，落实河南省委、省政府《关于加强安全生产工作的意见》（豫发〔2014〕23号）文件，对全省邮政、快递企业安全制度建立执行、收寄验视制度落实、寄递信息安全管理、化学品规范收寄、安全教育培训、安全设施、现场管理、应急管理等8个方面进行重点检查，检查邮政、快递企业网点595个，出检1507人次，下发整改通知书53份，行政处罚4起。贵州局印制《邮路禁限寄物品宣传手册》9000份，发给各市州局及企业加强安全宣传。江苏盐城局联合公安、安监部门下发《寄递物品须守法 公共安全靠大家——致全市化学品生产销售科研单位的一封信》，重点加强对源头化学品生产企业、销售网点以及科研单位的警示教育。镇江局与海关缉私分局签署《共同预防、打击寄递渠道涉嫌走私等违法犯罪活动》工作备忘录，在预防和打击走私犯罪、寄递渠道维护国家安全、进出境物品监管等方面建立协调配合机制。广西桂林局开展安全生产检查"回头看"活动，对重点企业上年度整改落实情况进行复查，及时更新安全信息台账。柳州局利用便携式痕量爆炸物毒品探测仪，对主要快递企业收寄的快件进行抽查，提高安全执法监管水平。

**（五）联合有关部门共同做好寄递渠道禁毒、反恐、扫黄打非、打击侵权假冒等专项工作。**1月5日，北京局联合市公安局、市国家安全局组织开展邮政行业寄递安全专项执法检查，检查、督促、指导全市快递企业安全生产。黑龙江局下发《关于加强打击非法寄递血样出境行为的通知》文件，确保寄递血样出境行为打击防控工作取得成效。湖北局调查处理宜都全峰涉毒事件，责令宜昌局迅速上报宜都全峰涉毒案件情况报告材料和行政处罚案卷电子档；向国家局报送《关于湖北宜昌全峰快递分公司违规寄递毒品事件的报告》；依法责令宜昌全峰快递有限公司（含1市7县19个网点）停业整顿30天；约谈了全峰快递湖北区负责人张中伟，通报了宜都全峰涉毒事件，提出了整改要求。海南局"扫黄打非"工作得到了海南省"扫黄打非"领导小组的充分肯定，市场监管处荣获全省"扫黄打非"工作先进集体称号。江苏淮安局印发《寄递运单销毁具体操作规程》，对快递企业寄递运单电子档案删除及实物运单的保管、销毁操作流程进行详细规定。河南许昌局开展"无着"快件规范检查治理工作，抽查了辖区邮政企业和5家快递企业。广西百色局被评为“2014 年全市反恐怖工作成绩突出集体”。贵港市配合查处一起通过寄递渠道运输走私烟案件，缴获走私烟2件49条。河池局配合有关部门破获一起非法持有、运输、贩卖枪支弹药案，抓获犯罪嫌疑人2名，缴获仿制式手枪3支，子弹200多发，作案汽车一辆。1月19日，甘肃平凉圆通公司对从广州发来的一快件进行派送时，收件人要求多次变更取件方式和取件地址，连续五次均未派送成功，引起了圆通公司的警觉，向平凉局汇报了该情况。平凉局经与市公安局联系，初步判断该快件可能涉嫌毒品犯罪，立即指示圆通公司全力配合公安部门侦破案件，同时做好保密工作。1月20日，平凉局和圆通公司配合公安部门一举抓获犯罪嫌疑人张某，查获冰毒可疑物12包及冰毒片剂7粒，合计净重155.42克。经审讯，张某对其从广东购得冰毒通过快递发至平凉贩卖的行为供认不讳。江苏常熟国通某承包区因合同纠纷，发生非法扣件事件。常熟局接到报告后立即联系国通公司及承包区负责人，全面了解相关情况，并联系市公安局内保大队协同配合，妥善解决事件。常州局通过网络媒体发现常州天天分拨中心快件积压、派件不及时等问题后，立即启动应急预案，第一时间要求天天快递组织人员对积压快件分拨派送，并就调查中发现的公司内部管理不善、调度不力等问题约谈了总部相关负责人。江西天天快递有限公司国贸站网点由于经营不善导致关停，造成286件快件未及时妥投，南昌局迅速启动应急响应机制，及时妥善予以处理。新余快捷公司工作人员因意外车祸，无法正常进行快递投递和收寄，导致快件积压，新余局迅速联系其他快递企业组织调配运力，进行有效疏运，看望受伤企业员工，并帮助处理善后问题。广东东莞市局处置了广东红马物流股份有限公司网络停运员工围堵及上访事件。汕尾局处置了联昊通、韵达扣件事件。

## 三、着力做好特殊时期寄递服务安全保障工作

为应对春节期间业务量马鞍形效应，国家局分别于2月4日和26日向全国各省邮政管理部门和各主要快递企业部署确保行业发展态势的有关工作，取得了积极效果。2月25日下发了《关于做好全国“两会”期间邮政、快递服务和安全工作的通知》，3月8日至11日，派出了2个检查组，分赴河北、山西、河南、陕西4省开展全国“两会”期间寄递安全专项检查。

**（一）精心组织，加强领导。**结合2014年12月31日上海市黄浦区外滩踩踏事件，黑龙江局下发《关于切实做好当前邮政行业安全工作的紧急通知》，避免重特大安全事故发生；下发《关于确保春节前后行业发展态势的通知》文件，全力保障春节前“不休网、不拒收、不积压”，为人民群众提供优质的寄递服务；下发《关于做好全国“两会”期间黑龙江省邮政、快递服务和安全工作的通知》，要求各市（地）局切实增强政治责任感和紧迫感，切实做好“两会”期间邮政服务工作，全力确保“两会”期间寄递渠道安全畅通，妥善处置“两会”期间突发事件。四川局下发《关于确保春节前后行业发展态势的通知》，要求各市（州）局合理筹划，努力保持一季度行业经济运行在合理区间，为完成全年发展目标奠定基础；指导邮政企业、快递企业合理安排生产运营，做到“不休网、不拒收、不积压”，全面排查各类安全隐患，确保春节前后邮路和快递网络正常运行。

**（二）深入一线，督导落实。**黑龙江局开展快递企业春节节后慰问活动。深入各企业分拨中心和生产现场，详细了解企业春节期间的生产安排、业务量、安全服务、收寄验视制度执行等情况，对各企业在春节期间安全服务保障工作给予了充分肯定；针对连日来全省因降雪天气导致多条高速公路封闭的情况，要求各企业继续做好节后快件的派送工作，避免出现快件滚存、

积压，做好用户解释工作，尤其是要做好暴风雪等极端天气应对工作。上海局重点做好春节前夕邮政行业的安全保障工作和化学品专项执法行动，走访了国通、德邦、汇通等快递企业，实地督导检查安全工作。河南省局、市局主要领导赴部分快递企业进行走访，慰问企业困难职工，给他们带去新年的祝福和温暖，同时要求快递企业负责人要真正关心职工特别是困难职工的工作生活，帮助职工解决遇到的各类急难问题，切实增强职工的归属感、凝聚力。开封、平顶山、新乡、驻马店等局节后上班第一天，就组织召开收心会，分组对全市范围内的分拨中心和品牌快递企业进行检查，详细了解春节期间有无快件积压、节后快件中转及收派件情况，要求企业要认真落实各项安全制度，确保寄递渠道安全畅通。全省主要品牌快递企业节后员工返岗率都在85%以上，全网正常营运，业务量逐步恢复。海南局领导亲自带队深入海口邮区中心、海南省邮政公司海口市分公司、海南顺丰、海南速韵达等相关企业进行走访慰问，了解春节期间企业运营服务和安全保障情况；通过邮政行业安全监控系统，对节后全省快递行业整体网络运营情况进行实时分析。

## 四、依法开展许可工作

第一季度，国家局共接收许可申请25件，受理企业许可申请23件，颁发快递业务经营许可证22件；其中跨省（区、市）快递业务经营许可1件，国际快递业务许可21件。共接收变更申请材料78家，涉及变更事项1113项；其中，核准快递业务经营许可证变更企业59家，核准变更事项995项。正式印发了《关于开展2015年快递业务经营许可年度报告工作的通知》，结合国家局“一建两结合”的总体思路，部署开展快递业务经营许可年度报告工作。《快递业务经营许可证延续和换发办法》报专题会审议并已上网公开征求意见。在上海召开快递业务经营许可工作座谈会，了解企业对快递经营许可简政放权、优化流程工作的意见和建议，制定了许可简政放权和优化流程工作方案。河南局制定下发了《关于优化快递业务经营许可及许可证变更流程的通知》，明确了省、市两级邮政管理部门在优化流程工作中的职责分工，针对快递业务经营许可和许可证变更的不同事项，详细规定了优化的流程内容和业务操作方法。通过优化，快递业务经营许可流程由原来的45个工作日优化为22个工作日，涉及单个省辖市许可证变更的流程由原来的45个工作日优化为20个工作日，涉及多个省辖市许可证变更的流程由原来的45个工作日优化为17个工作日。甘肃局下发《关于下放部分快递业务经营许可审批权限的通知》，将快递业务经营许可的初审和受理、快递业务经营许可事项变更的初审和受理、快递业务经营许可年度报告的审核办理等三项审批权限下放至市（州）邮政管理局。

## 五、全面加强快递服务质量监管

国家局完善改进2015年快递服务满意度调查工作，增加线上调查方式，丰富调查手段。启动快递行业诚信体系建设研究项目并开展调研。3月2日对申诉率较高且符合约谈标准的申通快递和全峰快递就快递服务质量问题进行了约谈告诫。

**（一）开展满意度调查和评价工作。**黑龙江局印发《关于2014年快递服务满意度调查结果的通告》。江苏局印发《关于组织开展2014年度快递服务放心消费创建先进、示范单位评选和推荐工作的通知》，部署开展2014年度放心消费创建考核验收工作。参与由省放心消费创建办公室、省工商局及省级有关媒体参与的放心消费创建环省行活动，江苏局代表省放心消费创建办成员单位向国家工商总局消保局汇报快递行业放心消费创建工作情况，得到了相关单位的高度肯定和赞誉。江苏局获得省放心消费创建办“2014年度全省放心消费创建信息报送工作先进单位”，徐州市快递行业被评为“江苏省放心消费创建活动先进行业”，镇江局获得市“2014 年度放心消费创建工作先进集体”，常州市共有省级放心消费创建示范单位 2 家、先进单位 4 家，市级先进单位 11 家，占到常州邮政行业企业的二分之一。

**（二）加强行业诚信建设。**福建局制定福建省快递行业诚信信息系统业务需求，初步搭建系统框架，主要包括两项：政务公开（含政策文件、办事指南、信息公告等）、企业诚信（含许可企业信息、守法情况、服务申诉、其他不诚信行为、突发事件处理等），梳理诚信系统拟实现的功能与管理后端操作方法。广东省局召开了邮政行业诚信体系建设考核工作总结会议，通报表彰了 10 个先进市局，对 2015 年继续深入推进行业诚信体系建设进行了部署安排。韶关、中山市局召开了总结会议。中山局研究诚信体系建设新思路，进一步细化明确扣分项目，建立诚信建设加分项目和“经营异常企业”预警制度。汕头局更新邮政业诚信体系建设的现场检查表和考核标准，加强考核力度。汕尾对 47 家企业展开实地考核，评定 A、B、C、D 四级企业，并公示了诚信体系考核末位名单企业。惠州局完成 8 家快递企业的诚信体系考核。江苏南通局召开 2014 年度行业信用评级综合考评部署会议，推进全市快递企业信用综合考评工作；徐州启动青年文明号创建活动，倡树“敬业、协作、创优、奉献”的青年文明号精神内涵。河南驻马店局对 2014 年“星级创评”获奖企业及“十佳快递员”进行了授牌颁奖，对 2015 年精神文明创建工作进行部署。

## 六、依法维护邮政市场秩序

**一是开展打击违法招揽加盟商经营快递业务专项检查。**国家局印发《关于严厉查处违法招揽加盟商经营快递业务的通知》，统一部署对上海麦力、深圳全信通和北京飞腾顺达三家企业违法招揽加盟商经营快递业务进行调查处理。各级邮政管理部门结合实际，制定细化行动方案，加强与地方工商、公安等部门的协作配合，依法开展调查取证，积极排查辖区内三家企业分支机构和加盟商情况；同时，对存在同样问题的其他品牌企业一并查处。专项行动期间，共查实上海麦力违法招揽加盟商 37 家、深圳全信通违法招揽加盟商 11 家、北京飞腾顺达违法招揽加盟商 3 家，并对相应主体违法行为正式立案查办。安徽滁州局通过检查和暗访发现，滁州市卓力商贸有限公司未经许可经营快递业务，该公司法定代表人张寿军为上海市麦力快递有限公司加盟商。滁州局依法对该公司进行了行政处罚并责令立即停止经营快递业务。重庆局对上海麦力快递有限公司重庆分公司和分拨中心进行了检查，未发现分拨中心现场有生产经营行为，该公司负责人亦称该公司并未在重庆市范围内开展快递业务经营活动，随后执法人员在重庆市传捷快递有限公司分拣中心例行检查时，发现该公司处理现场有 9 件贴有麦力快递详情单的快件，重庆局对上海麦力快递有限公司重庆分公司涉嫌未经许可经营快递业务的行为进行了立案查处。受国家局委托，福建局就违规招揽加盟商问题约谈福建省高铁速递有限公司，要求高铁速递限期整改。

**二是深入推进规范和清理快递企业经营范围工作。**印发《关于规范和清理快递企业经营范围第二阶段工作开展情况的通报及 2015 年工作安排》，要求各级邮政管理部门统筹推进六大品牌企业在第一、第二阶段目标以外城市、其他品牌加盟制快递企业以及外资快递企业的规范清理工作，全面提升快递服务网络质量，推动行业提质增效。继续实行月报制度，及时收集、汇总相关工作信息，加强对各省（区、市）邮政管理局的督导和通报。黑龙江局通过约谈、通报等方式，对省重点品牌网络型快递企业规范、清理工作进行再部署、再推进。黑龙江省圆通将申请材料提交省局，并由市（地）局核查完，6 大品牌快递企业已全部完成规范、清理工作。吉林各市(州)局加大市场检查力度,坚持和用好“规范+许可+执法+应急”的“组合拳”策略,实现真正的“政企互动、上下联动”,继续积极推进规范和清理工作。广东局约谈了天天快递总部,赴梅州、河源对天天快递公司许可办理进行现场指导,对企业设立分支机构未备案的违法行为指导市局进行查处。

## 七、提升邮政市场监管能力

**一是加强邮政市场监管信息化建设。**行政执法管理系统上线运行以来,国家局市场监管司及时汇总各地在使用过程中发现的问题,定期与发展研究中心和项目建设单位沟通,逐一解决,形成每周通报制度。参加国家局信息化领导小组组织的行政执法管理系统需求讨论会,重新梳理业务需求,提高系统的智能性、便捷性。将《邮政市场监管信息系统数据管理办法》修订工作纳入安全中心系统升级优化重要内容,定期通报邮政行业安全监管信息系统登录率,升级完善邮政行业安全监管信息系统,突出抓好应用问题,增加系统应急处置功能,增加省、市系统管理权限。与公安部、中央综治办和国家反恐办沟通洽谈相关事宜,探索有关信息系统的互联互通,加大资源整合力度。江苏镇江局组织开发的镇江市智慧物业快递驿站管理系统通过专家组评审。该系统具备快递驿站快件收取、投递、资费结算、信息查询等功能,对物管企业、业主与快递企业三方信息进行迅速匹配,构建了三方共享的信息平台,大大提升了快递末端投递效率。

**二是行政执法信息实现在线实时公开。**在国家局网站开设了执法信息公开专栏并正式上线,行政执法管理系统中的责令整改、约谈告诫和行政处罚信息可实时推送至该专栏。社会公众可以通过国家局网站查询相关执法信息,有利于加大对违法行为的警示和威慑力度。

**三是加强执法能力建设。**国家局组织开展《邮政市场行政执法培训精品课件》第二次试讲,不断修改完善培训课件。加大对各级邮政管理部门的业务指导,如青海汇通重大服务阻断未报告案、青海 EMS 行政诉讼案、安徽 EMS 行政复议案等。黑龙江局为有效落实各项工作目标任务,科学评价各市(地)邮政管理局邮政市场监管工作开展情况,结合本省市场监管工作实际出台了《黑龙江省邮政市场监管考核管理办法(试行)》。江苏局编制印发《邮政行政执法工作手册》,进一步规范全省邮政行政执法工作,不断提高依法行政效率。福建局对 2014 年地市局行政处罚中存在的问题进行整理并通报各市局,进一步提高市局行政执法能力。

# 第二部分 二季度市场监管和安全监管情况

2015 年第二季度,各级邮政管理部门结合本地实际,依法履行监管职责,各项工作稳步推进。

## 一、紧抓发展第一要务不动摇

国家局认真贯彻落实国务院政府工作报告和《关于大力发展电子商务加快培育经济新动力的意见》,积极向发改委、工信部等牵头部门反馈行业在基础设施建设、运输资源整合、末端能力提升等方面的需求。坚持推进“快递向西向下”工程,推动国家局、商务部联合出台《关于推进“快递向西向下”服务拓展工程的指导意见》。会同财政部、商务部与快递企业代表座谈,研讨快递向西向下发展存在的问题。拟定《国家邮政局 吉林省人民政府关于加快推进吉林省快递下乡合作协议》,以农业大省推快递下乡、服务“三农”的典型示范。深化快递与电子商务协同发展,抓好第一批试点城市方案上报和工作落实,开展试点扩围和申报推优，第二批中部及东北地区6个试点城市已经由国家局、财政部、商务部三方评定。大力推进快递与制造业联动发展，与工信部开展联合调研，在山东等5个省开展重点项目示范。发布《2014年快递市场监管报告》，从市场运行与监管职责履行两方面反映快递市场发展情况。持续优化满意度评价和时限测试调查方式，开辟国家局网站满意度评价专栏，初步建成月度网络调查与年度实地调查相结合的调查体系。起草《智能快件箱投递服务管理办法（暂行）》，正广泛征求意见。

**一是继续争取行业利好政策**。辽宁局借助沈阳桃仙机场扩建之机，协调将桃仙机场T1航站楼改造为顺丰速运公司航空快件分拨中心，使航空快件处理时限缩短1小时以上。黑龙江局推动省发改委出台《关于印发黑龙江省促进物流业发展三年行动计划（2015－2017年）和2015年黑龙江省物流业发展工作要点的通知》，为快递发展争取多重利好。《江苏省智能快件箱运营管理办法（试行）》于4月1日正式实施。广东省局推动省政府批准快递业发展专项扶持资金，2015年度扶持资金达1000万元；推动省政府出台《关于促进快递业发展的指导意见》，完成各部门意见的修订工作。江苏徐州市新沂局积极与新沂市政府沟通，出台多项政策支持该市快递业发展：一是对入驻该市快递园区的快递企业给予第一年免收租金、第二年租金减半的优惠政策；二是连续3年对当地快递企业的税收留成部分，以财政奖励形式全额返还；三是对年业务量超过100万件、200万件、500万件的快递企业分别给予10万元、20万元、50万元的财政补贴；四是允许快递专用箱式货车、面包车、电动三轮车等在城区通行。安徽合肥局出台《智能快件箱运营管理办法（试行）》。江西南昌局与市政府办公厅联合印发《南昌市促进快递业健康发展若干意见》。九江局联合市发改委出台《关于印发促进九江市快递业健康发展的实施意见》。上饶局将智能快递箱项目纳入该市信息惠民国家试点城市配套项目建设。宜春局出台《宜春市促进快递业健康发展实施意见》。广东东莞局推进顺丰“仓储＋配送”一体化模式、联昊通速递银行等示范项目。揭阳局协调辖区企业与康美、广东一库电商供应链等企业合作，探索“仓储＋配送”一体化、“嵌入式电子商务”等模式。广西河池局争取当地政府支持，将邮政业纳入《河池市贯彻落实〈左右江革命老区振兴规划〉行动计划（2015－2020年）》，助推农村和边远地区网络布局；将邮政业与电商协同发展纳入2015年该市现代物流发展工作要点。四川南充市出台《促进消费增长的十一条措施》，对在南充市域内注册的快递企业按照乡镇营业网点覆盖率、业务营收增长情况、出港快件数量等情况直接给予相应资金补贴。

**二是加快推进快递下乡工程**。山西局引导和鼓励快递企业与邮政公司合作，利用乡镇邮政局所、村邮站、邮政“三农”服务站等开展快件收投；截至上半年，全省乡镇快递网点数量有1639处，745个乡镇已有快递覆盖，覆盖率为62.3%。吉林局为推进《吉林省人民政府办公厅关于支持“快递下乡”的意见》落实，开展农村劳动者参加快递培训意向调查工作，全省上报有意向参加培训人员近400人。江苏省主要快递品牌采取多品牌联合代理的模式，于6月底在全部乡镇行政区域设置了网点，快递服务已覆盖所有的乡镇行政区域。江西省快递企业已在843个乡镇设点1579处，从业人员2300余人，乡镇快递覆盖率已达63%。河南局印发《关于进一步推进“快递下乡”实施方案拓展运营模式的指导意见》，拓展快递下乡运营模式。山东省快递网点已覆盖1186个乡镇，覆盖率达到88.84%。截至6月，广东全省共设快递乡镇网点5431家，覆盖乡镇1157个，乡镇快递网点覆盖率达86.6%。海南省委常委、常务副省长毛超峰主持会议研究海南省发展现代物流业，强调邮政管理部门要积极参与城乡配送体系建设工作，有效提升服务效率和服务质量，更好地服务城乡群众生产生活。重庆局向市交委提交《关于协同推进农村物流健康发展加快服务农业现代化的若干意见》的实施建议，进一步为农村快递发展争取政策。陕西局认真总结渭南快递下乡的成功经验和发展模式，开展专题调研，向国家局、省政府进行专题汇报。青海省首个农村快递电商综合服务平台圆通快递互助双树服务点在海东市互助土族自治县塘川镇双树村正式挂牌营业。吉林白城局协调帮助镇西中通网点成立快递超市代理七家快递品牌，协调多家快递公司搭载韵达班车降低运输成本。江苏南京局、淮安局、泰州局在村邮站建设过程中增加快递服务内容，积极推进快递下乡工作。宿迁市政府印发《加快发展“农产品互联网＋农产品营销”三年行动计划(2015－2017)》，进一步明确对快递业的相关扶持政策。无锡局促成无锡阳山镇桃园村与无锡顺丰签订协议，将“阳山”水蜜桃通过互联网销售到全国各地。同时，顺丰公司在村内设立集导购、代购、物流、配送等于一体的服务网点，指导帮助农民网购消费。苏州局与邮政公司、市交通运输局签署战略合作协议，利用苏汽客运及其下属城市配送公司开展农村小件快运、农村支线网络配送。江西九江局以星子县横塘镇为试点完成对快递企业的信息摸底调查，协调相关部门筹建横塘镇电商产业园。宜春局以袁州区和高安市为试点，引进第三方企业负责县市区所有品牌乡镇快件的统一收派；启动邮政、快递企业的快递下乡合作。广东茂名市乡镇网点达340余个，实现乡镇网点全覆盖，相关企业获市财政30万扶持资金奖励。梅州局推动快递企业与农村淘宝项目合作，与商务、财政等部门建立邮政与电子商务进农村综合示范的联动发展机制，构建农村物流配送体系。云浮局以“淘宝·特色中国·广东云浮馆”为载体，培育“公司＋合作社＋基地＋农户＋快递”模式的电商快递平台。广西梧州局争取地方党委、政府支持，对快递超市给予资金奖励。百色局鼓励田东县韵达快递公司采取“快递品牌＋当地商户”合作模式，建立快件寄递平台，服务当地果农，实现合作共赢。

**三是积极推进快递和电子商务协同发展。**辽宁局继续推进《关于推进全省电子商务快递服务健康发展的意见》落实，推荐大连、营口市为电子商务与快递物流协同发展试点城市。吉林局协调顺丰快递公司迁入兴隆保税区，为下一步和邮政公司联合发展对俄小包寄递业务做好准备；赴俄罗斯协调解决跨境寄递服务存在的问题，促进邮政、快递服务跨境电子商务发展。湖北局与省商务厅、财政厅确定荆州为2015年电子商务与物流快递协同发展试点城市。广东局与商务、经信、海关、检验检疫等部门就推动跨境快递发展建立联席工作机制和信息共享制度，印发了《广东省推进快递服务制造业和快递服务跨境电商的意见》。河南驻马店局与市快递协会联合举办了快递企业“E时代经营管理知识”培训班，辖区品牌快递企业80余人参加培训。广东中山局牵头制定市电子商务物流配送示范企业和示范基地认定标准，并获市政府8万元专项经费支持。江门EMS与江门中岸集团达成合作，建设江门市跨境电子商务快件清关中心，成为全国首个跨境电商“单一窗口”，日均处理进口快件2万件，出口清关快件15万件。贵州贵阳局承办全国电商与快递发展峰会，交流试点经验。

**四是加强营业场所标准化建设。**山西局全省备案快递网点数量1158处，达标率为62%。辽宁局按照《快递服务》国家标准和新发布的《快递营业场所设计基本要求》，引导企业实现快递营业场所规范化建设，全省1296处快递服务网点已达标540处。江西局组织50家省、市两级快递企业负责人开展《快递营业场所设计基本要求》国家标准专项培训。甘肃局继续开展星级快递企业评选活动，全省获得星级快递企业称号的快递公司达33个。江苏南京、泰州局结合“放心消费创建”活动开展标准门店“百分创建”活动。安徽淮南局出台《关于开展快递标准化门店建设的实施意见》，以“建设标准化门店”和“创建青年文明号”为抓手，推进快递服务提升。

**五是协调车辆通行问题。**甘肃局委托专业机构设计并申请注册“甘肃快递”统一标识，在全省快递车辆喷涂，便于交通管理部门识别；联合兰州局推动兰州市政府出台了《关于加强和改进城市快递运输车辆管理工作的意见》，顺利解决运输车辆进城难、通行难、停靠作业难等问题。江苏南京第一批邮政专用电动汽车正式上路行驶，部分快递企业租赁电动汽车进行快件收派。无锡局与市交通运输管理部门建立联动机制，基本解决了快递车辆通行问题。安徽合肥市快递企业已购置或改造标准化电动三轮车2000余辆。滁州局完成统一外观标识和编号牌电动三轮车500辆。宣城局加入了市交通秩序专项治理工作组，修订《宣城市快递机动、非机动车管理实施细则》，联合市交警开展“快递车辆安全文明行”活动，保障快递三轮车安全通行。亳州局联合市三轮车整治办公室出台《关于规范亳州市邮政、快递企业投递服务用三轮车管理的通知》，对快递企业三轮车实行通行证管理。广东珠海市发放了首批300台邮政快递特种摩托车上路指标。深圳局认真落实《深圳市快递车辆信息统计登记管理办法（试行）》规定，发放《深圳市快递车辆专用证明》，完成4657台快递车辆系统录入。东莞局为第一批共435辆快递运输车辆颁发《快递车辆专用证明》。江西鹰潭局联合交警、运管部门下发《关于保障快递企业运输车辆便捷通行的通知》。贵州黔东南局与州交警队联合下发《黔东南州邮政及快递业车辆城市配送交通管理办法》，解决邮件快件运输投递车辆通行、停靠、装卸等问题。

**六是推进快递园区建设。**江苏局继续积极推进快递园区建设，无锡市快递产业园区、盐城电商快递产业园、淮安电子商务现代物流园等相继建成运营，宿迁电子商务产业园、连云港快递物流园、新沂市快递产业园、扬州市邮政跨境电商产业园等正规划建设中。广东茂名促成神马快递公司投资2亿元建设160亩的快递物流园。汕头局推动“粤东快递物流园”、“谷饶快递集散中心”和“澄海快递集散中心”纳入市综合交通运输体系发展中长期规划（2012－2030年）。汕尾局推进“汕尾快递产业园”建设项目纳入市政府“十三五”规划。青海局为省内各主要快递企业争取到1000亩建设用地及各项优惠政策。

**七是加快快递业服务制造业步伐。**天津局深入快递企业调研快递服务制造业情况，传达国家邮政局开展快递服务制造业示范工程有关工作精神。吉林局深入通化紫鑫药业股份有限公司和通化万通药业股份有限公司等进行现场调研，详细了解了快递企业提供服务情况、存在问题和对快递服务制造业相关要求和意见建议。江西局拟定《江西省快递服务制造业专项工作推进方案》，推动快递业和制造型企业的跨产业融合创新。四川局组织召开快递服务制造业工作促进会，省经信委及顺丰、申通等省内重点品牌快递企业参加会议。海南局制定了《海南省推进快递服务制造业工作方案》，积极推进快递服务新兴产业、海南现代农业以及中小制造企业。

## 二、全力做好行业安全监管工作

由中综办、国家局等部门牵头，组成联合检查组赴天津、山西等12省开展督导检查。将寄递渠道管理工作纳入综治考评，制定《2015年全国综合治理寄递渠道安全管理工作考核评价实施办法》。制定《部分省（区、市）邮政业安全中心组建实施方案》，明确了目标职责和组建模式。启动浙江、广东等地实名制试点工作，宁夏自治区率先全区实行。印发实施《邮件快件收寄验视规定》。与中宣部、国家禁毒办等部门联合印发《关于加强互联网禁毒工作的意见》。在广东举办邮政行业禁毒主题宣誓倡议活动。就涉毒案件约谈全峰快递公司。

**一是深入贯彻落实九部门24号文件精神。**31个省（区、市）邮政管理机构均成立了寄递渠道安全管理领导小组，转发了九部门24号文件；357个市地级邮政管理机构共有346个成立了寄递渠道安全管理领导小组，388个省级以下邮政管理机构（含县级邮政管理机构）转发了九部门24号文件。山西省综治办将邮件、快件寄递安全管理纳入2015年平安山西建设行动计划重点项目予以推进。黑龙江省局与省综治办联合制定下发《关于印发〈邮件、快件寄递安全管理考核评分内容、标准〉的通知》。上海局联合市公安局、市国安局发布了《进一步加强本市寄递渠道安全监管工作的通告》。上海市规模以上品牌快递企业分拨中心均配置了安检机，上海局联合民航局对行业内安检员开展专题培训。江苏邮路寄递安全已纳入到省综治办《2015年度全省综治工作（平安建设）考评办法》。常州、无锡、苏州等多个地市的寄递安全工作均已被当地政府纳入“平安城市”系列创建工作。福建局制定了《关于落实验视签名制度的通知》和《关于督促快递企业与协议客户建立安全保障机制的通知》。广东局采取循序渐进方式，分区域、分路径、分层次督促企业配置安检机，广州、深圳等公安部门主动为寄递企业快件分拣中心配置了安检机。江苏常州局召集全市重点企业召开了“平安寄递推进工作会议”，制定了各重点品牌企业X光机配备计划表，明确推进时间，力争年内实现全市重点企业X光机50%覆盖，2016年年底实现100%全覆盖。江西南昌、九江、鹰潭等地综治部门已确定寄递渠道安全管理综治（平安建设）考评分值，分别为1分、2分、2分。广东局与民航中南地区管理局联合召开会议部署航空邮（快）件安全管理工作。青海局联合省综治办、省公安厅、省国家安全厅成立寄递渠道安全管理督导检查工作小组，派出4个检查组，深入各地邮政、快递企业实地检查。

**二是加强日常安全生产监管。**吉林局印发了《关于深入开展春季防火工作的通知》，部署开展全省邮政行业春季防火工作。上海局与铁路局会商联合落实寄递渠道安全工作。甘肃局现场监督甘肃省邮政EMS销毁无着邮件近1000件。福建局下发《关于做好海峡论坛期间寄递服务和安全保障工作的通知》，为海峡论坛顺利举办保驾护航。河南局转发国家局市场监管司《关于加强快递车辆安全管理工作的通知》，部署快件运输车辆安全工作。海南局认真做好博鳌亚洲论坛2015年年会期间寄递渠道安全保障，海南省省委常委、常务副省长毛超峰对邮政管理部门工作给予充分肯定：“感谢邮政系统的辛勤工作。”安徽淮北局与市公安等部门联合印发《关于在全市寄递行业实施“验视标签”制度的通知》。阜阳局召开中综办24号文件宣贯会议，印制200份海报张贴各快递营业场所。广东珠海局联合有关部门下发了《关于推行物流寄递实名制的通告》，编写了实施方案，并召开了寄递实名制启动会议。广西河池局部署开展“五一”安全专项检查和夏季安全保障工作。贵港局监督企业销毁约204万份、3吨的过期寄递详情单。贵州黔西南局对全州快递企业3吨过期面单集中销毁。

**三是联合有关部门共同做好寄递渠道禁毒、反恐、扫黄打非、打击侵权假冒等专项工作。**天津局作为市禁毒委成员单位参加全市2015年全面禁毒宣传月暨《家庭禁毒手册》发放仪式，申通、圆通、中通、韵达等快递企业深入市民家庭发放1.5万册《家庭禁毒手册》。吉林局与省禁毒办联合举办了全省邮政管理系统禁毒工作培训班；开展“邮政业禁毒征文”活动，收到各类稿件110余篇。黑龙江局印发《关于积极配合做好2015年全国缉枪治爆专项行动工作的通知》；召开全省邮政业禁毒工作会议。福建局与省禁毒总队联合印发《关于加强互联网禁毒工作的意见》。河南局于5月27日启动河南省邮政行业“禁毒宣传月”活动。广东省局承办了全国寄递行业禁毒宣誓活动；经与省禁毒办积极沟通，获批50万元禁毒经费。广西局与区卫生厅等13个部门联合下发通知，参与打击各类非法鉴定胎儿性别行为。海南局印发了《2015年禁毒工作方案》，对禁毒宣传和专项检查工作明确了具体要求。四川局与省禁毒总队、省交通运输厅联合下发《关于加强交通运输、物流寄递行业开展毒品堵源截流工作的通知》。贵州局布置“秋风2015”专项工作，继续保持对“三假”的严打高压态势，全省共检查邮政营业点305个，快递网点465个，报刊发行企业9个，邮政报刊亭106处。贵州局积极参与“6·26”禁毒宣传活动，在黔西南州开展公开查缉期间，全省首次以盲查形式在寄递渠道查获毒品。通过快递企业举报，发现2起寄递枪支案件，1起寄递毒品案件，已移送有关部门。河北沧州局与市食品药品监管局联合下发了《加强寄递渠道销售药品监管工作的通知》。广西防城港局配合公安部门破获一起利用寄递渠道非法贩卖仿真枪支案，当场抓获犯罪嫌疑人1人、缴获气枪配件19件。贺州局配合当地烟草专部门，开展非法寄递烟草专卖品执法抽查；协助公安部门破获一起利用寄递渠道贩毒案，抓获犯罪嫌疑人1人，查获疑似冰毒21.58克。海南西部局组织禁毒专题培训；联合儋州市王五镇政府开展“6·26”国际禁毒日主题宣传活动，向社会群众发放300份禁毒宣传手册和200本禁毒知识读本。

**四是做好突发事件应急处置工作。**安徽局出台《关于安徽省寄递企业安全和应急管理组织建设的指导意见》。海南局做好台风汛期的应对防范工作，加强预判预报预警，利用短信平台及时向各快递企业负责人发送预警信息，利用海南省邮政业监管信息平台加大网络巡察力度。重庆局组织开展突发危化品泄露应急处置演练，公安、消防、安检、邮政及10家主要快递企业参加观摩；印发《应急管理工作实施方案》，全面规划重庆邮政行业突发风险应急管理工作。陕西局印发《关于切实做好邮政行业汛期安全工作的紧急通知》，部署开展行业汛期安全生产。安徽马鞍山局制定了《邮件、快件寄递安全突发事件现场应急联动处理流程（试行）》。淮南、蚌埠、亳州、宿州等局组织开展了行业安全应急演练活动。湖北黄冈局开展“送安全知识上门”活动，对黄州、红安255名从业人员和乡镇代办人员进行安全知识和突发事件应对培训。广西来宾局开展应急网络服务中断实战演练，玉林、桂林局开展危险化学品事故应急演练。

**五是加强安全监管基础建设和宣传培训。**黑龙江局组织举办全省邮政行业安全监管培训班。广州局联合市公安局、市国安局一起制定了《广州市寄递企业内部安全防范工作规定》。贵州局继续与国家安全部门建立联合培训机制，对快递企业负责人培训超过500人次。广西南宁、百色、北海、崇左、防城港、贺州、来宾、梧州等局在安全生产宣传咨询日现场发放材料超4000多份，接待咨询150余次。防城港局邀请媒体、热心市民走访寄递企业，争取社会对行业的支持。贵港局组织开展“局长与经理谈心对话”活动，增强企业负责人安全生产红线意识和法治观念。南宁局邀请有关部门同志为企业负责人授课，强调寄递渠道安全保障工作中的重要性。桂林局举办培训会，向企业宣传《快递营业场所设计基本要求》、《邮政业安全生产设备配置规范》两项邮政行业新标准。玉林局举办安全生产知识培训班，结合案例，讲解行业安全管理有关法律法规。贵州黔南州局举办黔南州“邮政行业法律法规”知识竞赛和时限测试活动，六盘水局开展《快递营业场所设计基本要求》和《邮政业安全生产设备配置规范》的宣贯工作。

## 三、不折不扣落实简政放权相关要求

国家局印发《快递业务经营许可工作优化方案》，进一步优化快递业务经营许可管理工作。召开电视电话会议专门部署简政放权，要求全系统做到基本制度、审批程序、申请材料、核查标准、审批时限“五个统一”。组织培训班对有关政策进行专题解读。印发《快递业务经营许可证延续和换发办法》。1～6月全国共发放快递业务经营许可1306件，核准许可变更企业1741家，核准变更事项8219项，国家局许可准入平均办理时限为48.5个工作日，许可变更平均办理时限绿色通道企业为7.1个工作日，非绿色通道企业为24.7个工作日。到6月底，全国快递经营许可企业14240家，分支机构43764个。积极开展2014年经营许可年度报告审核工作。推进许可信息系统升级改造。核准联邦快递增设10个城市分支机构。各省（区、市）局开展许可方案优化培训。黑龙江局按照“一建两结合”的思路，制定出台了《关于开展快递法人企业、分支机构专项规范整治行动的方案》。江苏淮安局要求全市已取得快递业务经营许可的企业及其分支机构设立的末端服务网点到市邮政管理局备案。安徽宿州局制定《快递企业分支机构管理备案规定》，与工商部门建立信息通报制度，全市完成分支机构备案224个。亳州局印发《亳州市快递企业分支机构设立及备案工作实施意见》。湖北局做好许可信息数据补录工作，确保线上线下数据一致，共修改补正企业300余家，其中核对分支机构企业50家，共增设分支机构482家。广东局制定《广东省快递服务末端网点备案管理规定（试行）》，拓宽了快递市场准入范围，全省完成100余家末端网点备案工作。

## 四、积极维护市场秩序

国家局与最高检印发《关于以检察专递方式邮寄送达有关检察法律文书的通知》，进一步明确检察法律文书寄递要求。继续督促指导各级邮政管理部门开展规范和清理快递企业经营范围工作，按月汇总规范清理情况。截至6月12日，六大品牌在337个地市自有网络已覆盖1509家，已清理25家，剩余484家未完成，工作完成率75.87%，完成数量比2月12日数据增加170家，完成率增长8.71个百分点。六大品牌以外的跨省（区、市）经营的加盟制快递企业以及四大外资快递企业共完成自有网络覆盖1280家，已清理21家。申通自有网络已覆盖238个地市，3个地市已清理，96个地市未完成；圆通自有网络已覆盖232个地市，3个地市已清理，102个地市未完成；中通自有网络已覆盖299个地市，3个地市已清理，35个地市未完成；汇通自有网络已覆盖268个地市，4个地市已清理，65个地市未完成；韵达自有网络已覆盖226个地市，2个地市已清理，105个地市未完成；天天自有网络已覆盖246个地市，10个地市已清理，81个地市未完成。江西局印发《关于规范和清理快递企业经营范围第二阶段工作开展情况的通报及2015年工作安排》，要求市局统筹推进六大品牌企业在第一、第二阶段目标以外城市、其他品牌加盟制快递企业的规范清理工作，全面提升快递服务网络质量，推动行业提质增效。广西局针对快递品牌“增益”在全区部分地市非法招揽小加盟商，收取加盟费用，导致不知情加盟者无法办理快递业务经营许可、扰乱市场秩序等情况，区局向各市局发出监管预警，督促市局关注辖区内增益品牌快递动态信息，做好相关信息风险提示，加强突发事件预防等工作。

## 五、加强行业诚信体系建设

国家局研究起草《快递行业信用管理办法（征求意见

稿)》，明确行业诚信体系建设思路。江苏局下发《关于加强全省快递行业诚信体系建设的指导意见》，明确诚信体系建设的主要目标、任务和保障措施；6月25日，召开全省快递行业诚信体系建设动员会议，全省主要品牌快递企业负责人参会，省信用办相关领导出席并讲话；开展江苏省首届寻找“最美快递员”活动。安徽池州局发出《关于开展全市快递行业从业人员备案登记工作的通知》，要求快递企业报送从业人员基本情况表，实现从业人员动态管理。河南局下发了《关于加强全省快递行业诚信体系建设的指导意见（试行）》，部署全省快递行业诚信体系建设工作。河南商丘局联合市快递协会倡导爱心寄递活动，商丘EMS、中通、申通等快递公司积极参与，为“馨灵海”民间慈善机构寄递重达12吨的爱心包裹。鹤壁局对全市快递从业人员信息实行登记备案管理，实现“一企一档”、“一人一档”。湖北黄冈局、咸宁局建立全市寄递行业从业人员信息数据库，加强从业人员管理。广东局继续推进邮政行业诚信体系建设工作，上半年开展诚信考核企业2500余家，公示经营异常企业17家。

## 六、提升市场监管能力

国家局6月份在吉林举办行政许可和市场检查业务培训班，对邮政市场行政执法、案卷制作、规范清理工作、邮政用品用具监管工作等相关业务知识进行了培训。开展行政执法管理系统升级改造，目前已完成原型设计。对外发布《2014年邮政市场行政执法情况通告》，彰显事中事后监管成效。

**一是加强行政执法能力建设。**天津局举办《快递营业场所设计基本要求》和《邮政业安全生产设备配置规范》培训班，全市邮政管理系统及邮政、快递企业共300余人参加培训。安徽局组织开展全系统首次市场监管行政执法案卷评查活动。江西局举办全省市场监管行政执法培训班和邮政行业安全监管培训班，组织开展执法案件案卷评议，对优秀案卷办案人员给予奖励，有效的调动了办案单位的积极性、主动性；各市局加强邮政法律法规培训学习，执法水平和能力得到明显提升。河南局邀请法律顾问对机关全体人员讲解修订后的《行政诉讼法》。山东局制定了《邮政市场监管考核管理办法（试行）》，强化监督考核，规范执法管理，全面提高邮政市场监管执法水平；组织编订了《2014年度山东省邮政市场监管行政处罚案件汇编》，开展案例执法交流培训。安徽合肥局邀请市直相关部门专家开展行政执法和案卷制作培训。安徽安庆局在处理一起当地媒体曝光快递服务不规范事件时，引入行政处罚案件群众公议制度，由律师、社区工作人员等5位社会人员组成群众公议团对办案全程进行评议。

**二是探索推进市场监管信息化。**山西局、太原局与电信公司合作，完成了对天天快递分拨中心的视频接入工作和国通快递机房设备的勘察工作。江苏局积极配合省安全厅、省公安厅建立数据共享平台，通过系统共建、数据共享，开展安全信息管理数据的综合利用；启动了智能快件箱管理信息系统试运行工作，实现对全省智能快件箱的设置、使用等的信息化管理，适时掌握智能快件箱设置地点、数量和运行状况等情况。河南局组织培训班，通过PPT课件、案例演示、实际操作等方式，详细讲解了邮政执法管理系统和邮政安全监管信息系统的操作流程及功能，逐一解答了各市局在系统使用过程中反映出来的问题。根据国家局《关于同意开展快递行业信息化处理标准规范研究试点工作的批复》，海南局组织召开了快递行业信息化处理标准规范研讨会议，进一步明确了工作思路，努力探索标准化引领信息化、信息化驱动行业转型之路。江苏苏州局积极参与有关部门“绿匣子”工程建设，努力从源头上防范禁寄物品流入寄递渠道。宿迁局正积极与当地公安部门联系，商讨共同建立快递行业安全管理信息系统。

安徽蚌埠局首批选择37个快递营业网点建设远程联网监控系统，对网点运行进行实时监控。

## 第三部分 三季度市场监管和安全监管情况

李克强总理9月24日莅临河南中通网点视察走访，勉励行业加快改革争创一流，使全行业受到了极大的鼓舞和鞭策。第三季度，全国各级邮政管理部门依法履行监管职责，扎实推进市场监管工作，取得明显成效。

### 一、坚定不移推动行业转型升级

按照国家邮政局"十三五"专项规划编制工作统一部署，市场司牵头组织了专项调研，围绕规划有关内容提出建议。指导快递协会举办快递服务制造业专题培训班。与工信部完善协同配合机制，实施联动工作方案。国家局与吉林省人民政府在长春签署加快推进吉林省快递下乡合作协议。完善快递与电子商务协同发展第一批5个试点城市的评估指标体系，着力推进评估工作；与财政部、商务部研究拟订第二批6个试点城市工作方案。

**一是积极为行业争取利好政策。**河北省省长张庆伟就《加强政策扶持，强化行业监管，将快递业打造成经济发展的增长极》调研报告作出促进快递业健康发展的批示，河北局以此为契机，提请省委、省政府出台行业发展利好政策。内蒙古局与自治区经信委联合印发了《关于推进快递服务制造业工作的指导意见》。吉林局召开第二次全省快递服务制造业推进会议，解读《吉林省推进快递服务制造业示范项目实施方案》，对相关工作进行再动员、再部署。黑龙江局联合省工信委出台《黑龙江省关于推进快递服务制造业工作的实施意见》；将快递业发展融入《黑龙江省"互联网+流通"行动计划》，提出培育引进对俄跨境快递物流服务企业，从基础设施建设等方面推进对俄快递业务发展。河南局联合省工信委出台《关于加快推进快递服务制造业工作实施意见》，通过试点，树立典型、以点带面，全面推进快递服务制造业工作。广东局申请的省财政快递业发展专项扶持资金1000万元到账，对行业发展和监管工作具有重要意义。福建泉州市政府设立快递发展专项资金，每年安排800万元用于促进市快递业发展，同时各县（市、区）根据实际情况另行设立配套资金和扶持措施。河南鹤壁局协调市政府出台《关于促进快递服务业发展的实施意见》。陕西西安局联合市政府研究室撰写《西安市快递业调查报告》，市长作出批示，为加快推进西安市快递业发展创造了有利环境。

**二是加快快递"三向"工程步伐。**内蒙古局、安徽局和陕西局分别与商务厅联合印发了《关于推进"快递下乡"服务拓展工程的指导意见》。江西局以"政府搭桥、协会牵线、企业协商"的做法，促进江西省邮政公司和顺丰等8家省内主要民营品牌快递企业正式签订"快递下乡"战略合作协议。河南局联合省商务厅下发了《关于快递下乡与农村电子商务协同发展实施意见》。海南局联合省商务厅印发《关于推进海南省"快递向中西向下"服务拓展工程的指导意见》。吉林白山局、白城局、延边局、内蒙古赤峰局搭建邮政企业与快递企业的合作平台，助力快递企业下乡。通化市政府、延边局均印发《关于支持"快递下乡"的实施意见》。延边局组织召开延边州快递行业协会与延边州电子商务协会对接会，鼓励电商企业与快递企业深入合作。江西宜春局以袁州区和高安市为试点引进第三方企业负责县市区所有品牌乡镇快件的统一收派。河南驻马店局督促乡镇代办点签订《"快递下乡"代办点承诺书》，下发《"快递下乡"代办点操作规范》，规范快递代办点基础设施，确保“快递下乡”工程安全推进。湖北黄石局为供销社与快递企业提供快递供销综合服务平台，打通“快递下乡”与农产品进城的双向快捷通道。孝感局力促大悟县政府出台《大悟县电子商务进农村综合示范县建设工作方案》。荆州局积极争取《荆州市人民政府关于加快电子商务发展的实施意见》出台，提出实施“互联网+生态特色农业”计划，加快生态农业建设。广东梅州局积极协调阿里巴巴集团“千县万村”农村淘宝项目在兴宁试点。阳江市政府出台《关于加快现代服务业发展的若干意见》，对在乡镇以下设点的快递公司给予财政一次性补贴每个网点2万元的支持。陕西榆林局与市供销合作社签订战略合作协议，联手交通运输、供销等部门合力推进“快递下乡”。

**三是继续引导电商快递协同发展。**安徽局编制了《蚌埠市电子商务与物流快递协同发展试点工作实施方案》。河南局组织召开邮政业与电子商务协调发展座谈会，重点研究探讨如何促进邮政业与电商协调发展和加快推动全省邮政业转型升级。湖南局联合省交通运输厅赴怀化调研考察交邮合作实施情况。海南局联合团省委、省商务厅、省人社厅制定了《关于印发海南省农村青年电商培育工程实施方案的通知》，整合物流、邮政、快递等企业网络资源，联合为电商创业青年提供收寄、仓储、运输、投递等优质服务；与省商务厅联合组织召开了快递服务与电子商务协同发展座谈会。四川局配合省商务厅承办2015中国（四川）电子商务发展大会。福建漳州局为漳州邮政企业争取51万元补助资金，占省级促进电子商务发展专项补助资金的77%，为申报企业提供政策解析、材料初审、部门沟通等服务。

**四是协调解决快递车辆通行难题。**天津局出台《天津市邮政快递机动车辆管理办法》；向交管部门争取到阅兵期间持有邮政快递车辆通行证车辆不限行的政策。上海局草拟《快递专用电动车技术标准》征求意见稿。安徽滁州局印发《关于快递电动三轮车管理相关问题的通知》，引导企业按批次更换符合标准的电动三轮车。江西南昌局推动江铃公司与南昌EMS签订80辆单排式新能源货运汽车的销售合同。宜春局与市交警支队联合下发《关于印发宜春市邮政、快递服务机动车辆通行管理办法（暂行）的通知》，要求企业对投递车辆张贴了统一标识。河南商丘局确定“统一标识、统一编号、统一型号”标准，逐步淘汰老旧三轮车，对新增车辆严格参照相关标准予以规范。广东中山局制定《中山市快递车辆管理实施细则》，为快件运输车辆提供通行便利。阳江局牵头拟定《阳江市市区邮政快递企业摩托车登记管理办法实施细则》，明确五年内给予邮政、快递企业摩托车新增2000辆。

**五是进一步提升末端投递服务水平。**内蒙古局在乌兰察布市召开末端服务建设现场会，支持利用机关、院校、企事业单位传达室或服务中心，社区物业、超市、便利店、连锁店或专业第三方等设置综合快件服务站点、快件揽投点及自助服务终端（智能快件自取箱），给予呼和浩特、包头等自助服务终端建设企业许可办理的支持。江苏局印发了《关于进一步提升快递末端投递服务水平的实施意见》。内蒙古鄂尔多斯局协调快递企业与鄂尔多斯报业传媒发行有限公司合作建设综合便民服务站，目前已建成末端服务网点22个，快递便民服务站42个。福建福州局开展末端网点建设，已投放智能快件箱达734组，格口数量达42875个，日均投递量2万件，占福州市区日均派件量的5%；建成人工站点395个，日均投递量1万件，占福州市区日均派件量的2.6%。泉州局继续实施邮政快递综合驿站项目，综合驿站总数达257个。广东中山局牵头出台《中山市智能快件箱投递服务管理细则》，加大对智能快件箱项目建设的支持。

**六是推动快递园区建设。**内蒙古各盟市局积极协调地方政府解决快递园区建设问题，截至9月底，鄂尔多斯、赤峰、通辽、乌兰察布、巴彦淖尔5个盟市均已建成快递物流园区，包头、乌海、呼伦贝尔3个盟市的物流园区也在建设中。江苏局依申请批复同意淮安、泰州局设立苏北快递产业园区、苏中快递产业园临港园区。贵州省委书记、省长陈敏尔率领2015年全省第二次项目建设现场观摩会第一观摩组到贵州（龙里）快递物流园进行实地考察，对快递物流企业集聚发展给予了充分肯定，并鼓励快递企业做大做强。安徽亳州局争取政府支持，以优惠条件租赁园区厂房1.6万平米，解决了圆通、中通、申通企业办公及处理场地不足问题。阜阳市颍东区皖北快递产业园区、芜湖市鸠江区皖南快递产业园获批成立。江西吉安市快递产业园所在的吉安县赣大公路货运枢纽物流园被列入市政府六大重点建设工程。

**七是加强营业场所标准化建设。**安徽黄山局制定了《快递企业服务标准化实施意见》、《快递营业场所规范化建设计划表》。淮北局启动了快递企业门面设置、功能划分、标牌标识、规章制度、设施设备、工装制服、服务环境、车辆标识“八统一”规范化建设活动。江西上饶局印发《上饶市快递营业场所标准化建设实施方案》，确定了第一批营业场所名单、施工时间节点、验收标准等内容。萍乡局、宜春局组织培训向各企业负责人解读《快递营业场所基本要求》、《快递营业场所设计指南》和《邮政业从业企业标准化工作指南》。湖北恩施局出台了《恩施州快递营业场所设计指南（参考）》。孝感局组织召开快递营业场所标准化建设现场推进会，组织企业负责人观摩学习应城市三合镇快递综合营业部等五处营业场所标准化建设和运行情况。

## 二、多措并举确保行业安全运行

8月11日至9月5日，国家局组织全国邮政管理部门、邮政企业、快递企业全力开展抗战胜利70周年纪念活动寄递渠道安全保障工作。圆满完成新疆维吾尔自治区成立六十周年和西藏自治区成立五十周年寄递渠道安全保障任务。开展九部门《意见》落实情况专项督导检查。6至8月，由中央综治办、公安部、国家安全部、国家邮政局牵头，海关总署、工商总局、国家铁路局、中国民航局派人参加，组成四个联合检查组分别到新疆、浙江、河南、山西等10个省（区、市）的17个地市、38个寄递企业分拨中心、24个营业网点进行了检查。指导各地抓紧完成省级安全中心组建工作。截至8月底，全国31个省（区、市）全部成立领导小组，部分还明确了领导小组议事规则、工作职责、工作章程等；332个地市（4个直辖市除外）已成立领导小组的有323个，比例达到97.29%。

**一是做好重大活动安保工作。**按照“全国保北京、周边保首都、首都保核心”工作思路，结合寄递服务全程全网一体化运作特点，通过召开全行业电视电话会议、环京7省（区、市）“护城河工程”会议、寄递企业总部负责人会议，层层动员部署。会同公安部、国家安全部联合向社会印发《通告》，明确寄递企业和公众用户的共同责任；3次下发通知对寄递安保工作进行具体部署。建立国家局与各省局、邮政业安全中心与寄递企业总部、各地邮政管理部门与当地寄递企业“三位一体”安全信息专报体系，全面实行24小时值班、领导带班及“零报告”制度，确保寄递安保信息渠道畅通。国家局组成三个工作组，分赴河北、山西、内蒙古、辽宁、山东、新疆等重点省进行专项督导检查。实行“三个100%”安全管理措施，8月25日至9月5日期间，对各地寄往北京的邮（快）件实行100%实名收寄、100%过机安检和100%开箱验视，对寄往重要机关驻地、长安街沿线单位、阅兵村等重点部位的邮（快）件在投递前进行二次安检。期间，全国寄递企业共收寄进京邮（快）件2828万件，依法查处各类违禁物品2026件，其中，仿真枪支6把、易燃易爆物品148件、管制刀具121把、政治性非法出版物7本，其他禁限寄物品1744件。各地区、各部门、各企业以前所未有的重视程度、组织力度、工作强度，有力落实了中央领导同志的重要指示精神，实现了“三个不能发生”、“四个严防”、“三个确保”的既定工作目标，圆满完成纪念活动寄递安全保障任务，得到了国务院领导同志的充分肯定。福建局总结抗战胜利70周年纪念活动保障经验，落实“打一战，进一步”，就福州青运会期间寄递渠道安全服务保障工作，印发《关于做好福州青年运动会期间寄递渠道安全服务保障工作的通知》。青海局针对大多数企业未配置安检机的情况，组织企业集中安检，确保三项百分百措施落实到位。西藏局与辖区内邮政、快递企业签订了抗战胜利70周年及自治区成立50周年“大庆”等重大节庆期间邮政业安全保障责任书，下发了《关于进一步加强抗战胜利70周年以及西藏自治区成立50周年等纪念活动期间寄递渠道安全工作的通知》及《关于加强西藏自治区成立50周年纪念活动期间寄递物品安全管理工作的通告》。河北秦皇岛局印发《关于做好2015年北戴河邮件集中安检工作的通知》，并统一制发了《车辆通行证》。吉林省局联合吉林市局全面部署第24届中国金鸡百花奖电影节期间寄递渠道安保工作，加强电影节期间的宾馆、大剧院等活动区域邮（快）件的安全管理，确保安全。

**二是扎实落实九部门意见。**上海、江苏、福建、山东、广东和四川六省（市）已正式下发文件成立邮政业安全中心，北京、浙江、河南、陕西和新疆正在积极筹建过程中。江苏局参与省综治办《关于在全省开展“平安寄递”创建活动的实施方案》的起草工作、《2015年度全省综治工作（平安建设）考评办法（征求意见稿》有关寄递渠道安全方面意见征求工作。江西局借助省寄递渠道治安管理协调小组工作机制，开展“寄递安全保障月”专项行动。江西上饶局研究出台了《上饶市寄递渠道可疑信息报告奖励办法》。湖北武汉局、广西贺州局协调当地政府将邮件、快件寄递安全管理工作纳入社会综合治理考评体系。陕西宝鸡局联合市综治办、市公安局经文保处、技侦支队、禁毒支队、市国家安全局等六部门，共同拍摄《宝鸡市寄递渠道安全专题片》并召开首映式暨赠送仪式。

**三是探索实施实名制。**浙江局在绍兴新昌与省公安厅开展实名试点工作。江西鹰潭局印制《关于试点实施邮件、快件实名寄递工作的通告》，利用政风行风节目和《鹰潭日报》向社会介绍实名寄递工作，启动实名制试点。湖北武汉局联合武汉市综治办启动“社区网格管理员协助监督快递实名收寄”工作。武汉、黄冈、咸宁局印制实名收寄登记薄发放到每个网点。宜昌、鄂州、襄阳局通过网络、报刊、电视等多种媒介宣传实名登记制度，积极营造良好社会氛围。广东珠海局印发《关于推行物流寄递实名制的通告》、《实名制登记手册》、《寄递实名制宣传手册》；中山局制发《邮政快递行业试行寄递实名登记制度实施方案》和《关于邮政快递行业试行寄递物品实名登记制度的通告》；揭阳局印发了《关于试行寄递实名登记制度的实施方案》；甘肃定西市邮件快件寄递渠道安全管理办公室出台了《邮件快件实名寄递实施方案》，自2015年9月1日起执行邮件、快件实名寄递制度。云南局按照“以点带面、先行先试、及时总结、逐步推广”思路推进实名制，总结德宏经验，选取楚雄、普洱等重点地区推行。

**四是督促安全生产设备强标落地。**黑龙江局、广东局举办快递企业安全生产培训，宣贯《邮政业安全生产设备配置规范》。河南局开展《邮政业安全生产设备配置规范》落实情况检查。四川局下发《关于做好〈邮政业安全生产设备配置规范〉宣贯落实工作的通知》，并向社会广泛宣传。贵州省邮政管理部门积极向邮政企业和快递企业宣贯《邮政业安全设备配置规范》，印制宣传资料10000份发放给寄递企业。河南襄阳局印发《关于宣传落实〈邮政业安全生产设备配置规范〉的通知》，制作了宣传手册，向全市寄递企业及营业网点发放学习。陕西渭南局积极推行邮政行业“123安全工程”，即乡镇网点必须配备一组消防器材、城区网点必须配备消防器材和监控设备、全市独立法人企业和备案分支机构必须在配备消防器材和监控设备的基础上公示安全机构和人员。

**五是加大安全检查力度。**北京局自8月15日起全员停休对邮政快递企业进行全面检查，领导带队，分片包干；重点地区，业务骨干盯防；重点区域网点无一疏漏。山西局印发《关于开展2015年全省邮政行业“安全生产月”活动的通知》，开展2015年全省邮政行业“安全生产月”活动。吉林局印发了《吉林省寄递渠道安全综合检查工作方案》，在全省范围内开展为期70天的安全综合检查工作。甘肃局抽调各市州监管力量组成四个检查组对全省邮政业安全工作，从贯彻落实九部门意见、寄递企业安全防范能力建设、主体责任落实、收寄验视实名登记、安全防范、安全生产培训、安全隐患排查、消防工作等8个方面全面进行检查，同时通过快件寄递测试检查企业收寄验视及实名制执行情况。安徽合肥、滁州、芜湖等市局开展了收寄验视执行情况夜间突击检查活动。贵州黔西南局联合禁毒支队、治安支队和刑侦大队警犬中队对中通、圆通、天天、顺丰开展联合检查，共检查邮件（快件）13000余件，通过X光机扫描170余件，现场检查发现2件禁寄物品。

**六是强化突发事件应急管理。**天津局做好“8·12”滨海爆炸事件应急处理，汇总各快递企业在滨海新区爆炸事件中的损失情况，督导快递企业及时做好积压快件派送，确保寄递安全运营。上海局妥善处理处理圆通加盟企业陆安快递未执行收寄验视制度造成人员受伤案件和上海增益物流转运中心停运事件。江苏局妥善处置南京圆通快件积压突发事件。福建局组织做好21号台风“杜鹃”安全防范和应急处置工作。湖南局修订印发《湖南省邮政行业突发事件应急预案》。四川局印发《关于做好2015年邮政业防汛工作的通知》。江西南昌局妥善处置江西省海航天天快递有限公司红谷滩分公司火灾烧毁快件事故、南昌盛彤快递有限公司瑶湖分公司和小兰分公司债务纠纷导致快件滞留事件。宜春局妥善处置宜春市韵达快递员交通事故、杭州百世网络有限公司宜春市奉新县快件扣压事件。湖北武汉局、宜昌局和十堰局针对辖区内部分营业网点发现用户交寄涉嫌非法出版物和毒品等案件立即启动应急预案，避免了违禁物品流入寄递渠道。武汉局妥善处置韵达湖北大学分公司扣押快件的事件。宜昌局妥善处置由河南寄往湖北的违禁物品案件。十堰局及时处理竹溪申通快件承运车辆在运输途中发生火灾事件。广东广州局协调处理了广东申通物流有限公司遭围堵事件。东莞市局提前介入调查处理增益网络运营不稳定情况。清远局妥善处理了辖区圆通快递代理权纠纷事件；联合公安部门处理了某快递企业发现疑似冰毒事件，并对企业进行了专项培训。广西北海局妥善处置合浦申通快递公司水银快件泄露事件。防城港、北海等多个市局，组织辖区寄递企业做好防汛防风工作，确保了汛期寄递渠道安全畅通。陕西局协调处理圆通速递化学品泄露、韵达快递货车高速路自燃和华商网刊登“邮政代理清关收代办费”等事件。

**七是做好行业安全专项工作。**江苏局汲取天津危化品仓库爆炸事故教训，印发《关于切实做好当前邮政行业安全生产工作的紧急通知》，深化危爆品安全专项整治工作。山东局开展以落实收寄验视制度为重点的“安全生产月”活动，组织开展危险化学品和易燃易爆物品安全专项整治工作。四川局印发《关于配合做好野生动植物保护工作的通知》、《关于全面开展安全生产大检查深化危险化学品和易燃易爆物品安全专项整治工作的通知》。广西局与有关部门联合出台寄递企业员工报告可疑邮件、快件奖励办法，建立从业人员举报奖励制度。贵州局与省安监局、省公安厅联合出台《关于进一步做好化学品寄递安全监管工作的通知》。云南局联合云南省禁毒委员会在昆明、德宏、普洱举办了6场共计500人次的禁毒知识培训。新疆局印发《新疆邮政业安全生产大检查和危险化学品易燃易爆物品寄递安全专项整治工作实施方案》。辽宁锦州局联合市国安局制定《寄递企业从业人员发现并上报可疑邮(快)件奖励办法》。吉林白山局下发《关于加强寄递渠道安全严防非法宣传品通过寄递渠道传播的通知》。四平局联合公安部门开展寄递渠道安全专项检查，配合公安机关成功抓捕一名邮寄非法物品的“法轮功”人员。安徽池州市局发出《致全市化工企业的一封信》，对化工企业和寄递企业网点开展摸排检查。马鞍山局要求寄递企业收寄普通化学品严格执行收寄封装标准，在邮件、快件显著位置粘贴“化学品”标识。湖北襄阳局与市安监局联合拟定《关于加强化学品寄递安全的通知》，印发县(区)安监局、化工从业企业及寄递企业。随州局联合市安监局印发《关于切实防范危险品流入寄递渠道的通知》。广西玉林市出台奖励办法，对寄递企业员工报告可疑邮件、快递进行100～10000元不同程度的奖励。北海市邮路安全监管办举行表彰会，对4家在生产经营中发现禁寄物品并及时举报的快递企业及从业人员个人分别给予1000元和300元的奖励。

**八是确保寄递信息安全。**广西北海局联合有关部门，运用技术手段开展快递企业信息安全专项检查，免费为企业安装安全可靠杀毒软件，防止快递用户信息泄露。桂林局严堵寄递信息泄露渠道，监督企业集中销毁24.6吨的超期寄递详情单。崇左局探索建立定期组织集中定点销毁等机制，组织快递企业集中销毁1.8吨、约170万份的超期寄递详情单。贵州贵阳局、陕西商洛局联合保密局组织辖区内重点快递企业开展寄递详情单集中销毁工作。甘肃嘉峪关局联合市保密局对全市快递企业保存期限满一年以上的共198万张、2.01吨寄递详情单进行了集中销毁。

## 三、落实简政放权，优化许可程序

按照《快递业务经营许可工作优化方案》要求，进一步简政放权。自7月1日起，涉及精简申报材料和简化审批程序的各项措施正式施行。9月1日起，各项许可工作实现全流程网上办理。截至目前，各项工作进展有序，大幅缩短了许可事项办理时限，提高了行政审批效率，取得了良好效果。2015年第三季度，国家局共受理许可申请37件，颁发快递业务经营许可证26件。共核准快递业务经营许可证变更企业83家，处理变更事项683项。已完成年报审核268件，完成换证审核217件，完成各类许可证正副本和名录打印1622个(邮政EMS除外)。

**一是落实优化方案。**各地邮政管理部门纷纷出台落实方案，开展专项培训，促进优化方案落地。江西局将许可准入、变更、年度报告、到期换证、许可撤销、系统填报操作分类整合成压缩包上传至QQ群，方便企业了解各种办理流程。湖南局与省国安联合下发《关于明确快递业务经营许可市州邮政管理部门实地核查及征求国家安全部门意见相关问题的通知》，落实快递业务经营许可方案中有关安全审查下放市州的工作要求。海南局在全国率先完成了2015

年度快递业务经营许可证延续和换发工作。云南局梳理出《快递经营许可申请证办理指南》、《分支机构备案指南》,方便企业办理手续、查询进度。

**二是规范快递末端网点。** 天津局已完成规模以上企业网点经营手续梳理工作,要求派出机构以此为参考进行摸排检查。目前正在汇总各派出机构调查情况及许可年检情况,下步将对注销、停业企业进行梳理并公示。浙江局对末端网点登记工作进行调研,印发《关于做好快递投递末端管理的通知》。陕西延安局印发《关于加强快递末端规范管理的通知》,严格落实快递末端网点备案管理制度。广西桂林局就乡镇网点备案工作分批约谈辖区快递企业负责人,促进乡镇快递网点持证经营和规范化发展。甘肃张掖局扎实推进快递下乡末端网点备案管理工作,引导和督促快递企业开通乡镇末端网点35家,受理核查申请11家,已核查通过6家。

## 四、着力维护市场秩序和用户合法权益

市场监管司印发了《关于规范和清理快递企业经营范围工作情况的通报》。督促各级邮政管理部门联合地方政府出台文件,规范国家机关公文寄递。开展快递服务质量专项整治中期评估。对北京瑞丰快递有限公司违法招揽加盟商一事进行调查处理。

**一是深入推进规范和清理快递企业经营范围工作。** 今年全国邮政管理部门阶段任务数量共2862家企业/地市,截至三季度末,已完成2390家,工作完成率83.51%。六大品牌申通、圆通、中通、汇通、韵达、天天在337个地市已覆盖自有网络1685家,停止26个企业/地市的快递业务,剩余311家企业/地市未完成,工作完成率84.62%,完成数量较2月12日数据增加353家。六大品牌以外的跨省(区、市)经营的11家重点加盟制民营快递企业北京全峰快递有限责任公司、红楼(上海)快递有限公司、上海全毅快递有限公司、优速物流有限公司、广东港中能达物流有限公司、深圳速尔物流有限公司、速尔快递有限公司、上海快捷快递有限公司、上海龙邦速运有限公司、增益物流有限公司、宅急送以及优比速、中外运、联邦快递三大外资企业共完成自有网络覆盖1588家,停止32家企业/地市的快递业务,剩余693个地市/企业未完成,完成率70%(详见《关于规范和清理快递企业经营范围工作情况的通报》(局监函〔2015〕71号))。

**二是加强国家机关公文寄递管理。** 湖北局、四川局均与省国安厅、保密局联合印发《关于进一步加强国家机关公文寄递管理的通知》。陕西宝鸡、铜川等市局联合市国家保密局下发《关于规范国家机关公文及秘密载体寄递管理工作的通知》。甘肃天水局与市保密局联合下发了《关于进一步规范国家机关公文寄递管理的通知》。

**三是深入推进服务质量专项整治工作。** 截至10月底,整治工作开展5个月以来,全国邮政管理部门针对快递服务质量共出检96603人次,检查企业47060家次(国有4225家次、民营42222家次、外资613家次)。查处快递服务质量问题9397起,其中:野蛮分拣576起,占比6%;露天作业573起,占比6%;快件丢失损毁2314起,占比25%;格式合同规范性167起,占比2%;末端投递服务不规范2549起,占比27%;违反申诉处理规定370起,占比4%;快件延误2848起,占比30%。针对查出的问题,约谈1040次,责令整改2911次,行政处罚441件,罚款金额274.965万元,信息公开185次,作出其他处理825次。

## 五、推进快递行业诚信体系建设

起草《关于加强快递业信用体系建设工作的若干意见》、《快递业信用管理办法(草案)》和《快递业信用评价指标》,与国家发改委、工商总局等37个部门共同印发了《失信企业协同监管和

联合惩戒合作备忘录》。

**一是开展行业诚信评选活动。**江苏局组织完成江苏省首届“最美快递员”微信投票、专家评审等工作，确定10名“最美快递员”和16名“最美快递员”提名，召开全省表彰大会揭晓发布活动结果。联合省放心消费创建办在盐城组织召开全省快递行业放心消费创建工作现场推进会，推广盐城申通快递公司创建工作经验，明确下一阶段创建工作要求。江西局和省快递协会联合开展“最美快递员”评选活动，通过推荐、投票、实地考察等方式确定10名“最美快递员”。河南局印发《关于开展快递行业诚信企业评选活动的通知》，在全省开展快递行业诚信企业评选活动。焦作局联合苏宁易购、焦作广播电视报社在全市范围内举办“苏宁易购杯”“暑”你最美快递人摄影大赛。广州局调整了2015年度快递企业诚信体系建设考核工作有关内容，并明确在9月至11月期间结合旺季检查开展重点考核。汕头局召开了诚信体系建设考核工作推进会，通报了上半年诚信体系建设考核末位企业名单。茂名、潮州局通报诚信体系考核结果，向企业通报考核结果并向社会公布。广西柳州局召开“诚信经营，规范服务”考评细则座谈会，征求由政协委员、记者及相关行业、高校、社区代表等组成的评委意见，推动考评活动和快递服务质量专项整治工作深入开展。

**二是完善从业人员信息登记制度。**湖北恩施局出台《恩施州快递从业人员管理办法》，对违法违规、不适宜从事快递业务的从业人员建立“黑名单”制度。十堰局落实从业人员备案审查制度，将从业人员情况报市公安局对从业人员情况进行背景审查。孝感局、襄阳局、咸宁局完成对全市快递行业从业人员实名信息搜集工作，并建立了信息台账，对档案实行动态管理。荆门局、黄冈局与当地国安局、公安局就有关工作进行了对接，启动行业从业人员背景调查工作，并将相关资料进行了共享。

## 六、提升邮政市场监管能力

制定并印发《邮政行政执法案件案号和文书编号规则》，起草《跨区域协作监管意见》和《邮政市场行政执法案件指导制度》，编制《2014年度邮政市场执法案件汇编》。积极推进行政执法信息系统建设，充实与明确业务需求，完善监督检查模板，优化系统功能，部署部分省份开展系统应用试点。加大执法信息公开力度，截至目前，31个省（区、市）局和所有地市局网站均已经设立执法信息公开专栏。起草了《快递码号管理办法（征求意见稿）》和《快递码号编制规则（征求意见稿）》。组织举办全国邮政行业安全监管与快递管理培训班。

**一是持续推进行政执法基础建设。**内蒙古局、陕西局组织开展全省（区）行政执法工作自查评审和案件评议工作。上海局会同市立法研究所积极开展市邮政业安全和服务立法调研工作。广东局组织开展了邮政行政执法文书规范写作培训，完成邮政移动行政执法系统培训和上线工作，广州、中山、江门等市局配合做好国家局系统应用情况的调研工作，反馈系统修改意见近百条。贵州黔南州局举办了邮政行业法律法规、快递服务标准知识竞赛，州内13家邮政企业、品牌快递企业参加。

**二是开展业务培训和应急演练。**北京、内蒙古、上海、浙江、江西、河南、湖南和山西等局组织开展市场监管干部培训，解读《快递业务经营许可优化方案》、《快递业务经营许可证延续和换发办法》、《邮政业安全生产设备配置规范》和《快递营业场所设计基本要求》等文件，重点培训行政许可、执法检查、安全监管及信息化系统使用等业务知识。江西局在行政许可和执法实务培训的基础上，邀请司法机关等单位的有关专家开展《行政诉讼法》及证据适用的专项培训，组织学员前往快递产业园区开展实地教学。北京、辽宁锦州、上海、安徽滁州、芜湖、淮北、黄山、江西、河南郑州、许昌、湖北十堰、荆门、湖南、贵州毕节、广西贺州、柳州、北海、百色、柳州、四川、贵州贵阳、陕西铜川、青海海北、甘肃兰州、平凉等局组织快递企业开展邮政业安全培训和应急处置演练，提升企业安全生产主体意识、责任意识和突发事件应对能力。

**三是加强行业安全信息化建设。**江苏局印发《视频监控系统运维管理规定》，加强系统管理，不断提高上线率。福建省邮政业综合监管平台已完成招标工作并已完成测试版开发。辽宁大连局在快递监管平台一期基础上，利用市政府资金支持，积极推进安全监管平台二期建设，计划将远程视频监管范围从分拨中心扩展至营业场所，车辆监控从原有的 25 台扩大至 200 台，覆盖发放高峰通行证的所有车辆。安徽合肥、宿州、蚌埠、淮南，江西省局、吉安、抚州，甘肃甘南建成安全监控中心，对重点场所进行实时监控。安徽马鞍山局开通了安全生产短信平台，每周向寄递企业负责人及安全员发送安全警示短信和安全管理要点。

### 七、加大邮政市场监督检查和行政执法力度

通报 2015 年上半年行政执法情况并向社会通告。第三季度，全国邮政管理部门共开展邮政市场执法检查 28717 次，出检 72544 人次，出检天数 6814 天，查处违法违规行为 3982 次；下达行政处罚决定 779 份，同比增长 41.64%，环比增长 22.87%；罚款金额 443.91 万元，同比增长 53.86%，环比增长 23.31%。

## 第四部分　四季度市场监管和安全监管情况

第四季度，全国各级邮政管理部门依法履行监管职责，扎实推进市场监管工作，确保了行业稳定健康发展。

### 一、多措并举做好快递业务旺季保障工作

11 月 11 日至 16 日，共揽收快件 7.8 亿件，比 2014 年同期增长 45%；最高日处理量达到 1.6 亿件，比 2014 年增长 56%，是日常处理量的 3.1 倍。全行业科学谋划、多措并举、积极应对，有力保障了旺季工作的平稳开展，顺利实现了“两不”（网络不瘫痪、重要节点不爆仓）“三保”（保畅通、保安全、保平稳）目标。

**一是积极部署，精心筹备。**6 月份起即着手“双 11”旺季保障筹备工作，先后与主要电商企业多次对接，制定行之有效的工作方案。坚持全网一盘棋的工作理念，建立三级联动（国家局、省局、市局）和三维互动（政府、协会、企业）的保障机制。10 月 20 日，国家邮政局召开电视电话会议，动员部署 2015 年快递业务旺季服务保障工作。刘君副局长出席会议并讲话，要求全行业要按照“打一仗、进一步”的要求，以最佳的状态、最实的举措、最优的业绩，全力以赴，确保旺季安全畅通、平稳运行。全系统坚持 24 小时轮班值守，国家局领导带领工作组分赴一线督导检查。省市两级邮政管理部门深入一线，全面督导企业分拨中心和网点生产情况。寄递企业积极储备能力，“双 11”期间增加临时性用工超过 15 万人，新投入车辆约 5 万台，新增航空运力近万吨。

**二是突出重点，统筹兼顾。**坚持“错峰发货、均衡推进”及上下游有效联动的核心工作机制。充分发挥邮政业信息监控平台作用，实时监控，动态调度。根据 2015 年旺季特点，紧抓重点环节，针对跨境业务，主动与海关部门沟通，协调适当增加值守人员，督促保证 7 个跨境电商试点城市快件集运畅通；针对农村业务，地（市）邮政管理机构积极投入精力保障农村地区服务能力，在快递网点暂未覆盖的地区，协调利用邮政渠道帮助递送。消费者申诉部门大量增加人员，提升受理能力，对消费者申诉及时处理、回复和通报，有

效发挥调解功能。此外，坚持旺季期间监管力度不削弱，执法工作不懈怠。“双11”期间，全行业积极开展安全生产大检查、危险化学品和易燃易爆物品专项整治活动，深入排查化学品寄递、车辆运输、现场作业、消防管理等方面存在的安全隐患，严防安全生产事故发生。

**三是做好宣传，强化引导。**通过网络和电视播放寄递安全宣传公益广告，主动争取人民日报、新华社、中央电视台等央媒持续关注“双11”服务保障工作，在高峰期深入一线生产现场采访报道。多次发布消费提示和动态信息，通报旺季业务量增长情况、流量流向信息，引导社会预期和消费者合理使用快递服务，取得社会理解与支持。北京、内蒙古、吉林、黑龙江、江苏、浙江、安徽、江西、湖南、广东、海南、甘肃、宁夏等局通过媒体通风会向媒体解读旺季热点问题，北京、天津、上海、江苏、河南、广东、甘肃等局组织媒体深入生产一线采访。山西、吉林、福建、河南、重庆等省多个市(地)局联合地方新闻媒体加强业务旺季行业新闻宣传工作。

**四是科技辅助，提高效能。**邮政业监管信息平台经过多次优化升级，在行业统计数据分析、流量流向运行、服务质量监测、安全事件预警等方面发挥了不可替代的作用。快递企业的数据协同平台首次向电商卖家提供云仓服务，通过分析市场数据提前将商品推送至云仓，缩短了快件传递时限。寄递企业积极使用电子运单，普及率已达60%以上，发货速度提升30%以上。大规模应用数据分单和数据派单技术，提高了快递分拣投递作业准确率和效率。

**五是地方支持，发挥合力。**旺季服务保障工作得到了地方政府的支持和肯定。上海市人大常委会副主任薛潮、河北省副省长姜德果、湖北省副省长许克振、湖南省副省长张剑飞、甘肃省委常委泽巴足、四川省委常委侍俊、贵州省政府副秘书长陈革、四川省副省长韩建华“双11”期间带队调研快递企业旺季生产和安全保障工作。天津市常务副市长段春华、副市长孙文魁、黑龙江省副省长胡亚枫、陕西省副省长庄长兴高度肯定本省“双11”旺季服务保障工作，福建省政府将福建局“双11”旺季服务保障工作报告作为政务信息印发。

## 二、全力推动快递业提质增效转型升级

按照“十三五”规划编制整体部署，按时完成初稿编制，积极推进专项规划与总规划的内容衔接。起草《智能快件箱投递服务管理规定(暂行)》并通过局长办公会审议。

**一是积极争取政策扶持。**安徽局认真组织全行业学习贯彻《关于促进快递业发展的若干意见》精神，起草《安徽省人民政府关于促进快递业发展的实施意见(代拟稿)》报省政府。福建局积极争取省政府出台《关于支持快递业加快发展七条措施的通知》，并做好宣贯工作。江苏淮安市政府出台《关于加快现代物流业发展的意见》。广东汕尾市邮政业“十三五”规划纳入全市交通运输业“十三五”规划和市国民经济与社会发展“十三五”规划，多项工作列入规划重点项目。揭阳局配合市政府稳步推进“中国快递示范城市”创建工作，市政协提案《关于促进我市快递服务业健康发展的建议》被列为市长亲自督办重点提案。广西桂林市政府印发《关于促进桂林市邮政业发展的实施意见》。钦州市印发《全力打赢精准脱贫攻坚战行动计划》，把“电子商务、快递下乡、互联网+”列入“九大扶贫攻坚行动”，作为钦州市现代服务业发展的“一号工程”。

**二是快递服务制造业工作快速推进。**天津局开展快递服务制造业专项调研，做好“政府搭台，企业唱戏”；快递企业已与汽车配件、机具仪器、保健品、电子电器、自行车、服装等制造业企业开展深度合作，产生的快件量已占总体业务量的17%。吉林局赴双阳区鹿乡镇调研鹿茸及其他鹿副产品快递运输发

展情况，提出网上销售和实体门店统筹协调，快递服务与鹿产品网上销售协同发展、互惠互利的方法。广西玉林局联合工信委印发了《关于推进快递服务制造业工作的实施意见》，共同推进相关工作。

**三是继续推动快递电商协同发展。**浙江局做好电商与快递协同发展试点工作，指导杭州局承办全国电子商务与物流协同发展座谈会。海南省政府办公厅印发《关于促进内贸流通健康发展的实施意见》，积极推进快递与电子商务协同发展。黑龙江伊春局组织全市主要品牌快递企业参加了全市“互联网+快递”专题会议，旨在通过综合利用互联网、物联网、大数据、云计算等先进技术，全面提升行业的供给能力、运行效率、安全性能和服务质量。安徽蚌埠市召开电子商务与物流快递协同发展试点工作专题会议，明确地方财政与中央财政资金实行1:1配套，同时各县、区进行政策支持，共同推进电子商务与物流快递协同发展试点工作。福建福州局推进电子商务与物流快递协同发展试点工作，公布第一批扶持项目名单，与商务局共同确定第二批试点项目。广东江门局推介组织快递企业参与“阿里农村淘宝”，在恩平市设立41个村级服务中心；阿里巴巴与斗门区签署农村淘宝项目合作协议，建立南门和莲江村级服务站试点。梅州平远县被列为全国2015年电子商务进农村综合示范县，县政府与中国邮政平远分公司签订电子商务进农村综合示范项目合作协议，搭建“客都第一村”电子商务线上线下服务中心。贵州黔西南州政府印发《黔西南州电子商务发展奖励办法（试行）》，对电商企业网上销售黔西南州本土产品通过邮政、快递或物流企业出口外销至州外的，按照每件1.5元的标准给予补贴。

**四是快递“三向”工程成效显著。**河北快递下乡工程持续推进，乡镇网络覆盖率达到94%，廊坊、沧州、秦皇岛、保定、邯郸、邢台6个市实现乡镇覆盖率100%。吉林局与省农委共同举办全省农村劳动者快递行业岗前培训，第一期于12月22日在长春市开班，共计137名学员参加。江苏局参加全省“信息进村入户”试点工作推进会，与省农委就村级信息服务站引入快递服务功能初步达成一致意见，并大力支持省内相关市县先行开展试点工作。浙江局与省商务厅出台快递向下的意见，引导快递企业在乡镇设点，完成对以县（市、区）为单位的乡镇网点覆盖率的考核统计；出台快递向外的意见，提出与杭州萧山机场合作协议，参与中国（杭州）跨境电商试验区建设，加快义乌国际邮件互换局和国际邮件交换站建设。江西局引导邮政企业和快递企业全面落实签订的快递下乡战略合作协议。海南局出台《“快递向中西向下”服务拓展工程的指导意见》，鼓励邮政、快递企业网络共建共享，充分利用“村邮站”等公共服务平台，激活特色农产品与商品的双向流通。吉林通化市局召开农村电商、邮政企业、快递企业深度融合会，探讨业务合作的模式与工作机制。白山局推动出台《白山市人民政府办公室关于支持“快递下乡”的实施意见》。黑龙江牡丹江局在绥芬河召开快邮合作现场会，指导推进2镇13村的快邮合作。江西赣州市邮政公司已与9家快递企业签订了农村快递服务体系建设合作协议，代投快件58071件，实现代投代办收入40余万元。上饶局推动玉山县双明镇建立双明镇邮政快递超市，邮政企业免费提供场地，民营快递全面入驻邮政所。广东珠海市政府办公室牵头建立珠海市跨境电子商务工作联席会议制度，并制定《珠海市跨境电子商务工作方案》。汕头局起草《促进汕头市快递业发展的意见》并征求相关部门意见。

**五是着力解决最后一公里问题。**吉林局召开末端网点服务规范会，解读《全省规范快递末端服务网点备案工作的指导意见》，规范末端投递行为。浙江局会同省教育厅出台《关于推进快递服务进校园工作的通知》。吉林松原局向全市快递企业下发解读《关于开展快递末端服务网点备案工作通知》。黑龙江大庆局推动顺丰快递与大庆市石油学院达成校企合作协议，全面推进校企合作。江苏镇江局联合市快递协会与江苏大学联合召开江苏大学快递驿站末端公共平台建设推进会，打造一流服务平台。淮安首家专业第三方快递末端服务平台“优派”落户该市商业核心区和教育园区试运营。安徽黄山局联合市直机关事务管理局，在市委市政府大楼、市人大市政协大院设立机关快递服务站。江西南昌局引导快递企业入驻校区、社区、厂区等4个公共配送示范点。吉安局在井冈山大学和吉安职业技术学院内，引导快递企业采用快递超市的形式，设置统一收派服务点，方便师生使用寄递服务。新余局依托邮政公司便民服务站建设快递公共取送点，快递公司可委托便民服务站开展快件存放、投递、收寄等业务。广东揭阳市千个“快递E站”与万个智能快件箱建设工作写进政府工作报告并被列为今年全市十大民生工程，目前全市完成65个小区260组智能快件箱安装。

**六是统筹推进园区建设。**苏南快递产业园建成投入使用的运营面积已超100万平方米，支干线运输车辆超过1300辆，每天全货机运营7个架次以上，从业人员达6000余人，全年园区内规模企业中转量达10.2亿件，日均中转量280万件，获得“全国快递产业集聚发展示范园区”称号，成为首个国家级快递示范园区。贵州省快递物流园区已有申通、中通、汇通、天天快正式投入运营，马军胜局长、贵州省代省长孙志刚均对园区建设发展成绩给予了充分肯定。吉林市电商产业园正式投入运营，吉林市局借助本次活动，鼓励支持品牌快递企业进驻电商产业园区，缩短快递末端配送距离，创新快递末端配送服务模式。安徽芜湖市鸠江区“皖南快递产业园”举行揭牌仪式和招商推介会。宿州市新安速快递物流园区的8家入驻快递企业获得了市政府交通商贸物流发展专项财政补贴共计350万，第一批次150万资金已发放到位。广东河源局积极推动主要快递企业组建快递物流园，年末正式注册挂牌成立“粤东快递物流园”。茂名局推进快递企业入驻电商物流中心，顺丰投建粤西中转中心，神马物流持地160亩建交投物流园。广西贺州市将快递物流园区项目建设纳入该市服务业工作重点任务，贺州局列为该市服务业发展部门联席会议成员单位。

**七是积极解决快递车辆通行难题。**天津局赴公安局开展座谈，为车辆临时停靠争取相关支持政策；汇总核查全市邮政快递车辆信息，共发放2444张2016年邮政快递车辆通行证。江西九江局与市交警部门共同商定了《九江市电动三轮及摩托快递车辆管理方案》，争取快递专用三轮电动与摩托车辆城区通行给予免禁行、免查处政策。鹰潭局通过市人大会议提出快递末端投递问题的议案，解决了干线快递车辆城区通行和城区车辆便捷通行的问题。广东韶关局专题报告保障快递电动三轮车上路通行问题，得到市政府领导批示，与市公安局协商具体操作事项。河池局与交警共同研究制定城区内快递电动三轮车统一标准。贵州贵阳局按照“统一车型、统一标识、统一服务标准、统一管理”的“四统一”模式，组织各快递企业开展新能源车辆申购工作，目前已有18家快递企业正式申报购买260辆。

**八是持续推进门店标准化建设。**福建局印发《关于开展快递营业网点达标验收工作的通知》，与省快递协会联合开展验收工作。江西南昌局、上饶局联合市协会开展标准网点验收工作，九江局制订《九江市快递作业流程制度化建设指导标准》。广东中山市局牵头制定《中山市电子商务物流配送示范企业和示范基地认定标准》和《中山市电子商务物流配送示范企业和示范基地管理办法》。广西梧州局印发《梧州市快递营业网点店容店貌专项整治测评查验标准》,快递业作为梧州市创建全国文明城市工作服务行业代表纳入考评。贵州贵阳局组织辖区快递从业人员1500余人开展快递行业服务规范培训,督促企业投资650万元升级改造15个快递品牌旗舰店、70个快递营业标准店,提升辖区快递服务窗口形象;完成《加快快递标准化门店建设工作方案》、《贵阳市快递标准化门店形象提升基本要求》、《标准化门店验收办法》、《验收标准》、《推广快递行业服务规范工作方案》及《实施培训方案》编制工作。

### 三、扎实履行行业安全监管职责

制定《2015年全国寄递渠道安全管理工作综合治理考核评价实施办法》,对各地各部门职责任务落实情况进行量化考评。扎实开展危爆物品寄递渠道清理整顿专项行动,会同中央综治办等15部门联合召开全国电视电话会议,部署在全行业加快实行"收寄验视＋实名收寄＋过机安检"三项寄递安全管理制度,并派人参加联合工作组赴相关省份进行督导检查、明查暗访。积极推进"绿盾"工程建设,开展项目前期调研论证,积极向国家发改委申请立项,逐步建设三级安全监管中心、安全执法平台、安全检查平台"**一中心两平台**"项目。修订完善《禁寄物品管理规定及指导目录》,研究制定《邮件、快件实名收寄实施办法》,正在公开征求意见。委托开展《邮政行业安检设备配置管理规范》课题研究,明确寄递企业安检设备的配置范围、技术标准、管理要求等。召开了北京、上海、广东、西藏、新疆等重点地区反恐怖防范座谈会议,加强重点地区反恐怖工作。全面开展安全生产大检查深化危险化学品和易燃易爆物品安全专项整治,集中查处寄递危险化学品和易燃易爆品等违法行为,组织开展安全大检查"回头看",下发通知对岁末年初安全生产工作进行全面部署,有效防范和坚决遏制重特大事故发生。督促寄递企业加快配置安检机,据不完全统计,全国寄递企业安检机已配备到位1903台。12月30日,就未按规定报送安全信息对中通、宅急送总部进行约谈告诫。对天津、山东、江苏、湖南4个省(市)开展寄递安全执法检查和综治考评实地抽查,综合运用座谈交流、查阅资料、实地抽查和实际测试等手段,评估安全法律法规和各项政策落实情况。

**一是完善寄递渠道综合治理工作机制。**天津局将邮件、快件寄递渠道安全管理纳入地方综治体系建设,推动9个区县成立寄递渠道安全管理领导小组。因积极协助公安机关成功破获寄递渠道违法案件,百世汇通天津分公司安委会、安全主管陈祺亮和天津局吴广磊获市公安综治部门通报表彰。江苏局联合综治办印发《关于在全省开展"平安寄递"创建活动的意见》,全面启动全省"平安寄递"创建活动。浙江局召开省寄递渠道安全管理领导小组第一次扩大会。福建局开展寄递安全管理工作综合治理考核,制定考核评价标准,在9地市开展自评并报省综治办。湖南局联合省综治办、公安厅、交通厅,分4组赴14个市州28个县市进行检查,深入了解企业落实安全制度和各职能部门履职情况。广东省政府设立快递业安全发展扶持资金,2016－2018年安排财政资金9000万元用于行业安全监管和发展工作。黑龙江七台河市政府出台《关于加强全市物流寄递安全管理工作的实施意见》,成立了由市综治、交通运输、邮政管理、国安、工信等9部门组成的物流寄递安全管理工作领导小组,进一步明确了市邮政管理局的主要监管责任。

**二是开展寄递渠道专项清理整顿,全面落实三项措施。**各地邮政管理部门制定实施方案,细化要求,全面推进"收寄验视＋实名收寄＋过机安检"三项制度的落实。湖北局联合省综治办组织召开全省炸药等易燃易爆管理整顿及物流寄递安全管理视频工作会和全省快递业务旺季服务保障暨危爆物品寄递清理专项行动电视电话会。吉林、甘肃、宁夏，湖北襄阳、黄石、黄冈、恩施，广东惠州、青海海西等局通过利用当地主流媒体进行宣传、参加政风行风栏目等多种方式，解读实名寄递等制度，展示专项行动成效，争取公众理解。江西上饶局组织邮政社会监督员通过窗口交寄和路边交寄两种方式对信州区16家企业收寄验视制度执行情况进行测试，共采集59个有效样本，总体收寄验视率为71%。南昌局印制了《关于执行邮件快件实名收寄制度的通告》，要求企业在所有网点营业场所的显著位置张贴。湖北恩施局对实名收寄工作进行专题培训，规范操作流程。黄冈局制作2000份监督服务牌和1000本《收寄验视操作手册》下发企业使用。湖南娄底局结合行业安全管理需要，建立完善《快递企业安全信息管理台账》。广东广州局争取市综治办专项拨款25万元用于寄递行业清理整顿专项行动宣传工作。

**三是坚持不懈抓好安全生产工作。**“9·30”柳城爆炸事件后，北京局放弃“十一”假期，10月2日至10月7日开展全员安全检查。吉林局召开全省寄递企业安全生产推进会，通报近期行业安全生产事件，对安全生产管理工作进行再部署再动员。江苏局印发《关于切实做好2016年元旦春节期间邮政业安全生产工作的通知》，切实加强重点环节监管。河南局10月20日至31日在全省开展安全生产大检查活动。黑龙江绥化局督导企业开展快递车辆专项检查。齐齐哈尔、佳木斯、伊春局组织辖区寄递企业观看《寄递安全宣传片》。广西桂林局在桂林电视台每天播放一次国家邮政局制作的《寄递安全宣传片》，进一步提高广大寄递用户和从业人员的安全意识。四川局带队省政府安委会第十督查组深入资阳、眉山市快递企业，开展危险化学品和易燃易爆物品安全生产专项整治综合督查。

**四是妥善处置邮政行业突发事件。**吉林局针对强降雪天气第一时间作出部署，各地（市）局由局领导亲自带队，顶风冒雪深入企业网点，对企业旺季服务保障、安全生产、投诉处理等情况逐一进行检查。黑龙江省内多地连降大雪，省市局上下联动多措并举保障冰雪天气寄递安全。上海局妥善处理了浦东三林申通快件积压事件，并约谈了申通总部。江西南昌局妥善处置江西汇通运输车辆高速自燃烧毁快件事故、全峰分拨中心堵门事件。鹰潭局妥善处置鹰潭汇通与总部经济纠纷停派快件事件。广东局、广州局妥善处置申通部分网点罢工事件。清远局协调处理快递电动三轮车被查扣事件。佛山局及时处置了顺德捷派速递公司杏坛网点员工停派快件事件，并对企业未按规定报告服务阻断情况进行查处。清远局对韵达、快捷快等网点扣件事件进行了妥善处置。中山局处理全峰、民邦、圆通快递网点扣件事件，处置了中通快递运输车辆起火、车辆运输通道受阻等事件。阳江、茂名、湛江等市局做好第22号强台风“彩虹”应对工作。“9·30”柳城爆炸事件后，广西柳州局积极协调公安部门及时客观发布权威信息，澄清案件事实，综合运用微信、微博、新闻APP等新媒体，积极开展辟谣工作，消除用户疑虑和社会恐慌，尽量减小对快递行业的不良影响。柳州快递协会搭建有效沟通平台，及时收集汇总企业运营相关信息，为柳州局各项决策提供依据，共同维护行业稳定。

**五是加强行业安全基础建设。**黑龙江局制定出台了《黑龙江省邮政行业安全信息报送规定》，进一步规范邮政业安全信息报送工作。浙江、安徽滁州、内蒙古通辽和广西百色、防城港、贵港、北海等地邮政管理部门相继组织开展邮政行业突发事件应急处置演练，进一步提升了邮政快递企业应急处置、快速反应、协同救援能力和相关部门之间联动协调能力。安徽局加强企业安全员队伍建设，至

2015年底,全省所有寄递企业均配备了专兼职安全员;组织第七期全省寄递企业负责人、安全员安全生产培训班,分别讲授寄递渠道治安管理、国家安全、民航运输禁寄物品等知识,提高企业安全防范能力。海南局举办邮政业安全生产培训班,解读《邮政业安全生产设备配置规范》等行业标准,邀请有关专家对邮政业禁毒、消防、“扫黄打非”、反恐等专项工作进行了讲解。安徽合肥市局制定了《合肥市寄递企业安全管理员制度》,要求企业专职安全员不得少于1人。阜阳、滁州、淮北、黄山等市局联合市安监等相关部门举办邮政业安全培训班,组织从业人员进行安全培训和消防应急演练。淮南市局梳理安全管理各项规定,编印《淮南市寄递渠道安全管理工作制度》。江西宜春局举办了全市邮政快递企业安全生产培训会议,全市寄递企业负责人共110余人参加了培训。广西北海局举办邮政业“法制大宣讲”专题讲座,邀请北海市“十佳律师”主讲,全行业共90余人参加了讲座。贵州黔东南局联合国安部门对辖区内33家企业进行培训,并联合州公安局印制下发450份实名收寄宣传牌。黔南局对辖区内182名从业人员进行安全培训,并制作《寄递安全动画片》宣传光碟100张发放给寄递企业。

**六是推动落实邮件快件过机安检制度。**天津局联合有关部门举办寄递企业安检机操作培训班,对全市寄递企业百余名安检操作人员进行业务培训。吉林省13个主要品牌寄递企业省级分拨中心均已配置了X光机,对尚未配置安检设备的企业进行约谈,明确提出工作要求。安徽局会同省综治办向省领导呈送《关于寄递渠道配置安检机有关情况的汇报》、《关于寄递渠道配置安检机协调会议有关情况的报告》并获批示,省综治办、省邮政管理局赴省财政厅协调安检机配置具体事宜;经省、市邮政管理部门积极推动和企业努力,全省安检机增配40余台。山东局向省政府报送了《关于报送“收寄验视+实名收寄+过机安检”工作推进情况的函》,提出了X光机财政补贴、推进省市邮政业安全中心和县级机构组建等建议;会同省综治办、公安厅下发《关于进一步推进过机安检工作的通知》。广东局联合综治部门向省政府专题请示对寄递企业配备X光机给予财政补贴,得到省财政6700万元财政资金支持。目前财政补贴资金已下达各市局,相关资金管理办法和申报工作计划正在有序推进。贵州局摸清全省安检机底数,统计安检机缺口及各企业快件过机安检渠道,撰写《关于申请财政资金支持落实邮件快件过机安检制度的请示》,汇报省政府、省政法委。陕西局向省政府报送了《关于申请安检设备配置专项资金的请示》,目前省政府已批示省财政厅牵头落实。青海省局积极开展调研,向综治部门报送《关于支持寄递行业安装安检设施项目的实施意见》,申请对省内快递企业分拨中心安检机配置给予资金支持。辽宁大连、丹东、营口等局积极与政府沟通协调,获得了政府专项资金支持。朝阳局认真摸查安检机配备现状,下达责令改正通知书40份,强力推进安检机配置工作。山东东营市政府财政补贴900万元,一次性解决全市寄递企业安检机配置工作。广东广州局争取市财拨付“广州市现代物流业发展专项资金”980万元,作为寄递企业购置X光机的专项补助。

**七是安全监管信息化再上新台阶。**天津局要求企业按照《邮政业车辆定位系统技术要求》为从事快递服务车辆安装定位系统,逐步将邮政快递车辆信息接入市邮政业信息中心。吉林局向省政府争取200万元专项资金,支持全省邮政业安全监管远程监控系统改造升级。江苏局积极推进江苏快递业安全监管与服务云平台项目,已完成专家审核与项目评审申报工作。浙江局会同公安部门做好寄递实名制试点工作信息系统开发和试用。福建局在全省推广实名制收寄系统和从业人员管理系统，在各地市组织培训班对寄递企业进行操作培训，目前共注册许可企业691家和网点1200家，登记从业人员10383名，共实名收寄53289票快件，单日实名收寄最高达4732票。江西局完成省级分拨中心监控第一期项目建设，接入9家快递企业分拨中心实时监控，与吉安和景德镇2个市局实现远程视频共享。广西局邮政业安全监控中心正式建成并投入使用，全部地市局均配备启用了安全监控中心，实现了与区内较大的邮件处理中心、快件分拣中心及规模以上寄递企业营业场所视频系统的专线连接。

**八是做好重大活动保障和专项工作。**浙江局做好国际快递大会（桐庐）和世界互联网大会（桐乡）等活动期间寄递渠道安保工作。广东局组织开展第二届世界互联网大会、上合组织成员国政府首脑（总理）理事会第十四次会议期间寄递渠道安全保障专项检查。陕西局联合省反恐办印发《陕西省寄递渠道反恐怖防范工作标准》，推进反恐工作标准化。江西上饶局于10月底通过寄递企业举报发现一起寄递子弹和枪械配件的案件，缴获子弹4000余发，猎枪8支。鹰潭局与国安、公安部门密切合作，查核企业上报可疑信息7条，查获非法寄递勒索信件100封、气枪1支、猎枪2支、铅弹3.18公斤和毒品2包（由此线索查货毒品1公斤、麻古2000粒）。

**九是切实维护用户信息安全。**黑龙江局组织开展了全省范围内的寄递详情单集中销毁工作，共销毁过期寄递详情单1.16亿件，约85.67吨，涉及寄递企业52家。广东河源局协调造纸企业与寄递企业签订保密协议，开展快递面单集中销毁工作。惠州局指导各寄递企业建立寄递详情单销毁工作制度，实现该项工作的常态化。

## 四、依法做好快递业务经营许可工作

第四季度，国家局发放快递业务经营许可25件，其中跨省（区、市）经营快递业务企业1家，经营国际快递业务企业24家。

2015年全年，国家局新核准跨省（区、市）经营快递业务企业6家，经营国际快递业务企业93家；省（区、市）局新核准快递企业3952家。全年注销许可证315件。换证工作启动以来，广大快递企业依法认真办理许可延续手续，截至2015年12月，全国邮政管理部门合计换发许可证4689件，其中国家局292件。

升级改造许可管理信息系统，实现全流程网上办理。目前，快递业务经营许可信息系统现有企业活跃用户5万余个（含分支机构），邮政管理部门用户2023个，已经成为国家局系统中用户数量最庞大、业务应用最频繁的应用系统。通过改造升级，完成了对许可准入、许可变更、年度报告、许可证到期换证、许可证注销、分支机构备案等核心业务的全面升级，实现了全流程网上办理。在福建开展部分省份快递业务经营许可管理信息系统新功能测试讨论，收集许可系统运行过程中的意见建议。江苏局组织快递业务经营许可培训班，全面讲解了各类快递业务经营许可申请条件、审核要点、审批流程，重点结合《邮政行业安全生产设备配置规范》的有关规定，明确了处理场所、营业场所实地核查要求，进一步统一了全省核查工作标准。辽宁朝阳局印发《快递业务经营许可审批流程及岗位职责规定》，规范审批流程。

## 五、全面提升快递服务质量与能力

**一是深入推进规范和清理快递企业经营范围工作。**2015年全国邮政管理部门阶段任务数量共2840家企业/地市，截至12月31日，已完成2613家，工作完成率92%。目标外1450家企业/地市已规范和清理1061家，完成率73.17%。六大品牌申通、圆通、中通、汇通、韵达、天天在

337个地市已覆盖自有网络1867家，停止21个企业/地市的快递业务，剩余134家企业/地市未完成，自有网络覆盖率达92.33%。内蒙古呼伦贝尔市局开展快递末端投递服务网点规范清理工作。

**二是依法加强国家机关公文寄递管理。**安徽局向省政府呈送《关于请求印发加强和规范国家机关公文寄递管理通知的请示》。经积极推动和持续跟进，12月18日，安徽省委办公厅、省政府办公厅印发《关于进一步规范党政机关公文传递管理的通知》。四川局与省委保密局、国家安全厅联合印发《关于进一步加强国家机关公文寄递管理的通知》。陕西局联合省国家保密局下发《关于进一步加强国家机关公文寄递管理的通知》。安徽宿州局联合市国家保密局联合下发了《关于进一步规范国家机关公文寄递管理的通知》。

**三是圆满完成快递服务质量专项整治工作。**专项整治工作期间，全国各级邮政管理部门共查处野蛮分拣744次，露天作业773次，快件丢失损毁2822次，格式合同不规范209次，末端投递服务不规范3318次，违反申诉处理规定619次，快件延误4326次，其他2059次；责令整改3746次，行政处罚606件，罚款339.87万元。通过快递服务质量整治，企业服务质量管理水平有效提升，操作流程更加规范，硬件设施配备愈加齐全，员工素质显著提高，快递业形象明显改善，消费者体验进一步改进，申诉率大幅下降，社会满意度稳步上升。

**四是继续开展快递服务质量监测。**2015年快递服务总体满意度得分为74.0分，较2014年提升0.3分，服务水平稳步提升。其中，公众满意度为79.4分，时测满意度为68.5分。快递服务时限水平出现双改善，全程时限为59.20小时，同比缩短0.21小时，72小时准时率7为73.85%，同比提升1.84个百分点。按不同寄送距离观测，与2014年相比，寄送距离在1000～2000公里和2000～3000公里（业务量占比近七成）的快件全程时限和72小时准时率同步得到改善。2015年“国内异地快递服务时限48小时准时率”的均值为47.83%，被测城市间近一半快递可于两日内送达。东部平均时限为56.39小时，同比延长2.14小时；中部平均时限为59.80小时，西部平均时限为63.38小时，分别缩短了0.47小时和8.23小时，快递“向西”成效显著。

## 六、加强市场监督检查和执法

加大监督检查和行政执法工作力度。加强对各省局的指导和督促，以监督检查和行政执法为抓手深入推进邮政市场事中事后监管工作。第四季度，全国邮政管理部门共开展邮政市场执法检查29643次，出检天数8457天，查处违法违规行为3921次，下达行政处罚决定1125份，罚款金额505.38万元。

2015年，全国邮政管理部门共开展邮政市场执法检查97941次，出检天数27501天；查处违法违规行为为13671次，环比下降26.78%；下达行政处罚决定2801份，环比增长28.60%；罚款金额1461.80万元，环比增长33.82%。

## 七、提升履职能力，创新监管手段

在四川成都召开邮政市场事中事后监管工作座谈会，就做好2016年邮政市场事中事后监管工作听取省局、地市局市场监管干部意见，刘君副局长参加座谈并发表讲话。印发《关于做好跨区域协作监管工作的通知》。督促各级邮政管理部门通过行政执法管理信息系统对执法信息进行公开，共公开约谈告诫信息20条，责令改正信息291条，行政处罚信息70条。11月，在石家庄、深圳、成都和兰州分别组织举办行政执法管理信息系统培训。印发《关于做好邮政行政执法管理系统正式应用工作的通知》，全面部署行政执法系统应用工作。在日常工作中通过RTX、QQ群和培训班等形式，解答各级邮政管理部门咨询，认真收集意见建议，审核地方案由，及时协调研发部门解决系统使用过程中遇到的问题。

**一是不断探索完善监管体制。**上海市出台了《邮政市场行政执法监督考核管理办法（暂行）》、《行政执法问责制（暂行）》和《关于进一步加强邮政市场行政执法工作若干意见》。河南局制定《河南省邮政管理局邮政行政执法信息公开制度（暂行）》，明确了邮政行政执法信息公开的主要内容和基本要求。陕西局印发《2015年全省邮政市场监管工作考核评价实施方案》，组织开展各市局市场监管考评工作。

**二是继续提升履职能力。**黑龙江局举办了全省邮政市场监管行政执法能力培训班，13个市（地）局近40名行政执法人员参加了培训，详细讲解了更新后的行政执法信息系统操作应用，细致剖析了典型执法案例，深入解读了《邮政业安全生产设备配置规范》和《邮政行业安全监督管理办法》。绥化局组织开展邮政行政处罚案卷评查工作。浙江局召开执法典型案例交流会。贵州毕节局以培训为主线，开展从业人员职业道德培训和“送培训下县”活动，并总结了“一看房、二看墙、三看安防良不良、四看培训强不强”的“四看”工作法。

**三是创新行业管理手段。**出台《关于加强快递业信用体系建设工作的若干意见》，对行业信用体系建设工作进行全面部署。《快递码号管理办法（试行）》和《快递码号编码规则（试行）》通过局长专题会审议。江苏徐州市71家快递企业全部纳入徐州市公共信用信息系统管理，主体标识信息和行政处罚信息两类共18项数据列入采集范围。广东局制定了行业诚信考核信息系统开发计划，并委托发展研起草系统项目功能需求说明书。广州局对48家企业进行考核评分，对“双11”期间媒体报道有关企业失信行为在诚信体系考核中扣分。东莞局与协会联合开展评选“2015年东莞市快递诚信企业”活动。广西钦州局启动钦州市首届“最美快递员”评选活动。

# 2015年上半年邮政市场行政执法情况通告

## 一、总体情况

2015年上半年，全国各级邮政管理部门加大邮政市场监督检查和行政执法工作力度，出动执法人员92135人次，执法检查39581次，检查单位39581家次，出检天数11478天，查处违法违规行为5768次，办理邮政市场行政处罚案件897件，罚款500.41万元。其中，寄递市场案件890件，邮政用品用具市场案件7件。

按照邮政市场行政处罚案件类别统计，七类案件数量依次为：邮政行业安全监管类439件，占比47.31%；快递业务经营许可类354件，占比38.15%；快递服务质量监管类126件，占比13.58%；邮政用品用具市场监管类7件，市场秩序类2件（表3-1）。

**表3-1 案件类别统计表**

| 序号 | 类　别 | 数量（件） | 占比（%） |
|---|---|---|---|
| 1 | 邮政行业安全监管类 | 439 | 47.31 |
| 2 | 快递业务经营许可类 | 354 | 38.15 |
| 3 | 快递服务质量监管类 | 126 | 13.58 |

续上表

| 序号 | 类　别 | 数量(件) | 占比(%) |
|---|---|---|---|
| 4 | 邮政用品用具市场监管类 | 7 | 0.75 |
| 5 | 市场秩序类 | 2 | 0.22 |
| 6 | 集邮市场监管类 | 0 | 0 |
| 7 | 行政管理秩序类 | 0 | 0 |
| 合计 | | 928 | 100.00 |

注:因存在一案多由情况,故案由数量大于实际案件数量。

按照处罚种类统计,上半年各级邮政管理部门共作出警告18次,罚款837次,责令停产停业52次,吊销许可证1次(表3-2)。

## 二、常见违法行为

按照案由使用次数统计,邮政市场案件中排名前十的违法行为分别是安全设备使用不符合国家或行业标准163件,占比17.56%;设立分支机构未备案114件,占比12.28%;未按规定办理变更手续73件,占比7.87%;未按规定对从业人员进行安全生产教育和培训60件,占比6.47%;未按期提交年度报告书57件,占比6.14%;未按规定分拣作业48件,占比5.17%;不执行收寄验视制度44件,占比4.74%;安全设备安装不符合国家或行业标准37件,占比3.99%;委托未经许可企业经营34件,占比3.66%;违反快递服务标准29件,占比3.13%(表3-3)。

**表3-2　行政处罚种类统计表**

| 序号 | 处 罚 种 类 | 数量(次) |
|---|---|---|
| 1 | 警告 | 18 |
| 2 | 罚款 | 837 |
| 3 | 责令停产停业 | 52 |
| 4 | 吊销许可证 | 1 |

**表3-3　案由使用量统计表**

| 序号 | 案　由 | 数　量 | 占比(%) |
|---|---|---|---|
| 1 | 安全设备使用不符合国家或行业标准 | 163 | 17.56 |
| 2 | 设立分支机构未备案 | 114 | 12.28 |
| 3 | 未按规定办理变更手续 | 73 | 7.87 |
| 4 | 未按规定对从业人员进行安全生产教育和培训 | 60 | 6.47 |
| 5 | 未按期提交年度报告书 | 57 | 6.14 |
| 6 | 未按规定分拣作业 | 48 | 5.17 |
| 7 | 不执行收寄验视制度 | 44 | 4.74 |
| 8 | 安全设备安装不符合国家或行业标准 | 37 | 3.99 |
| 9 | 委托未经许可企业经营 | 34 | 3.66 |
| 10 | 违反快递服务标准 | 29 | 3.13 |
| 11 | 未经许可经营快递业务 | 28 | 3.02 |
| 12 | 未整改重大安全隐患 | 23 | 2.48 |
| 13 | 未按要求维护、保养和检测安全设备 | 22 | 2.37 |
| 14 | 违反加盟管理规定 | 22 | 2.37 |
| 15 | 未按规定报送企业运营信息 | 17 | 1.83 |

续上表

| 序号 | 案　由 | 数　量 | 占比(%) |
|---|---|---|---|
| 16 | 未按规定办理备案手续 | 16 | 1.72 |
| 17 | 未按规定公示服务承诺 | 15 | 1.62 |
| 18 | 未制订突发事件应急预案 | 10 | 1.08 |
| 19 | 超地域范围经营 | 10 | 1.08 |
| 20 | 其他 | 106 | 11.42 |
| 合计 | | 928 | 100.00 |

注:因存在一案多由情况,故案由数量大于实际案件数量。

（一）邮政行业安全类案件

2015 年上半年,寄递企业在邮政行业安全监管方面的违法案件占全部违法案件的 47.31%。安全设备使用不符合国家或行业标准 163 件,占比 17.56%;未按规定对从业人员进行安全生产教育和培训 60 件,占比 6.47%;不执行收寄验视制度 44 件,占比 4.74%;安全设备安装不符合国家或行业标准 37 件,占比 3.99%;未整改重大安全隐患 23 件,占比 2.48%;未按要求维护、保养和检测安全设备 22 件,占比 2.37%;未按规定报送企业运营信息 17 件,占比 1.83%;未制订突发事件应急预案 10 件,占比 1.08%;其他 63 件,占比 6.79%。

（二）快递业务经营许可类案件

2015 年上半年,快递企业在快递业务经营许可方面的违法案件占全部违法案件的 38.15%。设立分支机构未备案 114 件,占比 12.28%;未按规定办理变更手续 73 件,占比 7.87%;未按期提交年度报告书 57 件,占比 6.14%;委托未经许可企业经营 34 件,占比 3.66%;未经许可经营快递业务 28 件,占比 3.02%;未按规定办理备案手续 16 件,占比 1.72%;超地域范围经营 10 件,占比 1.08%;其他 22 件,占比 2.37%。

（三）快递服务质量监管类案件

2015 年上半年,快递企业在服务质量方面的违法案件占全部违法案件的 13.58%。未按规定分拣作业 48 件,占比 5.17%;违反快递服务标准 29 件,占比 3.13%;违反加盟管理规定 22 件,占比 2.37%;未按规定公示服务承诺 15 件,占比 1.62%;未按规定和标准处理无着快件 6 件,占比 0.65%;违法扣留用户快件(邮件)3 件,占比 0.32%;未按规定处理用户申诉 2 件,占比 0.22%;未及时处理用户投诉 1 件,占比 0.11%。

（四）其他

邮政用品用具监管类案件 7 件,市场秩序类案件 2 件。

# 2015 年邮政市场行政执法情况通告

## 一、总体情况

2015 年,全国邮政管理部门继续加大邮政市场检查和行政执法工作力度,全年出动执法人员 237537 人次,执法检查 97941 次,检查单位 97941 家次,出检天数 27501 天,查处违法违规行为 13671 次,同比下降 26.78%;下达行政处罚决定 2801 份,同比增长 28.60%;罚款金额 1461.804 万元,同比增长 33.82%。其中,寄递市场案件 2790 件,邮政用品用具市场案件 11 件。

按照邮政市场行政处罚案件类别统计,五类案件数量依次为:邮政行业安全监管类 1471 件,快递业务经营许可类 1023 件,快递服务质量监管类 367 件,邮政用品用具市场监管类 11 件,市场秩序类4件(表3-4)。

按照处罚种类统计,全年各级邮政管理部门共作出警告51次,罚款2562次,责令停产停业218次,吊销许可证5次(表3-5)。

**表3-4 案件类别统计表**

| 序号 | 类　别 | 数量(件) | 占比(%) |
|---|---|---|---|
| 1 | 邮政行业安全监管类 | 1471 | 51.15 |
| 2 | 快递业务经营许可类 | 1023 | 35.57 |
| 3 | 快递服务质量监管类 | 367 | 12.76 |
| 4 | 邮政用品用具监管类 | 11 | 0.38 |
| 5 | 市场秩序类 | 4 | 0.14 |
| 合计 | | 2876 | 100.00 |

注:因存在一案多由情况,故案由数量大于实际案件数量。

**表3-5 行政处罚种类统计表**

| 序号 | 处 罚 种 类 | 数量(次) |
|---|---|---|
| 1 | 警告 | 51 |
| 2 | 罚款 | 2562 |
| 4 | 责令停产停业 | 218 |
| 5 | 吊销许可证 | 5 |

## 二、常见违法行为

按照案由使用次数统计,邮政市场案件中排名前十的违法行为分别是设立分支机构未备案(435件,占比15.13%)、安全设备使用不符合国家或行业标准(314件,占比10.92%)、未按规定对从业人员进行安全生产教育和培训(297件,占比10.33%)、未按规定办理变更手续(234件,占比8.14%)、不执行收寄验视制度(183件,占比6.36%)、未按规定分拣作业(161件,占比5.60%)、未按要求报送监控资料(119件,占比4.14%)、未按期提交年度报告书(105件,占比3.65%)、安全设备安装不符合国家或行业标准(101件,占比3.51%)、委托未经许可企业经营(89件,占比3.09%)(表3-6)。

**表3-6 案由使用量统计表**

| 序号 | 案　由 | 数量(件) | 占比(%) |
|---|---|---|---|
| 1 | 设立分支机构未备案 | 435 | 15.13 |
| 2 | 安全设备使用不符合国家或行业标准 | 314 | 10.92 |
| 3 | 未按规定对从业人员进行安全生产教育和培训 | 297 | 10.33 |
| 4 | 未按规定办理变更手续 | 234 | 8.14 |
| 5 | 不执行收寄验视制度 | 183 | 6.36 |
| 6 | 未按规定分拣作业 | 161 | 5.60 |
| 7 | 未按要求报送监控资料 | 119 | 4.14 |
| 8 | 未按期提交年度报告书 | 105 | 3.65 |
| 9 | 安全设备安装不符合国家或行业标准 | 101 | 3.51 |
| 10 | 委托未经许可企业经营 | 89 | 3.09 |
| 11 | 未整改重大安全隐患 | 77 | 2.68 |
| 12 | 违反加盟管理规定 | 62 | 2.16 |
| 13 | 未按要求维护、保养和检测安全设备 | 60 | 2.09 |

续上表

| 序号 | 案　　由 | 数量(件) | 占比(%) |
|---|---|---|---|
| 14 | 违反快递服务标准 | 58 | 2.02 |
| 15 | 未制订突发事件应急预案 | 55 | 1.91 |
| 16 | 未按规定报送企业运营信息 | 53 | 1.84 |
| 17 | 未经许可经营快递业务 | 53 | 1.84 |
| 18 | 未按规定公示服务承诺 | 43 | 1.50 |
| 19 | 未按规定办理备案手续 | 42 | 1.46 |
| 20 | 违反有关禁限寄规定收寄快件(邮件) | 36 | 1.25 |
| 21 | 违规收寄不能确定安全性的物品 | 33 | 1.15 |
| 22 | 超地域范围经营 | 32 | 1.11 |
| 23 | 其他 | 234 | 8.14 |
| 合计 | | 2876 | 100.00 |

注:因存在一案多由情况,故案由数量大于实际案件数量。

(一)邮政行业安全监管类案件

2015 年,寄递企业在邮政行业安全监管方面的违法案件占全部违法案件的 51.15%。安全设备使用不符合国家或行业标准 314 件,占比 21.35%;未按规定对从业人员进行安全生产教育和培训 297 件,占比 20.19%;不执行收寄验视制度 183 件,占比 12.44%;未按要求报送监控资料 119 件,占比 8.09%;安全设备安装不符合国家或行业标准 101 件,占比 6.87%;未整改重大安全隐患 77 件,占比 5.23%;未按要求维护、保养和检测安全设备 60 件,占比 4.08%;未制订突发事件应急预案 55 件,占比 3.74%;未按规定报送企业运营信息 53 件,占比 3.60%;违反有关禁限寄规定收寄快件(邮件)36 件,占比 2.45%;违规收寄不能确定安全性的物品 33 件,占比 2.24%;其他 143 件,占比 9.72%。

(二)快递业务经营许可类案件

2015 年,寄递企业在快递业务经营许可方面的违法案件占全部违法案件的 35.57%。设立分支机构未备案 435 件,占比 42.52%;未按规定办理变更手续 234 件,占比 22.87%;未按期提交年度报告书 105 件,占比 10.26%;委托未经许可企业经营 89 件,占比 8.70%;未经许可经营快递业务 53 件,占比 5.18%;未按规定办理备案手续 42 件,占比 4.11%;超地域范围经营 32 件,占比 3.13%;委托无快递业务经营资质的个人经营快递业务 19 件,占比 1.86%;其他 14 件,占比 1.37%。

(三)快递服务质量监管类案件

2015 年,寄递企业在服务质量方面的违法案件占全部违法案件的 12.76%。未按规定分拣作业 161 件,占比 43.87%;违反加盟管理规定 62 件,占比 16.89%;违反快递服务标准 58 件,占比 15.80%;未按规定公示服务承诺 43 件,占比 11.72%;未按规定填写快递运单 23 件,占比 6.27%;未按规定和标准处理无着快件 11 件,占比3.00%;违法扣留用户快件(邮件)5 件,占比 1.36%;其他 4 件,占比 1.1%。

(四)其他

邮政用品用具监管类 11 件,市场秩序类 4 件。

# 第二章 2015年市(地)邮政管理工作综述

2015年,各市(地)邮政管理局在国家邮政局和各省(区、市)邮政管理局的坚强领导下,开拓创新、务实进取,主动适应经济新常态,积极融入地方,服务经济社会发展,行业发展环境持续优化,管理水平不断提升,社会影响日益增强。

## 一、融入地方,行业发展迎来机遇期

在电子商务的带动下,快递业近年来保持了持续稳定高速增长。与此同时,快递业的发展,也为包括电子商务在内的多种业态提供了强有力的支撑和保障。在经济新常态下,各地各级政府也已经意识到发展快递业对于地方经济社会发展和保障民生的重要意义。以此为契机,各市(地)邮政管理局主动作为,积极融入地方,行业发展渐入佳境。

2015年是"十二五"规划的收官之年,也是谋划"十三五"规划的关键之年。各市(地)邮政管理局主动向当地政府主要领导汇报工作,争取理解和支持,将促进快递业发展的内容写入当地"十三五"规划。

山西省晋中市政府在同意将市邮政业发展"十三五"规划纳入全市总体规划的批复中指出,邮政业作为国民经济发展中的重要产业,肩负着推动地方经济发展、服务保障民生的重任,亟需纳入市国民经济和社会发展"十三五"规划体系,并作为全市"十三五"期间专项规划之一予以发布。市邮政业发展"十三五"规划编制具有极强的前沿性和专业性,市发改委需对规划编制工作进行专项统筹协调,相关部门应本着高度的责任感对晋中市邮政管理局的工作给予支持与配合。

山西省临汾市政府第73次常务会议决定将市邮政业发展"十三五"规划纳入城市总体规划。同时,明确将临汾市邮政管理局列为市邮政业专项规划的牵头部门,进一步提升规划编制的协调性和科学性。作为城市总体规划的重要组成部分,市邮政业专项规划将与总体规划同步研究论证、同步部署实施。

内蒙古自治区兴安盟邮政管理局按照自治区邮政管理局和兴安盟行署"十三五"规划编制要求,积极动员部署,成立了行业规划编制工作领导小组,制订了《兴安盟邮政业发展"十三五"规划编制工作方案》,主动与相关部门沟通协调,积极与企业座谈,下基层调研,稳步推进盟邮政业发展"十三五"规划编制工作。兴安盟行署将盟邮政业发展"十三五"规划纳入全盟专项规划体系,由盟行署统一审核、发布。

四川省巴中市邮政管理局坚持"两手抓,两手都要硬"的工作思路。一方面,围绕市邮政业目前状况和发展趋势,积极参与融入全市中心工作,不断提高社会知名度,广泛听取社会各界的意见和建议,收集整理市邮政业"十三五"规划编制的数据和资料,为规划编制工作奠定基础;另一方面,主动向市委、人大、政府、政协主要领导进行汇报,积极与市发改委、财政局、规划局、交通运输局、商务局、现代服务业管理办公室等部门沟通协调,争取各方支持,保障规划编制工作的顺利开展。巴中市委、市政府将市邮政业发展"十三五"规划纳入全市"十三五"专项规划体系,并拨付专项经费8万元,用于保障行业规划编制工作顺利开展。

河北省《唐山市国民经济和社会发展第十三个五年规划纲要》明确提出,要加快发展邮政、快递服务,推进市邮政业转型升级,提质增效。构建覆盖城乡、惠及全民、水平适度、可持续发展的邮政服务体系,实现乡乡设所、村村通邮,增强政府保障公共服务的能力。要积极构建技术先进、服务优质、安全高效、绿色节能的快递服务体系，以“互联网+”快递为发展方向，培育壮大市场主体，积极融入并衔接综合交通体系，拓展服务网络范围，实现乡乡有网点、村村通快递。要充分发挥快递业在降低流通成本、支撑电子商务、服务生产生活、扩大就业渠道等方面的积极作用，进一步搞活流通、拉动内需，服务大众创业、万众创新，培育现代服务业新的增长点。要加强行业监管，规范市场秩序，优化发展环境，切实保障全市寄递渠道安全。

## 二、部门联动，营造良好政策环境

2015年，为推动国家邮政局与相关部委、省局与相关厅局促进快递业发展的政策落地。各市（地）邮政管理局横向开展工作，主动与地方相关部门对接，通过部门联动，形成发展合力，为行业发展营造良好政策环境。

四川省泸州市政府印发的《关于推进国家电子商务基地建设　加快电子商务发展的实施意见》中，明确泸州市邮政管理局局长为全市推进电子商务发展工作领导小组成员。该市邮政管理局以此为契机，加强与相关部门的沟通协调，细化具体措施，推动电商快递发展利好政策落地，促进市邮政业持续健康发展。

陕西省宝鸡市出台《关于进一步做好新形势下就业创业工作的实施意见》，提出实施就业优先战略，鼓励开办电子商务、网络营销等新型企业。市邮政管理局主动跟进各县（区）对《实施意见》的落实工作，推动快递企业与电子商务、网络营销等新型企业进行业务联系，实现战略合作。同时，鼓励有条件的快递企业自建或与电商企业共建电商平台，实现横向、多样化发展，为“快递下乡”奠定基础，为推进新农村建设和惠民生工程作出积极贡献。

陕西省榆林市邮政管理局与市交通运输局签订了交邮战略合作框架协议，以进一步深化邮政管理部门与地方交通运输部门的协作，充分发挥综合运输体系的整体效能，实现邮政业与综合交通运输体系的深度融合。根据协议，双方将引导市运输集团与邮政、快递企业利用各自站点和网点优势，开展市—县、县—乡的快件干线运输，客运快件落地配送，客运站代理快递服务，以及邮政、快递企业适时加载代售客票等便民利民业务。

贵州省贵阳市邮政管理局积极推动政府办公厅印发《贵阳市开展电子商务与物流快递协同发展试点工作方案》，成立以市政府主要领导为组长，有关部门和各区（市、县）政府负责人为成员的领导小组，并由市商务局、财政局和邮政管理局牵头试点工作。《方案》提出，把握电商与物流快递协同发展的重点任务，着力实施物流快递基础设施改造提升工程、新能源物流快递车辆推广工程、快递“最后一公里”提效便民工程、快递业服务提升工程、电商培育工程、电子商务服务链构建工程等六大重点工程。作为匹配，还出台了《贵阳市物流快递投递车辆交通通行管理规定》等行政管理措施。

广东省汕尾市快递业的发展迅速，引起了相关部门的关注。汕尾市邮政管理局根据《广东省商务厅、广东省财政厅关于印发2014年省级广货网上行专项资金（电子商务支撑服务体系模式创新专项）项目计划基申报指南的通知》，主动与市商务部门联系，同时加强对申报扶持资金快递企业的把关筛选，最终获得扶持资金15万元，各快递企业均获资金1万元。

河南省濮阳市邮政管理局联合市商务局印发《关于“快递下乡”与农村电子商务协同发展实施意见》。明确市邮政管理局与市商务局建立“快递下乡”与农村电子商务协同发展联席会议制度，共同制定市“快递下乡”和农村电子商务政策目标，及时研究重大问题，加强工作检查指导，总结推广好的经验做法，推进全市快递物流与电子商务协同发展。根据《实施意见》，到2016年基本建立与农村电子商务发展相适应的乡镇快递网络，形成覆盖城乡、配套衔接、布局合理、便民惠民的快递骨干网和末端投递网。

福建省莆田市邮政管理局与市经信委就推动快递业与电商、实体经济协同发展进行座谈交流，反馈快递企业建立与电商、实体产业间沟通合作平台的意愿，建议通过政府相关部门搭台，为行业联动发展创造条件，获得了市经信委的高度认同。双方还就推动实体产业“触电”、做大做强电商，强化物流支撑等问题进行了深入探讨，并形成产业融合发展的意见。一是建立联席会议制度。由市经信委牵头，联合商务、农业、海洋渔业等部门参与，通过部门间有效沟通、互通信息，科学预警，协调联动，推动行业融合发展。二是建立信息共享制度。建立快递、电商、农业、制造业、工艺美术等产业互动沟通平台，定期举办产业融合发展座谈会，充分利用各行业优势资源，促进企业合作共赢。三是争取政策支持。相关部门联合向市政府争取推动产业融合发展的支持政策。

## 三、聚焦发展，重点工程取得实质性成果

2015 年全国邮政管理工作会议提出了建设普惠邮政、智慧邮政、安全邮政、诚信邮政、绿色邮政的目标。各市(地)邮政管理局以建设“五个邮政”为抓手，聚焦发展，扎实开展工作，各项重点工程稳步推进，并取得实质性成果。

辽宁省辽阳市邮政管理局大力推进“普惠邮政”建设，积极引导快递企业“向下”延伸。通过召开快递企业动员会，鼓励规模以上快递企业积极在乡镇地区建设新网点，小型企业可与当地村邮站、手机销售网点、超市等网点合作，提高快件运转效率、服务水平和网点发展能力；引导具备实力的快递企业加快乡(镇)网点拓展，实现快递服务网络全覆盖，鼓励支持企业拓展业务，向农村发展；通过统计专项调查全面了解全市网络型快递企业服务乡镇的数量和覆盖率等基础数据，掌握行业发展现状及布局，分步促进快递企业“下乡”开展业务；积极向市政府争取相关扶持政策，鼓励快递企业向农村地区延伸服务网络。全力实施“快递下乡”工程，全市乡镇快递网点覆盖率达到 90% 以上。

吉林省白城市邮政管理局积极探索“快递下乡”新思路，充分利用乡镇邮政网点资源和运力，推动快递企业与邮政企业合作服务“三农”，并在洮南市启动了“快邮合作”试点工作。10 家快递企业与邮政企业签订了初步合作协议。根据协议，洮南市邮政分公司利用邮政网点分布广、邮车定时定点和专业人员等优势，助力快递企业“下乡”，利用邮政物流的配送体系将快件配送到农村，打通农村物流“下乡进城”的双向快捷通道，有效地解决“快递下乡”投递“最后一公里”问题，让广大农民切实享受到更加优质便捷的快递服务。

江苏省徐州市邮政管理局积极打造村邮站农村综合服务平台，推动村邮站与阿里“村淘”店融合发展。此次合作实现了“三结合”：一是场地使用、布局相结合，使用共同的场地，但是划分不同的功能区，提高了场地使用效率。二是人员选用相结合，村邮员同时也是阿里“村淘”合伙人，充分发挥人才优势。三是线上与线下相结合，村民可以在村邮站内实现网上购物、店内取货的一站式服务。通过打造综合服务平台，提高了村邮站的影响力，充分调动村邮员的创业积极性，也给农民提供了全新的购物体验，方便了群众生活。

浙江省杭州市邮政管理局联合市邮政公司和快递企业共同建设“农村电商代投平台”，合力助推“快递下乡”取得初步成效。杭州韵达、中通、百世等 19 家快递企业成功“牵手”邮政企业，合力打造“农村电商代投平台”。双方就交接手续、服务深度、运送时限、信息查询反馈、委托代投赔偿等达成合作共识。快递企业每日将无法上门投递的偏远农村快件运至邮政企业。邮政企业在规定时间内投递至指定的邮政支局所或村邮站，由营投人员或村邮员负责派送到户。

福建省莆田市委、市政府印发《关于进一步加快产业转型升级的实施方案》，提出要大力发展生产性服务业，将快递物流作为产业转型的重要服

务支撑，促进制造业、商贸业与物流联动发展。莆田市邮政管理局积极落实《实施方案》，与相关部门建立产业协同发展沟通机制，搭建产业协同发展平台，引导快递企业参与上下游产业并提供综合服务，强化地方产业转型支撑作用。

广东省茂名市邮政管理局联合市商务局、海关召开会议，探讨推进全市跨境电商发展工作，会议决定，由市邮政 EMS 牵头制订在茂名建立跨境贸易电商分拣清关中心的可行性研究报告，再由邮政管理、商务、海关三部门统筹研究推进。会议达成共识，将积极支持茂名电商、快递企业参与跨境电商工作，针对全市快递业务量实际，海关还可以适时采取专人进驻等形式提供便捷服务。

湛江市邮政管理局积极推动成立湛江进出境快件监管中心，改变了湛江及粤西地区所有进出口国际邮（快）件必须经过广州、深圳国际邮件互换局清关的现状，未来将打造成为连接粤西等周边地区与东盟的重要国际物流集散节点，对服务湛江及粤西等周边地区的外向型经济发展也将起到积极作用。这填补粤西地区国际邮包业务空白，标志着湛江市快递“向外”发展取得重大突破。

## 四、强化责任，全力保障寄递渠道安全

管行业必须管安全。这已经是各级邮政管理部门的共识。2015 年，面对邮政行业寄递渠道安全管理工作的新情况新要求，作为三级邮政管理体制“一线指挥部”的各市（地）邮政管理局在已经建立寄递渠道安全领导小组的基础上，以守土有责的信念，抓好“实名收寄 + 收寄验视 + 过机安检”三项制度，督促企业落实安全管理的主体责任，寄递渠道安全得到有效保障，圆满完成各项重大活动的安保工作。

安徽省合肥市邮政管理局在全国省会城市率先组建邮政业安全监管中心。安全监管中心的监控平台一期项目于 2015 年 9 月初建成运行，行业运行安全的监测预警和应急管理能力得以根本性提升。制定了《合肥市寄递企业安全员管理制度》，建立了企业安全员队伍，截至 2015 年底，全市已有 160 名安全员经培训上岗。推动邮政企业、快递企业采购或租赁新能源汽车，目前已有 20 余辆邮政（快递）新能源汽车投入使用。出台智能快件箱运营管理办法，加强登记备案和安全监管。

河北省秦皇岛市市委常委会专题研究部署加强全市寄递渠道安全防范工作，要求市邮政管理局严格督导落实收寄验视、实名收寄、过机安检“三个 100%”制度。市邮政管理局组织召开了全市邮政、快递企业负责人工作会议，对寄递渠道安全工作提出三点要求。一是全面落实“三个 100%”制度。二是全面加强寄递渠道反恐和查处非法寄递行为。要求各企业认真贯彻落实《寄递渠道反恐怖工作标准》，加强反恐和查堵禁寄物品能力，对寄递渠道中发现的禁寄物品一律不予收寄，对无法确认的，要及时向相关部门报告。三是全面整治寄递渠道违法经营行为。市局将对全市范围内寄递企业进行检查，对违法违规行为坚决予以严处。

河北省邢台市邮政管理局被列为双随机抽查规范事中事后监管领导小组成员单位。以此为契机，市邮政管理局建立健全“两库一单”，实行动态管理及时更新，确保监管对象齐全，监管人员合格，监管事项合法；规范执法检查流程。根据业务发展情况及地域范围，合理确定抽查比例和频次，合理选择检查方式，如实记录检查情况，依法依规处理违法违规行为，并及时公示抽查及处理结果；建立健全配套工作机制，健全“双随机”抽查与社会信用体系衔接机制。

江苏省苏州市综治办印发《2015 年苏州市镇（街道）综治工作（平安建设）考评办法》，首次将寄递渠道安全管理工作纳入综治考评体系。考评办法加强统筹协调，大力动员专业队伍和基层力量，开创市、县（区）寄递渠道安全综合治理新局面，推动形成全市邮件、快件寄递安全管理工作齐抓共管的格局。

江苏省无锡市将“平安寄递”纳入“平安无

锡”系列创建工作。对此，无锡市邮政管理局专门制定了《2015年无锡市“平安寄递”创建活动实施方案》，以“平安寄递”创建工作为抓手，把确保寄递渠道安全畅通摆在核心位置，认真落实安全生产各项措施，有效防范和坚决遏制重特大安全事故的发生，确保市邮政业安全平稳运行。

浙江省湖州市邮政管理局联合市经信委、公安局、安监局、交通运输局等十个部门印发《湖州市集中开展危爆企业安全隐患排查整治专项行动工作方案》，联合开展危爆物品寄递专项整治工作。方案坚持问题导向，强化源头监管，抓住薄弱环节，堵塞安全漏洞，明确由市邮政管理部门牵头负责非法寄递危爆物品的排查和整治，对辖区内所有寄递企业开展拉网式全面排查。

山东省聊城市综治办、公安、交通运输、邮政管理、工商、海关等七部门联合出台了《关于加强邮件、快件寄递安全管理工作的实施方案》，并明确成立由市综治办、邮政管理局负责人任组长，其他部门为成员的寄递渠道安全管理领导小组，《实施方案》从落实寄递安全管理制度、加强邮（快）件安全检查、加强安全防范能力建设、打击寄递渠道违法犯罪活动、健全寄递安全管理责任体系等方面提出了具体工作要求。要求将邮（快）件寄递安全管理作为地方社会稳定工作的重要内容。加强组织领导，注重统筹规划，完善协调机制，确保安全管理工作的属地责任有效落实；推进寄递企业严格落实收寄验视、实名登记等制度，加强安全防范能力建设；督促企业落实安全主体责任。建立隐患排查、登记、报告、整改、销号闭环管理制度，坚决防止禁寄物品流入寄递渠道；明确任务分工。依法落实各部门在寄递安全管理中的职责，形成监管合力。

黑龙江省齐齐哈尔市邮政管理局与市公安局禁毒大队建立了寄递渠道安全监管协作机制。建立了部门联席会议制度，定期召开部门联席会议，成立了联合执法协调领导小组，确立了联络员，遇有重大、紧急事项随时组织召开联席会议；建立了联合执法检查制度，充分发挥邮政监管部门和公安部门各自职能优势，形成执法合力，深入企业开展联合执法大检查，及时查处危害寄递安全的违法行为，确保该市寄递渠道安全；建立了执法信息共享制度，充分发挥网络平台及联络员的作用，做好执法信息的共享及工作情况的通报；建立了联合培训制度，双方就涉及寄递渠道安全生产、经营和使用方面的法律法规、业务知识、办案技能和应对突发事件等知识进行相互培训，共同提高办案人员的综合水平。

与此同时，各市（地）邮政管理局采取多种方式，加大宣传力度，普及寄递渠道安全知识。江西省南昌市邮政管理局印制了《关于执行邮件快件实名收寄制度的通告》，要求企业在所有网点营业场所的显著位置张贴。湖北省恩施州邮政管理局对实名收寄工作进行专题培训，规范操作流程。湖北省黄冈市邮政管理局制作2000份监督服务牌和1000本《收寄验视操作手册》下发企业使用。湖南省娄底市邮政管理局结合行业安全管理需要，建立完善《快递企业安全信息管理台帐》。广东省广州市邮政管理局争取市综治办专项拨款25万元用于寄递行业清理整顿专项行动宣传工作。黑龙江省齐齐哈尔、佳木斯、伊春三市邮政管理局组织辖区寄递企业观看《寄递安全宣传片》。广西桂林市邮政管理局在桂林电视台每天播放一次国家邮政局制作的《寄递安全宣传片》，进一步提高广大寄递用户和从业人员的安全意识。

## 五、科学施策，助力企业平稳迎战旺季

2015年，各市（地）邮政管理局在国家邮政局和各省（区、市）邮政管理局的统一领导下早谋划、早准备、早部署，科学谋划、精准施策，顺利实现了“两不”（网络不瘫痪、重要节点不爆仓）“三保”（保畅通、保安全、保平稳）目标。

福建省福州市邮政管理局组织全市107家快递企业召开快递业务旺季服务保障动员部署会，全面部署寄递保障工作。要求各企业在确保“两

不”、“三保”的同时，要全面推进“收寄验视+实名收寄+过机安检”三项措施要求的落实，固化“绿盾”工程，打造放心快递。“双11”期间，市邮政管理局抽调市邮政EMS、顺丰、“四通一达”企业各1人与市场处人员组成4个检查小组，分头深入各企业分拨中心、营业网点开展检查、测寄，现场督导各企业落实各项安全管理制度，排查安全隐患，消除安全漏洞，确保平稳有序地度过旺季业务高峰。

河南省许昌市邮政管理局为确保行业安全运行，加强值守，做好服务保障。执行24小时值班值守制度，明确带班领导和值班人员，要求坚守岗位，确保通讯畅通；加强督查，坚守安全“底线”。深入走访检查20家快递企业营业场所和市（县）6个快件处理中心，有针对性指导企业落实好邮件处理中心、快件分拨中心和员工集体宿舍、电瓶车充电区等重点场所的收寄验视、安全隐患排查、消防安全保障等工作；加强监测，提高应急能力。辖区内23个品牌快递企业加强每日快件收、派、转、结余等业务量情况的报送，实行正常状态“每日一报”和突发事件“紧急报告”制度。

广东省韶关市邮政管理局督促企业加大工具和设备投入力度。提前做好了全网车辆等运能资源的储备，以及收寄、投递资源的组织、调配计划和应急预案，确保服务承诺、服务时限和服务质量。据统计，“双11”期间，市区快递企业增加人数240人；增加场地7990平方米，增加车辆92台；增加设备115台，确保旺季平稳有序度过。

“双11”前夕，广东省揭阳市普宁邮政管理办公室联合市电商办召开“双11”快递业务旺季期间安全生产与服务保障工作动员会暨快递电商备战“双11”座谈会。要求提前规划人员、车辆的调配，及时检修运输设备、检查包裹处理场地，落实企业安全生产主体责任，提前做好规划布置，及时整改各类安全隐患，严防重特大安全生产事故的发生。同时，要提高快递从业人员服务意识，提高企业服务质量，做好消费者的申、投诉处理工作。

“双11”期间，各市（地）邮政管理局积极主动与地方新闻媒体联系，邀请新闻媒体对快递业奋力迎战“双11”的典型事迹进行报道，向社会传达行业的正面形象，争取社会的理解和支持。云浮市邮政管理局在抓好业务旺季服务保障工作的同时，按照省邮政管理局快递业务旺季宣传工作部署要求，抓好旺季行业新闻宣传工作。在云浮局的推动下，旺季期间，云浮电视台2次深入市快递企业采访报道快递服务保障措施，《云浮日报》也对旺季服务保障工作进行了相关报道。据不完全统计，“双11”期间，各地方新闻媒体对快递业报道达到2821条，取得了较好的社会效果。

**部分市（地）邮政管理局2015年工作亮点及特色举措**

| 市（地） | 工作亮点及特色举措 |
|---|---|
| 玉林（广西） | 通过把快递下乡工作与规范清理及无证无照经营专项整治工作结合起来，采取政府牵头下发方案，联合工商、公安部门坚持“先乡镇后城区，清理范围和力度由邮政管理部门主导”的原则，对辖区快递企业网点进行整治规范的方式，探索出了以“一个合法备案的分支机构网点经营多个已实现经营地域覆盖的快递品牌”的发展路子，有效推进快递下乡工作 |
| 齐齐哈尔（黑龙江） | 多次组织辖区快递企业参加团市委主办的青年电商分享沙龙。沙龙活动主要围绕“政府如何加大扶持电商的力度、如何立足齐齐哈尔特色开展绿色有机食品电子商务、如何整合资源提升整体竞争实力，如何抱团取暖提升整个链条的影响力”等展开。辖区快递企业通过沙龙这个平台，分享成功经验，探讨存在困难和问题，收获更多专业知识，开阔视野 |
| 佳木斯（黑龙江） | 针对辖区“点多、线长、人员少”的特点，结合监控网络平台建设和日常实地检查的工作方式，提出了“双网化”管理模式，每名区域负责人的监管对象在实行双网化监管模式下既有重叠又有不同，每个监管对象都由双人以不同的方式监管 |

续上表

| 市(地) | 工作亮点及特色举措 |
| --- | --- |
| 徐州(江苏) | 鉴于县级监管力量严重不足的实际,推动成立县(市)区寄递渠道寄递安全管理"四人小组","四人小组"由各县(市)区综治、公安、市场监管、安监部门各派1人组成,按照属地管理原则,负责各县(市)区寄递安全日常监督管理,实现县(市)区寄递渠道安全管理常态化 |
| 西安(陕西) | 建立部门安全监管工作协调机制,联合开展检查工作。面对严峻的寄递安全形势,以及邮政管理部门"人少事多压力大"的局面,西安局积极寻求破解良策,配合市公安局组建全国首支"快递警察"——物流寄递犯罪侦查支队,建构联合执法工作新模式 |
| 广元(四川) | 联合市供销社、青川县政府、县供销社,建立青川同城快递法人企业,在青川县36个乡镇和有条件的村规划100个同城快递网点,携手打造青川"老村长电商平台+同城快递"联合运行模式,通过线上辐射线下,形成一站式服务,充分发挥网点代购代销代办等综合性功能,合力推进农村电商快递融合发展,突破了制约物资双向流通的瓶颈 |
| 宜春(江西) | 铜鼓捷一商务公司通过"快递+电子商务+快递下乡+多元化的百姓服务平台"模式,将快递服务延伸到村组,打通了快递下乡最后一公里,取得了业内高度评价,得到了国家局领导的高度肯定。铜鼓"捷一商务服务有限公司"通过整合中通、申通、圆通、汇通、韵达等10家快递企业,建立了覆盖全县所有乡镇的20个乡镇快递电商网点,为农民提供快递收发、网上代购、收集农产品信息、同城服务等功能 |

# 第三章　快递法律规章及规范性文件

（2015 年修正或颁布）

## 中华人民共和国邮政法

（1986 年 12 月 2 日　第六届全国人民代表大会常务委员会第十八次会议通过；2009 年 4 月 24 日　第十一届全国人民代表大会常务委员会第八次会议修订；根据 2012 年 10 月 26 日第十一届全国人民代表大会常务委员会第二十九次会议《关于修改〈中华人民共和国邮政法〉的决定》第一次修正；根据 2015 年 4 月 24 日第十二届全国人民代表大会常务委员会第十四次会议《关于修改〈中华人民共和国义务教育法〉等五部法律的决定》第二次修正）

### 第一章　总　则

**第一条**　为了保障邮政普遍服务，加强对邮政市场的监督管理，维护邮政通信与信息安全，保护通信自由和通信秘密，保护用户合法权益，促进邮政业健康发展，适应经济社会发展和人民生活需要，制定本法。

**第二条**　国家保障中华人民共和国境内的邮政普遍服务。

邮政企业按照国家规定承担提供邮政普遍服务的义务。

国务院和地方各级人民政府及其有关部门应当采取措施，支持邮政企业提供邮政普遍服务。

本法所称邮政普遍服务，是指按照国家规定的业务范围、服务标准，以合理的资费标准，为中华人民共和国境内所有用户持续提供的邮政服务。

**第三条**　公民的通信自由和通信秘密受法律保护。除因国家安全或者追查刑事犯罪的需要，由公安机关、国家安全机关或者检察机关依照法律规定的程序对通信进行检查外，任何组织或者个人不得以任何理由侵犯公民的通信自由和通信秘密。

除法律另有规定外，任何组织或者个人不得检查、扣留邮件、汇款。

**第四条**　国务院邮政管理部门负责对全国的邮政普遍服务和邮政市场实施监督管理。

省、自治区、直辖市邮政管理机构负责对本行政区域的邮政普遍服务和邮政市场实施监督管理。

按照国务院规定设立的省级以下邮政管理机构负责对本辖区的邮政普遍服务和邮政市场实施监督管理。

国务院邮政管理部门和省、自治区、直辖市邮政管理机构以及省级以下邮政管理机构（以下统称邮政管理部门）对邮政市场实施监督管理，应当遵循公开、公平、公正以及鼓励竞争、促进发展的原则。

**第五条**　国务院规定范围内的信件寄递业务，由邮政企业专营。

**第六条**　邮政企业应当加强服务质量管理，完善安全保障措施，为用户提供迅速、准确、安全、方便的服务。

**第七条**　邮政管理部门、公安机关、国家安全机关和海关应当相互配合，建立健全安全保障机制，加强对邮政通信与信息安全的监督管理，确保邮政通信与信息安全。

### 第二章　邮政设施

**第八条**　邮政设施的布局和建设应当满足保

障邮政普遍服务的需要。

地方各级人民政府应当将邮政设施的布局和建设纳入城乡规划,对提供邮政普遍服务的邮政设施的建设给予支持,重点扶持农村边远地区邮政设施的建设。

建设城市新区、独立工矿区、开发区、住宅区或者对旧城区进行改建,应当同时建设配套的提供邮政普遍服务的邮政设施。

提供邮政普遍服务的邮政设施等组成的邮政网络是国家重要的通信基础设施。

**第九条** 邮政设施应当按照国家规定的标准设置。

较大的车站、机场、港口、高等院校和宾馆应当设置提供邮政普遍服务的邮政营业场所。

邮政企业设置、撤销邮政营业场所,应当事先书面告知邮政管理部门;撤销提供邮政普遍服务的邮政营业场所,应当经邮政管理部门批准并予以公告。

**第十条** 机关、企业事业单位应当设置接收邮件的场所。农村地区应当逐步设置村邮站或者其他接收邮件的场所。

建设城镇居民楼应当设置接收邮件的信报箱,并按照国家规定的标准验收。建设单位未按照国家规定的标准设置信报箱的,由邮政管理部门责令限期改正;逾期未改正的,由邮政管理部门指定其他单位设置信报箱,所需费用由该居民楼的建设单位承担。

**第十一条** 邮件处理场所的设计和建设,应当符合国家安全机关和海关依法履行职责的要求。

**第十二条** 征收邮政营业场所或者邮件处理场所的,城乡规划主管部门应当根据保障邮政普遍服务的要求,对邮政营业场所或者邮件处理场所的重新设置作出妥善安排;未作出妥善安排前,不得征收。

邮政营业场所或者邮件处理场所重新设置前,邮政企业应当采取措施,保证邮政普遍服务的正常进行。

**第十三条** 邮政企业应当对其设置的邮政设施进行经常性维护,保证邮政设施的正常使用。

任何单位和个人不得损毁邮政设施或者影响邮政设施的正常使用。

## 第三章 邮政服务

**第十四条** 邮政企业经营下列业务:

(一)邮件寄递;

(二)邮政汇兑、邮政储蓄;

(三)邮票发行以及集邮票品制作、销售;

(四)国内报刊、图书等出版物发行;

(五)国家规定的其他业务。

**第十五条** 邮政企业应当对信件、单件重量不超过五千克的印刷品、单件重量不超过十千克的包裹的寄递以及邮政汇兑提供邮政普遍服务。

邮政企业按照国家规定办理机要通信、国家规定报刊的发行,以及义务兵平常信函、盲人读物和革命烈士遗物的免费寄递等特殊服务业务。

未经邮政管理部门批准,邮政企业不得停止办理或者限制办理前两款规定的业务;因不可抗力或者其他特殊原因暂时停止办理或者限制办理的,邮政企业应当及时公告,采取相应的补救措施,并向邮政管理部门报告。

邮政普遍服务标准,由国务院邮政管理部门会同国务院有关部门制定;邮政普遍服务监督管理的具体办法,由国务院邮政管理部门制定。

**第十六条** 国家对邮政企业提供邮政普遍服务、特殊服务给予补贴,并加强对补贴资金使用的监督。

**第十七条** 国家设立邮政普遍服务基金。邮政普遍服务基金征收、使用和监督管理的具体办法由国务院财政部门会同国务院有关部门制定,报国务院批准后公布施行。

**第十八条** 邮政企业的邮政普遍服务业务与竞争性业务应当分业经营。

**第十九条** 邮政企业在城市每周的营业时间

应当不少于六天，投递邮件每天至少一次；在乡、镇人民政府所在地每周的营业时间应当不少于五天，投递邮件每周至少五次。

邮政企业在交通不便的边远地区和乡、镇其他地区每周的营业时间以及投递邮件的频次，国务院邮政管理部门可以另行规定。

**第二十条** 邮政企业寄递邮件，应当符合国务院邮政管理部门规定的寄递时限和服务规范。

**第二十一条** 邮政企业应当在其营业场所公示或者以其他方式公布其服务种类、营业时间、资费标准、邮件和汇款的查询及损失赔偿办法以及用户对其服务质量的投诉办法。

**第二十二条** 邮政企业采用其提供的格式条款确定与用户的权利义务的，该格式条款适用《中华人民共和国合同法》关于合同格式条款的规定。

**第二十三条** 用户交寄邮件，应当清楚、准确地填写收件人姓名、地址和邮政编码。邮政企业应当在邮政营业场所免费为用户提供邮政编码查询服务。

邮政编码由邮政企业根据国务院邮政管理部门制定的编制规则编制。邮政管理部门依法对邮政编码的编制和使用实施监督。

**第二十四条** 邮政企业收寄邮件和用户交寄邮件，应当遵守法律、行政法规以及国务院和国务院有关部门关于禁止寄递或者限制寄递物品的规定。

**第二十五条** 邮政企业应当依法建立并执行邮件收寄验视制度。

对用户交寄的信件，必要时邮政企业可以要求用户开拆，进行验视，但不得检查信件内容。用户拒绝开拆的，邮政企业不予收寄。

对信件以外的邮件，邮政企业收寄时应当当场验视内件。用户拒绝验视的，邮政企业不予收寄。

**第二十六条** 邮政企业发现邮件内夹带禁止寄递或者限制寄递的物品的，应当按照国家有关规定处理。

进出境邮件中夹带国家禁止进出境或者限制进出境的物品的，由海关依法处理。

**第二十七条** 对提供邮政普遍服务的邮政企业交运的邮件，铁路、公路、水路、航空等运输企业应当优先安排运输，车站、港口、机场应当安排装卸场所和出入通道。

**第二十八条** 带有邮政专用标志的车船进出港口、通过渡口时，应当优先放行。

带有邮政专用标志的车辆运递邮件，确需通过公安机关交通管理部门划定的禁行路段或者确需在禁止停车的地点停车的，经公安机关交通管理部门同意，在确保安全的前提下，可以通行或者停车。

邮政企业不得利用带有邮政专用标志的车船从事邮件运递以外的经营性活动，不得以出租等方式允许其他单位或者个人使用带有邮政专用标志的车船。

**第二十九条** 邮件通过海上运输时，不参与分摊共同海损。

**第三十条** 海关依照《中华人民共和国海关法》的规定，对进出境的国际邮袋、邮件集装箱和国际邮递物品实施监管。

**第三十一条** 进出境邮件的检疫，由进出境检验检疫机构依法实施。

**第三十二条** 邮政企业采取按址投递、用户领取或者与用户协商的其他方式投递邮件。机关、企业事业单位、住宅小区管理单位等应当为邮政企业投递邮件提供便利。单位用户地址变更的，应当及时通知邮政企业。

**第三十三条** 邮政企业对无法投递的邮件，应当退回寄件人。

无法投递又无法退回的信件，自邮政企业确认无法退回之日起超过六个月无人认领的，由邮政企业在邮政管理部门的监督下销毁。无法投递又无法退回的其他邮件，按照国务院邮政管理部门的规定处理；其中无法投递又无法退回的进境国际邮递物品，由海关依照《中华人民共和国海关法》的规定处理。

**第三十四条** 邮政汇款的收款人应当自收到汇款通知之日起六十日内，凭有效身份证件到邮政企业兑领汇款。

收款人逾期未兑领的汇款，由邮政企业退回汇款人。自兑领汇款期限届满之日起一年内无法退回汇款人，或者汇款人自收到退汇通知之日起一年内未领取的汇款，由邮政企业上缴国库。

**第三十五条** 任何单位和个人不得私自开拆、隐匿、毁弃他人邮件。

除法律另有规定外，邮政企业及其从业人员不得向任何单位或者个人泄露用户使用邮政服务的信息。

**第三十六条** 因国家安全或者追查刑事犯罪的需要，公安机关、国家安全机关或者检察机关可以依法检查、扣留有关邮件，并可以要求邮政企业提供相关用户使用邮政服务的信息。邮政企业和有关单位应当配合，并对有关情况予以保密。

**第三十七条** 任何单位和个人不得利用邮件寄递含有下列内容的物品：

（一）煽动颠覆国家政权、推翻社会主义制度或者分裂国家、破坏国家统一，危害国家安全的；

（二）泄露国家秘密的；

（三）散布谣言扰乱社会秩序，破坏社会稳定的；

（四）煽动民族仇恨、民族歧视，破坏民族团结的；

（五）宣扬邪教或者迷信的；

（六）散布淫秽、赌博、恐怖信息或者教唆犯罪的；

（七）法律、行政法规禁止的其他内容。

**第三十八条** 任何单位和个人不得有下列行为：

（一）扰乱邮政营业场所正常秩序；

（二）阻碍邮政企业从业人员投递邮件；

（三）非法拦截、强登、扒乘带有邮政专用标志的车辆；

（四）冒用邮政企业名义或者邮政专用标志；

（五）伪造邮政专用品或者倒卖伪造的邮政专用品。

## 第四章 邮政资费

**第三十九条** 实行政府指导价或者政府定价的邮政业务范围，以中央政府定价目录为依据，具体资费标准由国务院价格主管部门会同国务院财政部门、国务院邮政管理部门制定。

邮政企业的其他业务资费实行市场调节价，资费标准由邮政企业自主确定。

**第四十条** 国务院有关部门制定邮政业务资费标准，应当听取邮政企业、用户和其他有关方面的意见。

邮政企业应当根据国务院价格主管部门、国务院财政部门和国务院邮政管理部门的要求，提供准确、完备的业务成本数据和其他有关资料。

**第四十一条** 邮件资费的交付，以邮资凭证、证明邮资已付的戳记以及有关业务单据等表示。

邮资凭证包括邮票、邮资符志、邮资信封、邮资明信片、邮资邮简、邮资信卡等。

任何单位和个人不得伪造邮资凭证或者倒卖伪造的邮资凭证，不得擅自仿印邮票和邮资图案。

**第四十二条** 普通邮票发行数量由邮政企业按照市场需要确定，报国务院邮政管理部门备案；纪念邮票和特种邮票发行计划由邮政企业根据市场需要提出，报国务院邮政管理部门审定。国务院邮政管理部门负责纪念邮票的选题和图案审查。

邮政管理部门依法对邮票的印制、销售实施监督。

**第四十三条** 邮资凭证售出后，邮资凭证持有人不得要求邮政企业兑换现金。

停止使用邮资凭证，应当经国务院邮政管理部门批准，并在停止使用九十日前予以公告，停止销售。邮资凭证持有人可以自公告之日起一年内，向邮政企业换取等值的邮资凭证。

**第四十四条** 下列邮资凭证不得使用：

（一）经国务院邮政管理部门批准停止使用的；

（二）盖销或者划销的；

（三）污损、残缺或者褪色、变色，难以辨认的。

从邮资信封、邮资明信片、邮资邮简、邮资信卡上剪下的邮资图案，不得作为邮资凭证使用。

## 第五章 损失赔偿

**第四十五条** 邮政普遍服务业务范围内的邮件和汇款的损失赔偿，适用本章规定。

邮政普遍服务业务范围以外的邮件的损失赔偿，适用有关民事法律的规定。

邮件的损失，是指邮件丢失、损毁或者内件短少。

**第四十六条** 邮政企业对平常邮件的损失不承担赔偿责任。但是，邮政企业因故意或者重大过失造成平常邮件损失的除外。

**第四十七条** 邮政企业对给据邮件的损失依照下列规定赔偿：

（一）保价的给据邮件丢失或者全部损毁的，按照保价额赔偿；部分损毁或者内件短少的，按照保价额与邮件全部价值的比例对邮件的实际损失予以赔偿。

（二）未保价的给据邮件丢失、损毁或者内件短少的，按照实际损失赔偿，但最高赔偿额不超过所收取资费的三倍；挂号信件丢失、损毁的，按照所收取资费的三倍予以赔偿。

邮政企业应当在营业场所的告示中和提供给用户的给据邮件单据上，以足以引起用户注意的方式载明前款规定。

邮政企业因故意或者重大过失造成给据邮件损失，或者未履行前款规定义务的，无权援用本条第一款的规定限制赔偿责任。

**第四十八条** 因下列原因之一造成的给据邮件损失，邮政企业不承担赔偿责任：

（一）不可抗力，但因不可抗力造成的保价的给据邮件的损失除外；

（二）所寄物品本身的自然性质或者合理损耗；

（三）寄件人、收件人的过错。

**第四十九条** 用户交寄给据邮件后，对国内邮件可以自交寄之日起一年内持收据向邮政企业查询，对国际邮件可以自交寄之日起一百八十日内持收据向邮政企业查询。

查询国际邮件或者查询国务院邮政管理部门规定的边远地区的邮件的，邮政企业应当自用户查询之日起六十日内将查询结果告知用户；查询其他邮件的，邮政企业应当自用户查询之日起三十日内将查询结果告知用户。查复期满未查到邮件的，邮政企业应当依照本法第四十七条的规定予以赔偿。

用户在本条第一款规定的查询期限内未向邮政企业查询又未提出赔偿要求的，邮政企业不再承担赔偿责任。

**第五十条** 邮政汇款的汇款人自汇款之日起一年内，可以持收据向邮政企业查询。邮政企业应当自用户查询之日起二十日内将查询结果告知汇款人。查复期满未查到汇款的，邮政企业应当向汇款人退还汇款和汇款费用。

## 第六章 快递业务

**第五十一条** 经营快递业务，应当依照本法规定取得快递业务经营许可；未经许可，任何单位和个人不得经营快递业务。

外商不得投资经营信件的国内快递业务。

国内快递业务，是指从收寄到投递的全过程均发生在中华人民共和国境内的快递业务。

**第五十二条** 申请快递业务经营许可，应当具备下列条件：

（一）符合企业法人条件；

（二）在省、自治区、直辖市范围内经营的，注册资本不低于人民币五十万元，跨省、自治区、直辖市经营的，注册资本不低于人民币一百万元，经营国际快递业务的，注册资本不低于人民币二百万元；

（三）有与申请经营的地域范围相适应的服务能力；

（四）有严格的服务质量管理制度和完备的业务操作规范；

（五）有健全的安全保障制度和措施；

（六）法律、行政法规规定的其他条件。

**第五十三条** 申请快递业务经营许可，在省、自治区、直辖市范围内经营的，应当向所在地的省、自治区、直辖市邮政管理机构提出申请，跨省、自治区、直辖市经营或者经营国际快递业务的，应当向国务院邮政管理部门提出申请；申请时应当提交申请书和有关申请材料。

受理申请的邮政管理部门应当自受理申请之日起四十五日内进行审查，作出批准或者不予批准的决定。予以批准的，颁发快递业务经营许可证；不予批准的，书面通知申请人并说明理由。

邮政管理部门审查快递业务经营许可的申请，应当考虑国家安全等因素，并征求有关部门的意见。

申请人凭快递业务经营许可证向工商行政管理部门依法办理登记后，方可经营快递业务。

**第五十四条** 邮政企业以外的经营快递业务的企业（以下称快递企业）设立分支机构或者合并、分立的，应当向邮政管理部门备案。

**第五十五条** 快递企业不得经营由邮政企业专营的信件寄递业务，不得寄递国家机关公文。

**第五十六条** 快递企业经营邮政企业专营业务范围以外的信件快递业务，应当在信件封套的显著位置标注信件字样。

快递企业不得将信件打包后作为包裹寄递。

**第五十七条** 经营国际快递业务应当接受邮政管理部门和有关部门依法实施的监管。邮政管理部门和有关部门可以要求经营国际快递业务的企业提供报关数据。

**第五十八条** 快递企业停止经营快递业务的，应当书面告知邮政管理部门，交回快递业务经营许可证，并对尚未投递的快件按照国务院邮政管理部门的规定妥善处理。

**第五十九条** 本法第六条、第二十一条、第二十二条、第二十四条、第二十五条、第二十六条第一款、第三十五条第二款、第三十六条关于邮政企业及其从业人员的规定，适用于快递企业及其从业人员；第十一条关于邮件处理场所的规定，适用于快件处理场所；第三条第二款、第二十六条第二款、第三十五条第一款、第三十六条、第三十七条关于邮件的规定，适用于快件；第四十五条第二款关于邮件的损失赔偿的规定，适用于快件的损失赔偿。

**第六十条** 经营快递业务的企业依法成立的行业协会，依照法律、行政法规及其章程规定，制定快递行业规范，加强行业自律，为企业提供信息、培训等方面的服务，促进快递行业的健康发展。

经营快递业务的企业应当对其从业人员加强法制教育、职业道德教育和业务技能培训。

## 第七章 监督检查

**第六十一条** 邮政管理部门依法履行监督管理职责，可以采取下列监督检查措施：

（一）进入邮政企业、快递企业或者涉嫌发生违反本法活动的其他场所实施现场检查；

（二）向有关单位和个人了解情况；

（三）查阅、复制有关文件、资料、凭证；

（四）经邮政管理部门负责人批准，查封与违反本法活动有关的场所，扣押用于违反本法活动的运输工具以及相关物品，对信件以外的涉嫌夹带禁止寄递或者限制寄递物品的邮件、快件开拆检查。

**第六十二条** 邮政管理部门根据履行监督管理职责的需要，可以要求邮政企业和快递企业报告有关经营情况。

**第六十三条** 邮政管理部门进行监督检查时，监督检查人员不得少于二人，并应当出示执法证件。对邮政管理部门依法进行的监督检查，有关单位和个人应当配合，不得拒绝、阻碍。

**第六十四条** 邮政管理部门工作人员对监督检查中知悉的商业秘密，负有保密义务。

**第六十五条** 邮政企业和快递企业应当及时、妥善处理用户对服务质量提出的异议。用户对处理结果不满意的，可以向邮政管理部门申诉，邮政管理部门应当及时依法处理，并自接到申诉之日起三十日内作出答复。

**第六十六条** 任何单位和个人对违反本法规定的行为，有权向邮政管理部门举报。邮政管理部门接到举报后，应当及时依法处理。

## 第八章 法律责任

**第六十七条** 邮政企业提供邮政普遍服务不符合邮政普遍服务标准的，由邮政管理部门责令改正，可以处一万元以下的罚款；情节严重的，处一万元以上五万元以下的罚款；对直接负责的主管人员和其他直接责任人员给予处分。

**第六十八条** 邮政企业未经邮政管理部门批准，停止办理或者限制办理邮政普遍服务业务和特殊服务业务，或者撤销提供邮政普遍服务的邮政营业场所的，由邮政管理部门责令改正，可以处二万元以下的罚款；情节严重的，处二万元以上十万元以下的罚款；对直接负责的主管人员和其他直接责任人员给予处分。

**第六十九条** 邮政企业利用带有邮政专用标志的车船从事邮件运递以外的经营性活动，或者以出租等方式允许其他单位或者个人使用带有邮政专用标志的车船的，由邮政管理部门责令改正，没收违法所得，可以并处二万元以下的罚款；情节严重的，并处二万元以上十万元以下的罚款；对直接负责的主管人员和其他直接责任人员给予处分。

邮政企业从业人员利用带有邮政专用标志的车船从事邮件运递以外的活动的，由邮政企业责令改正，给予处分。

**第七十条** 邮政企业从业人员故意延误投递邮件的，由邮政企业给予处分。

**第七十一条** 冒领、私自开拆、隐匿、毁弃或者非法检查他人邮件、快件，尚不构成犯罪的，依法给予治安管理处罚。

**第七十二条** 未取得快递业务经营许可经营快递业务，或者邮政企业以外的单位或者个人经营由邮政企业专营的信件寄递业务或者寄递国家机关公文的，由邮政管理部门或者工商行政管理部门责令改正，没收违法所得，并处五万元以上十万元以下的罚款；情节严重的，并处十万元以上二十万元以下的罚款；对快递企业，还可以责令停业整顿直至吊销其快递业务经营许可证。

违反本法第五十一条第二款的规定，经营信件的国内快递业务的，依照前款规定处罚。

**第七十三条** 快递企业有下列行为之一的，由邮政管理部门责令改正，可以处一万元以下的罚款；情节严重的，处一万元以上五万元以下的罚款，并可以责令停业整顿：

（一）设立分支机构、合并、分立，未向邮政管理部门备案的；

（二）未在信件封套的显著位置标注信件字样的；

（三）将信件打包后作为包裹寄递的；

（四）停止经营快递业务，未书面告知邮政管理部门并交回快递业务经营许可证，或者未按照国务院邮政管理部门的规定妥善处理尚未投递的快件的。

**第七十四条** 邮政企业、快递企业未按照规定向用户明示其业务资费标准，或者有其他价格违法行为的，由政府价格主管部门依照《中华人民共和国价格法》的规定处罚。

**第七十五条** 邮政企业、快递企业不建立或者不执行收件验视制度，或者违反法律、行政法规以及国务院和国务院有关部门关于禁止寄递或者限制寄递物品的规定收寄邮件、快件的，对邮政企业直接负责的主管人员和其他直接责任人员给予处分；对快递企业，邮政管理部门可以责令停业整顿直至吊销其快递业务经营许可证。

用户在邮件、快件中夹带禁止寄递或者限制寄递的物品，尚不构成犯罪的，依法给予治安管理处罚。

有前两款规定的违法行为，造成人身伤害或者财产损失的，依法承担赔偿责任。

邮政企业、快递企业经营国际寄递业务，以及用户交寄国际邮递物品，违反《中华人民共和国海关法》及其他有关法律、行政法规的规定的，依照有关法律、行政法规的规定处罚。

**第七十六条** 邮政企业、快递企业违法提供用户使用邮政服务或者快递服务的信息，尚不构成犯罪的，由邮政管理部门责令改正，没收违法所得，并处一万元以上五万元以下的罚款；对邮政企业直接负责的主管人员和其他直接责任人员给予处分；对快递企业，邮政管理部门还可以责令停业整顿直至吊销其快递业务经营许可证。

邮政企业、快递企业从业人员有前款规定的违法行为，尚不构成犯罪的，由邮政管理部门责令改正，没收违法所得，并处五千元以上一万元以下的罚款。

**第七十七条** 邮政企业、快递企业拒绝、阻碍依法实施的监督检查，尚不构成犯罪的，依法给予治安管理处罚；对快递企业，邮政管理部门还可以责令停业整顿直至吊销其快递业务经营许可证。

**第七十八条** 邮政企业及其从业人员、快递企业及其从业人员在经营活动中有危害国家安全行为的，依法追究法律责任；对快递企业，并由邮政管理部门吊销其快递业务经营许可证。

**第七十九条** 冒用邮政企业名义或者邮政专用标志，或者伪造邮政专用品或者倒卖伪造的邮政专用品的，由邮政管理部门责令改正，没收伪造的邮政专用品以及违法所得，并处一万元以上五万元以下的罚款。

**第八十条** 有下列行为之一，尚不构成犯罪的，依法给予治安管理处罚：

（一）盗窃、损毁邮政设施或者影响邮政设施正常使用的；

（二）伪造邮资凭证或者倒卖伪造的邮资凭证的；

（三）扰乱邮政营业场所、快递企业营业场所正常秩序的；

（四）非法拦截、强登、扒乘运送邮件、快件的车辆的。

**第八十一条** 违反本法规定被吊销快递业务经营许可证的，自快递业务经营许可证被吊销之日起三年内，不得申请经营快递业务。

快递企业被吊销快递业务经营许可证的，应当依法向工商行政管理部门办理变更登记或者注销登记。

**第八十二条** 违反本法规定，构成犯罪的，依法追究刑事责任。

**第八十三条** 邮政管理部门工作人员在监督管理工作中滥用职权、玩忽职守、徇私舞弊，构成犯罪的，依法追究刑事责任；尚不构成犯罪的，依法给予处分。

## 第九章 附 则

**第八十四条** 本法下列用语的含义：

邮政企业，是指中国邮政集团公司及其提供邮政服务的全资企业、控股企业。

寄递，是指将信件、包裹、印刷品等物品按照封装上的名址递送给特定个人或者单位的活动，包括收寄、分拣、运输、投递等环节。

快递，是指在承诺的时限内快速完成的寄递活动。

邮件，是指邮政企业寄递的信件、包裹、汇款通知、报刊和其他印刷品等。

快件，是指快递企业递送的信件、包裹、印刷品等。

信件，是指信函、明信片。信函是指以套封形式按照名址递送给特定个人或者单位的缄封的信息载体，不包括书籍、报纸、期刊等。

包裹，是指按照封装上的名址递送给特定个人或者单位的独立封装的物品，其重量不超过五十千克，任何一边的尺寸不超过一百五十厘米，长、宽、高合计不超过三百厘米。

平常邮件，是指邮政企业在收寄时不出具收据，投递时不要求收件人签收的邮件。

给据邮件，是指邮政企业在收寄时向寄件人出具收据，投递时由收件人签收的邮件。

邮政设施，是指用于提供邮政服务的邮政营业场所、邮件处理场所、邮筒（箱）、邮政报刊亭、信报箱等。

邮件处理场所，是指邮政企业专门用于邮件分拣、封发、储存、交换、转运、投递等活动的场所。

国际邮递物品，是指中华人民共和国境内的用户与其他国家或者地区的用户相互寄递的包裹和印刷品等。

邮政专用品，是指邮政日戳、邮资机、邮政业务单据、邮政夹钳、邮袋和其他邮件专用容器。

**第八十五条** 本法公布前按照国家有关规定，经国务院对外贸易主管部门批准或者备案，并向工商行政管理部门依法办理登记后经营国际快递业务的国际货物运输代理企业，凭批准或者备案文件以及营业执照，到国务院邮政管理部门领取快递业务经营许可证。国务院邮政管理部门应当将企业领取快递业务经营许可证的情况向其原办理登记的工商行政管理部门通报。

除前款规定的企业外，本法公布前依法向工商行政管理部门办理登记后经营快递业务的企业，不具备本法规定的经营快递业务的条件的，应当在国务院邮政管理部门规定的期限内达到本法规定的条件，逾期达不到本法规定的条件的，不得继续经营快递业务。

**第八十六条** 省、自治区、直辖市应当根据本地区的实际情况，制定支持邮政企业提供邮政普遍服务的具体办法。

**第八十七条** 本法自 2009 年 10 月 1 日起施行。

# 国家邮政局关于印发《邮件快件收寄验视规定（试行）》的通知

国邮发〔2015〕144号

各省、自治区、直辖市邮政管理局：

《邮件快件收寄验视规定（试行）》已于2015年5月29日经第12次局长办公会议审议通过，自发布之日起施行。现将《邮件快件收寄验视规定（试行）》印发给你们，请结合实际认真抓好贯彻落实。

国家邮政局

2015年7月15日

## 邮件快件收寄验视规定（试行）

**第一条** 为加强邮件、快件收寄验视管理，维护邮件、快件寄递安全，保障寄递渠道畅通，根据《中华人民共和国邮政法》、《邮政行业安全监督管理办法》等法律、行政法规和有关规定，制定本规定。

**第二条** 用户交寄邮件、快件，邮政企业、快递企业收寄验视邮件、快件，以及邮政管理部门实施相关监督管理工作，适用本规定。

本规定所称收寄验视，是指邮政企业、快递企业接收用户交寄的邮件、快件时，查验用户交寄的邮件、快件是否符合禁止寄递、限制寄递的规定，以及用户在邮件详情单或者快递运单上所填写的内容是否与其交寄物品的名称、类别、数量等相符的行为。

**第三条** 邮件、快件收寄验视工作坚持安全第一、预防为主、综合治理的方针，强化源头治理，落实邮政企业、快递企业的主体责任，建立企业负责、政府监管、用户遵守和社会监督的机制。

**第四条** 邮政管理部门应当与公安、交通运输、国家安全、海关、检验检疫、安全生产监督管理、铁路、民航等部门相互协调配合，加强对邮件、快件收寄验视的监督管理。

**第五条** 邮政管理部门及邮政企业、快递企业应当采取多种形式向公众宣传国家关于禁止寄递、限制寄递的规定，并通过电话、网站等途径为用户咨询提供便利。

邮政企业、快递企业应当在其营业场所的显著位置公示禁止寄递、限制寄递物品有关规定。

**第六条** 邮政企业、快递企业应当按照“谁收寄、谁负责”的原则，明确本单位主要负责人、直接责任人的收寄验视岗位责任，制定收寄验视操作规程，配备验视邮件、快件所需的设备和工具，向用户告知禁止寄递、限制寄递物品有关规定，严格执行收寄验视制度。

**第七条** 邮政企业、快递企业应当强化对其从业人员验视邮件、快件的知识与技能的教育和培训。教育和培训应当包括关于禁止寄递、限制寄递的法律、行政法规、国家规定和标准，验视邮件、快件的操作方法，禁止寄递物品辨识方法以及处置措施等内容。

邮政企业、快递企业应当将教育和培训工作纳入本单位计划，建立制度，健全档案，详细记载教育和培训及考核情况。

从事邮件、快件收寄验视的人员经教育和培

训合格后，方可上岗作业。

**第八条** 邮政企业、快递企业应当在邮件详情单或者快递运单上以醒目文字提示用户遵守禁止寄递、限制寄递有关规定。

**第九条** 邮政企业、快递企业接收用户交寄的邮件、快件，应当履行下列职责：

（一）当面提醒用户必须遵守国家有关禁止寄递、限制寄递的规定；

（二）指导用户完整、清楚填写邮件详情单或者快递运单，并提醒用户填写的信息应当真实、有效；

（三）当面验视用户交寄的物品及使用的封装材料、填充材料，协助用户妥善封装；

（四）验视时发现疑似禁止寄递物品或者不能当场确定安全性的物品的，应当要求用户依法出示相关专业机构或者有关部门开具的安全证明；

（五）按照法律、行政法规的规定需要用户出示身份证件或者其他书面凭证的，应当向用户详细说明证件或者书面凭证的类别和要求；

（六）对验视发现的可能危害国家安全、公共安全的禁止寄递物品，按照有关规定处理并及时报告。

**第十条** 对用户交寄的邮件、快件，邮政企业、快递企业应当验视以下内容：

（一）用户填写的邮件详情单或者快递运单上的信息是否完整、清楚；

（二）用户填写的物品名称、类别、数量是否与交寄的实物相符；

（三）用户交寄的物品及使用的封装材料、填充材料是否属于禁止寄递的物品；

（四）用户交寄的限制寄递物品是否超出规定的范围；

（五）用户是否按照法律、行政法规的规定出示身份证件或者其他书面凭证；

（六）邮件、快件的封装是否满足寄递安全需要；

（七）其他需要验视的内容。

**第十一条** 有下列情形之一的，邮政企业、快递企业不予收寄：

（一）用户拒绝当面验视的；

（二）用户填写的邮件详情单或者快递运单信息不完整的；

（三）用户在邮件详情单或者快递运单上填写的信息与其交寄的实物不符或者填写的信息模糊，并且拒绝修改或者拒绝重新填写的；

（四）用户交寄禁止寄递物品或者使用的封装材料、填充材料属于禁止寄递物品，或者在内件物品、封装材料、填充材料中夹带禁止寄递物品的；

（五）用户未按照法律、行政法规的规定出示身份证件或者其他书面凭证的；

（六）用户交寄限制寄递的物品超出规定范围的；

（七）用户交寄的邮件、快件不符合储存、转运安全要求的；

（八）邮政企业、快递企业依法要求用户开拆所交寄的信件，用户拒绝开拆的；

（九）法律、行政法规和国家规定的其他情形。

**第十二条** 对验视后收寄的邮件、快件，邮政企业、快递企业应当以加盖验视章等方式作出验视标识，载明验视人员的姓名或者工号。

**第十三条** 用户应当配合邮政企业、快递企业的收寄验视工作。信件以外的邮件、快件提前封装的，用户应当在交寄时开拆邮件、快件的封装，接受邮政企业、快递企业的验视。必要时，用户还应当按照邮政企业、快递企业的要求开拆信件，接受验视，但信件内容不受邮政企业、快递企业检查。

**第十四条** 用户交寄邮件、快件，应当遵守国家关于禁止寄递、限制寄递物品的规定，并履行下列义务：

（一）完整、准确、清楚地填写邮件详情单或者快递运单，包括寄件人、收件人的姓名、地址、电话、交寄物品的名称、类别、数量等信息，确保填写内容的真实、有效；

（二）按照邮政企业、快递企业的要求妥善封装邮件、快件，防止内件散落、丢失、损毁，或者污染、损毁其他邮件、快件；

（三）按照法律、行政法规的规定出示身份证件或者其他书面凭证，并确保身份证件或者书面凭证的真实性；

（四）其他应当履行的义务。

**第十五条** 用户不得交寄危险化学品和国家禁止寄递的化学品。

用户交寄普通化学品，经验视不能确定安全的，应当出具相关专业机构或者有关部门开具的安全证明，封装化学品必须满足寄递安全需要。

对用户交寄的普通化学品，邮政企业、快递企业应当在专门的营业场所或者安排专门人员进行收寄验视。

**第十六条** 用户交寄易碎或者有防潮、保鲜、保质期限、限时送达等特别要求的物品，应当在邮件详情单或者快递运单上注明，并当面向邮政企业、快递企业说明情况；邮政企业、快递企业收寄时应当在邮件、快件外包装上加注醒目标识。

**第十七条** 邮政企业、快递企业收寄用户已出具相关安全证明或者书面凭证的物品时，应当如实记录物品的名称、规格、数量、收寄时间以及寄件人和收件人姓名、地址、电话等内容，并将记录资料保存一年以上。

**第十八条** 邮政企业、快递企业应当建立健全收寄验视应急处置机制，适时修订、完善应急处置预案并依法报邮政管理部门备案，明确相应的应急处置程序和保障措施，及时、妥善处置收寄验视工作中出现的突发事件。

**第十九条** 国家举行重大活动等特殊时期，邮政企业、快递企业应当严格执行邮政管理、公安、国家安全等部门关于特殊时期的临时管理措施。

**第二十条** 邮政企业、快递企业应当积极配合邮政管理、公安、国家安全、海关、检验检疫、安全生产监督管理等部门的监督管理工作，为有关部门的监督检查提供便利条件，发现利用寄递渠道从事违法犯罪活动的，应当立即报告，并协助做好相关调查工作。

**第二十一条** 邮政管理部门应当依法对邮政企业、快递企业执行收寄验视制度、从业人员教育和培训等情况进行监督检查。

**第二十二条** 邮政管理部门应当公开举报电话、通信地址或者电子邮件地址，接收有关违反本规定的举报；举报事项一经受理并调查核实后，应当按照相关规定处理。

**第二十三条** 邮政企业、快递企业违反本规定，不建立或者不执行收寄验视制度，或者违规收寄禁止寄递、限制寄递物品的，邮政管理部门应当依照《中华人民共和国邮政法》等法律、行政法规的规定予以处罚。

**第二十四条** 用户违反本规定，未如实说明其交寄物品的名称、类别、数量，或者在邮件、快件内夹带禁止寄递、限制寄递的物品以及其他不安全的物品，造成人身伤害或者财产损失的，依法承担赔偿责任；构成犯罪的，依法追究刑事责任；尚不构成犯罪的，依照《中华人民共和国治安管理处罚法》及有关法律、行政法规的规定处罚。

用户违法交寄国家禁止出境或者限制出境物品的，依照《中华人民共和国海关法》的规定处罚。

**第二十五条** 本规定自发布之日起施行。

# 第四章　快递发展相关意见

## 国务院关于促进快递业发展的若干意见

国发〔2015〕61 号

各省、自治区、直辖市人民政府，国务院各部委、各直属机构：

快递业是现代服务业的重要组成部分，是推动流通方式转型、促进消费升级的现代化先导性产业。近年来，我国快递业发展迅速，企业数量大幅增加，业务规模持续扩大，服务水平不断提升，在降低流通成本、支撑电子商务、服务生产生活、扩大就业渠道等方面发挥了积极作用。但与此同时，快递业发展方式粗放、基础设施滞后、安全隐患较多、国际竞争力不强等问题仍较为突出。为促进快递业健康发展，进一步搞活流通、拉动内需，服务大众创业、万众创新，培育现代服务业新增长点，更好发挥快递业对稳增长、促改革、调结构、惠民生的作用，现提出以下意见。

### 一、总体要求

**（一）指导思想。**以解决制约快递业发展的突出问题为导向，以“互联网+”快递为发展方向，培育壮大市场主体，融入并衔接综合交通体系，扩展服务网络惠及范围，保障寄递渠道安全，促进行业转型升级和提质增效，不断满足人民群众日益增长的寄递需求，更好服务于国民经济和社会发展。

**（二）基本原则。**

市场主导。遵循市场发展规律，进一步开放国内快递市场，用市场化手段引导快递企业整合提升，鼓励企业持续提高服务能力和服务质量。进一步简政放权，发挥法律法规、规划、标准的规范引导作用，形成有利于快递业发展的市场环境。

安全为基。进一步强化安全生产红线意识，加强寄递安全制度体系建设，落实企业主体责任，夯实快递业安全基础。依靠科技手段创新管理方式、提升监管能力，保障寄递渠道安全。

创新驱动。鼓励不同所有制资本在快递领域交叉持股、相互融合，激发市场主体活力和创造力。支持快递企业加快推广应用现代信息技术，不断创新商业模式、服务形式和管理方式。

协同发展。推动快递业加快融入生产、流通和消费环节，充分发挥服务电子商务的主渠道作用，联通线上线下，实现与先进制造业、现代农业、信息技术等产业协同发展。

**（三）发展目标。**到 2020 年，基本建成普惠城乡、技术先进、服务优质、安全高效、绿色节能的快递服务体系，形成覆盖全国、联通国际的服务网络。

——产业规模跃上新台阶。快递市场规模稳居世界首位，基本实现乡乡有网点、村村通快递，快递年业务量达到 500 亿件，年业务收入达到 8000 亿元。

——企业实力明显增强。快递企业自主航空运输能力大幅提升，建设一批辐射国内外的航空快递货运枢纽，积极引导培育形成具有国际竞争力的大型骨干快递企业。

——服务水平大幅提升。寄递服务产品体系更加丰富，国内重点城市间实现 48 小时送达，国际快递服务通达范围更广、速度更快，服务满意度稳步提高。

——综合效益更加显著。年均新增就业岗位约20万个，全年支撑网络零售交易额突破10万亿元，日均服务用户2.7亿人次以上，有效降低商品流通成本。

## 二、重点任务

**（四）培育壮大快递企业。**鼓励各类资本依法进入快递领域，支持快递企业兼并重组、上市融资，整合中小企业，优化资源配置，实现强强联合、优势互补，加快形成若干家具有国际竞争力的企业集团，鼓励“走出去”参与国际竞争。大力提升快递服务质量，实施品牌战略，建立健全行业安全和服务标准体系，加强服务质量监测，降低快件延误率、损毁率、丢失率和投诉率，引导快递企业从价格竞争向服务竞争转变。积极推广快递保险业务，保障用户权益。支持骨干企业建设工程技术中心，开展智能终端、自动分拣、机械化装卸、冷链快递等技术装备的研发应用。

**（五）推进“互联网＋”快递。**鼓励快递企业充分利用移动互联、物联网、大数据、云计算等信息技术，优化服务网络布局，提升运营管理效率，拓展协同发展空间，推动服务模式变革，加快向综合性快递物流运营商转型。引导快递企业与电子商务企业深度合作，促进线上线下互动创新，共同发展体验经济、社区经济、逆向物流等便民利商新业态。积极参与涉农电子商务平台建设，构建农产品快递网络，服务产地直销、订单生产等农业生产新模式。发挥供应链管理优势，积极融入智能制造、个性化定制等制造业新领域。支持快递企业完善信息化运营平台，发展代收货款等业务。

**（六）构建完善服务网络。**实施快递“向下、向西、向外”工程，建设快递专业类物流园区、快件集散中心和快递末端服务平台，完善农村、西部地区服务网络，构建覆盖国内外的快件寄递体系。支持快递企业加强与农业、供销、商贸企业的合作，打造“工业品下乡”和“农产品进城”双向流通渠道，下沉带动农村消费。鼓励快递企业发展跨境电商快递业务，加大对快递企业“走出去”的服务力度，在重点口岸城市建设国际快件处理中心，探索建立“海外仓”。鼓励传统邮政业进一步加快转型发展，支持邮政企业和快递企业创新合作模式，充分利用现有邮政网点优势，提高邮政基础设施利用效率。

**（七）衔接综合交通体系。**实施快递“上车、上船、上飞机”工程，加强与铁路、公路、水路、民航等运输企业合作，制定并实施快递设施通用标准，强化运输保障能力。在铁路枢纽配套建设快件运输通道和接驳场所，建立健全利用中欧班列运输邮（快）件机制。稳妥推进公路客运班车代运快件试点和快件甩挂运输方式，因地制宜发展快件水路运输，大力推动快件航空运输。在交通运输领域，完善快件处理设施和绿色通道，辐射带动电子商务等相关产业集聚。鼓励快递企业组建航空货运公司，在国际航线、航班时刻、货机购置等方面给予政策支持。

**（八）加强行业安全监管。**实施寄递渠道安全监管“绿盾”工程，全面推进快递企业安全生产标准化建设，落实邮政业安全生产设备配置规范等强制性标准，明确收寄、分拣、运输、投递等环节的安全要求。落实快递企业和寄件人安全责任，完善从业人员安全教育培训制度，筑牢寄递渠道安全基础。强化安全检查措施，严格执行收寄验视制度，加强对进出境快件的检疫监管，从源头防范禁寄物品流入寄递渠道。积极利用信息技术提升安全监管能力，完善快递业安全监管信息平台，健全信息采集标准和共享机制，实现快件信息溯源追查，依法严格保护个人信息安全。落实寄递渠道安全管理工作机制，加强跨部门、跨区域协作配合，提升安全监管与应急处置能力。

## 三、政策措施

**（九）深入推进简政放权。**深化快递行业商事制度改革，探索对快递企业实行同一工商登记机关管辖范围内“一照多址”模式。简化快递业务经营许可程序，改革快递企业年度报告制度，精简企业分支机构、末端网点备案手续。发挥电子口岸、国际陆港等“一站式”通关平台优势，扩大电子商务出口快件清单核放、汇总申报通关模式的适用地域范围，实现进出境快件便捷通关。

**（十）优化快递市场环境。**充实监管力量，创新监管方式，强化事中事后监管，全面提升市场监管能力。建立健全用户申诉与执法联动机制，依法查处违法违规行为，规范市场经营秩序。发挥行业自律和社会监督作用，利用企业信用信息公示系统和行业监管信息系统，建立违法失信主体“黑名单”及联合惩戒制度，营造诚实守信的市场环境。

**（十一）健全法规规划体系。**加快制定快递条例和相关法规规章，提高快递业法治化、标准化水平。编制快递业发展“十三五”规划和重点区域规划，与综合交通运输、物流业、现代服务业、电子商务、物流园区等专项规划做好衔接。有关方面要将发展快递业纳入国民经济和社会发展规划，在城乡规划、土地利用规划、公共服务设施规划中合理安排快递基础设施的布局建设。

**（十二）加大政策支持力度。**中央预算内投资通过投资补助和贴息等方式，支持农村和西部地区公益性、基础性快递基础设施建设，各级财政专项资金要将符合条件的企业和项目纳入支持范围。快递企业可按现行规定申请执行省（区、市）内跨地区经营总分支机构增值税汇总缴纳政策，依法享受企业所得税优惠政策。各地区要在土地利用总体规划和年度用地计划中统筹安排快递专业类物流园区、快件集散中心等设施用地，研究将智能快件箱等快递服务设施纳入公共服务设施规划。鼓励金融机构创新服务方式，开展适应快递业特点的抵押贷款、融资租赁等业务。快递企业用电、用气、用热价格按照不高于一般工业标准执行。

**（十三）改进快递车辆管理。**制定快递专用机动车辆系列标准，及时发布和修订车辆生产企业和产品公告。各地要规范快递车辆管理，逐步统一标志，对快递专用车辆城市通行和临时停靠作业提供便利。研究出台快递专用电动三轮车国家标准以及生产、使用、管理规定。各地可结合实际制定快递专用电动三轮车用于城市收投服务的管理办法，解决“最后一公里”通行难问题。

**（十四）建设专业人才队伍。**引导高等学校加强物流管理、物流工程等专业建设，支持职业院校开设快递相关专业。探索学校、科研机构、行业协会和企业联合培养人才模式，建立一批快递人才培训基地。实施快递人才素质提升工程，建立健全人才评价制度，落实就业创业和人才引进政策。支持快递企业组织从业人员参加相关职业培训和职业技能鉴定，对符合条件的企业和人员可按规定给予补贴。

## 四、组织实施

各地区、各有关部门要充分认识促进快递业健康发展的重要意义，加强组织领导，健全工作机制，强化协同联动，加大支持力度，为快递业发展营造良好环境。各地区要根据本意见，结合本地区实际情况研究出台有针对性的支持措施并认真抓好落实。各有关部门要各负其责，按照职责分工抓紧制定相关配套措施。交通运输部、发展改革委、邮政局会同有关部门负责对本意见落实工作的统筹协调、跟踪了解、督促检查。

**国务院**

**2015 年 10 月 23 日**

用心每一步
Every step carefully

EMS
CNPL
中邮物流

EXPRESS
顺丰速运
顺丰航空

sto
express
40088 95543
申通国际多条
出口专线即将开通！
新跨越
星级化、规范化、信息化、科学化、
务之本，提升企业管理水平和服
让客户享受到更加优质、更
的快递服务。
sto
sto
sto

破 引领
mount
ading
rney
新征程

成为率先开通国际航线的民营企业之一，打造全球供应链体系。同年4月，率先在上海发起“全球包裹联盟”

2016

喻渭蛟董事长获评风云浙商，成快递行业率先当选者。同年3月，圆通韩国公司正式成立，开启圆通国际发展新篇章

2015

工被评上“全国五
号的民营企业

2014

率先成为快递服务标准化试点单位。同年，率先成为达沃斯论坛全球成长性企业的中国快递公司

2013

2012

全国率先成功申报“速递服务与管理”专业，并与山东淄博学院携手，创办了“圆通速递学院”

E打造金刚IT系
匕转型升级

从超越迈向领先

圆通速递-中国人的快递

做受人尊重的百年企业，创具有国际影响力的快递品牌

Towards leading from beyond

YTO Express --- Choice of the Chinese

Which is committed to becoming an advancer of China's Express service

圆通速递公众号

支付宝服务窗

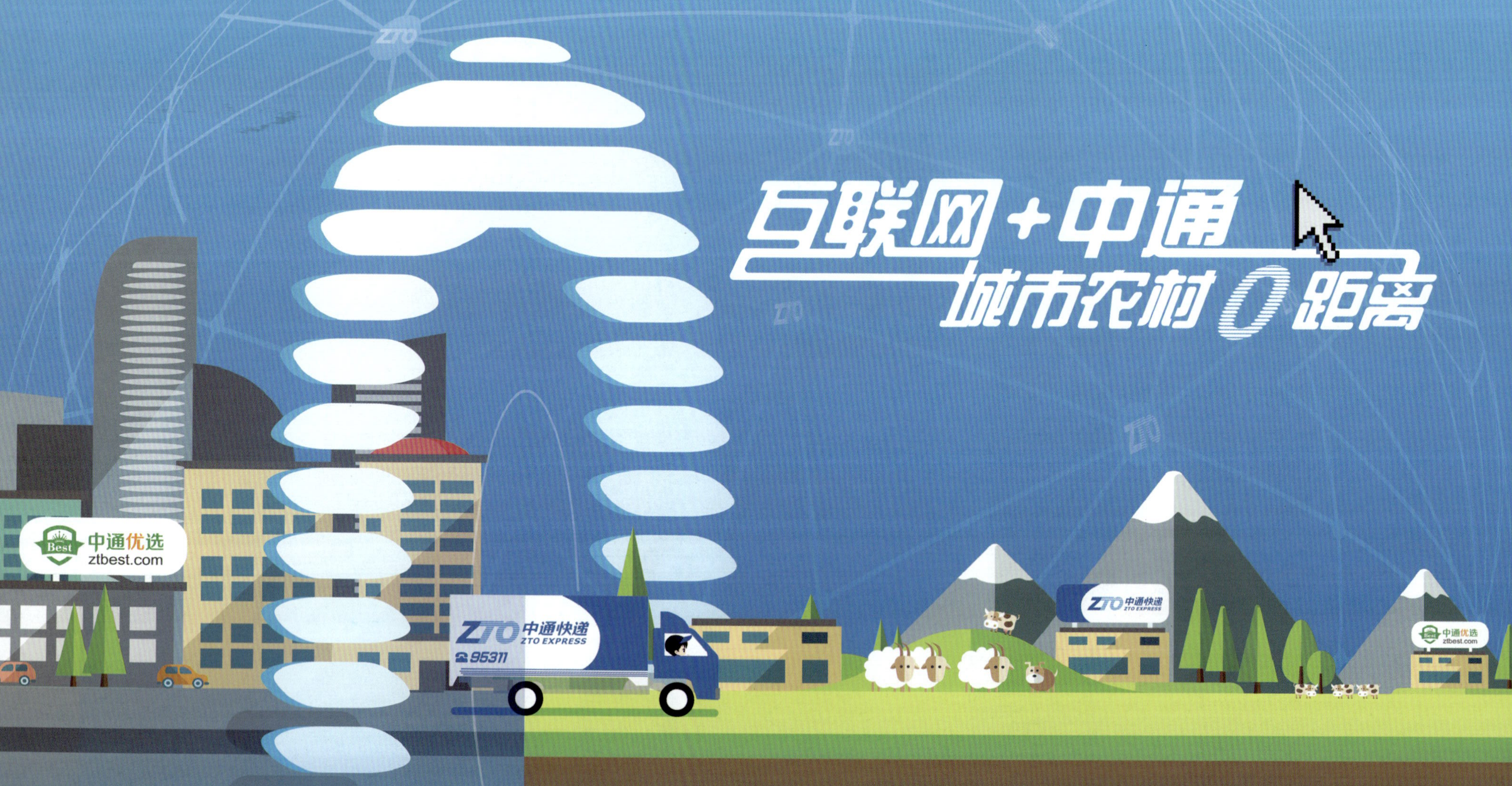

ZTO 中通快递
ZTO EXPRESS
95311
快递真需要
互联网+中通
城市农村0距离
中通优选
ztbest.com
ZTO 中通快递
ZTO EXPRESS
95311

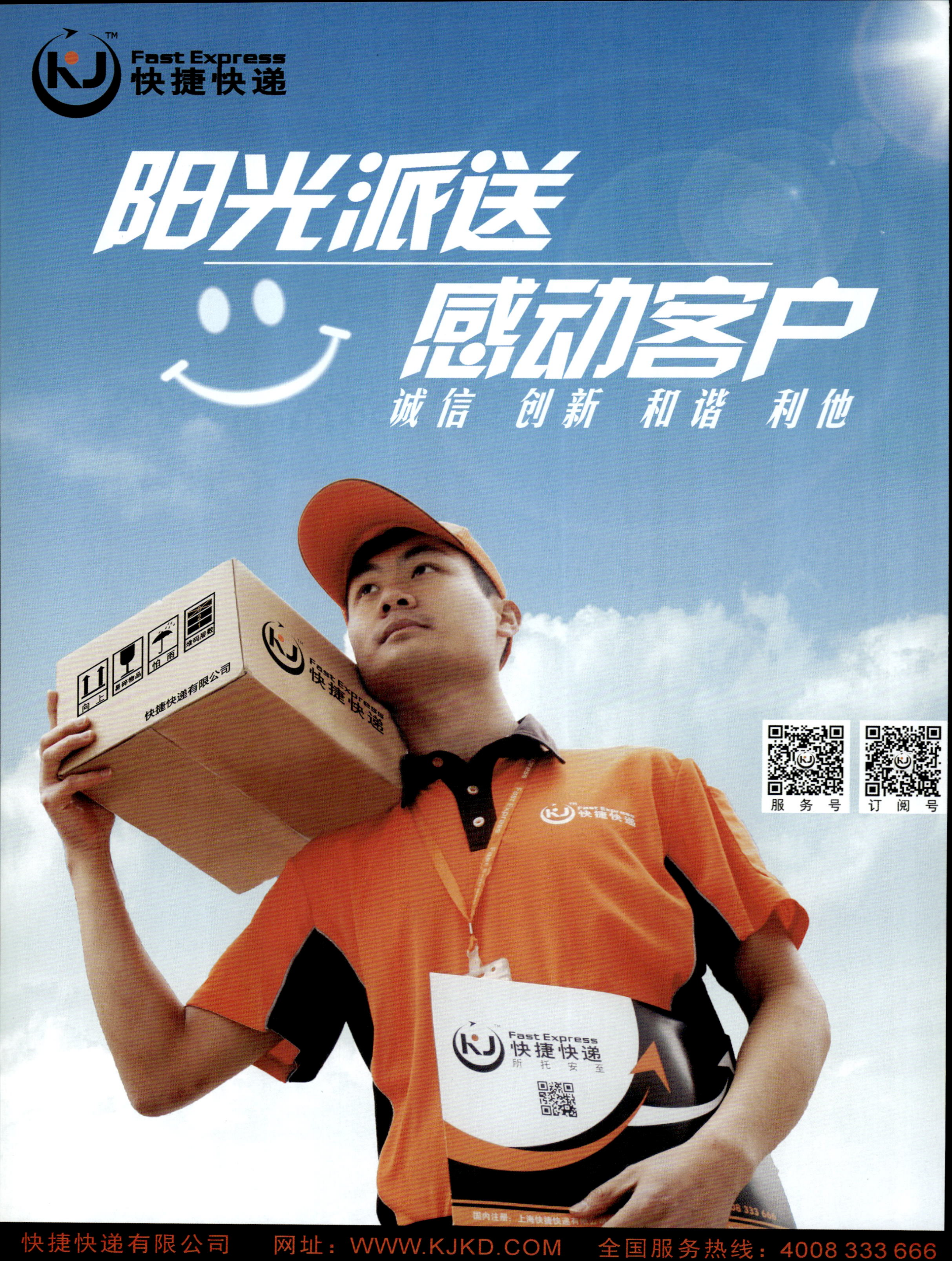
Fast Express
快捷快递
阳光派送
感动客户
诚信 创新 和谐 利他
服务号
订阅号
快捷快递有限公司
Fast Express
快捷快递
所托安至
快捷快递有限公司 网址：WWW.KJKD.COM 全国服务热线：4008 333 666

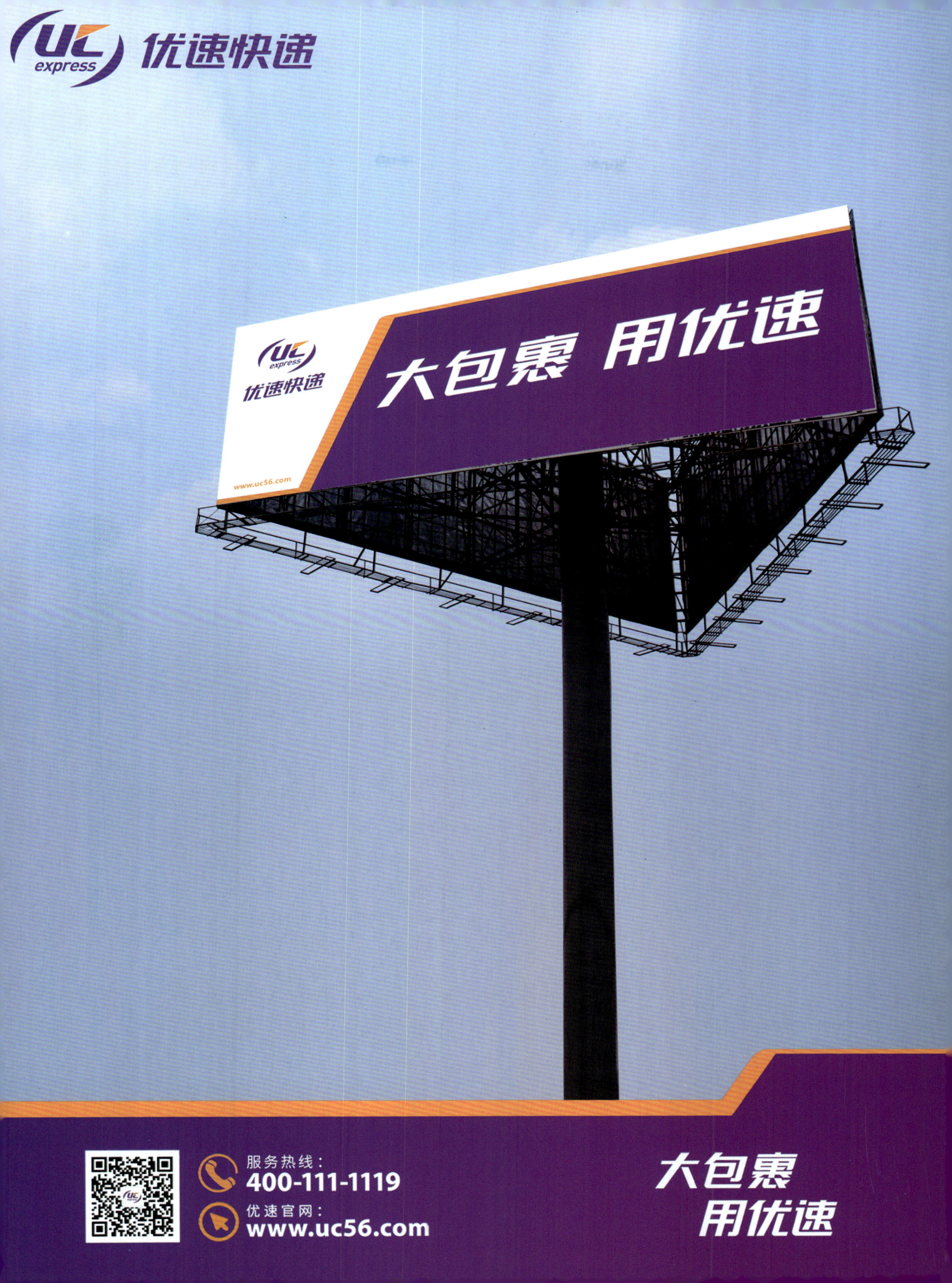
UC express 优速快递
大包裹 用优速
www.uc56.com
服务热线：
400-111-1119
优速官网：
www.uc56.com
大包裹
用优速

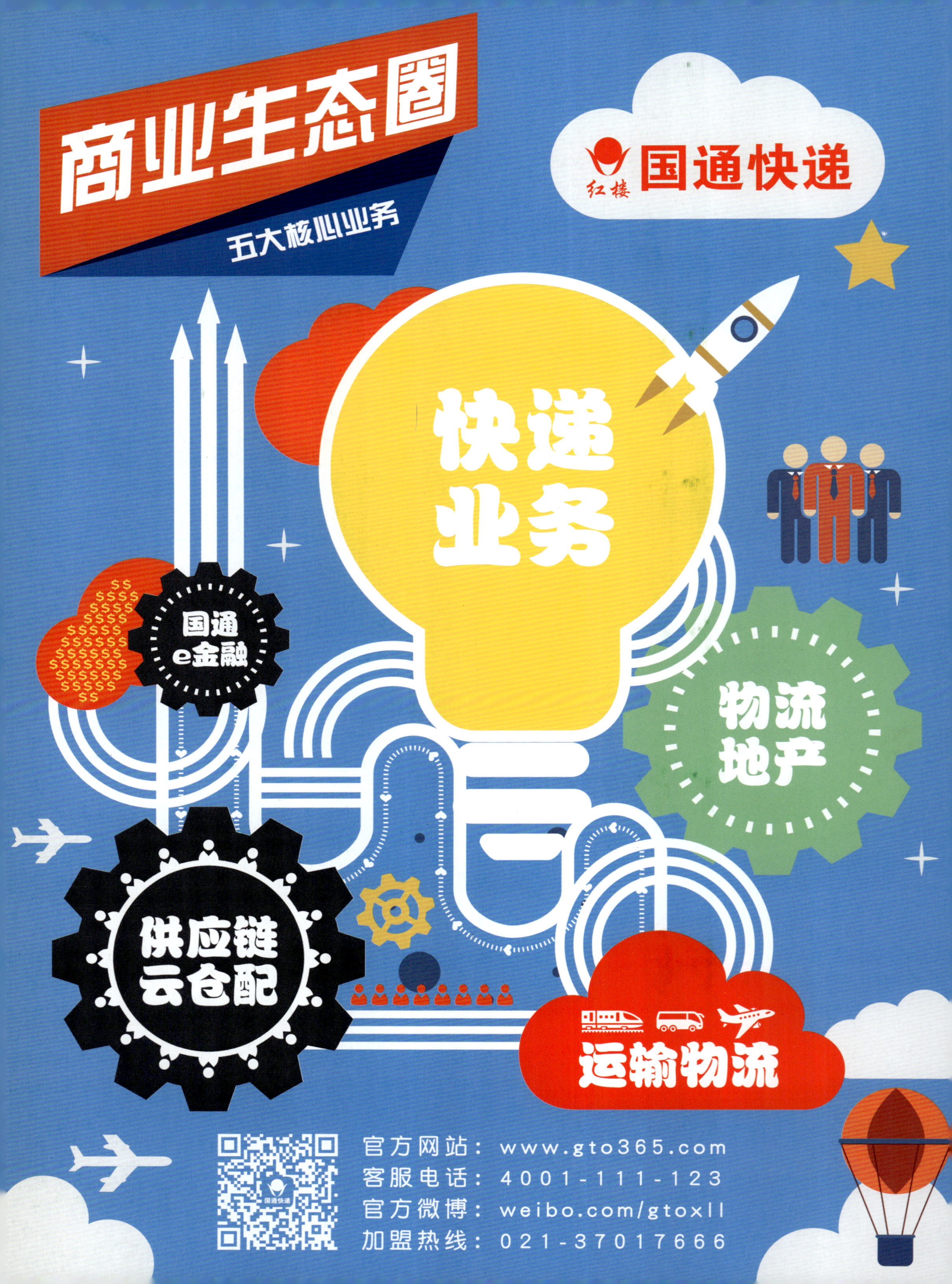
商业生态圈
五大核心业务
红楼 国通快递
快递业务
国通e金融
物流地产
供应链云仓配
运输物流
官方网站：www.gto365.com
客服电话：4001-111-123
官方微博：weibo.com/gtoxll
加盟热线：021-37017666

# 第五章　快递标准(索引)

## 快递营业场所设计基本要求

该文件于2015年2月6日由国家邮政局发布,于2015年5月1日起实施。详见网址 http://www.spb.gov.cn/zcfg/ghjbz/201508/t20150806_588617.html

## 邮政业从业企业标准化工作指南

该文件于2015年2月6日由国家邮政局发布,于2015年5月1日起实施。详见网址 http://www.spb.gov.cn/zcfg/ghjbz/201508/t20150806_588617.html

## 邮政业安全生产设备配置规范

该文件于2015年3月31日由国家邮政局发布,于2015年9月1日起实施。详见网址 http://www.spb.gov.cn/zcfg/ghjbz/201508/t20150806_588617.html

## 邮件和快件投递状态分类与代码

该文件于2015年3月31日由国家邮政局发布,于2015年9月1日起实施。详见网址 http://www.spb.gov.cn/zcfg/ghjbz/201508/t20150806_588617.html

## 快递代收货款服务信息交换指南

该文件于2015年5月25日由国家邮政局发布,于2015年9月1日起实施。详见网址 http://www.spb.gov.cn/zcfg/ghjbz/201508/t20150806_588617.html

## 邮政业信息系统安全等级保护定级指南

该文件于2015年6月11日由国家邮政局发布,于2015年10月1日起实施。详见网址 http://www.spb.gov.cn/zcfg/ghjbz/201508/t20150806_588617.html

## 快件基础数据元

该文件于2015年7月7日由国家邮政局发布,于2015年10月1日起实施。详见网址 http://www.spb.gov.cn/zcfg/ghjbz/201508/t20150806_588617.html

## 邮政业服务设施设备分类与代码

该文件于2015年7月7日由国家邮政局发布,于2015年10月1日起实施。详见网址 http://www.spb.gov.cn/zcfg/ghjbz/201508/t20150806_588617.html

## 快递末端投递服务规范

该文件于2015年7月7日由国家邮政局发布,于2015年10月1日起实施。

详见网址 http://www.spb.gov.cn/zcfg/ghjbz/201508/t20150806_588617.html

**快递服务监管信息交换规范**

该文件于 2015 年 9 月 15 日由国家邮政局发布，于 2016 年 1 月 1 日起实施。
详见网址 http://www.spb.gov.cn/zcfg/ghjbz/201508/t20150806_588617.html

**寄递服务用户个人信息保护指南**

该文件于 2015 年 9 月 15 日由国家邮政局发布，于 2016 年 1 月 1 日起实施。
详见网址 http://www.spb.gov.cn/zcfg/ghjbz/201508/t20150806_588617.html

**快递电子运单**

该文件于 2015 年 12 月 14 日由国家邮政局发布，于 2016 年 3 月 1 日起实施。
详见网址 http://www.spb.gov.cn/zcfg/ghjbz/201508/t20150806_588617.html

**快递安全生产操作规范**

该文件于 2015 年 12 月 14 日由国家邮政局发布，于 2016 年 6 月 1 日起实施。
详见网址 http://www.spb.gov.cn/zcfg/ghjbz/201508/t20150806_588617.html

# 第六章 快递政策

## 国务院关于大力发展电子商务 加快培育经济新动力的意见

国发〔2015〕24 号

各省、自治区、直辖市人民政府,国务院各部委、各直属机构:

近年来我国电子商务发展迅猛,不仅创造了新的消费需求,引发了新的投资热潮,开辟了就业增收新渠道,为大众创业、万众创新提供了新空间,而且电子商务正加速与制造业融合,推动服务业转型升级,催生新兴业态,成为提供公共产品、公共服务的新力量,成为经济发展新的原动力。与此同时,电子商务发展面临管理方式不适应、诚信体系不健全、市场秩序不规范等问题,亟需采取措施予以解决。当前,我国已进入全面建成小康社会的决定性阶段,为减少束缚电子商务发展的机制体制障碍,进一步发挥电子商务在培育经济新动力,打造"双引擎"、实现"双目标"等方面的重要作用,现提出以下意见:

### 一、指导思想、基本原则和主要目标

(一)指导思想。全面贯彻党的十八大和十八届二中、三中、四中全会精神,按照党中央、国务院决策部署,坚持依靠改革推动科学发展,主动适应和引领经济发展新常态,着力解决电子商务发展中的深层次矛盾和重大问题,大力推进政策创新、管理创新和服务创新,加快建立开放、规范、诚信、安全的电子商务发展环境,进一步激发电子商务创新动力、创造潜力、创业活力,加速推动经济结构战略性调整,实现经济提质增效升级。

(二)基本原则。一是积极推动。主动作为、支持发展。积极协调解决电子商务发展中的各种矛盾与问题。在政府资源开放、网络安全保障、投融资支持、基础设施和诚信体系建设等方面加大服务力度。推进电子商务企业税费合理化,减轻企业负担。进一步释放电子商务发展潜力,提升电子商务创新发展水平。二是逐步规范。简政放权、放管结合。法无禁止的市场主体即可为,法未授权的政府部门不能为,最大限度减少对电子商务市场的行政干预。在放宽市场准入的同时,要在发展中逐步规范市场秩序,营造公平竞争的创业发展环境,进一步激发社会创业活力,拓宽电子商务创新发展领域。三是加强引导。把握趋势、因势利导。加强对电子商务发展中前瞻性、苗头性、倾向性问题的研究,及时在商业模式创新、关键技术研发、国际市场开拓等方面加大对企业的支持引导力度,引领电子商务向打造"双引擎"、实现"双目标"发展,进一步增强企业的创新动力,加速电子商务创新发展步伐。

(三)主要目标。到 2020 年,统一开放、竞争有序、诚信守法、安全可靠的电子商务大市场基本建成。电子商务与其他产业深度融合,成为促进创业、稳定就业、改善民生服务的重要平台,对工业化、信息化、城镇化、农业现代化同步发展起到关键性作用。

## 二、营造宽松发展环境

（四）降低准入门槛。全面清理电子商务领域现有前置审批事项，无法律法规依据的一律取消，严禁违法设定行政许可、增加行政许可条件和程序。（国务院审改办，有关部门按职责分工分别负责）进一步简化注册资本登记，深入推进电子商务领域由“先证后照”改为“先照后证”改革。（工商总局、中央编办）落实《注册资本登记制度改革方案》，放宽电子商务市场主体住所（经营场所）登记条件，完善相关管理措施。（省级人民政府）推进对快递企业设立非法人快递末端网点实施备案制管理。（邮政局）简化境内电子商务企业海外上市审批流程，鼓励电子商务领域的跨境人民币直接投资。（发展改革委、商务部、外汇局、证监会、人民银行）放开外商投资电子商务业务的外方持股比例限制。（工业和信息化部、发展改革委、商务部）探索建立能源、铁路、公共事业等行业电子商务服务的市场化机制。（有关部门按职责分工分别负责）

（五）合理降税减负。从事电子商务活动的企业，经认定为高新技术企业的，依法享受高新技术企业相关优惠政策，小微企业依法享受税收优惠政策。（科技部、财政部、税务总局）加快推进“营改增”，逐步将旅游电子商务、生活服务类电子商务等相关行业纳入“营改增”范围。（财政部、税务总局）

（六）加大金融服务支持。建立健全适应电子商务发展的多元化、多渠道投融资机制。（有关部门按职责分工分别负责）研究鼓励符合条件的互联网企业在境内上市等相关政策。（证监会）支持商业银行、担保存货管理机构及电子商务企业开展无形资产、动产质押等多种形式的融资服务。鼓励商业银行、商业保理机构、电子商务企业开展供应链金融、商业保理服务，进一步拓展电子商务企业融资渠道。（人民银行、商务部）引导和推动创业投资基金，加大对电子商务初创企业的支持。（发展改革委）

（七）维护公平竞争。规范电子商务市场竞争行为，促进建立开放、公平、健康的电子商务市场竞争秩序。研究制定电子商务产品质量监督管理办法，探索建立风险监测、网上抽查、源头追溯、属地查处的电子商务产品质量监督机制，完善部门间、区域间监管信息共享和职能衔接机制。依法打击网络虚假宣传、生产销售假冒伪劣产品、违反国家出口管制法规政策跨境销售两用品和技术、不正当竞争等违法行为，组织开展电子商务产品质量提升行动，促进合法、诚信经营。（工商总局、质检总局、公安部、商务部按职责分工分别负责）重点查处达成垄断协议和滥用市场支配地位的问题，通过经营者集中反垄断审查，防止排除、限制市场竞争的行为。（发展改革委、工商总局、商务部）加强电子商务领域知识产权保护，研究进一步加大网络商业方法领域发明专利保护力度。（工业和信息化部、商务部、海关总署、工商总局、新闻出版广电总局、知识产权局等部门按职责分工分别负责）进一步加大政府利用电子商务平台进行采购的力度。（财政部）各级政府部门不得通过行政命令指定为电子商务提供公共服务的供应商，不得滥用行政权力排除、限制电子商务的竞争。（有关部门按职责分工分别负责）

## 三、促进就业创业

（八）鼓励电子商务领域就业创业。把发展电子商务促进就业纳入各地就业发展规划和电子商务发展整体规划。建立电子商务就业和社会保障指标统计制度。经工商登记注册的网络商户从业人员，同等享受各项就业创业扶持政策。未进行工商登记注册的网络商户从业人员，可认定为灵活就业人员，享受灵活就业人员扶持政策，其中在网络平台实名注册、稳定经营且信誉良好的网络商户创业者，可按规定享受小额担保贷款及贴息政策。支持中小微企业应用电子商务、拓展业务领域，鼓励有条件的地区建设电子商务创业园区，指导各类创业孵化基地为电子商务创业人员提供场地支持和创业孵化服务。加强电子商务企业用工服务，完善电子商务人才供求信息对接机制。（人力资源社会保障部、工业和信息化部、商务部、统计局，地方各级人民政府）

（九）加强人才培养培训。支持学校、企业及社会组织合作办学，探索实训式电子商务人才培养与培训机制。推进国家电子商务专业技术人才知识更新工程，指导各类培训机构增加电子商务技能培训项目，支持电子商务企业开展岗前培训、技能提升培训和高技能人才培训，加快培养电子商务领域的高素质专门人才和技术技能人才。参加职业培训和职业技能鉴定的人员，以及组织职工培训的电子商务企业，可按规定享受职业培训补贴和职业技能鉴定补贴政策。鼓励有条件的职业院校、社会培训机构和电子商务企业开展网络创业培训。（人力资源社会保障部、商务部、教育部、财政部）

（十）保障从业人员劳动权益。规范电子商务企业特别是网络商户劳动用工，经工商登记注册取得营业执照的，应与招用的劳动者依法签订劳动合同；未进行工商登记注册的，也可参照劳动合同法相关规定与劳动者签订民事协议，明确双方的权利、责任和义务。按规定将网络从业人员纳入各项社会保险，对未进行工商登记注册的网络商户，其从业人员可按灵活就业人员参保缴费办法参加社会保险。符合条件的就业困难人员和高校毕业生，可享受灵活就业人员社会保险补贴政策。长期雇用5人及以上的网络商户，可在工商注册地进行社会保险登记，参加企业职工的各项社会保险。满足统筹地区社会保险优惠政策条件的网络商户，可享受社会保险优惠政策。（人力资源社会保障部）

## 四、推动转型升级

（十一）创新服务民生方式。积极拓展信息消费新渠道，创新移动电子商务应用，支持面向城乡居民社区提供日常消费、家政服务、远程缴费、健康医疗等商业和综合服务的电子商务平台发展。加快推动传统媒体与新兴媒体深度融合，提升文化企业网络服务能力，支持文化产品电子商务平台发展，规范网络文化市场。支持教育、会展、咨询、广告、餐饮、娱乐等服务企业深化电子商务应用。（有关部门按职责分工分别负责）鼓励支持旅游景点、酒店等开展线上营销，规范发展在线旅游预订市场，推动旅游在线服务模式创新。（旅游局、工商总局）加快建立全国12315互联网平台，完善网上交易在线投诉及售后维权机制，研究制定7天无理由退货实施细则，促进网络购物消费健康快速发展。（工商总局）

（十二）推动传统商贸流通企业发展电子商务。鼓励有条件的大型零售企业开办网上商城，积极利用移动互联网、地理位置服务、大数据等信息技术提升流通效率和服务质量。支持中小零售企业与电子商务平台优势互补，加强服务资源整合，促进线上交易与线下交易融合互动。（商务部）推动各类专业市场建设网上市场，通过线上线下融合，加速向网络化市场转型，研究完善能源、化工、钢铁、林业等行业电子商务平台规范发展的相关措施。（有关部门按职责分工分别负责）制定完善互联网食品药品经营监督管理办法，规范食品、保健食品、药品、化妆品、医疗器械网络经营行为，加强互联网食品药品市场监测监管体系建设，推动医药电子商务发展。（食品药品监管总局、卫生计生委、商务部）

（十三）积极发展农村电子商务。加强互联网与农业农村融合发展，引入产业链、价值链、供应链等现代管理理念和方式，研究制定促进农村电子商务发展的意见，出台支持政策措施。（商务部、农业部）加强鲜活农产品标准体系、动植物检疫体系、安全追溯体系、质量保障与安全监管体系建设，大力发展农产品冷链基础设施。（质检总局、发展改革委、商务部、农业部、食品药品监管总局）开展电子商务进农村综合示范，推动信息进村入户，利用“万村千乡”市场网络改善农村地区电子商务服务环境。（商务部、农业部）建设地理标志产品技术标准体系和产品质量保证体系，支持利用电子商务平台宣传和销售地理标志产品，鼓励电子商务平台服务“一村一品”，促进品牌农产品走出去。鼓励农业生产资料企业发展电子商务。（农业部、质检总局、工商总局）支持林业电子商务发展，逐步建立林产品交易诚信体系、林产品和林权交易服务体系。（林业局）

（十四）创新工业生产组织方式。支持生产制造企业深化物联网、云计算、大数据、三维（3D）设计及打印等信息技术在生产制造各环节的应用，建立与客户电子商务系统对接的网络制造管理系统，提高加工订单的响应速度及柔性制造能力；面向网络消费者个性化需求，建立网络化经营管理模式，发展“以销定产”及“个性化定制”生产方式。（工业和信息化部、科技部、商务部）鼓励电子商务企业大力开展品牌经营，优化配置研发、设计、生产、物流等优势资源，满足网络消费者需求。（商务部、工商总局、质检总局）鼓励创意服务，探索建立生产性创新服务平台，面向初创企业及创意群体提供设计、测试、生产、融资、运营等创新创业服务。（工业和信息化部、科技部）

（十五）推广金融服务新工具。建设完善移动金融安全可信公共服务平台，制定相关应用服务的政策措施，推动金融机构、电信运营商、银行卡清算机构、支付机构、电子商务企业等加强合作，实现移动金融在电子商务领域的规模化应用；推广应用具有硬件数字证书、采用国家密码行政主管部门规定算法的移动智能终端，保障移动电子商务交易的安全性和真实性；制定在线支付标准规范和制度，提升电子商务在线支付的安全性，满足电子商务交易及公共服务领域金融服务需求；鼓励商业银行与电子商务企业开展多元化金融服务合作，提升电子商务服务质量和效率。（人民银行、密码局、国家标准委）

（十六）规范网络化金融服务新产品。鼓励证券、保险、公募基金等企业和机构依法进行网络化创新，完善互联网保险产品审核和信息披露制度，探索建立适应互联网证券、保险、公募基金产品销售等互联网金融活动的新型监管方式。（人民银行、证监会、保监会）规范保险业电子商务平台建设，研究制定电子商务涉及的信用保证保险的相关扶持政策，鼓励发展小微企业信贷信用保险、个人消费履约保证保险等新业务，扩大信用保险保单融资范围。完善在线旅游服务企业投保办法。（保监会、银监会、旅游局按职责分工分别负责）

## 五、完善物流基础设施

（十七）支持物流配送终端及智慧物流平台建设。推动跨地区跨行业的智慧物流信息平台建设，鼓励在法律规定范围内发展共同配送等物流配送组织新模式。（交通运输部、商务部、邮政局、发展改革委）支持物流（快递）配送站、智能快件箱等物流设施建设，鼓励社区物业、村级信息服务站（点）、便利店等提供快件派送服务。支持快递服务网络向农村地区延伸。（地方各级人民政府，商务部、邮政局、农业部按职责分工分别负责）推进电子商务与物流快递协同发展。（财政部、商务部、邮政局）鼓励学校、快递企业、第三方主体因地制宜加强合作，通过设置智能快件箱或快件收发室、委托校园邮政局所代为投递、建立共同配送站点等方式，促进快递进校园。（地方各级人民政府，邮政局、商务部、教育部）根据执法需求，研究推动被监管人员生活物资电子商务和智能配送。（司法部）有条件的城市应将配套建设物流（快递）配送站、智能终端设施纳入城市社区发展规划，鼓励电子商务企业和物流（快递）企业对网络购物商品包装物进行回收和循环利用。（有关部门按职责分工分别负责）

（十八）规范物流配送车辆管理。各地区要按照有关规定，推动城市配送车辆的标准化、专业化发展；制定并实施城市配送用汽车、电动三轮车等车辆管理办法，强化城市配送运力需求管理，保障配送车辆的便利通行;鼓励采用清洁能源车辆开展物流(快递)配送业务,支持充电、加气等设施建设;合理规划物流(快递)配送车辆通行路线和货物装卸搬运地点。对物流(快递)配送车辆采取通行证管理的城市,应明确管理部门、公开准入条件、引入社会监督。(地方各级人民政府)

(十九)合理布局物流仓储设施。完善仓储建设标准体系,鼓励现代化仓储设施建设,加强偏远地区仓储设施建设。(住房城乡建设部、公安部、发展改革委、商务部、林业局)各地区要在城乡规划中合理规划布局物流仓储用地,在土地利用总体规划和年度供地计划中合理安排仓储建设用地,引导社会资本进行仓储设施投资建设或再利用,严禁擅自改变物流仓储用地性质。(地方各级人民政府)鼓励物流(快递)企业发展"仓配一体化"服务。(商务部、邮政局)

## 六、提升对外开放水平

(二十)加强电子商务国际合作。积极发起或参与多双边或区域关于电子商务规则的谈判和交流合作,研究建立我国与国际认可组织的互认机制,依托我国认证认可制度和体系,完善电子商务企业和商品的合格评定机制,提升国际组织和机构对我国电子商务企业和商品认证结果的认可程度,力争国际电子商务规制制定的主动权和跨境电子商务发展的话语权。(商务部、质检总局)

(二十一)提升跨境电子商务通关效率。积极推进跨境电子商务通关、检验检疫、结汇、缴进口税等关键环节"单一窗口"综合服务体系建设,简化与完善跨境电子商务货物返修与退运通关流程,提高通关效率。(海关总署、财政部、税务总局、质检总局、外汇局)探索建立跨境电子商务货物负面清单、风险监测制度,完善跨境电子商务货物通关与检验检疫监管模式,建立跨境电子商务及相关物流企业诚信分类管理制度,防止疫病疫情传入、外来有害生物入侵和物种资源流失。(海关总署、质检总局按职责分工分别负责)大力支持中国(杭州)跨境电子商务综合试验区先行先试,尽快形成可复制、可推广的经验,加快在全国范围推广。(商务部、发展改革委)

(二十二)推动电子商务走出去。抓紧研究制定促进跨境电子商务发展的指导意见。(商务部、发展改革委、海关总署、工业和信息化部、财政部、人民银行、税务总局、工商总局、质检总局、外汇局)鼓励国家政策性银行在业务范围内加大对电子商务企业境外投资并购的贷款支持,研究制定针对电子商务企业境外上市的规范管理政策。(人民银行、证监会、商务部、发展改革委、工业和信息化部)简化电子商务企业境外直接投资外汇登记手续,拓宽其境外直接投资外汇登记及变更登记业务办理渠道。(外汇局)支持电子商务企业建立海外营销渠道,创立自有品牌。各驻外机构应加大对电子商务企业走出去的服务力度。进一步开放面向港澳台地区的电子商务市场,推动设立海峡两岸电子商务经济合作实验区。鼓励发展面向"一带一路"沿线国家的电子商务合作,扩大跨境电子商务综合试点,建立政府、企业、专家等各个层面的对话机制,发起和主导电子商务多边合作。(有关部门按职责分工分别负责)

## 七、构筑安全保障防线

(二十三)保障电子商务网络安全。电子商务企业要按照国家信息安全等级保护管理规范和技术标准相关要求,采用安全可控的信息设备和网络安全产品,建设完善网络安全防护体系、数据资源安全管理体系和网络安全应急处置体系,鼓励电子商务企业获得信息安全管理体系认证,提高自身信息安全管理水平。鼓励电子商务企业加强与网络安全专业服务机构、相关管理部门的合作,共享网络安全威胁预警信息,消除网络安全隐患,共同防范网络攻击破坏、窃取公民个人信息等违法犯罪活动。(公安部、国家认监委、工业和信息化部、密码局)

(二十四)确保电子商务交易安全。研究制定电子商务交易安全管理制度,明确电子商务交易各方的安全责任和义务。(工商总局、工业和信息化部、公安部)建立电子认证信任体系,促进电子认证机构数字证书交叉互认和数字证书应用的互联互通,推广数字证书在电子商务交易领域的应用。建立电子合同等电子交易凭证的规范管理机制,确保网络交易各方的合法权益。加强电子商务交易各方信息保护,保障电子商务消费者个人信息安全。(工业和信息化部、工商总局、密码局等有关部门按职责分工分别负责)

(二十五)预防和打击电子商务领域违法犯罪。电子商务企业要切实履行违禁品信息巡查清理、交易记录及日志留存、违法犯罪线索报告等责任和义务,加强对销售管制商品网络商户的资格审查和对异常交易、非法交易的监控,防范电子商务在线支付给违法犯罪活动提供洗钱等便利,并为打击网络违法犯罪提供技术支持。加强电子商务企业与相关管理部门的协作配合,建立跨机构合作机制,加大对制售假冒伪劣商品、网络盗窃、网络诈骗、网上非法交易等违法犯罪活动的打击力度。(公安部、工商总局、人民银行、银监会、工业和信息化部、商务部等有关部门按职责分工分别负责)

## 八、健全支撑体系

(二十六)健全法规标准体系。加快推进电子商务法立法进程,研究制定或适时修订相关法规,明确电子票据、电子合同、电子检验检疫报告和证书、各类电子交易凭证等的法律效力,作为处理相关业务的合法凭证。(有关部门按职责分工分别负责)制定适合电子商务特点的投诉管理制度,制定基于统一产品编码的电子商务交易产品质量信息发布规范,建立电子商务纠纷解决和产品质量担保责任机制。(工商总局、质检总局等部门按职责分工分别负责)逐步推行电子发票和电子会计档案,完善相关技术标准和规章制度。(税务总局、财政部、档案局、国家标准委)建立完善电子商务统计制度,扩大电子商务统计的覆盖面,增强统计的及时性、真实性。(统计局、商务部)统一线上线下的商品编码标识,完善电子商务标准规范体系,研究电子商务基础性关键标准,积极主导和参与制定电子商务国际标准。(国家标准委、商务部)

(二十七)加强信用体系建设。建立健全电子商务信用信息管理制度,推动电子商务企业信用信息公开。推进人口、法人、商标和产品质量等信息资源向电子商务企业和信用服务机构开放,逐步降低查询及利用成本。(工商总局、商务部、公安部、质检总局等部门按职责分工分别负责)促进电子商务信用信息与社会其他领域相关信息的交换共享,推动电子商务信用评价,建立健全电子商务领域失信行为联合惩戒机制。(发展改革委、人民银行、工商总局、质检总局、商务部)推动电子商务领域应用网络身份证,完善网店实名制,鼓励发展社会化的电子商务网站可信认证服务。(公安部、工商总局、质检总局)发展电子商务可信交易保障公共服务,完善电子商务信用服务保障制度,推动信用调查、信用评估、信用担保等第三方信用服务和产品在电子商务中的推广应用。(工商总局、质检总局)

(二十八)强化科技与教育支撑。开展电子商务基础理论、发展规律研究。加强电子商务领域云计算、大数据、物联网、智能交易等核心关键技术研究开发。实施网络定制服务、网络平台服务、网络交易服务、网络贸易服务、网络交易保障服务技术研发与应用示范工程。强化产学研结合的企业技术中心、工程技术中心、重点实验室建设。鼓励企业组建产学研协同创新联盟。探索建立电子商务学科体系,引导高等院校加强电子商务学科建设和人才培养,为电子商务发展提供更多的高层次复合型专门人才。(科技部、教育部、发展改革委、商务部)建立预防网络诈骗、保障交易安全、保护个人信息等相关知识的宣传与服务机制。(公安部、工商总局、质检总局)

(二十九)协调推动区域电子商务发展。各地区要把电子商务列入经济与社会发展规划，按照国家有关区域发展规划和对外经贸合作战略，立足城市产业发展特点和优势，引导各类电子商务业态和功能聚集，推动电子商务产业统筹协调、错位发展。推动国家电子商务示范城市、示范基地建设。（有关地方人民政府）依托国家电子商务示范城市，加快开展电子商务法规政策创新和试点示范工作，为国家制定电子商务相关法规和政策提供实践依据。加强对中西部和东北地区电子商务示范城市的支持与指导。（发展改革委、财政部、商务部、人民银行、海关总署、税务总局、工商总局、质检总局等部门按照职责分工分别负责）

各地区、各部门要认真落实本意见提出的各项任务，于2015年底前研究出台具体政策。发展改革委、中央网信办、商务部、工业和信息化部、财政部、人力资源社会保障部、人民银行、海关总署、税务总局、工商总局、质检总局等部门要完善电子商务跨部门协调工作机制，研究重大问题，加强指导和服务。有关社会机构要充分发挥自身监督作用，推动行业自律和服务创新。相关部门、社团组织及企业要解放思想，转变观念，密切协作，开拓创新，共同推动建立规范有序、社会共治、辐射全球的电子商务大市场，促进经济平稳健康发展。

**国务院**

**2015年5月4日**

# 国务院办公厅关于清理规范国务院部门行政审批中介服务的通知

国办发〔2015〕31号

国务院各部委、各直属机构：

近年来，行政审批中介服务在促进政府部门依法履职、为企业和群众提供专业技术服务等方面发挥了重要作用，但同时存在着环节多、耗时长、收费乱、垄断性强等问题，一些从事中介服务的机构与政府部门存在利益关联，在一定程度上消解了行政审批制度改革的成效，加重了企业和群众负担，扰乱了市场秩序，甚至成为腐败滋生的土壤。为进一步深化行政审批制度改革，促进中介服务市场健康发展，经国务院同意，现就清理和规范国务院部门行政审批中介服务有关事项通知如下：

## 一、清理规范的范围

国务院部门开展行政审批时，要求申请人委托企业、事业单位、社会组织等机构（以下统称中介服务机构）开展的作为行政审批受理条件的有偿服务（以下称中介服务），包括各类技术审查、论证、评估、评价、检验、检测、鉴证、鉴定、证明、咨询、试验等。

## 二、清理规范的措施

（一）清理中介服务事项。对国务院部门行政审批涉及的中介服务事项进行全面清理。除法律、行政法规、国务院决定和部门规章按照行政许可法有关行政许可条件要求规定的中介服务事项外，审批部门不得以任何形式要求申请人委托中介服务机构开展服务，也不得要求申请人提供相关中介服务材料。审批部门能够通过征求相关部门意见、加强事中事后监管解决以及申请人可按要求自行完成的事项，一律不得设定中介服务。现有或已取消的行政审批事项，一律不得转为中介服务。严禁将一项中介服务拆分为多个环节。依照规定应由审批部门委托相关机构为其审批提供的技术性服务，纳入行政审批程序，一律由审批部门委托开展，不得增加或变相增加申请人的义务。

（二）破除中介服务垄断。放宽中介服务机构准入条件，除法律、行政法规、国务院决定明确规定的资质资格许可外，其他各类中介服务机构资质资格审批一律取消。各部门设定的区域性、行业性或部门间中介服务机构执业限制一律取消。进一步放开中介服务市场，严禁通过限额管理控制中介服务机构数量，各部门现有的限额管理规定一律取消。

（三）切断中介服务利益关联。审批部门所属事业单位、主管的社会组织及其举办的企业，不得开展与本部门行政审批相关的中介服务，需要开展的应转企改制或与主管部门脱钩。对专业性强、市场暂时无力承接，短期内仍需由审批部门所属（主管）单位开展的中介服务，审批部门必须明确过渡期限，提出改革方案，由国务院审改办组织专家论证后按程序报批。审批部门不得以任何形式指定中介服务机构，对各类中介服务机构提供的服务应同等对待；对申请人已委托中介服务机构开展的服务事项，不得再委托同一机构开展该事项的技术性审查。行业协会商会类中介服务机构一律与审批部门脱钩，平等参与中介服务市场竞争。政府机关工作人员一律不得在中介服务机构兼职（任职），政府机关离退休人员在中介服务机构兼职（任职）的，必须符合国家有关规定且不得领取报酬。

（四）规范中介服务收费。对于市场发育成熟、价格形成机制健全、竞争充分规范的中介服务事项，一律通过市场调节价格；对于垄断性较强，短期内无法形成充分竞争的，实行政府定价管理，同时深入推进中介服务收费改革，最大限度地缩小政府定价范围。事业单位提供中介服务的，纳入行政事业性收费管理。审批部门在审批过程中委托开展的技术性服务活动，必须通过竞争方式选择服务机构，服务费用一律由审批部门支付并纳入部门预算。严禁通过分解收费项目、重复收取费用、扩大收费范围、减少服务内容等变相提高收费标准，严禁相互串通、操纵中介服务市场价格。

（五）实行中介服务清单管理。对清理规范后保留为行政审批受理条件的中介服务事项，实行清单管理，明确项目名称、设置依据、服务时限，其中实行政府定价或作为行政事业性收费管理的项目，同时明确收费依据和收费标准。国务院审改办会同发展改革委、民政部、财政部、法制办等有关部门对审批部门提出拟保留的中介服务事项进行研究论证，在听取各方面意见、组织专家评估的基础上，编制中介服务事项清单并向社会公布，接受社会监督。凡未纳入清单的中介服务事项，一律不得再作为行政审批的受理条件。今后确需新设的，必须进行必要性、合理性、合法性审查论证，依照法定程序设定并纳入清单管理。各审批部门要在本部门网站将中介服务事项及相关信息与行政审批事项一并向社会公开。

（六）加强中介服务监管。各行业主管部门要制定完善中介服务的规范和标准，指导监督本行业中介服务机构建立服务承诺、限时办结、执业公示、一次性告知、执业记录等制度，细化服务项目、优化服务流程、提高服务质量。规范中介服务机构及从业人员执业行为。建立惩戒和淘汰机制，严格查处违规收费、出具虚假证明或报告、谋取不正当利益、扰乱市场秩序等违法违规行为。完善中介服务机构信用体系和考核评价机制，相关信用状况和考评结果定期向社会公示。

## 三、组织实施

（一）加强组织领导。清理规范中介服务是深化行政审批制度改革的重要内容，政策性强、涉及面广、情况复杂，各有关部门要充分认识这项工作的重要性和紧迫性，加强组织领导，将清理规范工作与取消下放行政审批事项、分类推进事业单位改革、推进行业协会商会与行政机关脱钩、建设社会信用体系等工作结合起来，制定本部门、本系统清理规范的具体工作方案，统筹安排，认真实施。

（二）明确任务分工。各审批部门负责本部门、本系统清理规范工作，对本部门、本系统行政审批涉及的中介服务事项进行全面梳理，提出清理规范的意见，于 2015 年 5 月底前送国务院审改办。发展改革委、财政部、民政部等部门分别负责研究提出规范中介服务收费、建立健全中介服务机构监管制度、强化行业自律等方面的配套改革措施。

（三）严格监督检查。各审批部门要建立健全申请人对中介服务评价反馈机制，向社会公布举报投诉电话、电子邮箱等，主动接受社会监督。国务院审改办要会同发展改革委、民政部、财政部、法制办等部门，及时跟踪各审批部门工作进展情况，加强统筹协调和督促检查，确保清理规范中介服务工作取得实效。

地方各级人民政府要参照本通知要求，结合实际，研究制定本地区清理规范中介服务工作的具体措施并组织实施。

**国务院办公厅**

**2015 年 4 月 27 日**

# 国务院办公厅关于促进农村电子商务加快发展的指导意见

国办发〔2015〕78 号

各省、自治区、直辖市人民政府，国务院各部委、各直属机构：

农村电子商务是转变农业发展方式的重要手段，是精准扶贫的重要载体。通过大众创业、万众创新，发挥市场机制作用，加快农村电子商务发展，把实体店与电商有机结合，使实体经济与互联网产生叠加效应，有利于促消费、扩内需，推动农业升级、农村发展、农民增收。经国务院批准，现就促进农村电子商务加快发展提出以下意见：

## 一、指导思想

全面贯彻党的十八大和十八届三中、四中、五中全会精神，落实国务院决策部署，按照全面建成小康社会目标和新型工业化、信息化、城镇化、农业现代化同步发展的要求，深化农村流通体制改革，创新农村商业模式，培育和壮大农村电子商务市场主体，加强基础设施建设，完善政策环境，加快发展线上线下融合、覆盖全程、综合配套、安全高效、便捷实惠的现代农村商品流通和服务网络。

## 二、发展目标

到 2020 年，初步建成统一开放、竞争有序、诚信守法、安全可靠、绿色环保的农村电子商务市场体系，农村电子商务与农村一二三产业深度融合，在推动农民创业就业、开拓农村消费市场、带动农村扶贫开发等方面取得明显成效。

## 三、重点任务

（一）积极培育农村电子商务市场主体。充分发挥现有市场资源和第三方平台作用，培育多元化农村电子商务市场主体，鼓励电商、物流、商贸、金融、供销、邮政、快递等各类社会资源加强合作，构建农村购物网络平台，实现优势资源的对接与整合，参与农村电子商务发展。

（二）扩大电子商务在农业农村的应用。在农业生产、加工、流通等环节，加强互联网技术应用和推广。拓宽农产品、民俗产品、乡村旅游等市场，在促进工业品、农业生产资料下乡的同时，为农产品进城拓展更大空间。加强运用电子商务大数据引导农业生产，促进农业发展方式转变。

（三）改善农村电子商务发展环境。硬环境方面，加强农村流通基础设施建设，提高农村宽带普及率，加强农村公路建设，提高农村物流配送能力；软环境方面，加强政策扶持，加强人才培养，营造良好市场环境。

## 四、政策措施

（一）加强政策扶持。深入开展电子商务进农村综合示范，优先在革命老区和贫困地区实施，有关财政支持资金不得用于网络交易平台的建设。制订出台农村电子商务服务规范和工作指引，指导地方开展工作。加快推进信息进村入户工作。加快推进适应电子商务的农产品分等分级、包装运输标准制定和应用。把电子商务纳入扶贫开发工作体系，以建档立卡贫困村为工作重点，提升贫困户运用电子商务创业增收的能力，鼓励引导电商企业开辟革命老区和贫困地区特色农产品网上销售平台，与合作社、种养大户等建立直采直供关系，增加就业和增收渠道。

（二）鼓励和支持开拓创新。鼓励地方、企业等因地制宜，积极探索农村电子商务新模式。开展农村电子商务创新创业大赛，调动返乡高校毕业生、返乡青年和农民工、大学生村官、农村青年、巾帼致富带头人、退伍军人等参与农村电子商务的积极性。开展农村电子商务强县创建活动，发挥其带动和引领作用。鼓励供销合作社创建农产品电子商务交易平台。引导各类媒体加大农村电子商务宣传力度，发掘典型案例，推广成功经验。

（三）大力培养农村电商人才。实施农村电子商务百万英才计划，对农民、合作社和政府人员等进行技能培训，增强农民使用智能手机的能力，积极利用移动互联网拓宽电子商务渠道，提升为农民提供信息服务的能力。有条件的地区可以建立专业的电子商务人才培训基地和师资队伍，努力培养一批既懂理论又懂业务、会经营网店、能带头致富的复合型人才。引导具有实践经验的电子商务从业者从城镇返乡创业，鼓励电子商务职业经理人到农村发展。

（四）加快完善农村物流体系。加强交通运输、商贸流通、农业、供销、邮政等部门和单位及电商、快递企业对相关农村物流服务网络和设施的共享衔接，加快完善县乡村农村物流体系，鼓励多站合一、服务同网。鼓励传统农村商贸企业建设乡镇商贸中心和配送中心，发挥好邮政普遍服务的优势，发展第三方配送和共同配送，重点支持老少边穷地区物流设施建设，提高流通效率。加强农产品产地集配和冷链等设施建设。

（五）加强农村基础设施建设。完善电信普遍服务补偿机制，加快农村信息基础设施建设和宽带普及。促进宽带网络提速降费，结合农村电子商务发展，持续提高农村宽带普及率。以建制村通硬化路为重点加快农村公路建设，推进城乡客运一体化，推动有条件的地区实施农村客运线路公交化改造。

（六）加大金融支持力度。鼓励村级电子商务服务点、助农取款服务点相互依托建设，实现优势互补、资源整合，提高利用效率。支持银行业金融机构和支付机构研发适合农村特点的网上支付、手机支付、供应链贷款等金融产品，加强风险控制，保障客户信息和资金安全。加大对电子商务创业农民尤其是青年农民的授信和贷款支持。简化农村网商小额短期贷款手续。符合条件的农村网商，可按规定享受创业担保贷款及贴息政策。

（七）营造规范有序的市场环境。加强网络市场监管，强化安全和质量要求，打击制售假冒伪劣商品、虚假宣传、不正当竞争和侵犯知识产权等违法行为，维护消费者合法权益，促进守法诚信经营。督促第三方平台加强内部管理，规范主体准入，遏制“刷信用”等欺诈行为。维护公平竞争的市场秩序，推进农村电子商务诚信建设。

## 五、组织实施

各地区、各部门要进一步提高认识，加强组织领导和统筹协调，落实工作责任，完善工作机制，切实抓好各项政策措施的落实。

地方各级人民政府特别是县级人民政府要结合本地实际，因地制宜制订实施方案，出台具体措施；充分发挥农村基层组织的带头作用，整合农村各类资源，积极推动农村电子商务发展。同时，加强规划引导，防止盲目发展和低水平竞争。

各部门要明确分工，密切协作，形成合力。商务部要会同有关部门加强统筹协调、跟踪督查，及时总结和推广经验，确保各项任务措施落实到位。

**国务院办公厅**

**2015 年 10 月 31 日**

# 国务院办公厅关于加快发展生活性服务业促进消费结构升级的指导意见

国办发〔2015〕85 号

各省、自治区、直辖市人民政府，国务院各部委、各直属机构：

国务院高度重视发展服务业。近年来，我国服务业发展取得显著成效，成为国民经济和吸纳就业的第一大产业，稳增长、促改革、调结构、惠民生作用持续增强。当前我国进入全面建成小康社会的决胜阶段，经济社会发展呈现出更多依靠消费引领、服务驱动的新特征。但总体看，我国生活性服务业发展仍然相对滞后，有效供给不足、质量水平不高、消费环境有待改善等问题突出，迫切需要加快发展。与此同时，国民收入水平提升扩大了生活性服务消费新需求，信息网络技术不断突破拓展了生活性服务消费新渠道，新型城镇化等国家重大战略实施扩展了生活性服务消费新空间，人民群众对生活性服务的需要日益增长、对服务品质的要求不断提高，生活性服务消费蕴含巨大潜力。

生活性服务业领域宽、范围广，涉及人民群众生活的方方面面，与经济社会发展密切相关。加快发展生活性服务业，是推动经济增长动力转换的重要途径，实现经济提质增效升级的重要举措，保障和改善民生的重要手段。为加快发展生活性服务业、促进消费结构升级，经国务院同意，现提出以下意见。

## 一、总体要求

（一）指导思想。全面贯彻党的十八大和十八届二中、三中、四中、五中全会精神，认真落实国务院部署要求，以增进人民福祉、满足人民群众日益增长的生活性服务需要为主线，大力倡导崇尚绿色环保、讲求质量品质、注重文化内涵的生活消费理念，创新政策支持，积极培育生活性服务新业态新模式，全面提升生活性服务业质量和效益，为经济发展新常态下扩大消费需求、拉动经济增长、转变发展方式、促进社会和谐提供有力支撑和持续动力。

（二）基本原则。

坚持消费引领，强化市场主导。努力适应居民消费升级的新形势新要求，充分发挥市场配置资源的决定性作用，更好发挥政府规划、政策引导和市场监管的作用，挖掘消费潜力，增添市场活力。

坚持突出重点，带动全面发展。加强生活性服务业分类指导，聚焦重点领域和薄弱环节，综合施策，形成合力，实现重点突破，增强示范带动效应。

坚持创新供给，推动新型消费。抢抓产业跨界融合发展新机遇，运用互联网、大数据、云计算等推动业态创新、管理创新和服务创新，开发适合高中低不同收入群体的多样化、个性化潜在服务需求。

坚持质量为本，提升品质水平。进一步健全生活性服务业质量管理体系、质量监督体系和质量标准体系，推动职业化发展，丰富文化内涵，打造服务品牌。

坚持绿色发展，转变消费方式。加强生态文明建设，促进服务过程和消费方式绿色化，推动生活性服务业高水平发展，加快生活方式转变和消费结构升级。

（三）发展导向。围绕人民群众对生活性服务的普遍关注和迫切期待，着力解决供给、需求、质量方面存在的突出矛盾和问题，推动生活性服务业便利化、精细化、品质化发展。

1.增加服务有效供给。鼓励各类市场主体根据居民收入水平、人口结构和消费升级等发展趋势，创新服务业态和商业模式，优化服务供给，增加短缺服务，开发新型服务。城市生活性服务业要遵循产城融合、产业融合和宜居宜业的发展要求，科学规划产业空间定位，合理布局网点，完善服务体系。农村生活性服务业要以改善基础条件、满足农民需求为重点，鼓励城镇生活性服务业网络向农村延伸，加快农村宽带、无线网络等信息基础设施建设步伐，推动电子商务和快递服务下乡进村入户，以城带乡，尽快改变农村生活性服务业落后面貌。

2.扩大服务消费需求。深度开发人民群众从衣食住行到身心健康、从出生到终老各个阶段各个环节的生活性服务，满足大众新需求，适应消费结构升级新需要，积极开发新的服务消费市场，进一步拓展网络消费领域，加快线上线下融合，培育新型服务消费，促进新兴产业成长。加强生活性服务基础设施建设，创新设计理念，体现人文精神。提升服务管理水平，拓展服务维度，精细服务环节，延伸服务链条，发展智慧服务。积极运用互联网等现代信息技术，改进服务流程，扩大消费选择。培育信息消费需求，丰富信息消费内容。改善生活性服务消费环境，加强服务规范和监督管理，健全消费者权益保护体系。深度挖掘我国传统文化、民俗风情和区域特色的发展潜力，促进生活性服务“走出去”，开拓国际市场。

3.提升服务质量水平。营造全社会重视服务质量的良好氛围，打造“中国服务”品牌。鼓励服务企业将服务质量作为立业之本，坚持质量第一、诚信经营，强化质量责任意识，制定服务标准和规范。推进生活性服务业职业化发展，鼓励企业加强员工培训，增强爱岗敬业的职业精神和专业技能，提高职业素质。积极运用新理念和新技术，改进提高服务质量。优化质量发展环境，完善服务质量治理体系和顾客满意度测评体系。

经过一个时期的努力，力争实现生活性服务业总体规模持续扩大，新业态、新模式不断培育成长；生活性服务基础设施进一步完善，公共服务平台功能逐步增强；以城带乡和城乡互动发展机制日益完善，区域结构更加均衡，消费升级取得重大进展；消费环境明显改善，质量治理体系进一步健全，职业化进程显著加快，服务质量和服务品牌双提升，国内顾客和国外顾客双满意。

## 二、主要任务

今后一个时期，重点发展贴近服务人民群众生活、需求潜力大、带动作用强的生活性服务领域，推动生活消费方式由生存型、传统型、物质型向发展型、现代型、服务型转变，促进和带动其他生活性服务业领域发展。

（一）居民和家庭服务。健全城乡居民家庭服务体系，推动家庭服务市场多层次、多形式发展，在供给规模和服务质量方面基本满足居民生活性服务需求。引导家庭服务企业多渠道、多业态提供专业化的生活性服务，推进规模经营和网络化发展,创建一批知名家庭服务品牌。整合、充实、升级家庭服务业公共平台,健全服务网络,实现一网多能、跨区域服务,发挥平台对城乡生活性服务业的引导和支撑作用。完善社区服务网点,多方式提供婴幼儿看护、护理、美容美发、洗染、家用电器及其他日用品修理等生活性服务,推动房地产中介、房屋租赁经营、物业管理、搬家保洁、家用车辆保养维修等生活性服务规范化、标准化发展。鼓励在乡村建立综合性服务网点,提高农村居民生活便利化水平。

(二)健康服务。围绕提升全民健康素质和水平,逐步建立覆盖全生命周期、业态丰富、结构合理的健康服务体系。鼓励发展健康体检、健康咨询、健康文化、健康旅游、体育健身等多样化健康服务。积极提升医疗服务品质,优化医疗资源配置,取消对社会办医的不合理限制,加快形成多元化办医格局。推动发展专业、规范的护理服务。全面发展中医药健康服务,推广科学规范的中医养生保健知识及产品,提升中医药健康服务能力,创新中医药健康服务技术手段,丰富中医药健康服务产品种类。推进医疗机构与养老机构加强合作,发展社区健康养老。支持医疗服务评价、健康管理服务评价、健康市场调查等第三方健康服务调查评价机构发展,培育健康服务产业集群。积极发展健康保险,丰富商业健康保险产品,发展多样化健康保险服务。

(三)养老服务。以满足日益增长的养老服务需求为重点,完善服务设施,加强服务规范,提升养老服务体系建设水平。鼓励养老服务与相关产业融合创新发展,推动基本生活照料、康复护理、精神慰藉、文化服务、紧急救援、临终关怀等领域养老服务的发展。积极运用网络信息技术,发展紧急呼叫、健康咨询、物品代购等适合老年人的服务项目,创新居家养老服务模式,完善居家养老服务体系。加快推进养老护理员队伍建设,加强职业教育和从业人员培训。大力发展老年教育,支持各类老年大学等教育机构发展,扩大老年教育资源供给,促进养教结合。鼓励专业养老机构发挥自身优势,培训和指导社区养老服务组织和人员。引导社会力量举办养老机构,通过公建民营等方式鼓励社会资本进入养老服务业,鼓励境外资本投资养老服务业。鼓励探索创新,积极开发切合农村实际需求的养老服务方式。

(四)旅游服务。以游客需求为导向,丰富旅游产品,改善市场环境,推动旅游服务向观光、休闲、度假并重转变,提升旅游文化内涵和附加值。大力发展红色旅游,加强革命传统教育,弘扬民族精神。突出乡村特色,充分发挥农业的多功能性,开发一批形式多样、特色鲜明的乡村旅游产品。进一步推动集观光、度假、休闲、娱乐、海上运动于一体的滨海旅游和海岛旅游。丰富老年旅游服务供给,积极开发多层次、多样化的老年人休闲养生度假产品。引导健康的旅游消费方式,积极发展休闲度假旅游、研学旅行、工业旅游,推动体育运动、竞赛表演、健身休闲与旅游活动融合发展。适应房车、自驾车、邮轮、游艇等新兴旅游业态发展需要,合理规划配套设施建设和基地布局。开发线上线下有机结合的旅游服务产品,推动旅游定制服务,满足个性化需求,深化旅游体验。开发特色旅游路线,加强国际市场营销,积极发展入境旅游。加强旅游纪念品在体现民俗、历史、区位等文化内涵方面的创意设计,推动中国旅游商品品牌建设。

(五)体育服务。大力推动群众体育与竞技体育协同发展,促进体育市场繁荣有序,加速形成门类齐全、结构合理的体育服务体系。重点培育健身休闲、竞赛表演、场馆服务、中介培训等体育服务业,促进康体结合,推动体育旅游、体育传媒、体育会展等相关业态融合发展。以足球、篮球、排球三大球为切入点,加快发展普及性广、关注度高、市场空间大的运动项目。以举办 2022 年冬奥会为契机,全面提升冰雪运动普及度和产业发展水平。大力普及健身跑、自行车、登山等运动项目,带动大众化体育运动发展。完善健身教练、体育经纪人等职业标准和管理规范，加强行业自律。推动专业赛事发展，丰富业余赛事，探索完善赛事市场开发和运作模式，实施品牌战略，打造一批国际性、区域性品牌赛事。有条件的地方可利用自然人文特色资源，举办汽车拉力赛、越野赛等体育竞赛活动。推动体育产业联系点工作，培育一批符合市场规律、具有竞争力的体育产业基地。鼓励体育优势企业、优势品牌和优势项目"走出去"。

（六）文化服务。着力提升文化服务内涵和品质，推进文化创意和设计服务等新型服务业发展，大力推进与相关产业融合发展，不断满足人民群众日益增长的文化服务需求。积极发展具有民族特色和地方特色的传统文化艺术，鼓励创造兼具思想性艺术性观赏性、人民群众喜闻乐见的优秀文化服务产品。加快数字内容产业发展，推动文化服务产品制作、传播、消费的数字化、网络化进程，推进动漫游戏等产业优化升级。深入推进新闻出版精品工程，鼓励民族原创网络出版产品、优秀原创网络文学作品等创作生产，优化新闻出版产业基地布局。积极发展移动多媒体广播电视、网络广播电视等新媒体、新业态。推动传统媒体与新兴媒体融合发展，提升先进文化的互联网传播吸引力。完善文化产业国际交流交易平台，提升文化产业国际化水平和市场竞争力。

（七）法律服务。加强民生领域法律服务，推进覆盖城乡居民的公共法律服务体系建设。大力发展律师、公证、司法鉴定等法律服务业，推进法律服务的专业化和职业化。提升面向基层和普通百姓的法律服务能力，加强对弱势群体的法律服务，加大对老年人、妇女和儿童等法律援助和服务的支持力度。支持中小型法律服务机构发展和法律服务方式创新。统筹城乡、区域法律服务资源，建立激励法律服务人才跨区域流动机制。加快发展公职律师、公司律师队伍，构建社会律师、公职律师、公司律师等优势互补、结构合理的律师队伍。规范法律服务秩序和服务行为，完善职业评价体系、诚信执业制度以及违法违规执业惩戒制度。强化涉外法律服务，着力培养一批通晓国际法律规则、善于处理涉外法律事务的律师人才，建设一批具有国际竞争力和影响力的律师事务所。完善法律服务执业权利保障机制，优化法律服务发展环境。

（八）批发零售服务。优化城市流通网络，畅通农村商贸渠道，加强现代批发零售服务体系建设。合理规划城乡流通基础设施布局，鼓励发展商贸综合服务中心、农产品批发市场、集贸市场以及重要商品储备设施、大型物流（仓储）配送中心、农村邮政物流设施、快件集散中心、农产品冷链物流设施。推动各类批发市场等传统商贸流通企业转变经营模式，利用互联网等先进信息技术进行升级改造。发挥实体店的服务、体验优势，与线上企业开展深度合作。鼓励发展绿色商场，提高绿色商品供给水平。大力发展社区商业，引导便利店等业态进社区，规范和拓展代收费、代收货等便民服务。积极发展冷链物流、仓储配送一体化等物流服务新模式，推广使用智能包裹柜、智能快件箱。依照相关法律、行政法规规定，加强对关系国计民生、人民群众生命安全等商品的流通准入管理，健全覆盖准入、监管、退出的全程管理机制。

（九）住宿餐饮服务。强化服务民生的基本功能，形成以大众化市场为主体、适应多层次多样化消费需求的住宿餐饮业发展新格局。积极发展绿色饭店、主题饭店、客栈民宿、短租公寓、长租公寓、有机餐饮、快餐团餐、特色餐饮、农家乐等满足广大人民群众消费需求的细分业态。大力推进住宿餐饮业连锁化、品牌化发展，提高住宿餐饮服务的文化品味和绿色安全保障水平。推动住宿餐饮企业开展电子商务，实现线上线下互动发展，促进营销模式和服务方式创新。鼓励发展预订平台、中央厨房、餐饮配送、食品安全等支持传统产业升级的配套设施和服务体系。

（十）教育培训服务。以提升生活性服务质量为核心，发展形式多样的教育培训服务，推动职业培训集约发展、内涵发展、融合发展、特色发展。

广泛开展城乡社区教育，整合社区各类教育培训资源，引入行业组织等参与开展社区教育项目，为社区居民提供人文艺术、科学技术、幼儿教育、养老保健、生活休闲、职业技能等方面的教育服务，规范发展秩序。大力加强各类人才培养，创新人才培养模式，坚持产教融合、校企合作、工学结合，强化专业人才培养。加快推进教育培训信息化建设，发展远程教育和培训，促进数字资源共建共享。鼓励发展股份制、混合所有制职业院校，允许以资本、知识、技术、管理等要素参与办学。建立家庭、养老、健康、社区教育、老年教育等生活性服务示范性培训基地或体验基地，带动提升行业整体服务水平。逐步形成政府引导、以职业院校和各类培训机构为主体、企业全面参与的现代职业教育体系和终身职业培训体系。

在推动上述重点领域加快发展的同时，还要加强对生活性服务业其他领域的引导和支持，鼓励探索创新，营造包容氛围，推动生活性服务业在融合中发展、在发展中规范，增加服务供给，丰富服务种类，提高发展水平。

**三、政策措施**

围绕激发生活性服务业企业活力和保障居民放心消费，加快完善体制机制，注重加强政策引导扶持，营造良好市场环境，推动生活性服务业加快发展。

（一）深化改革开放。

优化发展环境。建立全国统一、开放、竞争、有序的服务业市场，采取有效措施，切实破除行政垄断、行业垄断和地方保护，清理并废除生活性服务业中妨碍形成全国统一市场和公平竞争的各种规定和做法。进一步深化投融资体制改革，鼓励和引导各类社会资本投向生活性服务业。进一步推进行政审批制度改革，简化审批流程，取消不合理前置审批事项，加强事中事后监管。取消商业性和群众性体育赛事审批。健全并落实各类所有制主体统一适用的制度政策，切实解决产业发展过程中存在的不平等问题，促进公平发展。支持各地结合实际放宽新注册生活性服务业企业场所登记条件限制，为创业提供便利的工商登记服务。积极探索适合生活性服务业特点的未开业企业、无债权债务企业简易注销制度，建立有序的市场退出机制。

扩大市场化服务供给。积极稳妥推进教育、文化、卫生、体育等事业单位分类改革，将从事生产经营活动的事业单位逐步转为企业，规范转制程序，完善过渡政策，鼓励其提供更多切合市场需求的生活性服务。加快生活性服务业行业协会商会与行政机关脱钩，推动服务重心转向企业、行业和市场，提升专业化服务水平。创建全国服务业创新成果交易中心，加快创新成果转化和产业化进程。总结推广国家服务业综合改革试点经验，适应新形势新要求，开展新一轮试点示范工作，力争在一些重点难点问题上取得突破。稳步推进电子商务进农村综合示范。开展拉动城乡居民文化消费试点工作，推动文化消费数字化、网络化发展。

提升国际化发展水平。统一内外资法律法规，推进文化、健康、养老等生活性服务领域有序开放，提高外商投资便利化程度，探索实行准入前国民待遇加负面清单管理模式。支持具备条件的生活性服务业企业“走出去”，完善支持生活性服务业企业“走出去”的服务平台，提升知名度和美誉度，创建具有国际影响力的服务品牌。鼓励中华老字号服务企业利用品牌效应，带动中医药、中餐等产业开拓国际市场。增强境外投资环境、投资项目评估等方面的服务功能，为境外投资企业提供法律、会计、税务、信息、金融、管理等专业化服务。

（二）改善消费环境。

营造全社会齐抓共管改善消费环境的有利氛围，形成企业规范、行业自律、政府监管、社会监督的多元共治格局。鼓励弹性作息和错峰休假，强化带薪休假制度落实责任，把落实情况作为劳动监察和职工权益保障的重要内容。推动生活性服务业企业信用信息共享，将有关信用信息纳入国家企业信用信息公示系统，建立完善全国统一的信用信息共享交换平台，实施失信联合惩戒，逐步形成以诚信为核心的生活性服务业监管制度。深入开展价格诚信、质量诚信、计量诚信、文明经商等活动，强化环保、质检、工商、安全监管等部门的行政执法，完善食品药品、日用消费品等产品质量监督检查制度。严厉打击居民消费领域乱涨价、乱收费、价格欺诈、制售假冒伪劣商品、计量作弊等违法犯罪行为，依法查处垄断和不正当竞争行为，规范服务市场秩序。完善网络商品和服务的质量担保、损害赔偿、风险监控、网上抽查、源头追溯、属地查处、信用管理等制度，引入第三方检测认证等机制，有效保护消费者合法权益。

（三）加强基础设施建设。

适应消费结构升级需求，加大对社会投资的引导，改造提升城市老旧生活性服务基础设施，补齐农村生活性服务基础设施短板，提升生活性服务基础设施自动化、智能化和互联互通水平，提高服务城乡的基础设施网络覆盖面，以健全高效的基础设施体系支撑生活性服务业加快发展和结构升级。围绕旅游休闲、教育文化体育和养老健康家政等领域，尽快组织实施一批重大工程。改善城市生活性服务业发展基础设施条件，鼓励社会资本参与大中城市停车场、立体停车库建设。在符合城市规划的前提下，充分利用地下空间资源，在已规划建设地铁的城市同步扩展地下空间，发展购物、餐饮、休闲等便民生活性服务。统筹体育设施建设规划和合理利用，推进企事业单位和学校的体育场馆向社会开放。

（四）完善质量标准体系。

提升质量保障水平。健全以质量管理制度、诚信制度、监管制度和监测制度为核心的服务质量治理体系。规范服务质量分级管理，加强质量诚信制度建设，完善服务质量社会监督平台。加强认证认可体系建设，创新评价技术，完善生活性服务业重点领域认证认可制度。健全顾客满意度、万人投诉量等质量发展指标。加快实施服务质量提升工程和监测基础建设工程，规范集贸市场、餐饮行业、商品超市等领域计量行为，完善涉及人身健康与财产安全的商品检验制度和产品质量监管制度。实施服务标杆引领计划，发挥中国质量奖对服务企业的引导作用。

健全标准体系。制定实施好国家服务业标准规划和年度计划。实施服务标准体系建设工程，加快家政、养老、健康、体育、文化、旅游等领域的关键标准研制。完善居住（小）区配套公共设施规划标准，为生活性服务业相关设施建设、管理和服务提供依据。积极培育生活性服务业标准化工作技术队伍。继续开展国家级服务业标准化试点，总结推广经验。

（五）加大财税、金融、价格、土地政策引导支持。

创新财税政策。适时推进“营改增”改革，研究将尚未试点的生活性服务行业纳入改革范围。科学设计生活性服务业“营改增”改革方案，合理设置生活性服务业增值税税率。发挥财政资金引导作用，创新财政资金使用方式，大力推广政府和社会资本合作（PPP）模式，运用股权投资、产业基金等市场化融资手段支持生活性服务业发展。对免费或低收费向社会开放的公共体育设施按照有关规定给予财政补贴。推进政府购买服务，鼓励有条件的地区购买养老、健康、体育、文化、社区等服务，扩大市场需求。

拓宽融资渠道。支持符合条件的生活性服务业企业上市融资和发行债券。鼓励金融机构拓宽对生活性服务业企业贷款的抵质押品种类和范围。鼓励商业银行在商业自愿、依法合规、风险可控的前提下，专业化开展知识产权质押、仓单质押、信用保险保单质押、股权质押、保理等多种方式的金融服务。发展融资担保机构，通过增信等方式放大资金使用效益，增强生活性服务业企业融资能力。探索建立保险产品保护机制，鼓励保险机构开展产品创新和服务创新。积极稳妥扩大消费信贷，将消费金融公司试点推广至全国。完善支付清算网络体系，加强农村地区和偏远落后地区的支付结算基础设施建设。

健全价格机制。在实行峰谷电价的地区，对商业、仓储等不适宜错峰运营的服务行业，研究实行商业平均电价，由服务业企业自行选择执行。深化景区门票价格改革，维护旅游市场秩序。研究完善银行卡刷卡手续费定价机制，进一步从总体上降低餐饮等行业刷卡手续费支出。

完善土地政策。各地要发挥生活性服务业发展规划的引导作用，在当地土地利用总体规划和年度用地计划中充分考虑生活性服务业设施建设用地，予以优先安排。继续加大养老、健康、家庭等生活性服务业用地政策落实力度。

（六）推动职业化发展。

生活性服务业有关主管部门要制定相应领域的职业化发展规划。鼓励高等学校、中等职业学校增设家庭、养老、健康等生活性服务业相关专业，扩大人才培养规模。鼓励高等学校和职业院校采取与互联网企业合作等方式，对接线上线下教育资源，探索职业教育和培训服务新方式。依托各类职业院校、职业技能培训机构加强实训基地建设，实施家政服务员、养老护理员、病患服务员等家庭服务从业人员专项培训。鼓励从业人员参加依法设立的职业技能鉴定或专项职业能力考核，对通过初次职业技能鉴定并取得相应等级职业资格证书或专项职业能力证书的，按规定给予一次性职业技能鉴定补贴。鼓励和规范家政服务企业以员工制方式提供管理和服务，实行统一标准、统一培训、统一管理。

（七）建立健全法律法规和统计制度。

完善生活性服务业法律法规，研究制订文化产业促进法，启动服务业质量管理立法研究。加强知识产权保护立法和实施工作，强化对专利、商标、版权等无形资产的开发和保护。以国民经济行业分类为基础，抓紧研究制定生活性服务业及其重点领域统计分类，完善统计制度和指标体系，明确有关部门统计任务。建立健全部门间信息共享机制，逐步建立生活性服务业信息定期发布制度。

各地区、各部门要充分认识加快发展生活性服务业的重大意义，把加快发展生活性服务业作为提高人民生活水平、促进消费结构升级、拉动经济增长的重要任务，采取有效措施，加大支持力度，做到生产性服务业与生活性服务业并重、现代服务业与传统服务业并举，切实把服务业打造成经济社会可持续发展的新引擎。地方各级人民政府要加强组织领导，结合本地区实际尽快研究制定加快发展生活性服务业的实施方案。国务院有关部门要围绕发展生活性服务业的主要目标任务，抓紧制定配套政策措施，组织实施一批重大工程，为生活性服务业加快发展创造良好条件。发展改革委要会同有关部门，抓紧研究建立服务业部际联席会议制度，充分发挥专家咨询委员会作用，进一步强化政策指导和督促检查，重大情况和问题及时向国务院报告。

附件：政策措施分工表

**国务院办公厅**

**2015 年 11 月 19 日**

## 附件

**政策措施分工表**

| 序号 | 工作任务 | 负责部门 |
|---|---|---|
| 1 | 积极探索适合生活性服务业特点的未开业企业、无债权债务企业简易注销制度，建立有序的市场退出机制 | 工商总局 |

续上表

| 序号 | 工 作 任 务 | 负 责 部 门 |
|---|---|---|
| 2 | 推动生活性服务业企业信用信息共享，将有关信用信息纳入国家企业信用信息公示系统，建立完善全国统一的信用信息共享交换平台 | 发展改革委、人民银行、工商总局、商务部会同有关部门 |
| 3 | 围绕旅游休闲、教育文化体育和养老健康家政等领域，尽快组织实施一批重大工程 | 发展改革委及各有关部门 |
| 4 | 加强认证认可体系建设，创新评价技术，完善生活性服务业重点领域认证认可制度。加快实施服务质量提升工程和监测基础建设工程 | 质检总局 |
| 5 | 制定实施好国家服务业标准规划和年度计划。实施服务标准体系建设工程，加快家政、养老、健康、体育、文化、旅游等领域的关键标准研制。继续开展国家级服务业标准化试点，总结推广经验 | 质检总局及各有关部门 |
| 6 | 适时推进“营改增”改革，研究将尚未试点的生活性服务行业纳入改革范围。科学设计生活性服务业“营改增”改革方案，合理设置生活性服务业增值税税率 | 财政部、税务总局会同有关部门 |
| 7 | 支持符合条件的生活性服务业企业上市融资和发行债券 | 证监会、发展改革委、人民银行会同有关部门 |
| 8 | 鼓励金融机构拓宽对生活性服务业企业贷款的抵质押品种类和范围。鼓励商业银行在商业自愿、依法合规、风险可控的前提下，专业化开展知识产权质押、仓单质押、信用保险保单质押、股权质押、保理等多种方式的金融服务。探索建立保险产品保护机制，鼓励保险机构开展产品创新和服务创新 | 人民银行、银监会、保监会 |
| 9 | 深化景区门票价格改革，维护旅游市场秩序 | 发展改革委、旅游局 |
| 10 | 鼓励高等学校、中等职业学校增设家庭、养老、健康等生活性服务业相关专业，扩大人才培养规模 | 教育部、发展改革委 |
| 11 | 依托各类职业院校、职业技能培训机构加强实训基地建设，实施家政服务员、养老护理员、病患服务员等家庭服务从业人员专项培训 | 人力资源社会保障部 |
| 12 | 鼓励从业人员参加依法设立的职业技能鉴定或专项职业能力考核，对通过初次职业技能鉴定并取得相应等级职业资格证书或专项职业能力证书的，按规定给予一次性职业技能鉴定补贴 | 人力资源社会保障部 |
| 13 | 鼓励和规范家政服务企业以员工制方式提供管理和服务，实行统一标准、统一培训、统一管理 | 人力资源社会保障部、商务部 |
| 14 | 加强知识产权保护立法和实施工作，强化对专利、商标、版权等无形资产的开发和保护 | 知识产权局、工商总局、版权局 |
| 15 | 以国民经济行业分类为基础，抓紧研究制定生活性服务业及其重点领域统计分类，完善统计制度和指标体系，明确有关部门统计任务。建立健全部门间信息共享机制，逐步建立生活性服务业信息定期发布制度 | 统计局、发展改革委会同各有关部门 |

# 商务部等19部门关于加快发展农村电子商务的意见

商建发〔2015〕306号

各省、自治区、直辖市、计划单列市及新疆生产建设兵团商务、发展改革、工业和信息化、财政、人力资源社会保障、交通运输、农业、人民银行、工商、质监（市场监督管理）、银监、证监、保监、邮政、扶贫、供销合作、共青团、妇联、残联主管部门：

近年来，随着互联网的普及和农村基础设施

的完善，我国农村电子商务快速发展，农村商业模式不断创新，服务内容不断丰富，电子商务交易规模不断扩大。但总体上我国农村电子商务发展仍处于起步阶段，存在着市场主体发育不健全、物流配送等基础设施滞后、发展环境不完善和人才缺乏等问题。

加快发展农村电子商务，是创新商业模式、完善农村现代市场体系的必然选择，是转变农业发展方式、调整农业结构的重要抓手，是增加农民收入、释放农村消费潜力的重要举措，是统筹城乡发展、改善民生的客观要求，对于进一步深化农村改革、推进农业现代化具有重要意义。根据《中共中央 国务院关于加大改革创新力度加快农业现代化建设的若干意见》（中发〔2015〕1 号）和《国务院关于大力发展电子商务加快培育经济新动力的意见》（国发〔2015〕24 号）的要求，为加快推进农村电子商务发展，现提出以下意见：

## 一、总体要求

（一）指导思想。

以邓小平理论、“三个代表”重要思想、科学发展观为指导，深入贯彻落实党的十八大和十八届三中、四中全会精神，按照全面建成小康社会目标和新型工业化、信息化、城镇化、农业现代化同步发展的要求，主动适应经济发展新常态，充分发挥市场在资源配置中的决定性作用，加强基础设施建设，完善政策环境，深化农村流通体制改革，创新农村商业模式，培育和壮大农村电子商务市场主体，发展线上线下融合、覆盖全程、综合配套、安全高效、便捷实惠的现代农村商品流通和服务网络。

（二）基本原则。

1. 市场为主、政府引导。充分发挥市场在资源配置中的决定性作用，突出企业的主体地位。加快转变政府职能，完善政策、强化服务、搭建平台，加强事中事后监管，依法维护经营者、消费者合法权益。为农村电子商务发展营造平等参与、公平竞争的环境，激发各类市场主体的活力。

2. 统筹规划、创新发展。将发展农村电子商务纳入区域发展战略和新型城镇化规划，作为农村发展的重要引擎和产业支撑，促进城乡互补、协调发展。以商业模式创新推动管理创新和体制创新，改造传统商业的业务流程，提升农村流通现代化水平，促进农村一二三产业融合发展。

3. 实事求是、因地制宜。结合本地区农村经济社会发展水平、人文环境和自然资源等基础条件，认真研究分析，着眼长远，理性推进。注重发挥基层自主性、积极性和创造性，因县而异，探索适合本地农村电子商务发展的路径和模式。

4. 以点带面、重点突破。先行先试、集中力量解决农村电子商务发展中的突出矛盾和问题，务求实效，对老少边穷地区要重点扶持、优先试点；总结先行地区经验，不断提升示范效应，形成推广机制。

（三）发展目标。

争取到 2020 年，在全国培育一批具有典型带动作用的农村电子商务示范县。电子商务在降低农村流通成本、提高农产品商品化率和农民收入、推进新型城镇化、增加农村就业、带动扶贫开发等方面取得明显成效，农村流通现代化水平显著提高，推动农村经济社会健康快速发展。

## 二、提升农村电子商务应用水平

（四）建设新型农村日用消费品流通网络。

适应农村产业组织变化趋势，充分利用“万村千乡”、信息进村入户、交通、邮政、供销合作社和商贸企业等现有农村渠道资源，与电子商务平台实现优势互补，加强服务资源整合。推动传统生产、经营主体转型升级，创新商业模式，促进业务流程和组织结构的优化重组，增强产、供、销协同能力，实现线上线下融合发展。支持电子商务企业渠道下沉。加强县级电子商务运营中心、乡镇商贸中心和配送中心建设，鼓励“万村千乡”等企业向村级店提供 B2B 网上商品批发和配送服务。

鼓励将具备条件的村级农家店、供销合作社基层网点、农村邮政局所、村邮站、快递网点、信息进村入户村级信息服务站等改造为农村电子商务服务点,加强与农村基层综合公共服务平台的共享共用,推动建立覆盖县、乡、村的电子商务运营网络。

（五）加快推进农村产品电子商务。

以农产品、农村制品等为重点,通过加强对互联网和大数据的应用,提升商品质量和服务水平,培育农村产品品牌,提高商品化率和电子商务交易比例,带动农民增收。与农村和农民特点相结合,研究发展休闲农业和乡村旅游等个性化、体验式的农村电子商务。指导和支持种养大户、家庭农场、农民专业合作社、农业产业化龙头企业等新型农业经营主体和供销合作社、扶贫龙头企业、涉农残疾人扶贫基地等,对接电商平台,重点推动电商平台开设农业电商专区、降低平台使用费用和提供互联网金融服务等,实现"三品一标"、"名特优新"、"一村一品"农产品上网销售。鼓励有条件的农产品批发和零售市场进行网上分销,构建与实体市场互为支撑的电子商务平台,对标准化程度较高的农产品探索开展网上批发交易。鼓励新型农业经营主体与城市邮政局所、快递网点和社区直接对接,开展生鲜农产品"基地 + 社区直供"电子商务业务。从大型生产基地和批发商等团体用户入手,发挥互联网和移动终端的优势,在农产品主产区和主销区之间探索形成线上线下高效衔接的农产品交易模式。

（六）鼓励发展农业生产资料电子商务。

组织相关企业、合作社,依托电商平台和"万村千乡"农资店、供销合作社农资连锁店、农村邮政局所、村邮站、乡村快递网点、信息进村入户村级信息服务站等,提供测土配方施肥服务,并开展化肥、种子、农药等生产资料电子商务,推动放心农资进农家,为农民提供优质、实惠、可追溯的农业生产资料。发挥农资企业和研究机构的技术优势,将农资研发、生产、销售与指导农业生产相结合,通过网络、手机等提供及时、专业、贴心的农业专家服务,与电子商务紧密结合,加强使用技术指导服务体系建设,宣传、应用和推广农业最新科研成果。

（七）大力发展农村服务业。

按照新型城镇化发展要求,逐步增加农村电子商务综合服务功能,实现一网多用,缩小城乡居民在商品和服务消费上的差距。鼓励与服务业企业、金融机构等加强合作,提高大数据分析能力,在不断完善农民网络购物功能的基础上,逐步叠加手机充值、票务代购、水电气费缴纳、农产品网络销售、小额取现、信用贷款、家电维修、养老、医疗、土地流转等功能,进一步提高农村生产、生活服务水平。与城市社区电子商务系统有机结合,实现城乡互补和融合发展。

（八）提高电子商务扶贫开发水平。

按照精准扶贫、精准脱贫的原则,创新扶贫开发工作机制,把电子商务纳入扶贫开发工作体系。积极推进电商扶贫工程,密切配合,形成合力,瞄准建档立卡贫困村,覆盖建档立卡贫困户。鼓励引导易地扶贫搬迁安置区和搬迁人口发展电子商务。提升贫困地区交通物流、网络通讯等发展水平,增强贫困地区利用电商创业、就业能力,推动贫困地区特色农副产品、旅游产品销售,增加贫困户收入。鼓励引导电商企业开辟贫困老区特色农产品网上销售平台,与合作社、种养大户建立直采直供关系。到2020年,对有条件的建档立卡贫困村实现电商扶贫全覆盖。

## 三、培育多元化农村电子商务市场主体

（九）鼓励各类资本发展农村电子商务。

支持电商、物流、商贸、金融、邮政、快递等各类社会资本加强合作,实现优势资源的对接与整合,参与农村电子商务发展。加快实施"快递下乡"工程,支持快递企业"向下"、"向西"发展。支持第三方电子商务平台创新和拓展涉农电商业务。引导涉农信息发布平台向在线交易和电商平台转型,提升服务功能。

（十）积极培育农村电子商务服务企业。

引导电子商务服务企业拓展农村业务，支持组建区域性农村电子商务协会等行业组织，成立专业服务机构等。为农村电子商务发展提供咨询、人员培训、技术支持、网店建设、品牌培育、品质控制、营销推广、物流解决、代理运营等专业化服务，引导市场主体规范有序发展，培育一批扎根农村的电子商务服务企业。

（十一）鼓励农民依托电子商务进行创业。

实施农村青年电商培育工程和巾帼电商创业行动。以返乡高校毕业生、返乡青年、大学生村官、农村青年、巾帼致富带头人、退伍军人等为重点，培养一批农村电子商务带头人和实用型人才，切实发挥他们在农村电子商务发展中的引领和示范作用。指导具有特色商品生产基础的乡村开展电子商务，吸引农民工返乡创业就业，引导农民立足农村、对接城市，探索农村创业新模式。各类农村电子商务运营网点要积极吸收农村妇女、残疾人士等就业。

## 四、加强农村电子商务基础设施建设

（十二）加强农村宽带、公路等设施建设。

完善电信普遍服务补偿机制，加快农村信息基础设施建设和宽带普及，推进“宽带中国”建设，促进宽带网络提速降费，积极推动4G和移动互联网技术应用。以建制村通硬化路为重点加快农村公路建设，推进城乡客运一体化，推动有条件的地区实施公交化改造。

（十三）提高农村物流配送能力。

加强交通运输、商贸流通、农业、供销、邮政各部门和单位及电商、快递企业等相关农村物流服务网络和设施的共享衔接，发挥好邮政点多面广和普遍服务的优势，逐步完善县乡村三级物流节点基础设施网络，鼓励多站合一、资源共享，共同推动农村物流体系建设，打通农村电子商务“最后一公里”。推动第三方配送、共同配送在农村的发展，建立完善农村公共仓储配送体系，重点支持老少边穷地区物流设施建设。

## 五、创建农村电子商务发展的有利环境

（十四）搭建多层次发展平台。

鼓励电商基础较好的地方积极协调落实项目用地、利用闲置厂房等建设农村特色电子商务产业基地、园区或综合运营服务中心，发挥孵化功能，为当地网商、创业青年和妇女等提供低成本的办公用房、网络通信、培训、摄影、仓储配送等公共服务，促进网商在农村的集聚发展。支持地方依托第三方综合电商平台，开设地方特色馆，搭建区域性电商服务平台。促进线下产业发展平台和线上电商交易平台的结合，推动网络经济与实体经济的融合。研究建立适合农村情况的电子商务标准、统计制度等。发挥各类农业信息资源优势，逐步覆盖农产品生产、流通、销售和消费全程，提高市场信息传导效应，引导农民开展订单生产。

（十五）加大金融支持力度。

鼓励有条件的地区通过拓宽社会融资渠道设立农村电子商务发展基金。鼓励村级电子商务服务点、助农取款服务点相互依托建设，实现优势互补、资源整合，提高利用效率。提高农村电商的大数据分析能力，支持银行业金融机构和支付机构研发适合农村特点、满足农村电子商务发展需求的网上支付、手机支付、供应链贷款等金融产品，加强有关风险控制，保障客户信息安全和资金安全。加大对电商创业农民的授信和贷款支持。充分利用各地设计开发的“青”字号专属金融产品，或依托金融机构现有产品，设计“青”字号电商创业金融服务项目，支持农村青年创业。协调各类农业信贷担保机构，简化农村网商小额短期贷款办理手续，对信誉良好、符合政策条件的农村网商，可按规定享受创业担保贷款及贴息政策。

（十六）加强培训和人才培养。

依托现有培训项目和资源，支持电子商务企业、各类培训机构、协会对机关、企业、农业经营主体和农民等，进行电子商务政策、理论、运营、操作

等方面培训。有条件的地区可以建立专业的电商人才培训基地和师资队伍，努力培养一批既懂理论、又懂业务、会经营网店、能带头致富的复合型人才。引导具有实践经验的电商从业者返乡创业，鼓励电子商务职业经理人到农村发展。进一步降低农村电商人才就业保障等方面的门槛。

（十七）规范市场秩序。

加强网络市场监管，打击制售假冒伪劣商品、虚假宣传、不正当竞争和侵犯知识产权等违法行为，维护消费者合法权益，促进守法诚信经营。督促第三方交易平台加强内部管理，规范主体准入，遏制"刷信用"等欺诈行为。维护公平竞争的市场秩序，营造良好创业营商环境。推进农村电子商务诚信建设。加强农产品标准化、检验检测、安全监控、分级包装、冷链仓储、加工配送、追溯体系等技术、设施的研究、应用和建设，提高对农产品生产、加工和流通等环节的质量管控水平，建立完善质量保障体系。

（十八）开展示范和宣传推广。

开展电子商务进农村综合示范，认真总结示范地区经验做法，梳理典型案例，对开展电商创业的农村青年、农村妇女、新型农业经营主体和农村商业模式等进行总结推广。加大宣传力度，推动社会各界关注和支持农村电子商务发展。加强地区间沟通与交流，促进合作共赢发展。

电子商务进农村是三农工作的新领域。各地要加快转变政府职能，打破传统观念和模式，大胆探索创新，加强组织领导，加强部门沟通协调，改进工作方式方法，提升政府服务意识和水平，推动农村电子商务健康快速发展，促进农村现代市场体系建立完善，加快推进农业现代化进程。

附件：农村电子商务发展重点工作

**商务部　发展改革委**
**工业和信息化部　财政部**
**人力资源社会保障部　交通运输部**
**农业部　人民银行**
**工商总局　质监总局**
**银监会　证监会**
**保监会　邮政局**
**国务院扶贫办　供销合作总社**
**共青团中央　全国妇联**
**中国残联**
**2015 年 8 月 21 日**

**附件：**

**农村电子商务发展重点工作**

| 工 作 名 称 | 工 作 内 容 | 牵头部门 |
|---|---|---|
| 一、农村青年电商培育工程 | 加强农村青年电子商务培训，引导农村青年运用电子商务创业就业，提高农村青年在县、乡、村电子商务服务体系建设中的作用 | 共青团中央 |
| 二、"快递向西向下"服务拓展工程 | 完善中西部、农村地区快递基础设施，发挥电子商务与快递服务的协同作用，提升快递服务对农村电子商务的支撑能力和水平 | 邮政局 |
| 三、电商扶贫工程 | 在贫困县开展电商扶贫试点，重点扶持建档立卡贫困村贫困户，推动贫困地区特色农副产品、旅游产品销售 | 扶贫办 |
| 四、巾帼电商创业行动 | 建立适应妇女创业的网络化、实训式电子商务培育模式，借助互联网和大数据，助推农村妇女创业致富 | 全国妇联 |
| 五、电子商务进农村综合示范 | 培育一批农村电子商务示范县，健全农村电子商务支撑服务体系，扩大农村电子商务应用领域，提高农村电子商务应用能力，改善农村电子商务发展环境 | 财政部、商务部 |

# 交通运输部 农业部 供销合作总社 国家邮政局关于协同推进农村物流健康发展 加快服务农业现代化的若干意见

交运发〔2015〕25号

各省、自治区、直辖市、新疆生产建设兵团交通运输厅(局、委)、农业(农牧、农村经济)厅(委、办、局)、供销合作社、邮政管理局：

为深入贯彻《中共中央国务院关于加大改革创新力度加快农业现代化建设的若干意见》(中发〔2015〕1号)有关创新农产品流通方式的总体要求,加快落实《物流业发展中长期规划》,全面提升我国农村物流发展水平,支撑农业现代化发展,现提出以下意见：

## 一、充分认识推进农村物流健康发展的重要意义

(一)农村物流健康发展是支撑农业现代化的重要基础。党中央、国务院高度重视"三农"问题,新时期进一步强调要加快农业现代化建设,推进农业发展方式转变,加强农产品市场体系建设,健全完善农村物流服务体系。农村物流是农业生产资料供应和农产品流通的重要保障。当前我国农村物流体系仍较为薄弱,流通渠道不畅,组织方式落后,服务水平较低,与农业现代化的要求存在较大差距。推进农村物流健康发展,有利于进一步健全农业服务体系,促进农业产业结构调整和农业产业化经营,为农业现代化提供重要支撑。

(二)农村物流健康发展是提升城乡居民生活水平的重要途径。农村物流关系到城乡居民的日常生产生活,一头连着市民的"米袋子"、"菜篮子",一头连着农民的"钱袋子",是重大的民生工程。当前,我国农产品"卖难"、"买贵"的现象较为突出,农民增收困难和城市居民基本生活成本支出上升并存,城乡差距进一步拉大。推进农村物流发展能够有效构筑农产品和日用消费品在城乡间的流通渠道,推动城乡生产生活物资的平等交换和公共资源均衡配置,进一步缩小城乡差距,提高城乡居民生活质量。

(三)农村物流健康发展是降低全社会物流成本的有效举措。农村物流是现代物流体系的末端环节,由于基础弱、链条长、环节多、涉及面广,对全社会物流成本影响较大。近年来,交通运输、农业、供销、邮政管理等部门立足各自职责,通过加快农村公路建设,推进"菜篮子工程"、"新网工程"、"快递下乡工程"、发展农村邮政物流等措施,对改善农村交通基础设施和农村流通体系发挥了积极作用。然而,由于各部门间政策缺乏协同,尚未形成推进农村物流发展的合力,导致资源整合利用不足,农村流通效率不高,物流成本居高不下。加强部门协同配合,促进资源优化配置和整合利用,是推进农村物流健康发展、有效降低全社会物流成本的重要举措。

## 二、推进农村物流健康发展的总体要求

(四)指导思想。深入贯彻党的十八大、十八届三中、四中全会和中发〔2015〕1号文件精神,以服务"三农"为宗旨,坚持部门协同和资源整合,进一步完善基础设施、优化组织模式、提升装备水平,加快构建覆盖县、乡、村三级农村物流网络体系,全面提升农村物流服务能力和水平,为实现"新四化"协调发展和全面建成小康社会目标提供有力支撑。

(五)基本原则。

——政府引导,市场主导。坚持市场配置资源的决定性作用,充分发挥企业的主观能动性,积极拓展农村物流市场,探索创新农村物流服务模

式。强化政府的引导扶持，加大对农村物流公益性服务的政策支持力度，为农村物流发展营造良好的发展环境。

——资源整合，优势互补。探索建立交通运输、农业、供销、邮政管理多部门共同推进农村物流发展的新机制，加强部门间的协调配合。依托各部门和行业在农村物流发展中的基础条件和优势，加强资源整合共享与合作开发，形成“场站共享、服务同网、货源集中、信息互通”的农村物流发展新格局。

——试点先行，有序推进。根据不同的基础和条件，因地制宜选择推进路径和工作重点，探索差别化和多样化的农村物流发展模式。强化试点示范，探索积累相关经验，完善政策体系与制度规范，以点带面逐步扩大推进范围。

## 三、加快完善农村物流基础设施

（六）统筹规划农村物流基础设施网络。积极争取地方人民政府的支持，统筹农村物流发展，将农村物流基础设施纳入城乡建设规划。加强交通运输、农业、供销、邮政快递等农村物流基础设施的规划衔接，实现统筹布局、资源互补、共同开发，逐步完善以农村物流枢纽站场为基础，以县、乡、村三级物流节点为支撑的农村物流基础设施网络体系。强化物流园区（货运枢纽）与国家现代农业示范区、全国重点农产品、农资、农村消费品集散中心（基地）的有效对接，构建广泛覆盖、功能完善的农村物流枢纽站场体系。按照县、乡、村三级网络构架和“多站合一、资源共享”的模式，共同推进三级农村物流节点体系建设。

（七）推进农村物流枢纽站场建设。统筹规划建设具备农产品流通加工、仓储、运输、配送等综合服务功能的物流园区，加强与全国农产品市场体系发展相关规划的衔接。做好物流园区与重点农业生产基地和优势农产品产区产地市场、田头市场、新型生产经营主体（专业大户、家庭农场和农民合作社）、农资配送中心、邮政和快件处理中心的对接。以提升功能、拓展服务为重点，对已建成物流园区（货运枢纽）进行必要的升级改造，重点包括农产品、农资、农村消费品的流通加工和仓储配送、邮政和快件分拨、农产品冷藏及低温仓储配送等服务功能。

（八）加快县级农村物流中心建设。统筹县级农村商贸流通市场、农资配送中心、农产品收购和再生资源集散中心等各类资源，加强以公路货运站场为依托的县级农村物流中心建设，强化商贸流通与货运物流的业务对接，促进资源整合和信息共享，优化物流运输组织。健全县级农村物流中心与上、下游枢纽节点间的运输组织网络，扩大向农村地区的延伸和覆盖，实现区域农村物流服务网络与干线物流网络的有效衔接。

（九）完善乡镇农村物流服务站布局。充分利用现有的农村乡镇客运站场资源，按照客运站、交管站、农村物流点等“多站合一”的模式，加快对乡镇交通运输管理和服务设施的改造。结合本地区实际需求，因地制宜建设具有客运服务、交通管理、农资及农产品仓储、日用品分拨配送、再生资源回收、快递配送等功能的农村综合运输服务站；完善乡镇邮政局所、农资站的综合物流服务功能，打造上接县、下联村的农村物流中转节点，支撑农村物流各类物资的中转仓储和分拨配送。

（十）健全村级农村物流服务点。继续推进“新农村现代流通网络建设工程”以及邮政“三农”服务站、快递网点的建设。依托农家店、农村综合服务社、村邮站、快递网点、农产品购销代办站等，按照加强合作、多点融合、惠民共赢的原则，发展紧密型农村物流联系网点，健全农村物流的末端网络，实现农村物流各类物资“最后一公里”和“最初一公里”的有序集散和高效配送，以及各类物流信息的及时采集和发布。

## 四、推广先进的农村物流运作模式

（十一）创新跨业融合发展模式。按照资源互补、利益共享、风险共担的原则，积极探索跨部门共建共管，跨行业联营合作发展的新机制，大力推进“一点多能、一网多用、深度融合”的农村物流发展新模式。鼓励农村商贸流通企业、供销合作社整合分散的货源，外包物流服务业务，与农村物流经营主体开展深层次合作。引导物流运输企业与大型连锁超市、农产品批发市场、农资配送中心、专业大户、家庭农场、农民合作社等建立稳定的业务合作关系，逐步发展产、运、销一体化的物流供应链服务。推进合作社与超市、学校、企业、社区对接。支持邮政和快递企业将业务延伸至农村地区，打通农村物流“下乡与进城”的双向快捷通道。结合农产品现代流通体系建设的新要求，加快探索适应农批对接、农超对接、农社对接、直供直销等的物流服务新模式。

（十二）优化物流运输组织。在有条件的地区，加快推广定时、定点、定线的农村物流“货运班线”模式，开展县至乡镇、沿途行政村的双向货物运输配送服务，提高农村物资运输的时效性和便捷性。鼓励市到县和县到乡的客运班车代运邮件和快件，健全小件快运服务体系，降低物流成本。引导运输企业与农村商贸流通企业、供销合作社共同制定运输、配送计划，积极发展以城带乡、城乡一体的农村物流共同配送模式，提高农村物流集约化和组织化水平。

（十三）积极推广农村电子商务。支持电商、物流、商贸、金融等企业参与涉农电子商务平台建设。引导农村物流经营主体依托第三方电子商务服务平台开展业务，鼓励乡村站点与电商企业对接，推进农村地区公共取送点建设，积极培育农产品电子商务，鼓励网上购销对接等交易方式，提高电子商务在农村的普及推广应用水平，降低流通成本。

## 五、推广应用先进适用的农村物流装备

（十四）推广应用经济适用的农村物流车型。制定符合农村物流发展需求，适应农村公路技术特点的农村物流车辆选型技术标准。大力推广适用于农村物流的厢式、冷藏等专业化车型，规范使用适宜乡村地区配送的电动三轮车等经济适用车辆，探索建立农村物流专业运输车辆的标识化管理政策。鼓励各地根据实际需求使用电动车辆以及清洁燃料车型，加快淘汰安全隐患大、能耗排放高的老旧车辆，提升农村物流运输的安全性、经济性。

（十五）提高农村物流设施装备的专业化水平。推广农村物流运输的托盘、集装篮、笼车等标准化运载单元和专业化包装、分拣、装卸设备，提升农村物流作业效率、减少货损货差。鼓励企业配置先进适用的冷链检验检测设备，研制储藏保鲜、冷链运输的关键技术与装备。

## 六、提升农村物流信息化水平

（十六）加快县级农村物流信息平台建设。以县级交通运输运政信息管理系统为基础，整合农业、供销、邮政管理等相关部门信息资源，有效融合广大农资农产品经销企业、物流企业及中介机构的自有信息系统，搭建县级农村物流信息平台，提供农村物流供需信息的收集、整理、发布，实现各方信息的互联互通、集约共享和有效联动，及时高效组织调配各类物流资源。加强与乡、村物流信息点的有效对接，强化信息的采集与审核，形成上下联动、广泛覆盖、及时准确的农村物流信息网络。

（十七）完善乡村农村物流信息点服务功能。对乡村信息服务站、农村综合服务社、超市、邮政“三农”服务站、村邮站、快递网点等基层农村物流节点的信息系统进行整合和升级改造，推进农村物流信息终端和设备标准化，实现与县级农村物流信息平台的互联互通。培养和发展农村物流信息员，及时采集农村地区供需信息，并通过网络、电话、短信等多种形式，实现信息的交互和共享。

（十八）提升农村物流企业的信息化水平。加快农村物流企业与商贸流通企业、农资经营企

业、邮政和快递企业信息资源的整合，鼓励相关企业加强信息化建设，推广利用条形码和射频识别等信息技术，逐步推进对货物交易、受理、运输、仓储、配送全过程的监控与追踪，并加快企业与农村物流公共信息平台的有效对接。鼓励农村物流企业积极对接电子商务，创新 O2O 服务模式。

## 七、培育农村物流经营主体

（十九）培育龙头骨干企业。鼓励、支持规模较大、基础较好的第三方物流企业，延伸农村经营服务网络，推动农产品物流企业向产供销一体化方向发展。引导大中型农村商贸流通企业、供销合作社将自营物流逐步融合到社会化物流系统，采用参股、兼并、联合等多种形式，实现企业的规模化、集约化发展，提升服务能力和市场竞争力。

（二十）引导支持中小企业联盟发展。鼓励中小商贸流通、物流企业采用联盟、合作等多种形式，实现资源整合与共享。支持农村物流骨干企业以品牌为纽带，采用特许加盟等多种方式，整合小微农村物流经营业户，改善农村物流市场主体过散、过弱的局面。规范农村物流市场中介组织经营行为，发挥专业化服务功能，实现农村物流货源和运力信息的及时汇集与匹配，降低交易成本，提升服务品质。

（二十一）推进诚信体系建设。建立农村物流经营服务规范和信用考核办法，健全信用评价工作体系。完善守信激励与失信惩戒相结合的政策措施，定期开展信用认证和考核评价。建立农村物流市场主体信用披露与服务制度，推进跨部门、跨行业诚信系统的有效对接和信息共享，支持建立统一的诚信监管信息平台。

## 八、强化政策措施保障

（二十二）健全体制机制。发挥县级人民政府在推进农村物流发展中的主体作用，建立由政府统一领导，交通运输、农业、供销、邮政管理等多部门共同参与的农村物流发展协调工作机制。各级交通运输、农业、供销、邮政管理等部门要加强农村物流的工作对接，开展多种形式的合作，及时协调解决有关重点和难点问题。

（二十三）加大资金支持。各地交通运输、农业、供销、邮政管理等部门要积极争取中央财政农村物流服务体系发展专项资金，对站场设施建设、邮政“三农”服务站和农村快递网点建设、设施装备改造、信息系统建设、组织模式创新等具有较强公益性的项目予以引导扶持。建立和稳定交通运输、农业、供销等对农村物流的支持资金渠道，加大政策倾斜和投入力度；积极争取地方各级人民政府对农村物流的财政投入，推进各方扶持政策融合，提升政策叠加效益。

（二十四）深化政策落实。继续实施鲜活农产品“绿色通道”政策。落实和完善物流用地政策，加大对农村物流设施建设的倾斜，引导利用已有的客运站、交管站、收购站（点）、乡镇邮政局所等设施和已有存量用地，建设扩展农村物流设施和提供相关服务。积极协调税务部门，按照《关于小型微利企业所得税优惠政策有关问题的通知》（财税〔2014〕34 号）要求，落实对符合条件的农村物流企业的税收优惠政策。强化金融创新，重视解决农村物流企业的融资贷款难题，加大融资租赁等金融产品在农村物流中的运用。支持企业通过多种途径加强农村物流专业人才培养和专业技能培训。

（二十五）加强市场监管。进一步加大简政放权力度，推进农村物流行政审批“权力清单”制度改革。进一步规范执法监督行为，建立交通运输、农业、供销、邮政管理等部门协同的市场监管机制。加强农村物流市场运行监测，在部分农产品产销大省，选择典型线路、典型农产品，将其产销价格、运输价格、运输成本纳入监测范围，及时了解农产品物流动态，建立健全预测和预警机制，做好应急预案，保障农产品供应链的稳定运行。

（二十六）开展试点示范。开展多种形式的农村物流试点和示范工程，选择一批农村物流需求及发展潜力大、基础条件好、特色鲜明的县（市），通过示范建设，在体制机制、设施装备、物流组织、信息平台、市场培育和规范等方面进一步创新，及时总结发展经验，加强宣传和交流推广。

交通运输部
农业部
供销合作总社
国家邮政局
2015 年 2 月 16 日

# 国家邮政局　商务部关于推进“快递向西向下”服务拓展工程的指导意见

国邮发〔2015〕107 号

各省、自治区、直辖市邮政管理局、商务主管部门：

为贯彻落实《中共中央国务院关于加大改革创新力度加快农业现代化建设的若干意见》（中发〔2015〕1 号）文件精神，推动落实《物流业发展中长期规划（2014 －2020 年）》，进一步健全城乡快递服务网络，加强快递在中西部、农村地区与电子商务的协同发展，现提出以下意见：

## 一、充分认识“快递向西向下”服务拓展工程的重要意义

随着我国经济社会发展，信息化应用普及推广取得显著成效，城乡居民消费升级步伐不断加快，我国中西部和农村地区对于电子商务类单批次小量、快速、个性化的快递服务需求日益旺盛。近年来，快递企业与电子商务企业合力前行，积极推进服务网络向中西部、农村地区拓展，在加快流通、扩大内需、服务三农、促进就业、普惠民生等方面发挥了积极作用，两者协同发展势头良好。但从整体上看，快递企业在中西部、农村地区的服务能力与东部、城市地区相比仍有较大差距，基础设施、服务水平、产品结构等问题依然突出，适合中西部、农村地区生产生活需求的业务亟待拓展，市场秩序有待规范。加快实施“快递向西、向下”服务拓展工程，有利于整体提升中西部、农村地区快递发展水平，改善城乡间、区域间电子商务及快递服务均衡度，推进快递服务与农村电子商务协同发展。

## 二、指导思想、基本原则和发展目标

（一）指导思想。

以邓小平理论、“三个代表”重要思想、科学发展观为指导，深入贯彻党的十八大和十八届三中、四中全会精神，认真落实党中央国务院决策部署，充分发挥市场在资源配置中的决定性作用，更好发挥政府作用，促进城乡生产要素有序自由流动、资源高效配置、市场深度融合，健全中西部、农村地区快递网络覆盖，充分发挥电子商务与快递服务的协同作用，全面提升快递服务对电子商务的支撑能力和水平，推动快递普惠民生和转型升级，促进农村流通现代化。

（二）基本原则。

1. 市场主导与政府引导相结合。以市场为导向，充分发挥企业的市场主体作用，积极拓展中西部、农村快递市场，探索快递与电子商务协同发展新模式。积极发挥政府在规划、政策、标准等方面

的引导作用,为快递服务向西、向下营造良好的发展环境。

2. 促进发展与加强规范相结合。加大对快递服务、电子商务、农民网商协同发展的政策支持力度,因地制宜拓展服务范围,创新服务方式,改善服务水平。强化规范市场秩序,切实保障快递服务质量,维护消费者权益,确保寄递渠道安全。

3. 自身建设与合作发展相结合。立足快递企业自身实际,加快基础设施、信息网络、末端网点的健全完善,切实提升中西部、农村地区快递网络覆盖。鼓励快递企业与电子商务企业、商贸流通企业在服务创新、末端投递等领域广泛开展协作,实现资源共享,降低服务成本,提升服务效率。

(三)发展目标。

中西部和农村地区快递服务网络进一步完善,覆盖城乡、配套衔接、布局合理、便民惠民的快递骨干网和末端投递网基本形成。快递与电子商务的协同发展进一步巩固,与农民网商的协同效应明显增强,服务城乡、服务三农作用得到显著发挥。到2020年,基本实现"乡乡有网点,村村通快递"。

## 三、推进"快递向西向下"服务拓展工程的重点措施

(一)完善中西部、农村地区快递基础设施。按照建设丝绸之路经济带、长江经济带等重大战略规划要求,引导快递企业合理规划中西部快递节点布局,加快中西部地区快递枢纽的建设和改造进程。促进快递与航空、铁路、公路基础设施的顺畅衔接,提升综合运输能力。鼓励快递企业加强中西部、农村地区自营网点建设,提高网点的覆盖率和稳定性,实现市、县基本覆盖。鼓励全网型快递企业在农产品跨区域流通中发挥重要作用。强化快递枢纽、服务网点与重点农产品、农资、农村消费品集散中心的有效对接,引导有条件、有能力的快递企业在特色经济乡镇、交通枢纽乡镇等地区建设较高标准的服务网络。

(二)加强资源整合共享与合作开发。鼓励快递企业间在业务量较小的乡镇和村合作建立服务网点开展快递服务。支持快递企业与农家店、农村综合服务社、农产品购销代办站等以建立合作网点的形式提供投递服务。推动乡镇邮政局所、村邮站、邮政"三农"服务站等邮政基础设施办理(代理)快递业务,打造邮政业综合服务平台。

鼓励快递企业间加强合作,进行城乡间、乡镇与村庄间的快件集中运输。鼓励快递企业与符合条件的农村公路客运站加强合作,通过农村客运班车搭载快件,降低运输成本。鼓励快递企业与农村商贸流通企业、供销合作社等共同制定运输、配送计划,发展农村共同配送。

(三)健全农产品快递服务。鼓励快递企业积极服务农产品进城,探索与涉农电子商务企业等农产品网络销售渠道的有效对接,协同提供农产品从农村到城市、从经济欠发达地区到经济发达地区的快递服务。配合"北粮南运"、"南糖北运"等工程,推动快递企业深化与各类农业合作社、农业现代化企业、农副产品深加工企业和涉农电子商务企业的合作。引导快递企业为特色农产品提供包装、仓储、运输的标准化、定制化服务,发展农产品冷链物流,提供适应农业生产季节性特点的快递服务。

(四)提升中西部、农村地区快递服务水平。引导快递企业完善中西部、农村地区网点建设标准和服务标准,加强服务监督。推广适合农村运输的车辆以及托盘、集装篮、笼车等标准化运载单元和专业化装卸设备,提升作业效率、减少快件损毁。鼓励有条件的快递企业在乡镇、农村网点配置PDA手持终端,纳入信息化系统统一管理,确保快件跟踪信息完整。以合作、委托代理等形式与电子商务配送站点、商贸流通网点合作开展快递服务的,要与合作方签订合作或委托协议,明确合作方的基本条件和服务要求,确保快递服务质量

和寄递渠道安全。

四、保障措施

（一）加强工作沟通。各地邮政管理部门、商务主管部门要建立工作联系机制，在落实好双方现有协同发展政策的基础上，因地制宜推进本地区“快递向西向下”及与农村电子商务的进一步联动发展。对于工作推进中遇到的突出问题，要加强交流协作，研究出台相关政策，及早推动解决。

（二）争取促进政策。各地邮政管理部门、商务主管部门要联合争取地方政府在规划、财政、税收、土地等方面对“电子商务进农村”、“快递向西”、“快递向下”的政策支持，进一步加强与地方发展改革、财政、国土资源、交通运输、农业等部门的工作对接，开展多种形式的合作，推动本地区新业态释放更大活力。

（三）引导开展行业协同发展。各地快递协会、电子商务行业协会要切实发挥桥梁纽带作用，引导快递企业与农村电子商务企业加强合作，促进信息交流和项目对接；加强与地区农业行业协会、交通运输行业协会等社会团体的沟通协作，推动产业协同发展。

（四）实施示范和试点工程。结合电子商务进农村综合示范，推进快递服务农村电子商务的典型示范。选择具有代表性的省份，积极推进重点项目建设，加强政策和资金支持，及时总结和宣传经验，逐步在行业、区域或全国推广。

（五）规范快递发展。邮政管理部门要进一步转变政府职能，优化快递业务经营许可变更办理等事项审核流程，提高工作效率。对快递企业设立的末端投递网点实行备案管理。完善邮政业消费者申诉受理工作，切实维护中西部、农村地区用户合法权益。加大执法检查工作力度，及时通报重大服务质量问题，依法严肃查处违法违规行为。加强安全监管，落实属地管理，健全安全风险防控机制，督促快递企业切实履行安全主体责任，保障寄递渠道安全、畅通。

（六）加快人才队伍建设。引导中西部地区高等院校和中等职业学校加快快递服务相关专业学科建设，探索形成高等学校、中等职业学校与邮政管理部门、行业协会和企业联合培养人才的新模式。完善在职人员培训体系，鼓励培养快递高层次经营管理人才，积极开展职业培训，提高快递从业人员业务素质。

（七）做好宣传引导工作。通过培训、讲座、展览等多种形式，积极组织《快递服务》国家标准和安全监管要求、电子商务进农村政策等在中西部、农村地区的宣传贯彻，引导企业提升快递服务质量。引导媒体加大对快递服务在中西部、农村地区发展情况和农村电子商务发展情况的报道力度，助推快递和农村电子商务协同发展。

**国家邮政局　商务部**

**2015 年 5 月 20 日**

## 国家邮政局　教育部关于加快发展邮政行业职业教育的指导意见

国邮发〔2015〕253 号

各省、自治区、直辖市邮政管理局、教育厅（教委），新疆生产建设兵团教育局，有关企业和职业院校：

其他有关单位：

邮政业是现代服务业的重要组成部分，是推动流通方式转型、促进消费升级的现代化先导性产业。当前，邮政业发展进入改革创新、转型升级、提质增效的关键时期，但行业人才队伍规模、结构、素质还不能满足现代邮政业创新发展和人民群众日益增长的用邮需要。加快发展邮政行业职业教育，对提高行业人才队伍素质、实现行业科学发展具有重要意义。为贯彻落实全国职业教育工作会议精神和《国务院关于加快发展现代职业教育的决定》《国务院关于促进快递业发展的若干意见》《现代职业教育体系建设规划（2014－2020年）》《邮政行业人才队伍建设中长期规划（2009－2020年）》，现就加快发展邮政行业职业教育提出如下意见。

## 一、总体要求

（一）指导思想

以邓小平理论、"三个代表"重要思想、科学发展观为指导，深入学习贯彻习近平总书记系列重要讲话精神，坚持以立德树人为根本，以服务行业发展为宗旨，以促进就业为导向，传承和弘扬行业优秀文化，大规模、高质量培养邮政、快递专业人才，为全面建成与小康社会相适应的现代邮政业提供高素质技术技能人才支撑。

（二）基本原则

坚持立德树人，系统培养。把培育和践行社会主义核心价值观融入教育教学全过程，满足学生职业生涯和可持续发展的需要，满足企业对人才的系统化需求，满足行业创新发展对高质量人才的需求。

坚持工学结合，知行合一。加强职业教育的针对性和实践性，坚持问题导向，重点突破，注重教学与实际生产过程的对接，注重教育与社会实践活动的结合，强化以育人为目标的实习实训和考核评价，提升学生的就业和创业能力。

坚持产教融合，校企合作。充分调动企业和院校的积极性，以企业紧缺急需的技术技能人才培养培训为重点，推动企业与各类院校的全方位合作，坚持示范引领，积极稳步推进，让企业参与人才培养全过程。

坚持统筹推进，协同发展。坚持邮电院校和非邮电院校协同，学校教育与职业培训并举，拓展合作范围，拓宽培训领域，大力整合社会资源，合理调整邮政行业职业院校的区域布局、院校结构及专业设置，推动行业职业教育与行业发展改革同步。

（三）目标任务

到2020年，基本建成适应行业转型升级和创新发展要求，中等职业教育、高等职业教育、应用型本科教育和专业学位研究生教育协调发展，学历教育与职业培训并重，产教深度融合，具有中国特色、世界水平的现代邮政职业教育体系。造就一支素质高、能力强、数量足、结构优的现代邮政技术技能人才队伍。

——职业教育规模稳定增长。开设邮政、快递相关专业的院校数量基本满足行业发展需求，专业点布局进一步优化；相关专业招生数量逐年提升，在校生规模显著扩大，与行业人才需求相适应。

——人才培养质量不断提升。创新专业人才培养模式，深化专业课程改革，推进师资队伍、实习实训基地和教材建设，使专业人才培养和产业实际需求相吻合，学生职业素养、技术技能水平和就业创业能力不断提高。

——从业人员素质明显提高。通过分类推进、立体培养，强化继续教育，推进从业人员学历层次和知识结构持续优化，具备职业资格的从业人员比例稳步提升。实现企业员工岗前培训、安全教育和职业道德教育全覆盖，从业人员职业素养和技术技能水平全面提升。

## 二、加快推进邮政行业职业教育体系建设

（四）扩大人才培养规模。各地教育行政部门

和邮政管理部门要制定积极有效的政策措施，引导和支持职业院校设置邮政、快递相关专业，建设一批国家级邮政行业人才培养基地。各地教育行政部门要通过分类招生、增加招生计划等，逐步扩大高等职业院校邮政、快递专业规模。设置邮政行业职业技能鉴定站的院校原则上应当开设邮政、快递专业。鼓励社会资本开办设有邮政、快递专业的职业院校，鼓励行业骨干企业或示范职业院校牵头组建跨区域邮政行业职业教育集团。

（五）鼓励发展邮政、快递相关专业本科及研究生教育。引导和鼓励一批普通本科高校紧紧围绕行业转型升级需要，增设邮政、快递相关本科专业，培养应用型本科人才，并探索邮政、快递专业学位研究生教育。有关高校要强化相关学科建设，提升理论研究水平，为企业和教育、科研机构等培养输送邮政、快递业务骨干和高层次教学科研人员。

（六）实现人才培养机制的衔接和贯通。鼓励普通高校、职业院校与企业建立学分认证、积累与转换制度，推进全日制学历教育、继续教育与职业培训之间的沟通衔接，建立专业人才培养的“联通路”。积极构建中等职业教育、高等职业教育、应用型本科教育和专业学位研究生教育紧密衔接的纵向通道，搭建专业人才成长的“立交桥”。

（七）加强从业人员职业培训。明确并强化企业用人、育人的双主体作用，引导企业建立完整的岗位规范和员工培训标准，坚持先培训、后上岗，不培训、不上岗。企业应优先招收职业院校相关专业的毕业生，不能设置就业歧视政策。企业要支持员工通过职业培训提高职业素养和专业技能，逐步建立职业资格等级与工资待遇挂钩制度。鼓励企业依托职业院校建立职工培训中心或企业大学，重点开展专业技能培训、安全教育和诚信文化教育等，不断优化人才队伍的素质和结构。

## 三、全面提高人才培养质量

（八）创新人才培养模式。推进产教深度融合，遴选和推广一批国家级邮政、快递产教融合示范项目。鼓励职业院校与邮政、快递企业合作开展现代学徒制试点，实现校企联合培养、一体化育人。推行跨区域招生，按照教育部规定开展“中高职贯通”“专接本”等培养模式的试点。全面实行邮政、快递专业“双证书”制度，使学生在取得毕业证书的同时获得职业技能考试合格证书。对于已取得邮政、快递相应等级职业资格且符合条件的从业人员，可由职业院校按相关规定择优免试录取。

（九）推进职业院校示范专业点建设。各相关职业院校要围绕邮政业与电子商务、先进制造业、交通、金融等产业融合发展需要，突出专业特色，改造教学内容，创新教学模式，加强邮政、快递专业建设。各级教育行政部门会同邮政管理部门要遴选和建设一批理念先进、特色鲜明、引领辐射作用强的国家级、省级职业院校邮政、快递专业建设示范点，在政策和经费上予以支持。

（十）健全课程教材体系。建立邮政行业职业标准与专业教学标准联动开发机制，推进专业设置、专业课程内容与职业标准相衔接。对接职业标准、行业标准和企业岗位规范，制定专业教学标准、课程标准和顶岗实习标准等。鼓励职业院校借鉴、引入企业优质培训资源，制定专业人才培养方案。全国邮政职业教育教学指导委员会要加快邮政、快递专业教材开发，组织编制有关推荐教材书目，向全国重点推广。在职业教育国家规划教材建设项目中，加大对邮政、快递专业教材建设的支持力度。

（十一）建设“双师型”教师队伍。建立健全普通高校、行业、企业、科研院所与职业院校协同培养教师的新机制，建设一批邮政、快递职教师资培养培训基地。实行邮政、快递相关专业教师五年一周期的全员培训，逐步加大国家级培训力度。鼓励企业建立教师实践基地，实行新任教师先实践、后上岗和教师定期实践制度。鼓励企业技术骨干到职业院校担任兼职教师，提高“双师型”专业教师比例。

（十二）推进邮政、快递专业实训基地建设。鼓励院校与企业联合建设兼具生产、教学和研发功能的实训基地，实现教学与生产过程的有效对接。对照企业岗位实际要求，跟踪企业技术进步，吸引企业全程参与高水平示范性实训基地建设。鼓励分区域、分专业群建设公共实训基地，推动实训装备和基地的合理配置和共建共享，提高使用效益。鼓励企业积极设立学生实习岗位，加强学生实习教学、管理和服务，突出做中学，做中教，强化实习的教学性和实践性，促进学以致用，用以促学。

（十三）加快信息化教学建设。加大邮政、快递专业数字化教学资源的开发力度，支持邮政、快递专业建设国家职业教育专业教学资源库，实现课程标准、电子教案和职业技能标准等资源共享。开展专业教师信息化教学能力提升培训，支持邮政、快递专业教师参加全国职业院校信息化教学大赛。推动信息化环境下教学模式的变革，推进信息技术在教学中的广泛应用。

（十四）大力培育行业文化与职业精神。构建常态化、长效化的行业文化与职业精神培育机制，重视“诚信、服务、规范、共享”的行业核心价值理念与敬业守信、精益求精、勤勉尽责的职业精神的培养。充实思想道德、法治、安全、纪律教育内涵，积极开展富有行业文化特色的志愿服务和“创业、创新”大赛等校园文化活动，增强学生对行业文化和职业精神的理解与认同。

## 四、完善保障机制

（十五）加强组织领导。各级邮政管理部门和教育行政部门要高度重视，建立邮政行业职业教育工作定期沟通协商机制，协调和处理邮政行业职业教育发展中的重大事项。各地教育行政部门要在专业建设、师资培养、招生就业、学生奖助等方面制定并落实相应的优惠政策。各级邮政管理部门要明确邮政行业职业教育的工作机构，制定职业教育工作计划并纳入相关人才培养规划，加强就业指导，引导和鼓励邮政、快递及相关专业毕业生对口从事邮政、快递工作。

（十六）保障经费投入。多渠道筹措资金，保证当地开设邮政、快递专业的职业院校的办学经费投入。各地教育行政部门要积极会同财政等相关部门，建立与本地邮政、快递业发展水平相适应的职业教育经费保障机制，落实邮政职业教育生均经费标准。各级邮政管理部门要通过购买服务等方式支持行业人才培养基地建设、专业课程开发、重点课题研究等。企业应按照职工工资总额的1.5%～2.5%足额提取职工教育培训经费，保证经费专项用于职工特别是一线职工的教育和培训，严禁挪作他用。

（十七）强化行业指导。加强全国邮政职业教育教学指导委员会的指导能力建设，完善组织机构，拓展服务领域，提升指导和服务水平。各级教育行政部门和邮政管理部门要完善工作机制，通过授权委托、购买服务等方式把适宜行业承担的职责交给行业组织，并强化服务监管。各相关职业院校要积极吸收行业专家进入学术委员会和专业建设指导机构，在专业设置评议、人才培养方案制定等方面主动接受行业指导。

（十八）推动企业参与。企业应完善企业职业教育和员工培训制度，指定专门机构或专人负责职工教育培训、对接职业院校，设立学生实习和教师实践岗位，积极与职业院校开展订单式、现代学徒制人才培养，优先招收邮政、快递专业毕业生。企业应发挥办学作用，举办或参与举办职业教育，鼓励企业和公办职业院校合作开办混合所有制性质的二级学院。

（十九）加大舆论宣传。各级教育行政部门、邮政管理部门、企业、职业院校、有关协会等要加大宣传力度，强化舆论引导，提升邮政行业的职业形象和社会美誉度，营造有利于邮政行业职业教育发展的良好氛围，使从事邮政职业光荣、服务民生伟大的理念深入人心，在社会上形成关心和支持邮政技术技能人才培养的良好环境，促进邮政行业职业教育健康发展。

国家邮政局 教育部

2015年11月16日

# 国家邮政局关于促进邮政服务创新发展的若干意见

国邮发〔2015〕49号

各省、自治区、直辖市邮政管理局，中国邮政集团公司：

邮政服务是融合通信、物流、金融等服务形式的复合型服务，是现代服务业的重要组成部分，在促进国民经济发展、保障公民通信权利和服务“三农”等方面发挥着重要作用。随着信息技术快速发展和寄递市场竞争日益加剧，邮政服务发展面临严峻挑战。为健全完善与小康社会相适应的邮政普遍服务体系，促进邮政服务转型升级，创新发展，加快建设普惠邮政、智慧邮政、安全邮政、诚信邮政、绿色邮政，发挥邮政服务民生、服务经济、服务社会的基础性作用，特提出以下意见：

## 一、强化顶层设计，深化改革谋求发展

各级邮政管理部门要积极推进法治建设，加强法规政策制定，推动行业体制改革，统筹谋划发展思路。要高度重视邮政业“十三五”发展规划和邮政普遍服务“十三五”发展规划的编制工作，及时启动邮政设施布局规划编制工作。要落实《中华人民共和国邮政法》、《国务院办公厅关于完善省级以下邮政监管体制的通知》（国办发〔2012〕6号）的要求，推动邮政设施布局和建设同地方城乡规划相衔接，积极推动地方政府及其有关部门对提供邮政普遍服务邮政设施的建设等提供政策和资金支持。邮政企业要全面深化改革、履行普遍服务、规范经营决策、提高企业效率、增强企业活力。要注重服务国家经济发展战略，积极参与行业规划编制。要稳步开展兼并重组和资本运营工作，发挥国有经济影响力。

## 二、抓好简政放权，完善行业管理机制

各级邮政管理部门要完善放管结合的行业管理体制机制，更大限度地释放市场活力，激发内生动力，同时加强事中事后监管。充分发挥省级以下邮政管理机构作用，转变工作作风，提高办事效率。将“撤销提供邮政普遍服务的邮政营业场所审批”和“邮政企业停止办理或者限制办理邮政普遍服务业务和特殊服务业务审批”下放到市（地）级邮政管理部门，将“经营邮政通信业务审批”由工商登记前置审批事项变更为后置审批。逐步建立邮政设施分等分级制度，实行差异化管理机制。在符合法定标准且确保服务水平不降低的前提下，对西部农村和边远地区允许邮政企业适当调整服务网点的经营方式。依法保障法律规定的邮政企业专营权，加大对非法寄递国家机关公文等行为的查处力度。依法查处国外邮政企业在国内经营邮政业务的行为。

## 三、推动资费改革，完善市场调节机制

各级邮政管理部门要发挥邮政资费定价机制在邮政服务保基本、促发展、调结构中的积极作用，推动邮政资费改革。要配合相关部门依法推进部分邮政业务由邮政企业自主定价，推进国内包裹资费计费方式的调整和简化，推动完善新兴业务机动灵活的定价机制，推动建立邮政服务政

府定价的长效机制。邮政企业要加强邮政资费调整的风险评估和管控工作，对邮政企业自主定价的邮政服务要做到服务收费项目的公开透明合理，公平参与市场竞争。

**四、鼓励服务创新，推动小包业务发展**

各级邮政管理部门要鼓励并支持邮政企业适应电子商务发展的需要，加快邮政小包等新业务发展，实现邮政业务与电子商务的协同发展。要适应邮政小包等新业务、新业态的发展，将各类新业务纳入日常监管和行业统计，加强对邮政代理服务商的管理，切实维护消费者合法权益。要积极落实“一带一路”等国家重大战略，加强邮件处理中心、国际邮件互换局和交换站的规划建设和改造。邮政企业要强化互联网思维，通过新业务发展，带动传统业务的服务水平整体提升。要加强新业务质量管控，持续优化作业流程，缩短传递时限，实现邮政服务快捷化、便利化。要稳步推进运输方式改革，大力推广公路甩挂运输，持续加强投递队伍建设，保持邮政企业核心竞争力。要加快“走出去”步伐，强化海关邮政合作，提升国际化经营能力和水平。

**五、发挥平台作用，做好农村电商服务**

各级邮政管理部门要积极推动空白乡镇补建邮政网点的全部开办和持续运营，将乡镇邮政网点作为服务“三农”、服务农村电商的重要节点，要因地制宜推动村邮站建设，将村邮站打造成保障农村通邮、服务农村电商、解决农村“最后一公里”的重要平台。邮政企业要积极响应中央号召，做好农村电子商务，为农民多想多做多干，不断提升农村地区服务水平。要丰富服务措施，适应农村电子商务发展对邮件传递速度、邮件安全和服务质量的新要求。要发挥邮政品牌和网点优势，开展农村农产品、快消品和生产资料的流通配送，帮助电商公司开拓农村市场，使邮政服务成为农村电子商务的重要渠道。要加快邮政汇兑服务创新，积极参与“普惠金融”建设，利用多种方式参与基础金融服务“村村通”工作。

**六、加强科技兴邮，提升邮政服务能力**

各级邮政管理部门要积极创新智能信包箱等新型邮政设施的建设运营机制，推广智能化、自主式服务设施的应用。要支持邮政企业完善信息管理系统，提高邮件收寄、分拣、运输、投递等各环节的信息化、智能化和精准化水平。要鼓励相关企业开发邮政服务智能终端与应用服务，推动云计算、物联网、北斗导航及地理信息等技术在邮政服务智能化管理方面的应用。邮政企业要充分利用高新技术手段，提高服务效率，创新服务产品，提升服务能力，积极参与构建电子商务销售体系，增强与产业链上下游企业协同能力。要通过多种形式提高多功能邮政报刊亭、E 邮站等服务设施的覆盖范围。要做好重点领域、关键环节的安全监控，加快企业安全监管信息化建设进度。

**七、整合社会资源，推动合作共赢发展**

各级邮政管理部门要大力支持邮政企业同交通运输业企业开展“交邮合作”，推进资源互补，互惠互利。要支持邮政企业根据企业网络能力同电子商务企业、快递企业合作，代运代投快件。要鼓励邮政服务设施向快递企业开放使用，加强共同配送末端网点建设，推动邮政公共服务和社区商业电子商务协调发展。邮政企业要积极承接政府公共服务项目，融入地方经济社会发展。要做好便民服务站、三农服务站等便民服务设施的整合利用，加强末端服务网点建设布局。要加强邮政综合服务平台建设，提升各类邮政网络资源的使用效率。

**国家邮政局**

**2015 年 3 月 31 日**

# 国家邮政局关于印发《快递业务经营许可工作优化方案》的通知

国邮发〔2015〕103 号

根据国务院关于行政审批制度改革和简政放权的要求，为进一步优化快递业务经营许可工作，保障和促进快递行业健康有序发展，国家邮政局特制定印发《快递业务经营许可工作优化方案》。方案在邮政法律框架下，按照坚持现有许可制度、坚持简政放权方向和坚持全国统一规范三项基本原则，在保证行业安全底线的基础上，对现有许可制度进行了大幅度优化简化。请抓紧组织学习领会，按照要求认真贯彻执行。遇有问题，请及时报告国家邮政局。

国家邮政局

2015 年 5 月 25 日

## 快递业务经营许可工作优化方案

根据国务院关于行政审批制度改革的要求，为进一步简政放权、优化快递业务经营许可管理工作，更好地保障和服务快递业发展，特制定本方案。

### 一、指导思想、基本原则和主要目标

（一）指导思想

认真贯彻落实国务院关于行政审批制度改革和简政放权的工作部署，解放思想，实事求是，主动适应经济发展新常态，主动顺应行业发展大势和新要求，坚持依靠改革不断释放快递市场活力，坚持发挥市场在资源配置中的基础性作用，科学分工、削减材料、优化流程，努力推动建立务实有为和高效透明的快递许可工作体系，保障和促进快递业持续、快速、健康发展。

（二）基本原则

1. 坚持现有许可制度。快递业务经营许可制度是《中华人民共和国邮政法》确立实施的，在保障和促进快递业快速健康发展方面发挥着应有的作用。当前，我国的快递业尚处于初级发展阶段，发展环境、市场秩序、服务运营、安全管理等方面问题较多，要通过坚持并不断优化许可准入制度，更好地发挥对快递业发展的调节、保障和促进作用。

2. 坚持简政放权大方向。优化快递业务经营许可工作，要满足国家行政审批制度改革的总体要求，既要简得准放到位，又要不失位控得住；要与时俱进顺应行业发展大势，许可工作要从传统的办手续管准入，向重服务强管理转变，优化后的许可工作要通过简化手续、优化流程、强化服务，进一步减轻企业负担，更好地贴近市场、服务发展。

3. 坚持全国统一规范。快递业务经营许可是法定制度，优化工作要坚持并建立“五统一”原则，即统一基本制度，统一申请材料，统一核查标准，统一操作程序，统一时限要求。优化工作要与许可信息系统的建设紧密衔接、同步推进，要充分利用信息化手段，加强许可工作的标准化建设。

（三）主要目标

优化方案实施后，快递许可各项工作的企业申请材料大幅度减少，各级邮政管理部门职责更加清晰，核查标准全国统一，审批流程简化优化，审批时限大幅缩减。即：新方案实施后，企业申请材料总体精减 55%；许可准入审批时限由 45 个工

作日压缩至25个工作日；进入绿色通道企业的所有许可变更审批时限压缩为15个工作日(其中增设分支机构审批时限由35个工作日压缩为15个工作日)；未进入绿色通道企业的分支机构变更事项审批时限由35个工作日压缩至25个工作日，其他变更事项审批时限为15个工作日。

## 二、快递业务经营许可优化内容

(一)关于许可准入工作

1. 申请快递业务经营许可，精减后企业需提交材料

(1)快递业务经营许可申请书(原申报表)；

(2)企业名称预核准通知书或者企业法人营业执照复印件；

(3)企业法定代表人身份证明复印件；

(4)经营快递业务的分公司(营业部)名录；

(5)经营快递业务的子公司名录；

(6)场地使用证明；

(7)安全保障制度和措施；

(8)加盟合同协议或加盟意向书；

(9)国际业务网络证明材料(申请国际快递业务企业提交)。

如地方性立法另有补充规定的，在符合法律和行政法规的前提下，可继续执行。

2. 理顺职责

国家邮政局(以下简称“国家局”)负责跨省经营和经营国际快递业务的许可申请的材料接收、受理、审核、审批。

各省(区、市)邮政管理局(以下简称“省局”)负责省内经营的许可申请的材料接收、受理、审核、审批。

省级以下邮政管理机构(以下简称“市局”)在省局组织下负责实地核查等工作。

3. 简化审批程序

(1)国家局(省局)受理申请后，征求安全部门意见与实地核查两项工作同时进行。安全部门7个工作日内(自安全部门收到材料至审核完毕)无反馈意见，国家局(省局)应与安全部门电话联系沟通。

(2)许可准予前不再向社会公示，许可批准文件向社会公告。

(3)许可审批过程原则上不组织多部门参加的集体讨论，除负责许可工作的部门外，其他部门原则上不参与审核会签。

4. 优化审批流程

(1)国家局经营许可审批流程(跨省经营和经营国际业务)

申请人在信息系统向国家局提交材料→国家局通过系统初审材料(3个工作日内)→【材料不符合要求的，国家局一次性告知申请人需补正内容】→材料符合要求的，国家局受理申请，在系统告知申请人已受理→【不予受理的，国家局通过信息系统告知申请人、说明原因】→受理申请的同时征求安全部门意见(7个工作日)并委托核查→受理后，系统自动将申请人信息转各相关省局，委托核查→省局分派相关市局核查→省局将核查情况在系统报国家局(自委托核查之日起10个工作日内)→【国家局对不符合条件的在系统中告知申请人、说明原因，并通过信息系统告知相关省局(3个工作日内)】→国家局对于符合条件的通过OA行文，领导审批(5个工作日内)→国家局发证。

(2)省内经营许可审批流程

申请人在信息系统向省局提交材料→省局通过系统接收材料并初审(3个工作日内)→【材料不符合要求的，省局一次性告知申请人需补正内容】→符合受理条件的，省局受理申请，在系统告知申请人已受理→【不予受理的，省局通过系统告知申请人、说明原因】→受理申请的同时征求省安全部门意见(7个工作日)并委托核查→受理后，系统自动将申请人信息转各相关市局，委托核查→市局进行核查并将核查情况通过系统报省局(10个工作日内)→【省局对不符合许可条件的通过系统通知申请人、说明原因，并通

知相关市局(3 个工作日内)】→省局对于符合条件的通过 OA 行文,领导审批(5 个工作日内)→省局发证。

部分已将省内经营许可准入的材料接收、初审工作放市局的省,可根据本省实际情况优化流程。

5. 相关要求

(1)许可准入从申请到审批全流程网上办理,申请材料除在线填写的之外,其他扫描上传。审批完毕后,申请企业将纸质材料交发证机关存档。

(2)市局实地核查按照统一规定执行,不得另外增加条件。

(3)许可准入的审批时限应在 25 个工作日以内。

(二)关于许可变更工作

1. 申请变更快递业务经营许可证,精减后企业需提交材料

(1)《快递业务经营许可证》变更申请表;

(2)原快递业务经营许可证正本、副本及相关分支机构名录(复印件)。

注册资本变更和企业类型变更只需提交以上 2 项材料,其他各变更事项除提交以上 2 项材料外,需分别提交以下材料:

办理企业名称变更:工商部门出具的《企业名称变更预告核准通知书》。

办理注册地址变更:变更后企业法人住所或分支机构营业场所的场地使用证明。

办理法定代表人变更:新法定代表人身份证明。

办理股权关系变更:股权关系变更申请表;股权转让协议;公司章程修正案。

办理设立分支机构:设立分支机构申请表;企业法人营业执照(复印件);分支机构营业场所的场地使用证明。

办理撤销分支机构:撤销分支机构申请表;做好快件善后处理工作的承诺书。

2. 简化分支机构变更办理程序

(1)分支机构名录发生变更的(增设、撤销分支机构及变更分支机构名称、地址的),企业应向该分支机构所在地的市局提出变更申请。市局负责变更申请的材料接收、受理、审核及核准。分支机构名录由市局打印、加盖市局印章后发分支机构。辖有派出机构的 4 个直辖市及海南省局,可根据本地情况制定分支机构变更工作方案并报国家局。

分支机构变更引起许可证正副本登载的地域范围发生变化的,由发证机关(国家局或省局)按一定周期统一调整。

(2)许可证正副本登载事项(除分支机构名录以外)发生变更的,企业应向发证机关提出变更申请。发证机关负责变更申请的材料接收、受理、审核及核准。

3. 加大绿色通道作用

(1)放宽绿色通道条件。办理许可变更事项的绿色通道企业条件放宽为:无重大安全责任事故;按时提交年度报告且符合要求;消费者申诉率没有发生连续 3 个月百万分之三十以上。

(2)相关信息公开。国家局将本级发证企业的相关情况在政府网站公示:年度报告工作结束后公布未提交年度报告或不符合要求的企业名单;对于发生重大安全责任事故企业以及消费者申诉率连续三个月超过百万分之三十以上的企业及时进行公布。各省局结合本地区实际,确定并及时调整辖区内非绿色通道企业名单(其余均为绿色通道企业),下发市局,报备国家局。

未进入绿色通道企业经整改,半年后符合绿色通道条件,可向省局申请进入绿色通道。

各省局许可企业的绿色通道认定工作,参照以上方法开展。

(3)进入绿色通道的企业,所有变更事项只进行书面材料形式审查,不再组织实地核查。

未进入绿色通道企业,涉及分支机构的变更

事项进行实地核查,其他变更事项形式审查。

(4)邮政管理部门对绿色通道企业增设或变更的分支机构在日常检查中发现实际情况与企业提交材料不符的,取消绿色通道待遇。

4. 简化审批流程

(1)分支机构名录变更(增设、撤销分支机构及变更分支机构名称、地址的)相关审批流程

申请人通过信息系统申请变更,国家局或省局自动转分支机构所在地的市局。

市局通过信息系统接收材料并初审(3个工作日内)→【材料不符合要求的,市局一次性告知企业需补正内容】→材料符合要求的,市局受理申请并通过系统告知企业→【不予受理的,市局通过系统告知企业、说明原因】→属于绿色通道的企业,市局进行形式审查(3个工作日内)→【不属于绿色通道的企业,市局实地核查,实地核查时间为10个工作日内】→市局领导审批(5个工作日内)→【市局不同意的,告知企业,说明原因】→同意的,市局操作后,系统自动报发证机关(国家局或省局),同时市局通知企业到市局领取或换领名录(2个工作日内)→市局发放名录(分支机构名录直接由市局打印并加盖市局印章)。

(2)许可证正副本登载事项(除分支机构名录以外)变更审批流程

发证机关(国家局或省局)通过信息系统接收材料并初审(3个工作日内)→【材料不符合要求的,一次性告知企业需补正内容】→符合受理条件的,发证机关受理申请并通过系统告知企业→【不予受理的,通过信息系统告知企业、说明原因(2个工作日内)】→进行形式审查(3个工作日内)→材料符合要求的,领导审批(5个工作日内)→同意的,通知企业领取换发的许可证(2个工作日内)→【不予核准的,通过系统告知企业、说明理由(2个工作日内)】

同时持有省内许可和国际许可的企业(BC双证企业),可只向省局提出变更申请。省局核准后,国家局直接办理变更手续。

部分已将省局发证企业许可变更的材料接收、初审工作放市局的省,可根据本省实际情况优化流程。

5. 相关要求

(1)许可变更从申请到审批全流程网上办理,申请材料除在线填写的之外,其他扫描上传。申请企业不需提交纸质材料。

(2)非绿色通道企业分支机构相关变更审批时限为25个工作日内,其他所有变更事项的审批时限为15个工作日内。

(三)关于分支机构备案工作

1. 办理分支机构备案,精减后企业需提交材料

分支机构营业执照(副本)扫描件。

2. 职责划分

由市局负责办理分支机构备案。

3. 相关要求

因分支机构变更时其名录已由市局打印发放,企业办理分支机构备案,登记表在线自动填报(其中许可证变更申请表和设立分支机构申请表中已有内容由系统自动填写),申请企业不再需提交和保留分支机构备案登记表。

(四)关于年度报告工作

1. 办理年度报告,精减后企业需提交材料

(1)年度报告书表1基本情况表;

(2)年度报告书表2(原表4)经营快递业务的分公司(营业部)名录;

(3)年度报告书表3(原表5)经营快递业务的子公司名录;

(4)年度报告书表4(原表7)加盟代理企业列表。

2. 下放审核工作

所有企业的年度报告工作均由企业工商注册地的市局负责。市局完成年度报告审核后,对企业年度报告情况进行公告。

3. 简化办理程序

(1)办理流程:企业在信息系统中向工商注册地的市局提交材料(每年1月至3月)→市局审核材料(5个工作日内)→【材料不符合要求的,告知企业补正】→形式审查符合要求的,市局在系统点击审核通过。

(2)企业提交材料时间为每年1月1日至3月31日。各局应在每年4月30日前完成年报审核工作。

(3)快递业务经营许可年度报告全流程网上办理,企业无需提交纸质材料,邮政管理部门不再在许可证副本加盖年报专用章。

(五)关于许可注销工作

1. 办理快递业务经营许可注销,精减后企业需提交材料

(1)快递业务经营许可注销登记表;

(2)法定代表人身份证明复印件;如需代理人办理的,提供代理人身份证明复印件以及法定代表人签字的授权委托书原件;

(3)快递业务经营许可证原件正本及所有副本原件(含所有分支机构名录);

(4)按照国务院邮政管理部门规定妥善处理尚未投递的快件的书面证明。

2. 职责划分

发证机关负责许可注销,由下一级邮政管理部门负责审核。国家局颁发许可证的企业由省局提出注销审核意见,省局颁发许可证的企业由市局提出注销审核意见。

对企业因转型或股权改制引起的许可证注销(不涉及停止快递业务的),应提供便利。

(六)加强信息化建设工作

国家局加强快递业务经营许可信息系统建设,实现许可各项工作全流程网上办理,完善统计功能,各环节提示时限,做到每件许可、变更事项的办理过程和办理结果可查询、可跟踪、可督办、可评价;各模块、各端口功能清晰,相关数据共享;企业输入信息统一标准,企业、国家局、省局、市局操作便捷、查询方便。

## 三、实施要求

(一)加强组织领导

规范行政审批行为、改进行政审批工作,是简政放权、推进政府职能转变的重要内容,是转变工作作风、密切联系群众的重要举措。各级邮政管理部门要高度重视快递业务经营许可简政放权工作,主要负责同志要亲自过问、亲自推动优化方案的落实。

(二)强化纪律约束

快递业务经营许可是邮政业重要的行政审批工作,执行中要认真贯彻落实好中央的决策部署和国家局党组的要求,讲政治、讲纪律、重服务、顾大局。

各级邮政管理部门要严格遵守优化方案规定的审批程序、核查标准和时限规定,任何单位和个人不得擅自增加新的附加条款,不得擅自突破办理时限,要严格遵守“优质、高效、规范、廉洁”八字方针,严禁吃拿卡要、增加企业负担。上述问题一经发现并查实,国家局将严肃处理。国家局对各地审批时限,每季度进行考核并及时通报。

(三)统筹分步实施

1. 涉及精减申报材料、简化审批程序的各项措施,于7月1日起按照本方案的规定执行。

2. 国家局组织加快许可信息系统升级改造建设,许可各项工作于8月底前全流程网上办理。

附件(略)

# 第七章　重要政策法规及规范性文件解读

## 《国务院关于促进快递业发展的若干意见》解读

2015 年 10 月 23 日，国务院印发了《关于促进快递业发展的若干意见》（以下简称《意见》）。当前为何要制定出台《意见》？《意见》提出的促进快递业发展的总体思路是什么？《意见》在哪些方面实现了政策创新？贯彻落实《意见》将在哪些方面着力？针对这些问题，国家邮政局对《意见》进行了政策解读。

### 一、关于《意见》出台的背景和过程

近年来，我国快递业发展迅速，企业数量大幅增加，业务规模持续扩大，服务水平不断提升，在降低流通交易成本、支撑电子商务、服务生产生活、扩大就业渠道等方面发挥了积极作用。2014 年底，我国约有快递企业 1.4 万家、营业网点 13.2 万个，农村地区网点超过 5 万个，乡镇覆盖率达 50% 以上，直接从业人员超过 120 万人；全年快递业务量达 140 亿件，规模居世界首位，实现业务收入 2045 亿元，2007 －2014 年，快递业务量、收入年平均增速分别为 39% 和 28%；日均服务 7600 万人次以上，日最高处理量超过 1 亿件，通过快递服务实现的国内网络零售交易额突破 2 万亿元。与此同时，由于起步晚、增长快的原因，我国快递业发展方式粗放、基础设施滞后、安全隐患较多、国际竞争力不强等问题比较突出。

国务院领导同志高度重视快递业发展，多次作出重要指示。李克强总理三次视察快递企业，指出快递业是中国经济的“黑马”，关系经济民生，“从大处说，把农村的东西送到城市去，城市的东西送到农村来，缩小了城乡差距；从小处说，创造了就业岗位，也创造了新生活。”马凯副总理多次作出指示，要求综合施策，促进快递业健康发展。2014 年 9 月 24 日国务院召开常务会议，决定进一步开放国内包裹快递市场，推动内外资公平有序竞争，并强调要确保快递业有序健康发展。2015 年的《政府工作报告》要求发展物流快递，把以互联网为载体、线上线下互动的新兴消费搞得红红火火。为贯彻落实《政府工作报告》部署和国务院领导同志重要指示精神，交通运输部、发展改革委、国家邮政局会同有关方面经过深入研究、多方听取意见、多轮协调完善，形成《意见（送审稿）》上报国务院。10 月 14 日，国务院第 108 次常务会议审议通过了《意见》，并于 10 月 23 日正式印发。

### 二、关于出台《意见》的重大意义

《意见》是邮政体制改革以来国务院出台的第一部全面指导快递业发展的纲领性文件，是快递业发展进程中的重要里程碑，既体现了中央对近年来快递业发展成效的充分肯定，也体现了对快递业未来发展的殷切期望和巨大支持。出台《意见》有以下重大意义：

一是主动适应经济发展新常态，充分发挥快递业在经济社会发展中重要作用的迫切需要。当前我国经济进入新常态，长期向好的基本面没有改变，但下行压力仍然较大。快递业对电子商务、先进制造业、现代农业等关联产业具有重要服务和支撑作用。促进快递业发展，就是要充分发挥快递业打通线上线下、联通城市乡村的优势，进一步促进生产、搞活流通、拉动消费，提升经济运行

效率，为稳增长、促改革、调结构、惠民生做出积极贡献。

二是不断满足人民群众日益增长的寄递需求，有效促进民生改善的必然要求。随着经济社会的发展，人民群众对快递服务的通达性、便捷性、安全性的要求越来越高，快递业亟需扩大产业规模、提高服务质量、增强服务可靠性、改善服务体验。《意见》提出的扩展网络、提升服务水平、新增就业岗位等发展目标，就是要把快递建成统筹城乡发展、促进消费公平的重要支撑，为群众创造价值和带来福祉。

三是破解快递业发展瓶颈，推动行业转型升级提质增效的重大举措。我国快递业虽然发展迅速，但发展基础仍十分薄弱，在车辆通行、设施建设、网络拓展、运输保障等方面还面临着许多突出问题，总体发展水平与经济社会发展需要仍有很大差距。《意见》从国家政策层面对破解快递业发展瓶颈作了系统安排，为“十三五”期间推动快递业进入健康发展轨道，实现转型升级提质增效奠定了坚实基础。

## 三、关于《意见》对快递业所作的重要判断

站在稳增长、促改革、调结构、惠民生的高度，顺应“互联网＋”发展趋势，在科学分析快递产业性质的基础上，《意见》对快递业的定位和作用作出了重要判断。《意见》明确指出：快递业是现代服务业的重要组成部分，是推动流通方式转型、促进消费升级的现代化先导性产业，是服务电子商务的主渠道；快递业在降低流通成本、支撑电子商务、服务生产生活、扩大就业渠道等方面具有积极作用。《意见》强调，促进快递业发展，对进一步搞活流通、拉动内需，服务大众创业、万众创新，培育现代服务业新增长点具有重要意义。

这是国务院首次正式明确快递业在整个国民经济中的产业定位和功能作用，将快递业提升到前所未有的战略高度。这些重要判断，从生产、流通、消费的大逻辑，从服务生产、服务生活、服务发展的大视野，充分肯定了快递业在经济和社会发展中的重要作用。这些重要判断，深刻揭示了快递业发展的内在规律，是对快递业发展理论的重大突破。这些重要判断，深刻阐明了快递业的定位、功能，是快递业发展的基本遵循和实践指南。

## 四、关于《意见》提出的发展思路

《意见》科学研判我国国情和快递业业情，深入总结产业发展规律和以往工作实践，坚持问题导向和长远谋划，提出了未来五年乃至更长时期的快递业发展思路。

《意见》确立了促进快递业发展的基本路径：坚持市场主导、安全为基、创新驱动、协同发展的基本原则，以解决制约快递业发展的突出问题为导向，以“互联网＋”快递为发展方向，培育壮大市场主体，融入并衔接综合交通体系，扩展服务网络惠及范围，保障寄递渠道安全，促进行业转型升级和提质增效。

《意见》绘就了快递业到2020年的发展蓝图：快递年业务量、业务收入分别达到500亿件、8000亿元，快递市场规模稳居世界首位，基本实现乡乡有网点、村村通快递；快递企业自主航空运输能力大幅提升，建设一批辐射国内外的航空快递货运枢纽，积极引导培育形成具有国际竞争力的大型骨干快递企业；寄递服务产品体系更加丰富，国内重点城市间实现48小时寄递，国际快递服务通达更广、速度更快，服务满意度稳步提高；年均新增就业岗位约20万个，全年支撑网络零售交易额突破10万亿元，日均服务用户2.7亿人次以上，有效降低商品流通交易成本。

通过未来五年的发展和奋斗，快递业面貌将焕然一新，产业规模跃上新台阶，企业实力明显增强，服务水平大幅提升，综合效益更加显著，基本建成普惠城乡、技术先进、服务优质、安全高效、绿色节能的快递服务体系，形成覆盖全国、联通国际的服务网络，不断满足人民群众日益增长的寄递需求，更好服务于国民经济和社会发展。

## 五、关于《意见》提出的重点任务

《意见》遵循快递业发展思路，统筹发展趋势和存在问题，聚焦重点环节、关键领域，提出了“1+1+3”共五项重点任务，即：培育“一个主体”、坚持“一个方向”、实施“三大工程”。这五项任务重点突出、指向明确、具有战略的高度、布局的深度和实施的精度，是促进快递业发展的行动纲领和工作指南。

一是“培育一个主体”。快递业具有全程全网、高效协同、一体化运营等显著特点，是劳动力、资金、科技、信息等多要素复合型产业。当前，国内快递企业小、散、弱的问题还十分突出，是快递业改进技术装备、提高服务质量、转变竞争方式、增强综合实力的关键制约。快递企业已到了提质转型、做大做强的突破阶段。必须引导企业切实转变发展思路、发展路径，通过培育一批大而强的企业主体，实现快递业的跨越式发展。因此，《意见》把培育壮大快递企业作为促进快递业发展的首要任务，提出：支持快递企业兼并重组、上市融资，整合中小企业，优化资源配置，加快形成若干家具有国际竞争力的企业集团。大力提升快递服务质量，实施品牌战略，引导快递企业从价格竞争向服务竞争转变。支持骨干企业建设工程技术中心，开展智能终端、自动分拣、机械化装卸、冷链快递等技术装备的研发应用。

二是“坚持一个方向”。互联网与各领域的融合发展，已成为不可阻挡的时代潮流。加快推进“互联网+”，有利于培育新兴业态、打造新的增长点、释放经济发展活力。快递业因互联网而起，因互联网而兴，是最先拥抱互联网的产业。深入推进“互联网+”快递，打通线上线下，变革服务模式，拓展协同空间，对于畅通生产流通消费，促进创业创新，提升经济运行效率具有重大战略意义。所以，《意见》把“互联网+”快递作为促进发展的主攻方向，提出：鼓励快递企业充分利用信息技术，加快向综合性快递物流运营商转型。与电子商务企业深度合作，共同发展体验经济、社区经济、逆向物流等便民利商新业态。积极参与涉农电子商务平台建设，构建农产品快递网络，服务农业生产新模式。发挥供应链管理优势，积极融入制造业新领域。支持快递企业完善信息化运营平台。

三是实施快递“三向”工程。网络是提供快递服务的物质基础，是构成快递企业核心竞争力的关键因素，是快递业在经济和社会发展中发挥重要作用的基本依托。当前，包括骨干网、末端网在内的快递网络建设严重滞后，运营资源在区域间、城乡间布局不均衡，产业资源集约利用率不高。只有加快基础设施建设、加强资源综合利用、加速弥补网络短板，才能更充分地发挥快递业在产业间、区域间、城乡间的纽带作用，从而进一步优化经济结构、扩大内需、促进就业、提高新型城镇化质量。因此，《意见》高度重视构建完善服务网络，提出：实施快递“向下、向西、向外”工程，建设快递专业类物流园区、快件集散中心和快递末端服务平台，完善农村、西部地区服务网络。支持快递企业加强与农业、供销、商贸企业的合作，打造“工业品下乡”和“农产品进城”双向流通渠道。鼓励快递企业发展跨境电商快递业务，在重点口岸建设国际快件处理中心，探索建立“海外仓”。支持邮政企业和快递企业创新合作模式，提高邮政基础设施利用效率。

四是实施快递“三上”工程。快递业是综合运用多种运输方式的现代产业。综合交通运输体系是快递业发展的基础保障和基本条件。如何充分发挥综合交通运输体系和大交通平台的资源优势、组合效率，加强基础设施建设，提高运输能力，拓展网络广度，加快寄递速度，降低运营成本，是促进快递业发展必须回答的关键问题。《意见》重点强调衔接综合交通体系，提出：实施快递“上车、上船、上飞机”工程，制定并实施快递设施通用标准，强化运输保障能力。在铁路枢纽配套建设快件运输通道和接驳场所。稳妥推进公路客运班车代运快件试点和快件甩挂运输方式，发展快件水路运输，大力推动快件航空运输。在交通运输领域，完善快件处理设施和绿色通道。鼓励快递企业组建航空货运公司，在航线、时刻、购机等方面给予政策支持。

五是实施快递“绿盾”工程。保障寄递渠道持续安全是快递业健康发展的前提和基础。在快递业网络覆盖广、运营环节多、业务规模大的复杂局面下，为切实加强监管、消除安全隐患，有效保障人员、快件、设施、信息的安全，《意见》从加强制度建设、强化安全责任、健全监管手段、落实工作机制等方面，明确了重点工程和有力措施。《意见》提出：实施寄递渠道安全监管“绿盾”工程，全面推进快递企业安全生产标准化建设，落实强制性标准，明确各环节的安全要求。落实快递企业和寄件人安全责任，完善安全教育培训制度。严格执行收寄验视制度，加强对进出境快件的检疫监管。积极利用信息技术提升安全监管能力，完善快递业安全监管信息平台，实现快件信息溯源追查，依法严格保护个人信息安全。加强跨部门、跨区域协作配合，提升安全监管与应急处置能力。

### 六、关于《意见》的重大政策创新

《意见》针对长期以来快递业发展面临的瓶颈问题，注重综合施策，提出了一揽子的解决方案，打出了一套政策“组合拳”。具体政策涉及简政放权、优化市场环境、健全法规规划体系、加大财税土地政策支持、改进快递车辆管理、建设专业人才队伍等方面，共计34项政策点。这些政策力度大、含金量高、导向性强，为快递业扫清前进障碍，促进健康发展提供了有力保障。《意见》主要在以下方面实现了重大政策创新：

一是推进简政放权，释放发展活力。《意见》提出：简化快递业务经营许可程序，改革快递企业年度报告制度，精简企业分支机构、末端网点备案手续，探索实行快递企业工商登记“一照多址”模式，扩大电子商务出口快件清单核放、汇总申报的通关模式适用地域范围。

二是完善配套保障，支持设施建设。《意见》提出：有关方面要将发展快递业纳入国民经济和社会发展规划，在城乡规划、土地利用规划、公共服务设施规划中合理安排快递基础设施的布局建设。中央预算内投资支持农村和西部地区公益性、基础性快递基础设施建设。各地区要统筹安排快递专业类物流园区、快件集散中心等设施用地，研究将智能快件箱等快递服务设施纳入公共服务设施规划。

三是改进车辆管理，解决通行难题。《意见》提出：制定快递专用机动车辆系列标准，及时发布修订生产企业和产品公告。对快递专用车辆城市通行和临时停靠作业提供便利。出台快递专用电动三轮车国家标准以及生产、使用、管理规定。各地可结合实际制定快递电动三轮车用于城市收投服务的管理办法。

四是加强财税支持，减轻企业负担。《意见》提出：各级财政专项资金要将符合条件的企业和项目纳入支持范围。快递企业可按现行规定申请执行省内跨地区经营总分支机构增值税汇总缴纳政策，依法享受企业所得税优惠政策。鼓励金融机构创新服务方式，开展适应快递业特点的抵押贷款、融资租赁等业务。快递企业用电、用气、用热价格按照不高于一般工业标准执行。

五是加强队伍建设，提升人才素质。《意见》提出：引导高等学校加强物流管理、物流工程等专业建设，支持职业院校开设快递相关专业。探索学校、科研机构、协会和企业联合培养人才模式，建立一批快递人才培训基地。实施快递人才素质提升工程，建立健全人才评价制度，落实就业创业和人才引进政策。支持快递企业组织从业人员参加相关职业培训和职业技能鉴定，对符合条件的企业和人员可按规定给予补贴。

六是加强市场监管，优化市场环境。《意见》提出：充实监管力量，创新监管方式，强化事中事后监管，全面提升市场监管能力。建立健全用户申诉与执法联动机制，依法查处违法违规行为，规范市场经营秩序。发挥行业自律和社会监督作用，利用企业信用信息公示系统和行业监管信息系统，建立违法失信主体“黑名单”及联合惩戒制度，营造诚实守信的市场环境。

**七、关于《意见》的贯彻落实**

一分部署，九分落实。《意见》能否不折不扣落实到位，关系到《意见》绘就的发展蓝图能否实现，关系到稳增长、促改革、调结构、惠民生的大局。下一步，各有关部门将按照各自职责，抓紧制定相关配套措施。各地区也会根据《意见》，结合本地区实际情况研究出台有针对性的支持措施。交通运输部、发展改革委、国家邮政局将会同有关部门建立贯彻落实的工作机制，明确职责分工，做好统筹协调、跟踪了解、督促检查工作。

作为快递业的主管部门，邮政管理部门是《意见》落实的责任主体之一。各级邮政管理部门将牢固树立责任意识、大局意识，会同有关部门，锐意进取、全力以赴、扎实工作，把《意见》明确的各项工作部署落到实处、落地生根，营造有利于快递业发展的良好环境，大力推动行业实现转型升级提质增效，为服务大众创业、万众创新，培育现代服务业新增长点，为国家稳增长、促改革、调结构、惠民生做出新的更大贡献。

## 《交通运输部　农业部　供销合作总社　国家邮政局关于协同推进农村物流健康发展　加快服务农业现代化的若干意见》解读

**一、起草背景**

农村物流直接服务于农村地区的生产生活以及其他经济活动，对于促进农民增收、支撑农业现代化发展、实现全面建成小康社会目标具有重要意义。国家十分重视农村物流的发展。2014 年 1 月，《中共中央国务院关于全面深化农村改革加快推进农业现代化的若干意见》（中发〔2014〕1 号）明确提出完善农村物流服务体系。2014 年 6 月，《国务院关于印发物流业发展中长期规划（2014－2020 年）的通知》（国发〔2014〕42 号）要求实施城乡物流配送工程，积极推进县、乡、村消费品和农资配送网络体系建设。2015 年 1 月，《中共中央国务院关于加大改革创新力度加快农业现代化建设的若干意见》（中发〔2015〕1 号）提出创新农产品流通方式，支持邮政系统更好服务“三农”。

邮政业是服务业的关键产业，是推动传统流通方式转型、促进消费升级的现代产业，是物流领域的先导产业。邮政企业、快递企业是农村物流的重要组成部分和重要服务主体。我局高度重视邮政局所和快递网点在农村的布局和发展。近几年，邮政业在农村和中西部地区网络布局和设施建设取得重要进展。着力推动空白乡镇邮政局所补建工作，2014 年，全国农村邮政基础网络得到进一步强化，邮政空白乡镇补建网点竣工率达 93.9%。大力实施快递“向下”“向西”工程，农村快递网点发展到近 5 万个，乡镇覆盖率提高到 50% 以上，全国快递服务网络均衡度持续改善。农村快递市场发展迅猛，全年快递包裹量超过 20 亿件。农民享受到了便捷顺畅的电商快递服务，邮政业在助力广大农民利用网络打开市场、增加收入等方面效果明显。

但总体而言，由于长期投入不足，我国农村物流发展的基础依然薄弱，发展水平相对滞后，农村物流设施条件差、信息化等组织水平低、装备技术落后,邮政基础网络资源利用不充分,快递服务“三农”的能力依然薄弱,已成为制约农业现代化建设的一块短板。现阶段,亟需加大支持力度,发挥政策合力,协同推进农村物流发展。

为此,交通运输部、农业部、供销总社、国家邮政局确立了立足部门协同和资源整合,进一步完善基础设施、优化组织模式、提升装备水平,加快构建覆盖县、乡、村三级农村物流网络体系,全面提升农村物流服务能力和水平的工作思路,组织起草了《关于协同推进农村物流健康发展 加快服务农业现代化的若干意见》(以下简称《若干意见》)。

## 二、起草过程

《若干意见》由交通运输部牵头起草。在起草过程中,主要开展了以下工作:一是组织开展了专题调研。2014 年 7 月,对农村物流发展进行了专项调研。实地考察了山东、陕西、河南、湖北等省农村物流发展的典型模式和实践经验,听取了地方交通运输、农业、供销、邮政等管理部门,以及行业协会和物流企业等方面的意见建议。二是广泛征求了部门意见。通过专题研讨和书面征求意见等形式,广泛听取了地方交通运输、邮政、供销系统等行业主管部门,以及农村物流企业和行业协会的意见。以书面形式征求了农业部、供销总社、国家邮政局等部门的意见,并对所提意见建议进行了认真研究和吸纳。

## 三、主要内容

《若干意见》主要内容包括重要意义、总体要求、加快完善农村物流基础设施、推广先进的农村物流运作模式、推广应用先进适用的农村物流装备、提升农村物流信息化水平、培育农村物流经营主体、强化政策措施保障等八个部分共 26 条具体意见。

(一)关于推进农村物流健康发展的重要意义。农村物流直接服务于农村居民的生产、生活以及其他经济活动,是工农业产品在城乡间流通的重要保障。发展农村物流,是支撑农业现代化的重要基础,是提升城乡居民生活水平的重要途径,是降低全社会物流成本的有效举措。《若干意见》从服务“三农”发展、保障和改善民生、降低全社会物流成本等三个方面,阐明了现阶段推进农村物流发展的重要意义。

(二)关于推进农村物流健康发展的总体要求。《若干意见》明确提出探索建立交通运输、农业、供销、邮政管理多部门共同推进农村物流发展的新机制,以服务“三农”为主线,以支撑农业现代化和农村社会进步为目标,以构建基础网络、优化组织模式、提升设施水平、完善信息网络等为手段,以“分层定位、明确职责”、“政府引导、市场主导”、“资源整合、优势互补”、和“试点先行、有序推进”为原则,加快构建覆盖县、乡、村三级的农村物流网络体系。

(三)关于加快完善农村物流基础设施。《若干意见》强调,要加强交通运输、农业、供销、邮政等农村物流基础设施的规划衔接,统筹规划建设以农村物流枢纽场站为基础、以县、乡、村三级物流节点为支撑的农村物流基础设施网络体系。做好物流园区与重点农业生产基地和优势农产品产区产地市场、田头市场、新型农业经营主体、农资配送中心、邮件和快件处理中心的对接。完善乡镇邮政局所、农资站的综合物流服务功能,打造上接县、下联村的农村物流中转节点,支撑农村物流各类物资的中转仓储和分拨配送。

(四)关于推广先进的农村物流运作模式。提高农村物流集约化和组织化水平,是降低农村物流成本、提高农村物流效率的关键。《若干意见》提出,要创新跨界融合发展模式,积极探索交通、农业、供销、邮政的跨部门、跨行业合作发展新机制,积极发展产、运、销一体化的物流供应链服务,巩固和推广农村物流“货运班线”等运输组织模式,引导农村物流经营主体与电子商务平台融合协作,积极发展城乡一体的集中配送与共同配送。

（五）关于推广应用先进适用的运输装备。为改变农村物流设施设备的落后面貌，大力提高农村物流运输设施装备安全、经济性，《若干意见》提出，要加快研究制定农村物流车辆选型技术标准，大力推广适合于农村物流的厢式、冷藏等专业化运输车型，鼓励企业研制储藏保鲜、冷链运输的关键技术与装备。

（六）关于提升农村物流信息化水平。信息化是沟通农村物流供需双方，实现信息资源共享和各类分散资源有效整合的重要手段。《若干意见》提出，对乡村信息服务站、农村综合服务社、超市、邮政"三农"服务站、村邮站、快递网点等基层农村物流节点的信息系统进行整合和升级改造，推进农村物流信息终端和设备标准化，实现与县级农村物流信息平台的互联互通。

（七）关于培育农村物流经营主体。为改善目前农村物流市场主体过散、过弱的局面，促进农村物流企业的规模化、集约化发展，提升服务能力和市场竞争力。《若干意见》提出了三项具体任务，包括：鼓励支持基础较好的第三方物流企业，延伸农村经营服务网络；鼓励中小物流企业采用兼并、联合等多种形式，实现规模化发展。推进诚信体系建设，营造农村物流企业发展的良好环境。

（八）关于强化政策措施保障。推进农村物流的发展，需要地方人民政府的统一领导，需要交通运输、农业、供销、邮政等部门的协同配合。《若干意见》明确提出，县级人民政府应发挥推进农村物流发展中的主体作用，推动建立交通运输、农业、供销、邮政多部门参与的协调工作机制。同时，《若干意见》围绕加大资金支持、完善配套政策、强化市场监管、开展试点示范等方面提出了具体的措施意见，以保障各项工作任务的落实到位。

## 《邮政业安全生产设备配置规范》解读
## 构建科学防范体系　提升行业监管水平

伴随着邮政业的快速发展，行业安全形势日益严峻。如何破解这一症结？邮政体制改革后国家邮政局首部强制性邮政行业标准——《邮政业安全生产设备配置规范》（以下简称《规范》）将于今年9月1日正式实施。

《规范》对邮政业安全生产设备的配置有哪些具体规定？对于破解行业安全症结将起到怎样的作用？国家邮政局政策法规司科技与标准处相关负责人对《规范》进行了解读。

1. 形势严峻　邮政业"首部"强制性标准出炉

问：为什么要出台《规范》？它的特点是什么？

答：寄递渠道安全管理是邮政行业持续健康发展的基础保障，而安全设备配置则是保障邮政业安全生产的重要基础。寄递企业综合运用了多种交通工具，实行全程全网作业，因而具有企业数量多、营业网点多、从业人员多等特点，安全管理难度比较大。同时，一些企业在安全生产设备方面投入不足，导致物防、技防能力和水平严重滞后，难以应对当前复杂的安全生产形势，阻碍了行业的发展。

针对这一症结，国家邮政局为夯实邮政业安全生产基础，发布了《规范》这一强制性行业标准，并将于今年9月1日起正式实施。这是邮政体制改革后国家邮政局组织起草并发布实施的首部强制性邮政行业标准。

《规范》对指导企业科学购置安全生产设备，增强识别风险源、预防安全事故的能力，做到安全隐患"早预防、早发现、早处理"具有重要意义。这不仅是优化邮政业安全防范模式、构建科学安全防范体系的重要途径，也是邮政管理部门提升行业安全监管水平的内在要求，更是推动服务民生、维护群众利益的要义。

2. 明确界定“应”“宜”“可”力度有别

问:《规范》适用于哪些范围? 在用词上,“应”“宜”“可”有什么区别?

答:《规范》适用范围比较广泛,涵盖了邮政、快递企业和其他从事寄递服务企业的场所,以及从收寄到投递的各个环节。这里尤其需要着重说明的是,除了邮政、快递企业之外,受邮政、快递企业委托,从事寄递服务的其他企业也要遵照执行《规范》所提出的各项要求。

对于村邮站和快递合作营业场所,《规范》并没有将它们纳入适用范围。原因在于:我们在调研中发现,我国寄递企业发展状况区域分布不平衡,导致一些边远地区的村邮站和快递合作营业场所业务开办条件简单、基础设施比较薄弱,难以满足《规范》的强制性要求。考虑到这些现实情况,虽然《规范》并没有将这两类场所纳入适用范围,但是鼓励条件具备的村邮站和快递合作营业场所能够按照《规范》的要求配置相关安全生产设备。

作为一项强制性行业标准,《规范》中所有表述为“应”的条款,都是要求强制执行的;而对于表述为“宜”和“可”的有关条款,国家局鼓励寄递企业创造条件积极采用。

值得一提的是,对于《规范》中要求强制执行的内容,企业必须认真执行,以保障寄递安全。相关企业和人员如果不执行《规范》要求,将承担相应的法律责任。

3. 两个维度 贯彻三项基本要求

问:《规范》对寄递企业安全生产设备配置有哪些基本要求?

答:《规范》从安全生产设备配置和管理两个维度提出了三项基本要求:

一是在设备配置总体原则方面,寄递企业要按照相关法律法规规定,以人防、物防、技防相结合为原则,配置相关安全生产设备,保障生产经营安全。

二是在设备技术参数方面,寄递企业所配置的安全生产设备的技术参数和性能指标,要符合相关国家标准或行业标准的规定。

三是在设备管理方面,寄递企业要加强对安全生产设备的管理,建立设备管理档案,开展设备操作培训,确保设备发挥安全保障作用。

4. 情况复杂 把好安全“第一关口”

问:营业场所作为寄递企业安全生产的“第一道关口”,《规范》对其有哪些规定?

答:的确,营业场所是保障安全生产的第一道防线。各寄递企业营业场所所处环境不一样,安全形势比较复杂。因此,把好安全生产的“第一道关口”十分重要。

《规范》从消防、隔离、监控、安检、报警设备等多个方面对营业场所的安全生产设备配置进行了规定:

第一,消防设备方面。消防器材主要包括灭火器、消防栓、水带等。就灭火器而言,我国所有建筑的灭火器配置都应符合 GB 50140《建筑灭火器配置设计规范》强制性国家标准的规定。该标准将火灾类型分为 A、B、C、D、E 五类,其中 A 类为固体物质火灾;将建筑类型分为工业建筑和民用建筑两类;将火灾危险等级分为严重危险级、中危险级和轻危险级三级。同时,该标准在附录 D 中明确指出,“城镇及以上的邮政信函和包裹分拣房、邮袋库、通信枢纽及其电信机房”属于民用建筑严重危险级场所,并提出在一个计算单元内配置的灭火器数量不得少于 2 具,对灭火器的最大保护距离、灭火级别等内容都有明确要求。

根据这一标准,《规范》要求营业场所灭火器的类型和数量按照《建筑灭火器配置设计规范》的要求,以 A 类(固体火灾)、民用建筑严重危险级为基准进行配备,同时根据本单位营业场所的具体情况,相应地配置灭火器的数量。

第二,隔离设备方面。《规范》要求营业场所与外界以及内部特殊区域之间进行适度隔离:在与外界隔离方面,要求营业场所安装金属门,与外界相通的窗口、通风口安装金属栅栏；在内部区域隔离方面，业务接待区人流量较大，为保证邮件、快件安全，需要与其他操作区域进行隔离。充电区存在易燃易爆等潜在危险，因此充电区也要与其他区域进行物理隔离，而且要配备防火防爆等设备。

第三，监控设备方面。《规范》要求营业场所要安装视频监控摄像头。在监控范围上，摄像范围要求覆盖营业场所内部以及充电区、停车与装卸区等部位；在技术要求上，监控摄像头需要全天候运转。能显示人员的活动情况、面部特征的有效画面不得少于监视显示画面的1/60；能有效识别寄递物品的主要特征，实现移动侦测；图像资料保存时间不少于30天。

第四，安检设备方面。微剂量X射线安全检查设备购置费用高，因而在营业场所配置该设备是一个较高要求。对于特殊地区，为保障寄递安全，《规范》推荐寄递企业可以根据需要选配微剂量X射线安全检查设备。这里的“特殊地区”主要是指安全形势严峻的地区，具体区域可由相关管理部门、寄递企业研究确定。

第五，报警设备方面。为了确保在发生紧急情况时能够及时报警，有效应对危急情况，《规范》要求在营业场所内部安装烟雾报警器，同时推荐在营业场所周边安装入侵探测报警器，在营业场所的现金收付等重点区域安装与公安等系统连接的紧急报警系统。

另外，《规范》明确营业场所要安装自动应急照明设备，配备防毒口罩、长胶手套等安全防护用品。

5. 隐患众多 配置到位举足轻重

问：在安全设备的配置上，《规范》对处理场所和营业场所的要求有哪些异同？

答：处理场所是邮政业的重要场所之一，面积大、区域广、人员多，而且场所内处理的邮件快件数量大、安全隐患多。因此，安全设备的配置到位十分重要。

《规范》同样从消防、隔离、监控、安检、报警设备等方面对处理场所的安全生产设备配置进行了规定：

第一，消防设备方面。《规范》对处理场所和营业场所的消防设备配置要求是一样的，即处理场所按照相关规定配备与其面积相适应的消防设备。

第二，隔离设备方面。《规范》对处理场所的外部、入口、内部处理场地等重点部位的隔离设备进行了规定。

在外部，处理场所要采用围墙与外界进行隔离；配备栅栏或隔离桩等设备，实现人车分流；与外界相通的窗口、通风口要安装金属栅栏。

在入口处，《规范》要求处理场所入口前10米以外设置机动车限速标志和机动车减速带，车辆进入通道宜设置升降式机动车阻挡装置。

而在内部，《规范》则要求分拣区宜设置门禁系统和查验门岗，配备安检门和金属探测仪，对出入人员进行检查，防止无关人员进入；在分拣区和办公区、员工生活区之间要配备隔离装置，进行物理隔离。

第三，监控设备方面。《规范》从监控摄像头、安全监控室、视频监控图像和数据三方面提出了对监控设备的要求。

《规范》要求在处理场所内部、与外界相通的各出入口、停车场等部位安装视频监控摄像头，对主要生产作业区域全覆盖。对所配置的视频监控摄像头的技术要求，与营业场所一致。对于安全监控室的设置，《规范》要求处理场所设置专门的安全监控室，专人负责，全天候实时监控。

《规范》要求处理场所的视频监控图像和数据，实现与邮政管理部门视频监控系统联网联通。

第四，安检设备方面。处理场所的安检设备配置是《规范》制订过程中的重点和难点之一。根据广泛调研和专家研讨，最终确定对处理场所的基本要求是:“处理场所应配备微剂量 X 射线安全检查设备”。

在这个基础上,《规范》要求安检设备的技术规格满足《微剂量 X 射线安全检查设备 第 1 部分:通用技术要求》的规定。在安检效果上,航空和高铁邮件、快件,以及国际和港澳台邮件、快件保证 100% 过机安检,其他邮件、快件过机安检率要符合相关规定,即九部门联合发布的《关于加强邮件、快件寄递安全管理工作的若干意见》中所提出的“到 2016 年实现所有邮件快件过机安检”的相关要求。

对于配备数量,《规范》要求寄递企业要按照安检应达到的效果要求,根据用户类型、邮件快件处理数量(出口)、业务组织模式等因素,合理确定分拣场所微剂量 X 射线安全检查设备的配置数量。

那么,处理场所到底需要配置多少台微剂量 X 射线安全检查设备才能满足生产需要呢? 由于设备型号、企业生产组织模式、邮件快件处理数量等情况不同,会有较大差异。《规范》并没有提出硬性的数量指标,但要求各寄递企业认真梳理危险因素、科学设置作业流程,按照人防、物防、技防相结合的原则,合理配置安全检查设备,保障生产安全。

第五,报警设备方面。《规范》同样要求在处理场所内部安装报警器,推荐在处理场所周边安装入侵探测报警器。

另外,《规范》对安全设备警示标识、分拣设备附近的安全警示牌、分拣设备动力部件的隔离保护设备都做了明确规定。而且在处理场所要设置单独的应急隔离区,专门用于可疑危险品的处理。

6. 关键环节 规定具体要求严格

问:《规范》对于机房、车辆等方面有哪些具体要求?

答:目前,我国关于信息系统机房安全建设和管理的标准较为完备。为避免重复交叉,《规范》要求寄递企业机房建设执行《计算机场地通用规范》的相关规定。

运输是寄递服务的重要生产环节,安全隐患呈上升趋势。邮政业重要运输车辆类型有两类,一类是干线运输车辆,一类是揽投车辆。《规范》分别对其安全设备配置进行了规定。

一般来说,干线运输车辆车体大、运输距离长。为了保障行驶安全、消防安全和在途邮件快件安全,《规范》参考道路运输相关管理规定,规定了 4 类强制性要求,包括配备车载定位系统、倒车影像装置,驾驶室配备 2 个 2 公斤以上的干粉灭火器,以及货箱安装锁闭装置等。

同时,结合部分企业先进经验,《规范》还制订了 3 类推荐性要求,即车辆宜配备远程视频监控设备、司机身份认证装置和驾驶安全警示装置,以及在货箱中宜配备阻燃箱,建议有条件的企业予以配备。

揽投车辆包括揽投汽车和电动三轮车等。无论哪一种类型的车辆,《规范》一律要求其为封闭车厢,同时安装锁闭装置。《规范》明确要求揽投车辆满足《城市物流配送汽车选型技术要求》中配备卫星定位系统等相关规定。

在电动三轮车方面,《规范》推荐邮政、快递专用电动三轮车宜配备车载定位系统,要求快递专用电动三轮车还要符合国家邮政局已经发布的《快递专用电动三轮车技术要求》。

| | 营 业 场 所 | 处 理 场 所 |
| --- | --- | --- |
| 消防设备 | 消防设备与场所面积相适应。<br>其中,灭火器的类型的数量按照 GB 50140 的要求,以 A 类(固体火灾)、民用建筑严重危险级为基准 | |

续上表

| | 营业场所 | 处理场所 |
|---|---|---|
| 隔离设备 | 与外界相通的窗口、通风口安装金属栅栏 | |
| | 安装金属门。<br>业务接待区和其他区域进行物理隔离。<br>充电区与其他区域进行物理隔离，并具有防火防爆等设备 | 采用围墙与外界进行隔离。配备栅栏或隔离桩等 设备，实现人车分流。入口前 10 米以外设置机动车限速标志和机动车减速带，车辆进入通道宜设置升降式机动车阻挡装置。<br>分拣区宜设置门禁系统和查验门岗，配备安检门和金属探测仪，对出入人员进行检查，防止无关人员进入。<br>分拣区和办公区、员工生活区之间配备隔离装置，进行物理隔离 |
| 监控设备 | 视频监控摄像头全天候运转，能显示人员的活动情况，面部特征的有效画面不少于监视显示画面的 1/60，能有效识别寄递物品的主要特征，实现移动侦测，图像资料保存时间不少于 30 天 | |
| | 内部、充电区、停车与装卸区等部位、安装视频监控摄像头 | 内部、与外界相通的各出入口、停车场等部位安装视频监控摄像头，实现对主要生产作业区域全覆盖。设置专门的安全监控室，专人负责，全天候实时监控。视频监控图像和数据实现与邮政管理部门视频监控系统联网联通 |
| 安检设备 | 特殊地区的营业场所，可根据需要选配微剂量 X 射线安全检查设备 | 配备满足 GB 15208 要求的微剂量 X 射线安全检查设备。<br>航空和高铁邮件、快件以及国际和港澳台邮件、快件保证 100% 过机安检，其他邮件、快件过机安检率符合相关规定。<br>根据用户类型、邮件快件处理数量（出口）、业务组织模式等因素，合理确定分拣场所微剂量 X 射线安全检查设备的配置数量 |
| 报警设备 | 周边宜安装入侵探测报警器 | |
| | 内部安装烟雾报警器。邮件、快件交付领取区域以及现金收付柜台宜安装紧急报警系统 | 内部安装报警器 |
| 其他 | 安装自动应急照明设备 | |
| | 配备防毒口罩、长胶手套等安全防护用品 | 在分拣设备以及其他作业设备附近设置显著的安全警示牌。分拣设备的动力部件，以及滚轴、滑轮等传动部件安装隔离保护设备，跨越处设置带护栏的人行跨梯。电气线路安装防漏电和过载保护装置。安全设备警示标识准确、清晰。设置单独应急隔离区，配备防毒面具、紧急救助医疗箱等。特殊地区处理场所配备警用防爆罐、警用防爆毯等 |

# 《快递营业场所设计基本要求》解读

从曾经设备简单、模式单一的小门脸，到如今布局精致、功能齐全的新店面，随着快递业发展步入成长期，服务质量也得到了大幅提升。但是，快递营业场所形象不统一、外观不整洁、设施设备简陋的现象仍然存在，这既影响了用户对快递企业的信赖，也制约了快递企业的品牌推广与快递市场的健康发展。

5 月 1 日，国家邮政局发布的《快递营业场所设计基本要求》（以下简称“《要求》”）将正式实施，用以指导快递营业场所的设计和建设。毋庸置疑，《要求》对引导快递企业实现快递营业场所规范化建设，提升行业服务形象，有效弥补快递末端服务的不足，加快实现快递业从粗放发展到量质齐升的转型，具有重要的现实意义。

那么,《要求》适用于哪些快递营业场所? 又有哪些具体规定? 国家邮政局政策法规司科技与标准处相关负责人对其中的 7 个关键词进行了解读。

**关键词 1:发展加快 类型更多元**

问:《要求》适用于哪类快递营业场所? 分别有哪些规定?

答:国家邮政局对此专门做过调研。调研结果显示,我国的快递营业场所大致可分为两类:一类是自有营业场所,另一类是合作营业场所。其中,自有营业场所的快件投递量在快递末端投递总量中所占的比例在 65% ~98% 之间,不同企业的占比略有不同。快递企业为了解决快件“最后一公里”投递难问题,缓解末端投递压力,努力寻求与超市、便利店、物业收发室等单位进行合作,积极发展代收代投业务,这类营业场所就属于合作型营业场所。总的看来,自有营业场所仍是我国快递营业场所的主体,而合作型营业场所的发展速度也正在不断加快。

目前,自有营业场所发展相对成熟,而合作营业场所的合作类型日趋多样化,其建设模式和运营方式还处在发展调整的过程中。为了避免过早制订标准限制其发展,《要求》只对自有营业场所提出了规范性要求,未对合作营业场所进行规定。

因此,《要求》的适用范围仅限于快递服务组织自有营业场所的设计和建议。对合作营业场所的设计要等到它发展到一定阶段后再另行规定。同时,国家邮政局鼓励条件具备的合作营业场所执行《要求》的相关规定。

**关键词 2:营业场所 定义再扩充**

问:随着快递业的快速发展,快递营业场所也发生了很大变化。那么,《要求》对“场所”的定义作了哪些修订?

答:2009 年新修订的邮政法首次提及“快逿企业营业场所”的概念,但并没有对其做出明确定义。《邮政业术语》国家标准指出,快递营业场所是指快递企业提供快件收寄及其他相关服务的场所。但是,随着快递服务的不断发展,快递营业场所作为与用户直接接触的平台,在提供快件收寄服务的同时,还主要承担起快件投递、查询等其他相关末端服务,其服务内涵已经得到了不断拓展。

因此,为满足发展需要,《要求》在《邮政业术语》国家标准的基础上,将快递营业场所定义为“快递服务组织提供快件收寄、投递及其他相关末端服务的场所”,并且在功能分区、设施设备配置等方面提出了涉及快件投递的内容。

**关键词 3:细化分类 规定有差异**

问:从功能上来讲,快递营业场所有哪些类别? 对其规范设计分别有哪些要求?

答:目前,全国快递营业场所规模大小不一,服务功能也不尽相同。随着“快递下乡”和“快递西进”工程的不断推进,涌现出了一批新的营业场所,在场所面积、服务功能等方面的差异很大。

国家局在制订《要求》时,在兼顾不同营业场所现实情况的基础上,以体现统一性和差异性相结合为原则,有针对性地作出规范,根据营业场所的不同需要分成两大类:一类是基本型营业场所,另一类是拓展型营业场所。针对不同种类营业场所的建筑面积和服务功能,《要求》也提出了不同的规定。比如,基本型营业场所能够满足业务接待和快件暂存基本功能就可以;拓展型营业场所除了具备基本型营业场所的服务功能之外,还可以具备业务操作、停车及装卸、充电等其他功能。

**关键词 4:场所面积 设定“最小值”**

问:营业场所的面积,有没有设定“最小值”?

答:营业场所的面积是快递经营者普遍关注的问题。国家局在调研时了解到,现有营业场所的建筑面积主要集中在 15 ~30 平方米之间,占比为 70% ~80%;面积在 15 平方米以下的营业场所较少,约占 10% ~20%;面积在 30 平方米以上的约占 10%。

业界普遍反映,15 平方米以下的营业场所面积过小,不能满足快递业务受理和简单业务处理的需要。所以,《要求》充分参考了专家研讨会、邮政管理部门及快递企业的意见后，对营业场所的面积作出规定：基本型营业场所的面积不应小于15平方米，拓展型营业场所的面积不应小于30平方米。

特别需要说明的是，这些数据仅仅作为规定的“最小值”。在实际工作中，快递营业场所面积不但不能低于相应的底线，还应该根据自身业务量的大小适当进行扩展。

**关键词5：装修适度 风格要统一**

问：对于营业场所的内外配置方面，《要求》有哪些具体规定？为什么？

答：快递营业场所室外要悬挂两个标牌：一个是体现快递服务组织统一服务品牌标识的标牌，另一个则是营业场所标牌，要标明场所的具体名称和营业时间。

室内墙体上要张贴必要的材料，包括经营资质证明；服务种类、资费标准、服务承诺；安全生产警示、收寄验视规定、禁限寄物品目录；服务电话或电子邮箱、监督投诉电话等。

为了保证快递服务正常开展，快递营业场所必须配置相应的设备和物品。既包括书写台、座椅、计算机、手持终端、采集器（扫描枪）等营业终端设备，也包括磅秤、卷尺等计量设备，还包括通信设备，货架等包装设备，手推车等操作设备以及快递封装用品。

此外，鉴于快递企业财力承受能力不同，《要求》对场所装修并没有提出过多的规定，只强调装修质量和照明设计符合相关国家标准即可。但是，《要求》明确提出，“同一服务品牌的快递服务组织，其快递营业场所的设计应保持统一风格。”这样可以彰显统一的企业服务形象，更好地树立服务品牌。

**关键词6：分区设置 满足多功能**

问：在功能分区设置方面，快递营业场所应该满足哪些业务需求？

答：《要求》对功能不同的营业场所分别有相应的规定。

基本型营业场所必须具备业务接待区和暂存区，以满足快递业务开办的基本需要。而拓展型营业场所应该在这个基础上，根据需要增加独立的操作区、停车及装卸区、充电区，甚至还可增加用于商品展示、业务推广以及客户体验的其他功能区。

业务接待区和快件暂存区都是快递营业场所最基本的功能分区。具体来说，业务接待区主要用于业务办理，应该满足下面这些需求：向用户提供业务咨询；便于用户填单、休息或提取快件；用于快件的交寄、接收、验视、封装、称重和信息采集等。而暂存区主要用于临时存放快件，它应该满足文件类和物品类快件、揽收件和投递件、异常快件分别存放的需求。

对于拓展型营业场所来说，可以设置操作区、停车及装卸区、充电区等。操作区可以依据流向对揽收件和投递件进行初步分拣处理，对揽收件进行打包处理，对打包件进行整体称重，实现特殊业务处理等。停车及装卸区应设置车辆减速、限速标志，设立机动车和非机动车停靠区域标线，方便车辆停靠和快件装卸操作。充电区用于对电动车辆等进行充电，应与其他区域隔离，并符合防触电、防火防爆等安全标准。

**关键词7：安全监控 全天“无死角”**

问：安全无小事，《要求》对快递营业场所的监控设备安装方面有哪些规定？

答：安全问题是快递营业场所建设中的重中之重。《要求》主要针对消防安全、用电安全和安全监控进行了规定。

在消防安全方面，营业场所要设置醒目的防火标志，消防通道和安全出口用于遇到突发事件时的紧急疏散并保持畅通；同时，还必须配备相应的消防器材。此外，快递营业场所内严禁使用明火以及跟快递服务无关的电器等设备。

在用电安全方面，快递营业场所的电压应该能满足三相用电设备的正常使用。

而在安全监控方面，必须配备安全监控设备。

这既是快递服务国家标准的要求，也是有效应对快件丢失的重要举措。因此，快递营业场所应该配置与场所面积相适应的监控设备，安装应该“无死角”、“无盲区”，而且监控设备应当全天24小时运转，监控资料保存时间不得少于30天，并按照邮政管理部门的要求报送。

需要说明的是，这些对安全设备配置的要求，完全符合YZ 0139—2015《邮政业安全生产设备配置规范》相关规定，保证了标准之间的协调一致性。

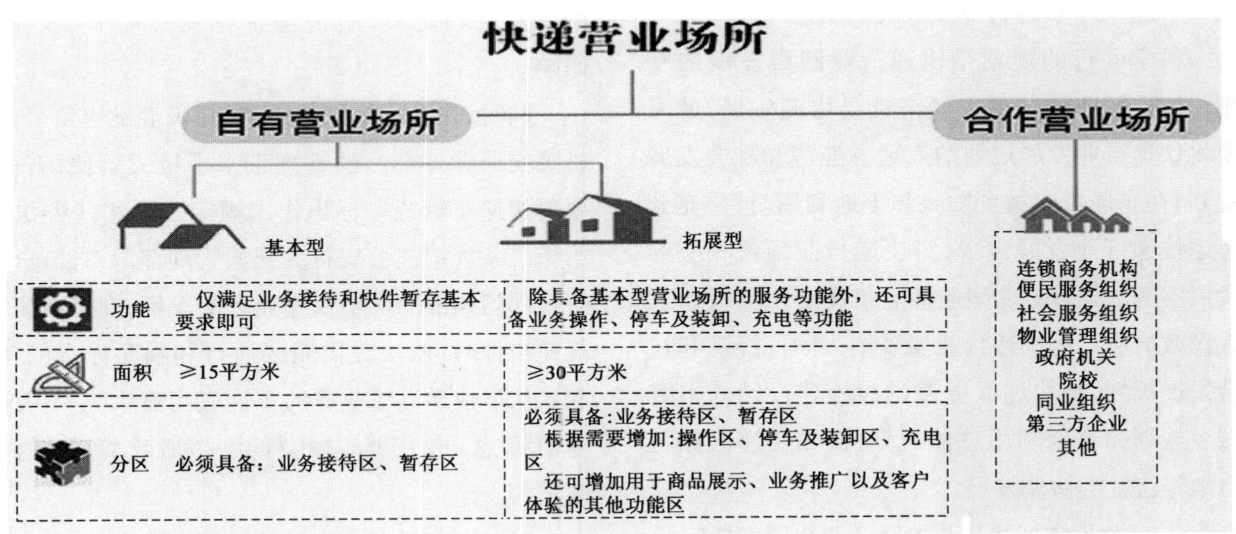


# 《福建省促进快递行业发展办法》解读

为进一步促进和规范全省快递行业健康发展，福建省邮政管理局于2012年启动了《福建省促进快递行业发展办法》（以下简称《办法》）的立法工作，2013、2014年列为省政府立法计划的调研项目，2015年列为正式制定项目，2015年1月16日经福建省人民政府第35次常务会议通过，自2015年5月1日起施行。

## 一、制定《办法》的必要性

福建省快递行业发展水平一直处于全国前列，2010年以来，全省快递业务量每年平均增幅超过50%。截至2014年底，全省共有1289家快递企业及网点取得合法经营资质，从业人员超过5万人。2014年全省快递业务量完成6.6亿件，快递业投递量完成5.2亿件，全行业将11.8亿件快件递送到用户手中，全省人均快件量18件，是全国人均快件量的近两倍。福州、厦门、泉州、莆田4个城市进入全国城市业务量排名前50名。全行业继续保持快速健康发展的态势。

在快递行业迅速发展的同时，快递企业自身发展能力与人民群众不断提高的服务需求之间的矛盾日益突出。快递企业用地难、快递车辆通行难、快递人员投递难等方面的问题成为制约快递行业提升发展水平的瓶颈问题，快递行业发展的政策法制环境亟待进一步改善。2014年9月24日国务院召开常务会议决定进一步开放国内快递市场，推进快递与电子商务、制造业联动发展，与综合交通运输体系顺畅对接，支持解决城市快递车辆通行难等问题。

因此，通过制定支持快递行业发展的办法，落实国务院有关精神，支持全省快递行业健康发展，提升快递行业发展能力和服务水平，十分必要。

## 二、《办法》主要内容

《办法》共7章40条，包括总则、支持措施、快递服务、快递安全、闽台快递合作、法律责任和附则。

（一）关于快递行业发展规划问题

科学可行的规划是快递行业健康发展的基础。快递行业要与地方经济社会协调发展，就需要将快递行业发展规划纳入地方经济和社会发展规划，在布局考虑城乡发展和土地利用时，要充分考虑快递行业发展需求，为快递行业预留相应的发展空间。据此，《办法》第七条提出："县级以上人民政府应当将快递行业发展纳入国民经济和社会发展规划，将快递服务基础设施建设纳入本级城乡规划和土地利用总体规划，保障快递服务与当地经济社会协调发展。"

（二）关于支持快递与关联产业协同发展问题

电子商务是战略性新兴产业与现代流通方式的重要组成部分，近年来，快递服务与电子商务相互依存、互为支撑，业务合作日趋紧密、关联领域不断拓展，呈现出互利共赢的良好局面。福建省高度重视快递与电子商务协同发展，2014年召开省政府专题会议协调有关部门共同解决快递与电子商务协同发展瓶颈问题。商务部和国家邮政局把福州确定为试点城市开展快递与电子商务网络零售的协同发展试点工作。

制造业是快递发展的重要需求基础，快递是制造业转型升级的重要服务支撑。推进快递服务与制造业协同发展，有利于制造企业降低成本和提升效率，有利于快递企业功能整合和服务延伸，加快向综合型快递物流运营商转型，增强产业竞争力和可持续发展能力，促进实体经济健康发展。

为此，《办法》第九条规定："县级以上人民政府应当制定扶持和鼓励措施，支持快递行业与电子商务、制造业等关联产业构建合作发展平台，促进快递行业与电子商务、制造业等关联产业有机融合和联动发展。"

（三）关于快递车辆通行问题

快递服务的时效性对快递企业收寄和投递效率提出了很高的要求，快递收投车辆确需通过禁限行路线和临时停车的情况时有发生。长期以来，快递车辆通行难、停靠难是制约快递企业发展的重要瓶颈之一，给快递企业发展带来了严重影响。

同时，快递车辆标识不清，标识混乱也给公安机关交通管理部门的管理带来了极大不便，有必要对快递车辆统一标识作出规定。为此，《办法》第十二条规定："公安机关交通管理部门对经邮政管理部门核准的从事快递业务的车辆，在其收寄、投递快件时，依法提供城区通行和临时停车的便利。从事快递运输业务的车辆应当喷涂统一快递专用标志，专用标志式样由省邮政管理部门制定。"

（四）关于快件收寄验视问题

快递服务因其人货分离、方便快速的特点，也逐步成为不法分子从事违法犯罪活动的渠道。利用快递方式寄递易燃易爆物品、管制刀具、毒品、弹药等情况时有发生，快递安全事关用户信息、财产安全和国家公共安全，丝毫不容忽视。快递企业作为快递安全的主要责任人，要把好快递安全的第一道关口。《办法》按照《邮政法》等法律法规的有关规定，对收寄验视制度的具体要求作出细化，《办法》第二十二条提出："快递企业应当建立并执行收寄验视制度，收寄快件时应当当场验视交寄物品，检查是否属于国家禁止寄递或者限制寄递的物品，是否与快递运单所填写的内容一致。用户拒绝验视或者拒绝如实填写快递运单的，快递企业不予收寄。"

（五）关于闽台快递合作问题

2008年《海峡两岸邮政协议》签署，两岸实现全面、直接通邮。福州、厦门邮政成为大陆方面首批8个对台邮件总包封发局，福州邮政为大陆对台水陆路邮件总包唯一的交换站，大陆其他5个水陆路邮件互换局的邮件均通过马尾港发往台湾基隆港。福州－台北开通两岸首条航空邮货快递航空专线，福建处在对台快递交流的最前沿。

加强闽台快递合作，有利于两岸人民联系与交流，有利于两岸经贸合作，有利于两岸交流往更深层次、更广领域扩展。近年来，两岸快递行业协会和有关企业加强互访和交流，多次沟通两岸以及闽台快递合作项目，双方在加强两岸和闽台快递合作方面均表现出较强的合作意愿并取得一定进展。顺丰速递等快递企业陆续在台湾地区设立分支机构或转运中心，台湾彪记、晋越等快递企业同时在福建设立分支机构。福建快递企业与台湾地区企业合作开展电子商务寄递业务、金融和保险为基础的服务外包业务，福建省通过闽台快递通道向东南亚、美洲等地发展跨境国际快递业务，闽台快递合作取得一定进展。

同时，闽台快递合作还存在诸多限制，闽台快递合作基础设施建设有待进一步加强，快件通关环境有待进一步改善，闽台快递合作的领域有待进一步拓展。据此，《办法》在第五章设立《闽台快递合作》专章，对鼓励和支持闽台快递合作作出一系列规定：第三十条支持闽台快递合作基础设施建设，完善闽台快件通关环境，第三十一条支持在台商投资区、台湾农民创业园等地拓展快递业务，第三十三条鼓励闽台快递企业和行业协会建立定期联络协调机制，推动交流互访和业务合作。

（六）关于法律责任问题

准确明晰的法律责任是规章落实的有力保障。基于保障用户权益和快递安全的因素，《办法》对快递企业未按要求保管和销毁快递运单、未按要求处理用户投诉、未执行收寄验视制度和未按要求实行安全监控等行为设定相关法律责任，并在第三十八条对快递企业及其从业人员违法行为的信息公开提出明确要求："快递企业及其从业人员违反本办法及相关法律、法规、规章规定，受到邮政管理部门或者有关行政管理部门依法处罚的，邮政管理部门应当依法公开其违法信息，并纳入相关信用信息系统，供单位和个人查询。"促进快递企业守法经营，规范发展。

# 《山东省寄递安全管理办法》解读

为进一步加强寄递安全管理，落实寄递企业安全生产主体责任，山东省邮政管理局于 2014 年初正式启动了《山东省寄递安全管理办法》（以下简称《办法》）立法工作，并在当年被列为省政府规章一类立法计划项目。2015 年 1 月 13 日，《办法》经山东省政府第 48 次常务会议讨论通过，自 2015 年 5 月 1 日起正式实施。

## 一、制定《办法》的必要性

近年来，山东邮政业始终保持了持续、高速发展态势，多种所有制并存、多元主体竞合、多层次服务共生的市场发展格局逐步形成，邮政、快递等寄递服务成为城乡人民生产生活不可或缺的重要民生服务。但同时，一些企业对安全问题重视不够，安全生产制度落实不力，收寄违禁物品等现象时有发生，安全生产事故呈现多发趋势，成为了困扰行业健康发展和影响社会安全稳定的突出问题。

2013 年 11 月发生的寄入山东的"夺命快递"事件，引起了社会各界的强烈反响，给山东乃至全国寄递安全管理敲响了警钟。事件发生后，山东省政府郭树清省长做出重要批示，要求"研究提出系统的预防措施和应急办法"。国家邮政局马军胜局长在全国邮政管理工作会议上也要求邮政管理部门牢固树立"安全为基"的观念，强化邮政法制建设，加强寄递安全源头把控。

因此，通过制定《办法》，落实省政府领导批示精神和国家局领导要求，细化和补充《中华人民共和国邮政法》等法律法规规定，进一步强化寄递企业安全生产主体责任，引导寄递企业正确处理安全与发展的关系，从源头上治理和杜绝此类事件，确保人民群众用邮安全，十分必要。

**二、《办法》的主要内容**

《办法》共37条，不分章节。《办法》主要包括政府及部门职责、寄递企业主体责任、加盟经营模式管理、寄递企业操作规范、突发事件的处置、法律责任等内容。

（一）《办法》定义并使用了寄递企业的概念。

现行邮政法律法规中，有关企业主体的称谓有邮政企业、快递企业和经营快递业务的企业等多种表述。为节约立法资源，规范企业称谓，《办法》第3条第2款规定："本办法所称寄递企业，是指从事信件、包裹、印刷品等物品收寄、分拣、运输、投递等全部或者部分环节活动的单位，包括邮政企业、快递企业以及其他相关企业等"。

（二）《办法》规定了县级以上政府及有关部门的职责。

为发挥地方政府及有关部门合力，进一步落实寄递安全监管责任，《办法》确定了分级管理与属地管理相结合的监管原则，规定县级以上人民政府应当建立健全本行政区域内寄递安全管理协调机制，明确相关部门配合邮政管理机构做好寄递安全管理工作。同时，《办法》还进一步明确了省级及以下邮政管理机构对寄递安全监督管理的职能，并要求各有关部门按照职责，依法做好寄递安全管理工作。

（三）《办法》从三个方面强化了寄递企业的主体责任。

为推动和强化寄递企业安全生产主体责任落实，《办法》从三个方面做出了规定：一是《办法》第8条规定了寄递企业法定代表人或主要负责人依法应当履行的七个方面的职责；二是《办法》细化了部分寄递安全管理保障制度和措施。包括安全管理机构和人员配置、安全规章制度公示、寄递安全教育培训、安全监控要求、安全检查设备配备、突发事件应急演练、服务阻断或暂停经营先期处置、寄递详情单以及电子信息档案管理等；三是《办法》明确了寄递企业发现重大危害性禁止寄递物品的报告要求。《办法》第13条第3款规定"对在寄递过程中发现武器、弹药、毒品以及危险化学品等重大危害性禁止寄递物品的，寄递企业在报告有关部门处理的同时，应当在二十四小时内向所在地省级以下邮政管理机构报告"。

（四）《办法》规范了加盟经营模式的寄递安全管理。

以加盟方式从事寄递活动的企业，由于市场主体多、管理链条长等原因，安全管理问题较为突出。针对这一实际，《办法》强化了被加盟人对加盟人的安全管理责任，规定跨省（自治区、直辖市）从事寄递活动的被加盟人应当在山东设立省级网络寄递安全管理机构，统一管理、协调本网络寄递安全等相关工作，并向省邮政管理机构备案。同时，《办法》第24条还要求加盟人、被加盟人应当及时协商处理纠纷，避免寄递物品延误、丢失、损毁。违反此规定，邮政管理机构有权对加盟人、被加盟人进行行政处罚。

（五）《办法》新增和完善了四种有关事项备案规定。

为加强寄递安全管理，完善安全管理措施和手段，《办法》对四种与安全管理有关的事项做了备案要求。一是被加盟人设立省级网络寄递安全管理机构省局备案；二是寄递企业安全管理机构或安全管理人员市局备案；三是寄递企业收寄验视操作办法市局备案；四是寄递企业新、改和扩建处理中心或分拨中心竣工验收后30日市局备案。

（六）《办法》明确了寄递信息安全管理具体措施。

寄递详情单详细记载了寄件人、收件人的姓名、地址、电话号码、单位名称等，涉及用户个人信息和通信秘密。一旦泄漏，将严重损害用户个人权益，危害公共安全和公民人身安全。《办法》第25条明确了寄递企业保障用户信息安全的责任和制度措施，并规定寄递详情单在档案保管期限满后，按照规定销毁。

（七）《办法》进一步细化了相关法律责任。

《办法》在与上位法衔接的基础上，从规范企业行为和加强安全管理的角度出发，对寄递企业未按规定设立省级网络寄递安全管理机构、监控设备或监控资料未按规定运转保管、未按要求公示有关安全规章制度、未按规定报告重大危害性禁止寄递物品、未按规定保管或者销毁寄递详情单、发生突发事件未及时启动应急预案进行先期处置等违法行为设定了行政处罚措施。另外，《办法》还对非法扣留寄递物品等5类行为，尚不构成犯罪的，规定由公安机关依法给予治安管理处罚。

# 第八章　部分省（区、市）、市（地）关于快递服务的政策法规

## 河北省邮政条例

（2012 年 3 月 28 日　河北省第十一届人民代表大会常务委员会第二十九次会议通过；2014 年 5 月 30 日　河北省第十二届人民代表大会常务委员会第八次会议修订；2015 年 7 月 24 日　河北省第十二届人民代表大会常务委员会第十六次会议修订）

### 第一章　总　则

**第一条**　为保障邮政普遍服务，加强对邮政市场的监督管理，维护用户合法权益，促进邮政业的健康发展，适应经济社会发展和人民生活需要，根据《中华人民共和国邮政法》等有关法律、行政法规的规定，结合本省实际，制定本条例。

**第二条**　本省行政区域内邮政业的规划、建设、服务、市场、安全及监督管理，适用本条例。

**第三条**　省邮政管理部门负责全省邮政普遍服务和邮政市场的监督管理工作。

设区的市邮政管理部门负责本行政区域的邮政普遍服务和邮政市场的监督管理工作。

县级以上人民政府有关部门应当按照各自职责，做好邮政的相关工作。

**第四条**　县级以上人民政府应当将邮政业发展纳入国民经济和社会发展规划，加快邮政设施建设，提高邮政普遍服务水平，鼓励快递企业发展，满足社会需要。

**第五条**　邮政企业、快递企业应当建立健全邮件、快件收寄和运递安全保障体系，提高服务质量，为用户提供迅速、准确、安全、方便的服务。

### 第二章　规划建设

**第六条**　各级人民政府应当将邮政业发展规划、邮政基础设施建设规划纳入城乡规划和土地利用规划，并由有关部门编制相关专项规划。

编制控制性详细规划，应当包括邮政业发展规划和邮政基础设施建设规划的内容，明确独立占地的邮政营业场所、邮件、快件处理和储运场所的位置和规模，保证邮政设施建设适应邮政业发展的需要。

邮政运输网络建设应当纳入地方综合交通运输体系规划。

农村地区邮政设施建设应当纳入乡镇和村庄规划。

**第七条**　城市新区开发、旧城改造和村镇建设，应当按照邮政普遍服务标准，同时规划、设计与之配套的邮政设施并同步建设、验收。城市建成区已有的邮政设施不能满足邮政普遍服务要求的，应当列入城市改造计划，扩建或者重建。农村居民集中的区域应当设置邮政局所等邮政普遍服务设施。

火车站、机场、港口、长途汽车站、大专院校、城市社区、旅游景区、大型商场等公众服务场所，应当建设配套的邮政设施。

**第八条** 按照规划要求配套建设的邮政普遍服务设施，由政府统建的，邮政企业按规定无偿使用；由其他方出资建设的，邮政企业以建筑安装成本价购买或者优先租用。邮政企业不得擅自改变其使用性质。

**第九条** 县级以上人民政府应当对非营利性邮政设施建设用地，按照城市基础设施建设用地划拨，并免征城市基础设施配套费。

邮政企业不得擅自改变划拨的非营利性邮政设施建设用地的使用性质。

**第十条** 邮政企业应当根据邮政普遍服务标准和方便群众的原则在城市街道、商业区、社区等位置设置邮筒（箱）、邮政报刊亭、邮政便民服务站等邮政设施，经县级以上人民政府批准，免收城市道路占用挖掘费和其他相关费用。

邮政企业应当对其设置的邮政设施进行统一管理和维护。

**第十一条** 县级以上人民政府应当对建设邮政普遍服务营业场所给予支持，在乡镇人民政府所在地设置邮政普遍服务营业场所，在行政村设置村邮站或者其他接收邮件的场所，保障村村通邮。

邮政企业应当与村民委员会签订邮件妥收妥投协议，支持、指导村邮站建设。

**第十二条** 邮政企业设置、撤销邮政营业场所，应当事先向邮政管理部门备案；撤销提供邮政普遍服务营业场所，或者将自办邮政普遍服务场所转为代办的，应当经邮政管理部门批准并予以公告。

邮政普遍服务营业场所地址发生变更的，邮政企业应当向邮政管理部门备案并予以公告。

**第十三条** 城镇新建、改建、扩建的住宅小区、住宅建筑工程，应当将信报箱的建设纳入建筑工程统一规划、设计、施工和验收，并与建筑工程同时投入使用。信报箱的规格和样式应当符合国家标准。

施工图审查机构对没有信报箱设计或者不符合信报箱设计规范的住宅工程，不得发放施工图审查合格书。信报箱的建设应当纳入住宅工程质量分户验收范围，建设单位未按照规定设置信报箱的，不予通过验收，建设行政主管部门不予办理竣工验收备案。

本条例施行前，城镇居民楼未设置信报箱的，由产权所有者或者管理者根据用邮情况自行负责补建，也可以委托邮政企业补建，所需费用由委托人承担。

信报箱产权归投资人所有。产权所有者或者管理者负责信报箱的管理、维修和更换，也可以委托邮政企业维修、更换，所需费用由委托人承担。

**第十四条** 机关、企业、事业单位等应当在适宜位置设置接收邮件场所。

物业服务单位应当为邮政企业、快递企业投递邮件、快件提供便利。

**第十五条** 任何单位和个人不得擅自迁移、毁损邮政设施。

因城镇建设需要征收、拆迁邮政营业、邮件处理和储运场所的，规划主管部门应当重新规划设置，建设单位应当与邮政企业协商，按照就近安置、方便用邮、不降低邮政普遍服务水平、不少于原有面积的原则，先安置后搬迁，所需费用由征收、拆迁单位承担。

## 第三章 普遍服务

**第十六条** 邮政企业提供邮政普遍服务，应当符合邮政普遍服务标准。

未经邮政管理部门批准，邮政企业不得停止办理或者限制办理邮政普遍服务业务。

邮政企业应当确保服务时限和邮件安全，并及时足额兑付邮政汇款。

省内邮件全程时限由省邮政管理部门规定。

**第十七条** 实行政府指导价和政府定价的邮政普遍服务业务，执行国务院有关部门制定的资费标准。

**第十八条** 对具备国家规定的通邮条件的用

户，邮政企业应当在用户办理邮件投递登记手续后的七日内予以通邮。

对尚不具备通邮条件的用户，邮政企业应当将邮件投递至用户指定的已通邮的邮件代收点或者用户租用的邮政信箱。

邮政企业应当将以邮政信箱为名址的收件人报邮政管理部门备案。

**第十九条** 邮政企业委托其他单位或者个人代办邮政普遍服务业务，应当符合国家和省的有关规定，并加强对接受委托的单位或者个人的管理，保证其提供的邮政普遍服务符合邮政普遍服务标准。

**第二十条** 用户交寄邮件应当符合国家邮政管理部门规定的准寄内容、封装规格、书写格式，正确书写邮政编码，使用标准信封和法律、行政法规规定的邮资凭证。

用户交寄邮件不符合前款规定的，邮政企业不予收寄或者退回寄件人；无法退回的，按无着邮件处理。

**第二十一条** 邮政企业采取按址投递、用户领取或者与用户协商等方式投递邮件。

已设置信报箱的，平常邮件可以实行插箱投递；给据邮件由用户签收，用户委托的代收人或者代收机构代为签收的，视为用户本人签收；没有设置信报箱的，城市邮件投递到收发点或者收件人指定的地点，农村邮件投递到村邮站或者村民委员会确定的接收场所。

**第二十二条** 县级以上人民政府应当对邮政企业提供邮政普遍服务加大资金投入，并对村邮站的设置、运行和村邮站服务人员的报酬给予资金补贴。

**第二十三条** 经邮政管理部门核定的带有邮政专用标志的车辆免办道路运输证。邮政普遍服务专用车辆运递邮件，按照省有关规定减免车辆通行费。

**第二十四条** 邮政企业及其从业人员不得实施下列行为：

（一）无故拒办邮政业务或者擅自中止对用户的服务；

（二）故意积压、延误投递邮件；

（三）延付、拒付、截留、挪用用户汇款；

（四）收寄禁止寄递物品，或者超限收寄限制寄递物品；

（五）限制用户支付邮政普遍服务业务范围内信件、印刷品、包裹等邮件资费的方式；

（六）限定用户使用指定的服务，向用户搭售商品、服务或者附加其他不合理条件；

（七）转让、出租、出借邮政专用标志、邮政专用品和带有邮政专用标志的车辆；

（八）其他违反法律、行政法规的行为。

**第二十五条** 邮政企业按照国家规定办理机要通信、国家规定报刊的发行以及义务兵平常信函、盲人读物和烈士遗物的免费寄递等特殊服务，适用本条例关于邮政普遍服务的规定。

## 第四章　快递服务

**第二十六条** 经营快递业务应当依法取得快递业务经营许可证；任何单位和个人未经许可，不得经营快递业务。

申请人凭快递业务经营许可证向工商行政管理部门依法办理登记后，方可经营快递业务。

经营快递业务的企业应当向邮政管理部门提交年度报告。

**第二十七条** 快递企业经营许可事项发生变更或者停止经营快递业务的，应当到原发证机关办理变更、注销手续。邮政管理部门颁发、变更和注销快递业务经营许可证，应当向社会公告。

快递业务经营许可证不得涂改、租借和转让。

**第二十八条** 快递企业设立分公司、营业部等分支机构，应当持快递业务经营许可证副本及所附分支机构名录到工商行政管理部门办理登记。

**第二十九条** 快递企业中止经营快递业务，应当提前七日向邮政管理部门报告并向用户公告，妥善处理尚未投递的快件。

**第三十条** 经营快递业务的企业应当按照快递业务经营许可证的许可范围经营快递业务，提供符合快递服务标准的快递服务。

收寄快件应当规范填写快递运单。快递运单应当符合国家标准。

**第三十一条** 实行加盟经营的快递企业，双方应当订立书面加盟合同。企业应当在服务标准、服务质量、运营安全、业务流程、用户投诉、损失赔偿等方面实行统一管理。

**第三十二条** 快递企业及其从业人员不得实施下列行为：

（一）收寄禁止寄递物品，或者超限收寄限制寄递物品；

（二）相互串通操纵快递市场价格，损害其他经营快递业务的企业或者用户的合法权益；

（三）冒用其他企业名称、企业标志和商标标识，扰乱市场经营秩序；

（四）故意积压、扣留、倒卖、延误用户快件；

（五）其他违反法律、行政法规的行为。

**第三十三条** 县级以上人民政府及有关部门应当对快递企业在规划、建设、用地、信贷、融资、创业服务等方面给予支持。

海关、检验检疫、民航、铁路、交通运输等有关部门应当依法为快递企业提供便利。

## 第五章 邮政安全

**第三十四条** 任何单位和个人都有维护邮政通信安全、畅通和保护邮政设施的义务，并有权制止、举报危害邮政通信安全、畅通和破坏邮政设施的行为。

**第三十五条** 任何单位和个人不得交寄、夹寄带有爆炸性、易燃性、腐蚀性、放射性、毒害性和传染病病原体的危险有害物品以及非法出版物等国家禁止寄递的物品。

特定时期经国家邮政管理部门批准，省邮政管理部门可以公布国家禁止寄递物品之外的禁寄物品名录。

**第三十六条** 邮政企业、快递企业应当严格执行国家关于邮件、快件收寄验视的规定。

邮政企业、快递企业发现交寄、夹寄禁止寄递物品的，不予收寄，并交由有关部门依法处理。对不能确定安全的物品，应当要求用户出具相关部门的安全证明，并详实记录物品名称、数量、重量、收寄时间、寄件人和收件人名址等内容，记录留存应当不少于一年。用户不能出具安全证明的，不予收寄。

邮政企业、快递企业从业人员当面投交邮件、快件时，邮件、快件包装完好、重量相符的，收件人或者代收人应当予以签收。

**第三十七条** 邮政企业、快递企业及其从业人员应当遵守国家和省的有关规定，对用户名址信息负有保密义务，并应当在寄递服务中合理使用。

用户对其名址信息享有查询、更正、限制使用和要求删除的权利。

**第三十八条** 邮政企业、快递企业接受网络购物、电视购物和邮购等经营者委托提供寄递服务的，应当与委托人签订安全保障协议，并报邮政管理部门备案。

**第三十九条** 邮政企业、快递企业制定含有格式条款的合同、单据应当遵循公平原则。格式条款含有免除或者限制自身责任内容的，应当采用清晰明白的文字、符号、字体等合理方式提请用户注意，并按照用户的要求，对该条款予以说明。

邮政企业、快递企业公开的服务承诺视为服务合同的条款。

**第四十条** 邮政管理部门应当按照国家和省的有关规定制定邮政业突发事件应急预案。

邮政企业、快递企业应当制定突发事件应急预案，开展应急演练。发生重大安全和服务阻断等突发事件后，邮政企业、快递企业应当及时开展应急处置工作，同时向当地人民政府应急部门和邮政管理部门报告。

**第四十一条** 任何单位和个人不得实施下列行为：

（一）在邮政营业场所、快递企业营业场所出入通道或者邮政设施周围设摊、堆物，妨害用户使用邮政服务、快递服务或者影响带有邮政专用标志的车辆和经邮政管理部门认定的快递车辆通行；

（二）扰乱邮政营业场所、快递企业营业场所正常秩序；

（三）冒用邮政企业、快递企业名义，或者伪造、冒用邮政专用标志、邮政用品用具生产监制证以及邮政管理部门对邮政普遍服务专用车辆和快递车辆的认定证件；

（四）私自开拆、隐匿、扣留、毁弃、盗窃、倒卖他人邮件、快件或者撕揭邮票；

（五）非法拦截、强登、扒乘、扣留带有邮政专用标志的车辆和经邮政管理部门认定的快递车辆，妨碍从业人员收寄、运输邮件、快件；

（六）其他违反法律、行政法规的行为。

**第四十二条** 公安机关交通管理部门对带有邮政专用标志的车辆和经邮政管理部门认定的快递车辆给予道路通行便利。上述车辆在运递邮件、快件途中发生一般交通违章或者轻微交通事故时，公安机关交通管理部门应当在记录后立即放行，待其完成运递任务后，再作后续处理。发生严重违章确需扣留车辆或者发生重大交通事故的，公安机关交通管理部门应当协助保护邮件、快件安全并及时通知车辆所属企业转运邮件、快件。

带有邮政专用标志的车辆和经邮政管理部门认定的快递车辆需要临时占用道路揽收和投递邮件、快件的，在保证交通安全、驾驶人不离开车辆和不影响道路通行的情况下，可以在法律、法规明令禁止停车的地点外占用道路临时停车。

邮政企业、快递企业不得擅自改变带有邮政专用标志的车辆和经邮政管理部门认定的快递车辆的用途。

## 第六章 监督管理

**第四十三条** 邮政管理部门应当依法对邮政企业、快递企业、邮政用品用具生产企业、集邮票品经营者和集中交易市场的经营、服务行为以及印制销售邮票、仿印邮票和邮资图案等行为进行监督管理。

**第四十四条** 邮政管理部门履行监督管理职责，可以采取下列监督检查措施：

（一）进入邮政企业、快递企业、集邮票品集中交易市场、邮政用品用具生产企业或者涉嫌违反邮政法律、法规活动的其他场所实施现场检查；

（二）向有关单位和个人了解情况；

（三）查阅、复制有关文件、资料、凭证；

（四）要求提供财务会计报表、注册会计师出具的审计报告以及其他有关经营的信息；

（五）经邮政管理部门负责人批准，查封、扣押与违法活动有关的场所、运输工具以及相关物品，对信件以外的涉嫌夹带禁止寄递或者限制寄递物品的邮件、快件开拆检查。

邮政管理部门进行监督检查，应当出示行政执法证件，监督检查人员不得少于二人。被检查的企业应当接受检查并予以配合，不得拒绝、阻碍。

**第四十五条** 邮政管理部门会同财政部门建立健全监督检查制度，对邮政企业使用邮政普遍服务、特殊服务补贴资金进行监督。

第四十六条 邮政管理部门按照国家规定履行邮政行业统计和经济运行分析的职责。邮政企业、快递企业和邮政用品用具生产企业应当依法向邮政管理部门报送统计资料和邮政普遍服务工作情况等信息。

**第四十七条** 邮政企业、快递企业及其从业人员造成邮件或者快件丢失、损毁、内件短少的，应当采取补救措施，按照有关法律、行政法规的规定予以赔偿。

**第四十八条** 邮政企业、快递企业应当向社会公布监督电话，受理用户投诉或者举报。对于用户的投诉、举报及邮政管理部门批转的用户申诉，应当及时处理，并自受理之日起十日内答复用户。

用户对处理结果不满意的,可以向邮政管理部门申诉,邮政管理部门应当自接到申诉之日起三十日内予以答复。

**第四十九条** 邮政管理部门应当根据国家邮政管理部门公布的邮政用品用具监制目录,对邮政用品用具的生产实行监制。任何单位和个人不得生产、销售未经监制的邮政用品用具。

**第五十条** 省邮政管理部门应当按照国家有关规定,指导开展邮政企业、快递企业从业人员教育培训和特殊工种职业技能鉴定工作,提高从业人员的素质和技能。

**第五十一条** 依法成立的邮政企业管理协会、快递行业协会、集邮协会、直邮协会等行业社会团体,应当自觉接受邮政管理部门的监督管理,发挥服务企业和行业自律作用,促进邮政业的健康发展。

## 第七章 法律责任

**第五十二条** 邮政管理部门工作人员有下列行为之一的,依法给予行政处分;构成犯罪的,依法追究刑事责任:

(一)违反法定条件、程序实施行政许可,侵害行政相对人合法权益的;

(二)明知有违反邮政法律、法规的行为不依法、不及时查处的;

(三)泄露在监督管理工作中知悉的企业商业秘密的;

(四)其他滥用职权、玩忽职守、徇私舞弊的行为。

**第五十三条** 违反本条例规定,擅自将普遍服务自办网点改为代办网点,致使提供的邮政普遍服务不符合邮政普遍服务标准的,由邮政管理部门责令限期改正;逾期不改正的,可以处一万元以上五万元以下的罚款。

**第五十四条** 违反本条例规定,擅自迁移、毁损、拆除邮政设施的,由邮政管理部门责令限期恢复原状或者采取其他补救措施,可以处二千元以上二万元以下的罚款。

**第五十五条** 违反本条例规定,未按照时间要求,为具备通邮条件的用户通邮的,由邮政管理部门责令限期改正;逾期不改正的,处一千元以上二万元以下的罚款。

**第五十六条** 违反本条例第二十四条、第三十二条第(一)项、第(三)项、第(四)项规定的,由邮政管理部门责令改正,没收非法物品和违法所得,可以并处一千元以上一万元以下的罚款。

**第五十七条** 违反本条例规定,经营快递业务不符合快递服务标准或者擅自停止经营快递业务的,由邮政管理部门责令改正,可以处三千元以上一万元以下的罚款;情节严重的,处一万元以上五万元以下的罚款。

**第五十八条** 违反本条例第三十七条第一款规定的,由邮政管理部门责令改正,没收违法所得,并处五千元以上一万元以下的罚款。

**第五十九条** 违反本条例第四十六条规定,拒报、虚报统计资料和信息的,由邮政管理部门责令限期改正;逾期不改正的,依照有关法律、法规的规定处理。

**第六十条** 快递企业被吊销快递业务经营许可证的,自快递业务经营许可证被吊销之日起三年内,不得申请经营快递业务。

快递企业法定代表人对快递业务经营许可证被吊销负有个人责任的,自快递业务经营许可证被吊销之日起三年内,不得担任快递企业董事、监事、高级管理人员。

## 第八章 附 则

**第六十一条** 本条例自2012年7月1日起施行。2000年9月4日河北省人民政府公布的《河北省邮政管理规定》同时废止。

# 安徽省邮政条例

（2015 年 5 月 21 日　安徽省第十二届人民代表大会常务委员会第十九次会议通过）

## 第一章　总　则

**第一条**　为了保障邮政普遍服务和特殊服务，加强对邮政市场的监督管理，保护用户合法权益，促进邮政业健康发展，根据《中华人民共和国邮政法》和有关法律、行政法规，结合本省实际，制定本条例。

**第二条**　本条例适用于本省行政区域内的邮政业规划、建设、服务与监督管理等相关活动。

本条例所称邮政普遍服务，是指按照国家规定的业务范围、服务标准，以合理的资费标准，为所有用户持续提供的邮政服务。

本条例所称邮政特殊服务，是指邮政企业按照国家规定办理机要通信、国家规定报刊的发行，以及义务兵平常信函、盲人读物和革命烈士遗物的免费寄递等业务。

**第三条**　各级人民政府应当对邮政普遍服务和特殊服务给予政策支持和资金补贴，重点保障农村地区邮政营业场所的正常运营。

各级人民政府应当制定和完善相关政策措施，鼓励、促进和规范快递服务发展。

**第四条**　省邮政管理部门和依照国务院规定设立的市、县邮政管理部门或者机构（以下统称邮政管理部门）负责对本行政区域内的邮政普遍服务、特殊服务和邮政市场实施监督管理。

县级以上人民政府有关部门依照各自职责做好邮政管理的相关工作。

**第五条**　邮政企业、快递企业应当加强服务质量管理和用户信息保密工作，完善安全保障措施，为用户提供迅速、准确、安全、方便的服务。

## 第二章　规划与建设

**第六条**　县级以上人民政府应当将邮政业发展纳入国民经济和社会发展规划，按照统筹安排、合理布局的原则，将邮政、快递基础设施的布局和建设纳入土地利用总体规划、城乡规划、综合交通运输体系规划，保障邮政业与当地经济社会协调发展。

邮政管理部门应当根据邮政业发展规划，会同发展改革、城乡规划、国土资源、交通运输等部门编制包括邮政营业场所、邮件处理场所和快件处理场所等在内的邮政设施专项规划，经本级人民政府批准后实施。编制邮政设施专项规划时，应当征求邮政企业及其他方面意见。

城乡规划主管部门编制控制性详细规划，应当按照邮政设施专项规划的要求，对邮政营业场所、邮件处理场所和快件处理场所进行规划控制。

国土资源主管部门应当依据城乡规划主管部门提出的规划条件，将配套建设邮政营业场所和邮件处理场所的位置、面积作为国有土地使用权出让要求的内容。

**第七条**　建设城市新区、独立工矿区、开发区、住宅区或者对旧城区进行改建，建设单位应当按照经依法审定的修建性详细规划和工程设计方案，配套建设提供邮政普遍服务的邮政设施。

城乡规划主管部门在组织审查修建性详细规划时，对未按照规划要求设置提供邮政普遍服务的邮政设施的，应当要求建设单位改正。

**第八条**　根据城乡规划配套建设的提供邮政普遍服务的邮政营业场所和邮件处理场所，由政府投资的，无偿提供邮政企业使用。建设单位依据城乡规划主管部门批准的规划设计方案建设的邮政营业场所和邮件处理场所，应当以不高于房屋建筑成本的价格出售给邮政企业，或者以优惠价格出租给邮政企业。

邮政设施用地符合划拨用地目录规定的，由市、县人民政府按照规定划拨。建设邮政设施免征城市基础设施配套费。

依法取得的划拨土地和依照本条第一款规定配套建设的邮政营业场所和邮件处理场所，不得擅自转让或者改变用途；确需转让或者改变用途的，由市、县人民政府批准。

**第九条**　征收邮政营业场所或者邮件处理场所的，房屋征收部门应当与邮政企业协商，按照方便用邮、不少于原有面积的原则，原地或者就近重建、置换邮政营业场所或者邮件处理场所；重建的邮政营业场所或者邮件处理场所在交付使用前，房屋征收部门应当就近安排过渡场所。未作出妥善安排前，不得征收。重新设置的费用、过渡场所的费用和其他补偿费用，由作出征收决定的人民政府承担。

邮政企业应当采取相应措施，保障过渡期间邮政普遍服务正常进行。

**第十条**　邮政企业设置、撤销邮政营业场所，应当事先书面告知所在地邮政管理部门。

邮政企业撤销提供邮政普遍服务的邮政营业场所，应当向所在地邮政管理部门提出书面申请。邮政管理部门应当在受理申请之日起十个工作日内作出决定。经批准撤销的，邮政企业应当于停业前二十个工作日向社会公告。

**第十一条**　城镇新建、改建、扩建住宅建筑工程，应当每套住宅配套设置信报箱。信报箱纳入住宅建筑工程统一规划、设计和施工，所需费用纳入建设项目总投资。

住宅建筑工程竣工验收时，邮政管理部门或者其委托的单位应当参加验收。信报箱工程验收未通过的，建设行政主管部门不得予以验收备案。

已建成的城镇居民楼、住宅小区未按照国家规定标准设置信报箱的，市、县人民政府在组织对其改造时，应当将信报箱作为公用设施集中设置、更新或者维修。

**第十二条**　邮政企业应当根据城乡规划和邮政设施专项规划，在街道、居民小区等方便用户的地点设置邮政报刊亭、邮政便民服务站、邮筒（箱）等邮政设施。邮政报刊亭、邮政便民服务站、邮筒（箱）免缴城市道路占用费。

**第十三条**　乡（镇）人民政府所在地应当设置提供邮政普遍服务的邮政营业场所。

市、县人民政府应当将村邮站纳入村级公共服务平台建设，村邮站运转经费纳入村级其他必要支出范围，由财政予以保障。村民委员会负责村邮站的日常管理和人员选派。邮政企业应当对村邮站建设和运行给予指导和支持。

**第十四条**　县级以上人民政府应当把邮件和快件的代收、代转服务纳入社区商业便民服务网点建设。

鼓励机关、企业事业单位、学校、车站、机场、港口、宾馆、住宅小区、商业区等按照国家规定标准建设智能快件箱等自助服务设施，为快件投递提供便利和安全保障。

## 第三章　邮政服务

**第十五条**　县级以上人民政府应当鼓励邮政企业参与相关基本公共服务项目建设，支持邮政企业开放邮政设施，拓展业务范围，开办各类代理业务，建设综合服务平台。

对邮政企业在农村开展物流配送、金融助农等服务的，按照国家有关规定给予优惠。

**第十六条**　邮政企业在人员、设施配备等方面应当满足邮政普遍服务的要求，其提供的邮政普遍服务，应当符合国家规定的标准。

邮政企业从业人员应当熟悉邮政业务，为用户提供规范的服务。

**第十七条**　邮政企业停止办理或者限制办理

邮政普遍服务业务和特殊服务业务，应当向邮政管理部门提出书面申请。邮政管理部门应当在受理申请之日起十个工作日内作出决定。经批准停止办理或者限制办理邮政普遍服务业务和特殊服务业务的，邮政企业应当于停办前二十个工作日向社会公告。

因不可抗力或者其他特殊原因，邮政企业暂时停止办理或者限制办理邮政普遍服务业务和特殊服务业务的，应当及时向社会公告，采取相应的补救措施，并向所在地邮政管理部门报告；暂时停止办理或者限制办理的期限不得超过六个月。

**第十八条** 对具备国家规定通邮条件的用户，邮政企业应当自用户办理邮件投递登记手续之日起五个工作日内安排投递。对不具备通邮条件的，将邮件投递至与用户商定的邮件代收点。用户变更名称、邮件投递地址的，应当及时通知邮政企业。

**第十九条** 邮政企业从业人员按址投递邮件进入物业管理区域的，物业服务企业核实确认身份后，应当提供便利，不得拒绝邮政投递人员进入。

物业服务合同有代收、代转邮件规定或者物业服务企业与业主有约定的，物业服务企业应当为业主代收、代转邮件。

尚未设置信报箱、设置的信报箱无法投递或者影响邮件安全的，业主可以与物业服务企业约定代收、代转邮件。

邮件代收人员接收邮政企业投递的邮件时，应当当面核对，对给据邮件予以签收，并履行保管和及时传递的责任，不得私自开拆、隐匿、毁弃邮件或者撕揭邮票；无法传递的，应当及时告知邮政企业予以收回。

**第二十条** 带有邮政专用标志的车船进出港口或者通过渡口、桥梁、隧道、检查站时，有关单位应当优先放行。

公安机关交通管理部门及其他有关部门应当为带有邮政专用标志的车辆的通行、停靠提供便利，在确保安全前提下，允许其在禁行路线临时通行、在禁停地段临时停靠。

运递邮件的车辆发生交通事故时，公安机关交通管理部门应当尽快处理；邮政企业应当及时安排车辆转运邮件。

经省交通运输主管部门和邮政管理部门核定带有邮政专用标志的邮政普遍服务、特殊服务的邮运车辆，通过本省收费的公路、桥梁、隧道时，减免通行费。

**第二十一条** 邮政企业及其从业人员不得有下列行为：

（一）私自开拆、隐匿、毁弃、倒卖邮件，撕揭邮票，冒领、扣押用户款物；

（二）无故拒绝、中止邮政普遍服务或者特殊服务；

（三）无故延误或者未按址投递邮件；

（四）擅自变更邮政普遍服务和特殊服务收费标准、增加收费项目；

（五）强迫、误导或者限定用户使用指定的业务，向用户搭售商品、服务或者附加其他不合理条件；

（六）转让、出借、出租邮政专用品或者带有邮政专用标志的车船；

（七）法律、法规禁止的其他行为。

**第二十二条** 任何单位和个人不得有下列行为：

（一）盗窃或者损毁邮政报刊亭、邮筒（箱）、信报箱等邮政设施；

（二）未经邮政企业同意擅自迁移、开启、封闭邮政报刊亭、邮筒（箱）、信报箱等邮政设施；

（三）向邮政报刊亭、邮筒（箱）、信报箱内投放易燃、易爆、腐蚀性物品或者其他杂物；

（四）非法拦截邮政运输工具、非法阻碍邮件运递或者强行登乘邮政运输工具；

（五）伪造、冒用邮政专用名称、邮政专用标志、邮政标志服及邮政用品用具。

## 第四章 快递服务

**第二十三条** 县级以上人民政府应当鼓励支持快递服务与电子商务、制造业等建立合作发展机制,促进快递服务与相关产业融合发展。

支持快递企业在农村设置服务网点或者利用村邮站及其他服务网点开展农业生产资料、生活消费品和农副产品等快递服务。

邮政管理、海关、检验检疫等部门应当加强跨境贸易电子商务快件管理,完善跨境快递服务通关环境。

**第二十四条** 经营快递业务,应当依法取得快递业务经营许可。未经许可,任何单位和个人不得经营快递业务。

快递企业应当在经营许可范围内依法从事快递业务经营活动,不得将快递业务委托给未取得快递业务经营许可的单位和个人经营。

任何单位和个人不得伪造、涂改、冒用、租借、倒卖和转让快递业务经营许可证。

**第二十五条** 以加盟方式经营快递业务的,加盟人应当取得快递业务经营许可,并不得超越被加盟人的经营许可范围。被加盟人与加盟人应当签订书面协议,约定双方的权利和义务。

被加盟人应当在服务标准、服务质量、经营行为、运营安全、业务流程、用户投诉、损失赔偿等方面对加盟人实行统一管理,向用户提供统一的跟踪查询和投诉处理服务,对加盟人给用户造成的损失依法承担责任。

加盟人应当遵守共同的服务约定,使用统一的商标、商号、快递运单和收费标准。

**第二十六条** 快递企业提供快递服务,应当符合快递服务国家标准,并遵守其公开的服务承诺。

鼓励快递企业制定并采用高于国家标准的企业标准。

**第二十七条** 快递企业收寄快件应当使用符合国家标准的快递运单。快递运单应当在显著位置注明赔偿责任等影响用户权益的内容,并符合《中华人民共和国合同法》有关格式条款的规定。

快递企业从业人员收寄快件前,应当提醒寄件人阅读快递运单的服务合同条款,指导寄件人规范填写快递运单,并建议寄件人对贵重物品购买保价或者保险服务。

**第二十八条** 快递企业应当在承诺时限内将快件投递到约定的收件地址。

快递企业投递人员投递快件时,应当告知收件人当面验收。快件外包装完好的,由收件人签字确认。投递的快件注明为易碎品及外包装出现明显破损等异常情况的,快递企业投递人员应当告知收件人先验收内件再签收。快递企业与寄件人另有约定的除外。

**第二十九条** 快递企业接受网络购物、电视购物和邮购等经营者委托提供快递服务,或者从事代收货款业务的,应当与委托方签订服务合作协议,明确双方的权利和义务。

网络购物、电视购物和邮购等经营者应当以显著方式提醒收件人快件验收的程序和要求,快递企业在快件投递时应当按照约定提供验收服务。

**第三十条** 快递企业应当建立从业人员实名档案,加强从业人员法制、安全生产、职业技能、职业道德教育和培训。未经安全生产教育和培训合格的从业人员,不得安排其上岗作业。

**第三十一条** 机关、团体、企业事业单位、住宅小区物业服务企业等应当为快递企业上门服务提供便利,或者为居民提供代收、代转服务。鼓励高等院校设立快递集中服务场所。

省邮政管理部门和公安机关交通管理部门应当根据国家规定,对快递服务专用车辆在车型、车身标识等方面制定相应的规范。快递企业服务专用车辆应当符合国家和本省的规定,并喷涂标识。

本条例第二十条第二款、第三款的规定,适用于带有标识的快递服务专用车辆。

**第三十二条** 快递企业及其从业人员不得有

下列行为：

（一）扣留、倒卖、隐匿、毁弃和私自开拆快件；

（二）相互串通操纵市场价格，损害其他经营者或者用户的合法权益；

（三）冒用他人名称、商标标识和企业标识，扰乱市场经营秩序；

（四）法律、法规禁止的其他行为。

**第三十三条** 快递企业应当按照国家规定向邮政管理部门提交年度报告，报告上一年度经营情况和遵守法律、法规情况。

邮政管理部门应当依照国家规定向社会公告快递企业年度报告情况。

## 第五章 安全保障

**第三十四条** 任何单位和个人交寄邮件、快件应当遵守国家关于禁止寄递或者限制寄递物品的规定，不得通过寄递渠道危害国家安全、公共安全和损害公民、法人、其他组织的合法权益。

用户交寄邮件、快件应当综合考虑寄递物品的性质、状态、路程、运输方式等因素，使用符合国家标准的封装用品，妥善包装，满足安全寄递的需要。

**第三十五条** 邮政企业、快递企业应当依法建立并执行收寄验视制度，遵守国家有关禁止寄递或者限制寄递物品的规定。对用户交寄的物品，在包装物内侧加盖收寄验视戳记或者粘贴验视标识。受用户委托长期、批量提供快递服务的，应当与用户书面明确安全保障义务，采取抽检方式验视快件的内件。在收寄、分拣、储存、装卸、运输、投递过程中发现国家禁止寄递的物品的，应当立即向公安、国家安全、邮政管理等部门报告，并配合相关部门进行处理。

邮政企业、快递企业对不能确定安全性的物品，应当要求用户出具相关部门的安全证明。用户不能出具安全证明的，不予收寄。收寄已出具安全证明的物品时，应当如实记录物品名称、规格、数量、质量、收寄时间、寄件人和收件人姓名地址等内容。安全证明和收寄记录保存期限不得少于一年。

**第三十六条** 邮政企业、快递企业分拣作业时，应当按照邮件、快件的种类、时限分别处理、分区作业、规范操作，不得露天分拣，不得以抛扔、踩踏或者其他危害邮件、快件安全的方式分拣。快件处理信息应当及时准确录入，上传网络。

**第三十七条** 邮政企业、快递企业及其从业人员不得泄露或者违法提供用户使用邮政服务或者快递服务的信息。

邮政企业、快递企业应当建立运单实物及电子数据档案管理制度，采取技术措施保护用户信息安全。运单实物和电子档案保存期限应当符合国家规定。保存期满后，按照规定销毁或者删除。

**第三十八条** 邮政企业、快递企业应当安装监控设备，对邮政营业场所、快件处理场所实行安全监控，防止邮件和快件短少、丢失、损毁。

**第三十九条** 邮政企业、快递企业应当制定突发事件具体应急预案，加强应急人员和物资、经费、技术保障，并报所在地邮政管理部门备案。

遇重大突发事件时，邮政企业、快递企业应当立即启动应急预案，采取有效处置措施，保障人员安全和邮件、快件安全，并在一小时内向邮政管理部门和负有相关职责的公安机关、安全生产监督管理等部门报告。遇到重大服务阻断时，应当及时告知用户。

## 第六章 监督管理

**第四十条** 邮政管理部门应当加强对邮政普遍服务、邮政特殊服务和邮政市场的监督检查，依法查处违反邮政法律、法规的行为。

邮政管理部门在监督检查中发现已取得快递业务经营许可的企业，经营条件发生变化，不再符合经营许可条件的，应当责令其限期整改；经整改仍不符合经营许可条件的，应当依法撤销其快递业务经营许可。

**第四十一条** 邮政管理部门应当对邮政企

业、快递企业建立健全和遵守安全生产制度以及企业防范安全风险、规范从业人员安全生产行为等情况进行检查,组织或者参与调查邮政行业安全事故,查处违反邮政行业安全监督管理规定的行为。

邮政管理部门应当加强邮政行业安全运行的监测预警,建立信息管理体系,收集、分析与邮政行业安全运行有关的信息,并定期向公安机关、安全生产监督管理等部门通报。

**第四十二条** 邮政管理部门应当对政府投资的邮政设施建设情况进行监督。

财政、审计和邮政管理部门应当按照国家规定,对邮政普遍服务和特殊服务补贴资金的使用情况进行监督。

**第四十三条** 邮政管理部门应当建立邮政企业、快递企业服务质量评价体系,指导评价机构对有关企业的公众满意度、时限准时率和用户申诉率等指标进行调查评价,并向社会公布调查评价结果。

**第四十四条** 邮政企业、快递企业应当建立和完善服务质量管理制度,向社会公布监督投诉电话、信箱,接受用户监督。对用户的举报和投诉,应当及时受理,并自受理之日起七个工作日内答复用户。

用户对邮政企业、快递企业处理结果不满意的,可以向邮政管理部门进行申诉。邮政管理部门应当及时依法处理,自接到申诉之日起二十个工作日内作出答复。

被申诉企业对邮政管理部门转办的申诉应当及时、妥善处理,自收到转办申诉之日起十个工作日内向邮政管理部门答复处理结果。

**第四十五条** 邮政企业、快递企业应当按照规定向邮政管理部门报送统计资料,并保证统计资料真实、准确、完整。

邮政企业、快递企业应当为接入邮政管理部门的信息管理系统预留相应的数据接口,并按照规定与邮政管理部门的信息管理系统联网。

## 第七章 法律责任

**第四十六条** 违反本条例第十六条第一款规定,邮政企业提供邮政普遍服务不符合邮政普遍服务标准的,由邮政管理部门责令改正,可以处三千元以上一万元以下罚款;情节严重的,处一万元以上三万元以下的罚款。

**第四十七条** 违反本条例第二十六条第一款规定,快递企业提供快递服务不符合国家标准,由邮政管理部门责令限期改正;逾期未改正的,处一万元以上三万元以下的罚款。

**第四十八条** 违反本条例第二十一条、第二十二条、第三十二条规定,未构成犯罪的,由公安机关、邮政管理部门、工商、价格行政主管部门依照相关法律、法规予以处罚。

**第四十九条** 违反本条例第三十五条第一款规定,未执行验视制度,未在包装物内侧加盖收寄验视戳记或者粘贴验视标识,或者对批量快件未采取抽检方式验视快件内件的,由邮政管理部门责令改正;拒不改正的,对邮政企业直接负责的主管人员和其他直接责任人员给予处分,对快递企业可以责令停业整顿直至吊销其快递业务经营许可证。

违反本条例第三十五条第二款规定,对用户未能出具安全证明的物品予以收寄,或者未按规定保存安全证明和收寄记录的,由邮政管理部门责令改正,对邮政企业、快递企业处五千元以上三万元以下的罚款。

**第五十条** 违反本条例第三十六条规定,以抛扔、踩踏或者其他危害邮件、快件安全的方式分拣邮件、快件的,由邮政管理部门责令改正,对邮政企业、快递企业处三千元以上一万元以下的罚款;情节严重的,处一万元以上三万元以下的罚款。

**第五十一条** 违反本条例第三十七条第二款规定,未按照规定保管运单、电子档案,以及保管期满后未按照规定销毁或者删除的,由邮政管理部门责令改正，对邮政企业、快递企业处二千元以上一万元以下的罚款；情节严重的，处一万元以上五万元以下的罚款。

**第五十二条** 邮政管理部门工作人员在监督管理工作中滥用职权、玩忽职守、徇私舞弊，依法给予处分；构成犯罪的，依法追究刑事责任。

## 第八章 附 则

**第五十三条** 本条例对快递企业的规定，适用于经营快递业务的邮政企业。

**第五十四条** 本条例自2015年7月1日起施行。

# 山东省寄递安全管理办法

（2015年1月13日 山东省人民政府第48次常务会议通过）

**第一条** 为了保障社会公共安全和寄递信息、寄递物品安全，维护用户和寄递企业的合法权益，规范寄递活动，根据《中华人民共和国邮政法》、《山东省邮政条例》等有关法律、法规，结合本省实际，制定本办法。

**第二条** 本省行政区域内寄递安全管理活动适用本办法。

**第三条** 本办法所称寄递，是指将信件、包裹、印刷品等物品按照封装上的名址递送给特定个人或者单位的活动，包括收寄、分拣、运输、投递等环节。

本办法所称寄递企业，是指从事信件、包裹、印刷品等物品收寄、分拣、运输、投递等全部或者部分环节活动的单位，包括邮政企业、快递企业以及其他相关企业等。

**第四条** 寄递安全管理实行属地管理与分级管理相结合的原则，坚持安全第一、预防为主、综合治理的方针，建立企业负责、政府监管、行业自律和社会监督的机制。

**第五条** 县级以上人民政府应当建立健全本行政区域内寄递安全管理协调机制，研究解决寄递安全管理工作中的重大问题，明确相关部门配合邮政管理机构做好寄递安全管理工作。

**第六条** 省及省级以下邮政管理机构负责本行政区域内寄递安全管理工作。公安、国家安全、海关、交通运输、安全生产监督管理、工商行政管理、检验检疫等部门按照职责，依法做好寄递安全管理工作。

**第七条** 用户交寄物品应当遵守国家关于禁止寄递或者限制寄递物品的规定，如实填写寄递物品详细信息，不得通过寄递活动危害国家安全、公共安全和公民、法人及其他组织的合法权益。

**第八条** 寄递企业是寄递安全的责任主体，对本单位的寄递安全承担主体责任。

寄递企业法定代表人或者主要负责人是寄递安全第一责任人，对本单位寄递安全工作负有下列职责：

（一）建立、健全寄递安全责任制；

（二）组织制定并落实寄递安全规章制度和操作规程，开展寄递安全标准化建设；

（三）组织制定并实施本单位寄递安全教育和培训计划；

（四）保证寄递安全资金的投入和有效使用；

（五）督促、检查寄递安全工作，及时消除事故隐患；

（六）组织制定并实施寄递安全事故应急预案；

（七）及时、如实报告寄递安全事故。

**第九条** 寄递企业应当按照规定设置寄递安全管理机构或者配备寄递安全管理人员，并报所在地省级以下邮政管理机构备案。寄递企业法定代表人或者主要负责人、寄递安全管理人员，应当具备相应的寄递安全知识和管理能力。

**第十条** 以加盟方式从事寄递活动的企业，被加盟人对加盟人负有安全管理责任。

跨省（自治区、直辖市）从事寄递活动的被加盟人应当在本省设立省级网络寄递安全管理机构，统一管理、协调本网络寄递安全等相关工作，并向省邮政管理机构备案。

**第十一条** 寄递企业应当在营业网点、处理中心、分拨中心以明显方式公示禁止寄递或者限制寄递物品名录、收寄验视制度、安全操作规程、突发事件应急处理规定和安全标识等内容。

**第十二条** 寄递企业应当执行收寄验视制度，制定收寄验视操作办法，并报所在地省级以下邮政管理机构备案。

寄递企业收寄物品时，应当提示用户如实填写寄递详情单，包括寄件人、收件人名址和联系方式以及物品名称、类别、数量、重量等；对信件以外的寄递物品，应当当场验视内件；不能确定安全性的存疑物品，应当要求用户出具相关部门的安全证明。

用户拒不如实填写寄递详情单、拒绝验视或者拒不提供安全证明的，寄递企业不予收寄。

**第十三条** 寄递企业在收寄过程中发现用户交寄国家规定禁止寄递物品的，应当拒绝收寄。

寄递企业对已经收寄的禁止寄递物品，应当立即停止转发和投递；对其中依法应当没收或者销毁的，应当立即向有关部门报告，并配合有关部门进行处理；对不需要没收、销毁的，寄递企业应当与用户取得联系，妥善处理。

对在寄递过程中发现武器、弹药、毒品以及危险化学品等重大危害性禁止寄递物品的，寄递企业在报告有关部门处理的同时，应当在二十四小时内向所在地省级以下邮政管理机构报告。

**第十四条** 寄递企业应当落实安全教育培训制度，每年至少组织一次寄递安全培训，并建立培训档案。

邮政管理、公安、国家安全、安全生产监督管理、检验检疫等部门应当按照职责加强对寄递企业安全教育培训的业务指导。

**第十五条** 寄递企业应当采用技术手段，对收寄、分拣、运输、投递等环节实行安全监控，防止寄递物品在寄递过程中短少、丢失、损毁。

监控设备应当二十四小时运转，监控资料保存时间不得少于三十天。

**第十六条** 寄递企业的处理中心、分拨中心应当配备符合国家标准、具备透视探测功能的安全检查设备，对寄递物品进行安全检查。

**第十七条** 寄递企业新建、改建和扩建处理中心、分拨中心的，其安全设施应当与主体工程同时设计、同时施工、同时投入生产和使用。寄递企业应当在竣工验收后三十日内，向所在地省级以下邮政管理机构备案。

**第十八条** 寄递企业在收寄、分拣、运输、投递等环节，应当做到规范操作，严禁抛扔、踩踏、坐压或者以其他危险方式造成寄递物品损毁。

**第十九条** 运输寄递物品的车辆应当符合国家和省道路交通运输技术规范和要求，并采用统一的运输专用标识。公安部门和交通运输管理部门应当根据城市交通状况，为寄递运输车辆提供通行便利。

收寄和投递寄递物品的车辆应当封闭，标明寄递企业标识。

**第二十条** 寄递企业应当采取必要措施确保寄递物品投递安全。

高等院校、集中办公场所、住宅小区的物业管理部门应当为寄递企业收寄、投递物品提供通行和车辆临时停放等便利条件。

**第二十一条** 寄递企业应当按照国家有关规定建立突发事件应急机制，制定应急预案，根据情势变化适时修订。

寄递企业应当建立健全突发事件应对工作机制，每年至少组织一次处置突发事件的应急演练，并记录在案。

**第二十二条** 因突发事件造成或者可能造成人员伤亡、重大财产损失的，寄递企业应当按照国家、省有关规定及时向邮政管理机构和负有相关职责的安全生产监督管理、公安、国家安全等部门报告。

**第二十三条** 因突发事件等原因造成服务阻断或者暂停经营活动的，寄递企业应当及时启动应急预案进行先期处置。寄递企业应当对处置前款所列事件有关的资料进行记录和保存。相关资料和书面记录至少保存一年。

**第二十四条** 以加盟方式从事寄递活动，因纠纷造成寄递物品滞留、积压的，加盟人、被加盟人应当及时协商处理，避免寄递物品延误、丢失、损毁。

**第二十五条** 寄递企业应当建立寄递详情单以及电子信息档案管理制度，采取必要措施确保信息安全，防止用户信息泄露、损毁、丢失。在发生或者可能发生用户信息泄露、损毁、丢失情况时，应当立即采取补救措施。

寄递详情单的实物保存应当满足相关标准规定的档案保管期限。保管期满后，按照规定销毁。

**第二十六条** 邮政管理机构在寄递安全管理活动中依法履行下列职责：

（一）指导与监督寄递企业落实安全责任制，督促企业加强企业内部安全管理；

（二）组织处置或者联系其他部门共同处置寄递安全突发事件；

（三）及时受理处理用户的申诉、举报；

（四）对监督检查过程中知悉的被检查寄递企业的技术秘密和业务秘密，应当保密；

（五）其他依法应当履行的职责。

**第二十七条** 寄递行业协会应当加强行业自律，制定行业安全规范，引导会员企业提高寄递安全管理水平，促进寄递企业健康发展。

**第二十八条** 任何单位和个人不得有下列行为：

（一）私自开拆、隐匿、毁弃或者非法扣留、扣查他人寄递物品；

（二）以围堵、聚众闹事等形式，扰乱寄递企业生产经营场所正常秩序；

（三）非法拦截、强登、扒乘寄递物品运输车辆；

（四）盗窃、冒领、倒卖寄递物品；

（五）倒卖用户信息；

（六）其他影响寄递安全的违法行为。

**第二十九条** 违反本办法，法律、法规已规定法律责任的，适用其规定；法律、法规未规定的，按照本办法执行。

**第三十条** 邮政管理机构及其工作人员在寄递安全管理活动中违反第二十六条规定的，对直接负责的主管人员和其他直接责任人员依法给予处分；构成犯罪的，依法追究刑事责任。

其他有关部门及其工作人员在寄递安全管理活动中滥用职权、玩忽职守、徇私舞弊的，依法给予处分；构成犯罪的，依法追究刑事责任。

**第三十一条** 违反本办法，跨省（自治区、直辖市）从事寄递活动的被加盟人未在本省设立省级网络寄递安全管理机构，或者未按要求备案的，由省邮政管理机构责令限期改正；逾期未改正的，处一万元以上三万元以下的罚款。

**第三十二条** 违反本办法，寄递企业有下列情形之一的，由邮政管理机构责令限期改正；逾期未改正的，处二千元以上一万元以下的罚款：

（一）未在营业网点、处理中心、分拨中心以明显方式公示禁止寄递或者限制寄递物品名录、收寄验视制度、安全操作规程、突发事件应急处理规定和安全标识等内容；

（二）监控设备未二十四小时运转，或者监控资料保存时间少于三十天；

（三）未建立寄递详情单或者相应电子信息档

案管理制度。

**第三十三条** 违反本办法，对在寄递过程中发现重大危害性禁止寄递物品，寄递企业未按规定在二十四小时内向所在地省级以下邮政管理机构报告的，由邮政管理机构处二千元以上一万元以下的罚款。

**第三十四条** 违反本办法，寄递企业有下列情形之一的，由邮政管理机构处一万元以上三万元以下的罚款：

（一）抛扔、踩踏、坐压或者以其他危险方式造成寄递物品损毁；

（二）因突发事件等原因造成服务阻断或者暂停经营活动，寄递企业未及时启动应急预案进行先期处置；

（三）因纠纷造成寄递物品滞留、积压，加盟人、被加盟人未及时协商处理，寄递物品延误、丢失、损毁。

**第三十五条** 违反本办法，未按规定保管或者销毁寄递详情单的，由邮政管理机构处五千元以上一万元以下罚款；情节严重的，处一万元以上三万元以下罚款。

**第三十六条** 违反本办法，有下列行为之一，尚不构成犯罪的，由公安机关依法给予治安管理处罚：

（一）私自开拆、隐匿、毁弃或者非法扣留、扣查他人寄递物品；

（二）以围堵、聚众闹事等形式，扰乱寄递企业生产经营场所正常秩序；

（三）非法拦截、强登、扒乘寄递物品运输车辆；

（四）盗窃、冒领、倒卖寄递物品；

（五）倒卖用户信息。

**第三十七条** 本办法自2015年5月1日起施行。

# 福建省促进快递行业发展办法

（2015年1月16日 福建省人民政府第35次常务会议通过）

## 第一章 总 则

**第一条** 为了促进和规范快递行业健康发展，加强对快递市场的监督管理，维护快递渠道安全畅通，保护企业和用户合法权益，适应经济社会发展和人民生活需要，依据《中华人民共和国邮政法》及有关法律法规，结合本省实际，制定本办法。

**第二条** 在本省行政区域内经营快递业务、使用快递服务以及相关监督管理等活动，应当遵守本办法。

**第三条** 县级以上人民政府及其有关部门应当采取措施，支持快递行业发展。

**第四条** 邮政管理部门负责对本辖区快递市场实施监督管理，建立完善快递市场监管体系，促进快递企业规范化运作。

发展改革、财政、公安、国家安全、交通运输、经信、建设、商务、规划、工商、税务、海关、检验检疫、价格等部门按照各自职责，建立健全安全保障机制，共同做好快递市场的相关管理工作。

**第五条** 快递企业应当加强服务质量管理，完善安全保障措施，按照国家规定的相关标准，为用户提供迅速、准确、安全、方便的服务。

**第六条** 快递行业协会应当制定行业规范，加强行业自律，维护会员的合法权益，提高快递企业的经营管理水平和从业人员的业务素质。

## 第二章　支持措施

**第七条**　县级以上人民政府应当将快递行业发展纳入国民经济和社会发展规划，将快递服务基础设施建设纳入本级城乡规划和土地利用总体规划，保障快递服务与当地经济社会协调发展。

城市新建住宅小区和旧城改造应当将快递服务网点纳入社区服务基础设施，同步规划、同步建设，并应当规划安排快递服务所需的停车和装卸用地。

支持快递企业利用工业企业旧厂房、仓库和存量土地资源建设快件处理中心，项目建设用地享受工业用地政策。

**第八条**　地方各级人民政府应当将快递服务纳入农村基本公共服务，支持快递企业在农村设置快递服务网点或者利用村邮站、农村超市、农家店等开展农业生产资料、生活消费品和农副产品等寄递服务。

**第九条**　县级以上人民政府应当制定扶持和鼓励措施，支持快递行业与电子商务、制造业等关联产业构建合作发展平台，促进快递行业与电子商务、制造业等关联产业有机融合和联动发展。

**第十条**　鼓励快递企业整合资源，与民航、铁路、公路等运输行业联动发展。机场、车站、口岸等单位应当支持快递企业建设快件集中处理场所，提供快速配载、装卸、交接等服务。安检机构应当对快件实行分类管理、优先查验，提高检验效率，确保快件传递畅通。

**第十一条**　人力资源和社会保障行政部门应当将快递业务员职业技能培训纳入管理，对通过社会化考试取得职业资格证书的个人，按照相关规定给予补贴。

**第十二条**　公安机关交通管理部门对经邮政管理部门核准的从事快递业务的车辆，在其收寄、投递快件时，依法提供城区通行和临时停车的便利。从事快递运输业务的车辆应当由邮政管理部门核准喷涂统一快递专用标志，专用标志式样由省邮政管理部门制定。

支持快递企业依法使用非机动车收投快件。鼓励快递企业购置新能源汽车作为城市快件运输和收投服务工具，并按照国家规定给予补贴优惠。

**第十三条**　机关、企事业单位、住宅小区管理单位、高等院校等应当为快递企业收寄和投递快件提供通行、临时停车、代收、保管等便利服务。

鼓励通过设立快件集中代收代投服务点、设置自助服务终端等形式，为快件收寄和投递提供便利和安全保障。

**第十四条**　鼓励快递企业的总部、区域总部、分拨中心或者呼叫中心等落户本省，按照规定享受本省总部经济的相关政策。

## 第三章　快递服务

**第十五条**　快递企业提供快递服务应当符合以下要求：

（一）在收寄快件时，应当要求寄件人如实完整填写快递运单，应当明确提示寄件人选择保价业务或者保险业务，并告知其权利义务；

（二）不得野蛮分拣，严禁抛扔、踩踏或者以其他危险方法处理快件；

（三）根据业务处理流程，及时准确将快件流转信息上传网络，并向用户提供电话或者网络等查询渠道，方便用户跟踪查询快件流转情况；

（四）快递企业收派员收寄和投递快件时应当统一穿着具有本企业标识的服装，并佩戴工号牌或胸卡。

**第十六条**　快递企业应当采取按址投递、用户领取或者与用户协商的其他方式投递快件。快递企业应当对快件提供至少2次免费投递。

收件人本人无法签收的，经征得收件人同意，可以由收件人指定的其他人代收。

**第十七条**　快递企业可以委托连锁商业机构等第三方代办快件收投服务，委托人应当与被委托人签订委托合同，明确约定双方权利义务、快件收投服务规范和快件损失的赔偿责任等。

**第十八条** 快递企业投递快件，应当告知收件人或者代收人当面验收。快件外包装完好的，由收件人或者代收人签字确认。投递的快件注明为易碎品或者外包装出现明显破损的，收派员应当告知收件人或者代收人先验收内件再签收。

对于网络购物、代收货款以及与用户有特殊约定的其他快件，快递企业应当与寄件人在合同中明确投递验收的权利义务，并提供符合约定的验收服务，验收无异议后，由收件人或者代收人签字确认。

验收过程中，发现快件损毁或者内件短少等异常情况的，收派员应当在快递运单上注明情况，并由收派员和收件人或者代收人共同签字。

**第十九条** 快件发生延误、丢失、损毁或者内件短少的，快递企业应当按照与用户的约定，依法予以赔偿。

**第二十条** 快递企业应当建立快递运单实物及电子数据档案管理制度，采取技术措施确保用户信息安全，防止用户信息泄露、丢失。快递运单的实物和电子数据档案保存应当符合快递服务国家标准规定的保管期限，保管期满后，应当按照规定集中销毁。

**第二十一条** 用户对快递服务质量存在异议的，可以向快递企业投诉。快递企业应当自接到投诉之日起15日内作出处理。因快递企业逾期未处理或者对处理结果不满意的，用户可以依法向邮政管理部门申诉。

邮政管理部门应当依法及时处理用户的申诉，并自接到申诉之日起30日内作出答复。快递企业应当积极配合邮政管理部门处理用户的申诉。

## 第四章 快递安全

**第二十二条** 快递企业应当建立并执行收寄验视制度，收寄快件时应当当场验视交寄物品，检查是否属于国家禁止寄递或者限制寄递的物品，是否与快递运单所填写的内容一致。用户拒绝验视或者拒绝如实填写快递运单的，快递企业不予收寄。

**第二十三条** 快递企业应当对收寄、分拣、运输、投递环节实行安全监控和信息化管理，实现对快件的全程跟踪和实时查询，防止快件在寄递过程中丢失、损毁或者内件短少。监控设备应当全天24小时运转，监控资料保存不少于30天，并按照邮政管理部门的规定报送。

**第二十四条** 快递企业应当建立安全检查制度，落实安全检查责任和措施，建立隐患排查、登记、报告、整改管理制度，加强安全防范和隐患排查治理。

**第二十五条** 快递企业在许可的经营区域范围内，设置用于快件临时配载、装卸、理货、保管等内部配套作业的小型临时中转场所，且不对外开展现场收件或者为社会提供服务的，应当在设置之日起20日内，报所在地邮政管理部门备案，邮政管理部门应当在备案之日起5日内抄告同级工商行政管理部门。

**第二十六条** 快递企业及其从业人员不得实施下列损害用户合法权益的行为：

（一）毁弃、倒卖、盗窃、私自开拆或者违法扣留用户快件；

（二）非法出售、泄露或者向他人非法提供从事快递服务过程中知悉的用户信息；

（三）法律、法规禁止的其他行为。

**第二十七条** 有下列情形之一的，公安机关、国家安全机关接到报案后，应当及时受理并依法处理：

（一）违反规定寄递国家禁止寄递或者限制寄递物品，危害国家安全或者公共安全的；

（二）以围堵、拦截、聚众闹事等形式，扰乱快递服务场所正常秩序的；

（三）倒卖、盗窃、私自开拆或者违法扣留用户快件的；

（四）非法出售用户快递服务信息的；

（五）其他影响快递服务安全和用户权益的违法犯罪行为。

**第二十八条** 邮政管理部门应当与有关部门

配合，妥善处置快递行业突发事件，查明事件原因和责任，提出整改措施，并依法对有关企业或者个人作出处理。

## 第五章　闽台快递合作

**第二十九条**　县级以上人民政府及其有关部门应当采取措施，鼓励发展闽台快递服务合作，支持快递企业服务闽台电子商务、金融、保险、旅游等经贸和文化交往。

**第三十条**　支持闽台快递合作基础设施建设，完善两岸快件交换、包裹处理等功能，支持通过闽台通道发展跨境快递业务。

支持开辟闽台快件通关绿色通道，完善闽台快件通关环境，创新快件通关监管模式，简化报检程序，实现闽台口岸关检互认。

**第三十一条**　支持在本省台商投资区、台湾农民创业园等对台合作区域拓展快递服务业务。

**第三十二条**　鼓励有条件的快递企业开展对台直航包机，扩大两岸快件运输直航范围，支持扩大对台海运快件业务范围，增强闽台快递服务时效性。

**第三十三条**　鼓励闽台快递企业相互合作，支持闽台之间相互设立快递企业或者快递企业分支机构。

支持闽台快递企业、快递行业协会建立定期联络协调机制，推动同业人员定期对话、互访交流和业务合作。

## 第六章　法律责任

**第三十四条**　违反本办法第二十条规定，快递企业未按照要求保管和销毁快递运单的实物和电子数据档案的，由邮政管理部门责令改正，处1000元以上5000元以下罚款；情节严重的，处5000元以上2万元以下罚款。

**第三十五条**　违反本办法第二十一条规定，快递企业未按照规定处理用户投诉的，由邮政管理部门责令改正，可处1000元以上5000元以下罚款；情节严重的，处5000元以上2万元以下罚款。

**第三十六条**　违反本办法第二十二条规定，快递企业未执行收寄验视制度的，由邮政管理部门责令改正，可处1万元以上3万元以下罚款。

**第三十七条**　违反本办法第二十三条规定，快递企业未按照规定实行安全监控的，由邮政管理部门责令限期改正，可处3000元以上1万元以下罚款；逾期未改正的，处1万元以上3万元以下罚款。

**第三十八条**　快递企业及其从业人员违反本办法及相关法律、法规、规章规定，受到邮政管理部门或者有关行政管理部门依法处罚的，邮政管理部门应当依法公开其违法信息，并纳入相关信用信息系统，供单位和个人查询。

**第三十九条**　邮政管理部门工作人员在监督管理中滥用职权、玩忽职守、徇私舞弊，依法给予处分；构成犯罪的，依法追究刑事责任。

## 第七章　附　则

**第四十条**　本办法自2015年5月1日起施行。

# 福州市邮政业管理若干规定

（2015年7月11日　福州市人民政府第13次常务会议通过）

**第一条**　为促进邮政业健康发展，加强邮政业管理，规范邮政业服务行为，保护企业和用户的合法权益，根据《中华人民共和国邮政法》、《福建省邮政条例》等法律、法规，结合本市实际，制定本规定。

**第二条** 本规定适用于本市行政区域内邮政业的规划、建设、服务和监督管理活动。

**第三条** 福州市邮政管理部门是本市邮政业主管部门,负责本市行政区域内的邮政普遍服务和邮政市场的监督管理工作。

县级以上人民政府规划、国土、公安、住房保障和房产管理等部门应当在土地使用、设施建设、车辆通行等方面支持邮政业的发展。

市人民政府财政部门会同商务、发展改革等部门统筹安排专项资金用于支持快递行业发展,具体资金使用办法由相关主管部门会同邮政管理部门制定。

**第四条** 各级人民政府应当将邮政业发展纳入国民经济和社会发展规划,并将邮政设施、物流园区(含快递)的布局和建设与城市总体规划、控制性详规及专项规划相衔接,保障邮政行业与当地经济社会协调发展。

**第五条** 邮政业设施包含邮政设施、快递设施。

邮政设施包含邮政营业场所、邮件处理场所、邮筒(箱)、邮政报刊亭、信报箱等。

快递设施包含快递物流园区、快件处理中心、快递服务网点、智能快件箱等。

**第六条** 快递服务网点应当按照国家有关标准规划建设。城市新建住宅小区、商业区、开发区和旧城改造应当将快递服务网点纳入社区服务基础设施,同步规划、同步建设。

邮政设施应当按照国家、行业标准规划建设。主次干道报刊亭应按规划要求布点设置,符合市容市貌标准,统一标识。

**第七条** 鼓励社区服务组织、连锁商业机构、机关学校管理部门在本社区、机关内建设快递末端服务网点,经营服务事项可与快递企业协商确定,市邮政管理部门应当予以服务与指导。

**第八条** 征收邮政营业场所或者邮件处理场所,城乡规划许可的,房屋征收部门应当根据邮政设施国家、行业标准要求,予以就地就近产权调换;因城乡规划调整确实无法实行产权调换的,给予货币补偿。

**第九条** 建设城镇居民楼应当设置接收邮件的信报箱,并按照国家规定的标准验收。城市街道、广场、公园等公共场所应当按照方便群众的原则设置邮筒(箱)、邮政报刊亭等公用设施。

已缴存住宅专项维修资金的住宅小区,将传统信报箱更新改造为智能信报箱的,可申请使用住宅专项维修资金。鼓励新建小区配置智能快件箱。

安置智能快件箱的,应当向市邮政管理部门登记建档。市邮政管理部门应当对智能快件箱的建设提供指导。

**第十条** 邮件、快件准确载明收件人姓名、联系方式的,邮政、快递企业与物业协商后可以委托物业代为送达,但应征得收件人同意。

因物业企业、管理单位阻碍邮政、快递从业人员进入并不愿代为送达等原因造成投递不能到门到户的,邮政、快递企业应当当场通知收件人领取,仍未领取的,将邮件、快件留存指定服务场所,按国家法律法规规定处理。

**第十一条** 快件运输车辆应当符合国家、行业标准,按照市邮政管理部门的规范要求喷涂统一专用标识,并按规定向市邮政管理部门、公安交通管理部门备案。由市邮政管理部门会同市公安交通管理部门对喷涂专用标识的轻微型载货汽车实行总量控制。

喷涂专用标识的轻微型载货汽车除规定的限制时段外,可以在福州市区限制载货汽车通行的道路通行。具体时段由市公安交通管理部门会同市邮政管理部门制定。

**第十二条** 邮政、快递行业从业人员应当按照国家和本市规定具备邮政快递业务员职业技能。邮政、快递企业应当加强对从业人员的职业技能培训、职业素质教育和从业考核。市邮政管理部门应当对从业人员培训予以指导和监督。

**第十三条** 禁止下列行为：

（一）私自开拆、隐匿、毁弃或者非法扣留、扣查他人邮件、快件的；

（二）以围堵、拦截、聚众闹事等形式，扰乱寄递服务场所正常秩序的；

（三）非法拦截、强登、扒乘邮件、快件运输车辆的；

（四）盗窃、冒领、倒卖邮件、快件的；

（五）窃取、泄露用户信息的；

（六）利用寄递进行诈骗犯罪的；

（七）挪用、侵占、盗窃业务款和代收货款的；

（八）其他影响寄递服务的违法行为。

有上述情形之一的，任何单位、个人可以向公安机关报案，公安机关接到报案后，应当及时受理并依法处理，市邮政管理部门应当协调做好邮件、快件的及时派送工作。

**第十四条** 市邮政管理部门应建立举报投诉、评议考核制度。对扣留、倒卖、盗窃、隐匿、毁弃邮件、快件或者泄露用户信息等违法违规行为，除依法对直接责任人员予以处罚外，还应记入邮政、快递企业的不良信用记录，定期向社会公示。

**第十五条** 本规定自 2015 年 9 月 1 日起施行。

# 徐州市寄递业治安管理办法

（徐州市人民政府令第 138 号）

**第一条** 为了规范寄递市场，加强寄递业治安管理，保障公民人身、财产安全和公共安全，根据《中华人民共和国邮政法》、国务院《企业事业单位内部治安保卫条例》等法律、法规，结合本市实际，制定本办法。

**第二条** 本市行政区域内寄递活动（包括为公民个人和个体工商户提供收运服务）的治安管理，适用本办法。

**第三条** 公安机关负责寄递业的治安管理工作。政府有关部门在各自的职责范围内，负责与寄递业治安管理有关的监督管理工作。

**第四条** 寄递经营者应当建立健全安全保障制度和措施，配备电子监控设备、身份证件识别设备和治安信息采集传输设备。

**第五条** 寄递企业应当按照规定设置治安保卫机构或者配备专职、兼职治安保卫人员。

**第六条** 寄递经营者应当自取得营业执照之日起三十日内向公安机关备案，并提交下列材料：

（一）营业执照及其复印件；

（二）寄递经营者及从业人员的基本情况；

（三）经营场所内部空间示意图；

（四）企业分支机构、附属网点分布、隶属关系、加盟等情况；

（五）建立治安保卫制度和治安防范措施情况。

**第七条** 寄递用户不得交寄或者在交寄物品中夹带枪支弹药、管制器具、生化制品、传染性物品、麻醉药品、放射性物质和危险化学品以及国家禁止寄递的其他物品，同时应当遵守国家关于限制寄递物品的规定。

**第八条** 寄递经营者应当建立并执行收件验视制度，提示用户如实全面填写物品寄递详情单。

寄递业从业人员应当在用户在场的情况下，当面验视寄递物品，发现属于国家禁止寄递的物品的，应当拒绝接收，并及时报告公安机关。

用户拒绝验视、拒不如实填写物品寄递详情

单的，不予收寄。

寄递经营者受用户委托长期、批量提供递送服务的，应当与用户书面明确安全保障义务，采取抽验方式验视内件，做好抽验记录，抽验记录保存期限不少于一年。

**第九条** 寄递经营者应当按照国家相关规定核对、登记寄件人身份证件及联系电话等信息，并及时将相关信息上传至寄递业治安管理信息系统。

物品寄递详情单等相关纸质材料应当建立档案，保存期限不少于一年。

公安、邮政管理、经济和信息化等相关部门应当建立信息共享机制。

**第十条** 寄递经营者应当依法保护用户的信息安全和通信秘密，没有法律明确规定或者用户书面同意，寄递经营者及其从业人员不得将用户使用寄递服务的信息提供给任何组织或者个人。

**第十一条** 寄递经营者应当对从业人员加强安全教育培训，使其掌握禁限物品的种类、形状、辨识要领等知识。

**第十二条** 寄递经营者应当对从业人员身份信息及变动情况进行查验、登记，并上传至寄递业治安管理信息系统。

**第十三条** 寄递经营者应当在经营场所出入口、营业厅、停车场、保管库房、主要通道等部位安装电子监控设备，监控设备应当每日二十四小时运转，监控记录保存期限不少于三十日。

**第十四条** 寄递经营者应当配备相应的安检设备，对进出本市行政区域的货物进行安全检查。

**第十五条** 公安、邮政管理等部门应当建立联合执法机制，对寄递业治安防范措施、实名制、验视制度等执行情况开展检查。

寄递经营者的失信行为纳入徐州市征信管理系统。

**第十六条** 寄递经营者违反本办法规定，有下列情形之一的，由公安机关予以警告，责令限期改正；逾期不改正的，处以二千元以上五千元以下罚款：

（一）未按照规定向公安机关备案的；

（二）未按照规定上传相关治安管理信息的。

**第十七条** 违反本办法规定，本办法未作处罚的，由邮政管理等部门依据《中华人民共和国邮政法》等相关法律、法规和规章予以处罚。

**第十八条** 本办法自 2015 年 3 月 1 日起施行。

# 伊犁哈萨克自治州邮政管理条例

*（2015 年 2 月 6 日 伊犁哈萨克自治州第十三届人民代表大会第四次会议通过；2015 年 5 月 28 日 新疆维吾尔自治区第十二届人民代表大会常务委员会第十六次会议批准）*

## 第一章 总 则

**第一条** 为了保障邮政普遍服务，加强对邮政市场的监督管理，维护邮政通信与信息安全，保护通信自由和通信秘密，保护用户、邮政企业和快递企业的合法权益，促进伊犁哈萨克自治州（以下简称自治州）邮政业健康发展，根据《中华人民共和国邮政法》、《新疆维吾尔自治区邮政条例》等法律、法规的规定，结合本州实际，制定本条例。

**第二条** 自治州行政区域内邮政业的规划、建设、安全保障、服务和监督管理适用本条例。

**第三条** 自治州各级邮政管理机构是邮政工

作的主管部门，依法管理本行政区域内的邮政工作。

**第四条** 县级以上人民政府及公安、国家安全、发展和改革、国土、住房和城乡建设、交通运输、民政等相关职能部门依照各自职责，做好邮政行业的监督管理工作。

**第五条** 县级以上人民政府应当将邮政普遍服务纳入当地基本公共服务体系，结合实际给予政策优惠，重点保障农牧区、边境地区的邮政普遍服务，支持邮政企业在农村、牧区、边境地区开展物流配送等服务。

县级以上人民政府及其有关部门应当对快递企业在规划建设、车辆通行、服务等方面给予支持，促进快递服务健康发展。

**第六条** 邮政企业、快递企业应当建立健全安全生产责任制，确保邮政企业、快递企业生产安全和邮政行业从业人员人身安全。

**第七条** 邮政企业、快递企业应当为用户提供迅速、准确、安全、方便的服务。

## 第二章　规划与建设

**第八条** 自治州各级人民政府应当将邮政、快递业发展规划纳入国民经济和社会发展规划，按照统筹安排、合理布局的原则，将邮政、快递基础设施的布局和建设纳入城乡规划、土地利用规划、综合交通运输体系规划，保障邮政业与当地经济社会协调发展。

**第九条** 对提供邮政普遍服务和特殊服务的邮政服务网点、邮件处理场所，其建设用地应当纳入土地利用年度计划。

邮政企业依法设置提供邮政普遍服务的邮政设施或者开展流动服务时，有关单位和个人应当予以配合。

**第十条** 建设城市新区、独立工矿区、开发区、高校区、旅游度假区、工业园区、城镇社区、边境贸易经济合作区或者旧城区改造，应当建设提供邮政普遍服务的邮政设施。

重点旅游景区景点和集贸市场，较大的车站、机场、口岸、高等院校和宾馆等地点，应当设置提供邮政普遍服务的邮政设施。

县、乡（镇）人民政府应当加强在乡（镇）和行政村的邮政设施建设。

**第十一条** 因城乡建设需要征收邮政营业场所或者邮件处理场所的，在新建邮政营业场所或者邮件处理场所交付使用前，依法做出征收决定的人民政府应当与邮政企业协商安排过渡场所，保证邮政普遍服务正常进行。

邮筒（箱）、邮政报刊亭确需迁移的，应当迁至方便群众用邮的地方。

**第十二条** 信报箱的设置应当纳入房屋建筑工程施工图设计文件审查范围。未按照国家和自治区相关工程建设强制性标准设计信报箱的，施工图审查机构不得审查通过。

已建成使用的住宅小区、住宅楼未设置信报箱的，由产权人或者委托的物业服务企业以及其他管理者负责按照标准设置。

信报箱归产权人所有。产权人或者管理者负责信报箱的管理、维修、更换，也可以委托物业服务企业或邮政企业维修、更换。

**第十三条** 邮政企业、快递企业新建、改建和扩建邮件处理中心、快件分拨中心、营业网点等场地时，应当在设计建设前和竣工验收后，分别向邮政管理机构备案。

租用上述经营、处理场地的，应当自签订租赁合同之日起二十日内向邮政管理机构备案。

**第十四条** 地名管理部门设置的城市街道、乡（镇）、村庄的名址牌，应当标明邮政编码。地名和门牌号码发生变更或被撤销时，应当及时通知邮政企业。

## 第三章　邮政服务

**第十五条** 邮政企业提供到户服务的，其从业人员应统一使用具有企业标识的运输工具，穿着具有企业标识的服装，并佩戴工号牌，在服务前表明身份。

相关单位及其工作人员在确保安全的情况下，应当准许邮政企业从业人员、投递车辆进入。

机关、团体、企事业单位、综合性商贸中心、商用写字楼和住宅区物业服务企业应当设置收发室、信报箱或者指定其他接收邮件场所，为邮政企业投递邮件提供便利。

**第十六条** 负有邮件代收发义务的人员，接收邮政企业投递的邮件时，应当当场核对、签收，并负有邮件的保管、及时转交和保密义务；对错投、误投和无法投递的邮件，应当及时通知邮政企业收回。

用户变更名称、投递地址的，应当事先书面通知邮政企业或其分支机构，邮政企业应当自受理用户变更名址、投递地址手续之日起七日内安排投递；

**第十七条** 用户交寄邮件，应当符合国家邮政管理部门规定的准寄范围、封装规格、书写格式，正确书写邮政编码，使用符合国家标准的信封和符合邮政行业标准的明信片、有效的邮资凭证。对符合要求的邮件，邮政企业不得拒收。

用户交寄邮件使用不符合标准的信封、明信片和无效邮资凭证的，邮政企业应当给予指导更正；不能更正的，邮政企业不予收寄。已经投入信箱、邮筒的，退回寄件人或者通知寄件人限期领回并注明退回原因和日期，免收退回费用。

**第十八条** 收件人或者代收人接收给据邮件时，应当进行验视；验视确认邮件外包装完好、重量相符的，应当予以签收。邮件注明为易碎品及外包装破损的，可以要求开拆验视；内件短少、损毁或者与详情单不符的，可以拒绝签收，在详情单上注明原因、时间并签名。邮政企业与寄件人另有约定的除外。

**第十九条** 因不可抗力或者其他特殊原因暂时停止办理或者限制办理邮政普遍服务业务的，邮政企业应当及时公告，采取相应的补救措施，保证该区域的邮政普遍服务业务和特殊服务业务的正常开展，并向邮政管理机构报告。暂时停止办理或者限制办理邮政普遍服务业务的时间不得超过三个月。

**第二十条** 遇国家法定节假日邮政营业场所调整营业时间，应当提前三日发布公告。

## 第四章 快递服务

**第二十一条** 经营快递业务，应当依法取得快递业务经营许可证。

取得快递业务经营许可的企业应当按照经营许可范围和有效期限经营快递业务。并不得将快递业务委托给未取得快递经营许可的企业经营或超越经营许可范围委托经营。

**第二十二条** 经营快递业务的企业可以制定和采用高于国家标准的企业标准为用户提供服务。

**第二十三条** 经营快递业务的企业应当按照负责派送的企业在网站上公布的派送范围收寄快件，服务时限不能满足同城不超过 24 小时，国内异地不超过 72 小时的应当事先同用户达成约定，并于寄递详情单上注明约定时限。

经营快递业务的企业应当按照服务时限和公示的派送范围及时处理和派送快件，实行两次免费派送。消费者不承担因企业内部误收派送范围以外的快件所产生的转投费用。

经营快递业务的企业应当按照国务院邮政管理部门的规定处理无法投递或无法退回寄件人的快件。代收货款快件可按与寄件人事先约定直接退回。

**第二十四条** 经营快递业务的企业服务地点、服务时间、服务范围、服务方式、快件时限、查询投诉方式等发生变更的，要通过大众媒介或企业网站、对外营业服务场所向消费者公告，并说明原因。

前款规定的项目发生变更的应向所在地邮政管理机构备案。

**第二十五条** 经营快递业务的企业应当对从

业人员进行职业技能培训、职业道德教育和法制培训，规范其从业行为。

经营快递业务的企业应当组织符合条件的快递业务员参加职业技能鉴定。经营同城快递业务的，确保快递业务员中具备初级以上资格的不低于30%，经营省内异地快递业务的，确保快递业务员中具备初级以上资格的不低于40%。

**第二十六条** 采用加盟方式经营快递业务的，加盟合同内容以及合同发生变更、终止时，应当在七日内书面报告所在地邮政管理机构。

**第二十七条** 经营快递业务的企业在快递业务经营许可有效期限内不得擅自停止经营。

暂时停止快递业务网络运营导致快递服务不能畅通运行的，应当提前向所在地邮政管理机构书面报告，按照规定妥善处理未投递的快件，并提前三日向社会公告停业安排。

**第二十八条** 经营快递业务的企业分立、合并、撤销营业网点应当提前向所在地邮政管理机构递交书面材料报告并及时备案。

快递业务经营许可证（副本）载明的股权关系、注册资本、业务范围、地域范围发生变更的，或者增设、撤销分支机构的，应当报邮政管理机构办理变更手续，并持变更后的快递业务经营许可证办理工商变更登记，在营业执照办理变更完成之日起二十日内到所在地邮政管理机构办理备案手续。

**第二十九条** 经营快递业务的企业提供的寄递详情单应当符合合同格式条款的规定，在显著位置注明时限、保价及赔偿条款等保障用户权益的相关内容。

经营快递业务的企业收取快件时，应当采取合理的方式对寄递详情单所载格式合同中免除或者限制其责任的条款进行提示和说明。

经营快递业务的企业应当提示用户在交寄物品时仔细阅读寄递详情单，正确、完整的填写寄件人、收件人名址和寄递物品的名称、类别、数量等，并核对寄件人和收件人信息，准确注明快件的重量、资费、收寄日期等。

**第三十条** 经营快递业务的企业在业务旺季应加强快递业务监测预警和信息沟通，合理调配资源储备，建立快递旺季服务应急处置机制，切实保障快递网络通畅，生产运行安全、平稳、有序。

**第三十一条** 经营快递业务的企业与电子商务企业签订长期快递服务的，在订立合同或者协议时，应当明确在电子商务企业促销旺季、法定节假日等特殊时期的快递服务时限和应急措施。电子商务企业不得向收件人提供与合同约定不符的虚假承诺。因电子商务企业虚假承诺导致快件延误造成损失的，按照相关规定，由电子商务企业承担损失赔偿等违约责任。

**第三十二条** 对经过有关部门认定，发放使用证的快递服务车辆，应当免收停车费。

**第三十三条** 本条例第十五条第一、二款对邮政企业服务人员的规定适用于快递从业人员。

机关、团体、企事业单位、综合性商贸中心、商用写字楼和住宅区物业服务企业应当为快递企业投递快件提供便利，鼓励同快递企业达成协议，代理快件投递业务。

## 第五章 安全保障

**第三十四条** 邮政企业、快递企业应当设置专门的安全管理机构，配备专职安全管理人员和专（兼）职质检员，建立服务质量自查巡查制度，并按照规定的频次进行检查，对发现的问题及时整改或报告。

**第三十五条** 邮政企业、快递企业收寄邮件、快件时，应当要求寄件人出示有效身份证件，确保寄件人在寄递详情单上所填写的寄件人身份信息同身份证件一致。

用户在交寄邮件、快件时，应当配合快递业务员的要求，出示有效身份证件。

**第三十六条** 邮政企业、快递企业应当严格执行收寄验视制度。邮政企业、快递企业应当在用户在场的情况下，当面验视交寄物品，检查交寄物品是否属于国家和自治区规定禁止或限制寄递的物品以及是否与寄递详情单上所填报的内容相符，用户拒绝验视、拒不如实填写寄递详情单、拒不提供相应书面凭证的，邮政企业、快递企业不予收寄。

核对无误并如实记录收寄物品的名称、规格、数量、重量、资费、收寄时间、寄件人身份信息和收件人名址等内容，方可收寄，记录保存期限不少于一年。

**第三十七条** 已经收寄的邮件、快件中发现有国家禁止寄递的物品的，邮政企业、快递企业应当立即停止转发和投递。对其中依法需要没收或者销毁的物品，应当立即向有关部门报告，并配合有关部门进行处理。对已收寄的不需要没收、销毁的禁寄物品以及一同查处的禁寄物品之外的物品，邮政企业、快递企业应当与寄件人或者收件人取得联系，妥善处理。

**第三十八条** 邮政企业、快递企业应当加强服务网络和信息化网络的建设和管理，保障快递服务网络的安全和畅通，接受邮政管理机构、国家安全机关、公安部门等相关部门的监督，并为其提供数据共享接口等必要的工作条件。

**第三十九条** 邮政企业、快递企业应当有封闭的、面积适宜的邮件、快件处理场所，并在营业处理场所配备符合规定的监控设备、消防设施、安全防护设施；

邮政企业、快递企业应当对收寄、分拣、运输、投递等环节实行安全监控，并对营业、处理场所进行24小时全覆盖监控，监控资料保存时间不得少于三十天。经营快递业务的企业应当按照国家和自治区标准以及主管部门的要求提供数据共享接口，为安全监管及公众服务提供所需的实时数据和信息。

**第四十条** 邮政管理机构应当建立健全行业突发事件应对机制，制定突发事件应急预案，对本行业突发事件应急预案的可行性、科学性与有效性进行评估，适时修订。定期组织邮政企业、快递企业开展突发事件应急演练。邮政管理部门为应对突发事件，可以调集和征用有关邮政企业、快递企业的人员、物资及车辆、场地和相关设备，并按照规定给予补偿。

邮政企业、快递企业应当制定突发事件应急预案，根据情势变化适时修订更新，并及时向邮政管理机构备案。

邮政企业、快递企业发生突发事件的，应当向邮政机构报告的同时启动应急预案先期处置，并妥善保存与事故有关的资料和记录，保存期限一年。

**第四十一条** 邮政企业、快递企业应当建立健全包括收寄、处理、存放、派送等环节的信息安全保障制度和防护措施，同分支机构以及从业人员签订保密协议，明确保密责任。

邮政企业、快递企业不得以转让、贩卖、销售等方式泄露用户信息。因泄露用户信息对用户造成损失的，应当依法予以赔偿。

邮政企业、快递企业保存载有用户信息的寄递详情单应符合相关规定的条件和期限，保存期限届满的按照规定进行处理。

**第四十二条** 任何单位和个人不得有下列行为：

（一）利用寄递网络从事危害国家安全、社会公共利益或者他人合法权益的活动，交寄、夹寄爆炸性、易燃性、腐蚀性、放射性、毒害性、传染病病原体等危险有害物品以及非法出版物等国家规定禁止寄递的其他物品；

（二）擅自拆除、迁移、损毁邮政信箱（筒）、邮政报刊亭、信报箱等邮政设施；

（三）私自开启、封闭邮政信箱（筒）或者向邮政信箱（筒）内投放易燃、易爆、腐蚀、带有毒性病菌等危险性物品或者其他杂物；

（四）扰乱邮政营业场所、快递营业场所正常秩序；

（五）销售国家禁止流通的邮票、集邮品；

（六）经营、制作未经监制的通信使用的信封；

（七）未经批准，仿印邮票图案、对已发行的邮票图案进行再加工、经销仿印邮票图案；

（八）冒用邮政用品用具生产监制证书、快递车辆通行证、邮政专用标志；

（九）利用假冒身份证件或冒用他人身份证件交寄邮件、快件。

（十）法律法规禁止的其他行为。

## 第六章　监督管理

**第四十三条**　邮政管理机构应当加强对邮政市场的监督管理，建立服务质量考核体系，定期向社会公告考核情况。

具体考核办法由邮政管理机构制定。

**第四十四条**　对邮政管理机构依法进行的监督检查，被检查单位和个人应当配合，如实提供情况和有关资料，不得拒绝、拖延、阻碍，不得转移、隐匿、篡改、毁弃原始资料。

**第四十五条**　邮政企业、快递企业应当建立统计工作制度，固定统计工作人员，建立原始记录、统计台账、统计报表及电子数据信息等统计资料，建立健全统计资料的交接制度和档案管理制度。原始记录和统计台账至少保存五年。

报送有关经营情况应当真实、准确、及时、完整。

## 第七章　法律责任

**第四十六条**　邮政企业、快递企业违反本条例规定，未要求寄件人出示有效身份证件和登记寄件人身份信息的，由邮政管理机构责令改正，并处一千元以上一万元以下罚款。

**第四十七条**　邮政企业、快递企业违反本条例规定，不执行收寄验视制度的，对邮政企业直接负责的主管人员和其他直接责任人员给予处分，对快递企业，邮政管理机构可以责令停业整顿直至吊销其快递业务经营许可证。

**第四十八条**　邮政企业、快递企业违反本条例规定，违法提供用户使用邮政服务或者快递服务的信息，尚不构成犯罪的，由邮政管理机构没收违法所得，并处一万元以上五万元以下罚款；对邮政企业直接负责的主管人员和其他直接责任人给予处分；对快递企业可以责令停业整顿或吊销其快递业务经营许可证。

**第四十九条**　邮政企业、快递企业未按照邮政管理机构的要求对重大安全隐患进行整改的，由安全生产监督、消防等部门依法处置。

**第五十条**　违反本条例规定，应当追究法律责任的其他行为，依照有关法律、法规处罚，构成犯罪的，依法追究刑事责任。

**第五十一条**　邮政管理机构和其他有关行政机关工作人员滥用职权、玩忽职守、徇私舞弊的，由其所在单位或者有关主管部门对直接负责的主管人员和其他直接责任人员依法给予处分；构成犯罪的，依法追究刑事责任

## 第八章　附　则

**第五十二条**　本条例自2015年8月1日起施行。

**2015年全国部分市(地)关于快递服务发展的政策文件**

| 市 (地) | 政策文件名称 |
|---|---|
| 石家庄 | 石家庄市人民政府办公厅关于促进快递服务业发展的意见(石政办发〔2015〕34号) |
| 邢台 | 邢台市人民政府关于印发邢台市三轮车综合整治实施方案的通知(邢政字〔2015〕26号) |
| 衡水 | 衡水市人民政府办公室关于贯彻落实省促进物流业加快发展若干意见责任分工方案的通知(衡政办发〔2015〕9号) |
| 唐山 | 中共唐山市委办公厅、唐山市人民政府办公厅关于印发《唐山市贯彻落实〈京津冀协同发展规划纲要〉分工方案的意见》的通知(唐办发〔2015〕16号) |
| 张家口 | 张家口市交通运输局、张家口市邮政管理局关于印发《推进交通运输和邮政业务合作发展的实施意见》的通知(张交字〔2015〕51号) |
| 沧州 | 沧州市商务局、沧州市邮政管理局关于印发《关于加快推进"万村千乡市场工程"与"快递下乡"相融合协同服务三农的实施意见》的通知(沧商建运字〔2015〕28号) |
| | 沧州市交通运输局、沧州市邮政管理局关于推进交通运输和邮政业务合作发展的实施意见(沧交〔2015〕140号) |
| 承德 | 承德市人民政府办公室关于印发承德市电子商务发展三年行动计划(2015－2017)的通知(承市政办字〔2015〕175号) |
| 大同 | 《关于协同推进农村物流健康发展 加快服务农业现代化的实施意见》(同邮管〔2015〕36号) |
| | 关于印发《关于推进"快递下乡"服务拓展工程的实施方案》的通知(同邮管〔2015〕61号) |
| 忻州 | 忻州市发展和改革委员会关于印发《促进物流业发展两年行动计划》(2015－2016年)的通知(忻发改发〔2015〕329号) |
| 阳泉 | 关于印发邮政快递管理工作协调会议纪要的通知(阳交办发〔2015〕134号) |
| 运城 | 关于规范城市配送车辆人员出入小区管理工作的通知(运邮管〔2015〕19号) |
| 吕梁 | 吕梁市发展和改革委员会关于印发《吕梁市促进物流业发展两年行动计划(2015－2016年)》的通知(吕发改财经发〔2015〕343号) |
| 呼和浩特 | 呼和浩特市邮政管理 综治 安全 公安 安监 商务等六部门《关于做好高等院校校园邮政、快递服务工作的通知》(呼综治办〔2015〕29号) |
| 赤峰 | 关于做好高等院校校园快递服务安全管理工作的意见(赤邮管联〔2015〕3号) |
| 乌兰察布 | 乌兰察布市人民政府办公厅关于支持快递服务业发展的实施意见(乌政办发〔2015〕56号) |
| 呼伦贝尔 | 呼伦贝尔市交通运输局 呼伦贝尔市邮政管理局联合下发《关于印发〈呼伦贝尔市促进交邮发展协作方案〉的通知》(呼邮管联〔2015〕4号) |
| 兴安盟 | 兴安盟盟委 行政公署《关于印发兴安盟鼓励和支持电子商务发展若干政策意见的通知》(兴署发〔2015〕66号) |
| | 2015年兴安盟电子商务工作实施方案(兴办发〔2015〕42号) |
| 沈阳 | 沈阳市人民政府关于印发沈阳市电子商务规划(2015－2020年)的通知(沈政发〔2015〕48号) |
| | 沈阳市新能源汽车推广应用财政补助资金管理办法(暂行)(沈政办发〔2015〕72号) |
| | 沈阳市人民政府办公厅关于印发沈阳市2015年新能源汽车推广应用计划的通知(沈政办发〔2015〕74号) |
| | 沈阳市人民政府办公厅关于印发沈阳市大力发展电子商务加快培育经济新动力工作方案的通知(沈政办发〔2015〕93号) |
| 大连 | 关于协调落实新能源汽车相关政策的批复(大连邮管〔2015〕93号) |
| 盘锦 | 盘锦市人民政府关于加强中小微企业融资担保工作的意见(盘政发〔2015〕2号) |
| | 中共盘锦市委 盘锦市人民政府关于转变农业发展方式加快农业现代化建设的实施意见(盘委发〔2015〕4号) |
| | 盘锦市人民政府 办公室关于印发盘锦市农产品现代流通体系建设实施方案的通知(盘政办发〔2015〕78号) |
| | 盘锦市人民政府办公室关于印发盘锦市示范村建设工作方案的通知(盘政办发〔2015〕96号) |
| | 关于印发《盘锦市现代服务业发展专项资金管理暂行办法》的通知(盘服联发〔2015〕4号) |

续上表

| 市（地） | 政策文件名称 |
|---|---|
| 朝阳 | 朝阳市人民政府关于加快全市电子商务发展的实施意见（朝政发〔2015〕6号） |
| 朝阳 | 朝阳市人民政府关于印发朝阳市发展现代服务业实施方案的通知（朝政发〔2015〕45号） |
| 朝阳 | 朝阳市人民政府办公室印发关于加快全市商品市场体系建设实施意见推进方案的通知（朝政办发〔2015〕12号） |
| 辽阳 | 关于促进快递业发展的实施意见（辽市政发〔2015〕24号） |
| 铁岭 | 中共铁岭市委办公室、铁岭市人民政府办公室印发《铁岭市关于推进电子商务发展的实施方案》的通知（铁委办发〔2015〕18号） |
| 铁岭 | 铁岭市人民政府关于印发《铁岭市农产品现代流通体系建设方案》的通知（铁政发〔2015〕5号） |
| 锦州 | 中共锦州市委　锦州市人民政府关于推动大众创业万众创新工作的实施意见（锦委发〔2015〕6号） |
| 本溪 | 中共本溪市委　本溪市人民政府关于印发《本溪市全民创业五年行动计划》的通知（本委发〔2015〕3号） |
| 长春 | 长春市人民政府办公厅关于支持"快递下乡"的实施意见（长府办发〔2015〕26） |
| 吉林 | 吉林市交通运输局关于推进邮政业健康发展的实施意见（吉市交运发〔2015〕67号） |
| 吉林 | 吉林市人民政府关于支持"快递下乡"的实施意见（吉市政函〔2015〕387号） |
| 延边 | 延边州人民政府办公室关于支持"快递下乡"的实施意见（延州政办发〔2015〕17号） |
| 通化 | 通化市人民政府办公室关于支持"快递下乡"的实施意见（通市政办发〔2015〕14号） |
| 通化 | 通化市快递业支持医药健康产业发展工作方案（通市邮管〔2015〕11号） |
| 松原 | 松原市人民政府办公室关于支持"快递下乡"的意见（松政办发〔2015〕35号） |
| 白山 | 白山市人民政府办公室关于支持"快递下乡"的实施意见（白山政办发〔2015〕20号） |
| 辽源 | 辽源市邮政管理局　辽源市工业和信息化局关于推进快递服务制造业工作的指导意见（辽市邮管〔2015〕4号） |
| 辽源 | 辽源市人民政府关于推进全市物流发展的意见（辽府发〔2015〕16号） |
| 南京 | 南京市政府关于印发《南京市"互联网＋"实施方案（2015－2017年）》的通知（宁政发〔2015〕58号） |
| 南京 | 南京市国内贸易流通体制改革发展综合试点工作实施方案（宁政发〔2015〕208号） |
| 南京 | 南京市政府办公厅关于印发进一步加快电子商务发展的若干意见的通知（宁政办发〔2015〕99号） |
| 南京 | 南京市政府关于进一步支持新能源汽车推广应用的若干意见（宁政发〔2015〕143号） |
| 苏州 | 关于大力发展电子商务加快培育经济新动力的实施意见（苏政发〔2015〕166号） |
| 苏州 | 关于推动商务转型发展若干政策实施细则（常政办发〔2015〕189号） |
| 无锡 | 关于新建住宅区设置快递服务场所的通知（锡建开〔2015〕16号） |
| 常州 | 快递服务业标准化建设实施意见（常邮管〔2015〕27号） |
| 常州 | 常州市政府办公室关于印发《2015年常州市现代服务业发展工作要点》的通知（常政办发〔2015〕63号） |
| 常州 | 常州市电子商务工作领导小组下发《2015年度全市电子商务重点工作》（常商电商〔2015〕20号） |
| 常州 | 常州市综治委关于印发《常州市2015年度创新社会治理重点项目表》（常综治委〔2015〕2号） |
| 盐城 | 盐城市人民政府关于加快电子商务发展的意见（盐政发〔2015〕10号） |
| 盐城 | 盐城市邮政管理局、市经济和信息化委员会《关于推进快递服务进园区工作的实施意见》（盐邮管〔2015〕49号） |
| 连云港 | 连云港市邮政管理局与市住房保障和房产保障管理局联合出台《关于做好住宅小区快递末端配送服务工作的通知》（连邮管〔2015〕5号） |
| 连云港 | 连云港市经信委《关于申报2015年市重点物流基地和重点物流企业的通知》（连经信发〔2015〕61号） |
| 南通 | 南通市邮政管理局与南通市人力资源和社会保障局联合出台文件《关于快递行业从业人员参加工伤保险的通知》（通人社工〔2015〕5号） |
| 镇江 | 镇江市人民政府办公室关于促进快递服务业健康发展的实施意见（镇政办发〔2015〕141号） |

续上表

| 市（地） | 政策文件名称 |
| --- | --- |
| 淮安 | 2015 年加快发展“4 + 3”服务业特色产业工作方案及实施意见（淮发〔2015〕12 号） |
| | 关于加快电子商务产业发展的若干意见（淮政办发〔2015〕155 号） |
| | 关于加快现代物流业发展的意见（淮政发〔2015〕175 号） |
| 扬州 | 扬州市证照联动监管实施办法（扬府发〔2015〕210 号） |
| 宿迁 | 宿迁市加快电子商务发展实施意见（宿政发〔2015〕101 号） |
| | 宿迁市政府办公室关于印发加快发展互联网 + 农产品营销三年行动计划（2015 －2017）的通知（宿政办发〔2015〕51 号） |
| 杭州 | 关于在专业化物管项目推进便民 E 邮柜建设的通知（杭邮管〔2015〕11 号） |
| 温州 | 温州市人民政府关于促进网络经济发展的若干意见（温政发〔2015〕47 号） |
| | 关于印发《温州市快递车辆规范管理的实施意见》的通知（温邮管〔2015〕38 号） |
| 湖州 | 湖州市人民政府办公室关于加快推进快递行业健康发展的意见（湖政办发〔2015〕5 号） |
| 衢州 | 衢州市人民政府办公室转发市商务局市财政局关于衢州市加快城区 E 邮柜电子商务投递终端建设实施办法的通知（衢政办发函〔2015〕13 号） |
| | 衢州市快递车辆规范管理的实施意见（衢邮管〔2015〕26 号） |
| 绍兴 | 关于加快推进电子商务投递终端（E 邮柜）建设的通知（绍政办发明电〔2015〕51 号） |
| 台州 | 台州市加快“E 邮柜”等电子商务投递终端建设实施办法（台政办发〔2015〕48） |
| 金华 | 关于印发金华市现代服务业综合试点专项资金管理办法的通知（金政办发〔2015〕120 号） |
| | 金华市现代物流业发展三年行动计划（2015 －2017 年）（金政办发〔2015〕127 号） |
| | 关于印发金华市区促进现代物流产业发展扶持意见的通知（金政办发〔2015〕129 号） |
| 合肥 | 合肥市人民政府办公厅关于加快农村电子商务发展的实施意见（合政办〔2015〕49 号） |
| | 2015 年度合肥市加快电子商务发展重点工作任务分解表（合政办秘〔2015〕38 号） |
| 滁州 | 滁州市人民政府关于加快快递业发展的意见（滁政〔2015〕32 号） |
| 厦门 | 厦门市人民政府关于印发厦门市促进快递行业发展若干规定的通知（厦府〔2015〕165 号） |
| 漳州 | 漳州市人民政府关于加快电子商务和物流快递协同发展的若干意见（漳政综〔2015〕67 号） |
| | 漳州市人民政府关于建立漳州市促进快递行业发展联系会议制度的通知（漳政办〔2015〕184 号） |
| 三明 | 三明市人民政府关于加快推进快递行业持续健康发展的实施意见（明政〔2015〕13 号） |
| 龙岩 | 龙岩市人民政府关于促进邮政快递行业健康快速发展的意见（龙政综〔2015〕7 号） |
| 宁德 | 宁德市人民政府办公室转发市邮政管理局关于扶持邮政业发展七条措施的通知（宁政办〔2015〕59 号） |
| 泉州 | 泉州市人民政府办公室关于创建中国快递示范城市促进快递服务业发展八条措施的通知（泉政文〔2015〕88 号） |
| 南昌 | 南昌市人民政府办公厅关于印发南昌市促进快递业健康发展的若干意见的通知（洪府厅发〔2015〕24 号） |
| 宜春 | 宜春市政府印发《促进宜春市邮政快递行业健康发展的实施意见》（宜府办发〔2015〕37 号） |
| 吉安 | 中共吉安市委　吉安市人民政府关于深化改革创新加快农业现代化步伐的意见（吉发〔2015〕1 号） |
| | 吉安市人民政府关于印发吉安市加快发展现代服务业三年行动计划（2015 －2017）的通知（吉府发〔2015〕10 号） |
| | 吉安市人民政府办公室关于印发 2015 年全市服务业发展工作意见的通知（吉府办发〔2015〕12 号） |
| | 吉安市人民政府办公室关于印发吉安市支持农民工等人员返乡创业三年行动计划（2015 －2017）的通知（吉府办发〔2015〕37 号） |
| 济南 | 济南市人民政府关于促进服务业加快发展的意见（济政发〔2015〕16 号） |
| | 济南市人民政府办公厅关于加快电子商务发展的实施意见（济政办发〔2015〕20 号） |
| | 济南市人民政府办公厅关于促进快递服务业健康发展的实施意见（济政办字〔2015〕30 号） |
| | 关于加快推进全市农村快递发展的实施意见（济政办字〔2015〕90 号） |
| | 济南市物流业转型升级指导意见（济经信交通字〔2015〕1 号） |

续上表

| 市（地） | 政策文件名称 |
|---|---|
| 烟台 | 烟台市委　烟台市人民政府关于深入推进农村改革加快发展现代农业的实施意见(烟发〔2015〕1号) |
| | 烟台市人民政府办公室关于促进全市外贸稳定增长的意见(烟政办发〔2015〕60号) |
| | 烟台市人民政府办公室关于印发烟台市跨境电子商务发展计划实施方案的通知(烟政办发〔2015〕72号) |
| | 烟台市人民政府办公室关于促进邮政业健康发展的意见(烟政办发〔2015〕73号) |
| 泰安 | 泰安市人民政府关于印发泰安市邮政管理办法的通知(泰政发〔2015〕23号) |
| 日照 | 关于加大改革创新力度 加快农业现代化建设的实施意见(日发〔2015〕1号) |
| 郑州 | 郑州市人民政府关于加快推进跨境贸易电子商务发展的意见（郑政〔2015〕9号) |
| 新乡 | 新乡市人民政府关于促进快递服务业发展的意见(新政〔2015〕7号) |
| 安阳 | 安阳市人民政府关于促进快递服务业发展的实施意见(安政〔2015〕39号) |
| 许昌 | 许昌市人民政府关于促进快递服务业发展的实施意见(许政〔2015〕15号) |
| | 许昌市人民政府关于促进电子商务发展的实施意见（许政〔2015〕40号) |
| | 许昌市人民政府关于加快发展服务业的实施意见（许政〔2015〕41号) |
| 平顶山 | 平顶山市人民政府关于加快推进快递服务业发展的实施意见(平政〔2015〕48号) |
| 鹤壁 | 鹤壁市人民政府关于促进快递服务业发展的实施意见(鹤政〔2015〕21号) |
| | 鹤壁市邮政管理局　鹤壁市商务局关于快递下乡与农村电子商务协同发展实施方案(鹤邮管联〔2015〕1号) |
| 焦作 | 焦作市人民政府办公室关于促进快递服务业发展的实施意见(焦政办〔2015〕96号) |
| | 焦作市邮政管理局　焦作市商务局关于快递下乡与农村电子商务协同发展的实施方案(焦邮管联〔2015〕3号) |
| 漯河 | 漯河市人民政府关于促进快递服务业发展的意见(漯政〔2015〕14号) |
| 南阳 | 南阳市人民政府关于印发南阳市推进电子商务发展三年行动计划(2015－2017年)的通知（宛政〔2015〕6号) |
| | 南阳市人民政府关于加快推进快递服务业发展的意见(宛政〔2015〕25号) |
| 驻马店 | 驻马店市人民政府关于促进快递服务业发展的意见(驻政〔2015〕82号) |
| 开封 | 开封市邮政管理局　开封市商务局关于快递下乡与农村电子商务协同发展实施意见(汴邮管〔2015〕29号) |
| 濮阳 | 濮阳市邮政管理局　濮阳市商务局关于快递下乡与农村电子商务协同发展实施意见(濮邮管联〔2015〕3号) |
| 宜昌 | 宜昌市人民政府办公室《关于建设覆盖城乡邮政及快递便民服务体系的实施意见》(宜府办发〔2015〕21号) |
| | 宜昌市邮政管理局　市教育局《关于推进邮政及快递服务进校园的意见》(宜邮管〔2015〕32号) |
| | 宜昌市邮政管理局　市公安局交警支队《关于保障快递车辆便捷通行的通知》(宜邮管〔2015〕48号) |
| | 宜昌市邮政管理局　市商务局　市民政局　市房产管理局　市住房和城乡建设委员会　市城市管理委员会　市规划局《关于加快推进邮政及快递服务进园区、进商区、进社区、进小区的通知》(宜邮管〔2015〕62号) |
| 十堰 | 关于推进快递向下服务拓展工作的指导意见(十邮管〔2015〕65号) |
| 咸宁 | 咸宁市物价局　市邮政管理局《关于规范我市快递企业明码标价行为的通知》(咸价检〔2015〕7号) |
| 邵阳 | 邵阳市邮政管理局与市公安局交警支队联合印发《邵阳市邮件、快递运输车辆通行管理暂行规定的通知》(邵市公交联〔2015〕1号) |
| 揭阳 | 关于做好我市快递末端网点备案管理等有关工作的通知(揭邮管联〔2015〕5号) |
| 阳江 | 阳江市人民政府关于加快现代服务业发展的若干意见(阳府〔2015〕53号) |
| | 关于印发《阳江市市区邮政行业摩托车登记管理办法实施细则》的通知(阳邮管联〔2015〕3号) |
| 中山 | 关于印发《中山市快递车辆管理实施细则》的通知(中邮管〔2015〕40号) |
| 惠州 | 惠州市人民政府办公室关于印发惠州市“十三五”规划编制工作方案的通知(惠府办〔2015〕2号) |
| 茂名 | 中共茂名市委　茂名市人民政府关于全面推进农村电子商务及农村信息化工作的意见(茂发〔2015〕5号) |
| 东莞 | 关于加快推进新能源汽车推广应用的实施意见(东府办〔2015〕62号) |
| 桂林 | 桂林市人民政府关于促进桂林市邮政业发展的实施意见(市政〔2015〕64号) |

续上表

| 市（地） | 政策文件名称 |
| --- | --- |
| 柳州 | 中共柳州市委办公室　柳州市人民政府办公室印发《关于加快电子商务产业发展的意见》的通知（柳办发〔2015〕13号） |
| | 柳州市人民政府办公室印发《柳州市关于加快电子商务产业发展的实施方案》的通知（柳政办〔2015〕52号） |
| 梧州 | 中共梧州市委员会、梧州市人民政府印发《关于在新常态下加快我市第三产业发展的若干措施》的通知（梧发〔2015〕5号） |
| 玉林 | 关于印发《玉林市寄递企业员工报告可疑邮件、快件奖励办法》的通知（玉邮监管办〔2015〕1号） |
| 北海 | 北海市人民政府办公室关于进一步支持北海市邮政业发展的实施意见（北政办〔2015〕30号） |
| 防城港 | 防城港市人民政府办公室关于印发《促进防城港市邮政快递行业健康发展的实施意见》的通知（防政办发〔2015〕49号） |
| 百色 | 百色市人民政府关于加快现代物流业发展的若干意见（百政发〔2015〕20号） |
| 重庆市江津区 | 重庆市江津区人民政府关于大力发展电子商务的意见（江津府发〔2015〕31号） |
| | 重庆市江津区人民政府办公室关于印发重庆市江津区电子商务进农村工作实施方案的通知（江津府办〔2015〕115号） |
| 成都 | 成都内贸流通体制改革发展综合试点方案（成府函〔2015〕132号） |
| | 成都市人民政府办公厅关于促进跨境电子商务发展的若干意见（成办发〔2015〕41号） |
| | 成都市人民政府办公厅关于加快农业农村电子商务发展的实施意见（成办函〔2015〕172号） |
| | 关于促进我市交通运输业和邮政快递业协同发展的意见（成交发〔2015〕58号） |
| | 成都市电子商务产业发展推进工作方案（成报办〔2015〕58号） |
| 广元 | 关于集中力量决战决胜扶贫攻坚确保同步实现全面小康的决定（广委发〔2015〕5号） |
| | 关于促进电子商务产业发展支持政策的实施意见（广府办发〔2015〕63号） |
| 达州 | 关于规范邮政、快递车辆外观标识实行便捷通行的通知（达市交发〔2015〕79号） |
| | 达州市人民政府关于达州市中心城区摩托车电动车专项整治行动的通告（达府发〔2015〕第8号） |
| 雅安 | 关于保障邮政、快递企业服务车辆便捷通行的通知（雅邮管〔2015〕10号） |
| | 关于印发《雅安市快递车辆证管理办法（试行）的通知》（雅邮管〔2015〕11号） |
| 泸州 | 关于促进泸州农村地区快递服务规范发展的指导意见（泸邮管〔2015〕23号） |
| 内江 | 内江市人民政府办公室印发《关于推动工业企业电子商务发展的实施方案（2015－2017年）》的通知（内府办发〔2015〕19号） |
| | 内江市农业电子商务发展规划（内府办发〔2015〕26号） |
| 眉山 | 眉山市人民政府办公室关于加快电子商务发展的实施意见（眉府办发〔2014〕58号） |
| 攀枝花 | 关于保障邮政、快递企业服务车辆便捷通行的通知（攀邮管〔2014〕40号） |
| 南充 | 关于印发《促进消费增长的十一条措施》的通知（南府办〔2015〕20号） |
| | 关于做好2015年度物流业务发展专项引导资金项目申报工作的通知（南物流办〔2015〕7号） |
| | 关于印发《南充市促进电子商务快速发展三年（2015－2017年）行动方案》的通知（南委发〔2015〕12号） |
| | 关于加强和改进投资促进工作的若干意见（仪委发〔2015〕21号） |
| 宜宾 | 关于印发宜宾市促进服务业经济稳定增长的若干意见实施细则的通知（宜服办发〔2015〕7号） |
| | 关于印发《宜宾市推进“互联网＋”重点工作方案》的通知（宜府办发〔2015〕7号） |
| | 关于贯彻《2015年全省电子商务产业发展工作安排》的意见（宜府办函〔2015〕88号） |
| | 关于印发《宜宾市电子商务产业发展规划（2015－2020）》的通知（宜府办函〔2015〕181号） |
| 贵阳 | 贵阳市人民政府办公厅关于印发贵阳市开展电子商务与物流快递协同发展试点工作方案的通知（筑府办发〔2015〕8号） |

续上表

| 市（地） | 政策文件名称 |
| --- | --- |
| 贵阳 | 贵阳市电子商务与物流快递协同发展试点工作领导小组办公室关于印发《贵阳市开展电子商务与物流快递协同发展试点工作智能快件箱建设方案》等五个文件的通知（筑商报〔2015〕125号） |
| 贵阳 | 关于印发《贵阳市智能快件箱备案管理办法（试行）》的通知（筑邮管〔2015〕49号） |
| 铜仁 | 铜仁市人民政府办公室关于开展“邮政快递”进驻景区工作的通知（铜府办发电〔2015〕5号） |
| 黔西南州 | 黔西南州人民政府办公室关于推进全州快递企业规范发展的通知（州府办发〔2015〕18号） |
| 黔西南州 | 关于研究加快推进州邮政（快递）分拣转运中心项目建设有关事宜的会议纪要（州府专议〔2015〕58号） |
| 黔东南州 | 关于落实州人民政府办公室《关于印发黔东南州加快快递行业发展实施方案》的通知（州教法通〔2015〕29号） |
| 黔东南州 | 关于印发《黔东南州邮政及快递业城市配送交通管理办法》的通知（黔东南邮管联〔2015〕3号） |
| 曲靖 | 曲靖市人民政府关于加快邮政业发展的实施意见（曲政发〔2015〕92号） |
| 咸阳 | 咸阳市人民政府关于印发《咸阳市电子商务发展规划（2015－2020年）》的通知（咸政发〔2015〕14号） |
| 咸阳 | 关于印发《咸阳市城乡发展一体化战略规划（2014－2020年）》的通知（咸字〔2015〕42号） |
| 咸阳 | 关于印发《咸阳市城乡邮政设施一体化规划》的通知（咸邮管〔2015〕44号） |
| 铜川 | 铜川市人民政府办公室关于促进内贸流通健康发展的实施意见（铜政办发〔2015〕100号） |
| 铜川 | 铜川市邮政管理局　铜川市公安局　铜川市工商行政管理局　铜川市交通运输局关于保障快递企业运输车辆便捷通行的通知（铜邮管〔2015〕13号） |
| 宝鸡 | 宝鸡市人民政府关于加快电子商务发展的实施意见（宝政发〔2015〕12号） |
| 安康 | 安康市人民政府关于加快电子商务发展的意见（安政发〔2015〕28号） |
| 榆林 | 榆林市人民政府办公室关于促进快递服务业发展的意见（榆政办发〔2015〕3号） |
| 延安 | 延安市人民政府办公室关于推进电子商务发展的实施方案（延政办发〔2015〕15号） |
| 汉中 | 关于鼓励和支持电子商务发展的若干意见（汉政发〔2015〕20号） |
| 兰州 | 兰州市人民政府关于印发2015年市委市政府为民办7项24件实事实施方案的通知（兰政发〔2015〕28号） |
| 兰州 | 兰州市人民政府办公厅关于加强和改进城市快递运输车辆管理工作的意见（兰政办发〔2015〕106号） |
| 嘉峪关 | 关于加快推进城乡一体化率先实现全面小康的实施意见（嘉发〔2015〕11号） |
| 白银 | 白银市人民政府关于印发《白银市促进电子商务产业发展实施意见》的通知（市政发〔2015〕34号） |
| 白银 | 白银市人民政府关于印发《白银市加快培育发展“四上”非公企业奖励办法》的通知（市政发〔2015〕164号） |
| 白银 | 白银市人民政府关于进一步促进非公有制经济发展的实施意见（市政发〔2015〕267号） |
| 白银 | 白银市非公有制经济发展协调推进领导小组关于印发《2015年全市非公有制经济发展工作要点》的通知（白非公发〔2015〕2号） |
| 酒泉 | 酒泉市人民政府关于印发加快推进电子商务产业发展的实施意见（酒政发〔2015〕88号） |
| 酒泉 | 酒泉市人民政府办公室关于印发落实快递邮政覆盖行政村促进精准扶贫工作实施方案的通知（酒政办发〔2015〕208号） |
| 武威 | 武威市精准扶贫电商工作实施办公室关于印发武威市邮政快递业保障精准扶贫电子商务工作的实施方案的通知（武扶电商办发〔2015〕11号） |
| 天水 | 中共天水市委　天水市人民政府关于实施“123456”精准扶贫推进行动计划的意见（市委发〔2015〕22号） |
| 天水 | 天水市人民政府办公室关于印发2015年天水市电子商务和电商精准扶贫推进方案的通知（天政办发〔2015〕113号） |
| 陇南 | 陇南市人民政府办公室关于印发陇南市创建国家电子商务示范基地工作实施方案的通知（陇政办发〔2015〕110号） |
| 陇南 | 陇南市扶贫攻坚行动协调推进领导小组关于电商扶贫试点工作的实施意见（陇扶领发〔2015〕4号） |
| 海西 | 海西州人民政府正式印发《关于加快海西州电子商务发的实施意见》（西政办〔2015〕54号） |
| 固原 | 固原市委办印发关于印发《固原市农村扶贫电子商务发展规划（2016年－2020年）》的通知（固党办〔2015〕82号） |
| 固原 | 固原市政府印发《关于加快固原市邮政业发展实施意见》（固政发〔2014〕104号） |

续上表

| 市（地） | 政策文件名称 |
| --- | --- |
| 贺兰 | 中共贺兰县委　贺兰县人民政府关于印发《贺兰县关于推进电子商务发展若干意见（试行）》的通知（贺党发〔2015〕43号） |
| 哈密 | 关于给予快递车辆便捷通行和作业便利的通知（哈地公通〔2015〕290号） |

# 第四篇 发展数据

## 第一章 行业发展数据

### 2015 年邮政行业运行情况

2015 年,邮政企业和全国快递服务企业业务收入(不包括邮政储蓄银行直接营业收入)累计完成 4039.3 亿元,同比增长 26.1%;业务总量累计完成 5078.7 亿元,同比增长 37.4%。

12 月份,全行业业务收入完成 417.2 亿元,同比增长 31.4%;业务总量完成 569.9 亿元,同比增长 41.3%。

2015 年,邮政函件业务累计完成 45.8 亿件,同比下降 18.3%;包裹业务累计完成 4243.4 万件,同比下降 29.6%;报纸业务累计完成 188 亿份,同比下降 1.6%;杂志业务累计完成 10 亿份,同比下降 6.9%;汇兑业务累计完成 8271.2 万笔,同比下降 36%。

2015 年,全国快递服务企业业务量累计完成 206.7 亿件,同比增长 48%;业务收入累计完成 2769.6 亿元,同比增长 35.4%(图 4-1)。其中,同城业务收入累计完成 400.8 亿元,同比增长 50.7%;异地业务收入累计完成 1512.9 亿元,同比增长 33.8%;国际及港澳台业务收入累计完成 369.6 亿元,同比增长 17%(图 4-2)。

12 月份,快递业务量完成 24.2 亿件,同比增长 47.7%;业务收入完成 313.4 亿元,同比增长 39.5%。2015 年,同城、异地、国际及港澳台快递业务收入分别占全部快递收入的 14.5%、54.6% 和 3.3%;业务量分别占全部快递业务量的 26.1%、71.8% 和 2.1%(图 4-3)。与去年同期相比,同城快递业务收入的比重上升 1.5 个百分点,异地快递业务收入的比重下降 0.7 个百分点,国际及港澳台业务收入的比重下降了 2.1 个百分点(图 4-4)。

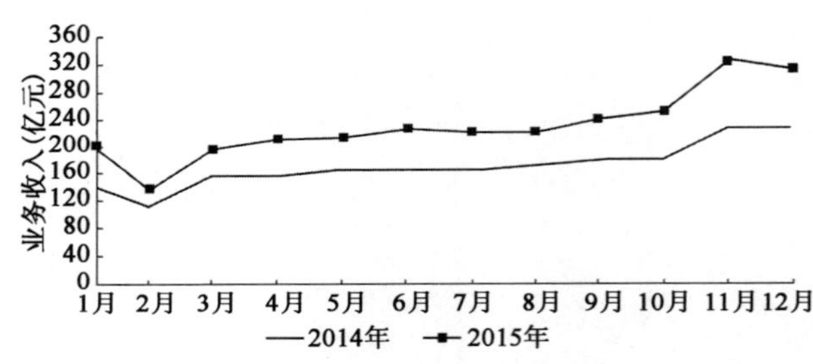


图 4-1 快递业务收入情况

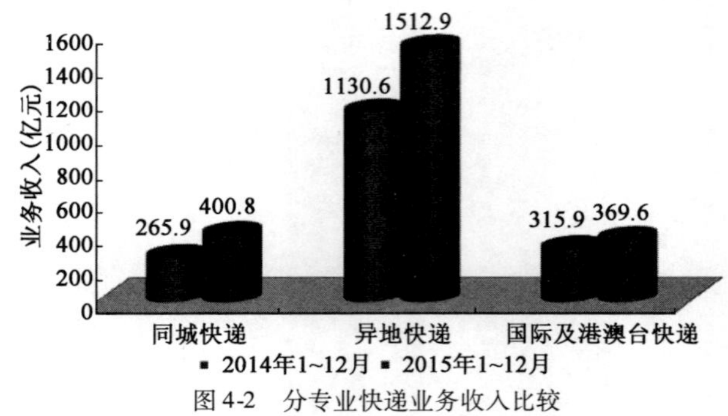


图 4-2 分专业快递业务收入比较

2015 年,东、中、西部地区快递业务收入的比重分别为 81.9%、10.3% 和 7.8%,业务量比重分别为 82%、11.2% 和 6.8%(图 4-5、图 4-6)。与去年同期相比,东部地区快递业务收入比重下降了

0.9个百分点，快递业务量比重与去年持平；中部地区快递业务收入比重上升了0.9个百分点，快递业务量比重上升了0.6个百分点；西部地区快递业务收入比重与去年持平，快递业务量比重下降了0.6个百分点。

2015年，快递服务品牌集中度指数CR8为77.3，与1~11月持平。

2015年全国邮政行业发展情况见表4-1。

2015年分省快递服务企业业务量和业务收入情况见表4-2。

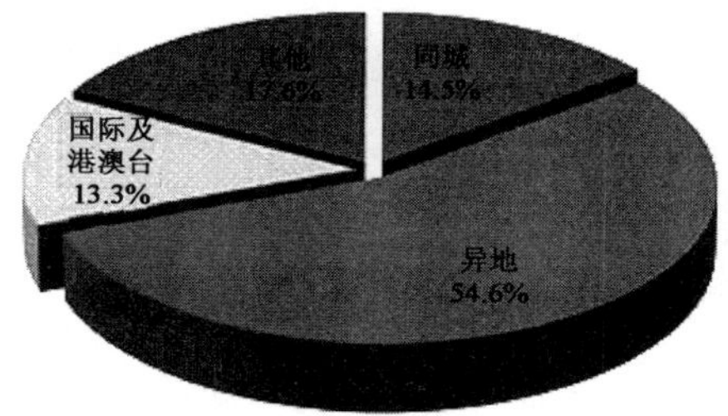


图4-3 快递业务收入结构

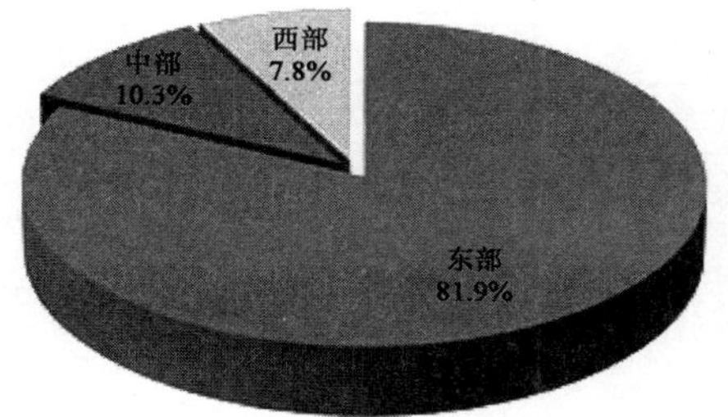


图4-5 地区快递业务收入结构

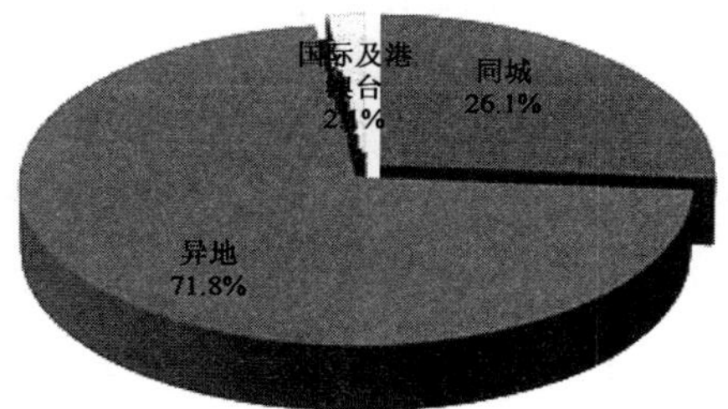


图4-4 快递业务量结构图

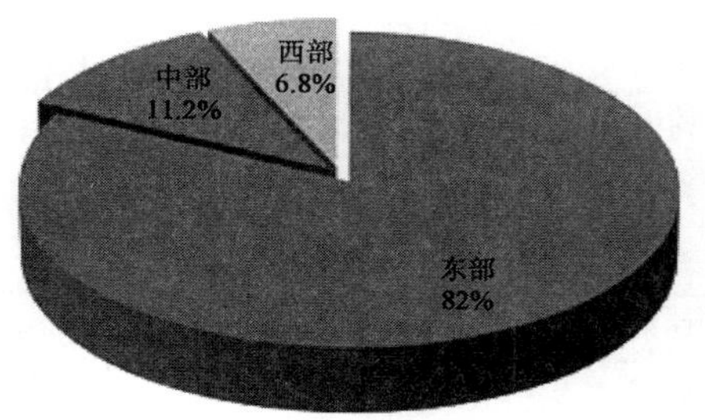


图4-6 地区快递业务量结构

**表4-1 全国邮政行业发展情况表**

| 指标名称 | 单位 | 12月份 | | 比去年同期增长(%) | |
|---|---|---|---|---|---|
| | | 累计 | 当月 | 累计 | 当月 |
| 一、邮政行业业务收入 | 亿元 | 4039.3 | 417.2 | 26.1 | 31.4 |
| 其中：快递业务收入 | 亿元 | 2769.6 | 313.4 | 35.4 | 39.5 |
| 二、邮政行业业务总量 | 亿元 | 5078.7 | 569.9 | 37.4 | 41.3 |
| 其中：函件 | 万件 | 458141.1 | 34534.2 | -18.3 | -12.4 |
| 包裹 | 万件 | 4243.4 | 323.9 | -29.6 | -47.3 |
| 快递 | 万件 | 2066636.8 | 241828.0 | 48.0 | 47.7 |
| 订销报纸累计数 | 万份 | 1880467.4 | 161788.5 | -1.6 | -0.7 |
| 订销杂志累计数 | 万份 | 100093.7 | 7608.7 | -6.9 | -12.9 |
| 汇兑 | 万笔 | 8271.2 | 653.5 | -36.0 | -27.8 |

注：邮政行业业务收入中未包括邮政储蓄银行直接营业收入。

**表4-2 分省快递服务企业业务量和业务收入情况表**

| 单位 | 快递业务量累计（万件） | 同比增长（%） | 快递收入累计（万元） | 同比增长（%） |
|---|---|---|---|---|
| 全国 | 2066636.8 | 48.0 | 27696465.9 | 35.4 |
| 北京 | 141447.3 | 27.4 | 1816522.5 | 23.1 |
| 天津 | 25624.4 | 106.6 | 435370.4 | 73.7 |
| 河北 | 54911.9 | 61.4 | 561787.9 | 36.8 |

续上表

| 单　位 | 快递业务量累计（万件） | 同比增长（%） | 快递收入累计（万元） | 同比增长（%） |
|---|---|---|---|---|
| 山西 | 11477.3 | 25.7 | 152901.4 | 47.7 |
| 内蒙古 | 5410.1 | 24.0 | 123053.4 | 19.2 |
| 辽宁 | 24674.1 | 48.1 | 395949.5 | 31.9 |
| 吉林 | 9017.0 | 35.8 | 169634.0 | 29.8 |
| 黑龙江 | 12636.8 | 80.2 | 213466.8 | 72.0 |
| 上海 | 170778.0 | 33.0 | 4552476.2 | 26.0 |
| 江苏 | 229047.7 | 54.3 | 2907286.3 | 44.6 |
| 浙江 | 383145.9 | 55.9 | 3838082.6 | 39.9 |
| 安徽 | 39935.6 | 67.4 | 461132.8 | 58.2 |
| 福建 | 88786.2 | 35.7 | 1008474.8 | 24.4 |
| 江西 | 23471.8 | 46.8 | 276692.2 | 51.9 |
| 山东 | 73424.9 | 64.3 | 970605.4 | 44.8 |
| 河南 | 51449.7 | 74.5 | 631077.0 | 54.5 |
| 湖北 | 50847.3 | 53.4 | 595633.7 | 43.9 |
| 湖南 | 31786.4 | 39.9 | 338934.3 | 29.3 |
| 广东 | 501335.2 | 49.4 | 6159135.7 | 33.5 |
| 广西 | 12540.9 | 38.5 | 217788.4 | 39.7 |
| 海南 | 2953.0 | 31.3 | 63444.8 | 46.9 |
| 重庆 | 20525.4 | 47.8 | 286533.2 | 42.5 |
| 四川 | 48796.6 | 28.6 | 628897.8 | 31.1 |
| 贵州 | 7034.3 | 50.7 | 132428.3 | 34.9 |
| 云南 | 11109.1 | 30.0 | 201152.5 | 32.0 |
| 西藏 | 578.2 | 19.4 | 16826.3 | -3.2 |
| 陕西 | 20351.0 | 47.9 | 272792.1 | 51.9 |
| 甘肃 | 3541.4 | 33.4 | 72537.1 | 41.7 |
| 青海 | 716.6 | 23.6 | 18236.6 | 18.1 |
| 宁夏 | 2231.9 | 47.4 | 48355.7 | 44.3 |
| 新疆 | 7050.7 | 18.7 | 129256.1 | 20.4 |

2015年快递业务量前50位城市情况见表4-3。

**表4-3　快递业务量前50位城市情况表**

| 排名 | 城　市 | 快递业务量累计（万件） | 排名 | 城　市 | 快递业务量累计（万件） |
|---|---|---|---|---|---|
| 1 | 广州 | 195207.7 | 7 | 东莞 | 75121.9 |
| 2 | 上海 | 170778.0 | 8 | 苏州 | 56383.0 |
| 3 | 北京 | 141447.3 | 9 | 南京 | 50251.9 |
| 4 | 深圳 | 140134.9 | 10 | 成都 | 38179.7 |
| 5 | 杭州 | 125707.3 | 11 | 武汉 | 37801.2 |
| 6 | 金华(义乌) | 97095.0 | 12 | 温州 | 37641.1 |

续上表

| 排名 | 城市 | 快递业务量累计（万件） | 排名 | 城市 | 快递业务量累计（万件） |
|---|---|---|---|---|---|
| 13 | 泉州 | 37602.6 | 32 | 中山 | 14761.3 |
| 14 | 宁波 | 30496.5 | 33 | 南通 | 12503.4 |
| 15 | 台州 | 29479.3 | 34 | 湖州 | 11807.2 |
| 16 | 郑州 | 28928.6 | 35 | 汕头 | 11730.0 |
| 17 | 宿迁 | 27919.8 | 36 | 常州 | 11709.6 |
| 18 | 无锡 | 26662.4 | 37 | 揭阳 | 11165.7 |
| 19 | 天津 | 25624.4 | 38 | 沈阳 | 10961.6 |
| 20 | 嘉兴 | 23878.7 | 39 | 保定 | 10748.2 |
| 21 | 重庆 | 20525.4 | 40 | 南昌 | 10646.0 |
| 22 | 佛山 | 20332.4 | 41 | 哈尔滨 | 9397.1 |
| 23 | 济南 | 18781.5 | 42 | 徐州 | 9240.8 |
| 24 | 长沙 | 18675.8 | 43 | 廊坊 | 9193.9 |
| 25 | 合肥 | 18475.2 | 44 | 惠州 | 8989.5 |
| 26 | 福州 | 17044.1 | 45 | 扬州 | 8180.2 |
| 27 | 石家庄 | 16373.4 | 46 | 太原 | 7725.0 |
| 28 | 青岛 | 16067.8 | 47 | 莆田 | 7690.5 |
| 29 | 西安 | 15927.1 | 48 | 昆明 | 7599.6 |
| 30 | 绍兴 | 15683.5 | 49 | 临沂 | 7073.3 |
| 31 | 厦门 | 15086.7 | 50 | 大连 | 6557.9 |

2015 年快递业务收入前 50 位城市情况见表 4-4。

**表 4-4 快递业务收入前 50 位城市情况表**

| 排名 | 城市 | 快递业务收入累计（万元） | 排名 | 城市 | 快递业务收入累计（万元） |
|---|---|---|---|---|---|
| 1 | 上海 | 4552476.2 | 16 | 泉州 | 333333.8 |
| 2 | 深圳 | 2229699.7 | 17 | 宿迁 | 328635.5 |
| 3 | 广州 | 1959861.0 | 18 | 无锡 | 312102.7 |
| 4 | 北京 | 1816522.5 | 19 | 重庆 | 286533.2 |
| 5 | 杭州 | 1437542.2 | 20 | 青岛 | 278149.7 |
| 6 | 苏州 | 885423.1 | 21 | 佛山 | 273303.9 |
| 7 | 东莞 | 854641.6 | 22 | 嘉兴 | 272519.3 |
| 8 | 金华(义乌) | 768336.3 | 23 | 厦门 | 243848.6 |
| 9 | 南京 | 600891.9 | 24 | 台州 | 242916.6 |
| 10 | 成都 | 450988.7 | 25 | 济南 | 232575.9 |
| 11 | 天津 | 435370.4 | 26 | 合肥 | 219307.3 |
| 12 | 武汉 | 431961.1 | 27 | 西安 | 207451.3 |
| 13 | 宁波 | 400443.0 | 28 | 福州 | 199731.7 |
| 14 | 郑州 | 376949.1 | 29 | 长沙 | 198517.5 |
| 15 | 温州 | 354718.4 | 30 | 中山 | 194321.4 |

续上表

| 排名 | 城　　市 | 快递业务收入累计（万元） | 排名 | 城　　市 | 快递业务收入累计（万元） |
|---|---|---|---|---|---|
| 31 | 石家庄 | 185975.7 | 41 | 南宁 | 106913.8 |
| 32 | 常州 | 173706.3 | 42 | 保定 | 99718.9 |
| 33 | 沈阳 | 159321.0 | 43 | 长春 | 98833.7 |
| 34 | 绍兴 | 157144.9 | 44 | 珠海 | 97174.9 |
| 35 | 南通 | 152955.6 | 45 | 莆田 | 95303.5 |
| 36 | 哈尔滨 | 147971.4 | 46 | 湖州 | 95225.6 |
| 37 | 昆明 | 135841.2 | 47 | 汕头 | 93972.7 |
| 38 | 南昌 | 135148.1 | 48 | 扬州 | 93231.0 |
| 39 | 大连 | 133912.4 | 49 | 太原 | 88168.2 |
| 40 | 惠州 | 114625.0 | 50 | 徐州 | 85000.7 |

# 2015 年邮政行业发展统计公报

2015 年，既是“十二五”的收官之年，也是邮政行业发展的突破之年。全行业坚持“稳中求进”总基调，坚决贯彻落实党中央、国务院决策部署，主动适应经济发展新常态，坚持问题导向、坚持创新引领、坚持提质增效，行业发展呈现出增长快速、结构优化的发展态势，全年业务总量突破 5000 亿元，业务收入突破 4000 亿元，快递业务量突破 200 亿件，圆满完成了“十二五”规划的各项发展目标，为“十二五”时期邮政行业发展画上圆满句号。

## 一、业务发展情况

全年邮政行业业务总量完成 5078.7 亿元，同比增长 37.4%（图 4-7a）。全年邮政行业业务收入（不包括邮政储蓄银行直接营业收入）完成 4039.3 亿元，同比增长 26.1%（图 4-7b）。

（一）邮政普遍服务业务

函件业务持续下滑。全年函件业务量完成 45.8 亿件，同比下降 18.3%。

包裹业务有所下降。全年包裹业务量完成 4243.4 万件，同比下降 29.6%。

报刊业务小幅下降。全年订销报纸业务完成 188 亿份，同比下降 1.7%。全年订销杂志业务完成 10 亿份，同比下降 7.1%。

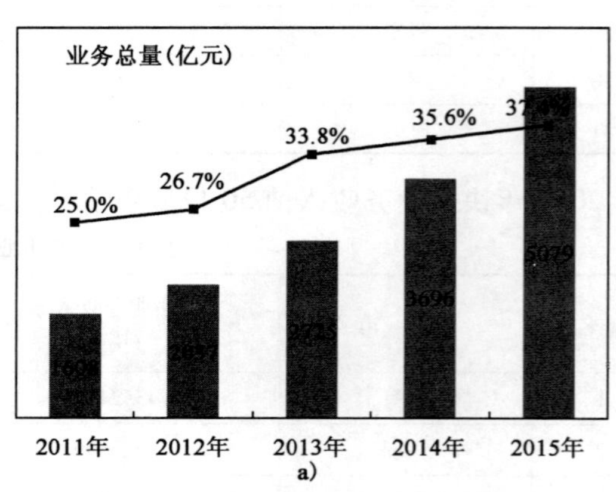


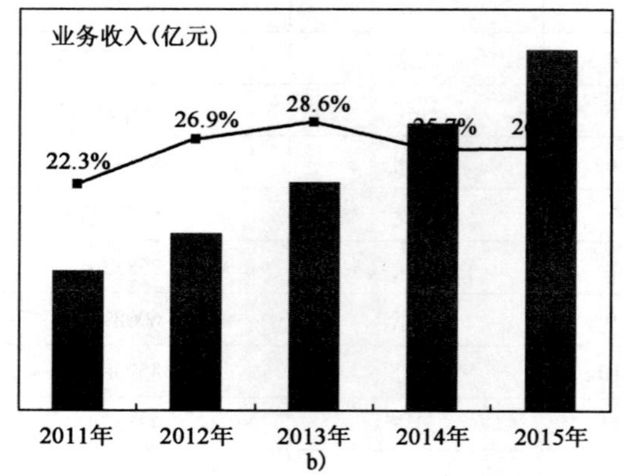


图 4-7　2011－2015 年邮政全行业业务发展情况

汇兑业务下降明显。全年汇兑业务完成 8241.7 万笔，同比下降 34.2%。

(二)快递业务

快递业务快速增长。全年快递业务量完成206.7亿件,同比增长48%(图4-8a);快递业务收入完成2769.6亿元,同比增长35.4%(图4-8b)。

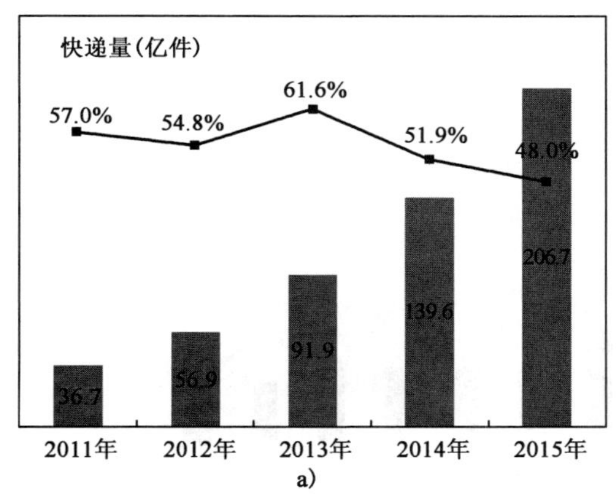

a)

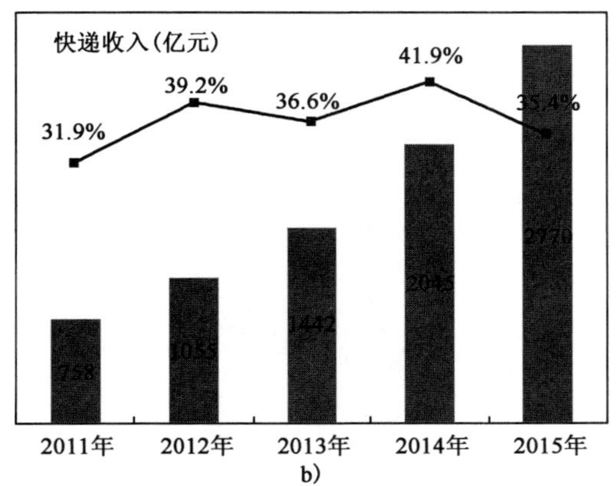

b)

图4-8 2011－2015年快递业务发展情况

快递业务收入占比继续提升。快递业务收入占行业总收入的比重为68.6%,比上年提高4.7个百分点。

同城快递业务增速最快。全年同城快递业务量完成54亿件,同比增长52.3%;实现业务收入400.8亿元,同比增长50.7%。

异地快递业务仍占主导地位。全年异地快递业务量完成148.4亿件,同比增长47.1%;实现业务收入1512.9亿元,同比增长33.8%。

国际及港澳台快递业务增速加快。全年国际及港澳台快递业务量完成4.3亿件,同比增长30.3%;实现业务收入369.6亿元,同比增长17%。

同城快递业务占比持续提升。同城、异地、国际及港澳台快递业务量占全部比例分别为26.1%、71.8%和2.1%,业务收入占全部比例分别为14.5%、54.6%和13.3%。

东、中、西部地区各项快递业务均保持了较快的增长势头,其中中部地区快递业务量收占比稳步提升。全年东部地区完成快递业务量169.6亿件,同比增长48.1%;实现业务收入2270.9亿元,同比增长34%。中部地区完成快递业务量23.1亿件,同比增长56.1%;实现业务收入283.9亿元,同比增长48.2%。西部地区完成快递业务量14亿件,同比增长35.9%;实现业务收入214.8亿元,同比增长34.7%。东、中、西部地区快递业务量比重分别为82%、11.2%和6.8%,快递业务收入比重分别为81.9%、10.3%和7.8%。

民营快递企业持续快速发展,市场份额进一步提高。全年国有快递企业业务量完成20.4亿件,实现业务收入303.3亿元;民营快递企业业务量完成184.8亿件,实现业务收入2246亿元;外资快递企业业务量完成1.5亿件,实现业务收入220.3亿元。国有、民营、外资快递企业业务量市场份额分别为9.9%、89.4%和0.7%,业务收入市场份额分别为11%、81.1%和7.9%。

快递业务量收排名前五位的省份在全国占比基本相当,但比上年略有下降。快递业务量排名前五位的省份依次是广东、浙江、江苏、上海和北京,其快递业务量合计占全部快递业务量的比重达到69%。快递业务收入排名前五位的省份依次是广东、上海、浙江、江苏和北京,其快递业务收入合计占全部快递业务收入的比重达到69.6%。

快递业务量排名前十五位的城市依次是广州、上海、北京、深圳、杭州、金华(义乌)、东莞、苏州、南京、成都、武汉、温州、泉州、宁波和台州,其快递业务量合计占全部快递业务量的比重达到61.1%(图4-9)。

快递业务收入排名前十五位的城市依次是上海、深圳、广州、北京、杭州、苏州、东莞、金华(义乌)、南京、成都、天津、武汉、宁波、郑州、温州,其快递业务收入合计占全部快递业务收入的比重达到63.4%（图4-10）。

快递市场集中度有所下降。全年快递服务品牌集中度指数$CR_8$为77.3，较上年下降0.6。

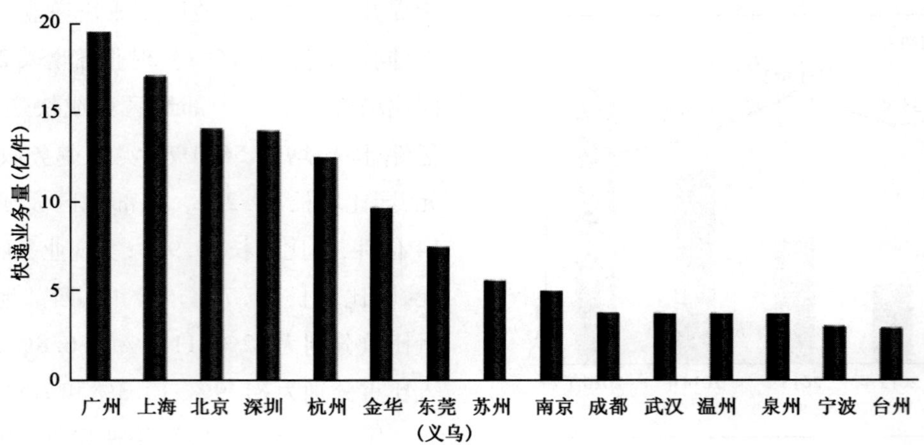


图4-9　快递业务量前15名城市情况

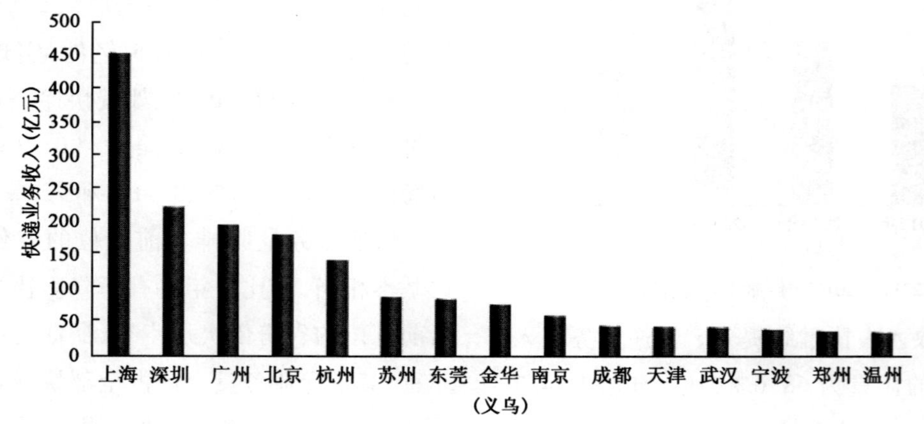


图4-10　快递业务收入前15名城市情况

## 二、通信能力和服务水平

### （一）机构设备

全行业拥有各类营业网点18.9万处，其中设在农村的6.3万处。快递服务营业网点18.3万处，其中自有快递营业网点9.8万处，合作快递营业网点8.5万处。全国拥有邮政信筒信箱13万个，比上年末减少1.3万个。全国拥有邮政报刊亭总数2.6万处，比上年末减少1847处。

全行业拥有国内快递专用货机71架，比上年末增加4架。全行业拥有各类汽车24.4万辆，比上年末增长6.1%，其中快递服务汽车19万辆，比上年末增长6.7%。

快递服务企业拥有计算机41万台，比上年末增长14.8%；手持终端76.6万台，比上年末增长34.2%。

### （二）寄递网路

全国邮政邮路总条数2.5万条，比上年末增加1352条。邮路总长度（单程）637.6万公里，比上年末增加 7.1 万公里。全国邮政农村投递路线 9.1 万条,比上年末增加 379 条;农村投递路线长度(单程)375.6 万公里,比上年末减少 2 万公里。全国邮政城市投递路线 5.6 万条,比上年末减少 2100 条;城市投递路线长度(单程)137.1 万公里,比上年末减少 6.4 万公里。全国快递服务网路条数 13.4 万条,快递服务网路长度(单程)2370.5 万公里。

(三)服务能力

全行业平均每一营业网点服务面积为 51 平方公里;平均每一营业网点服务人口为 0.7 万人。邮政城区每日平均投递 2 次,农村每周平均投递 5 次。人均函件量为 3.3 件,每百人订有报刊量为 11.3 份。年人均快递使用量为 15 件。年人均用邮支出 293.9 元,年人均快递支出 201.5 元(图 4-11)。

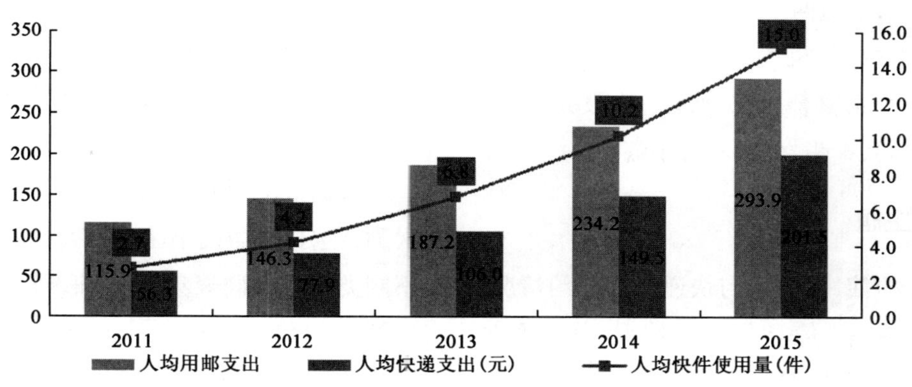


图 4-11 2011—2015 年人均用邮支出、快递使用量和快递支出情况

**备注:**

1. 本公报中邮政普遍服务业务、通信能力和服务水平有关数据来自年报,其他数据为月报统计数据。

2. 各项统计数据未包括香港和澳门特别行政区及台湾省。

3. 部分数据因四舍五入的原因,存在着与分项合计不等的情况。

4. 邮政行业业务总量按 2010 年不变价格计算。

5. 全国人口数据来自国家统计局《2015 年国民经济和社会发展统计公报》。

# 第二章　2015 快递业测试调查报告

## 智能快件箱一线测试报告

智能快件箱，一个“发迹”于快递“最后一公里”末端的概念，短短两三年时间，风靡各地，渗入居民小区、大学校园、机关企事业单位，意欲用科技与创新铺开一张整合未来社区生活服务的“大网”，其竞逐之心、扩张之势，不可小觑。

### 一、测试主题

智能快件箱使用情况：与快递企业签约情况、快件箱格口使用率、信息化运用情况、优势和劣势；智能快件箱运营情况：成本分析、收费来源、营收模式。

### 二、测试地点

成都：万科·金域蓝湾

北京：北京化工大学（东校区）

天津：天津空港经济区投资服务中心

### 三、参与测试企业

成都速递易科技有限责任公司

北京永嘉天意文化传媒有限公司

天津慧科电子有限公司

根据快递“最后一公里”不同的对象人群，本次测试选择了居民小区、大学校园、机关单位三种不同类型的人群聚集地，并根据不同特点分别选择了具有代表性的三个地点——四川成都（小区）、北京（大学）和天津（机关），再由当地邮政管理局根据智能快件箱发展成熟度，推荐和确定具体地点，最后测评团对推荐地点范围内的智能快件箱进行测试。

### 四、测试地概况

测试地概况见表4-5。

表4-5　测试地概况

| 地点 | 万科·金域蓝湾 | 北京化工大学 | 天津空港经济区投资服务中心 |
| --- | --- | --- | --- |
| 位置 | 成都市东二环内，紧邻二环 | 北京市北三环东路 | 天津滨海新区 |
| 住户/人数 | 2200户 | 13000人 | 1000人 |
| 定位 | 城市高端社区，居民以年轻精英为主 | 多科性全国重点大学 | 政府服务部门 |
| 快件箱位置 | 小区大门旁地下车库（入口处） | 校园东侧学生公寓附近 | 正门大厅右侧 |
| 日均快件投递量（件） | 600 | 1500 | 230 |

走进金域蓝湾小区，就能看到旁边的地下停车库，智能快件箱群组就设置在地下一层入口处，这里是居民进出要道，方便取件，而且这个位置也避免了快件箱开箱及广告声（9:00～19:00）对居住环境的影响。北京化工大学快件取件处靠近学生公寓，100多平方米的场地用于放置智能快件箱，隔壁30多平方米的区域则是收件和问题件处理等功能区。天津空港经济区投资服务中心智能快件箱位于正门大厅右侧，在快件箱正前方设有取件服务台，据记者观察，这里已经成为快递员的“集散地”。对于无法放入智能快件箱的快件，快递员都会在取件服务台给收件人打电话，通知其取件。

## 五、测试方法

1. 现场调查：提前进行蹲守，掌握快递员开箱放件时间、过程；采访小区业主、快递员，了解使月情况。

2. 数据调取：向现场维护人员、控制后台调取当天测试数据，了解快件箱测试当天前后的快件滞留和吞吐情况。

## 六、测试报告

（一）配置参数

配置参数见表4-6。

表4-6 配置参数

| 城市 | 成都 | 北京 | 天津 |
| --- | --- | --- | --- |
| 智能快件箱品牌 | 速递易 | 永嘉易站 | 全时 |
| 柜体操作平台数量（个） | 5 | 无（手机端） | 1 |
| 系统 | Windows | 自主研发APP连接125块控制板和1台8路串口服务器 | 慧科自主研发系统 |
| 格口（个）（大+中+小） | 104+104+260=468 | 96+288+576=960 | 10+20+47=77 |
| 其他搭载功能 | 播放广告 | 无 | 支持洗衣服务 |

品牌方面，速递易与全时所属企业是完全意义上的第三方智能快件箱生产与运营企业，不具备快递资质，主要提供“代收”和“存储”服务；而永嘉易站的口号是“社区最后一公里生活服务商”，且具备快递资质，提供收件、派件（校园范围内）服务，以及勤工俭学岗位，智能快件箱服务是其业务中的一部分。

永嘉易站的智能快件箱没有设置柜体显示操作平台，根本原因是校园快递与小区、机关不同，取件集中且数量庞大，因为操作平台有限，直接在柜体操作很容易发生排队现象，影响取件效率。该公司将在下一代产品中同时推出柜体和移动端操作功能，收件人可根据实际选择不同的取件方式。

（二）企业合作

企业合作情况见表4-7。

表4-7 企业合作情况

| 品牌 | 速递易 | 永嘉易站 | 全时 |
| --- | --- | --- | --- |
| 合作企业 | 成都所有快递公司、同城配送公司、小件物流公司、电商或社区电商公司等 | 申通、圆通、韵达、天天、宅急送、EMS、百世汇通、城市100、全峰、优速 | 申通、圆通、韵达、中通、顺丰、EMS、中国邮政、优速、百世汇通、全峰、天天、如风达、宅急送、快捷、国通、腾讯达、京东、苏宁、当当、亚马逊、网电通、1号店、亚马逊、聚美优品、城际速递 |

在天津空港经济区投资服务中心，智能快件箱颇受快递员的青睐。快递员往往会根据该中心的上下班时间，尽早到位，把自己的快件放入快件箱中。记者在对申通和圆通快递员的采访中发现，他们都反映目前对快件箱的使用已经很熟练，同时希望运营企业能够在现有一组快件箱的基础上，再增加一组，以满足使用需求。

化大校园里，现在已经基本看不到快递员摆摊设点收发快件的情景，永嘉易站解决了大部分的收派问题。但记者现场看到，仍然有少部分快递企业没有与永嘉易站达成合作，就在永嘉易站旁边，时不时还会出现一两个“摊点”，如中通、小红帽等。没有达成合作的因素，利益分配是其中之一。

在万科·金域蓝湾小区，地库一层智能快件箱区域是所有来小区派件的快递员的首访之地，在这里，绝大部分快件被放入智能快件箱，超大件、到付件等也可在此通知收件人方便的话来取。图中快递小伙儿满满一车快件几乎全部放入智能快件箱。

（三）放件操作

1. 速递易、全时

快递员刷卡→查看剩余空箱数量→输入手机号→扫描快件单号→选择大、中、小格口→开门放件→后台系统向收件人发送信息（箱体编号、取件密码）。

2. 永嘉易站

各家快递公司将快件送到永嘉易站→在指定地点卸货→永嘉易站工作人员通过"永嘉易站APP"扫码→输入手机号→选择格口→开门放件→后台发送短信给收件人（箱体编号、取件密码）。

速递易和全时智能快件箱放件过程基本一致，放件过程由快递员自己完成；在永嘉易站，快递员只管运送快件，卸货后快件交由站点工作人员二次分拣并投递到智能快件箱中。两种模式各有所长，但并无孰好孰坏之分，毕竟服务对象不同，发展理念也不同（表4-8）。

表4-8 模式比较

| 品牌 | 速递易、全时 | 永嘉易站 |
| --- | --- | --- |
| 放件时间（卸货＋入柜，以70件为准） | 约1小时 | 约30分钟 |
| 优点 | 节省人工成本 | 放件效率高、节省投递时间 |
| 不足 | 用时较长 | 人工成本高 |

（四）取件操作

1. 速递易、全时

收件人收到快件箱或快递员发送信息→选择对应柜体→输入手机号→输入取件密码→取件。

2. 永嘉易站

收件人收到取件信息→告知永嘉易站工作人员取件密码→工作人员通过手机APP输入密码遥控开启快件箱→取件→撕下面单请收件人签字。

学校与小区取件相比，最明显的就是集中度不同。以万科·金域蓝湾这种智能快件箱运用非常成熟的小区为例，最多允许5位收件人同时操作，在小区取件集中度不高的情况下已十分充足。大学校园里，教职工、学生作息基本一致，取件集中度很高，如果只采用柜体操作，在取件高峰期很容易发生排队现象。永嘉易站在高峰期最多可配备十余名工作人员负责取件，而且由于操作熟练度高，效率上很好地满足了取件需求。机关企事业单位因为人员聚集较少，少量的智能快件箱＋柜体自提就可满足需求。

（五）格口使用

格口使用情况见表4-9～表4-11。

表4-9 格口使用情况（一）

（测试日期：2015年1月13日　快件箱品牌：速递易）

| 格口样式 | 大 | 中 | 小 | 总　数 |
| --- | --- | --- | --- | --- |
| 格口总数（个） | 104 | 104 | 260 | 468 |
| 箱内快件（件）（13日7:30数据） | 212（滞留24小时以上的75件） | | | |
| 当日投件量（件）（14日0:00数据） | 100 | 116 | 256 | 472 |
| 占小区整体派件比例 | 78% | | | |
| 当日取件量（件）（14日7:30数据） | 485 | | | |
| 投件率（当日投件数/格口数） | 100.85% | | | |

据上表统计，1月13日7:30～14日7:30，万科·金域蓝湾小区需要通过智能快件箱流转的总快件数为：当日投件数472＋未取快件212＝684件，取件量为485件，剩余的近200件快件会在14日继续流转。格口24小时以上"滞留率"为：75÷468≈16%。简单地说，在居民小区，快递员平均每天有上午和下午两个投递高峰，与收件人中午和晚上取件的高峰相匹配。速递易13日早上余

留的256个空箱子基本能够满足快递员上午的投递需求,经过中午取件高峰,下午又会腾出200会个空箱供快递员投递。实际上,目前该小区468个格口并不能完全满足投递需求。快递员如果在上午和下午投递较晚,经常会遇到空间不足的问题,对"三通一达"等投递量大的快递企业来说,问题尤其突出,几家公司的快递员还向记者反映,希望增加格口数量。

**表4-10 格口使用情况(二)**

(测试日期:1月16日 快件箱品牌:永嘉易站)

| 格口样式 | 大 | 中 | 小 | 总 数 |
|---|---|---|---|---|
| 格口总数(个) | 96 | 288 | 576 | 960 |
| 箱内快件(件)(16日9:00数据) | 0 | | | |
| 当日投件量(件)(16日20:00数据) | 153 | 460 | 691 | 1304 |
| 占校园整体派件比例 | 87% | | | |
| 当日取件量(件)(16日20:00数据) | 1239 | | | |
| 投件率(当日投件数/格口数) | 135.83% | | | |

**表4-11 格口使用情况(三)**

(测试日期:1月16日 快件箱品牌:全时)

| 格口样式 | 大 | 中 | 小 | 总 数 |
|---|---|---|---|---|
| 格口总数(个) | 10 | 20 | 47 | 77 |
| 箱内快件(件)(16日0:00数据) | 6 | | | |
| 当日投件量(件)(17日0:00数据) | 13 | 10 | 44 | 67 |
| 占机关整体派件比例 | 30% | | | |
| 当日取件量(件)(17日0:00数据) | 63 | | | |
| 投件率(当日投件数/格口数) | 87% | | | |

北京化工大学永嘉易站工作时间为9:00~20:00。下班前,工作人员会对智能快件箱中当天未取的快件进行"清场",这部分快件占当天快件总量的5%左右,收件人基本是当天不在学校的教职工和学生。未取快件会被转送到"滞留件取件区",收件人接到永嘉易站工作人员的再次通知后,可到这里取件。据了解,北京化工大学永嘉易站目前960个格口能够满足合作的10家企业日均1500件左右的快件投递量。

小区、大学、机关三种末端类型的测试中,只有机关单位的智能快件箱投件率低于100%,客观反映了机关企事业单位在日均快递投递量及使用频率上,比不上快递成熟度较高的小区和大学。而且,用智能快件箱投递占整体派件量的比例只有30%,远低于小区和大学。另外这也说明小区投递和校园投递的成本更高,快递员宁愿花钱集中通过快件箱投递,也不愿意花时间去等收件人取件;而在机关企事业单位,稍微花一点时间等收件人签收,比起花钱放入快件箱更划算。

(六)成本及运营

成本及运营情况见表4-12。

**表4-12 成本及运营情况**

| 品牌 | 速递易(万科·金域蓝湾) | 永嘉易站(北京化工大学) | 全时(天津空港经济区投资服务中心) |
|---|---|---|---|
| 箱体费用(万元) | 15 | 70 | 14 |
| 平均每个格口费用(元) | 320 | 729 | 1818 |
| 进场费(元/年) | 1500 | 不便透露 | 无 |

续上表

| 品牌 | 速递易（万科·金域蓝湾） | 永嘉易站（北京化工大学） | 全时（天津空港经济区投资服务中心） |
|---|---|---|---|
| 有无广告费用 | 有 | 无 | 无 |
| 每件收费（元） | 大0.6、中0.5、小0.4 | 0.5（不分大小） | 免费期（之后0.3～0.5） |
| 超时费 | 超过48小时未取，每24小时收取1元 | 无 | 无 |

在成都万科·金域蓝湾小区，“三通一达”的快递员每月要向智能快件箱交纳1000多元的使用费。在旺季高峰，这个数字会增长一倍。

永嘉易站大部分工作人员都由在校的硕士研究生组成。他们可以根据自己的闲暇情况安排在这里的工作时间。每工作一个小时，会拿到12元的工资，而且可以周结。

根据调查，目前智能快件箱企业主要收入来源为向快递员收取的代收费用。以全国最大的智能快件箱生产及运营企业速递易为例，虽然在箱体上推出了广告位，但目前并没有在全国普遍推行；向收件人收取超期费也并没有强制执行。在成都万科·金域蓝湾小区，智能快件箱通过向快递员收费每天能够收入600元，一年是20多万元，除去硬件软件的开发、人力投入等成本，盈利情况记者并不知情，但显然目前的盈利模式并不满足企业的真正需求。

对于起步更晚的永嘉易站、全时等品牌所属企业，在智能快件箱业务方面与速递易有不小差距，在先期投入巨大的背景下，寻找一种适合自己的可持续性盈利模式显得更加迫切。

未来如何？或许通过建设移动客户端，打造特定区域（小区、校园）O2O移动互联技术的“最后一公里”整合服务平台是主要方向。

（七）问卷调查

在万科·金域蓝湾小区，测试人员在现场向10位快递员和20位收件人进行了简单的问卷调查。接受调查者普遍认为快件箱为投递和取件带来了很大方便，也存在一些问题，但总体上利大于弊（表4-13）。

**表4-13　问卷调查结果**

| 快递员反映问题 | 收件人反映问题 |
|---|---|
| 收件人有时收不到取件短信，可能导致快递员被投诉 | 箱体投币口有问题，硬币有时投不进去，影响取件 |
| 希望根据实际情况适当增加箱体数量 | 周五投进去的件，周末未取，周一取的话需要多投一元，望改进周末未取件收费环节 |
| 目前收费过高，导致快递员派件收入大幅下降 | 系统反应慢，有时会死机 |
|  | 不能当面验视签收，存在安全隐患 |

被调查者反映的问题中，大部分是智能快件箱的硬、软件问题，都可以通过技术手段来解决。收费问题上，快递员虽反映收费过高，但在一些客户的要求下，以及权衡时间成本后又不得不使用，加上智能快件箱企业目前盈利模式单一，所以降低对快递员收费的可能性不高。“不能面签”的难题是目前智能快件箱发展中面临的最主要问题，一方面快递末端投递智能化是大势所趋，另一方面智能快件箱运营与现在的行业标准有抵触。如何解决？韵达市场营销中心总经理郑锦阳认为，智能快件箱“面签”难题需要从多个层面解决。在技术层面，可以改变目前“快件入柜即代表收件人签收”的现状，设置“快件箱到件通知”和“取件签收”两道环节，到件通知并不能作为快件妥投的依据，取件签收才是决定性的环节，收件人在收到到件通知后是否愿意签收具有主动权；在政策层面，国家要对目前的相关法律法规作出调整，以适应科技创新影响下的快递末端投递发展新趋势。

(八)风云论剑

参与企业:天津全时、北京永嘉易站、厦门鸟箱、上海富友、江苏鸿雁、顺丰速运、圆通速递、中通快递、韵达快递。

**1. 关键词:项目推广 地域选择**

**智能箱企业声音:**

你知道智能快件箱喜欢在哪些城市"落脚"吗?为什么会选择这些地方呢?

永嘉易站:2015 规划中,除北京外,永嘉易站预计开始进入上海、南京、成都、杭州、广州、长沙等地,预计合作高校 80 所,10 万格口的智能快件箱安装使用量。

慧科电子:天津是慧科电子的产品研发和多代产品中试验证的基地,且天津和北京地域临近,公司业务辐射范围较好,能够保证良好的售后服务和用户体验。

鸟箱:对地域的选择有两个主要原因:其一,厦门作为经济特区,拥有良好的环境和开放的政策,对快递行业的发展能够提供更活跃的土壤,相关部门对本行业的支持力度强;其二,奕宝诞生于厦门,在厦门具有强有力的本地拓展优势,并且能够最大程度地协调各种资源来配合。

富友:地域的选择方面,我们主要考虑经济水平和人口密度,尽量使智能快递箱为更多的居民提供服务。对于已选择的区域,短期的规划就是尽快完成本地 80% 以上社区的覆盖,并尽快开展增值业务内容建设。

江苏鸿雁:在项目推广的地域选择上,主要考虑一些经济发展状态良好或经济发展持上升趋势的城市;当然,还要考虑当地政府对这一项目的态度和支持力度。不同的城市和不同的社会背景对这种新型快递方式的接受能力各有不同,所以这个项目的实施更多是依赖政府、企业以及民众的接收程度,希望能在邮政业十三五规划中体现对智能快件箱的扶持。

**快递企业声音:**

企业在各地与智能快件箱企业合作情况怎样?具体投递情况如何?采用何种模式与智能快件箱企业合作?

顺丰:最初的智能快件箱建设投入,有解决收派员暂存物料的功能,后来就很快升级到收递快件的功能,目前,自建自管以及通过与其他地方企业进行合作 + 委托代管的形式都存在,属于顺丰的各地区级业务。市场需求决定了,进行智能快件箱的开发投入是我们会做的业务方向之一,但目前的考虑重点是基于如何提高顺丰的生产效能、降低时间成本,以及满足我们自身业务所面对的市场,重点并非在于如何向其他企业开放分享。

圆通:有少部分公司在合作,投递情况不是很乐观,主要原因是客户不能按时取件、信息没收到,以及客户取件后发现问题不能当场解决。

韵达:目前,韵达速递暂时没有购买或者开发智能快件箱方面的规划。目前基本采取与第三方智能快件箱企业开展合作的方式进行部分快件的投递,具体就是租用第三方智能快件箱满足一定的末端派送快件寄存放需求,而第三方智能快件箱企业一般前期并不收取费用。

**2. 关键词:城市选址 进驻场地**

**智能箱企业声音:**

智能快件箱正常运营有哪些条件?答案:人多、电量足、wifi 信号全满。

永嘉易站:第一阶段以全国高校为进驻场地,因为用户密集度高,每个高校平均 20000 万人;学校不让快递公司进校送件,快递公司投递难,收件难。除了有人口密集的商业价值外,更多的是承担企业社会责任,关心高校师生,帮助快递企业解决高校投递难成本大的问题。安装地址选择学生宿舍区,方便师生取件。同时在教学区、家属区也是就近设立。

慧科电子:基本选址条件无特殊要求,室内外均可。使用条件:网络信号、稳定电源。目前全时不做主要进驻场地区分,社区、学校、机关单位、商业楼宇均有不同模型推进。

鸟箱:城市中,鸟箱首先选择有物管、社区人数多、管理规范、网购人群成熟的社区进驻。将符合条件的社区作为选择，主要由于新鲜事物的进驻需要良性的发展空间和环境。管理规范，更具有网购习惯的社区能够为我们提供最适合的“土壤”来发展。目前，除了大部分的优质社区外，鸟箱还进驻了高档写字楼、机关单位，以及各大重点高校和中小学校等。

富友：智能快递柜的选址基本都是在往来人流量较大的出入口或活动中心等场地。使用的条件需要满足地面平整的场地，手机3G信号覆盖并有24小时持续供应的220V电源。目前富友主要进驻的场地是中大型社区以及各类高校。

江苏鸿雁：智能快件箱因其是传统派送方式的一种补充，所以鸿雁所选地址一般为业务量较大的场所。在这些场所中，传统的派送方式会呈现出明显的弊端，通过智能快件箱会更加有效、更加经济地完成快件派送任务，同时也对这一产品做了宣传。鸿雁目前在居民小区、高校及政府机关都有项目投入，如无锡市行政服务中心、扬州市政府、南通工贸技师学院等。

**快递企业声音：**

快件箱企业设置了快件箱，那么快递企业用不用呢？主要考虑的因素很多。

圆通：用不用，要考虑的第一是成本，目前收费偏高，这样一来快递公司派件利润大大降低；其次是现大多数小区配置不够；再次快件箱出现问题后不能及时解决；还有各方面利益分配是否均衡；是否有一套成熟的可实施性方案流程。

韵达：首先会考虑快件是否符合投放标准；其次主要考虑对应智能快件箱区域的客户对快件箱的接受程度、当地快件箱的使用情况、投递环境等；另外对应区域的网点公司对于智能快件箱的接受程度也是制约智能快件箱的关键因素。

**3. 关键词：各方合作　企业优势**

**智能箱企业声音：**

智能快件箱的使用涉及多方能否顺利合作。其中，要进入小区、商务楼和学校，就面临着场地、安全、利益等方面的问题？快件箱企业怎么敲开紧闭的大门？各家企业有何“法宝”？

永嘉易站：优势一，持有“快递业务经营许可证”；优势二，政府认可永嘉易站的模式和经营能力，在全市高校推荐；优势三，快件箱和人工服务结合，能够全面周到的服务师生；优势四，提供大学生在校勤工俭学的机会。

慧科电子：目前与物业的合作主要以设备采购为主。全时有国内唯一的可变格口设计，高密、通用、大件按需选择；同时还拥有专有发明专利的智能邮递岛产品，可以实现300件邮件投送。全时还拓展了开放式的增值服务，创建出可持续发展的运营结构。

鸟箱：根据目前情况，鸟箱与物业及商务楼的合作主要通过缴纳固定场地费、直接销售柜体及提供增值思路等办法，签订长期的合作协议。鸟箱致力于以更好的客户服务和标准化的产品质量来推动自身的发展，并针对不同的人群聚集方式，研发具有可操作性的后台系统进行支撑。

富友：与物业的合作会支付一定的费用，覆盖物业公司的电费等成本；另一方面吸引物业公司积极参与后期的增值业务内容建设并获取收益。富友是国内屈指可数的全牌照支付企业之一，利用自身的全牌照与支付通道资源为电子商务以及网络购物的“三大流”——“信息流”、“资金流”、“物流”做全方位的整合服务，同时配以专业的运营团队，即在后续的增值业务建设方面会比较得心应手。当前富友收件宝的使用对物业、小区业主、快递员都是免费的；同时收件宝终端和APP上都添加了信用卡还款等便民类金融业务，不仅可以更好的服务广大业主，同时还帮助实现国家智慧社区的建设。

江苏鸿雁：不同的合作对象与其合作的方式也会有所不同，目前有以下两种合作方式：1. 整机出售给合作方，公司在一定限制上提供维修和升级业务；2. 由鸿雁提供设备，合作方提供场所，系统由我公司进行管理运行。鸿雁邮电是一家专门从事邮政业务及相关用品的公司，公司发展历史悠久，资金雄厚，在人才方面有博士及研究生团队作为技术支撑。

**快递企业声音：**

快递企业如何与智能快件箱企业进行合作（信息系统对接），进而为收件人提供收件信息服务的？

顺丰：现在市面上的快件箱，暂时并未完全实现信息系统与其他的营运信息对接。随着互联网技术及数据安全技术的进步，这应是一个可发展方向。

韵达：目前韵达速递在与智能快件箱企业合作时，基本实现了快件信息系统对接和信息共享并相互推送的功能。韵达速递能够通过第三方快件箱企业提供的快件代存放数据，有效监控快件是否顺利送达客户手中；第三方企业也能通过韵达速递的快件跟踪系统及时了解到快递企业对快件箱的使用情况。

**4. 关键词：面面签收　快件安全**

**智能箱企业声音：**

测试中暴露出的目前智能快件箱的问题最重要的是安全方面的问题，包括快件安全、个人信息安全等，看不同企业如何作答。

永嘉易站：智能快件箱发展需要一个阶段，需要用户的使用习惯慢慢转变，需要快递公司业务流程的更新与发展。目前阶段，师生使用快件箱自愿确认委托我们代收的，采用面单不签收；师生没有委托的，我们还是实施面面签收。安全措施设立两级：全场24小时监控，资料保留30天；取件后发送取件成功短信请用户确认。我们还正在升级系统，将来能做到“电子面单签收”、“指纹取件”、“监控录像时时回放”、“人脸识别”。

慧科电子：目前采用推荐快递员电话提前告知然后存入快递箱的快递投送服务形式，同时辅助录像解决快件安全问题。将来应该和快递企业进行合作，通过电子面单和电子签收等新技术手段解决安全签收问题。

鸟箱：使用24小时高清监控探头对鸟箱进行保护，与美亚柏科“存证云”系统合作，可直接将监控录像资料备份到国家司法部门云端储存，具备法律效力。用户可在监控范围内对包裹进行验示，以确保签收无异议。此外，由于智能快件箱仅作为用户接收快递的窗口，无法独立完全解决面签验示问题，需要多方共同协商，寻找最安全的办法。

富友：传统的“面面签收”的确可以保证快件安全；但智能收件宝的面世同样可以保证快件的安全以及更好地解决家中无人签收快递的问题。收件宝自身配备安装了高清无死角监控摄像头，采用了24小时监控，有效的保护了快递员和收件人的权益。

江苏鸿雁：没有经过“面面签收”过程的快件，关键要确定取件人的身份，目前主要采用摄像头监控设备及短信密码协同认证取件人的身份，在大数据不断发展的将来，可以采用个人身份证加摄像头的模式建立更健全的验证机制。

**快递企业声音：**

顺丰：智能快件箱的应用，最重要的考证是硬件的稳定性，从而影响到其运营的稳定和安全性。其中有技术因素，有如柜门锁等设施的强度、性能；有人为因素，有如是否能够杜绝所有接触箱体的人员的粗暴或笨拙操作；另外，也要考虑诸如托寄物的安全问题，如何辨识和防范违禁品、危险品。这些，都是在产品研发设计和运营管理中的重点。

随着用户和市场的接受度提高，稳定可靠的智能快件箱建设，一定会为整个社会带来人均效能的优化，帮助普通人节省时间和精力。这需要整个社会的认知，将它发展成城市化生活中的公用资源。

韵达：目前快递员在使用智能快件箱时遇到的问题主要集中体现在破损件无法顺利认责等问题上。虽然传统派送也会出现上述问题，但由于是快递员亲自派送，双方协商沟通有利于迅速解决客户的后顾之忧。但如果客户自取时发现上述问题，就无法及时联络到快递员解决问题，会造成客户对企业的信任度降低，进而排斥快件箱的使用，对快递企业的品牌美誉度也将有一定的影响。

圆通：大多数小区配置不够，去晚了无法投递；发送信息后客户不去取件，把责任归属给派件员；客户取件后出现问题无法核实。

中通：快件箱解决了地摊到处找的问题，快件安全方面的话，万一客户换手机号码了，信息发到之前的手机上，就麻烦了，在投递的时候，应提前与客户电话确认。

**5. 关键词：各方责任**

**智能箱企业声音：**

快件箱企业认为，解决所有的安全问题只靠自己是没有办法解决的，合作方快递企业、物管以及政府都有责任。

永嘉易站：快递企业全体员工要进行专业的培训，参加快递员资格考试，提升素质；避免暴力分拣，保证快件在入柜时没有破损；希望政府进一步给予政策上的支持。

慧科电子：快递企业和快递箱连通快递面单信息，不仅可以进一步提高投送效率，而且提升快递员投递信息的准确度。对于公共场所立法保障快递箱的安全正常使用。政府监管部门应该在快递箱普及的初期建立统一的规范，避免未来各自为战的混乱局面。

鸟箱：在快件安全方面，政府相关部门应牵头跟进及促成，包括通过组织各方协商讨论等方式，对安全方面进行研讨，并提出实际有效的办法。大家一起坐下来探讨，能够解决更多的难题。

富友：合作方（快递企业、社区、学校、机关、消费者）在面对安全方面时，可联系富友客服调取监控，详细清楚地了解到在柜体前收取快件时发生的所有事宜。

政府相关部门在大力推广智慧城市智慧社区的同时也可对富友收件宝这类智能快递箱产品进行相应政策支持和资金补贴。

江苏鸿雁：智能快件箱合作各方在安全方面不能过度依赖智能设备及生产厂家。安全因素作为智能快件箱发展的一个重要瓶颈，应该由快件箱企业、合作方及政府共同关注，并为之努力，如企业不断改进技术、合作方加强管理、政府出台相关政策及法律法规等。

**6. 关键词：未来形态　运营模式**

**智能箱企业声音：**

如果智能快件箱叠加了保温冷藏功能，还能寄件、购物、缴费，而且全过程可视化，你想象过这样的智能快件箱是什么形态吗？一起畅想，未来社区必备的这个新“东东”。

永嘉易站：物流快递越来越发展，人们的生活需求各式各样。永嘉易站快递柜3.0，将提供暖柜、冷柜，为生鲜和热食的配送提供最后一公里的优质服务。升级智能系统，将快递柜与用户手机等各种移动端设备进行数据化链接，未来用户可以看见快递员入柜的实时录像，可以管理自己的取件时间，设置提醒等。

慧科电子：全时已经率先在全国实现了一个柜体内随意组合格口数量和规格的个性化产品设计。未来智能化、一体化设计、便利化等将更加完善。另外，人性化设计和单柜格口数量的矛盾应该首先服从人性化设计的需要，避免出现为了实现更多的格口数量，单方面提升柜体高度超过1900毫米、2000毫米，造成女性和个矮的用户操作困难问题。未来快递箱的主要运营模式还是要回归本质。

鸟箱：作为社区智能终端的一个重要组成部分，鸟箱计划深耕社区，与社区进行更加深入的合作，开发同样具有实用功能的服务模式，扩容社区服务。

富友：富友收件宝未来的运营模式除了原有的代收快递，便民增值业务以外，也会发展为通过收件宝手机APP实现更多的社区生活服务、金融服务、电子商务业务，如“周边生活”、“富余宝（基金理财）”、“代寄快递”等。

江苏鸿雁：智能快件箱主板端口已预留多个扩展端口，未来不仅有取件功能，还有寄件功能等一系列便民服务，未来的运营模式在政府没有出台政策前还是以租赁和买卖两种模式运行。

**快递企业声音：**

顺丰：从整个市场上看，对智能快件箱的技术研发，会集中于集成很多新兴功能，如生活服务（植入洗衣等社区设施）综合体、广告载体等媒介功能。顺丰基于自身的业务特点，我们目前专注的重点是在原有基础上，提升智能快件箱应用于生鲜快件收递的能力，例如增加保温、冷藏等温控功能。

中通：智能快件箱后续肯定要大力推广，将来快件箱普及了，利用率充分发挥出来，对用户和快递都是一个非常大的好事。智能快件箱基本上都安装在小区里面，应该开发出当天或者一周的天气预报情况、公交信息、手机充值、外卖等功能。

韵达：智能快件箱在经济效益方面降低了网点公司的人力成本，节省了快递员的时间，提升了工作效率；社会效益方面，对于客户来说，快件收取时间更加自由，安全性和隐私性增强。目前市场上有不少第三方企业已经研发并小部分投入使用了具备快件收派、快递费用计算和收取、自动售货和广告投放等功能的智能快件箱。从进一步满足社会需求的方向考虑，快件的开箱验视功能还有待进一步开发，以更好地满足智能寄递的客户需求。

**7. 关键词：发展难题　扮演角色　政府扶持**

**智能箱企业声音：**

展望了智能快件箱的未来，还是看看眼下有什么发展困难吧。

永嘉易站：智能快件箱投资巨大，随着用户网购和配送量的迅猛增长，现在各小区的快件箱配置将不再能满足需求。快件箱目前的技术大多数为PC端的本地连接，没有升级到移动端和云端，这种落后的后台技术不能适应发展的需要。快件箱投递在“最后一公里”应该是高品质服务的一种表现，是科技服务生活的表现，也是邮政服务于公共服务的一种体现。但是快递柜不能独立地解决最后一公里的快递投递问题，还需要建立综合社区服务站，提供多样性的营业厅式服务。

慧科电子：主要困难是没有找到可持续发展的运营模型，公共服务和商业服务混合运转，政府支持不足，物业进场收费，未来各个运营快递箱平台的公司将会面临竞价进场，物业收费步步递增，经营不可为继，出现被迫退场停止服务和服务质量大幅下降的局面。智能快件箱在快件投递的“最后一公里”中应该是不可或缺一种重要服务业态，未来应该是与人工服务均分市场。

鸟箱：主要是进驻成本的难题，针对社区的进驻，往往需要由智能快递箱企业自身承担大部分的成本，造成资本投入过重，影响了布局速度。

作为智能快递箱，最主要的是以物联网技术为核心，参与“最后一公里”物流配送，为解决“最后一公里”难题提供行之有效的办法，提高效率最终达到优化现有物流行业生态链的目的。

富友：主要的困难是市场无序竞争造成推广成本急速升高，以及资源利用效率降低。富友“收件宝”是一个公共、开放的，与全社会资源共享的平台，在提升社区快递终端服务水平的同时，也为各快递企业及社会机构都提供一个整合优化资源、节约成本的有效商业模式。

江苏鸿雁：智能快件箱目前的推广难度主要有以下几方面：公众的接受程度、快件箱的商业运营模式，以及政府的投资力度；投入成本较大，政府部门、快递企业支持参与的力度不够。目前快件箱在解决“最后一公里”的问题上只是发挥着一个补充的角色，补充着传统派件的不足，在技术及运营模式完善的将来，智能快件箱终会完全取代传统派件。

**快递企业声音：**

顺丰：目前我们看到，已有一些地方政府采取补贴、组织行业企业研讨等方式，鼓励和促动物流快递及生产企业更多投入智能快件箱应用，同时也在引导公众更多地接受城市生活快件的“自提”服务。可见,这些政府部门已经意识到,智能快件箱建设,是一种公用性的资源设施,不应任企业间陷入无序的商业投资和角逐。实际上,在目前的智能快件箱社区建设中,无论是场地租用还是社区准入,多数还停留在企业独立操作的形态中。如果政府部门能够更多地从“资质”规范、经济补贴支持、场地规划等方面入手,既管也疏,不仅可以避免企业无序竞争、建设重复、运营断档,也更有利于循序渐进地维护和整体建成一个卓有效率的社会服务资源模式。

圆通:就目前而言,智能快件箱仍存在很多不成熟之处。如在多数电商的退换货服务中,都有收件时“开箱验视”的条款,而自动的快递自提柜模式忽略了这一环节。如果消费者、商家、快递公司三者间产生纠纷,责任如何界定,消费者又如何维权?同时,自提柜体积有限,较大和较重的商品依旧需要人工送件,这就意味着自提柜也并不能实现全品类商品的自提,能缩减的开支十分有限。等等。

当然,随着快递人力成本的上升,自提柜的发展前景还是相当“可观”。

中通快递:颁发实施相应的行业标准规定。智能快件箱在箱体选材、格口大小、软件要求、数据接口、安全环保方面都应出明确规定。

韵达速递:我们欣喜地看到,很多政府部门已经将智能快件箱的投放使用作为一项民生工程来大力支持,在快件箱的研发、投放方面,给予了一定的资金、场地和资源的扶持政策。

从快递企业的角度出发,更多的是希望政府能够在派件难的末端区域,快递员无法进入进行顺利派件的地区和区域,加大快件箱的布局,提供便民服务的同时,助力快递员提升快件派送时效,降低派送难度。

(九)测试点评

儿时,最不靠谱的幻想就是拥有一只机器猫,其实就是看上了他身上的百宝囊。在关键的时候,总能听到一边摸索口袋一边发出来的那一句魔力十足的“咒语”——看!任意门……

长大后,儿时的童真早已远去,但智能化社会的发展,突然有一天又唤醒了沉睡的记忆,我们发现很多百宝囊中的道具已成为现实,万能打印机(3D打印)、追踪徽章(GPS)、连续镜(远程视频)……之于我们的快递领域,则有飞行包裹(无人机)、送货电话(电商快递)。

虽然藤子·F·不二雄笔下的机器猫没有从口袋里掏出过智能快件箱,但后者给当今生活带来的便利仍然符合“机器猫”式的幻想风格,在将来有一天,我们能够让快件在任何时间出现在任何地方。那个时候,智能快件箱会遍布中国的大小城镇,覆盖每一个社区,每一处人群。就像20世纪80年代开始发展至今有30余年的邮政信报箱一样,智能快件箱将最终取代它的位置,成为新建小区及写字楼的配套设施,成为居民生活的必需品。包括信件和报纸在内,智能快件箱将承担起未来物联网社会终端重要载体的重任。

业内人士预计,未来五年左右,我国以智能快件箱为代表的智能快递将产生百亿级的市场。这个百亿,是快件的吞吐量。智能快件箱释放的潜能,将会让很多人感到惊讶。

当然,现实生活中,我们幻想中的物流不是摸一摸口袋就能实现的,而是需要庞大的基础设施的支撑,其建设过程需要很长的时间。虽然过程艰难而漫长,但近几年来智能快件箱超乎寻常的发展速度,让我们对智能物流概念的实现充满了信心。

群雄逐鹿的今天,带给未来的,将是智能快件箱演绎的无数精彩:下单购物、金融支持、自助洗衣、定时寄件、生鲜寄存……如果藤子·F·不二雄先生当年能够预见这一切,我想他会考虑在作品中加上这么一句台词:“看!智能快件箱!”

# 新能源快递汽车测试报告

如果要给目前快递派送使用的电动三轮车找一个伙伴,电动汽车可谓是最佳拍档,一方面是穹顶之下环保的需求,另一方面更响应了国家邮政局的绿色邮政号召,新能源汽车企业向快递伸出了橄榄枝,打出环保和节能的旗号,以求共赢;快递企业有此需求但又掣肘于电池技术及配套设施建设,疑虑重重。

新能源快递汽车能否跑起来、跑的快,跑得好?本期实验室深入新能源汽车企业、快递企业、50个快递业务量居前列的城市,和大家共同找寻。

## 一、实验主题

新能源汽车车辆性能(比亚迪T3、北汽威旺307EV、蓝海新能启腾M70EV)

新能源汽车在节能环保上的表现

新能源汽车在快递行业的发展现状及未来趋势

## 二、实验方法

1. 前往北京北汽总部、深圳比亚迪总部以及新乡蓝海新能了解相关车辆详细情况、数据;

2. 深入快递一线网点(天津申通、新乡天天快递企业),对新能源车和普通汽油车进行跟测,记录车辆表现;

3. 跟测同时,与快递企业和车辆生产企业进行探讨,得出新能源汽车在目前行业中发展遇到的困难,以及未来的发展趋势;

4. 调研相关省份在新能源车推广过程中的优惠政策、发展现状。

## 三、实验地点

深圳比亚迪汽车工业有限公司(深圳市坪山新区比亚迪路3009号)

北京新能源汽车股份有限公司(北京市大兴区采和路1号)

河南蓝海新能电动汽车有限公司(河南新乡高新区德源路111号)

天天快递河南新乡公司(新乡市南环路与胜利路交叉口西)

天津市申通快递西青区一公司(天津市西青区大寺镇大寺村)

## 四、实验企业

比亚迪:创立于1995年,主要从事以二次充电电池业务、手机、计算机零部件及组装业务为主的IT产业,以及包含传统燃油汽车及新能源汽车在内的汽车产业,并利用自身技术优势积极发展包括太阳能电站、储能电站、LED及电动叉车在内的其他新能源产品。2003年,比亚迪进入汽车领域,开始了自主汽车品牌的发展征程,公司已经推出多款传统燃油车型和新能源车车型。

北京新能源汽车股份有限公司:由世界500强企业北京汽车集团有限公司发起并控股,联合北京工业发展投资管理有限公司、北京国有资本经营管理中心、北京电子控股有限责任公司共同设立的新能源汽车产业发展平台。北汽新能源已全面掌握新能源汽车电池、电机、电控三大关键核心技术,成功开发了多款纯电动汽车产品。

河南蓝海新能电动汽车有限公司:由福建省汽车工业集团与新乡市新能电动汽车有限公司合资成立,履行福汽集团所属公司新能源电动汽车产品的研发、生产、销售职能。蓝海新能是电动汽车和换电设施的研发及完整运营方案的推广者。其携手东南汽车共同推出中国首款底盘换电式电动汽车,2011年河南省新乡市投放百辆换电式出租车,成功示范运营至今,被誉为全新的电动汽车商业"新乡模式"——汽车厂—电池厂—电池运营商—消费者都能受益的良性循环商业模式。

天天快递河南新乡公司：新乡天天快递成立于2008年10月，下辖新乡市区、八县以及乡镇网点共计48个，员工（含下属办事处）将近150人，每天快件收件量2000多件、派送6000多件，运营车辆包括大型货车、轻型货车、面包车等，自有机动车12辆，其中新能源机动车2辆，加盟办事处机动车40余辆，非机动车若干辆。

天津市天地申通物流有限公司：天津申通下设网点75个（直营30个，加盟45个），日均进出港业务量17万件，运输汽车上百辆，其中新能源纯电动汽车50辆。电动汽车主要用于城市末端的大件派送，小件的派送大部分采用电动自行车。

## 五、车辆报告

参与本次实验活动的三款新能源汽车均为纯电动汽车，以车载电源为动力，用电机驱动车轮行驶，对环境影响相对传统汽车较小，其前景被广泛看好。目前各种类别的蓄电池，普遍存在价格高、寿命短、外形尺寸和重量大、充电时间长等缺点。

电动汽车的技术核心主要分三个方面：电池、电机、电控。电池是电动汽车的动力源泉，也是一直制约电动汽车发展的关键因素。要使电动汽车能与燃油汽车相竞争，关键就是要开发出比能量高、比功率大、使用寿命长的高效电池。目前，应用最广泛的电源是铅酸蓄电池，但随着电动汽车技术的发展，铅酸蓄电池由于能量低，充电速度慢，寿命短，逐渐被其他蓄电池所取代。正在发展的电源主要有钠硫电池、镍镉电池、锂电池、燃料电池等，这些新型电源的应用，为电动汽车的发展开辟了广阔的前景。

（一）比亚迪T3

T3采取纯电驱动，自动换档。T3纯电动物流车仓货空间可达3.5立方，载重0.8吨以上，采取交、直流两种充电方式，最大续航里程可达250公里（表4-14）。

**表4-14 基本参数、动力及性能参数**

| 长×宽×高 | 毫米 | 4460×1720×1875 |
|---|---|---|
| 整车质量 | 千克 | 1950/1995 |
| 载重 | 千克 | >800 |
| 货舱空间 | 立方米 | 3.5 |
| 驱动形式 | | 前置前驱 |
| 最高车速 | 公里/小时 | ≥130 |
| 0～100公里/小时加速时间 | 秒 | ≤8.9 |
| 最大爬坡度 | % | ≥38 |
| 电池 | | 磷酸铁锂电池 |
| 电量 | 千瓦时 | 42 |
| 满电续航里程 | 公里 | >200（综合工况）<br>>250（匀速60） |
| 充电模式 | 千瓦 | 交直流40<br>交流3.3 |
| 充电时间 | 小时 | 1.1/≤13 |
| 电机型式 | | 交流永磁同步电机 |
| 电机最大功率 | 千瓦 | 160 |
| 补贴后车价 | 万元 | 8～9 |
| 售后 | | 8年质保 |

注：

磷酸铁锂电池：用磷酸铁锂作为正极材料的锂离子电池。长寿命铅酸电池的循环寿命在300次左右，最高也就500次。而磷酸铁锂动力电池，循环寿命达到2000次以上，标准充电（5小时率）使用，可达到2000次。同质量的铅酸电池是最多也就1~1.5年时间，而磷酸铁锂电池在同样条件下使用，理论寿命将达到7~8年。综合考虑，性能价格比理论上为铅酸电池的4倍以上。

充电模式：电动车的充电有交流充电和直流充电两种方式，两者在电流、电压等技术参数上都有较大差距。前者充电效率较低，而后者充电效率较高。一般大家常说的"慢充"用的基本是交流冲电，而"快充"多数用的是直流充电。

电池电量：衡量电池性能的重要指标之一。单位为千瓦时。电池容量是汽车厂商公布的其电池储备电量大小的度量单位。

充电设备：比亚迪壁挂式交流充电盒，按照功率分为40kW和80kW两种（表4-15）。

比亚迪快充型充电设备，按照功率分为100kW和200kW两种（表4-16）。

（二）北汽威旺307EV

威旺307EV整车续航里程150公里，满足城市物流用车的使用需要，有效载货容积达到4.99立方米（表4-17）。

**表4-15 比亚迪壁挂式交流充电盒**

| 类型 | 单枪 | 双枪 |
|---|---|---|
| 额定输入电压 | AC380V（三相） | AC380V（三相） |
| 输入功率 | ≤40kW | ≤80kW |
| 输出功率 | ≤40kW | ≤80kW |
| 输出接口 | GB/T 20234—2012 | GB/T 20234—2012 |
| 长×宽×高（毫米） | 690×400×200 | 690×400×200 |
| 充电电缆长度 | 3米 | 3米 |
| 工作温度 | -25~+50℃ | -25~+50℃ |
| 成本（元） | | |

**表4-16 比亚迪快充型充电设备**

| 类型 | 单枪 | 双枪 |
|---|---|---|
| 额定输入电压 | AC400V（三相） | AC400V（三相） |
| 输入功率 | ≤100kW | ≤200kW |
| 输出功率 | ≤100kW | ≤200kW |
| 输出接口 | GB/T 20234—2012 | GB/T 20234—2012 |
| 长×宽×高（毫米） | 500×400×2000 | 500×400×2000 |
| 充电电缆长度 | 3米 | 3米 |
| 工作温度 | -30~+60℃ | -30~+60℃ |

**表4-17 基本参数、动力及性能参数**

| 长×宽×高 | 毫米 | 4495×1636×1912 |
|---|---|---|
| 整车质量 | 千克 | 1640 |
| 载重 | 千克 | 580 |
| 货舱空间 | 立方米 | 4.99 |
| 驱动形式 | | 后纵置后驱 |
| 最高车速 | 公里/小时 | |
| 0~100公里/小时加速时间 | 秒 | |
| 最大爬坡度 | | |
| 电池 | | 三元锂电池 |
| 电量 | 千瓦时 | 37.8 |

续上表

| 长×宽×高 | 毫米 | 4495×1636×1912 |
|---|---|---|
| 满电续航里程 | 公里 | 150 |
| 充电模式 | 千瓦 | 交流4.7<br>直流30 |
| 充电时间 | 小时 | 慢充8<br>快充1.5 |
| 电机型式 | | |
| 电机最大功率 | 千瓦 | |
| 补贴后车价 | 万元 | |
| 售后 | | 5年10万公里质保质保期内<br>免费拖车、服务站免费充电 |

注：

三元锂电池：电动车电池使用的正极材料主要为磷酸铁锂、三元材料、钴酸锂和锰酸锂等。磷酸铁锂密度较低，仅为每公斤120W·h左右，但其优势是热稳定性好，安全性高，比亚迪等车企选择了这种电池。三元材料能量密度可达150～200W·h，续航里程大，但其劣势在于安全问题，采用它的是特斯拉等。业内对三元材料和磷酸铁锂材料孰优孰劣也一直存在分歧。

（三）蓝海新能启腾M70EV

启腾M70EV电动车型设定2座、5座两种厢式运输车，载重高达675kg，主要用于满足物流、快递等各类货运需求（表4-18）。

## 六、实测报告

（一）线路一：天津市西青区末端派送

天津市西青区末端派送见表4-19。

**表4-18　基本参数、动力及性能参数**

| 长×宽×高 | 毫米 | 4071×1677×1902 |
|---|---|---|
| 整车质量 | 千克 | 1375 |
| 载重 | 千克 | 525 |
| 货舱空间 | 立方米 | 4.5 |
| 驱动形式 | | 后驱 |
| 最高车速 | 公里/小时 | ≥120 |
| 0～100公里/小时加速时间 | 秒 | |
| 最大爬坡度 | | |
| 电池 | | 三元锂电池 |
| 电量 | 千瓦时 | 32 |
| 满电续航里程 | 公里 | 190（实测空载225，满载80%167） |
| 充电模式 | 千瓦 | 交流4 |
| 充电时间 | 小时 | 8（5小时充满80%） |
| 电机型式 | | 交流永磁同步电机 |
| 电机最大功率 | 千瓦 | 42 |
| 补贴后车价 | 万元 | 5～6 |
| 售后 | | 整车质保：3年6万公里<br>三电质保：5年10万公里 |

表 4-19 天津市西青区末端派送

| 性质 | 末端派送 |
| --- | --- |
| 行车距离 | 47 公里 |
| 道路形式 | 城市道路 |
| 最高限速 | 60 公里/小时 |
| 车型 | 北汽威旺 307EV |
| 车龄 | 9 个月 |
| 购置方式 | 全款购买 |

网点情况:天津申通将派送区域分为四个大的片区,其中锦西片区负责天津市西青区、河西区、和平区的快件收投工作,直线距离 47 公里。去年,天津申通向北汽新能源下了 50 辆威旺 307EV 的订单,但因为产量限制,目前交付的有 35 辆,平摊到下面 75 个网点的话,每个网点平均不到一辆。这些电动汽车主要用于市内网点大件的末端派送。参与本次实测的西青一公司,拥有一辆威旺 307EV。

1. 派件体验

派件体验见表 4-20。

表 4-20 派 件 体 验

| 装件 | 30(主要为大件) |
| --- | --- |
| 起步加速 | 快速 |
| 转向 | 灵活 |
| 最高速度(公里/小时) | 78 |
| 全程平均速度(公里/小时) | 60 |
| 驾驶舱环境 | 安静、平稳 |
| 派件用时(小时) | 2.5 |
| 用电量 | 34% |
| 充电方式 | 网点普通电源充电 |
| 电池充满时间(0~100%)(小时) | 8 |

天津申通西青一公司每天派件量在 2000 件左右,其中大件约 90 件,光靠一辆汽车跑一个来回是远远不够的。目前以威旺车 5 个立方米的装载量,需要平均每天往返 2~3 次才能派完。计算下来,一天最多要跑 150 公里。与新乡支线运输不同,城市末端派送最大的区别就是走走停停,这对于电池来说是一个巨大的消耗。如此跑下来,电池满电情况下每天最多能跑 120 公里左右。所以,白天趁着休息的时候,驾驶电动汽车派件的张立国都要给车充电,以满足派件的需求。而如果到了旺季的时候,电池续航里程不足的情况更加凸显,这种情况下,网点都会把平常用于支线运输的厢式货车调来协助派送。

2. 面临问题

张立国反映,目前电动汽车的最大问题是续航能力不足,在夏天还好,到了冬天,满电情况下只能开 100 公里。另外,不管是冬天夏天,快递员都很少开空调,如果一路开着空调,这一天几十公里的电量就搭在这里了。在充电问题上,天津申通锦西片区李经理说,现在他负责的部分网点因为物业管理的原因不让电动汽车充电,所以有很多车晚上都要开到天津申通总部去充电,而且在十几辆车一起充电的情况下,会造成跳闸断电等情况的发生。另外在网点夜间充电过程中,偶尔还会充不上电,影响第二天的派件。“发生过几次故障了,北汽会派人上门来修,现场修不了的会带回去修,需要等几天的时间,对派件工作影响很大。”李经理说,电动汽车的配件和汽油车的也不通用,价格比较高。

3. 使用成本对比

使用成本对比见表4-21。

**表4-21　使用成本对比**

| 车型 | 北汽威旺307EV | 同等型号汽油车 |
|---|---|---|
| 日平均运营里程 | 100 | 100 |
| 百公里耗油(升) | | 8 |
| 百公里耗电(度) | 23 | |
| 汽油价格(元/升) | | 6.66 |
| 燃料单价(元/千瓦时) | 1.5 | |
| 每公里燃料费(元) | 0.08 | 0.53 |
| 日运营成本(元) | 35 | 53 |
| 年运营成本(元) | 12775 | 19345 |
| 日运营成本差价(元) | 18 | |
| 年运营油电成本差价(元) | 6570 | |

天津申通规划部经理张昕表示，目前从35辆新能源车整体运营情况来看，每个月每辆车的电费为1000～1200元，汽油车每个月每辆车的油钱为1500～1800元。与本次实验相比，符合实测情况。

根据这次实测，可以整理出目前电动汽车在天津市推广存在的问题：

1）车辆续航能力不足

快递企业考虑的电动车续航能力并不能以夏天为标准，而是以冬天为标准。目前威旺冬天日均只有100公里的续航能力，在应对大中城市快递企业网点业务量大、收派多频次、多停靠起步等特征方面，不能满足需求。其中的问题主要由目前电池技术所决定：合理成本下电池容量不足。

2）充电配套设施不足

受限于目前电池技术和成本的桎梏，发展配套的充电设施是目前电动汽车在物流行业及社会大范围推广的主要出路。但配套设施建设受限于几个方面：一是充电专用场地哪里找？以快递业来说，很多城市网点并不具备安装充电桩的条件，甚至有的网点普通方式充电都存在问题。二是充电方式，靠晚上充电满足不了业务量大情况下的派送，白天慢充没时间，多用快充电池消耗大。三是成本谁来出？目前情况下，让快递企业自掏腰包购买充电桩不现实，因为车辆有限，安装充电桩性价比不高。

3）售后服务有待提高

随着大批量电动汽车高频次应用到快递派送中，暴露了目前电动汽车售后服务不能满足需求的问题。一是零配件与汽油车相比，价格较高；二是出现故障返修后，返修期太长，一般都在3天以上，对于快递网点来说严重影响派件工作。

4）其他方面

比如汽车在网点充电过程中意外断电情况；充电桩充电过程中意外断电情况；汽车电控方面问题等。

（二）线路二：天天快递新乡分拨中心←——→封丘县天天快递网点

天天快递网点情况见表4-22。

网点情况：新乡天天快递网点48个网点中，封丘县网点是距离分拨中心最远的网点之一，距离140公里。两个月前，新乡天天快递经理胡存勇为了详细了解电动汽车的各项性能，以封丘县网点作为试点租赁了2辆启腾M70EV，用于分拨中心到县级网点的快件运输和封丘县域内的快件投递工作。

1. 驾驶体验

驾驶体验见表4-23。

表 4-22 天天快递网点情况

| 性质 | 支线运输 |
| --- | --- |
| 行车距离 | 140 公里 |
| 主要道路形式 | 国道 |
| 最高限速 | 80 公里/小时 |
| 车型 | 启腾 M70EV |
| 车龄 | 2 个月 |
| 购置方式 | 租赁 |

表 4-23 驾驶体验

| 装件 | 230(主要为小件) |
| --- | --- |
| 起步加速 | 快速 |
| 转向 | 灵活 |
| 最高速度(公里/小时) | 100 |
| 全程平均速度(公里/小时) | 70 |
| 爬坡速度(公里/小时) | |
| 驾驶舱环境 | 安静、平稳 |
| 往返用时(小时) | 2 |
| 往返剩余电量 | 30% |
| 充电方式 | 从 3 层住宅窗户拉线充电 |
| 电池充满时间(30% ~100%)(小时) | 5 ~6 |

崔新磊是封丘天天快递网点的快递员,他每天早上驾驶着电动汽车将封丘县的快件拉到新乡市分拨中心,上午装完返程件后吃个饭就打道回府,一般要赶在下午 2 点之前返回县城。“方便、实用”是小崔对记者谈到的对电动汽车的总体印象。方便是因为电动车不用加水加油,只需要记得给车充电就行;实用是与自己之前开的天然气汽车相比,电动车的使用成本近乎减半,与汽油车比更节省。另外,如果是用于末端配送,相比三轮车更有舒适度上的优势,不用再风吹日晒,于人前也有面子。

2. 面临问题

虽然受益多多,但小崔还有一点小小的遗憾。由于封丘天天快递网点因为车少没有投资建设充电桩,小崔每天都要把电动车开到自己居住的小区楼下,经过物业允许后,小崔从三楼自家窗户顺出一根充电线,晚上休息的时候给车充电。两个月下来,小崔担心以这种方式充电会在用电安全方面出什么问题,所以他希望能够在网点设立专用的充电桩。对于这一问题,蓝海新能表示将尽快解决。

新乡天天快递公司经理胡存勇告诉记者,两个月前他还对新能源车疑心重重,担心与传统汽油车相比,续航里程太短不能够达到要求,拉上这么多货还能不能跑得起来。但从两个月的使用状况来看,他打消了心中的疑虑,决定在今年以租赁的方式再进 5 辆电动汽车,每个月的租金是 1600 元/月,租期 4 年,其他什么都不用管。

谈到电动汽车的不足,胡经理一是觉得一次性购买会带来不小的资金压力,二是目前的车型太少,如果装载件量超过 300 件,微面就无法满足需求,这也是胡经理并没有在所有网点配备电动车的原因。至于电动汽车电池消耗的问题,两个月的时间还不能看出。如果如生产商所言,电池损耗率 4 年后大概损耗 10%,那么至少在合同期内,胡经理能省下不少油钱,而且 4 年后车也会归他所有。

目前,蓝海新能用于出租的启腾 M70EV 还不能为快递企业整车喷上企业的代表色，但出售的车辆都会按照快递企业要求重新着色。这一点上，快递企业建议应根据合同期限的长短灵活掌握。

使用成本对比见表4-24。

（三）比亚迪T3节能情况

因为比亚迪当时T3车型尚未投入市场，所以本次实测不包含该车内容，仅提供比亚迪官方提供油/电差价对比（表4-25）。

**表4-24　使用成本对比**

| 车型 | 启腾M70EV | 同等型号汽油车 |
| --- | --- | --- |
| 日平均运营里程 | 140 | 140 |
| 百公里耗油（升） |  | 8 |
| 百公里耗电（度） | 16.8 |  |
| 汽油价格（元/升） |  | 6.9 |
| 燃料单价（元/千瓦时） | 0.5 |  |
| 每公里燃料费（元） | 0.08 | 0.55 |
| 日运营成本（元） | 11.2 | 77 |
| 年运营成本（元） | 4088 | 28105 |
| 日运营成本差价（元） | 65.8 |  |
| 年运营油电成本差价（元） | 24017 |  |

**表4-25　油/电差价对比**

| 车型 | T3 | 燃油物流车 |
| --- | --- | --- |
| 日平均运营里程 | 120 | 120 |
| 百公里耗油（升） |  | 8 |
| 百公里耗电（度） | 21 |  |
| 汽油价格（元/升） |  | 6.5 |
| 夜间电价（元/千瓦时） | 0.30 |  |
| 日间电价（元/千瓦时） | 0.80 |  |
| 日运营成本 | 7.56 | 62.4 |
| 年运营成本（元） | 2646 | 21840 |
| 运营年限（年） | 6 | 6 |
| 日运营成本差价（元） | 54.84 |  |
| 年运营油电成本差价（元） | 19194 |  |

注：充电服务费：国家对充电服务费价格有指导意见，深圳目前标准是：小于等于0.45元/千瓦时。

## 七、发展报告

（一）行业声音

行业声音见表4-26。

（二）国家政策

发展新能源汽车已成为我国汽车工业跨越式发展的战略性举措。从2001年国家提出要培育新能源汽车至今，与新能源汽车相关的政策内容涉及战略方向、资金支持、财政补贴、税收减免、购买比例、电池标准、充电桩建设等各个方面。近来，新能源汽车利好政策接连出台，与新能源汽车在快递行业推广有关的有哪些？且看本报告从头梳理（表4-27）。

**表 4-26 行 业 声 音**

| 使用情况<br>企业 | | 使 用 优 点 | 推广面临问题 |
|---|---|---|---|
| 圆通速递 | | 节能环保 | 审批程序复杂<br>充电不方便<br>电瓶的耐用性不高<br>使用更换成本较高<br>售后服务差<br>车型有限,目前只能用于末端操作 |
| 中通快递 | | 节能省钱、人身安全有保障、快件安全、载货量多 | 缺少明确政府补贴<br>符合快递派送需求的专用车辆不多<br>维修保养点较少、售后服务跟不上<br>电池性能不足(速度慢、动力小、续航短)<br>购置成本高 |
| 韵达速递 | | 环境污染少<br>噪声小<br>操作方便<br>使用、维护成本相对低廉 | 续航里程短<br>充电时间长<br>配套设施不完善 |
| 百世汇通 | | 使用成本低 | 采购价格过高<br>车型有限<br>装载量小<br>充电不方便<br>行驶里程短 |
| 宅急送 | | | 需要购置的汽车品牌全国无法统一,虽然由集团洽谈,但最终需由各分公司实施<br>此外各省补贴情况不同,存在地方保护问题,全国无法联动推广<br>续航里程不足<br>充电设施不健全 |
| 全峰快递 | | 使用成本低<br>且能办理不限行、不限号的通行证<br>降低快递运营成本<br>环保 | 行驶里程短<br>易出现故障<br>零件价格高<br>城市充电桩配置不足<br>购置成本高<br>车型有限 |

**表 4-27 新能源汽车相关国家政策**

| 时 间 | 政 策 | 发 布 部 门 | 主 要 内 容 |
|---|---|---|---|
| 2001 年 9 月 29 日 | 国家"863"计划电动汽车重大专项 | 科技部 | 该项目建立了国内新能源"三横三纵"的开发布局:"三纵"即混合动力、纯电动和燃料电池汽车;"三横"即多能源动力总成控制、驱动电机、动力蓄电池。国家投资 8.8 亿元,加上地方和企业的配套资金,共约 24 亿元。确定了 6 个城市为电动汽车示范运营城市 |
| 2006 年 3 月 20 日 | 《关于调整和完善消费税政策的通知》 | 财政部、国家税务总局 | 电动汽车不在本税目征收范围 |
| 2007 年 11 月 1 日 | 《新能源汽车生产准入管理规则》 | 国家发改委 | 首次定义了新能源汽车的概念,即新能源汽车包括混合动力汽车、纯电动汽车、燃料电池电动汽车、氢发动机汽车,以及其他新能源(如高效储能器、二甲醚)汽车等 |

续上表

| 时　间 | 政　策 | 发布部门 | 主要内容 |
|---|---|---|---|
| 2007 年 12 月 18 日 | 《产业结构调整指导目录(2011 年本)》 | 国家发改委 | 燃料汽车和混合动力汽车、电动汽车、燃料电池汽车等新能源汽车整车及关键零部件开发和制造被一并列入鼓励产业目录 |
| 2009 年 1 月 23 日 | 《节能与新能源汽车示范推广财政补助资金管理暂行办法》、《关于开展节能与新能源汽车示范推广试点工作的通知》 | 财政部、科技部 | 对于公共服务领域的购车给予一定的补贴。在补贴标准设计的乘用车和轻型商用车中,混合动力汽车按照节油率分为 5 个补贴标准。最高每辆车补贴 5 万元;纯电动汽车每辆补贴 6 万元;燃料电池汽车每辆补贴 25 万元<br>确定了 13 个城市作为新能源汽车示范试点城市:北京、上海、重庆、长春、大连、杭州、济南、武汉、深圳、合肥、长沙、昆明、南昌 |
| 2009 年 2 月 | “十城千辆”节能与新能源汽车示范推广应用工程 | 科技部、财政部、国家发改委、工信部等部委 | 3 年内,每年发展 10 个城市,每个城市在公交、出租、公务、市政、邮政等领域推出 1000 辆新能源汽车开展示范运行;明确了中央财政对购置新能源汽车给予补贴的对象和标准 |
| 2009 年 3 月 20 日 | 《汽车产业调整和振兴规划》 | 国务院 | 推动纯电动汽车、充电式混合动力汽车及其关键零部件的产业化。由中央财政支持大中城市示范推广混合动力汽车、纯电动汽车、燃料电池汽车等节能和新能源汽车 |
| 2009 年 6 月 17 日 | 《新能源汽车生产企业及产品准入管理规则》 | 工信部 | 要求新能源汽车企业必须至少掌握新能源汽车车载能源系统、驱动系统及控制系统三者之一的核心技术 |
| 2010 年 5 月 26 日 | 《“节能产品惠民工程”节能汽车(1.6 升及以下乘用车)推广实施细则》 | 财政部、国家发改委、工信部 | 对消费者购买节能汽车给予一次性定额补助,补助标准为 3000 元/辆,由生产企业在销售时兑付给购买者。节能汽车生产企业按照有关要求提出推广资格申请 |
| 2010 年 5 月 31 日 | 《私人购买新能源汽车试点财政补助资金管理暂行办法》 | 财政部、科技部、工信部、国家发改委 | 插电式混动乘用车最高补助 5 万元/辆,纯电动乘用车最高补助 6 万元/辆<br>在原有 13 个试点城市的基础上,增加天津、海口、郑州、厦门等 7 个试点城市。第三批又增加沈阳、呼和浩特、成都、南通和襄樊 5 个试点城市 |
| 2010 年 6 月 1 日 | 《关于开展私人购买新能源汽车补贴试点的通知》 | 财政部、科技部、工信部、国家发改委 | 在上海、长春、深圳、杭州、合肥 5 个城市启动私人购买新能源汽车补贴试点工作,纯电动车每辆最高补 6 万元;发动机排量 1.6 升及以下节能型汽车全国范围内每辆车补贴 3000 元 |
| 2010 年 10 月 10 日 | 《关于加快培育和发展战略性新兴产业的决定》 | 国务院 | 明确将新能源汽车列入战略性新兴产业范围 |
| 2011 年 2 月 25 日 | 《车船税法》(中华人民共和国主席令第 51 号) | 全国人大 | 对节约能源、使用新能源的车船可以减征或者免征车船税 |
| 2011 年 3 月 16 日 | 《国民经济和社会发展第十二个五年规划纲要》 | 全国人大 | 把新能源汽车列为战略性新兴产业之一,提出要重点发展插电式混合动力汽车、纯电动汽车和燃料电池汽车技术以及示范工程,推进产业化应用 |
| 2011 年 7 月 4 日 | 《国家“十二五”科学和技术发展规划》 | 科技部 | 全面实施“纯电驱动”技术转型战略,实施新能源汽车科技产业化工程,坚持“三纵三横”的研发布局,加快整车系统技术成果的产业化和规模示范,加强基础设施建设,建立产业标准体系和检验检测系统 |

续上表

| 时间 | 政策 | 发布部门 | 主要内容 |
|---|---|---|---|
| 2011年11月10日 | 《关于进一步做好节能与新能源汽车示范推广试点工作的通知》 | 财政部、科技部、工信部、国家发改委 | 着重创造消费环境，加快提升产品品质，按照示范推广实施方案和年度工作计划，确保实现年度车辆推广目标，并全方位促进新能源汽车的消费 |
| 2012年5月11日 | 《纯电动乘用车技术条件》 | 工信部、国家质检总局 | 适用于使用动力蓄电池驱动、五座以下的纯电动汽车，提出了30分钟最高车速不低于80公里/小时、续驶里程大于80公里的基本要求，同时规定了电动汽车安全、加速性能等方面的技术指标 |
| 2012年6月28日 | 《节能与新能源汽车产业发展规划(2012－2020年)》 | 国务院 | 到2015年，纯电动汽车和插电式混合动力汽车的累计产销量争取达到50万辆；到2020年，纯电动汽车和插电式混合动力汽车的生产能力达到200万辆，累计产销量超过500万辆 |
| 2013年1月1日 | 《能源发展"十二五"规划》 | 国务院 | 要求建设新能源汽车供能设施，到2015年形成50万辆电动车的充电设施。同时，继续推广节能和新能源交通工具 |
| 2013年8月1日 | 《国务院关于加快发展节能环保产业的意见》 | 国务院 | 在北京、上海、广州等城市扩大公共服务领域新能源汽车示范推广范围，开展私人购买新能源汽车和新能源出租车、物流车补贴试点 |
| 2013年9月17日 | 《关于继续开展新能源汽车推广应用工作的通知》 | 财政部、科技部、工信部、国家发改委 | 申报城市的政府机关、公共机构等领域车辆采购要向新能源汽车倾斜，新增或更新的公交、公务、物流、环卫车辆中新能源汽车比例不低于30% |
| 2013年11月21日 | 《关于支持北京天津等城市或区域开展新能源汽车推广应用工作的通知》 | 财政部、科技部、工信部、国家发改委 | 同意北京、天津等28个城市或区域开展新能源汽车推广应用工作 |
| 2014年1月28日 | 《关于进一步做好新能源汽车推广应用工作的通知》 | 财政部、科技部、工信部、国家发改委 | 减小新能源汽车2014年和2015年的补贴退坡幅度：2014年在2013年标准基础上下降5%，2015年在2013年标准基础上下降10% |
| 2014年6月11日 | 《政府机关及公共机构购买新能源汽车实施方案》 | 国家机关事务管理局、财政部、科技部、工信部、国家发改委 | 鼓励在环卫、邮政、旅游、公交等更多领域和更广泛用途购买使用新能源汽车 |
| 2014年7月21日 | 《关于加快新能源汽车推广应用的指导意见》 | 国务院办公厅 | 强调"以市场主导和政府扶持相结合"，各地不得自行制定、出台地方性的新能源汽车和充电设施标准，要执行国家统一的新能源汽车推广目录 |
| 2014年7月30日 | 《关于电动汽车用电价格政策有关问题的通知》 | 国家发改委 | 电动汽车充换电设施用电执行峰谷分时电价政策，鼓励用户降低充电成本。2020年前，各地要通过财政补贴、无偿划拨充换电设施建设场所等方式，合理制定充换电服务费 |
| 2014年8月6日 | 《关于免征新能源汽车车辆购置税的公告》 | 财政部、工信部、国家税务总局 | 从2014年9月1日到2017年12月31日，对购置的新能源汽车免征车辆购置税 |

续上表

| 时　间 | 政　策 | 发布部门 | 主要内容 |
| --- | --- | --- | --- |
| 2014年10月22日 | 《京津冀公交等公共服务领域新能源汽车推广工作方案》 | 国家发改委、财政部、工信部、环保部、住建部、科技部和国家能源局 | 到2015年年底，计划在京津冀地区，公共交通服务领域共推广20222辆新能源汽车，新建充/换电站94座，充电桩新增1.62万个 |
| 2014年11月25日 | 《关于新能源汽车充电设施建设奖励的通知》 | 财政部、科技部、工信部、发改委 | 中央财政拟安排资金，对新能源汽车推广城市或城市群给予充电设施建设奖励。奖励资金与各城市新能源汽车年度推广考核结果挂钩 |
| 2015年3月18日 | 《关于加快推进新能源汽车在交通运输行业推广应用的实施意见》 | 交通运输部 | 到2020年，新能源出租汽车和城市物流配送车辆共达到10万辆。积极争取城市人民政府支持，结合城市物流配送和邮政快递车辆的实际需求，配合有关部门加快配套建设必要的充换电设施 |
| 2015年4月29日 | 《关于2016－2020年新能源汽车推广应用财政支持政策的通知》 | 财政部、科技部、工信部、国家发改委 | 2017－2020年除燃料电池汽车外其他车型补助标准适当退坡，其中：2017－2018年补助标准在2016年基础上下降20%，2019－2020年补助标准在2016年基础上下降40% |
| 2015年5月18日 | 《关于节约能源，使用新能源车船车船税优惠政策的通知》 | 财政部、国家税务总局、工信部 | 继续对节约能源车船减半征收车船税，新能源车船也可以继续享受免征车船税的优惠 |

（三）各地政策

新能源汽车推广应用城市（区域）名单（88个）见表4-28。

**表4-28　新能源汽车推广应用城市（区域）名单（88个）**

| 批　次 | 城　市 | 区　域 |
| --- | --- | --- |
| 第一批 | 北京、天津、太原、晋城、大连、上海、宁波、合肥、芜湖、青岛、郑州、新乡、武汉、襄阳、广州、深圳、海口、成都、重庆、昆明、西安、兰州 | 湖南：长株潭地区<br>河北省城市群：石家庄（含辛集）、唐山、邯郸、保定（含定州）、邢台、廊坊、衡水、沧州、承德、张家口<br>浙江省城市群：杭州、金华、绍兴、湖州<br>福建省城市群：福州、厦门、漳州、泉州、三明、莆田、南平、龙岩、宁德、平潭<br>江西省城市群：南昌、九江、抚州、宜春、萍乡、上饶、赣州<br>广东省城市群：佛山、东莞、中山、珠海、惠州、江门、肇庆 |
| 第二批 | 沈阳、长春、哈尔滨、泸州、淄博、临沂、潍坊、聊城 | 内蒙古自治区城市群：呼和浩特、包头<br>江苏省城市群：南京、常州、苏州、南通、盐城、扬州<br>贵州省城市群：贵阳、遵义、毕节、安顺、六盘水、黔东南<br>云南省城市群：昆明、丽江、玉溪、大理 |

（四）新能源汽车补贴政策

1.“双层”补贴

很多大知道对新能源车国家和地方都会给予消费者补贴，但具体怎么补？

**国家**

补贴车型：纯电动、插电式混动、燃料电池

补贴金额：3.325万～19万元/辆（逐年递减）

补贴方式：不给车企、经销商，直接补贴给消费者。在购买新能源车时，消费者按销售价格扣减补贴后支付

**地方**（北京、上海、深圳为例）

北京

补贴车型：纯电动、燃料电池

补贴金额：与国家相同

其他政策：单独摇号中签几率高

上海

补贴车型：纯电动、插电式混动、燃料电池

补贴金额：3 万～20 万元/辆

其他政策：免费牌照 一次性补贴

深圳

补贴车型：纯电动、插电式混动、燃料电池

补贴金额：与国家相同

其他政策：单独摇号中签几率高、车型选择广泛

2. 任何地区都能买新能源车吗

只有进入示范名单的城市（88 个城市），才能推广新能源汽车，当地消费者才能在本地购买新能源汽车，并享受补贴。

3. 新能源车都能享受国家补贴吗

不是所有的新能源车都可以获得补贴。只有符合要求的纯电动汽车、插电式混合动力汽车和燃料电池汽车可以获得补贴。

“符合要求”指车辆需要进入《节能与新能源汽车示范推广应用工程推荐车型目录》，只有自主、合资等国产车型才会被列入这一目录中，进口新能源车不能享受国家补贴。

4. 在地方不一定能获得补贴

获得国家补贴的新能源车，不一定得到地方政府的补贴，如北京和上海。

在北京享受地方补贴的新能源车并不包括插电式混动车型，且只有进入北京市自己制定规则的《北京市示范应用新能源小客车生产企业和产品目录》的纯电动车、燃料电池汽车才能享受政府补贴。在上海，只有进入上海新能源车补贴目录的车型才可享受地方补贴。原因只有四个字：地方保护。

（五）未来趋势

新能源电动汽车在快递行业能否顺利、健康地推广，与企业之间的利益相博息息相关。一方面，面对快递物流行业蕴藏的巨大市场，汽车生产企业急于向快递企业大量推销自己的产品，尽管自己的产品本身存在着成本高、售后服务短板、产品技术不成熟等问题；而另一方面，快递企业面对新能源汽车产品的诸多问题，“观望”情绪浓厚。这种僵持中，“纠结”的一点是，车企只有大批量地生产，才能降低新能源电动汽车的成本，并提高售后服务水平，有更多的资金发展汽车技术，解决目前快递企业最关心的问题；而快递企业的态度是，产品的问题不解决，很难在全国大范围、大批量地应用新能源电动汽车。

“量”与“质”之间的博弈，应该来如何解决？电池技术未来发展趋势如何？快递行业新能源汽车车型如何完善？配套设施建设怎样为快递服务？且看各方“论剑”。

**快递企业观点：**

中通：城区间物流车因行驶范围固定，车辆使用频率高，且城区环境对于环保要求较高。与电动汽车区间运行、使用成本低廉和零排放特点契合，加上国家补贴给力，电动汽车具有较强的赢利能力。随着城市物流的发展，以及社会对物流行业环保、节能要求的不断提高，其发展前景一片大好。电动汽车长远来看，符合节能环保要求，但实际使用中续航能力、售后服务能力需要加强，目前市面上电动汽车多是企业自行生产，缺少与快递企业的沟通，导致生产出来的车辆，实际使用中，不能完全满足快递派送要求，应多与快递企业沟通，综合生产更符合需求的车型。

圆通：随着人们环保意识的提高以及汽车消费结构的升级，新能源汽车市场正迎来新的机遇。但在快递行业仍需要不断升级创新，特别是针对末端派送的需求。

宅急送：电动车应用会越来越广，首先是省成本，其次降低安全风险，减少管理环节。

全峰：在当前政策利好刺激下，新能源汽车加速“入役”中国快递业，国家政府号召各行各业逐渐淘汰落后产能，优化资源配置。为保护环境和可持续性发展，快递业应大力推动新能源汽车使用。同样新能源汽车也对快递业发展存在巨大好

处，将持续提升快递收派效率，大大降低快递运营成本，为加快建设“绿色快递”夯实基础。

百世汇通：长期看电动车在快递使用是主要趋势，但目前提供给快递行业的是燃油车直接改装过来的，制造成本对比燃油车没有优势。需要在技术适用上充分了解快递轻量化，大方量的需求。同时提升电动车在支线上应用，真正发挥电动汽车替代燃油汽车的作用。

韵达：①电动汽车因为其自身优势，前景广阔，但部分技术还不太成熟，现阶段在快递行业内推广有些困难；②电动汽车如果能在快递企业得以广泛推广，对车辆使用的成本方面，将有很大的优势，尤其是充电代替燃油，节约企业用车成本，更加有利于环境保护，也是韵达速递希望能在不久的将来得以提升和改善的方面；③电动汽车由于车型的限制，对驾驶员持有的驾驶证要求较高，因此对于企业来说，不仅用人成本增加，人员招聘也相对受到更多限制。

**链接：“电池之都”的机遇**

“中国电池工业之都”，这是新乡市的特色区域荣誉称号。新乡也是第一批新能源汽车推广应用示范城市。2014年11月，河南省邮政管理局与新乡市人民政府联合出台了《关于加快新能源汽车在邮政快递行业推广应用的实施意见》，新乡市、县政府财政部门按照国家现行补贴要求，对邮政、快递企业推广应用新能源电动汽车加大补贴力度；对邮政、快递企业选择使用新能源汽车作为运输车辆和快件收投服务工具的，采取“绿色通行”措施。目前，新乡市蓝海新能研制开发的新能源汽车已进入工信部发布的《车辆生产企业及产品公告》及《节能与新能源汽车示范推广应用工程推荐车型目录》中。

## 一、三大“痛点”待解

虽然政策利好重重，但在目前新乡快递业新能源电动车发展模式中，还存在三大问题：

一是新能源汽车售价较高。新乡蓝新能海公司生产的快递物流纯电动汽车，由于前期投入高及生产批量小等原因，车价为18万元。除去国家和地方补贴，包括车辆售价补贴、购置税减免、车船税减免等，最后的车价为5万～6万元，相比传统汽车价格较高。

二是一次充电续航里程较短。与同类型产品一样，新乡蓝海新能生产的快递电动汽车续航里程比传统的汽车短，只能够满足一部分件量较少、日行驶里程较少的快递网点的派送需求，但在大中型城市，快递业务量巨大，往往一天要收投几个频次，累积里程超过了目前电动汽车的极限。

三是配套基础设施尚不到位，充电面临困难。在目前家庭充电插座不能很好满足快递电动汽车充电需求的情况下，与电动汽车相关的配套设施的建设就显得尤为重要。就如传统汽车需要加油站一样，电动汽车需要换电站和充电站来满足车辆的运营需要。但配套设施建设涉及方面众多，短期内实现全网布局面临困难。

## 二、新乡“新思维”

解决发展难题，新乡在探索自己的模式。

运营上以租代售。现阶段，新能源电动汽车销售以全款购买的方式为主，融资租赁、以租代售、分期付款等运营模式还在探索和试营时期，从受众方面和快递业特点来看，以租赁形式进行新能源汽车的推广应用更能适应现在发展需求。主要体现在：一是更能使得邮政快递行业的成本的降低，符合快递企业轻资产运营的需求；二是汽车企业更能为租赁客户提供一站式服务，无需快递企业办理保险、无须年检维修等优点，对车辆的维修和保养不用进行资金投入；三是解决众多未能列入国家新能源汽车补贴城市对电动汽车的需求。四是创新邮政管理部门对快递企业的管理手段，通过整合行业资源、制定行业标准，来进一步规范化、智能化邮政快递行业。

监管“五个统一”。以新乡为例，市邮政管理局和快递协会，打造新能源电动快递车在新乡的推广应用模式：整合快递行业用车标准，统一车型、统一外观、统一编号、统一服装、统一佩戴证件。实现“五统一”主要是创新监管手段，进一步规范化、智能化、形象化。

合作寻求多方。用“互联网+”打造“新思维模式”，探索快递汽车租赁模式上的多方合作，旨在降低租赁价格，使企业受益、快递从业人员受惠。如在汽车或服装上加载商业广告等。通过尝试，探索出一条“新能源快递车”的全新发展模式。

### 三、政策“风向标”

由于行业推广应用新能源汽车还处于起步阶段，要实现大规模应用还存在不少困难，应该本着积极务实、实事求是的态度稳步推进。

因地制宜，不能搞“一刀切”。由于受现有技术条件、续航里程及配套设施等因素的限制，邮政快递行业暂时只能考虑重点在邮件快件的城市盘驳（支线运输）和收派末端两个环节推广使用新能源汽车，但是应当因地制宜，充分考虑当地行业发展水平、企业承受能力等多方面因素，注重发挥市场的力量，不宜硬性替代，不搞“一刀切”。同时在推动政策制定时，建议统筹好三个方面关系：一是新能源汽车推广应用与行业转型升级、提升快递末端服务水平的关系；二是新能源汽车推广应用与破解车辆进城难、通行难问题的关系；三是国家总体政策安排与邮政行业特殊需求的关系。

加大研发力度，生产邮政行业专用车型。鼓励新能源汽车生产企业针对邮件快件的城市盘驳（支线运输）和收派末端作业特点，分别开发适用车型，以满足邮政快递企业的实际运营需要。加强技术攻关，加大研发投入，有效解决技术难题，提升新能源汽车的安全性能和使用性能。打破地方保护主义，对新能源汽车市场的地方准入限制政策进行清理，建立全国统一市场，使质量过硬的新能源汽车能够在市场上自由流通。

加大补贴政策力度。目前，现行中央对新能源汽车的补贴政策实行逐年退坡机制；地方政府多是按照1:1比例予以配套。建议对邮政行业推广应用新能源汽车维持2013年中央财政补贴力度且五年内不退坡，或明确由地方政府对邮政行业应用新能源汽车加大补贴力度，及时补足中央“补贴退坡”部分，并以贴息等方式为企业购车提供金融支持。

健全动力电池的回收利用机制。制定动力电池回收利用政策和标准，建立动力电池梯级利用和回收管理体系，实现废旧动力电池循环利用。引导动力电池生产企业加强对废旧电池的回收利用，鼓励发展专业化的电池回收利用企业。鼓励和支持社会资本进入电池租赁和回收等服务领域。

## 快递员生存状态调查

他们是富有激情的劳动者，酷暑严寒下有他们矫健的身影；他们是认真履职的劳动者，每一件快件都“犹如亲送”；他们是离我们最近的劳动者，却还远远没有得到社会的认同；他们是最需要关怀的劳动者，一起为他们点击“关注”。

干快递能赚多少钱？每天工作多久？有保险吗？休息了做什么？工作态度怎样？想离职？

生存调查共收回快递企业问卷313份，其中计算机端提交259份，移动端提交54份，独立IP数259个；范围覆盖江苏、吉林、北京、贵州、重庆、上海、浙江、福建、陕西、山西、江西等26个省（区、市）。参与调查的快递从业者来自百世汇通、全峰快递、圆通速递、韵达速递、中邮速递、天天快递、中通快递等企业。

接受本次调查的快递人中，男性177人，占比56.55%；女性136人，占比43.45%。18～40岁占比93.61；41～50岁占比5.75%；18岁以下占比0.64%；50岁以上无。学历在大专以下的占80.19%；本科16.93%；本科以上2.88%。

**快递从业　男女有别**

313位快递人中，收派员58人，话务员65人，运输员11人，管理人员103人，分拣、扫描等其他岗位人员76人。不管他们在哪个岗位，总体说来，有60.06%的人在目前任职的快递公司工作不到两年；两年到三年的占17.89%；三年以上占22.04%。

通过交叉分析发现，从刚进入公司到工作五年以上，男性和女性比例在三个时间段上有明显的区分。从业一年以下：虽然男性和女性从业两年以下者占比都在60%左右，但女性从业一年以下的（42.65%）明显超过男性（33.90%）；从业五年以上：女性只有5.88%，而男性为12.43%；从业两年到五年：女性为33.83%，男性为27.68%。三个差距明显的区间反映出，在快递这个密集度和强度都很高的行业里，男性依靠性别优势可以长久地坚持下去；女性在从事快递工作最初的一年里不稳定性也远超男性，但一旦熬过了“两年”这个门槛，在五年的时间内，女性的稳定性是超过男性的。

**三成男性日均工作12小时以上**

“您每天工作多长时间？”回答8～12小时的占56.55%；8小时以内的占17.89%；12小时以上的占25.56%。通过数据得出，80%以上的快递人每天要工作8小时以上。人们常说，一个人每天工作8小时是为了生存糊口而工作，8小时以外的任何一个小时都是为成功而做的投资。快递人大多在为自己的未来而投资。

工作时长在12小时以上的占比中，男性以33.33%超过了女性的15.44%；而在“8小时以内”和“8～12小时”两个时间段内，女性比例都超过男性。

再来看不同岗位的工作时间。干线运输员工作12小时以上的占45.45%；管理员（33.98%）占据第二位；收派员（32.76%）位列第三；之后是话务员（16.92%）等其他岗位。

**超过半数快递员收入不及3000元**

“您现在的月工资水平是多少？”按照比例高低依次2000～3000元（32.59%）、2000元以下（20.77%）、3000～4000元（19.49%）、4000～5000元（12.14%）等。可以说3000元以上工资高低与占比呈反比。3000元以下收入者超过半数。

在本次调查中，达到6000元以上收入的岗位只有运输员和管理员等，收派员、话务员、分拣员、扫描员基本集中在3000元以下区间。可见，快递员月薪过万大部分只是某些媒体的炒作，绝大部分快递员的收入现状是没那么乐观的。快递员工资低，与现在快递行业“价格战”有着直接的关系。

在福利保障的调查中，回答“没有任何福利保障”的占48.56；有住房公积金的占13.42；享受工伤、医疗、养老保险和年假制度等的占比20%～30%。根据以上数据及记者进一步了解，目前快递人员的社保情况并不乐观。一些快递公司的招聘信息通常把工资写得比较明确，但是关于“五险一金”等员工应有的福利却常常避而不谈。很多快递企业都没有严格执行“五险一金”，以“人员流动快”等原因，让其变为虚设。而按照规定，“五险”是法定的，只要取得快递员资格，就可以由统一机构等为其投保。

**大部分对快递充满热情**

尽管有约半数的快递人没有享受到“五险一金”的福利和相对高额的工资，但在对快递这个蒸蒸日上的行业是否充满热情方面，近七成快递人回答肯定。

调查发现，有42.49%的人认为自己在总体上对工作充满热情；有26.84%的人对自己的快递热情非常认同；22.68%的人感觉一般；不认为自己对快递工作充满热情的有7.98%。相对应地，在“是否常常想要辞职”的选项中，有67.41%的人不认同这种想法，三成快递人有辞职的可能。在不同性别中，男性中有41.24%的人有常常想要辞职的想法，女性则只有21.33%；在不同的岗位中，收派员常常想要辞职的占比最大，达到了58.62%，管理员只有26.22%。

**附件：调查报告**

开始时间：2015-4-7

结束时间：2015-4-27

样本总数：313份

1. 您在现在的公司工作了多久？

| 选　项 | 小　计 | 比　例 |
|---|---|---|
| 半年以下 | 58 | 18.53% |
| 半年到一年 | 60 | 19.17% |
| 一年到两年 | 70 | 22.36% |
| 两年到三年 | 56 | 17.89% |
| 三年到五年 | 39 | 12.46% |
| 五年以上 | 30 | 9.58% |

2. 您每天工作多长时间？

| 选　项 | 小　计 | 比　例 |
|---|---|---|
| 8小时以内 | 56 | 17.89% |
| 8～12小时 | 177 | 56.55% |
| 12小时以上 | 80 | 25.56% |

3. 您现在的月工资水平是多少？

| 选　项 | 小　计 | 比　例 |
|---|---|---|
| 2000元以下 | 65 | 20.77% |
| 2000～3000元 | 102 | 32.59% |
| 3000～4000元 | 61 | 19.49% |
| 4000～5000元 | 38 | 12.14% |
| 5000～6000元 | 21 | 6.71% |
| 6000～8000元 | 15 | 4.79% |
| 8000元以上 | 11 | 3.51% |

4. 空闲时间的主要活动是？

| 选　项 | 小　计 | 比　例 |
|---|---|---|
| 看电视 | 111 | 35.46% |
| 阅读 | 102 | 32.59% |
| 做家务 | 90 | 28.75% |
| 照看孩子 | 71 | 22.68% |
| 和朋友聚会 | 86 | 27.48% |
| 上网 | 150 | 47.92% |
| 其他活动 | 66 | 21.09% |

5. 日常工作生活满意度

| 题目 \ 选项 | 很不满意 | 不满意 | 一般 | 满意 | 很满意 |
|---|---|---|---|---|---|
| 工资水平 | 47(15.02%) | 51(16.29%) | 133(42.49%) | 56(17.89%) | 26(8.31%) |
| 工作环境 | 29(9.27%) | 32(10.22%) | 132(42.17%) | 85(27.16%) | 35(11.18%) |

续上表

| 题目＼选项 | 很不满意 | 不满意 | 一般 | 满意 | 很满意 |
|---|---|---|---|---|---|
| 休息情况 | 59(18.85%) | 63(20.13%) | 113(36.1%) | 53(16.93%) | 25(7.99%) |
| 身体状况 | 27(8.63%) | 44(14.06%) | 109(34.82%) | 85(27.16%) | 48(15.34%) |
| 生活状况 | 29(9.27%) | 46(14.7%) | 133(42.49%) | 68(21.73%) | 37(11.82%) |

6.您对公司的认可满意度

| 题目＼选项 | 很不同意 | 不同意 | 一般 | 同意 | 非常同意 |
|---|---|---|---|---|---|
| 公司具有良好的社会形象 | 24(7.67%) | 15(4.79%) | 98(31.31%) | 104(33.23%) | 72(23%) |
| 公司有互相学习、尊重的良好氛围 | 30(9.58%) | 18(5.75%) | 96(30.67%) | 101(32.27%) | 68(21.73%) |
| 公司领导具有很强的管理能力 | 28(8.95%) | 21(6.71%) | 90(28.75%) | 108(34.5%) | 66(21.09%) |
| 公司规章制度明确,管理合理 | 33(10.54%) | 20(6.39%) | 103(32.91%) | 93(29.71%) | 64(20.45%) |
| 公司有很好的发展前景 | 17(5.43%) | 10(3.19%) | 77(24.6%) | 113(36.1%) | 96(30.67%) |
| 公司晋升机制好 | 28(8.95%) | 24(7.67%) | 127(40.58%) | 80(25.56%) | 54(17.25%) |
| 我在公司的个人未来发展很清晰 | 31(9.9%) | 37(11.82%) | 105(33.55%) | 81(25.88%) | 59(18.85%) |
| 公司给我的归属感很强 | 30(9.58%) | 27(8.63%) | 112(35.78%) | 85(27.16%) | 59(18.85%) |

## 关于快递服务投诉的企业和消费者调查

消费者王某在淘宝网上购买了一个手环,通过某快递企业配送。两天后,王某查询商品快递路由,上面显示货物已由本人签收。王某纳闷,该快递企业根本没联系他,货物的影子都没看见,怎么就“本人签收”了？于是王某拨打该企业官方热线进行投诉。快递总部经核实,认定派送网点虚假签收,对其处以罚款,并向王某道歉。

消费者王某的做法就是一般意义上的投诉。如果消费者对于投诉处理结果不满,也可进行申诉,目前邮政业消费者申诉热线是12305。从积极意义上来说,投诉可以拓宽一个企业的市场信息通路,可以让企业产品不断完善;相反,恶意投诉也会让企业疲于奔命,让一些快递员欲哭无泪。本次调查聚焦快递服务投诉情况,客观反映快递企业和消费者心声,以期暴露问题,供行业发展参考。

调查通过网络渠道向快递企业发放调查问卷,共收到有效答卷424份,独立IP数357个;计算机端提交283份(66.75%),手机端提交141份(33.25%);申通、圆通、中通、百世汇通等多家快递企业参与本次调查,覆盖28个省(区、市)。本次调查共收到消费者有效答卷81份,独立IP数70个;计算机端提交40份,手机端提交41份;来自北京、江西、山西、浙江等20个省(区、市)的消费者接受调查。

**消费者多通过企业热线投诉**

消费者对快递服务进行投诉的渠道有企业官方热线、企业移动客户端、12315消费者热线、12305邮政业申诉热线等。对快递企业的调查结果显示,在快递企业收到投诉的主要渠道中,有79.48%的企业选择“企业官方渠道”。与之相印证的是,消费者调查中,有81.82%的消费者通过快递企业官方热线进行投诉。

此外,在企业调查中,有37.03%的企业收到12315消费者热线投诉,57.08%的企业收到12305邮政业申诉热线投诉。消费者调查中,27.27%的消费者曾通过12315热线投诉快递企业，45.45%的消费者曾通过12305投诉或申诉（对于消费者直接拨打12305投诉的，申诉中心会建议先到企业去投诉，投诉7天无人处理或对处理结果不满意，再到12305申诉）。

通过调查发现，消费者在意识到自己的利益受损而要进行投诉时，企业官方投诉渠道首先会成为大部分人的选择，而当这种投诉无法得到满意答复时，一般就会上升到12305邮政业申诉渠道。这里需要注意的是，投诉的概念和申诉不同。投诉一般是指消费者通过书面或其他形式向有关消费者组织（或相关企业）陈述、反映自身权益遭受侵犯和损害的事实，请求纠正、赔偿的行为。申诉指消费者向有关行政部门反映权益受损情况，请求解决纠纷、处理经营者违法乱纪的行为。申诉有向行政机关举报的性质，投诉仅是一种民事行为。行政机关处理消费者申诉，在调解的同时可以对经营者的违法行为进行查处。建议快递企业在运营过程中正确对待和解决消费者投诉，尽量避免投诉升级。

**“虚假签收”激发更多矛盾**

快递企业收到的消费者投诉主要集中在哪些方面？

在企业调查中，因“虚假签收，信息显示已签收，实际收件人未收到”而被消费者投诉的，以59.67%的比例排在第一位。后面依次为：“未经收件人同意交他人代签”（55.9%）、“投递员态度不好”（52.12%）、“不送件上门而让用户自取”（50.71%）、“包装有破损，不告知收件人先验后签”（41.98%）、“不按预约时间投递”（41.75%）等。

在消费者调查中，因“不按预约时间投递”而投诉的占54.55%，排在第一位。后面依次为：“不送件上门而让用户自取”（45.45%）、“虚假签收”（40.91%）、“未经收件人同意交他人代签”（36.36%）、“投递员态度不好”等。

两个调查，因“虚假签收”而投诉或被投诉分列第一位和第三位，激化矛盾的点在哪里？

快递企业反映，有很多快件都是由收件人家人、单位前台或代理点代收，最后因收件人遗忘、快件丢失等导致用户以“虚假签收”的原因投诉。摒除恶意投诉的成分，最大的矛盾激化点在于快件最后的交接没有实现“当面签收”。但是，以目前快递的发展状况来看，实现每一票快件的“当面签收”难度不小。为了避免更多的快递投诉，现在能做的就是继续完善快递“最后一公里”派送的解决方案，划清快件代收责任主体，有效进行相互沟通等。

**企业对三到五成投诉不认可**

在对快递企业的调查中，“不认可的投诉占全部投诉的比例有多少”一项，30%的快递企业认为比例在30%～50%之间。之所以不认可，原因五花八门，下面列举部分原因。

- “收件人对赔偿金额要求过高”
- “客户查下快件就被集团列为投诉”
- “买家与卖家的纠纷，把快递企业卷入”
- “因客户的原因导致送不出去，但却投诉未收到”
- “客户要求快件放小区保安处，被人误领，投诉虚假签收”
- “村组件到不了，客户强烈要求派送，老被投诉”
- “部分站点以投诉其他站点为生，根本不做服务了”
- “客户未当面验货，签收后说快件有破损或者拒收”
- “客户恶意投诉，通过投诉获取经济赔偿”
- “收件人要求暂放门卫室或快件箱或水电箱，结果却说没收到”
- “单位件平时都默认前台代收或他人代签，但如有问题就投诉说本人未签收”

综合以上原因可以看出，导致快递被投诉的原因除了快递员未按照标准进行服务外，还有快递企业与客户沟通不畅、收件人恶意骗取赔偿款等问题。记者在日常采访中也了解到，一些快递网点确实存在着遭遇收件人恶意投诉的情况，给快递员和快递网点带来了不小的影响。恶意投诉会导致员工派件的积极性降低甚至离职，影响企业的声誉并流失客户。而据大部分快递网点反映，目前总部没有针对恶意投诉的好的解决方案，简单地高额罚款不能解决任何问题，反而给基层网点造成了重大伤害，而且加深了快递企业和客户之间的矛盾。

在本次调查中，接受调查的快递企业有62.26%认为自己曾经被恶意投诉。纵然被恶意投诉之后，快递网点做得最多的也是“安抚客户情绪，赔礼道歉”。为了避免投诉升级、面临更高额的罚款，以及保证正常的派送工作，快递网点往往“忍气吞声”，但仍逃不了被罚。

在调查中，有一些企业“建议法律法规对快递企业正常签收的时效进行明确定义”，该方面需要企业加强学习，法律依据可参考现行《快递市场管理办法》第三章第十六条第三项规定：企业应当在承诺的时限内完成快件（邮件）的投递。

也有很多网点提出，“希望快递企业总部对客户投诉的问题进行初步的分析，是不是有必要投诉？是不是要投诉？”“客户虽是上帝，但希望不要单方面听取客户的意见，要给网点足够的核实与处理时间。不排除恶意投诉。对于投诉罚款希望能人性化一点，酌情处理”。对于此类问题，部分快递企业总部进行了如下回应：“投诉，是对一个行业、一个企业或个人行为的一种约束和保障。通过投诉这种行为，能看出企业或个人的不足，可以以此来促进和完善企业或个人的服务行为。作为网点，被投诉之后应该去分析为何会造成这种处罚，积极正面处理，尽量避免处罚。”“对常规投诉的处理，必须要坚定客户第一的理念不动摇，尤其是服务行业，更要时刻牢记。处理不是投诉的终点，而是要通过投诉的处理及后续分析找准问题点和责任人，并且要严格兑现考核要求。这样也是营造一种崇尚优质服务的良好外在氛围。对恶意投诉的处理，首先还是要做好自我审视，从自己的流程和服务上检查是否存在瑕疵和漏洞。这就要求企业有效区分什么是恶意投诉，并且能够有完整的证据链条，在企业方面不留漏洞。我们看到今天恶意投诉层出不穷，也让很多基层网点吃了哑巴亏，很重要的一点就是服务过程的标准化和可监测化不足。恶意投诉的应对也需要发挥行业的集体作用。‘三通一达’率先针对恶意投诉和失信从业人员建立了失信平台，就是很好的一个开始。”

说到底，抱怨不是方法，如何用好投诉这柄双刃剑，才是企业研究的方向。

**附件一：消费者调查报告**

开始时间：2015-8-11

结束时间：2016-3-24

样本总数：81 份

第 1 题　您有没有因为快递服务不满意而进行过投诉？

| 选　项 | 小　计 | 比　例 |
|---|---|---|
| 有 | 22 | 27.16% |
| 没有 | 59 | 72.84% |

第 2 题　您一般会通过哪些渠道进行投诉？

| 选　项 | 小　计 | 比　例 |
|---|---|---|
| 快递企业官方投诉渠道 | 18 | 81.82% |
| 315 消协投诉渠道 | 6 | 27.27% |
| 12305 邮政业消费者申诉渠道 | 10 | 45.45% |
| 其他 | 1 | 4.55% |

第3题 您在下列哪些情况下进行投诉?

| 选项 | 小计 | 比例 |
|---|---|---|
| 不按预约时间投递 | 12 | 54.55% |
| 未经收件人同意交他人代签 | 8 | 36.36% |
| 不送件上门而让用户自取(不送上楼) | 10 | 45.45% |
| 虚假签收,信息显示已签收,实际收件人未收到 | 9 | 40.91% |
| 签收不规范,包括签收信息不规范、不及时录入妥投信息 | 5 | 22.73% |
| 地址不详退回前不与寄件人联系 | 5 | 22.73% |
| 易碎品或外包装有破损、有重新包装痕迹的快件,不告知收件人先验后签 | 7 | 31.82% |
| 投递员态度不好 | 7 | 31.82% |
| 其他 | 2 | 9.09% |

第4题 您对投诉的处理结果是否满意?

| 选项 | 小计 | 比例 |
|---|---|---|
| 满意 | 12 | 54.55% |
| 不满意 | 10 | 45.45% |

第5题 投诉后是否感受到服务有所提升?

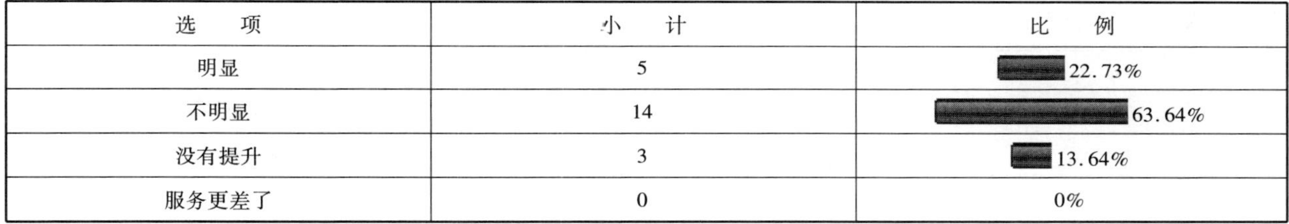

| 选项 | 小计 | 比例 |
|---|---|---|
| 明显 | 5 | 22.73% |
| 不明显 | 14 | 63.64% |
| 没有提升 | 3 | 13.64% |
| 服务更差了 | 0 | 0% |

第6题 投诉之后是否还会选择该企业提供的服务?

| 选项 | 小计 | 比例 |
|---|---|---|
| 不会 | 6 | 27.27% |
| 根据处理情况而定 | 16 | 72.73% |

第7题 您怎样看待消费者对快递企业的恶意投诉?

| 选项 | 小计 | 比例 |
|---|---|---|
| 对遭到恶意投诉的企业表示同情 | 36 | 44.44% |
| 坚决抵制恶意投诉 | 45 | 55.56% |
| 快递企业总部应该拿出解决的办法,维护网点的合法权益 | 40 | 49.38% |
| 相关部门进行严厉打击 | 27 | 33.33% |
| 企业要进一步提升服务质量,降低恶意投诉几率 | 59 | 72.84% |
| 注意保存证据,诉诸法律 | 46 | 56.79% |
| 其他 | 2 | 2.47% |

**附件二:快递企业调查报告**

开始时间:2015-8-11　　结束时间:2016-3-24

样本总数:424份

第 1 题　企业收到的投诉主要来自哪些渠道？占比如何？

| 选　项 | 小　计 | 比　例 |
|---|---|---|
| 企业官方渠道 | 337 | 79.48% |
| 315 消协渠道 | 157 | 37.03% |
| 12305 邮政业申诉渠道 | 242 | 57.08% |
| 其他 | 228 | 53.77% |

第 2 题　企业收到的消费者投诉主要集中在哪些方面？

| 选　项 | 小　计 | 比　例 |
|---|---|---|
| 不按预约时间投递 | 177 | 41.75% |
| 未经收件人同意交他人代签 | 237 | 55.9% |
| 不送件上门而让用户自取(不送上楼) | 215 | 50.71% |
| 虚假签收，信息显示已签收，实际收件人未收到 | 253 | 59.67% |
| 签收不规范，包括签收信息不规范、不及时录入妥投信息 | 110 | 25.94% |
| 地址不详退回前不与寄件人联系 | 98 | 23.11% |
| 易碎品或外包装有破损、有重新包装痕迹的快件，不告知收件人先验后签 | 178 | 41.98% |
| 投递员态度不好 | 221 | 52.12% |
| 其他 | 52 | 12.26% |

第 3 题　企业有没有被恶意投诉的案例？

| 选　项 | 小　计 | 比　例 |
|---|---|---|
| 有 | 264 | 62.26% |
| 无 | 160 | 37.74% |

# 第三章 快递服务满意度及时限准时率数据

## 国家邮政局关于2015年快递服务满意度调查结果的通告

为持续改善快递服务质量,促进行业健康有序发展,国家邮政局委托专业第三方于2015年对快递服务满意度进行了调查。现将有关情况通告如下:

### 一、基本情况

2015年快递服务满意度调查范围覆盖50个城市,包括全部省会城市、直辖市以及19个快递业务量较大的重点城市(与2014年相比,替换增加6个中西部地区城市),具体为:北京市、上海市、天津市、重庆市、杭州市、太原市、南昌市、郑州市、兰州市、昆明市、济南市、南京市、石家庄市、福州市、乌鲁木齐市、西宁市、长春市、海口市、合肥市、拉萨市、银川市、长沙市、贵阳市、哈尔滨市、成都市、呼和浩特市、武汉市、南宁市、广州市、西安市、沈阳市、深圳市、东莞市、中山市、汕头市、金华市、温州市、宁波市、苏州市、无锡市、厦门市、泉州市、青岛市、大连市、洛阳市、芜湖市、株洲市、遵义市、宝鸡市和桂林市。

测试对象为2014年国内快递业务总量排名靠前且服务水平较好的10家全网型快递服务品牌,包括:邮政EMS、顺丰速运、圆通速递、申通快递、中通快递、韵达快递、百世汇通、天天快递、国通快递和宅急送快运。调查采用计算机辅助电话访问,电话访问由2015年使用过快递服务的用户对受理、揽收、投递和售后4个快递服务环节及13项基本指标进行满意度测评,共获得有效样本30015个。

### 二、调查结果

调查显示,用户对于快递行业的服务品质基本认可,快递服务总体满意度得分连续7年稳步提升,2015年快递服务总体满意度得分为74.0分,较2014年提升0.3分。其中,公众满意度为79.4分,时测满意度为68.5分。

快递企业总体满意度排名和得分依次为:顺丰速运(83.9分)、邮政EMS(79.2分)、中通快递(75.8分)、申通快递(74.1分)、圆通速递(73.8分)、韵达快递(72.4分)、百世汇通(71.5分)、宅急送快运(70.6分)、天天快递(70.3分)和国通快递(67.2分)。其中,百世汇通、申通快递、天天快递以及中通快递总体满意度提升较为明显。

公众满意度方面,在涉及评价的4项二级指标中,受理环节满意度得分为83.6分,较2014年提高0.4分;揽收环节满意度得分为84.4分,与2014年基本持平;投递环节满意度得分为80.2分,较2014年提升1.0分,进步幅度较大;售后环节满意度得分为73.2分,与2014年基本持平。

在涉及评价的13项三级指标中,用户满意度较高的项目是:揽收员服务、送达质量、揽收质量、普通电话受理、查询服务、上门时限、派件员服务和统一客服热线受理。满意度提升较大的项目是:统一客服热线受理、查询服务和投诉服务。满意度有所降低的项目是:快递费用和上门时限。

在受理环节,普通电话受理满意度为84.9分,与2014年持平;统一客服热线受理满意度为81.5分,与2014年相比提升3.8分,进步显著值得肯定,但仍有进一步提升的空间。各快递企业在普通电话受理服务方面差异较小,表现均达到较高水平;各企业在统一客服热线受理方面差异较大,部分企业仍需加强。受理环节表现较好的企业有:顺丰速运、邮政 EMS、天天快递和中通快递。

在揽收环节,揽收员服务满意度得分为 88.2 分,在全部评价指标中得分最高,表现也较为稳定;上门时限满意度为 83.3 分,与 2014 年相比下降 0.5 分,仍保持较高水平;揽收质量满意度为 85.7 分,与 2014 年基本持平。揽收环节各企业均达到 83.0 分以上,服务水平较高。

在投递环节,送达质量满意度为 86.0 分,受到用户高度认可;派件员服务达到 83.1 分,表现较好;送达时限和投递证实较 2014 年分别提升 0.4 分和 0.7 分。投递环节表现较好的企业有:顺丰速运、邮政 EMS、中通快递、圆通速递和申通快递。

在售后环节,查询服务满意度表现最好,相较 2014 年提升 2.0 分,达到 84.9 分;投诉服务满意度得分较低,为 51.9 分,但较 2014 年提升 1.0 分;问题件处理满意度与 2014 年基本持平。售后环节表现较好的企业有:顺丰速运、中通快递、百世汇通和韵达快递。用户评价表明,快递企业仍需从沟通便利、处理流程、服务态度、结果反馈等方面进一步改善投诉服务。

从用户对收寄验视制度执行的感知来看,有 44.6% 的用户认为揽收环节收寄验视比 2014 年严格,其中 11.8% 的用户认为严格很多。

从快递企业标准化表现来看,超六成用户认可快递企业在服务操作、营业场所等方面的表现,反映出快递企业标准化工作进一步落实。

从用户对快递查询方式的评价来看,电商平台使用率显著提升,同时满意度达到 86.1 分,较受欢迎;在各类查询方式中,移动端平台满意度最高,达到 87.8 分。多样化的查询方式提升服务的效率和质量,获得公众认可。

从投递方式来看,新兴投递方式呈现高满意态势,自提点和智能快件箱自提的满意度分别为 80.8 分和 82.2 分,与 2014 年相比大幅提升。同时,这两种自提方式的使用率也有所提升,表明新兴投递方式逐渐被用户接受,成为分担“最后一公里”投递压力的重要方式。

在地区方面,东、中、西部快递服务逐步均衡,中部地区得分最高,西部地区次之。2015 年快递公众满意度得分居前十五位的城市是:上海、天津、杭州、沈阳、重庆、金华、太原、郑州、苏州、乌鲁木齐、泉州、长沙、大连、哈尔滨和石家庄。

调查还显示,2015 年快递行业口碑继续提升,用户口碑阻力指数为 0.18,与 2014 年的 0.25 相比有所进步,行业积极评价占主体,正面口碑传播较广。用户口碑较好的企业有顺丰速运、邮政 EMS、中通快递等。快递服务前后端差异进一步缩小,由 2014 年的 7.8 分下降至 2015 年的 7.4 分,行业整体均衡性向好。

# 国家邮政局关于 2015 年快递服务时限准时率测试结果的通告

为提升行业发展质效,不断满足人民群众日益增长的寄递需求,国家邮政局委托专业第三方对 2015 年全国重点地区快递服务时限准时率进行了测试。现将有关情况通告如下:

## 一、基本情况

2015 年快递服务时限准时率测试范围覆盖 50 个城市,包括全部省会城市、直辖市以及 19 个快递业务量较大的重点城市(与 2014 年相比,替换增加 6 个中西部地区城市),具体为:北京市、上海市、天津市、重庆市、杭州市、太原市、南昌市、郑州市、兰州市、昆明市、济南市、南京市、石家庄市、福州市、乌鲁木齐市、西宁市、长春市、海口市、合肥市、拉萨市、银川市、长沙市、贵阳市、哈尔滨市、成都市、呼和浩特市、武汉市、南宁市、广州市、西安市、沈阳市、深圳市、东莞市、中山市、汕头市、金华市、温州市、宁波市、苏州市、无锡市、厦门市、泉州市、青岛市、大连市、洛阳市、芜湖市、株洲市、遵义市、宝鸡市和桂林市。

测试对象为2014年国内快递业务总量排名靠前且服务水平较好的10家全网型快递服务品牌,包括:邮政EMS、顺丰速运、圆通速递、申通快递、中通快递、韵达快递、百世汇通、天天快递、国通快递和宅急送快运。测试方式为系统抽样测试和实际寄递测试,其中,系统抽样测试获得有效样本60万件,实际寄递测试获得有效样本5580件。

## 二、测试结果

1. 全程时限

2015年快递服务全程时限(以下简称“全程时限”)的均值为59.20小时,同比缩短0.21小时。2015年“国内异地快递服务时限72小时准时率”的均值为73.85%,同比提升1.84个百分点。从较长周期观察,自2010年首次开展全国快递服务时限测试以来,行业全程时限均值基本保持在58~60小时之间,行业72小时准时率均值基本保持在72%~74%之间。在快递业务量保持连续50个月同比平均增速超过50%的高速增长,达到206亿件市场规模的情况下,快递服务全程时限和72小时准时率基本保持平稳,反映出行业服务能力与发展增速匹配程度较好。

2. 分环节时限

测试数据显示,寄出地处理环节平均时限为12.57小时,运输环节平均时限为30.84小时,寄达地处理环节平均时限为11.78小时,投递环节平均时限为4.01小时。四个环节中,运输环节改善明显,同比缩短4.32小时,但两端处理和投递环节时限均同比延长1个多小时,表明快递服务品牌的末端能力建设投入不足。

3. 不同寄送距离时限

测试数据显示,1000公里以下平均时限为46.19小时,同比延长3.34小时;1000~2000公里平均时限为59.39小时,同比缩短0.03小时;2000~3000公里平均时限为69.59小时,同比缩短2.58小时;3000公里以上平均时限为82.35小时,同比延长3.28小时。表明寄送距离在1000~2000公里和2000~3000公里(测试样本量占比近七成)的快件全程时限得到改善。

4. 分区域时限(以寄达地划分区域,分析寄往该区域内快件的全程时限水平)

东部平均时限为56.39小时,同比延长2.14小时;中部平均时限为59.80小时,西部平均时限为63.38小时,同比分别缩短了0.47小时和8.23小时,快递“向西向下”成效显著(表4-29)。

**表4-29 2015年10家快递服务品牌在主要时限指标的排名表现**

| 排名 \ 时限 | 全程时限 | 寄出地处理时限 | 运输时限 | 寄达地处理时限 | 投递时限 | 72小时准时率 | 48小时准时率 |
|---|---|---|---|---|---|---|---|
| 顺丰速运 | 1 | 1 | 1 | 1 | 1 | 1 | 1 |
| 邮政EMS | 2 | 2 | 2 | 2 | 5 | 2 | 2 |
| 中通快递 | 3 | 3 | 3 | 4 | 4 | 3 | 3 |
| 申通快递 | 4 | 4 | 6 | 3 | 6 | 4 | 4 |
| 圆通速递 | 5 | 6 | 4 | 6 | 9 | 5 | 5 |
| 韵达快递 | 6 | 5 | 5 | 10 | 2 | 7 | 9 |
| 百世汇通 | 7 | 8 | 7 | 7 | 3 | 6 | 6 |
| 宅急送快运 | 8 | 7 | 9 | 5 | 8 | 8 | 7 |
| 天天快递 | 9 | 9 | 8 | 8 | 7 | 9 | 8 |
| 国通快递 | 10 | 10 | 10 | 9 | 10 | 10 | 10 |

# 第四章　邮政业消费者申诉情况通告

## 2015 年 1 月邮政业消费者申诉情况的通告

1 月，国家邮政局和各省（区、市）邮政管理局通过“12305”邮政行业消费者申诉电话和申诉网站共受理消费者申诉 73849 件。申诉中涉及邮政服务问题的 2793 件，占总申诉量的 3.8%；涉及快递业务问题的 71056 件，占总申诉量的 96.2%。已处理申诉中有效申诉（确定企业责任的）27679 件，同比下降 4.5%。有效申诉中涉及邮政服务问题的 572 件，占有效申诉量的 2.1%；涉及快递业务问题的 27107 件，占有效申诉量的 97.9%。经调解消费者申诉已全部妥善处理，为消费者挽回经济损失 331.1 万元，消费者对邮政管理部门申诉处理工作满意率为 95.4%，对企业申诉处理结果满意率为 93.2%（表 4-30）。

表 4-30　2015 年 1 月消费者对主要企业申诉处理结果满意率统计

| 序　号 | 企业名称 | 申诉处理结果满意率（%） |
|---|---|---|
| 1 | 圆通速递 | 96.1 |
| 2 | 中通快递 | 95.1 |
| 3 | 速尔快递 | 95.0 |
| 4 | 百世汇通 | 94.6 |
| 5 | 中国邮政 | 94.3 |
| 6 | 宅急送 | 94.3 |
| 7 | 国通快递 | 94.0 |
| 8 | 邮政（EMS） | 93.9 |
| 9 | 优速快递 | 93.9 |
| 10 | 韵达速递 | 93.4 |
| 11 | 申通快递 | 92.2 |
| 12 | 如风达 | 91.9 |
| 13 | 快捷速递 | 91.5 |
| 14 | 天天快递 | 90.7 |
| 15 | DHL | 90.5 |
| 16 | 顺丰速运 | 89.8 |
| 17 | 京东 | 88.6 |
| 18 | 全峰快递 | 84.0 |
| 全国平均 | | 93.2 |

1 月，企业对邮政管理部门转办的申诉未能按规定时限回复的有 75 件，同比增加 12 件（表 4-31）。

**表 4-31　2015 年 1 月企业对邮政管理部门转办的申诉未能按规定时限回复统计**

| 企业名称 | 北京 | 河北 | 上海 | 江苏 | 浙江 | 江西 | 山东 | 湖北 | 湖南 | 广东 | 广西 | 海南 | 重庆 | 贵州 | 云南 | 陕西 | 甘肃 | 宁夏 | 新疆 | 合计 |
|---|---|---|---|---|---|---|---|---|---|---|---|---|---|---|---|---|---|---|---|---|
| 韵达速递 | | | 1 | | 1 | | | | 2 | | | | | 24 | | | | 3 | | 31 |
| 中通快递 | | 1 | 3 | 2 | 3 | | 3 | | | | | | 1 | | 2 | 1 | | | | 16 |
| 中国邮政 | | | | | | | | | | | | 1 | | 2 | | | 2 | | | 5 |
| 快捷速递 | 4 | | 1 | | | | | | | | | | | | | | | | | 5 |
| 申通快递 | | | | | | | | | | | | | | | | | | | 3 | 3 |
| 国通快递 | | | | | | 1 | | 1 | | | | | 1 | | | | | | | 3 |
| 佳吉快运 | | | | | | | | | | 2 | 1 | | | | | | | | | 3 |
| 百世汇通 | | | | | | | | | | 1 | | | | | | | | 1 | | 2 |
| 优速快递 | | | | | | | | | 1 | | | | | | | | | | | 1 |
| 其他 | | | | | | | | | | 5 | | | | | 1 | | | | | 6 |
| 合计 | 4 | 1 | 5 | 2 | 4 | 1 | 3 | 1 | 3 | 8 | 1 | 1 | 2 | 26 | 3 | 1 | 2 | 4 | 3 | 75 |

## 一、邮政服务申诉情况

1 月，受理消费者关于邮政服务问题的有效申诉 572 件，环比下降 33.5%，同比下降 5.9%（图 4-12、表 4-32、图 4-13）。

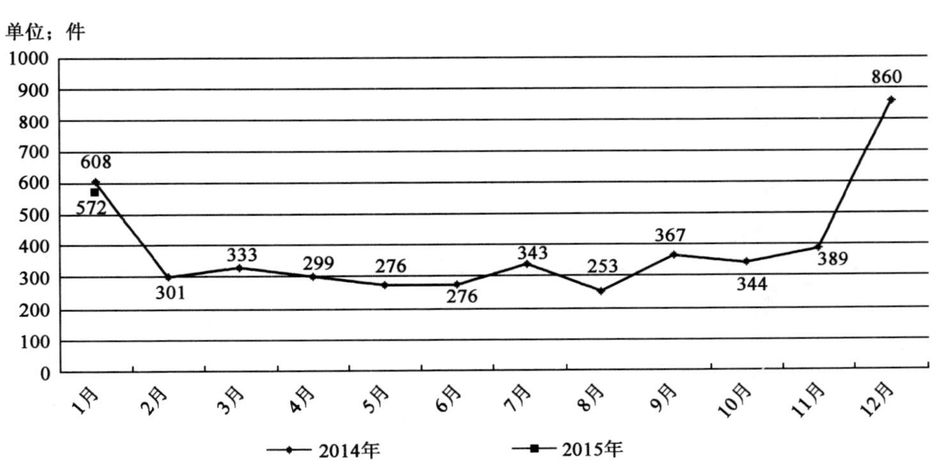


图 4-12　2015 年与 2014 年各月邮政有效申诉数量

**表 4-32　2015 年 1 月消费者申诉的邮政服务主要问题及所占比例统计**

| 序　号 | 申诉问题 | | 申诉件数 | | 占比例(%) | 环比增长(%) | 同比增长(%) |
|---|---|---|---|---|---|---|---|
| 1 | 投递服务 | 函件 | 249 | 306 | 53.5 | -26.3 | 31.9 |
| | | 包件 | 46 | | | | |
| | | 报刊 | 7 | | | | |
| | | 集邮 | 1 | | | | |
| | | 其他 | 3 | | | | |
| 2 | 邮件丢失短少 | 函件 | 63 | 106 | 18.5 | -21.5 | 1.9 |
| | | 包件 | 37 | | | | |
| | | 集邮 | 1 | | | | |
| | | 报刊 | 1 | | | | |
| | | 其他 | 4 | | | | |

续上表

<table>
<tr><th>序　号</th><th>申诉问题</th><th colspan="3">申诉件数</th><th>占比例(%)</th><th>环比增长(%)</th><th>同比增长(%)</th></tr>
<tr><td rowspan="3">3</td><td rowspan="3">邮件延误</td><td>函件</td><td>60</td><td rowspan="3">92</td><td rowspan="3">16.1</td><td rowspan="3">-60.3</td><td rowspan="3">-52.6</td></tr>
<tr><td>包件</td><td>30</td></tr>
<tr><td>报刊</td><td>2</td></tr>
<tr><td rowspan="5">4</td><td rowspan="5">收寄服务</td><td>函件</td><td>15</td><td rowspan="5">36</td><td rowspan="5">6.3</td><td rowspan="5">16.1</td><td rowspan="5">-5.3</td></tr>
<tr><td>包件</td><td>12</td></tr>
<tr><td>集邮</td><td>3</td></tr>
<tr><td>报刊</td><td>1</td></tr>
<tr><td>其他</td><td>5</td></tr>
<tr><td rowspan="3">5</td><td rowspan="3">邮件损毁</td><td>函件</td><td>8</td><td rowspan="3">14</td><td rowspan="3">2.4</td><td rowspan="3">-39.1</td><td rowspan="3">-12.5</td></tr>
<tr><td>包件</td><td>4</td></tr>
<tr><td>其他</td><td>2</td></tr>
<tr><td>6</td><td colspan="2">违规收费</td><td>包件</td><td>4</td><td>0.7</td><td>-71.4</td><td>-82.6</td></tr>
<tr><td>7</td><td colspan="2">其他</td><td colspan="2">14</td><td>2.4</td><td>40.0</td><td>1300.0</td></tr>
<tr><td colspan="3">合计</td><td colspan="2">572</td><td>100.0</td><td>-33.5</td><td>-5.9</td></tr>
</table>

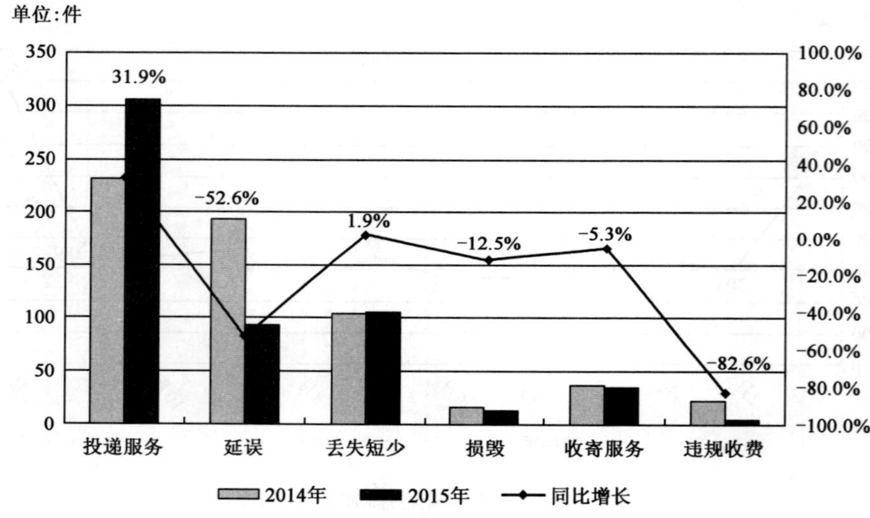


图 4-13　2015 年 1 月邮政业务申诉问题同比增长情况

## 二、快递业务申诉情况

### (一)消费者申诉的主要问题

1 月,受理消费者关于快递业务的有效申诉 27107 件,环比下降 40.3%,同比下降 4.4%(图 4-14、表 4-33、图 4-15)。

**表 4-33　2015 年 1 月消费者申诉快递业务的主要问题及所占比例统计**

| 序　号 | 申诉问题 | 申诉件数 | 占比例(%) | 环比增长(%) | 同比增长(%) |
|---|---|---|---|---|---|
| 1 | 投递服务 | 9960 | 36.7 | -33.7 | 38.8 |
| 2 | 快件丢失短少 | 7249 | 26.7 | -16.2 | 39.3 |
| 3 | 快件延误 | 6685 | 24.7 | -63.0 | -50.2 |
| 4 | 快件损毁 | 1819 | 6.7 | -14.8 | 42.1 |

续上表

| 序号 | 申诉问题 | 申诉件数 | 占比例(%) | 环比增长(%) | 同比增长(%) |
|---|---|---|---|---|---|
| 5 | 收寄服务 | 835 | 3.1 | -21.1 | 22.6 |
| 6 | 代收货款 | 245 | 0.9 | 118.8 | -10.3 |
| 7 | 违规收费 | 192 | 0.7 | -4.9 | 25.5 |
| 8 | 其他问题 | 122 | 0.4 | -6.9 | -32.2 |
| 合计 | | 27107 | 100 | -40.3 | -4.4 |

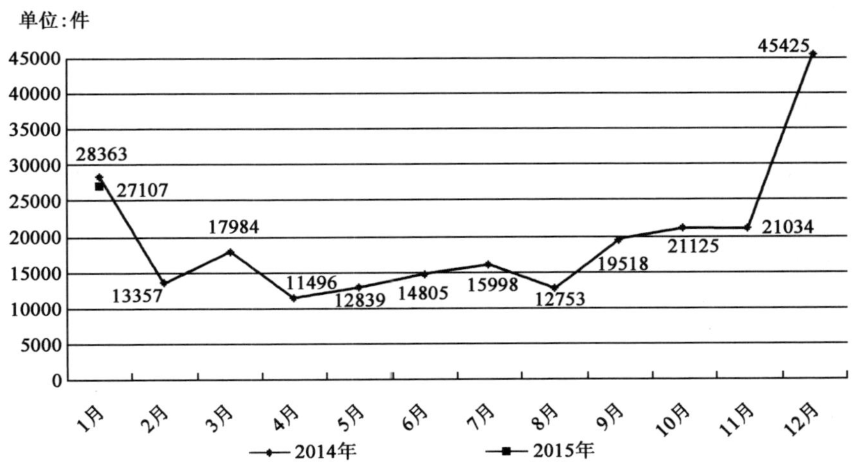


图 4-14 2015 年与 2014 年各月快递有效申诉数量

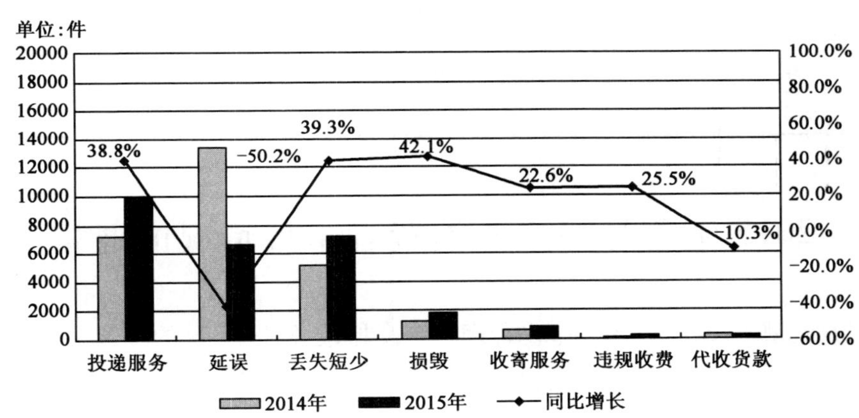


图 4-15 2015 年 1 月快递业务申诉问题同比增长情况

(二)消费者对快递企业申诉情况

2015 年 1 月,消费者对 41 家快递企业进行了有效申诉,全国快递业务平均百万件快件有效申诉18.8件,环比减少 9 件,同比减少 13.1 件(表 4-34)。

表 4-34 2015 年 1 月主要快递企业申诉率表(单位:件有效申诉/百万件快件)

| 企业名称 | 2015 年 1 月申诉率(%) | 其中 | | | 2014 年 1 月申诉率(%) | 同比 |
|---|---|---|---|---|---|---|
| | | 延误申诉率(%) | 丢失申诉率(%) | 投递服务申诉率(%) | | |
| 全峰快递 | 70.75 | 8.01 | 15.24 | 32.25 | 224.5 | ↓ |
| 申通快递 | 50.77 | 10.66 | 15.92 | 18.50 | 35.7 | ↑ |

续上表

| 企业名称 | 2015年1月申诉率(%) | 其中 | | | 2014年1月申诉率(%) | 同比 |
|---|---|---|---|---|---|---|
| | | 延误申诉率(%) | 丢失申诉率(%) | 投递服务申诉率(%) | | |
| 韵达速递 | 31.42 | 9.52 | 9.16 | 9.63 | 75.6 | ↓ |
| 优速快递 | 29.95 | 8.76 | 5.41 | 10.68 | 26.2 | ↑ |
| 天天快递 | 25.04 | 5.90 | 5.95 | 10.78 | 67.5 | ↓ |
| 国通快递 | 21.06 | 6.47 | 4.76 | 7.92 | 32.7 | ↓ |
| 速尔快递 | 20.85 | 3.44 | 4.53 | 7.80 | 52.8 | ↓ |
| 百世汇通 | 18.55 | 6.05 | 4.40 | 6.36 | 31.8 | ↓ |
| 快捷速递 | 16.59 | 2.96 | 4.71 | 7.13 | 104.2 | ↓ |
| 宅急送 | 14.20 | 4.28 | 2.96 | 5.06 | 56.6 | ↓ |
| 圆通速递 | 13.29 | 3.51 | 3.31 | 5.27 | 32.0 | ↓ |
| 如风达 | 13.26 | 4.66 | 1.08 | 6.81 | 22.1 | ↓ |
| 中通快递 | 13.13 | 2.14 | 4.10 | 5.13 | 33.5 | ↓ |
| 邮政(EMS) | 10.11 | 3.50 | 1.76 | 3.80 | 22.2 | ↓ |
| 全一快递 | 7.37 | 1.73 | 2.60 | 1.73 | 4.9 | ↑ |
| TNT | 4.86 | — | — | 4.86 | 12.9 | ↓ |
| UPS | 4.18 | 0.84 | — | 2.51 | 7.6 | ↓ |
| FedEx | 2.52 | 0.84 | — | 0.84 | 2.5 | ↑ |
| DHL | 2.05 | 0.34 | — | 1.37 | 2.0 | ↑ |
| 港中能达 | 2.00 | 1.00 | — | — | 118.0 | ↓ |
| 世纪卓越 | 1.97 | — | — | 1.97 | — | — |
| 顺丰速运 | 1.53 | 0.28 | 0.20 | 0.62 | 5.7 | ↓ |
| 京东 | 0.51 | 0.07 | 0.09 | 0.31 | 0.7 | ↓ |
| 苏宁易购 | 0.25 | 0.12 | 0.12 | — | 37.2 | ↓ |

# 2015年2月邮政业消费者申诉情况的通告

2月，国家邮政局和各省（区、市）邮政管理局通过“12305”邮政行业消费者申诉电话和申诉网站共受理消费者申诉55186件。申诉中涉及邮政服务问题的2456件，占总申诉量的4.5%；涉及快递业务问题的52730件，占总申诉量的95.5%。已处理申诉中有效申诉（确定企业责任的）19602件，同比增长43.5%。有效申诉中涉及邮政服务问题的466件，占有效申诉量的2.4%；涉及快递业务问题的19136件，占有效申诉量的97.6%。经调解消费者申诉已全部妥善处理，为消费者挽回经济损失229.8万元，消费者对邮政管理部门申诉处理工作满意率为96.2%，对企业申诉处理结果满意率为94.3%（表4-35）。

**表4-35　2015年2月消费者对主要企业申诉处理结果满意率统计**

| 序号 | 企业名称 | 申诉处理结果满意率(%) |
|---|---|---|
| 1 | 速尔快递 | 96.8 |
| 2 | 优速快递 | 96.8 |

续上表

| 序　　号 | 企 业 名 称 | 申诉处理结果满意率(%) |
|---|---|---|
| 3 | 圆通速递 | 96.6 |
| 4 | 京东 | 96.6 |
| 5 | 邮政(EMS) | 95.6 |
| 6 | 中通快递 | 95.6 |
| 7 | 顺丰速运 | 95.2 |
| 8 | 中国邮政 | 94.6 |
| 9 | 国通快递 | 94.5 |
| 10 | 百世汇通 | 93.6 |
| 11 | 申通快递 | 93.5 |
| 12 | 韵达速递 | 93.1 |
| 13 | 全一快递 | 92.9 |
| 14 | 天天快递 | 91.5 |
| 15 | 快捷速递 | 90.7 |
| 16 | 宅急送 | 90.6 |
| 17 | 如风达 | 90.6 |
| 18 | 全峰快递 | 86.9 |
| 全国平均 | | 94.3 |

2 月,企业对邮政管理部门转办的申诉未能按规定时限回复的有 21 件(表 4-36)。

**表 4-36　2015 年 2 月企业对邮政管理部门转办的申诉未能按规定时限回复统计**

| 公 司 名 称 | 北京 | 河北 | 上海 | 福建 | 湖南 | 广西 | 贵州 | 云南 | 陕西 | 新疆 | 合计 |
|---|---|---|---|---|---|---|---|---|---|---|---|
| 中国邮政 | 2 | | | | 3 | 1 | | | | | 6 |
| 申通快递 | | | | | | | | | | 1 | 1 |
| 韵达速递 | | | | | 1 | | | | | | 1 |
| 全一快递 | | | | | | | | | | 1 | 1 |
| 优速快递 | | | | 1 | 1 | | | | | | 2 |
| 全峰快递 | | 2 | | | | 2 | 1 | | 1 | | 6 |
| 快捷速递 | | | | 1 | | | | | | | 1 |
| 京东 | | | | | | | | | 1 | | 1 |
| FedEx | | | 1 | | | | | | | | 1 |
| 其他 | | | | | | | | 1 | | | 1 |
| 合计 | 2 | 2 | 1 | 2 | 5 | 3 | 1 | 1 | 2 | 2 | 21 |

## 一、邮政服务申诉情况

2 月,受理消费者关于邮政服务问题的有效申诉466 件,环比下降 18.5%,同比增长 54.8%(图 4-16、表 4-37)。

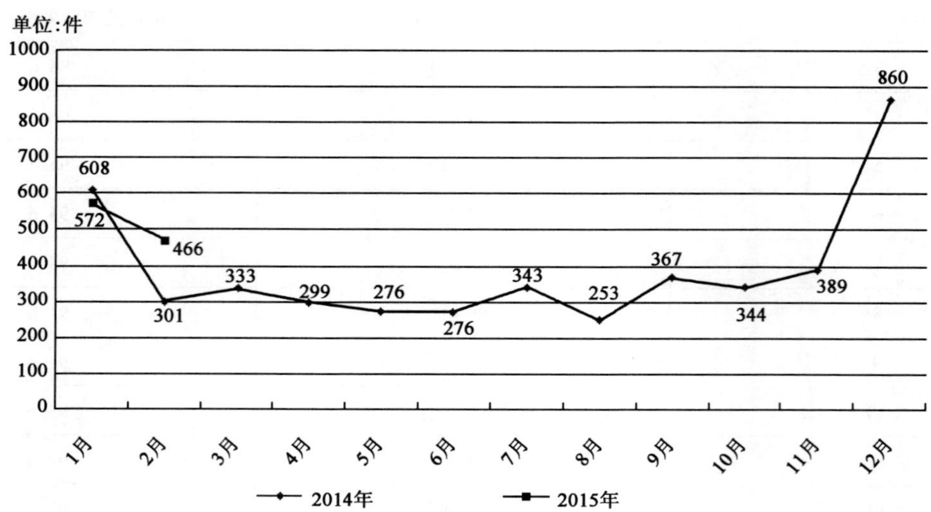


图 4-16　2015 年与 2014 年各月邮政有效申诉数量

**表 4-37　2015 年 2 月消费者申诉的邮政服务主要问题及所占比例统计**

| 序　　号 | 申诉问题 | | 申诉件数 | | 占比例(%) | 环比增长(%) | 同比增长(%) |
|---|---|---|---|---|---|---|---|
| 1 | 投递服务 | 函件 | 206 | 252 | 54.1 | -17.6 | 104.9 |
| | | 包件 | 35 | | | | |
| | | 报刊 | 8 | | | | |
| | | 集邮 | 1 | | | | |
| | | 其他 | 2 | | | | |
| 2 | 邮件延误 | 函件 | 53 | 87 | 18.7 | -5.4 | -15.5 |
| | | 包件 | 30 | | | | |
| | | 报刊 | 2 | | | | |
| | | 汇兑 | 1 | | | | |
| | | 其他 | 1 | | | | |
| 3 | 邮件丢失短少 | 函件 | 38 | 74 | 15.9 | -30.2 | 105.6 |
| | | 包件 | 35 | | | | |
| | | 报刊 | 1 | | | | |
| 4 | 收寄服务 | 函件 | 16 | 30 | 6.4 | -16.7 | 25.0 |
| | | 包件 | 11 | | | | |
| | | 汇兑 | 1 | | | | |
| | | 其他 | 2 | | | | |
| 5 | 邮件损毁 | 函件 | 6 | 9 | 1.9 | -35.7 | 28.6 |
| | | 包件 | 3 | | | | |
| 6 | 违规收费 | | 2 | | 0.4 | -50.0 | 0.0 |
| 7 | 其他 | | 12 | | 2.6 | -14.3 | 100 |
| 合计 | | | 466 | | 100.0 | -18.5 | 54.8 |

2 月,受理消费者邮政服务的主要问题是投递服务问题,占申诉总量的 54.1%,环比下降 17.6%,同比增长 104.9%。邮政业务投递服务和丢失短少问题同比增幅较大(图 4-17)。

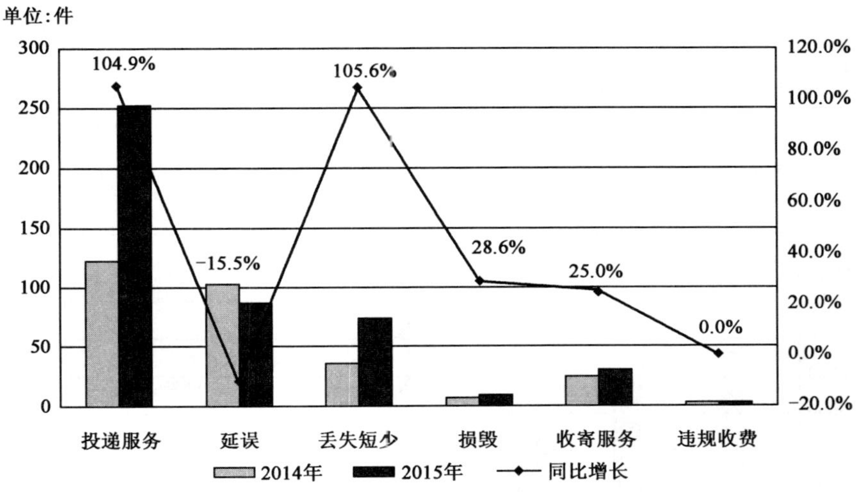


图4-17 2015年2月邮政业务申诉问题同比增长情况

## 二、快递业务申诉情况

(一)消费者申诉的主要问题

2月,受理消费者关于快递业务的有效申诉19136件,环比下降29.4%,同比增长43.3%(图4-18、表4-38)。

2月,快件延误问题同比有所下降,但是投递服务、快件丢失短少、损毁问题同比增长幅度较大(图4-19)。

(二)消费者对快递企业申诉情况

2月,消费者对40家快递企业进行了有效申诉,全国快递业务平均百万件快件有效申诉23.4件,环比百万件快件增加4.6件,同比增加4件。全国快递业务平均百万件快件投递服务申诉率为8.50,延误申诉率为7.27,丢失损毁申诉率为6.56(表4-39)。

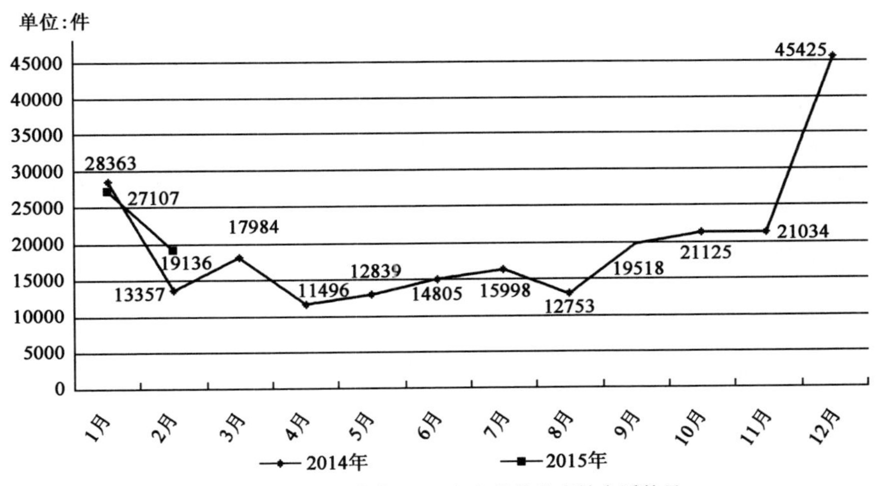


图4-18 2015年与2014年各月快递有效申诉数量

**表4-38 2015年2月消费者申诉快递业务的主要问题及所占比例统计**

| 序　号 | 申诉问题 | 申诉件数 | 占比例(%) | 环比增长(%) | 同比增长(%) |
|---|---|---|---|---|---|
| 1 | 投递服务 | 6955 | 36.3 | -30.2 | 116.7 |
| 2 | 快件延误 | 5948 | 31.1 | -11.0 | -14.6 |
| 3 | 快件丢失短少 | 4054 | 21.2 | -44.1 | 94.7 |
| 4 | 快件损毁 | 1313 | 6.9 | -27.8 | 168.0 |
| 5 | 收寄服务 | 526 | 2.8 | -37.0 | 56.5 |

续上表

| 序　　号 | 申诉问题 | 申诉件数 | 占比例(%) | 环比增长(%) | 同比增长(%) |
|---|---|---|---|---|---|
| 6 | 违规收费 | 140 | 0.7 | -27.1 | 137.3 |
| 7 | 代收货款 | 100 | 0.5 | -59.2 | -7.4 |
| 8 | 其他问题 | 100 | 0.5 | -18.0 | -9.1 |
| 合计 | | 19136 | 100 | -29.4 | 43.3 |

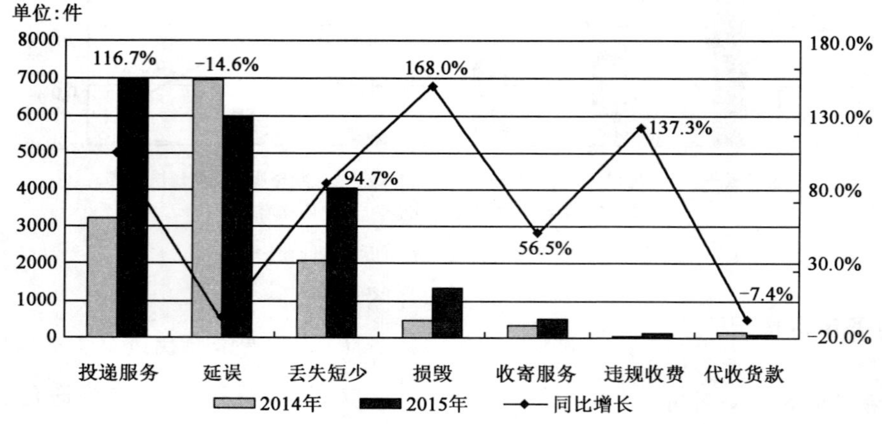


图 4-19　2015 年 2 月快递业务申诉问题同比增长情况

**表 4-39　2015 年 2 月主要快递企业申诉率**(单位:件有效申诉/百万件快件)

| 企业名称 | 2015 年 2 月申诉率(%) | 其中 | | | 2014 年 2 月申诉率(%) | 同比 |
|---|---|---|---|---|---|---|
| | | 延误申诉率(%) | 丢失损毁申诉率(%) | 投递服务申诉率(%) | | |
| 申通快递 | 75.13 | 19.93 | 23.79 | 28.32 | 24.68 | ↑ |
| 韵达速递 | 51.57 | 19.84 | 15.93 | 14.29 | 19.13 | ↑ |
| 全峰快递 | 44.94 | 8.39 | 9.38 | 23.55 | 92.42 | ↓ |
| 优速快递 | 37.96 | 10.92 | 10.30 | 14.87 | 15.06 | ↑ |
| 国通快递 | 32.56 | 11.12 | 8.89 | 11.37 | 18.84 | ↑ |
| 速尔快递 | 32.49 | 3.91 | 7.05 | 15.66 | 22.07 | ↑ |
| 圆通速递 | 31.86 | 11.13 | 7.07 | 12.57 | 13.99 | ↑ |
| 天天 | 31.11 | 9.39 | 8.90 | 11.05 | 39.50 | ↓ |
| 如风达 | 26.86 | 11.06 | 0.53 | 14.74 | 17.35 | ↑ |
| 中通快递 | 17.81 | 3.29 | 6.37 | 7.24 | 18.01 | ↓ |
| 快捷速递 | 17.08 | 4.36 | 5.64 | 6.27 | 40.09 | ↓ |
| 邮政(EMS) | 16.93 | 7.46 | 3.24 | 5.68 | 20.61 | ↓ |
| 宅急送 | 16.49 | 5.74 | 4.46 | 5.28 | 37.94 | ↓ |
| 百世汇通 | 15.01 | 4.42 | 4.77 | 5.19 | 24.13 | ↓ |
| 全一快递 | 9.16 | 0.83 | 5.00 | 3.33 | 3.60 | ↑ |
| FedEx | 4.71 | 1.77 | 0.59 | 2.35 | 1.21 | ↑ |
| UPS | 3.50 | 3.50 | — | — | 4.39 | ↓ |
| DHL | 2.99 | 1.28 | — | 0.43 | 2.67 | ↑ |
| 顺丰速运 | 2.38 | 0.62 | 0.35 | 0.84 | 13.02 | ↓ |
| TNT | 2.34 | — | — | 2.34 | — | — |

续上表

| 企业名称 | 2015年2月申诉率(%) | 其中 | | | 2014年2月申诉率(%) | 同比 |
|---|---|---|---|---|---|---|
| | | 延误申诉率(%) | 丢失损毁申诉率(%) | 投递服务申诉率(%) | | |
| 世纪卓越 | 1.89 | 0.94 | — | 0.94 | — | — |
| 递四方 | 1.53 | 0.51 | — | 1.02 | — | — |
| 京东 | 1.37 | 0.66 | 0.29 | 0.40 | 1.26 | ↑ |
| 苏宁易购 | 1.19 | 0.59 | 0.15 | 0.45 | 6.72 | ↓ |
| 全国平均 | 23.40 | 7.27 | 6.56 | 8.50 | 19.39 | ↑ |

# 2015年3月邮政业消费者申诉情况的通告

3月,国家邮政局和各省(区、市)邮政管理局通过“12305”邮政行业消费者申诉电话和申诉网站共受理消费者申诉75755件。申诉中涉及邮政服务问题的3225件,占总申诉量的4.3%;涉及快递业务问题的72530件,占总申诉量的95.7%。已处理申诉中有效申诉(确定企业责任的)24000件,同比增长31%。有效申诉中涉及邮政服务问题的627件,占有效申诉量的2.6%;涉及快递业务问题的23373件,占有效申诉量的97.4%。经调解消费者申诉已全部妥善处理,为消费者挽回经济损失200.8万元,消费者对邮政管理部门申诉处理工作满意率为96.9%,对企业申诉处理结果满意率为95.1%(表4-40)。

3月,企业对邮政管理部门转办的申诉未能按规定时限回复的有36件,同比减少35件(表4-41)。

**表4-40 2015年3月消费者对主要企业申诉处理结果满意率统计**

| 序号 | 企业名称 | 申诉处理结果满意率(%) |
|---|---|---|
| 1 | 圆通速递 | 96.7 |
| 2 | 如风达 | 96.3 |
| 3 | 中国邮政 | 95.9 |
| 4 | 韵达速递 | 95.8 |
| 5 | 国通快递 | 95.7 |
| 6 | 中通快递 | 95.5 |
| 7 | 快捷速递 | 95.3 |
| 8 | 邮政(EMS) | 94.9 |
| 9 | 宅急送 | 94.8 |
| 10 | 申通快递 | 94.5 |
| 11 | 顺丰速运 | 94.1 |
| 12 | 速尔快递 | 94.1 |
| 13 | 百世汇通 | 94.0 |
| 14 | 优速快递 | 94.0 |
| 15 | 全峰快递 | 93.6 |
| 16 | 天天快递 | 93.5 |
| 17 | 京东 | 92.2 |
| 全国平均 | | 95.1 |

表 4-41　2015 年 3 月企业对邮政管理部门转办的申诉未能按规定时限回复统计

| 公司名称 | 北京 | 河北 | 江苏 | 浙江 | 福建 | 山东 | 湖南 | 广东 | 重庆 | 四川 | 贵州 | 云南 | 新疆 | 合计 |
|---|---|---|---|---|---|---|---|---|---|---|---|---|---|---|
| 快捷速递 | | | | 13 | | | | | 1 | | | | | 14 |
| 中国邮政 | 1 | | | | | | 2 | | | | 1 | | | 4 |
| 全峰快递 | | 1 | | | | | 1 | | | | 1 | | | 3 |
| 申通快递 | | | | | | | | | | 2 | | | | 2 |
| 中通快递 | | | | | 1 | | | | | | | | 1 | 2 |
| 佳吉快运 | | | | | | 1 | | | | | | 1 | | 2 |
| 圆通速递 | | 1 | | | | | | | | | | | | 1 |
| 韵达速递 | | | | | | 1 | | | | | | | | 1 |
| 速尔快递 | | | | | | | | 1 | | | | | | 1 |
| 优速快递 | 1 | | | | | | | | | | | | | 1 |
| 京东 | | | | | | | | | 1 | | | | | 1 |
| 如风达 | | | | 1 | | | | | | | | | | 1 |
| 增益 | | | 1 | | | | | | | | | | | 1 |
| 其他 | | | | | | 1 | | 1 | | | | | | 2 |
| 合计 | 2 | 2 | 1 | 14 | 1 | 3 | 3 | 2 | 2 | 2 | 2 | 1 | 1 | 36 |

## 一、邮政服务申诉情况

3 月，受理消费者关于邮政服务问题的有效申诉627 件，环比增长 34.5%，同比增长 88.3%（图 4-20、表 4-42）。

3 月，受理消费者邮政服务的主要问题是投递服务问题，占申诉总量的 57.6%，环比增长43.3%，同比增长 134.4%。邮政业务的投递服务，收寄服务和丢失短少问题同比增幅较大(图 4-21)。

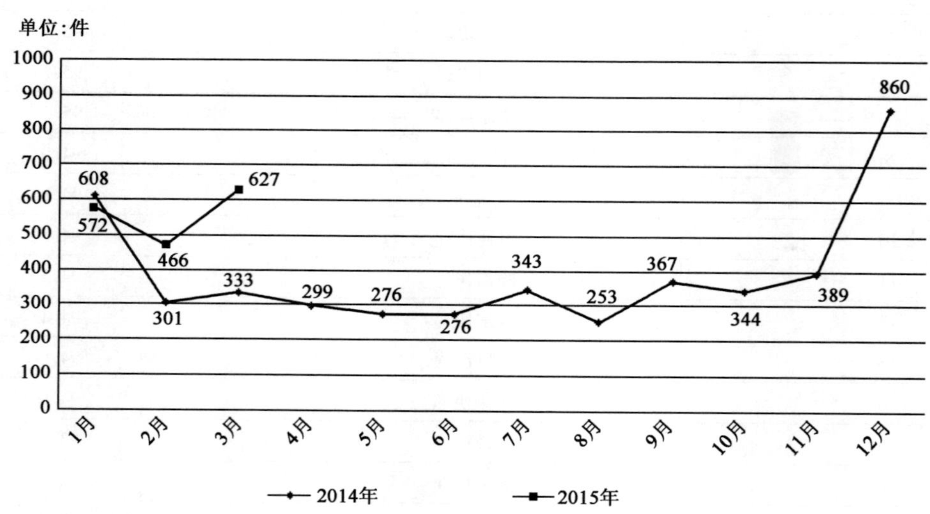


图 4-20　2015 年与 2014 年各月邮政有效申诉数量

表 4-42 2015 年 3 月消费者申诉的邮政服务主要问题及所占比例统计

| 序号 | 申诉问题 | | 申诉件数 | | 占比例(%) | 环比增长(%) | 同比增长(%) |
|---|---|---|---|---|---|---|---|
| 1 | 投递服务 | 函件 | 315 | 361 | 57.6 | 43.3 | 134.4 |
| | | 包件 | 35 | | | | |
| | | 报刊 | 6 | | | | |
| | | 集邮 | 2 | | | | |
| | | 汇兑 | 2 | | | | |
| | | 其他 | 1 | | | | |
| 2 | 邮件丢失短少 | 函件 | 61 | 103 | 16.4 | 39.2 | 87.3 |
| | | 包件 | 35 | | | | |
| | | 报刊 | 5 | | | | |
| | | 汇兑 | 1 | | | | |
| | | 其他 | 1 | | | | |
| 3 | 邮件延误 | 函件 | 69 | 94 | 15.0 | 8.0 | 5.6 |
| | | 包件 | 22 | | | | |
| | | 报刊 | 2 | | | | |
| | | 汇兑 | 1 | | | | |
| 4 | 收寄服务 | 函件 | 38 | 51 | 8.1 | 70.0 | 112.5 |
| | | 包件 | 7 | | | | |
| | | 集邮 | 2 | | | | |
| | | 其他 | 4 | | | | |
| 5 | 邮件损毁 | 包件 | 5 | 6 | 1.0 | -33.3 | 0.0 |
| | | 函件 | 1 | | | | |
| 6 | 违规收费 | 包件 | 4 | 6 | 1.0 | 200.0 | 600.0 |
| | | 函件 | 2 | | | | |
| 7 | 其他 | | 6 | | 1.0 | -50.0 | 20.0 |
| 合计 | | | 627 | | 100.0 | 34.5 | 88.3 |

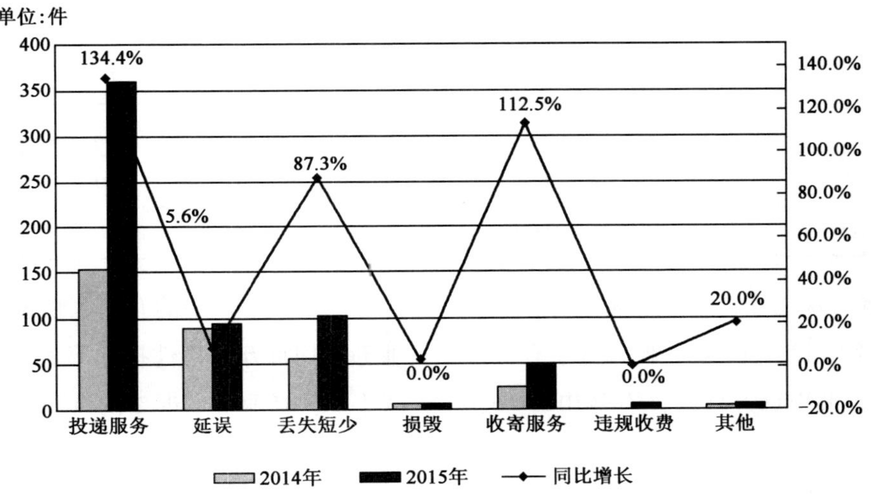


图 4-21 2015 年 3 月邮政业务申诉问题同比增长情况

## 二、快递业务申诉情况

（一）消费者申诉的主要问题

3月，受理消费者关于快递业务的有效申诉23373件，环比增长22.1%，同比增长30%（图4-22、表4-43）。

3月，投递服务和快件延误问题同比增长幅度较大（图4-23）。

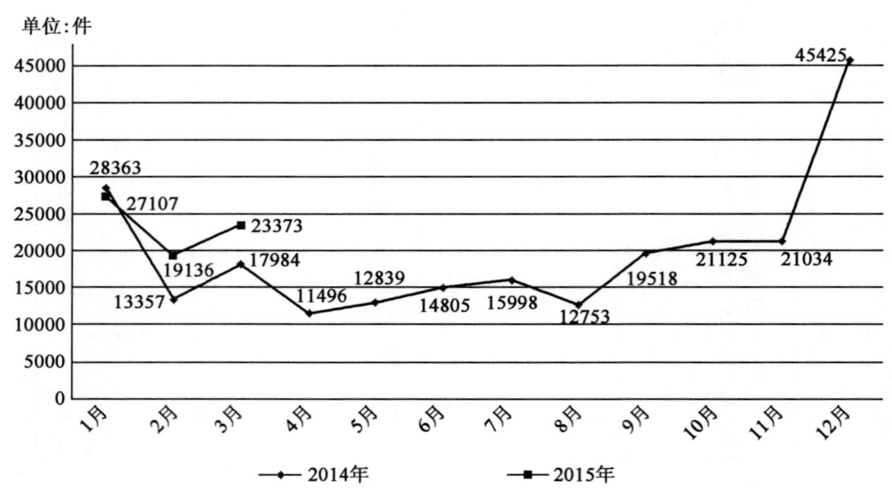


图4-22　2015年与2014年各月快递有效申诉数量

表4-43　2015年3月消费者申诉快递业务的主要问题及所占比例统计

| 序　　号 | 申诉问题 | 申诉件数 | 占比例(%) | 环比增长(%) | 同比增长(%) |
|---|---|---|---|---|---|
| 1 | 延误 | 8953 | 38.3 | 50.5 | 22.3 |
| 2 | 投递服务 | 8049 | 34.4 | 15.7 | 45.2 |
| 3 | 丢失短少 | 4343 | 18.6 | 7.1 | 41.9 |
| 4 | 损毁 | 1195 | 5.1 | -9.0 | 25.4 |
| 5 | 收寄服务 | 465 | 2.0 | -11.6 | -14.0 |
| 6 | 代收货款 | 159 | 0.7 | 59.0 | -28.1 |
| 7 | 违规收费 | 141 | 0.6 | 0.7 | -10.2 |
| 8 | 其他问题 | 68 | 0.3 | -32.0 | -63.4 |
| 合计 | | 23373 | 100.0 | 22.1 | 30.0 |

（二）消费者对快递企业申诉情况

3月，消费者对42家快递企业进行了有效申诉，全国快递业务平均百万件快件有效申诉16.4件，环比百万件快件减少7件，同比减少1.1件，高于全国平均申诉率的有10家快递企业。全国快递业务平均百万件快件延误申诉率为6.28，高于平均延误申诉率的有9家快递企业。全国快递业务平均百万件快件投递服务申诉率为5.65，高于平均投递服务申诉率的有9家快递企业。全国快递业务平均百万件快件丢失损毁申诉率为3.89，高于平均丢失损毁申诉率的有8家快递企业（表4-44）。

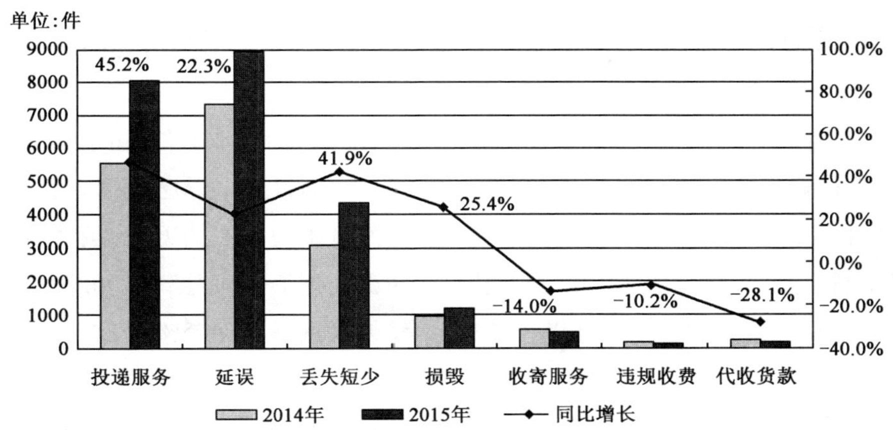


图 4-23 2015 年 3 月快递业务申诉问题同比增长情况

**表 4-44 2015 年 3 月主要快递企业申诉率**(单位:件有效申诉/百万件快件)

| 企业名称 | 2015 年 3 月申诉率(%) | 其中 | | | 2014 年 3 月申诉率(%) | 同比 |
|---|---|---|---|---|---|---|
| | | 延误申诉率(%) | 丢失损毁申诉率(%) | 投递服务申诉率(%) | | |
| 全峰快递 | 49.78 | 15.58 | 11.40 | 17.05 | 84.71 | ↓ |
| 如风达 | 36.99 | 27.05 | | 9.93 | 59.19 | ↓ |
| 申通快递 | 35.00 | 9.32 | 10.51 | 13.86 | 22.59 | ↑ |
| 优速快递 | 31.64 | 12.42 | 8.54 | 9.41 | 20.31 | ↑ |
| 中外运—空运 | 27.40 | 13.70 | — | — | 14.93 | ↑ |
| 国通快递 | 26.98 | 11.49 | 4.52 | 10.51 | 21.9 | ↑ |
| 韵达速递 | 24.51 | 13.54 | 5.14 | 5.42 | 29.91 | ↓ |
| 天天快递 | 24.02 | 10.35 | 5.31 | 8.02 | 28.5 | ↓ |
| 速尔快递 | 20.39 | 4.68 | 4.86 | 8.23 | 33.56 | ↓ |
| 圆通速递 | 18.00 | 8.11 | 3.13 | 6.43 | 9.91 | ↑ |
| 快捷速递 | 14.90 | 5.20 | 3.72 | 5.78 | 91.56 | ↓ |
| 百世汇通 | 13.37 | 4.84 | 4.02 | 4.05 | 25.86 | ↓ |
| 宅急送 | 12.50 | 5.70 | 2.10 | 4.11 | 37.77 | ↓ |
| 中通快递 | 12.19 | 3.63 | 3.56 | 4.58 | 12.29 | ↓ |
| 邮政(EMS) | 11.98 | 5.08 | 2.36 | 4.23 | 17.76 | ↓ |
| UPS | 8.67 | 4.34 | 1.73 | 0.87 | 1.2 | ↑ |
| 全一快递 | 3.28 | — | 2.34 | 0.94 | 2.96 | ↑ |
| 民航快递 | 2.06 | — | — | — | 2.19 | ↓ |
| 顺丰速运 | 1.96 | 0.69 | 0.22 | 0.73 | 4.07 | ↓ |
| FedEx | 1.65 | — | — | 1.65 | 2.4 | ↓ |
| 苏宁易购 | 1.09 | 0.55 | — | 0.55 | 2.69 | ↓ |
| 京东 | 1.04 | 0.37 | 0.24 | 0.39 | 0.7 | ↑ |
| 世纪卓越 | 0.65 | — | — | — | 1.06 | ↓ |
| 递四方 | 0.31 | — | — | — | 0.39 | ↓ |
| 全国平均 | 16.40 | 6.28 | 3.89 | 5.65 | 17.54 | ↓ |

# 2015 年 4 月邮政业消费者申诉情况的通告

4 月，国家邮政局和各省（区、市）邮政管理局通过“12305”邮政行业消费者申诉电话和申诉网站共受理消费者申诉 58092 件。申诉中涉及邮政服务问题的 2532 件，占总申诉量的 4.4%；涉及快递业务问题的 55560 件，占总申诉量的 95.6%。已处理申诉中有效申诉（确定企业责任的）18650 件，同比增长 58.1%。有效申诉中涉及邮政服务问题的 489 件，占有效申诉量的 2.6%；涉及快递业务问题的 18161 件，占有效申诉量的 97.4%。经调解消费者申诉已全部妥善处理，为消费者挽回经济损失 298.3 万元，消费者对邮政管理部门申诉处理工作满意率为 96.5%，对企业申诉处理结果满意率为 94.5%（表 4-45）。

4 月，企业对邮政管理部门转办的申诉未能按规定时限回复的有 58 件，同比增加 28 件（表 4-46）。

**表 4-45　2015 年 4 月消费者对主要企业申诉处理结果满意率统计**

| 序　　号 | 企 业 名 称 | 申诉处理结果满意率（%） |
| --- | --- | --- |
| 1 | 圆通速递 | 96.6 |
| 2 | 中通快递 | 96.2 |
| 3 | 韵达速递 | 94.9 |
| 4 | 快捷速递 | 94.7 |
| 5 | 邮政（EMS） | 94.6 |
| 6 | 中国邮政 | 94.3 |
| 7 | 国通快递 | 94.2 |
| 8 | 优速快递 | 94.2 |
| 9 | 如风达 | 93.8 |
| 10 | 顺丰速运 | 93.7 |
| 11 | 申通快递 | 93.4 |
| 12 | 百世汇通 | 93.3 |
| 13 | 全峰快递 | 93.1 |
| 14 | 天天 | 92.7 |
| 15 | 宅急送 | 92.6 |
| 16 | 速尔快递 | 92.6 |
| 17 | 京东 | 82.9 |
| 全国平均 | | 94.5 |

**表 4-46　2015 年 4 月企业对邮政管理部门转办的申诉未能按规定时限回复统计**

| 公 司 名 称 | 北京 | 河北 | 上海 | 江苏 | 浙江 | 湖北 | 湖南 | 广东 | 广西 | 重庆 | 四川 | 贵州 | 新疆 | 合计 |
| --- | --- | --- | --- | --- | --- | --- | --- | --- | --- | --- | --- | --- | --- | --- |
| 中国邮政 | | | | | | 5 | 9 | | | | 1 | 6 | | 21 |
| 中通快递 | | | | | | | | | | | | | 12 | 12 |
| 全峰快递 | | | | | | | | | | | 3 | | | 3 |
| 邮政（EMS） | | | | 1 | | | | | | | | 1 | | 2 |

续上表

| 公司名称 | 北京 | 河北 | 上海 | 江苏 | 浙江 | 湖北 | 湖南 | 广东 | 广西 | 重庆 | 四川 | 贵州 | 新疆 | 合计 |
|---|---|---|---|---|---|---|---|---|---|---|---|---|---|---|
| 韵达速递 | 1 | | 1 | | | | | | | | | | | 2 |
| DHL | | | 2 | | | | | | | | | | | 2 |
| 速尔快递 | | | | | | | | | | 1 | | | | 1 |
| 优速快递 | | 1 | | | | | | | | | | | | 1 |
| 快捷速递 | | | | | | | | | | 1 | | | | 1 |
| 如风达 | | | | | 1 | | | | | | | | | 1 |
| FedEx | | | 1 | | | | | | | | | | | 1 |
| 佳吉快运 | | | | | | | | | 1 | | | | | 1 |
| 其他 | | 1 | | | | | | 8 | | | | 1 | | 10 |
| 合计 | 1 | 2 | 4 | 1 | 1 | 5 | 9 | 8 | 1 | 2 | 4 | 8 | 12 | 58 |

## 一、邮政服务申诉情况

4 月，受理消费者关于邮政服务问题的有效申诉489 件，环比下降 22%，同比增长 63.5%。（图 4-24、表 4-47）。

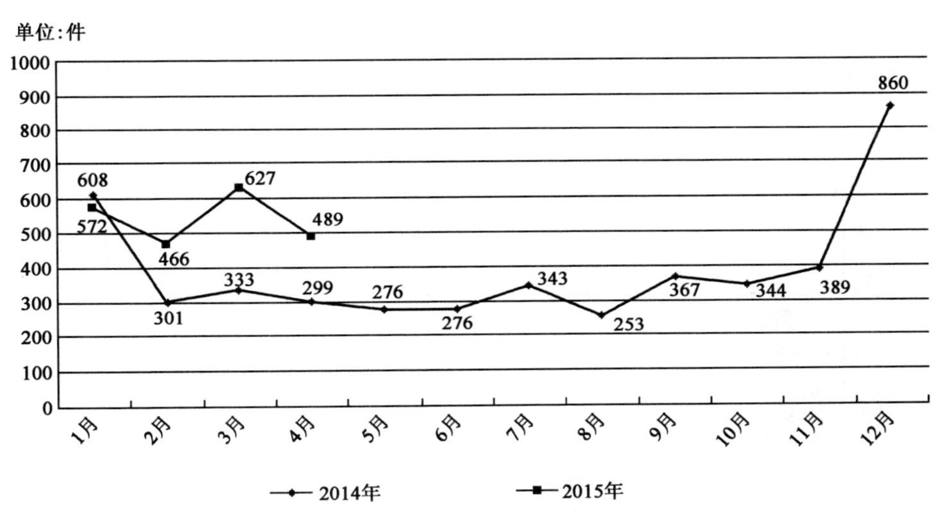


图 4-24 2015 年与 2014 年各月邮政有效申诉数量

**表 4-47 2015 年 4 月消费者申诉的邮政服务主要问题及所占比例统计**

| 序号 | 申诉问题 | | 申诉件数 | | 占比例（%） | 环比增长（%） | 同比增长（%） |
|---|---|---|---|---|---|---|---|
| 1 | 投递服务 | 函件 | 205 | 237 | 48.5 | -34.3 | 53.9 |
| | | 包件 | 23 | | | | |
| | | 报刊 | 6 | | | | |
| | | 集邮 | 2 | | | | |
| | | 其他 | 1 | | | | |
| 2 | 邮件丢失短少 | 函件 | 65 | 102 | 20.9 | -1.0 | 75.9 |
| | | 包件 | 35 | | | | |
| | | 报刊 | 2 | | | | |

续上表

| 序　　号 | 申 诉 问 题 | | 申 诉 件 数 | | 占比例(%) | 环比增长(%) | 同比增长(%) |
|---|---|---|---|---|---|---|---|
| 3 | 邮件延误 | 函件 | 67 | 93 | 19.0 | -1.1 | 63.2 |
| | | 包件 | 24 | | | | |
| | | 其他 | 2 | | | | |
| 4 | 收寄服务 | 函件 | 20 | 31 | 6.3 | -39.2 | 40.9 |
| | | 包件 | 11 | | | | |
| 5 | 邮件损毁 | 函件 | 5 | 10 | 2.0 | 66.7 | 42.9 |
| | | 包件 | 4 | | | | |
| | | 集邮 | 1 | | | | |
| 6 | 违规收费 | 包件 | 4 | 5 | 1.0 | -16.7 | 400.0 |
| | | 其他 | 1 | | | | |
| 7 | 其他 | | 11 | | 2.2 | 83.3 | — |
| 合计 | | | 489 | | 100.0 | 34.5 | 63.5 |

4 月，受理消费者邮政服务的主要问题是投递服务问题，占申诉总量的 48.5%。

4 月，邮政业务的各项服务问题同比均呈增长趋势；邮件丢失短少、邮件延误和投递服务问题同比增幅较大，分别增长 75.9%、63.2% 和 53.9%（图 4-25）。

## 二、快递业务申诉情况

（一）消费者申诉的主要问题

4 月，受理消费者关于快递业务的有效申诉 18161 件，环比下降 22.3%，同比增长 58%（图 4-26、表 4-48）。

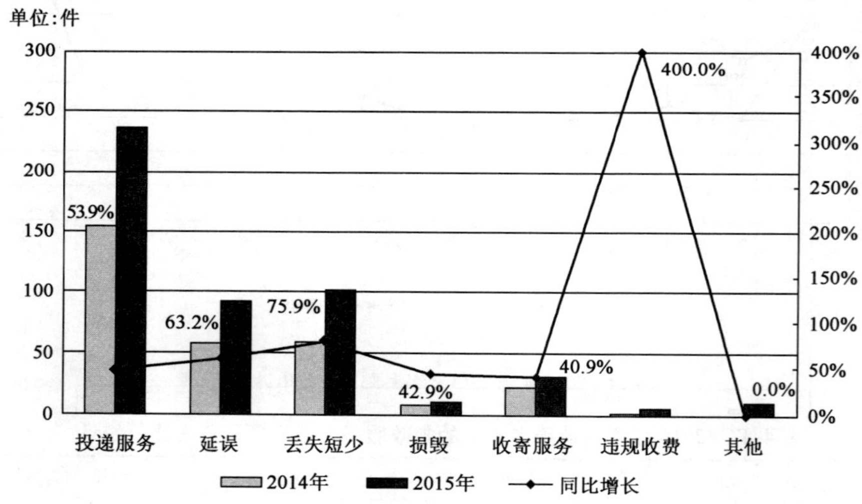


图 4-25　2015 年 4 月邮政业务申诉问题同比增长情况

**表 4-48　2015 年 4 月消费者申诉快递业务的主要问题及所占比例统计**

| 序　　号 | 申 诉 问 题 | 申 诉 件 数 | 占比例(%) | 环比增长(%) | 同比增长(%) |
|---|---|---|---|---|---|
| 1 | 投递服务 | 7471 | 41.1 | -7.2 | 66.6 |
| 2 | 丢失短少 | 4257 | 23.4 | -2.0 | 117.5 |
| 3 | 延误 | 3741 | 20.6 | -58.2 | 15.3 |
| 4 | 损毁 | 1657 | 9.1 | 38.7 | 80.9 |

续上表

| 序号 | 申诉问题 | 申诉件数 | 占比例(%) | 环比增长(%) | 同比增长(%) |
|---|---|---|---|---|---|
| 5 | 收寄服务 | 622 | 3.4 | 33.8 | 18.5 |
| 6 | 违规收费 | 199 | 1.1 | 41.1 | 53.1 |
| 7 | 代收货款 | 123 | 0.7 | -22.6 | -2.4 |
| 8 | 其他问题 | 91 | 0.5 | 33.8 | -19.5 |
| 合计 | | 18161 | 100.0 | -22.3 | 58.0 |

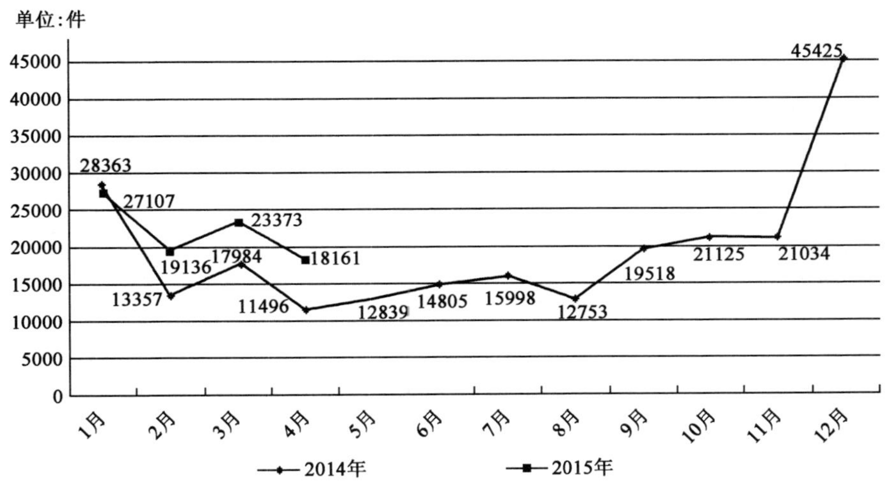


图 4-26 2015 年与 2014 年各月快递有效申诉数量

4 月,快件丢失短少、损毁和投递服务问题同比增长幅度较大,分别增长 117.5%、80.9%、66.6%(图 4-27)。

(二)消费者对快递企业申诉情况

4 月,消费者对 42 家快递企业进行了有效申诉,全国快递业务平均百万件快件有效申诉 12 件,环比百万件快件减少 4.4 件,同比增加 1.1 件,高于全国平均申诉率的有 11 家快递企业。全国快递业务平均百万件快件投递服务申诉率为 4.93,高于平均投递服务申诉率的有 10 家快递企业。全国快递业务平均百万件快件丢失损毁申诉率为 3.9,高于平均丢失损毁申诉率的有 8 家快递企业。全国快递业务平均百万件快件延误申诉率为 2.47,高于平均延误申诉率的有 12 家快递企业(表 4-49)。

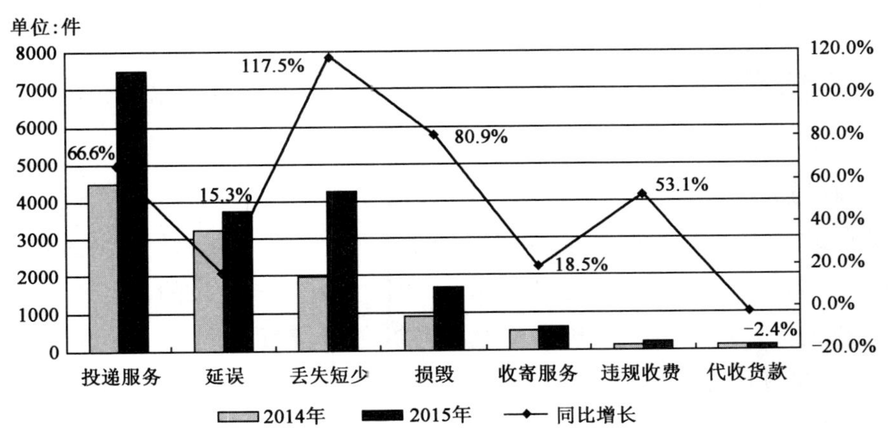


图 4-27 2015 年 4 月快递业务申诉问题同比增长情况

表4-49　2015年4月主要快递企业申诉率(单位:件有效申诉/百万件快件)

| 企业名称 | 2015年4月申诉率(%) | 其中 | | | 2014年4月申诉率(%) | 同比 |
|---|---|---|---|---|---|---|
| | | 延误申诉率(%) | 丢失损毁申诉率(%) | 投递服务申诉率(%) | | |
| 申通快递 | 25.62 | 3.99 | 9.38 | 10.72 | 20.75 | ↑ |
| 全峰快递 | 25.23 | 3.01 | 5.86 | 14.56 | 42.28 | ↓ |
| 国通快递 | 24.56 | 6.73 | 8.07 | 8.58 | 14.18 | ↑ |
| 速尔快递 | 20.12 | 2.03 | 3.74 | 11.39 | 28.67 | ↓ |
| 优速快递 | 17.96 | 4.39 | 4.99 | 7.25 | 18.84 | ↓ |
| 天天快递 | 16.63 | 3.36 | 5.77 | 6.92 | 11.67 | ↑ |
| 如风达 | 15.18 | 3.88 | 1.06 | 9.53 | 10.53 | ↑ |
| 快捷速递 | 15.13 | 2.58 | 5.78 | 6.22 | 59.35 | ↓ |
| 韵达速递 | 12.68 | 3.40 | 4.30 | 4.49 | 10.19 | ↑ |
| 宅急送 | 12.64 | 2.84 | 3.40 | 5.79 | 22.93 | ↓ |
| 圆通速递 | 12.51 | 3.26 | 3.37 | 5.33 | 4.25 | ↑ |
| 百世汇通 | 11.93 | 2.93 | 4.32 | 4.11 | 12.41 | ↓ |
| 中通快递 | 9.81 | 1.11 | 3.84 | 4.25 | 9.84 | ↓ |
| 邮政(EMS) | 9.46 | 2.85 | 2.45 | 3.78 | 13.54 | ↓ |
| UPS | 8.71 | 2.38 | 2.38 | 3.17 | 0.40 | ↑ |
| FedEx | 5.27 | 1.22 | — | 3.24 | 2.81 | ↑ |
| 全一快递 | 3.25 | 0.46 | 2.32 | 0.46 | 5.89 | ↓ |
| TNT | 3.13 | 1.56 | — | 1.56 | 4.68 | ↓ |
| 民航快递 | 2.16 | — | — | 2.16 | — | — |
| DHL | 1.95 | — | 0.33 | 0.33 | 0.75 | ↑ |
| 顺丰速运 | 1.15 | 0.16 | 0.28 | 0.42 | 3.69 | ↓ |
| 京东 | 0.59 | 0.08 | 0.04 | 0.28 | 0.65 | ↓ |
| 苏宁易购 | 0.51 | — | — | 0.51 | 0.65 | ↓ |
| 全国合计 | 11.99 | 2.47 | 3.90 | 4.93 | 10.91 | ↑ |

# 2015年5月邮政业消费者申诉情况的通告

5月,国家邮政局和各省(区、市)邮政管理局通过“12305”邮政行业消费者申诉电话和申诉网站共受理消费者申诉50467件。申诉中涉及邮政服务问题的2027件,占总申诉量的4%;涉及快递业务问题的48440件,占总申诉量的96%。已处理申诉中有效申诉(确定企业责任的)13156件,比上年同期增长0.3%。有效申诉中涉及邮政服务问题的286件,占有效申诉量的2.2%;涉及快递业务问题的12870件,占有效申诉量的97.8%。经调解消费者申诉已全部妥善处理,为消费者挽回经济损失192万元,消费者对邮政管理部门申诉处理工作满意率为95.8%,对企业申诉处理结果满意率为93.9%(表4-50)。

表 4-50 2015 年 5 月消费者对主要企业申诉处理结果满意率统计

| 序 号 | 企业名称 | 申诉处理结果满意率(%) |
|---|---|---|
| 1 | 宅急送 | 97.5 |
| 2 | 圆通速递 | 96.5 |
| 3 | 优速快递 | 95.8 |
| 4 | 中通快递 | 95.4 |
| 5 | 韵达速递 | 94.9 |
| 6 | 快捷速递 | 94.2 |
| 7 | 国通快递 | 94.1 |
| 8 | 天天快递 | 93.6 |
| 9 | 中国邮政 | 93.3 |
| 10 | 邮政(EMS) | 93.1 |
| 11 | 申通快递 | 93.1 |
| 12 | 百世汇通 | 92.0 |
| 13 | 德邦物流 | 91.8 |
| 14 | 顺丰速运 | 90.9 |
| 15 | 速尔快递 | 89.8 |
| 16 | 全峰快递 | 88.5 |
| 17 | 如风达 | 86.2 |
| 18 | 京东 | 84.3 |
| 全国平均 | | 93.9 |

5 月,企业对邮政管理部门转办的申诉未能按规定时限回复的有 18 件,同比增加 7 件(表 4-51)。

表 4-51 2015 年 5 月企业对邮政管理部门转办的申诉未能按规定时限回复统计

| 公司名称 | 河北 | 江苏 | 福建 | 山东 | 湖南 | 广东 | 四川 | 贵州 | 新疆 | 合计 |
|---|---|---|---|---|---|---|---|---|---|---|
| 中通快递 | | | 1 | | | | | | 6 | 7 |
| 佳吉快运 | | 1 | | 1 | 1 | | | | | 3 |
| 中国邮政 | | | | | 2 | | | | | 2 |
| 邮政(EMS) | | | 1 | | | | | | | 1 |
| 韵达速递 | | | | | 1 | | | | | 1 |
| 增益 | 1 | | | | | | | | | 1 |
| 其他 | | | | | | 1 | 1 | 1 | | 3 |
| 合计 | 1 | 1 | 2 | 1 | 4 | 1 | 1 | 1 | 6 | 18 |

## 一、邮政服务申诉情况

5 月,受理消费者关于邮政服务问题的有效申诉 286 件,环比下降 41.5%,同比增长 3.6%(图 4-28、表 4-52)。

5 月,受理消费者申诉的邮政服务主要问题是投递服务问题,占申诉总量的 52.8%。

5 月,邮政业务的邮件丢失短少、邮件损毁、邮件延误及投递服务问题同比呈增长趋势,分别增长 18.2%、14.3%、6.8%和 2.7%(图 4-29)。

## 二、快递业务申诉情况

(一)消费者申诉的主要问题

5 月,受理消费者关于快递业务的有效申诉 12870 件,环比下降 29.1%,同比增长 0.2%(图 4-30、表 4-53)。

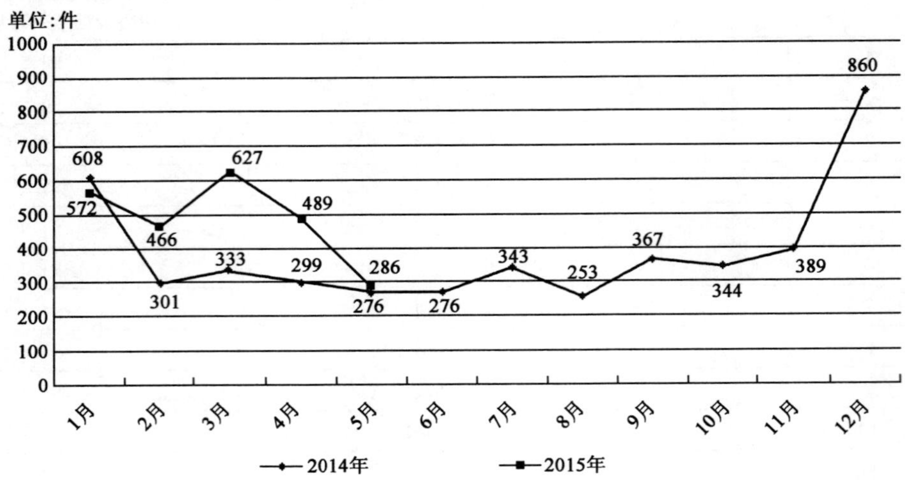


图 4-28　2015 年与 2014 年各月邮政有效申诉数量

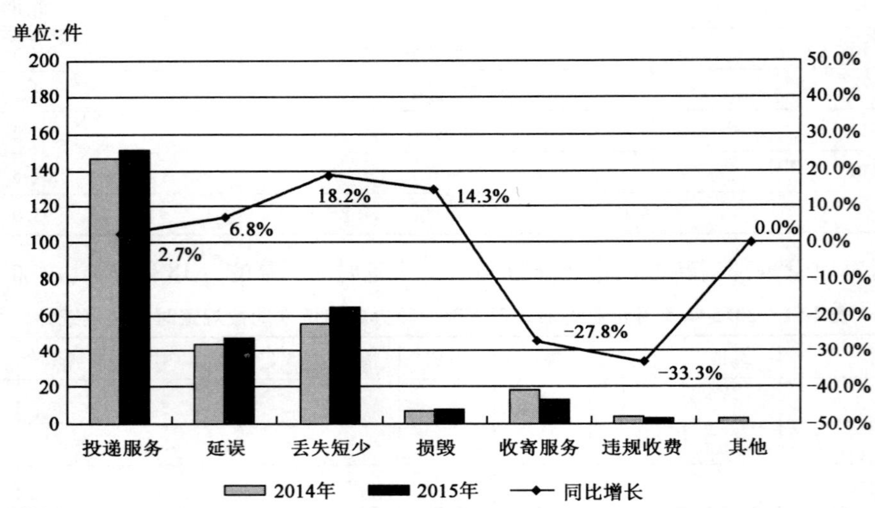


图 4-29　2015 年 5 月邮政业务申诉问题同比增长情况

**表 4-52　2015 年 5 月消费者申诉的邮政服务主要问题及所占比例统计**

| 序　号 | 申诉问题 | | 申诉件数 | | 占比例(%) | 环比增长(%) | 同比增长(%) |
|---|---|---|---|---|---|---|---|
| 1 | 投递服务 | 函件 | 132 | 151 | 52.8 | -36.3 | 2.7 |
| | | 包件 | 15 | | | | |
| | | 报刊 | 2 | | | | |
| | | 集邮 | 1 | | | | |
| | | 其他 | 1 | | | | |
| 2 | 邮件丢失短少 | 函件 | 39 | 65 | 22.7 | -36.3 | 18.2 |
| | | 包件 | 25 | | | | |
| | | 其他 | 1 | | | | |
| 3 | 邮件延误 | 包件 | 25 | 47 | 16.4 | -49.5 | 6.8 |
| | | 函件 | 20 | | | | |
| | | 其他 | 2 | | | | |

续上表

| 序号 | 申诉问题 | | 申诉件数 | | 占比例(%) | 环比增长(%) | 同比增长(%) |
|---|---|---|---|---|---|---|---|
| 4 | 收寄服务 | 函件 | 6 | 13 | 4.5 | -58.1 | -27.8 |
| | | 包件 | 6 | | | | |
| | | 报刊 | 1 | | | | |
| 5 | 邮件损毁 | 函件 | 4 | 8 | 2.8 | -20.0 | 14.3 |
| | | 包件 | 2 | | | | |
| | | 集邮 | 1 | | | | |
| | | 其他 | 1 | | | | |
| 6 | 违规收费 | 包件 | 1 | 2 | 0.7 | -60.0 | -33.3 |
| | | 函件 | 1 | | | | |
| 合计 | | | 286 | | 100.0 | -41.5 | 3.6 |

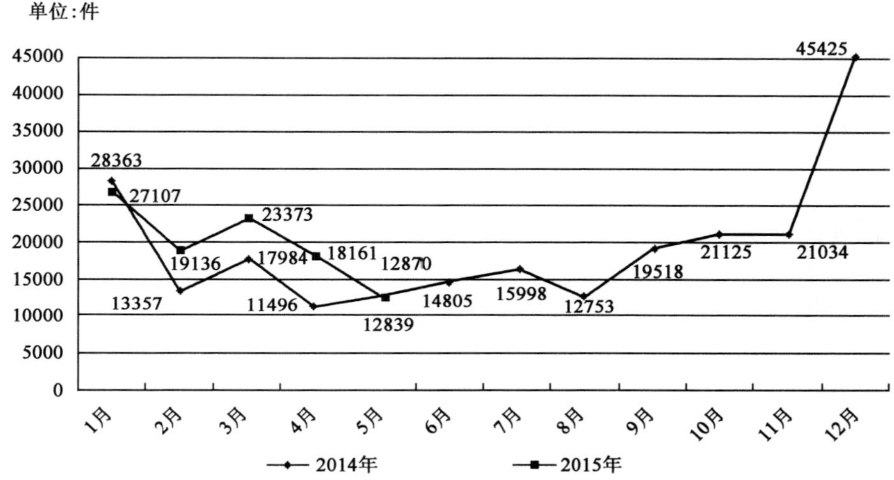


图4-30　2015年与2014年各月快递有效申诉数量

**表4-53　2015年5月消费者申诉快递业务的主要问题及所占比例统计**

| 序号 | 申诉问题 | 申诉件数 | 占比例(%) | 环比增长(%) | 同比增长(%) |
|---|---|---|---|---|---|
| 1 | 投递服务 | 5682 | 44.2 | -23.9 | 17.6 |
| 2 | 丢失短少 | 2759 | 21.4 | -35.2 | 38.1 |
| 3 | 延误 | 2341 | 18.2 | -37.4 | -41.5 |
| 4 | 损毁 | 1286 | 10.0 | -22.4 | 31.9 |
| 5 | 收寄服务 | 471 | 3.7 | -24.3 | -25.6 |
| 6 | 违规收费 | 159 | 1.2 | -20.1 | 48.6 |
| 7 | 代收货款 | 106 | 0.8 | -13.8 | -52.9 |
| 8 | 其他问题 | 66 | 0.5 | -27.5 | 1.5 |
| 合计 | | 12870 | 100.0 | -29.1 | 0.2 |

5月,快件延误方面的申诉环比、同比都出现较大幅度下降。快件丢失短少、损毁和投递服务问题虽环比出现下降,同比增长幅度仍较大,分别增长38.1%、31.9%和17.6%(图4-31)。

(二)消费者对快递企业申诉情况

5月,消费者对43家快递企业进行了有效申诉,全国快递业务平均百万件快件有效申诉率为7.99,环比百万件快件减少4件,同比减少3.51

件,高于全国平均申诉率的快递企业有10家。全国快递业务平均百万件快件投递服务申诉率为3.53,百万件快件丢失损毁申诉率为2.51,百万件快件延误申诉率为1.45(表4-54)。

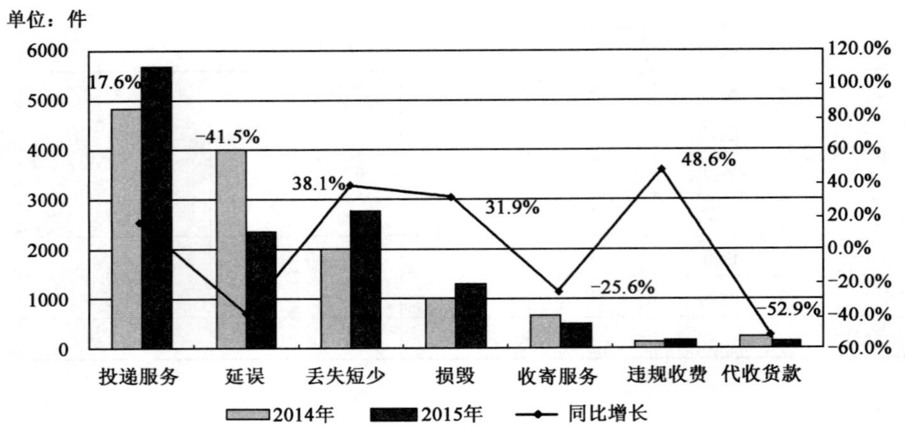


图4-31　2015年5月快递业务申诉问题同比增长情况

**表4-54　2015年5月主要快递企业申诉率**(单位:件有效申诉/百万件快件)

| 企业名称 | 2015年5月申诉率(%) | 其中 | | | 2014年5月申诉率(%) | 同比 |
|---|---|---|---|---|---|---|
| | | 延误申诉率(%) | 丢失损毁申诉率(%) | 投递服务申诉率(%) | | |
| 中外运—空运 | 24.10 | — | 12.05 | 12.05 | — | — |
| 速尔快递 | 21.54 | 2.78 | 5.73 | 9.38 | 26.79 | ↓ |
| 德邦物流 | 20.20 | 2.19 | 6.57 | 7.79 | — | — |
| 国通快递 | 18.50 | 4.41 | 6.09 | 7.32 | 20.64 | ↓ |
| 全峰快递 | 17.40 | 1.62 | 3.16 | 11.07 | 55.98 | ↓ |
| 申通快递 | 17.04 | 2.26 | 6.38 | 7.38 | 21.07 | ↓ |
| 优速快递 | 13.26 | 2.36 | 3.98 | 5.65 | 12.48 | ↑ |
| 快捷速递 | 13.08 | 2.29 | 4.19 | 5.89 | 18.76 | ↓ |
| 天天快递 | 9.58 | 1.57 | 2.88 | 4.75 | 17.22 | ↓ |
| 如风达 | 8.48 | 2.71 | 0.34 | 5.43 | 3.04 | ↑ |
| 中通快递 | 7.84 | 0.91 | 2.94 | 3.46 | 8.04 | ↓ |
| 邮政(EMS) | 7.72 | 2.56 | 1.62 | 3.16 | 13.87 | ↓ |
| 百世汇通 | 7.69 | 1.89 | 2.36 | 3.05 | 15.23 | ↓ |
| 宅急送 | 7.23 | 1.63 | 1.84 | 3.17 | 14.45 | ↓ |
| 圆通速递 | 6.44 | 1.49 | 1.88 | 2.80 | 4.25 | ↑ |
| 韵达速递 | 6.01 | 1.19 | 2.03 | 2.51 | 11.68 | ↓ |
| UPS | 5.26 | 1.50 | 2.26 | 1.50 | 2.84 | ↑ |
| 全一快递 | 4.62 | 0.46 | 0.92 | 3.23 | 5.98 | ↓ |
| 递四方 | 3.78 | — | 3.78 | — | — | — |
| TNT | 3.50 | — | — | 1.75 | 5.36 | ↓ |
| 民航快递 | 2.32 | 2.32 | — | — | 2.69 | ↓ |
| FedEx | 2.20 | 0.88 | 0.44 | 0.44 | 2.85 | ↓ |

续上表

| 企业名称 | 2015年5月申诉率(%) | 其中 | | | 2014年5月申诉率(%) | 同比 |
|---|---|---|---|---|---|---|
| | | 延误申诉率(%) | 丢失损毁申诉率(%) | 投递服务申诉率(%) | | |
| 顺丰速运 | 1.11 | 0.15 | 0.24 | 0.49 | 5.29 | ↓ |
| DHL | 0.99 | 0.33 | 0.33 | 0.33 | 0.37 | ↑ |
| 世纪卓越 | 0.83 | — | — | 0.83 | 1.00 | ↓ |
| 京东 | 0.75 | 0.15 | 0.07 | 0.47 | 1.12 | ↓ |
| 苏宁易购 | 0.58 | 0.12 | — | 0.46 | — | — |
| 全国合计 | 7.99 | 1.45 | 2.51 | 3.53 | 11.5 | ↓ |

# 2015年6月邮政业消费者申诉情况的通告

6月，国家邮政局和各省(区、市)邮政管理局通过“12305”邮政行业消费者申诉电话和申诉网站共受理消费者申诉53160件。申诉中涉及邮政服务问题的2192件，占总申诉量的4.1%；涉及快递业务问题的50968件，占总申诉量的95.9%。已处理申诉中有效申诉(确定企业责任的)13292件，比上年同期下降11.9%。有效申诉中涉及邮政服务问题的320件，占有效申诉量的2.4%；涉及快递业务问题的12972件，占有效申诉量的97.6%。经调解消费者申诉已全部妥善处理，为消费者挽回经济损失220万元，消费者对邮政管理部门申诉处理工作满意率为96.9%，对企业申诉处理结果满意率为94.8%(表4-55)。

6月，企业对邮政管理部门转办的申诉未能按规定时限回复的有26件，同比增加15件(表4-56)。

**表4-55 2015年6月消费者对主要企业申诉处理结果满意率统计**

| 序号 | 企业名称 | 申诉处理结果满意率(%) |
|---|---|---|
| 1 | 中通快递 | 96.6 |
| 2 | 圆通速递 | 96.4 |
| 3 | 国通 | 96.3 |
| 4 | 德邦物流 | 95.7 |
| 5 | 百世汇通 | 95.4 |
| 6 | 邮政(EMS) | 95.3 |
| 7 | 中国邮政 | 95.0 |
| 8 | 韵达速递 | 94.8 |
| 9 | 优速快递 | 94.7 |
| 10 | 宅急送 | 94.5 |
| 11 | 快捷速递 | 94.5 |
| 12 | 申通快递 | 94.4 |
| 13 | 速尔快递 | 94.4 |
| 14 | 如风达 | 93.9 |
| 15 | 顺丰速运 | 93.3 |
| 16 | 京东 | 93.0 |
| 17 | 天天快递 | 92.6 |
| 18 | 全峰快递 | 89.1 |
| 全国平均 | | 94.8 |

表 4-56　2015 年 6 月企业对邮政管理部门转办的申诉未能按规定时限回复统计

| 公司名称 | 北京 | 黑龙江 | 浙江 | 福建 | 山东 | 湖南 | 广东 | 广西 | 贵州 | 新疆 | 合计 |
|---|---|---|---|---|---|---|---|---|---|---|---|
| 中通快递 | | | | | | | | | | 7 | 7 |
| 中国邮政 | 1 | | 1 | | | 2 | | | 2 | | 6 |
| 优速快递 | 1 | | | | | | | 1 | | | 2 |
| 增益 | | | | | 1 | | 1 | | | | 2 |
| 顺丰速运 | | 1 | | | | | | | | | 1 |
| 百世汇通 | | | | 1 | | | | | | | 1 |
| 快捷速递 | | | | 1 | | | | | | | 1 |
| 其他 | | | 1 | | | | 5 | | | | 6 |
| 合计 | 2 | 1 | 2 | 2 | 1 | 2 | 6 | 1 | 2 | 7 | 26 |

## 一、邮政服务申诉情况

6 月，受理消费者关于邮政服务问题的有效申诉 320 件，环比增长 11.9%，同比增长 15.9%（图 4-32、表 4-57）。

6 月，受理消费者申诉邮政服务的主要问题是投递服务问题，占申诉总量的 55%。

6 月，邮政业务的投递服务问题、邮件损毁、邮件丢失短少同比呈增长趋势，分别增长 51.7%、16.7% 和 10.0%（图 4-33）。

## 二、快递业务申诉情况

（一）消费者申诉的主要问题

2015 年 6 月，受理消费者关于快递业务的有效申诉 12972 件，环比增长 0.8%，同比下降 12.4%（图 4-34、表 4-58）。

6 月，快件延误方面的申诉同比出现较大幅度下降，快件损毁方面的申诉环比、同比增长幅度仍较大（图 4-35）。

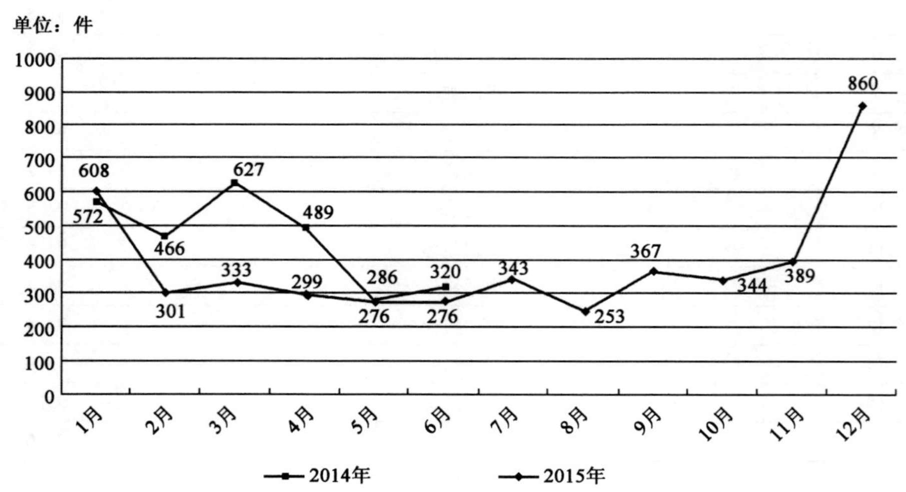


图 4-32　2015 年与 2014 年各月邮政有效申诉数量

表 4-57 2015 年 6 月消费者申诉邮政服务的主要问题及所占比例统计

| 序号 | 申诉问题 | | 申诉件数 | | 占比例(%) | 环比增长(%) | 同比增长(%) |
|---|---|---|---|---|---|---|---|
| 1 | 投递服务 | 函件 | 154 | 176 | 55.0 | 16.6 | 51.7 |
| | | 包件 | 17 | | | | |
| | | 集邮 | 2 | | | | |
| | | 报刊 | 2 | | | | |
| | | 其他 | 1 | | | | |
| 2 | 邮件丢失短少 | 函件 | 48 | 66 | 20.6 | 1.5 | 10.0 |
| | | 包件 | 18 | | | | |
| 3 | 邮件延误 | 函件 | 28 | 38 | 11.9 | -19.1 | -34.5 |
| | | 包件 | 8 | | | | |
| | | 报刊 | 1 | | | | |
| | | 其他 | 1 | | | | |
| 4 | 收寄服务 | 包件 | 9 | 18 | 5.6 | 38.5 | -33.3 |
| | | 函件 | 7 | | | | |
| | | 集邮 | 2 | | | | |
| 5 | 邮件损毁 | 函件 | 4 | 7 | 2.2 | -12.5 | 16.7 |
| | | 包件 | 3 | | | | |
| 6 | 违规收费 | 包件 | 3 | 5 | 1.6 | 150.0 | -28.6 |
| | | 函件 | 1 | | | | |
| | | 汇兑 | 1 | | | | |
| 7 | 其他 | | 10 | | 3.1 | — | 400.0 |
| 合计 | | | 320 | | 100.0 | 11.9 | 15.9 |

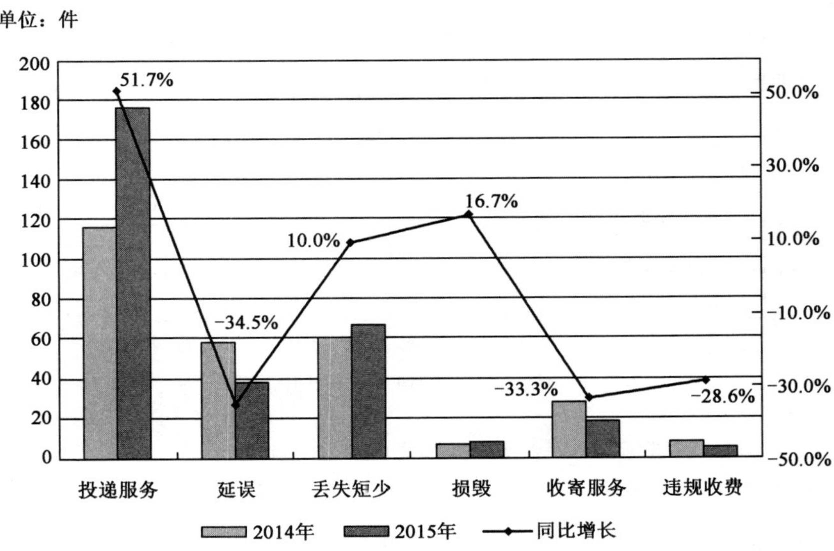


图 4-33 2015 年 6 月邮政业务申诉问题同比增长情况

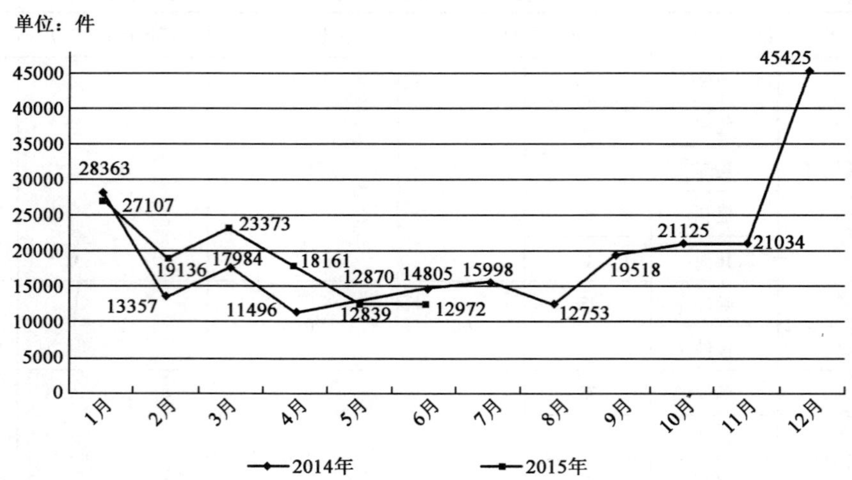


图4-34　2015年与2014年各月快递有效申诉数量

**表4-58　2015年6月消费者申诉快递业务的主要问题及所占比例统计**

| 序　　号 | 申诉问题 | 申诉件数 | 占比例(%) | 环比增长(%) | 同比增长(%) |
|---|---|---|---|---|---|
| 1 | 投递服务 | 5802 | 44.7 | 2.1 | -0.9 |
| 2 | 丢失短少 | 2550 | 19.7 | -7.6 | 3.6 |
| 3 | 延误 | 2238 | 17.3 | -4.4 | -45.7 |
| 4 | 损毁 | 1564 | 12.1 | 21.6 | 22.9 |
| 5 | 收寄服务 | 508 | 3.9 | 7.9 | -23.5 |
| 6 | 违规收费 | 145 | 1.1 | -8.8 | 6.6 |
| 7 | 代收货款 | 101 | 0.8 | -4.7 | -37.3 |
| 8 | 其他问题 | 64 | 0.5 | -3.0 | -52.6 |
| 合计 | | 12972 | 100.0 | 0.8 | -12.4 |

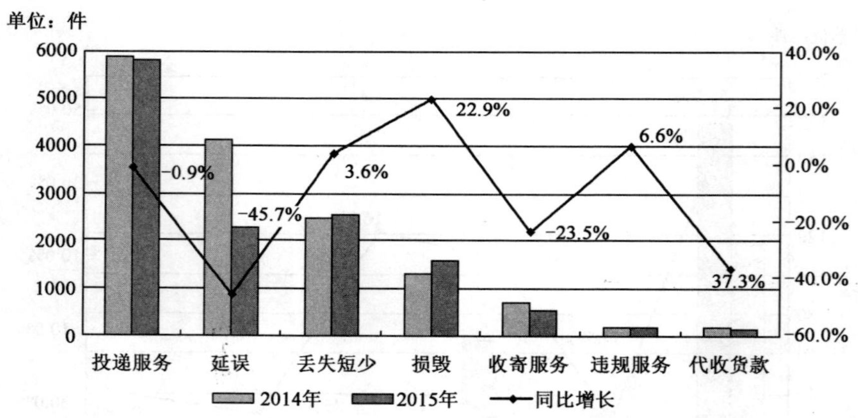


图4-35　2015年6月快递业务申诉问题同比增长情况

(二)消费者对快递企业申诉情况

6月,消费者对43家快递企业进行了有效申诉,全国快递业务平均百万件快件有效申诉率为7.89,环比百万件快件减少0.1件,同比减少5.22件,高于全国平均申诉率的快递企业有12家。全国快递业务平均百万件快件投递服务申诉率为3.53,百万件快件丢失损毁申诉率为2.50,百万件快件延误申诉率为1.36(表4-59)。

**表 4-59　2015 年 6 月主要快递企业申诉率**(单位:件有效申诉/百万件快件)

| 企业名称 | 2015 年 6 月申诉率(%) | 其中 | | | 2014 年 6 月申诉率(%) | 同比 |
|---|---|---|---|---|---|---|
| | | 延误申诉率(%) | 丢失损毁申诉率(%) | 投递服务申诉率(%) | | |
| 速尔快递 | 24.27 | 2.73 | 7.52 | 10.43 | 21.38 | ↑ |
| 德邦物流 | 24.19 | 5.26 | 9.47 | 6.10 | — | — |
| 国通快递 | 17.58 | 4.86 | 4.20 | 7.75 | 21.82 | ↓ |
| 申通快递 | 17.11 | 2.29 | 6.24 | 7.47 | 28.01 | ↓ |
| 快捷速递 | 13.82 | 2.13 | 4.83 | 6.07 | 21.65 | ↓ |
| 优速快递 | 11.43 | 1.55 | 4.04 | 4.80 | 16.27 | ↓ |
| 中外运—空运 | 10.75 | — | — | — | 13.89 | ↓ |
| 如风达 | 10.54 | 2.23 | 1.28 | 7.02 | 7.61 | ↑ |
| 全峰快递 | 10.47 | 1.27 | 2.58 | 5.75 | 51.95 | ↓ |
| 天天快递 | 10.03 | 1.60 | 3.07 | 4.87 | 20.92 | ↓ |
| 全一快递 | 8.62 | 0.45 | 3.63 | 3.63 | 4.61 | ↑ |
| 中通快递 | 8.04 | 1.00 | 3.00 | 3.64 | 9.72 | ↓ |
| 韵达速递 | 7.40 | 1.53 | 2.07 | 3.54 | 16.31 | ↓ |
| 邮政(EMS) | 7.21 | 1.87 | 1.90 | 3.10 | 10.48 | ↓ |
| 宅急送 | 6.95 | 1.27 | 2.03 | 2.99 | 14.48 | ↓ |
| 圆通速递 | 6.69 | 1.34 | 1.92 | 3.07 | 6.17 | ↑ |
| 百世汇通 | 6.65 | 1.45 | 1.99 | 2.76 | 16.19 | ↓ |
| UPS | 6.11 | 2.04 | — | 3.39 | 5.31 | ↑ |
| FedEx | 3.82 | 0.42 | 1.27 | 1.27 | 0.76 | ↑ |
| 递四方 | 2.08 | 0.59 | 0.89 | 0.30 | 0.34 | ↑ |
| TNT | 1.79 | — | 1.79 | — | 11.52 | ↓ |
| 顺丰速运 | 1.47 | 0.28 | 0.32 | 0.69 | 6.68 | ↓ |
| 世纪卓越 | 0.99 | — | — | 0.99 | 1.67 | ↓ |
| 京东 | 0.96 | 0.22 | 0.14 | 0.54 | 1.52 | ↓ |
| 苏宁易购 | 0.75 | 0.21 | — | 0.53 | — | — |
| DHL | 0.33 | — | — | 0.33 | 0.75 | ↓ |
| 全国合计 | 7.89 | 1.36 | 2.50 | 3.53 | 13.11 | ↓ |

# 2015 年 7 月邮政业消费者申诉情况的通告

7 月,国家邮政局和各省(区、市)邮政管理局通过“12305”邮政行业消费者申诉电话和申诉网站共受理消费者申诉 51566 件。申诉中涉及邮政服务问题的 2462 件,占总申诉量的 4.8%;涉及快递业务问题的 49104 件,占总申诉量的 95.2%。已处理申诉中有效申诉(确定企业责任的)13453 件,比上年同期下降 17.7%。有效申诉中涉及邮政服务问题的 420 件,占有效申诉量的 3.1%;涉及快递业务问题的 13033 件,占有效申诉量的 96.9%。经调解消费者申诉已全部妥善处理,为消费者挽回经济损失 224.3 万元,消费者对邮政管理部门申诉处理工作满意率为 96.7%,对企业申诉处理结果满意率为94.6%(表4-60)。

7月,企业对邮政管理部门转办的申诉未能按规定时限回复的有20件,同比减少3件(表4-61)。

**表4-60　2015年7月消费者对主要企业申诉处理结果满意率统计**

| 序　号 | 企业名称 | 申诉处理结果满意率(%) |
|---|---|---|
| 1 | 中国邮政 | 96.9 |
| 2 | 邮政(EMS) | 96.1 |
| 3 | 京东 | 96.1 |
| 4 | 中通快递 | 96.0 |
| 5 | 快捷速递 | 96.0 |
| 6 | FedEx | 95.8 |
| 7 | 宅急送 | 95.4 |
| 8 | 百世汇通 | 95.4 |
| 9 | 速尔快递 | 95.0 |
| 10 | 韵达速递 | 94.4 |
| 11 | 申通快递 | 94.2 |
| 12 | 圆通速递 | 94.2 |
| 13 | 国通快递 | 93.9 |
| 14 | 全峰快递 | 93.9 |
| 15 | 天天快递 | 93.2 |
| 16 | 顺丰速运 | 92.4 |
| 17 | 德邦物流 | 90.8 |
| 18 | 优速快递 | 90.4 |
| 合计 | | 94.6 |

**表4-61　2015年7月企业对邮政管理部门转办的申诉未能按规定时限回复统计**

| 公司名称 | 上海 | 江苏 | 浙江 | 福建 | 江西 | 湖南 | 广东 | 广西 | 四川 | 贵州 | 新疆 | 合计 |
|---|---|---|---|---|---|---|---|---|---|---|---|---|
| 优速快递 | 2 | | | 2 | 1 | | | 3 | 1 | | | 9 |
| 中国邮政 | 1 | | 1 | | | 1 | | | | 3 | | 6 |
| 韵达速递 | 1 | | | | | | | | | | | 1 |
| 中通快递 | | | | | | | | | | | 1 | 1 |
| 增益 | | 1 | | | | | | | | | | 1 |
| 其他 | | | | | | | 2 | | | | | 2 |
| 合计 | 4 | 1 | 1 | 2 | 1 | 1 | 2 | 3 | 1 | 3 | 1 | 20 |

## 一、邮政服务申诉情况

7月,受理消费者关于邮政服务问题的有效申诉420件,环比增长31.3%,同比增长22.4%(图4-36、表4-62)。

7月,受理消费者申诉邮政服务的主要问题是投递服务问题,占申诉总量的50%。

7月,邮政业务的邮件丢失短少、投递服务问题和邮件损毁问题同比呈增长趋势,分别增长50.0%、24.2%和20.0%(图4-37)。

## 二、快递业务申诉情况

(一)消费者申诉的主要问题

7月,受理消费者关于快递业务的有效申诉13033件,环比增长0.5%,同比下降18.5%。自5月份起,快递业务有效申诉持续保持下降趋势(图4-38、表4-63)。

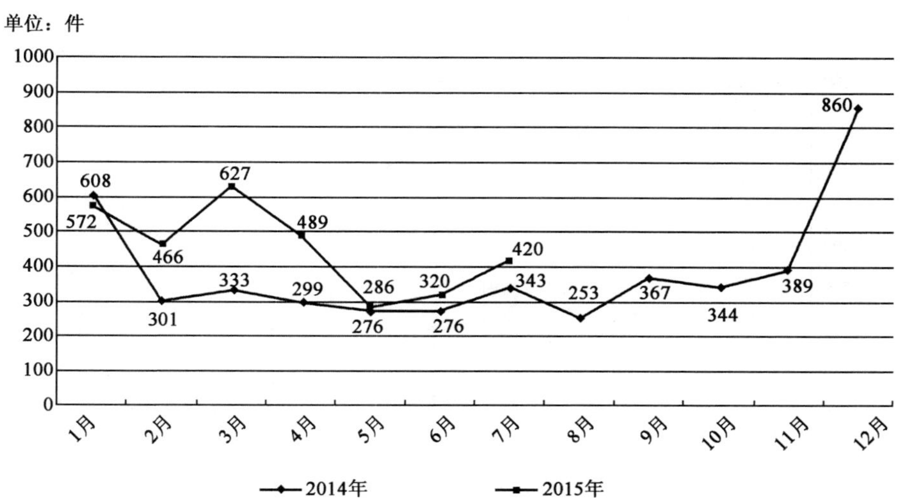


图4-36 2015年与2014年各月邮政有效申诉数量

**表4-62 2015年7月消费者申诉邮政服务的主要问题及所占比例统计**

| 序号 | 申诉问题 | | 申诉件数 | | 占比例(%) | 环比增长(%) | 同比增长(%) |
|---|---|---|---|---|---|---|---|
| 1 | 投递服务 | 函件 | 182 | 226 | 53.8 | 28.4 | 24.2 |
| | | 包件 | 37 | | | | |
| | | 报刊 | 3 | | | | |
| | | 集邮 | 1 | | | | |
| | | 其他 | 3 | | | | |
| 2 | 邮件丢失短少 | 函件 | 42 | 78 | 18.6 | 18.2 | 50.0 |
| | | 包件 | 32 | | | | |
| | | 报刊 | 3 | | | | |
| | | 其他 | 1 | | | | |
| 3 | 邮件延误 | 函件 | 42 | 71 | 16.9 | 86.8 | 6.0 |
| | | 包件 | 26 | | | | |
| | | 其他 | 3 | | | | |
| 4 | 收寄服务 | 函件 | 14 | 29 | 6.9 | 61.1 | 3.6 |
| | | 包件 | 12 | | | | |
| | | 集邮 | 1 | | | | |
| | | 其他 | 2 | | | | |
| 5 | 邮件损毁 | 函件 | 7 | 12 | 2.9 | 71.4 | 20.0 |
| | | 包件 | 5 | | | | |
| 6 | 其他 | | 4 | | 1.0 | -60.0 | — |
| 合计 | | | 420 | | 100.0 | 31.3 | 22.4 |

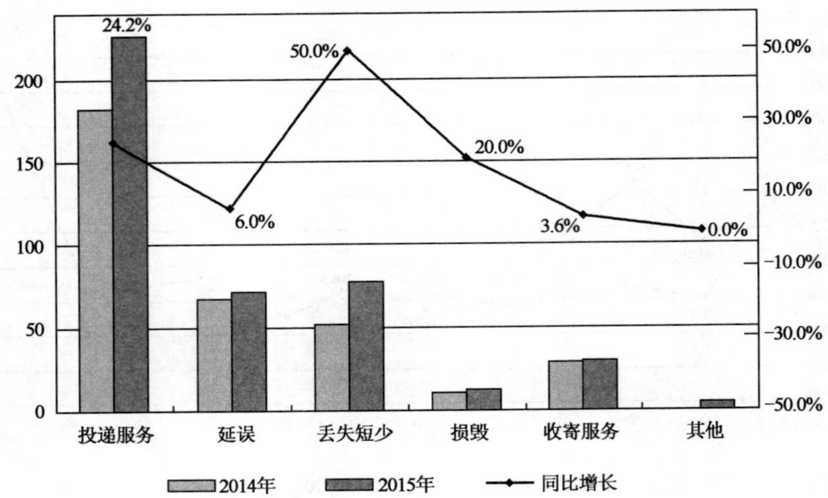


图4-37　2015年7月邮政业务申诉问题同比增长情况

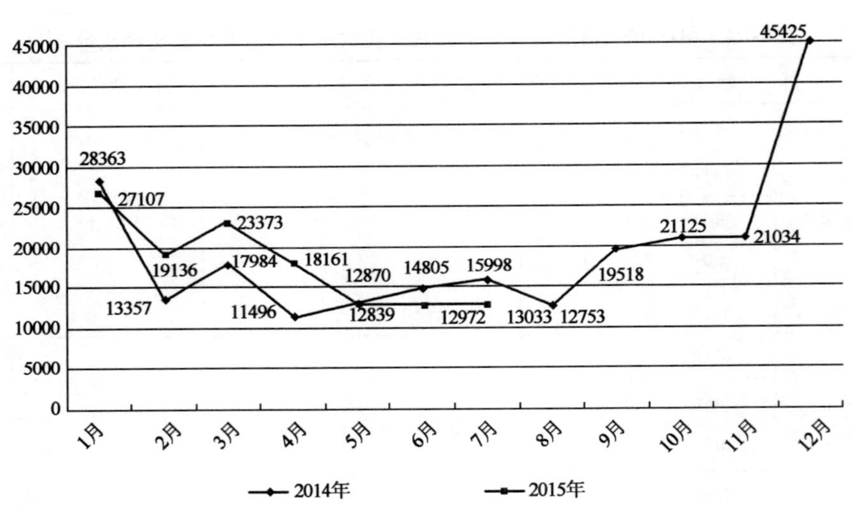


图4-38　2015年与2014年各月快递有效申诉数量

**表4-63　2015年7月消费者申诉快递业务的主要问题及所占比例统计**

| 序　　号 | 申 诉 问 题 | 申 诉 件 数 | 占比例(％) | 环比增长(％) | 同比增长(％) |
|---|---|---|---|---|---|
| 1 | 投递服务 | 5715 | 43.9 | -1.5 | -14.5 |
| 2 | 丢失短少 | 2496 | 19.1 | -2.1 | -4.1 |
| 3 | 延误 | 2312 | 17.7 | 3.3 | -38.8 |
| 4 | 损毁 | 1558 | 12.0 | -0.4 | -0.7 |
| 5 | 收寄服务 | 616 | 4.7 | 21.3 | -27.4 |
| 6 | 违规收费 | 162 | 1.2 | 11.7 | -6.4 |
| 7 | 代收货款 | 100 | 0.8 | -1.0 | -24.2 |
| 8 | 其他 | 74 | 0.6 | 15.6 | -64.8 |
| 合计 | | 13033 | 100.0 | 0.5 | -18.5 |

7月，快递业务的主要服务问题同比均呈下降趋势。延误问题同比下降明显，下降38.8%(图4-39)。

(二)消费者对快递企业申诉情况

7月，消费者对43家快递企业进行了有效申诉，全国快递业务平均百万件快件有效申诉率为7.95，环比百万件快件增加0.06件，同比减少6.43件，高于全国平均申诉率的快递企业有12家。全国快递业务平均百万件快件投递服务申诉率为3.49，百万件快件丢失损毁申诉率为2.47，百万件快件延误申诉率为1.41(表4-64)。

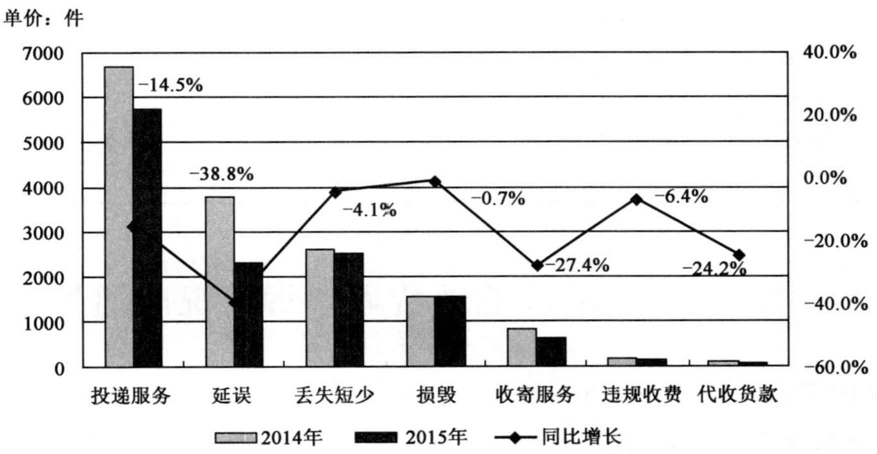


图4-39 2015年7月快递业务申诉问题同比增长情况

**表4-64 2015年7月主要快递企业申诉率**(单位:件有效申诉/百万件快件)

| 企业名称 | 2015年7月申诉率(%) | 其中 | | | 2014年7月申诉率(%) | 同比 |
|---|---|---|---|---|---|---|
| | | 延误申诉率(%) | 丢失损毁申诉率(%) | 投递服务申诉率(%) | | |
| 德邦物流 | 24.38 | 4.69 | 9.75 | 6.00 | — | — |
| 国通快递 | 21.10 | 5.64 | 5.83 | 8.70 | 19.08 | ↑ |
| 速尔快递 | 19.79 | 1.80 | 6.54 | 8.18 | 27.32 | ↓ |
| 申通快递 | 15.80 | 1.86 | 6.00 | 6.66 | 32.46 | ↓ |
| 快捷速递 | 12.58 | 2.63 | 3.31 | 5.91 | 28.38 | ↓ |
| 天天快递 | 11.99 | 2.06 | 3.96 | 5.31 | 14.51 | ↓ |
| 宅急送 | 11.07 | 2.63 | 2.63 | 4.39 | 19.10 | ↓ |
| 全峰快递 | 10.16 | 1.40 | 3.08 | 4.30 | 52.50 | ↓ |
| 优速快递 | 10.04 | 1.31 | 3.46 | 4.43 | 22.07 | ↓ |
| FedEx | 9.72 | 0.41 | 8.51 | 0.41 | 1.52 | ↑ |
| 韵达速递 | 9.51 | 1.88 | 2.79 | 4.45 | 18.71 | ↓ |
| 邮政(EMS) | 9.40 | 2.84 | 2.01 | 4.05 | 14.62 | ↓ |
| 如风达 | 7.00 | 2.74 | 0.30 | 3.95 | 8.51 | ↓ |
| 圆通速递 | 6.60 | 1.27 | 1.75 | 3.17 | 5.67 | ↑ |
| 中通快递 | 6.28 | 0.75 | 2.25 | 2.92 | 10.23 | ↓ |
| 全一快递 | 5.97 | 1.28 | 0.85 | 3.41 | 7.00 | ↓ |
| UPS | 5.82 | 3.64 | — | 1.46 | 6.68 | ↓ |
| 百世汇通 | 5.24 | 0.94 | 1.84 | 2.17 | 13.59 | ↓ |

续上表

| 企业名称 | 2015年7月申诉率(%) | 其中 | | | 2014年7月申诉率(%) | 同比 |
|---|---|---|---|---|---|---|
| | | 延误申诉率（%） | 丢失损毁申诉率（%） | 投递服务申诉率（%） | | |
| 民航快递 | 1.93 | | 1.93 | — | — | — |
| 顺丰速运 | 1.76 | 0.26 | 0.38 | 0.85 | 6.04 | ↓ |
| TNT | 1.51 | — | — | 1.51 | 6.39 | ↓ |
| 京东 | 1.34 | 0.46 | 0.14 | 0.65 | 1.99 | ↓ |
| DHL | 0.95 | — | — | 0.95 | 2.66 | ↓ |
| 世纪卓越 | 0.87 | 0.87 | — | — | — | — |
| 苏宁易购 | 0.58 | 0.29 | — | 0.15 | 0.29 | ↑ |
| 全国合计 | 7.95 | 1.41 | 2.47 | 3.49 | 14.38 | ↓ |

# 2015年8月邮政业消费者申诉情况的通告

8月，国家邮政局和各省(区、市)邮政管理局通过“12305”邮政行业消费者申诉电话和申诉网站共受理消费者申诉47136件。申诉中涉及邮政服务问题的1959件，占总申诉量的4.2%；涉及快递业务问题的45177件，占总申诉量的95.8%。受理的申诉中有效申诉为(确定企业责任的)10824件，比上年同期下降16.8%。有效申诉中涉及邮政服务问题的311件，占有效申诉量的2.9%；涉及快递业务问题的10513件，占有效申诉量的97.1%。经调解消费者申诉已全部妥善处理，为消费者挽回经济损失207.7万元。8月份，消费者对邮政管理部门申诉处理工作的满意率为96.8%，对企业申诉处理结果的满意率为94.6%，全国快递业务有效申诉率为平均每百万件快件6.22。

8月，企业对邮政管理部门转办的申诉未能按规定时限回复的有11件，同比减少10件(表4-65)。

## 一、邮政服务申诉情况

2015年8月，消费者关于邮政服务问题的有效申诉311件，环比下降26%，同比增长22.9%(图4-40、表4-66)。

8月，消费者申诉邮政服务的主要问题是投递服务问题，占申诉总量的60.5%。

8月，邮政业务的投递服务问题、邮件丢失短少和收寄服务问题同比呈增长趋势，分别增长72.5%、13.5%和13.3%(图4-41)。

**表4-65　2015年8月企业对邮政管理部门转办的申诉未能按规定时限回复统计**

| 公司名称 | 北京 | 河北 | 上海 | 湖南 | 广东 | 重庆 | 陕西 | 合计 |
|---|---|---|---|---|---|---|---|---|
| 中国邮政 | | 1 | | 1 | | 1 | | 3 |
| 优速快递 | | | | | 2 | | | 2 |
| 增益 | 2 | | | | | | | 2 |
| 苏宁易购 | | | | | | | 1 | 1 |
| FedEx | | | 1 | | | | | 1 |
| 中铁快运 | 1 | | | | | | | 1 |
| 其他 | | | | | 1 | | | 1 |
| 合计 | 3 | 1 | 1 | 1 | 3 | 1 | 1 | 11 |

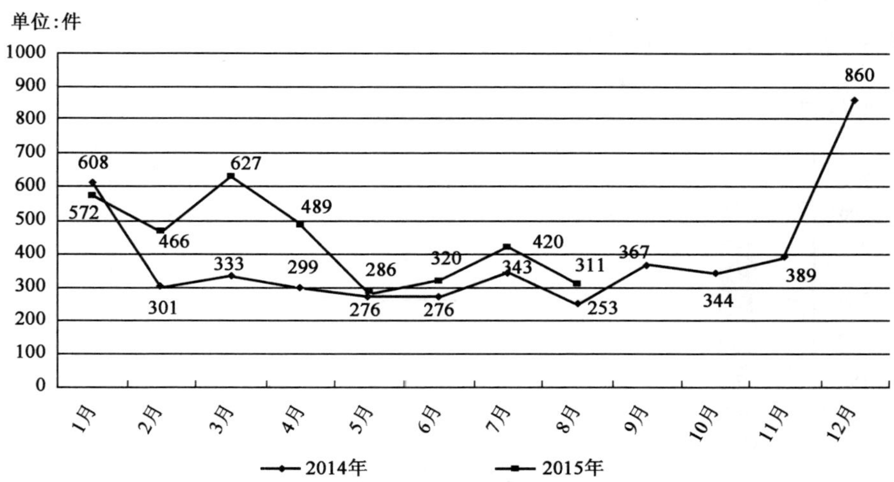


图 4-40 2015 年与 2014 年各月邮政有效申诉数量

**表 4-66 2015 年 8 月消费者申诉邮政服务的主要问题及所占比例统计**

| 序 号 | 申诉问题 | | 申诉件数 | | 占比例(%) | 环比增长(%) | 同比增长(%) |
|---|---|---|---|---|---|---|---|
| 1 | 投递服务 | 函件 | 149 | 188 | 60.5 | -16.8 | 72.5 |
| | | 包件 | 34 | | | | |
| | | 报刊 | 2 | | | | |
| | | 集邮 | 1 | | | | |
| | | 汇兑 | 1 | | | | |
| | | 其他 | 1 | | | | |
| 2 | 邮件丢失短少 | 函件 | 34 | 59 | 19.0 | -24.4 | 13.5 |
| | | 包件 | 25 | | | | |
| 3 | 邮件延误 | 函件 | 23 | 34 | 10.9 | -52.1 | -45.2 |
| | | 包件 | 11 | | | | |
| 4 | 收寄服务 | 函件 | 11 | 17 | 5.5 | -41.4 | 13.3 |
| | | 包件 | 6 | | | | |
| 5 | 邮件损毁 | 包件 | 3 | 5 | 1.6 | -58.3 | -37.5 |
| | | 函件 | 1 | | | | |
| | | 其他 | 1 | | | | |
| 6 | 其他 | | 8 | | 2.6 | 100.0 | 100.0 |
| 合计 | | | 311 | | 100.0 | -26.0 | 22.9 |

## 二、快递业务申诉情况

(一)消费者申诉的主要问题

8月,消费者关于快递业务的有效申诉10513件,环比下降19.3%,同比下降17.6%。自5月份起,快递业务有效申诉持续保持下降趋势(图4-42、表4-67)。

8月,消费者申诉快递业务的主要服务问题是投递服务问题、丢失短少和延误问题,占比分别为46.3%、17.6%和16.1%。其中延误问题同比下降明显,下降38.1%。快递业务的主要服务问题环比、同比均呈下降趋势(图4-43)。

(二)消费者对快递企业申诉情况

8月,消费者对43家快递企业进行了有效申诉,全国快递业务有效申诉率为平均每百万件快件6.22,环比每百万件快件减少1.73件,同比减少4.98件,高于全国平均有效申诉率的快递企业有11家。全国快递业务平均每百万件快件投递服务的有效申诉率为2.88,每百万件快件丢失损毁的有效申诉率为1.84,每百万件快件延误的有效申诉率为1.00(表4-68)。

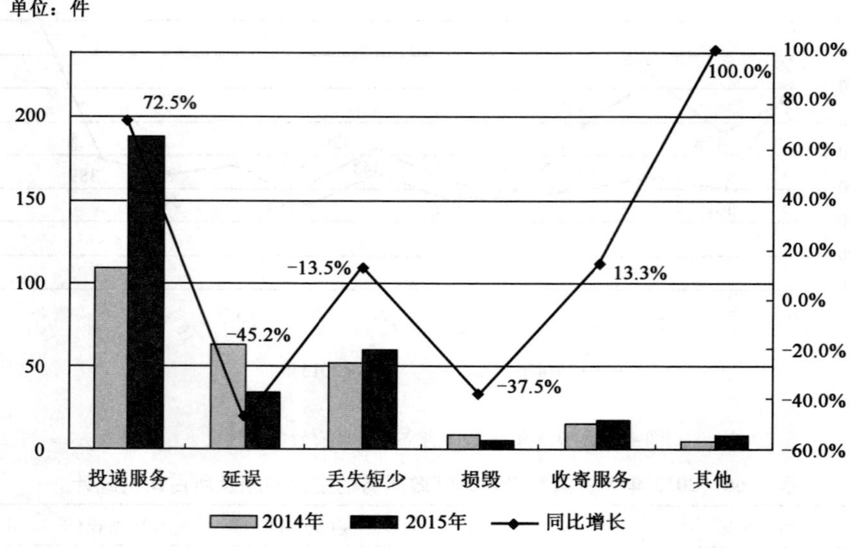


图4-41　2015年8月邮政业务申诉问题同比增长情况

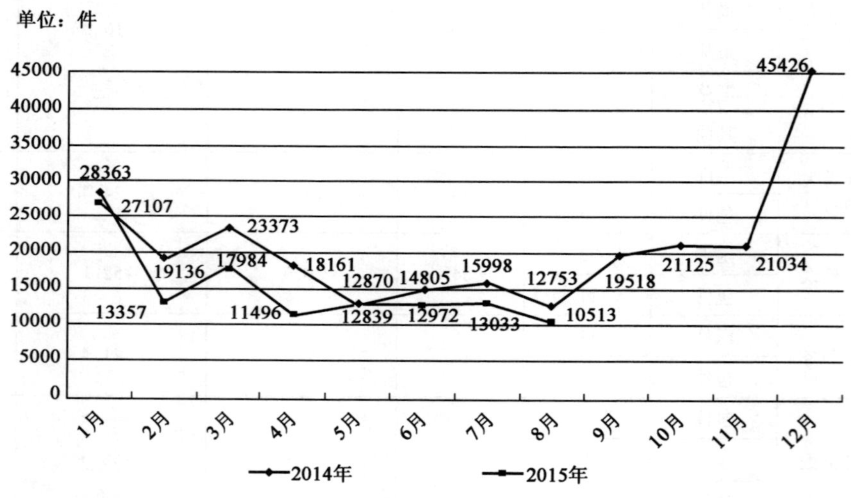


图4-42　2015年与2014年各月快递有效申诉数量

**表4-67　2015年8月消费者申诉快递业务的主要问题及所占比例统计**

| 序　号 | 申 诉 问 题 | 申 诉 件 数 | 占比例(%) | 环比增长(%) | 同比增长(%) |
|---|---|---|---|---|---|
| 1 | 投递服务 | 4871 | 46.3 | -14.8 | -15.2 |
| 2 | 丢失短少 | 1856 | 17.6 | -25.6 | -13.1 |
| 3 | 延误 | 1690 | 16.1 | -26.9 | -38.1 |
| 4 | 损毁 | 1255 | 11.9 | -19.4 | 2.9 |
| 5 | 收寄服务 | 530 | 5.0 | -14.0 | -6.2 |
| 6 | 违规收费 | 124 | 1.2 | -23.5 | -7.5 |
| 7 | 代收货款 | 121 | 1.1 | 21.0 | -27.1 |

续上表

| 序　　号 | 申诉问题 | 申诉件数 | 占比例(%) | 环比增长(%) | 同比增长(%) |
|---|---|---|---|---|---|
| 8 | 其他 | 66 | 0.6 | -10.8 | 6.5 |
| 9 | 合计 | 10513 | 100.0 | -19.3 | -17.6 |

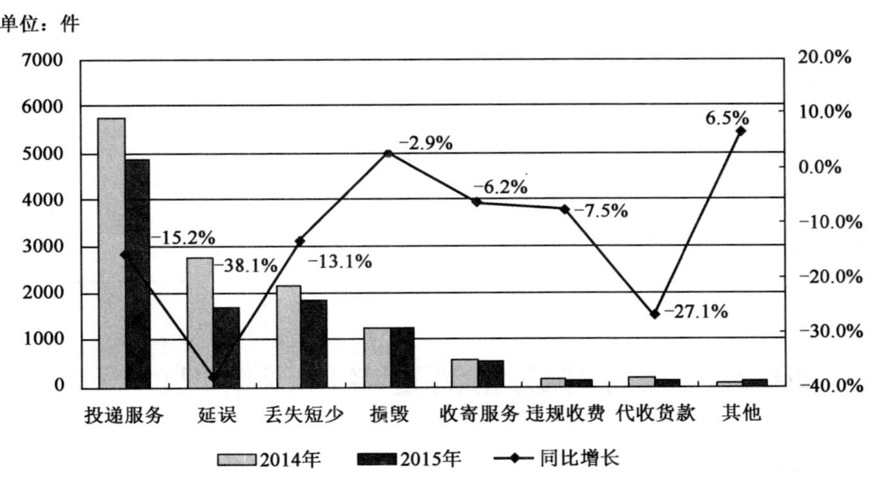


图 4-43　2015 年 8 月快递业务申诉问题同比增长情况

**表 4-68　2015 年 8 月主要快递企业申诉率**(单位:件有效申诉/百万件快件)

| 企业名称 | 2015 年 8 月申诉率(%) | 其中 | | | 2014 年 8 月申诉率(%) | 同　比 |
|---|---|---|---|---|---|---|
| | | 延误申诉率(%) | 丢失损毁申诉率(%) | 投递服务申诉率(%) | | |
| 德邦物流 | 19.41 | 1.78 | 8.90 | 5.52 | — | — |
| 速尔快递 | 17.17 | 1.50 | 5.83 | 6.67 | 19.69 | ↓ |
| 国通快递 | 16.84 | 5.40 | 4.06 | 5.64 | 16.65 | ↑ |
| 全峰快递 | 13.23 | 1.71 | 5.18 | 5.62 | 39.05 | ↓ |
| 申通快递 | 12.72 | 1.61 | 4.21 | 5.85 | 26.16 | ↓ |
| 快捷速递 | 12.23 | 2.02 | 3.60 | 6.10 | 14.88 | ↓ |
| 天天快递 | 10.92 | 1.99 | 3.29 | 4.93 | 12.27 | ↓ |
| 优速快递 | 9.73 | 0.76 | 3.61 | 4.84 | 21.36 | ↓ |
| 如风达 | 9.05 | 1.55 | 1.29 | 5.17 | 7.75 | ↑ |
| 宅急送 | 8.01 | 1.36 | 1.57 | 4.34 | 13.46 | ↓ |
| UPS | 6.50 | — | 2.44 | 4.07 | 9.33 | ↓ |
| 邮政(EMS) | 6.13 | 1.40 | 1.55 | 2.79 | 11.50 | ↓ |
| 中通快递 | 5.39 | 0.50 | 1.69 | 2.81 | 6.98 | ↓ |
| 圆通速递 | 5.04 | 0.82 | 1.34 | 2.60 | 4.62 | ↑ |
| 全一快递 | 4.49 | — | 2.69 | 1.35 | 3.27 | ↑ |
| 韵达速递 | 4.32 | 0.95 | 0.97 | 2.14 | 12.78 | ↓ |
| 百世汇通 | 3.95 | 0.71 | 1.08 | 1.87 | 11.44 | ↓ |

续上表

| 企业名称 | 2015年8月申诉率(%) | 其中 | | | 2014年8月申诉率(%) | 同比 |
|---|---|---|---|---|---|---|
| | | 延误申诉率(%) | 丢失损毁申诉率(%) | 投递服务申诉率(%) | | |
| FedEx | 2.92 | 0.42 | — | 2.50 | 3.97 | ↓ |
| 递四方 | 1.55 | 0.52 | — | 0.26 | 0.61 | ↑ |
| 苏宁易购 | 1.52 | 0.62 | 0.21 | 0.48 | 0.34 | ↑ |
| 顺丰速运 | 1.36 | 0.27 | 0.31 | 0.49 | 4.05 | ↓ |
| 京东 | 0.79 | 0.08 | 0.34 | 0.34 | 0.83 | ↓ |
| DHL | 0.35 | — | — | — | 1.18 | ↓ |
| 全国合计 | 6.22 | 1.00 | 1.84 | 2.88 | 11.2 | ↓ |

# 2015年9月邮政业消费者申诉情况的通告

9月，国家邮政局和各省(区、市)邮政管理局通过“12305”邮政行业消费者申诉电话和申诉网站共受理消费者申诉65382件。申诉中涉及邮政服务问题的2340件，占总申诉量的3.6%；涉及快递业务问题的63042件，占总申诉量的96.4%。受理的申诉中有效申诉(确定企业责任的)为14445件，比上年同期下降27.4%。有效申诉中涉及邮政服务问题的376件，占有效申诉量的2.6%；涉及快递业务问题的14069件，占有效申诉量的97.4%。经调解消费者申诉已全部妥善处理，为消费者挽回经济损失228.3万元。9月份，消费者对邮政管理部门申诉处理工作的满意率为97.1%，对企业申诉处理结果的满意率为95%，全国快递业务有效申诉率为平均每百万件快件7.35。

9月，企业对邮政管理部门转办的申诉未能按规定时限回复的有10件，同比减少19件(表4-69)。

## 一、邮政服务申诉情况

9月，消费者关于邮政服务问题的有效申诉376件，环比增长20.9%，同比增长2.5%(图4-44、表4-70)。

9月，消费者申诉邮政服务的主要问题是投递服务问题，占申诉总量的48.9%。

9月，邮政业务的邮件丢失短少、收寄服务问题和投递服务问题同比呈增长趋势，分别增长57.1%、46.2%和2.8%(图4-45)。

**表4-69　2015年9月企业对邮政管理部门转办的申诉未能按规定时限回复统计**

| 公司名称 | 河北 | 山西 | 江苏 | 浙江 | 重庆 | 四川 | 贵州 | 合计 |
|---|---|---|---|---|---|---|---|---|
| 中国邮政 | | | | | 1 | | 2 | 3 |
| 全峰快递 | | 2 | | | | 2 | | 4 |
| 龙邦速运 | | | | 1 | | | | 1 |
| 佳吉快运 | | | 1 | | | | | 1 |
| 增益 | 1 | | | | | | | 1 |
| 合计 | 1 | 2 | 1 | 1 | 1 | 2 | 2 | 10 |

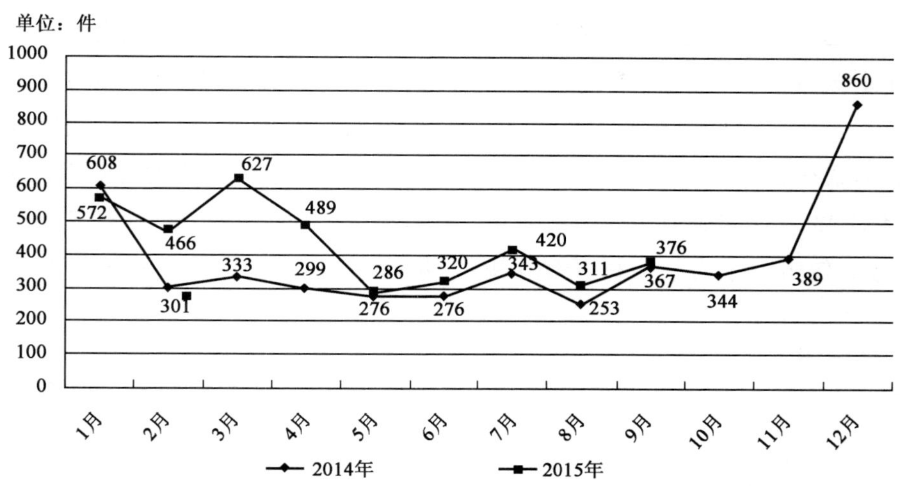


图 4-44 2015 年与 2014 年各月邮政有效申诉数量

**表 4-70 2015 年 9 月消费者申诉邮政服务的主要问题及所占比例统计**

| 序号 | 申诉问题 | | 申诉件数 | | 占比例(%) | 环比增长(%) | 同比增长(%) |
|---|---|---|---|---|---|---|---|
| 1 | 投递服务 | 函件 | 149 | 184 | 48.9 | -2.1 | 2.8 |
| | | 包件 | 25 | | | | |
| | | 集邮 | 3 | | | | |
| | | 报刊 | 1 | | | | |
| | | 其他 | 6 | | | | |
| 2 | 邮件丢失短少 | 函件 | 37 | 66 | 17.6 | 11.9 | 57.1 |
| | | 包件 | 28 | | | | |
| | | 集邮 | 1 | | | | |
| 3 | 邮件延误 | 函件 | 41 | 60 | 16.0 | 76.5 | -28.6 |
| | | 包件 | 19 | | | | |
| 4 | 收寄服务 | 包件 | 19 | 38 | 10.1 | 123.5 | 46.2 |
| | | 函件 | 17 | | | | |
| | | 其他 | 2 | | | | |
| 5 | 邮件损毁 | 函件 | 11 | 21 | 5.6 | 320.0 | -19.2 |
| | | 包件 | 8 | | | | |
| | | 集邮 | 2 | | | | |
| 6 | 违规收费 | 函件 | 1 | 2 | 0.5 | 200.0 | 100.0 |
| | | 汇兑 | 1 | | | | |
| 7 | 其他 | | 5 | | 1.3 | -37.5 | -44.4 |
| 合计 | | | 376 | | 100.0 | 20.9 | 2.5 |

## 二、快递业务申诉情况

### (一)消费者申诉的主要问题

9 月,消费者关于快递业务的有效申诉 14069 件,环比增长 33.8%,同比下降 27.1%。(图 4-46、表 4-71)

9 月,消费者对快递业务各类问题的申诉与上年同期比较呈普遍下降趋势,但与上月比较普遍有所增长,环比增长幅度较大的主要服务问题是延误、投递服务、丢失短少和收寄服务问题,环比分别增长89.9%、27.2%、22.0%和20.2%。申诉比较集中的问题是投递服务、延误和丢失短少问题，占比分别为44.0%、22.8%和16.1%（图4-47）。

（二）消费者对快递企业申诉情况

9月，消费者对43家快递企业进行了有效申诉，全国快递业务有效申诉率为平均每百万件快件7.35，环比每百万件快件增加1.13件，同比减少8.55件，高于全国平均有效申诉率的快递企业有10家。全国快递业务平均每百万件快件投递服务的有效申诉率为3.24，同比减少3.05件；每百万件快件丢失损毁的有效申诉率为1.92，同比减少1.82件；每百万件快件延误的有效申诉率为1.68，同比减少3.21件（表4-72）。

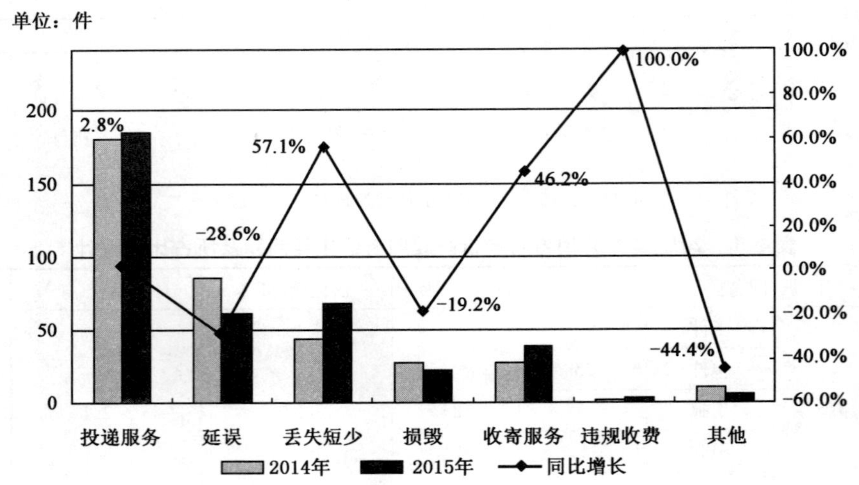


图4-45　2015年9月邮政业务申诉问题同比增长情况

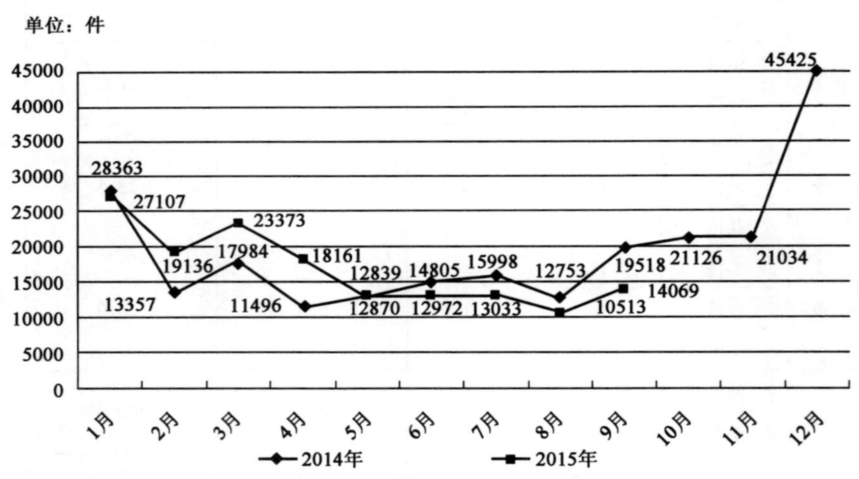


图4-46　2015年与2014年各月快递有效申诉数量

表4-71　2015年9月消费者申诉快递业务的主要问题及所占比例统计

| 序　号 | 申诉问题 | 申诉件数 | 占比例（%） | 环比增长（%） | 同比增长（%） |
|---|---|---|---|---|---|
| 1 | 投递服务 | 6198 | 44.0 | 27.2 | -19.9 |
| 2 | 延误 | 3209 | 22.8 | 89.9 | -46.7 |
| 3 | 丢失短少 | 2265 | 16.1 | 22.0 | -22.8 |

续上表

| 序号 | 申诉问题 | 申诉件数 | 占比例(%) | 环比增长(%) | 同比增长(%) |
|---|---|---|---|---|---|
| 4 | 损毁 | 1416 | 10.1 | 12.8 | -15.3 |
| 5 | 收寄服务 | 637 | 4.5 | 20.2 | -14.2 |
| 6 | 违规收费 | 137 | 1.0 | 10.5 | -11.0 |
| 7 | 代收货款 | 126 | 0.9 | 4.1 | -22.7 |
| 8 | 其他 | 81 | 0.6 | 22.7 | -18.2 |
| 9 | 合计 | 14069 | 100.0 | 33.8 | -27.9 |

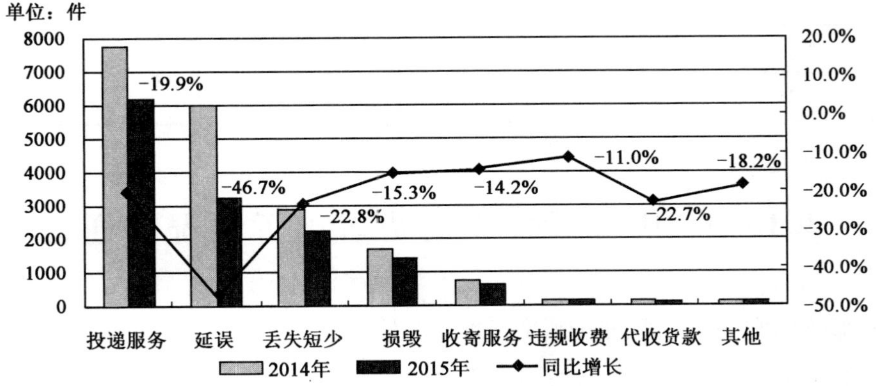


图 4-47 2015 年 9 月快递业务申诉问题同比增长情况

**表 4-72 2015 年 9 月主要快递企业申诉率**(单位:件有效申诉/百万件快件)

| 企业名称 | 2015 年 9 月申诉率(%) | 其中 | | | 2014 年 9 月申诉率(%) | 同比 |
|---|---|---|---|---|---|---|
| | | 延误申诉率(%) | 丢失损毁申诉率(%) | 投递服务申诉率(%) | | |
| 速尔快递 | 25.95 | 4.51 | 4.66 | 12.90 | 29.34 | ↓ |
| 国通快递 | 22.16 | 8.36 | 4.50 | 8.78 | 16.98 | ↑ |
| 德邦物流 | 16.42 | 2.47 | 7.27 | 4.94 | — | — |
| 申通快递 | 13.95 | 2.42 | 3.92 | 6.38 | 35.35 | ↓ |
| 优速快递 | 13.31 | 3.60 | 3.77 | 5.32 | 22.50 | ↓ |
| 如风达 | 12.53 | 4.18 | 1.11 | 6.96 | 9.69 | ↑ |
| 全峰快递 | 12.15 | 2.53 | 3.34 | 4.95 | 67.58 | ↓ |
| 快捷速递 | 12.01 | 3.12 | 3.04 | 5.26 | 17.53 | ↓ |
| 宅急送 | 10.80 | 2.93 | 2.11 | 4.69 | 15.52 | ↓ |
| 天天快递 | 10.79 | 2.24 | 3.29 | 4.66 | 19.93 | ↓ |
| 圆通速递 | 7.27 | 2.17 | 1.65 | 3.06 | 6.50 | ↑ |
| 邮政（EMS) | 6.66 | 1.66 | 1.54 | 3.09 | 11.55 | ↓ |
| 全一快递 | 6.62 | 1.76 | 2.65 | 2.21 | 7.62 | ↓ |
| 韵达速递 | 5.93 | 1.42 | 1.38 | 2.92 | 26.58 | ↓ |
| 中通快递 | 5.80 | 0.69 | 1.98 | 2.74 | 8.47 | ↓ |
| 百世汇通 | 5.48 | 1.55 | 1.43 | 2.29 | 19.94 | ↓ |
| FedEx | 2.81 | 0.35 | 1.41 | 0.70 | 1.46 | ↑ |
| DHL | 2.35 | 1.01 | 0.34 | 1.01 | 2.79 | ↓ |

续上表

| 企业名称 | 2015年9月申诉率(%) | 其中 | | | 2014年9月申诉率(%) | 同比 |
|---|---|---|---|---|---|---|
| | | 延误申诉率(%) | 丢失损毁申诉率(%) | 投递服务申诉率(%) | | |
| 顺丰速运 | 2.27 | 0.54 | 0.39 | 0.85 | 5.68 | ↓ |
| UPS | 2.02 | — | — | 2.02 | 6.90 | ↓ |
| 苏宁易购 | 1.39 | 0.62 | — | 0.77 | 1.23 | ↑ |
| 递四方 | 1.32 | 0.22 | 0.44 | 0.22 | — | — |
| 世纪卓越 | 0.77 | — | — | 0.77 | 1.48 | ↓ |
| 京东 | 0.67 | 0.13 | 0.14 | 0.38 | 0.97 | ↓ |
| 全国合计 | 7.35 | 1.68 | 1.92 | 3.24 | 15.9 | ↓ |

# 2015年10月邮政业消费者申诉情况的通告

10月，国家邮政局和各省(区、市)邮政管理局通过“12305”邮政行业消费者申诉电话和申诉网站共受理消费者申诉68715件。申诉中涉及邮政服务问题的2203件，占总申诉量的3.2%；涉及快递业务问题的66512件，占总申诉量的96.8%。受理的申诉中有效申诉(确定企业责任的)为18341件，比上年同期下降14.6%。有效申诉中涉及邮政服务问题的361件，占有效申诉量的2.0%；涉及快递业务问题的17980件，占有效申诉量的98.0%。经调解消费者申诉已全部妥善处理，为消费者挽回经济损失256.1万元。10月份，消费者对邮政管理部门申诉处理工作的满意率为97.2%，对企业申诉处理结果的满意率为95.0%，全国快递业务有效申诉率为平均每百万件快件9.26。

10月，企业对邮政管理部门转办的申诉未能按规定时限回复的有23件，同比减少71件(表4-73)。

## 一、邮政服务申诉情况

10月，消费者关于邮政服务问题的有效申诉361件，环比下降4.0%，同比增长4.9%(图4-48、表4-74)。

10月，消费者申诉邮政服务的主要问题是投递服务问题，占申诉总量的46.3%。

10月，邮政业务的邮件丢失短少、损毁、延误和收寄服务问题同比呈增长趋势，分别增长45.5%、36.4%、34.4%和5.9%，投递服务问题同比下降20.5%(图4-49)。

**表4-73　2015年10月企业对邮政管理部门转办的申诉未能按规定时限回复统计**

| 公司名称 | 北京 | 河北 | 内蒙古 | 江苏 | 湖北 | 湖南 | 广东 | 重庆 | 合计 |
|---|---|---|---|---|---|---|---|---|---|
| 增益 | 7 | | | | | | | | 7 |
| 中国邮政 | | | 1 | | 1 | 2 | | | 4 |
| 中铁快运 | | | | | | 1 | 1 | | 2 |
| 中通快递 | | | | 1 | | | | | 1 |
| 其他 | | 1 | | | | | 7 | 1 | 9 |
| 合计 | 7 | 1 | 1 | 1 | 1 | 3 | 8 | 1 | 23 |

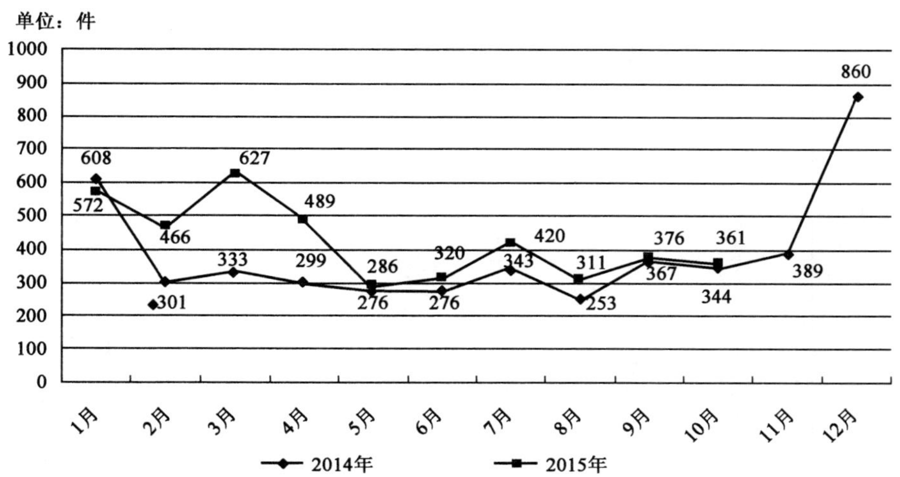


图 4-48 2015 年与 2014 年各月邮政有效申诉数量

**表 4-74 2015 年 10 月消费者申诉邮政服务的主要问题及所占比例统计**

| 序号 | 申诉问题 | | 申诉件数 | | 占比例(%) | 环比增长(%) | 同比增长(%) |
|---|---|---|---|---|---|---|---|
| 1 | 投递服务 | 函件 | 128 | 167 | 46.3 | -9.2 | -20.5 |
| | | 包件 | 30 | | | | |
| | | 报刊 | 4 | | | | |
| | | 集邮 | 2 | | | | |
| | | 其他 | 3 | | | | |
| 2 | 邮件延误 | 函件 | 52 | 82 | 22.7 | 36.7 | 34.4 |
| | | 包件 | 27 | | | | |
| | | 汇兑 | 2 | | | | |
| | | 其他 | 1 | | | | |
| 3 | 邮件丢失短少 | 函件 | 41 | 64 | 17.7 | -3.0 | 45.5 |
| | | 包件 | 23 | | | | |
| 4 | 收寄服务 | 函件 | 7 | 18 | 5.0 | -52.6 | 5.9 |
| | | 包件 | 6 | | | | |
| | | 集邮 | 2 | | | | |
| | | 汇兑 | 1 | | | | |
| | | 其他 | 2 | | | | |
| 5 | 邮件损毁 | 函件 | 10 | 15 | 4.2 | -28.6 | 36.4 |
| | | 包件 | 4 | | | | |
| | | 集邮 | 1 | | | | |
| 6 | 违规收费 | 函件 | 5 | 8 | 2.2 | 300.0 | 800.0 |
| | | 包件 | 3 | | | | |
| 7 | 其他 | | 7 | | 1.9 | 40.0 | 600.0 |
| 合计 | | | 361 | | 100.0 | -4.0 | 4.9 |

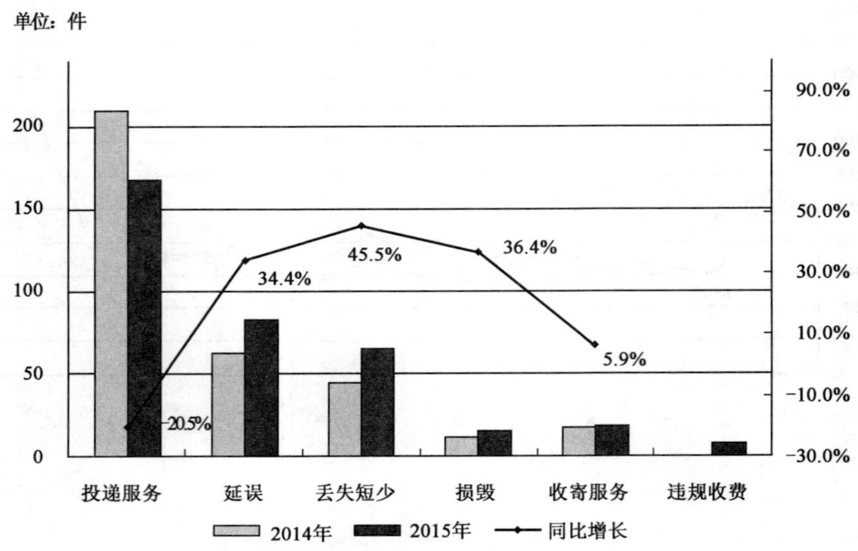


图 4-49　2015 年 10 月邮政业务申诉问题同比增长情况

## 二、快递业务申诉情况

### （一）消费者申诉的主要问题

10 月，消费者关于快递业务的有效申诉 17980 件，环比增长 27.8%，同比下降 14.9%（图 4-50、表 4-75）。

10 月，消费者申诉快递业务的延误、丢失短少和投递服务问题与上年同期比较均呈下降趋势，但与上月比较有所增长，环比增长幅度较大的主要服务问题是延误、丢失短少、违规收费和投递服务问题，环比分别增长 42.6%、41.3%、38.7%和 20.8%。

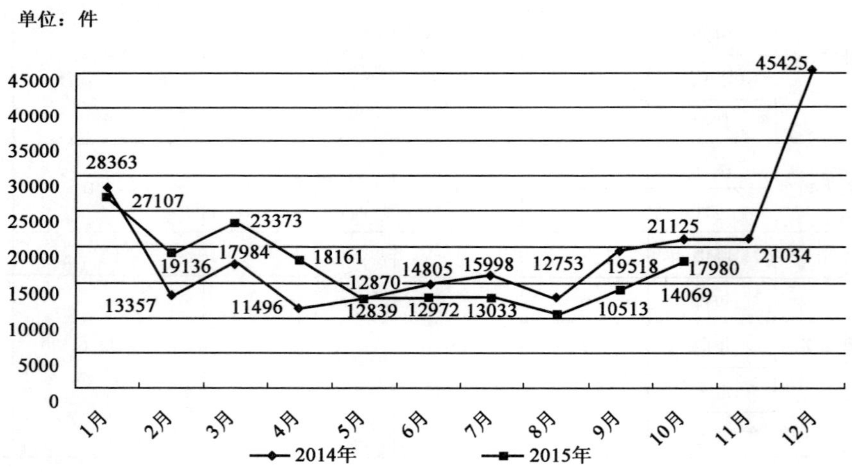


图 4-50　2015 年与 2014 年各月快递有效申诉数量

**表 4-75　2015 年 10 月消费者申诉快递业务的主要问题及所占比例统计**

| 序　号 | 申诉问题 | 申诉件数 | 占比例(%) | 环比增长(%) | 同比增长(%) |
|---|---|---|---|---|---|
| 1 | 投递服务 | 7486 | 41.6 | 20.8 | -7.4 |
| 2 | 延误 | 4576 | 25.5 | 42.6 | -30.7 |
| 3 | 丢失短少 | 3201 | 17.8 | 41.3 | -16.9 |

续上表

| 序 号 | 申诉问题 | 申诉件数 | 占比例(%) | 环比增长(%) | 同比增长(%) |
|---|---|---|---|---|---|
| 4 | 损毁 | 1637 | 9.1 | 15.6 | 2.6 |
| 5 | 收寄服务 | 671 | 3.7 | 5.3 | 2.6 |
| 6 | 违规收费 | 190 | 1.1 | 38.7 | 17.3 |
| 7 | 代收货款 | 138 | 0.8 | 9.5 | 31.4 |
| 8 | 其他 | 81 | 0.4 | 0.0 | 8.0 |
| 9 | 合计 | 17980 | 100.0 | 27.8 | -14.9 |

申诉比较集中的问题是投递服务、延误和丢失短少问题,占比分别为41.6%、25.5%和17.8%(图4-51)。

(二)消费者对快递企业申诉情况

10月,消费者对43家快递企业进行了有效申诉,全国快递业务有效申诉率为平均每百万件快件9.26,环比每百万件快件增加1.91件,同比减少7.14件,高于全国平均有效申诉率的快递企业有10家。全国快递业务平均每百万件快件投递服务的有效申诉率为3.86,同比减少2.4件;每百万件快件丢失损毁的有效申诉率为2.49,同比减少1.71件;每百万件快件延误的有效申诉率为2.36,同比减少1.86件(表4-76)。

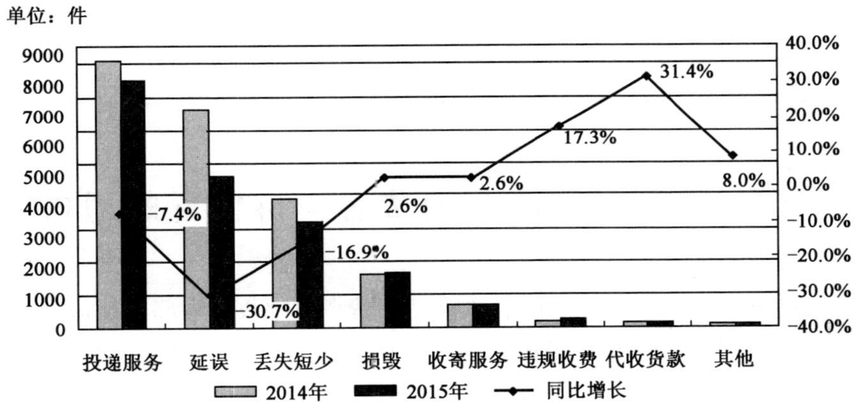


图4-51 2015年10月快递业务申诉问题同比增长情况

**表4-76 2015年10月主要快递企业申诉率**(单位:件有效申诉/百万件快件)

| 企业名称 | 2015年10月申诉率(%) | 其中 | | | 2014年10月申诉率(%) | 同 比 |
|---|---|---|---|---|---|---|
| | | 延误申诉率(%) | 丢失损毁申诉率(%) | 投递服务申诉率(%) | | |
| 速尔快递 | 22.48 | 4.40 | 6.19 | 10.10 | 27.74 | ↓ |
| 国通快递 | 21.91 | 8.47 | 4.88 | 8.06 | 18.48 | ↑ |
| 申通快递 | 18.41 | 3.10 | 5.56 | 8.25 | 44.54 | ↓ |
| 优速快递 | 16.53 | 4.20 | 4.02 | 7.65 | 23.51 | ↓ |
| 快捷速递 | 15.51 | 4.89 | 3.87 | 5.81 | 14.94 | ↑ |
| 天天快递 | 15.21 | 3.78 | 4.18 | 6.83 | 22.41 | ↓ |
| 全峰快递 | 14.14 | 3.74 | 3.54 | 5.69 | 61.51 | ↓ |
| 如风达 | 10.00 | 2.50 | 2.50 | 4.64 | 5.77 | ↑ |
| 德邦快递 | 9.92 | 2.64 | 4.14 | 3.14 | — | — |

续上表

| 企业名称 | 2015年10月申诉率(%) | 其中 | | | 2014年10月申诉率(%) | 同比 |
|---|---|---|---|---|---|---|
| | | 延误申诉率(%) | 丢失损毁申诉率(%) | 投递服务申诉率(%) | | |
| 百世汇通 | 9.54 | 2.92 | 2.99 | 3.28 | 22.86 | ↓ |
| 宅急送 | 9.23 | 2.68 | 1.78 | 4.23 | 13.23 | ↓ |
| 圆通速递 | 8.22 | 2.45 | 2.10 | 3.37 | 7.81 | ↑ |
| 韵达速递 | 8.05 | 2.22 | 1.98 | 3.59 | 20.88 | ↓ |
| 全一快递 | 7.64 | 2.87 | 2.39 | 2.39 | 3.57 | ↑ |
| 中通快递 | 7.08 | 1.38 | 2.14 | 3.11 | 7.36 | ↓ |
| 邮政(EMS) | 6.91 | 2.32 | 1.40 | 2.87 | 7.79 | ↓ |
| UPS | 4.95 | 0.71 | — | 3.53 | 8.42 | ↓ |
| 顺丰速运 | 3.40 | 1.03 | 0.67 | 1.27 | 3.17 | ↑ |
| 民航快递 | 2.28 | — | 2.28 | — | — | — |
| 递四方 | 1.90 | 0.35 | 0.52 | 0.69 | 1.05 | ↑ |
| DHL | 1.29 | — | 0.32 | 0.64 | 1.01 | ↑ |
| FedEx | 1.27 | — | 0.42 | 0.42 | 4.16 | ↓ |
| 京东 | 0.69 | 0.10 | 0.09 | 0.27 | 0.63 | ↑ |
| 苏宁易购 | 0.66 | — | — | 0.44 | 0.18 | ↑ |
| 全国合计 | 9.26 | 2.36 | 2.49 | 3.86 | 16.4 | ↓ |

# 2015年11月邮政业消费者申诉情况的通告

11月，国家邮政局和各省（区、市）邮政管理局通过“12305”邮政行业消费者申诉电话和申诉网站共受理消费者申诉164012件。申诉中涉及邮政服务问题的4791件，占总申诉量的2.9%；涉及快递业务问题的159221件，占总申诉量的97.1%。受理的申诉中有效申诉（确定企业责任的）为23103件，比上年同期增长7.8%。有效申诉中涉及邮政服务问题的617件，占有效申诉量的2.7%；涉及快递业务问题的22486件，占有效申诉量的97.3%。经调解消费者申诉已全部妥善处理，为消费者挽回经济损失309万元。11月份，消费者对邮政管理部门申诉处理工作的满意率为97%，对企业申诉处理结果的满意率为94.8%，全国快递业务有效申诉率为平均每百万件快件8.63。

11月，企业对邮政管理部门转办的申诉未能按规定时限回复的有23件，同比减少17件（表4-77）。

## 一、邮政服务申诉情况

11月，消费者关于邮政服务问题的有效申诉617件，环比增长70.9%，同比增长58.6%（图4-52、表4-78）。

**表4-77　2015年11月企业对邮政管理部门转办的申诉未能按规定时限回复统计**

| 公司名称 | 河北 | 内蒙古 | 上海 | 浙江 | 福建 | 广东 | 四川 | 贵州 | 云南 | 新疆 | 合计 |
|---|---|---|---|---|---|---|---|---|---|---|---|
| 优速快递 | 1 | | 1 | 2 | | | | 1 | 1 | 3 | 9 |
| 全峰快递 | | | | 7 | | | | | | | 7 |
| 中外运—空运 | | | | | | | | | 2 | | 2 |

续上表

| 公司名称 | 河北 | 内蒙古 | 上海 | 浙江 | 福建 | 广东 | 四川 | 贵州 | 云南 | 新疆 | 合计 |
|---|---|---|---|---|---|---|---|---|---|---|---|
| 中国邮政 | | | | | | | | 1 | | | 1 |
| 申通快递 | | 1 | | | | | | | | | 1 |
| 龙邦速运 | | | | | 1 | | | | | | 1 |
| 德邦快递 | | | | | | | 1 | | | | 1 |
| 其他 | | | | | | 1 | | | | | 1 |
| 合计 | 1 | 1 | 1 | 9 | 1 | 1 | 1 | 2 | 3 | 3 | 23 |

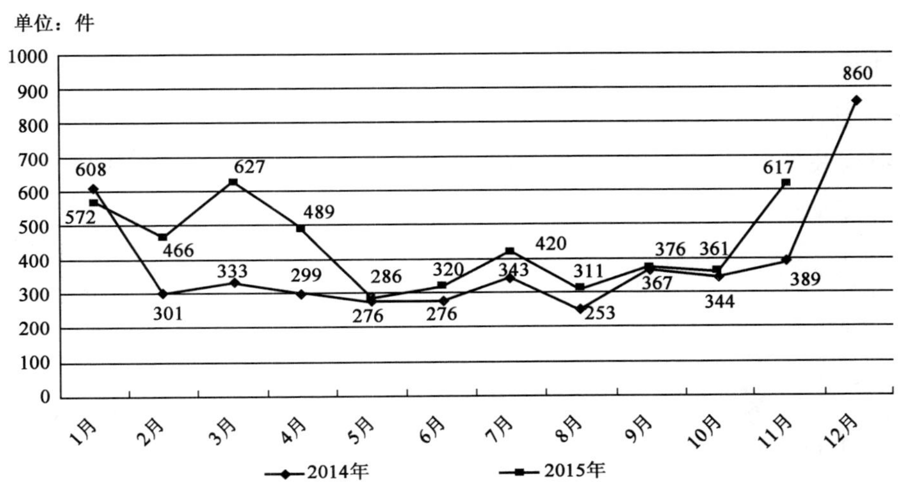


图4-52　2015年与2014年各月邮政有效申诉数量

**表4-78　2015年11月消费者申诉邮政服务的主要问题及所占比例统计**

| 序号 | 申诉问题 | | 申诉件数 | | 占比例(%) | 环比增长(%) | 同比增长(%) |
|---|---|---|---|---|---|---|---|
| 1 | 投递服务 | 函件 | 235 | 286 | 46.4 | 71.3 | 37.5 |
| | | 包件 | 43 | | | | |
| | | 集邮 | 5 | | | | |
| | | 报刊 | 1 | | | | |
| | | 其他 | 2 | | | | |
| 2 | 邮件延误 | 函件 | 133 | 178 | 28.8 | 117.1 | 119.8 |
| | | 包件 | 38 | | | | |
| | | 集邮 | 4 | | | | |
| | | 报刊 | 1 | | | | |
| | | 其他 | 2 | | | | |
| 3 | 邮件丢失短少 | 函件 | 48 | 84 | 13.6 | 31.3 | 61.5 |
| | | 包件 | 35 | | | | |
| | | 报刊 | 1 | | | | |
| 4 | 收寄服务 | 包件 | 15 | 40 | 6.5 | 122.2 | 17.6 |
| | | 函件 | 14 | | | | |
| | | 集邮 | 9 | | | | |
| | | 其他 | 2 | | | | |

续上表

| 序　　号 | 申诉问题 | | 申诉件数 | | 占比例(%) | 环比增长(%) | 同比增长(%) |
|---|---|---|---|---|---|---|---|
| 5 | 邮件损毁 | 函件 | 15 | 18 | 2.9 | 20.0 | 200.0 |
| | | 包件 | 2 | | | | |
| | | 其他 | 1 | | | | |
| 6 | 违规收费 | 函件 | 1 | 1 | 0.2 | -87.5 | 0.0 |
| 7 | 其他 | | 10 | | 1.6 | 42.9 | 42.9 |
| 合计 | | | 617 | | 100.0 | 70.9 | 58.6 |

11月，消费者申诉邮政服务的主要问题是投递服务问题，占申诉总量的46.4%。

11月，邮政服务的主要问题同比均呈增长趋势，邮件损毁、邮件延误、邮件丢失短少、投递服务和收寄服务分别增长200%、119.8%、61.5%、37.5%和17.6%（图4-53）。

## 二、快递业务申诉情况

（一）消费者申诉的主要问题

11月，消费者关于快递业务的有效申诉22486件，环比增长25.1%，同比增长6.9%（图4-54、表4-79）。

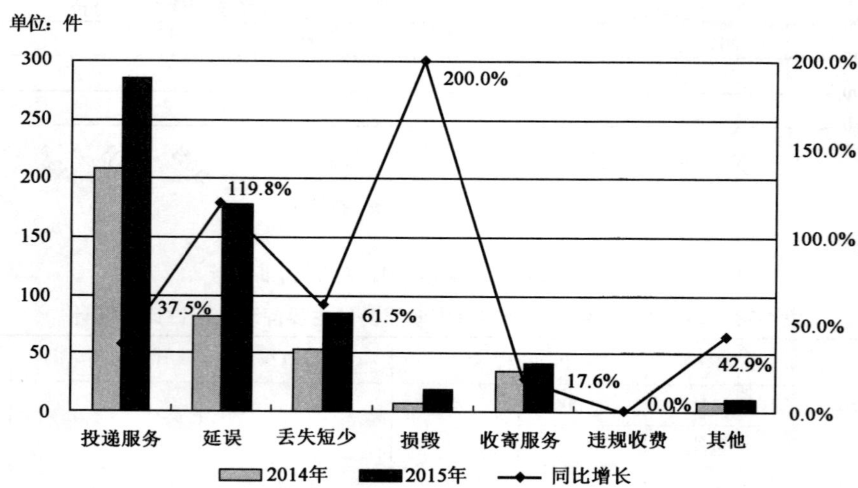


图4-53　2015年11月邮政业务申诉问题同比增长情况

**表4-79　2015年11月消费者申诉快递业务的主要问题及所占比例统计**

| 序　　号 | 申诉问题 | 申诉件数 | 占比例(%) | 环比增长(%) | 同比增长(%) |
|---|---|---|---|---|---|
| 1 | 投递服务 | 9402 | 41.8 | 25.6 | 20.2 |
| 2 | 延误 | 6151 | 27.4 | 34.4 | -8.7 |
| 3 | 丢失短少 | 3926 | 17.5 | 22.6 | 4.9 |
| 4 | 损毁 | 1724 | 7.7 | 5.3 | 17.0 |
| 5 | 收寄服务 | 759 | 3.4 | 13.1 | 5.1 |
| 6 | 违规收费 | 218 | 1.0 | 14.7 | 41.6 |
| 7 | 代收货款 | 190 | 0.8 | 37.7 | -32.9 |
| 8 | 其他 | 116 | 0.5 | 43.2 | 16.0 |
| 合计 | | 22486 | 100.0 | 25.1 | 6.9 |

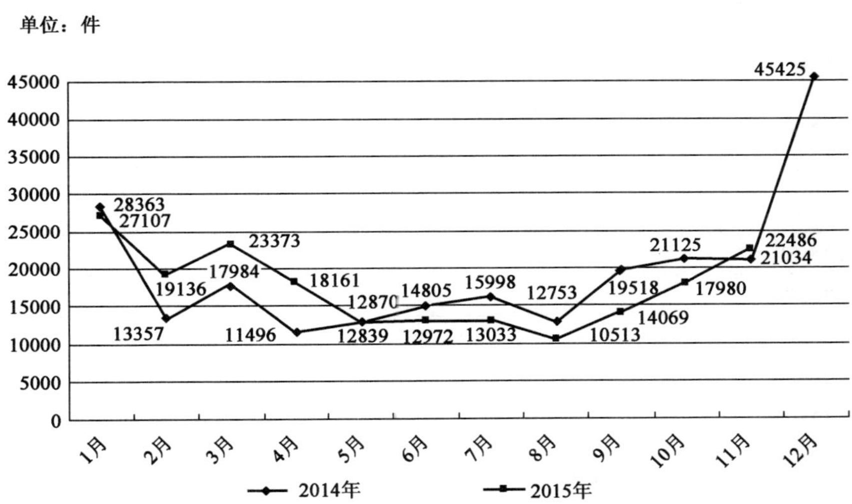


图 4-54 2015 年与 2014 年各月快递有效申诉数量

11 月，消费者申诉快递业务的代收货款、延误问题与上年同期比较呈下降趋势，但与上月比较有所增长，环比增长幅度较大的主要服务问题是代收货款、延误、投递服务和丢失短少问题，环比分别增长 37.7%、34.4%、25.6%和 22.6%。

申诉比较集中的问题是投递服务、延误和丢失短少问题，占比分别为 41.8%、27.4%和 17.5%（图 4-55）。

（二）消费者对快递企业申诉情况

11 月，消费者对 43 家快递企业进行了有效申诉，全国快递业务有效申诉率为平均每百万件快件 8.63，环比每百万件快件减少 0.63 件，同比减少 4.15 件，高于全国平均有效申诉率的快递企业有 11 家。全国快递业务平均每百万件快件投递服务的有效申诉率为 3.61，同比减少 0.25 件；每百万件快件丢失损毁的有效申诉率为 2.17，同比减少 0.32 件；每百万件快件延误的有效申诉率为 2.36，与上年同期持平（表 4-80）。

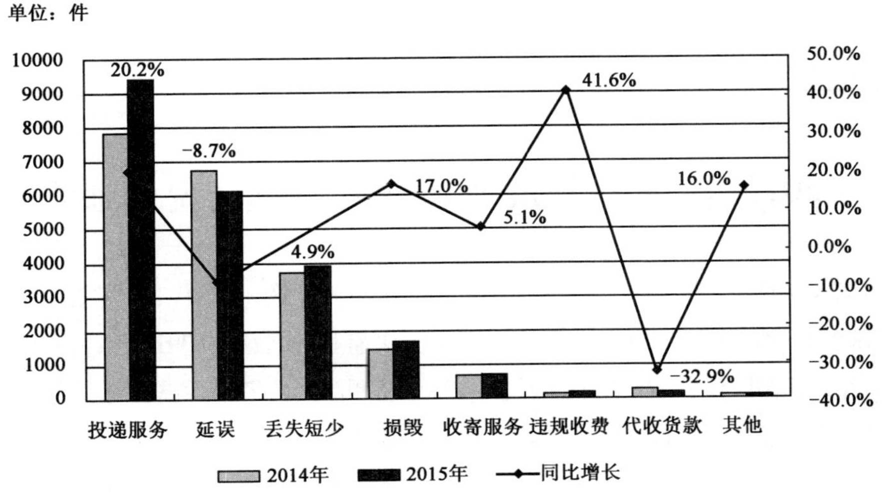


图 4-55 2015 年 11 月快递业务申诉问题同比增长情况

表 4-80　2015 年 11 月主要快递企业申诉率(单位:件有效申诉/百万件快件)

| 企业名称 | 2015 年 11 月申诉率(%) | 其中 | | | 2014 年 11 月申诉率(%) | 同比 |
|---|---|---|---|---|---|---|
| | | 延误申诉率(%) | 丢失损毁申诉率(%) | 投递服务申诉率(%) | | |
| 国通快递 | 22.23 | 8.93 | 4.89 | 7.72 | 17.32 | ↑ |
| 中外运—空运 | 20.00 | — | 20.00 | — | — | — |
| 速尔快递 | 17.09 | 1.74 | 3.58 | 8.29 | 17.25 | ↓ |
| 优速快递 | 15.63 | 3.30 | 4.47 | 6.93 | 21.61 | ↓ |
| 全峰快递 | 15.20 | 3.83 | 4.77 | 6.10 | 34.93 | ↓ |
| 快捷速递 | 14.96 | 3.61 | 3.07 | 7.74 | 10.14 | ↑ |
| 天天快递 | 13.54 | 2.79 | 4.89 | 5.29 | 14.64 | ↓ |
| 宅急送 | 13.24 | 3.74 | 3.12 | 5.21 | 9.01 | ↑ |
| 如风达 | 13.20 | 4.76 | 1.52 | 6.93 | 4.71 | ↑ |
| 申通快递 | 12.65 | 3.13 | 2.96 | 5.70 | 34.24 | ↓ |
| 邮政(EMS) | 10.64 | 3.72 | 2.21 | 4.25 | 8.92 | ↑ |
| 百世汇通 | 9.72 | 3.30 | 2.44 | 3.56 | 15.66 | ↓ |
| UPS | 8.50 | 1.96 | 1.96 | 3.92 | 7.83 | ↑ |
| 中通快递 | 7.28 | 1.60 | 1.82 | 3.45 | 7.83 | ↓ |
| 韵达速递 | 7.00 | 1.93 | 1.89 | 2.86 | 14.16 | ↓ |
| 圆通速递 | 6.78 | 1.79 | 1.74 | 2.98 | 8.29 | ↓ |
| 苏宁易购 | 6.48 | 3.41 | 0.06 | 3.00 | 0.74 | ↑ |
| 德邦快递 | 5.23 | 1.09 | 1.48 | 1.97 | — | — |
| 全一快递 | 4.51 | 0.82 | 0.82 | 2.46 | 2.63 | ↑ |
| FedEx | 3.71 | 0.37 | 0.37 | 1.11 | 3.87 | ↓ |
| TNT | 3.05 | 1.52 | — | — | — | — |
| 顺丰速运 | 2.52 | 0.84 | 0.47 | 0.82 | 1.81 | ↑ |
| 京东 | 1.79 | 0.56 | 0.26 | 0.88 | 1.10 | ↑ |
| DHL | 1.78 | 0.30 | — | 0.89 | 1.47 | ↑ |
| 递四方 | 0.40 | — | 0.27 | — | — | — |
| 全国合计 | 8.63 | 2.36 | 2.17 | 3.61 | 12.78 | ↓ |

# 2015 年 12 月邮政业消费者申诉情况的通告

12 月,国家邮政局和各省(区、市)邮政管理局通过“12305”邮政行业消费者申诉电话和申诉网站共受理消费者申诉 220123 件。申诉中涉及邮政服务问题的 6728 件,占总申诉量的 3.1%;涉及快递业务问题的 213395 件,占总申诉量的 96.9%。受理的申诉中有效申诉(确定企业责任的)为 85721 件,比上年同期增长 85.2%。有效申诉中涉及邮政服务问题的 1807 件,占有效申诉量的 2.1%;涉及快递业务问题的 83914 件,占有效申诉量的 97.9%。经调解消费者申诉已全部妥善处理,为消费者挽回经济损失 623.2 万元。12 月份,消费者对邮政管理部门申诉处理工作的满意率为 97.9%,对企业申诉处理结果的满意率为 96.4%,全国快递业务有效申诉率为平均每百万件快件 34.70。

2015年共受理消费者申诉98.3万件，同比增长36.7%，其中有效申诉28.2万件，同比增长17.9%。为消费者挽回经济损失3320.7万元。

12月，企业对邮政管理部门转办的申诉未能按规定时限回复的有112件，同比增加59件（表4-81）。

## 一、邮政服务申诉情况

12月，消费者关于邮政服务问题的有效申诉1807件，环比增长192.9%，同比增长110.1%（图4-56、表4-82）。

2015年共受理邮政服务有效申诉6652件，累计同比增长43.1%。

**表4-81　2015年12月企业对邮政管理部门转办的申诉未能按规定时限回复统计**

| 公司名称 | 北京 | 河北 | 上海 | 江苏 | 浙江 | 福建 | 江西 | 山东 | 湖北 | 湖南 | 广东 | 广西 | 重庆 | 四川 | 贵州 | 西藏 | 陕西 | 宁夏 | 新疆 | 合计 |
|---|---|---|---|---|---|---|---|---|---|---|---|---|---|---|---|---|---|---|---|---|
| 全峰快递 | | 6 | | | 26 | | | | | | | | | | | | 4 | | | 36 |
| 优速快递 | 2 | 1 | 1 | | | 5 | | 1 | | 5 | | | | | 2 | | 1 | 2 | 2 | 22 |
| 中国邮政 | 1 | 3 | | 2 | | | 3 | | 2 | | | 2 | | | 1 | 5 | | | | 19 |
| 韵达速递 | | | | | | | | | | | | | | 8 | | | | | | 8 |
| 百世汇通 | | | | | | | | | 1 | | | | | 4 | | | | | | 5 |
| 申通快递 | | | | | | 1 | | | | | | | | | | | | | | 1 |
| 中通快递 | | | | | | | | | | | | | 1 | | | | | | | 1 |
| 速尔快递 | | | | | | | | | | | 1 | | | | | | | | | 1 |
| 如风达 | | | 1 | | | | | | | | | | | | | | | | | 1 |
| UPS | | | | | | | | | | | | 1 | | | | | | | | 1 |
| 增益 | | | | | | | | | 1 | | | | | | | | | | | 1 |
| 其他 | | | | | 1 | | | | | | 2 | | 13 | | | | | | | 16 |
| 合计 | 3 | 10 | 2 | 2 | 27 | 6 | 3 | 1 | 4 | 5 | 3 | 3 | 14 | 12 | 3 | 5 | 5 | 2 | 2 | 112 |

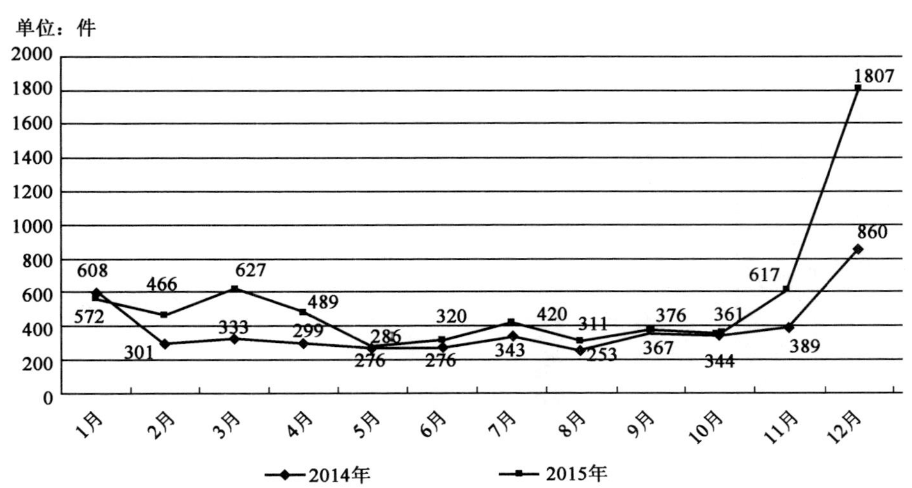


图4-56　2015年与2014年各月邮政有效申诉数量

表 4-82　2015 年 12 月消费者申诉邮政服务的主要问题及所占比例统计

| 序　　号 | 申诉问题 | | 申诉件数 | | 占比例(%) | 环比增长(%) | 同比增长(%) |
|---|---|---|---|---|---|---|---|
| 1 | 投递服务 | 函件 | 580 | 676 | 37.4 | 136.4 | 62.9 |
| | | 包件 | 81 | | | | |
| | | 集邮 | 10 | | | | |
| | | 报刊 | 5 | | | | |
| 2 | 邮件延误 | 函件 | 551 | 656 | 36.3 | 268.5 | 182.8 |
| | | 包件 | 104 | | | | |
| | | 集邮 | 1 | | | | |
| 3 | 邮件丢失短少 | 函件 | 211 | 316 | 17.5 | 276.2 | 134.1 |
| | | 包件 | 102 | | | | |
| | | 报刊 | 1 | | | | |
| | | 其他 | 2 | | | | |
| 4 | 邮件损毁 | 函件 | 61 | 73 | 4.0 | 305.6 | 217.4 |
| | | 包件 | 12 | | | | |
| 5 | 收寄服务 | 函件 | 43 | 72 | 4.0 | 80.0 | 132.3 |
| | | 包件 | 20 | | | | |
| | | 集邮 | 8 | | | | |
| | | 其他 | 1 | | | | |
| 6 | 违规收费 | 包件 | 1 | 1 | 0.1 | 0.0 | -92.9 |
| 7 | 其他 | | 13 | | 0.7 | 30.0 | 30.0 |
| 合计 | | | 1807 | | 100.0 | 192.9 | 110.1 |

12 月，消费者申诉邮政服务的主要问题是投递服务和邮件延误，占申诉总量的 73.7%。

12 月，邮政服务的邮件损毁、邮件延误、邮件丢失短少、收寄服务和投递服务等均呈增长趋势，分别增长 217.4%、182.8%、134.1%、132.3% 和 62.9%（图 4-57）。

2015 年邮政服务的投递服务、邮件丢失短少和邮件延误问题的有效申诉数量累计同比增加较多，违规收费问题的有效申诉数量累计同比减少（表 4-83）。

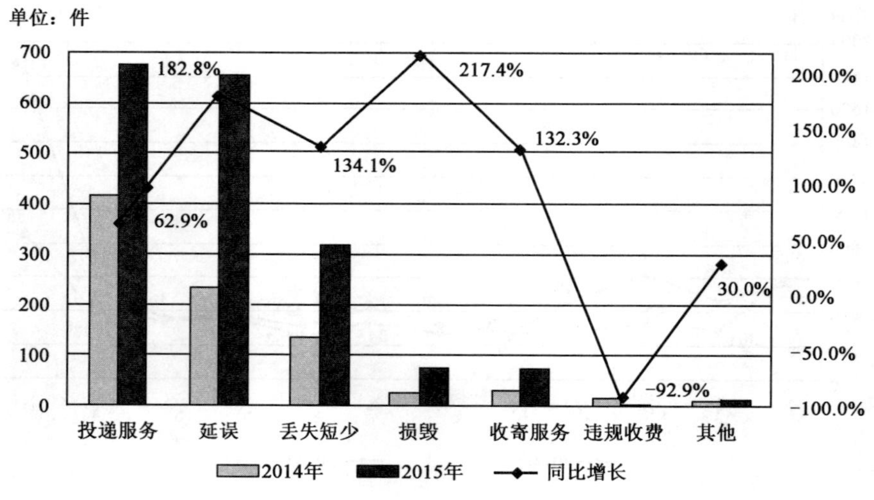


图 4-57　2015 年 12 月邮政业务申诉问题同比增长情况

表 4-83 邮政服务有效申诉问题 2015 年与 2014 年比较

| 申诉问题 | 投递服务 | 延误 | 丢失短少 | 损毁 | 收寄服务 | 违规收费 | 其他 | 合计 |
|---|---|---|---|---|---|---|---|---|
| 2015 年(件) | 3210 | 1532 | 1183 | 198 | 393 | 36 | 100 | 6652 |
| 问题占比例(%) | 48.3 | 23.0 | 17.8 | 3.0 | 5.9 | 0.5 | 1.5 | 100.0 |
| 2014 年(件) | 2229 | 1132 | 745 | 133 | 304 | 59 | 47 | 4649 |
| 问题占比例(%) | 47.9 | 24.3 | 16.0 | 2.9 | 6.5 | 1.3 | 1.0 | 100.0 |
| 同比增加(件) | 981 | 400 | 438 | 65 | 89 | -23 | 53 | 2003 |
| 同比增长(%) | 44.0 | 35.3 | 58.8 | 48.9 | 29.3 | -39.0 | 112.8 | 43.1 |

## 二、快递业务申诉情况

### (一)消费者申诉的主要问题

12 月,消费者关于快递业务的有效申诉 83914 件,环比增长 273.2%,同比增长 84.7%(图 4-58、表 4-84)。

2015 年共受理快递业务有效申诉 275614 件,累计同比增长 17.4%。

12 月,消费者申诉快递业务的主要问题与上年同期比较均呈上升趋势,同比增长幅度较大的主要问题是延误、投递服务和损毁问题,同比分别增长 112.7%、73.5% 和 71.6%。申诉比较集中的问题是延误、投递服务和丢失短少问题,占比分别为 45.7%、31.1% 和 16.2%(图 4-59)。

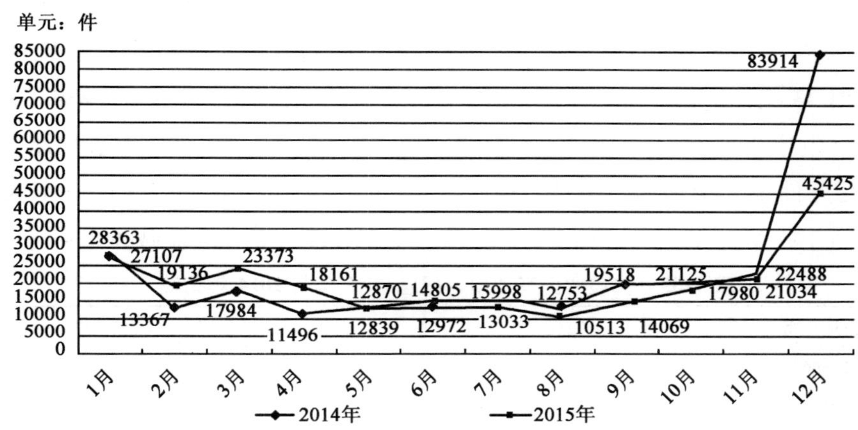


图 4-58 2015 年与 2014 年各月快递有效申诉数量

表 4-84 2015 年 12 月消费者申诉快递业务的主要问题及所占比例统计

| 序 号 | 申 诉 问 题 | 申 诉 件 数 | 占比例(%) | 环比增长(%) | 同比增长(%) |
|---|---|---|---|---|---|
| 1 | 延误 | 38383 | 45.7 | 524.0 | 112.7 |
| 2 | 投递服务 | 26075 | 31.1 | 177.3 | 73.5 |
| 3 | 丢失短少 | 13603 | 16.2 | 246.5 | 57.2 |
| 4 | 损毁 | 3664 | 4.4 | 112.5 | 71.6 |
| 5 | 收寄服务 | 1348 | 1.6 | 77.6 | 27.4 |
| 6 | 违规收费 | 384 | 0.5 | 76.1 | 46.6 |
| 7 | 代收货款 | 186 | 0.2 | -2.1 | 66.1 |
| 8 | 其他 | 271 | 0.3 | 133.6 | 106.9 |
| 合计 | | 83914 | 100.0 | 273.2 | 84.7 |

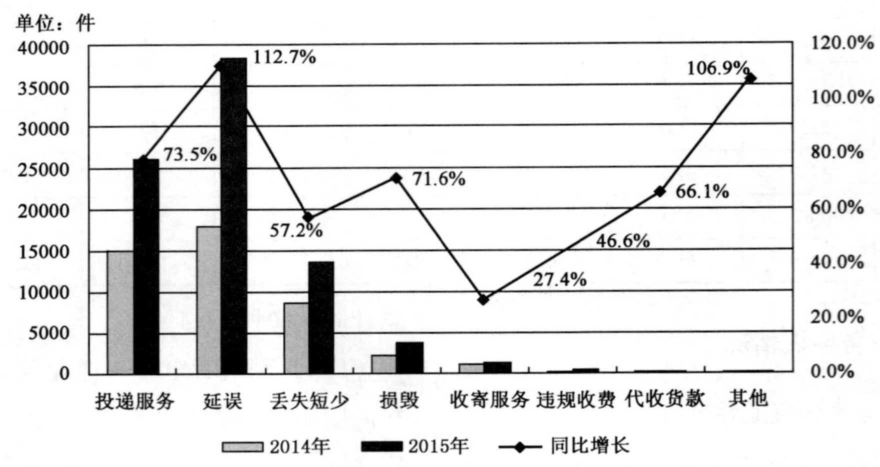


图 4-59　2015 年 12 月快递业务申诉问题同比增长情况

2015 年快递业务的投递服务、丢失短少和损毁问题的有效申诉数量累计同比增幅较大，代收货款的有效申诉数量累计同比减少（表 4-85）。

（二）消费者对快递企业申诉情况

12 月，消费者对 43 家快递企业进行了有效申诉，全国快递业务有效申诉率为平均每百万件快件 34.70，环比每百万件快件增加 26.07 件，同比增加 6.95 件，高于全国平均有效申诉率的快递企业有 8 家。全国快递业务平均每百万件快件延误的有效申诉率为 15.87，同比增加 4.84 件；每百万件快件投递服务的有效申诉率为 10.78，同比增加 1.6 件；每百万件快件丢失损毁的有效申诉率为 7.14，同比增加 0.55 件。（表 4-86）

2015 年消费者对 43 家快递企业进行了有效申诉，全国快递业务有效申诉率为平均每百万件快件 13.34，累计同比减少 3.47 件。

**表 4-85　快递业务有效申诉问题 2015 年与 2014 年比较**

| | 投递服务 | 延误 | 丢失短少 | 损毁 | 收寄服务 | 违规收费 | 代收货款 | 其他 | 合计 |
|---|---|---|---|---|---|---|---|---|---|
| 2015 年（件） | 103666 | 86227 | 52559 | 20088 | 7988 | 2191 | 1695 | 1200 | 275614 |
| 问题占比例（%） | 37.6 | 31.3 | 19.1 | 7.3 | 2.9 | 0.8 | 0.6 | 0.4 | 100 |
| 2014 年（件） | 82188 | 82988 | 40679 | 15551 | 7969 | 1781 | 2075 | 1466 | 234697 |
| 问题占比例（%） | 35.0 | 35.4 | 17.3 | 6.6 | 3.4 | 0.8 | 0.9 | 0.6 | 100.0 |
| 同比增加（件） | 21478 | 3239 | 11880 | 4537 | 19 | 410 | -380 | -266 | 40917 |
| 同比增长（%） | 26.1 | 3.9 | 29.2 | 29.2 | 0.2 | 23.0 | -18.3 | -18.1 | 17.4 |

**表 4-86　2015 年 12 月主要快递企业申诉率**（单位：件有效申诉/百万件快件）

| 企业名称 | 2015 年 12 月申诉率（%） | 其中 | | | 2014 年 12 月申诉率（%） | 同比 |
|---|---|---|---|---|---|---|
| | | 延误申诉率（%） | 丢失损毁申诉率（%） | 投递服务申诉率（%） | | |
| 全峰快递 | 65.65 | 29.14 | 15.51 | 18.89 | 79.29 | ↓ |
| 韵达速递 | 60.59 | 33.67 | 8.29 | 17.77 | 20.47 | ↑ |
| 天天快递 | 59.49 | 20.76 | 18.38 | 19.08 | 23.36 | ↑ |
| 申通快递 | 55.01 | 24.28 | 11.92 | 16.96 | 110.66 | ↓ |
| 圆通速递 | 47.08 | 24.04 | 7.73 | 14.53 | 20.42 | ↑ |
| 如风达 | 45.69 | 18.79 | 6.72 | 19.98 | 14.50 | ↑ |

续上表

| 企业名称 | 2015年12月申诉率(%) | 其中 | | | 2014年12月申诉率(%) | 同比 |
|---|---|---|---|---|---|---|
| | | 延误申诉率(%) | 丢失损毁申诉率(%) | 投递服务申诉率(%) | | |
| 国通快递 | 44.79 | 21.87 | 8.81 | 13.39 | 42.38 | ↑ |
| 宅急送 | 40.23 | 16.25 | 6.45 | 16.01 | 13.72 | ↑ |
| 快捷速递 | 33.09 | 11.57 | 6.42 | 13.92 | 23.79 | ↑ |
| 百世汇通 | 32.61 | 15.54 | 7.62 | 8.89 | 17.17 | ↑ |
| 中通快递 | 27.45 | 11.34 | 6.95 | 8.31 | 13.40 | ↑ |
| 优速快递 | 20.60 | 3.91 | 5.89 | 9.68 | 32.35 | ↓ |
| 邮政(EMS) | 17.43 | 6.40 | 4.00 | 6.41 | 13.31 | ↑ |
| 速尔快递 | 10.68 | 1.91 | 2.92 | 4.68 | 25.31 | ↓ |
| UPS | 9.47 | 2.37 | 0.59 | 3.55 | 5.51 | ↑ |
| 全一快递 | 8.59 | 1.87 | 3.74 | 2.24 | 4.71 | ↑ |
| 苏宁易购 | 7.39 | 4.02 | 0.33 | 2.87 | 0.84 | ↑ |
| 递四方 | 5.61 | 1.01 | 1.30 | 2.02 | 2.58 | ↑ |
| 民航快递 | 4.82 | — | 2.41 | 2.41 | — | — |
| 德邦快递 | 4.39 | 0.84 | 1.69 | 1.27 | — | — |
| 顺丰速运 | 3.78 | 1.29 | 0.67 | 1.37 | 1.89 | ↑ |
| DHL | 2.90 | — | 0.87 | 0.87 | 3.49 | ↓ |
| 京东 | 2.09 | 0.40 | 0.46 | 1.10 | 2.08 | ↑ |
| FedEx | 1.69 | 0.34 | 0.34 | 1.01 | 1.70 | ↓ |
| 世纪卓越 | 1.66 | 1.66 | — | — | 3.31 | ↓ |
| TNT | 1.30 | — | — | 1.30 | 2.74 | ↓ |
| 全国合计 | 34.70 | 15.87 | 7.14 | 10.78 | 27.75 | ↑ |

# 第五章　2015 年中国快递发展指数报告

## 一、整体情况

2015 年中国快递发展指数(CEDI)为 386.1，同比提高 36.7%。2010－2015 年，发展指数持续走高，年均提高超过 31%(图 4-60)。

2015 年，中国快递业继续保持了持续快速发展的良好态势，行业服务能力、服务水平稳步提高，普及范围进一步扩展，社会影响力全面提升，在加快流通、扩大内需、调整结构、促进就业、普惠民生中发挥了重要作用，成为中国经济的一匹"黑马"。

从中国快递发展指数一级指标来看，发展规模指数高速增长，服务质量指数稳中向好，发展普及指数保持增长，发展趋势指数进中趋稳。一级指标贡献率[1]差异较大，发展规模指数贡献率86%，服务质量指数贡献率 1.7%，发展普及指数贡献率 15.4%，发展趋势指数贡献率 -3.1%。服务质量指数、发展普及指数和发展趋势指数均滞后于中国快递发展指数提高。

## 二、发展规模指数

2015 年，中国快递发展规模指数为 738.8，同比提高 44.9%。从指数变化率来看，在经历三年加速增长后，发展规模指数出现速度回落迹象(图 4-61)。

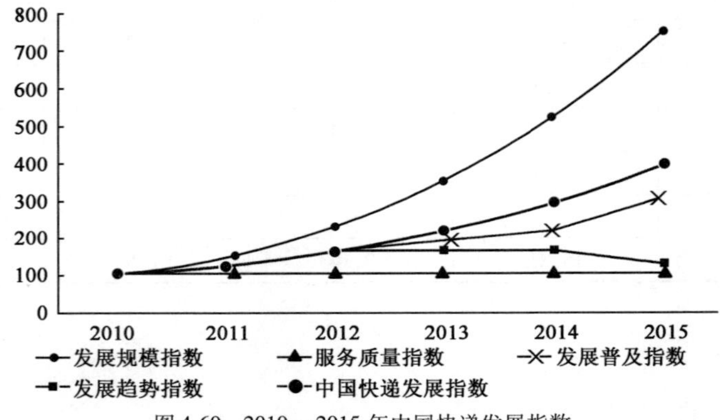


图 4-60　2010－2015 年中国快递发展指数

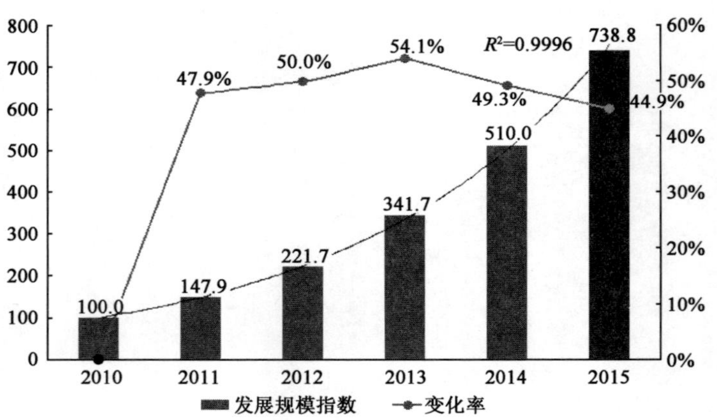


图 4-61　2010－2015 年发展规模指数

[1] 贡献率(%)＝某因素增加量(增量或增长程度)/总增加量(总增量或增长程度)×100%，用于分析增长中各因素作用大小的程度。

从二级指标来看,在业务量方面,2015 年我国快递业务量首次突破 200 亿件大关,从 2015 年 7 月 30 日 100 亿件到 12 月 25 日 200 亿件仅用了不到 150 天时间。2015 年快递业务量同比增长 48%,约为同期国内生产总值增速的近 7 倍,增速居现代服务业前列(图 4-62)。快递日均服务超过 1.1 亿人次,比上年增加 3677 万人次,人均快件使用量超过 15 件,比上年人均增加 5 件,最高日处理量突破 1.6 亿件,比上年增加近 6000 万件,业务量规模稳居世界首位。

在业务收入方面,2015 年我国快递业务收入达到 2769.6 亿元,同比增长 35.4%,是同期国内生产总值增速的 5 倍以上(图 4-63)。形成 7 家年营业收入超 200 亿元、9 家年营业收入超 100 亿元的快递企业集群。

政策红利集中释放。邮政体制改革深入推进,充分释放了快递市场活力。国务院高度重视快递业发展,李克强总理先后 7 次点赞,3 次走访快递网点。近三年政府工作报告连续提出鼓励、支持快递业发展,2015 年先后出台了《国务院关于促进快递业发展的若干意见》、《国务院关于大力发展电子商务加快培育经济新动力的意见》等鼓励快递业发展及快递与关联产业协同发展的政策措施,2016 年中央一号文件提出实施“快递下乡”工程,国家《“十三五”规划纲要》提出“加强快递基础设施建设”等多项措施,快递发展面临的瓶颈问题逐步解决,快递业处于最佳政策发展机遇期。

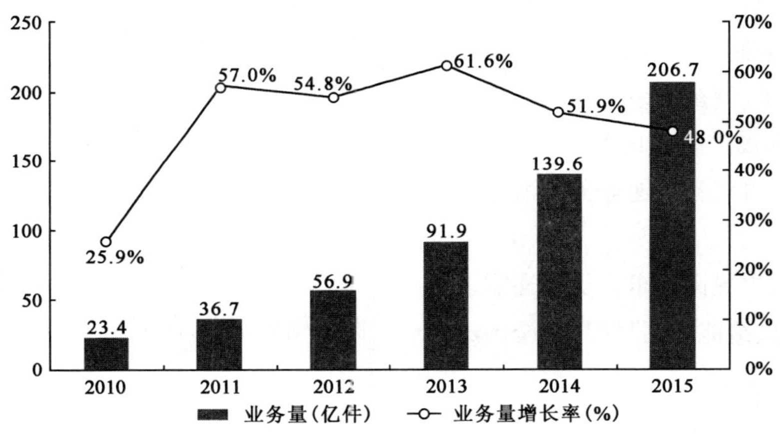


图 4-62　2010－2015 年我国快递业务量变动情况

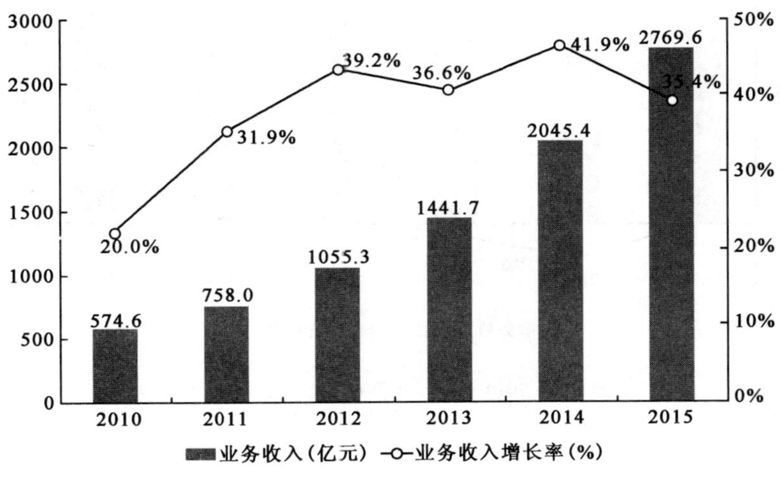


图 4-63　2010－2015 年我国快递业务收入变动情况

需求拉动刺激增长。需求端拉动产生的快递业务规模快速增长，特别是电子商务领域产生的快递服务需求激增。我国网络零售额由2010年的5141亿元增长至2015年的38773亿元❷，年均增速超过40%，网络购物的繁荣带动了快递业务的增长，现网络购物所产生的快递业务量占快递业务总量的六成以上。跨境电商逐步兴起，"十二五"期间跨境电子商务交易额年均增速超过30%❸，跨境电商的发展推动了跨境快递的增长，2015年仅国际小包和国际E邮宝出口接近7亿件。来自制造业特别是现代制造业的快递服务需求增加，现代制造企业具有定制化、价值高、环节少的特点，倾向于将物流环节的整体外包以提升其专业化生产效率，为快递企业延伸服务链提供广阔的空间，天津、吉林、山东、广东、四川、陕西等地开展92个快递服务制造业示范项目，形成涵盖航天、汽车、造船、电子、制药等多个领域的服务制造业实验群。2015年仅广东省制造业所产生快递业务量超过15亿件，占该省快递业务量的比重达到30%。

供给能力提升衍生更高需求。受快递需求快速增长的影响，快递供给能力明显提升，全国经营快递业务的企业超过1万家，快递市场的快速发展和广阔前景也吸引着外部资本的介入，电商企业如京东、运输企业如东航、物流企业如德邦等纷纷跨界进入快递领域，提高了快递行业的供给能力，能够满足快递服务基本需求。快递企业开始创新业务模式，拓展高端服务市场，提高供给能力，邮政EMS、顺丰、京东等开始构建冷链快递网络，邮政EMS、顺丰为重汽、华为等制造企业提供供应链解决方案，顺丰、圆通等通过顺丰家、妈妈店等形式探索O2O模式。

## 三、服务质量指数

2015年，中国快递服务质量指数为94.8，同比提高6.3%。2011－2015年我国快递服务质量相对稳定，在90上下波动，并自2012年起出现改善迹象（图4-64）。

从二级指标来看，在快递服务满意度方面，快递服务满意度持续提升，从2010年的68.7分提升至2015年74分，年均提高1分以上（图4-65）。

在时限准时率方面，快递服务72小时准时率保持相对稳定，在75%左右小幅波动（图4-66）。

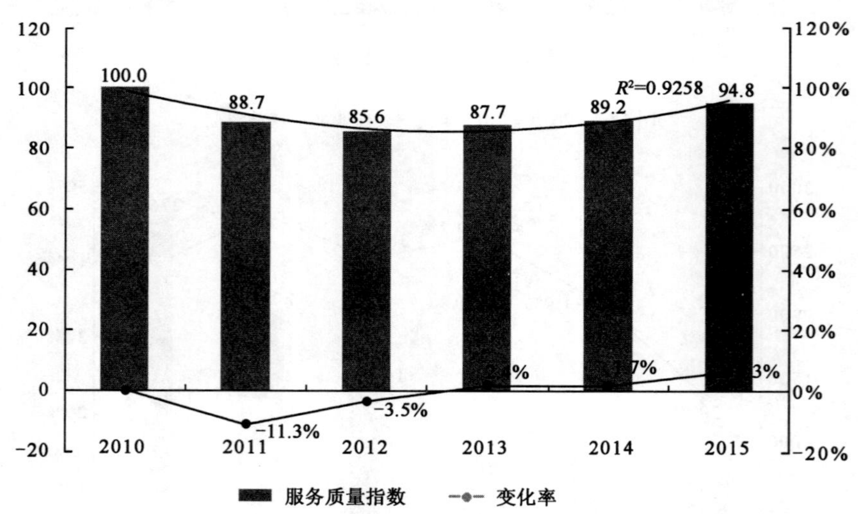


图4-64　2010－2015年服务质量指数变动情况

❷国家统计局《2015年国民经济和社会发展统计公报》。

❸根据商务部数据整理。

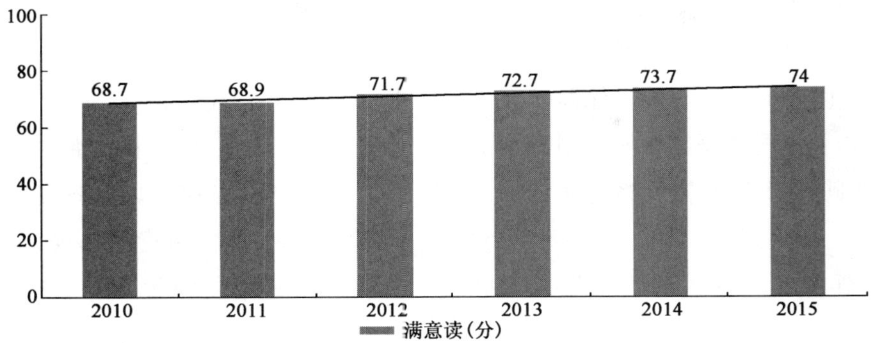


图 4-65 2010－2015 年我国快递服务满意度变动情况

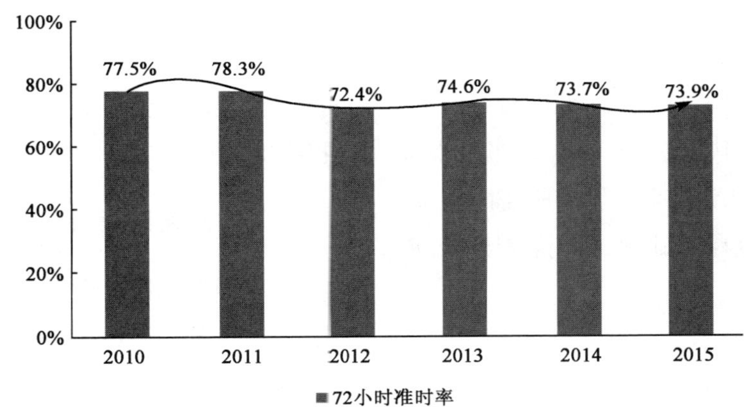


图 4-66 2010－2015 年我国快递服务 72 小时准时率变动情况

在用户申诉率方面，受快递业务急速增长及网络购物集中促销的影响，用户有效申诉率在 2010 年至 2012 年曾一度出现快速攀升，但自 2013 年起已出现下降的趋势（图 4-67）。

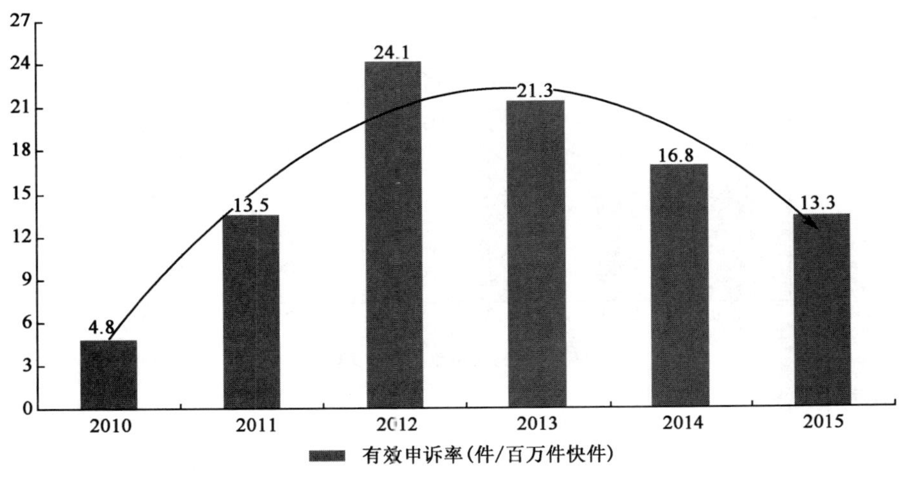


图 4-67 2010－2015 年我国快递服务有效申诉率变动情况

快递服务质量稳中向好，原因主要归纳为以下三个方面：

一是得益于资源优化配置和市场竞争加剧。主要快递企业纷纷加大人力、装备、设施和技术投入，为保障快递服务质量打下了良好基础。2015 年，拥有国内快递专用货机 71 架，比上年末增加 4 架。拥有快递服务汽车 19 万辆，比上年末增长 6.7%。配备手持终端 76.6 万台，比上年末增长

34.2%。全国主要城市安装智能快件箱已超过6万组，企业信息化水平持续提升，自动化分拣设备配置率大幅提升，生产要素持续投入保障了服务质量稳定。快递市场竞争加剧，单一价格竞争难以为继，快递企业间竞争开始从价格竞争向服务质量竞争转变。

二是得益于外部资本进入和上市激励与约束。外部资本加紧进入快递领域，招商局等投资顺丰、阿里战略投资圆通、红杉资本等投资中通等为行业扩大再生产提供了强劲动力，同时将进一步提升快递企业规范运营水平。快递企业加快上市步伐，申通、圆通分别借壳艾迪西和大杨创世，力争成为第一批上市快递公司，顺丰发布公告接受上市辅导，上市可以募集企业发展所需的资金，一定程度上可以规避在基础领域的价格竞争，提高服务标准化程度。

三是得益于行业管理部门的积极引导和有效规范。邮政管理部门积极引导，构建了以"公众满意度、时限准时率、用户申诉率"为核心的快递服务质量评价体系和覆盖快递生命周期的服务标准，加强对快递企业服务质量监测，并加大监测结果对外发布力度，引导快递企业改善服务质量，建立消费者申诉与执法联动机制。基本形成了以《邮政法》为主干，由行政法规、地方性法规、部门规章、地方政府规章等多个层次法律规范构成的快递法律法规体系。制定一批快递发展所急需的基础共性标准、关键技术标准和重点应用标准，构建由基础标准、安全标准、设施设备与用品标准、服务与管理标准，以及信息化标准等五部分组成标准化体系，初步形成满足快递规模应用和产业化需求的标准体系。

## 四、发展普及指数

2015年，中国快递发展普及指数为285.1，同比提高38.8%。2010－2015年发展普及指数年均提高23.3%（图4-68）。

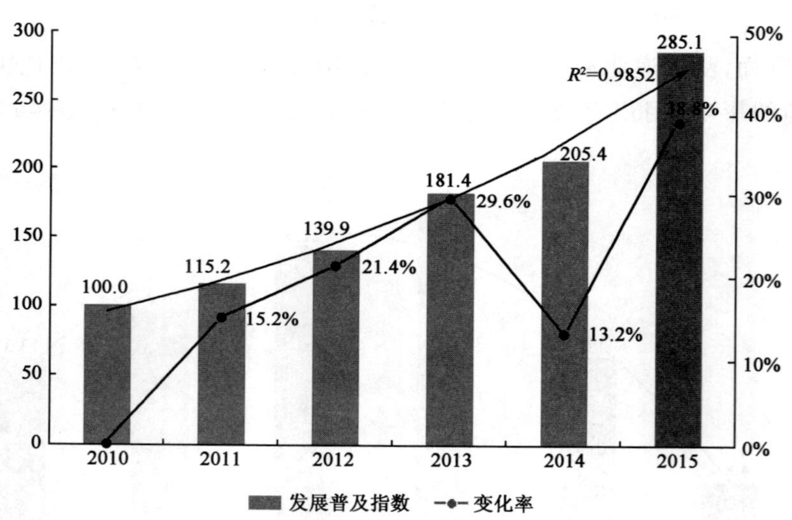


图4-68　2010－2015发展普及指数

从二级指标来看，在网点密度方面，网点人口密度从2010年每十万人4.8个快递网点，改善到2015年每十万人13.3个快递网点，网点面积密度从2010年每千平方公里1个快递网点，改善至2015年每千平方公里17.6个网点（图4-69、图4-70）。

在快递深度方面，快递业务收入占国内生产总值的比重从2010年1.4‰提高至2015年4.1‰，提高2.7‰（图4-71）。

随着互联网普及推广、农村电商的兴起及农业现代化推进，城乡居民消费升级步伐不断加快，我国中西部和农村地区对电子商务类单批次小量、快速、个性化的快递服务需求日益旺盛。国家邮政局2014年启动快递服务向西向下服务拓展工程，并联合商务部在2015年出台了《关于推进“快递向西向下”服务拓展工程的指导意见》，积极推进服务网络向中西部、农村地区拓展。2015年全国乡镇快递服务网络覆盖超过70%，中西部地区乡镇快递服务网络覆盖超过60%，快递服务普及程度提升。快递下乡取得新突破，畅通了城乡双向流通渠道，2015年全国农村地区新增快递服务营业网点4.5万个，收投快件量超过50亿件，带动农副产品进城和工业品下乡超过3000亿元，快递在加快流通、刺激消费、服务三农、普惠民生等方面基础性作用逐步显现。创新城市末端投递方式，智能快件箱、快递公共服务站、第三方服务平台、连锁商业合作等投递方式不断涌现。

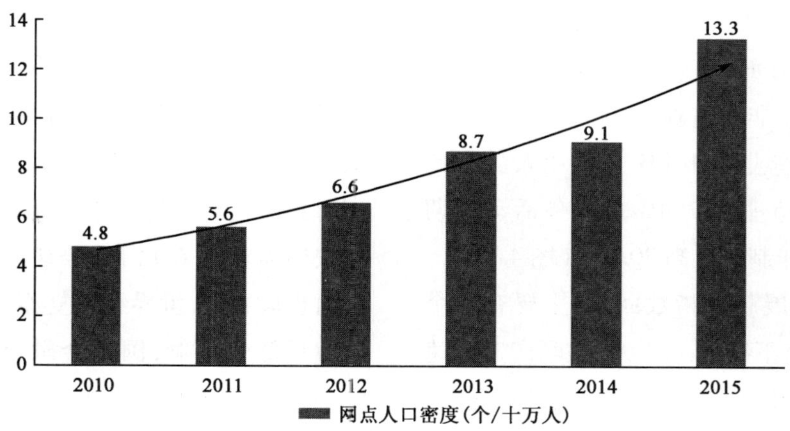


图4-69 2010－2015年我国快递服务网点人口密度变动情况

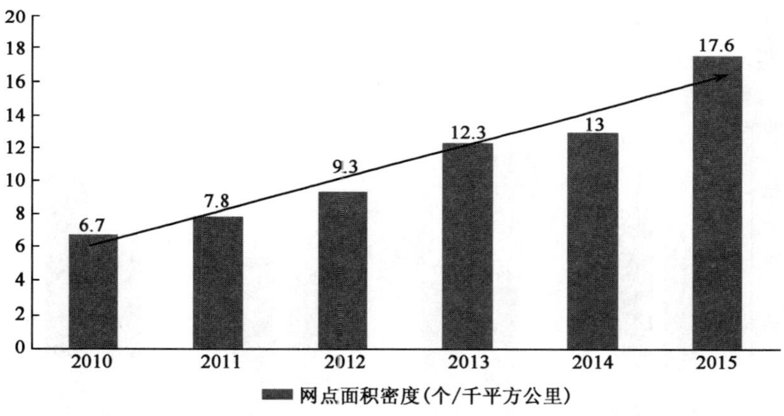


图4-70 2010－2015年我国快递服务网点面积密度变动情况

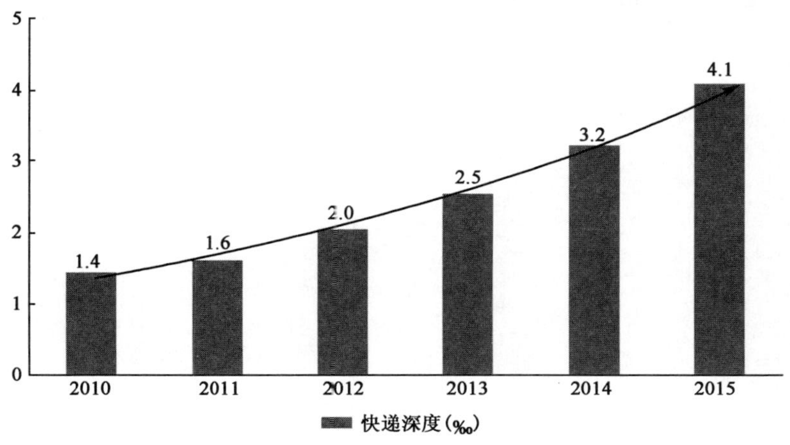


图4-71 2010－2015年我国快递深度变化情况

## 五、发展趋势指数

2015年，中国快递发展趋势指数为116.3，发展趋势指数收窄，但我国快递高速发展的趋势仍将持续。

在业务增长预期方面，预计2016年，我国快递业务量完成275亿件，同比增长34%。我国快递业务收入完成3530亿元，同比增长28%。

在经理人预期方面，12月快递业商务活动预期指数为65.6%，比非制造业高11.2%。价格指数为50%，比非制造业高1.8%。从业人员指数为56.3%，比非制造业高7.4%。业务活动预期指数为79.2%，比非制造业高20.9%（图4-72）。

行业增速和发展趋势指数回落，主要有几个方面因素：一是经济下行压力加大，关联产业增速出现下滑，快递高端供给能力仍显不足，还不能满足日益增长的多元化快递服务需求。二是快递经历了多年高速增长，已进入由注重规模增长向规模效益并重转变时期。三是随着行业基数扩大，行业增长质量提升。2015年每个增长点的含金量更高，现在快递每增长1个百分点，相当于5年前增长5.6个百分点，相当于10年前增长19.4个百分点。

从长远来看，随着“互联网+”行动计划、制造业2025、“一带一路”战略、供给侧结构性改革等推进，“新经济”将衍生更多样化的快递服务需求。《国务院关于促进快递业发展的若干意见》、《国务院办公厅关于促进农村电子商务加快发展的指导意见》等系列利好政策出台实施，政策红利集中释放将助力快递业在结构性改革中发挥更大作用。同时我国电商快递需求基本稳定，农村快递和国际快递需求正在培育，快递增长动力依旧强劲。同时也应看到，世界经济复苏与增长依然乏力，全球贸易低位徘徊，国际金融市场持续震荡，不稳定、不确定因素明显增多，供给侧结构性改革短期内或加大经济下行压力，快递业供给侧结构性改革或将加大快递业增速下行压力。

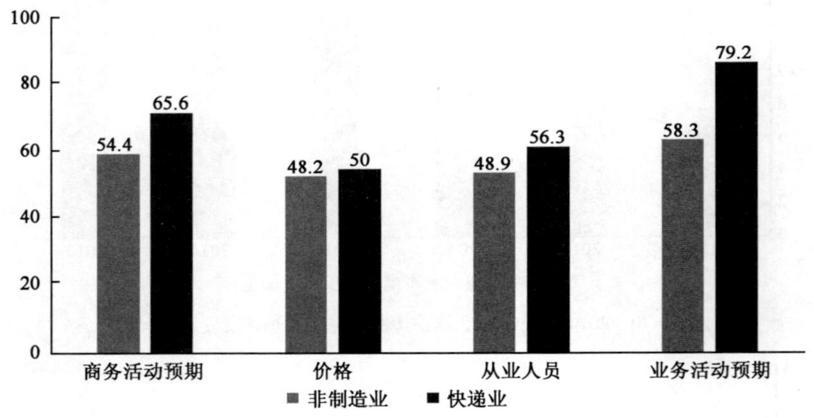


图4-72　2015年12月快递业与非制造业PMI部分指标对比（单位：%）

# 第五篇 人才建设

## 第一章 2015年快递人才队伍建设概述

从行业发展来看，今后一个时期必须将创新发展摆在核心位置，积极推动行业从被动适应型向主动引领型转变。创新的原动力是人才，因为人才是创新的根基，是创新的核心要素。2015年，国家邮政局认真执行中央干部人事管理方针政策，进一步强化邮政管理干部队伍建设，加大干部交流挂职力度，加强干部教育培训，加快邮政行业人才培养。在快递人才建设上，与教育部联合印发加快发展邮政行业职业教育的指导意见，签署协议共建北京邮电大学现代邮政学院，构建高等职业教育与大学本科教育有效衔接的人才培养机制。鼓励探索校企联合培养人才模式，推进邮政行业人才培养基地建设。快递员等3个新职业纳入国家职业分类大典。组织63家快递企业员工参加“振兴杯”全国青年职业技能大赛，快递业务员首次列入国家级一类大赛竞赛职业。高级业务师实现零的突破。全年完成快递业务员职业技能鉴定14万人次，从业人员能力素质水平不断提升。

同时，随着市场竞争的加剧，越来越多的快递企业也深刻地认识到人才对企业发展的重要性，各企业人才培养意识也逐渐增强。2015年，快递企业在加快规范发展、转型升级中，不断加大投入力度，通过多种方式积极加强人才队伍建设，进一步优化人才发展环境，在选才、育才、用才、留才等方面，也渐渐地摸索出了一些适合各企业自身发展的新模式和工作思路，为行业的快速发展奠定了人才基础。

2015年，院校在快递人才培养方面继续发挥了重要的作用。2015年全国合作院校新增28所，分布在河北、内蒙古、吉林、江苏、安徽、湖北、贵州、宁夏等地。北京市邮政管理局联合北京邮电大学就人才培养进行专题调研，为快递企业提供参加高层次培训机会。江苏省邮政管理局在该省交通技师学院成立省快递发展研究中心，支持南京邮电大学筹备成立现代邮政学院，举办首次职业院校师资培训班，启动了快递高管培训计划，为专业人才培养提供支撑。在此背景下，从业人员的素质不断提升，人才培养质量不断提高，服务行业发展的能力也得到了显著增强。

# 第二章　2015 年职鉴工作进展

2015 年，是“十二五”规划的收官之年，国家邮政局职业技能鉴定指导中心紧紧围绕行业“深化改革、转型升级、提质增效”这条主线，深入实施国家职业资格证书制度，稳步推进职业技能鉴定工作，强化校企合作，突出重点，突破难点，打造亮点，为推动行业技能人才队伍建设打下坚实基础，为行业发展提供有力服务支撑。

## 一、抓重点，扎实推进职业技能鉴定工作

2015 年，职业技能鉴定实现新突破，年度鉴定量创历史新高，高技能人才数量增幅明显，促进技能人员素质不断提升的作用更加显著。国家局中心进一步强化鉴定工作统筹安排，根据行业需求，坚持实行统考制度，制定年度鉴定计划，强化指导，鉴定规模稳中有升，鉴定等级结构不断优化。各省高度重视，大力宣传动员，积极组织实施，注重统筹布局和考前培训。全年共组织 5 个批次鉴定考试，鉴定 141166 人次，其中鉴定初级 125451 人次，中级 9181 人次，高级 5826 人次，业务师及以上 708 人次，持证 9 万人次，超额完成 13 万的年度目标任务，这是自 2009 年开展快递业务员职业技能鉴定以来年度鉴定量首次突破 14 万人次大关。5 月、8 月接连创单批次鉴定人数新高。全年新增高技能人才（高级工以上）6534 人次，同比增长 13%。安徽、贵州、云南、福建、山西、河南、广西、江苏、青海、天津、吉林、浙江、四川、黑龙江、山东、江西、辽宁、河北等 18 个省（区、市）完成年度鉴定目标任务。浙江、广东、江苏鉴定量超过万人以上，福建、山东、上海、安徽、河北、河南 6 省（市）鉴定量超过 5000 人次。天津、河北、吉林、江苏、浙江、福建、辽宁、河南、山东、上海、江西等 11 个省（市）组织了快递业务师考试。河北、吉林、江苏、浙江、安徽、福建、湖北、云南等省实现市（地）考点全覆盖。市（地）局进一步加大开展鉴定工作力度，共设置考点 466 个，为鉴定考试提供重要支撑。

## 二、攻难点，发展环境不断优化

一是积极推动新版《中华人民共和国职业分类大典》颁布。2015 年 7 月，历时五年的《职业分类大典》修订工作圆满结束，邮政业新增快递员、快件处理员和快递工程技术人员 3 个职业，5 个工种。这是我国首次将快递员职业纳入《职业分类大典》，为行业实施国家职业资格证书制度、推进快递专业学科建设、开展职业培训和行业统计等提供了重要依据，有力促进了行业职业分类体系建设工作。

二是积极参与政策制定。国家局中心积极参与《关于促进快递业发展的若干意见》和《关于加快发展邮政行业职业教育的指导意见》的修改建议工作，争取为后续职鉴工作开展提供更为有力的政策依据。福建省在加强政策资金保障优化发展环境方面采取措施，积极推动省政府出台《福建省促进快递行业发展办法》，将全省快递业务员职业培训纳入当地职业培训鉴定补贴范围。福建福州充分利用电子商务与物流快递协同发展试点城市机会，将快递业务员职鉴工作纳入试点示范项目，取得资金支持。

三是紧密跟踪国家职业资格改革动向。根据人社部推进

国家职业资格管理方式改革的要求，配合人社部组织开展的职业资格清理整顿专项督查活动，对建立职业资格目录清单制度和新修改的《职业技能鉴定规定》提出意见建议。

## 三、出亮点，促进高技能人才脱颖而出

积极参与组织2015年中国技能大赛——第十一届“振兴杯”全国青年职业技能大赛，快递业务员首次列入国家级一类大赛竞赛职业，高级快递业务师（高级技师）实现零突破。北京、天津、河北等27个省份1188人次参加了国家级、省级和地市级竞赛，406人次通过竞赛获得职业资格晋升。63家快递企业72名员工参加大赛决赛，山东、江苏、上海3名选手分别获得大赛金、银、铜牌。大赛前5名选手经人社部和共青团中央核准后将授予“全国技术能手”和“全国青年岗位能手”荣誉称号。

各省高度重视，积极与地方团委沟通，精心准备，通过层层选拔、推荐等方式推选优秀选手参加决赛。河北、内蒙古、黑龙江、上海、浙江、山东、湖北、新疆等省（区、市）以管局为主导组织举办省级一类大赛，部分市（地）组织举办形式多样的市级竞赛，取得良好效果。通过举办大赛，为行业优秀高技能人才脱颖而出搭建了平台，有力促进了行业高技能人才选拔评价工作，扩大了行业影响力，营造了行业尊重人才、崇尚技能的环境氛围，同时借鉴全国一类大赛先进经验和做法，为开展行业竞赛积累经验，奠定基础。

## 四、找准突破点，推动校企合作质量提升

进一步发挥合作院校作用，以满足企业院校需求为突破口，着力提升校企合作质量，服务行业企业发展。国家局中心探索尝试“一体化”教学快递专业课程教材建设，编写完成了2本“一体化”教学使用教材。根据企业需求，编写出版口袋书《快递业务百问》，受到企业和员工一致好评。

2015年全国合作院校新增28所，河北、内蒙古、吉林、江苏、安徽、湖北、贵州、宁夏拓展新增合作院校。北京联合北京邮电大学就人才培养进行专题调研，为快递企业提供参加高层次培训机会。江苏在省交通技师学院成立省快递发展研究中心，支持南京邮电大学筹备成立现代邮政学院，举办首次职业院校师资培训班，启动了快递高管培训计划，为专业人才培养提供支撑。福建建立快递巡回课堂制度，启动“企业高管进课堂”讲座活动，促进企业高管和院校教师双向授课，编制快递企业用工招聘信息汇编，为应届毕业生和社会求职者搭建招聘平台。山东建立省级、地市级行业技能人才、高技能人才等不同层次的培养基地，不断满足行业对不同层次人才的需求。甘肃与省交通职业技术学院合作开展快递人员培训鉴定，开设企业订单班和冠名班。内蒙古赤峰在院校成立快递业培训中心，为行业培养输送专业人才。安徽芜湖与院校共同编制快递员安全培训讲义，开办安全培训班十期，取得良好效果。四川自贡鼓励中职院校开办专业学历班。

## 五、扭住关键点，基础建设工作再上新台阶

一是组织机构不断完善。人社部重新启动鉴定站审批工作，再次上报10省申请建站材料，指导9省完成2013年度批复鉴定站年审、换发鉴定许可证工作。宁夏完成事业单位注册登记。二是支撑能力不断增强。编制出版《邮政行业职业技能鉴定工作文件汇编》，为各省开展工作提供政策依据。编写出版《快递业务师鉴定考试指导手册》。实施远程教育系统课程资源建设第一期项目，为广大从业人员提供多元化学习平台。完

成邮政行业考务管理系统升级改造，进一步加强网站建设。三是证书管理不断创新。开发完成证书复核系统，与考务管理系统实现数据对接，在7个市（地）开展试点，准确掌握从业人员持证现状和人才结构素质情况，为强化证书管理，有针对性开展工作提供有力抓手。四是人员队伍建设不断加强。组织邮政行业职业技能鉴定考评人员培训，28个省245名学员参加培训，53人获得国家高级考评员资格，186人获得国家考评员资格，全国考评员队伍达到1277人次。

# 第三章 2015 年职鉴数据统计情况

2015 年,邮政行业职业技能鉴定工作围绕中心,服务大局,注重职业资格等级结构优化,注重高技能人才选拔评价,注重鉴定规模与质量并举,稳步推进,效果良好。全年共组织 5 个批次快递业务员职业技能鉴定考试,鉴定总量达 14 万人次,创历史新高,合格 9 万人次,合格率为 64%。

自 2009 年至今,鉴定累计 66 万人次,持证 45 万人次。合作院校达 170 所,高技能人才达 1.4 万人次。

## 一、总体情况

1. 鉴定总量

2015 年,鉴定 141166 人次,同比增长 22.5%。其中,初级 125451 人次,中级 9181 人次,高级 5826 人次,业务师及以上 708 人次(表 5-1、图 5-1)。

表 5-1 2014、2015 年分等级鉴定情况比较

| 年份 | 合计 | | | 初级 | | 中级 | | 高级 | | 业务师及以上 | |
|---|---|---|---|---|---|---|---|---|---|---|---|
| | 鉴定人次 | 合格人次 | 合格率 | 鉴定人次 | 合格人次 | 鉴定人次 | 合格人次 | 鉴定人次 | 合格人次 | 鉴定人次 | 合格人次 |
| 2014 | 115246 | 76243 | 66.2% | 98483 | 64573 | 10991 | 7453 | 5576 | 4136 | 196 | 81 |
| 2015 | 141166 | 90453 | 64.1% | 125451 | 79578 | 9181 | 6493 | 5826 | 4062 | 708 | 320 |
| 同比 | 22.5% | 18.6% | -2.1% | 27.4% | 23.2% | -16.5% | -12.9% | 4.5% | -1.8% | 261.2% | 295.1% |

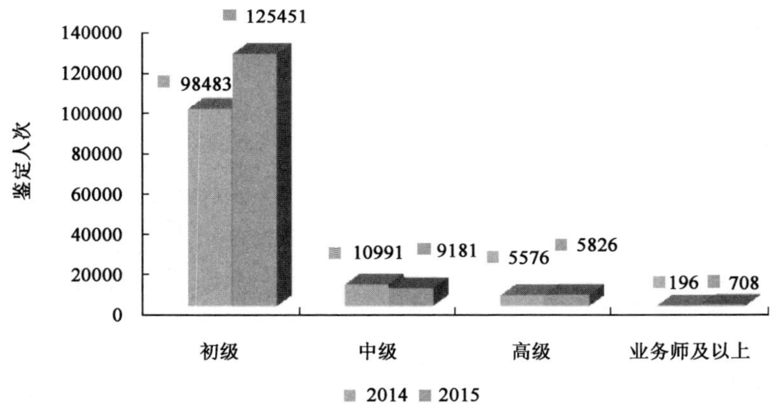


图 5-1 2014、2015 年分等级鉴定总量比较

2. 持证总量

2015 年,鉴定合格 90453 人次,其中,初级 79578 人次,中级 6493 人次,高级 4062 人次,业务师及以上 320 人。业务师及以上技能鉴定取得较大进展,当年持证 320 人,同比增长 295%,其中,高级业务师实现零的突破(图 5-2)。

3. 鉴定合格率

2015 年鉴定合格率为 64.1%,与去年基本保持稳定。其中,中级合格率增长 2.9 个百分点,其他等级合格率较去年有所降低(图 5-3)。

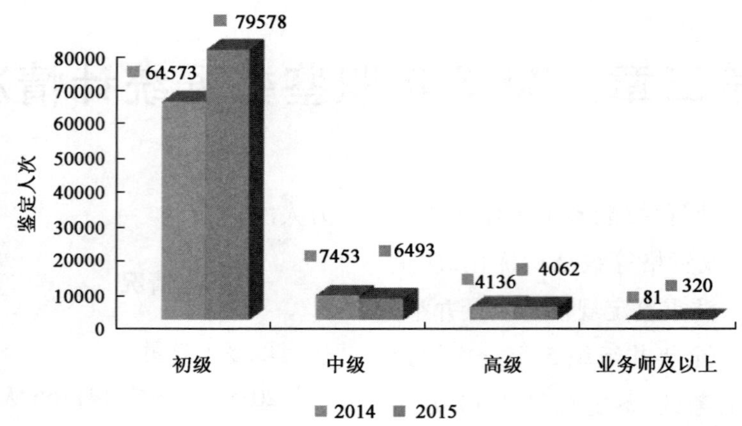


图 5-2　2014、2015 年分等级持证总量比较

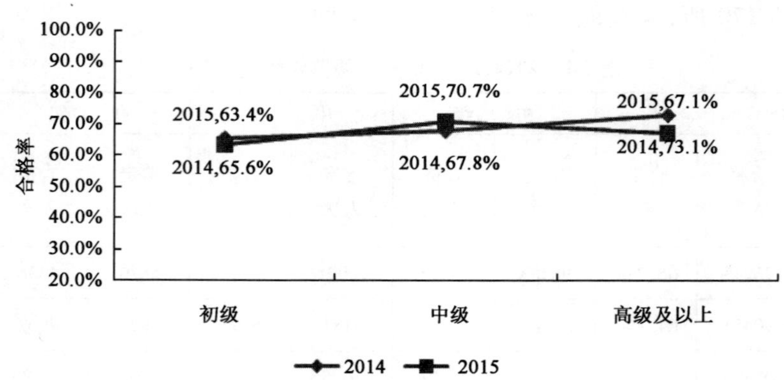


图 5-3　2014、2015 年鉴定合格率比较

## 二、鉴定结构情况

1. 鉴定总量等级结构

2015 年，初、中、高级、业务师及以上所占比重分别为 88.9%、6.5%、4.1%、0.5%（图 5-4）。

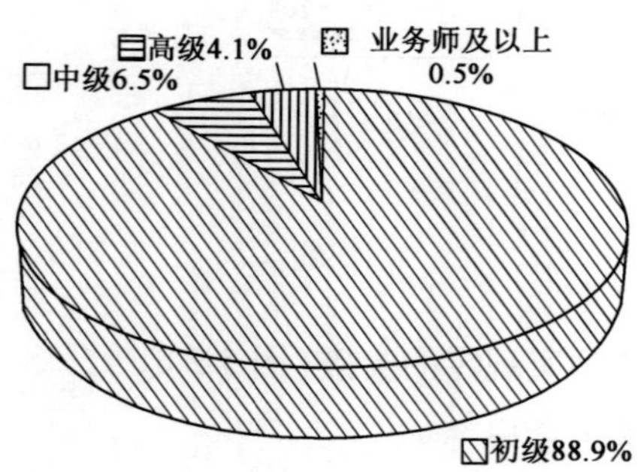


图 5-4　鉴定总量等级结构

2. 持证总量等级结构

2015 年，初、中、高级、业务师及以上持证总量占比分别为 88%、7.2%、4.5%、0.4%（图 5-5）。

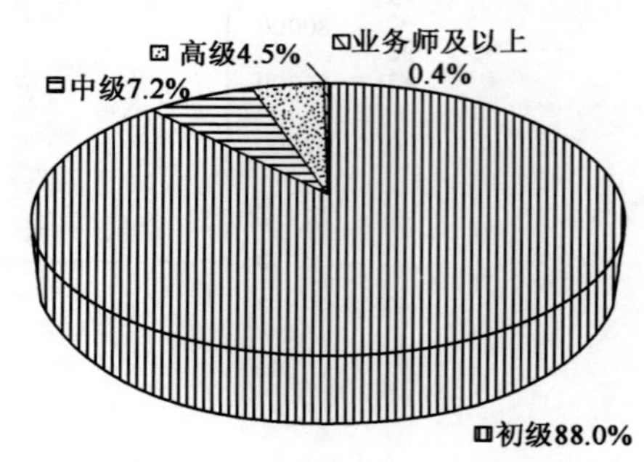


图 5-5　持证总量等级结构

3. 鉴定人员结构

（1）学历及合格率。2015 年，3.6 万（人次）大学专科（含）以上学历人员参加了鉴定，同比增长 5.5%。鉴定量和合格率情况如图 5-6 所示。

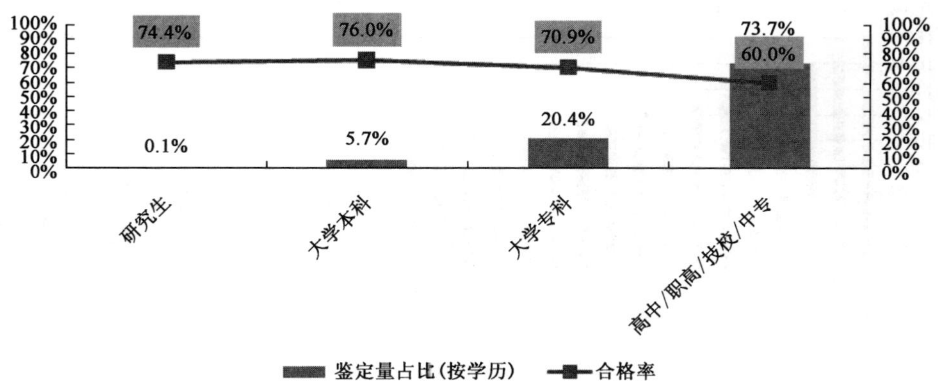


图 5-6 鉴定量各学历占比及合格率

(2)性别及合格率。2015 年,男女参加鉴定占比分别为73.5%,26.5%。男性合格率为61%,女性合格率为71%(图 5-7)。

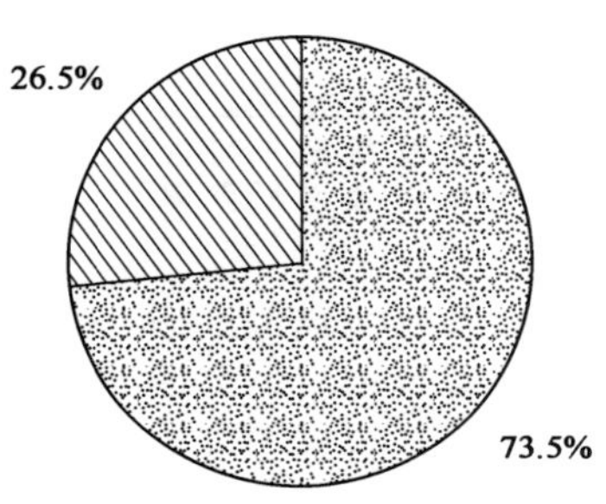


图 5-7 性别占比

(3)年龄结构分布。2015 年,鉴定人员中 25~28 岁年龄段最多,均超 9000 人,合计占比 28.4%;20~40 岁,合计占比 87.5%(图 5-8)。

## 三、各省鉴定情况

1. 鉴定目标完成进度

2015 年,全国鉴定总量超额完成年度鉴定目标 107%。安徽、贵州、云南、福建、山西、河南、广西、江苏、青海、天津、吉林、浙江、四川、黑龙江、山东、江西、辽宁、河北等 18 省份完成年度鉴定目标(图 5-9)。

2. 鉴定量及合格率

2015 年,浙江、广东、江苏鉴定量达万人以上,超 5000 人次的省(市)有福建、山东、上海、安徽、河北、河南。各省合格率差别较大,合格率最高为 82%,最低为 44%(图 5-10)。

3. 鉴定量与快递业务量匹配情况

2015 年,从总量上看,各省的鉴定量与快递业务量基本上是相匹配的,立柱的高低反应了快递业务的发展水平(图 5-11)。

从总量排名看,各省鉴定量与快递业务量排名总体较匹配,有 20 个省份基本一致,排名差距小于 3。立柱的长短反映了各省鉴定量与快递业务量相对排名的匹配情况。立柱越长,说明鉴定量排名与业务量排名差距越大,反之,差距越小(图 5-12)。

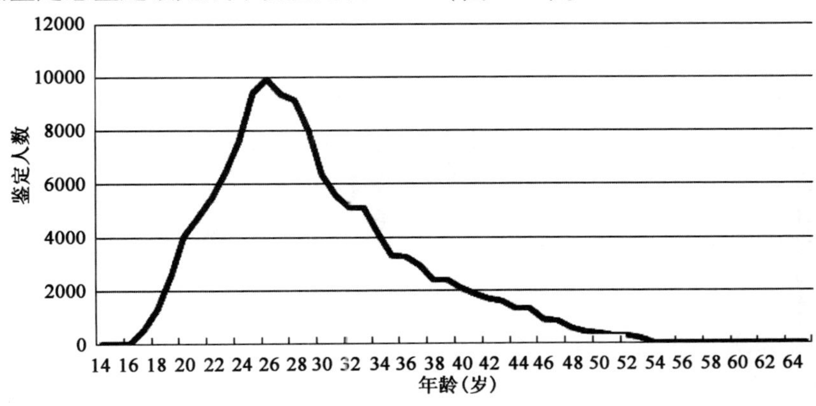


图 5-8 年龄结构分布

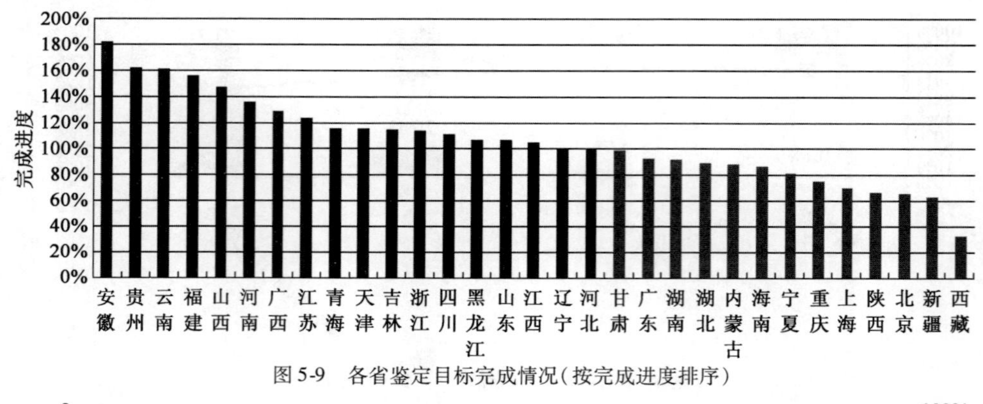


图 5-9　各省鉴定目标完成情况（按完成进度排序）

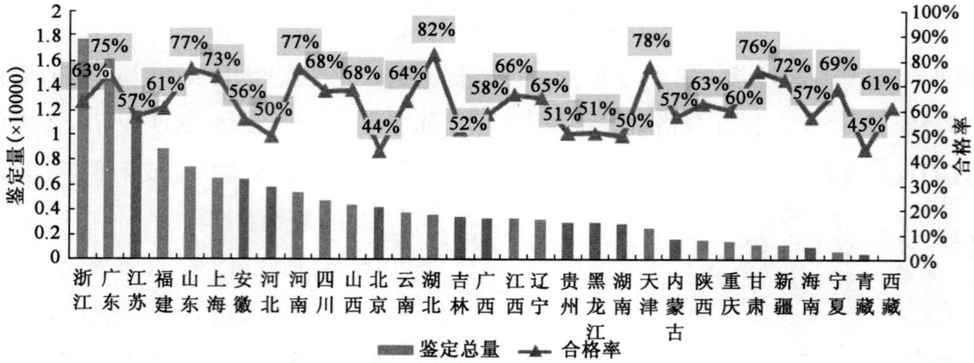

图 5-10　各省鉴定量及合格率（按鉴定量排序）

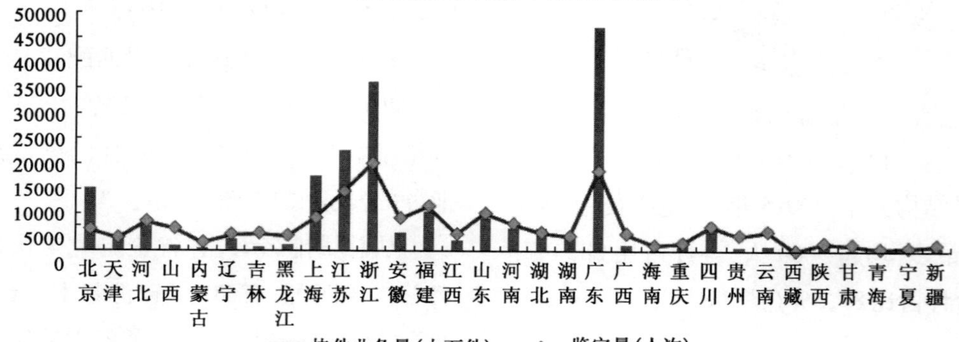


图 5-11　各省鉴定量与快递业务量匹配情况

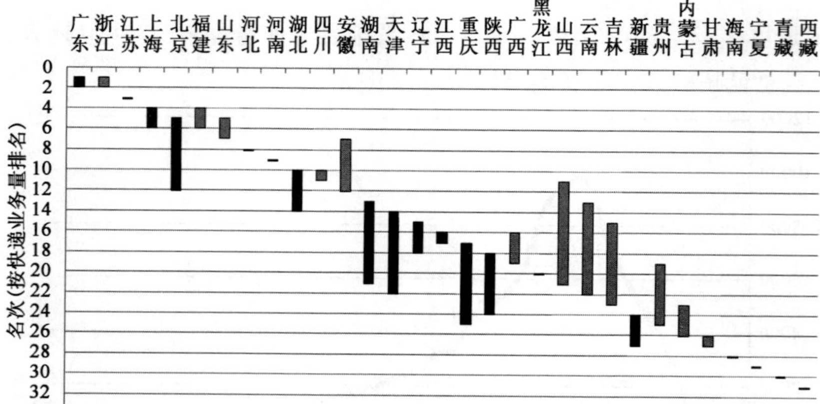


图 5-12　各省鉴定量与快递业务量相对量匹配情况

注：深色立柱表示鉴定量排名高于业务量排名，立柱底端表示快递业务量排名，顶端表示鉴定量排名，顶部越高表示鉴定量排名越高；浅色立柱表示鉴定量排名低于业务量排名，立柱顶端表示快递业务量排名，底端表示鉴定量排名，越低表示鉴定量排名越低；线段表示鉴定量排名等于业务量排名。

## 四、快递企业鉴定情况

2015 年，快递企业鉴定量前 20 位的是：中通快递、顺丰速运、申通快递、圆通速递、百世快递、韵达速递、天天快递、优速、国通快递、全峰、京东快递、宅急送、快捷、德邦、速尔快递、DHL、广通速递、瑞丰速递、山东广通速递、EMS，合计占年度鉴定总量的 84.5%。其中，中通快递鉴定量超 3.8 万人次。各快递企业合格率差别不大，DHL 合格率最高，为 74%（图 5-13）。

## 五、合作院校、鉴定站建设情况

2015 年，全国新增合作院校 28 所，总计达 170 所。其中，本科类 28 所，大专高职类 87 所、中专技工类 55 所；开设快递专业（方向）院校 31 所（表 5-2）。

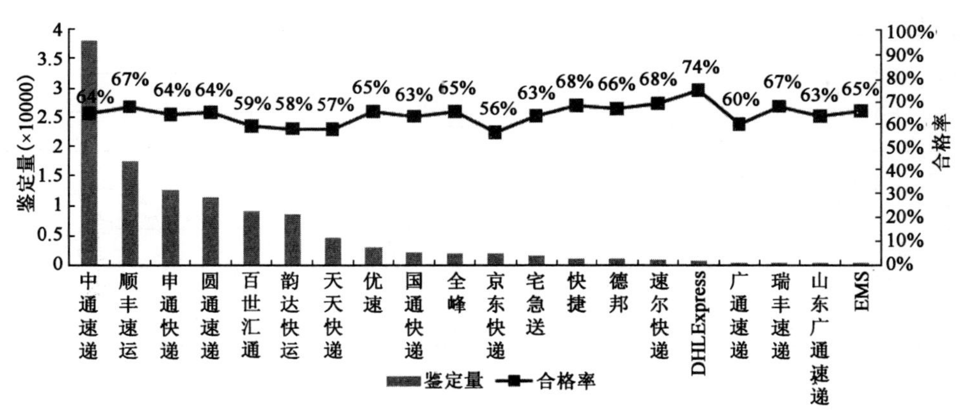


图 5-13 快递企业鉴定情况（按鉴定量排序）

**表 5-2 各省合作院校、鉴定站建设情况**

| 序号 | 省份 | 年末合作院校数 | 年末鉴定站数 | 序号 | 省份 | 年末合作院校数 | 年末鉴定站数 | 序号 | 省份 | 年末合作院校数 | 年末鉴定站数 |
|---|---|---|---|---|---|---|---|---|---|---|---|
| 1 | 全国 | 170 | 33 | 12 | 浙江 | 9 | 1 | 23 | 重庆 | 4 | 1 |
| 2 | 北京 | 2 | 1 | 13 | 安徽 | 18 | 2 | 24 | 四川 | 6 | — |
| 3 | 天津 | 2 | 1 | 14 | 福建 | 24 | 1 | 25 | 贵州 | 3 | 1 |
| 4 | 河北 | 14 | 1 | 15 | 江西 | 2 | 1 | 26 | 云南 | 2 | 1 |
| 5 | 山西 | 2 | 1 | 16 | 山东 | 26 | 3 | 27 | 西藏 | — | — |
| 6 | 内蒙古 | 2 | 1 | 17 | 河南 | 2 | 1 | 28 | 陕西 | 1 | 1 |
| 7 | 辽宁 | 13 | 1 | 18 | 湖北 | 10 | — | 29 | 甘肃 | 1 | 1 |
| 8 | 吉林 | 6 | 1 | 19 | 湖南 | 1 | 1 | 30 | 青海 | 1 | 1 |
| 9 | 黑龙江 | 1 | 1 | 20 | 广东 | 3 | 3 | 31 | 宁夏 | 2 | — |
| 10 | 上海 | 1 | 2 | 21 | 广西 | 2 | 1 | 32 | 新疆 | 1 | 1 |
| 11 | 江苏 | 8 | 2 | 22 | 海南 | 1 | — | | | | |

## 六、职业技能竞赛情况

2015 年，27 个省份 1188 人次参加了国家级、省级和地市级职业技能竞赛，406 人次通过竞赛获得晋升，其中山东、江苏、上海 3 名选手分别获得国家级金、银、铜牌（表 5-3）。

**表 5-3　各省职业技能竞赛情况**

| 序号 | 省份 | 国家级 | 省级 | 地市级 | 获证人次 | 国家级前 20 名 | 序号 | 省份 | 国家级 | 省级 | 地市级 | 获证人次 | 国家级前 20 名 |
|---|---|---|---|---|---|---|---|---|---|---|---|---|---|
| 1 | 全国 | 72 | 1035 | 81 | 406 | 20 | 17 | 河南 | 4 | 32 | — | 20 | — |
| 2 | 北京 | 1 | — | — | 0 | — | 18 | 湖北 | 4 | 157 | — | 23 | 1 |
| 3 | 天津 | 3 | 39 | — | 9 | — | 19 | 湖南 | 3 | — | — | 0 | — |
| 4 | 河北 | 3 | 40 | — | 11 | 1 | 20 | 广东 | 3 | 10 | — | 3 | 1 |
| 5 | 山西 | 2 | 42 | — | 7 | 1 | 21 | 广西 | 2 | 6 | — | 6 | — |
| 6 | 内蒙古 | 3 | 47 | 50 | 56 | — | 22 | 海南 | 2 | — | — | 2 | — |
| 7 | 辽宁 | 3 | 38 | — | 10 | 2 | 23 | 重庆 | 3 | 45 | — | 7 | — |
| 8 | 吉林 | — | — | — | — | — | 24 | 四川 | 3 | 9 | — | 6 | — |
| 9 | 黑龙江 | 3 | 92 | — | 21 | 1 | 25 | 贵州 | 3 | 19 | — | 9 | — |
| 10 | 上海 | 3 | 104 | — | 94 | 1 | 26 | 云南 | 3 | — | — | 1 | 1 |
| 11 | 江苏 | 3 | 52 | — | 7 | 3 | 27 | 西藏 | — | — | — | — | — |
| 12 | 浙江 | 3 | 138 | — | 18 | 1 | 28 | 陕西 | 3 | — | — | 0 | — |
| 13 | 安徽 | 3 | 45 | — | 9 | 1 | 29 | 甘肃 | — | — | — | — | — |
| 14 | 福建 | — | — | 8 | 3 | — | 30 | 青海 | — | — | — | — | — |
| 15 | 江西 | 2 | 18 | — | 5 | 1 | 31 | 宁夏 | 1 | 16 | — | 3 | — |
| 16 | 山东 | 4 | 67 | 23 | 57 | 4 | 32 | 新疆 | 2 | 19 | — | 19 | 1 |

## 七、附表

**附表 5-1　2015 年分等级鉴定完成情况**(单位:人次)

| 序号 | 省份 | 初级 | 中级 | 高级 | 业务师 | 合计 | 鉴定计划 | 完成(%) |
|---|---|---|---|---|---|---|---|---|
| 1 | 北京 | 3862 | 280 | 94 | 1 | 4237 | 6460 | 65.6 |
| 2 | 天津 | 2240 | 165 | 92 | 39 | 2536 | 2200 | 115.3 |
| 3 | 河北 | 5354 | 200 | 232 | 53 | 5839 | 6010 | 97.2 |
| 4 | 山西 | 3823 | 316 | 255 | 27 | 4421 | 3000 | 147.4 |
| 5 | 内蒙古 | 1299 | 287 | 33 | 2 | 1621 | 1830 | 88.6 |
| 6 | 辽宁 | 3016 | 47 | 131 | 20 | 3214 | 3200 | 100.4 |
| 7 | 吉林 | 2943 | 156 | 240 | 112 | 3451 | 3000 | 115.0 |
| 8 | 黑龙江 | 2702 | 233 | 47 | 7 | 2989 | 2800 | 106.8 |
| 9 | 上海 | 4944 | 637 | 848 | 125 | 6554 | 9300 | 70.5 |
| 10 | 江苏 | 11353 | 413 | 78 | 47 | 11891 | 9620 | 123.6 |
| 11 | 浙江 | 15731 | 1537 | 371 | 19 | 17658 | 15530 | 113.7 |
| 12 | 安徽 | 5857 | 300 | 323 | 7 | 6487 | 3570 | 181.7 |
| 13 | 福建 | 7301 | 968 | 593 | 27 | 8889 | 5700 | 155.9 |
| 14 | 江西 | 2810 | 341 | 105 | 50 | 3306 | 3150 | 105.0 |
| 15 | 山东 | 5257 | 710 | 1408 | 84 | 7459 | 7000 | 106.6 |
| 16 | 河南 | 4291 | 755 | 301 | 46 | 5393 | 3980 | 135.5 |
| 17 | 湖北 | 3184 | 227 | 211 | 12 | 3634 | 4060 | 89.5 |
| 18 | 湖南 | 2791 | 41 | 25 | 2 | 2859 | 3100 | 92.2 |
| 19 | 广东 | 15651 | 334 | 89 | 9 | 16083 | 17250 | 93.2 |
| 20 | 广西 | 3162 | 191 | 18 | 1 | 3372 | 2610 | 129.2 |
| 21 | 海南 | 757 | 250 | 32 | 1 | 1040 | 1200 | 86.7 |

续上表

| 序号 | 省份 | 初级 | 中级 | 高级 | 业务师 | 合计 | 鉴定计划 | 完成(%) |
|---|---|---|---|---|---|---|---|---|
| 22 | 重庆 | 1353 | 33 | 115 | 1 | 1502 | 2000 | 75.1 |
| 23 | 四川 | 4670 | 104 | 18 | 1 | 4793 | 4300 | 111.5 |
| 24 | 贵州 | 2902 | 83 | 18 | 3 | 3006 | 1860 | 161.6 |
| 25 | 云南 | 3565 | 179 | 66 | — | 3810 | 2370 | 160.8 |
| 26 | 西藏 | 49 | — | — | — | 49 | 150 | 32.7 |
| 27 | 陕西 | 1492 | 43 | 4 | 1 | 1540 | 2300 | 67.0 |
| 28 | 甘肃 | 1032 | 169 | 33 | — | 1234 | 1250 | 98.7 |
| 29 | 青海 | 376 | 98 | — | — | 474 | 410 | 115.6 |
| 30 | 宁夏 | 552 | 66 | 29 | 3 | 650 | 800 | 81.3 |
| 31 | 新疆 | 1132 | 18 | 17 | 8 | 1175 | 1850 | 63.5 |
| 32 | 全国 | 125451 | 9181 | 5826 | 708 | 141166 | 131860 | 107.1 |

**附表 5-2 2015 年快递业务员鉴定情况**(按鉴定量排序)

| 序号 | 省份 | 鉴定人次 | 合格人次 | 合格率(%) |
|---|---|---|---|---|
| 1 | 浙江 | 17658 | 11145 | 63.1 |
| 2 | 广东 | 16083 | 12005 | 74.6 |
| 3 | 江苏 | 11891 | 6810 | 57.3 |
| 4 | 福建 | 8889 | 5390 | 60.6 |
| 5 | 山东 | 7459 | 5716 | 76.6 |
| 6 | 上海 | 6554 | 4811 | 73.4 |
| 7 | 安徽 | 6487 | 3657 | 56.4 |
| 8 | 河北 | 5839 | 2898 | 49.6 |
| 9 | 河南 | 5393 | 4146 | 76.9 |
| 10 | 四川 | 4793 | 3239 | 67.6 |
| 11 | 山西 | 4421 | 3006 | 68.0 |
| 12 | 北京 | 4237 | 1853 | 43.7 |
| 13 | 云南 | 3810 | 2428 | 63.7 |
| 14 | 湖北 | 3634 | 2991 | 82.3 |
| 15 | 吉林 | 3451 | 1805 | 52.3 |
| 16 | 广西 | 3372 | 1967 | 58.3 |
| 17 | 江西 | 3306 | 2192 | 66.3 |
| 18 | 辽宁 | 3214 | 2090 | 65.0 |
| 19 | 贵州 | 3006 | 1524 | 50.7 |
| 20 | 黑龙江 | 2989 | 1525 | 51.0 |
| 21 | 湖南 | 2859 | 1427 | 49.9 |
| 22 | 天津 | 2536 | 1969 | 77.6 |
| 23 | 内蒙古 | 1621 | 931 | 57.4 |
| 24 | 陕西 | 1540 | 963 | 62.5 |
| 25 | 重庆 | 1502 | 899 | 59.9 |
| 26 | 甘肃 | 1234 | 936 | 75.9 |
| 27 | 新疆 | 1175 | 848 | 72.2 |

续上表

| 序号 | 省　份 | 鉴定人次 | 合格人次 | 合格率(%) |
|---|---|---|---|---|
| 28 | 海南 | 1040 | 595 | 57.2 |
| 29 | 宁夏 | 650 | 446 | 68.6 |
| 30 | 青海 | 474 | 211 | 44.5 |
| 31 | 西藏 | 49 | 30 | 61.2 |
| 32 | 全国 | 141166 | 90453 | 64.1 |

**附表 5-3　历年快递业务员累计鉴定情况**(按鉴定量排序)

| 序号 | 省　份 | 鉴定人次 | 合格人次 | 合格率(%) |
|---|---|---|---|---|
| 1 | 广东 | 110660 | 85849 | 77.6 |
| 2 | 浙江 | 75553 | 53591 | 70.9 |
| 3 | 江苏 | 55998 | 32918 | 58.8 |
| 4 | 上海 | 45048 | 34816 | 77.3 |
| 5 | 山东 | 37243 | 28386 | 76.2 |
| 6 | 福建 | 31244 | 20490 | 65.6 |
| 7 | 北京 | 29109 | 19453 | 66.8 |
| 8 | 河北 | 25254 | 15180 | 60.1 |
| 9 | 河南 | 20306 | 14089 | 69.4 |
| 10 | 安徽 | 19780 | 11899 | 60.2 |
| 11 | 四川 | 19171 | 13667 | 71.3 |
| 12 | 湖北 | 17063 | 14337 | 84.0 |
| 13 | 辽宁 | 15629 | 11604 | 74.2 |
| 14 | 江西 | 14572 | 9511 | 65.3 |
| 15 | 吉林 | 14245 | 8969 | 63.0 |
| 16 | 湖南 | 13798 | 7632 | 55.3 |
| 17 | 山西 | 13738 | 9263 | 67.4 |
| 18 | 广西 | 13242 | 7689 | 58.1 |
| 19 | 天津 | 12993 | 8677 | 66.8 |
| 20 | 黑龙江 | 12913 | 6495 | 50.3 |
| 21 | 云南 | 11920 | 7344 | 61.6 |
| 22 | 陕西 | 9489 | 6985 | 73.6 |
| 23 | 贵州 | 8467 | 4850 | 57.3 |
| 24 | 内蒙古 | 7771 | 4698 | 60.5 |
| 25 | 新疆 | 7577 | 4515 | 59.6 |
| 26 | 重庆 | 7269 | 4620 | 63.6 |
| 27 | 海南 | 5606 | 2959 | 52.8 |
| 28 | 甘肃 | 5401 | 4169 | 77.2 |
| 29 | 宁夏 | 2723 | 1988 | 73.0 |
| 30 | 青海 | 1658 | 1003 | 60.5 |
| 31 | 西藏 | 379 | 288 | 76.0 |
| 32 | 全国 | 665819 | 457934 | 68.8 |

附表 5-4 2015 年各省快递企业业务量和业务收入情况表(按业务量排序)

| 序号 | 省份 | 快递业务量累计(万件) | 同比增长(%) | 快递收入累计(万元) | 同比增长(%) |
|---|---|---|---|---|---|
| 1 | 广东 | 501335.2 | 49.4 | 6159135.7 | 33.5 |
| 2 | 浙江 | 383145.9 | 55.9 | 3838082.6 | 39.9 |
| 3 | 江苏 | 229047.7 | 54.3 | 2907286.3 | 44.6 |
| 4 | 上海 | 170778 | 33 | 4552476.2 | 26 |
| 5 | 北京 | 141447.3 | 27.4 | 1816522.5 | 23.1 |
| 6 | 福建 | 88786.2 | 35.7 | 1008474.8 | 24.4 |
| 7 | 山东 | 73424.9 | 64.3 | 970605.4 | 44.8 |
| 8 | 河北 | 54911.9 | 61.4 | 561787.9 | 36.8 |
| 9 | 河南 | 51449.7 | 74.5 | 631077 | 54.5 |
| 10 | 湖北 | 50847.3 | 53.4 | 595633.7 | 43.9 |
| 11 | 四川 | 48796.6 | 28.6 | 628897.8 | 31.1 |
| 12 | 安徽 | 39935.6 | 67.4 | 461132.8 | 58.2 |
| 13 | 湖南 | 31786.4 | 39.9 | 338934.3 | 29.3 |
| 14 | 天津 | 25624.4 | 106.6 | 435370.4 | 73.7 |
| 15 | 辽宁 | 24674.1 | 48.1 | 395949.5 | 31.9 |
| 16 | 江西 | 23471.8 | 46.8 | 276692.2 | 51.9 |
| 17 | 重庆 | 20525.4 | 47.8 | 286533.2 | 42.5 |
| 18 | 陕西 | 20351 | 47.9 | 272792.1 | 51.9 |
| 19 | 黑龙江 | 12636.8 | 80.2 | 213466.8 | 72 |
| 20 | 广西 | 12540.9 | 38.5 | 217788.4 | 39.7 |
| 21 | 山西 | 11477.3 | 25.7 | 152901.4 | 47.7 |
| 22 | 云南 | 11109.1 | 30 | 201152.5 | 32 |
| 23 | 吉林 | 9017 | 35.8 | 169634 | 29.8 |
| 24 | 新疆 | 7050.7 | 18.7 | 129256.1 | 20.4 |
| 25 | 贵州 | 7034.3 | 50.7 | 132428.3 | 34.9 |
| 26 | 内蒙古 | 5410.1 | 24 | 123053.4 | 19.2 |
| 27 | 甘肃 | 3541.4 | 33.4 | 72537.1 | 41.7 |
| 28 | 海南 | 2953 | 31.3 | 63444.8 | 46.9 |
| 29 | 宁夏 | 2231.9 | 47.4 | 48355.7 | 44.3 |
| 30 | 青海 | 716.6 | 23.6 | 18236.6 | 18.1 |
| 31 | 西藏 | 578.2 | 19.4 | 16826.3 | -3.2 |
| 32 | 全国 | 2066636.8 | 48 | 27696465.9 | 35.4 |

附表 5-5 2016 年职业技能鉴定目标(人次)

| 序号 | 省份 | 初级技能 | 中级技能 | 高级技能 | 业务师 | 合计 |
|---|---|---|---|---|---|---|
| 1 | 全国 | 92720 | 11430 | 8160 | 1650 | 113960 |
| 2 | 北京 | 4900 | 700 | 300 | 30 | 5930 |
| 3 | 天津 | 2200 | 160 | 200 | 50 | 2610 |
| 4 | 河北 | 4600 | 600 | 250 | 70 | 5520 |
| 5 | 山西 | 2250 | 220 | 200 | 30 | 2700 |

续上表

| 序号 | 省　份 | 初级技能 | 中级技能 | 高级技能 | 业务师 | 合计 |
|---|---|---|---|---|---|---|
| 6 | 内蒙古 | 1300 | 150 | 60 | 10 | 1520 |
| 7 | 辽宁 | 2400 | 250 | 200 | 30 | 2880 |
| 8 | 吉林 | 1700 | 300 | 260 | 100 | 2360 |
| 9 | 黑龙江 | 2200 | 200 | 100 | 60 | 2560 |
| 10 | 上海 | 4500 | 1100 | 1100 | 300 | 7000 |
| 11 | 江苏 | 7100 | 900 | 420 | 80 | 8500 |
| 12 | 浙江 | 9000 | 1000 | 500 | 100 | 10600 |
| 13 | 安徽 | 3000 | 300 | 270 | 50 | 3620 |
| 14 | 福建 | 4700 | 800 | 900 | 100 | 6500 |
| 15 | 江西 | 2250 | 400 | 300 | 50 | 3000 |
| 16 | 山东 | 4500 | 600 | 1150 | 50 | 6300 |
| 17 | 河南 | 3300 | 500 | 300 | 60 | 4160 |
| 18 | 湖北 | 3000 | 200 | 100 | 50 | 3350 |
| 19 | 湖南 | 2700 | 200 | 100 | 50 | 3050 |
| 20 | 广东 | 10000 | 1000 | 500 | 100 | 11600 |
| 21 | 广西 | 2400 | 150 | 60 | 20 | 2630 |
| 22 | 海南 | 900 | 50 | 50 | 20 | 1020 |
| 23 | 重庆 | 1780 | 100 | 80 | 20 | 1980 |
| 24 | 四川 | 2900 | 300 | 200 | 50 | 3450 |
| 25 | 贵州 | 1850 | 80 | 50 | 20 | 2000 |
| 26 | 云南 | 2000 | 250 | 50 | 30 | 2330 |
| 27 | 西藏 | 100 | 50 | — | — | 150 |
| 28 | 陕西 | 1820 | 300 | 150 | 30 | 2300 |
| 29 | 甘肃 | 800 | 250 | 100 | 20 | 1170 |
| 30 | 青海 | 400 | 120 | 50 | — | 570 |
| 31 | 宁夏 | 620 | 100 | 60 | 20 | 800 |
| 32 | 新疆 | 1550 | 100 | 100 | 50 | 1800 |

# 第四章 2015年企业人才培养特色举措

2015年是全面深化改革的关键之年，也是全面完成“十二五”规划的收官之年。全行业按照稳中求进工作总基调，坚持依法治邮，坚持提质增效，加强创新驱动，加强公共服务，确保运行安全，实施精准调控，主动克服“马鞍效应”等带来的不利影响，保持了持续快速发展的良好态势。这一年，各主要快递企业也结合自身特点，通过特色举措，全面推进快递人才的培养。

## 一、中国邮政速递物流：注重一线员工教育和培训

中国邮政速递物流高度重视对一线员工的教育和培训，注重提升一线员工的操作水平。目前，中国邮政速递物流约有5万名一线操作人员持有邮政通信特有职业资格证书，持证率达76.63%。2015年，公司还开展了营销技能大赛，有近5万名营销员和揽投员参加了比赛，并取得了优异的成绩。截至2015年年底，中国邮政速递物流总部共举办集中培训班36个，集中培训人数0.3万人，培训满意度为97.42%，开办远程培训班12个，培训4.5万人次。

## 二、顺丰速运：打造多样化精英人才队伍

2015年，顺丰在人才建设方面通过引进优秀人才、优化人才发展环境、提升人才质量等方式，努力打造能够满足业务需求多样化的精英人才队伍。

一是在人才引进方面，顺丰搭建了体系化的招聘渠道，重点强化创新型渠道的开拓。比如，持续深入开展校企合作工作，在100余所国家985、211高校开展校园招聘活动，吸纳优秀人才加入顺丰；开展“菁才计划”，向全国知名院校精准化的筛选及引进顶尖硕/博士，并且通过举办“菁才夏令营”，辨识高潜质人才；与全国各地100余所对口院校建立“顺丰班”合作模式，实现业务区人才队伍的定向培养；同时在全国30余所高校建立“顺丰奖学金”项目，帮助贫困大学生完成学业，并提供实习及工作机会。

二是在人才发展方面，顺丰基于组织与业务新的变化，不断搭建人才管理体系，优化职业发展路径，为员工提供多样化的发展通道与机会，帮助各级管理者提升人才管理的意识和能力，提升公司人才质量、支撑业务持续发展。

2015年，公司根据最新战略要求，开展关键人才规划，明确用人标准与需求。优化能力体系、开展学习地图项目，明晰职业发展路径。同时进行全公司范围内的人才盘点，全面分析公司人才队伍现状和健康度，实施差异化的人才管理。在人才识别过程中用同一把尺子对人才进行评价，在组织内营造出积极讨论人才的氛围，提升人才评价的质量，推进差异化的人才识别和管理。

三是在人才培养方面，随着顺丰多元化业务的快速发展以及用工模式的升级优化，2015年顺丰对人才培养工作提出了更高的要求。

2015年顺丰针对不同梯队的人才培养目标，重新梳理了关键人才核心能力培养计划，针对高管的培养，设计了分层分级培养项目，积极提升核心人才胜任力以及人才准备度。其中，针对新入职高管，特别设计了“新入职高管90天转身计划”培养项目，在公司内部大力开展人才培养与发展、人才开发工作；在新入职大学生培养模块，特别设计了“菁才培养计划”“优才培养计划”以及“国际班培养计划”等培养项目，努力探索大学生人

才培养之道。

此外，2015年顺丰搭建了顺丰移动学习平台，为公司人才培养项目开展提供新技术、新应用支持，为员工开辟新的学习通道。

四是在人才保留方面，2015年顺丰在业务多元发展背景下，公司通过保障传统业务稳定发展，确保整体人员稳定；同时通过强化激励、优化绩效及薪酬体系、完善员工发展及关怀机制等一系列措施加强对新业务的支撑，并借助管理工具将群体性需求研究成果运用于人员保留措施中，全年员工主动流失率呈下降趋势，员工敬业度及员工效能在行业中均保持中上水平。

## 三、圆通速递：育才和团队要"领先"

"领先"是圆通的核心价值观，其中"育才和团队要领先"作为核心价值观的六维度之一，在圆通的人才建设中发挥了重要的作用。圆通速递现有员工26万人，2015年圆通速递除了深入开展"校企合作"，定向培养人才队伍外，还开展了蛟龙工程之潜龙、飞龙等以及圆通百科、蒲公英工程、新员工培训、业务培训、网络学院以及拓展培训等百余场各个类别的培训项目。为提升员工的专业技能和管理能力，向现代化企业转变，2015年圆通速递用于各种人才培训经费超百万。

以圆通百科项目为例，该项目于2015年1月开始筹备，通过开展智者招募、天天问答、论坛PK赛、资料中心PK赛、砌墙行动、抢微课看红包等系列活动，截至到2015年11月底已汇聚智者500多名，开发出针对一线人员的微课223门。随后，圆通百科APP也于5月份正式上线，采用最先进的技术，利用大数据做底层架构，实现即时通信和智能问答，帮助一线员工快速解决工作问题。

## 四、申通快递：组建订单班，成立商学院

2015年，申通快递继续大力实施人才引进工程，不断优化人才发展环境，切实做到"引进来、用得好、留得住"，从而有效助力公司经营发展。

一是，组建申通快递订单班。2015年申通快递与全国各地对口院校建立联系，不定期对成都、咸阳、西安、吉林等30多所合作院校和意向合作院校进行走访，并预定毕业生。同时在部分学校组建了申通快递订单班，开展课程讲座。通过校企交流，全年共招聘客服人员近260人，储备干部23名。

二是，成立申通商学院。成立"申通商学院"将人才队伍的培养作为长期例行工作。2015年共组织各类管理提升、专业知识、业务技能等培训、拓展等活动共100余场次，平均每周举办两次各类培训，有效促进人才队伍的建设，提升了各类人员的专业素质、管理能力。

三是，增加晋升渠道。对总公司人员进行了职位体系及岗位优化工作，增加了技术序列，采取管理与技术体系并行，打通管理及专业技术人员的培养、晋升通道；明确了人才结构比例、人才梯队建设，有效精简职位体系，提升组织效率。

四是，积极开展职业技能鉴定。申通快递积极组织员工参加快递业务员职业技能鉴定考试，仅上海地区就有594人次参加（初级512人，高级36人，业务师46人），其中初级通过420人，通过率为82%，高级通过30人，通过率为83%，业务师通过20人，通过率为44%，有力的保障了企业从业人员持证比例与相关单位快递业务的正常开展。

## 五、韵达速递：不断创新，打造学习型组织

韵达速递坚持"德才兼备，主动创新"的人才观，人才发展机制的具体表现为："保姆计划"，融合个人素养与组织文化，确保人才能入职、上岗及达标；"储备机制"，满足一线员工作业需求、关键岗位匹配需求、管理干部发展需求之间的平衡；"击鼓传花"，强化人才对集团战略落地的承接，能力、意愿、贡献的对等，资源配置与使用价值的复盘；"带2接班"，旨在通过

"选(软硬资格兼顾)、带(三随三代)、育(修身育人)、评(信仰、管理、业务)、任(顶岗接替)、管"(对接保姆计划),打造能向上接替、向内纵深、向外轮岗的核心管理层继任者。

同时,韵达速递与国内多所高校联合办学,先后与浙江商业职业技术学院合作成立韵达学院,针对公司中层管理干部进行培训,为公司的快速发展提供专业人才支撑。并与清华大学工业工程系达成人才委托培训协议,联合举办清华大学工业工程系"快递业高级管理人才研修班——韵达班"。

在人员培训方面,韵达速递以"通过战略落地、文化融合、能力提升,致力企业目标达成"为宗旨,坚持践行"向上、活力、乐群、高效"的基本理念,通过"半工半训、理论+实践、军训+培训"的方式,建立了覆盖总部、各大区、各分拨中心和网点的培训体制机制,夯实基础培训,深化全职业生涯培训管理体系,努力实现打造学习型组织目标。

## 六、中通快递:公开竞聘上岗,打通晋升通道

人才是企业最宝贵的战略资源,是企业的生命之源。随着近几年行业的迅猛发展,中通也深刻地认识到,人才是第一生产力,是企业发展的核心所在,企业的竞争归根结底在于人才的竞争。在企业人才建设方面,中通也在不断摸索并积极推进,截至2015年年底,中通全网拥有员工25万人,服务网点10000多家。

2015年,中通与多所院校开展校企合作,先后29次奔赴全国多地进行校园招聘,人才招聘完成率达到120%。这一年,中通全面实行公开竞聘上岗,为员工提供管理、专业技术晋升通道。此外,针对全网员工的不同需求,共组织近1500场培训,同时,参加全国快递业务员职业技能鉴定培训人数超4万人次,合格率达70%。通过不断的努力,中通的从业人员素质水平得到了进一步提升。

## 七、百世快递(原"百世汇通"):选才、育才、用才、留才

百世快递坚持人才是企业第一资源的战略思想,贯彻人才强企、人才兴企方针,全面开展选才、育才、用才、留才机制建设,通过人才开发合作、人才培训培养、人事委托代理等多渠道聚集人才,源源不断的海内外人才纷纷聚合到百世,为把公司建设成国内一流物流企业助力。

在人才引进方面,一是通过专业的人才服务中介机构为公司提供高级管理人才。二是校企深度合作,百世汇通已与安徽师范大学、武汉轻工大学、江西旅游商贸学院、江西城市科技学院、湖南工学院等三十余所高校及职业院校开展校企合作,同十余所职业院校开展订单、定向培养等方式的高素质技能型人才培养。同时,专门成立校企合作办公室,成立校企合作专项小组,建立百世汇通人才孵化基地,与学校开始校企深度融合,共同设置人才培养方案,将学生纳入百世人才蓄水池,把学生培养嵌入百世人才培养及晋升体系,构建在线学习系统,打通企业同学校的课程体系,共同保证双方"双师型"师资队伍建设,全方位共同保证校企合作顺利开展。

在人才培养上,主要通过以下几个项目来培养和选拔人才:"黄埔军校"——百世集团最主要的人才培养基地。全年培训共计开班36个班次,总计培训课时769小时,总计培训人数1048人,其中经理级187人、主管级187人、汽运经理/主管43人;培训覆盖率分别达到148%、49%、91%。全年"黄埔分校"及区域专项培训共举办29期,其中分校13期,区域专项培训16期,参训人员共计730人,培训课时614小时。"嗨跑"项目——该项目面向的对象是百世集团旗下所有员工,培养目标有储备组长、组长、储备主管、主管、储备经理、经理、储备分总或总监等。"百世大学"——百世大学培养出来的人员进入公司人才库,根据哪里储备哪里任用的原则,结合员

工自愿，分配到各个相应的领导岗位。2015 年百世大学共计培训 169 个课程，出 1773 道考核试题。

实施人才保障计划，最大诚意留住人才。举办每月一期的“百世讲坛”，丰富员工的精神生活。“一滴红墨水”培训，加强员工的专业水准。成立学生委员会，每月定期组织学委活动，丰富实习生业余生活。公司制定的人才选拔、晋升、培养、任用、管理、福利的激励机制，已形成了一条符合产业发展的爱才、惜才、用才的最佳用人机制。

此外，百世汇通还积极开展岗位技能等级考试，全网一线在职总人数 13094 人，参加考核人员 4570 人，合格人数 3212 人；初级认证报名人数达 3493 人，合格人数 2407 人；中级认证资质人数达 988 人，合格人数 758 人；高级认证报名人数达 89 人，合格人数 47 人。

### 八、优速快递：投入人才建设就是投资未来

日益激烈的市场竞争，归根结底是人才的竞争。就优速而言，人才建设一直是其发展战略的重点组成部分。人才是提升优速未来核心竞争力的重要推动力量，作为优速最为重要的财富，优速始终认为，对人才建设的投入就是对优速未来最有益的投资。

2015 年，优速快递在专业人才建设方面采取人才引进战略工程，坚持不拘一格降人才的用人原则，并开通校企合作，在全国范围内与数十所高校达成人才定向输送合作，储备了大量的高素质人才，为优速的高速发展奠定了基础。目前，优速拥有成熟的商学院内部员工培训体系，通过各部门提供的课件培训教材脚本，有针对性地对新晋员工进行入职培训，并通过建立员工考核体系，实现了员工能力的稳步提升。另外，公司通过与行动教育合作，对全国管理人员及重点培养员进行了销售及专业知识培训，通过大营销管控会议制定了全国经理级以上的五星通关制度，此举对于员工的业务知识巩固有着积极的作用。

在 2015 年，优速快递通过完善的人才培训机制，充分的调动了员工的积极性，同时通过人才队伍优化、人才队伍搭建及重视员工发展等措施，为公司培养了一大批高素质、强工作能力的专业人才，通过上述一系列人才培养措施，优速在人才流失率方面相比往年呈现下降的趋势。此外，优速免费组织员工参与国家快递业务职业技能鉴定认证以进一步提高员工的专业知识。

### 九、天天快递：引进 + 培养，留住高素质人才

在人才招聘方面，2015 年“双 11”前，天天快递储备转运中心员工 9000 人，储备“最后一公里”投递人员 12000 人，先后与河北保定职业技术学院、江西赣州华坚科技职业学校、江西青年职业学院、浙江交通职业技术学院、浙江商业职业技术学院等几十所高校展开校企合作，在重点合作院校成立“天天快递班”，给公司储备了大量的高素质人才，为公司的快速发展奠定了基础。

在人才培养上，2015 年组织多期新员工培训；继续保持与青海、上海、杭州等武警总队的密切联系，为退伍军人提供广阔的发展平台，开展由复转军人与大学生联合组成的“卓越计划”储备人才队伍培训，为公司各部门定向培养和输送人才；积极组织客服、加盟商、文秘、综管等相关业务培训专项班，对各岗人员进行心理疏导和职业规划指导培训；多次举行管理层团队与沟通培训；并联动各单位制作内部培训光盘等。此外，天天快递积极组织员工参与快递业务员职业技能鉴定认证考试，截至 2015 年底共计 1847 人通过快递业务员职业技能鉴定考试认证并获取相应资格。全网 2015 年培训 785968 人次。

天天快递重视人才的提升，为员工制定在职期间职业生涯规划，实施人才培养战略，通过内部竞聘上岗选拔人才，健全完善公司人才管理方案与培养机制，并实施和不断完善《天天快

递人才梯队建设管理办法》,为公司发展提供坚实的人才保障,对全网管理干部实施统一管理,减少核心人才流失。

## 十、快捷快递:以人才领先实现管理领先

面对市场的快速变化,企业必须有更快的学习速度和敏捷的反应能力,以确保企业立于不败之地。快捷快递坚持“精强主业、多元发展”的发展思路,积极实施人才强企战略,以“打造成一个让员工幸福、客户满意、社会尊重的快递企业”为目标,不断深化人才工程建设,以人才领先实现管理领先,变人才优势为企业发展优势,积极创建学习型组织建设活动,从而为企业持续高效发展提供了强大的人才保证和智力支撑。

在快捷快递专门的培训部门里,制定了详细年度培训、学习计划。在内容上,除了快递行业知识、快件揽收、分拨、转运和派送等各个环节的流程知识外,特别注重员工的成长和职业发展等方面内容的学习。此外,快捷快递还通过与华中科技大学、华东师范大学等各高校进行合作,携手制定企业员工学历提升计划。通过合作,帮助员工弥补自身的学历短板,完善自身的知识结构和能力水平,为“互联网+”时代的快递从业人员在职教育和学历提升找到更合适的路径。通过各方面深入推进学习型组织的创建,从成效上来看,提升了企业适应市场变化的学习速度,“比对手学习得更快”也越来越成为企业参与市场竞争的核心优势。

此外,快捷快递勇开先河,在行业内首倡合伙人制度。公司计划释放出一定股份采取赠送方式给员工和网点。这种“事业合伙人”制度,解决了一系列经营管理方面的瓶颈,包括员工离职率下降,员工服务质素大幅上升等,不但提高了运营效率,有效应付新的发展形势,同时增强客户满意度,对提升公司整体实力大有帮助。

## 十一、国通快递:优选化+专业化+前瞻化+效益化

2015年,国通快递在人才建设方面积累了许多宝贵经验和心得,主要体现在以下几个方面:

一是人才选择要遵循优选化。要坚持从自主培训和好中选优为主,适当引进成熟性人才的原则,着重点放在员工素质提升上,并引入竞争机制。营造公正、公平、公开氛围,坚持选人用人的正确导向,达到“使用一个人,激励一群人,培养一批人”的效果。

二是,人才培养需要专业化。快递企业岗位多,专业分工较细。人才岗位专业化较突出,亟需培养一批专业的“带头人”要鼓励和引导那些关键岗位的专业管理人才,承担起“言传身教”“培养新人”的意识。使各岗位人员不断积累经验,提高专业知识水准,降低成本,提高工作效率。

三是,人才准备要前瞻化。企业发展需要人才,对人才需求多样化、专业化,需要专业技术人才,懂管理、懂经营、懂分析的管理经营人才,还需要一般的管理人才。这就要求在人才培养和人才引进上具有超前意识,立足企业实际,按照专业相近能力适合的原则,把有开发潜力的人员安置到相应岗位,通过实践技能培训,使他们尽快进入角色,适应岗位需要,从而确保岗位工作的稳定性和连续性。

四是,人才评价要标准效益化。只要员工尽职尽责,完成好本岗位的工作任务,都是企业需要的人才。为此,在识才上要不唯学历、资历,只看重能力。在用人上,倡导“德为前提、能为本位、绩效评优”,打造人尽其才的企业环境,全力做好人才评价标准的效益化。一方面要准确、客观地评价人才;另一方面要充分发挥员工的积极性主动性和创造性,促使他们积极工作,以人才价值的最大化促进企业效益的最大化。

## 十二、全峰快递:积极构建全峰领导力,打造人才建设新模板

目前,全峰集团共有员工50000余名,其中,隶属于集团

本部员工共5685人，营业网点人员1532人，占比27%，运营操作人员3085人，占比54%，文职人员及其他人员1068人，占比19%。基于全峰集团管理实际和未来突破点，全峰构建了全峰领导力，从三个维度进行诠释，聚焦八个词条，具体包括赢得市场先机（客户服务意识、战略思维、主动应变）、提升组织能力（执行力、领导团队、跨团队协同）；通过问卷和访谈形式，形成典型性行为词典，目前应用于员工晋职等方面，后期逐步推进，通过360综合测评，实现领导力在人才盘点、人才梯队中应用。

全峰集团人才使用聚焦内部专业的互补性和增强员工边际能力，对不同类型人员采取多用包括基础技能培训、基层管理培训、中层管理培训、晋职培训在内的等多种成长方式，尊重员工职业发展需求。

# 第五章　中国快递技能人才队伍建设“十二五”综述

“十二五”时期，是行业人才队伍建设稳步推进，职业技能鉴定工作跨越发展、成绩显著的五年。国家局党组十分重视行业人才队伍建设工作，积极实施人才强邮战略，不断完善人才教育培养体系，与教育部联合印发《关于加快发展邮政行业职业教育的指导意见》，共建北京邮电大学现代邮政学院，积极推进行业人才培养基地建设，职业教育、普通高等教育和在职培训鉴定协调发展的行业人才教育培养模式深入推进，人才培养规模不断扩大，从业人员素质能力稳步提升。

五年来，快递业深入实施国家职业资格证书制度，建立健全职业资格体系，积极开展快递业务员职业技能鉴定，完成了快递百千万人才工程目标任务，行业技能人才规模不断扩大，高技能人才增速明显，从业人员素质不断提升，人才培养质量不断提高，服务行业发展的能力显著增强。

## 一、建设国家职业资格证书制度体系

五年来，国家邮政局建立并加强“以职业分类为基础，职业技能标准为依据，教材题库建设为支撑，开展技能鉴定为检验标准”的行业国家职业资格证书制度体系建设。

一是参与《国家职业分类大典（邮政快递）》修订工作，充分反映行业职业的新特点、新发展、新需求，形成了新的职业分类体系。新版《大典》纳入其中的邮政快递职业共11个，充分体现了行业的职业构成、内涵、特点和发展规律，为实施国家职业资格证书制度奠定坚实基础。

二是完善职业标准教材题库建设。完成了快递业务员初、中、高级和快递业务师四个职业等级鉴定培训教材、考试大纲、题库的开发建设工作，形成了1个标准（快递业务员国家职业技能标准），4个职业等级，12本鉴定培训教材的技术支撑体系，为开展鉴定提供有力保障。

三是大规模开展培训鉴定。全国31个省（区、市）组织开展鉴定考试，截至2015年底，全国累计鉴定66.5万人次，持证45.7万人次。鉴定量连续4年平均在10万人次以上。本着鉴定是手段，培训是基础，提高从业人员素质是目的的原则，通过开展鉴定，大力推进了快递从业人员培训工作，培训内容紧密贴近快递企业生产实际，培训方式多元化，培训形式多样化，培训的广度前所未有，对快递业的发展产生了深远影响。据不完全统计，全国近70%的快递从业人员接受了不同形式的培训。

四是有序开展技能竞赛。推动组织国家级、省级和市级竞赛，充分发挥职业技能竞赛在高技能人才培养、选拔和激励等方面的重要作用，有力推动行业高技能人才队伍建设。

## 二、建立健全体制机制

五年来，建立健全体制机制，为开展职鉴工作提供有力保障。一是建立健全组织机构体系，形成了国家局中心，30个省中心33个行业鉴定站的职鉴管理体制框架，其中20个省中心完成了独立法人单位登记，市（地）局明确专兼职工作人员，为实施国家职业资格证书制度，开展职鉴工作提供有力组织保障。

二是加强职鉴工作制度建设，建立鉴定统考制度、年度鉴定计划制度、统计年报数据分析制度、考务工作管理制度、证书管理制度，实行目标考核激励机制，为保证鉴定工作有序开展，提供有力制度保障。

三是增强人员队伍素质。建立了专（兼）职工作人员队伍；建立了考评员、师资骨干、质量督导员、培训师四位一体的专业人员队伍；成立了邮政行业职业技能鉴定专家委员会、教材编审委员会，为职鉴工作健康开展、持续发展提供有力智力支撑和人员保障。

四是加快信息化建设。建成了邮政行业职业资格网站，开发了邮政行业职业技能鉴定信息管理、考务管理、网上报名、证书查询、统计年报、远程教育培训、证书复核等系统，提高工作效率和信息化水平，为职鉴工作提供强有力的技术保障。

## 三、大力推进快递百千万人才工程

五年来，大力推进快递百千万人才工程，顺利完成建立百所以上合作院校、培养千名以上专业技术人员和万名以上快递高技能人才的目标任务。

一是整合资源，合作院校作用得到有效发挥。联合建设170所合作院校，其中本科28所，大专高职87所，中专27所，普通技工院校3所，技师学院25所。全国30个省有合作院校。23所行业鉴定站建立在合作院校。不断拓宽思路，大胆尝试，通过在合作院校建立行业人才培养基地、签订战略合作协议、委托院校开展项目研究等方式，建立长效合作机制，在技能人才培养与实训、鉴定考评、竞赛开展、专业建设、课程设置、信息化建设等方面发挥重要作用，院校资源优势得到有效发挥，形成了适合行业发展的人才培养模式，服务行业发展能力显著提升。

二是积极探索，专业技能型人才队伍逐步形成。31所合作院校开设快递专业（方向），招生规模不断扩大，在校生达1.8万人以上。为校企合作搭建平台，引导企业与院校签订人才培养合作协议，开办企业冠名班、订单班。校企联合建立企业大学、实训基地、呼叫中心、营业网点，培养企业所需人才，实现学校教育与企业需求高度对接融合，缩短企业人才培养周期，提升企业用人效率。院校教师到企业挂职锻炼，了解企业生产运行情况，提升专业教学能力。同时，组织开展管理人员、一线人员不同层次，业务技能、安全知识等不同专题内容的各类培训，降低企业培训成本，快速提升企业劳动者整体素质。

三是行业"双证书"制度逐步形成。开展在校快递专业或相关专业学生的鉴定考试，据不完全统计，超过1.4万名学生参加鉴定，使专业教育与培训鉴定有机衔接，学生获得"双证"，促进就业率不断提升，专业技能型人才队伍不断壮大。目前，行业快递专业技术人员达5.4万人，高技能人才达1.4万人。

# 第六篇 市场主体

## 第一章 “十二五”期间快递市场主体发展情况综述

“十二五”期间，我国快递业各市场主体主动加大投入、完善基础设施建设、加强人才培养力度、提升服务质量水平，在企业发展的同时，不忘履行社会责任，为行业赢得声誉。

### 一、夯实基础，综合实力明显提高

“十二五”时期，我国快递业的综合实力明显提高，市场主体不断壮大，已经培育了6家年营业收入超过200亿元、9家年营业收入超过100亿元的品牌快递企业，初步形成快递企业集群；基础能力不断提升，目前已有14.5万处快递服务网点遍布城乡，全国新建、在建快递物流园区超过200个；综合运输能力明显加强，全行业干线运输车辆超过20万辆，已有3家自主航空公司，自有全货机83架，快件占国内货邮吞吐量的比重超过一半；创新驱动作用明显，电子运单、自动化分拣、智能化终端技术广泛应用，智能快件箱、快递公共服务站、连锁商业合作、第三方服务平台等末端配送新模式不断涌现，助推行业服务能力跃上新台阶。

“十二五”期间，中国邮政速递物流股份有限公司（以下简称“中邮速递”）主动适应市场变化，深化体制机制改革，组织架构由母子公司体制改为总分公司体制，精简并规范了管理人员配备，提升管理效率；完善绩效考核机制，创造更加公平合理的薪酬分配机制，释放国企体制的活力，增强发展后劲。以提升服务质量为核心，加大在运输网、信息网的投入，增强揽投和仓储能力，全面提升公司核心竞争力。

顺丰速运有限公司（以下简称“顺丰速运”）在中国大陆地区已经建立了六大分拣分拨中心、350多个中转场地，在上海、北京、深圳、杭州等城市配备自动分拣系统，其他全部实现半自动流水线分拣。作为国内较早拥有在线集中式移动终端服务系统的企业，顺丰速运为所有收派人员配备手持终端，利用信息化管理网络，实现快件全生命周期管理，并依托移动、在线互联和大数据等实现服务的云端化。

申通快递有限公司（以下简称“申通快递”）在转运中心和快递服务网络向下延伸方面持续发力。以2014年和2015年为例。2014年，申通快递全年新建转运中心7个、改扩建20个，转运中心场地面积达到40万平方米，比2013年增加10万平方米，增长33.3%，全年新开独立网点179家，全网网点数达到1370家，同比增加17%；2015年，申通快递投入2500万元，改造转运中心18家，搬迁、扩建转运中心2家，在全年转运中心面积增加1万平方米的基础上，实现了全网分拨能力50%的提升，同时，网络的广度和深度得到进一步加强，全年新开独立网点123家，截至2015年底，全网独立网点总数为

1507家，同比增长8%。

圆通速递有限公司（以下简称“圆通速递”）在大力发展国内业务的同时，还将全球化战略作为重点发展战略之一。仅在2014年，圆通速递就先后与CJ大韩通运签署战略合作协议，推出中国大陆至韩国全境统一收费的快件服务，实现72小时门到门服务；与俄e邮共同合作开辟俄罗斯快件业务；与中国台湾统一速达合作开展两岸跨境寄递业务。此前，圆通速递已经开通东南亚、中亚、欧美及澳洲等国际快递，及中国香港、中国台湾和中国澳门等多个地区的快递业务，可以为客户提供全方位的供应链解决方案，积极建立以合作共赢为目的的国际快递“大联盟”，服务消费者实现便捷的“全球购物”体验。

上海韵达货运有限公司（以下简称“韵达速递”）快件运营信息管理系统，通过官方网站提供客户自助服务、QQ在线咨询等业务，开通手机客户端和微信公众号，并在全网快递员中统一投入使用手持终端设备，实现快件操作与信息采集的同步和快件运营信息的实时传递。为了确保快件和车辆安全，韵达速递为全网每台车辆安装集车辆跟踪、路线规划、信息查询、话务指挥和应急处置等功能为一体的GPS卫星定位系统。

中通快递股份有限公司（以下简称“中通快递”）本着实用、简便的原则持续加强信息化建设。2013年，中通快递强调“信息化强企”战略，通过一年的努力，逐步建立了拥有自主产权的正规化研发团队；2014年中通快递又完成了自主产权中天业务系统基础模块的开发上线，覆盖全网60%的用户。此外，短信、查询、订单管理、物料管理、快递管家、电子面单、海外项目、微客服等多模块先后上线，为后续实现全面业务系统自主化奠定了基础。

除此之外，百世网络科技有限公司（以下简称“百世快递”）、天天快递有限公司（以下简称“天天快递”）、红楼（上海）快递有限公司（以下简称“国通快递”）、全峰快递集团（以下简称“全峰快递”）等市场主体，在分拨中心、转运中心、末端网点、信息系统开发等方面，都加大了投入力度，行业整体的综合实力在“十二五”期间都取得了质的提升。

## 二、培养人才，提升企业核心竞争力

人才是企业的核心竞争力。“十二五”期间，国家邮政局启动“百千万人才培养工程”，鼓励探索校企合作联合培养模式，推进邮政行业人才培养基地建设，行业人才队伍建设进一步加快。

顺丰速运深入开展校企合作，在全国100所高校建立“顺丰班”，实现地区人才队伍定向培养；在全国30所高校建立“顺丰奖学金”项目，帮助贫困大学生完成学业，并提供实习及工作机会；与北京外国语大学、对外经贸大学建立国际班，储备国际人才；在100多所高校开展校园招聘活动，吸引各类优秀人才。

申通快递大力实施人才引进工程，不断优化人才发展环境，切实做到“引进来、用得好、留得住”，从而有效助力公司经营发展。公司人力资源部先后制订、下发《申通快递绩效考核管理制度》《申通快递荣誉激励管理制度》《申通快递职务薪酬管理制度》《申通快递全员福利管理制度》和《申通快递培训管理制度》，建立公开、公平、公正的竞争机制。

圆通速递重点推出“蛟龙工程”人才培养项目。该项目由“新龙”“潜龙”“飞龙”“蛟龙”等子项目组成，覆盖全网新入职的管培生、储备干部、储备经理、储备总监和储备事业部经理、副经理。同时，圆通速递还先后与20多所学校达成合作意向，签订校企合作协议，共建顶岗实习基地、培训实训基地、岗前培训、在岗培训等，培养适合公司发展的技能型人才。

韵达速递坚持“德才兼备、

主动创新”的人才观，聚焦以“保姆计划、储备机制、击鼓传花、带2接班”为路径，构建引进与培养相结合的人才发展机制，实现通过搭建队伍、形成机制，为企业持续发展创造最大价值。

百世快递与30多所高校及职业院校开展校企合作，通过订单、定向培养等方式培训人才。同时，专门成立校企合作办公室、校企合作专项小组，组建百世快递人才孵化基地，与学校进行深度融合，共同设置人才培养方案，将学生纳入百世人才蓄水池，嵌入百世人才培养及晋升体系。

### 三、专注服务，为客户提供优质体验

“十二五”期间，我国快递服务能力水平大幅提升，快递产品体系不断丰富，时限准时率相对稳定，有效申诉率逐年下降，旺季服务保障能力明显提升。

中邮速递以改善客户体验、提升服务水平为核心，强化质量监控，重塑服务品牌。建立并落实时限质量管控的一系列制度，全面推广应用了时限管理系统，时限质量全面提升，在国家邮政局公布的重点地区快递服务时限准时率测试报告中，EMS的全程时限、分环节时限名列前茅。此外，中邮速递还建立多维度的运营质量监控指标评价体系，启动提升速递物流服务质量专项活动，提升邮件时限稳定性、客户服务质量和邮件安全质量。

顺丰速运拓宽服务渠道，成立在线客服团队和电话销售团队，在线客服团队为顺丰速运的线上服务请求提供一站式多媒体智能服务；电话销售团队为顺丰速运高端客户提供新产品（服务）营销、时令产品销售和客户经理服务。目前，顺丰速运在中国（含港澳台地区）设立了15个独立的呼叫中心，实现超过7000坐席，平均每日120万话务量，人工服务从早上8时至凌晨，自助服务24小时不间断。

申通快递围绕客户需求，不断拓宽产品业务，先后在部分地区推出24小时服务；推出大部分省市的代收货款服务；推出仓配一体化服务，在加快快件运输效率的同时，为客户提供更好的快递体验，并紧跟市场发展趋势，为农村市场提供物流一体化的解决方案。

韵达速递定期开展内部评测与检查，并通过登门拜访、问卷调查、电话回访以及邀请第三方专业调查公司开展调查等形式，倾听客户意见，了解客户满意度情况，并根据客户满意度情况制定改善和提升计划。为了更好地为客户服务，韵达速递还推出一项专门针对全网络的客服自主共享平台——“微笑计划”，通过系统智能实现针对客户服务的全闭环使用及管理。

天天快递利用北京、上海、东莞、成都、武汉、泉州六大电子商务仓，近十万平方米的仓库容量，专为电子商务用户设计，商家只需要提供订单数据，运货到指定仓，“仓配一体服务”将为商家提供包括“卸货、质检、理货、拣货、包装、配送、跟单、信息推送”等“一条龙”服务。

### 四、热心公益，彰显行业社会责任

追求经济效益，不忘履行社会责任，是快递企业赢得社会尊重和认可的又一方面。

“十二五”期间，中邮速递积极履行快递行业“国家队”的社会责任和义务，在援建雅安地震灾区、抗击台风“尤特”“菲特”等自然灾害面前，以高度的政治责任感和优质的服务，回报党中央、国务院和社会各界的信任、支持。

顺丰速运“顺丰莲花助学项目”在甘肃、安徽、吉林、江西、广西、贵州、云南、湖南等省（区）资助上千名贫困生。2014年，顺丰速运捐建的红崖沟顺丰莲花小学、杨家湾顺丰莲花小学、马甲岘顺丰莲花小学全部竣工并投入使用。此外，顺丰速运还先后在西藏、江西、广西投入53万元，建立顺丰电教室。

申通快递携手鸿基金开展关爱留守儿童成长计划之“爱的背包”项目，为该项目免费寄递“爱的背包”。圆通速递鼎力支持“苹果书屋”公益计划，多次将筹集到的书籍通过圆通速递网络运送至山西、河南，希望能为增加孩子们的知识、开阔孩子们的眼界贡献力量。韵达速递多次携手公益组织运送爱心物资。中通快递成立“中通快递慈善互助基金会”，为企业、社会特困家庭及云南鲁甸地震灾区捐助善款超过千万元。

# 第二章 2015 年各市场主体发展情况

## 中国邮政速递物流股份有限公司

2015 年,中国邮政速递物流股份有限公司紧紧围绕“五个突破”的工作任务,锐意进取,狠抓落实,发展速度明显加快。EMS 申诉率降至 10%,公众服务满意度达到 79 分,保持行业第 2 位。

### 一、基础建设

(一)网络运营能力不断增强。新开通 158 条民航线路。完成武汉、成都、北京国航库区等处理中心的建设投产工作,新增日处理能力 486 万件。重点项目运营能力显著增强,“极速鲜”、锂电类、贵品寄递及电商客户大促等重点项目的网络保障模式日趋成熟。山东大樱桃项目整体次日递率近 80%。苹果新品发售项目新品面市当天的投递及时率达到 99.99%。“双 11”期间通过优化投递组网模式、提高处理中心能力、集中全国 11 个省实施联动指挥调度等措施,全网寄递高峰期运行平稳,得到社会各界好评。

(二)质量保障体系持续完善。深入推进“一(时限质量分析)会一中心(运营质量监控中心)”制度,标快异常邮件跟单工作推广到 56 个重点城市,重点城市标快次日妥投率(不含旺季)同比提高 10.5 个百分点。全国 50 个重点地区 EMS 全程时限、72 小时准时率和快递服务满意度均处业内领先行列,全网服务运行质量大幅提升。严抓国际业务质量提升工作,卡哈拉邮件全程时限准时率由年初的 87% 提升 95%,在卡哈拉成员邮政中排名前五位,同比提升 3 个名次;美向国际 e 邮宝全程时限准时率由年初的 60% 提升至 87%,最高月份达到 92.9%。客户满意度大幅提高,eBay 平台反馈今年旺季国际 e 邮宝订单纠纷率达到全年最低水平。

(三)信息化水平明显提升。新增 135 台服务器,完成收寄系统扩容、数据仓库迁移、数据总线扩容等改造工作,对客户信息反馈、生产查询等近 20 个主要系统进行结构优化,主要系统运行效率显著提升,保障了极速鲜、大件运输、政务专递服务、云仓京融供应链金融产品等重点项目运作,高效平稳度过“双 11”业务高峰。完善系统安全管理,建设全国中心互联网安全隔离区,全年系统运行完好率达 99.7%。推进 ERP 财务模块上线工作。推广标准化处理中心 233 个,上线投递代办点 566 个。支撑差异化业务运作和客户服务能力的提升,推广国际营销管理、新版国际在线发运及海外仓等系统。完善电子渠道,试点支付宝、微信支付和电子优惠券、PDA 电子签收等功能。电子面单全网应用比例达到 47%。

### 二、业务发展

(一)国内标快业务结构优化和项目拓展齐头并进。与地方政府搭建“政务专递服务平台”,全网开办公安交管、检察专递、国家机关公文等寄递业务,共拓展单证照项目全国级 336 个和省级 212 个。纵深推进文件战役,文件类业务实现收入增幅同比提高 16.2%。加强总对总项目联动开发,形成了以海澜之家项目为代表的调换货运营模式,以亚马逊、小米项目为代表的“总分仓 + 省内落地配”模式,以苹果项目为代表的贵品服务模式。建立“极速鲜”寄递平台和运营标准，不断扩大服务品类和内容，先后运作了12个品类共16个项目，收入同比增长2.5倍。

（二）国际速递业务渠道和海外布局同步拓展。国际e邮宝业务开通11个路向，业务增速保持70%以上，巩固了e邮宝在跨境轻小件寄递市场的品牌地位。建设完成并投入运营商业口岸19个，保税口岸9个，口岸通关能力显著提升，进出口邮件、商业快件业务量分别增长了70%和160%。与亚马逊、京东等多家大型电商平台合作对接，为客户提供一揽子跨境物流解决方案。积极实施“走出去”战略，在中国香港、美国设立了分支机构，并将中邮海外仓、海外购服务拓展至美、德、日、港、台等国家和地区，稳步推进全球布局战略。

（三）电子商务业务差异化服务能力显著增强。积极推进差异化的经营策略，仓配业务快速发展，“总分仓”服务模式向供应链全环节深度合作延伸。业内首创了电商产品动态质押的中邮“云仓京融”。一级以上电商规模客户新增4345家，其中新增仓配规模项目104个。建立了总部—省—重点城市三级项目监控与管理体系，重点项目和电商重点线路提高了时限质量，订单处理能力大幅提升。

（四）合同物流业务客户开发和运营管理能力显著提升。华东营运中心试点先行，构建区域核心优势，打造区域发展战略高地，探索物流专业化、市场化发展新路径。创新B2B + B2C综合服务模式，为老板电器等行业领先企业提供传统销售渠道与电子商务销售相结合、仓库出货与门店调换货相结合的物流综合服务。持续提升供应链规划和解决方案能力，为高露洁、恒大集团提供全国供应链物流网络规划咨询方案，出台汽车行业解决方案白皮书。

## 三、人才队伍

速递物流注重对一线员工的教育和培训，注重一线员工操作水平的提升，职业技能鉴定工作取得长足进展，2015年全国邮政速递物流共有1.34万人参加职业技能鉴定，其中初级0.77万人；中级0.4万人；高级及以上0.17万人。邮政速递物流公司一线操作人员约5万名员工持有邮政通信特有职业资格证书，持证率76.63%。2015年开展营销技能大赛，全国速递物流的营销员和揽投员近5万人参加了比赛，取得了优异成绩。截至2015年年底，速递物流总部共举办集中培训班36个，集中培训人数0.3万人，培训满意度为97.42%，远程培训班12个，培训4.5万人次。

## 四、企业大事记

1月24日，中国邮政速递物流股份有限公司中邮海外仓1号仓（位于美国东部新泽西）上线启用。

3月，中国邮政速递物流无锡长三角邮件集散中心工程开工建设，其中仓储面积6万平方米，日均处理能力120万件。

5月，以山东大樱桃寄递项目为代表的“极速鲜”业务正式上线。截至12月底，共开展了14个“极速鲜”项目寄递工作。

6月，贝因美婴幼、老板电器云仓战略协调签署与全国22省云仓实施落地，标志中国邮政速递物流股份有限公司云仓网络覆盖全网。

8月，中国邮政速递物流股份有限公司云仓金融项目试点上线运行，实现了仓储信息系统与京东金融系统、客户ERP的三方互通，丰富了供应链金融系统解决方案。

8月1日，中国邮政速递物流股份有限公司成功与海澜之家服饰有限公司签约，成功开创“EMS调换货业务运营模式”。

9月25日，苹果新品手机全球首发，中国邮政速递物流股份有限公司首日共发货25万件，当日投递率99.84%，整体投递率99.82%，零丢失零破损。

11月，中国邮政速递物流股份有限公司“双十一”仓配业务实现出库493万单，环比增长

373%,揽收及时率70.1%,单仓最大出库量35万单,实现历史新高。

12月1日,中国邮政速递物流股份有限公司顺利开通全国电子支付功能。全年电子渠道总体粉丝突破500万,新增296万,电子渠道下单量全年突破110万单,电子政务平台服务扩展到10省,电子政务订单全年突破100万单。

12月15日,邮航引进7架波音B757-200飞机和10架波音B737-800飞机客改货,邮政航空运输力提升107%。

# 顺丰速运有限公司

2015年，是顺丰成立22周年；是顺丰发展史上重要之年，变革之年，成长之年；为2016年再创辉煌做好一切准备。

## 一、基础建设

### （一）业务网络

2015年，国内服务范围已经覆盖至国内（大陆）327个地级市，覆盖率97.0%，覆盖国内（大陆）2522个县区级城市，覆盖率88.3%。截至2015年12月31日，公司共拥有服务网点11809个，包括：管理部1739个、营业部416个、营业点6344个、营业站1308个、项目网点（项目营业部、项目营业点）108个、代理点1894个。

2015年，海外市场新开通三个国家的快递服务：印尼、印度、爱沙尼亚。截至2015年底，顺丰已开通新加坡、韩国、马来西亚、日本、泰国、越南、蒙古、印尼、印度、美国、澳大利亚、俄罗斯、爱沙尼亚等国家的快递服务。

### （二）信息化建设

顺丰是国内首家拥有在线集中式移动终端服务系统的企业，所有收派人员均配备了高科技手持终端设备。领先的信息化管理网络，在国内快递行业实现了快递全生命周期管理，并依托移动、在线互联和大数据等技术实现服务“云端化”。同时，为有效保障快件安全性，顺丰相继研发了快件全生命周期管理、大客户线上对接、资源调度和监控等多个智能系统。2015年期间顺丰新建了云呼叫中心及两个数据中心，顺利推进SAP凤凰项目，实现全面国际化结算体系的建设。

大数据技术的取得实质性应用，建成了全面成本分析系统，实现当天票件具体的成本分析；建成安全日志分析平台和分析模型，大幅提升信息安全技术管控能力。

重点研究与突破的技术有：智能分拣柜，在进出港环节实现小件的智能分拣辅助技术，由终端设备和云端系统识别数据结合，显著降低人工分拣技能依赖程度；智能储物柜，提供7×24的完全自助式快件收派服务；第五代手持终端，采用安卓操作系统，整合POS模式，满足线上和线下多种支付模式，为收派端业务迈入互联网时代提供了有力支持；二合一打印机，体积小巧，携带方便，并可适应多种应用场景，同时支持税票和运单的云打印，无需更换纸张，极大的提高了一线人员操作效率，支持操作环节的信息化程度提升；无人驾驶、装载，实现场院内的货物自动装载和车辆调度；无人机，建立网点之间（尤其是偏远网点）的小批量急件低空运载支线；车联网，车人物实现统一管理。

重点信息系统分别包括：营运核心信息系统、客户核心信息系统、呼叫中心系统、HHT手持终端系统、分拣支持系统、时效管理系统、物流与供应链管理平台、企业服务平台、通关管理系统和运力管理系统。

### （三）运输能力

截至2015年年底，顺丰拥有26架自营全货机，15架外包全货机，自有航空网开航百余条航线，32个航空站点；铁路资源方面，日常使用行邮/电商专列41节，租用车厢数量和发货量均为快递电商企业第一位；在公路运输方面，顺丰拥有约16万辆自营车辆，6000余条运输干线。

## 二、业务发展

顺丰公司一向秉承“以市场为导向，以客户为核心”的经营宗旨，致力于为客户创造价值，通过物流、信息流和资金流的整合与创新，依托科技创新和多元化产业延伸，助力企业发展，创享优质生活。2015年，顺丰持续提升原优势产品服务质量并不断孵化与研发新产品、新服务来满足不同客群，针对商务、电商、个人客户的不同需求，提供差异化、多元化的服务，同时为食品、医药、汽配、金融保险等不同行业客户开发出一系列客制化行业解决方案，并提供金融以及一站式供应链解决方案等专业服务。

顺丰继续坚持为B端客户和C端消费者打造客制化产品及多种增值服务，为客户提供创新的物流体验。2015年面向市场推出或重点发展的新产品有：①“时效系列”产品，如“顺丰次晨”，满足不同客户对于时效的不同需求；②医药、生鲜冷运产品：满足大中型生鲜和食品企业、商超、专业市场对冷链运输的要求，以全程规范化温度控制、全国性配送网络、标准化时效保证服务冷运客户；③“跨境电商系列产品”：为进出口跨境电商提供不同时效的国际快件服务；④“供应链金融系列产品”：围绕顺丰供应商、核心客户和第三方经销商客户等提供供应链金融服务。与此同时，顺丰依托强大的物流优势和仓储运作能力，为电商客户提供仓配一体化服务：以全国分仓服务等来保障高性价比、有时效保障的仓储配送体验。

## 三、人才队伍

2015年，结合顺丰组织变革的背景，公司为满足差异化的人才需求，不断引进优秀人才、优化人才发展环境、提升人才质量，打造能够满足业务需求的精英化人才队伍。

### （一）在人才引进方面

2015年，为了满足顺丰多样化的人才需求，搭建了体系化的招聘渠道，重点强化创新型渠道的开拓。持续深入开展校企合作工作，在100余所国家985、211高校开展校园招聘活动，吸纳优秀人才加入顺丰；开展“菁才计划”，向全国知名院校精准化的筛选及引进顶尖硕/博士，并且通过举办“菁才夏令营”，辨识高潜人才；与全国各地100余所对口院校建立“顺丰班”合作模式，实现业务区人才队伍的定向培养；同时在全国30余所高校建立“顺丰奖学金”项目，帮助贫困大学生完成学业，并提供实习及工作机会。

### （二）在人才发展方面

基于顺丰组织与业务新的变化，公司搭建人才管理体系，优化职业发展路径，为员工提供多样化的发展通道与机会，帮助各级管理者提升人才管理的意识和能力，提升公司人才质量、支撑业务持续发展。

2015年，公司根据最新战略要求，开展关键人才规划，明确用人标准与需求。优化能力体系、开展学习地图项目，明晰职业发展路径。同时进行全公司范围内的人才盘点，全面分析公司人才队伍现状和健康度，实施差异化的人才管理。在人才识别过程中用同一把尺子对人才进行评价，在组织内营造出积极讨论人才的氛围，提升人才评价的质量，推进差异化的人才识别和管理。

### （三）在人才培养方面

随着顺丰多元化业务的快速发展以及用工模式的升级优化，2015年顺丰对于人才培养工作提出了更高的要求。

2015年，顺丰针对不同梯队的人才培养目标，重新梳理了关键人才核心能力培养计划，针对高管的培养，设计了分层分级培养项目，积极提升核心人才胜任力以及人才准备度。其中，针对新入职高管，特别设计了“新入职高管90天转身计划”培养项目，在公司内部大力开展人才培养与发展、人才开发工作；在新入职大学生培养模块，特别设计了“菁才培养计划”、“优才培养计划”以及“国际班培养计划”等培养项目，努力探索大学生人才培养之道。

此外，2015年顺丰搭建了顺丰移动学习平台，为公司人才培养项目开展提供新技术、新应用支持，为员工开辟新的学习通道。

### （四）在人才保留方面

2015年，顺丰在业务多元发展背景下，公司通过保障传统业务稳定发展，确保整体人员稳定；同时通过强化激励、优化绩效及薪酬体系、完善员工发展及关怀机制等一系列措施加强对新业务的支撑，并借助管理工具将群体性需求研究成果运用于人员保留措施中，全年员工主动流失率呈下降趋势，员工敬业度及员工效能在行业中均保持中上水平。

## 四、社会责任

2015 年，顺丰在公益事业的总支出为 2274 万元。顺丰重点围绕教育公益事业，继续开展莲花助学、莲花小学、凉山爱心班、贫困教师关爱、顺丰爱心电教室、一人一书桌、高校奖学金等公益项目，同时依靠顺丰物流优势，积极参与重大灾害救助，派出专机驰援尼泊尔地震救灾，并在先心病白血病患儿救治、扶贫济困、生态环保等公益领域进行了积极的尝试与探索。

**莲花助学**：2015 年，顺丰莲花助学在全国 8 省 12 县市开展，项目全年共计组织学生家庭走访调研 12 站，最终确认新增资助学生 1992 名，项目累计资助学生 3008 人，全年支出 306 万元。当年共计 246 名顺丰莲花助学学生参加高考，其中 48 人升入北京大学、上海交大、暨南大学等重点院校，171 人升入二三本本科院校。

**莲花小学**：2015 年，顺丰共计投入 213 万元支持云南双江邦木、贵州天柱金鸡顺丰莲花小学建设。

**顺丰凉山爱心班**：2015 年，顺丰凉山爱心班增至 9 个，资助学生达到 470 人，全年资助款项达 181 万元。

**顺丰爱心电教室**：出资 48 万元，为青海、吉林等地 7 校捐赠计算机共 386 台，搭建电教室 7 间。项目至此已在广东、广西、甘肃、湖南、吉林、西藏等省/自治区惠及学生近万名。

**一人一书桌**：2015 年，顺丰出资 79 万元，为安徽、吉林、西藏三省 16 校配置课桌椅 4026 套。

**贫困教师关爱**：与中国扶贫基金会合作开展“来自顺丰的教师节礼物”公益项目，面向贵州、云南、广西、甘肃、安徽、江西、青海、陕西、湖南、四川 10 省 10 个国家级扶贫开发重点县 420 名特困优秀教师发放补助 220 万元，并组织近 100 名教师在北京展开培训，共计 302 万元。

**高校奖学金**：在 13 所高校发放奖学金 52 万元，奖励优秀贫困大学生 302 人。

**专项救治**：累计救治白血病及先心病患儿 771 人，项目共支出 1005 万元。

**赈灾救助**：2015 年，顺丰专机驰援尼泊尔，从成都运送约 82 吨救灾物资到尼泊尔。

**扶贫救困**：救助困难家庭 26 户，发放贫困救助金 35.7 万元。

**志愿者服务**：全年直接参与顺丰公益基金会项目运营志愿者 946 人，累计服务时长 53825.5 小时；参与地区志愿者协会公益活动约 3000 人，志愿服务时长约 24000 小时。

## 五、企业大事记

1.3 月，公司完成调整架构，成立速运、仓配、供应链、金融等事业群。

2.3 月，顺丰在全国范围针对电商 B2C 客户推出“分仓配货”。

3.5 月，推出时效产品“顺丰次晨”，在指定服务范围和时间内寄递的快件将于次日 10:30 分前送达，并承诺若超时派送，则为客户抵免运费。

4.5 月，顺丰加入为尼泊尔地震赈灾物资运输队伍，负责运输云南省政府提供的赈灾物资，开国内民营快递企业之先河。

5.6 月，顺丰、申通、中通、韵达、普洛斯联合发布公告，共同投资，推出丰巢智能快递柜。

6.8 月，顺丰货运机场选址落在湖北鄂州，建成后将成为全球第四、亚洲第一的货运空港集散中心。

7.9 月，顺丰全成进军国际市场，成立 IBU，并在海外成立产美洲、西欧、欧亚、南亚、北亚等五大片区。

8.10 月，顺丰海淘更名为丰趣海淘。

9.11 月，公司发布新版顺丰核心价值观。

10.12 月，小米宣布与顺丰达成合作，成为“顺维修”服务首家合作手机品牌。一站式提供“退、换、修”服务。用户足不出户即可享受 24 小时内完成手机快捷寄修服务。

# 申通快递有限公司

申通快递有限公司初创于1993年，总部位于中国上海，拥有员工28万名，公司致力于民族品牌的建设和发展，不断完善终端网络、中转运输网络和信息网络三网一体的立体运行体系，立足传统快递业务，全面进入电子商务物流领域，以专业的服务和严格的质量管理来推动中国物流和快递行业的发展，成为对国民经济和人们生活最具影响力的民营快递企业之一。

## 一、基础建设

### （一）转运中心建设

2015年，申通快递着重加强对原有转运中心的现代化改造工作，全年投入2500万元，改造转运中心18处，搬迁、扩建转运中心2处，在全年转运中心面积增加1万平方米的基础上，实现了全网分拨能力50%的提升。

### （二）网点建设

2015年，申通快递网络的广度和深度得到进一步加强，全年新开独立网点123家，截至2015年年底，全网独立网点总数为1507家，同比增长8%；全网新增乡镇服务点2500个，末端服务站点达到20000个，进一步强化提升了末端网络服务能力。

### （三）信息化建设

随着移动互联网的发展，智慧物流成为现代物流发展的方向，申通快递坚持以科技提升服务，大力进行信息化投入。2015年，申通快递投入巨资，由公司内部营运部门与IT共同组成团队进行产品研发项目团队，陆续上线了新巴枪平台、国际业务管理平台、申通快递信息沟通平台、丰巢快递柜系统和延误件半自动处理系统等软硬件产品与设施。率先在国内实现了对国际货物从下单到派送的全程监控、跟踪及查询；充分应用计算机技术、网络技术及相关的关系型数据库技术等，优化了快件的终端数据采集和解析流程；通过与第三方末端设备的对接，提升了整体快递末端服务，即让包裹的“最后100米”，更加安全、高效、便利。一直以来，海量的数据处理是申通信息化的优势，尤其在2015年“双11”期间，申通快递核心系统运行平稳，各项资源分配合理，数据汇报准确及时，整体性能监测安全有效。

2015年4月，申通快递移动端解决方案正式上线试运行，申通快递移动端解决方案主要包含申通快递用户版APP、快递员版APP、快递助手网点管理中心三大部分，其中快递员版APP软件是申通快递移动互联网终端战略的重要载体。快递用户版APP、快递员版APP、快递助手网点管理中心构成了整个快递在线服务平台，通过这个平台可以实现快递网点、快递员、快递客户三者之间的实时链接和沟通，最终利用先进的信息化手段为各方创造核心价值。整个系统平台对于网点公司日常管理中的一些原来无法衡量的工作将会以高效、便捷、直观的数据形式保存下来，最后为网点公司日常管理和决策提供准确的数据支持。

这些有益的尝试和举措，是申通快递主动适应市场的变化，不断满足客户多样化的需求，为申通快递业务的多样化经营、转型升级以及未来推出创新项目和业务奠定了良好的基础。

## 二、业务发展

### （一）业务量

2015年，申通快递全网完成快递总量25.08亿件，“双11”期间，最业务处理量突破4000万件。

### （二）服务范围

在国内服务网络建设方面，2015年10月申通快递“千乡万镇”工程启动，本着“同行无、申通有；同行有、申通优”的原则，大力扩张申通快递网络在乡镇地区的覆盖面，同时总部通过采取对乡镇快件派送单独补贴、服务时效单独考核、加大乡镇服务站点培训等措施，进一步扩张申通快递服务网络的广度和深度，切实提高了申通快递网络在“最后一公里”的服务水平和能力，截至2015年年底，申通快递乡镇服务网点达到12000余家。

在海外扩张方面，截至2015年，申通快递已在中国台湾、中国香港、俄罗斯、美国、日本、韩国、加拿大、泰国、英国、澳大利亚等地建立了分公司。

（三）品牌建设

2015年，申通快递建立了新VI系统，在全网进行大范围推广，统一车身广告、员工工装、门店招牌。同时，申通快递在活动推广、户外广告、公益活动等方面开展了一系列提高品牌知名度和美誉度的活动。

## 三、人才建设

2015年，申通快递继续实施人才引进工程，不断优化人才发展环境，切实做到“引进来、用得好、留得住”，从而有效助力公司经营发展。

（一）组建申通快递订单班

2015年申通快递与全国各地对口院校建立联系，不定期对成都、咸阳、西安、吉林等30多所合作院校和意向合作院校进行走访，并预订毕业生。同时在部分学校组建了申通快递订单班，开展课程讲座。通过校企交流，全年共招聘客服人员近260人，储备干部23名。

（二）成立申通商学院

成立“申通商学院”将人才队伍的培养作为长期例行工作。2015年共组织各类管理提升、专业知识、业务技能等培训、拓展等活动共100余场次，平均每周举办两次各类培训，有效促进人才队伍的建设，提升了各类人员的专业素质、管理能力。

（三）增加晋升渠道

对总公司人员进行了职位体系及岗位优化工作，增加了技术序列，采取管理与技术体系并行，打通管理及专业技术人员的培养、晋升通道；明确了人才结构比例、人才梯队建设，有效精简职位体系，提升组织效率。

（四）开展职业鉴定

申通快递积极组织员工参加快递业务员职业技能鉴定考试，仅上海地区就有594人次参加（初级512人，高级36人，业务师46人），其中初级通过420人，通过率为82%，高级通过30人，通过率为83%，业务师通过20人，通过率为44%，有力地保障了企业从业人员持证比例与相关单位快递业务的正常开展。

## 四、企业荣誉

1月，荣获“2014年度上海市安全行车管理先进单位”、“上海市五星级诚信创建企业”、“桐庐县十佳慈善爱心单位”荣誉称号；

2月，荣获“2014年度青浦区纳税百强企业”称号；

3月，获得中国电子商务物流企业联盟副会长单位；

12月，荣获“2015·中国城市物流诚信企业”、“上海市A级安全网站”称号。

## 五、社会责任

2月3日，申通快递株洲公司将株洲市城市管理监督指挥中心募捐的一批文具、衣物等爱心物资，免费运送到四川阿坝县和甘肃会宁县。

4月2日是“世界自闭症日”，申通快递上海总部积极响应市邮政管理局团委的倡议，开展了“点亮蓝丝带，星星的孩子不孤独”关爱活动。当天，公司快递车辆、小型快件及快递员的手腕上都系上了蓝丝带，成为送件途中一道美丽的风景线。

4月15日，申通快递浙江公司助力2015四季彩虹公益行动，将爱心礼物免费寄送到浙江省内的贫困学生手中。

12月9日，申通快递携手孺子牛公益组织运输爱心冬衣。跨越2400公里，历经35个小时，17700件爱心冬衣，从福建石狮运抵昆明，随后被分批运送到宁蒗县和盐津县贫困山区，分发给高海拔地区学生手中。

## 六、企业大事记

3月25日、26日，申通快递先后在成都市技师学院、成都工业职业技术学院成立“申通班”,实现人才的订单培养。

4月20日,申通新版APP清新上线,新版APP界面更简洁、更清新,通过独到的创意视角和别致的卡通风格打造了时尚、流畅的交互界面;功能更强大,增加了一键下单、订单管理、消息推送、常用工具等功能。

4月29日,申通快递举办第二期航空安检专题培训班结业仪式,此次航空安检专题培训为期一个月时间,采用理论知识学习与实践操作相结合的教学形式进行,学员们白天在培训室进行航空安检流程、安检机简介、危险品具体分类等理论知识学习,夜晚在航空安检部外聘资深安检师的“带教”下进行现场实操,学习如何操作安检机和辨别违禁品,确保每一位学员都能掌握航空安检的知识和技能,确保每位学员在各自的岗位上都能把好安全关。

5月14日,申通商学院管理培训班(一期)正式开班。未来,申通商学院将成为申通内部人才培养的“黄埔军校”,为公司的发展提供源源不断的动力支持。

6月6日,申通快递与顺丰、中通、韵达、普洛斯联合发布公告,共同投资创建深圳市丰巢科技有限公司,致力于研发运营面向所有快递公司、电商物流使用的24小时自助开放平台——“丰巢“智能快递柜,以提供体验最佳的平台化快递收寄交互业务。

7月8日,申通快递举办“申夏传情亨运申通”趣味运动会,充分展现申通员工青春激扬、团结协作、顾全大局的良好精神风貌。每年定期举办的申通运动会是申通快递企业文化建设的重要组成部分。

7月28日至29日,申通快递召开2015年降低有效申诉率会议,提出了申诉率三个月之内有好转,半年之内追平同行的任务目标。

8月13日,申通快递举行STO Star申通“好声音”演艺大赛总决赛,来自总部、上海片区经过层层选拔的10强选手,汇聚一堂一“决”高下,“唱”响申通。参赛选手以动听的歌声唱出了当代申通人的热情与朝气,以极富时代气息的演出为观众们献上了一份精彩的文化大餐。

8月16日,申通快递与俄罗斯驿马快递签订深化合作协议。与驿马快递的签约是申通快递积极响应国家邮政局快递“向下、向西、向外”发展战略,积极融入国家“一带一路”经济带战略的重要举措。

8月17日,申通快递召开首届国际业务发展大会,动员全网上下乘着跨境电商的东风,扬起加快国际业务发展的风帆,为实现申通快递持续健康发展打下坚实基础。2015年,海外申通网点已经遍布中国香港、日本、韩国、泰国、澳大利亚、加拿大、荷兰、俄罗斯等国家和地区。申通国际业务从无到有,从小到大,取得了阶段性成果,走出了一条具有申通特色的国际业务发展之路。

8月21日,申通快递举行2015首届职业技能竞赛。此次职业技能竞赛的举办,即是积极响应上级管理部门的要求,也是对企业战斗力的一次实践检验。

9月25日,申通天天战略合作网络大会在上海召开。会上,两家公司结合各自的资源优势及未来规划,深入分析了目前企业发展所面临的内外部环境,明确了两家企业将在运营、产品、信息技术、最后一公里等领域实现复合型资源整合,实现1+1>2的发展效应。

9月29日,申通快递举办首届“金话筒”大赛,本次大赛的举办,给员工一个展现才能与风采的机会,将申通快递企业文化与知识有效地进行传播与沉淀,同时唱响了申通快递的新生命,为即将到来的双十一高峰期提前吹响了号角。

10月29日,申通快递召开“双11”动员大会,申通人发扬特别能吃苦、特别能战斗的优良作风,敢于直面困难,敢于迎接挑战,敢于冲锋陷阵,齐心协力、全力以赴,全网一盘棋,坚决打赢“双11”保障攻坚战。

# 圆通速递有限公司

圆通速递有限公司创建于2000年5月28日，经过十五余年的发展，已成为一家集速递、航空、电子商务等业务为一体的大型企业集团，形成了集团化、网络化、规模化、品牌化经营的新格局，为客户提供一站式服务。

## 一、基础建设

2015年，圆通在不断夯实管理层级的基础上，还投资数十亿元，持续开展基础建设及拓展，优化快递环境发展，全面提升企业的管理能力和经营水平。

圆通速递在全国范围拥有自营枢纽转运中心60个，终端网点超过24000个。截至2015年底，圆通速递快递服务网络覆盖全国31个省、自治区和直辖市，地级以上城市除西藏阿里地区外已实现全覆盖，县级以上城市覆盖率达到93.9%。航线覆盖城市101个，累计开通航线数量1110条；圆通速递汽运网络网运输车辆超过32000辆，陆路运输干线2928条。

同时，圆通速递与铁路部门合作拓展运能，开通了北京至哈尔滨的货运专线。2015年10月，圆通航空正式开航运营，圆通速递成为国内仅有的两家拥有自有航空公司的民营快递企业之一。

截至2015年底，圆通全年工程项目30余个，覆盖了山东、浙江、陕西、安徽、沈阳、江苏等全国各大省市。圆通速递粤东总部项目正式落户空港经济区空港物流园；圆通速递与济宁交运集团正式签约，将圆通速递鲁西南最大的现代化分拨中心，落户济宁交运海天物流“电商快递产业园区”等。

同时，为响应国家邮政局提出的“快递下乡”要求，让更多农民兄弟享受网购服务，圆通速递从去年以来大力推进“通乡镇、通村组”的“两通”工程。目前圆通的服务范围已覆盖25000多个乡镇，加快农村和中西部网络布局和基础设施建设，在网络覆盖率和稳定性、客户体验以及服务质量上都得到进一步的提升。

2015年11月，圆通购进78台载货车，提升本身物流货运能力的同时，能够更机动调配运力。

在移动互联应用方面，圆通信息中心紧跟时代的潮流，开发了微信、手机APP、手机QQ、语音自助等服务，为客户提供多元化、快捷、方便的服务体系提供了技术保障。为实现市场占有率的领先，公司硬件设备、系统软件工具种类越来越多，升级速度也越来越快。信息中心更建立了全网运维支持体系，逐步健全365热线服务制度，保证公司将“全网一体”、“全年无休”的服务落到实处。

## 二、业务发展

圆通速递一向秉承“客户要求，圆通使命”的服务宗旨，以市场需求为导向，为客户提供“最具性价比的快递服务”。如：

1月19日，圆通集团宣布旗下电商平台“一城一品”正式启动海外直购业务，上线了第一批海外商品，均为德国原装进口，由原产地发货，最快10天能从海外直达到消费者手中。

4月，为了增强客户体验，满足消费者夜间快递服务的需求，圆通推出夜间服务，服务时间段：19:00～22:00（根据区域差异，服务时间略有不同）。服务范围包括圆通已开通夜间服务的营业网点及圆通妈妈店。夜间服务费：19:00～22:00加收3元/票。代收货款或贵重物品不提供夜间派送服务。

5月28日，圆通速递正式推出派送前短信提醒服务。客户在寄件时可在快递面单上选择此项服务,录单后系统会对勾选此服务的快件,在指定的动态节点设置相应短信,推送至客户手机,为客户带来更便捷、优质的服务。

11月,圆通速递德国法兰克福网点开通。该网点面对德国境内客户,主营30公斤以内,德国到中国的小包裹快递业务等等。

2015年,经过全体圆通人的共同努力,紧紧围绕企业所制定的各项发展目标,全网完成快件业务量达到33亿件左右,每天的业务量超过1000余万票。"双11"期间,订单量和揽收量均创行业最新记录,高达5328余万件。

## 三、人才建设

圆通的核心价值观是"领先",其中"育才和团队要领先"作为核心价值观的六维度之一,圆通速递现有员工26万人,2015年圆通速递除了深入开展"校企合作",定向培养人才队伍外,还开展了蛟龙工程之潜龙、飞龙等以及圆通百科、蒲公英工程、新员工培训、业务培训、网络学院以及拓展培训等百余场各个类别的培训项目。如圆通百科项目于2015年1月开始筹备,通过开展智者招募、天天问答、论坛PK赛、资料中心PK赛、砌墙行动、抢微课看红包等系列活动,截至2015年11月,已汇聚智者500多名,开发出针对一线人员的微课223门。圆通百科APP于5月份正式上线,采用最先进的技术,利用大数据做底层架构,实现即时通信和智能问答,帮助一线员工快速解决工作问题。

为提升员工的专业技能和管理能力,向现代化企业转变,2015年,圆通速递用于各种人才培训经费超百万。

## 四、企业荣誉

2015年,在国家邮政局和各省(自治区、直辖市)邮政管理局、各级政府部门的关心、支持和推动下,在广大客户以及社会各界人士帮助下,圆通速递屡获殊荣。

1月,圆通客服中心获共青团上海市委颁发2014年度"上海市青年文明号"称号。

1月15日,上海市邮政管理局对首批参加精神文明创建活动的快递企业和先进个人予以表彰,圆通速递6名员工因在精神文明建设工作中的突出表现获得表彰。其中,上海转运中心操作员管其军"凌晨勇救落水老人"事迹入选2014年精神文明建设"十佳"好人好事;上海金桥分公司客服主管张兰英获"最佳受理"奖项;上海莘庄分公司客服主管姜丽萍、快递员何龙强分别获"最佳窗口"提名奖、"最佳揽投"提名奖;罗泾分公司业务员高海山获"最佳分拣"提名奖;上海嘉定城北公司客服主管彭喜华获"最佳售后"提名奖。

2月5日,圆通速递荣获上海市青浦区政府授予的"2014年度青浦区纳税百强企业"称号,位列年度青浦区纳税百强第2位。这是圆通自2011年以来,连续第四年获此殊荣。

2月,上海名牌推荐委员会公布了"2014年上海名牌产品和名牌服务"获推荐企业及产品名单,圆通速递被推荐并评选为2014年度"上海名牌",这是公司自2010年、2012年后,第三次获此殊荣。

3月24日,为表彰2014年为邮政业做出贡献的先进集体、先进个人与先进企业,圆通速递下属9家分公司获"2014年邮政行业统计工作先进企业"殊荣。

3月,圆通速递荣获上海现代服务业"2014年度突出贡献奖"称号。

3月,圆通速递荣获青浦区总工会授予的"创新型"女职工组织的荣誉称号。

4月,圆通速递安保监察部被上海市寄递物品安全监管领导小组授予"2014年度邮路信息安全专项工作"先进集体荣誉称号。

6月,圆通速递客服中心、信息技术管理中心、网络管理中心网络发展与培训部考核培训科以及宝山罗泾分公司等4家集体荣获"2014年度上海市邮政管理局青年文明号”。

11月26日，以“互联网，打造国际物流大通道“为主题的第十二届中国国际物流节暨第十五届中国国际运输与物流博览会上，圆通速递获得了“2015年中国品牌价值百强物流企业”大奖。

12月，圆通速递被评为2015年度全国交通运输优质服务示范物流企业；公司董事长喻渭蛟获“全国交通运输行业优秀物流管理者”称号。

## 五、社会责任

圆通以“企业的发展”和“创造更多就业”来推动经济社会发展，关注、支持和积极参与公益慈善及环保事业，先后用于抗险救灾、捐资办学、帮贫扶困、爱老敬老、社会主义新农村建设等方面的捐款投入达5000余万元。

2015年3月，由圆通速递与中宏保险、随手公益基金合作开展的“WE公益·衣暖童心”公益活动落下帷幕，圆通速递把通往全国的爱心道路连接起来，聚集全国的2145个爱心包裹，为偏远地区的儿童添衣递暖，让他们在这个冬天不再寒冷。

6月10日中午，上海市延安西路靠近定西路，一辆44路公交车在行驶中撞向高架立柱，造成2名乘客死亡，20余人受伤。此时，圆通快递公司的快递员周建飞路过，并第一个赶到现场参与救人，得到了社会的一直好评。圆通总部给予万元奖励外，还荣获“上海市见义勇为先进分子”等荣誉称号。

6月20日至7月15日，圆通速递北京区域联合小麦公社在北京8所高校举行“寄·青春”免费寄公益活动，旨在服务学生、便利学生。

7月6日，圆通速递为台湾新北粉尘爆炸事故受难者捐赠1500万元新台币。

8月12日晚，天津滨海新区塘沽发生危险品爆炸事故。在继圆通滨海保税区分公司积极参与塘沽爆炸事故救援工作后，8月18日，圆通速递总部通过天津市红十字会，向塘沽受灾群众捐助现金100万元，用于受灾群众安置、灾后恢复重建等工作。

8月，圆通速递有限公司在浙江桐庐县设立了500万元留本“关爱环卫工人”爱心冠名基金，这也是杭州地区首个“关爱环卫工人”爱心基金。

9月6日，圆通速递西南管理区为圆通“希望小学”师生送来价值二万余元的学习、生活、办公等用品。

11月25日，百所高校创新人才走进青浦活动启动仪式暨青浦创新创业环境推介会在圆通速递有限公司报告厅隆重举行。圆通将拿出5000万作为创新创业的投资资金，以鼓励大学生创业。

## 六、企业大事记

3月19日，圆通速递正式开通上海浦东—韩国仁川—青岛—香港—上海浦东国际航线包机业务，打通了国内—东北亚（韩国）、香港—国内的跨境快件通道，实现规模更大、时效更快的国际快件流通平台。

4月22日，由圆通速递发起的“全球包裹联盟”峰会在上海隆重召开。来自韩国、日本、俄罗斯等十几家不同国家和地区的快递企业作为意向创始成员参加了本次峰会，并共同签署了《全球包裹联盟（上海）峰会宣言》。

5月14日，阿里巴巴联手云锋基金战略投资入股圆通速递，将联手致力于推动中国快递业的服务升级，助推快递行业在管理水平、服务质量、产品创新、国际化、农村物流等方面的拓展和变革，全面提升中国快递业的服务能力和服务水平，更好地满足广大客户对快递日益多元化、个性化的服务需求，最终实现商家、消费者、快递公司多方获益。

9月23日，圆通航空与美国波音民机集团公司在西雅图波音总部正式签订B737－800BCF全球启动用户协议。

9月26日，圆通速递在浙江举行了开航典礼，“淘宝号”首飞“杭州—成都—杭州”航线。

10月1日，圆通蛟龙投资

集团总部大楼举行了正式乔迁仪式。

10 月 13 日,圆通速递邀请专家学者政府领导,在沪举办主题论坛及产业链协同发展交流大会。相关政府领导、行业专家学者、供应商代表、大客户代表及国际友人海外嘉宾等 1000 余人参加。

11 月 13 日上午,首届中国(杭州)国际快递业大会在浙江桐庐隆重召开,圆通速递董事长喻渭蛟代表中国民营快递企业在大会上作了主题演讲。

11 月 23 日,圆通航空第二架波音 737 – 300 货机顺利降落在杭州萧山国际机场,该架飞机计划次日凌晨执飞杭州—西安往返货运航线,这是继今年 9 月首架自有“淘宝网”号飞机正式投入“杭州—成都”往返定期货运航线运营后,第二架圆通自有的波音飞机。

12 月 21 日早上九点,一架飞机注册号为 B-2608 的波音 737-300 全货机降落在杭州萧山国际机场,这是圆通航空自今年 9 月 26 号成功首航后,正式投入商业运行四个月以来所接收的第三架 B737-300 全货机。

# 上海韵达速递有限公司

“韵达速递”品牌创立于1999年8月，总部设在中国上海，通过大中华地区网络和美国及整个欧洲地区网络的16万名快递服务人员为海内外客户提供快递、电商配送、仓储等服务。

韵达速递秉承“通过安全、快捷的服务，传爱心、送温暖、更便利”的企业使命，致力于实现“成为受人尊敬、值得信赖、服务更好的一流快递公司”的企业愿景。

韵达速递现任中国快递协会副会长单位、上海市快递行业协会副会长单位，中国交通运输协会快运分会副会长单位。

## 一、基础建设

韵达速递在全国设立了80个枢纽分拨中心，在各分拨中心安装了能够进行全天候、全方位进行快件安全监控的视频监控系统，实时监控各分拨中心的快件操作、分拨和转运情况，确保快件分拨转运安全和时效。全网每个分拨中心，均全部安装了机械化分拨、操作流水线，提高了快件分拨操作质量和效率。

韵达速递自主研发了先进的快件运营信息管理系统、全球货运系统等，通过官方网站提供客户自助服务、QQ在线咨询等服务，开通手机客户端服务，并在全网络快递员中统一投入使用手持终端设备，实现了快件操作与信息采集的同步和快件运营信息的实时传递，方便了客户即时查询、咨询，为实现快件全程全网运营提供了支撑，也实现了对快件全生命周期的管控。

同时，韵达速递与国际知名企业合作，开发并应用了SAP系统，实现了商务智能、客户关系管理及供应链管理以及可持续性。

韵达速递在全国建设了50000余家营业网点（包括公司、服务部、分部、合作门店），并在全网络推广标准门店，方便客户寄递快件。

韵达速递总部设立了全国客户服务中心，并在全国3个区域（上海、北京、成都）设立了区域呼叫中心，在全网络所有分拨中心网点设立了客户服务部，开通全国统一客户服务热线：95546，为客户提供查询、咨询及其他业务受理服务。

韵达速递全网开通了3000余条陆运线路（包括主干线、支干线、卡班物流线路和网点直发线路等）。为了确保快件和车辆安全，韵达速递全网络为每台车辆安装了集车辆跟踪、路线规划、信息查询、话务指挥和应急处置等功能为一体的GPS卫星定位系统。同时，韵达速递在全国各省会城市、航空城市设立航空部，通过与各大航空公司开展战略合作，根据客户需求，采取灵活多样的合作方式，设立航空直发线路800余条，满足客户对时效快件的寄递需求。

## 二、业务发展

2015年，韵达速递单日最高峰业务量约4160万件。韵达速递在全国31个省（区、市）及港澳台地区设立了服务网点，服务范围覆盖3200余个县及县级以上城市。在长三角、珠三角和京津冀地区，韵达速递的网络已经延伸至乡镇、农村。从2013年1月以来，韵达速递先后在美国、韩国、德国、日本、新西兰、马来西亚、新加坡等国家成立服务中心，开通服务网点，开通了俄罗斯和印度专线，通过与法航快递（法国）的合作，贯通韵达速递至欧洲和非洲地区的业务。

韵达速递为客户提供了以同城区域当天件、国内次晨达件、国内次日达件、国内隔日达和电子商务快件为核心的服务产品体系，同时还为客户提供到付、代收货款、签单返还、保价、短信提醒和仓储服务等增值服务。

2015年2月2日，韵达速递跨境电子商务平台——优递爱(UDA)网上购物商城正式上线，为海内外客户提供跨境电商寄递业务。

## 三、社会责任

2015年，韵达速递在发展的过程中，先后在就业、公益慈善、抗击自然灾害和地方经济建设等方面屡屡奉献爱心，捐款捐物、免费运送救灾物资和爱心物资。

5月28日，韵达速递全网络为特大暴雨受灾地区江西省赣州市爱心捐款6万余元。本次捐款由韵达速递总部公共事务部社会责任管理部倡议发起，旨在凝聚全体韵达人的力量，履行企业公民的社会责任。

5月6日，“百江快递人”慈善基金正式成立。韵达速递作为该基金发起单位之一捐赠25万元人民币，并与该慈善基金会其他百江镇快递人士共同承诺，今后每年将联合捐赠100万人民币用于百江镇敬老爱老、大病(灾)救助、扶贫帮困、助教助学等。

6月24日，带着15万名韵达人对红都圣地——瑞金教育的关怀，由韵达速递瑞金公司发起、韵达速递总部倡议并拨出专项爱心资金、韵达速递全国网络爱心网点和韵达人自愿捐赠的总价值近10万元购买的爱心物资于当天正式运抵瑞金市瑞林镇中心小学和长沙小学。

7月18日晚，在“韵达速递助学行·2015连州韵达水果音乐节晚会”现场，韵达速递总部及个人向连州地区21名品学兼优、但家庭困难的学生捐赠助学金3万余元，即每人1500元。

7月30日，继六月底捐赠爱心物资之后，韵达速递总部公益团队再次来到红都瑞金，给瑞金市瑞林镇中心小学的同学们带去了价值两万余元的书籍和学习用品。

8月13日，在滨海新区塘沽危险品仓库爆炸事故发生后，韵达速递天津公司在第一时间下发了通知号召捐款捐物，16日，韵达速递天津公司积极组织全体员工为爆炸事故中受伤的民众购置方便面420箱、手套1500副、矿泉水500箱，医用免洗洗手液680瓶，防毒面具300个，并随同天津市人民子弟兵将爱心物资送到了受灾的人民手中。

10月28日，暖冬行动第五季在四川大学锦江学院举行发车仪式。韵达速递的爱心车队穿越900多公里的路程，将一批冬衣、棉被、书籍、文具等500个爱心包裹送到四川省甘孜州白玉县孩子们手中。

12月28日、29日，韵达速递携手浙江馥莉慈善基金会为贵州、江西两省贫困山区的孩子们无偿运送爱心物资。

## 四、企业荣誉

4月，由于工作出色、业务扎实、成绩显著，韵达速递质控仲裁中心安保部被上海市寄递物品安全监管小组授予“2014年度邮路信息安全专项工作先进集体”称号。

5月18日，韵达速递上海区域4家网点公司被上海市邮政管理局精神文明办公室授予“市精神文明创建联系点”牌匾。

5月，上海韵达货运有限公司人力行政中心、质控仲裁中心和客户服务中心等3个青年集体被上海市邮政管理局命名为2014年度“上海市邮政管理局青年文明号”。

8月，韵达速递(总部)、14个网点公司和5个分拨中心被国家邮政局授予“2014年邮政行业统计工作先进企业”荣誉称号。

## 五、企业大事记

2月2日，韵达速递跨境电子商务平台——优递爱(uda)网上购物商城(http://www.udamall.com)宣布正式上线，标志着韵达速递正式进军跨境电子商务市场。

2月，韵达速递与北京安杰信息科技有限公司开展末端派送合作，在北京、上海等12个省市的城市通过使用智能快递柜，实现客户24小时自助取件的服务，继续发力末端派送服务。

3月14日至15日，以“融合·进化·开拓·共赢”为主题的韵达速递第十五届全国网络大会在浙江省桐庐县召开。会议回顾2014年韵达速递在网络覆盖、服务质量、售后服务、末端派送、市场营销、运营管理、科技应用、人才培养、品牌培育、文化建设和国际化发展等方面取得的成绩，分析面临的挑战，对2015年全网络的各项工作进行安排和部署。

3月25日，韵达速递与上海良友便利连锁有限公司在上海良友总部举行“社区商品配送（O2O、C2B业务）”战略合作签约仪式，由此开启韵达速递在零售业O2O和C2B双向业务合作新模式的全国布局。

4月13日起，韵达速递美国服务中心开通美国至中国大陆经济线网购转运服务。

4月，韵达速递全国服务热线95546启用。

6月9日，韵达速递新西兰服务中心宣布成立，并在奥克兰举行了成立仪式。

8月8日，韵达在沪举办韵达速递新标发布会，正式发布了新的企业标志。在此次发布会上，除发布韵达“新标”外，还首次对外发布了韵达企业发展战略、韵达公益宣传片。韵达企业发展战略：即不断发展快递主业，丰富快递产品满足不同消费者的需求，提高服务品质和时效，推出专属服务产品，并在此基础上，全面拥抱“互联网+”时代。在“韵达+”发展理念的引领下，以韵达为平台，以科技为驱动，构建以快递为核心、涵盖车货配、仓配、云便利、跨境物流、智能快递柜和特色农产品为内容的延伸服务。

10月14日，韵达速递以新标志亮相第十届（深圳）国际物流与交通运输博览会，这也是韵达速递2015年8月发布新标后首次以全新形象登陆国内展会。

10月16日，由中国美术学院主办、韵达速递出资合作举办的“2015白金创意国际大学生平面设计大赛”评选圆满结束，并揭晓各类奖项。韵达速递董事长兼总裁、副董事长兼总裁兼高级副总裁、品牌运营部高级经理以及中国美术学院艺术设计艺术学院副院长毕学锋教授、中国美术学院视觉艺术系主任陈正达教授等作为本届大赛的专家评委出席了颁奖典礼。

11月13日至14日，韵达速递亮相“2015中国国际快递物流采购博览会”。在本次展会上，展示了韵达速递标准化车模，现场播放了韵达速递宣传片，吸引了大量来宾驻足参观、交流。

11月19日，应中国人民对外友好协会邀请，中国快递协会常务副会长兼秘书长李惠德携国内快递企业代表团前往印度孟买出席第四届中印论坛。韵达速递董事长兼总裁参加。

12月15日，韵达速递与印度最大的快递配送公司TCI XPS在上海签署战略合作协议，宣布开启韵达速递在印度市场的发展步伐。

# 中通快递股份有限公司

2015年，中通快递在“稳、强、远”战略的指引下，增信心，大投入，重落实，严管理，强执行，继续保持了稳健的发展态势。服务质量稳中有升，品牌总体服务满意度连续两年位列行业前三甲。快递“三向工程”成效显著，全面完成了年初制定的各项目标任务，为中通快递从“做大”向“做强”转型发展打下了坚实基础。

## 一、业务发展

### （一）运营能力

2015年，中通快递全网发件量31亿件，同比增幅61%，高出行业平均增长率13个百分点；市场占有率为15%，行业占比提高1.2个百分点，增幅高于行业同规模快递公司，且整体运作平稳、有序，圆满完成国家邮政局业务高峰期“两不”、“三保”的任务。

### （二）服务质量

在国家邮政局三项服务质量评估指标（品牌总体服务满意度、快件时限率、百万快件有效申诉处理满意率）排名中，中通快递均位居行业前三甲。

其中，中通快递总体服务满意度为75.8分，同比提高1.1分，高于行业1.8分；快件全程时限54.5小时，同比提高2.56小时，比行业均值快4.7小时；72小时准时率83.6%，同比提高12.82%、比行业均值高9.7%；百万快件有效申诉10.7件，同比降低1.5件，比行业均值低2.8件。

## 二、基础建设

### （一）网络建设

截至2015年底，中通快递全网拥有员工25万人，服务网点1万多家，运输派送车辆4万多辆，开通全国98%的区县和超过70%的乡镇网点，业务通达全球50多个国家和地区。中通快递在网络规模、市场占有率、服务质量、企业管理、安全工作、品牌建设等各方面工作已全面跃居行业前列。

### （二）中心建设

全网拥有分拨中心72个，拥有自主产权的中心占地面积超100万平方米；2015年，新建并投入使用10个分拨中心，新开工上海总部（三期）、湖北荆州、辽宁沈阳、湖北武汉、吉林长春、黑龙江哈尔滨等6个基建项目。

### （三）运输能力

2015年，全网运输服务车辆达到25000多辆，其中主干线网络班车2800辆；全网航空出港城市63个（2015年中通快递二线出港城市比2014年翻了一倍），出港航线450余条，发出城市43个，进港站点53个。

## 三、企业管理

### （一）信息化建设

2015年，中通快递自主研发的中天业务信息系统全面上线，并通过注册著作权等一系列法律认证，中通快递正式拥有了核心业务系统完整的知识产权，“中天”成为中通重要的无形资产。

2015年，中通快递全面推行电子面单应用，进一步完善航空操作系统、结算系统和物料管理系统，全面上线人力资源信息化管理系统（EHR）、CRM客户工单系统，正式投入全自动智能化分拣设备和自主研发的全球最长（16米2、4节）快件分拣伸缩机设备。

### （二）一体化工作

2015年，中通快递多个利益主体向共同利益主体的转变全面实现。在转运环节上，从黑河——腾冲一线以东所有省份的转运实现直营，全网的99%以上的业务转运环节纳入总部系统。同时，全网财务、采购、人事、客服、仲裁、汽运、中转的一体化进程也进一步提速，为中通快递品牌一体化的发展打下坚实基础。

（三）安全监管和应急保障能力

2015年，中通快递安全生产委员会正式成立。中通快递安全监察细分为网络监察、邮路监察、安全监察和片区监察四大板块，形成了辐射华南、华北、华中、西南、华东、西北的垂直化管理体系，并在全网72家转运中心设立专职安全员，由专职安全员全权负责所在转运中心的各项安全管理事务。

在"中国人民抗日战争暨反法西斯战争胜利70周年纪念活动"、"上合峰会"、"第二届世界互联网大会"等重要时期，中通快递全网未发生一起重大生产安全事故，为国家寄递渠道的邮路安保工作贡献了力量。

（四）国际化工作

2015年，中通快递先后在美国设立了波特兰、洛杉矶、特拉华三处中转仓，在台湾设立了7个中转仓，在德国、法国、日韩、新西兰等地也先后设立中转仓，每个仓都配备了先进齐全的软硬件设施。同时，中通快递现已推出欧盟专线、美国专线、澳洲新西兰专线、日韩专线、东盟专线、中东专线及全球其他国家专线包裹寄递业务。

（五）企业文化和人才队伍建设

2015年，中通快递与多所高院校开展校企合作，先后29次奔赴全国多地校园招聘现场，人才招聘完成率为120%。这一年，中通快递全面实行公开竞聘上岗，为员工提供管理、专业技术晋升通道。这一年，针对全网不同需求，共组织近1500场培训，同时，参加全国快递业务员职业技能鉴定培训人数超4万人次，合格率达70%。中通从业人员素质水平不断提升。

## 四、慈善公益

2015年，中通快递正式成立网络互助基金协会，为网络内部困难网点和员工提供了有力保障。这一年，中通快递积极参加上海市政府组织的"蓝天下的至爱"、"圆梦1+1"等社会公益活动，为"南水北调"工程提供免费物资寄递，开展为浙江桐庐等多地孤寡老人"春风献爱心行动"。

## 五、企业荣誉

6月25日，中共上海市城乡建设和交通工作委员会授予中通快递党委上海市建设交通行业"'建设先锋'服务型党组织示范点"荣誉称号；

9月15日，共青团上海市委授予中通快递"上海市特色非公有制企业团组织"荣誉称号；

9月24日，中通快递荣获首届上海市快递行业职业技能竞赛团体第一名；

10月25日，中通快递董事长赖梅松在第三届世界浙商大会上荣获世界浙商"创业创新奖"；

11月22日，中通快递荣获"2015中国物流杰出企业"荣誉称号；

12月，上海市邮政业授予中通上海公司"全国交通运输行业文明单位"、"2015年度上海市快递业申诉处理质量优胜企业"、"2015年度上海市快递业发展贡献突出企业"等荣誉称号；

12月，中通快递荣获"2015年度上海市青浦区纳税百强企业"荣誉称号；

12月，中通快递被上海市政府授予第七届"上海慈善之星"荣誉称号。

## 六、企业大事记

2月11日，国家邮政局党组书记、局长马军胜在河南省鹤壁市考察期间，看望慰问首届"最美快递员"称号获得者、中通人马朝立夫妇，鼓励他们珍惜荣誉，抓住电子商务快速发展的机遇，把服务做得更好、业务做得更大。

4月13日，中共中央政治局常委、全国人大常委会委员长张德江走进河南中通快递跨境电商包裹分拣区视察，对中通跨境电商配送工作给予充分肯定，并希望中通再接再厉，更上一层楼。

5月8日，中通快递成立13周年庆典暨2015年集体婚礼庆典仪式在上海隆重举行。赖梅松董事长在致辞中寄语13对新人,谨记“信任、责任、幸福”三个词,在未来学会信任,担当责任,分享幸福。

6月25日,中通快递宣布启用“95311”全国统一客户服务专线。专线全年全天候为广大客户开放,全网统一执行,有效解决了因线路繁忙、电话占线等问题,为客户提供标准、流畅的快递服务体验。

8月,由客服中心、IT信息中心自主研发的CRM(客户关系管理)系统投入使用,实现了从客户发起投诉—总部受理—网点处理—总部跟进结案的线上一体化管理。

9月24日,中共中央政治局常委、国务院总理李克强亲临中通快递(郑州)国际包裹分拣中心工作区视察工作,勉励中通快递争创世界一流。

10月21日,国家邮政局党组书记、局长马军胜莅临中通快递贵阳中心调研指导工作,鼓励中通继续加大乡镇网点建设力度,提高乡镇网点的服务水平,将“最后一公里”服务落到实处,让快递业真正普惠城乡。

10月25日,在第三届浙商大会上,中通快递董事长赖梅松荣获“创业创新奖”。中通快递在行业第一集团军里虽然起步最晚,但是发展最快、发展势头最好,不仅被业内及国内外资本一致评定为“结构治理最健康、企业氛围最优秀、成本控制最好、发展最稳健、潜力爆发最大”的“五个最”品牌。

11月8日,路透社对中通备战“双11”以及“战前”动员情况进行采访报道,介绍了中通快递引入外界各方资本的发展模式。

11月11日前,中通快递广东深圳、贵州贵阳、安徽合肥、广东佛山、江苏南京、浙江金华、河南郑州、广东东莞、湖南长沙、黑龙江哈尔滨等10大中心相继投入运营新场地。

11月11日,中通快递全网当天接单量超5000万票快件,比2014年同期翻了一番多,“双11”当天处理量超3000万件,且整个业务高峰期间网络运行平稳,各个环节高效通畅、安全有序,得到了社会各界人士和广大客户的充分肯定。

11月13日,首届中国国际快递业大会在浙江桐庐县举行,国务委员王勇一行莅临中通快递展台视察指导,勉励中通快递要做中国的中通,更要做世界的中通。

11月29日,国家邮政局党组书记、局长马军胜一行莅临中通快递泉州转运中心视察指导并提出两点指示:一是希望中通快递充分利用大数据分单等互联网技术,大力提升企业智能化、专业化水平;二是积极加强乡镇末端网点布局,进一步拓展末端投递网络,为广大客户提供更加便捷、高效的普惠化快递服务。

12月1日至5日,作为中国交通运输领域、“互联网+”快递行业的代表,中通快递受邀参加国家主席习近平出访非洲系列商务活动。中通快递董事、副总裁王吉雷在参加商务活动期间针对中国“互联网+”和中通快递的发展作主旨讲话,并代表中通快递先后与南非、津巴布韦、安哥拉、埃塞俄比亚、塞内加尔等多个国家建立合作关系。

# 杭州百世网络技术有限公司(百世汇通)

2015 年,全体百世人团结奋进、求真务实,坚定不移实施创新驱动发展战略,充分发挥科技创新这一企业强项,用新理念、新技术提升快递服务水平,“互联网 +”成效凸显,自动化、信息化水平已接近国际先进物流企业水平。

2015 年,百世汇通在以下三个方面成就突出:

(1)企业完成了两个转变即从“劳动密集型”向“技术和劳动复合密集型”转变、从“粗放型增长”向“集约型发展”转变。

(2)企业完成了百世供应链、快递、快运三网的联动融合,公司利用自主研发的物流信息系统及覆盖全国的三网资源为客户提供一站式物流运输及配送管理服务。

(3)企业的快递业务正式走出国门迈向全球,一个国际化、信息化的全供应链的服务体系网络雏形已经形成。

截至 2015 年底,百世汇通已在全国建立 16000 个各级服务网点,分拨中心(含分拨仓)280 个,全网省际、省内班车线路 2200 多条,日单量最高值 3000 万单(含供应链),已连续两年“双 11”业绩较上一年同期增长超 2.5 倍,全年快件量增速高于行业平均增速。目前公司综合实力位居全国快递企业前列。

## 一、基础设施

2015 年,百世汇通精准发力,夯实快递的基础设施建设,网络的支撑能力得到进一步提高,公司服务水平迈上新台阶。

### (一)分拨中心和分拨仓建设

目前百世汇通拥有转运、集散中心和集散仓 280 个,操作场地面积 156 万平方米。全年扩建分拨面积 34.8 万平米,场地面积同比增加 28%;日处理能力达到 700 万单/日。全年就大规模新建、扩建分拨转运中心(分拨仓)86 个,完成了对广州、深圳、济南、昆明、长沙、天津、郑州等大型分拨场地的搬迁工作。

全年流水线改造 45 个,目前全国场地已投入使用 8 套百世自主研发的自动分拣流水线系统。全国新增爬坡机、伸缩机 500 台,分拣流水线 4.7 万米,同比增长 78%。

### (二)网点建设

2015 年,百世汇通网络覆盖范围持续扩大,截至 2015 年底,全网共有一、二级服务网点 16000 多个,直营站点 327 家,快递末端 100 米社区增值服务“百世邻里”(代理点)105064 家。在积极增加服务网点的前提下,公司花大力气推进网络的优化工作,全面提升基层网点服务能力和综合竞争力。网络覆盖率大幅提升,其中地市级覆盖率 100%,街道覆盖率达99.88%,区县覆盖率达 96.75%。

### (三)客服系统建设

2015 年,百世汇通客服中心建立并完善了三大业务板块。一是系统方面:全年实现 CRM 系统全网 100% 的覆盖率和 MINI 呼叫中心全国 25 个省市的上线。特别是 CRM 系统,它实现了客户与站点,客户与总部,站点与总部之间的无缝对接,提高了全网站点与总部协同作业的处理能力和站点服务质量及异常问题的处理效率,为客户信息一体化处置奠定了基础。二是业务方面:全面完善了服务反馈体系,全国客服热线接通率达 95%,全国各省 MINI 热线接通率达 96% 以上。全年微信平台接通率均在 95% 以上。全年消费者有效申诉率同比下降 35%,满意度达 94.6%。三是项目方面:①主动服务平台的搭建,由总部客服中心对接“阿里巴巴”,成功搭建了商家与快递之间快速有效的沟通协作平台。②济南外包呼叫中心平台的搭建，由总部客服中心与院校合作，总部派专业培训人员给学生做岗前专业培训，然后由学生上岗实操呼叫中心作业，此合作不仅为学生提供了就业实习的机会，同时也实现了呼叫中心用人需求的快速补充，同时为后续人才的输送做好充分准备。③短号项目上线，针对现有客服热线进行号码升级，目前已经成功申请到短号95320，不久将实现热线的切换，以提升企业整体形象，提升客户体验。④大客户服务平台上线，即针对项目客户，提供快件全程跟踪处理，异常反馈处理，系统自动识别快件状态，为客户提供优质高效快递服务。

（四）信息化建设

2015年，公司信息化普及和建设均取得实效。小件员APP“如来神掌”得到普遍推广，如今已成为一线快递员的得力助手，全网13万快递员仅需一部智能手机，即可完成快件的收件、派件、查询等各项工作。如来神掌APP还和快递员的评价系统打通，能有效监测到服务效果，为全网提升服务品质提供大数据参考。

在全国8个大型分拨中心推广了自主研发的自动分拣流水线，分拣效率提升3倍，错分率几近于零。

完成了“百世邻里”服务网点查询系统及星火系统的上线工作。

自主研发的物流信息系统+三网资源（快递、快运及供应链网络），为客户供应链优化提供一站式物流运输及配送管理服务。

其他还有“春雷项目——前置录单”、“天骄项目——代集包”，这一系列举措都强力推进了快递中转时效，为打造智慧网络打下了良好基础。

（五）运输体系建设

截至2015年底，全网省际、省内公路运输班车线路2200多条，全年新增汽运班车线路232条，新增挂车线路15条，调整线路221条。铁路运输方面也在去年基础上有一定发展，总货量为每天15吨。在发展陆运的基础上，公司积极发展航空运输，航空线路已达284条。目前一条以公路为主、铁路、航空为辅，贯穿東西、连接南北、辐射全国的快件运输网络已经形成。

## 二、业务发展

2015年，百世汇通的业务呈多元化发展趋势，业务总量创下新高，业务结构持续优化。一是量质齐增。2015年，全网业务量同比增加90%，增速接近行业平均增速的2倍，日最高出件3000万单（含百世供应链），是2014年日最高出件量的2.5倍。二是结构创新。百世集团建立了行业内领先的一站式综合供应链物流系统，使得百世供应链、快递、快运三网融合，实现线上线下的互动。三是国际化进程加速。2015年6月，百世集团成功收购了一站式国际转运物流平台“360hitao”，依托该平台百世汇通可以为海内外商家和买家提供更加专业和人性化的跨境物流解决方案。

## 三、人才建设和培养

百世汇通坚持人才是企业第一资源的战略思想，贯彻人才强企、人才兴企方针，全面开展选才、育才、用才、留才机制建设，通过人才开发合作、人才培训培养、人事委托代理等多渠道聚集人才，源源不断的海内外人才纷纷聚合到百世，为把公司建设成国内一流物流企业助力。

（一）人才引进

一是通过专业的人才服务中介机构为公司提供高级管理人才。

二是校企深度合作，百世汇通已与安徽师范大学、武汉轻工大学、江西旅游商贸学院、江西城市科技学院、湖南工学院等三十余所高校及职业院校开展校企合作，同十余所职业院校开展订单、定向培养等方式的高素质技能型人才培养。同时，专门成立校企合作办公室，成立校企合作专项小组，建立百世汇通人才孵化基地，与学校开始校企深度融合，共同设置人才培养方案，将学生纳入百世人才蓄水池，把学生培养嵌入百世人才培养及晋升体系，构建在线学习系统，打通企业同学校的课程体系，共同保证双方"双师型"师资队伍建设，全方位共同保证校企合作顺利开展。

（二）人才培养

主要通过以下几个项目来培养和选拔人才

"黄埔军校"——百世集团最主要的人才培养基地。全年培训共计开班36个班次，总计培训课时769小时，总计培训人数1048人，其中经理级187人、主管级187人、汽运经理/主管43人；培训覆盖率分别达到148%、49%、91%。全年"黄埔分校"及区域专项培训共举办29期，其中分校13期，区域专项培训16期，参训人员共计730人，培训课时614小时。

"嗨跑"项目。面向对象是百世集团旗下所有员工，培养目标有储备组长、组长、储备主管、主管、储备经理、经理、储备分总或总监等。

"百世大学"。百世大学培养出来的人员进入公司人才库，根据哪里储备哪里任用的原则，结合员工自愿，分配到各个相应的领导岗位。2015年，百世大学共计培训169个课程，出1773道考核试题。

（三）留住人才

实施人才保障计划，最大诚意留住人才。

举办每月一期的"百世讲坛"，丰富员工的精神生活。"一滴红墨水"培训，加强员工的专业水准。成立学生委员会，每月定期组织学委活动，丰富实习生业余生活。公司制定的人才选拔、晋升、培养、任用、管理、福利的激励机制，已形成了一条符合产业发展的爱才、惜才、用才的最佳用人机制。

此外，百世汇通还积极开展岗位技能等级考试，全网一线在职总人数13094人，参加考核人员4570人，合格人数3212人；初级认证报名人数达3493人，合格人数2407人；中级认证资质人数达988人，合格人数758人；高级认证报名人数达89人，合格人数47人。

## 四、转型升级

2015年，百世汇通把脉"互联网+"时代，谋求多元化发展，尝试跨界合作，推进互联网与传统行业融合，先行一步开拓新领域，促进了企业的转型升级。3月，公司利用自己遍布全国的网络优势，在国内首创"在线旅游+物流"的营销模式，与国内最大的在线旅游公司携程旅行网跨界合作，旅游度假线路与独家优惠以二维码形式登上快递电子面单，客户扫描携程二维码，可在携程APP和网站预订各类国内外跟团游、自由行产品，并获得携程的售后服务保障。4月，跨界合作上门洗衣服务品牌"优乐洗"。5月，"优乐洗"在上海地区进入正式运营。7月，在全国首创"送汤药上门"服务，公司与山东省青岛市卫计委联手，在青岛开展全域范围内统一"送药上门"，该服务覆盖青岛中西医结合医院、市中心医院等37家大中型医院。

## 五、企业文化

2015年，百世汇通企业文化不断迸发创新发展的活力，公司始终把企业文化作为提升企业核心竞争力的重要因素，将文化战略自觉融入到企业发展的整体战略中去。

一是表现为企业文化的不断创新。3月，公司携手新浪微公益，展开有种青年公益活动，派发近6000份柠条种子，倡议关注环境气候，鼓励员工做环保行动的践行者。5月，公司组织未婚青年员工参加当地举行的大型相亲交友会，为青年职工提供寻找幸福的机会，也为企业留住人才提供保障。11月，第二届百世公益"狂欢益起来"活动启动，该项目联合20个国内知名品牌商开展"新疆小圆枣古树认养"活动，百世员工先后认养了500多棵古树，为保护环境贡献了一份力量。

二是表现为企业文化的继承发展。公司拥有网站、微博、微信、SNS讨论组等新兴媒体和企业内刊、部门报纸等传统媒体，2015年对这些自媒体都进行了改版、升级，使之更贴近工作、贴近生活。它们已成为员工交流工作经验、了解行业动态、展示个人才华的重要平台，深受员工的喜爱。

总部和全网各分公司丰富“百世大学”、“百世讲坛”等授课内容，每月一期，请来社会著名人士授课，健康养生，书法写生等内容都进入课堂，丰富了员工的业余生活。每逢节假日总部和各分公司都会举办活动，如春节举办“年在路上”摄影比赛、正月十五灯谜会、端午包粽子比赛、中秋赏月会。春季郊外踏青，秋季登山健身，让每一位员工都能在百世大家庭中感受到百世家人的关怀。各分公司还根据各自的环境条件，举办摄影、长跑、郊游、游泳、羽毛球、乒乓球、书法、绘画等比赛活动。

公司通过企业文化的建设，加深了领导与员工、员工与员工之间的相互沟通和理解，不断构筑有利于内部和谐的思想感情基础，做到了吸引人、留住人、用好人，增强了企业的凝聚力、向心力和综合竞争力。

## 六、企业大事记

1月，“服务天下”百世旗下快递品牌百世汇通全国网络大会召开，开启全员“服务模式”。

2月，百世汇通电子面单广告项目上线（与携程合作首发），营销创新引发社会广泛关注。

3月，携程与百世汇通跨界合作，扫快递单享旅游“最优价”活动启动。

4月，上门洗衣服务品牌“优乐洗”初版首次发布上线，一个月后上海地区进入正式运营期。

4月，百世集团“百世金融”开启服务，提供集团现金管理、产业基金、风控、融资租赁等业务，为加盟商、供应商、合作伙伴等提供全面的金融服务。

5月，百世汇通“共同祝愿越来越好”摄影组图获国家邮政局主办的“中国梦 邮政情”微见闻活动一等奖。

5月，快递末端100米社区增值服务“百世邻里”，三只熊猫的品牌形象诞生。百世汇通官网百世邻里服务点查询及星火系统同步上线。

6月，百世集团收购一站式跨境转运平台360hitao，百世汇通依托平台进军欧美。

6月，百世汇通山东青岛“送汤药上门”服务正式启动。

9月，百世汇通快递全国开通COD（代收货款）业务，可以全国揽派（除青海西藏两省），目前已有近1个站点遍布全国。

10月，百世集团与台湾宅配通达成战略合作，快递先行，两岸包裹实现直送。

11月，“双11”百世集团整体业绩破3000万单，同期增长2.5倍，其中快递业务2458万单，快递品牌百世汇通进入行业排名第一梯队。

11月，第十一届“振兴杯”全国青年职业技能大赛中，百世汇通山东分公司栾峰摘得全国快递员业务员职业技能大赛金牌。

# 天天快递有限公司

2015年，天天快递以服务为前提，持续深化改革，优化布局，扩大网络覆盖面，升级信息化系统，创新“互联网+物流金融”模式，调整产品体系，乘借互联网+的东风，积极推进“向下、向西、向外”工程，开拓海外市场，布局跨境物流。2015年是天天快递腾飞的一年，“双11”业务量实现质的飞跃，突破1500万单，跻身千万级俱乐部。

## 一、公司发展

2012年8月，天天快递重组，重新组建天天团队，天天快递开启新的征程，自2012年以来，天天快递发生了翻天覆地的变化，主要有以下几点：

（一）战略规划更加清晰。响应国家号召，走“向西、向下、向外”发展之路，积极开拓西部市场、拓展网络覆盖面，开设农村站点，建设便民设施，开展跨境物流服务等；召开“五网合一”战略发布会，“五网合一”战略模式即“仓储网、干线网、分拨网、取派网、互联网”五网合一，这是天天“开放式复合式物流全生态环境模式”。以“互联网+”思维为指导，积极加快“互联网+快递”的融合步伐，发展电子商务平台，目前，天天快递旗下有OL圈和E聚富两大互联网平台；积极布局云仓，走“互联网+物流金融”发展之路。

（二）网点数量增加，网络覆盖面更广，从业人员更加庞大。从之前的不到5000多个网点，发展到现在10000多个网点，并拥多家合资、全资子公司及2000多家加盟商，网络基本覆盖发达地区县级以上城市，辐射全国大部分的地级市，从业人员也攀升到10万多人。

（三）组织机构更加完备化。2012年天天快递重组后，对公司组织架构进行科学规划，实行扁平化管理，目前，天天快递设有客服、信息、财务、质控、人资、企划、国际、投融资、电商、市场、行政、采购、工程管理、航空管理、秘书中心等多个职能管理部门，各个部门高效沟通，团结协作，为公司业务的开展及运营提供强有力的服务保障。

（四）信息系统持续升级。天天快递设有信息部，拥有自己的研发团队，天天快递自主研发的信息系统——天网系统、天宝系统，天网系统的全面使用，大大提升了快件运输的时效和透明度，天宝系统的使用使派费直接到达业务员，在提高业务员的工作积极性的同时，为客户提供更好的服务。

## 二、基础建设

（一）业务网络

2015年，天天快递网点数量增幅达10%，达到10000多个，网络遍布300多个地级市和2800多个县（含县级市、区），基本覆盖发达地区县级以上城市，辐射全国大部分的地级市。现已实现苏浙沪皖无盲区派送，形成了以长江三角洲、珠江三角洲、环渤海地区为重点区域的快递网络布局。

（二）分拨中心

2015年，天天快递已建立了东北、华北、华中、华东、华南等多个大型集散分拨中心，截至2015年12月，天天快递共拥有大型集散分拨中心100余个，分布于全国重点城市，布局合理的分拨中心，先进的运营模式，实现货物全天候运输，为客户提供安全、快捷、便利的快递服务。

（三）信息化建设

2015年，天天快递对信息系统进行持续升级，加大研发力度，继自主研发天网系统后，又先后研发了天宝系统与天眼系统，“天宝”是一款手机APP软件，主要提供给业务员使用，“天宝”与“支付宝”直接打通实现业务员钱包功能，支持业务员派费、客户运费直接支付宝实时结算，在提升客户体验的同时解决加盟性快递企业层级结算的壁垒，派费直达业务员钱包，极大的调动业务员派件的积极性，目前，天宝的使用已覆盖全国，人数达到10万余人。天眼系统是一套图示化实时的业务数据监控系统，实时在线展示网点、集散、干线车辆的运行情况以及货物流向，发现异常实时预警，在“双11”、“双12”高峰期作战中发挥了重要作用。

（四）呼叫中心

截至2015年末，天天快递在全国设有800多个独立呼叫中心，坐席超4000个，最高峰值话务量达25万，自动服务24小时不间断，为客户提供货物查询、在线下单、业务查询、服务投诉等服务。

（五）运输能力

2015年，全网拥有班车30000多辆，强大的车辆资源配置、最优化的线路设计、最智能的信息查询系统，实现货物运输信息与公司后台服务器的联动和实时更新，极大的提高配送的及时性、准确性及客户接收的实时性。航空线路400多条，与各大航空公司开展合作，最大限度的满足客户对时效的需求。

## 三、业务发展

2015年，天天快递在经营同城快递，国内异地快递，提供代收货款、到付服务、保价服务、电子商务仓服务外，在“向西”“向下”、“向外”战略布局的指导下，积极开拓国内西部市场和农村市场，目前，天天快递的网络已经覆盖全国300多个地级市和2800多个县，同时积极开拓海外市场，2015年中下旬，天天快递成立国际事业部，专注于海外市场的开拓，积极布局跨境物流。

乘借“互联网+”快递的东风，积极推进天天快递与电商平台融合的步伐，旗下品牌OL圈就是在“互联网+”快递的理念指导下发展起来的，2015年9月5日，OL圈上线以来，销售额已经达到900余万元。

创新“互联网+物流金融”模式，天天快递打造的云仓项目作为国内一站式供应链互联仓储平台，由国内电商仓储体系、跨境电商仓储体系两大板块组成，利用大数据应用分析和物联网感知技术等先进手段，全国九大区域战略布局，国内仓储和跨境仓储两大板块共同搭建深度感知仓储系统体系，为国内电商企业提供智能一体化的仓储物流3PL服务和快捷便利的创新型“互联网+物流金融服务”，为各电商企业解决一系列仓储、金融后顾之忧，支持电商企业蓬勃发展。

## 四、人才队伍

（一）人才招聘上。在2015年“双11”前，天天快递储备转运中心员工9000人，储备“最后一公里”投递人员12000人，先后与河北保定职业技术学院、江西赣州华坚科技职业学校、江西青年职业学院、浙江交通职业技术学院、浙江商业职业技术学院等几十所高校展开校企合作，在重点合作院校成立“天天快递班”，给公司储备了大量的高素质人才，为公司的快速发展奠定了基础。

（二）人才培养上。2015年组织多期新员工培训；继续保持与青海、上海、杭州等武警总队的密切联系，为退伍军人提供广阔的发展平台，开展由复转军人与大学生联合组成的“卓越计划”储备人才队伍培训，为公司各部门定向培养和输送人才；积极组织客服、加盟商、文秘、综管等相关业务培训专项班，对各岗人员进行心理疏导和职业规划指导培训；多次举行管理层团队与沟通培训；并联动各单位制作内部培训光盘等。此外，天天快递积极组织员工参与快递业务员职业技能鉴定认证考试，截至2015年底共计1847人通过快递业务员职业技能鉴定考试认证并获取相应资格。全网2015年培训785968人次。

天天快递重视人才的提升，为员工制定在职期间职业生涯规划，实施人才培养战略，通过内部竞聘上岗选拔人才，健全完善公司人才管理方案与培养机制，并实施和不断完善《天天快递人才梯队建设管理办法》，为公司发展提供坚实的人才保障，对全网管理干部实施统一管理，减少核心人才流失。

## 五、社会责任

2月，乌鲁木齐天天快递服务有限公司在自治区开展的“访民情惠民生聚民心”活动中向新疆邮政管理局“访惠聚”工作组驻村点和田拉斯奎镇波斯坦阿勒迪村自愿捐赠五万元，以帮助解决贫困户冬麦播种及相关生产生活上的困难的义举。

4月18日，在第20个世界读书日即将来临之际，“爱心传绘本，天天温暖你”活动举行，天天快递免费运送的近5万册书籍发往贵州、甘肃、宁夏、安徽、福建、浙江等省（自治区）的200余所学校，受益学生超过20000人。

4月25日上午，天天快递20名义工志愿者携手杭州微LOVE义工一起走进复兴敬老院，将慰问品送到老人们的手里，为那里的老人们带去欢乐、温暖和关爱。

4月，由春城晚报和阿里公益天天正能量举办的“善行送爱”公益活动启动，天天快递云南公司主动为此次公益活动助力，提供物流支持，并于6月4日免费将物资运往寻甸县七星镇两所小学，为那里的师生带去爱心与欢乐。

5月29日，“麦田计划”走进湖北咸宁，天天快递武汉分拨派出专人专车全力协助此次公益活动。据悉，此次公益活动走进了咸宁金鸡山小学、南山小学和长寿小学，为那里的孩子们送去了1700多份爱心大礼包。

6月8日，由天天快递免费提供物流支持的“真露童年·小水滴甘肃行”公益活动物资顺利到达甘肃省会宁县，此次物资总量近7吨，路程距离近2000公里，为谢梗小学、三岘小学师生们带去文体用品，安装净水设备等。

6月26日上午，天天快递乌鲁木齐公司员工在总经理郑成伟带领下协助乌鲁木齐市金阳社区开展慈善物资捐赠及运送活动。该批捐赠物资为书本和衣物，共计一万多件。

6月28日，天天快递青岛平度分部联合青岛市中心血站平度献血服务部、青岛市无偿献血红十字志愿者总队平度大队和天天快递青岛平度公司共同开展了“爱心永恒 热血英雄 大爱无疆”无偿献血活动。

6月底，浙江绿色共享教育基金会发起了图书募捐活动，募集到的物资于7月28日由天天快递免费寄往广西华亨小学，该批物资包括66箱图书、2台计算机、10台电风扇，以及文具和衣服若干。

7月，为了帮助桃农们减少损失，天天快递太原公司积极号召公司所有负责人以及各加盟商，共同携手以电商联合的形式发起“情系桃农，与桃农心连心”活动，免费为桃农们提供采摘、打包、装车、推销一条龙服务，销售油桃达30吨，受到了桃农们的欢迎。

7月14日，天天快递赞助广东社工支援昭通督导计划捐款仪式，暨广东社工为昭通市社工组织孵化基地捐书启动仪式上，天天快递广东分公司将12万元的赞助金交至广东省社会工作师联合会副会长阎安手中。

7月25日，由湖北荆州市快乐空间组织发起的“衣暖人心，旧衣捐赠”活动举行，天天快递洪湖公司主动承担此次运输任务，免费将募捐过来的衣服、书包、玩具、书籍等物品和募捐到的钱一起寄给西部贫困山区人民。该批物资共有大大小小21个包裹，每个包裹都在15公斤左右。

8月5日，2015年第四届“大绳的希冀——走进五十六个民族“社会实践活动圆满结束，天天快递作为主办单位之一，伴着大绳的希冀的脚步，已走过三个年头，足迹遍布大半个中国。

8月12日晚11时20分，天津港瑞海公司所属危险品仓库发生爆炸。面对突如其来的灾难，天天快递天津区域各公司、站点组织员工为伤者献血，所有站点面向所有社会团体及个人免费承运塘沽救灾物资。

8月18日，天天快递长治公司的爱心车队和员工们，带着米、面、油，和孩子们的生活必需品，来到位于山西省长治市城区柏后村的“启明星”残障儿童关怀学校，陪孩子们玩耍，陪伴他们度过了一个快乐、温馨的上午。

8月28日，天天快递隆重举行“天天有爱、助学圆梦”捐赠仪式，为全网考上大学的贫困员工子女送去希望，助力他们完成大学梦。捐赠仪式上，公司领导将捐赠的现金一一送到学生们手中。

10月17日，在一年一度的九九重阳节即将到来之际，天天快递组织义工志愿者，联合西湖区古荡街道社会组织联合会和乐居公益走访慰问空巢独居老人，分组探访了10多家社区的老人，为他们送去了温暖和爱心。

11月23日下午，“情系山区儿童，让爱与暖同行”的冬季送温暖活动举行，天天快递邢台公司主动承担此次运输任务，将羽绒服、棉鞋、棉被等300余件保暖物资送到贵州的偏远山区，为那里的孩子送去温暖。

11月30日，天天快递建德公司助力浙江建德小新星学校，免费提供包裹寄送业务，为西南贫困山区乡村学校的孩子们送去包括3000件捐赠衣物在内的第一批物资。

12月6日，天天快递江阴公司主动参与由江阴市政府、江阴市宣传部、江阴市慈善商会组织的为湖北、贵州贫困山区孩子送温暖活动，并免费承担运输工作。此次活动共捐赠棉衣、棉裤、棉鞋等38箱保暖物资，20余箱书籍，确保山区孩子们能够温暖地度过寒冬。

12月7日，天天快递来到建德明珠小学助力建德“爱心捐赠冬衣、书籍”公益活动，捐赠的1.8万件冬衣、2.6万册书，由志愿者整理、分拣后统一由天天快递免费运送到云南、四川、贵州、陕西、河南、湖北、湖南等近20所西南贫困学校。

12月12日，天天快递助力建德“爱心捐赠冬衣、书籍”公益活动的接力棒传递到了贵州织金公司。公司主管以上的人员捐出各自近半个月薪水共3000元为部分贫困学生新买了过冬的棉被。满载着爱心的近100袋（箱）冬衣和书籍由织金公司免费运送到了历程近200公里的贵州省毕节地区织金县鸡场乡小屯脚小学、修文县小学、倮脚小学，为这3所小学的600多名师生送去冬日的温暖。

天天快递重庆公司助力重庆市荣昌区西南大学西荣爱心服务团队公益捐赠活动，免费运送包括衣服，书籍，书包，学习用品在内的近一吨重的物资，并开辟此批物资的绿色通道，最终于2015年12月25日送达云峰小学，给孩子们送去冬日的温暖。

据不完全统计，近五年来，天天快递（包含旗下直营、加盟公司）累计捐赠、帮扶、支援资金（或以货运成本为计）达亿元。

## 六、企业荣誉

3月16日，天天快递荣获全国质量和服务诚信优秀企业称号。

4月22日，天天快递淮安有限公司在2015年淮安市邮政行业放心消费创建工作会议暨新《安全与生产法》培训中，荣获淮安市快递行业放心消费创建活动先进单位荣誉称号。

5月28日，天天快递荣获2014年度杭州市残疾人按比例就业工作先进单位称号。

7月27日，天天快递有限公司获得“浙江省电子商务和物流协同发展10强企业”荣誉称号，此次活动是经商务厅等五部门同意，由省电子商务促进会、省快递协会、省综合交通物流行业协会主办，阿里巴巴协办。

9月19日，天天快递参加浙江省首届快递业务员职业技能竞赛并荣获多项大奖，荣誉的取得彰显了天天快递力争上游、勇攀高峰的勇气和信心。

9月，北京市邮政管理局对在“两项活动”期间表现突出的企业进行表彰奖励，天天快递北京公司荣获安全保障先进单位称号，北京公司四名员工获得先进个人奖。

12月，天天快递北京公司获北京市邮政监管办公室表彰。以表彰北京公司在2015年“两会”、世锦赛、9.3 阅兵、十八届五中全会等重大安保工作中为社会安全稳定做出的重要贡献。

## 七、企业大事记

1 月 30 日，天天快递召开以“新常态、新未来、新天天”为主题的网络大会，总部领导、管理团队及来自全国各地的网点公司代表近 1000 人参加了此次大会，天天快递开启了新的发展篇章。

4 月 10 日，《天天快递报》正式创刊，奚春阳为报刊题写创刊词。

5 月 28 日，天天快递受邀参加首届菜鸟江湖大会，天天快递与各路江湖豪杰一起，数据赋能，行业协同，实现梦想与科技的完美结合。

7 月 31 日，以“论剑微商，对话互联网 +”为主题的 2015 年微商论坛活动召开，天天依托“互联网 + 快递”的国家政策东风，积极推进旗下品牌天天云仓、OL 圈、e 聚富的发展。2015 下半年天天快递专门成立国际事业部，打造跨境物流通道。与此同时，天天自主研发的天网系统和天宝系统也已全面升级和上线，这一切都标志着天天快递“互联网 +”的进程又更进了一步。

8 月 8 日，在天天人的满心期盼中，由总部人资、运管、企划、行政、客服等部门联合主办的“天天快递、天天向上”首届业务技能大练兵决赛在杭州隆重举行，比赛赛出了天天人的气势，展现了天天人的风采。

8 月 27 日，即加拿大时间 8 月 28 日，天天快递加拿大多伦多分公司隆重开业，这标志着天天快递从此在跨境快递物流、跨境商品供应链上的进一步升级。

8 月 28 日，天天快递发布了天天开放式复合式物流全生态环境运营模式，即“‘仓储网、干线网、分拨网、取派网、互联网’五网合一”战略模式。天天将经过 5 年的系统建设和能力适配逐步达成远景目标，凸显复合式物流模式在全产业链一体化解决能力方面的竞争优势，为整个行业带来不可预期的巨大利益，成为物流行业的“苹果”。同时还举行了“天天云仓”推介会。

9 月 25 日，申通天天战略合作网络大会在上海召开，大会以“聚，共赢，变，领航，携手绘蓝图，共赢创未来”为主题，会上确定两家公司将在运营、产品、信息技术、最后一公里等领域实现复合型资源整合，实现 1 +1 >2 的发展效应。

“双 11”期间，在全体天天人的共同奋战下，天天快递“双 11”当日件量突破 1500 万单，跻身快递业“千万级俱乐部”，“双 11”当日下单签收率达 91.61%、位居行业第二的好成绩，11 月 17 日，在各家快递公司还处于“双 11”奔忙状态的时候，天天快递以高效、高质宣布“双 11”运营模式完美收官，成为首家结束“双 11”运营模式的快递公司，整个网络进入到常态化运营。

# 红楼(上海)快递有限公司(国通快递)

2012年,中国红楼集团正式跻身快递行业,创建"国通快递"品牌。截至2015年年底,国通快递已经是一家立足上海、网络覆盖全国、设备配置完善、服务态度优良、人员配备全面、战略布局精准的大型快递企业。两年多来,国通快递先后投入数十亿资金,建成60多个大型分拨中心,网络已覆盖全国32个省、市、自治区和特别行政区,形成以长三角、珠三角、环渤海为重点,服务遍布全国的快递网络布局。客户群体遍及电子商务、制造业、高科技IT业、零售业等多个产业领域,经营范围囊括国内快递、物流配送和仓配一体化等多种类服务,为客户提供国内当日达、次晨达、次日达、隔日达等产品项目,另设有运费到付、电子商务配送、签单返回等增值服务。国通快递还将根据市场需求开拓更多的服务业务。

## 一、业务发展

国通快递在红楼集团雄厚资金投入和强有力的支持下,基础建设、制度建设和人才建设等方方面面均日趋完善,网络建设更是有了实质性的飞跃。目前,国通快递全网从业人员已趋近6万人,网点数量更增至6000多个(覆盖全国一、二、三线城市与乡、镇、村,基本实现无盲区派送),各级分拨与转运中心数量增至百余个,网络快递车辆每年均有显著增长,每日为客户递送票件数逐年递增。2015年,国通全网日均、月均业务量分别突破80万、3000万大关。

## 二、基础建设

2015年,国通快递网络高速发展,软(硬)件能力飞速提升。集团投入资金5亿元,对沈阳、天津、青岛、嘉兴、温州、宁波、衢州、金华、徐州、蚌埠、武汉、深圳、广州、南京、无锡及上海16大分拨中心进行改建、扩建工作,涉及土地面积20万平方米,较旧场地增加近3倍。目前,网络已覆盖全国31个省(自治区、直辖市)和1个特别行政区,网点数量超6000家,快递车辆近万辆,航运线路上千条,日处理能力已达300万票。

2015年国通加快建设微信服务平台、智能监控预警系统、全网派送区域电子地图绘制系统、人资管理系统、超区件管理系统、电子面单管理系统、金蝶财务系统等信息化建设,整体信息化投入数亿元。随着这些系统建设完成和投入使用,逐步提高了国通整体信息化水平,提高了国通管理规范化水平,提高了国通各环节工作效率,为国通快递未来发展打下了坚实的基础。

## 三、人才建设

企业文化是核心,企业战略是前提,人力资源是保障。在经过科学的战略规划和文化固化后,辅之以良好的人才结构,三者结合才会共同构建企业的核心竞争力。成功的企业之所以成功,关键在于能否秉持坚强的意志,坚持正确的信念和原则;关键在于能否运用文化的感召力凝聚众多人才,实现共同的梦想;关键在于企业能否用自己的智慧创造丰盛的精神家园。2015年,国通快递在人才建设方面同样积累了许多宝贵经验和心得。

### (一)人才选择要遵循优选化

要坚持从自主培训和好中选优为主,适当引进成熟性人才的原则,着重点放在员工素质提升上,并引入竞争机制。营造公正、公平、公开氛围,坚持选人用人的正确导向,达到"使用一个人,激励一群人,培养一批人"的效果。

### (二)人才培养需要专业化

快递企业岗位多,专业分工较细。人才岗位专业化较突出,亟需培养一批专业的"带头人"要鼓励和引导那些关键岗位的专业管理人才，承担起“言传身教”“培养新人”的意识。使各岗位人员不断积累经验，提高专业知识水准，降低成本，提高工作效率。

（三）人才准备要前瞻化

企业发展需要人才，对人才需求多样化、专业化，需要专业技术人才，懂管理、懂经营、懂分析的管理经营人才，还需要一般的管理人才。这就要求在人才培养和人才引进上具有超前意识，立足企业实际，按照专业相近能力适合的原则，把有开发潜力的人员安置到相应岗位，通过实践技能培训，使他们尽快进入角色，适应岗位需要，从而确保岗位工作的稳定性和连续性。

（四）人才评价要标准效益化

只要员工尽职尽责，完成好本岗位的工作任务，都是企业需要的人才。为此，在识才上要不唯学历、资历，只看重能力。在用人上，倡导“德为前提、能为本位、绩效评优”，打造人尽其才的企业环境，全力做好人才评价标准的效益化。一方面要准确、客观地评价人才；另一方面要充分发挥员工的积极性主动性和创造性，促使他们积极工作，以人才价值的最大化促进企业效益的最大化。

## 四、社会责任

作为一家有社会责任感的企业，作为一个以“为民服务，和谐万家”为企业宗旨的企业，国通快递在2015年，面对各种天灾人祸多次伸出援手，表明国通快递作为一家有社会责任感的企业，一直都在以实际行动和拳拳爱心来履行自己对社会的承诺，承担社会责任和义务。

5月14日，国通快递在甘南邮政管理局、教育局的大力支持下，在甘南州合作市“佑盖曼玛乡”中心小学和夏河县牙利吉乡隆重举行了“善行天下、爱聚你我”爱心捐赠交接仪式。捐赠物资338箱共计13823件，其中棉衣类有127箱1877件、毛衣类有54箱1754件、童装类83箱4422件、文具类5箱482件、书籍类17箱2672本、鞋类20箱484双，其他类（包括玩具、体育用品、书包、化妆品、围巾帽子手套等等）32箱2132件。

6月9日，国通快递在甘肃省邮政管理局和甘肃省临夏县政府的牵线指导下，在甘肃省临夏县回族自治州举行了主题为“善行天下，爱聚你我”的爱心捐赠仪式，为当地的贫困村民和困难儿童捐赠20000余件爱心物资（包括玩具、体育用品、书包、化妆品、围巾帽子手套等等）。

6月12日，由国通快递冠名的大型励志情感舞台话剧《邮差》在长沙湖南大剧院剧院演出取得巨大成功。

8月13日，国通快递天津公司第一时间协同塘沽站点为天津爆炸事故的灾民送上救灾物资及食品。8月14日，天津公司总经理宋文勇与数十名“国通人”前去天津站血液采集点为伤员义务献血。

9月3日，国通快递张兴书与“寻找我们身边的抗战老兵活动义工小组”一起，带着鲜花和水果来到海宁康华医院看望了海宁抗战老兵张一鸣，陪伴他一起收看阅兵仪式直播，共同感受节日的喜悦。

10月30日，国通快递组织发起帮农活动，为湖北武当地区的橘农提供帮助和宣传，尽心尽力为他们摆脱因销量下滑而导致的生存难问题。

## 五、企业荣誉

1月，国通快递员工施美南、马松松、杨志刚喜获上海快递行业精神文明建设表彰。

2月，国通快递吉林公司评为“吉林省2014年快递业务员职业技能鉴定工作集体三等奖”、员工肖显鹏同志被授予“2014年吉林省快递业务员职业技能鉴定先进工作者”荣誉称号。

5月，国通快递副总裁廖国梁走进浙江理工大学，自信的走上三尺讲台，为该校“物流专业”的学生讲授快递网络知识，并与该院领导和教授进行学术探讨和交流。

6月，国通快递客服中心和国通快递上海区域网络管理委员会双双荣获2014年度上海市邮政管理局“青年文明号”荣誉称号。

7月，国通快递陕西公司被定为“西安市物流快递规范标准试点单位”。

10月，国通快递北京分拨中心经理周训忠因在北京9.3阅兵期间安全工作表现出色喜获荣誉证书。

## 六、企业大事记

2月7日，国通快递在浙江桐庐召开的2014年国通快递年终总结大会。会议以“夯实基础、提升质量、平衡发展、合作共赢”为主题，围绕“新系统、新国通、新形象”做文章，回顾了国通快递两年来的发展历程，总结和分析发展过程中的得与失，确定2015年国通快递发展规划，力求在求新求变中寻求突破性发展。

4月25日、26日，国通快递直营省公司工作会议在上海总部隆重召开。会议制定了直营省公司的绩效考核机制与方法，提出了“心态、用心、无私、责任”八字工作指导方针，并要求在这八字方针指引下，进一步明确直营省公司的经营理念和思路，为完成“三年变个样”的战略目标而努力奋斗。

5月14日，国通快递在甘南邮政管理局、教育局的大力支持下，在甘南州合作市“佑盖曼玛乡”中心小学和夏河县牙利吉乡隆重举行了“善行天下、爱聚你我”爱心捐赠交接仪式，这标志着此次甘南州爱心捐赠活动圆满结束。

5月18日，国通快递正式成立以朱宝良董事长为组长的2015年服务质量专项整治工作领导小组，并在第一时间下发通知，对相关工作做了具体安排，旨为进一步提高国通快递服务质量，贯彻落实上级主管部门的相关精神。

5月28日，菜鸟于成立两周年之即，在杭州阿里巴巴西溪区隆重举行首届菜鸟江湖大会。国通快递董事长朱宝良、副总裁沈旸一行五人受邀参加了此次大会，包括“通达系”在内的近500家菜鸟平台物流快递服务提供商也参加本次大会。朱宝良董事长更获邀参加“诚”令天下启动仪式，携手包括国通快递在内的15家快递业“大佬”和菜鸟总裁童文红共同启动“诚”令天下。

6月9日，第十七届浙恰会金华投资环境推介会暨项目签约仪式在宁波香格里拉饭店隆重举行。在金华市市长暨军民等领导的共同见证下，红楼集团副总裁卢红彬代表国通快递和金华市金义都市新区管委会主任赵国荣就金华国通转运中心项目签署了协议书。至此，国通快递金华转运中心项目建设正式启动。

9月28日，国通快递总部迎来乔迁大喜。公司总部在迁往交通便利、环境高端、设施齐全的新场地后，将一如既往以提升服务为首要宗旨，以崭新姿态迎接旺季高峰，步入全新的战略发展格局，翻开属于国通人的新篇章。

11月13日，首届中国国际快递业大会在浙江省杭州市桐庐县召开。会议期间，国务委员王勇在国家邮政局局长马军胜和相关国家及省部领导的陪同下，莅临同期举办的“2015年度中国国际快递物流采购博览会”国通快递展馆参观指导，并与国通快递董事长朱宝良亲切交谈。朱宝良向王勇一行简单介绍了国通快递成立三年来的情况和未来规划，王勇肯定了国通快递的发展，鼓励国通快递要继续做大做强，争取早日做到“四通八达”。

12月29日，国通快递与平安银行杭州分行战略合作协议签约仪式在上海市松江区国通快递总部隆重进行，各方就账户体系业务、网络融资业务、物联网金融业务等板块开展战略合作。国通快递董事长朱宝良与平安银行杭州分行行长李海明代表各方签署了银企战略合作协议。

# 全峰快递集团

全峰集团,是一家主要经营综合供应链及相关业务的服务型企业,创立于2010年11月18日。全峰集团以整合国内供应链资源打造民族新品牌,持续塑造围绕快件寄递服务核心生态圈为奋斗目标。为积极参与中国市场经济的建设与发展,致力于成为“物流 + 金融 + 互联网 +”智慧型综合供应链服务领跑者。全峰集团通过多年探索沉淀,取精用宏、扬长避短,以全新的理念和发展思路,秉承“高目标、高起点、高标准”原则,立足华北、华东、华南、外围四大服务区域,斥巨资面向全球提供优质供应链综合服务。

快速发展的全峰快递,多次获资本青睐,获国内顶级风投机构数亿元注资。自2013年2月2日,“黑马”全峰与北京钓鱼台国宾馆召开新闻发布会,宣布获得力鼎资本、鹏康投资数亿元人民币投资以来,全峰快递已完成多轮融资,持续获得鹏康投资、云锋基金、景林资产、力鼎资本、真金投资、睿正资本、亦庄国投、天时开元、上海澜亭等多家国内顶级风投机构数亿元注资。

目前,全峰集团旗下拥有全峰快递、亚风快运、互联网金融、O2O闪送等多个子集品牌。全峰快递品牌旗下主营产品有:全峰标快(标准快递)、全峰优盾(限时快件、贵重优盾、生鲜急配)、增值服务(代收货款、VIP服务、签收返单、电子面单、货物保价、驻场服务、客服外包、短信通知、进仓服务、方案定制)等;亚风快运品牌旗下主营产品有:亚风标快(标准货运)、闪电达(限时货运、贵品运输)、整车运输、零担货运、增值服务、定制化服务等;互联网金融及O2O闪送品牌均可提供多套标准化及定制化解决方案。

## 一、“物流”发展方面

——服务覆盖

截至2015年年底,全峰快递品牌已开设营业网点5000余家;亚风快运品牌已开设营业网点2500余家。

——转运中心

截至2015年年底,全峰快递品牌已设立转运中心达64个;亚风快运品牌已设立转运中心达20个。

——营运线路

全峰 + 亚风的“陆运 + 空运”营运线路已延展至数千条运输线路覆盖,目前可定制化直达至中国任一角落。

——服务人员

全峰 + 亚风的服务人员已达到50000余人,高素质、标准的服务人员密布至全球每一个角落。

——科技创新

全峰集团斥巨资打造“喜马拉雅”信息化系统可为综合供应链服务提供有力支撑。

## 二、“金融 +”发展方面

全峰集团已同国内顶级金融管理公司成立合资金融管理平台,未来将致力于围绕物流 + 为核心的上下游小微金融服务或其他增值服务。

## 三、“互联网 +”发展方面

全峰集团通过物流 + 的大数据应用及生态圈模式的搭建,致力为用户提供以物流 + 为核心的互联网 + 服务,即O2O生态圈、闪送、大数据等多维度增值服务。

## 四、特色产品

(一)全峰标快

全峰采用合理的定价模式、标准的操作流程,确保各环节以最快速度完成发货、转运、派送,为客户提供优质服务承诺的门到门寄递服务,最终形成完善闭环。

●服务优势

1.优质的时效保障

(1)从客户预约下单到全峰快递员上门收取快件,1 小时内完成;

(2)快件到达全峰网点至快递员上门为客户派送,2 小时内完成;

(3)核心/地级城市 1~2 天签收,县级城市 2~3 天签收(具体递送时间根据不同区域/运输方式而定);

(4)保障各环节以合适路由发运,最快可实现“上午收下午送”的优质标准快递服务。(偏远地区将增加相应工作日)。

2. 严谨的质量监督

(1)质量监督:严格的质量考评体系严格管控服务质量,完成各项指标监督;

(2) Call Center:专业、高效的 Call Center 体系为客户解决全方面问题,并提供可行性建议。

3. 安全的服务体验

(1)网络覆盖:高素质的从业人员,缜密的网点布局,为快件带去卓越的寄递旅程;

(2)信息安全:先进的信息化系统架构,有效保证客户信息安全;

(3)集群监控:灵活、便捷的集群监控系统,随时随地保证快件中转安全;

(4)营运监控:全程 GPS 车辆监控,监控快件流向,确保快件准时、迅速到达。

(二)限时快件肯定到

“限时快件“是由全峰核心团队全心打造,致力于为客户提供承诺区域内安全、迅速、有品质的快件寄递服务,对未实现承诺的寄递服务履行一定金额的超时信用赔付。

●服务优势

精准投递,减少客户时间成本;

快速理赔,履行信用承诺;

时效保障,确保用户准时送达;

品质服务,高端品质售后服务。

(三)贵重优盾

贵重优盾是为寄递高价值、高附加值的物品(单票声明不超过1 万元)需求的客户提供高价值、贵重物品专用面单的快件,特殊流程交接,高端电子仪器匹配,直至送达收件客户手中,为快件提供更安全,更便捷的服务。

●服务优势

安全:全程监控,全力呵护;

责任:一份信任,一份承诺;

高效:迅速响应,快速落实;

便捷:自选标准,量身定制;

科技:技术监管,省心省力。

(四)仓配一体

依托自身强大的运输配送资源及网络资源,为客户提供仓储、分拣、配送一体化供应链解决方案。

全峰仓储配送一体化“4C 服务”涵盖了客户接待(customer)、成本费用(cost)、方便快捷(convenience)和交流沟通(communication)四方面要素,主要内容包括:客户及消费者服务至上的原则、节约客户与消费者费用成本的措施、提高服务便利化和加强真诚沟通四个方面,旨在打造“顾客至上,服务至诚”的商业和谐模式。

●服务优势

定制服务:定制产品组合,全峰标快、代收货款、保价等产品服务。

定制专项操作:配合客户业务特性有效调整操作方式、配送时间、代签收等。

定制服务方案:1VS1 的 VIP 客服,监督服务质量,及时响应异常情况,并提供响应数据库共享。

安全保障:全球领先的信息化系统匹配完成订单跟踪管理。

网络覆盖、运力保障:信息化的快件跟踪系统、营运车辆 GPS 定位跟踪监控。

定制账单、运单:有效保护客户的信息安全。

保价服务:为您的快件全心全力保驾护航。

(五)生鲜急配

针对食品类生鲜(生鲜水果、生鲜冻品)的批量性客户提供的增值服务,通过优先转运、优先配送、系统识别等标准操作流程方案,确保客户快件的安全、品质及时效的最优化。

●服务优势

时效优先:优先配载、优先派送;

主动服务:专人每日主动跟

进异常情况；

优先理赔：若出现超出承诺时效送达（由全峰原因造成），不论托寄物是否发生变质均属于理赔范围（具体根据合同约定的赔付方式或金额进行理赔操作）。

（六）亚风闪电达

“闪电达”服务是亚风快运面对广大客户提供的高端公路快运服务，采用限时配载、限时运输、限时配送等环节流严格控制，为客户提供“限时、精准、安全“的快运服务。

●服务优势

限时：全程集群监控系统协同 GPS 全球定位设备，确保货物在每一时间流中保持快速、严谨的工作行为，保证货品装卸、货品运输、货品配送等时间损耗最小化，减少客户时间成本。

精准：完善的信息化系统管控，缜密的客户管理体系，确保客户货品精准送达。

安全：透明的流程管理、全封闭式专车运输，全程 GPS 系统监控，确保客户货品安全。

服务：严谨的内部体系流管理，专业的 Call－center 客服系统及团队，为用户提供亲切、专业的管家式服务。

承诺：若未在承诺时效内闪电送达货品，客户即可享受退换双倍运费予以信用赔偿。

（七）亚风微包

亚风快运专门为客户提供 20 公斤以下的货物快运服务。

●服务优势

高效便捷：更加高效便捷的快运服务；

快捷时效：高效的门到门网络服务，定时发车，按点到达服务；

安全运输：全封闭式 VOLVO 干线班车运输，GPS 全程监控，更有专业人员为您提供 7 × 24 小时货物追踪服务。

## 五、企业荣誉

6 月 15 日，全峰快递斩获由上海城市公众满意度调查活动组委会颁发的“公众满意企业”称号；

10 月 2 日，全峰集团荣获由中国交通运输协会颁发的 Agricultural Cold China Logistics Professional Committee（Accc）“副会长单位”殊荣；

11 月 22 日，全峰集团获“2015 中国物流社会责任贡献奖”殊荣；

11 月 26～28 日，全峰集团荣获“2015 年度中国品牌价值百强物流企业”、“2015 中国十大竞争力物流企业”两项大奖。

## 六、全峰公益

为更好地为公众及机构服务，由全峰集团发起，成立独立运作的 NGO 公益组织——全峰公益，致力于帮扶大众，回报社会，并积极投身于各项公益事业。

8 月，天津滨海新区塘沽，全峰集团累计无偿运送物资 510 方、捐款 15 万余元。

11 月，贵州董王乡爱心助学活动，全峰集团累计无偿运送物资 120 立方米。

# 快捷快递有限公司

快捷快递有限公司是中国快递协会理事会第二届理事单位。2013年初，由吴传龙股东团队收购重组，注册资金5000万元，总部位于上海青浦。公司网址：www.kjkd.com，全国统一服务热线：4008333666。

2015年，面对错综复杂、跌宕起伏、较为艰难的经营形势，快捷快递在国家邮政局和各级邮政管理部门的正确领导下，在公司董事会的科学决策和监督指导下，坚持以管理为核心，牢牢把握发展机遇，及时抢抓市场先机，适时调整经营策略，努力改善经营局面，在行业中努力打造公司自有的核心竞争力，取得了出色的成绩。

## 一、基础建设

### （一）总部乔迁

2015年6月18日，总投入近2亿元的快捷快递总部投入使用。这是公司发展历程中的一座重要里程碑，从此快捷拥有了属于自己的总部基地，开启了发展的新篇章。新总部的乔迁启用，是公司形象与实力的象征，是决策与决定的指挥中心，更是集行政管理、财务管理、营运生产管理多功能的综合体，有利于实行大集团管控模式。对公司的发展具有重大而深远的意义。

### （二）服务网络

2015年，公司以提升网络质量为网络工作重点工作，大力增加网络布局建设投入，积极扩充加盟（服务）网点数量，全力优化网络布局，切实加强了网络竞争优势。

截至2015年底，全网网点数量累计达到5000余个，全国20余省市实现全境派送，各省区网点以区县为单位覆盖率为90%，网络服务的广度和深度得到加强，末端服务能力进一步强化提升。

### （三）转运中心

2015年，公司在全国各重点城市合理布局转运中心，以先进的运营模式，实现快件全天候运输，为客户提供安全、快捷便利的快递服务。全年新增转运中心33个，累计为107个。总分拨面积较上年增加9.67万平方米，达30.03万平方米。其中，重点对江苏淮安转运中心、广东虎门转运中心、天津转运中心和福建晋江转运中心进行了扩建，共计投入约5000万元。

2015年，全网转运中心投入900万元新增2100米流水线，总长度达到6000余米，新增安检机25台，操作人员较上年新增748人，达到2832人。

全网络各级中转中心得到进一步优化升级，中转分拣能力大幅提高，为网络的正常运行奠定了坚实基础。

### （四）运输体系

为满足全网不断增长的快件运力需求，公司全年投资1.2亿元，购买运输车辆共300辆，总运力容量由上年的27800立方增加到2015年的40000立方。

运营线路不断增加。2015年，全年共开有A类线路237条，同比增长24%；B类自营班车线路总共为235条，B类物流（第三方）班车线路总共为287条。这些大大提升了全网快件的运输能力，网络运输时效得到进一步巩固和提高。

### （五）信息化建设

信息化建设是公司参与市场竞争的内在要求。2015年，快捷快递成功上线E3系统（公司主业务系统），内含物料进销存系统、快捷助手APP、快件短信通知平台、太平洋保险模块、400呼叫中心系统、QQ在线客服体系、转运中心巴枪升级改造、OA协同办公系统和系统数据接口清单等八大板块。同年，公司还全新上线完成仓库进销存管理系统。

2015 年,公司与淘宝合作开发派费直付业务员系统,将派费直接支付给业务员,从而有效提高了末端派送质量,在一定程度上确保了网络的稳定性。

(六)组织管控

为了确保公司业务收入的增长和服务质量的稳步提升,2015 年以来,公司还搭建了与管控体系相匹配的组织架构,以实现公司管理制度化、科学化、规范化。

## 二、业务发展

(一)传统业务

快捷快递通过多渠道、深层次、全方面的进一步加强与现有大客户之间的互动与沟通,加大优惠促销力度,开展形式多样的促销活动,努力提升客户黏着度,制定完善的竞争策略,努力为客户提供更加优质的服务,以达到提升服务质量的目的,进而带动快件业务总量的提高。

2015 年,在同行业平均增幅为 45% 的情况下,快捷逆势上扬,取得了远远高出行业平均水平的可喜成绩,全年全网络业务量总计完成 2.5 亿件,年度增长幅度为 171.92%。在业务量不断攀升的同时,网络运行越发平稳,全年未发生快件严重滞留现象,网络整体运营能力大大提高,服务质量明显进步,客户满意率得到了显著提升。

(二)"互联网 + 快递 + "生态圈建设

随着互联网和电商的迅猛发展,在资本的驱动下,嗅觉灵敏的快捷快递在全力做好主营业务的同时,积极加快商业模式的创新,探索多渠道、多元化经营发展新思路,大打创新商业发展牌,在前期调研分析的基础上,整合各方资源,建立相应电子商务平台,全新的"互联网 + 快递 + "模式如火如荼地开展起来,这既可以强化与各类业务的友好协同,也借力我们快递本身的大数据提供差异化的服务产品。

2015 年 8 月和 11 月,快捷快递自营电商平台快捷洋淘和上海千符供应链管理有限公司成功上线运营。目前发展势头健康迅猛。

## 三、企业文化

企业文化是企业核心价值观的体现、员工的精神支柱,企业文化建设可以增强凝聚力、激发创造力,进而提高企业的核心竞争力。通过借助公司文化宣传工具,宣传公司的方针政策、弘扬进取文化、务实文化、和谐文化,为公司特色文化注入新的内涵,为企业发展注入持久活力。

2015 年 9 月,在充分借鉴和考察国内外多家先进企业成功经验的基础上,公司决策层最终确定了以"新八德"即:"孝亲、尊师、友人、立志、长善、救失、守法、循规"作为快捷快递的企业文化,把"新八德"文化作为公司的立身之本。通过"新八德"文化让来自全国各地的快捷人拥有共同的价值观和行为准则,让快捷成为一个和睦相处、互敬互爱的大家庭。具体到实际工作中,就要形成"诚实信用、创新发展"的企业经营理念。

在"新八德"企业文化的感召下,全网涌现出一大批道德模范人物,如奋不顾身徒手攀爬 6 层楼,施救 3 岁男童的北京区财满街公司快递员赵中华、拾得巨额重金而不昧的浙江永康公司财务罗徐艳,以及深入四川凉山州进行志愿公益的安徽合肥七里塘公司的快递员石宝山。他们的事迹被国内各大媒体争相报道,在行业内传递着满满的正能量。

## 四、品牌建设

品牌不仅是企业的形象,也是社会公众及市场对一个企业的认知和评价,更是企业进入市场和占领市场的武器。公司对"快捷"品牌的定位要求是:产品专业、服务优质、管理科学、客户至上、与时俱进。经过三年多来的深耕,"快捷快递"品牌知名度和美誉度大幅提高,在全国广为人知。

2015 年 7 月,快捷首届"心中最佳省(区)总经理"微信评选启动以来,受到网内干部员工、业内人士、媒体及广大客户的高度关注，其火爆程度和影响范围之广超出预期想象，参与人数高达20余万人次，一时间成为业内备受瞩目的盛事。8月，新华日报社对快捷快递助力汤山七坊乡村电商发展进行采访报道。9月，在纪念中国人民抗日战争胜利70周年之际，快捷快递作为唯一指定快递公司走进北京人民大会堂，为“向一万名患糖尿病、中风后遗症或老年综合症的抗战老兵及家属捐赠华汉针神”公益活动提供承运服务，受到多位国家老领导和媒体好评。11月13日，在首届中国（杭州）快递业大会上，国务委员王勇点赞快捷，勉励“快捷要快速”。12月，公司独家赞助并参拍央视七套贺岁电影《恭喜发财之快递过年》，品牌宣传达1亿7000万次，从而进一步拉升了品牌档次。

## 五、人才建设

面对市场的快速变化，企业必须有更快的学习速度和敏捷的反应能力，以确保企业立于不败之地。快捷快递坚持“精强主业、多元发展”的发展思路，积极实施人才强企战略，以“打造成一个让员工幸福、客户满意、社会尊重的快递企业”为目标，不断深化人才工程建设，以人才领先实现管理领先，变人才优势为企业发展优势，积极创建学习型组织建设活动，从而为企业持续高效发展提供了强大的人才保证和智力支撑。

在快捷快递专门的培训部门里，制定了详细年度培训、学习计划。在内容上，除了快递行业知识、快件揽收、分拨、转运和派送等各个环节的流程知识外，特别注重员工的成长和职业发展等方面内容的学习。此外，快捷快递还通过与华中科技大学和华东师范大学等各高校进行合作，携手制定企业员工学历提升计划。通过合作，帮助员工弥补自身的学历短板，完善自身的知识结构和能力水平，为“互联网+”时代的快递从业人员在职教育和学历提升找到更合适的路径。通过各方面深入推进学习型组织的创建，从成效上来看，提升了企业适应市场变化的学习速度，“比对手学习得更快”也越来越成为企业参与市场竞争的核心优势。

此外，快捷快递勇开先河，在行业内首倡合伙人制度。公司计划释放出一定股份采取赠送方式给员工和网点。这种“事业合伙人”制度，解决了一系列经营管理方面的瓶颈，包括员工离职率下降，员工服务质素大幅上升等，不但提高了运营效率，有效应付新的发展形势，同时增强客户满意度，对提升公司整体实力大有帮助。

## 六、资本引进

资金是企业经济活动的第一推动力、持续推动力。资本运营是必然选择，没有资本支撑意味着将被淘汰出局。自2015年9月底，快捷快递成功融资以来，公司业务发展全面提速，规模效益日益提高，奠定了市场中坚地位，引发各界的关注好评。而更因为其发展态势及主营业务上的良好表现，自2015年底以来，快捷快递频频获得多家资本的青睐和主动接触。

## 七、社会责任

快捷快递坚持将履行社会责任作为企业的基本价值观，在不断努力为社会大众提供快递服务的同时，大力弘扬“诚信向善，勤和业兴”的精神，不忘回报社会，奉献爱心，积极履行企业社会责任。从捐款支援灾区建设、资助贫困学生、支持新农村建设、发展老龄事业、支持社会文化体育事业、支持全民创业事业等方面入手，为推动和谐社会建设及经济社会发展做出了积极贡献。据不完全统计，2015年快捷快递累计为社会慈善捐款100多万元。

## 八、企业荣誉

2015年12月，快捷快递被中国电子商务物流企业联盟评为“2015年度中国电子商务物流服务五十强”；

2015年5月，快捷快递被上海市邮政管理局评为“上海市邮政行业统计工作先进企业”；

2015 年 3 月，快捷快递被上海爱心助学团、云南省绿春县扶贫办和云南省元阳县扶贫办联合评为“爱心单位”；

2015 年 3 月，快捷快递当选为“第二届中国快递协会理事”单位；

2014 年 2 月，快捷快递被中国电子商务物流企业联盟评为“2013 年度中国电子商务物流服务五十强”；

2014 年 2 月，快捷快递被中国电子商务物流企业联盟评为“2013 年度中国电子商务物流服务五十强”；

2013 年 12 月，快捷快递被中国电子商务物流企业联盟评为“2013 年度中国电子商务 COD 配送服务十强”、“2013 年度中国电子商务物流服务五十强”；

2013 年 12 月，快捷快递被青浦区城市交通运输管理所评为“2013 年度青浦区道路货运行业先进集体”；

2013 年 10 月，快捷快递被中国绿色物流发展联盟评为“中国绿色物流先锋企业”；

2013 年 7 月，快捷快递被中华海峡两岸企业交流协会推选为“理事长单位”，公司董事长吴传龙担任协会副理事长；

2013 年 6 月，快捷快递被中国快递协会评为“第二届京交会优秀组织单位”。

# 优速物流有限公司

优速物流有限公司创立于2009年，总部位于上海青浦，是一家提供全国性快递服务的规模型快递企业。历时6年的发展，优速持续保持良好的发展势头。

目前，优速快递已经在全国建立分拨中心80余个，拥有营业网点近4000家，员工50000余人，运输、派送车辆8800多台。聚焦“大包裹”，优速坚持走着一条差异化发展道路，主要定位于提供单件3~50公斤大件包裹，单票不设上限的门到门服务。也正是在这个市场战略的指引下，富士康、海尔、华为等一大批国际知名企业成为了优速快递的战略合作伙伴。优速快递正以蓬勃的发展速度，向着中国快递第一集团军迈进。

2015年，是优速快递发展里程碑式的一年，更是优速快递再次创业，重新起航年；在这一年，优速快递更换了全新VI，以精准的3~50公斤“大包裹”差异化发展道路在行业内独树一帜，同时，全体优速人积极响应上级主管单位颁发的各项政策，紧跟市场步伐，推进信息化建设，发力新产品研发，加快基础建设，全面扩展网络覆盖率，并始终坚持与时俱进，实现优速又好又快的发展。

## 一、分拨中心、运输体系建设

2015年，优速快递进一步加强了基础设施建设力度，斥巨资对全国重点分拨中心进行升级打造，并完成投入使用。在一年时间里，优速快递完成了对全国32个分拨中心的全面升级，并投入正常使用，改造升级完成的分拨中心对优速快递的转运能力起到了很大的提升作用。

在干线车方面，优速快递针对全网实施了网络优化及增添网络干线车措施。2015年，优速快递全网开通车线已达500多条，其中跨省干线近200条，比2014年新增50多条；此举进一步打通了华东、华北、西北、华南的运输大动脉，缩短了快件运输距离，全面的提高了全网的快件寄递时效。

在推动加强企业基础设施的同时，优速快递秉承与时俱进原则，与信息化、自动化等高科技接轨，不断提升网络运营安全监控能力、服务便捷能力，为优速快递的全网运营提供了安全保障。在全网的基础设施不断完善、信息自动化不断提升及“大包裹”定位全面落地情况下，优速快递在2015年双“十一”承受住了行业考验，并突破记录“双十一”当天业务量重量达到8500吨。

## 二、人才建设

日益激烈的市场竞争环境，归根结底就是人才的竞争，人才建设一直是优速快递发展战略的重点组成部分。人才是提升优速快递未来核心竞争力的重要推动力量，作为最为重要的财富，优速快递始终认为，对于人才的投入将是对优速快递未来的投资。

2015年，优速快递在专业人才建设方面采取人才引进战略工程，坚持不拘一格降人才的用人原则，并开通校企合作，在全国范围内与数十所高校达成人才定向输送合作，给公司储备了大量的高素质人才，为优速快递的高速发展奠定了基础。目前，优速快递拥有成熟的商学院内部员工培训体系，通过各部门提供的课件培训教材脚本，有针对性的对新晋员工进行入职培训，并通过建立员工考核体系，实现了员工能力的稳步提升。另外，公司通过与行动教育合作，对全国管理人员及重点培养员进行了销售及专业知识培训，通过大营销管控会议制定了全国经理级以上的五星通关制度，此举对于员工的业务知识巩固有着积极的作用。

2015 年,优速快递通过完善的人才培训机制,充分的调动了员工的积极性,同时通过人才队伍优化、人才队伍搭建及重视员工发展等措施,为公司培养了一大批高素质、强工作能力的专业人才,通过上述一系列人才培养措施,优速快递在人才流失率方面相比往年呈现下降的趋势。此外,优速快递免费组织员工参与国家快递业务职业技能鉴定认证,以进一步提高员工的专业知识。

## 三、信息化建设

优速快递作为一个充满朝气的年轻企业,对于互联网及信息化建设有很深厚的情感。优速快递拥有独立自主的研发团队。目前优速快递实现了 PC 端跟移动客户端的双层服务体验,除了实现了传统的内部管理乾坤系统、业务系统、金融系统、独立结算系统、400 客户系统、网点管理系统,还通过优速快递官微、官网、支付宝服务窗,打通接口实现了在线下单、在线查件、在线客服、快件实时跟踪等便捷的查询服务功能,大幅度的提升了客户体验度。

自成立以来,优速快递一直秉承一路呵护所托服务理念,始终坚持与市场为导向,不断开拓创新,通过信息技术,接入大数据,对快件结构进行精确无误的分析并及时掌握市场信息,为公司开发个性化产品提供了数据支持。

## 四、业务发展

优速快递立足国内市场、面向港澳台及国际市场,积极部署全球发展步伐,全面贯彻"向西、向下、向外"发展路线,紧随市场发展大方向。2015 年,优速快递重点跟进"快递下乡"服务乡镇的惠民政策,在全国范围内开展了邮寄农特产品活动、时令产品等特色产品,并通过总部制定的"乡镇快递代理点"战略方针及乡镇网点扶持政策,优速的网络覆盖率从广度和深度上得到了进一步上升,通过不懈的努力,优速快递在全国开通了 1.5 万个乡镇服务网点(或代理点),覆盖率高达到了 40%。

优速快递稳扎稳打,拥抱国际发展步伐,加大海外业务投入。2015 年,优速快递开通了美中专线快递,为海淘客户提供了便捷的购物快递物流服务。美中专线开通以来,带来了全新的业务增长亮点,也为优速快递业务服务网络延伸至全球市场及优速快递海外及国际业务的发展奠定了坚实基础。

2015 年,优速快递在全新定位"大包裹"的引领下,业务发展呈现遍地开花的蓬勃增长现象,业务量也取得突飞猛进的增长。优速快递聚焦全新定位,围绕客户需求,不断拓展产品覆盖面,陆续的推出电商入仓业务、代取件、特惠小包、经济大包等特色服务,优速快递一直奔走在为客户提供更优质的寄递服务的路上。

## 五、营销策略

营销策略作为企业开拓市场的利刃,在企业发展中有着举足轻重的地位,优速快递成立了营销中心,专门负责市场的开发、市场营销战略的制定。

2015 年,作为优速快递发展的重要元年,公司改变了发展战略方针,将"大包裹"作为企业的重新定位,围绕大包裹战略及上级主管单位指导的快递下乡、农特产品的输出,积极开发农村市场,激活农村物流链发展政策,为此,优速快递在全国相对偏远的乡镇盲点实施了"乡镇代理点"惠农政策。此举缩短了农村与城市之间的快递服务差距,让农民也能享受到城里人一样的快递体验,同时也刺激了农村土特产品及互联网 + 环境下的电商市场,乡镇网点覆盖范围也进一步扩大。

优速快递非常重视细化市场,注重产品多样性、体验性。就包裹的不同分类推出了"特惠小包"、"经济大包"业务。2015 年,就校园经济方面,优速快递在学生毕业季开展了让学生轻松回家的校园快递服务项目，帮助假期返家的同学们解决上车行李难问题，校园经济项目的顺利开展加深了优速快递在各大院校的校园影响力，提升了优速的品牌影响力；此外，针对季节性产品，优速快递也有推出“时令产品”寄递服务，让客户在家里就能品尝到新鲜的时令水果。与企业合作方面，优速快递凭借个性化的服务政策，成功的与富士康、华为、海尔、唯品会等全球知名企业达成战略合作。

## 六、企业转型

优速快递紧跟市场发展步伐，依托信息化、大数据，并通过长期的市场调研、市场摸索，在2015年毅然而然的更换全新VI，再次扬帆起航，提出了“大包裹”差异化发展战略方针，并且逐步推进实施战略的落地。同时，优速快递凭借高度信息化、便捷化的快递服务，基本实现了传统快递到现代物流的转变。在2015年，优速快递非常重视IT研发工作，扩建了研发团队，公司也通过自己的研发团队打破传统，深度挖掘移动客户端APP功能，实现了移动端口一系列便捷的快递服务便捷功能。

## 七、社会责任

作为一家有社会责任感的企业，优速快递在快速崛起和发展的同时，时刻不忘尽一个企业的社会责任和义务，主动回报社会，争做爱心企业。近年来，优速快递积极致力于“免费午餐”、“关爱抗战老兵”等公益项目，多次捐助善款，善物，以实际行动与拳拳爱心履行应有的社会责任，为弘扬社会正能量做出应有的义举。

6月1日，在“东方之星”客轮在长江中游湖北监利水域沉没事件中，优速快递监利一部第一时间响应，组织包括自己在内的9名员工参与救援工作。

7月，优速快递在“让爱放飞”公益行活动中，为安徽省怀远县兰桥乡梅郢小学，萧县永固镇胜利小学、王山窝小学，固镇县任桥镇清凉小学送去了文具、玩具等学习用品。

8月24日，优速快递走进江苏徐州彭城养老服务中心，为老兵们带去了慰问金以及大米、食用油、棉被等物品。

8月，优速快递捐赠善款41万元给扶贫基金会“抗战老兵项目”。

9月，优速快递为我司员工张平母亲胡阿姨（患白血病），组织了全网义捐爱心行动，为张平一家筹集到了善款181932.06元。

11月，优速快递联合甘肃当地邮政管理局，为大山深处的留守儿童、孤寡老人送去了过冬的衣服及文体用品。

## 八、企业荣誉

1.“免费午餐”慈善公益组织为我司颁发“特别贡献合作伙伴”荣誉证书；

2.优速快递被授予全球中小企业发展论坛“指定物流单位”；

3.优速快递被“国家邮政局”授予2014年“邮政行业统计工作先进单位”荣誉称号；

4.优速快递荣获“中国扶贫基金会”荣誉证书。

## 九、企业大事记

1.优速快递开通美中专线；

2.优速快递更换全新LOGO发布第二代VI系统；

3.优速快递提出“大包裹”差异化发展道路；

4.优速快递捐赠善款41万元给扶贫基金会“抗战老兵项目”。

# 第七篇 各地纵览

## 北京市快递市场发展及管理情况

### 一、快递市场总体发展情况

2015 年,北京市快递企业业务量累计完成 141447.3 万件,同比增长 27.4%,最高日处理量超过 1500 万件。其中,同城 46759.2 万件,同比增长 37.5%;异地 93082.1 万件,同比增长 22.9%;国际及港澳台 1606.0 万件,同比增长 28.4%。快递企业业务收入累计达到 181.7 亿元,同比增长 23.1%。其中,同城 41.1 亿元,同比增长 39.5%;异地 91.5 亿元,同比增长 14.5%;国际及港澳台 26.8亿元,同比增长 14.1%。同城、异地、国际及港澳台快递业务收入分别占全部快递收入的 22.6%、50.4%和 14.8%;业务量分别占全部快递业务量的 33.1%、65.8%和 1.1%表 7-1。

表 7-1 2015 年北京市快递服务企业发展情况

| 指标 | 单位 | 2015 年累计 | 同比增长(%) | 占全部比例(%) |
|---|---|---|---|---|
| 快递业务量 | 万件 | 141447.26 | 27.42 | 100.00 |
| 同城 | 万件 | 46759.23 | 37.50 | 33.06 |
| 异地 | 万件 | 93082.05 | 22.87 | 65.81 |
| 国际及港澳台 | 万件 | 1605.97 | 28.36 | 1.14 |
| 快递业务收入 | 亿元 | 181.65 | 23.06 | 100.00 |
| 同城 | 亿元 | 41.10 | 39.53 | 22.62 |
| 异地 | 亿元 | 91.53 | 14.49 | 50.39 |
| 国际及港澳台 | 亿元 | 26.84 | 14.11 | 14.77 |

2015 年 1 ~ 12 月份,北京市快递服务品牌集中度指数 CR8 为 73.96。

2015 年,北京市邮政管理局加大执法检查和处罚力度,规范快递市场经营秩序,持续开展市场检查工作,市区两级邮政管理部门共出动检查人员 3443 人次,查处违法违规行为 173 次,下达整改通知书 141 件,下达行政处罚 28 件,罚款金额共计 7.7 万元。

### 二、行业管理工作及主要成效

**行业发展环境显著优化。**北京市邮政管理局积极适应新常态,推动签订部市协议。国家邮政局和北京市政府签署了《国家邮政局 北京市人民政府关于加快推进首都邮政行业建设与发展合作协议》,这是全国邮政行业首个全面涵盖邮政、快递两大业务领域的综合性、系统性合作协议。体现了国家邮政局和北京市政府对北京邮政行业的高度重视和大力支持,为北京邮政行业发展带来前所未有的发展机遇和更为广阔的发展空间。深度融入首都地方经济发展。经积极协调,北京市邮政管理局成为北京市政府常务会议列席单位;加入"京津冀区域协同发展领域改革专项小组"、

“北京市新机场建设总指挥部”、“北京市推进跨境电子商务发展工作小组”和“市新农村建设领导小组”四个议事协调机构；成为北京市服务业扩大开放综合试点工作领导小组成员单位。为进一步优化邮政行业发展环境，增加邮政管理部门话语权，争取工作主动权打下坚实基础。政策支持体系更趋完善。北京市政府专题会议审议通过，首都综治办、北京市邮政管理局、市公安局等十一部门联合印发《关于加强北京市邮件、快件寄递安全工作的实施意见》；联合市交通委出台《关于推进首都交通与邮政融合发展的意见》；联合市交通委、市农委出台《关于协同推进首都农村物流健康发展加快服务农业现代化的意见》，与市公安局、市国家安全局联合印发《北京市落实寄递渠道安全管理“三个百分之百”制度实施办法（试行）》。推动制定《北京市人民政府促进首都快递业发展意见》，代拟稿已上报市政府批转市发展改革委牵头组织在全市征求意见。规划编制工作取得突破。《北京市邮政业发展“十三五”规划》（框架稿）已通过专家验收，并首次升级为市级专项规划，将由北京市发展改革委和市邮政管理局共同向社会发布。牵头完成《京津冀地区快递服务发展“十三五”规划》编制工作，将联合天津市邮政管理局、河北省邮政管理局共同推进后续工作，报送国家邮政局后发布。快递服务设施用地被纳入《物流设施专项规划》，快递服务被纳入《城市综合交通体系规划》，南区邮政管理局委托编制的《新机场快递园区规划》被纳入《新机场临空经济区物流园总体规划》。

**行业服务能力明显提高。**北京市邮政管理局努力构建新业态，快递“五进”工程持续推进。北京市已有34家高校实现快递进校园，校园邮e站、快递超市等第三方共同配送模式在全市高校逐步推广。推动“快递下乡”工作，发挥快递协会桥梁作用，开展快递企业服务下乡情况调查摸底。与农委、交通委探索村邮站搭载快递下乡的新模式，大兴区马村“农邮通”合作站已经试点运营，为全面推广建设“农邮通”综合服务平台积累宝贵经验。“双11”快递业务旺季安全平稳。“双11”快递业务旺季期间，提早准备，周密部署，强化督导，共检查督促企业386家，出动检查人员1266人次。“双11”期间全市规模以上快递企业业务总量达到1.56亿件，较去年同期增长22%，最高日处理量达到1595万件。新能源汽车应用推广步伐加快。创新政府、协会、企业三方协同推进的工作模式，成立北京市邮政业新能源汽车推广应用领导小组，吸纳14家邮政、快递企业作为小组成员，共商推广之策，在车型、免税、财政补贴等方面为企业争取优惠政策，督促邮政公司、速递物流公司与车企经销商签订了150辆邮政电动车采购书。为课题研究提供服务支持。组织开展了《跨境电商与物流快递协同发展》、《城乡末端投递公共服务平台建设》和《新常态下提升北京地区邮政普遍服务监管能力研究》等软科学研究工作，天竺邮政管理局完成《顺义区快递业发展研究》课题研究，为下一步争取政策支持提供辅助支撑。

**行业监管能力大幅提升。**北京市邮政管理局全力打造新格局，建立安全监管新模式。全面贯彻落实中央综治办、国家邮政局等九部门《关于加强邮件、快件寄递安全管理工作的若干意见》，联合首都综治办、市公安局等十一部门出台北京市实施意见，加强组织领导，建立了寄递渠道安全管理协调小组，由主管副市长担任组长，统筹研究、协调解决寄递安全管理的突出问题。2015年12月，北京市邮政管理局邮政业安全中心正式成立，行业安全管理得到进一步强化。信息化应用提升监管效能。按照科技兴邮的工作理念，北京市邮政管理局先后组织实施了“邮e安”移动视频监控系统建设、邮政快递企业安全作业智能预警系统建设和北京邮政业安全指挥调度中心大屏建设三项科技研发项目，“邮e安”系统建设得到国家邮政局局长马军胜和北京市委常委张延昆的充分肯定，智能预警系统建设在全国邮政管理系统开创了先河，被国家邮政局有关部门赞为探索示范意义重大。同时，还和中国电信系统集成有限公司签署了战略合作框架协议，开展长期建设合作，逐步接入全市所有邮政、快递企业分拨中心和营业网点视频，提高安防技防能力。

**依法行政能力持续增强**。北京市邮政管理局坚持简政放权，优化完善许可审批流程，将快递业务经营许可等职能下放至派出机构。合理规范市场经营环境，先后开展快递服务质量专项整治、快件服务质量与寄递时限测试等活动。依法开展快递经营许可审核工作，妥善处置北京飞腾顺达物流公司违法全国招揽加盟商等6起突发事件。进一步加强消费者申诉处理工作，缩短申诉问题的处理时间，督促快递企业提高管理水平和服务质量。依托法律支撑，继续推行法律顾问制度，在行政处罚、行政许可、重大合同审核、规范性文件制定等方面提供了重要的法律支撑作用。邀请市交通委组织对各派出机构的行政处罚进行案卷评查、汇总、纠正。

**安全保障工作成效显著**。北京市邮政管理局坚持安全为基，圆满完成“两项活动”等保障工作。2015年，国际田联世界田径锦标赛和中国人民抗日战争暨世界反法西斯战争胜利70周年纪念活动期间，北京市邮政管理局带领全行业高标准、高质量地完成了服务保障任务，得到了国家邮政局和北京市委、市政府领导的充分肯定。北京市邮政管理局和北京市邮政公司荣获北京市政府阅兵服务保障工作先进集体称号，北京市邮政管理局同时荣获阅兵联合指挥部颁发的贡献突出奖。“两项活动”期间北京市邮政管理局督导行业以“六全”为手段保安全，即重点快递企业安检机全配备、快递企业安全委员会全成立、所有站点安全员全到位，实名登记制度全留痕，二次安检标识全细化，管理部门对企业重点部位采用移动视频技术全监控。全市所有快递企业共增配安检机73台。北京市邮政管理局积极协调邮政企业为阅兵部队设立临时邮局5处，协调交管部门为快递企业办理通行证800张，联合公安、安全部门制定发布安全管理方案和通告，组织反恐应急防范演练，保障9月3日当日纪念邮票销售活动安全稳定。北京市邮政管理局结合首都实际，联合首都综治办、市公安局等十五部门联合印发《全市集中开展危爆物品寄递物流清理整顿和矛盾纠纷排查化解专项行动的实施方案》。召开全市邮政快递寄递渠道安全专项治理行动动员部署会，督促企业加快落实“收寄验视 + 实名收寄 + 过机安检”三个100%，摸清行业安检机配置数量，全面整顿行业秩序，保障全市邮政行业安全平稳运行。在首都综治办的大力支持下，经北京市邮政管理局积极协调争取，北京市政府决定一次性给予北京邮政行业财政补贴10050万元，专项补贴全市快递企业购置安检设备。为顺利推动此项工作，北京市邮政管理局专门制定了《北京市邮政行业安检机购置补贴管理规定》，明确安检设备配置标准、补贴办法和申领流程。

## 三、“十二五”时期快递市场发展与管理总体回顾

“十二五”时期，是北京邮政行业发展具有历史意义的五年。国家邮政局和北京市委、市政府领导高度重视行业发展，仅2015年就有6位国家邮政局领导和10位北京市领导对北京市邮政管理局工作做出16次重要批示和26次圈阅。在国家邮政局和北京市委、市政府的正确领导下，北京邮政行业以“惠民生、强安全、提质效”为核心，以融入地方经济社会发展为主线，邮政快递企业由“规模速度型”向“质量效益型”发展方式转变，向着“国内领先、国际一流”首都现代邮政业迈进。

邮政行业业务总量和业务收入分别增长1.41和1.51倍，快递业业务量和业务收入分别增长6.86和3.19倍。快递业业务量在全国排名第五，北方地区排名第一。邮政行业收入占北京市GDP的比重逐年上升，“十二五”期间已达到1.07%。全市具有经营许可资质的快递企业和备案分支机构共672家，社区邮政服务点479个。北京市邮

政行业从业人员已经超过10万人。人均使用快递量达到67件。

**五年来,监管体制机制逐步完善**。随着北京邮政管理体制改革的不断深化,管理机构从市级层面延伸至派出机构,邮政监管力量得到充实。邮政行业持续融入地方经济社会发展,邮政管理部门成为市政府常务会议成员列席单位,进入北京市政府重要议事机构,北京市邮政管理局局长同时兼任交通委副主任,增加了行业话语权和主动权。

**五年来,安全监管迈入新时代**。北京市邮政管理局推动出台《北京市快递安全管理办法》,这是全国首部快递安全管理的政府规章。联合北京市公安局、北京市国家安全局出台《北京市开展快递行业联合执法检查工作方案》和《北京市快件安检实施暂行办法》,健全了北京市快递行业安全检查联动工作机制,确定了"重点全检、疑似必检、随机抽检"的工作重点。按照国家邮政局加强寄递渠道安全的统一部署,联合制定印发了《关于加强北京市邮件、快件寄递安全管理工作实施意见》和《北京市落实寄递渠道安全管理"三个百分之百"制度实施办法(试行)》。随着一系列安全管理制度的深入落实,首都邮政行业安全监管已经迈入创新机制、创新手段、创新发展的新时代。

## 四、各派出机构主要管理工作概况

东区局构建快递企业、营业网点、基层员工三级快递行业法律法规宣贯体系;打造安全员联络队伍,着力打造"安全员及时汇报、企业快速应对、区局依法处置"的"三位一体"应急体系,在日常监管工作中,注意将安全联络员队伍建设与企业安全生产应急预案制度建设有机结合起来,充分发挥安全联络员队伍作用,建立健全安全信息报告机制和突发事件应急联络与快速反应机制,为进一步提升行业安全监管效能奠定了基础。

西区局自主创新依托免费软件开发了快递企业电子导航地图,实现了企业位置可查可导,企业分布一目了然,做到全员全天候就近灵活处置,将安全应急工作机制落到实处;通过与地方政府以及学校的沟通协调,已逐步形成了一批具有示范效应的快递进校园共同配送平台;快递进社区方面,已与八角街道、近邻宝积极协商,力争在八角社区打造辖区第一个社区共同配送示范点。

南区局通过积极主动开展工作,《北京新机场快递园区规划》已被纳入《新机场临空经济区物流园总体规划》;于2015年11月初在大兴区北臧村镇马村村委会挂牌北京市首家"农邮通"项目合作点,成为北京地区第一个利用现有邮政公共设施提供快递下乡服务的试点,获得了北京局的认可。

北区局与北京市邮政分公司电子商务局共同在辖区内调研推广"微自邮"微信公众帐号平台系统,实现农产品、互联网及邮政运输等资源融合,同时与延庆区农委、农业局、延庆邮政分公司、北京北菜园农产品产销专业合作社开展延庆特色农产品进城的试点工作,成效显著;结合辖区特点,为实施对邮政快递企业分级监管进行探索调研。

天竺局结合临空经济区内快递核心区建设的重点工作,与石家庄邮电职业技术学院合作开展了《顺义区快递业发展研究》课题研究,已顺利结题。此项课题研究为天竺局积极争取地方政府对快递行业发展各方面政策支持,营造辖区快递业持续快速健康发展良好环境等工作提供了有效支撑。

## 五、快递市场存在的突出问题

**行业创新发展仍需进一步加强**。在推动新能源汽车应用方面还需进一步加强,在发挥行业优势服务北京高精尖产业协同发展,邮政和快递企业积极参与跨境电商服务方面还需进一步加强。

**行业安全投入仍需进一步加大**。快递业安全形势仍然严峻,安全保障要求不断提高。北京邮政行业信息化建设还应进一步统筹考虑,在安全监控、自动化分拣、信息化建设等方面还需进一步加大投入、提高水平，在配套资金和政策方面还需进一步支持。

**行业服务能力仍需进一步增强。**虽然快递“五进”工程取得了一些进展，但仍难以满足北京巨大的快递需求，仍需进一步推进，最大限度解决北京“快递最后一公里”难题；在北京疏解首都非核心功能的背景下，还需加强统筹解决快递企业的用地问题，进一步促进企业持续健康发展。

# 天津市快递市场发展及管理情况

## 一、快递市场总体发展情况

2015年，天津市快递企业业务量累计完成25624.5万件，同比增长106.6%，最高日处理量超过396.3万件。其中，同城7177.7万件，同比增长123.1%；异地18197.0万件，同比增长102.9%；国际及港澳台249.8万件，同比增长14.3%。快递企业业务收入累计达到43.5亿元，同比增长73.7%。其中，同城5.7亿元，同比增长103.0%；异地28.1亿元，同比增长92.5%；国际及港澳台4.1亿元，同比增长1.7%。同城、异地、国际及港澳台快递业务收入分别占全部快递收入的22.6%、50.39%和14.8%；业务量分别占全部快递业务量的13.2%、64.5%和9.5%（表7-2）。与2014年同期相比，同城快递业务收入的比重上升了1.9个百分点，异地快递业务收入的比重上升了6.31个百分点，国际及港澳台快递业务收入的比重下降了6.72个百分点。

表7-2 2015年天津市快递服务企业发展情况

| 指标 | 单位 | 2015年累计 | 同比增长(%) | 占全部比例(%) |
|---|---|---|---|---|
| 快递业务量 | 万件 | 25624.5 | 106.6 | 100 |
| 同城 | 万件 | 7177.7 | 123.1 | 28.0 |
| 异地 | 万件 | 18197.0 | 102.9 | 71.0 |
| 国际及港澳台 | 万件 | 249.8 | 14.3 | 1.0 |
| 快递业务收入 | 亿元 | 43.6 | 73.7 | 100 |
| 同城 | 亿元 | 5.7 | 103.0 | 13.2 |
| 异地 | 亿元 | 28.1 | 92.5 | 64.5 |
| 国际及港澳台 | 亿元 | 4.1 | 1.7 | 9.5 |

2015年1～12月份，天津市快递服务品牌集中度指数CR8为67.24。

2015年，天津市快递营业场所实现乡镇全覆盖，快递“三进”工程初见成效。邮政业消费者申诉处理满意度达98%。

## 二、行业管理工作及主要成效

**行业发展环境继续优化。**《中国（天津）自由贸易试验区条例》明确将邮政管理部门作为法定驻区机构。天津市政府批复的民用航空、现代物流业、新能源汽车等多个重点产业发展三年行动计划等政策文件的出台，均将惠及邮政业发展的内容纳入其中。天津市邮政管理局会同市公安交管、交通运输部门核发邮政快递专用通行证2709个，有效解决快递车辆通行难题。认真做好《天津市邮政业发展“十三五”规划》和《天津市快递物流园区规划》两项市政府重点专项规划编制工作，形成规划征求意见稿。注重加强与地方规划的衔接、融合，将行业发展有关内容融入天津国民经济和社会发展、物流业、现代服务业、智慧城市建设等“十三五”规划。配合做好《京津冀地区快递发展“十三五”规划》编制工作。借力天津市实施的“千项标准行动计划”，推动出台《农村地区邮政与快递服务规范》《智能邮件快件箱》两项地方标准，实现邮政业地方标准零的突破。结合智慧城市建设，委托社会第三方相继研发收寄验视记录仪、隔墙式智能快件箱等多项智能化设备，并实际投入使用。电子面单加快普及，主要品牌企业协议客户电子运单使用率超过60%。

**行业安全监管能力有效提升。**天津市成立了寄递渠道安全管理领导小组，确定9部门的任务分工。16个区县全部成立寄递渠道安全管理领导机构，实现邮件快件安全管理属地化。明确将邮件、快件寄递渠道安全管理纳入地方综治考评。天津市邮政管理局认真落实“安全邮政”建设和《安全天津建设纲要》，深入开展邮政行业安全生产大检查、深化危险化学品寄递专项治理行动，严守安全底线，严查安全隐患，确保安全发展。贯彻落实中央综治办、国家邮政局等部门加强邮件快件寄递安全管理和开展“两清理”、“一排查”专项行动的要求，研究部署天津市具体落实举措。全市邮政业一集体两个人获市综治和公安部门通报表彰。各派出机构认真组织开展快递行业安全应急演练专项活动，参与应急演练达300余人，提升了行业应急处置能力和水平。提前部署、扎实做好抗战胜利70周年等重大活动期间寄递渠道安保工作，配合有关部门严格执行收寄验视、实名收寄和过机安检3个100%制度，未出现一件禁寄品流入寄递渠道，有效发挥了天津“护城河工程”作用。“双11”业务旺季期间，注重发挥邮政管理部门、快递企业、快递协会的职能作用，在业务处理量同比增长50%的前提下，未发生大范围快件积压、爆仓，实现了国家邮政局确定的“全网不瘫痪、重要节点不爆仓，保畅通、保安全、保平稳”的目标。

**协同发展试点工作持续推进。**天津市邮政管理局主动加强与市财政局、市商务委沟通协调，扎实推进天津市电子商务与快递物流协同发展试点工作。制定出台《天津市电子商务与快递物流协同发展试点工作实施方案》、印发《2015年度天津市电子商务与快递物流协同发展试点项目申报指南》、召开协同发展试点资金申报工作部署会，推进全市快递配送公共服务中心（试点）标准化建设等工作。截至2015年年底，共收到试点申报项目近300个，参与申报企业达153家。经专家评审、实地考察，共有94个试点项目通过审核，预计拨付试点资金补贴2880万元，并拉动地方基础设施配套投资1.26亿元。其中电子商务与物流快递协同发展公益性服务平台项目由天津市邮政管理局作为建设主体，中标企业正在积极研发平台系统。快递进农村、进社区、进校园试点98个，已建成57个，“三进”试点工作初见成效，为下一步全面构建服务电子商务发展的快递服务体系，积累了经验，固化了建设模式。

**行业服务能力不断提升。**跨境电商寄递业务平稳增长，全年国际小包和国际E邮宝共完成369.7万件，同比增长29.27%。加快快递服务制造业工程，开展了18个服务示范项目，已涵盖汽车、电子、制药、服装等多个领域。

**新能源汽车推广进度进一步提速。**天津市邮政管理局认真落实国家邮政局建设“绿色邮政”和《天津市新能源汽车推广应用实施方案（2013－2015年）》的要求，加速推进新能源汽车在邮政快递领域的推广。及时调整推广工作领导机构，加强对新能源汽车推广工作的组织领导。多次召开新能源汽车推广应用工作会、产品推介会，加强向企业的宣传推广力度，引导企业树立绿色发展理念。与北汽新能源公司签订战略合作协议，更好服务天津邮政快递市场。向各快递企业全国总部发函，鼓励加大对新能源汽车推广工作的支持力度，在政策、资金方面予以保障。快递企业从业人员个人购买新能源车辆，同样享受车辆通行便利政策。经过全行业的共同努力，2015 年共推广新能源汽车 629 辆，提前完成市政府下达的推广任务，推广总量居全国邮政管理局首位。

**行业改革和依法行政建设不断加强。**天津市邮政管理局印发《天津市邮政管理局规范和改进邮政行政审批（备案）工作实施方案》，实行“一个窗口”管审批，建立行政审批绿色通道，进一步优化流程、提高审批时效，准入材料由 22 项减为 9 项，准入审批时限由 45 个工作日压缩为 25 个工作日，许可变更绿色通道企业压缩至 15 个工作日。进一步释放市场活力，方便企业办事。全市快递从业企业总量同比增加 20% 以上。优化行政处罚案件审核流程、行政许可有关程序，进一步提高行政效能。修订完善邮政管理系统督查督办制度，将全年重点工作纳入绩效考核范畴。出台行政效能问责办法，强化问责问效。充分发挥消费者申诉与市场监管联动机制作用，为消费者挽回经济损失 30.9 万元。持续推进全市快递网点清理整顿专项行动，严厉查处未经许可擅自经营快递业务、设置分支机构未备案等违法行为。通过持续、不间断的对快递市场清理整顿工作，全面厘清了天津市快递企业加盟许可、直营备案等情况。依法履行行业监管职责，对违法违规行为依法处理，全年共处罚邮政、快递企业 57 家，罚款 71.3 万元。

**行业基础设施建设进一步夯实。**韵达华北枢纽中心建设稳步推进，将于 2016 年上半年建成并投入运营。顺丰、圆通、中通等企业加快进驻空港快递专业类物流园。唯品会、当当、京东等电商企业落户武清等区县，集聚效应明显，成为促进全市快递业发展的重要引擎。各主要快递企业不断扩充分拨处理能力，全市新增作业面积 5 万平方米，车辆新增 720 台。全市市级分拨中心作业面积 21.3 万平方米。引导第三方制造企业加快智能快件箱的铺设深度和广度。安装智能快件箱 600 余组，新增有效格口 2.6 万余个，成为快递末端派送的重要设施。

## 三、“十二五”时期快递市场发展与管理总体回顾

“十二五”时期，天津邮政行业业务收入和业务总量分别增长 2.8 倍和 1.7 倍，快递业业务量和业务收入分别增长 6.4 倍和 3.8 倍。邮政行业收入占 GDP 比重从 2.4‰提高到 3.7‰。五年新增就业岗位 2 万个以上，年支撑网络零售交易额突破 1000 亿元，占比社会消费品零售总额达到 15% 左右。天津地区邮政业消费者申诉处理满意度达到 98%。快递服务能力快速提升，快递业业务量突破 2.5 亿件，市场规模已位居全国中游。截至“十二五”末，全市取得快递业务经营许可和备案的快递企业 565 家，快递营业场所 1100 余处，快递从业人员 3 万余人。快递产品体系不断丰富，时限准时率逐步提高，旺季服务保障能力明显加强。快递企业实力明显增强，初步形成 1 家快递业务收入超 5 亿元、3 家快递业务收入超 3 亿元、8 家快递业务收入超 1 亿元的企业集群。

**“十二五”时期，邮政管理部门转变政府职能，稳步推进管理体制改革。**简政放权，深化行政审批制度改革，建立快递业务经营许可“绿色通道”，缩短审批时限。优化环境，推动出台《天津市邮政业管理办法》《关于促进快递服务业发展的意见》等市级规章、文件。天津电子商务与快递物流协同发展工作纳入国家试点，获得国家专项资金支持。依法行政，认真贯彻《国家邮政局关于全面加强法治邮政建设的意见》，加强执法队伍建设和执法培训力度。重心下沉，成立派出机构，明确层级职权要求，落实行政职权向派出机构下放。

**“十二五”时期，行业服务网络优化。**积极推进天津空港、东疆港、武清三大快递聚集区建设，《天津市快递物流园区规划》纳入市重点专项规划。积极与院校、物业、超市及第三方代收货企业合作，引导各快递企业加快“进村下乡”和“走出去”网络布局，大力推动智能邮件快件箱和快递末端投递综合服务平台建设，目前全市机关、社区、

写字楼累计投放智能快件箱1400余组,有效格口达到6万余个。快递机动车辆纳入邮政专用车辆管理范畴,会同公安交管、交通运输部门累计核发邮政快递车辆专用通行证5000余张,有效解决快递车辆通行难题。新能源汽车推广应用取得突破进展,邮政快递企业新能源汽车保有量突破600辆,为绿色邮政、美丽天津建设做出积极贡献。

**"十二五"时期,邮政行业助推产业发展,服务地方经济民生建设。**快递改变了传统的商业形态、流通方式、产业链及供应链结构,助推了网络零售交易的高速增长。"十二五"时期,电子商务快件占快件业务总量超过60%,有效拉动本市电子商务、制造业、贸易流通、现代农业等产业的发展。快递与传统物流产业形成契合共振,航空快递、高铁快递、海运快递开始加快布局,城市物流依托快递形态深入社区网络,"仓配一体化"的分拨中心成为快递物流园区新模式。邮政、快递末端网络开始与连锁零售、生活服务等业态合作对接,扩展各类代办代发、提货缴费等民生服务。

## 四、各派出机构主要管理工作概况

第一分局通过快递服务质量专项整治工作,在执法中充分发挥消费者申诉、媒体曝光、部门联动机制等作用,有利于及时发现违反快递服务质量行为,并予以纠正;创新监管形式和内容,充分利用邮政行业手机视频实时监控系统平台,重点关注快递企业爆仓及野蛮分拣等情况。

第二分局大力推动武清物流快递建设,利用天津市电子商务与物流快递协同发展试点项目资金推动地方经济发展;严格落实收寄验视制度,成功协助破获一起私自制造枪支弹药案;先后推动邮政分公司、宁河县家乐超市有限责任公司与武清区泉发(天津)快递有限公司多家企业开展"快递下乡"业务,布局建设乡(镇)、村末端网点,真正实现所在辖区城乡投递业务全覆盖,建设乡镇一级公共服务平台62个。

第三分局按照天津市电子商务与物流快递协同发展试点建设工作要求,稳步开展推进工作,36个试点项目获批通过;中北镇、杨柳青镇、杨成庄乡、梁头镇、独流镇、陈官屯镇、王口镇等快递配送公共服务中心改造完毕并投入使用;快递末端网络覆盖主要乡镇,基本保证投递到村进户;引导辖区重点快递企业开展"仓储+配送"一体化的快递服务制造业模式,西青韵达、圆通等已初显成效,以多兴农庄与中通快递合作的"互联网+快递+农业"的农业订单生产模式稳步运行;引导企业推广安装智能快件箱。全时、速递易、近邻宝等智能快件箱企业相继入驻辖区部分学校、社区、写字楼等,已安装32组,格口4100余个,推动海河教育园成为全市首个快件末端投递智能化园区。

滨海局有效应对"8·12"事故对邮政行业的影响;推动成立滨海新区寄递渠道安全管理工作领导小组;在滨海新区机关办公楼、商务写字楼、高校园区、居民小区,推广智能快件箱400余组;圆满完成抗战胜利70周年期间寄递渠道安全保障工作,纪念活动期间,要求寄递企业在邮件、快件内部放置收寄验视卡,对寄往重点地区的邮(快)件登记实名收寄信息,并会同国安等部门共对4.2万余件邮(快)件进行集中安检,查扣禁寄品10件。

## 五、快递市场存在的突出问题

**转型发展任重道远。**在总量和结构上,天津市邮政行业总体规模仍然偏小、与该市经济社会发展需求仍有较大差距,专业管理水平不高、寄递渠道安全形势严峻、市场竞争手段单一,城乡区域发展不协调、收派比例分布不均衡、行业融合协调不紧密等仍然制约着行业发展。

**刚性约束持续增强。**土地利用、资源要素和生态环境的现实条件发生深刻变化,供给侧调整压力逐渐显现,邮政行业传统粗放的发展模式越来越受到制约。企业在建设用地、资金投入、节能减排、人才培养等方面的战略考量亟待加强。

**推动政策落地的任务仍然十分艰巨。**涉及快递车辆停靠难、枢纽建设选址难、末端投递派送难以及安全基础薄弱、监管能力不足等问题亟待解决，迫切需要加强协同形成合力，推动各项政策落地见效、开花结果，真正惠及行业发展，补齐制约行业发展的短板。

# 河北省快递市场发展及管理情况

## 一、快递市场总体发展情况

2015 年，河北省快递业务量累计完成 54911.9 万件，居全国第 8 位，比上年进 1 位，同比增长 61.4%，增幅居全国第 6 位；其中，同城 6519.9 万件，同比增长 59.2%；异地 48214.6 万件，同比增长 61.9%；国际及港澳台 177.5 万件，同比增长 20.1%。快递业务收入累计达到 56.2 亿元，同比增长 36.8%；其中，同城 4.6 亿元，同比增长 44.2%；异地 42.8 亿元，同比增长 30.1%；国际及港澳台 2.3 亿元，同比增长 15.9%。同城、异地、国际及港澳台快递业务收入分别占全部快递收入的 8.2%、76.1% 和 4.2%；业务量分别占全部快递业务量的 11.9%、87.8% 和 0.3%（表 7-3）。与 2014 年同期相比，同城快递业务收入的比重上升 0.41 个百分点，异地快递业务收入的比重下降了 3.9 个百分点，国际及港澳台业务收入的比重下降了 0.75 个百分点；同城快递业务量的比重下降 0.17 个百分点，异地快递业务量的比重上升 0.29 个百分点，国际及港澳台业务量的比重下降了 0.11 个百分点。

表 7-3　2015 年河北省快递服务企业发展情况

| 指　标 | 单　位 | 2015 年累计 | 同比增长（%） | 占全部比例（%） |
|---|---|---|---|---|
| 快递业务量 | 万件 | 54911.9 | 61.4 | 100 |
| 同城 | 万件 | 6519.9 | 59.2 | 11.9 |
| 异地 | 万件 | 48214.6 | 61.9 | 87.8 |
| 国际及港澳台 | 万件 | 177.5 | 20.1 | 0.3 |
| 快递业务收入 | 亿元 | 56.2 | 36.8 | 100 |
| 同城 | 亿元 | 4.6 | 44.2 | 8.2 |
| 异地 | 亿元 | 42.8 | 30.1 | 76.1 |
| 国际及港澳台 | 亿元 | 2.3 | 15.9 | 4.2 |

2015 年 1～12 月份，河北省快递服务品牌（在全省收入排名居前 8 位的品牌）集中度指数 CR8 为 91.24。

2015 年，河北省“快递下乡”成效明显，乡镇网络覆盖率达到 93%，廊坊、沧州、秦皇岛、保定、邯郸、邢台 6 个市实现乡镇覆盖率 100%。

## 二、行业管理工作及主要成效

**把握协同发展机遇，发展环境显著优化。**京津冀协同发展战略的实施，为河北省邮政业特别是快递业发展带来了千载难逢的机遇。河北省邮政管理局坚持主动作为，多次到省政府汇报行业情况，先后 3 次提交工作报告，两次向省政协提报发言稿件并得以印发。河北省省长张庆伟 3 次对邮政管理工作作出批示，4 次在会议上提出表扬。河北省副省长姜德果主持召开专题会议听取河北省邮政管理局工作汇报，“双 11”旺季期间又视察了河北顺丰和圆通，并与 7 家企业负责人进行座谈，对企业反映的生产用地、车辆通行等问题当场指示解决。这是河北省邮政管理局建局以来主管省领导第一次专题听取河北局工作汇报，第一次到快递企业调研，第一次主持召开快递企业座谈会，行业倍受鼓舞，并在省市工作导向方面形成了示范效应。邢台、廊坊、邯郸、衡水等市的多位市领导对邮政业发展作出 32 人次的批示，开展 8 次调研，行业与地方经济发展衔接日益紧密。

为全面反映快递业情况，河北省邮政管理局联合省委政策研究室、省委省政府决策咨询委员会组成专题调研组，对全省快递业发展进行深度调研，历时半年成稿，分别呈报中办研究室和省委省政府领导，并印发省直各部门及各市、县党政一把手。河北省长、省委副书记、省委秘书长等三位省委常委、两位副省长和多位市领导批示或批阅。调研报告层次之高，影响之深之广，前所未有。

河北省邮政管理局把各级领导的重视和业已形成的良好氛围，努力转化为推动工作的具体措施，并与政策和规划等紧密衔接。国发〔2015〕61号文件出台后，在全国率先协调省政府印发关于促进快递业发展的实施意见。国家邮政局局长马军胜批示："望河北局加快宣贯，扎实工作，把政策优势转化为发展胜势。"同时，邮政业发展先后被省政府印发的农村电子商务全覆盖的实施意见、"互联网+"行动计划、农业电子商务发展行动计划等 12 个文件明确纳入工作部署。快递服务网络向农村延伸等工作被纳入省委省政府 2015 年重点任务分解方案；推进区域快递分拨中心等设施建设被列为京津冀协同发展领导小组 2015 年重点责任督导事项。河北省邮政管理局认真编制河北省邮政业发展"十三五"规划，主动做好与全省国民经济发展规划和专项规划的衔接，将快递园区建设、新能源车辆应用、快递服务跨境和农村电商等工作纳入了省委关于"十三五"规划建议、全省"十三五"规划、电子商务发展"十三五"规划、建设全国现代商贸物流重要基地规划。

**狠抓"放管服"，履职能力日益增强。**按照国家邮政局要求，河北省邮政管理局将快递分支机构名录核定发放、年度报告审核、分支机构备案、许可注销初审和监督员管理等多项职权全部下放到市级邮政管理局，并确保落实到位。印发快递业务经营许可工作优化方案，为企业开设绿色通道，快递企业申请材料精简 55%，审批时限比法定时限缩短 20 个工作日，许可变更时限比规定时限缩短 15 个工作日。继续实行执法通报制度，把执法办案列入对市级邮政管理局工作的考核内容。开展执法检查培训和优秀案卷评选活动。建立法律顾问制度，省及 11 个市邮政管理局均已聘请法律顾问。持续强化邮政市场监管，深入开展快递企业经营范围规范和清理、快递服务质量整治等专项工作。充分发挥河北省邮政管理局行政服务中心作用，进一步优化流程，提高效能。全年累计受理快递许可 176 件，100% 办结，无一超时。妥善处理消费者申诉，全年共受理申诉 2.6 万件，其中有效申诉 7299 件并全部按时办结，为消费者挽回经济损失 78 万元，消费者满意率 97.2%，同比提高 0.5 个百分点。唐山、保定市邮政管理局作为申诉工作试点，共处理申诉 7037 件，消费者满意率达 97.3%。召开全省寄递企业京津冀协同发展座谈会。组织走访了快递企业总部。主动帮助企业协调解决园区用地、车辆通行等瓶颈问题。快递和电商融合发展实现新突破，石家庄市电子商务与物流快递协同发展试点工作取得良好成效，落实快递发展资金 1000 万元，已到位使用 500 多万元。提请省政府办公厅召开专题调度会，落实邮政快递领域应用新能源汽车优惠政策，企业协议购置新能源车辆 300 台。石家庄市快递三轮车通行过渡期经主管省长批准再延长一年。

**基础设施建设扎实推进，服务水平明显提升。**河北省邮政管理局统筹推进智能快件箱设置，石家庄、唐山等地配置智能快件箱 718 组。快递基础设施规模不断扩大。申通快递石家庄分拨中心、邮政速递华北（廊坊）陆路邮件处理中心等 5 处区域性快递集散中心建成使用，顺丰石家庄智能综合物流基地、白沟速通快递产业园等 7 个项目列入建设规划或意向。石家庄机场国际快件监管中心已具备运营条件。

**强化安全应急保障，工作机制日趋健全。**河北省市均成立了寄递渠道安全管理工作领导小组，召开了领导小组会议，明确了会议制度和成员单位职责，将各单位履职情况纳入综治考评体系。指导各市邮政管理局联合公安、国安等部门开展了全省首次寄递渠道安全监督检查，并组织企业开展应急演练，形成了齐抓共管的格局。开展了寄递渠道清理整顿、危爆品寄递、收寄验视执行、缉枪治爆专项整治等系列活动。各市邮政管理局与企业签订安全生产责任状，强化企业主体责任。省邮政管理局联合综治办、公安厅向省政府呈送报告，为企业增配安检机争取财政资金支持，推进“收寄验视、实名收寄、过机安检”三个100%的落实。抗战胜利70周年期间，实行领导分片包干，一线检查督导，全面抓好落实。邮政公司、EMS和圆通、顺丰等企业采取多种措施强化安全生产，积极配合管理部门开展工作。期间开展安全检查2000余人次，过机安检进京邮（快）件400余万件。西藏成立50周年、新疆成立60周年庆典和北戴河暑期等重大邮路安保工作顺利完成。全年没有发生一起较大的责任性安全事故和服务热点事件。

**队伍建设不断加强，支撑体系日益健全。**河北省快递职鉴工作取得良好成效。实现11个市职鉴考点全覆盖，三年的累计鉴定人数居全国第8位。首次开展了快递业务师职业技能鉴定。圆满完成第十一届“振兴杯”快递业务员比赛。县级机构设立积极稳妥推进，与辛集、定州、清河、三河、白沟等地方政府协调对接，均取得阶段性成果，其中清河县级机构已报请国家局审批。省快递协会倡导企业自律，评选出148家“自律守信”企业。各市快递协会服务、协调和自律职能进一步发挥。

## 三、“十二五”时期快递市场发展与管理总体回顾

“十二五”时期，河北省邮政行业业务总量和业务收入迅猛增长，分别是“十一五”末的2.3倍和2.7倍。其中，快递业业务量五年增长11倍，业务收入增长3.7倍。快递业业务量跃升至全国第8位，取得“十二五”后三年每年进1位的佳绩。石家庄、保定、廊坊等市快递业业务量进入全国城市前50名。五年新增就业岗位5.2万人，从业人员达到10万余人，比“十一五”末翻一番。邮政业基础性、先导性、服务性作用日益凸显。

**五年来，行业发展环境日趋优化。**《河北省邮政条例》出台并深入实施，在全国率先制定了邮政业安全监督管理规定，《唐山市邮政条例》通过市人大常委会审议，以邮政法为主干，地方性法规和政府规章等构成的多层次邮政法规体系基本形成。邮政管理工作纳入地方党委政府工作体系，行业在地方经济社会发展中的作用日益突出。省、市邮政业发展和安全工作机制不断完善，齐抓共管、协调联动的良性工作格局已经形成，社会关注、政府支持成为常态。

**五年来，邮政体制改革取得重大进展。**河北省级以下邮政监管机构组建工作稳步推进，全省11个市邮政管理局规范运行，全面履职，邢台清河等地县级机构设置取得突破。邮政企业法人体制调整到位，市、县邮政企业全部完成更名挂牌。简政放权不断深化，厘清了省市职权，积极下放行政审批事项。河北局行政服务实现一个窗口对外，快递许可流程全面优化，“绿色通道”效果明显，行政效能明显提升。

**五年来，快递转型升级步伐明显加快。**快递服务质量和水平显著提升，支撑电子商务、服务生产生活、扩大就业渠道的作用日益凸显。年营业收入超5亿元的企业达到6家，超10亿元的企业1家。企业自动化、智能化、信息化水平不断提高。EMS和顺丰速运在石家庄机场开通全货机航线。快递市场呈现国有、民营、外资多元化竞争格局。快递服务网络不断拓展，全省快递网点达6267处。“快递下乡”工程扎实推进，“工业品下乡”和

"农产品进城"双向流通渠道日趋畅通。

## 四、各市(地)主要管理工作概况

唐山、保定局作为申诉工作试点,共处理申诉7037件,消费者满意率达97.3%。唐山局做好全国执法信息系统试点工作,在全国系统培训会上介绍了经验;着力强化服务职能。石家庄局努力协调,石家庄市电子商务与物流快递协同发展试点工作取得良好成效,落实快递发展资金1000万元,已到位使用500多万元;提请省政府办公厅召开专题调度会,落实邮政快递领域应用新能源汽车优惠政策,企业协议购置新能源车辆300台;快递三轮车通行过渡期经主管省长批准再延长一年;申通石家庄分拨中心、邮政速递华北(廊坊)陆路邮件处理中心等5处区域性快递集散中心建成使用,顺丰石家庄智能综合物流基地、白沟速通快递产业园等7个项目列入建设规划或意向;石家庄机场国际快件监管中心已具备运营条件。

## 五、快递市场存在的突出问题

**行业规模偏小。**占全省GDP比重为0.55%,低于全国平均水平,与河北经济大省的地位不相匹配。

**行业发展不协调、不平衡现象比较突出。**快递发展方式仍比较粗放,业务种类单一,高端服务能力不强,同质化低价竞争严重,缺乏本土品牌企业。

**寄递安全基础仍显脆弱。**企业主体责任落实不到位,存在诸多安全隐患,监管力量不足。以上问题需要高度重视,认真加以解决。

# 山西省快递市场发展及管理情况

## 一、快递市场总体发展情况

2015年,山西省快递企业业务量累计完成11477.3万件,同比增长25.7%,快递业务量首次突破亿件,最高日处理量达到234.9万件。其中,同城1101.2万件,同比增长68.6%;异地10359.4万件,同比增长22.4%;国际及港澳台16.6万件,同比增长7.7%。快递企业业务收入累计达到15.3亿元,同比增长47.7%。其中,同城0.9亿元,同比增长59.6%;异地10.5亿元,同比增长39.1%;国际及港澳台0.4亿元,同比增长19.4%;其他3.4亿元,同比增长84.0%。同城、异地、国际及港澳台和其他收入分别占全部快递业务收入的6.1%、68.8%、2.6%、22.5%;业务量分别占全部快递业务量的9.6%、90.3%、0.2%(表7-4)。消费者申诉处理满意率达97.8%。

**表7-4 2015年山西省快递服务企业发展情况**

| 指 标 | 单 位 | 2015年累计 | 同比增长(%) | 占全部比例(%) |
|---|---|---|---|---|
| 快递业务量 | 万件 | 11477.3 | 25.7 | 100 |
| 同城 | 万件 | 1101.2 | 68.6 | 9.6 |
| 异地 | 万件 | 10359.4 | 22.4 | 90.3 |
| 国际及港澳台 | 万件 | 16.7 | 7.7 | 0.2 |
| 快递业务收入 | 亿元 | 15.3 | 47.7 | 100 |
| 同城 | 亿元 | 0.9 | 59.6 | 6.1 |
| 异地 | 亿元 | 10.5 | 39.1 | 68.8 |
| 国际及港澳台 | 亿元 | 0.4 | 19.4 | 2.6 |

## 二、行业管理工作及主要成效

**行业利好政策不断出台，地方支持力度不断加大。**山西省邮政管理局紧抓“一带一路”推进、京津冀协同发展、国务院促进快递业发展等重大战略实施契机，主动协调将行业发展内容纳入多项省级规划和专项规划中，全省《促进物流业发展两年行动计划》《物流业中长期规划》等政策发布实施，省市两级邮政业“十三五”规划逐步纳入地方政府规划中。太原市首次将发展快递业写入政府工作报告；忻州市出台促进物流业发展两年行动计划。聚焦行业发展面临的突出问题，积极向省人大、省政府汇报行业发展现状和面临的新问题，获取有力支持。省政府有关领导先后就相关工作作出专门批示，推动邮政行业安全监管、邮政专用标志车辆高速通行费减免、国务院促进快递业发展若干意见贯彻等重点工作不断落实。省市两级党委、政府、人大及政协有关领导带领相关部门，多次深入邮政、快递企业实地调研，协调解决发展中的难点问题，帮助行业发展寻求有效途径。2015 年 10 月 21 日，省委常委、副省长付建华专程深入行业进行调研指导，充分肯定行业发展成绩，对安全等问题提出要求。阳泉、运城、吕梁、长治、朔州、晋中等市主要领导深入行业检查指导工作。阳泉市政府拨付专项经费用于邮政安全监管。

**邮政监管体制不断完善。**山西省首家县级邮政监管机构顺利组建。阳泉局咬定目标、攻坚克难、主动作为使盂县邮政管理局顺利获批并于 2015 年 11 月中旬挂牌成立，实现了山西省县级邮政监管机构零的突破，为全省推进县级机构组建工作起到了积极的示范引领作用。长治市黎城县、吕梁市孝义市、汾阳市等三县（市）邮政监管机构也相继获得当地编办批复。县级邮政监管机构组建工作得到国家邮政局党组的充分肯定。全省邮政业安全中心组建工作持续推进。组织人员专赴江苏等省份学习先进经验和做法，多次向省政府汇报请示，山西省省长李小鹏和副省长付建华分别就组建工作作出了重要批示，后续落实工作正在推进中。

**服务型政府建设持续加强。**山西省邮政管理局制定出台《快递企业经营许可优化工作方案》，推进流程再造，探索构筑快递经营许可审批服务新体系，方便企业办理经营手续，75% 的许可审批项目由实地变为形式，准入材料由 22 项减为 9 项，准入审批时限由 45 日压缩至 25 个工作日，许可变更绿色通道企业压缩至 15 个工作日，下放快递企业分支机构备案和名录开具职能，建立绿色审批通道。加大法规培训力度。组织企业开展邮政业安全设备配置规范、快递业务经营许可优化等专题培训 10 余次。联合公安、消防等部门多次开展危化品安全知识讲座和消防应急演练。

**不断优化行业人才队伍。**山西省邮政管理局积极开展快递从业人员职业技能鉴定考试，年内共组织 3 批次 4377 人参加了职鉴考试。联合共青团山西省委首次成功举办“号角杯”快递业务员青年职业技能竞赛，选送优秀选手参加全国“振兴杯”快递业务员技能大赛，并取得优异成绩。

**市场监管步入规范化轨道。**山西省邮政管理局从推进快递经营手续合法化入手，优化许可流程，简化备案手续，全年新增许可备案企业 1909 家。深入开展快递市场经营秩序整顿和快递服务质量整治活动，共查出服务质量问题 128 次，约谈企业 64 次，责令整改 268 次。对申诉率居高不下的 EMS、申通企业主要负责人进行约谈，并通过媒体报道提高震慑力，对无证无照违规经营的快递企业进行了严肃查处，大同局依法取缔了一批无证经营企业，快递市场逐步走上规范化、合法化轨道。目前全省共有许可企业 186 家，设立分支机构 2639 家。做好快递业务旺季服务保障。全省上下提前部署，积极备战，深入企业分拨中心及网点，实地督导生产运行、末端投递等环节，引导企业提早增加人员，扩大资金、技术、场地、车辆投入，错峰发货、均衡推进，逐步构建了快递业务旺季服务保障机制，确保了旺季服务平稳运行。副省长付建华对山西省邮政管理局狠抓旺季服务保障、强化行业安全管理给予了充分肯定。快递业务旺季期间，晋中、晋城、运城等市局联合新闻媒体广泛宣传旺季服务保障工作。引导快递企业向农村地区布局网络，加强与农民网商的协同发展，探索与邮政营业场所、村邮站合作模式，优势互补、双促双赢，全省快递乡镇网点覆盖率达80%，晋城市实现乡镇快递网点全覆盖。

**行业安全生产能力显著提升。**2015年9月，山西省邮政管理局在全行业开展了以“强化安全管理、推动安全发展”为主题的安全生产月活动，督促企业树立安全生产意识，强化安全责任，彻查安全隐患，堵塞安全漏洞，提高安全防范能力。太原、朔州、长治等局采取多种形式，积极宣传造势，印发安全宣传单，采取“四不两直”方式进行检查，收到良好的效果。把住重大节日、重大会议的节点，全省先后开展了全国两会期间寄递渠道安全生产检查、抗战胜利70周年纪念活动寄递渠道安全检查、党的十八届五中全会寄递渠道安全生产检查、快递业务旺季服务检查、邮政行业人员密集场所安全检查等活动。全年全省共出动检查13980人次，下达责令整改通知书725份，下达行政处罚决定书106份。太原局启用“三色”安全动态考核机制加强行业安全监管。落实中央综治办两个文件精神，联合公安、国安、工商等部门，省市两级牵头先后成立了寄递渠道安全管理领导小组，在全省范围内集中开展寄递渠道清理整顿专项行动。着力推进安全监管信息化建设，完成了申通、百世、中通、圆通、韵达、天天、宅急送、优速等8家快递企业分拨中心视频终端接入国家邮政局视频监控系统工作。根据《山西省邮政业突发事件应急预案》，指导市局、督导企业相应完善应急预案，联合公安、消防等部门组织企业开展突发事件应急演练，不断提升行业突发事件应急能力。吕梁、运城、忻州等市局突发事件应急预案纳入了全市应急预案管理体系。

## 三、“十二五”时期快递市场发展与管理总体回顾

“十二五”时期，山西省邮政业“十二五”规划由省政府发布，重点内容纳入全省总体规划纲要，为规划目标任务的顺利实现奠定了坚实基础。全省“十二五”期间共出台40余项支持行业发展的利好政策，一些制约行业发展的“最后一公里”问题得到有效解决。全省省内快递品牌由“十一五”末的19个增加到47个，翻了一番；快递企业及分支机构增加到2825个，增长近12倍；快递从业人员增加到2万余人，增长近4倍；快递年业务量增长到1.15亿件，增长近8倍；快递年业务收入增长到15.29亿元，增长近4倍。行业的社会影响力不断扩大。

**“十二五”时期，深入推进邮政改革，不断完善邮政监管体制机制。**按照中央和国家邮政局工作部署，结合行业发展实际，集中力量推进省级以下邮政管理体制改革，圆满完成了全省11个地市级邮政管理机构组建工作，三级邮政监管体制得到完善。在此基础上，在全省率先成立了县级邮政监管机构，全省邮政业安全监管体制架构也取得初步成效。

**“十二五”时期，坚持依法治邮，捍卫法律尊严，努力使全省人民享受到更加优质高效的寄递服务。**服务与监管并重，一方面不断优化发展环境，协调各方力量，寻求多方支持，营造良好氛围，扩大行业影响，吸纳更多优质资源和优秀人才融入行业发展，为行业发展增添动力。一方面坚持走“依法治邮”之路，维护法律权威，查处违法违规行为，保障群众用邮权益，确保市场健康发展，维护消费者合法利益。快递市场经历了由无序竞争到规范竞合的巨大转变，快递业务范围不断向关联产业拓展，形成了多种所有制并存、多种经营模式共生、各市场主体之间良性竞争的格局，消费者满意度逐年上升。行业安全监管和应急保障能力不断提升，寄递渠道安全管理协作机制不断完善，

行业安全生产意识不断增强，安全生产制度不断健全，全行业未发生一起重大安全生产事故。安全生产工作连续3年受到省政府的表彰。

**四、各市（地）主要管理工作概况**

各市邮政管理局按照山西省邮政管理局的安排部署，结合辖区实际，积极争取地方政府政策支持。开展快递市场经营秩序整顿和快递服务质量专项整治，不断规范经营秩序，提高服务质量。履行行业安全监管职责，与各自辖区快递企业签订安全生产责任书。加大执法检查力度，依法查处违法违规行为。组织成立各市寄递渠道安全管理领导小组，明确职责分工，建立联合检查机制。联合公安、消防等部门组织快递企业开展应急演练，提高应急处置能力和水平。继续推进快递企业“三化”建设。大力推进快递下乡工程。组织开展重大活动期间寄递渠道安全检查和寄递渠道专项清理整顿，推进“三个百分百”制度落实。

**五、快递市场存在的突出问题**

**结构性矛盾突出。**城乡区域不协调、收投分布不均衡、交邮衔接不紧密等问题依然存在，农村地区快递服务覆盖率有待提升，“最后一公里”难题有待破解，包装和车辆面临的资源环境压力日益突出。

**粗放性问题凸显。**邮政网络资源优势未能有效发挥，快递企业基础仍比较薄弱，量收增长不够匹配，同质化竞争严重，嵌入供应链程度不深，跨境服务能力不强，难以满足个性化、综合化、国际化的多层次用邮需求。

**协同性亟待加强。**快递车辆通行难、枢纽建设征地难、末端投递难以及监管能力不足等问题亟待解决，迫切需要加强协同形成合力，落实政策补齐短板。

**安全性压力增大。**企业安全意识淡薄、安全管理基础较弱、安全风险防范能力较差、安全投入不到位等问题未彻底改观。再加之，山西省目前正处于改革开放以来发展最困难的时期，发展速度已连续两年滑出了合理区间，经济、社会、民生等领域问题相互叠加，邮政行业发展同样面临严峻考验。

# 内蒙古自治区快递市场发展及管理情况

**一、快递市场总体发展情况**

2015年，内蒙古自治区快递企业业务量累计完成5410.2万件，同比增长24.0%。其中，同城524.1万件，同比增长21.8%；异地4875.2万件，同比增长24.3%；国际及港澳台10.9万件，同比下降6.8%。快递企业业务收入累计达到12.3亿元，同比增长19.2%。其中，同城0.7亿元，同比增长16.4%；异地9.3亿元，同比增长14.7%；国际及港澳台0.3亿元，同比增长28.9%；其他2.1亿元，同比增长43.4%。同城、异地、国际及港澳台快递业务收入分别占全部快递收入的5.3%、75.2%和2.2%；业务量分别占全部快递业务量的9.7%、90.1%和0.2%（表7-5）。

2015年“双11”期间，全区出口件量比上年增长了72.74%，有力拉动自治区的互联网零售市场，成为地区经济发展的新驱动力。

**二、行业管理工作及主要成效**

**发展环境不断优化。**内蒙古自治区邮政管理局积极推进行业地方立法工作，制定出台并积极落实《内蒙古自治区邮政条例》，认真贯彻落实邮政法等有关法律法规标准，基本形成政府依法监管、企业依法经营、用户依法用邮的法律法规保障

表 7-5 2015 年内蒙古自治区快递服务企业发展情况

| 指　标 | 单　位 | 2015 年累计 | 同比增长(%) | 占全部比例(%) |
|---|---|---|---|---|
| 快递业务量 | 万件 | 5410.2 | 24.0 | 100 |
| 同城 | 万件 | 524.2 | 21.8 | 9.7 |
| 异地 | 万件 | 4875.1 | 24.3 | 90.1 |
| 国际及港澳台 | 万件 | 10.8 | -6.8 | 0.2 |
| 快递业务收入 | 亿元 | 12.3 | 19.2 | 100 |
| 同城 | 亿元 | 0.7 | 16.4 | 5.3 |
| 异地 | 亿元 | 9.3 | 14.7 | 75.2 |
| 国际及港澳台 | 亿元 | 0.3 | 28.9 | 2.2 |

体系。将自治区农村牧区邮政基础设施建设和运营的支持政策纳入《国务院关于进一步促进内蒙古自治区经济社会又好又快发展的若干意见》。起草了自治区贯彻落实《国务院关于促进快递业发展的若干意见》实施意见的征求意见稿，已完成对 16 个相关部门的征求意见，形成报审稿报送自治区人民政府。将邮政和快递基础设施建设、促进"快递下乡"等内容列入《加快电子商务发展若干政策规定》等文件中。呼和浩特、包头、兴安盟、鄂尔多斯、巴彦淖尔、锡林郭勒、阿拉善等盟市局争取到了地方财政支持；锡林郭勒盟行署出台了《关于进一步加强锡林郭勒盟邮政行业管理工作的意见》；乌兰察布市政府出台了《关于支持快递服务业发展的实施意见》；巴彦淖尔市政府成立了促进邮政业发展工作领导小组。包头、通辽、呼伦贝尔、鄂尔多斯、乌兰察布、巴彦淖尔、兴安盟、锡林郭勒、阿拉善 9 个盟市的邮政业发展"十三五"规划已纳入地方专项规划目录。

**行业改革不断深化。**内蒙古自治区盟市邮政监管机构从无到有，12 个盟市邮政管理局于 2012 年全部成立，如期实现"机构、人员、设施、资金"四到位。全区首个县域邮政监管机构——满洲里邮政管理局在满洲里市委市政府大力支持下挂牌成立。快递分支机构名录核定发放、年度报告审核、分支机构备案和许可注销初审等多项职权全面下放到盟市局。盟市局专有职权和主要行使职权基本下放到位，实现了执法重心下沉。落实注册资本登记制度改革，快递业务经营许可审批流程不断优化，实现全流程网上办理，准入材料从 22 项压缩至 9 项、准入审批时限由 45 个工作日压缩至 25 个工作日，许可变更绿色通道企业压缩至 15 个工作日。

**服务能力不断提高。**内蒙古自治区快递企业加大基础投入，服务能力不断增强，2015 年，全年新增作业场地面积 2.4 万多平方米，超过 2010 年总面积，改扩建处理中心 20 余处，新增各类投递运输车辆 2000 余辆。2015 年，全区快递企业营业场所标准化建设达标率为 23.21%，超出国家局确定的 10% 的标准。全力推进"快递下乡"工程并取得显著成效，乡镇苏木快递网点从无到有，由少到多，截至 2015 年底，全区已有一半以上的苏木乡镇设有快递营业网点，其中鄂尔多斯市实现了苏木乡镇全覆盖。快递园区建设不断加强，目前已有鄂尔多斯市、赤峰市、乌兰察布市、巴彦淖尔市、乌海市和通辽市的 6 家快递物流园区投入运营，另有 2 个盟市快递园区正在建设，快递企业园区内生产用房占地面积 5 万余平方米。快递电商协同发展成效初显，锡林郭勒的羊肉、通辽的牛肉制品、乌兰察布市的土豆、巴彦淖尔的瓜子逐步行销全区乃至全国。巴彦淖尔市 9 家快递企业入驻五原县电商产业园，月均出口件量达到 5000 余件，既为园区内 200 余家电商企业提供了有力支撑，也进一步促进了自身发展。积极支持快递末端服务体系建设，为符合条件的自助服务终端建设企业和第三方企业办理许可。推动快递进校园，乌兰察布市依托大学生创业实践基地建立快递综合服务中心，既推进了快递进校园工作，又为学生提供了勤工俭学机会。支持快递企业设置综合快件服务站点、快件揽投点及自助服务终端；支持农村综合服务平台搭载快递服务。

**依法行政能力不断提升。**内蒙古自治区邮政管理局连续开展规范和清理快递企业经营范围、专项整治快递服务质量等工作。严格执行快递市场年度监管报告制度。快递协会服务、协调和自律职能进一步发挥。

**安全监管和应急保障能力持续加强。**内蒙古自治区和各盟市均成立了寄递渠道安全管理领导小组，寄递渠道安全管理工作纳入自治区平安单位创建考评范围和全区平安建设总体规划，寄递安全协调联动机制得以进一步强化完善。安检机等安全生产设备配置有序推进。收寄验视、实名收寄和过机安检要求全面落实。加强寄递服务信息安全管理，会同有关部门开展寄递渠道危化品清理整顿专项行动。印发了《寄递企业安全和应急管理组织建设方案》，明确对寄递企业的安全和应急组织建设要求。加强对企业的安全教育和培训，仅2015年就对寄递企业开展培训19次，培训人数2347人，提升了企业安全生产意识和防范能力。通辽市邮政管理局联合公安部门在奈曼旗进行信息化管理试点，创新寄递渠道安全监管模式，得到地方政府100余万元财政资金支持。积极配合公安、安全、商务、工商、质检、新闻出版、安监、海关、民航等部门开展寄递渠道信息安全、反恐、禁毒、打击侵权假冒、“扫黄打非”和航空邮件快件监管等工作。成功保障了第十届全国民运会和“抗战胜利70周年”纪念活动等重大活动期间的寄递安全。其中，民运会寄递安全保障工作得到国家局和地方政府的充分肯定，并作为工作经验在全国邮政管理系统推广。圆满完成旺季服务保障和应急处置工作，实现了“双11”业务旺季期间“全网不瘫痪、重要节点不爆仓，保畅通、保安全、保平稳”的目标。其中，呼和浩特市局妥善应对电动三轮车专项整治活动的影响，确保了呼市地区快递旺季服务的正常进行。

**人才队伍和支撑体系建设持续加强。**在内蒙古自治区邮政管理局的引导下，快递企业加强与自治区高校合作，与乌兰察布职业学院和内蒙古交通职业技术学院合作，分别在乌兰察布市和赤峰市建立快递人才培养基地。认真开展职业鉴定，顺利完成首次全区统计专项调查，开展全行业统计检查，截至2015年底，纳入统计范围机构增加到1065家。积极应用快递许可、行业执法等信息系统，提升管理工作信息化水平。

## 三、“十二五”时期快递市场发展与管理总体回顾

五年来，在国家邮政局党组和内蒙古自治区党委政府的正确领导下，全行业紧紧围绕建成与小康社会相适应的现代邮政业奋斗目标，主动适应经济发展新常态，积极应对各种复杂环境的严峻考验，行业规模迅速扩大，影响力不断增强。行业服务民生、服务“三农三牧”水平不断提高。

“十二五”期间，共组织自治区和海南省11284名考生参加了全国职鉴考试，6382人通过考试，其中自治区407人拿到中级证书，31人获高级技师证，从业人员素质不断提升。

“十二五”期间，约谈快递企业负责人600余人次，立案处罚快递企业违法违规案件150余起，罚款66.6万元，市场秩序进一步好转。充分发挥消费者申诉与市场监管联动机制作用，“十二五”期间，共处理有效申诉8596件，为消费者挽回经济损失约70.52万元。

“十二五”期间，新增就业岗位1.5万个以上。快递日均处理量达到80万件以上，最高日处理量超过169万件，直接服务网络购物用户超过1100万人。全区快递企业法人达到201家，快递服务营业网点由2010年的175处大幅增加至2146处，苏木乡镇快递网点覆盖率由“十二五”之初几乎为零提升至54.11%。快递服务满意度稳中有升，2015年全区主要快递企业有效申诉率同比下降

29.01%，消费者申诉处理满意率达到98.2%。监管体系不断健全，人才队伍显著壮大，两个文明齐头并进，顺利完成"十二五"规划目标任务，开创了自治区邮政业发展的新局面。

### 四、各市(地)主要管理工作概况

通辽局充分发挥寄递渠道领导小组的作用，联合公安部门在奈曼旗进行信息化管理试点，创新寄递渠道安全监管模式，并争取到奈曼旗地方财政资金107.6万元支持。乌兰察布推动市政府出台了《乌兰察布市人民政府办公厅关于支持快递服务业发展的实施意见》，从行业准入、财政、税收、用地、金融、人才、车辆通行、末端投递八方面提出了具体的支持政策，为快递业发展提供有力保障。巴彦淖尔局主动作为，因地制宜，以"互联网+"的思维促进电商、快递抱团取暖，助推河套特色农产品走向全国，促成巴彦淖尔双河快递物流园区建设。

鄂尔多斯局在已建成的快递物流电商产业园基础上，充分发挥行业主管部门统领作用，对上积极协调地方政府及相关部门，对下全面调动快递企业生产发展积极性，全力将园区打造为集安全、发展、服务功能为一体的综合服务平台。

赤峰局积极探索"快递下乡"新模式，利用邮政企业普遍服务网点分布广泛的特点，启动了"邮政快递服务综合平台"建设，让农村牧区消费者切实享受到更快捷的服务。截至2015年末，全市12个旗县区邮政分公司已经与55个旗县级快递企业签署了乡镇快件代运代投协议。同时，助推邮政企业和快递企业就快件安全，损失赔偿等问题达成了共识，明确责任，签署了合作协议。

### 五、快递市场存在的突出问题

**虽然快递发展较快，但行业规模总体偏小、实力偏弱。**基础设施相对滞后，地广人稀、物流成本高等困难和不利条件将长期存在。

**发展中不平衡不协调不可持续的问题依然突出。**产业结构比较单一，创新驱动能力不足，发展水平和质量与经济社会发展的要求之间仍有一定差距。

**寄递渠道安全基础、管控能力与发展程度不相适应。**企业主体责任落实不到位，地方邮政管理部门的处置能力和手段尚存在不足。

## 辽宁省快递市场发展及管理情况

### 一、快递市场总体发展情况

2015年，辽宁省快递企业业务量累计完成24674.1万件，同比增长48.1%。其中，同城6382.6万件，同比增长69.4%；异地18059.4万件，同比增长42.7%；国际及港澳台232.1万件，同比增长0.2%。快递企业业务收入累计达到39.6亿元，同比增长31.9%。其中，同城5.9亿元，同比增长56.5%；异地24.1亿元，同比增长27.7%；国际及港澳台4.7亿元，同比增长10.0%。同城、异地、国际及港澳台快递业务收入分别占全部快递收入的15%、61%和12%；业务量分别占全部快递业务量的26%、73%和1%(表7-6)。

### 二、行业管理工作及主要成效

**规划体系不断完善。**在深入调研和广泛听取意见的基础上，经过反复的修改和完善，辽宁全省和各市邮政业"十三五"规划文本已全部编写完成，形成了"1+14"的邮政业规划体系。省、市邮政管理局积极向地方政府报告行业发展情况、社会

表7-6　2015年辽宁省快递服务企业发展情况

| 指　标 | 单　位 | 2015年累计 | 同比增长(%) | 占全部比例(%) |
|---|---|---|---|---|
| 快递业务量 | 万件 | 24674.1 | 48.1 | 100 |
| 同城 | 万件 | 6382.6 | 69.4 | 26.0 |
| 异地 | 万件 | 18059.4 | 42.7 | 73.0 |
| 国际及港澳台 | 万件 | 232.1 | 0.2 | 1.0 |
| 快递业务收入 | 亿元 | 39.6 | 31.9 | 100 |
| 同城 | 亿元 | 5.9 | 56.5 | 15.0 |
| 异地 | 亿元 | 24.1 | 27.7 | 61.0 |
| 国际及港澳台 | 亿元 | 4.7 | 10.0 | 12.0 |

作用和发展建议，与发改、交通等部门进行规划衔接，邮政业“十三五”规划相关内容已分别纳入当地总体发展规划和交通运输等专项规划。大连市中心城区邮政基础设施专项规划已编制完成。对企业的政策支持和指导力度不断加大，相继出台了城市配送、促进物流业发展等实施意见，建立了物流产业投资引导基金，支持电商快递转运和分拣中心建设；大连市政府斥资800万元启动安监平台二期工程，辽阳市政府正式出台《关于促进快递业发展的实施意见》，沈阳、大连、盘锦、葫芦岛等市快递物流园区建设取得显著成效，占地2万平米的营口市快递园区已投入使用，地方邮政行业发展获得新的利好。破解终端配送难题有新进展，沈阳、大连市局为快递配送车辆核发车辆通行证，大连首批30台新能源快递车辆投入使用，并为符合条件的自带车辆核发快递标识。制定《关于推进全省电子商务快递服务健康发展的意见》，沈阳、营口等市在推进现代物流配送体系建设，提高邮政快递业服务水平，完善农村邮政物流配套网络等方面做出有益尝试。积极组织2015年电子商务与快递物流协同发展试点城市申报工作，大连市已被列为全国电子商务与快递物流协同发展试点城市，国家和地方财政按照1∶1提供资金补贴。联合工信等部门争取产业联动扶持政策，出台快递服务制造业工作方案，促进快递与制造业协同发展。推进航空快件“绿色通道”建设项目，顺丰速运公司桃仙机场航空快件分拨中心正式投入运营，日吞吐快件量达10万票。

**法制建设有新举措。**辽宁省邮政管理局修订并发布《辽宁省邮政行政执法责任制》，通过深入宣贯落实《邮政行政执法信息公开规定》《邮政市场行政执法重大案件督办制度》，体现了有权必有责、用权受监督、违法受追究、侵权须赔偿的执法原则。推动建立法律顾问制度，保证了执法程序、依据和处罚的合法性。按照国家邮政局的总体部署，将快递分支机构名录核发、年度报告审核、快递业务许可申请和变更初审等权限下放到市局，实现了省市两级审批工作的平稳交接，政府服务企业的效率得到了明显提升。快递业务经营许可审批材料由22项减为9项，准入审批时限由45个工作日压缩至25个工作日。鲅鱼圈、东港、宽甸、桓仁、大洼、盘山、绥中、岫岩、抚顺、新宾、阜蒙、朝阳、康平、北镇、庄河等15家县级邮政管理机构获得国家邮政局批复同意，有14家县级监管机构正式挂牌运行，大连市还成立了市级邮政业发展中心。全面完成了地市快递协会组建工作。

**快递能力得到提升。**辽宁省邮政管理局引导快递企业、第三方企业加大智能快件箱投入，全省投放智能快件箱800余处，总格口近4万个，覆盖了沈阳、大连等城市重点区域，快递终端服务水平获得提升。通过建立乡镇快递综合服务平台、快递网点共建、委托第三方代理、便利店代投等多种形式，实现了全省乡镇快递服务全覆盖。《邮政业安全生产设备配置规范》和《快递营业场所设计基本要求》落实取得新进展。修订了标准化建设评定标准，推动新“国标”落地取得成效，全省达标快递服务网点达595处。制定了《关于加强全省邮政行业诚信体系建设的指导意见》,明确了诚信体系建设框架、建设路径和具体措施。印发了《辽宁省2015年快递服务质量专项整治工作方案》,野蛮分拣、露天作业、快件丢失损毁和末端投递服务不规范等侵害消费者合法权益的行为得到依法查处。组织开展了异地联合执法检查,强化执法力度,共立案118件,罚款67.2万元。印发了《辽宁省邮政管理局2015年快递业务旺季服务保障工作方案》,督导企业提前完成物资、人员、资金等的储备,实现了"两不三保"工作目标。全年受理消费者申诉22532件,为消费者挽回经济损失83万余元。结合申诉数据及时发现问题,加强了对企业的业务指导与考核。经过转办和调解,申诉案件全部得到及时妥善处理。

**不断巩固联合机制保障行业安全。**辽宁省邮政管理局联合省公安、安全、交通、海关等九部门成立了寄递渠道安全领导小组,明确了成员单位的工作职责及任务分工,共同组织开展了联合检查。落实十五部门文件要求,集中开展了寄递渠道清理整顿专项行动,全面实施收寄验视,加快实行实名收寄和过机安检等工作。大连市政府投资450万购置17台X光安检设备,对全市快递企业分拨中心快件进行集中安检。下发《辽宁省邮政管理局关于进一步做好邮政行业安全监管工作的指导意见》,落实了安全生产监督检查"四个清单"制度。按照党政同责、一岗双责的要求,调整了邮政行业安全生产工作领导小组成员,明确成员部门的安全监管工作职责。落实《辽宁省邮政行业企业安全生产主体责任规定》,企业建立健全了安全生产责任体系,14家承担区域管理职能的企业和处理(分拨)中心全部建立了安全生产管理委员会。下发《关于落实邮件、快件安检措施的通知》及《辽宁省邮政管理局关于推进〈邮政业安全生产设备配置规范〉实施工作的通知》,将《规范》纳入了快递企业市场准入许可条件。印发《邮政行业安全生产百日专项治理行动实施方案》,在全省范围内完成专项治理行动。开展了"安全生产月"活动,排查治理安全隐患,及时堵塞了安全漏洞。下发《关于全面开展安全生产大检查深化危险化学品和易燃易爆物品安全专项整治工作的通知》和《关于开展化工类产品寄递安全专项整治活动的实施方案》,建立了全省定点收寄化工类产品企业台账,全面掌握了全省寄递渠道危化品安全监管的风险防控点。组织开展了危化品泄漏突发事件应急救援演练,提升了应对突发事件的处置能力。顺利完成中国人民抗日战争暨世界反法西斯战争胜利70周年纪念活动、西藏自治区成立50周年庆祝活动、新疆维吾尔自治区成立60周年纪念活动、大连达沃斯论坛的邮路安全保障工作。组织企业签订安全保障承诺书,采取"四不两直"方式对大连、盘锦、鞍山、营口等重要寄递路由结点城市进行了督促检查。开展了邮件、快件收寄验视实物测试,在沈阳、大连多个城市进行实物测试161次。联合公安、国安、安监出检1055人次,检查企业581家,发现安全隐患141处,下达《责令整改通知书》76份,立案24起。

**队伍建设扎实推进。**辽宁省邮政管理局贯彻落实《邮政行业人才队伍建设中长期规划(2009—2020年)》,加快推进邮政行业人才队伍建设,组织全省8家院校和1家企业申报了邮政行业人才培养基地。开展了省内快递业务员职业技能鉴定考试,全省持证上岗人员累计达到11634人。印发《辽宁省邮政管理局关于加强全省邮政行业精神文明建设的指导意见》,加强了与共青团组织的合作。积极推进行业基层党组织建设,实现了全省非公快递企业基层党组织建设全覆盖。

## 三、"十二五"时期快递市场发展与管理总体回顾

"十二五"时期,辽宁邮政行业发展规模持续扩增,其中快递业业务量和业务收入分别增长5.5倍和3倍。为社会新增就业岗位15906个。快递服务水平大幅提高。全省快递服务网点达1311

个，各类快递物流园区13个，快递下乡实现全覆盖，旺季服务保障能力明显加强。

**政策环境明显改善的五年。**《辽宁省邮政条例》于2011年1月1日正式颁布实施，省级立法走在全国前列。《沈阳市邮政管理条例》、《大连市邮政条例》分别于2014、2015年1月1日正式颁布实施。立法的颁布实施对促进地方邮政业又好又快发展具有重要意义。出台《关于推进全省电子商务快递服务健康发展的意见》《关于印发辽宁省物流业发展提速计划的通知》《关于组织开展全省现代物流示范园区和示范企业创建工作的通知》《营口市关于促进我市快递业发展的实施意见》等政策文件，营造了有利于行业发展的良好政策氛围。

**监管体系不断完善的五年。**全省14个市级邮政管理机构于2012年挂牌成立，15个县级邮政监管机构于2015年成立，为推动行业发展提供坚强组织保障。全省14个市级快递协会全部成立，省、市快递协会团结广大会员企业，努力做强、做优快递服务，成为联系政府与企业的重要桥梁和纽带。

### 四、各市（地）主要管理工作概况

沈阳局着眼于提高居民社区、高校园区、企事业集中办公区公共服务平台设施建设水平，推动智能快递柜、综合服务站点等邮政服务设施得到广泛应用。全市智能快递箱投放处从2014年全年的43处快速增长到1003处，格口数达到43715个。在农村地区，沈阳市快递服务覆盖率达到100%。联合沈阳市公安局交警支队统一制作并发放了2015年度“快递服务车辆通行证”191张，较2014年首批增发了50张，进一步扩大了快递服务车辆通行政策的受惠面。加大安全制度落实，沈阳市安检设配数量已增加至26台，其中包括X光机、手持安检机等各类安检设备。

大连局积极争取，大连市政府投资400万元的快递安全监管平台一期工程启动，平台安装监控点位23个，实现对全市骨干快递企业的10个快递分拨中心业务流向流量的实时监控。对100台快递车辆核发高峰通行证，有效地解决快递车辆通行难题。积极推进“快递下乡”工程，实现106个乡镇地区快递业务全覆盖，覆盖率达100%。召开首批快递新能源电动车应用启动仪式。

### 五、快递市场存在的突出问题

**行业安全形势不容乐观。**部分企业在执行收寄验视、实名收寄禁限寄规定、保护用户使用寄递服务信息和安全生产教育培训方面力度不够，消防设施、安全设备配备不符合国家标准，特别是由于X射线安检机价格较高，配置进度较慢，行业安全形势不容乐观。

**快递服务质量有待提高。**野蛮分拣、露天作业、快件丢失损毁等严重侵害消费者权益的服务质量问题依然存在。

**企业违法违规行为频发。**企业未经许可经营快递业务、设立分支机构未备案、委托无证企业经营、超地域范围经营和违反加盟规定等问题依旧突出。

## 吉林省快递市场发展及管理情况

### 一、快递市场总体发展情况

2015年，吉林省快递企业业务量累计完成9017.1万件，同比增长35.8%，最高日处理量超过170万件。其中，同城1266.6万件，同比增长65.0%；异地7703.8万件，同比增长32.2%；国际及港澳台46.7万件，同比增长4.0%。快递企业业务收入累计达到17.0亿元，同比增长29.8%。其中，同城1.1亿元，同比增长36.7%；异地11.6亿元，同比增长28.5%；国际及港澳台1.1亿元，同比增长13.8%。同城、异地、国际及港澳台快递业务收入分别占全部快递收入的6.3%、68.1%和6.5%；业务量分别占全部快递业务量的14.0%、85.4%和0.5%（表7-7）。消费者对申诉处理满意率为99.1%。

**表7-7 2015年吉林省快递服务企业发展情况**

| 指　标 | 单　位 | 2015年累计 | 同比增长(%) | 占全部比例(%) |
|---|---|---|---|---|
| 快递业务量 | 万件 | 9017.1 | 35.8 | 100 |
| 同城 | 万件 | 1266.6 | 65.0 | 14.1 |
| 异地 | 万件 | 7703.8 | 32.2 | 85.4 |
| 国际及港澳台 | 万件 | 46.7 | 4.0 | 0.5 |
| 快递业务收入 | 亿元 | 17.0 | 29.8 | 100 |
| 同城 | 亿元 | 1.1 | 36.7 | 6.3 |
| 异地 | 亿元 | 11.6 | 28.5 | 68.1 |
| 国际及港澳台 | 亿元 | 1.1 | 13.8 | 6.5 |

## 二、行业管理工作及主要成效

**行业发展环境显著优化。**吉林省邮政管理局大力宣传贯彻《国务院关于促进快递业发展的若干意见》。出台交通运输与邮政业融合发展指导意见。有序完成全省邮政业发展“十三五”规划和9个市州邮政业发展“十三五”规划文本编制工作，明确将邮政业发展重点内容纳入“十三五”期间全省经济社会发展总体规划、相关产业和行业发展规划。将促进邮政业发展优惠政策纳入省、市州政府促进内贸流通、生产性服务业、跨境贸易电子商务零售出口和物流园区发展等政策文件，邮政业发展再获利好。深入贯彻落实快递“三向”发展战略，推动出台《吉林省政府办公厅关于支持“快递下乡”的意见》，促成国家邮政局与吉林省政府签署《关于加快推进吉林省快递下乡合作协议》，联合省农委举办全省农村劳动者快递行业岗前培训，截至2015年，已培训240人。各市州局通过协调沟通、调研座谈、出台文件、指导合作等方式有序推进快递下乡，提升末端投递能力。冬晨物流飞往俄罗斯莫斯科的跨境电商货运包机顺利首航，顺丰直飞爱沙尼亚塔林货运航班正式试航，开通珲春至俄罗斯符拉迪沃斯托克、朝鲜罗先的邮路，快递“向外”发展实现巨大飞跃。简政放权，优化流程，开展“送许可下乡”活动。有序推进在长春汽车、通化医药、辽源袜业等产业带开展快递服务制造业示范性项目。促成吉林省政府代表团到深圳顺丰总部调研，总投资10亿元丰泰电商产业园区落户长春，积极促成吉林市成为2015年电子商务与物流快递协同发展试点城市，快递与电商协同发展实现新跨越。积极推动长春快递园区建设，完成土地摘牌和平整，园区规划设计有序进行。

**行业监管工作稳步推进。**吉林省邮政管理局全面开展快递服务质量专项整治工作。开展快递服务标准化建设复查验收。完成快递企业经营范围规范和清理工作。加强申诉队伍建设，开展政企培训实践，妥善受理用户申诉，定期公布申诉情况，各市州局通过电话受理、来信来访等多种形式，积极做好投诉维权工作，有效维护了消费者合法权益，申诉工作综合考评位居全国前列。全年共处理申诉7442件，同比增长35.3%，为消费者挽回经济损失35.7万元。各级快递协会服务、协调和自律职能进一步发挥。

**行业安全监管平稳运行。**吉林省邮政管理局全面落实“收寄验视+实名收寄+过机安检”三项安全制度，联合省综治办、公安等部门开展安全专项检查，确保寄递渠道安全畅通。联合8部门出台加强邮件、快件寄递安全管理工作的实施意见，召开全省寄递渠道安全管理联席会议第一次会议，制定并印发寄递渠道安全管理督导检查工作方案，并联合开展寄递渠道安全检查。各市州局通过印发文件、召开会议、建立联合工作机制等方式，强化安全监管，确保了寄递渠道安全稳定。召开全省寄递渠道安全管理和全省邮政行业禁毒工作会议，联合省禁毒办举办全省邮政管理系统禁毒工作培训班。邀请省内危化品专家、进行危化品知识普及讲座，印发危险化学品知识普及手册，部署落实全省邮政行业危化品运输风险防控工作。举办全省寄递渠道安检设备使用培训班，详细讲解了便携式危险物品探测仪等安全检测设备的日常操作使用和维护知识。制定并印发《吉林省寄递渠道安全综合检查工作方案》，在全省范围内部署开展寄递渠道禁毒、寄递渠道缉枪治爆、《邮政业安全生产设备配置规范》宣贯和邮政行业消防应急演练等安全综合检查工作。充分发挥信息化、大数据等先进技术对行业安全监管的支撑作用，争取到省政府200万元专项资金用于邮政行业安全监管远程监控系统升级改造工程。“双11”业务旺季期间，在全省业务量同比增长62%的情况下，实现了“全网不瘫痪，重要节点不爆仓，保畅通、保安全、保平稳”的目标。

**基础管理工作不断夯实。**吉林省邮政管理局组织快递职业技能鉴定考试5次，鉴定人数3451人，实现全省9个市州考点全覆盖。开展农村劳动者参加快递培训意向调查。全面加强统计数据上报与审核，扩大统计范围，确保统计数据质量，建立健全运行分析制度和统计数据发布制度，开展全省邮政行业统计工作检查。修订新闻宣传管理办法，组建新闻宣传中心，建立政企宣传联络组和邮政业舆情日报制度，完善与地方新闻媒体长效沟通机制。开展全省邮政行政处罚案卷集中评查，加强邮政执法的事中事后监督，规范执法行为。

**行业队伍建设有序加强。**吉林省邮政管理局加强邮政行业精神文明建设。建立快递企业基层党组织，加强非公有制企业党建工作。组织召开快递行业精神文明创建再动员暨表彰大会，对2014年度获得吉林省青年文明号的6家快递企业进行了授牌表彰。与省快递行业协会共同开展吉林省2015年度“最美快递员”评选活动，产生全省10佳最美快递员。

## 三、“十二五”时期快递市场发展与管理总体回顾

“十二五”时期，吉林省邮政行业整体规模持续扩大，业务总量和业务收入年均增长18%以上，业务收入和业务总量分别增长2.3倍和1.9倍。其中，快递业业务发展更为迅猛，业务量年均增长36%，快递业业务量和业务收入分别增长4.9倍和3.5倍。从业人员达到2.7万人，年服务用户超过5亿人次。“快递下乡”工程有效推进，共有490个乡镇设立快递网点1635个，乡镇覆盖率达到78%。全省建成快递分拨转运中心11个，面积达到9.34万平方米。全省快递许可企业累计达到292家，分支机构946家，末端服务网点1150余个，从业人员13933人，拥有机动车辆7789台。企业自动化、信息化水平显著提升，快递机械化分拣线达到4362米，一线员工终端设备手持率达到90%，快递持证上岗率达59.24%。快递企业收入规模稳步提升，初步形成了2家年营业收入超3亿元、4家年营业收入超亿元的快递企业集群。

**五年来，始终坚持发展第一要务。**修订《吉林省邮政条例》，出台《长春市邮政条例》；推动地方政府建立支持邮政业发展工作协调联动机制、宣传贯彻落实《邮政法》、《吉林省邮政条例》工作协调机制以及促进邮政业健康安全发展政策措施，推动地方政府或者联合相关职能部门出台支持邮政创新发展、快递车辆便捷通行、快递下乡、快递

末端投递、关联产业协同等一系列政策措施。全面推进交邮合作，拓展邮政服务网络，推进资源共享共用和业务全面合作，实现互利双赢。搭建快递与电商、制造业合作平台，实现吉林名优特产品“走出去”，快递服务“三农”领域不断拓展，行业发展环境持续优化。

**五年来，引导企业创新业务模式。**引导全省邮政、快递企业加强与农产品电商及原产地的合作，吉林大米上网销售、“蓝莓季”、“查干湖冬捕”等生鲜农产品流通新模式取得极大成功，成为全国的典型项目，快递业务收入年年攀升。围绕长春汽车行业、通化医药行业、辽源袜业，积极培育快递服务制造业示范项目，指导快递企业延伸服务链条、订制专项业务，充分发挥区域优势、突出产业优势，借力推进行业发展。结合吉林省区位优势，引导企业拓展跨境寄递渠道，在对朝、对俄寄递渠道拓展方面取得重大突破，跨境网购寄递服务等新兴业务有效开展。通过政府引领、企业主导，强化了企业创新主体地位，丰富了产品体系，拓展了行业发展空间，行业活力全面迸发，促进全省邮政业迅猛发展。

**五年来，持续推进邮政体制改革。**顺利组建9个市州邮政管理机构。落实邮政业“营改增”政策，新旧税制整体上实现了平稳转换。加快转变政府职能，持续简政放权，优化快递业务经营许可备案流程等行政审批项目，实现执法重心下沉。强化安全监管，深入贯彻执行收寄验视制度，严格执法检查，开展寄递渠道安保工作，完善配套规制，健全防控体系，落实主体责任，加强应急管理，杜绝重特大安全生产事故发生，确保寄递渠道安全稳定。

## 四、各市(地)主要管理工作概况

长春局与商务局联合下发《关于促进快递服务与网络零售协同发展的指导意见》，推进快递服务与电子商务深度融合；推进长春市快递产业园建设进程，把长春打造成辐射全东北的重要快递集散中心；推进医药、汽车零配件等服务制造业产品与快递的融合。

吉林局联合综治等8部门印发了《关于印发〈加强全市邮件、快件寄递安全管理工作的实施意见〉的通知》，建立健全行业监管工作联合机制；与交警部门联合发放邮政(快递)车辆专用通行证242个，解决了邮政、快递运输车辆通行、停靠难等问题；推动市政府先后印发了《关于促进全市邮政业健康安全发展的通知》和《关于支持“快递下乡”的实施意见》；积极参与落实电子商务与物流快递协同发展试点城市工作，拟定了《吉林市开展电子商务与物流快递协同发展试点工作方案》；推进成立了民营快递企业党支部；协调印发了《吉林市交通运输局关于推进邮政业健康发展的实施意见》，交邮合作不断推向深入，实现了资源互补；探索“快递下乡”合作模式，乡镇覆盖率达80.2%；探索“现代学徒制”联合培养行业人才的校企合作模式，4家企业与吉林经济贸易学校签订了合作意向书。

延边局向州政府上报《延边州邮政管理局关于加快邮政业快速健康发展给予扶持的请示》，为邮政企业争取地方财政补贴210万元购置农村投递车辆100台，邮政发展农村电商的主导作用被列为政府重点工作；推动出台《延边州人民政府办公室〈关于支持“快递下乡”的实施意见〉》；推动跨境寄递服务。2015年，对俄业务合计发出82车次，17.9万件，170.2吨，其中俄罗斯边境包裹1.86万件，105.8吨。珲春至朝鲜罗先邮路，全年合计出口22车，110吨；积极与州相关部门联合，资源共享，优势互补，全面开启“延吉共创”快递、电商一体化发展模式。

松原局推动冬捕鱼项目，引导快递企业发挥自身资源优势，通过发展冷链运输，有效解决了查干湖鱼生鲜特产的运输问题，通过“快递+电子商务”，拓展了销售渠、延长了销售时间、扩大了销售地域、提高了销售价格。

### 五、快递市场存在的突出问题

吉林省在经济下行压力加大的情况下，新旧体制性、结构性矛盾集中爆发，邮政行业发展受地方经济影响也将面临不小的挑战。快递市场规模仍有待提升。快递业务发展速度慢于全国平均水平，基数过小；快递基础设施建设相对滞后，快递服务能力难以支撑市场持续发展。

快递发展层次较低、模式单一；快递企业规模普遍偏小，实力偏弱；企业间低价、同质竞争现象严重，快递末端配送“最后一公里”问题没有得到根本解决。省内各地区快递业务发展极不均衡，呈现出省会城市单极发展态势。

安全监管形式日趋复杂。新业态不断涌现，行业安全形势日趋复杂，邮政监管力量与市场发展不相适应。安全基础、管控能力与发展程度不相适应，安全监管相关制度仍有待健全。邮（快）件处理，禁寄物品收寄、用户信息保护等环节安全隐患突出。突发事件应急响应处置能力有待提高。事中事后监管处置能力和手段不足，基层监管机构执法能力和水平有待提高。

## 黑龙江省快递市场发展及管理情况

### 一、快递市场总体发展情况

2015 年，黑龙江省快递企业业务量累计完成 12636.8 万件，同比增长 80.2%。其中，同城 2391.2 万件，同比增长 124.5%；异地 10211.8 万件，同比增长 72.5%；国际及港澳台 33.17 万件，同比增长 12.96%。快递企业业务收入累计达到 21.4 亿元，同比增长 72.0%。其中，同城 2.2 亿元，同比增长 121.6%；异地 14.3 亿元，同比增长 51.0%；国际及港澳台0.8亿元，同比增长22.8%。同城、异地、国际及港澳台快递业务收入分别占全部快递收入的 10.3%、67.2% 和 3.9%；业务量分别占全部快递业务量的 18.9%、80.8% 和 0.3%（表 7-8）。快递服务满意度稳步提升。消费者对邮政管理部门申诉处理工作满意率为97.2%，对企业申诉处理结果满意率为 95.7%。

表 7-8　2015 年黑龙江省快递服务企业发展情况

| 指　标 | 单　位 | 2015 年累计 | 同比增长(%) | 占全部比例(%) |
|---|---|---|---|---|
| 快递业务量 | 万件 | 12636.8 | 80.2 | 100 |
| 同城 | 万件 | 2391.2 | 124.5 | 18.9 |
| 异地 | 万件 | 10211.8 | 72.5 | 80.8 |
| 国际及港澳台 | 万件 | 33.17 | 12.96 | 0.3 |
| 快递业务收入 | 亿元 | 21.4 | 72.0 | 100 |
| 同城 | 亿元 | 2.2 | 121.6 | 10.3 |
| 异地 | 亿元 | 14.3 | 51.0 | 67.2 |
| 国际及港澳台 | 亿元 | 0.8 | 22.8 | 3.9 |

全年新增快递下乡网点数 5153 个，快递服务网络覆盖率达到 100%，乡镇快递服务营业网点覆盖率达到 77.27%。2015 年全省快递业业务收入连续 10 个月增幅排名全国第一，全年增幅排名第二，收入绝对值增加 8.94 亿元，与前 8 年发展规模持平，全省快递业正向高速发展的新时期迈进。

## 二、行业管理工作及主要成效

**加大政策扶持力度。**黑龙江省邮政管理局组织召开邮政业“十三五”规划编制专题动员部署会，确定了“3＋4”规划编制重点，并组织召开多次规划工作推进会、研讨会和论证会，同时，黑龙江局和各市(地)局积极主动将邮政业“十三五”规划与发改、交通、商务、工信等部门进行有效衔接，目前，全省邮政业“十三五”规划已通过专家评审，《黑龙江省国民经济和社会发展第十三个五年规划纲要(讨论稿)》也将我省邮政业发展规划“互联网＋快递”等内容纳入其中。七台河市邮政业发展规划也纳入了该市城乡经济发展一体化规划之中，其他各市规划编制有序推进，已进入全面征求意见阶段。2015年，全省邮政业的快速增长得到了省委省政府领导的高度重视：省政府出台《黑龙江省“互联网＋流通”快递行动计划》；省发改委印发《黑龙江省促进物流业发展三年行动计划》和《2015年黑龙江省物流业发展工作要点的通知》，将配送车辆标准化、行政许可审批流程优化、与民航铁路公路联动发展、邮政服务三农、协同电商发展、农村快递配送网络建设、末端配送设施建设纳入全省促进物流业发展三年行动计划之中。其中快递专用电动三轮车合法终端配送，下放快递法人企业、分支机构行政许可审批层级及尚志、拜泉等7个试点县的农村物流配送网络体系建设等三项工作已纳入2015年度行动计划中；贯彻落实省发改委关于《贯彻落实国家发展改革委关于当前发挥交通运输支撑引领经济社会发展作用的实施意见》，明确邮政管理部门“支持大型快递企业在机场建设专用或公用航空快件分拨中心，在我省有条件的物流园区规划建设快递物流园中心区”等职责；加强与工信委联络沟通，出台《黑龙江省关于推进快递服务制造业工作的实施意见》；联合省综治、安全等九部门出台了《关于加强全省寄递渠道安全管理工作实施意见》；联合省综治、交通等十部门出台《关于加强全省物流安全管理工作实施意见》。

**加快基础设施建设。**黑龙江省邮政管理局制定《黑龙江省快递“营业场所标准化、分拨中心规范化、作业流程制度化”建设方案》，召开“三化”建设动员部署会、现场推进会，及时组织对各市(地)局和各品牌企业建设情况进行检查调研、督促指导，并下发通报，联合省快递行业协会制定“三化”验收评定办法，通过检查验收，达到标准化营业场所519个，完成计划的116.6%，其中，哈尔滨、齐齐哈尔、佳木斯、大庆、双鸭山、绥化等市(地)计划完成率均超过100%；达到形象化营业场所65个，完成计划的108.3%，其中，哈尔滨、齐齐哈尔、鸡西、双鸭山等市(地)计划完成率超过100%；达到规范化分拨中心39个，完成计划的100%，各市(地)均按计划圆满完成本年分拨中心规范化工作；376个营业场所及分拨中心实现了生产流程制度化，占计划的112.9%，其中，齐齐哈尔、双鸭山、伊春推进效果明显，均超额完成本年度计划。制定《黑龙江省推进“快递下乡”工程的实施方案》，采用7种建设模式、3种运营模式推进“快递下乡”工作。召开推进会、现场会，联合省重点品牌快递企业负责人赴齐齐哈尔、佳木斯、伊春等多个市(地)乡镇进行督导，各企业立足服务农村电商和末端配送，拓宽渠道，布局设点，有序推进，成效明显。

**加强依法治邮。**黑龙江省邮政管理局成立了“黑龙江省邮政管理局行政执法工作领导小组”、“黑龙江省行政执法审核小组”、“黑龙江省行政执法案卷评查小组”，对全省行政执法工作进行全程监督指导。规范完善执法协作机制，建立了行政执法联合联动工作机制，搭建多部门执法协作平台。积极沟通将《黑龙江省邮政条例》的修订工作纳入《省政府2016年立法工作计划(草案)》调研项目之中。先后制定印发各类行政执法制度18个，实现了全省邮政行政执法闭环管理。开展案卷评查工作，从案卷的内容、证据采集、法律适用和执法程序等方面进行全面评查，加强了邮政行政执法案卷规范化管理。加大执法力度，通过完善联合执法工作体系、创新执法形式、丰富执法手段、严格执法程序等，行政执法工作成效明显，全年行政执法共立案120起，处罚金额45.8万元。其中，快递服务质量监管类12件，处罚9.25万元；快递企业安全监管类59件，处罚9.7万元；快递业务经营许可类39件，处罚18.15万元。指导各市(地)局建立“绿色通道”，企业申请材料总体精简55%。快递企业增设分支机构和备案工作下放市(地)局，办理时限缩短至5个工作日。全省开展了为期6个月的快递法人企业、分支机构专项规范整治行动，处罚金额15.3万元，清理快递企业无证经营网点635个，规范整治后新增网点739个，全省整治行动完成率达13.17%。在全省范围内开展了为期3个月，分4个区域组，由市(地)局一把手任组长的邮政业安全服务异地交叉大检查工作。妥善处理用户投申诉，邮政业服务满意度稳步提升，12305邮政业申诉中心共受理消费者申诉8742件，为消费者挽回经济损失27.24万元。在黑龙江局积极推动下，由27家省级品牌企业直接授权建立了市(地)级品牌企业负责人制度，进一步加强了黑龙江省快递市场监管，强化了企业经营主体责任，提高了落实执行力，形成了政企之间的沟通联络长效机制。开展快递服务质量专项整治工作，制定出台《2015年快递服务质量专项整治工作方案》，检查企业638次，查处服务质量问题466个，处罚金额3.3万元。成立黑龙江省寄递渠道安全领导小组，将加强邮件、快件寄递安全管理列入《2015年全省综治(平安龙江建设)工作要点》。同时加强寄递服务信息安全管理，开展面单集中销毁工作，各市(地)局组织快递企业集中销毁过期快递详情单89吨。黑龙江局和哈尔滨局实现了12家企业的16个分拣中心视频、手机客户端同步实时监控。13个市(地)局全部建立了视频监控平台系统。鹤岗市区所有网点全部接入鹤岗局视频监控平台。快递行业协会督促企业做好各项工作，切实发挥了服务、协调、自律职能。圆满完成“双11”旺季保障工作。及时召开旺季服务保障动员会议进行部署，组织召开媒体通气会，举办全省快递企业运能合作签约仪式，成立督导组，加强旺季“前、中、后”期安全生产和服务保障工作检查等系列举措，有效保障了全省“双11”期间寄递渠道安全畅通。副省长胡亚枫对“双11”旺季快递服务保障工作情况报告作出重要批示并给予高度肯定。

**加紧队伍素质提升**。黑龙江省邮政管理局一手抓内部干部队伍素质提高，一手抓外部人才队伍建设。指导省快递协会组织三期对全省快递企业各级负责人安全生产管理培训，培训350人次。组织全省110多家快递企业及分支机构的2894名快递业务员在哈尔滨、佳木斯、鸡西三个考区参加职业技能鉴定考试。加强基层党建工作，采取单独组建、区域组建、联合组建和组建行业性党组织等方式，稳步推进行业基层党建工作，目前已成立快递企业党组织10个，91名党员全部纳入管理。

**加倍真抓实干求进**。黑龙江省邮政管理局开展分支机构专项整治，全省新增分支机构723家，在原有基础上翻了一番。建立全省经济运行通报分析会议制度，为行业发展管理提供科学决策依据。建立品牌企业负责人管理制度，下达量收指导性计划，重点对照安全服务、落实黑龙江局各项重点工作等情况进行考核并通报其总部。将业务发展量收指标纳入市(地)局领导班子重点工作考核，并签订目标责任书。积极推进快递与相关产业融合发展，抓住“一带一路”和“中蒙俄经济走廊”发展战略实施的有利契机，有序推进“快递+”规模发展。通过快递“三化”建设，提升了营业窗口服务创收能力和基础设施能力，通过发挥邮政业消费者申诉中心“12305”与行政执法衔接联动机制作用，建立了企业投申诉通报制度和服务质量分析制度等，提高了服务水平，提升了品牌创收效应。加强行风建设和诚信体系建设，开展服务专项整治，有效规范企业服务行为，积极引导企业由以价格为核心的同质化竞争向以服务为核心的差异化竞争转型。黑龙江局与省协会联合开展“提质增效,争先创优”竞赛活动,进一步促进行业内形成移位晋档、创优争先、提质增效的良好氛围,促进了快递行业持续健康发展。企业自身坚持以市场为导向,进乡镇、进农村、进仓储、进商场、进园区、进厂矿等,积极开展大客户营销,增加了业务收入。

**加速行业精神文明建设创建步伐。**黑龙江省行业精神文明建设的经验做法走在了兄弟省市的前列。联合省快递行业协会组织开展评选“最美快递员”活动,联合团省委和省人社厅举办“振兴杯”黑龙江省青年职业技能大赛,与黑龙江团省委联合举办黑龙江省首届快递业务员职业技能竞赛。各市(地)局、各市(地)快递协会开展爱心送考,免费邮寄爱心包裹和送温暖慰问快递员、爱心救助、爱心驿站、“一帮一”扶贫解困活动。

## 三、“十二五”时期快递市场发展与管理总体回顾

“十二五”期间,黑龙江省邮政行业发展进程中高速发展、稳步提升。与“十一五”末相比,全省邮政行业业务总量和业务收入分别增长 1.1 倍和 2 倍,其中快递业业务量和业务收入分别增长 5.5 倍和 3.5 倍。全省快递品牌增至 30 个,法人企业 240 家,分支机构 1901 个,快递从业人员 15837 人。产业协同持续推进,线上线下融合步伐加快。全省快递下乡网点数累计 5590 个。快递产品体系不断丰富,时限准时率相对稳定,有效申诉率逐年下降,旺季服务保障能力明显加强。快递营业场所标准化、分拨中心规范化,作业流程制度化建设效果明显,有效增强。省邮政公司总体规模在全国排 13 位,2015 年国际邮政小包业务全国排名第 7 位,EMS 国际业务收入全国排名第 21 位,增幅排名第 2 位,对俄电商包裹出口量已占国内对俄电商市场份额的 33%。初步形成 3 家年营业收入超 11.4 亿元、5 家年营业收入超 7.8 亿的快递企业集群,占整体市场份额的 89.9%。全省快递企业进一步加大网络布局力度,“向下、向外”步伐明显加快。

**“十二五”期间,不断优化政策环境。**联合地方相关部门出台多项措施,加大行业宣传力度,有效解决车辆通行、末端投递、人才建设等方面的问题,营造了良好的舆论氛围,初步形成了全社会关注邮政业发展、支持邮政业发展的良好环境。

**“十二五”期间,行业依法治理能力进一步增强。**省、市(地)两级邮政管理机构均实现了职权法定,完善执法程序、严格执法责任、加强执法监督、推进联合执法,加快行政执法信息化建设,行政执法的规范化、标准化水平和监管效能大幅提升。本着简政放权、放管结合、优化流程、便捷高效的原则,黑龙江局将 31 项职责下放到市(地)局,实现了执法重心下沉。切实加强行业安全管理,不断健全完善安全管理制度,夯实安全基础,切实做到全覆盖、零容忍、严执法、重实效。

**“十二五”期间,人才培养体系建设力度不断加大。**从业人员素质稳步提升。非公快递企业党组织建设全面完成。

## 四、各市(地)主要管理工作概况

双鸭山局“快递下乡”建设工作成效显著,42 个乡镇全部建立快递网点,8 个重点品牌快递企业进驻全市各乡镇,覆盖率达 90.48%。鹤岗局联合综治等部门出台邮政和快递专用车辆运行管理实施意见,并举行了发证仪式。

哈尔滨局争取市财政拨付 10 万元行政执法专项资金;指导各企业间采取相互合作、强强联合等方式在全市 8 家重点网络型品牌企业共计设立乡镇网点 1025,平均覆盖率达到 74.5%。

牡丹江局争取市“万人评百科”专项奖金 2 万元;制定了《牡丹江市快递行业电动三轮车管理办法》;强力推进重点品牌在乡村设立网点,全市乡镇快递服务覆盖率达到 100%,重点品牌快递企业

乡镇网点覆盖率达到80%。

绥化局为庆安中通快递争取到2万元的电商与快递协同发展建设资金；联合综治等部门出台邮政和快递专用车辆运行管理实施意见，并举行了发证仪式；在解决非机动车辆保险方面，积极搭建平台，解决快递车辆购买保险的问题，已经签订了43份投保合同，并将逐步实现电动三轮车保险全覆盖。

佳木斯局利用乡镇城郊线路客运车辆作为运输手段，开展快递与客运运输双向合作；联合市郊区农委，采用"农邮对接"新模式，引导农民专业合作社与快递企业合作，使绿色农产品富硒大米依托快递网络"走出去"；协调市交通运输局在传统的物流园区基础上规划建设"佳木斯物流中心园区"，实现仓储、配送、加工、商贸流通服务的复合功能。项目占地71万平米，建筑面积34万平米，规划快递转运中心及分拣中心区域约7万平米，预计建成后将成为黑龙江省东部地区最大的快递枢纽园区。

齐齐哈尔局推动齐齐哈尔快递行业协会与齐齐哈尔市客运站达成合作意向，签订了合作协议，客运站开放客车货运资源，为快递企业提供运递服务，顺风、天天已经享受此项政策；建立快递企业诚信档案。

黑河局与市政府及交通运输等部门多方协调沟通，推动黑河市快递产业园区建设，黑河跨境电子商务产业园区建成后，按照原定计划，市内7家规模以上品牌快递企业进行了入驻，同时园区内计划引进100家中俄各类电子商务企业入驻，实现了快递业与制造业、电子商务等产业的快速融合发展。

大兴安岭局根据不同地域人口分布的情况，评估出各区域人民群众对快递服务的需求量，根据服务需求的不同，对快递企业采取分档管理的办法，设计了《快递企业分档管理进程表》。进程表分为四个档次，分别是10000人以上为一档（含8个乡镇）、5000~10000人为二档（含9个乡镇）、3000~5000人为三档（含6个乡镇）、3000人以下为四档（含12个乡镇）。邮政EMS在大兴安岭地区覆盖率达到100%，36个乡镇中28个乡镇设有民营快递网点，网点覆盖率达到83%。

## 五、快递市场存在的突出问题

**快递企业自身能力不足。**一是硬件建设滞后。由于黑龙江省地广人稀、冬季漫长、出进口比例失衡（快件出进口为1∶4左右）等客观因素影响，快递企业利润率普遍偏低，无论是企业总部还是省内区域总部，在企业硬件投入方面以短期行为为主，快递物流园区建设等长期规划缺失，直接导致了生产作业场地、技术装备和设施落后，生产运营成本居高不下，创收能力偏低。二是管理水平较弱。黑龙江省快递企业多数为民营加盟制，大多处在创立或成长期，企业经营管理经验不足，体制机制不活，吸引和留住人才的环境几乎没有，简单粗放式的运营手段较为普遍。三是队伍素质不高。受市场竞争激烈、用工供给不足、人才培养机制不够等主客观因素影响，目前大多数快递企业一线业务人员入职门槛较低，员工整体素质不高，随着新兴信息科技手段的广泛应用和文化建设等企业核心竞争力提升的要求，这些员工难以适应新的技术手段和管理要求，队伍素质影响企业整体能力提升的矛盾初步显现。

**政策支持力度不够。**一是产业集聚度较低。由于布局合理、政策到位、功能完善的快递物流集散中心、园区建设不足，黑龙江省快件处理中心建设呈各自为战、四处分布、经常搬迁、资源浪费的状况，且与空港经济区、商贸交通物流园区没能融合。二是快递车辆通行困难。快递车辆缺乏统一规范化的管理和通行政策，其中最有效的投递末端电动二、三轮车通行难尤为突出。三是快递末端服务受限。居民小区、机关、学校依然拒绝快递服务车辆和人员通行，快递服务终端设施和场所建设没有纳入规划和政策支持，快递普惠社会功能得不到充分发挥。四是快递与现代服务业、电子商务、装备制造业、农林特产、跨境业务等方面协同发展的相关政策支持还有待于制定和完善（如快件出关有关政策）。

**行业管理有待加强。**一是市地一级邮政监管机构组建时间较短，监管能力有待于提高。二是区县及以下邮政监管缺失（无监管机构），由于邮政、快递生产作业的特点决定，监管工作必须面对面现场实际操作，且黑龙江省地域辽阔，现有体制很难适应监管需要。三是行业安全监管形势日趋严峻，快递企业安全生产两个责任还没有得到很好落实，利用寄递渠道涉毒、恐、暴、黄及危化品案件增多，危及社会安全，行业安全管理压力较大。

# 上海市快递市场发展及管理情况

## 一、快递市场总体发展情况

2015 年，上海市邮政管理局实施“项目建设年”70 项工作任务，取得了较好成效。全年上海市快递企业业务量累计完成 17.4 亿件，同比增长 33.0%，快递业业务寄、收件量日均 800 万件，峰值日达 2000 万件，快递业业务收入日均近 1.3 亿元。其中，同城 6.3 亿件，同比增长 34.6%；异地 10.3 亿件，同比增长 33.8%；国际及港澳台 0.5 亿件，同比增长 4.4%。快递企业业务收入累计达到 455.2 亿元，同比增长 26%。其中，同城 49.0 亿元，同比增长 30.8%；异地 124.7 亿元，同比增长 24.4%；国际及港澳台 44.2 亿元，同比增长 5.8%。同城、异地、国际及港澳台快递业务收入分别占全部快递收入的 10.8%、27.4% 和 9.7%；业务量分别占全部快递业务量的 36.8%、60.3% 和 2.9%（表 7-9）。

**表 7-9　2015 年上海市快递服务企业发展情况**

| 指　标 | 单　位 | 2015 年累计 | 同比增长(%) | 占全部比例(%) |
|---|---|---|---|---|
| 快递业务量 | 万件 | 170778.0 | 33.0 | 100 |
| 同城 | 万件 | 62844.7 | 34.6 | 36.8 |
| 异地 | 万件 | 102933.5 | 33.8 | 60.3 |
| 国际及港澳台 | 万件 | 4999.7 | 4.4 | 2.9 |
| 快递业务收入 | 亿元 | 455.2 | 26.0 | 100 |
| 同城 | 亿元 | 49.0 | 30.8 | 10.8 |
| 异地 | 亿元 | 124.7 | 24.4 | 27.4 |
| 国际及港澳台 | 亿元 | 44.2 | 5.8 | 9.7 |
| 其他 | 亿元 | 237.4 | 30.5 | 52.1 |

2015 年上海市快递服务品牌集中度指数 CR8 为 83.7。

## 二、行业管理工作及主要成效

**勇创新。**上海市邮政管理局聚焦快递业服务提升、安全管控、队伍塑造、末端交融、优势巩固、转型示范、多业融合、高端引领、双轮驱动、区域协作十个主题，启动研究上海市快递业一号课题《创新上海快递业管理与发展》，成立了全局参与的快递业创新发展“十大沙龙”组织，成立上海市交委科技委邮政快递专业委员会，与上海市城乡建设和交通发展研究院、上海邮政科学研究院、市交通港航发展研究中心、上海永驿管理咨询有限公司等四家研究机构签署《合作框架协议》，共同建设

"上海市邮政业创新发展研究基地"。与国家局新闻中心签署合作协议。完成《上海市促进邮政业科学发展政策集成(2015 版)》。

**促融合**。上海市邮政管理局落实"双重管理",积极融入地方,推动"双轮驱动"。推动成立上海市促进邮政业发展联席会议,先后加入了上海市电子商务发展联席会议、住宅小区综合治理联席会议、智慧城市建设领导小组、国内贸易流通体制改革发展综合试点领导小组等协调议事机构。联合市商务委、发展改革委等九部门制定了《关于促进本市生活性服务业重点行业规范提升发展的实施意见》。推动将快递业纳入了服务业重大示范项目、信息化发展专项资金的申报范围,纳入了国际航运中心建设、智慧城市建设、生活性服务业发展、跨境电子商务发展、电子商务发展、"四新"经济发展、长江经济带发展、国内贸易流通体制改革发展综合试点、综合交通运输体系建设试点等中央、地方等中央、地方重大政策支持范围。制定《上海市邮政管理局关于快递服务制造业工作方案》。联合市交通委制定《上海市交通运输业和邮政业开展战略合作、促进融合发展的意见》,排定了《交邮融合工作项目清单》(2015 版),从规划互编、政策互补、资源互享、执法互动、企业互联、信息互通六个方面全面推动交邮融合发展。提出推进长江经济带合作发展机制。邮政业纳入上海市新一轮城市总体规划(2014 －2040),争取地方资金 160 万编制上海市邮政专项规划。完成上海市邮政业"十三五"规划与市综合交通运输体系规划、物流业发展规划、城市总体规划、国际航运中心规划、国际贸易中心规划以及华东地区民航发展规划等六个地方重要规划对接。

**推转型**。按照国家局"改革创新、转型升级"总体要求,上海市邮政管理局依据《关于加快推进上海快递总部经济建设与发展合作协议》,大力推进快递业转型工作。完成上海青浦"全国快递行业转型发展示范区"指标体系研究课题,从核心能力、发展方式、市场机制、行业规范、业绩表现、政策生态等六大维度,完成指标体系构建;完成"上海市民营快递企业总部成长性评估指标体系"研究项目,报经国家邮政局批准,现正在开展评估工作;业务量收结构继续优化。业务收入中总部(其他)业务收入占比将近 50%,业务量中高端业务、国际港澳台快件量有所增加。

**建高地**。上海市邮政管理局实施开发浦东、深耕市区、提升青浦的"一体两翼"发展战略,打造中国快递发展上海新高地。以浦东新区祝桥镇商飞总装基地及配套产业区为载体,积极推动浦东祝桥国际现代快递物流园区建设工作,与祝桥镇签署合作协议,着力将浦东祝桥国际现代快递物流园区建设打造成为服务跨境电商、服务先进制造业、服务国家邮政局"向外"工程的战略高地。在前期与民航华东管理局、民航华东空管局、上海机场集团深入开展对接工作基础上,与上海机场集团签订合作备忘录,从规划、战略、政策、机制等方面深入合作,支持国内民营快递企业入驻浦东机场建设区域转运中心,拓展航空快递业务,深化国际中转集拼业务,打造快递"向外"航空枢纽高地。以上海青浦"全国快递行业转型发展指数"指标体系课题研究为抓手,加快青浦"全国快递业转型发展示范区" 建设。

**通末端**。上海市邮政管理局实施快递收派端进政区、园区、商区、校区、小区、景区、郊区"七进"工程,打造智能化、平台化、标准化、公共化、集约化、便捷化"六化"收派服务体系。推进收派末端节点建设,支持邮政公司推广 E 邮柜和自提点,引导东方网智慧屋、零公里快递服务管家、物业协会物联驿站、金山快递超市等收派服务创新项目,建成 1500 多个基本符合"六化"要求的可持续发展末端网点,筹建上海市快递末端联盟。探索解决末端运输难题,开展快递服务"进站进港进点进线、上机上路上车上道"、"路桥费减免方案"可行性研究,组织《快递揽投专用电动自行车》团体标准编制和车型研发,起草《上海市快递揽投专用电动车使用管理办法(暂行)》。

**强法治。**由市综治办等 11 个委办局参加的“上海市寄递安全管理工作领导小组”成立，上海市邮政管理局联合市综治办、市公安局等 11 委办局印发《关于本市进一步加强邮件、快件寄递安全管理工作的实施意见》，寄递安全管理纳入全市综合治理考核体系。成立上海市邮政管理局邮政业安全监管中心，组建邮政寄递业治安、反恐信息员队伍和网络安全青年志愿者服务队、应急预案青年突击队。制定《上海市邮政业安全管理实施纲要(2016－2020)》，创新和完善邮政业安全管理基本框架。开展快递业综合治理，联合市公安局、市国家安全局、市统计局等相关部门检查快递业法律法规执行情况。开展“不发通知、不打招呼、不听汇报、不安排陪同接待，直奔基层、直插现场”的夜间突击检查。聚焦快递安全，指导市快递协会召开首届“上海快递论坛”，研讨化学品寄递管控等快递安全难点问题，实现安全交寄宣传进地铁。启动政府信息公开新平台——电子触摸屏系统，不断提供政务公开水平。将邮政业监管网格化管理相关内容纳入上海市 2015 年城市网格化管理相关标准，开展建立网格化社会监督员队伍试点。与自贸区签署监管信息共享协议，实现对邮政企业处罚零的突破。认真处理来信来访、申诉、举报，1～8 月 12305 申诉热线共受理申诉 31339 件申诉，挽回经济损失约 138 万元。

**创文明。**以获得“全国交通运输行业文明单位”荣誉称号为动力，上海市邮政管理局把“文明创建”作为上海邮政业“五条主线”2015 年项目建设年的一号项目，推动文明创建与党群工作、行业管理同规划、同部署、同推进、同考核。优化文明办组织机构，吸纳政府部门、行业协会、相关企业人员参与，制定《市局精神文明建设工作制度》、《2015 年市局精神文明创建重点工作及任务分工》，形成党政结合、政企结合、上下结合、总分结合、全系统全行业全面参与、全员投入的文明创建工作格局。进一步深化典型选树。带头救助车祸受伤人员的圆通快递员周建飞，为投件服务的小区大厦救火的顺丰快递员王开武，顺丰快递员邬引军家庭被评为全国五好家庭。周建飞入围“全国物流行业劳动模范”上海市上报名单。快递员雷娟娟被推荐评为“上海市青年岗位能手”。开展“3·15”国际消费者权益日活动，定期参加上海人民广播电台“政风行风热线”直播节目，将《快递服务》国家标准与上海市窗口行业文明服务测评要求相结合，制定七个方面 25 项《上海市快递行业文明服务测评标准》，印发了《上海市快递行业文明单位考评管理办法》，明确了评选条件、评选程序、考评指标、名额配比等关键内容。召开市快递业精神文明创建现场会，快递业文明创建融入文明城区创建和社区文明共建，局领导及各处室、管理局、协会、企业负责人每人对接一个快递服务网点作为联系点，签订联系责任书，定期走访、检查、推进文明创建工作。

**抓组训。**上海市邮政管理局联合上海共青团市委、市人社局举办上海市首届邮政行业职业技能大赛，共 104 名选手报名参加，选送其中部分选手参加第十一届“振兴杯”全国青年职业技能大赛，荣获铜牌表彰。推动行业人才培养，制定《上海市邮政行业人才队伍建设十三五规划》，组织符合条件的企业和院校积极申报“全国邮政行业人才培养基地”评审，积极推进行业优秀管理人才参加“上海市青年管理英才”评选，为行业人才队伍发展壮大搭建平台。与上海民航职业技术学院合作组织一期市快递业安检培训班。牵线圆通与上海市邮政公司培训中心开展校企合作，举办相应培训活动。

### 三、“十二五”时期快递市场发展与管理总体回顾

“十二五”期间，上海市快递业业务量累计完成 50 亿件，年均增幅 48%；业务收入累计完成 1380 亿元，年均增幅 40%。民营快递超高速发展，业务量占比达到 91%，业务收入占比达到 86%，总部收入贡献率 50%。全市年人均寄送快

件70件，年人均寄送快递支出910元，年支撑网络零售交易额4000亿元，带动工业品销售下乡170亿元，推动出口近100亿元，邮政业每日承载12亿元的商品流通，年收入在全国邮政业、上海地区生产总值和第三产业增加值中的占比分别为12%、2%、3%，年缴本市超30亿元的税费和30多万人的直接间接就业，同时支撑网购就业人员80万。

**“十二五”期间，快递发展势头猛。**截至2015年底，全市有经许可快递企业1433家，比2010年增长了2.87倍，备案企业680家，快递营业网点4700多个。其中，集聚了24家全国和区域快递总部，形成了“外资在东、国有在中、民营在西”的快递企业总部格局。2013年6月，国家邮政局和上海市人民政府签署《关于加快推进上海快递总部经济建设与发展合作协议》。

**“十二五”期间，战略策略明细化。**2013年以来，上海市邮政管理局陆续提出了行业发展“一体两翼”、“三项使命”、“四大战役”、“五条主线”、“六化门店”、“七进工程”、“八型安全”、“九题破解”、“十类创新”等一系列构想，并全力推进。“2014－2020上海邮政业五条主线下的四性契合、四维空间与四大战役”成为全局工作总方略，总的着眼点是，保持上海邮政业在全国的影响和地位，当好全国邮政业改革开放和科学发展的先行者和排头兵，提高上海邮政业对行业、地区经济增长和社会发展的贡献率。

**“十二五”期间，生态环境持续优。**2012年11月，上海市政府出台《关于促进上海市快递业健康发展若干意见》。2012年12月1日起，正式施行《上海市实施〈中华人民共和国邮政法〉办法》。2014年7月，上海市人民政府发文成立上海市促进邮政业发展联席会议。先后发布一系列文件，首次将邮政业纳入上海市服务业发展引导资金申报范围，首次将邮件、快件寄递安全管理工作纳入上海市综治工作考评体系，首次颁布实施快递经营场所安全技术防范上海市地方标准，首次将快递业信息化建设和新技术应用纳入上海市信息化发展专项资金申报范围和上海市智慧城市建设范畴，首次将快递指标纳入了上海国际航运中心建设指标体系、上海市综合货运指标体系和上海市楼宇经济评价指标体系，首次将快递业相关内容纳入上海市促进生活性服务业发展的若干意见，首次将邮政管理纳入行刑衔接体系。

**“十二五”期间，监管力度持续大。**在大综治范围内、部门合作范围内、上海市邮政管理局本系统工作范围内加强监管工作。建立了上海市寄递渠道治安管理工作联席会议制度，联合本市工商、税务、统计、人社、公安和安监办开展快递业综合治理行动，会同市综治办等11个委办局联合发布《关于本市进一步加强邮件、快件寄递安全管理工作的实施意见》，联合市公安局、国安局下发《寄递企业安全防范工作规定（试行）》，联合市公安局制定地方强制标准《重点单位重要部位安全技术防范系统要求　第19部分：寄递单位》（DB 31/329.19—2014），印发《关于加强上海市邮政市场行政执法与刑事司法衔接配合工作若干问题的实施意见》，制定《上海邮政业安全管理工作实施纲要（2016－2020）》，先后印发加强安全监管工作的意见、安全事故吊销快递业务经营许可证处置基准、服务安全事件防范处置规程、安全信用体系建设意见等系列文件，及时妥善处理了多起违法违规事件。

**“十二五”期间，文明建设稳步进。**2014年6月，上海市邮政管理局联合上海市文明办、市建设交通党委，正式启动上海市快递行业精神文明创建工作，计划在第一个三年内确保快递总部企业及规模以上企业实现规范服务达标，有条件的快递企业建成上海市文明单位，第二个三年内建成上海市规范服务达标先进行业，最终实现建成上海市文明行业的目标。创建工作坚持固本浚源、顺时应势，坚持价值共铸、使命共担，坚持统筹兼顾、综合施策。2014 年,上海市邮政管理局被评为全国交通运输行业文明单位。

## 四、各派出机构主要管理工作概况

黄浦局联合黄浦区综治办等 10 个部门和单位正式发布《关于黄浦区加强邮件、快件寄递安全管理工作的实施意见》,成立"上海市黄浦区寄递安全管理联席会议",建立区寄递安全管理工作协调机制。松江局与广东省东莞局正式签署共建协议,结成互助友好局,促进监管工作经验资源共享、优势互补,实现工作效能共同提升。青浦局积极与地方政府、快递企业对接工作,扎实推进快递智能投递箱铺设。青浦区 317 个小区中已有 64 个小区安装快递智能投递箱,占全区的 20% 左右。

## 五、快递市场存在的突出问题

**行业发展的要素支撑仍显不足。**随着上海快递业的发展,对关键要素的需求也与日俱增,而目前土地、人才、资金等资源要素的支撑力度仍显不足。土地资源紧缺,快递长足发展所需的工业用地量难以得到满足。快递企业"招人难、引进难、稳定难"的用工问题长期存在,尤其缺乏有经验、懂技术、擅管理的高级人才。资本要素瓶颈未突破,中小型快递企业的融资缺乏顺畅的渠道,一定程度上限制了一批潜力企业的快速成长。

**快递业价值未得到充分发挥。**近年来快递业一直保持高速发展态势,但产业链仍处于发展的初级形态,网络经济尚未快速走向平台经济和渠道经济,行业价值未得到充分体现。快递业务对电商行业依赖过高,与一、二、三产业的联动发展缺乏动力,业务结构不够多元化,同质化竞争愈演愈烈,而高附加值的服务产品培育滞后。2014 年,快递业收入占上海地区生产总值为 1.74%,服务全市经济发展的作用还不明显,行业价值仍有待进一步发挥。

**快递企业核心竞争尚未形成。**快递企业的发展模式依旧较为粗放,难以形成核心竞争力,使得行业"大而不强"的状态难以得到改善。快递企业数量虽多,但优秀的品牌不多、盈利情况好的企业不多,而企业以技术、品牌、质量、服务为核心的竞争力也普遍不强。快递领军企业尚处于培育阶段,要形成"品牌优、竞争实力强、连锁网络全、具有国际竞争力"的大型企业,仍存在较大差距。

**快递安全管控有待进一步加强。**快递网点呈现数量多、分布散的状态,绝大多数企业所采取的加盟制度也使得其对网点的管控难度加大,目前收寄验示的盲点仍然难以规避,始终是快递安全的风险所在。企业的法规意识、对安全问题的重视程度需要进一步提升,从源头控制安全隐患。政府监管力度虽然得到了持续加强,但执行能力有限、科技手段运用不足,构建快递可监控、可追溯、可追踪、可预警、可应急、可联控的综合监管体系的进程必须进一步加快。

**快递服务质量有待进一步提升。**快递企业的服务质量良莠不齐,消费者投诉率依然较高。近年来快递服务质量问题仍屡被媒体曝光,上海市也先后发生了邮政速递物流有限公司国际邮件滞港、个别客户的反复信访事件等。对于如何提升服务质量、保障消费者权益,快递企业仍需更加重视。同时,针对跨境网购等新业态、新情况、新问题,目前还缺少系统性研究,必须提高关注、加大解决问题的协调联动,与时俱进地改善服务质量。

# 江苏省快递市场发展及管理情况

## 一、快递市场总体发展情况

2015年，江苏省快递企业业务量累计完成229047.7万件，同比增长54.3%。其中，同城74894.1万件，同比增长54.0%；异地150442.1万件，同比增长55.0%；国际及港澳台3711.4万件，同比增长35.1%。快递企业业务收入累计达到290.7亿元，同比增长44.6%。其中，同城64.3亿元，同比增长65.5%；异地167.7亿元，同比增长45.3%；国际及港澳台37.8亿元，同比增长13.0%。同城、异地、国际及港澳台快递业务收入分别占全部快递收入的22.1%、57.7%和13.0%；业务量分别占全部快递业务量的32.7%、65.7%和1.6%（表7-10）。全省日均快递业务量达到627.5万件，年人均快递业务量突破28件。快递服务满意度位居全省十大服务业前列。

**表7-10　2015年江苏省快递服务企业发展情况**

| 指　标 | 单　位 | 2015年累计 | 同比增长(%) | 占全部比例(%) |
|---|---|---|---|---|
| 快递业务量 | 万件 | 229047.7 | 54.3 | 100 |
| 同城 | 万件 | 74894.1 | 54.0 | 32.7 |
| 异地 | 万件 | 150442.1 | 55.0 | 65.7 |
| 国际及港澳台 | 万件 | 3711.4 | 35.1 | 1.6 |
| 快递业务收入 | 亿元 | 290.7 | 44.6 | 100 |
| 同城 | 亿元 | 64.3 | 65.5 | 22.1 |
| 异地 | 亿元 | 167.7 | 45.3 | 57.7 |
| 国际及港澳台 | 亿元 | 37.8 | 13.0 | 13.0 |

## 二、行业管理工作及主要成效

**行业发展环境不断优化。**江苏省邮政管理局和各市邮政管理局分别成为省和各市“十三五”规划编制工作领导小组成员。建立省市规划工作互动机制，各地规划编制工作同步推进。推动邮政业发展规划与各地服务业、综合交通、物流业等规划有效衔接。省市两级邮政管理部门已经过深入调研、多次修改，均已形成“十三五”规划讨论稿。通过全省案卷评析等方式，加强对市局行政执法工作的监督和指导，提高依法行政能力。市级层面立法工作有序开展。《无锡市快递管理办法》正式施行，《南京市邮政管理条例》修订和《盐城市快递市场管理办法》制定工作正在稳步推进。贯彻落实行业标准，出台《江苏省快递服务业标准化实施办法》，对全省快递服务企业及其下设直营、加盟企业的快递营业及处理场所的建设等进行规范。积极推动行政执法信息系统的应用，上线率和使用率居全国前列。推动邮政业发展等相关内容被多地写入政府工作报告；镇江、淮安、扬州、宿迁等局积极推动当地政府出台省政府办公厅《实施意见》的配套文件；无锡住宅小区设置快递用房写入地方规章；产业园区建设、配送车辆通行等问题在地方政府推动下正在逐步得到有效解决。

**快递业不断提质增效。**江苏省邮政管理局出台了《关于进一步提升快递末端投递服务水平的实施意见》，对全省快递末端设施的建设与管理等提出了具体要求。各地通过政策引导、企业实施、第三方介入的方式，在居民小区、高校、机关设置快递服务平台，形成了用户、企业、投资方多方共赢的局面。多地政府出台关于智能信报箱、快递基础设施建设、“快递下乡”等相关政策。全省已建成12个专业快递物流园区。苏南快递产业园成为首个国家级快递示范园区，国际快递巨头DHL签约入驻，投资规模将达7000万美元；苏北快递产业园区、苏中快递产业园临港园区分别在淮安和泰州设立；盐城电商快递产业园已有6家企业入驻；扬州、徐州邮政跨境电商产业园分别投入使用；新沂、响水、兴化等地设立县（市）级快递产业园，新沂市政府出台扶持政策促进电商和快递的协同发展。全省快递产业园区发展势头良好，已逐步形成了“苏南”、“苏中”、“苏北”齐头并进、各有特色的良好局面。快递营业场所标准化水平不断提高。快递车辆通行难题逐步破解。各地加大实施快递车辆畅通工程，成效显著。无锡、常州、泰州、盐城、连云港、宿迁等地快递电动三轮车在市区顺利通行；南京、盐城、扬州、淮安等地积极推广使用新能源汽车。快递“向下”“向外”工程深入推进。加强农村地区快递服务网点建设，全省乡镇快递服务网点覆盖率在全国率先达到100%。全省农村地区收投包裹量超过7亿件，带动农副产品进城和工业品下乡约300亿元，沭阳、新沂、睢宁、东台等多地利用快递下乡帮助农产品流通走出了一条新路。EMS、顺丰服务跨境电商，助力服装、玩具、水蜜桃、螃蟹等“中国制造”走向境外。快递与制造业协同发展成效初显。常州、盐城、连云港等地快递企业积极融入供应链，为机械制造、汽车、医药等领域企业提供增值服务，助力制造业转型升级。

**市场秩序不断规范。**江苏省邮政管理局依法许可，优化流程，对许可证变更事项进行分类管理，下放快递业务经营许可年度报告审核权限至市局。截至2015年底，全年新增许可企业211个，全省共有许可企业950个，备案分支机构2597个。依法开展执法检查，加大行政处罚力度。全省邮政管理部门全年共累计出动检查4949人次，检查单位2392个，下达整改通知321份，共作出行政处罚137份，罚款金额95.11万元。放心消费创建不断深化，2015年共表彰示范单位11个，先进单位24个。圆满完成首届“最美快递员”评选，树立行业文明形象，挖掘基层典型人物先进事迹，传递行业发展正能量。开展行业全国青年文明号创建，省12305申诉中心、无锡顺丰、南京申通等3个集体成为全国青年文明号的创建集体。服务质量专项整治效果显现，通过消费者申诉受理、媒体曝光、执法检查等多种渠道和手段，及时发现快递服务质量问题，提高服务质量监管效率。申诉工作取得新成效，累计处理消费者申诉81301件，经调解全部申诉均得到妥善处理，消费者对申诉处理工作的满意率为97.2%。申诉中心被授予省级青年文明号荣誉称号，连续三年被评为全国邮政管理系统申诉处理工作先进单位，受到团省委和省级机关工委的肯定。

**安全保障能力再上台阶。**江苏省建立了省局与市局、省局与企业的信息联络机制，开展数据与舆情监测和安全监管信息系统维护管理工作，为全省邮政行业安全监管工作提供信息支撑。江苏省邮政管理局会同省综治办等7部门成立了省寄递渠道安全管理领导小组，印发了工作实施方案，建立健全齐抓共管的组织和制度。13个地市和部分县（市）均相继成立县级寄递渠道安全管理领导小组，发挥地方政府部门、人员、设备等优势，形成寄递渠道安全管理“横向到边，纵向到底”的管理格局。开发智能快件箱管理系统，实现对智能快件箱设置与使用情况的信息化监管。该系统具备运营人登记报备、快件箱的代码申请等功能，有效解决了智能快件箱监管盲区。建立信息技术应用平台，启动了“江苏省快递业安全监管与服务云平台”项目可行性报告编制工作。寄递安全工作已纳入江苏省及各市政府平安建设考评体系。《徐州市寄递业治安管理办法》成为全国第一部明确规定实行实名寄递的地方性规章。圆满完成了苏州世乒赛、抗战胜利70周年、中国—中东欧国家领导人会晤、无锡世界佛教大会等重大活动期间的寄递渠道安保工作，全省未发生重特大安全事故。开展行业安全督导，结合每年“安全生产月”主题，组织开展系列活动，时刻绷紧安全高压线。妥善处置突发事件，南京、常州等局先后妥善处置了网络中断或快件损毁突发事件，南通局成立了突发事件应急处置小组，徐州局联合团市委成立了“快递志愿者应急服务队”，全行业应急处置能力逐渐增强。

**支撑体系建设不断加强。**江苏省邮政管理局率先在省级层面组建了邮政业安全中心并顺利运行，为更好地支撑邮政行业安全监管工作提供了组织保障。县级邮政管理机构建设稳步推进，新增新沂等8个县级邮政管理机构。全年快递业务员职业技能鉴定突破1万人次。启动了快递业务师的鉴定和评审工作，实现了省内快递业务师零的突破。在团中央、人社部举办的全国“振兴杯”快递业务员技能大赛中，江苏代表队取得团体第2、一项个人全能第2的好成绩。启动了新一轮快递高管培训计划，全省主要快递企业近200名高级管理人员参加了“512”培训项目。省级行业人才培养基地增至5家。充分发挥大交通优势，在省交通技师学院设立了“江苏省快递发展研究中心”。

## 三、“十二五”时期快递市场发展与管理总体回顾

“十二五”时期，江苏省邮政行业业务量收分别增长2.4倍和2倍，快递业业务量收分别增长5.8倍和3.9倍。行业收入占GDP比重从0.27%提高至0.58%，占第三产业（服务业）增加值的比重从0.64%提高至1.22%。五年新增就业岗位10万个以上，支撑全省网络零售交易规模3300亿元，同比增长超过50%，相当于江苏省社会零售总额的12.9%。

**这五年，服务能力和服务质量大幅提高。**快递末端投递难题逐步破解，全省共建成快递末端综合服务平台1579个，推动快递服务进驻社区11437个，投放智能快件箱7818组，累计格口42.85万个。快递下乡网点数5779个，平均每个乡镇设有6.7个快递服务网点。快递产品不断丰富，时限准时率相对稳定，有效申诉率逐年下降，旺季服务保障能力明显加强。

**这五年，邮政监管能力显著提升。**完成市级邮政监管机构的组建工作和省级以下邮政企业更名工作。先后9个县（市）成立县级邮政监管机构，管理队伍得到充实。政策法规体系不断健全，地方法规和扶持政策相继出台实施，依法行政能力不断提升。江苏省邮政业安全中心在全国率先成立并有效运行，信息化监管能力不断增强。

## 四、各市（地）主要管理工作概况

无锡、常州等市局根据企业需求，推动在大型企业设立快递服务中心，实现快递服务于企业零距离。南京、泰州局结合“放心消费创建”活动开展标准门店“百分创建”活动。宿迁、连云港局制定快递营业场所标准化建设相关意见，明确场所建设标准。盐城市政府发文明确寄递安全属地管理职责。淮安在全省率先实现规范清理工作的全覆盖。

南京局积极推动新能源车和智能快件箱的应用，2015年，全市已有89辆新能源车辆在邮政行业投入使用。据不完全统计，截至2015年底，全市共安装智能快件箱3626组，220788个格口；《南京市邮政管理条例》修订工作取得决定性进展。苏州局协同工商部门共同推进快递企业营业网点登记注册工作，发挥示范企业标准化门店的引领作用；将全区主要快递企业视频数据接入省安全厅监管系统“绿匣子”工程，从源头上防范禁寄物品流入寄递渠道。宿迁局联合市公安局开发启用了宿迁市快递企业公共服务平台，详细登记从业人员、车辆等信息，强化末端网点管控；联合相关部门出台《宿迁市关于加强邮件、快件寄递安全管

理工作的实施意见》。

无锡局出台快递末端公共平台管理办法，快递平台和网络建设日臻完善；江南大学快递超市作为教育部快递进校园的示范工程，得到了教育部的肯定；与工商部门联合发文，对快递服务网点实行备案管理，不仅有效缓解末端网点办证难的问题，而且规范了市场秩序；对信息化监控系统进行完善，实现了远程预（告）警功能，有效提升了监管效率和水平。

常州市将智能快件箱建设工作纳入市放心消费创建“百千万工程”为民办实事项目，智能箱使用率达到35.97%；出台《快递服务业标准化建设实施意见》，提出两年实现快递服务业标准化建设达标率100%；将“打造平安寄递渠道”纳入“常州市2015年度创新社会治理重点项目”予以推进。

徐州局通过市政府向社会公布快递营业场所标准，并组织开展“快递旗舰店”创建工作；联合公安部门研发了“寄递业治安管理信息系统”，为动态掌握企业情况和落实实名寄递工作提供了技术支撑；联合相关部门印发《徐州市“平安寄递”创建活动实施方案》，对各县（市）区量化考核；在全市7个县（市）区成立寄递渠道安全管理“四人小组”（综治办、公安局、市场监管局、安监局各一人），建立常态化监管工作机制，弥补了县级监管力量薄弱问题。

## 五、快递市场存在的突出问题

**提高发展协调性、可持续性任务依然艰巨。**“十三五”时期，江苏省经济将保持中高速增长，服务业比重进一步上升，消费对经济增长贡献明显加大。江苏省邮政行业将在更高起点上保持良好发展态势，到2020年实现产业规模超千亿。但与江苏经济社会发展需要仍有较大差距，企业基础比较薄弱，城乡、区域发展不协调，发展方式粗放，竞争层次较低，行业创新能力不足，这些问题迫切需要通过提高发展的协调性和可续性来解决。

**行业“量变”将持续扩大，但“质变”的动力不足。**“十三五”期间，邮政企业将通过国企改革不断提高核心竞争力，快递企业的规模持续扩张，全省有望新增若干家年收入超50亿元的较大品牌企业。但企业服务质量不高，丢失、延误、损毁的情况时有发生；行业嵌入供应链程度不够，跨境服务能力不强，服务同质化，难以满足个性化、综合化、国际化的多层次用邮需求。随着我省深入实施转型升级工程，新产业新业态不断成长，走出去步伐不断加快，迫切需要改变企业“重业务轻管理”的经营理念，推动企业加快自动化分拣、智能化服务等技术设备应用，创新服务方式，提升服务质量，丰富产品体系，加快向资本密集型和技术密集型转型，加快从量变转向质变。

**推动政策落地、破解体制机制障碍的困难依然存在。**近年来，江苏省出台了《关于促进快递业健康发展的实施意见》，有的地方政府也出台了邮政业发展利好政策，地方对行业发展给予了更多支持。但是，行业法律法规不能适应行业发展需求，政策落地还有待加强，快递车辆通行、园区建设用地、跨境快件便捷通关等体制机制障碍仍然有待破除，迫切需要完善法制法规建设，迫切需要各地破解难题，推动各项政策落地生根，创新发展机制。

**行业监管能力仍有差距。**行业安全生产领域一些根本性问题尚未得到解决，企业安全生产意识薄弱，责任落实不到位，安全管控能力较弱，监管力量严重不足，监管手段落后，经费投入不足，安全监管工作面临诸多困难和严峻挑战。

# 浙江省快递市场发展及管理情况

## 一、快递市场总体发展情况

2015年，浙江省快递企业业务量累计完成383145.9万件，同比增长55.9%。其中，同城79825.1万件，同比增长48.9%；异地298057.2万件，同比增长58.3%；国际及港澳台5263.6万件，同比增长35.3%。快递企业业务收入累计达到383.8亿元，同比增长39.9%。其中，同城47.2亿元，同比增长57.4%；异地244.4亿元，同比增长39.8%；国际及港澳台44.5亿元，同比增长14.1%。同城、异地、国际及港澳台快递业务收入分别占全部快递收入的12.3%、63.7%和11.6%；业务量分别占全部快递业务量的20.8%、77.8%和1.4%（表7-11）。

表7-11 2015年浙江省快递服务企业发展情况

| 指　标 | 单　位 | 2015年累计 | 同比增长(%) | 占全部比例(%) |
|---|---|---|---|---|
| 快递业务量 | 万件 | 383145.9 | 55.9 | 100 |
| 同城 | 万件 | 79825.1 | 48.9 | 20.8 |
| 异地 | 万件 | 298057.2 | 58.3 | 77.8 |
| 国际及港澳台 | 万件 | 5263.6 | 35.3 | 1.4 |
| 快递业务收入 | 亿元 | 383.8 | 39.9 | 100 |
| 同城 | 亿元 | 47.2 | 57.4 | 12.3 |
| 异地 | 亿元 | 244.4 | 39.8 | 63.7 |
| 国际及港澳台 | 亿元 | 44.5 | 14.1 | 11.6 |

“双11”期间，浙江省主要网络型快递企业实际处理快件3.3亿件，同比增长53%。全省邮政业增速是同期GDP增速的6.7倍，业务总量和业务收入增速均超全国平均水平。

## 二、行业管理工作及主要成效

**促发展配套政策相继出台。**浙江省邮政管理局紧紧抓住行业发展有利时机，积极争取政府和各部门对行业发展的支持。浙江省政府批准同意给予快递企业购置X光机费用50%的财政补助，为行业安全发展提供了有力保障。浙江局先后与省经信委、省财政厅、省教育厅、省商务厅等部门联合下发文件，大力推进快递服务制造业、快递服务进校园、“快递向下”、电商快递协同发展等工作，并下发《关于促进我省“快递向外”发展的意见》，加快推进跨境电商快递服务工作，进一步提升政策对行业发展的支撑力。经努力，国家邮政局正式批复同意义乌和宁波建立国际邮件互换局兼交换站，义乌国际邮件互换局当年报批、当年建设、当年建成运行。2015年，国家邮政局、省政府在桐庐召开首届中国（杭州）国际快递业大会，国务委员王勇以及浙江省省长李强、国家邮政局局长马军胜作重要讲话，这是快递发展史上的里程碑，对整个快递业是极大的鼓舞。会议还决定“中国国际快递产业大会”将永久性会址落户桐庐。各市局也积极推动利好政策落地，帮助解决行业发展中的问题和困难，取得良好效果。

**“十三五”规划编制有序推进。**浙江省邮政管理局与各市局成立邮政行业“十三五”规划领导小组及办公室，拟定了规划编制工作方案并立项。浙江局还做好与长三角区域规划、省经济社会发展、综合交通运输发展及相关产业发展规划的衔接。组织课题组开展规划专题调研，召开全省邮政行业“十三五”规划编制工作推进暨培训会，指导各市局同步完成“十三五”规划编制工作。

**行业管理改革不断深化。**按照国家邮政局《快递业务经营许可工作优化方案》要求，浙江省邮政管理局进一步简化许可准入审批程序，组织开展变更非“绿色通道”企业及许可证到期换证“绿色通道”企业的认定工作，经认定，320家企业为浙江省变更的非“绿色通道”企业，442家企业进入换证“绿色通道”。2015年，全省新增许可企业247家，注销快递企业12家，核准794家次的许可证变更。截至2015年底，全省已有1378家企业获得省颁发的快递业务经营许可证，68家企业获得国家邮政局颁发的快递业务经营许可证。

**圆满完成省政府民生实事任务。**浙江省政府将“E邮柜”等电子商务投递终端列入2015年十大民生实事后，全省邮政管理部门积极争取地方政府支持，着力推进电子商务投递终端建设，各市（地）政府相继将“E邮柜”（E邮站）建设列入年度为民办实事项目。各级邮政管理部门加强沟通协调，积极争取建设资金补助等政策支持，并就建设任务安排和推进要求等提出工作方案。浙江省邮政公司已在全省新建智能投递柜3383多个，全省已累计建成智能投递柜4356多个。积极引导快递企业采取合作模式，妥善使用“E邮柜”这一投递渠道，全省共注册快递公司114家，快递员2.6万人，其中社会快递公司的快递员逾77.8%，全年累计转投快件2456万件，全省范围内依靠“E邮柜”来解决“最后100米”投送的氛围已经形成。

**行业转型升级显著加快。**浙江省邮政管理局下发《关于快递行业转型升级十大工程实施意见》，推进“十大工程”36项工作，从政策、场地、人员、安全等方面集中力量攻坚克难。同时，开展系统年度市场监管工作课题调研活动，制定了17个研究课题，各市局自行选择课题进行探索研究，为加快推进行业转型升级提供参考。积极推动快递营业场所标准化建设，大力宣贯《邮政业安全生产设备配置规范》等行业标准，全省建设标准化网点1006处，提升了快递企业的新形象。成立快递服务质量专项整治活动领导小组，制定整治工作方案，强力推进整治工作。切实做好快递业务旺季服务保障，制订工作方案，召开部署会、媒体通气会等，部署动员多方力量做好业务旺季期间的服务保障工作。加强申诉受理处理工作，浙江局申诉中心通过“12305”申诉电话和网站受理消费者申诉10.8万件，经调解消费者申诉已全部妥善处理，为消费者挽回经济损失266万元，消费者对企业申诉处理结果的满意率为94.1%。重视企业统计数据质量，分片区对全省1000余家的许可法人企业进行统计培训，对交叉检查中发现的问题及时通报整改。积极推进杭州电子商务与快递协同发展试点。杭州局认真制定实施方案，成立领导小组，组织和动员相关单位积极申报协同发展项目。共有17个单位29个项目入围，并已进入项目验收阶段。在国家邮政局、商务部委托第三方进行的中期评估中，五个试点城市，杭州分数位列第一，在全国电子商务与物流快递协同发展试点工作座谈会上得到了国家邮政局、商务部的肯定。积极助推中国（杭州）跨境电子商务综合试验区申报和建设工作，协调邮政、快递企业为跨境电商综试区发展提供更加便捷的邮件、快件寄递服务。邮政国际互换局在海关等部门的支持下实现了24小时通关服务。

**安全保障能力显著增强。**浙江省邮政管理局全力以赴保障抗战胜利70周年纪念活动和第二届世界会联网大会期间寄递渠道安全。特别是围绕世界互联网大会寄递渠道安保，积极汇报争取国家邮政局发文，要求全国范围内保障乌镇峰会的寄递渠道安全。结合实际推动中综办等九部委下发的《关于加强邮件、快件寄递安全管理工作的若干意见》的落地，成立了浙江省寄递渠道安全管理领导小组，省内所有地市及义乌局也均建立了寄递渠道安全管理领导小组，形成协作机制，有力地打击了寄递渠道违法犯罪活动。浙江局被省委平安建设领导小组办公室列为成员单位，寄递安全管理列入平安浙江考核。督促企业落实安全生产主体责任，狠抓源头管理。加强对从业人员的安全教育与培训。加大寄递警示宣传，全省印发11.7万本收寄验视现场工作手册，数万张禁寄毒品、危化品等各类违禁物品提示的不干胶黏贴纸，分发各寄递企业粘帖，深受广大用户好评。在省委省政府高度重视下，经浙江局积极协调，邮政业安全中心组建正在有力推进之中，义乌邮政业安全中心正式揭牌成立。举办全省邮政行业突发事件应急演练及应急处置桌面推演活动，有效提高应急处置能力和水平。全省全年出动执法人员13112人次，检查企业及网点4796家次，开展专各类专项整治活动98次，查处违法违规行为627次，下发整改通知书824份，办理行政处罚案件229起，处罚款120.7万元，执法检查及罚款力度居全国第一。持续推进安全生产大检查，深化危爆物品寄递清理整顿专项行动，全力推动执行“三个100%”制度。织开展邮政行业统计专项检查，共抽查101家邮政快递企业，约谈7家企业，发出整改通知书9份，对1家整改未果的企业进行了处罚。在全省范围内推行“日常巡查、专项检查、联合督查、临时抽查”，规范邮政市场秩序。加强信息化技术手段应用，对企业经营网点实施实时视频监控，执法效率得到提高。

**行业队伍建设显著加强。**浙江省邮政管理局指导各市局根据当地发展情况，积极与地方政府沟通协调，有序推进县级邮政监管机构建设。2015年，全省完成苍南、天台、桐乡、桐庐、诸暨5个县级邮政管理局的上报、组建工作。缙云邮政管理局已批复同意。杭州萧山和湖州三县的邮政管理机构正在上报国家邮政局审批之中。全省组织快递业务员职业技能鉴定六次（含省竞赛晋级批次），鉴定人数为17658人，其中初级鉴定15731人，中级鉴定1537人，高级鉴定371人，业务师19人。组织开展全省首届快递业务师考试工作，并严格按照国家邮政局职鉴中心制定的《快递业务师职业技能鉴定考评工作实施办法》进行了评审。各市局积极配合企业联系合作职业院校，因地制宜设置考区，减少企业成本，有力推进职业技能鉴定工作。完成首届职业技能大赛，积极主动与团省委、省人社厅等单位沟通联系，取得省总工会“浙江省五一劳动奖章”、省人社厅“浙江省技术能手”和“浙江金蓝领”、团省委“浙江省青年岗位能手”等荣誉名额。138名选手经过激烈竞赛，有11人晋升为高级职业资格，6人直接晋升快递业务师。同时组织选拔三名快递业务员参加第十一届“振兴杯”全国青年职业技能大赛，并获得了名次。

## 三、“十二五”时期快递市场发展与管理总体回顾

“十二五”时期，浙江省邮政行业业务量和业务收入呈现爆发式增长。全省邮政企业和规模以上快递企业业务总量从2011年的150.9亿元发展到2015年的811亿元，年均增长40%；业务收入（不包括邮政储蓄银行直接营业收入）从128.7亿元到453.3亿元，年均增长28.6%。全行业综合实力位居全国前列。全省邮政业增速是同期GDP增速的5.3倍，呈现出发展快速、结构优化、提质增效的良好态势。全省快递业不断做大做强，快递企业业务量从2011年的4.97亿件发展到2015年的38.3亿件，年均增长50.4%；业务收入从84.5亿元到2015年的383.8亿元，年均增长35.3%。浙江中通、浙江申通、浙江顺丰、杭州百世汇通等一批快件处理中心相继建成投入使用，全省新增处理中心面积超过30万平方米。

**五年来，体制机制改革持续推进。**邮政业新体制进一步完善，实现了普遍服务和竞争性业务的分业经营、普遍服务和快递服务的分类发展。组建省级以下监督管理机构，成立11个地级市邮政管理局和义乌等县级邮政监管机构。成立11个市（地）快递协会，建立行业自律性运行机制，强化了行业自我管理，促进企业公平竞争和有序发展。此外，全省50家快递分拨中心远程在线监控系统建成使用，通过信息化手段监督提升企业收寄验视、安全检查等制度的执行力度，有效规范了

生产经营行为,初步形成了政府监管、行业自律和社会监督“三位一体”的邮政监管体系。

**五年来,行业服务能力稳步提升。**基本建成邮政和快递城乡实物网和信息网。邮政业有效对接互联网和电子商务,通过智能报箱、智能货柜、菜鸟物流等“互联网+”和邮乐购、快递实体门店等“快递+”新型业态和服务平台,满足不断增长的用邮需求。打造村级电商服务生态链,使之成为“农产品进城,工业品下乡”主渠道,积极发展跨境购和海淘,推动邮政服务的外向延伸。不断推出新型邮政业务和服务,打造新型业态,通过互联网、制造业和邮政业的融合度不断加深,以及多元服务叠加,初步实现了快递业务“1+1”(即标准快递+电子商务)向“1+3”(即标准快递+电子商务+先进制造业+跨境网购)转变。

**五年来,经济社会服务效应突出。**不断融合民政服务项目和拓展邮政服务范围。“十二五”期间,累计建成E邮柜3669个,在增加代发工资、递送票品和代售小商品等便民服务的基础上,探索慈善超市、养老服务、社区服务等惠民服务。积极吸纳社会人员就业和再就业,全省邮政企业吸纳就业11987人,并带动了印刷、包装、教育、交通、保险等关联产业的发展。邮政和快递企业积极承接政府公共服务项目,融入地方经济社会发展,形成了“小快递、大市场;小快递、大民生;小快递、大责任”的发展格局,为全省经济社会发展作出了重要贡献。

## 四、各市(地)主要管理工作概况

宁波局和江北区政府的共同牵头和努力促成宁波市邮政公司、宁波邮政速递物流公司和宁波电子商务城就宁波(邮政)跨境电子商务示范园项目基本达成合作意向,三方签订了入驻意向协议;与宁波城市职业技术学院签订人才培训战略合作协议,依托宁波城市学院物流管理专业,双方合作在宁波城市职业技术学院成立宁波市快递(物流)人才技能培训基地,开展一系列创新型物流快递人才培训的各项合作工作;宁波成为国家启动新审批标准后获批国际邮件互换局(交换站)的首个城市。

嘉兴局探索建立了邮、快件安检中心,形成了一张稳固的寄递渠道安保网络,同时采取了一系列安保工作措施,确保活动期间寄递渠道安全畅通;嘉兴市首家、全省第4家县级邮政管理机构——桐乡邮政管理局正式挂牌成立,填补了嘉兴县级邮管机构的空白。

温州局通过积极争取,推动苍南邮政管理局成立,苍南局成为全省首个由市局派出的县级邮政监管机构。舟山局沟通协调地方政府、交通、海事及船运企业等,调整运输线路,争取运费减免、交通“绿色通道”政策等,保障嵊泗小岛方向快件运输无间断,提高普陀山方向邮件运输时效。金华局努力协调,推动市政府印发了《金华市区城乡规划管理技术规定》和《金华市区街道级、社区级公共服务设施配置标准(试用稿)》,均将快递智能配送点列为市区新建项目的标准配置,为解决社区“最后一百米”问题奠定了基础。台州局努力争取全省第三家县级邮政管理机构——天台邮政管理局正式挂牌成立。

## 五、快递市场存在的突出问题

**行业基础较差。**行业发展初期,绝大部分民营企业采取的是加盟制经营方式,该方式优点在于企业起步时规模及网点覆盖面扩大迅速。但对行业监管来说,加盟制极易导致企业自我管理的主体责任未真正得到落实,企业对基层网点经营者和从业人员的管理过于,“以罚代管”等情形普遍存在,基层网点经营者和从业人员缺乏安全培训,安全意识淡薄,在行业安全形势艰巨的当下,易为不法分子所趁。

**实名收寄还处于“准实名”阶段。**全省按照国家邮政局要求,采取比对核实电话号码和姓名做法，只核对身份证件，不登记身份信息。但由于缺乏有效监控，一线快递员是否真正在做，无法保证。部分市公安部门要求快递企业收寄散户快件时，通过另行造册登记身份证号码等信息的做法，也同样无法确认寄件人是否真正出示有效身份证件，责任无法追溯。最终要依靠信息化手段采集有效身份信息来尽快铺开解决。

**X光机配备进展较慢。**仍有部分快递企业对X光机配备的主动性不强。并且在X光机配备的进程中，需经过采购、处理流程改造、设备安装、人员培训等多个环节，尤其是处理流程改造要对生产场地进行改造，为尽可能降低对正常生产经营的影响，耗时将会较长。此外客观上由于全国集中增配X光机，经了解生产厂商供货能力有一定问题，有鉴于此，浙江省快递企业已尽量抢在其他省前头与生产厂商洽谈，力争尽快采购到位，抓紧推进工作进程。

**寄递安全监管力量不足。**快递业迅猛发展，加大了安全监管工作的难度，数量还在进一步增加当中。而全省邮政管理系统现有行政编制159人，其中从事安全监管的人员不足20人，监管力量相对于监管任务明显不足。

# 安徽省快递市场发展及管理情况

## 一、快递市场总体发展情况

2015年，安徽省快递企业业务量累计完成39935.6万件，同比增长67.4%。最高日处理量达400万件。其中，同城7015.3万件，同比增长61.9%；异地32676.9万件，同比增长68.7%；国际及港澳台243.4万件，同比增长61.7%。快递企业业务收入累计达到46.1亿元，同比增长58.2%。其中，同城4.9亿元，同比增长72.1%；异地32.8亿元，同比增长49.5%；国际及港澳台2.5亿元，同比增长20.9%。同城、异地、国际及港澳台快递业务收入分别占全部快递收入的10.7%、71.0%和5.3%；业务量分别占全部快递业务量的17.6%、81.8%和0.6%（表7-12）。快递服务满意度稳中有升，邮政业消费者申诉处理满意率达到98%。快递服务“向下”工程成效显著。

表7-12　2015年安徽省快递服务企业发展情况

| 指　标 | 单　位 | 2015年累计 | 同比增长(%) | 占全部比例(%) |
|---|---|---|---|---|
| 快递业务量 | 万件 | 39935.6 | 67.4 | 100 |
| 同城 | 万件 | 7015.3 | 61.9 | 17.6 |
| 异地 | 万件 | 32676.9 | 68.7 | 81.8 |
| 国际及港澳台 | 万件 | 243.4 | 61.7 | 0.6 |
| 快递业务收入 | 亿元 | 46.1 | 58.2 | 100 |
| 同城 | 亿元 | 4.9 | 72.1 | 10.7 |
| 异地 | 亿元 | 32.6 | 49.5 | 71.0 |
| 国际及港澳台 | 亿元 | 2.5 | 20.9 | 5.3 |

## 二、行业管理工作及主要成效

**行业服务能力明显提升。**安徽省促进快递业发展意见已征求完意见。快递业发展列入《政府工作报告》，“快递下乡”工程等内容纳入全年重点工作进行责任分解。地方支持力度不断加大，阜阳、滁州等市政府出台加快邮政快递业发展意见；宿州市快递企业获得市政府350万专项财政补贴;蚌埠市政府按地方财政与中央财政资金 1∶1 配套支持快递电商协同发展试点;淮北市政府将快递业纳入扶持产业发展专项资金使用范畴;芜湖市政府出台《国家电子商务示范城市建设重点工作任务》,从推进园区建设、促进快递物流企业发展和加强电商快递人才培养等方面明确支持措施。《安徽省邮政业发展“十三五”规划》进入全面征求意见阶段,“快递下乡”工程、城乡快递服务网络、快递物流园区等纳入省“十三五”总体规划中。16 个市规划编制工作同步推进,淮南、蚌埠、马鞍山市将邮政快递设施专项规划编制经费纳入地方财政统筹解决。快递末端服务能力持续改善,快递公共服务站、连锁商业合作等第三方服务平台不断涌现。邮件(快件)处理中心建设加快,主要快递品牌企业网络干线运输辐射能力不断增强,顺丰在深圳往返北京的全货机航线中新增合肥站点。积极推进标准化营业网点建设,全省标准化营业网点达到 300 多家。积极推动快递产业园区建设,皖南(芜湖)快递产业园、皖北(阜阳)快递产业园挂牌成立,合肥环状园区产业集聚效应显现。积极引进项目入驻,顺丰速运皖南总部、智能分拨基地、智能电商仓储中心项目在芜湖开工建设,计划投资 10.68 亿元;中通、圆通总部投资项目落户蚌埠,计划投资 1.5 亿元、2.6 亿元。推进服务制造业工程,出台全省快递服务制造业整体工作方案。推进快递服务现代农业工程,鼓励开发“快递 +”特色农产品,六安、蚌埠、黄山等市邮政快递企业服务农村获得支持,顺丰推出冷链快递服务,开展生鲜类产品配送。推进快递“向下”工程,与省商务厅联合印发《关于推进快递“向下”服务拓展工程的指导意见》,快递服务乡镇覆盖率已达 85%。推进快递“向外”工程,推动设立合肥国际邮件互换局兼交换站,蚌埠市将支持跨境电子商务物流项目建设作为电子商务与物流快递协同发展试点任务,池州市政府明确对跨境电商企业发生在该市的快递费用给予补助。

**行业改革进程持续加快。**安徽省邮政管理局优化快递业务经营许可审批流程,实现全流程网上办理,准入材料由 22 项减为 9 项,准入审批时限由 45 个工作日压缩至 25 个工作日,许可变更绿色通道企业压缩至 15 个工作日。推动邮政管理体系建设,阜阳市界首、淮北市濉溪、池州市东至、合肥市蜀山 4 个县(区)派出机构批复组建,邮政管理工作向纵深推进。

**依法行政能力不断增强。**安徽省邮政管理局重视法规建设、宣传,取得显著成效。加快立法进程,《安徽省邮政条例》颁布实施,提升了安徽省在邮政方面的立法层次。不断创新方式方法,加大邮政行业相关法律法规宣传力度;16 个市局通过举办培训班、送法上门、法规解读和印发资料,向部门、企业和社会公众深入开展《安徽省邮政条例》宣贯活动。以刚性执行方案和细化操作规定为突破口,优化快递经营许可管理;深入开展快递企业经营范围规范和清理,六大快递品牌直营工作全部完成,其他快递品牌直营工作完成 90% 以上;开展快递服务质量专项整治,创新工作机制,实行省局、市局、企业三方联动,全年开展快递市场和行业安全执法检查 3646 人次,实施行政处罚 78 起,罚款金额 51 万元。积极推动行业诚信建设,滁州、阜阳、合肥、芜湖、蚌埠、马鞍山等局开展多种形式企业诚信创建活动。充分发挥消费者申诉与市场监管联动机制作用,全省快递业务有效申诉率下降 42.4%,帮助用户挽回经济损失 89 万元,用户满意度稳步提升。建立法律顾问制度,举办行政执法案卷评查活动,行政执法信息公开工作取得突破。省委办公厅、省政府办公厅联合印发通知加强国家机关公文寄递管理,规范邮政企业寄递行为。快递协会服务、协调和自律职能进一步发挥,马鞍山快递协会通过了《快递业收寄安全自律公约》;安庆快递协会开展“诚信单位”评选活动。

**安全监管水平再上台阶。**安徽省邮政管理局建立完善寄递渠道安全管理协作机制,省市两级全部建立寄递渠道安全管理领导小组,将寄递渠道安全管理纳入综治考评。督促寄递企业落实企业安全主体责任，加强安全管理制度建设，推动企业贯彻落实邮政业安全生产设备配置强制性标准。全面落实收寄验视、实名收寄、过机安检三项制度，大力推行包装内侧粘贴“验视标签”制度，通过地方立法提高收寄验视制度的可操作性和执行效果受到国家邮政局肯定；指导企业制定实名收寄操作流程，督促辖区寄递企业严格执行实名收寄措施；合肥、芜湖、蚌埠等地主要快件分拨中心及部分加盟快递企业配备安检机，全省快递企业已配置安检机40余台。安全监管平台建设取得成效，宿州、蚌埠、合肥、淮南、淮北局建设重点快递企业的远程视频监控系统。开展安全生产大检查暨危化品和易燃易爆物品清理整顿专项行动，配合做好寄递渠道反恐、禁毒、打击侵权假冒、扫黄打非等工作，池州、宿州等局开展危化品寄递突击检查活动，淮北局查堵一批政治性危害物品，阜阳局获市扫黄打非“先进集体”称号。加强突发事件应急处置，马鞍山、亳州、蚌埠、淮南、阜阳等局开展应急演练，提升安全应急实战能力。抗战胜利70周年纪念活动期间，严格落实进京邮件快件“三个100%”安全措施，全行业未发生一起重大生产安全事故，合肥、滁州、芜湖等局开展了寄验视执行情况夜间突击检查活动。“双11”业务旺季期间，继续发挥“错峰发货、均衡推进”核心机制作用，实现了“全网不瘫痪、重要节点不爆仓，保畅通、保安全、保平稳”的目标。通过开展联合检查、暗访，督促企业建立旺季生产安全保障和突发事件应急处理预案。安徽局、各市局召开新闻吹风会，邀请新闻媒体深入开展旺季服务保障宣传报道。

**人才队伍和支撑体系建设成效显著。**安徽省邮政管理局加快行业人才培养，合肥、宿州、阜阳、亳州、蚌埠、马鞍山、芜湖、铜陵、安庆、黄山、六安、池州12个市局积极探索校企联合培养人才模式，加强与18家驻地院校合作，开设快递课程、建立实训基地。在安徽局指导下各市局认真举办快递员职业工种选拔赛，选拔45名选手参加安徽省第十二届青年职业技能大赛，3名快递企业员工参加了“振兴杯”全国青年职业技能大赛，六安局选派快递员取得全国第六名的好成绩，实现了安徽快递业务师零的突破。全年完成快递业务员职业技能鉴定6441人次，名列全国邮政管理系统第一。

**行业精神文明建设取得新成效。**安徽省邮政管理局认真落实国家邮政局《关于进一步加强邮政行业精神文明建设的指导意见》，大力弘扬“诚信、服务、规范、共享”的邮政行业核心价值理念，积极开展艾克帕尔·伊敏等先进人物宣传活动，邮政企业员工王树成、孙克兰被授予全国劳动模范。各市局深入开展文明创建活动，黄山、滁州、亳州、六安、池州等局被评为市级“文明单位”，淮南局获得市文明行业“先进集体”称号；积极做好工会、共青团工作，蚌埠汇通分拨中心获得市级“五一”劳动表彰，阜阳等市多家邮政、快递企业被授予“青年文明号”，马鞍山市多家快递企业获市青年创新创业季活动表彰，不断为行业发展注入活力。

## 三、“十二五”时期快递市场发展与管理总体回顾

“十二五”时期，安徽省快递服务能力不断增强，全省快递业业务量完成近4亿件，业务量和业务收入增速均居全国前位，快递服务营业网点覆盖范围迅速拓展，快递产业园区建设快速推进，快递产品体系不断丰富，时限准时率相对稳定，旺季服务保障能力明显加强。企业竞争实力不断壮大，邮政企业发展质效显著提升、体制改革持续深化；初步形成4家年业务收入超5亿元、4家超亿元的快递企业，社会各界对行业发展关注度越来越高。

**五年来，各项行业政策措施有效落实。**《安徽省邮政条例》、《安徽省政府关于加快发展电子商务的实施意见》等一系列法规、政策相继出台实施；各市高度重视邮政行业发展，纷纷出台加快邮

政业发展的相关政策文件，将包括快递在内的邮政业纳入鼓励发展的产业，蚌埠获批国家第二批快递电商协同发展试点城市，合肥、阜阳、芜湖列为全国区域物流节点城市，不断优化了邮政行业发展环境。

**五年来，邮政管理体系建设纵深推进。**贯彻落实《国务院办公厅关于完善省级以下邮政监管体制的通知》精神，认真做好完善省级以下邮政监管体制工作，完成16个市级邮政监管机构组建，监管队伍扩大到150人，并在业务集中的县区已经设立4个县级机构，成立了合肥市邮政业安全中心，为推动行业健康发展提供坚强的组织保障。

**五年来，管理队伍能力水平得到提高。**完善执法程序、严格执法责任、加强执法监督、推进综合执法，强化行政执法信息化建设，行政执法的规范化、标准化水平和监管效能大幅提升。健全完善安全管理制度，不断夯实安全基础，切实加强行业安全管理，全行业安全形势保持稳定。开展全省邮政市场监管队伍综合行政能力提升系列培训，有效提高了省市两级一线人员执法水平和依法行政综合素养，促进了行业依法治理能力和水平不断得到增强。

**五年来，推动邮政快递企业快速发展。**取消和下放一批邮政行业行政审批项目；全面优化快递业务经营审批，快递业务经营许可、分支机构备案、年度报告等快递市场管理事项全部实现“一站式”办理。各项措施的深入落实，推动了全省快递产业网络覆盖广度和深度大幅提升，加快了邮政企业改革发展进程，促进了快递企业转型升级。

## 四、各市(地)主要管理工作概况

合肥、芜湖、六安局出台智能快件箱运营管理办法，加强登记备案和安全监管。淮南、六安、宣城等局积极推进快递服务进机关、进校园、进社区。合肥、淮北、滁州等局将“快递下乡”与村邮站、便民服务点、综合服务中心等公共服务平台建设紧密结合。黄山局推动快递企业设置快递服务旅游代办点，加强与土特产名店、星级酒店合作。宣城局修订完善《快递机动、非机动车管理实施细则》，便利车辆通行、停靠。宿州局按照“先临街试点，后逐步推广”方式，推进标准化“示范店”建设。

合肥市在全国省会城市率先组建邮政业安全监管中心，加强行业运行安全的监测预警和应急管理能力；推动邮政、快递企业采购或租赁新能源汽车，已有20余量邮政(快递)新能源汽车投入使用。

蚌埠局积极推进国家第二批电子商务与物流快递协同发展试点城市工作，积极争取政策支持，蚌埠市已明确地方财政与试点工作中央财政资金实行1∶1配套；支持依托专业第三方配送模式，打造便民快件投递网络。

芜湖局启动“10分钟快递便民服务圈”工程，已建成27家快递服务站；积极引导快递企业围绕以奇瑞为龙头的汽车及零部件产业、以美的为重点的电子电器产业及机器人、新型显示产业做好服务支撑；协调市政府挂牌成立皖南(芜湖)快递产业园；积极引进企业进驻投资，顺丰速运皖南总部、智能分拨基地、智能电商仓储中心项目开工建设。

## 五、快递市场存在的突出问题

**实力较弱，能力不足。**全省快递企业多为租赁厂房经营，场地狭小，设备简陋，快件处理以人工分拣为主，无法满足业务增长需要。快递企业整体盈利薄弱，投入不足，无力拓展经营网络和业务范围，全省快递网络尚未乡镇全覆盖。合肥、芜湖等地部分快递企业硬件设施和新技术应用有较大进步，但全行业仍处在以人力投入为主的粗放式发展阶段，服务能力与社会需求不相适应，结构性矛盾突出，提质增效困难很大。

**市场不规范，安全压力大。**当前快递市场无证经营、不依法设立分支机构等违规行为仍不时存在，规范清理任务十分繁重。快递服务质量亟待改善，“重收寄、轻投递”普遍存在，快件延误、损毁、投递不规范等问题频现，影响了用户消费体验。部分企业安全意识薄弱，安全培训不到位，收寄验视制度执行不力，加之快递作业环节较多、链条长，寄递渠道安全隐患频现，快件安全和用户信息保护面临风险，形成长期性监管压力。

**作业环节不畅，用工持续紧张。**快递车辆通行与城市交通管理的矛盾长期存在，快递车辆因禁行、违停等屡受处罚。各地出台的快递车辆便利通行办法，存在政策执行不力、落实不到位的情况。快递电动三轮车型号、外观、大小不尽相同，有的没有厢体封闭，快件安全得不到保障。一些地方政府出于城市管理、交通安全等方面考虑，对电动三轮车不予上牌，一律实行市区禁行，导致快递派送时效无法保证。现实中，快递末端投递“最后一公里”问题尚未完全纳入城市共同配送体系。一些党政机关、物业企业、封闭式管理单位，不允许上门投递。快递企业按要求配备安检机存在困难，政府统筹尚未解决。快递业属劳动密集型产业，员工劳动时间长，强度大，流失率高，多数岗位稳定期不到 1 年。快递企业不得不加薪留人，人工成本上升为快递企业总成本的首位。在此情况下，企业无法对员工进行系统性业务培训，全行业人力资源较为匮乏，专业化水平偏低，安全意识不高。

# 福建省快递市场发展及管理情况

## 一、快递市场总体发展情况

2015 年，福建省快递企业业务量累计完成 88786.2 万件，同比增长 35.7%。其中，同城 12278.1 万件，同比增长 29.4%；异地 74478.7 万件，同比增长 36.4%；国际及港澳台 2029.4 万件，同比增长 52.9%。快递企业业务收入累计达到 100.8 亿元，同比增长 24.4%。其中，同城 9.0 亿元，同比增长 24.9%；异地 67.8 亿元，同比增长 23.0%；国际及港澳台 14.9 亿元，同比增长 13.4%（表 7-13）。

**表 7-13　2015 年福建省快递服务企业发展情况**

| 指　标 | 单　位 | 2015 年累计 | 同比增长(%) | 占全部比例(%) |
|---|---|---|---|---|
| 快递业务量 | 万件 | 88786.2 | 35.7 | 100 |
| 同城 | 万件 | 12278.1 | 29.4 | 13.8 |
| 异地 | 万件 | 74478.7 | 36.4 | 83.9 |
| 国际及港澳台 | 万件 | 2029.4 | 52.9 | 2.3 |
| 快递业务收入 | 亿元 | 100.8 | 24.4 | 100 |
| 同城 | 亿元 | 9.0 | 24.9 | 8.9 |
| 异地 | 亿元 | 67.8 | 23.0 | 67.3 |
| 国际及港澳台 | 亿元 | 14.9 | 13.4 | 14.8 |

2015 年，全国首部以促进快递行业发展为主旨的省级政府规章《福建省促进快递行业发展办法》颁布。《关于支持快递业加快发展的七条措施》出台，福建成为最快贯彻落实《国务院关于促进快递业发展的若干意见》的省份。福建省邮政管理局在全国率先公布权力清单，快递许可等权限逐级下放，全国率先开展快递业务经营许可流程优化、快递末端网点备案。成为全国首个快递

业务员鉴定和培训获地方财政补贴的省份。职鉴工作获全国一等奖。快递乡镇网点覆盖率超过85%。福州电子商务与物流快递协同发展首批试点工作推进顺利。泉州申报全国快递示范城市获批,国家邮政局局长马军胜亲临授牌。晋江、翔安、海沧等县级邮政管理机构组建挂牌。福建局和福州市2个安全中心成立。

## 二、行业管理工作及主要成效

**行业发展环境持续优化。**福建省邮政行业"十三五"规划编制有序推进。完成省、市两级邮政业规划送审稿,全面衔接相关领域规划,"发展物流快递,健全城市快递服务设施,完善农村电商配送网络,实现乡乡有网点、村村通快递"纳入全省国民经济和社会发展第十三个五年规划纲要(草案)。福州电子商务与物流快递协同发展试点成果显现。全国率先推出快递车辆标识通行管理并获得商务部肯定,建成快递末端公共服务站968个、智能快件箱942组,日均派件量超过8万件,占市区投递量的18%,基本形成"可复制、可推广"的协同发展模式。制定城市快递综合服务站与智能快件箱管理规范,推进快递"三进"工程,全省备案人工末端网点1682个、智能快件箱2361组。确定邮政行业服务农产品进城项目108个,其中14个省级重点项目月均快件量达54万件。开展对台跨境电子商务和邮政行业发展相关情况专题调研,厦门、平潭海运快件试点运营,推进晋江陆地港国际快件监管中心建设。制定推进快递服务制造业工作方案,引导快递企业为制造业提供供应链一体化服务。目前快递服务制造业12个省级重点项目月均快件量达36万件,福州韵达、泉州顺丰、莆田EMS等示范效应显现。联合省快递行业协会,印发工作实施方案及评定细则,加快推进标准化网点建设。

**政府履职能力持续增强。**福建省邮政管理局依法开展许可、备案、年度报告工作,减少许可申请纸质材料10份,审批时限由原来法定的45日缩短为20日。组织快递服务质量专项整治。组织行政处罚案卷交叉评查和行政执法资格考试。圆满完成人大建议、政协提案办理工作。强化行业统计分析。健全邮政社会监督机制,特邀监督员县市覆盖率100%,高于全国平均水平。加强消费者申诉工作,全年受理申诉16873件,为消费者挽回经济损失50万元。

**行业运行秩序持续平稳。**福建省邮政管理局稳步实施安全监管"绿盾"工程。建立寄递安全管理工作联席会议制度,寄递渠道安全管理纳入各级政府的综治考评。部署开展寄递清理整顿专项行动,圆满完成抗战胜利70周年纪念活动、第一届全国青年运动会、快递业务旺季等重点时期寄递渠道安全和服务保障工作。督导企业组建安全生产管理机构,配置安全生产设备,建立资金投入、教育培训、隐患排查、安全设备、应急管理等5个安全台帐。着力"实名寄递+收寄验视+过机安检"落实,推广使用实名寄递系统,推进邮政业三级监控系统建设。落实地市以上分拨中心安检机配备,省内各分拨中心配置76台安检机。截至2015年12月底,全球眼接入分拨中心22家,天眼接入许可企业及分支机构230家,实名制收寄和从业人员管理系统注册680家快递企业、935个网点、4021名从业人员,实名收寄34287单快件。

## 三、"十二五"时期快递市场发展与管理总体回顾

2011年至2015年,福建省邮政行业业务收入近500亿元,年均增幅23%,是同期全省GDP增幅的2倍多。邮政行业业务收入占GDP的比重从2010年的0.33%提高到2015年的0.54%,支撑网络零售交易规模突破3800亿元,带动工业品下乡超过240亿元,五年新增就业岗位5万个以上,邮政行业对全省经济社会发展的贡献率明显增强。两岸邮政合作不断深化,平潭国际邮件互换局兼交换站建设稳步推进,福州至台北货邮航空专线实现常态化运营,两岸海运快件业务实现双

向直接运营。

**过去的五年，邮政体制改革持续深化。**省级以下邮政管理机构组建取得重大进展，2012 年全省各设区市邮政管理局相继成立，行业监管力量大大增强。2015 年，县级邮政监管机构建设取得突破，泉州晋江，厦门翔安、海沧等邮政管理局顺利挂牌，为全省县域邮政监管机构建设探索经验。省级及部分设区市邮政业安全中心成立。

**过去的五年，行业政策环境不断优化。**2012 年《福建省邮政条例》审议通过，填补省内邮政立法空白。2015 年《福建省促进快递行业发展办法》颁布，《福州市邮政业管理若干规定》实施，全省邮政业法规体系逐步完善。2015 年 12 月，省政府出台《关于支持快递业加快发展的七条措施》，提出支持快递业发展的一系列政策措施。全省九地市均出台支持行业发展的意见。泉州获批中国快递示范城市，福州列入全国电子商务与物流快递协同发展首批试点城市。

**过去的五年，快递转型升级步伐加快。**2011 年至 2015 年，快递服务增长迅猛，业务收入累计 300 亿元，年业务收入突破 100 亿元，占邮政业总收入的比重超过 70%，年均增幅 30% 以上。年快递业务量由“十一五”末期的 1 亿件猛增到近 9 亿件，位居全国第 6 位，年均增幅 54%，人均快件量超过 20 件，是全国平均水平的 2 倍多。截至 2015 年底，全省共有 1674 家快递企业及网点取得合法经营资质，全省快递服务网点县级覆盖率 100%，乡镇覆盖率超过 85%。智能化水平日益提高，全省投放智能快件箱近 3000 组，新增自动化分拣设备 2 万米。推动行业人才培养，开拓 23 所合作院校，培养 2000 名中高级技能人才，鉴定 25191 人，持证 15554 人，职鉴工作连续三年获全国嘉奖。

## 四、各市（地）主要管理工作概况

福州局率先在全国进行快递车辆“标识通行”管理并获得商务部肯定，首批 50 辆使用快递服务专用标识的车辆正式上路；全省首个市级邮政安全中心福州市邮政业安全中心成立，市政府给予 60 万元开办经费支持。

厦门局推动市政府正式印发《厦门市促进快递行业发展若干规定》；全国首个基层区级邮政管理机构，厦门市翔安邮政管理局正式揭牌成立；厦门市海沧邮政管理局正式揭牌成立。

泉州局积极争取全省首个、全国第四家挂牌成立的县级邮政管理机构晋江邮政管理局正式揭牌成立；晋江市邮政业发展中心顺利成立；泉州市政府正式出台关于创建中国快递示范城市促进快递服务业发展八条措施的通知，设立每年 800 万元的快递发展专项资金；国家邮政局局长马军胜向泉州市委书记郑新聪授牌“中国快递示范城市”；晋江、翔安、海沧等县级邮政管理机构组建挂牌；厦门、平潭海运快件试点运营，推进晋江陆地港国际快件监管中心建设。

漳州局推动漳州市政府正式出台《关于加快电子商务和物流快递协同发展的若干意见》，投入 1250 万元（每年 250 万元，共 5 年）促进邮政、快递行业发展。莆田局争取全市 163 辆快递专用电动三轮车经交警部门登记、正式挂牌上路，莆田快递专用电动三轮车有车辆牌照。

莆田全市 163 辆快递专用电动三轮车经交警部门登记，正式挂牌上路。

三明市政府出台《关于加快推进快递行业持续健康发展的实施意见》，从加强行业组织领导，政策支持，财政支持，人才支撑，提升监管能力等方面为快递业发展提供良好环境。

南平市政府将扶持邮政业发展相关措施纳入《关于促进第三产业发展的八条措施》，对邮政行业在用人、用地、资金等方面给出具体扶持政策。

龙岩市政府出台《关于促进邮政快递行业健康快速发展的意见》，并将“快递与电商协同发展研究”列入重点调研课题；全市七个县（市、区）全部接入农村淘宝项目，龙岩成为全国首个农村淘宝全覆盖的地级市。

宁德市政府成立全市邮政业改革与发展工作领导小组，批转印发《关于扶持邮政业发展七条措施》，为促进邮政业健康快速发展提供政策支撑；全省率先出台保障快递运输专用车辆便捷通行规定，建立快递车辆便捷通行的保障机制，首批24辆快递车辆获得通行证。

### 五、快递市场存在的突出问题

**快递网络基础建设有待完善。**大型现代化仓储、转运等设施较为缺乏，末端投递服务能力相对较弱，快递基础设施的规划建设滞后于城市发展。

**快递行业发展方式有待优化。**快递服务同质化竞争现象严重，服务供需不匹配，企业创新发展能力不足，转型升级动力不够。

**产业协同发展有待加强。**快递业发展与区域经济社会发展紧密度不够，与现代制造业、交通运输、电子商务、外贸、现代农业等产业的联动不畅。

**安全监管能力有待提升。**行业的高速发展，带来了诸多安全隐患，目前存在着安全监管压力大与监管能力不足之间的矛盾。

## 江西省快递市场发展及管理情况

### 一、快递市场总体发展情况

2015年，江西省快递企业业务量累计完成23471.8万件，同比增长46.8%，最高日处理量超过400万件。其中，同城3168.3万件，同比增长57.2%；异地20119.5万件，同比增长44.4%；国际及港澳台184.0万件，同比增长294.5%。快递企业业务收入累计达到27.7亿元，同比增长51.9%。其中，同城2.2亿元，同比增长50.9%；异地19.0亿元，同比增长35.0%；国际及港澳台1.3亿元，同比增长93.1%。同城、异地、国际及港澳台快递业务收入分别占全部快递收入的8.0%、68.5%和4.6%；业务量分别占全部快递业务量的13.5%、85.7%和0.8%(表7-14)。

**表7-14 2015年江西省快递服务企业发展情况**

| 指　　标 | 单　　位 | 2015年累计 | 同比增长(%) | 占全部比例(%) |
|---|---|---|---|---|
| 快递业务量 | 万件 | 23471.8 | 46.8 | 100 |
| 同城 | 万件 | 3168.3 | 57.2 | 13.5 |
| 异地 | 万件 | 20119.5 | 44.4 | 85.7 |
| 国际及港澳台 | 万件 | 184.0 | 294.5 | 0.8 |
| 快递业务收入 | 亿元 | 27.7 | 51.9 | 100 |
| 同城 | 亿元 | 2.2 | 50.9 | 8.0 |
| 异地 | 亿元 | 19.0 | 35.0 | 68.5 |
| 国际及港澳台 | 亿元 | 1.3 | 93.1 | 4.6 |

### 二、行业管理工作及主要成效

**行业发展环境明显优化。**2015年元旦前夕，江西省省长鹿心社走访中通快递江西公司慰问一线员工，指出“快递物流业既关乎生产，又关乎民生；既创造了就业岗位，也创造了新生活。”省政府工作报告明确提出，要促进电子商务、网购、快递等上下游行业融合式发展，积极拓展居民消费；要加快发展包括快递业在内的现代物流业，实施城市配送试点工程。《省委、省政府关于加大改革创新力度加快农业现代化建设的实施意见》、《江西省人民政府印发江西省贯彻落实国务院关于大力发展电子商务加快培育经济新动力意见的若干措施的通知》、《关于加快我省农村电子商务发展的意见》等推动电商和快递发展的文件陆续出台,明确了农村快递运输成本补贴1元/公里等重大利好。各设区市政府均先后出台落实省发改委和江西省邮政管理局《关于促进快递业健康发展的意见》的实施意见,明确具体支持措施。召开专题会议部署规划工作,将规划编制工作作为"一把手"工程,加强组织领导,明确计划进度,强化基础研究,确保高质量完成编制工作。印发《关于进一步加强规划编制工作的通知》,要求注重中央与地方相结合、长远与当前相结合、前瞻性与操作性相结合,进一步加强交邮合作,因地制宜积极争取与地方政府衔接的重大项目、政策和资金支持。组织规划编制单位深入各市局开展调研,指导理清规划编制工作思路。全省邮政业发展"十三五"规划草案即将进入征求意见阶段,各地市规划也在稳步推进。

**服务能力显著提升。**江西全省共有8个设区市快递物流产业园区建设取得初步成效,其中,已建或部分建成3个,在建2个,立项3个。目前,吉安、赣州和上饶的快递物流产业园日处理能力合计可达百万件。南昌、萍乡快递(电商)物流园项目建设已进入实施阶段,将于近期全面开工建设。九江、鹰潭、新余快递园正在进行可行性研究,已列入当地政府用地规划。江西省邮政管理局联合省商务厅出台"快递下乡"服务拓展工程指导意见,支持推动省"快递下乡"工程。在全国率先实现邮政企业和8家主要快递企业在全省农村地区的全面合作,首批试点在22个县(区)共同推进农村快递服务体系建设。全省已设立快递网点的乡镇为1113个,覆盖率为79%,超过年初70%的目标,也超过全国平均水平。全省已达标网点192家,达标率14%,超额完成年初10%的目标。积极解决城市快递末端配送难题。南昌已建成开业4个校区、社区快递末端公共配送示范站点。九江、新余、吉安、宜春、抚州推动校园综合快递服务中心建设。邮政、快递企业积极在新建、改造分拨中心、流水线、购置自动化分拣设备和安检设备上加大投入,企业科技装备水平明显提高。南昌积极引导快递企业与江铃集团合作研发邮政行业专用新能源汽车,充分利用新能源汽车不限行、不限号、运输成本低等优势,着力解决快递企业的城区通行难题。由省快递行业协会牵头推动江西邮政和8家快递企业签订农村快递服务体系建设战略合作协议;省、市快递行业协会积极协调解决车辆通行难题;江西局和省快递行业协会联合组织"最美快递员"评选活动,开展先进事迹宣传活动。

**依法行政能力不断增强。**江西省邮政管理局采取优化许可审批程序、"一建两结合"等系列举措,提高快递业务经营许可和备案工作效率。对申请快递业务经营许可证的企业,从45日优化为25日。涉及许可证变更事项的,从35日优化为15日。对符合条件进入"绿色通道"的企业,办理时限为5日。继续实行月报制度,及时收集、汇总相关工作信息,加强对各市局的督导和通报。举办全省市场监管行政执法培训班和邮政行业安全监管培训班,提升执法能力和水平。各市局通过印制《执法人员工作手册》、组织案件讨论会、开展行政处罚程序集中学习和讨论、组织"每周一讲"等多种形式,加强邮政法律法规培训学习。开展优秀案卷评比,以评促改,充分调动办案单位的积极性。整理通报各市局行政处罚中存在的问题,要求规范信息录入、严格法律文书证据等。深入开展快递企业经营范围规范和清理、寄递渠道清理整顿和快递服务质量专项整治工作,综合运用约谈、责令整改、行政处罚和信息公开等手段,对侵害用户合法权益的行为依法予以处罚,市场秩序得到进一步规范。开展快递服务质量公众满意度调查报告和寄递安全监测专项调查,对全省各地区品牌快递企业的服务质量水平进行评价。2015年,江西省快递服务公众满意度得分80.34分,同比提高了2.21%;快递寄递监测得分为

80.22分,同比提高了8.68%。加大消费者申诉中心考核和通报工作力度,全年共受理申诉17342件,为消费者挽回经济损失50余万元。建立申诉与市场监管联动协调机制,全年共受理移交举报案21件,已全部妥善处理。

**行业安全监管职责稳步落实。**江西省综治办、江西省邮政管理局等九部门研究确定了工作规则和部门任务分工细化方案,明确了22项具体任务及实施单位。全省各市成立工作机构,建立了工作协作机制。属地管理责任得到明确,江西局联合省综治办出台办法对寄递渠道安全管理工作综合治理量化考核评比。同时,江西局将安全管理工作纳入对市局年度考核指标,实行一票否决。省综治办、江西局、省交通运输厅等13部门决定,从2015年10月起至2016年3月底,在全省范围内集中开展寄递物流安全规范管理专项行动。推动落实安全管理制度,特别是加快推行“三个100%”,建立完善抽检抽查制度,对重点时段、运往重点区域和特殊场所的邮件快件进行重点查验,从源头上防范利用寄递渠道实施违法犯罪活动。先后开展了元旦春节期间寄递渠道安全大检查和落实收寄验视制度专项整治活动、春节后快递企业恢复生产督检工作、全国两会期间行业安保工作、纪念抗战胜利70周年邮路安保工作,确保全省邮政行业平稳运行,寄递渠道安全畅通。江西局建成安全视频监控系统平台,连接9家条件成熟的快递企业省级分拨中心,在市局建立工作站连接至当地企业分拨中心,覆盖全省的安全监控中心初步建成。

**人才队伍和基础能力建设不断加强。**江西省邮政管理局鼓励校企合作,支持省商务学校和旅游商贸学院等院校为快递企业培养对口人才,将南昌市邮政行业人才培训中心和江西交通职业技术学院作为行业人才培养基地向国家邮政局进行申报。在保证南昌考点各项考务工作正常开展的同时,积极发挥市局的作用,先后在赣州、鹰潭等地设置九个职鉴考点,有效解决了企业考生“赶考难”问题。2015年,全省共组织开展4个批次的全国快递业务员职业技能鉴定统考,报考人数3286人,完成年度鉴定目标的104%。顺利开展首次业务师资格考试,为企业的快递经营许可工作和行业的人力资源建设提供了较好支撑。加强行业统计业务指导,强化质量审核,开展统计检查工作,将所有取得快递业务经营许可的企业及时纳入统计范围,做到应统尽统。每月编制统计数据报表,每季度分析行业经济运行情况,并进行通报,及时调度行业各项指标。扎实推进精神文明建设,大力弘扬“诚信、服务、规范、共享”的行业核心价值理念,组织“最美快递员”评选活动,传播正能量,树立新形象。全行业精神文明建设取得丰硕成果,涌现出一大批先进集体和先进个人。

## 三、“十二五”时期快递市场发展与管理总体回顾

“十二五”时期,江西省快递业业务量增长7.6倍,占全国比重由0.5%提高到1.1%,快递业业务收入增长3.6倍,占全国比重由0.6%提高到1.0%。五年新增就业岗位3万个以上,年支撑网购交易额突破650亿元。快递服务能力水平明显提高。快递企业营收能力显著增强。快递下乡工程成效初显。快递物流园区建设取得突破。全省法人快递企业已达619家,涉及33个快递企业品牌共1505个分支机构,快递服务从业人员已超3万人。快递产品体系不断丰富,时限准时率相对稳定,有效申诉率逐年下降,旺季服务保障能力明显加强。

**五年来,始终坚持发展第一要务。**全省邮政管理系统努力创造公平竞争的市场环境,支持国有邮政企业做大做强,引导民营快递企业加快发展。加强行业统计,开展行业基础设施专项调查,健全完善各项业务台账,摸清行业发展底数。建立健全行业规划体系,强化规划衔接落地,提升对行业的宏观调控能力。加大行业宣传力度,营造良好的舆论氛围,全省社会各界关注邮政行业发展、支持邮政行业发展的大环境已经形成。

**五年来，不断破除行业发展瓶颈。**修订后的《江西省邮政条例》于2011年10月1日实施，行业发展的法律环境得到进一步完善。不断优化政策环境，联合多部门出台多项措施有效解决基础设施建设、车辆通行、末端投递、人才建设等方面的问题。进一步简政放权，深化行政审批制度改革，着力优化政府服务，简化许可备案流程，大大缩短办理时限。进一步规范市场秩序，强化事中事后监管，促进商品和要素自由流动、平等交换和资源高效配置。加快构建邮政业诚信体系，大力营造诚实、自律、守信、互信的行业信用环境。

**五年来，行业监督管理能力不断增强。**2012年顺利组建11个设区市邮政管理局，为推动行业健康发展提供坚强的组织保障。市局组建运行三年来，全系统先后开展"基础建设年"、"执法规范年"和"提质增效年"活动。省、市两级邮政管理部门对内建章立制，强化培训，完善执法程序、严格执法责任、加强执法监督、推进综合执法，强化执法信息化建设，行政执法的规范化、标准化水平和监管效能大幅提升；对外加强横向联系，建立工作关系，与各级党委、政府以及发改、交通运输、商务、公安、国安、安全等部门建立良好的协作机制。健全完善安全管理制度，不断夯实安全基础，切实加强行业安全管理。

## 四、各市（地）主要管理工作概况

九江局加强与市交警支队、市交管局联系，审核发放2015年度快递机动车辆和电动三轮车便捷通行证。萍乡协调赣湘物流园内开辟了快递区域，对进驻的快递企业实行三年免租的优惠。上饶局以市政府创建"信息惠民国家试点城市"和"国家电子商务示范城市"打造"智慧上饶"为契机，积极推动智能快递政务一体机项目落地实施，推动快递"进社区、进校园、进小区、进政区、进商区"，解决快递"最后100米"问题。

南昌局促进出台《南昌市促进快递业健康发展若干意见》；推进快递物流园建设；创建邮政行业职业教育培训中心；促进快递末端服务规范化；启动建设安全监管中心。

宜春局引导快递企业通过建立第三方平台、自建快递网点、"农村E邮"以及代办等模式，密织农村快递物流网，着力推进"快递下乡"工程。全市乡镇快递已实现100%全覆盖，农村E邮"高位推进，2015年全市共建站点45个，总投资200万元。

吉安局争取地方政策扶持，市委、市政府下发《关于深化改革创新加快农业现代化步伐的意见》；市政府出台的《吉安市加快发展现代服务业三年行动计划（2015－2017）》；与市文明办在全市范围内联合开展了"吉安市最美快递员"评选活动；做大做强园区，探索"仓配电"发展模式，园区"仓配电"发展模式正式形成；牵头组织市邮政公司与8家市内主要民营品牌快递企业签订了"快邮合作"战略协议，市邮政公司所有乡镇网点均对民营快递企业开放，全市共有乡镇快递末端网点（含代办点）289个，覆盖了166个乡镇，乡镇覆盖率达77%；协调市邮政公司投入智能包裹柜进社区、进商区、进校区以及行政中心，全市共建成智能包裹柜27组，总隔口数达1548个。

## 五、快递市场存在的突出问题

**结构性矛盾突出的"短板"依然存在。**寄递服务产品结构单一、同质化低价竞争、末端服务能力弱、农村地区快递发展不平衡、服务质量不高、监管能力不足等问题将较长时期存在。

**粗放发展的问题仍将存在。**作为市场主体的企业管理水平不高，从业人员素质有待提高，行业提质增效、创新发展、转型升级的任务依然繁重。

**推动政策落地的难度仍然存在。**政策落地形成具体生产力的任务仍然会很艰巨，末端设施建设、园区建设用地、快递车辆通行、行业人才培养等体制机制障碍的破解仍需下大力气，创新发展的体制机制有待理顺和完成。

# 山东省快递市场发展及管理情况

## 一、快递市场总体发展情况

2015年,山东省快递企业业务量累计完成73424.9万件,同比增长64.3%,最高日处理量超过1000万件。其中,同城14813.0万件,同比增长78.8%;异地57758.5万件,同比增长62.3%;国际及港澳台853.4万件,同比增长5.1%。快递企业业务收入累计达到97.1亿元,同比增长44.8%。其中,同城11.1亿元,同比增长70.7%;异地65.6亿元,同比增长48.4%;国际及港澳台12.0亿元,同比增长7.8%。同城、异地、国际及港澳台快递业务收入分别占全部快递收入的11.4%、67.5%和12.4%;业务量分别占全部快递业务量的20.2%、78.7%和1.2%(表7-15)。

表7-15 2015年山东省快递服务企业发展情况

| 指　　标 | 单　　位 | 2015年累计 | 同比增长(%) | 占全部比例(%) |
|---|---|---|---|---|
| 快递业务量 | 万件 | 73424.9 | 64.3 | 100 |
| 同城 | 万件 | 14813.0 | 78.8 | 20.2 |
| 异地 | 万件 | 57758.5 | 62.3 | 78.7 |
| 国际及港澳台 | 万件 | 853.4 | 5.1 | 1.2 |
| 快递业务收入 | 亿元 | 97.1 | 44.8 | 100 |
| 同城 | 亿元 | 11.1 | 70.7 | 11.4 |
| 异地 | 亿元 | 65.6 | 48.4 | 67.5 |
| 国际及港澳台 | 亿元 | 12.0 | 7.8 | 12.4 |

山东省具备经营快递业务资格的法人企业及分支机构达2112家,比去年增加612家。消费者申诉处理满意率达到96.4%。邮政行业在推动流通转型、促进消费升级、服务地方经济社会发展方面发挥了重要支撑带动作用。

## 二、行业管理工作及主要成效

**行业发展活力加快释放。**山东省邮政管理局围绕省委、省政府“敲开核桃,一业一策”的部署要求,参与编制《山东省物流业转型升级实施方案(2015－2020年)》、《山东省批零餐饮业转型升级实施方案》,促进快递业转型升级、快递与电子商务协同发展的相关措施列入《实施方案》予以重点推进;改善城乡末端投递服务等利好政策纳入省政府《关于贯彻国办发〔2014〕51号文件进一步搞活流通促进消费的意见》支持范畴。扎实推进省政府促进快递服务业健康发展意见落地,济南、烟台、潍坊等8市政府已出台具体落实意见,济宁市政府制定推进农村快递发展意见。青岛市建立推进邮政业发展合作联席会议制度。先后举办5次全省邮政业“十三五”规划专题研讨培训,启动密集调研模式,山东局分别赴辽宁、福建等地开展交流学习;先后联合潍坊、烟台、临沂、滨州、泰安等市政府开展快递电商协同发展、快递服务现代农业等专题调研,召开座谈会议,建立合作机制。加强规划衔接,实现《山东省“十三五”现代邮政业综合发展规划》与《山东省物流中长期发展规划(2015－2020)》有效对接,积极推进将全省邮政业“十三五”发展规划列为“十三五”省级重点专项规划。目前,济南、青岛、莱芜、日照、淄博、滨州等市将邮政业“十三五”规划纳入专项规划。枣庄、东营市将邮政业规划纳入综合交通规划体系。青岛市将创建“中国快递示范城市”、建设“跨境电子商务快递产业园项目”列入“十三五”国民经济和社会发展规划。泰安市政府批复《泰安市城市规划区邮政设施专项规划(2015－2020年)》。进一步优化快递经营许可工作流程，实行快递业务经营许可证变更事项形式审查和全流程系统审批，完善经营许可变更“绿色通道”制度，推行一次性告知制，压缩简化企业50%以上的许可准入和许可变更材料，下放快递业务经营许可变更受理、审批、分支机构备案及经营许可年度报告等多项管理权限，许可准入时限由45个工作日缩短至23个工作日以内，许可变更时限缩短至15个工作日。推进县级邮政监管机构建设，济宁、德州、临沂、泰安等地实现多点突破，7个县（市）获批成立邮政管理局，已有5个挂牌运行，省、市、县三级邮政监管体系逐步完善。在加强基层基础建设、融入地方发展大局、补齐县域行业监管短板方面发挥了积极作用。此外，青岛、潍坊、枣庄、烟台等局积极推进县级机构组建工作。

**协同发展综合效益显现。**山东省邮政管理局积极推进中韩自贸区（威海）和中韩产业园（烟台）建设，借助山东启动跨境电商海运进口转关业务，打通邮政速递国际快件便捷通道，实现国内56个重点城市次日达。济南、青岛、潍坊、临沂4个市开办国际小包业务，有效助推跨境电商业务发展。快递服务现代农业发展成效明显，进一步带动了“网货下乡”和“农产品进城”双向流通，繁荣了县域电商和农村淘宝经济。省政府与阿里巴巴集团签署战略合作协议，推动实施阿里巴巴“千县万村”计划，为快递服务农村电商，促进城乡统筹发展注入了新活力。据统计，山东淘宝村数量已达64个，同比增长392%，位居全国第五位；淘宝镇由2014年的2个发展到6个，同比增长200%，位居全国第五位。“村淘”已覆盖山东12个县360个村。以“烟台大樱桃”为例，从2010年至2015年，实现了年寄递量8吨到6000吨的跨越式发展，2015年，烟台顺丰、烟台EMS开通4架“樱桃专机”，快递服务逐步向冷链、空运等高端、高效方向发展。快递服务制造业试点形成新模式，山东邮政速递物流探索推出“入厂物流”合作模式，为中国重汽集团和海尔集团提供分拣、仓储、配送一体化物流服务。实现了对中国重汽供应链上下游全环节的覆盖；全面介入海尔供应链物流体系，为海尔全国16个中心库和16个生产单位提供物流服务，降低企业物流成本11%以上，实现合作共赢。淄博市将快递业作为面向先进制造业的生产性服务业列入“十三五”期间加快发展行列。

**依法行政效能大幅提升。**《山东省寄递安全管理办法》颁布实施，进一步强化了寄递企业安全生产主体责任，引导寄递企业正确处理安全与发展的关系，对现行邮政安全法规体系形成有益补充，对行业安全生产形势持续稳定好转提供了坚强有力的法制保证。山东省邮政管理局加快市局法制队伍建设，举办全系统领导干部依法行政能力培训，开展行政执法案例教育，编订全省邮政市场监管行政处罚案件汇编。开展全省快递服务质量提升年、快递市场经营主体规范等系列活动，完善省、市两级申诉工作联动机制，加大跨区域、多部门联合执法检查力度，构建消费者合法权益保障体系。2015年全省共纠正查处快递市场、集邮市场和邮政用品用具市场违法违规行为507起，下达整改通知书343件，行政处罚决定158件，有力地净化了邮政市场环境。截至2015年11月，省12305邮政业消费者申诉中心共受理申诉3.8万件，快递业务有效申诉率6.2件/百万件进出口业务量，同比下降61%，为用户挽回经济损失131万元。各市局行业服务质量管控能力明显加强，聊城局建立“一诉一策”和周调度、月通报制度，泰安局设立12305舆情研判会办中心，莱芜局开展快递业服务质量调查。

**行业安全监管步入新阶段。**山东省邮政管理局严格履行政府监管责任，督促企业落实安全生产主体责任。制定出台《山东省邮政行业安全生产主体责任规定》，完成省、市寄递企业安全管理机构备案工作，督促企业安全生责任、经费投入、教育培训、基础管理和应急保障“五落实、五到位”。筹建省邮政业发展（安全）中心，建立行业安全运行日常监测、安全信息预警预报和应急处置机制；深化政校合作，与山东交通学院签署战略合作协议，挂牌成立省邮政业发展(安全)研究中心、强化行业发展战略规划、安全监管等决策研究和智力支持。认真贯彻国家邮政局和省政府部署要求，在全省范围内组织开展邮政业安全生产月和危化品寄递专项整治行动，建立健全隐患排查整治机制。积极完善应急管理体系，各市邮政业突发事件应急预案全部纳入地方政府整体应急预案体系；全省共组织寄递安全培训122次，快递企业开展应急演练568次；妥善应对广西柳城"9·30"事件。积极响应国家邮政局实施北京及环京六省(区、市)寄递安全"护城河工程"号召，着力加强重点区域、重点时段、重点环节寄递安全管控，圆满完成抗战胜利70周年纪念活动等重大活动期间寄递安全保障工作任务。推动建立省、市两级寄递安全联合监管机制，邮(快)件寄递安全管理首次纳入综治工作(平安建设)检查考评体系，考核工作顺利开展。制定《山东省邮政业收寄验视工作指导意见》，联合公安、安全等部门开展了明查暗防、测试抽查以及拉网式排查等系列活动，通报、约谈和处罚了一批违规企业，有效维护了行业安全稳定形势。全省735处邮(快)件分拨处理场所，已有106处配备了115台X光安检机。大力加强行业安全文化建设，设立省邮政业(安全)文化建设指导中心，联合省公安、消防、交警等部门编制印发行业消防、禁毒、行车和《山东省寄递安全管理办法》4套安全文化宣传材料，开展"邮寄平安"宣传活动，济南局加强寄递安全公益宣传，泰安局开展"邮安泰山"主题安全文化建设活动，行业安全红线意识不断强化。

**基础能力建设稳步推进。**山东省邮政管理局加大政策保障和资金支持力度，统筹推进城乡邮政、快递服务协调发展。快递服务网络不断向下延伸，布局更趋合理。全省各主要民营控股快递网络县级网点基本实现全覆盖，乡(镇)网点覆盖率达96.98%，高于全国平均覆盖率26个百分点；济南、临沂乡(镇)快递覆盖率已达100%。快递产业园区建设布局渐成体系，潍坊市将快递园区建设纳入市现代物流基地建设规划，威海中韩国际快递物流产业园、淄博鲁中快递电商物流发展示范园、济宁恒良电商快递物流园、菏泽天华电商物流产业园区等相继投入运营。全面推进"快递三进"工程，全省4756处服务点投放智能快件箱，格口数达21万个，年内累计处理快件0.4亿件。有序开展行业职业技能鉴定工作，不断优化行业人才队伍结构，共鉴定7459人次，其中，初级5257人次，中级710人次，高级1408人次，业务师72人次、高级业务师12人次。全省快递人才培养合作院校已达26所。其中，省级邮政行业人才培养基地5个，市级邮政行业人才培养基地10个。大力开展职业技能竞赛，协助配合团省委、省人社厅、省总工会成功举办山东省青年(快递业务员)职业技能大赛；取得第十一届"振兴杯"全国青年职业技能竞赛(快递业务员比赛)第一名优异成绩。

**全面推进行业精神文明建设。**省、市局精神文明建设实现全覆盖，山东省邮政管理局和滨州、德州市局获评"省级文明单位"，13个市局获评"市级文明单位"，2个市局获评"市直文明机关"。在全国率先开展了快递行业省级"青年文明号"、"巾帼建功"等系列评选活动，山东局申诉中心和9个快递行业青年集体首获"山东省青年文明号"，60个快递企业优秀集体获"市青年文明号"，10个优秀女职工被授予省"巾帼建功十大标兵"和省"三八红旗手"荣誉称号。青岛、莱芜、枣庄、淄博、烟台等局推进快递行业基层工会组织建设，开展"最美快递员"、"邮政服务之星"评选活动。济南邮政行业两人荣获市道德模范表彰；枣庄1名快递员被授予市"五一劳动奖章"；日照1名快递员获评"市金牌职工"。

## 三、"十二五"时期快递市场发展与管理总体回顾

"十二五"时期，山东省邮政行业业务量年均

增长24%，快递业业务量年均增长39%。快递服务增长速度均超过全省GDP和服务业同期增速。快递业支撑网购交易额占全省社会消费品零售总额比重超过7%。邮政航空、顺丰航空相继落户山东。邮政农村电商在全国率先实现突破，基本建立县乡村三级农村电商服务体系。快递业与电子商务、先进制造业、现代农业等关联产业实现有效衔接、良性互动，不断融入“互联网+”、智能制造以及跨境电商和农村电商等新业态和新模式，加快向综合快递物流服务提供商转型。

**五年来，群众用邮环境大幅改善。**邮政、快递服务城乡统筹发展的基础性、普惠性作用凸显，形成城乡“10分钟便民服务圈”。快递网络覆盖广度与深度大幅提升，全省快递营业网点超过1万个，单个快递营业网点平均服务人口8700人，平均服务面积14.2平方公里。行业安全发展的基础更加稳固，寄递安全责任体系和管控机制进一步完善，安全生产底线思维和红线意识进一步强化，打造形成了放心用邮、放心消费的环境。

**五年来，依法治邮能力全面提升。**大力推进法制邮政建设，颁布实施《山东省寄递安全管理办法》，在全系统率先建立法律顾问制度，行业依法治理能力进一步增强。推动出台《山东省人民政府办公厅关于促进快递服务业健康发展的意见》，填补了山东省快递业发展政策的空白。山东局与青岛市政府签署推进邮政业发展战略合作协议，出台《支持菏泽邮政业又好又快发展意见》，加大了行业与地方协同发展力度。深入推进省级以下邮政监管体制改革，完成170市局组建工作，试点业务集中地区县级邮政监管机构建设，完善省、市行业协会组织体系，充分发挥邮政社会监督作用，进一步巩固完善政府监管、行业自律、社会监督“三位一体”的行业监管体系。

**五年来，行业党的建设全面加强。**非公快递企业党、团、工会组织建设常态长效发展，成立快递企业党组织12个，266名党员纳入管理；组建团组织32个，吸纳团员近2300人。创建了全省邮政管理系统党性教育基地、邮政管理系统文化艺术节等特色品牌，推出了“泰山鸿雁”宋宪臣、“全国岗位学雷锋标兵”徐西国等一批先进典型。

## 四、各市(地)主要管理工作概况

曲阜、邹城局分别编制了《邮政业“十三五”发展规划》。济南、淄博、德州局开展了寄递安全制度化、规范化建设试点。沂南局联合县商务局制定推进“万村千乡市场工程”与“快递下乡”协同发展意见。滨州局开展“百家快递进枣乡”活动，年寄递冬枣近3万吨，同比增长30%。菏泽局积极服务市政府与阿里巴巴集团合作项目实施，多次获市政府领导肯定。东营市政府安排900万元专项资金补贴快递企业配备安检设备。枣庄局推进快递进校园，实现全市高等院校“快递超市”全覆盖。聊城局联合聊城大学成立市邮政业人才培训基地。潍坊局组织院校、骨干快递企业专家成立快递行业发展暨人才培养委员会。淄博局推动快递产业园区建设取得成效，规划建设了“鲁中快递电商物流发展示范园”，顺丰、百世快运、宅急送、德邦物流已经入驻，日处理量达到10万件/天，产业聚集效应进一步增强。

临沂局积极参与市“互联网+商城”行动计划，促进临沂商城跨境电商发展；立足沂南电动车产业集群优势，联合地方政府部门加快邮政、快递企业新能源电动车推广应用。济宁局制定实施企业安全生产主体责任细则；联合五部门出台智能快件箱运营管理办法，提升快递末端服务水平。

济南局推动市政府办公厅出台了《关于促进快递服务业健康发展的实施意见》，明确了济南市快递业的总体发展目标和政策扶持措施；协调市经信委、发改委、交通局等六部门联合印发了《济南市物流业转型升级指导意见》，将邮政、快递企业纳入全市共同配送公共服务平台建设；联合公安交警部门，为快递企业再次发放车辆通行证131

张；推进"快递下乡"建设和"三进"工程，7 大主要快递网络设立乡镇网点 247 个，实现乡镇服务网点全覆盖；龙奥快递服务站正式启用，全市 12 家品牌快递企业集中入驻；促进快递业服务制造业，EMS 重汽项目被国家邮政局列为快递服务制造业示范项目；深化快递业与电子商务融合发展，韩都衣舍集团"双 11"当天销售额达 2.84 亿元，累计快件 50 余万件。

### 五、快递市场存在的突出问题

发展方式相对粗放，结构性矛盾突出，行业发展水平与山东经济大省的地位不匹配，城乡区域不协调、收投分布不均衡，邮政、快递服务供给与需求不匹配、不协调和不可持续的问题不同程度存在。行业安全防控基础能力存在薄弱环节，监管方式创新及技术支撑不足等问题仍然制约行业发展；推动行业发展政策落地，破解邮政网络资源共享、快递产业园区建设布局及城乡末端综合服务平台建设等体制机制障碍的任务依然艰巨。面对艰巨繁重的改革发展任务，监管能力与监管任务不匹配、市局间工作不平衡等问题突出。

## 河南省快递市场发展及管理情况

### 一、快递市场总体发展情况

2015 年，河南省快递企业业务量累计完成 51449.7 万件，同比增长 74.5%，最高日处理量超过 1000 万件。其中，同城 7687.3 万件，同比增长 52.8%；异地 43267.9 万件，同比增长 80.3%；国际及港澳台 494.5 万件，同比增长 10.2%。快递企业业务收入累计达到 63.1 亿元，同比增长 54.5%。其中，同城 5.4 亿元，同比增长 45.5%；异地 44.5 亿元，同比增长 61.0%；国际及港澳台 3.1 亿元，同比增长 35.6%。同城、异地、国际及港澳台快递业务收入分别占全部快递收入的 8.6%、70.5% 和 4.9%；业务量分别占全部快递业务量的 14.9%、84.1% 和 1.0%（表 7-16）。

表 7-16 2015 年河南省快递服务企业发展情况

| 指 标 | 单 位 | 2015 年累计 | 同比增长(%) | 占全部比例(%) |
|---|---|---|---|---|
| 快递业务量 | 万件 | 51449.7 | 74.5 | 100 |
| 同城 | 万件 | 7687.3 | 52.8 | 14.9 |
| 异地 | 万件 | 43267.9 | 80.3 | 84.1 |
| 国际及港澳台 | 万件 | 494.5 | 10.2 | 1.0 |
| 快递业务收入 | 亿元 | 63.1 | 54.5 | 100 |
| 同城 | 亿元 | 5.4 | 45.5 | 8.6 |
| 异地 | 亿元 | 44.5 | 61.0 | 70.5 |
| 国际及港澳台 | 亿元 | 3.1 | 35.6 | 4.9 |

### 二、行业管理工作及主要成效

**持续优化发展环境。**河南省邮政管理局深入贯彻落实《河南省人民政府关于促进快递服务业发展的意见》，各市局积极作为，推动各市政府出台促进快递服务业发展配套文件，先后有濮阳、商丘、许昌、新乡、南阳、漯河、焦作、鹤壁、平顶山、驻马店、安阳 11 个市级人民政府正式印发了促进快递服务业发展的政策性文件。联合相关部门出台推进"快递向西向下"服务、加快发展农村电子商务、推进农村流通网络建设等政策文件。全省邮政业发展“十三五”规划、17个市邮政业发展“十三五”规划，全部进入征求意见、专家论证环节。积极与国家邮政业“十三五”规划、地方政府“十三五”国民经济和社会发展规划纲要、综合交通运输发展等重点专项规划编制进行衔接。与漯河市人民政府、安阳市人民政府签署快递服务业示范市建设战略合作协议。省政府为快递业发展和安全生产安排专项扶持资金，给予全省邮政行业生产与信息安全监控系统财政补贴375.85万元；快递企业购置安检设备专项经费4500万元；分别给予河南宅急送华北分拨配送基地建设项目和河南中通快递华中分拨交换中心建设项目300万元和500万元专项发展资金。

**深化推进邮政行业改革。**河南省邮政管理局制定省、市邮政行政管理权力清单、责任清单和负面清单。快递分支机构名录核定发放、年度报告审核、分支结构备案和许可注销初审等多项职权全面下放到市局。进一步优化快递业务经营许可审批流程，从2015年7月1日起准入材料总体精减55%；准入时限由45个工作日压缩至25个工作日，许可变更绿色通道企业压缩至15个工作日。成立河南省邮政管理局邮政业安全中心，大力推进济源市及10个省直管县邮政管理机构成立。在当地政府支持下，信阳商城县、开封尉氏县邮政管理机构成立申请已上报国家邮政局。全省安全应急管理能力有所加强。

**不断提升行业服务能力。**河南全国性快递集散交换中心项目进入实质性运行阶段，宅急送、中通、百世汇通、顺丰已经入驻并正式运营。河南省国际快递物流港项目获得省政府高度重视，该项目已经省发改委批准列入2016年省级重点项目，并上报国家发改委申请列入国家级重点项目，同时由省交通厅向交通运输部申报，争取纳入交通运输部“十三五”规划－通用集散型物流园项目。河南省邮政管理局深入推进快递“向下向外”工程。把“快递下乡”工程与“电子商务进农村”工程相结合，推荐洛阳市成为全国电子商务与物流快递协同发展6个试点城市之一，并以此为契机，联合商务部门建立工作机制，深入推进农村快递与电商协同发展。截至2015年底，全省共设立快递网点11383个，非邮快递网点乡镇覆盖率达到98.90%，其中郑州、开封、洛阳等15个地市覆盖率达到100%。积极引导企业服务河南跨境贸易电子商务发展，EMS、申通、中通等品牌快递企业积极入驻河南保税物流中心，申通美国、欧洲海外仓，中通洛杉矶、新西兰海外仓陆续建立，企业国际运营能力不断提升。推动快递服务制造业联动发展，联合省工信委下发《关于加快推进快递服务制造业工作实施意见》，并会同工信委筛选一批重点试点项目，以点带面，全面推进快递服务制造业工作。

**稳步推进依法治邮。**河南省邮政管理局制定《河南省邮政管理局关于进一步推进法治邮政建设的意见》，将推进法治邮政建设的重点工作制度化。制定《河南省邮政管理局邮政行政执法信息公开制度（暂行）》，明确了邮政行政执法信息公开的主要内容和基本要求。制定《河南省邮政管理系统法律顾问制度规定（暂行）》，在全省邮政管理系统推行法律顾问制度。河南局和郑州、开封、洛阳、安阳、鹤壁、漯河、南阳、平顶山、三门峡、商丘、许昌、周口、驻马店等13个市局聘请了法律顾问。加快推进《河南省邮政条例》修订工作，向省人大法工委提交了《关于〈河南省邮政条例〉部分内容需要调整的报告》。积极指导市局开展地方邮政业立法。郑州局已经向市政府递交了《郑州市快递业管理办法》立法项目申报材料。组织执法培训，开展案卷审查，不断提升依法行政能力和效率。加强服务型邮政行政执法建设，以开封、鹤壁局为试点，推动服务型邮政行政执法建设有序推进。深入开展快递企业经营范围规范和清理、快递服务质量整治等专项工作，全年开展邮政市场执法检查2518次，下达整改通知470份、行政处罚决定237份，处罚金额82.25万元。持续强化行业诚信建设，出台加强全省快递业诚信体系建设的指导意见。促进服务质量提升,委托零点公司调查行业服务满意度情况,快递服务公众满意度84分,高于2014年全国快递服务公众满意度5.6分。充分发挥消费者申诉与市场监管联动机制作用,为消费者挽回经济损失119.6万元。快递协会服务、协调和自律职能进一步发挥。

**加大安全监管和应急保障能力建设。**河南省邮政管理局贯彻落实国家九部门《关于加强邮件、快件寄递安全管理工作的若干意见》精神,强化寄递渠道安全管理,联合有关部门开展寄递渠道清理整顿专项行动。开展全省邮政行业夏季消防安全集中整治专项活动。配合公安、国家安全、安监、质检、海关、新闻出版、民航等部门开展寄递渠道信息安全、反恐、禁毒、打击侵权假冒和航空邮件监管等工作。上合会议期间,全省邮政业上下齐心,形成"全省保郑州、郑州保重点"的良好局面,圆满完成了会议期间寄递渠道安全保障任务,受到了省委、省政府表彰。"双11"业务旺季期间,继续发挥"错峰发货、均衡推进"核心机制作用,坚持内部联动和多部门互动,在最高日处理业务量达到1022万件的情况下,实现了"全网不瘫痪、重要节点不爆仓、保畅通、保安全、保平稳"的目标。切实做好两会期间、抗战胜利70周年纪念活动期间寄递渠道安全保障工作。严格贯彻落实邮政行业安全生产设备配置强制性标准,全省寄递企业在原有26台X光机的基础上,增配X光机600台,有力保障了收寄验视、实名收寄、过机安检三项制度的贯彻实施。完善安监平台和视频监控系统,在地方政府支持下,河南省邮政业生产与信息安全监控系统建设项目稳步推进。河南局和郑州、洛阳、新乡、焦作、许昌、漯河、南阳、商丘、周口、驻马店10个市局已按照国家有关技术规范要求基本完成项目硬件建设。河南局视频监控中心与省交通厅高速公路联网中心实现互联互通,并主动对接省高速公路路警指挥中心,充分发挥了信息化、大数据等先进技术对行业安全监管的支撑作用。

**不断加强人才队伍和精神文明建设。**河南省邮政管理局组织快递企业员工参加"振兴杯"全国青年职业技能大赛。编制职鉴工作计划方案,加大人才培养基地建设,推动专业人才培养,扎实做好全国统考工作,落实国家邮政局"送考上门,服务企业"的精神要求,较好地完成了职鉴工作任务。全年完成快递业务员职业技能鉴定5358人次,从业人员能力素质水平不断提升。积极推进民营快递企业基层党建工作。举办河南省首届"快递杯"职工篮球赛,取得了运动成绩和精神文明的双丰收。连续两年组织全省重点品牌快递企业集中参加郑开国际马拉松比赛,增加行业员工的归属感、向心力和凝聚力。注重发现、培养和宣传行业先进典型,推荐2014年全国十佳"最美快递员"马朝立参选河南省自强模范和全省残联系统先进工作者评选活动,马朝立荣获"全省自强模范"荣誉称号。

### 三、"十二五"时期快递市场发展与管理总体回顾

与"十一五"末相比,"十二五"时期,河南省邮政行业业务总量和业务收入分别增长1.6倍和1.5倍,快递业业务量和业务收入分别增长7.8倍和4.8倍。新增就业岗位5.5万个。全省共有41个快递品牌,法人企业234家,分支机构3070个,全省邮政行业从业人员超过10万人,其中快递从业人员已逾5万人。快递服务能力水平大幅提高,快递产品体系不断丰富,时限准时率相对稳定,旺季服务保障能力明显加强。

**五年来,坚持"安全为基、发展为要、服务为上"的工作方针。**将建设"五个邮政"作为实现奋斗目标的重要抓手,行业发展取得显著成效。加大行业宣传力度,营造良好的舆论氛围,全社会关注邮政行业发展、支持邮政行业发展的大环境初步形成。

**五年来,深入推进体制机制改革,不断激发和释放行业发展活力。**全面完成完善省级以下邮政

监管体制改革工作，组建了17市级邮政管理局并积极推动在业务集中、情况特殊的地方设立县级邮政管理机构，为推动行业健康发展提供坚强组织保障。

**五年来，深入推进法治邮政建设，着力提升政府治理能力和水平。**不断完善执法程序、严格执法责任、加强执法监督、推进综合执法，强化行政执法信息化能力建设，行政执法的规范化、标准化水平和监管效能大幅提升。

**五年来，全面加强党的建设。**形成“较真、务实、从严、共进”的干事创业氛围，营造风清气正的政治生态。深入扎实开展党的群众路线教育实践活动、“三严三实”专题教育，坚决贯彻落实中央“八项规定”，锤炼出了一支理想信念坚定、政治品质过硬的邮政管理干部队伍。

### 四、各市（地）主要管理工作概况

郑州局推动河南全国性快递集散交换中心建设取得重大进展；为全面落实实名收寄工作开出首批罚单，对个别企业未对从业人员进行实名收寄教育培训等问题进行了行政处罚。开封局推进设立市辖县邮政管理局。洛阳局成功申报全国“2015年电子商务与物流快递协同发展试点城市”。商丘市规范统一快递三轮车形象保障顺利通行。鹤壁局稳步推进河南省“服务型行政执法示范点”建设工作。

### 五、快递市场存在的突出问题

末端投递、车辆通行、土地使用是当前河南快递业发展的“三大难题”。

## 湖北省快递市场发展及管理情况

### 一、快递市场总体发展情况

2015年，湖北省快递企业业务量累计完成50847.3万件，同比增长53.4%，最高日处理量超过1029万件。其中，同城11821.8万件，同比增长72.8%；异地38827.6万件，同比增长48.4%；国际及港澳台197.9万件，同比增长37.0%。快递企业业务收入累计达到59.6亿元，同比增长43.9%。其中，同城8.9亿元，同比增长66.2%；异地39.8亿元，同比增长35.4%；国际及港澳台2.3亿元，同比增长20.0%。同城、异地、国际及港澳台快递业务收入分别占全部快递收入的14.9%、66.8%和3.8%；业务量分别占全部快递业务量的23.3%、76.4%、0.4%（表7-17）。

表7-17 2015年湖北省快递服务企业发展情况

| 指标 | 单位 | 2015年累计 | 同比增长(%) | 占全部比例(%) |
|---|---|---|---|---|
| 快递业务量 | 万件 | 50847.3 | 53.4 | 100 |
| 同城 | 万件 | 11821.8 | 72.8 | 23.3 |
| 异地 | 万件 | 38827.6 | 48.4 | 76.4 |
| 国际及港澳台 | 万件 | 197.9 | 37.0 | 0.4 |
| 快递业务收入 | 亿元 | 59.6 | 43.9 | 100 |
| 同城 | 亿元 | 8.9 | 66.2 | 14.9 |
| 异地 | 亿元 | 39.8 | 35.4 | 66.8 |
| 国际及港澳台 | 亿元 | 2.3 | 20.0 | 3.8 |

## 二、行业管理工作及主要成效

**行业发展环境持续优化。**湖北省人民政府出台《关于加快互联网平台经济发展的指导意见》，要求省商务厅等七部门联合支持电子商务企业、邮政、快递等流通企业建设农村电子商务配送及综合服务网络。荆州市将快递业纳入电子商务发展专项资金扶持和奖励范围。全省、各市（州）邮政业“十三五”规划初稿进入全面征求意见阶段。湖北省副省长许克振专题指示将邮政业发展纳入全省综合运输交通“十三五”规划，全省、各市（州）邮政业“十三五”规划与地方“十三五”国民经济和社会发展纲要、区域规划、综合交通运输发展专项规划有序衔接，部分市（州）邮政业“十三五”规划纳入全市专项规划。湖北省邮政管理局联合省交通运输厅等四部门出台《农村物流融合发展规划编制指南》，指导各地科学编制农村物流融合发展规划，推动农村物流健康发展。参与《长江经济带湖北省综合交通运输体系规划》编制二作，将邮政业基础设施布局和建设纳入其中；积极将符合条件的邮政、快递企业重大项目向省发改委申报纳入省服务业“十三五”重大项目库。联合省教育厅等部门，出台《关于做好高等院校校园快递服务工作的意见》，推动解决快递服务进高校的“最后一公里”投递难题。联合省交通厅继续深入推进交邮合作，省EMS与省交通运管物流局签订战略合作框架协议，共建农村快递物流示范点。

**行业改革不断深化。**湖北省邮政管理局下放仙桃、潜江、天门、神农架林区四个省直管市的邮政监管工作职权。率先印发优化快递业务经营许可流程的有关意见，进一步下放许可权限，建立诚信企业“绿色通道”制度，确定非绿色通道企业125家，实行形式审查与实地核查相结合，服务企业与加强监管相结合，依法开展行政审批。全省全年共新增许可企业419家，许可变更企业249家，增设分支机构3637家，快递业务经营许可审批时限比以前缩短了60%，许可变更时限比以前缩短37.5%。推进县级邮政监管机构设置试点工作。2015年，襄阳宜城、十堰郧西邮政监管机构正式挂牌成立，仙桃、随州广水、黄石大冶等地的县级监管机构设置工作有序推进。

**行业服务能力显著提升。**湖北快递综合枢纽建设取得积极成效，EMS华中陆运中心投入运营，顺丰国际快递枢纽项目在湖北进入选址阶段。“快递向下”工程效果显著，农村快递网络进一步健全，全省快递服务网点的乡镇覆盖率达99%。快递干线处理能力不断增强，2015年“双11”期间，全省完成快件处理总量累计达7057万件，同比增长32.18%；全省快件日平均处理量突破882万件，是去年同期的1.35倍。快递物流园区充分发挥产业集聚效应。各地因地制宜积极推进快递服务制造业，快递企业服务汽车制造业、纺织工业成效显著。

**依法行政能力不断增强。**《湖北省邮政条例》顺利出台和认真实施，湖北省邮政管理局积极配合省人大开展《条例》的执法调研工作。认真开展行政执法案卷评查工作，对2014年立案并已结案的57份行政处罚案件的合法性和规范性进行全面评查，提高市（州）局依法行政能力。出台了规范性文件制定程序规定与备案规定，完善执法监督相关制度。广泛宣传并推动实施《邮政业安全生产设备配置规范》、《快递营业场所设计基本要求》等行业标准。多次举办邮政行政执法培训班，组织开展“六五”普法依法治理总结工作。深入开展寄递渠道、快递企业经营范围规范和清理、快递服务质量整治等专项工作。加强市场执法检查，全省邮政管理系统全年累计检查快递企业及网点6461家次，出动检查人员24718人次，下达整改通知书594份，行政处罚105件，其中停业整顿14家，罚款31.48万元。全年处理消费者申诉4.1万件，为消费者挽回经济损失79.3万元。

**安全监管和应急保障能力显著提高。**湖北省邮政管理局深入贯彻落实中综办〔2014〕24号文件精神，全省、各市（州）寄递渠道安全管理协作机制迅速建立，全省13个市（州）、4个省直管市均将市寄递渠道安全管理纳入市综治工作（平安建设）考评体系。深入开展寄递渠道清理整顿专项行动，全面推进执行收寄验视、实名收寄、过机安检“三个100%”等安全制度。联合省经信委、省安监局出台了《关于加强化学品寄递安全管理的通知》，进一步堵塞化学品寄递安全管理漏洞。配合省、市（州）综治部门做好各地2015年综治考评有关工作。配合公安、国家安全、安检等部门开展寄递渠道信息安全、反恐、禁毒等工作。深入一线检查督导、每日在全省系统内通报检查情况，切实做好抗战胜利70周年等纪念活动期间寄递渠道安全保障各项工作。“双11”快递业务旺季服务期间，全省邮政行业实现了“全网不瘫痪、重要节点不爆仓，保畅通、保安全、保平稳”的目标。切实做好全国两会等重大活动期间寄递渠道安全保障工作。严格执行《邮政业安全信息报告和处理规定》，全省系统实行24小时值班制度，行业安全预警、监测和管控能力不断加强。各市（州）局督导企业完善、细化应急预案，建立起邮政管理部门、企业总部、营业网点全覆盖的应急预案体系。武汉、黄冈、荆州、荆门等市局组织快递企业开展应急演练。全省全年共严肃查处、妥善处置18起寄递渠道突发应急事件，其中因违规收寄危化品、毒品、枪支等禁寄物品引起的12起、快递网络纠纷事件引起的3起、交通事故引起的2起、火灾引起的1起，有效维护了寄递渠道的安全畅通。

**人才队伍建设和精神文明建设扎实推进。**湖北省邮政管理局联合省人社厅等三部门举办全省首届邮政行业职业技能竞赛，15家快递企业、9所职业院校的157名选手参赛，竞赛规模、奖项设置在全国属于领先水平。在湖北交通职业技术学院建立邮政业实习实训基地，并就共建邮政、快递有关专业达成合作共识。省EMS与湖北交通职业技术学院签订战略合作协议，共同建设“邮政速递物流人才培养基地”。全年完成快递业务员职业技能鉴定3634人次，从业人员能力素质水平不断提升。湖北局成立了党建工作领导小组，出台关于进一步加强机关党建工作的指导意见。行业党建工作稳步推进，全省共成立了27个快递企业党组织，535名党员纳入管理。积极参加国家邮政局组织的“寻找最美快递员”等先进典型推荐评选活动，指导市（州）局开展“最美快递员”评选活动。

### 三、“十二五”时期快递市场发展与管理总体回顾

“十二五”期间，湖北省邮政行业业务总量达到405.65亿元，年均增幅29.7%；邮政行业业务收入达到379.29亿元，年均增幅25.3%；全省邮政行业业务收入是“十一五”期末的3倍，增速是全省GDP增速的2.5倍。支持国内网络交易额近700亿；占全省GDP比重从“十一五”期末的0.23%上升到0.39%。快递均价较“十一五”期末约下降50%，进一步降低社会流通成本。“十二五”期末，全省邮政行业从业人员突破6.5万人，较“十一五”期末翻一番。快递服务能力水平大幅提高。主要品牌快递企业在武汉和省内重要节点城市建设了区域总部和各级分拨、集散中心，一批快递物流园陆续建成，湖北作为全国重要快递枢纽的地位进一步巩固。全省快递网点超过6000处，服务网点乡镇覆盖率达到99%。快递末端服务能力进一步提升，全省各城市安装智能快件箱覆盖率逐步提高。自动化分拣设备、智能手持终端、移动客户端、智能快件箱等科技化手段加快推广运用，快递服务效能显著提高。全省邮政体制改革和法制建设深入推进。全省邮政管理体制进一步完善，13个市（州）邮政管理局正式成立，县级邮政监管机构组建试点工作取得突破。全省邮政业法制建设实现突破，2014年，湖北省人大常委会制订颁布《湖北省邮政条例》，为保障和促进全省邮政行业发展进一步夯实了法制基础。

**五年来，推进行业“大发展”。**全省邮政管理系统始终坚持发展第一要务，始终坚持“安全为基、发展为要、服务为上”的工作方针，致力于推动

建成"五个邮政"。积极开展省、市邮政业发展规划体系建设,强化规划衔接落地,充分发挥对行业的宏观调控能力。不断优化政策环境,协调多个部门、出台多项措施有效解行业决基础设施建设、车辆通行、末端投递、行业人才队伍建设等方面的问题。加大行业宣传力度,引导社会关注理解行业发展,为行业发展营造良好的舆论氛围。

**五年来,不断深化改革创新,优化政府服务。**市(州)邮政管理局全部设置到位,县级邮政监管机构从无到有和顺利开局,行业监管力量进一步增强,为推动行业健康发展提供了坚强的组织保障。根据国家邮政局要求,结合湖北实际简政放权。简化行政许可备案流程,大大缩短办理时限。邮政企业改革创新顺利推进,企业活力进一步释放。

**五年来,实现行业治理能力"大进步"。**强调规划引领,加大政府对邮政普遍服务的扶持力度,突出对快递服务发展的鼓励和支持,强化安全、服务、统计等各项行业监管措施。切实依法行政,加强执法监督,突出安全监管,不断夯实安全基础,监管效能大幅提升。

**五年来,努力推进全省邮政管理队伍"提素质"。**坚持从严治党、依规治党,严明党的政治纪律和政治规矩,营造风清气正的政治生态。党的基层组织建设稳步加强,非公快递企业党建工作取得突破。人才教育培养力度不断加大,从业人员素质稳步提升,"较真、务实、从严、共进"的干事创业氛围已基本形成。

## 四、各市(地)主要管理工作概况

宜昌局、十堰局、襄阳局争取到地方政府财政支持,奖励快递业的发展。十堰局联合市商务局推进"快递向下"工程。咸宁局联合市物流发展局推动农村快递物流体系建设。荆州局与市快递行业协会、市职业技术学院签订三方合作协议,挂牌成立"荆州市邮政业人才培养基地"。黄冈局联合市文明办、市快递协会共同表彰首届"十佳诚信快递企业"和"十佳快递员",有力地弘扬了快递行业服务民生的精神风貌。

宜昌局联合市商务局等七部门联合推进邮政及快递服务进园区、进商区、进社区、进小区工作;联合市文明办、市快递协会共同表彰第二届"宜昌市最美快递员";与市财政局、市商务局联合编制了《宜昌市电子商务与物流快递协同发展试点工作实施方案》,初步建立了快递与电子商务协同发展机制。

襄阳局开展全省首个县级邮政管理机构组建试点工作,宜城邮政管理局于 2015 年 10 月 22 日正式揭牌;开展邮政快递叠加电子商务进农村试点工作;促成襄阳市邮政快递业纳入地方国民经济十三五规划纲要;联合市汽车办推广新能源汽车共建绿色邮政。

## 五、快递市场存在的突出问题

调结构、增协调、促进可持续性发展的任务艰巨。农村地区快递服务覆盖率有待进一步提升,"最后一公里"难题有待解决,包装和车辆面临的资源环境压力日益突出,寄递安全形势日趋严峻。

发展模式单一,创新能力不足,粗放型问题凸显。快递企业基础薄弱,新技术运用和管理创新不够,同质化竞争严重,弱、小、散的特点依然存在,离真正公司化的现代企业管理还有较大差距,难以满足个性化、综合化、国际化的多层次用邮需求。产业、区位和交通优势尚未充分发挥,国际业务短板明显,全省国际快件业务量和跨境电商发展相对滞后。

协同性亟待加强,推动政策落地、补齐行业短板的任务艰巨。快递车辆通行难、枢纽建设征地难、末端投递难以及安全基础薄弱、监管能力不足等问题依然存在和亟待解决。

# 湖南省快递市场发展及管理情况

## 一、快递市场总体发展情况

2015年,湖南省快递企业业务量累计完成31800万件,同比增长39.9%,最高日处理量超过800万件。其中,同城5665.1万件,同比增长84.4%;异地25600万件,同比增长33.4%;国际及港澳台518.1万件,同比增长16.4%。快递企业业务收入累计达到33.9亿元,同比增长29.3%。其中,同城4.6亿元,同比增长108.3%;异地21亿元,同比增长15.6%;国际及港澳台2.3亿元,同比增长21.6%。同城、异地、国际及港澳台快递业务收入分别占全部快递收入的13.6%、62.0%和6.8%;业务量分别占全部快递业务量的17.8%、80.6%和1.6%(表7-18)。

表7-18　2015年湖南省快递服务企业发展情况

| 指　标 | 单　位 | 2015年累计 | 同比增长(%) | 占全部比例(%) |
|---|---|---|---|---|
| 快递业务量 | 万件 | 31800 | 39.9 | 100 |
| 同城 | 万件 | 5665.07 | 84.4 | 17.8 |
| 异地 | 万件 | 25600 | 33.4 | 80.6 |
| 国际及港澳台 | 万件 | 518.1 | 16.4 | 1.6 |
| 快递业务收入 | 亿元 | 33.9 | 29.3 | 100 |
| 同城 | 亿元 | 4.6 | 108.3 | 13.6 |
| 异地 | 亿元 | 21 | 15.6 | 62.0 |
| 国际及港澳台 | 亿元 | 2.3 | 21.6 | 6.8 |

## 二、行业管理工作及主要成效

**发展环境显著优化。**湖南省邮政管理局积极发挥规划引领作用。争取《湖南省现代物流业发展三年行动计划(2015－2017年)》将邮政快递纳入电子商务物流建设、物流园区提升工程、城乡物流配送工程等工作进行全面推动。《湖南省人民政府关于大力发展电子商务加快培育经济新动力的实施意见》明确要求将快递配送站、智能终端设施纳入城市社区发展规划。全面启动"十三五"规划编制工作,邀请教授专家对市州规划编制工作进行一对一指导,并将规划作为一把手工程抓紧抓好,发挥规划"航向标"作用。全省邮政"十三五"时期"T型两极"的发展布局和"三量齐升"的宏观谋划已基本成型。联合省商务、财政部门以及株洲市政府积极申报,争取将株洲市纳入2015年国家电子商务与物流快递协同发展试点城市,成为全国第二批6个试点城市之一,获得3000万元中央补助资金。贯彻落实国家邮政局、工业和信息化部《关于推进快递服务制造业工作的指导意见》,与省经信委就建立协调工作机制、搭建合作交流平台、实施示范试点工程、优化政策环境等方面达成共识。积极推进交邮合作,联合省交通厅确定怀化的五个乡镇作为交邮合作试点,形成"客票进所入网、邮政进站上车、快件进山下乡"的合作新模式。针对快递城市配送"最后一公里"的瓶颈问题,积极呼吁,努力协调公安交警部门给予快递配送车辆通行、停靠的便利。衡阳、邵阳、湘潭、岳阳、长沙等地出台或完善快递城市配送车辆通行政策。

**行业改革持续深化。**湖南省邮政管理局将快递分支机构名录核定发放、年度报告审核、分支机构备案和许可注销初审等多项职权全面下放到市州局。准入材料总体精减55%,企业许可办理时限由30个工作日缩减到17个工作日，变更时限由28个工作日缩减到12个工作日，均较国家邮政局要求缩短。省、市、县三级邮政业安全中心组建工作稳步推进，长沙、郴州部分县（市）邮政管理机构组建取得积极进展，邮政管理工作继续向下延伸。

**服务能力明显提升。**湖南各市州快递园区建设取得积极成效，郴州、常德、怀化、邵阳等市州局积极争取当地政府支持，进一步完善配套政策。湖南省邮政管理局积极落实《国家邮政局、商务部关于推进“快递向西向下”服务拓展工程的指导意见》，与第三方机构合作调研和制定湖南省推进方案。各市州局积极推动整合行业资源，创新工作思路，着力完善农村快递服务体系，努力满足农村地区居民对快递服务的需求。全省乡镇快递末端投递网点数量达到3253个，乡镇覆盖率超过85%。其中，娄底、常德、湘潭、株洲乡镇网点覆盖率达到100%。顺丰“长沙—香港”全货机运输航线开通，湖南省货邮出口通道建设取得可喜进展。

**依法治邮迈出新步伐。**湖南省邮政管理局以法治思维和法治方式推进依法决策、依法管理、依法行政。修改完善了《行政执法过错责任追究办法》，制订了《行政处罚证据规则》，明确了有关执法监督、行政复议、政务公开等方面工作的运行与保障机制。地方法规规章制定稳步推进，《长沙市寄递安全监督管理条例》纳入2016年地方立法计划，推动地方立法治邮迈出新步伐。深入开展快递企业经营范围规范和清理、快递服务质量整治等专项工作。2015年，湖南省各主要品牌快递企业的市州直营率达到95%，居全国领先水平。开展快递服务质量整治以及打击违法招揽加盟商行为等专项工作，规范快递市场秩序，切实维护消费者合法权益。加大执法检查力度，全省开展日常检查4055次，出检13721人次，检查邮政企业、快递企业及分支网点4247个，全年共下达责令整改通知书532份，做出行政处罚决定106起，停业整顿19家，处罚金额63.78万元。全省各级快递协会服务、协调和自律职能进一步发挥。完善邮政业消费者申诉与市场监管工作衔接联动机制，严控消费者申诉率的各项指标，针对某快递企业申诉率居高不下的情况，湖南局对企业负责人进行约谈。2015年，全省邮政行业消费者有效申诉率为4.4/百万件，较去年下降19.27%，共为用户挽回经济损失52.16万元。

**安全监管和应急保障能力建设再上台阶。**湖南省市两级寄递渠道安全管理协作机制全面建立，将寄递渠道安全管理纳入综治考评。寄递安全管理工作高位推动。湖南省委常委、政法委书记李薇薇，省政府副省长黄关春、省政府副省长张剑飞等领导深入寄递企业调研、督导寄递渠道安全管理工作。针对当前突出问题，湖南省邮政管理局联合省公安厅向省政府报送重大事项请示。在全省开展安全生产大检查的基础上，湖南局会同省综治办、省公安厅、省交通运输厅组成四个督导组，深入全省28个重点县市进行明查暗访，并逐一检查市州相关部门履职情况，各市州政法委负责人代表地方党委政府报告属地责任落实情况，全省寄递渠道初步形成“大联动、大联防、大联控”的态势。完善安监平台和视频监控系统，充分发挥信息化、大数据等先进技术对行业安全监管的支撑作用。配合综治、公安、国安、安监、质检、海关、新闻出版、民航等部门开展寄递渠道信息安全、反恐、禁毒、打击侵权假冒和航空邮件监管等工作。抗战胜利70周年、西藏自治区成立50周年等纪念活动期间，严格落实进京、进藏邮（快）件“三个100%”安全措施，全省行业未发生一起重大安全生产事故。“双11”业务旺季期间，全省快件处理量突破6500万件，日最高峰值800万件，同比增长60%。

**人才队伍建设不断加强。**湖南省组织快递业务员职业技能鉴定4次，累计参考2856人，合格总人数1427人。首次在郴州开设考点，实现了送考上门、送训上门、全员培训参考。进一步完善社会监督员监督工作激励机制，人才队伍建设基础进一步夯实。

## 三、“十二五”时期快递市场发展与管理总体回顾

“十二五”时期，湖南省邮政行业业务总量和业务收入分别增长1.12倍和1.52倍，快递业业务量和业务收入分别增长6.52倍和2.96倍。全行业吸纳就业达8万人，年支撑的网购交易额突破4000亿。快件年处理量突破9亿件。全省快递服务营业网点达2487处。快件航空、高铁、公路运输网络逐渐完善。快递产品体系不断丰富，时限准时率相对稳定，有效申诉率逐年下降，旺季服务保障能力明显加强。初步形成7家年营业收入过亿元的快递企业集群。

**五年来，不断激发和释放行业活力。**积极完成省级以下邮政监管体制改革工作，组建了14个市州邮政管理机构，并积极推进三级邮政业安全中心组建，为推动行业健康发展提供坚强组织保障。充分发挥市场在资源配置中的决定性作用和更好发挥政府作用，落实国家邮政局部署，积极开放国内包裹快递市场，放开部分竞争性包裹寄递资费，平稳实施“营改增”税制改革，形成竞争有序、活力迸发的市场氛围。

**五年来，着力提升政府治理能力和水平。**省市两级邮政管理机构均实现职权法定，行业依法治理能力进一步增强。完善执法程序、严格执法责任、加强执法监督、推进综合执法，强化行政执法信息化能力建设，行政执法的规范化、标准化水平和监管效能大幅提升。明确省市两级邮政管理部门层级职权，将31项职责下放到市州局，实现执法重心下沉。推进实施“政府监管、企业自律、社会监督”三位一体监管工作，积极把监督重点放在民生问题的发现上，触角延伸到偏远农村、社区，有效维护消费者权益。

**五年来，人才培养体系建设力度不断加强。**累计组织快递职业技能鉴定考试23次，7632人取得资格证书，从业人员素质能力稳步提升。

## 四、各市（地）主要管理工作概况

郴州、怀化等市州局率先启动行业安全远程监控系统。长沙局在全省率先对申诉居高的企业开出罚单，申诉与执法联动工作取得突破。衡阳局协调争取市政府出台电动三轮车城市通行的管理办法，对全市快递投递用电动三轮车进行统一编号制牌。郴州局指导各快递企业联合建设乡镇“快递超市”，为快递企业“抱团下乡”提供解决方案。株洲局助力株洲市成为全国第二批6个电子商务和物流快递协同发展试点城市之一，试点工作获得中央财政资金重点支持。益阳局按照“五个统一”打造高质量的标准化门店，推进快递行业标准化建设。邵阳局协调推进邵东县全国农村电子商务示范县建设，制定电子商务进农村工作实施方案、项目资金管理办法项目方案建设标准等文件。获得中央财政支持，地方财政配套资金。娄底局编制企业安全工作指导手册，推行台账管理，为全省提供借鉴。常德局推动智慧城市平台建设，常德申通等八家快递公司共同组建成立智慧城市公司，实现城市四区乡镇快件统一配送。

湘潭局积极推动智能快件箱布点工作，全市城区智能快件箱覆盖率达79%；率先完成县级寄递安全工作办公室组建，理顺县级寄递安全监管机制；推进快递下乡，通过“企业自建+农产品网店”模式、“委托代办”模式等建设模式，年内实现乡镇快递网点覆盖率100%。

## 五、快递市场存在的突出问题

快递企业产业转型创新发展的瓶颈依然突出，发展动能亟待转换；企业成本上升、利润下降，发展还面临不少困难。快递规模不大、拉动力不强，发展短板有待补齐；既要面对新常态下经济下行带来的压力，又要面对安全短板带来的阵痛；既要稳增长，又要调结构；既要增效益，又要惠民生；既要推发展，又要防风险；任务很重，压力很大。

# 广东省快递市场发展及管理情况

## 一、快递市场总体发展情况

2015年,广东省快递企业业务量累计完成501335.2万件,同比增长49.4%。其中,同城151074.7万件,同比增长59.5%;异地329070.0万件,同比增长46.0%;国际及港澳台21190.5万件,同比增长37.6%。快递企业业务收入累计达到615.9亿元,同比增长33.5%。其中,同城101.5亿元,同比增长50.1%;异地318.9亿元,同比增29.7%;国际及港澳台155.7亿元,同比增长25.1%。同城、异地、国际及港澳台快递业务收入分别占全部快递收入的16.5%、51.8%和25.3%;业务量分别占全部快递业务量的30.1%、65.6%和4.2%(表7-19)。快递业务量收保持全国第一。全省日均快件量突破1300万件,日均快递业务收入达到1.7亿元,以单件快件货值160元计算,广东快递业全年承载了超过1.3万亿元的商品流通。

表7-19 2015年广东省快递服务企业发展情况

| 指　标 | 单　位 | 2015年累计 | 同比增长(%) | 占全部比例(%) |
|---|---|---|---|---|
| 快递业务量 | 万件 | 501335.2 | 49.4 | 100 |
| 同城 | 万件 | 151074.7 | 59.5 | 30.1 |
| 异地 | 万件 | 329070.0 | 46.0 | 65.6 |
| 国际及港澳台 | 万件 | 21190.5 | 37.6 | 4.2 |
| 快递业务收入 | 亿元 | 615.9 | 33.5 | 100 |
| 同城 | 亿元 | 101.5 | 50.1 | 16.5 |
| 异地 | 亿元 | 318.9 | 29.7 | 51.8 |
| 国际及港澳台 | 亿元 | 155.7 | 25.1 | 25.3 |

## 二、行业管理工作及主要成效

**行业发展环境不断优化。**2015年,广东省政府工作报告三提快递业,广东省省长朱小丹、常务副省长徐少华、副省长刘志庚十多次就邮政业改革发展工作作出重要批示,冀望加快邮政强省和快递强省建设步伐。根据省政府工作部署,实施"快递下乡"工程被列为省政府年度重点工作任务。《广东省加快发展服务贸易行动计划(2015－2020年)》将广东省邮政管理局列为责任单位,对完善跨境快递服务体系做出了明确要求,广东局先后出台了《推进"快递下乡"工作的指导意见》、《广东省推进快递服务制造业和快递服务跨境电商的意见》等文件。邮政业发展"十三五"规划以及邮政普遍服务、珠三角地区快递服务3个规划编制进入全面征求意见阶段,与地方"十三五"国民经济和社会发展规划纲要、综合交通运输发展等重点专项规划编制有序衔接。各市规划编制工作进展顺利,汕头、惠州、汕尾、东莞、潮州、揭阳等市局积极规划重点内容纳入地方规划之中。省政府安排的广东快递业发展专项经费1000万元已经下达,"十三五"(2016－2018年)期间,省政府将安排财政资金1.8亿元,分项补助邮政基本公共服务均等化和快递业安全发展工作,省政府对企业购置安检设备给予财政补贴7500万元,广州市政府落实财政补助资金980万元。深圳、珠海、惠州、汕尾、东莞、中山、茂名、清远、揭阳等地均争取到行业发展扶持资金。

**行业改革不断深化。**广东省邮政管理局同步推进简政放权、放管结合和优化服务,行政审批权限下放有序推进，各市局独立办理。行政执法重心下沉，强化后续指导和事中事后监管，进一步优化快递业务经营许可审批流程，实现全流程网上办理。省邮政业安全中心发文成立。县级邮政管理机构组建有序推进，顺德、普宁邮政管理办公室积极作为，有力助推了行业发展，海丰邮政管理办公室已经获批，正在积极筹备挂牌，邮政管理工作向纵深推进。

**快递“三向”工程取得新进展。**广东省邮政管理局提高“向下”幅度，积极升级消费引擎。坚持“市场主导、政府引导、整合资源、优化环境”的工作原则，形成全省快递业竞相参与“快递下乡”的良性工作机制，有效提升了粤东西北快递业务的发展，增加了农民收入，助力了农村青年回乡创业，改善了农村消费格局。茂名荔枝、梅州柚子等特色农产品日渐畅销。全省已建成乡镇快递网点6611个，覆盖全省1141个乡镇中的1137个乡镇，乡镇网点覆盖率达到99.64%。2015年，广东乡镇及以下快递业务量完成9亿件，占全省快递业务量的18%；业务收入完成92.3亿元，占全省快递业务收入的15%。加大“向深”力度，推动经济转型升级。注重推动制造业与快递业两业互动共赢，鼓励行业以制造企业服务需求为导向，明确产品定位，推进专业化发展，拓展供应链服务领域，在提供仓储配送一体化服务、代收货款和签回单等快递增值业务、供应链金融服务、“物流快递化”市场定位等方面进行积极探索，积极引导发展专业化仓配中心，提供仓储、包装、配送等综合服务，特别是B2B的“区域性供应链”服务模式成为广东本土型快递企业的重要特征。2015年，广东快递服务制造业快递业务量完成15亿件，占全省快递业务量的30%；业务收入实现148亿元，占全省快递业务收入的24%。提升“向外”广度，带动外向经济发展。借助广东自贸区建成的契机，放大快递与跨境电商发展的协同效应，加强与海关、检验检疫等部门的工作联系，积极推进企业信息平台与海关电子口岸的衔接，设立跨境通关绿色通道，探索建立粤港澳快件监管协调机制，为跨境快件的发展营造良好环境。深圳局成为全市跨境电商联席会议成员单位；江门市跨境电子商务快件清关中心平均日处理进口快件2万件，出口快件15万件；湛江进出境快件监管中心于2015年11月底正式运行；广州海关联合省EMS正式启动“互联网+关邮e通”改革，在全国率先将国际邮件通关的主要业务迁移到网上。2015年，广东跨境快递完成业务量2.12亿件，占全省快递业务量的4.2%；业务收入实现155.7亿元，占全省快递业务收入的25.3%，有力地推动了外向型经济的发展，并形成了全国跨境快递业务的集聚地。省内递四方、顺丰、速尔、优速、龙邦、联昊通等品牌快递企业将跨境电商和跨境快递作为新的业务重点，取得了较好发展。

**市场监管和安全保障能力再上台阶。**广东省邮政管理局强化市场执法检查，2015年全省邮政管理系统开展邮政市场执法检查6000余人次，检查企业2210家，发现违法违规行为447件，书面责令改正176件，约谈42件，行政处罚123起，执行罚款79.4万元，停业整顿8起，取缔无证经营网点5个。强化服务质量管控，全年处理申诉18.8万件，为消费者挽回经济损失684万元。有效推进安全监管工作。建立完善各级寄递渠道安全管理协作机制，将寄递渠道安全管理纳入综治考评。全面实施收寄验视，加快实施实名收寄和过机安检制度。会同有关部门开展寄递渠道危化品清理整顿专项行动。完善安监平台和视频监控系统，充分发挥信息化、大数据等先进技术的支撑作用。配合公安、国家安全、安监、质检、海关、商务、新闻出版、民航等部门开展寄递渠道信息安全、反恐、禁毒、打击侵权假冒、扫黄打非和航空邮件快件监管等工作。重点地区和重大活动的安全保障工作圆满完成。“双11”业务旺季期间，在快件日最高处理量5300万件，同比增长40%的情况下，实现了“全网不瘫痪、重要节点不爆仓，保畅通、保安全、保平稳”的目标。切实做好全国两会等重大活动期间寄递渠道安全保障任务。

**人才队伍建设不断加强**。广东全年完成快递业务员职业技能鉴定1.4万人次，从业人员能力素质水平不断提升。推动省内院校申报全国邮政行业人才培养基地工作，为促进广东省邮政行业人才培训工作搭建平台。顺利完成统计专项调查，纳入统计范围机构增加到2612家，实现行业统计管理行政处罚零突破，统计分析能力得到提升。快递许可信息系统上线运行，移动执法系统推广应用，基本实现各信息系统业务应用模块互联互通和向下延伸。行业精神文明建设取得新成效，深入开展文明创建活动，非公企业党建工作取得新进展。

### 三、"十二五"时期快递市场发展与管理总体回顾

"十二五"时期，广东省邮政行业业务总量和业务收入分别增长4.4倍和2.7倍，年均增长分别达40%和30%；快递业业务量和业务收入分别增长7.4倍和3.5倍，年均增长53%和35%，行业收入占GDP比重从0.43%提高到1%，累计新增就业岗位20万人。快递服务能力水平大幅提高，快递"三向"工程成效显著，快递产品体系不断丰富，时限准时率相对稳定，有效申诉率逐年下降，旺季服务保障能力明显加强，企业竞争实力不断增强，"走出去"步伐明显加快。

**五年来，持续为行业发展注入活力增添动力**。全系统坚持"安全为基、发展为要、服务为上、管理为本"的工作方针，将建设"五个邮政"作为实现奋斗目标的重要抓手。进一步加强发展战略、规划、政策的制定和实施，不断优化政策环境，出台《广东省快递市场管理办法》。快递车辆通行、园区建设、协同发展、末端配送、安全保障等方面获得支持。全社会关注、支持邮政业发展的大环境已经形成。

**五年来，不断破除体制机制障碍**。稳步推进完善省级以下邮政监管体制工作，组建了21个市(地)一级邮政管理机构并在业务集中、情况特殊的县(市)设立机构，积极推进支撑体系建设，为推动行业健康发展提供组织保障。进一步简政放权，深化行政审批制度改革，着力优化政府服务，简化许可备案流程，缩短办理时限。深入推进法治邮政建设，完善执法程序、严格执法责任、加强执法监督、推进综合执法，强化行政执法信息化建设，依法行政能力和水平不断提升。

**五年来，持续优化资源配置**。行业新业态不断涌现，服务产品不断创新，邮政企业国际小包业务成为跨境电商寄递轻小件物品的主要渠道之一；"快递+"发展显著，农村电商发展迅猛，特色农产品进城和工业品下乡双向通道已经打通，快递服务制造业形式多样，逐渐融入产业价值链，跨境快递业务迅速增长，海外仓建设兴起，快递线上线下融合速度加快，"嘿客"、"众包"等业务概念涌现，冷链快递业务发展迅速，冷链快递网络逐步建立；快递末端投递方式更加便利化、智能化。

### 四、各市(地)主要管理工作概况

广州局推动"邮政智能快件箱(蜜蜂箱)+城市公交站场(点)"的"公交化"快递自提配送服务网络建设，通过在公交站场布放蜜蜂箱，实现快递员和市民全天候24小时在公交站场投取快件。已投入运营的1个，场地建设中的1个，预计2016年完成78个公交站场的布点。

东莞局推动邮政快递领域推广应用新能源汽车获多项政策利好。2015年7月，东莞市出台《关于加快推进新能源汽车推广应用的实施意见》，提出至2015年底全市推广应用新能源汽车2600辆以上的目标。经东莞局积极建言，促成《实施意见》将快递业纳入全市加快推广应用新能源汽车的重点领域和研制开发新能源专用车的示范领域，在完善充换电配套设施建设、便捷通行等多方面获支持保障。

茂名局推动快递业与电商业联动发展，促进

市委、市政府加快推进农村电商，相继印发《关于全面推进农村电子商务及农村信息化工作意见》《茂名市电子商务发展三年行动计划(2016－2018年)》等文件，将茂名局列为市农村电子商务工作领导小组成员，将快递业纳入电子商务发展专项资金行列，2015 年快递业获市财政 30 万奖励资金；积极引导快递企业加入全市电商供应链服务平台，全市快递行业与超过 300 家电商企业建立合作关系，全年电商快件量达 397.58 万件，占全市快递业务量的 32%；紧抓茂名市全面推进农村电商发展契机，快递企业与市内已建成的 179 处村级电商网店建立快递叠加合作，初步实现“村级网店开到哪里，快递服务跟到哪里”。

汕尾局通过与市商务部门联系，获得市商务部门认可和支持，汕尾市快递企业获得市商务局电商支撑服务体系 15 万元专项补助资金。深圳局联合市工会和市行业协会举办了深圳市首届职业技能大赛。

### 五、快递市场存在的突出问题

**行业发展仍然粗放。**快递服务经营模式粗放，低价同质竞争激烈，基层企业利润微薄；行业标准化程度低、作业设备智能化不足和从业人员素质层次不高，影响服务质量的提升；末端配送难问题依然存在，“最后一公里”有待破解；业态创新有待提速，多行业协同发展模式需进一步探索，行业绿色低碳发展方式有待创新。

**基础设施相对滞后。**农村快递服务网点及设施不足；专业快递物流园区建设滞后，邮政业发展规划与地方城乡建设规划、综合交通规划等专项规划衔接程度不足，快递基础设施布局有待优化。

**边远区域服务能力不足。**行业区域发展不平衡，粤东西北地区服务能力较弱，快递下乡服务深度不足，邮政及快递服务与农村电商发展结合不够，农产品进城渠道有待进一步打通。

**安全监管能力有待加强。**快递市场进一步开放，寄递物品多样化，安全监管形式日益严峻；快件延误、丢失问题时有发生，行业诚信体系建设有待加强；邮政管理部门人员力量不足，影响监管职责的有效落实；邮政业监管科技化水平不高，制约安全监管模式创新。

## 广西壮族自治区快递市场发展及管理情况

### 一、快递市场总体发展情况

2015 年，广西壮族自治区快递企业业务量累计完成 12540.9 万件，同比增长 38.5%。其中，同城 1656.1 万件，同比增长 30.8%；异地 10836.2 万件，同比增长 40%；国际及港澳台 48.6万件，同比下降 6.8%。快递企业业务收入累计达到21.8亿元，同比增长 39.7%。其中，同城 1.4 亿元，同比增长 25.5%；异地 14.9 亿元，同比增长 34.6%；国际及港澳台 0.7 亿元，同比增长 8.6%。同城、异地、国际及港澳台快递业务收入分别占全部快递收入的 6.2%、68.2% 和 3.2%；业务量分别占全部快递业务量的 13.2%、86.4% 和 0.4%（表 7-20）。

### 二、行业管理工作及主要成效

**快递业成为现代服务业新的增长点。**广西全区全年新增许可企业 291 家，新批准分支机构 996 个，全区取得快递业务经营许可的法人企业已达 486 家、分支机构 2253 个，合计 2739 家，其中乡镇快递网点数量达到 1550 个，覆盖率近 50%。南宁、柳州、桂林、百色、玉林等主要节点城市建设了

表 7-20 2015 年广西壮族自治区快递服务企业发展情况

| 指　　标 | 单　　位 | 2015 年累计 | 同比增长(%) | 占全部比例(%) |
|---|---|---|---|---|
| 快递业务量 | 万件 | 12540.9 | 38.5 | 100 |
| 同城 | 万件 | 1656.1 | 30.8 | 13.2 |
| 异地 | 万件 | 10836.2 | 40.1 | 86.4 |
| 国际及港澳台 | 万件 | 48.6 | -6.8 | 0.4 |
| 快递业务收入 | 亿元 | 21.8 | 39.7 | 100 |
| 同城 | 亿元 | 1.4 | 25.5 | 6.2 |
| 异地 | 亿元 | 14.9 | 34.6 | 68.2 |
| 国际及港澳台 | 亿元 | 0.7 | 8.6 | 3.2 |

一批快件分拨中心,全区快递分拨中心面积超过 15 万平方米,最高日处理能力超过 200 万件。农民享受到了便捷顺畅的电商快递服务,行业在助力广大农民利用网络打开市场、增加收入等方面效果明显,百色芒果旺季,寄递企业实现快递业务收入 1107.29 万元,助农增收约 2400 万元。发挥了推动流通转型、促进消费升级的基础性作用,年服务用户超过 4.67 亿人次,年支撑网络零售交易额超过 200 亿元,促进了广西经济和社会发展。

**行业科技创新服务有效推进。**广西规模以上快递企业具备了设施较完善、功能较齐全的快件处理中心。邮政、快递企业信息化机械化标准化水平大幅提升,自动化分拣设备、智能手持终端、移动客户端、智能快件箱推广加快,南宁、桂林等市局积极推动智能快件箱进小区工作,已建成智能快件箱的小区超过 300 个。快递时限准时率不断提高,服务满意度不断提升。

**政府职能转变明显加快。**广西壮族自治区邮政管理局全面落实下放和明确邮政管理部门层级职权的要求,强化信息公开和安全监管,实现了执法重心下沉。不断优化审批流程,行政审批时限一律压缩至 25 个工作日以内,绿色通道企业审批时间压缩至 15 个工作日内,精简申请材料达 50%。充分发挥 12305 申诉渠道作用,创造良好的行业消费环境。

**“十三五”规划编制工作取得进展。**广西电商快递物流园区、玉林电子商务快递物流园纳入《广西现代服务业集聚区发展规划(2015 — 2020 年)》;百色市快递物流园、柳州快递物流产业集聚区、玉林市福泽电商快递物流园、河池市电子商务城等项目纳入《广西服务业发展重点项目实施方案(2015 — 2020 年)》;广西中邮(南宁)一级物流电商集散基地、广西邮政速递航空邮件处理中心、广西顺丰嘿客 O2O 电子商务平台、桂林市临苏经济开发区物流园、贺州市快递物流园区、平桂物流中心、来宾市快递配送中心、梧州市快递电商物流园等纳入《广西促进现代物流业跨越式发展三年行动计划(2015 — 2017 年)。《南宁市现代物流业发展三年行动计划(2015 — 2017 年)》出台,南宁局被列入重点任务牵头单位,参与涉及邮政业的 9 项重点项目工作任务。百色局推进快递下乡、村邮站建设等项目纳入《〈左右江革命老区振兴规划〉百色实施方案(2015 — 2025 年)》。河池村邮站建设、推动“快递下乡”“快递西进”工程,被纳入《河池市贯彻落实〈左右江革命老区振兴规划〉行动计划(2015 — 2020 年)》。防城港市桂海跨境电商快递物流园项目纳入全市重大项目库。

**切实推进邮政行政执法监督。**广西壮族自治区邮政管理局做好日常行政执法监督指导,对广西局和各市局在开展行政执法中存在的问题提供法律支撑和专业解答。为企业提供法律咨询,依法依规解答寄递企业在工作中遇到邮政业统计、许可申请、注册登记等方面问题。做好规范性文件及有关文件的审核工作,加强与地方各级政府、有关单位及国家邮政局的沟通。设立了标准行政复议庭。深入组织开展“六五”普法活动,荣获“全区'六五'普法中期先进单位"。

## 三、"十二五"时期快递市场发展与管理总体回顾

"十二五"时期，广西邮政行业业务总量、业务收入与2010年相比分别增长2.4倍和2.5倍，年均增长速度分别达到19.42%和20.08%；快递业务量、业务收入与2010年相比分别增长5.5倍和4.3倍，年均增长速度分别达到40.66%和33.85%，快递企业收入占邮政行业的比重达到43.08%；全区邮政业新增就业岗位1.3万人。"十二五"期间累计为消费者挽回经济损失逾100万元。

**五年来，邮政体制改革取得重要进展。**2012年，完成14个省级以下邮政监管机构组建运行，选好配强干部队伍，做好各项基础保障工作，各市局党组、党组纪检组、党支部相继成立，通过广泛开展培训提高监管队伍素质。积极推进县级邮政管理机构建设。防城港市《促进邮政快递行业健康发展的实施意见》明确支持在东兴市设立邮政业安全中心。

**五年来，邮政地方立法取得突破。**广西首部地方邮政法规——《广西壮族自治区邮政条例》列入2010年区政府立法项目后，经广西局与自治区法制办、自治区人大开展一系列调研和研讨，《条例》于2012年7月26日由自治区人大常委会审议通过，并自2012年10月1日起正式实施。

**五年来，不断推动出台邮政业发展利好政策。**广西壮族自治区邮政管理局先后与相关部门联合印发《关于保障快递运输车辆便捷通行的通知》、《关于促进交通运输业和邮政业资源网络合作共赢发展的意见》、《关于加强邮件、快件寄递安全管理工作的实施意见》等政策文件促进行业发展。自治区层面出台的《广西现代服务业集聚区发展规划(2015－2020年)》、《广西促进现代物流业跨越式发展三年行动计划(2015－2017年)》、《广西服务业发展重点项目实施方案(2015－2020年)》、《广西壮族自治区人民政府关于加快电子商务发展的若干意见》、《2015－2017年广西壮族自治区农村电子商务工作实施方案》、《广西壮族自治区人民政府办公厅关于促进全区跨境电子商务健康快速发展的实施意见》等一系列规划政策都涉及了利好邮政快递发展的内容。各市局着力解决快递运输车辆在市区通行难、停靠难的问题取得一定效果。

**五年来，行业人才队伍素质不断提升。**"十二五"期间，全区共组织16次快递业务员职业技能鉴定考试，全区持证快递员达7683人，其中，初级证7171人，中级证486人，高级证26人。地市局成立后，广泛组织企业开展各类学习、培训、应急演练，宣贯行业法律法规、标准规范，从业人员法制意识、服务意识及应急处置能力显著提高。2014年开始在全区快递行业启动"学习最美快递员，争创青年文明号"活动，着力培育示范集体，传递正能量，发挥带头作用。加强行业自律、规范市场秩序，目前，全区已有11个地市成立了快递协会。

## 四、各市(地)主要管理工作概况

柳州局开展"诚信守诺规范服务"优秀企业评选活动，通过建立快递服务的质量评价体系，树立行业标杆的方式，引导企业转型，引领行业升级。百色局以特色农产品为载体，推动"快递下乡"工程，结合实际，提出了"立足特色农业，鼓励产地直采，快递延伸布网"的"快递下乡"模式，引导快递网点向盛产农副产品的乡镇延伸，利用寄递渠道与当地农产品外销相结合，在提升快递业务量的同时实现助农增收。玉林局推行"一个合法备案的分支机构网点经营多个已实现经营地域覆盖的快递品牌"，通过把快递下乡工作与规范清理及无证无照经营专项整治工作结合起来，采取政府牵头下发方案，联合工商、公安部门坚持"先乡镇后城区，清理范围和力度由邮政管理部门主导"的原则，对辖区快递企业网点进行整治规范的方式，探索出了以

“一个合法备案的分支机构网点经营多个已实现经营地域覆盖的快递品牌”的发展路子，有效推进快递下乡工作。梧州局推进乡镇快递超市建设，已经建成的乡镇快递超市34个，完成计划数72.3%，乡镇快递超市覆盖率为60%。

### 五、快递市场存在的突出问题

**寄递渠道安全监管任务仍然较重。**除企业自身安全生产问题外，敌对势力、不法分子利用寄递渠道转运非法宣传品、爆炸物、毒品、枪支弹药等违禁物品；不知情组织和个人通过寄递渠道转运放射性物质、易燃易爆物等禁寄物品；寄递企业及其从业人员非法倒卖、泄露公民个人信息；寄递企业非法收寄国家机关公文等问题仍然存在。

**行业发展环境仍需改善。**已有产业扶持政策的落地推动较慢。交通体系对行业发展的制约较为突出。各地政府对快递运输用车管制尺度不一，影响城市配送水平。全区快递产业发展受到用地问题制约，企业用地无法满足业务增长需要，各企业需要频繁更换生产场地，企业对此反映强烈，多次要求邮政管理部门协调用地问题。

**快递企业发展水平不足。**民营企业整合力度不够。企业小散乱现象较为突出，导致服务水平相对滞后。市场竞争行为不够规范，价格战问题突出，企业业务量在每年高速增长的同时，利润率持续下滑。全区快递业自动化、信息化水平偏低，手持终端、X光机数量较少，有些企业甚至没有，影响整个行业的服务水平和安全保障水平。快递企业用人成本持续增大，人员流动频繁。企业培养员工的积极性不高，妨碍整体服务水平提升。部分企业未能依法保障员工合法劳动权益，影响行业整体形象。

## 海南省快递市场发展及管理情况

### 一、快递市场总体发展情况

2015年，海南省快递企业业务量累计完成2953.0万件，同比增长31.3%，最高日处理量超过80万件。其中，同城545.4万件，同比增长117.7%；异地2402万件，同比增长20.6%；国际及港澳台5.6万件，同比下降8.9%。快递企业业务收入累计达到6.3亿元，同比增长46.9%。其中，同城0.4亿元，同比增长102.5%；异地4.6亿元，同比增长37.9%；国际及港澳台0.1亿元，同比增长13.0%；其他快递业务收入1.24亿元，同比增长81.2%。同城、异地、国际及港澳台、其他快递业务收入分别占全部快递收入的6.0%、72.6%、2.0%和19.4%；同城、异地、国际及港澳台快递业务量分别占全部快递业务量的18.5%、81.3%和0.2%（表7-21）。

**表7-21　2015年海南省快递服务企业发展情况**

| 指　标 | 单　位 | 2015年累计 | 同比增长（%） | 占全部比例（%） |
|---|---|---|---|---|
| 快递业务量 | 万件 | 2953.0 | 31.3 | 100 |
| 同城 | 万件 | 545.4 | 117.7 | 18.5 |
| 异地 | 万件 | 2402 | 20.6 | 81.3 |
| 国际及港澳台 | 万件 | 5.6 | -8.9 | 0.2 |
| 快递业务收入 | 亿元 | 6.3 | 46.9 | 100 |
| 同城 | 亿元 | 0.4 | 102.5 | 6.0 |
| 异地 | 亿元 | 4.6 | 37.9 | 72.6 |
| 国际及港澳台 | 亿元 | 0.1 | 13.0 | 2.0 |

## 二、行业管理工作及主要成效

**发展政策环境显著优化。**海南省政府办公厅印发《关于进一步做好2015年服务业发展工作的通知》、《关于促进内贸流通健康发展的实施意见》，将邮政业列入海南省服务业重点挖掘增长潜力行业之一，纳入促进内贸流通整体部署，要求积极推进快递与电子商务协同发展。《海南省现代服务业产业指导目录（鼓励类）》将城市快件分拣中心等项目纳入其中，各市县、各部门对符合《目录》的企业分别给予政策支持和倾斜；《海南省"十三五"现代物流业发展实施方案》将邮政业多项内容纳入整体部署。结合海南省域"多规合一"工作要求，开展海南省邮政业发展"十三五"规划"1+2"编制工作，海口、三亚分别报送了快递物流园区建设等"十三五"规划重点项目，海口邮件处理中心纳入物流业转型升级项目2015年中央预算内投资计划，争取到中央预算投资资金250万元，并被列为"十三五"重点规划项目。邮政业服务经济社会发展能力不断增强。

**依法治邮能力显著提升。**海南省邮政管理局积极推进县级邮政监管机构和邮政业安全中心组建工作，该项工作在推进过程中得到省政法委及相关部门的大力支持和帮助。将快递企业分支机构核定、年度报告审核、分支机构备案、许可注销初审等多项职权全面下放到市（地）局。进一步优化快递业务经营许可审批流程，实现全流程网上办理，精简企业提交材料共57项。2015年，全省受理快递业务经营许可10家，批准颁证10家；核准快递业务经营许可证变更13家，做好15家企业快递业务经营许可证延续和换发工作。

**快递服务和市场监管能力不断增强。**海南省邮政管理局推进"快递下乡"和"快递向中西"工程。与省商务厅联合印发了《关于推进海南省"快递向中西向下"服务拓展工程的指导意见》，部署了4项重点任务，出台了7项保障措施，明确了到2020年全省基本实现"乡乡有网点，村村通快递"的发展目标，并联合组织召开了快递服务与电子商务协同发展座谈会。与团省委、省商务厅、省人社厅联合印发了《海南省农村青年电商培育工程实施方案的通知》，鼓励利用村邮站等公共服务平台，推进"快递下乡"、"农村农产品进城"的双向流通。全省乡镇快递服务覆盖率已近90%。指导企业申请政策扶持资金。指导海口局将邮政业纳入海口市"城市共同配送试点项目"，积极争取地方扶持资金。海口市邮政分公司、EMS、顺丰、申通等企业已纳入试点项目申报范围。快递航空全货机首次落地海南引起行业内外高度关注，海南顺丰利用"顺丰优选"电商平台，采取冷链包装、航空专机运输的方式将海南荔枝等农产品推向了全国各地。推进快递服务制造业，积极培育快递服务文昌会文佛珠产业等示范性项目。探索推进智能快件箱建设，印发了《海南省智能快件箱管理办法（试行）》，海口局登记智能快件箱达302组，逐步解决城市"最后一公里"配送问题。加强行业标准化建设，积极推进快递行业信息化处理标准规范研究试点工作。积极推动快递企业开展标准化建设，引导快递企业按照《快递营业场所设计基本要求》等行业标准，加强标准化创建工作。开展快递企业经营范围规范和清理、快递服务质量整治以及打击违法招揽加盟商等专项工作。加强行业诚信建设，联合省消费者委员会召开了"3·15"主题座谈会，11家企业与省快递行业协会签署了《海南省快递行业保障用户合法权益承诺书》。与省消费者委员会、省快递协会建立联动工作机制，为消费者挽回经济损失12万元。推进海南邮政业监管信息系统建设，研发移动执法检查系统，实现海南行政执法信息化、规范化。利用快递企业监管视频应用系统和车辆GPS定位平台进行动态监管。督促各市（地）局加强邮政业安全监管信息系统、邮政行政执法系统试点及应用工作，得到了国家邮政局的充分肯定。2015年，海南局及各市（地）局对快递、集邮、邮政用品用具市场检查企业共1711家次，出检人数3829人次，出检天数286

天,行政处罚快递企业 17 家,行政处罚金额 12.2 万元。

**安全监管和应急保障能力不断强化。**海南省综治办、省邮政管理局等 9 部门联合印发了《海南省邮件、快件寄递安全管理工作的实施意见及任务分工方案》,成立了省寄递渠道安全管理领导小组并组织召开会议。建立完善市(地)寄递渠道安全管理协作机制,将邮件、快件寄递安全纳入综治考评,逐步形成齐抓共管、综合治理的整体合力。集中开展寄递渠道清理整顿专项行动,全面推进“收寄验视 + 实名收寄 + 过机安检”三项制度的落实。开展了安全生产大检查深化危险化学品和易燃易爆物品安全专项整治、落实收寄验视制度专项整治等活动,督促企业牢固树立安全发展理念,落实安全主体责任,健全内部安全管理机构,落实各项安全管理制度措施,妥善应对台风“鲸鱼”“彩虹”,做好邮政业安全服务保障工作。配合公安、国家安全、文体、民航、商务等部门开展寄递渠道反恐、禁毒、扫黄打非、打击侵权假冒和航空邮件快件监管等工作,海南局获得了“2015 年全省禁毒工作先进集体”。做好“博鳌亚洲论坛年会”期间邮政业安全服务工作,督促企业加强安全管理,积极配合相关部门做好年会期间特定区域范围内邮件快件安全检查及快件收投衔接等服务保障工作,充分发挥东部局的属地监管作用,圆满完成了年会期间寄递服务安全保障工作。做好抗战胜利 70 周年纪念活动等重大活动期间寄递物品安全管理工作,在海口、三亚实行邮件、快件集中过机安检,督促企业落实三个“100%”措施,严把“源头关”、“实名关”、“安检关”三个关口,顺利完成了抗战胜利 70 周年纪念活动等重大活动期间寄递渠道安全保障工作任务。做好全国“两会”、第二届世界互联网大会、上合组织成员国理事会等重大活动期间和中秋国庆期间邮政业安全服务保障工作。做好快递旺季服务保障工作。召开了旺季服务保障工作会议和新闻媒体通气会,通过科学研判、提前部署、实地督查、科技监管、宣传引导等方式,上下联动,在业务量同比增长 59% 的情况下,实现了“两不”和“三保”目标。

**人才队伍建设扎实推进。**海南省邮政管理局加强行业技能人才队伍建设。做好快递业务员职业技能鉴定工作,全年鉴定人次 1040 人,不断提高快递从业人员素质和持证上岗比例。与共青团海南省委、省旅游委、省人社厅、省商务厅联合举办了 2015 海南国际旅游岛青年服务技能大赛(快递业务员总决赛),积极引导广大从业人员不断提高职业技能,展示行业良好形象。

## 三、“十二五”时期快递市场发展与管理总体回顾

**五年来,不断加强发展战略、规划、政策的制定和实施。**全省系统坚持“安全为基、发展为要、服务为上”的工作方针,将建设普惠邮政、智慧邮政、安全邮政、诚信邮政和绿色邮政作为实现奋斗目标的重要抓手。推动省政府办公厅印发实施《海南省邮政业发展“十二五”规划》,强化规划衔接落地,出台多项有效措施解决基础设施、车辆通行难、末端投递、人才建设等问题,为邮政业发展营造有利环境。

**五年来,不断健全和完善体制机制建设。**2012 年,按照国务院关于进一步完善省级以下邮政监管体制工作的统一部署,稳步推进,顺利完成了海口、三亚两个市(地)邮政管理局和省东部、中部、西部邮政管理派出局的组建工作,为推动邮政业健康发展提供坚强的组织保障。推动海南省邮政业“营改增”税制改革,助力行业结构调整转型升级。稳步推进邮政企业改革,进一步增强国有经济活力、影响力、控制力和抗风险能力。

**五年来,全面推进依法治邮。**以邮政法为统领,推动《海南省邮政条例》制定及修改、施行,在上位法和下位法两个法律层面上,依法推进中央事权和地方事权的有效结合。实现省和市(地)两级邮政监管机构职责法定,全行业依法治理能力进一步增强。完善行业安全监管联动执法体系建

设，推动综治、公安、国家安全、交通运输、邮政管理、海关、工商、民航安全监管、铁路监督管理9部门联合印发《海南省邮件、快件寄递安全管理工作的实施意见及任务分工方案》，明确管理职权，实现综合治理突破。依法推进简政放权，放管结合，完善邮政管理部门层级职权，向市（地）级邮政监管机构全面下放职责，实现执法重心下移，同时强化指导、培训、考核、评比，顺利实现接住权、接稳权和接好权。加强海南邮政业监管信息系统建设，利用科技监管手段逐步实现动态管控。

### 四、各市（地）、派出机构主要管理工作概况

东部、中部、西部局积极配合将定安县、屯昌县、澄迈县向商务部申报2015年电子商务进村综合示范县。定安县以村邮站作为村级电子商务公共平台，获得商务部1850万元补助资金。东部局探索推进快递服务制造业，积极培育快递服务文昌市会文佛珠产业等示范性项目。中部局积极探索在屯昌县建立全省首个县级邮政管理部门；认真研究并探索推进屯昌县寄递渠道安全整治和规范化建设试点，探索建立邮件、快件集中安全检查中心。

### 五、快递市场存在的突出问题

寄递渠道安全形势日趋复杂严峻，安全监管压力与日俱增，安全基础与监管能力有待进一步加强。行业发展粗放，基础薄弱，市场规模偏小，改革创新能力不强，企业管理水平不能适应规模化发展的需求。基础网络设施相对滞后，乡镇、农村快递服务网络分布和基础设施不足，网络运行成本较高，行业整体网络效能未能充分发挥。人才能力结构不能适应现代邮政业发展需要，快递专业人才匮乏。服务质量水平不高，快递服务同质化竞争严重，市场秩序有待规范和完善。

## 重庆市快递市场发展及管理情况

### 一、快递市场总体发展情况

2015年，重庆市快递企业业务量累计完成20525.4万件，同比增长47.8%。其中，同城8313.0万件，同比增长61.5%；异地12074.0万件，同比增长40.1%；国际及港澳台138.5万件，同比增长14.1%。快递企业业务收入累计达到28.7亿元，同比增长42.5%。其中，同城6.9亿元，同比增长57.7%；异地15.3亿元，同比增长38.7%；国际及港澳台2.3亿元，同比下降10.3%。同城、异地、国际及港澳台快递业务收入分别占全部快递收入的24.2%、53.3%和8.1%；业务量分别占全部快递业务量的40.5%、58.8%和0.7%（表7-22）。

**表7-22　2015年重庆市快递服务企业发展情况**

| 指　标 | 单　位 | 2015年累计 | 同比增长(%) | 占全部比例(%) |
|---|---|---|---|---|
| 快递业务量 | 万件 | 20525.4 | 47.8 | 100 |
| 同城 | 万件 | 8313.0 | 61.5 | 40.5 |
| 异地 | 万件 | 12074.0 | 40.1 | 58.8 |
| 国际及港澳台 | 万件 | 138.5 | 14.1 | 0.7 |
| 快递业务收入 | 亿元 | 28.7 | 42.5 | 100 |
| 同城 | 亿元 | 6.9 | 57.7 | 24.2 |
| 异地 | 亿元 | 15.3 | 38.7 | 53.3 |
| 国际及港澳台 | 亿元 | 2.3 | -10.3 | 8.1 |

## 二、行业管理工作及主要成效

**全面夯实邮政监管工作基础。**2015年，重庆市邮政管理局继续深入开展学习型组织建设，大力促进成果转化，重组“虚拟团队”，加强调查研究，进一步深入开展学习活动，在夯实邮政监管工作基础的道路上迈出了坚实的一步。完善“虚拟团队”研究体系，利用微信平台等方式定期发布信息，完善信息发布机制，加强对行业发展问题和安全保障问题的信息共享和研讨，增强重庆局开展工作的机动性。一年来，“虚拟团队”共开展20余次调研活动，组织召开研讨会20余次，进行经验总结和行业发展预判。抓好党团工作，积极推进行业非公企业党建工作。推动全市快递业党团建设，推动成立4个快递企业党组织，37名党员纳入管理，引导快递企业积极组织党团活动。与团市委联合开展“青年文明号”建设工作，15家快递企业荣获得“青年文明号”殊荣。筑牢依法行政根基，按照国家邮政局工作部署，结合市委、市政府的工作安排，制定了周密的年度计划，加强月度工作分析，明确检查督促机制，确保各项工作及时落实，圆满完成了各项工作任务。启动内部控制制度建设，从梳理分析工作流程入手，理清了重庆局机关和派出机构的各项工作和岗位职责，推动形成相互制约、相互监督的工作机制。共完成60余项主要工作流程图编制，制定工作流程和效能评估体系，完善和修订了相关制度，基本完成内控制度的梳理和编制工作。

**持续优化行业发展环境。**重庆市邮政管理局全面落实行业规划编制工作。经过规划指标预测、调研、专家反复论证，全面完成邮政业“十三五”规划初稿编制工作；推动《重庆市主城区快递设施规划》纳入重庆市法定城乡规划全覆盖工作计划；将快递集散中心建设纳入重庆市物流园区规划编制方案，重庆市空港物流园区快件集散中心已获批动工。在政府的支持下，临空经济区已投入400亩土地用于快递园区建设，推动嘉民空港物流中心顺利开业，首批入驻顺丰、百世快递、韵达3家快递企业。积极推进农村快递末端服务平台发展。“快递下乡”工作成果显著。强力推进城市服务平台建设，积极协调整合社会资源，科学合理引导第三方平台“进社区、进校园”，重庆市快递末端服务网络已初具规模，其中在社区，惠客君、时报爱达、逗妳开心、社区小二等第三方快递服务公司，建设快递公共取送点已超100处；在校园，重庆珂擎物联有限公司的集递村已经在大学城、江津等地建立了25个高校快递公共取送点。积极引导快递企业在乡镇自建服务三农“快递+电商”综合服务超市，选择具有一定人口规模、特色农产品的乡镇先试先行，以点带面推进农村电子商务的发展。荣昌县国彬物流公司在广顺镇、安富镇、双河镇等10个镇街建立了合法规范的“服务三农‘快递+电商’营业网点”。成功推动巴南区人民政府与京东签署电子商务进农村战略合作协议。按照国家“一带一路”发展方针和“渝新欧”铁路建设等重大战略性工作部署，积极引导邮政、快递企业为大型国际电子制造商提供相关物流快递配套服务。推动企业利用“渝新欧”搭载邮包，开创了跨国列车搭载邮包的先河，为跨境电商的发展奠定了基础。推动地方政府出台政策推动快递业发展。为地方邮政业发展争取政策支持，万州区武陵镇党委、政府提供房屋用于搭建快递服务平台，区商务局对从乡镇寄往万州区以外的每个包裹给予适当补助；黔江区财政每年安排快递业安全监管专项资金，用于快递企业安全监管、教育培训、应急演练和安全设备配置；在巴南区委组织部的指导下，邮政企业在安澜镇棋盘村等六个村建立了农村电子商务服务站，其中盘龙村月零售额已达30余万；江津区出台政策，为农村电商快件提供资金补贴；垫江县政府大力支持在当地设立县级邮政监管机构，无偿提供房屋、车辆和人员，为我局设立垫江邮政管理局提供了支撑。针对主城区载货汽车限行政策，通过加强与相关部门沟通协调，成功将邮政、快递专用车辆与享受绿色通道政策的汽车共同列入了便捷通行范围，重庆市内符合条件的邮政、快递企业车辆100%办理绿色通行证。建立政企“一对一”联系机制，及时了解企业需求和问题，通过有效沟通，实现了企业总部对重庆数千万资金及政策支持。

**全方位保障寄递安全。**2015年，重庆市首个县级邮政监管机构垫江邮政管理局顺利挂牌成立。垫江局的成立使邮政监管进一步向下延伸，对于重庆市邮政管理局探索县级邮政监管模式，加强企业县域分支机构的监督管理意义重大。重庆市委常委会将重庆局新增为综治委成员单位，并明确由重庆局和市综治办双牵头负责全市寄递安全管理专项工作组工作，协调13个责任单位加强邮件、快件寄递安全管理。与市综治办、市公安局、市交委、市国安局等九部门建立重庆市寄递渠道安全管理工作联席会议制度，明确了职责任务、议事规则、工作制度，为寄递渠道安全管理工作打下了坚实基础。创新安全监管模式，在与公安部门建立联系机制的基础上，探索建立市、区县、街道综治部门、派出所三级监管体系，形成网格化管理模式；建立国家重大活动安全保障机制，不断提高特殊时期应急保障能力；推动企业完善安全监控视频系统，严格落实收寄验视制度；引导企业建立和完善安全管理制度，建立风险应急基础资料数据库，完善行业风险管理体系。印发《关于规范执法流程有关问题的通知》，确立严格的执法标准和流程，依法合规约束和规范执法权行使。在各派出机构设立法制员，监督执法流程；试点聘请法律顾问，建立法律顾问制度，进一步推进我局法治型政府建设。开展“12305”处理流程再造工作，加强重庆局“12305”邮政业消费者申诉中心建设，规范局长信箱的处理流程，畅通消费者申诉渠道，及时、妥善处理各种申诉纠纷，挽回用户损失29.9万元，规范企业的经营行为，维护消费者合法权益。结合重庆市邮政行业实际，拟定了突发事件风险管理相关制度、规则与流程，制定了《重庆市邮政管理局突发事件风险管理实施方案》，召开了邮政行业风险管理培训会，有计划、有落实、有督查地开展风险管理工作，促进邮政行业突发事件风险防控管理的规范化、系统化和科学化。

## 三、“十二五”时期快递市场发展与管理总体回顾

**这五年，顺利完成《重庆市邮政条例》立法工作。**《条例》明确全市邮政基础设施建设支持政策，进一步健全监管工作制度，为重庆市邮政管理局规范市场管理秩序，加强行业监管力度。

**这五年，全面落实规划编制工作，推进行业基础设施建设。**完成邮政行业“十三五”规划初稿编制工作；积极推动《重庆市都市区邮政设施专项规划（2008—2020年）》修编；推动《重庆市主城区快递设施规划》纳入重庆市法定城乡规划全覆盖工作计划，将快递集散中心建设纳入重庆市物流园区规划编制方案。万州区、永川区、大足区、荣昌区、铜梁区、潼南区的邮政基础设施都已经纳入了地方发展规划之中。

在政府的支持下，重庆市空港物流园区快件集散中心已获批动工，临空经济区已投入400亩土地用于快递园区建设，推动嘉民空港物流中心顺利开业。渝东北8个区县的申通快递联合投资120余万元建设了建筑面积近3000平方米、日最高处理能力达6万件的跨省快递分拨中心。

**这五年，狠抓末端服务平台建设。**目前重庆市快递末端服务网络已初具规模，在社区，惠客君、时报爱达、逗妳开心、社区小二等第三方快递服务公司，建设快递公共取送点已超100处；联合重庆市教委出台规范校园快递服务的有关意见，积极推动“集递村”等第三方快递服务平台在主城区、江津区等地22所高校设立了快递服务平台，提供代收代投快件的业务；推动市政府发布了《重庆市村邮站工程建设实施方案》，全市13个区县政府相继出台支持村邮站建设的文件，其中9个

区县明确了村邮站工作人员补贴政策。“十二五”期间，全市建成村邮站2976个，在1893个农村便民服务中心完善了接转邮件、快件的功能，基本满足了公众用邮需求。

**这五年，完善行业监管体制机制，多渠道保障寄递安全。**成立邮路安全监管办公室，定期召开邮路安全监管办公室联席会议，切实保证国家重大活动期间的寄递渠道安全；按中央综治办等九部门《关于加强邮件、快件寄递安全管理工作的若干意见》（中综办〔2014〕24号）要求，在重庆局的积极协调沟通下，与市综治办、市公安局、市交委、市国家安全局、重庆海关、市工商管理局、成铁重庆办事处、民航重庆监管局九部门联合建立了重庆市寄递渠道安全管理工作联席会议制度，为今后的寄递渠道安全管理工作打下了坚实的基础；基于寄递渠道安全保障在“平安重庆”建设中的重要作用，2015年重庆市委常委会将重庆局新增为综治委成员单位，并明确由重庆局和市综治办双牵头负责全市寄递安全管理专项工作组工作，协调13个责任单位加强邮件、快件寄递安全管理，强力推进收寄验视、实名收寄、过机安检三项制度的落实；在市委市政府的支持下，重庆市首个县级邮政监管机构垫江邮政管理局顺利成立，促使邮政监管进一步向下延伸。

## 四、各派出机构主要管理工作概况

各分局坚持整合资源的发展策略，结合地域特点，大胆尝试，因地制宜推进快递“向下”发展。在万州区建立了以城市为中心点、城市与重点乡镇沿线覆盖、重点乡镇辐射周边的“点线面”相结合的“快递下乡”立体服务网络，目前快递营业场所乡镇覆盖率已达92.68%；在涪陵区以“快递超市+村邮站”模式推进快递下乡；在江津区通过将“邮件快件转交”的服务功能纳入农村便民服务中心和农村电商服务站的方式助推“快递下乡”；在永川区推动“工业品到镇入村”和“特色农副产品销售出村进城”，形成了辖区“快递+电商（微商、合作社）”的“快递下乡”方式，人民网、《重庆日报》、《经济日报》均对永川“快递+电商”的模式进行了报道；在秀山县助推快递与电商融合发展，协助秀山县政府打造“武陵生活馆”项目，引导11家快递企业入驻物流园区，秀山“武陵生活馆”已有70家店面进行实际运作，2015年上半年完成销售额245万元，通过快递企业发出电商件约3.5万件。

一分局积极引导企业加快基础设施建设，辖区8个区县的申通快递联合投资120余万元建设了建筑面积近3000平米、日最高处理能力达6万件的跨省快递分拨中心。二分局加强与地方政府的沟通联系，积极主动汇报快递业发展情况和趋势，推动黔江区人民政府出台《关于加快黔江区快递业发展的实施意见》，明确黔江区快递业发展目标、主要任务和配套政策。

## 五、快递市场存在的突出问题

**基础设施建设不足。**快递业继续保持着高速增长，基础设施的完善显得日益重要。但限于各种原因，重庆市现有的快递基础设施建设虽然有了发展，仍然相对落后，规划落地的速度比较缓慢。大部分企业的设备普遍陈旧，以劳动力生产为主，作业质量有待提高；缺少高效的自动化分拣设备和综合数据信息平台，鉴于重庆市快递业务量小于快件投递量及缺乏统一返程数据信息的客观事实，存在大量快递运输车辆空载出渝的现象，造成资源浪费。

**末端配送效率较低。**重庆市主城被两江分割，道路交通情况复杂。末端投递时，城市道路绕行给企业带来的成本增加，投递效率低下。

**企业发展模式粗放。**受限于经济、地理位置等因素，重庆市快递企业总体实力和规模与东部发达地区存在一定的差距，且加盟网点在较长时期难以摆脱“小、散、弱”的局面，长期处于低价同质化竞争状态，服务质量难以全面提高。企业业务量收的增长主要依赖社会日益增长快递服务需求，产品结构、科技应用、管理创新甚少，与制造业等其他产业联动较弱，高端管理人才缺乏，一线人员流动性大，人力密集化作业面貌有待改观。

# 四川省快递市场发展及管理情况

## 一、快递市场总体发展情况

2015 年，四川省快递企业业务量累计完成 48796.6 万件，同比增长 28.6%。其中，同城 14534.6 万件，同比增长 45.4%；异地 34054.0 万件，同比增长 22.9%；国际及港澳台 207.9 万件，同比下降 10.5%。快递企业业务收入累计达到 62.9 亿元，同比增长 31.1%。其中，同城 11.4 亿元，同比增长 36.2%；异地 40.1 亿元，同比增长 27.9%；国际及港澳台 2.7 亿元，同比增长9.5%。同城、异地、国际及港澳台快递业务收入分别占全部快递收入的 18.1%、63.7% 和4.2%；业务量分别占全部快递业务量的29.8%、69.8% 和 0.4%（表 7-23）。“双 11”期间，全省 16 家主要品牌快递企业共处理快件 1.25 亿件，较 2014 年增长 44.91%，单日最高快件处理量达 1429.8 万件。

**表 7-23　2015 年四川省快递服务企业发展情况**

| 指　　标 | 单　　位 | 2015 年累计 | 同比增长（%） | 占全部比例（%） |
|---|---|---|---|---|
| 快递业务量 | 万件 | 48796.6 | 28.6 | 100 |
| 同城 | 万件 | 14534.6 | 45.4 | 29.8 |
| 异地 | 万件 | 34054.0 | 22.9 | 69.8 |
| 国际及港澳台 | 万件 | 207.9 | -10.5 | 0.4 |
| 快递业务收入 | 亿元 | 62.9 | 31.1 | 100 |
| 同城 | 亿元 | 11.4 | 36.2 | 18.1 |
| 异地 | 亿元 | 40.1 | 27.9 | 63.7 |
| 国际及港澳台 | 亿元 | 2.7 | 9.5 | 4.2 |

## 二、行业管理工作及主要成效

**行业环境持续优化。**四川省邮政管理局举办贯彻落实《国务院关于促进快递业发展的若干意见》专题研讨会，代省政府拟订《四川省人民政府关于促进快递业发展的实施意见》，着力把国家层面确立的快递业发展战略转化四川实践。省政府先后出台促进内贸流通、加快发展生产性服务业、促进农村电子商务发展等方面实施意见，从各方面支持促进快递业的发展。省发展改革委、商务厅等部门也出台了加快发展农村电子商务、完善物流配送体系等政策文件，邮政行业在全省经济社会发展全局中的地位进一步提升。先后召开三次规划编制会议，部署总体工作和阶段任务。广泛征求各方面意见，形成规划送审稿，进一步确立了全省邮政业的空间布局和战略定位。加强与四川省国民经济和社会发展“十三五”规划、综合交通运输等专项规划有序衔接，梳理、申报全省物流业重点项目，为企业做大做强创造条件。指导各市（州）邮政业规划编制，加强阶段性工作部署和进度跟踪。各市（州）局加强汇报、主动协调，在推动政策落地上出实招、下真功。成都、泸州、德阳、广元、乐山、内江、广安、资阳、凉山等多个市（州）政府出台促进服务业、电子商务发展的实施意见，快递业发展获多重利好。南充市政府出台《促进消费增长的十一条措施》，按业务量增长指标给予快递企业奖补资金。绵阳市物流发展基金每年拿出100万专项资金，扶持快递分拨中心等基础设施建设。宜宾市临港经济技术开发区对快递企业设立末端网点，给予场地租赁优惠政策和资金补贴。

**快递发展提质增效。**四川省邮政管理局深入实施“快递下乡”，推动《关于促进四川农村地区快递服务规范发展的指导意见》落地实施。印发《关于进一步优化快递业务经营许可工作流程的通知》，重点优化县级以下快递分支机构审批工作，为“快递下乡”创造便利条件。各市（州）局立足本地优势，与商务等部门搭建平台，引导快递服务农特产品流通，德阳绵竹“村淘”、广元青川“老村长”、攀枝花“攀果鲜”等一批电商平台应运而生，助力农民致富增收。组织召开快递服务制造业工作推进会，支持绵阳、成都、泸州、德阳等市作为试点，引导快递企业为电子信息、汽车制造、医疗保健、精密仪器等制造企业提供全产业链配送服务。成都邮政速递物流、联合包裹、联邦快递与苹果公司、富士康、因特尔等电子生产企业，德阳邮政速递物流与中国二重集团、东方汽轮机有限公司等装备制造企业，绵阳顺丰、申通与长虹、九洲等电子企业，泸州邮政速递物流与泸州老窖均建立了长期合作关系。落实快递营业场所国家标准，在实施快递“向西、向下”战略中加强对快递末端网点的规范管理。宜宾市建成快递标准化营业场所53个，并开展“星级营业场所”评定，标准化建设工作形成一定规模。南充、广安、自贡、绵阳、眉山、凉山、攀枝花等局结合本地实际制定方案，分类指导快递企业建设标准化网点。

**努力破解行业发展难题。**四川省邮政管理局着力解决快递企业用地难，南充市电商快递产业示范园一期工程建设完工并运营，顺丰、圆通等快递企业分拨中心入驻园区。顺丰、申通、圆通、百世快递等4家快递企业在自贡设立川南分拨中心。圆通川北转运中心落户绵阳。攀枝花市物流快递园区建设项目纳入《攀枝花市电子商务发展规划（2015－2020）》重点工程。巴中局积极引导、协调平昌县14家快递企业退城入园。解决快递车辆通行难，广安、攀枝花、雅安、遂宁等局与当地公安、交警等部门联合发文，保障快递车辆便捷通行。成都局全年发放395张快递车辆专用标识证，自贡、达州、巴中、雅安等局也对符合条件的快递车辆发放了专用证。南充市首批新能源快递汽车投入使用。德阳、泸州局积极引导快递企业推广使用新能源汽车。解决快递末端投递难，成都市2015年新增智能快件箱1100余台，全市智能快件箱总量超过5000台、格口超过40万个，2015年累计投送快件4200余万件。川南首家校园快递超市——“e享校园快递超市”在自贡职业技术学院设立运营。德阳、绵阳、南充、达州等局积极协调速递易、邮政“易邮柜”等服务快递末端配送，解决“最后一公里”难题。截至2015年底，全省共有法人快递企业507家，快递企业分支机构2953个，代理（代办）点超过10000个，邮政企业和快递企业直接从业人员6.5万人。快递服务网络覆盖全省21个市（州），183个区县，以及60%以上的乡镇。

**监管能力不断提升。**四川省邮政管理局贯彻落实中央综治办、国家邮政局等九部门《关于加强邮件、快件寄递安全管理工作的若干意见》，省、市两级均成立了寄递渠道安全管理工作领导小组。制订《四川省寄递渠道安全管理领导小组工作章程》，会同综治、公安、国家安全、安监等部门开展寄递渠道安全检查。开展危爆物品寄递物流清理整顿专项行动，落实收寄验视、实名收寄、过机安检“三个100%”要求。牵头制订《四川省寄递渠道贯彻落实“三个100%”安全管理暂行办法》，加强寄递渠道依法治理。按照省政府部署，由省邮政管理局牵头的省政府安委会第十督查组，对资阳、眉山两市安全生产工作进行了督导检查。各市（州）局采取会议动员、签订责任书、张贴“三个

100%”通告、联合检查等方式，确保专项行动落实。四川省委常委、政法委书记侍俊率队督导眉山中通等企业安全生产情况，对邮政业安全工作给予高度评价。宜宾、自贡、广安等地市委、市政府领导也率队检查寄递安全工作，肯定邮政管理工作成效。泸州、雅安等局召开新闻通气会，加强对执行“三个100%”的政策解读。创新监管方式，全省分成7个片区开展2015年快递市场交叉检查。加大执法检查力度，全年共出动检查人员9563人次，检查企业4384家次，查处违法违规案件703件，书面责令改正364件，约谈企业63家次，罚款34.27万元。乐山局联合相关部门出台《配合国家安全工作奖励办法》，营造全民参与寄递安全的良好环境。建立消费者申诉与市场监管联动机制，2015年共受理申诉20273件，其中有效申诉5464件，为消费者挽回经济损失69.17万元，消费者满意率93.8%。推进邮政行政执法信息化建设，加强安全监管信息系统、行政执法管理系统、视频监控系统运用。开展邮政行业统计工作，做好统计数据定期分析，发布《2014年四川省邮政行业发展统计公报》。稳步做好全国“两会”、纪念抗战胜利70周年、西藏自治区成立50周年等重大活动期间寄递渠道安全保障工作。有效应对汛期暴雨、泥石流、山体滑坡等自然灾害，妥善处置个别企业网络运行阻断事件。《宜宾市邮政行业突发事件应急预案》经市政府常务会议审议通过并发布实施。

**依法治邮迈上新台阶。**四川省邮政管理局成立政策法规处，加强对全省邮政业依法行政工作的指导。贯彻实施《邮政业安全生产设备配置规范》、《快递营业场所设计基本要求》、《邮政业从业企业标准化工作指南》等行业标准，法制化建设持续完善。在成都、自贡、南充、资阳、达州、眉山等6个市试点开展县级邮政监管机构组建工作。各市（州）局因地制宜确定县级邮政监管机构组建形式，推动工作落实。2015年11月，全省首个县级邮政监管机构——南充市南部县邮政管理局获批成立。推动《四川省邮政条例》修订工作。全国人大代表、省人大常委会彭渝副主任率队专题视察四川邮政业发展工作，从立法层面支持邮政业的发展。修订《四川省邮政条例》列入省人大五年立法计划。加强属地管理，委托市（州）局开展快递业务经营许可年度报告、快递许可材料初审、实地核查等业务，快递许可证变更时限缩短为20个工作日。

**行业精神文明和人才队伍建设成效显著。**四川省邮政管理局深入开展“青年文明号”创建。成都、宜宾、自贡共7家快递企业分别获得省、市“青年文明号”荣誉称号。宜宾市“十佳和最美快递员”评选活动列入全市精神文明建设十大行动。攀枝花局获“四川省文明单位”称号。大力开展艾克帕尔·伊敏等先进人物宣传活动。配合《中国邮政快递报》回访报道泸州韵达“最美快递员团队”。全年组织5次涵盖初、中、高级的快递业务员职业技能鉴定考试，全省4793人次参加了考试，除民营快递企业外，邮政速递物流也首次参加考试。自贡、宜宾局与当地职业技术学院搭建校企合作平台，建立邮政行业人才培养实训基地，加强行业人才队伍建设。18个市（州）成立了快递协会，行业自律体系进一步健全。

## 三、“十二五”时期快递市场发展与管理总体回顾

“十二五”时期四川省邮政行业保持持续高速增长，邮政行业业务量和业务收入实现双超百亿的历史性突破。快递业务增长迅猛，2015年全省快递业务量和业务收入分别是“十一五”末的7.4倍和4.6倍，年均增长率分别达到49.3%和35.6%。单日最高快件处理量突破1400万件。邮政行业收入占全省GDP比例提高到0.4%，年支撑网购交易额突破2000亿元。快递企业覆盖全部县（区），发展分支机构近3000个、乡镇代办点上万个，解决5万余人的就业问题。邮政行业规模稳居西部第一，邮政业服务全省经济社会发展的基础性作

用显著增强。

**“十二五”期间，打赢了邮政业抗震救灾和灾后恢复重建的硬仗。**全省邮政行业从“5·12”汶川特大地震、“4·20”芦山强烈地震中顽强地走了过来，省、市两级邮政管理部门迅速响应，有序组织抗灾自救，全力畅通寄递渠道，发挥了抗震救灾的“主心骨”作用。坚持主动作为、化危为机。坚持以人为本、改善民生，通过“快递下乡”助力产业扶贫，在促进农特产品网销、吸引农民工返乡创业、维护社会稳定等方面贡献了行业力量。

**“十二五”期间，邮政体制改革取得重大突破，市(州)邮政管理机构应运而生。**按照《国务院办公厅关于完善省级以下邮政监管体制的通知》要求，全省21个市(州)邮政管理局于2012年11月全部揭牌成立。三年来，市(州)邮政管理队伍不断壮大，推动行业发展成效显著，依法履职成效显著，基础工作成效显著，在服务地方经济建设、规范邮政快递市场、满足群众用邮需求等方面发挥了重要作用，全省邮政业迎来了发展最快、效果最好的时期。

## 四、各市(地)主要管理工作概况

成都局引导各快递品牌总部，驻蓉区域总部加大对乡镇、村社一级网络建设的扶持力度，全市各主要快递品牌纷纷启动“成都全境服务”工程，农村快递服务覆盖水平进一步提高，“乡乡设点”目标基本达成。德阳局引导东骏快捷物流与绵竹市首批52家村淘服务站达成合作协议，2015年“双11”期间服务绵竹村淘成为四川“村淘”“双11”成交冠军。泸州局引导企业融入本地支柱产业——白酒产业发展，与泸州老窖及其他各品牌白酒企业紧密合作，开展白酒产品寄递服务。宜宾局出台《宜宾市星级快递服务网点评定管理办法(试行)的通知》，对快递服务网点硬件建设和软件指标制定了详细标准，将快递服务网点分为三星、四星、五星3个等级。攀枝花局积极助推市快递协会通过进驻攀市多个水果产业园等方式，构筑“基地生产－网上选购－快递包装－实物寄递”的直营直销配送模式，降低运营、销售成本，提高网络配送时效，提升企业经济效益，搭建水果寄递“大网络”雅安局通过积极协调，将快递园区功能纳入芦天宝飞地园区内的物流园区，鼓励快递企业进驻，服务制造业。

绵阳局积极主动联系平武、北川、三台县委农办，促进快递企业与当地农商、农业合作社的沟通和联系，与县政府联合召开“快递下乡”与特色农产品对接会议，通过电商平台和快递渠道实现城乡商品的“双向流通”；全国农产品电子商务试点县——三台县把邮政企业列入项目配套支持体系，给予了300万资金支持；加强与工商部门、人民法院的沟通配合，实现了失信企业和失信人员信息交换共享，借助绵阳市诚信信息网(http://cx.my.gov.cn/)，建立了失信邮政快递企业曝光制度、失信邮政快递企业黑名单制度，失信邮政快递企业从业人员曝光制度。

南充局引导主要快递企业达成“股份制抱团”合作模式，与西华师大以及物管企业等共建快递超市，快递超市建设取得了实质性进展；协调新能源汽车经销商在南充电商快递产业示范园设立办事处，逐步完善充电桩等基础设施后，通过“以租代购”的模式全面新能源汽车，改进城市配送，首批新能源汽车已投入试运行；出台《南充市乡镇快递网点备案管理暂行办法》，规范乡镇快递网点管理。

## 五、快递市场存在的突出问题

**总体水平较低，区域差距较大。**四川辖21个市(州)、183个县(市、区)，是行政区划分最多的省份，也是区域差距大、经济欠发达的省份。区域发展不平衡、不协调，成都市快递业务量占全省总量近80%，21个市(州)中快递业务量低于全省平均水平增速的有9个。甘孜、阿坝、凉山三州面积占全省总面积的61%，邮政业务总量仅占全省的2%。单极支撑格局始终是行业可持续发展的一大隐忧。

**人均水平较低，用邮需求较大。**全省人均快件使用量远低于全国平均水平。秦巴山区、大小凉山彝区、高原藏区基础条件滞后，快递服务网络不健全，服务能力十分有限，农村地区快递覆盖率还有很大提升空间。四川省“双11”网购消费持续升温，现阶段，低端、粗放、同质化的快递服务，已不能很好地适应新形态下消费者个性化、多样化的寄递需求。

**产业层次较低，竞争压力较大。**企业在资金、技术、设备等方面的投入和支撑不足，运行成本的增加挤压了利润空间，致使市场主体在解决同质低价竞争、加强转型升级、提升服务和品牌价值等方面的意愿不强。快递业从规模速度型粗放增长转向质量效率型集约增长的演变过程中，既要面对经济下行压力的挑战，又要面对长期积累的结构性矛盾，行业改革转型任务依然艰巨。随着国内快递市场进一步开放，吸引大量外资快递企业和社会资本参与国内市场竞争，企业的竞争压力将进一步加大。

**行业安全监管形势更加严峻。**随快递业发展壮大和“快递下乡”步伐加快，快递服务网点大量增加，行业安全监管的幅度和深度都将增加，安全监管工作量巨增；快递服务面对服务对象更加多元化，寄件人有意或无意交寄危险品、寄递渠道被不法分子利用的可能性加大，潜在安全隐患增加；快递市场竞争更加激烈，企业倒闭、经济纠纷引发扣件造成服务网络中断、快件积压等突发事件的风险增大，邮政业安全监管形势更加复杂和严峻。

# 贵州省快递市场发展及管理情况

## 一、快递市场总体发展情况

2015年，贵州省快递企业业务量累计完成7034.3万件，同比增长50.7%。其中，同城1407.7万件，同比增长48.2%；异地5620.5万件，同比增长51.8%；国际及港澳台6.0万件，同比下降63.3%。快递企业业务收入累计达到13.2亿元，同比增长34.9%。其中，同城1.4亿元，同比增长39.5%；异地8.1亿元，同比增长17.8%；国际及港澳台0.2亿元，同比增长0.03%。同城、异地、国际及港澳台快递业务收入分别占全部快递收入的10.6%、61.4%和1.5%；业务量分别占全部快递业务量的20.0%、79.9%和0.08%（表7-24）。

表7-24　2015年贵州省快递服务企业发展情况

| 指　　标 | 单　　位 | 2015年累计 | 同比增长(%) | 占全部比例(%) |
|---|---|---|---|---|
| 快递业务量 | 万件 | 7034.3 | 50.7 | 100 |
| 同城 | 万件 | 1407.7 | 48.2 | 20.0 |
| 异地 | 万件 | 5620.5 | 51.8 | 79.9 |
| 国际及港澳台 | 万件 | 6.0 | -63.3 | 0.08 |
| 快递业务收入 | 亿元 | 13.2 | 34.9 | 100 |
| 同城 | 亿元 | 1.4 | 39.5 | 10.6 |
| 异地 | 亿元 | 8.1 | 17.8 | 61.4 |
| 国际及港澳台 | 亿元 | 0.2 | 0.03 | 1.5 |

## 二、行业管理工作及主要成效

**政策环境优化取得新突破。**贵州省政府印发两个会议纪要，为破解制约邮政行业发展瓶颈，进一步强化行业安全联合监管奠定基础。贵州省省委副书记、政法委书记谌贻琴，省委常委、常务副省长秦如培对行业安全监管工作作出批示，协调快递企业X光机配置经费问题。省政府办公厅出台关于促进快递业加快发展的实施意见，明确快递业发展思路和目标，提出七项重点任务和三项保障措施。省政府及有关部门关于电子商务、现代物流和服务业发展的政策文件均与邮政业紧密结合，陈敏尔书记在全省电子商务发展大会等多次会议上对快递协同电商发展提出希望和要求，为行业与关联产业联动发展、合作共赢提供契机。贵州省邮政管理局协同省政府发展研究中心扎实推进全省邮政业发展“十三五”规划和九个市(州)规划编制工作，多次召开座谈会，研究解决问题，不断修改完善。积极做好行业规划与地方经济社会发展规划、综合交通运输发展规划等重点规划的衔接工作，促进邮政业融入经济社会发展大局，发挥更为突出作用。

**基础设施建设开创新局面。**贵州省邮政管理局鼓励快递企业参与流通方式创新，加强资源整合共享，打造“工业品下乡”和“农产品进城”双向流通渠道，释放内需潜力。全省累计新增快递服务网点326个，在推动“黔货出山”和“网货下乡”中发挥重要作用。铜仁万山高楼坪镇淘宝站点快递下乡、黔东南黎平铜关村“互联网+乡村+微商+快递”以及息烽县立碑村、遵义县鸭溪镇大学生和返乡创业青年兴办的电商快递点，均取得良好的社会效益和惠民成果，获多家新闻媒体宣传报道。先后两次组织召开现场协调会，为快递企业解决有关困难。新增中通、百世快递、天天三家快递企业入驻贵州(龙里)快递物流园区，圆通处理中心正在施工建设。联合省发改委共同为贵州快递物流集聚区授牌，推动快递企业资源与业务集聚整合，加快快递物流园区规模化、集约化发展。联合省商务厅组织40余家电商企业到快递园区共商发展，促进双方达成合作意向，打造仓配一体化快递电商集散中心。随着贵州快递物流园区规模不断扩大，全省快递行业的承载能力和服务水平大幅提升，特别是面对“双11”业务高峰，入园企业始终保持平稳有序、游刃有余。与此同时，园区吸纳一批物流、电商、仓储、农产品加工企业入驻，带动一系列社会类同行业及产业链条中、上游产业签约项目管理中心，快递业集聚辐射能力空前提升。

**行业发展质效实现新跨越。**贵州省快递企业发展到325家，分支机构达到1792个。企业逐步建立现代化管理机制，企业负责人树立“企业家”理念和思维。快递服务延伸到所有县(市、区)，大部分延伸到乡镇，小部分延伸到村。全年全省快递累计服务用户3.2亿人次，人均使用9.14次，同比增长53%。快递企业结合贵州省特色产业发展和电商产业布局，积极铺设网点，承接各类产品寄递，实现了产业间协同发展、互惠共赢。全年快递行业共带动全省物品出省价值近105亿元。贵州局作为“阿里巴巴·贵州年货节”领导小组成员单位，引领行业全力服务“黔货出山”。

**依法行政能力实现新提升。**贵州省邮政管理局将快递业务经营许可受理、年度报告审核、分支机构备案审核等审批、审核权限下放至市(州)局，方便企业办事，提升行政效能。快递业务经营许可申请材料较以往精简55%，行政许可审批时限由45日压缩至22日。深入开展快递服务质量专项整治，依法做好邮政市场执法监管，全省累计开展市场检查1427次，出检3402人次，下达整改通知书155份，作出行政处罚33起。做好消费者申诉处理工作，12305邮政业消费者申诉中心共受理有效申诉2004件，为消费者挽回经济损失26.52万元。

**安全监管保障取得新进展。**贵州省邮政管理局落实九部委关于加强邮件、快件寄递安全管理工作的若干意见，省、市两级均成立寄递渠道安全管理领导小组，形成多部门齐抓共管的良好局面。筹备建立贵州省邮政业安全监管中心，争取在贵州快递物流园建立多部门合署办公的行业安全综合管理机构，工作思路获省政府批准支持。与国安等部门建立联合审查培训机制，先后9次联合开展安全审查培训，培训人员500余人次。与公安、安监部门联合出台《关于进一步做好化学品寄递安全工作的通知》，加强危化品源头防控，防止危化品流入寄递渠道。配合公安、国安、安监等部门开展寄递渠道反恐、禁毒、打击侵权假冒、扫黄打非等工作。全面实施收寄验视，加快实施实名收寄和过机安检制度，推动企业贯彻落实邮政业安全生产设备配置强制性标准。突出抓好抗战胜利70周年纪念活动、全国、全省“两会”等重要会议活动期间的寄递渠道安全保障工作。广西柳城“9·30”连环爆炸案发生后，贵州邮政管理系统反应迅速，第一时间启动应急机制，有效防控隐患点；协同公安等多部门开展寄递渠道清理整顿专项行动，对违法违规行为予以打击。全年全省邮政业未发生一起重大安全生产事故。印制“安全用邮·依法用邮”宣传海报5000份、《邮路禁限寄物品宣传手册》9000份，强化企业和公民“安全用邮”意识，提高从业人员安全生产意识。贵州日报、“阳光94.6”政风行风热线、贵州交通广播、贵州商报等主流媒体对寄递安全进行广泛宣传，引起社会高度重视。

**行业人才队伍建设持续加强。**贵州省邮政管理局指导省快递协会组织企业参与全国、全省青年职业技能大赛，取得优良成绩，增强从业人员敬业意识，形成“比学赶帮”良好氛围。组织快递业务员职业技能鉴定考试5次3006人次，从业人员能力素质水平不断提升。与贵州交通职业技术学院签订快递业人才培养服务合作框架协议，推进该院校与百世快递建立校企合作机制，探索建设行业人才培养基地。

## 三、“十二五”时期快递市场发展与管理总体回顾

“十二五”时期，贵州省邮政行业业务总量和业务收入分别增长2.26倍和2.19倍，快递业业务量和业务收入分别增长4.76倍和3.62倍，快递市场主体数量较“十二五”初期翻三番，行业新增就业人员1.4万人，省级快递园区建设开创全国首例。

**这五年，是贵州邮政业发展环境最优的五年。**与快递企业总部开展多次互访交流，推动企业总部建立投递补贴机制，保障省内快递企业可持续发展。争取国家邮政局出台《关于支持贵州省邮政业又好又快发展的意见》，成为全国第一个由国家邮政局专项发文支持发展的省份。省委、省政府领导对邮政业发展多次作出指示批示；“乡乡设所、村村通邮、网点改造、快递下乡”四项重点工程列入“四在农家·美丽乡村”基础设施建设六项行动计划，写入《政府工作报告》，纳入政府年度重点工作和民生实事工程；省政府在全国率先贯彻《国务院关于促进快递业发展的若干意见》，印发《关于促进快递业加快发展的实施意见》等一系列支持文件，有效解决基础设施、车辆通行、末端投递、人才建设等方面的问题。相关部门对行业发展给予大力帮助。铜仁、黔东南、安顺、遵义、毕节、黔西南等地方政府也相继出台关于支持邮政业发展的政策措施。

**这五年，是贵州邮政业惠民成果最多的五年。**其中，“快递下乡”工程成果显著，快递服务覆盖率持续提升，布局重点乡镇、旅游景点和少数民族特色村寨，服务网络延伸到基层，以寄递脱贫助力全省扶贫减困。中央电视台新闻联播节目就黔西南州册亨县丫他村中通快递点进行了宣传报道。

**这五年，是贵州邮政业改革不断深化的五年。**积极稳妥完成九个市(州)邮政管理局组建任务，形成省、市两级邮政管理体制，启动贵安新区邮政事业发展办公室组建工作。完成《贵州省邮政条

例》修正工作，强化行业法律支撑。进一步落实简政放权，先后将贵州局承担的33项职权下放市（州）局，实现执法重心下沉。着力优化政府服务，提升服务意识和行政效能，在市（州）设立快递职业技能鉴定考试分考场，帮助企业实现“营改增”税制改革平稳过渡。健全完善安全管理制度，不断夯实安全基础，切实强化行业安全管理。

**这五年，是贵州邮政业作风全面改善的五年。**其中，邮政、快递企业积极参与“多彩贵州文明行动”、“崇德敬业·争当雷锋”主题活动、“青年文明号”创建活动，从业人员道德素质显著提升，邮政行业精神面貌焕然一新。

## 四、各市（州）主要管理工作概况

铜仁局协调市政府和相关部门落实优秀快递企业和快递出铜本土产品奖补政策，并争取市政府支持邮政、快递服务进景区；进一步推进邮政、快递与电子商务协同下乡，形成“铜仁模式”，得到国家邮政局和省委、省政府充分肯定。黔西南局争取州政府对助力电商发展的寄递企业予以专项资金补贴，并将“邮政（快递）分拣转运中心”建设纳入州政府年度重点工作加快推进。黔东南局推动《黔东南州进一步促进邮政及快递业发展实施方案》获州政府常务会议通过。

贵阳局联合商务、财政等部门认真做好“电子商务与物流快递协同发展试点工作”；多措并举大力推进快递标准化门店建设，截至2015年末，贵阳辖区内建成85家标准化门店，具有行业示范性的快递旗舰店15家，其余标准店70家，企业累计总投资650万元；争取到市委、市政府的支持，专门安排30万元财政资金用于此项工作开展，并编制《推广快递行业服务规范工作方案》及《实施培训方案》；探索快递末端车辆管理，主动参与贵阳市新能源汽车推广示范城市建设，争取到中央项目资金800万，市、区两级财政配套资金2320万元，争取市商务部门出台了《贵阳市2015年快递企业推广使用新能源车辆工作实施方案》，与市公安交管部门积极对接，争取到了“组建快递车队、车辆统一管理、不摇号不限号、非主干道临时停放”等多项利好政策，对快递新能源末端投递车辆实行“统一车型、统一标识、统一服务标准、统一管理”的“四统一”管理模式，全市预计投放新能源物流快递车辆260辆，每台总价12万元的新能源末端投递车辆，企业仅需投入2.2万元即可获得车辆权属。

安顺局争取市政府对快递园区建设和企业入驻予以政策和资金支持。安顺市政府同意对快递企业入驻园区的搬迁费、装修费用及办公设备等费用一律由政府承担，免收两年房屋租金，快递企业既享受“拎包入住”又得到经济上的实惠；将近10000平方米的新建仓库按企业要求进行装修，提供给6家初具规模的民营快递企业作分拣处理中心用，免收两年房屋租金，解决员工住房30余间，为快递企业节约资金100余万元，同时给予40万元的搬迁补贴，解决企业在发展中的经营困难。率8家快递企业在“双11”前建设入住到黄果树川渝电商园区。

## 五、快递市场存在的突出问题

贵州省邮政行业的发展，与全国邮政行业发展总体形势和全省经济社会发展需要相比，仍存在较大差距。“十三五”期间如果不能加压提速，势必与中东部地区的差距进一步拉大。行业在地方经济社会发展中的基础性、先导性作用没有充分发挥，寄递服务基础设施仍然薄弱，城乡区域不协调、快件收投不均衡等问题仍然突出，行业的整体规模和服务能力都亟待提升。

快递企业发展粗放问题依然明显。快递企业基础仍比较薄弱，量收增长不够匹配，同质化竞争严重，嵌入供应链程度不深，难以满足多样化、个性化、综合化的多层次用邮需求。快递服务“三进”难（进社区、进学校、进机关）、枢纽建设征地难、末端投递难以及安全基础薄弱、监管力量不足等问题亟待解决。

# 云南省快递市场发展及管理情况

## 一、快递市场总体发展情况

2015年，云南省快递企业业务量累计完成11109.1万件，同比增长30.0%，全年首次突破1亿件。其中，同城1981.3万件，同比增长60.1%；异地9102.5万件，同比增长25.0%；国际及港澳台25.4万件，同比增长2.9%。快递企业业务收入累计达到20.1亿元，同比增长32.0%。其中，同城2.0亿元，同比增长61.9%；异地13.8亿元，同比增长25.7%；国际及港澳台0.4亿元，同比增长31.9%。同城、异地、国际及港澳台快递业务收入分别占全部快递收入的10.0%、68.7%和2.0%；业务量分别占全部快递业务量的17.8%、81.9%和0.2%（表7-25）。

表7-25 2015年云南省快递服务企业发展情况

| 指标 | 单位 | 2015年累计 | 同比增长(%) | 占全部比例(%) |
|---|---|---|---|---|
| 快递业务量 | 万件 | 11109.1 | 30.0 | 100 |
| 同城 | 万件 | 1981.3 | 60.1 | 17.8 |
| 异地 | 万件 | 9102.5 | 25.0 | 81.9 |
| 国际及港澳台 | 万件 | 25.4 | 2.9 | 0.2 |
| 快递业务收入 | 亿元 | 20.1 | 32.0 | 100 |
| 同城 | 亿元 | 2.0 | 61.9 | 10.0 |
| 异地 | 亿元 | 13.8 | 25.7 | 68.7 |
| 国际及港澳台 | 亿元 | 0.4 | 31.9 | 2.0 |

## 二、行业管理工作及主要成效

**快递业转型升级取得积极进展。**云南省民营快递企业量收保持持续强劲增长，增幅超过行业平均水平，市场份额已超过半数。持证企业和备案分支机构数量迅速增加，行业主体在末端派送方面做了多种尝试性探索。全省已共有455家依法取得快递经营许可证的法人企业和1432个备案分支机构。设备升级步伐加快。分拣作业机械化和自动化操作广泛普及，处理设备和运输设备不断更新，快递企业的快件跟踪查询、信息反馈等信息化程度不断提高，部分企业已开始自主研发快递管理系统。快递服务种类日趋丰富，服务功能不断完善，服务满意度不断增强。为适应电子商务快速发展的需求，除提供传统的派送业务以外，部分企业还提供代收货款、快件保价等增值服务，并涉足仓储、物流、电子商务、供应链管理等服务领域，满足了不同层次的市场需求。快递园区建设取得新进展，普洱、曲靖、大理等地快递园区建设正在稳步推进。从业人员素质逐步提高，全省快递从业人员持证人数达到7264人。

**邮政监督管理工作持续强化。**云南省邮政管理局积极探索推进县级监管机构组建，学习借鉴外省成功经验，结合云南实际，全力争取地方政府支持现已取得了一些进展。西双版纳州勐腊邮政管理局正式挂牌成立，普洱市县级邮政机构组建方案已由市政府常务会议审议通过，同意批准设立县级监管机构。全行业平稳实施了“营改增”税制改革。市州局专有职权和主要行政职权基本下放到位，实现了执法重心下沉。按照层级管理、重心下移、属地管辖的监管模式，加强与市州局沟通联系，上下联动，形成监管合力。各州市局积极履行职责，争取各方支持，注重整合资源，加强行业监管，促进行业发展，获得了各地党委政府的高度认可。依法实施快递业务经营许可、年度报告等工作，优化许可流程，落实简政放权，将有关权限下放至州市局，许可变更和备案办理时限显著缩短。不断强化行政执法检查力度，重点加强对快递市场、集邮市场、邮政用品用具市场的执法检查。将执法监督和行业自律有机结合，督促企业落实安全责任，履行服务安全承诺，落实操作规范，保障寄递渠道安全。坚决依法查处未经许可经营快递业务和超范围经营快递业务、侵犯用户合法权益、损害用户利益等违法行为，规范市场秩序。2015 年，全省邮政市场共检查企业 3081 个，出检 7879 人次，查处违法违规行为 522 次，下达责令整改通知书 270 份，做出行政处罚 51 份，罚款共 33.76 万元。深入开展规范清理快递企业经营，已完成目标企业 77 家，其他企业 44 家，完成率 100%。不断完善寄递渠道安全保障监管体系，层层落实安全责任，构建行业安全监管长效机制。与综治、公安等单位联合成立了全省邮政寄递渠道安全管理领导小组，把寄递安全管理纳入社会治安综合治理体系。着力加强行业应急管理工作，修订完善邮政业突发事件应急预案，建立了三级应急体系，强化日常演练、专项整治、突发应急、管理指挥，提高应对突发事件的预防处置能力。圆满完成了快递业务旺季和重要节日的服务保障工作，完成了十八大、南博会、抗日战争胜利 70 周年等重大活动的邮路安保任务。在鲁甸、景谷发生地震灾害后，及时启动了相关应急预案，有效地开展了邮政业抗震救灾工作。

**行业发展环境不断改善优化。**云南省邮政管理局积极与政府各级部门沟通协调，为行业发展争取多方支持，省政府下发了《关于进一步支持邮政业发展的通知》、《关于推动农村邮政物流发展的实施意见》等政策文件，促成了《关于严格执行邮政基础设施纳入规划设计建设验收项目规定的通知》、《关于运邮专用车辆包交车辆通行费的通知》、《关于保障快递企业运输车辆便捷通行的通知》等文件的出台，推动地方财政建立邮政业禁毒资金补贴长效机制。

## 三、“十二五”时期快递市场发展与管理总体回顾

“十二五”时期，云南省邮政行业业务收入累计完成 141.87 亿元，“十二五”末较“十一五”末业务收入增长 142.79%，年均增长率为 19.41%；快递业业务量增长了 426.87%，年均增长率为 39.43%；快递业业务收入增长 243.34%，年均增长率为 27.98%。

**五年来，坚持解放生产力、促行业发展不动摇。**结合云南邮政业发展实际，2012 年完成了《云南省邮政条例》的修订并经省人大常委会审议通过，正式颁布实施。《条例》明确了各级政府在邮政基础设施特别是农村邮政设施建设中的责任，也为有效解决快递车辆临时停靠、快递车辆入城通行证等长期困扰行业发展的瓶颈问题的解决提供了法律依据。始终坚持发展为第一要务，努力争取行业发展政策，不断优化发展环境，强化规划衔接落地，打破制约行业发展的瓶颈问题。深化邮政体制改革，不断破除体制机制障碍，健全完善邮政管理三级体系建设。推动行业加快转型升级步伐，加强新技术、新装备的推广应用，不断提质增效，加快行业主体标准化、集约化发展。

**五年来，坚持服务保障和监督管理并举不动摇。**始终坚持不断强化服务能力建设，加快职能转变，加强作风建设，做好简政放权的衔接落实，优化政府服务，简化许可备案流程，缩短办理时限，畅通诉求渠道，强化送法上门和送培送考等便捷服务措施。不断强化监管效能，完善法规体系和标准体系，充实监管力量，创新监管手段，实现执法重心下沉，规范市场经营秩序。

**五年来，坚持普遍服务和快递服务协同发展不动摇。**普遍服务和快递服务是邮政业的两块责任田，两方面共赢均衡发展，才能结出行业发展的丰硕成果。始终坚持普惠邮政发展理念，着力实现邮政普遍服务均等化目标，保障群众基本用邮

需求。契合电子商务发展，完善快递服务网络，拓展服务种类，满足个性化、多样化的寄递需求。倡导不同类型市场主体的相互合作、优势互补，实现了普遍服务和快递服务两条腿走路。

**五年来，坚持牢筑行业安全基础不动摇。**安全是行业发展的根本保障，确保寄递渠道的安全畅通始终是邮政管理部门工作的重中之重。始终坚持安全为基理念，健全完善安全管理制度，提升安全监管信息化水平，严格落实安全管理举措，突出重点部门、重点时段管控，有效遏制了重大安全事故的发生。

### 四、各市（地）主要管理工作概况

普洱局推动出台了《普洱市人民政府关于规范和加快邮政业发展的意见》；联合国安部门，全程监控了主要快递品牌保存期满一年的170万份快递面单的销毁工作；启动了思茅城区快递物流园区建设工作。

曲靖局推动出台了《曲靖市人民政府关于加快邮政业发展的实施意见》；曲靖快递园区已完成选址，部分快递企业已完成签约入户协议。

德宏局联合公安边防推动"绿色通关企业"认定，对"绿色通关企业"，在通过德宏边境检查站时，进行抽检和免检，有效提高了通关效力；与公安在木康、梁河2个边防检查站检查出口物流快递安全制度落实情况。

版纳局与公安边防合作，进驻景洪至昆明沿途勐养边境检查站，严格检查过往快递车辆，并联合公安、禁毒、国家安全等相关部门，定期对实名登记工作进行检查；开展了全州寄递渠道百日禁毒专项行动，深入辖区县市企业排查，邮政企业的段志光荣获"全国禁毒工作先进个人"。

保山局联合公安部门，借助信息技术手段，在全市积极推进实名登记APP，现已在部分规模以上企业试用；大理推动快递物流园区一期项目筹备工作顺利完成，主要品牌快递企业已经在大理布局建成滇西分拨中心。

红河局推动出台了《关于保障快递企业运输车辆便捷通行的通知》等政策文件。

### 五、快递市场存在的突出问题

行业的结构性矛盾、粗放型问题仍然突出。农村地区快递服务覆盖率有待提高，"最后一公里"难题有待解决，同质化竞争比较严重，转型升级的任务依然繁重。当前，云南省邮政业与全国其他省区相比，仍然处于小省、弱省地位，与全省经济社会发展需求仍有较大差距，与本地人口、资源、土地面积及在国家"一路一带"战略中的地位极不相称，做大做强邮政业的任务十分艰巨。

快递车辆通行难、快递园区建设用地难、快件通关、末端投递难以及行业安全基础薄弱、监管能力不足等问题依然突出。随着行业的高速发展，寄递安全领域新情况、新问题不断涌现，行业安全形势日益复杂。安全问题触点多、危害大、防范难，加之云南省地处边疆、少数民族地区的特殊区位，寄递渠道禁毒、反恐等工作任务非常艰巨。

## 西藏自治区快递市场发展及管理情况

### 一、快递市场总体发展情况

2015年，西藏自治区快递企业业务量累计完成578.2万件，同比增长19.4%。其中，同城98.7万件，同比增长125.4%；异地479.2万件，同比增长8.9%；国际及港澳台0.4万件，同比下降38.7%。快递企业业务收入累计达到1.7亿元，同比下降3.2%。其中，同城0.1亿元，同比增长

338.4%;异地1.5亿元,同比下降8.0%;国际及港澳台0.03亿元,同比增长16.4%。同城、异地、国际及港澳台快递业务收入分别占全部快递收入的6.5%、86.8%和1.8%;业务量分别占全部快递业务量的17.1%、82.9%和0.1%(表7-26)。

**表7-26 2015年西藏自治区快递服务企业发展情况**

| 指　标 | 单　位 | 2015年累计 | 同比增长(%) | 占全部比例(%) |
|---|---|---|---|---|
| 快递业务量 | 万件 | 578.2 | 19.4 | 100 |
| 同城 | 万件 | 98.7 | 125.4 | 17.1 |
| 异地 | 万件 | 479.2 | 8.9 | 82.9 |
| 国际及港澳台 | 万件 | 0.4 | -38.7 | 0.1 |
| 快递业务收入 | 亿元 | 1.7 | -3.2 | 100 |
| 同城 | 亿元 | 0.1 | 338.4 | 6.5 |
| 异地 | 亿元 | 1.5 | -8.0 | 86.9 |
| 国际及港澳台 | 亿元 | 0.03 | 16.4 | 1.8 |

## 二、行业管理工作及主要成效

**发展环境不断改善。**西藏自治区邮政管理局稳步推进行业改革,其中在快递业务经营许可方面,按照"一建两结合"的总体思路,积极落实简政放权,下放七项权限至各市(地)局,优化审批流程,建立诚信企业"绿色通道",提高工作效率。积极向西藏自治区党委政府汇报行业发展和邮政管理各项工作开展情况,加强与相关部门沟通协调,争取方方面面的支持。西藏自治区党委书记陈全国在2015年全区经济工作会议上对邮政业发展提出3点要求。区政府解决2850万元用于购买安检机,进一步加强邮件、快件安检工作。区政府3位副主席丁业现、甲热·洛桑丹增、董明俊分别对加快推进空白乡镇邮政局所补建工作、加快快递服务业发展作出批示。加强全区邮政业"十三五"规划与自治区相关规划的衔接,积极争取将邮政业发展目标、重大项目和工程纳入自治区相关规划(将7市(地)快递物流枢纽中心、7市(地)安全监管中心等项目纳入"十三五"争取中央支持西藏经济社会发展建设项目规划)。扎实开展电子商务与快递物流协同发展调研,由区政府牵头,相关部门组成电子商务与快递物流协同发展调研组,深入山南、林芝、那曲、昌都等地,调研了解基层电子商务和快递物流发展情况,为下一步相关政策的出台和试点工作的开展奠定了基础。

**市场监管规范有序。**2015年以来,西藏自治区邮政管理局共办理8家快递业务经营许可,换理快递业务经营许可证8家,依法注销1家快递企业快递业务经营许可资格。完成应参加年度报告的22家许可企业的年度报告审核工作。全年邮政业消费者申诉中心共受理消费者网上有效申诉429件,同比增长34.5%,受理电话投诉、答询763件,同比增长23.1%,为消费者挽回经济损失10万多元,消费者满意度达98%。召集快递企业进行多次安排部署,已完成圆通,中通、申通、百世快递、韵达、天天6家品牌企业,全峰、优速、快捷正在进行地域清理与规范的第一阶段工作。开展快递服务质量专项整治工作,重点对野蛮分拣、露天作业、快件丢失损毁、格式合同霸王条款和末端投递服务不规范等消费者反响强烈、社会高度关注的问题,全面加强治理。共开展专项检查381次,出检1597人次,针对检查出的服务质量问题约谈31次,责令整改27次,行政处罚2例。加强与交运、交警等部门沟通协调,初步解决了快递车辆进城难、停靠难等问题。

**安全生产不断强化。**西藏自治区邮政管理局积极协调沟通区综治办、安全厅等九部门联合下发了《关于进一步加强全区邮件、快件寄递安全管理工作的意见》,明确部门职责,形成协作配合长效机制。与各快递企业签订2015年邮政业安全保障建设责任书,要求企业落实安全生产主体责任，提升安保意识，积极认真做好安保各项工作。积极开展邮政市场安全生产监管工作，有效预防邮政业生产事故的发生，全力以赴做好抗战70周年、西藏自治区成立五十周年纪念活动期间寄递安全保障工作，确保了重大活动期间寄递渠道绝对安全。全年全区邮政管理系统执法人员共出检850次，出检人数共计1821人次，纠正和查处违法违规行130起（其中一般问题90起），下达整改通知书19份，行政处罚6例，处罚金额41000元。

**驻村维稳统筹开展。**西藏自治区邮政管理局克服人少事多的突出矛盾，不折不扣地执行维稳、驻村任务。认真贯彻区党委“持续稳定、长期稳定、全面稳定”的工作要求，始终坚持以发展促稳定、以稳定保发展，在保持行业快速健康发展的同时，紧绷稳定弦不放松，积极参与社会治安综合治理，确保各项维稳措施落实到位，不断健全机关安保制度，长期坚持24小时值班带班，维稳敏感期安保巡逻，实现了全区邮政管理系统的绝对稳定。继续派遣干部在海拔近5000米的高原牧区开展驻村工作，与农牧民群众交朋友、认亲戚，同学习、同劳动，努力践行驻村五项重点任务，积极改善当地农牧民群众的生活水平，推动当地经济社会发展。2015年，西藏局驻村工作荣获自治区第四批驻村工作先进集体和先进个人荣誉称号、日喀则市驻村工作先进个人荣誉称号。

**切实加强行业精神文明建设和文化建设。**西藏自治区邮政管理局努力践行“诚信、服务、规范、共享”的“4S”核心价值理念，大力弘扬“特别能吃苦、特别能战斗、特别能忍耐、特别能团结、特别能奉献”的老西藏精神，为全区邮政管理事业提供坚强的思想保障和精神支撑。隆重纪念“3·28”百万农奴解放纪念日和西藏自治区成立50周年，切实增强干部职工的责任感和事业心。

## 三、“十二五”时期快递市场发展与管理总体回顾

“十二五”期间，西藏自治区邮政行业业务总量累计完成10.58亿元，业务收入完成16.43亿元。其中，快递业业务量累计完成2045.76万件，业务收入完成7.38亿元。

**五年来，行业运行态势良好。**面临新形势、新局面、新问题，积极转变职能、提升服务、优化发展环境，行业步入了高速发展时期，邮政业业务收入从2010年的2.7亿元提升至2015年的4.14亿元，超额完成“十二五”3.6亿元的发展目标，增长了53.33%。

**五年来，服务网络日益完善。**快递企业服务网络也不断健全，由2006年仅有1家民营快递企业1个经营网点的局面，发展到当前共有29家民营快递企业，经营网点增至170个，覆盖全区7个市（地），县乡级网点44个（其中县级网点37个、乡级网点7个），快递向下趋势不断加快。

**五年来，行政能力快速提升。**稳步推进完善省级以下邮政监管体制工作，2012年组建了7市（地）邮政管理局，为推动行业健康发展提供坚强的组织保障。不断推进法制邮政建设，加强行业规划指导。2012年自治区出台《西藏自治区邮政条例》，以法规形式固化了邮政体制改革的成果；建全完善了邮政业统计报表制度，构建了区地两级行业统计体系，为监管行业的发展运行提供了保障。

**五年来，安全形势持续巩固。**西藏局与7个市（地）局均与相关部门均建立了联合执法长效机制；严格落实企业安全生产主体责任，强化快递加盟企业上级管理责任，健全完善了寄递渠道安全责任体系；制定了《西藏自治区邮政业突发公共事件应急预案》，并将全区各快递企业应急预案汇编成册下发。扎实开展邮政市场安全生产监管工作，有效预防邮政业生产事故的发生，全力以赴做好各重大活动和业务旺季期间寄递安全保障工作，确保了寄递渠道绝对安全，保持了安全生产“零”事故的良好态势。

## 四、各市（地）主要管理工作概况

拉萨局通过召开座谈会等方式积极搭建校企

合作平台，了解企业人才需求，掌握学校师资教材情况，经协调，西藏顺丰与拉萨市第二中等职业技术学校达成了50人的订单式人才培养协议。林芝局协调林芝市交警大队解决了快递车辆暂时停靠难的问题；为快递企业统一建立安全管理台账；每季度联合公安、消防、国安、工商、文化相关部门进行一次联合执法检查。

日喀则局制定出台《日喀则市寄递业从业流动人员管理办法》，创新寄递业流动人口服务管理模式；建立了以邮政监管网格与公安网格化巡逻警区为基本单位的联合执法单元，多次与市综治办、市公安局召开联席会议、开展联合执法以及联合发文，确保了全市全行业平稳有序发展。

昌都局着力帮助企业解决“快递车辆停靠难、进社区难、作业难”的“最后一公里”问题，起草了《关于解决昌都市快递车辆停靠难问题的实施方案》报请市政府，协调市公安交警支队、卡若区市政局等单位，帮助快递企业彻底解决了快递服务车辆在城区通行、停靠难等问题；助推邮政快递服务“向下”发展；加快推进快递“向下”发展工作，开办了芒康、丁青、左贡、八宿、洛隆、俄洛桥镇等“五县一镇”快递服务网点7个；积极协调各快递企业，动员各快递企业自筹资金60余万元配备了X光安检机，实现了全市快递企业安检机“零”的突破。

### 五、快递市场存在的突出问题

全区邮政行业安全维稳形势依然严峻，寄递渠道安全监管压力与日俱增。监管干部队伍法治化、专业化水平仍有待进一步提高。快递市场执法工作亟需进一步规范。安全生产管理台账制度没有认真落实。快递企业对于培训落实情况反馈较少，安全生产工作还存在很多漏洞。

行业发展转型升级任重道远。快递企业在应对规模扩张过程中，管理运作有些力不从心，转型升级困难，行业发展不平衡、不协调、不可持续的问题明显，产业融合和创新发展、快递下乡服务三农、智能快件箱等重点工作还处于初步探索阶段，全区快递服务与人民群众日益增长的用邮需求之间的矛盾不断扩大。

民营快递企业持续发展能力不足。一方面行业从业人员整体素质偏低，专业人才不足，人员流动性大，服务水平不高，运营能力有待提升。另一方面，企业缺乏有效管理，管理人员注重效益提升，对快递生产安全和服务质量问题不够重视。由于西藏县乡人口较少，用邮需求不足，导致县乡快递服务网点数量较少，快递向下发展难度较大。

## 陕西省快递市场发展及管理情况

### 一、快递市场总体发展情况

2015年，陕西省快递企业业务量累计完成20351.0万件，同比增长47.9%，快递业务量突破2亿件，最高日处理量超过650万件。其中，同城6963.3万件，同比增长73.2%；异地13311.5万件，同比增长37.4%；国际及港澳台76.2万件，同比增长38.0%。快递企业业务收入累计达到27.3亿元，同比增长51.9%。其中，同城5.4亿元，同比增长73.8%；异地16.3亿元，同比增长43.3%；国际及港澳台1.5亿元，同比增长18.3%。同城、异地、国际及港澳台快递业务收入分别占全部快递收入的19.9%、59.8%和5.4%；业务量分别占全部快递业务量的34.2%、65.4%和0.4%(表7-27)。

表 7-27　2015 年陕西省快递服务企业发展情况

| 指　　标 | 单　　位 | 2015 年累计 | 同比增长(%) | 占全部比例(%) |
|---|---|---|---|---|
| 快递业务量 | 万件 | 20351.0 | 47.9 | 100 |
| 同城 | 万件 | 6963.3 | 73.2 | 34.2% |
| 异地 | 万件 | 13311.5 | 37.4 | 65.4 |
| 国际及港澳台 | 万件 | 76.2 | 38.0 | 0.4 |
| 快递业务收入 | 亿元 | 27.3 | 51.9 | 100 |
| 同城 | 亿元 | 5.4 | 73.8 | 19.9 |
| 异地 | 亿元 | 16.3 | 43.3 | 59.8 |
| 国际及港澳台 | 亿元 | 1.5 | 18.3 | 5.4 |

## 二、行业管理工作及主要成效

**政策法规工作成效显著。**陕西省快递业发展纳入《陕西省物流业发展中长期规划》，内容包括主体培育、产业升级、交邮融合、园区建设、城市配送、末端服务、协同发展、服务三农等 17 项工作任务和 9 个重点建设项目。陕西省政府出台的流通体制改革、城市基础设施建设、跨境电子商务等政策性文件都对快递业给予了相关的政策支持。陕西省邮政管理局与省商务厅联合下发《关于推进“快递向下”服务拓展工程的指导意见》，为进一步加快实施“快递下乡”工程明确了思路。西安、宝鸡、铜川等地快递车辆城区通行条件进一步改善。省邮政业发展“十三五”规划和 10 个市级规划基本编制完成，为未来五年陕西省邮政业发展绘制了美好蓝图。

**行业发展能力持续提升。**陕西省邮政管理局积极争取省政府相关部门和地方政府支持，加快推进快递设施网络建设，榆林久旭快递产业园正式开园，西安邮区中心局(草滩)省际邮件处理中心和圆通、韵达西北转运中心投入使用。全省共建成标准化快递网点 416 个，设置智能快件箱 2375 组。“快递下乡”成效显著，新增乡镇快递网点 735 个，覆盖率达到 82%，西安、宝鸡、渭南、咸阳、铜川、延安等地部分县(市、区)覆盖率达到 100%。渭南“大荔模式”得到国家邮政局领导充分肯定。咸阳武功、延安洛川等地积极探索邮政快递服务农产品电商的新模式，引起社会广泛关注。省、市两级邮政管理部门和各快递企业积极应对“双 11”等业务旺季，进一步健全监测预警、信息沟通、舆论引导和应急保障机制，顺利实现了“两不”、“三保”目标，赢得了社会各界和消费者的高度肯定。成功举办第二届晋陕豫黄河金三角区域邮政业合作座谈会，明确提出了打造邮政业区域合作、资源共享示范区的目标，为加强区域协作奠定了基础。

**政府职能转变取得突破。**陕西省邮政管理局将快递分支机构名录核定发放、年度报告审核、分支机构备案和许可注销初审等多项职权全面下放到市局。进一步优化快递业务经营许可审批流程，实现全流程网上办理，准入材料由 22 项减为 9 项，准入审批时限由 45 个工作日压缩至 25 个工作日，许可变更绿色通道企业压缩至 15 个工作日。全年共受理快递企业许可申请 65 家，审核批准 46 家，依法变更快递企业 36 家，增设分支机构 122 家。

**依法行政水平明显改进。**陕西省邮政管理局开展快递服务质量专项整治活动，着力解决消费者反映强烈的快递服务热点问题。继续推进快递企业经营范围规范和清理工作，规范加盟和代理经营快递业务行为，清理无证经营快递业务行为。进一步健全省、市两级寄递渠道安全管理领导小组工作机制，明确了人员组成、工作规则和分工方案，形成了“常态联动、问题牵引、优势互补、责任共担”的监管合力。经省事业单位登记管理局批准，省邮政业安全中心初步组建，舆情监测和信息服务职能得到有效发挥。加强源头把控,深入开展安全生产大检查、危险化学品和易燃易爆物品安全整治、寄递渠道清理整顿等专项活动。妥善处理西安EMS违规收寄危险化学品、圆通化学品快件泄漏事件。认真做好全国两会、抗战胜利70周年、亚欧博览会等重大活动期间寄递渠道安全保障工作。

### 三、"十二五"时期快递市场发展与管理总体回顾

"十二五"时期,陕西省邮政行业业务总量增长86.76%,业务收入增长137.19%;其中,快递业业务收入增长2倍多,快递业业务量增长5倍多。全行业业务收入占全省GDP比重达到0.33%。全行业从业人员达到33007人,累计解决就业12331人。全行业年服务用户超过4亿人次,支撑网络零售交易规模突破300亿元。

**这五年,邮政行业发展环境不断优化、在国民经济中的地位日益凸显。**陕西省委、省政府领导高度重视邮政业的改革与发展,多次作出重要批示,并到陕西省邮政管理局和邮政快递企业调研指导工作。省政府出台的一系列扶持物流业、服务业、电子商务及民营企业发展的政策文件,分别在不同领域对快递业的发展起到了重要的推动和支撑作用。快递派送内容等纳入《陕西省社区服务体系建设规划》。快递车辆市区通行问题得到有效解决。各级政府纷纷出台一系列支持邮政业发展的利好政策。宝鸡、咸阳、铜川、榆林、延安、安康等地方政府均将促进快递业与物流业、商贸流通业、电子商务、交通运输等关联产业协同融合发展纳入议事日程。榆林市政府出台关于促进快递服务业发展的意见,并在园区建设、主体培育、新能源车辆、快递下乡等方面给予政策支持。

**这五年,邮政行业基础设施网络加快形成、服务保障能力显著提升。**其中全省快递企业达到380家,分支机构1284个,服务网点4200余个,乡镇快递网点1753个,覆盖率超过80%。快递基础设施建设如火如荼,榆林、渭南快递物流产业园建成启用,汉中快递园区积极推进,西安邮区中心局(草滩)省际邮件处理中心、圆通西北转运中心建成投产,韵达西北转运中心入驻普洛斯,顺丰西安电商产业园和陆运中心、申通西北转运中心、EMS集散中心等均已立项。西安咸阳国际机场国际快件监管中心开工建设。圆通"西安—杭州"往返货运航线首航成功,辐射华东、西北地区的杭州、上海、西安、银川、兰州等10多个城市。西安高铁快递开通运行,辐射全国200多个城市。全省快递企业转运中心总面积达到30万平方米,机动车辆3067台,自动化作业水平显著提升,机械化分拣设备、智能手持终端、智能快件箱加速推广,一线员工终端设备手持率达80%,基本实现随时随地联网扫描作业。从业人员素质不断提升,快递持证上岗率达60%。快递有效申诉率不断降低,服务质量和群众满意度稳步提升。

**这五年,邮政体制改革和法治邮政建设取得重大进展。**邮政体制改革持续深化,省级以下邮政管理机构顺利组建。政府职能转变卓有成效,各市局专有职权和主要行使职权下放到位。快递业务经营许可、备案、年度报告和"绿色通道"制度日趋完善,行政审批权限下放至市局,审批时限显著缩短,许可备案流程进一步优化。《邮政法》、《陕西省邮政条例》等相关法律法规得到全面落实。完善执法程序,严格执法责任,行政执法的规范化、标准化水平大幅提升,联合执法、交叉执法、行政复议等工作制度日益完善。行政执法能力建设和队伍建设不断加强,公务员持证执法率达到100%。社会监督制度和申诉制度更加健全,为邮政市场监管工作提供了有力支撑。坚持依法行政,注重源头治理,组织开展"规范市场秩序,维护用户权益"专项执法活动、快递服务质量专项整治、落实收寄验视制度专项整治、邮政行业安全生产大检查、寄递服务信息安全专项整治、寄递渠道清理整顿等各类专项执法行动,坚决依法查处市

场主体违法违规行为，切实维护邮政法律法规权威性。快递企业无证经营、超范围经营及快件暴力分拣、丢失损毁、延误积压等问题得到有效遏制，寄递渠道安全和消费者合法权益得到有效保障。省邮政业安全中心初步组建，寄递渠道安全管理领导小组工作机制日益完善，快件收寄验视和实名寄递制度落地实施，快件安检制度逐步推进。切实加强与地方禁毒委、反恐办、扫黄打非办等相关部门的协作配合，禁毒、反恐、扫黄打非等工作成效显著。

## 四、各市（地）主要管理工作概况

西安局创新联合执法机制保安全，配合市公安局组建全国首支“快递警察”——物流寄递犯罪侦查支队，建构联合执法工作新模式，全年共出动2000余检查人次，行程6万余公里，对违规违法的企业网点采取了责令整改、现场停业整顿等措施，并依法现场关停了近300家无资质的违规快递代办点。汉中局积极推动加快快递园区建设，使具有自主权属的汉中快递园区项目成为汉中重大建设投资项目。商洛局注重精神文明建设，弘扬社会主义核心价值观，加强企业党的建设，将着力在非公企业中开展“一建二创三提升”活动。渭南局快递下乡再创佳绩，快递网点乡镇覆盖率达90%。2015年，全市快递末端网点增加到442个，其中城区网点187个、乡镇网点255个。

宝鸡局争取市政府和相关部门的政策支持，帮助快递企业办理了14辆箱式货车的车辆通行证；与市交警支队赴陕西通家汽车公司考察新能源汽车，并组织快递企业召开新能源汽车推介会，向市政府申请新能源汽车补贴政策，促进“绿色宝鸡”发展；开发出基于Android手机版系统的手机版“宝鸡市快递企业基础信息服务系统”，实现电子地图浏览、快递企业专题信息展示和查询等功能。

铜川局重点组织快递企业进驻樱桃园开展樱桃收寄工作，其中铜川顺丰仅仅在樱桃节期间大樱桃一项业务量每天平均能达到600～700件，比去年同期业务量翻一番还多，整个樱桃节期间全市通过快递企业寄递樱桃26吨左右；推动快递企业加快乡镇及以下网络布局和基础设施建设，2015年，全市农村新增快递企业基层网点达到32个，乡镇快递覆盖率达到90.47%（不含EMS代办网点，如包含乡镇快递覆盖率达到100%），初步具备了快递普惠农村的硬件条件。

咸阳局集中调研高校快件派送情况，就快递服务形式提出指导意见，引导快递企业探索快递进校园新模式。推动快递企业联系合作便利店、设置代收派服务点、勤工俭学快递服务队、校企合作开设快递服务网点、设置公共派送点等五种模式解决快递进校园难题。

延安局打造“洛川模式”，以市政府积极推进电子商务发展为契机，鼓励指导企业加强与电商融合发展，并完成“快递下乡”汇报材料；积极与市公安局配合协作，推动警务室进驻快递企业；与上海市松江邮政管理局签订友好共建协议。

榆林局推动久旭快递园区建成投用；为推动快递末端网点建设，延伸快递服务，通过与市交通运输局签订了交邮战略合作框架协议，与榆林新恒安农副产品配送公司负责人，推进快递末端网点合作，与供销社联系签订《“农村电商快递综合服务中心（站）”战略合作方案》，推动乡镇供销快递网点合作。

## 五、快递市场存在的突出问题

**转型发展任重道远。**制约快递业转型发展的体制机制性障碍依然没有消除，政策性约束松绑缓慢，特别是快递业创新能力不强，管理模式粗放,基础设施落后,土地、人才、资金、科技等生产要素供给不足,同质化竞争严重,高附加值产品培育滞后,市场主体大而不强问题始终没有得到根本扭转,传统粗放式发展模式越来越难以为继。

**产业融合进展缓慢。**快递业与电子商务、商贸流通、现代农业、先进制造业等其他产业融合不够,产品体系和产业服务链还不能适应个性化定制的发展趋势,快递向下、向西、向外发展面临诸多难题,邮件快件的航空、铁路、公路多式联运衔接不畅,现代化综合交通运输体系的优势尚不能得到充分释放。

**利益诉求趋于多元。**人民群众的民主法治意识和自我维权意识在增强,不同社会阶层的利益诉求呈现多元、多变的特征,快递业的发展速度和服务水平仍然不能完全满足社会生产和人民生活日益增长的现实需求。

# 甘肃省快递市场发展及管理情况

## 一、快递市场总体发展情况

2015 年,甘肃省快递企业业务量累计完成 3541.43 万件,同比增长 33.36%,最高日处理快件量首次突破百万件大关。其中,同城 554.87 万件,同比增长 47.59%;异地 2981.74 万件,同比增长 31.16%;国际及港澳台 4.82 万件,同比下降 24.23%。快递企业业务收入累计达到 7.25 亿元,同比增长 41.68%。其中,同城 0.37 亿元,同比增长 32.73%;异地 5.39 亿元,同比增长 40.36%;国际及港澳台 0.14 亿元,同比增长 15.74%;其他 1.36亿元,同比增长 54.04%。同城、异地、国际及港澳台快递业务收入分别占全部快递收入的 5.1%、74.37%、1.99%、18.57%、业务量分别占全部快递业务量的 15.66%、84.20%、0.14%(表 7-28)。

表 7-28 2015 年甘肃省快递服务企业发展情况

| 指　　标 | 单　　位 | 2015 年累计 | 同比增长(%) | 占全部比例(%) |
|---|---|---|---|---|
| 快递业务量 | 万件 | 3541.43 | 33.36 | 100 |
| 同城 | 万件 | 554.87 | 47.59 | 5.1 |
| 异地 | 万件 | 2981.74 | 31.16 | 74.37 |
| 国际及港澳台 | 万件 | 4.82 | -24.23 | 1.99 |
| 快递业务收入 | 亿元 | 7.25 | 41.68 | 100 |
| 同城 | 亿元 | 0.37 | 32.73 | 15.66 |
| 异地 | 亿元 | 5.39 | 40.36 | 84.2 |
| 国际及港澳台 | 亿元 | 0.4 | 15.74 | 0.14 |

## 二、行业管理工作及主要成效

**发展环境持续优化。**甘肃省邮政管理局将快递业务经营许可审批权限全部下放至市州局,优化了审批流程,准入审批和变更时限分别压缩至 25 个工作日和 15 个工作日之内。与地方相关规划部门的衔接正在有序进行,基本完成“十三五”规划编制工作。与省商务厅、工信委联合出台了《甘肃省电子商务与快递协同发展试点实施方案》,推动兰州市政府出台了《关于加强和改进城市快递运输车辆管理工作的意见》,有效解决了多年制约省会城市快递业发展的车辆“三难”问题。

启用“甘肃快递”标识，首批1000辆型号、标识统一的快递三轮车已投入使用，提升了甘肃快递的整体形象。各地交通客运、邮政、快递合作范围进一步拓宽。各地对邮政业重视程度明显提高，各级领导对邮政工作作出批示、到邮政行业调研、听取工作汇报、协调解决困难的力度不断加大，出台支持邮政业发展意见20多个，与相关部门联合执法40余次。

**行业发展秩序日趋规范**。甘肃省邮政管理局依法开展经营许可工作，保证快递服务的能力和水平不下降。发放快递许可证32家，办理许可变更307家。全省共举办各类执法培训26期，执法队伍综合素质和执法的公信力不断提升。全年共开展快递市场检查和协调服务9200人次，检查单位4600个，纠正和查处违法违规行为1715起，下发整改通知书769份，实施行政处罚76起。及时、准确、全面、主动地公开快递服务网点和行政审批、许可信息，接受社会监督。积极开展全国邮政管理行政执法信息系统试点推广工作，承办全国执法信息系统培训班2次，提出合理化建议47条。2015年，全省在执法系统中共录入检查信息5900条，录入行政执法案件153条，系统试用覆盖率、用户登录率均达到100%，居全国前列。

**快递企业规模不断扩大**。甘肃省邮政管理局推进快递“下乡”，联合相关部门在成县召开了快递电商融合发展座谈会，复制推广“陇南模式”；积极为农村电商与快递搭建合作平台，推动快递电商融合发展，一批优质土特产品通过快递与电商协同发展平台走出甘肃。陇南市政府鼓励发展面向乡村的“草根快递”，对快递企业收寄电商网货每件补贴1~3元，并将快递企业纳入奖先评优对象，为快递企业发放奖励资金15.5万元；引导推广“快递超市”、“快递驿站”等一点多品牌经营模式。定西、酒泉、嘉峪关、临夏、平凉等市州建成11家快递超市，定西岷县建成2家“快递驿站”，为全市“快递下乡”探索出了一条新路；推进村邮站建设与快递服务“向下”拓展相结合，引入快递企业参与村邮站建设运营，通过企业自建网点、多品牌共建、代办等形式，提高快递服务网络的覆盖率。武威市对在贫困乡镇、行政村建立邮政、快递营业网点给予1万元财政补贴。印发《甘肃省快递服务末端投递网点备案实施意见》，对快递服务末端投递网点备案工作进行规范，全省已备案快递末端网点260家；推动快递企业提升终端服务能力，推广第三方配送模式，扶持校企合作、社区物业代办、设立快递自提柜、便利店代投等快递末端配送形式；加快智能快件箱建设推广应用，兰州市已建成安装近600个智能快件箱，有效提升末端服务水平。快递营业网点达到3618个、营业场所面积达25万平方米，末端投递网点2150个，重点快递公司全部覆盖到县级城市，乡镇快递企业网点覆盖率达到31%。甘肃局从场所标准化、设施标准化、管理标准化三方面入手，引导快递企业提升“软实力”，努力打造行业新形象。全省已有500多家快递网点按照标准化建设要求进行设置和改造。推动快递功能园区步入密集规划阶段，兰州、酒泉、嘉峪关市将快递功能园区纳入当地规划。开展快递企业形象和服务质量专项整治，重点解决快件延误、丢损、赔偿难、野蛮分拣、信息泄露等热点问题，受理消费者申诉4566件，结案1176件，为消费者挽回经济损失22万元，全省年度快递服务满意度为75.1分。

**全行业整体运行平稳**。甘肃省邮政管理局建立了安全生产责任制度。成立了安全监管工作领导小组，制定了《加强行业安全监管工作实施方案》，与各企业签订了安全生产责任书，靠实了企业安全主体责任。二是形成了安全管理联动机制，全省共开展联合检查27次，配合公安机关开展检查18次，全面提升了安全监管水平。酒泉局积极争取地方政府资金建成邮政行业安全监控信息中心并投入使用。组织开展收寄验视、实名寄递和过机安检专项检查，检查企业120多家，发现和纠正违规行为13起。积极争取地方财政资金，推动解决X光机安检机配置难题。兰州市已配备安检机18台。顺利完成抗战胜利70周年纪念活动、西藏自治区成立50周年庆祝活动、丝绸之路（敦煌）国际文化博览会等重要活动、节会及元旦、春节、两会、“双11”服务旺季寄递渠道安全保障工作，全年未发生安全事故和服务热点事件。

**人才队伍建设取得新突破。**甘肃省邮政管理局推动校企合作取得实质进展，确定省交通职业技术学院为甘肃省邮政行业人才培养基地，进行快递人员素质培训和职业资格认证，组织4次职业技能鉴定考试，培训及鉴定快递业务人员1240人。推动开展行业文明创建活动，各市州局联合团市委命名表彰邮政行业“青年文明号”47家。积极落实“联村联户”、“精准扶贫”工作任务，受到省委双联办的肯定。

## 三、“十二五”时期快递市场发展与管理总体回顾

“十二五”时期，甘肃省邮政行业业务总量年均增幅15%，比“十一五”末翻了一番，其中快递业业务量年均增幅30.3%，是“十一五”末的3.5倍；邮政行业业务收入年均增幅15.9%，是“十一五”末的两倍，其中快递业务收入年均增幅33.5%，是“十一五”末的3倍。

**“十二五”期间，快递服务网络大幅拓展。**全省快递业规模快速增长，经营主体不断增加，网络广度和深度持续扩大，基础设施逐步完善，快递业已经成为关系百姓民生、点燃消费激情的重要力量。全省快递企业品牌总数已达30多家，法人企业145家，分支机构1500家，营业网点达到4000个，从业人员近万人。

**“十二五”期间，监管体系建设逐步完善。**全省邮政管理体制逐步理顺，监管职能不断强化，监管力量不断壮大，支撑体系不断完善，执法工作不断规范，行政执法力度不断加大，市场秩序更加有序。

**“十二五”期间，科技应用水平明显提升。**全省邮政业信息化建设进一步加快，科技投入逐年增加。企业加大分拣自动化设备、先进运输装备以及移动客户端软件等科技成果推广力度，全省快递企业拥有计算机达4000台，X光机49台，手持终端4150台，重点快递企业计算机、手持终端、网络平台的查询业务开通率达100%，基本实现随时随地联网扫描作业。

## 四、各市（地）主要管理工作概况

白银局联手白银区工信局，以白银鑫恩明商贸有限公司为试点，引导快递与电商深度合作。同时依托甘肃中进物流园区建设工程，推进快递企业入驻园区，做到资源共享。酒泉局对全市快递营业网点监控设备的基本情况进行统计汇总。多次向市委、市政府汇报争取，得到市政府的大力支持。该项目预计历时三年分三期投资建设，总投资300万元。庆阳局加强行政执法监督检查，全年共开展市场监督检查624次，出检1872人次，纠正和查处违法违规行为63起，下发责令整改通知书58份，下达行政处罚决定书9份，罚款7起，警告2起，累计罚款19000元。陇南局积极鼓励民营快递企业在乡镇设立网点，民营快递企业农村网点达到197个，覆盖农村乡镇102个，乡镇民营快递覆盖率超过50%。

兰州局全面做好快递车辆备案登记、统一车辆标志标识、核发城区道路通行证三个方面工作，规范和加强快递运输车辆管理，保障快递运输车辆进出主城区，并在限行路段、限行时段便捷通行；完成快递标识设计，对22家快递企业的125辆干线运输车和223车辆城市配送车、894辆电动三轮车统一进行了登记备案。

嘉峪关局开创性为快递企业办理人车综合险。人保财险针对快递行业特点，专门为市快递企业设计了“快递企业人车综合险”。全市快递企业已购买人车综合险56份，通过本险种申请赔付事故11起，共赔付保险金额1.67万元。

武威局推动出台了《武威市邮政快递业保障

精准扶贫电子商务工作的实施方案》，方案以建成城乡一体化的现代快递物流体系为目标任务，制定年度推进计划，在58个贫困乡镇全面建立和运营邮政快递网点，在行政村建成以邮政主导、快递功能覆盖的村级综合物流服务站。同时，地方政府给予财政补贴，保障快递物流体系正常运转。

### 五、快递市场存在的突出问题

**安全形势面临严峻考验。**快递业生产经营中存在较多安全方面的问题，快递企业负责人法律意识普遍较为淡漠，对安全存有侥幸心理；各快递公司人员流动性较大，安全培训普及难度加大；个别企业生产规模偏小，作业场所有限，安全设施配备不齐全，特别是在执行邮件、快件100%过机安检措施方面还有较大困难；安全生产保障制度还不健全；随着快递业务量的迅猛发展，不可控偶然因素增多，一些新情况、新问题仍有可能发生，监管工作面临新的挑战。

**监管工作能力仍显不足。**监管人员业务知识与法律知识、法制意识和法律素养的结合还不够充分，执法方式缺乏创新，执法程序有待进一步规范，执法队伍自身能力有待新的提高，执法工作对企业经营的正确导向作用没有得到充分发挥。

**快递业经营秩序有待进一步规范。**快递企业经营方式粗放，加盟条件较低，重效益轻管理的现象较为普遍，规范清理后仍有部分快递公司存在超范围超规定经营快递业务的行为。

**发展环境有待进一步优化。**在促进电商融合，推动快递业服务“三农”和服务制造业方面，快递业还没有发挥出应有的作用，没有形成有效的合作机制，推动地方经济发展起到的作用有限。部分市州在快递车辆通行、快递园区建设等关系快递企业切身利益的问题上环境还不够优化，经营快递业务政策性补贴机制还没有建立。

## 青海省快递市场发展及管理情况

### 一、快递市场总体发展情况

2015年，青海省快递企业业务量累计完成716.6万件，同比增长23.6%，最高日处理量超过12万件。其中，同城152.2万件，同比增长118.6%；异地563.8万件，同比增长10.7%；国际及港澳台0.6万件，同比下降21.3%。快递企业业务收入累计达到1.8亿元，同比增长18.1%。其中，同城0.2亿元，同比增长146.6%；异地1.4亿元，同比增长8.2%；国际及港澳台0.03亿元，同比增长68.4%。同城、异地、国际及港澳台快递业务收入分别占全部快递收入的11.1%、77.8%和0.02%；业务量分别占全部快递业务量的21.2%、78.7%和0%（表7-29）。

表7-29　2015年青海省快递服务企业发展情况

| 指　标 | 单　位 | 2015年累计 | 同比增长(%) | 占全部比例(%) |
|---|---|---|---|---|
| 快递业务量 | 万件 | 716.6 | 23.6 | 100 |
| 同城 | 万件 | 152.2 | 118.6 | 21.2 |
| 异地 | 万件 | 563.8 | 10.7 | 78.7 |
| 国际及港澳台 | 万件 | 0.6 | -21.3 | 0 |
| 快递业务收入 | 亿元 | 1.8 | 18.1 | 100 |
| 同城 | 亿元 | 0.2 | 146.6 | 11.1 |
| 异地 | 亿元 | 1.4 | 8.2 | 77.8 |
| 国际及港澳台 | 亿元 | 0.03 | 68.4 | 0.02 |

## 二、行业管理工作及主要成效

**稳定行业增长态势。**青海省邮政管理局以“互联网 +”为基础，积极实践“邮政 +”和“快递 +”战略，在部分农村建成“邮政 + 电商”综合服务平台 78 个，建成“快递 + 电商”综合服务平台 16 个，既方便群众生产生活，又促进了行业发展，带动了农村经济，探索出一条适合青海实际的邮政、快递下乡途径。研究出台《关于加快快递业与电子商务协同发展的措施意见》《关于促进快递业健康发展的若干意见》等政策性文件。认真组织编制“十三五”规划，努力争取各方面对邮政业的政策、资金支持。积极扩大免收车辆道路通行费受惠快递企业范围，降低了企业的运营成本，提升了服务效率。强化快递网络建设，全省新增快递营业网点 100 个，网点总数达到 337 个，较 2014 年增长 42%；新吸纳就业人员 850 人，快递从业人员突破 3000 人。

**努力提升服务质量。**青海省邮政管理局组织开展了落实收寄验视制度等多项监督检查活动，全系统执法人员累计出检 2875 人次，检查单位 909 个次。处理消费者申诉 1137 件，同比下降 19.8%，为消费者挽回经济损失 21023 元，申诉处理满意率达到 98.5%。通过监督检查、群众投诉申诉等渠道，全系统发现违规违法行为 162 起，责令整改 147 件，行政处罚 18 起。

**维护行业畅通稳定。**青海省邮政管理局会同综治、公安、国安、交通等九部门成立青海省寄递渠道安全工作领导小组，建立了齐抓共管、各司其责的寄递渠道安全联合治理机制。周密部署抗战胜利 70 周年、西藏自治区成立 50 周年、新疆自治区成立 60 周年等重大活动期间安全保障工作，协调国家安全部门对青海省进京、进藏、进疆邮件、快件实现 100% 过机安检。认真组织“双 11”“双 12”以及圣诞节、元旦、春节等业务旺季期间服务保障和安全生产工作，积极配合有关部门开展寄递渠道禁毒、反恐、扫黄打非等专项工作。全省各级邮政管理部门组织举办应急演练和安全生产培训 25 次，培训企业负责人及安全员 970 人次。通过全系统广大干部职工的共同努力，2015 年，全省邮政行业未发生重大安全责任事故，安全形势进一步巩固。

**深化法治邮政建设。**一是建立权力清单和责任清单。青海省邮政管理局对自身行政职权按照权力性质进行分类，梳理出各类行政职权 137 项，并制定《行政权力岗位责任清单》，明确各项行政职权的实施对象、承办机构、追责情形等事项，基本建立了全面、规范的权力运行机制。下放快递业务经营许可及变更等审批事项至市州管局。快递业务经营许可审批时限由 45 天缩短至 20 天，许可变更时限由 45 天缩短至 15 天。

## 三、“十二五”时期快递市场发展与管理总体回顾

“十二五”时期，青海省快递服务实现跨越式发展。快递业业务量由“十一五”末的 162.7 万件，增长到“十二五”末的 716.6 万件，年均增长 68%；业务收入由“十一五”末的 0.74 亿元，增长到“十二五”末的 1.82 亿元，年均增长 30%。经营主体不断增加，快递企业数量由“十一五”末的 16 家发展到 37 家。服务网络不断拓展，快递网点由“十一五”末的 162 个增加到 314 个。从业人员大幅增加，由 550 人增加到 3000 多人。

**五年来，发展环境明显改善。**法制建设取得重大突破，青海第一部邮政业地方性法规《青海省邮政条例》于 2014 年 10 月 1 日正式施行。青海省在全国率先实施免收快递运输车辆道路通行费政策，快递企业运营成本显著减轻。协调有关部门出台《关于加强快递企业运输车辆管理工作的通知》，快递运输车辆通行难、停靠难的问题基本解决。

**五年来，行业改革进一步深化。**省级以下邮政监管机构改革顺利完成，邮政监管体制进一步健全，监管力量显著增强。邮政业“营改增”税制

改革全面完成，部分快递网点享受免税优惠政策。行政审批事项改革扎实推进。

**五年来，产业协同发展成效显著**。交通邮政融合发展进一步深化，邮政、快递企业积极利用客运企业的运输优势代运、转运邮件、快件，邮政网点代售客运车票，部分传统交通货运企业开办快递业务，加速向寄递服务供应商转型。邮政、快递和电商协调发展取得突破进展，在部分农村地区建成“邮政 + 电商”“快递 + 电商”综合服务平台94个，帮助广大农民实现了购物不出村、销售不出村、生活不出村、金融不出村、创业不出村的“五不出村”便捷新生活，同时也带动了行业发展。快递与民航联动发展有序推进，出台“促进快递与民航产业协同发展的实施意见”，推动双方资源整合，优势互补。

**五年来，监管体系逐步健全**。全省上下成立了邮政管理、综治、国安、公安等九部门共同参加的寄递渠道安全工作领导小组，齐抓共管、各司其责的多部门联合监管模式得以确立。快递服务公众满意度调查、快递服务时限测试等服务质量监测活动定期开展，形成完善的服务质量评价体系，在引导督促企业改善服务方面发挥了重要作用。

### 四、各市（地）主要管理工作概况

西宁局成功举办市首届“最美投递员”；积极争取、协调，西宁市劳动竞赛委员会将快递行业职业技能竞赛纳入第三届职工职业技能大赛序列，并将其列为2014年全市19个工种（项目）竞赛之一。

海西州局经过多次调研，积极争取地方财政资金支持，在快递业务量较大的德令哈、格尔木两地企业自建分拨中心配备两台X光安检机，对快件集中进行过机安检，使邮件、快件过机安检率达到了80%以上。

海北州局就州快递与电商协同发展新思路进行了讨论，形成了《海北州邮政管理局关于加快海北州快递业与电子商务协同发展的措施意见（讨论稿）》，并报州加快电子商务发展工作领导小组办公室讨论。

海南州局积极联系共和县城镇管理局、交通管理局、住房保障与房地产管理局等单位，多次协调并达成协定，允许快递投递车辆进入海南州各小区停车开展投递作业工作；允许快递投递车辆在州属城镇禁限、禁停路段停靠开展投递作业工作；免收快递投递车辆在共和县停车收费路段停靠费用，切实为快递企业解决实际困难问题。

### 五、快递市场存在的突出问题

快递发展水平依然较低，产业规模偏小，经营模式相对粗放，揽派比例严重失衡，服务产品单一，标准化程度偏低，服务质量不高，增长内生动力不足，不能满足全省社会经济发展和人民生活日益增长的服务需求。监管能力不能适应行业发展新常态，监管理念相对保守，监管方法比较传统，监管手段非常有限。

## 宁夏回族自治区快递市场发展及管理情况

### 一、快递市场总体发展情况

2015年，宁夏回族自治区快递企业业务量累计完成2231.9万件，同比增长47.4%，最高日处理量超过30万件。其中，同城309.9万件，同比增长47.3%；异地1919.6万件，同比增长47.5%；国际及港澳台2.5万件，同比增长12.6%。快递企业业务收入累计达到4.8亿元，同比增长44.3%。其中，同城0.4亿元，同比增长80.6%；异地3.8亿元，同比增长42.2%；国际及港澳台

0.1亿元,同比增长47.7%。同城、异地、国际及港澳台快递业务收入分别占全部快递收入的6.6%、79.3%,1.4%;同城、异地、国际及港澳台快递业务量分别占全部快递业务量的13.9%、86%和0.1%(表7-30)。邮政业消费者申诉处理率达到100%。

表7-30 2015年宁夏回族自治区快递服务企业发展情况

| 指标 | 单位 | 2015年累计 | 同比增长(%) | 占全部比例(%) |
|---|---|---|---|---|
| 快递业务量 | 万件 | 2231.9 | 47.4 | 100 |
| 同城 | 万件 | 309.9 | 47.3 | 13.9 |
| 异地 | 万件 | 1919.6 | 47.5 | 86 |
| 国际及港澳台 | 万件 | 2.5 | 12.6 | 0.4 |
| 快递业务收入 | 亿元 | 4.8 | 44.3 | 100 |
| 同城 | 亿元 | 0.3 | 80.6 | 6.6 |
| 异地 | 亿元 | 3.8 | 42.2 | 79.3 |
| 国际及港澳台 | 亿元 | 0.1 | 47.7 | 1.4 |

## 二、行业管理工作及主要成效

**行业改革取得实质性进展。**宁夏回族自治区邮政管理局贯彻落实下放和明确邮政管理部门层级职权的要求,快递分支机构名录核定发放、年度报告审核、分支机构备案和许可注销初审等多项职权全面下放市局,实现执法重心下沉。建立快递业务经营许可"绿色通道"制度,优化许可备案流程,实行形式审查与实地审查有机结合。建立许可事项委托下派核查超时通报制度,保障行政相对人合法权益。进一步完善行政许可信息系统,为行政相对人在线提交、在线查询、在线监督提供便利。严格按照许可规范开展快递业务经营许可和备案工作,简化行政许可,确保简化程序不降低标准。积极部署探索建立县级邮政监管机构试点工作,各市局积极协调联系地方政府及相关部门,在争取办公场地、人员、开办费支持等方面取得初步进展。

**行业发展环境进一步优化。**宁夏回族自治区邮政管理局积极推动自治区人民政府将"城市社区建设网络购物快递投送场所,新建住宅小区、商业区将快递投送场所纳入规划,落实快递车辆城市通行、禁限制停靠路段停靠"等优惠政策纳入《关于促进电子商务发展加快培育经济新动力的实施意见》,逐步完善宁夏物流快递配送。积极推动建成宁夏银川电商快递物流产业园,贺兰县委、县政府专门印发《贺兰县关于推进电子商务发展的若干意见(试行)》,明确"对每年为电商发售本土产品达10万单以上的快递企业,给予每单0.5元的运费补贴;对开展快递服务的电商企业,按实际发出的单数给予每年100万单以上享受每单0.1元的标准进行物流运费补贴"的补贴政策。结合《国务院关于促进快递业发展若干意见》,向自治区人民政府上报《关于进一步促进我区邮政业健康快速发展的报告》,推动出台《关于促进全区邮政业健康快速发展的实施意见》,自治区人民政府分管领导原则同意适时召开专题会议,研究印发促进行业发展实施意见。积极争取对邮政业发展的资金支持,与自治区商务厅对接,争取到200万元的扶持资金用于补助快递企业安装安检设备,石嘴山局和固原局积极协调地方政府,分别争取到100万元和25万元资金专项补贴X光机安检项目。继续落实《关于加强和改进城市配送管理工作的指导意见》,有效解决了城市快递车辆通行难问题。认真做好全区邮政业发展"十三五规划"的启动实施工作,成立"十三五"规划编制工作领导小组,坚持开门编制规划,吸收专业学者参加,广泛听取企业和社会各界意见建议。进一步加强与自治区发改委、商务厅、交通厅、规划办等相关部门的沟通对接,积极推动将邮政行业发展相关内容纳入自治区“国民经济和社会发展第十三个五年规划”、服务业“十三五”规划和交通运输“十三五”发展规划的总体安排。5市局先后成立规划工作领导小组，保证区级邮政业发展规划和市级规划的有效衔接，统筹推进全区规划编制工作深入开展。鼓励引导快递企业根据市场变化和客户需求加大科技投入和更新设备，增加分拨转运设备，开办新型增值服务，发挥比较优势，促进服务创新，打造个性化、差异化服务，减少低价同质化竞争。推动邮政、快递服务与综合交通运输体系资源优势互补。

**基础设施和基础能力建设进一步强化。**宁夏回族自治区邮政管理局继续深入实施《宁夏快递车辆运行管理办法》，推动快递车辆便利通行、快递车辆进小区免收费等优惠政策的进一步落地，快递车辆进城难、进小区难得到有效解决。加快推动快递业与电子商务等产业联动发展，充分发挥市场资源配置作用和企业主体作用，鼓励条件成熟的快递企业建设县（区）级农村电子商务邮政快递服务平台。继续推进快递“向下”工程，鼓励社会资本进入快递服务领域，引导快递企业完善服务网络。积极探索在社区、校区、商业区等公共场所配置智能快件箱。鼓励引导有实力的快递企业提前布局，依托中阿博览会平台优势实施“走出去”战略。在全国率先研究制定《宁夏快递服务规范化标准化实施办法》，全面推进快递企业标准化建设，从场所标准、操作标准、人员管理、安全管理、统计登记、投（申）诉与赔偿、分支机构管理、加盟企业管理、建立健全企业管理制度、党（团）组织建设、企业精神文明建设等13个方面27项指标规定了快递企业经营管理的标准，引导快递企业实现规范化、标准化、均衡化发展，推动宁夏快递企业全面转型升级。

**行业监管能力和依法行政水平进一步提升。**宁夏回族自治区邮政管理局强化快递业务经营许可的事中事后监管，完善快递市场主体退出管理机制，全面实现快递业务经营许可全流程闭环管理。认真贯彻执行国家邮政局《关于贯彻实施〈快递市场管理办法〉加强快递经营活动管理的通知》，推进快递业务经营范围规范和清理工作。指导各市局全面整顿和规范邮政市场秩序，不断提高《快件查询处理登记表》《用户投诉（申诉）处理登记表》《快件赔偿登记表》《问题件处理登记表》和《快递企业自查巡查登记表》5个记录本的使用效率，逐步规范企业行为，不断提升企业自律能力。开展“执法大练兵”活动，重点查处无证经营、超范围经营和野蛮分拣等违法违规行为，建立重大案件督办制度。全年开展市场检查4268人次，纠正和查处违法违规行为为273起，下达整改通知书217份，行政处罚26件，处罚金额7.45万元。继续贯彻落实《关于邮政业消费者申诉与市场监管工作衔接和联动机制的指导意见》，完善申诉机制、处理流程和协作联动机制。共处理消费者有效申诉399件，为消费者挽回经济损失4.8万元，申诉处理满意率98%，切实维护了消费者的合法权益。

**行业安全监管和应急能力建设进一步加强。**宁夏回族自治区邮政管理局推动宁夏综治办、邮政管理局等九部门成立自治区寄递行业安全监管领导小组及其办公室，联合印发《关于加强寄递行业安全管理工作的实施意见》，自2015年6月1日起，宁夏全区在全国率先100%实行邮件、快件实名寄递，出港邮件、快件100%验视并加盖“收寄验视”章。自2015年9月1日起，全区各寄递企业共配置安检设备30余台，实现收寄的出港邮件、快件100%通过X光机安检。严把禁寄物品进入寄递渠道的关口，在寄递渠道开展禁毒、反恐、“扫黄打非”等工作，先后被评为“全区禁毒工作先进单位”和“全区扫黄打非工作先进集体”。配套实施《快递企业员工发现报告可疑邮件（快件）奖励办法》，2015年，30多个快递公司及其服务网点发现并报告可疑快件近94件次，涉及枪支、子弹、弓弩、管制刀具、非法出版物、非法传销等35件，交由公安机关立案10余起，其中查获毒品1000

余克、铅制汽枪子弹2900余发和一批各类防真枪配件。宁夏寄递行业安全工作受到了自治区党委副书记崔波、党委常委李文章等多位领导的多次充分肯定。进一步强化与国安、公安等相关执法部门的协作配合，建立多种联合执法机制，提高邮政执法整体效能。五市局先后与综治办等部门成立了寄递行业（渠道）安全监管领导小组，完善寄递行业安全工作机制，形成监管工作合力。全面落实《寄递服务用户个人信息安全管理规定》，保障用户信息安全。因地制宜加快安全监管平台建设。全系统连续9年保持了全行业安全平稳运行“零事故”的好成绩。各级邮政管理部门与辖区企业、企业与员工层层签订了安全生产责任书，督促企业成立安全委员会或安全小组，实行备案管理，将安全责任分解落实到企业和个人，强化了企业负责人的安全管理主体责任意识。持续强化行业安全生产教育培训。定期开展行业安全生产专项检查，做好安全隐患的排查和治理。建立健全行业突发事件应急保障体系，严格按照“谁主管、谁负责”、“谁经营、谁负责”的原则，明确应急管理职责，及时妥善处置各类突发事件。顺利完成抗战胜利70周年和2015中国－阿拉伯国家博览会等重大活动期间寄递渠道安保工作，保证了宁夏寄递渠道的安全平稳运行，并以宁夏邮路寄递物品安全监管工作领导小组办公室的名义对工作中涌现出的先进集体和先进个人进行了表彰。扎实做好旺季服务保障和应急处置工作，通过召开电视电话会议、新闻通气会、实行监测日报、突击检查和夜查快递分拨中心等多种举措，扎实做好“双11”等旺季服务保障和安全生产，保证“双11”等业务旺季安全平稳有序运行，实现“全网不瘫痪、重点节点不爆仓，保畅通、保安全、保平稳”的目标。

**重视行业人才培养和文化建设。**宁夏回族自治区邮政管理局充分发挥职业技能中心和快递协会作用，积极申请成立职业技能鉴定站，主动加强与自治区教育厅和区内高等院校联系对接，召开邮政行业校企合作工作座谈会，争取在高校设置邮政快递管理相关专业，并初步达成合作意向。鼓励企业推行全员持证上岗，推动企业开展一线员工职业道德、业务技能、安全知识培训，提高从业人员素质。组织开展首届宁夏青年职业技能竞赛快递业务员项目比赛，组织快递企业员工参加“振兴杯”全国青年职业技能大赛。认真组织开展快递业务员职业技能鉴定考试工作，全年完成快递业务员技能鉴定633人次。认真贯彻落实《推进邮政行业文化建设的指导意见》和《关于进一步加强邮政行业精神文明建设的指导意见》，不断完善邮政行业核心价值体系。深入开展文明创建活动，在全区推动“青年文明号”“文明窗口”等创建活动。银川局、吴忠局2市局荣获“县级文明单位”称号，固原顺丰快递公司获得“青年文明号”称号。

### 三、“十二五”时期快递市场发展与管理总体回顾

**五年来，全区始终坚持发展第一要务。**全系统坚持“安全为基、发展为要、服务为上”的工作方针，将建设“五个邮政”作为实现奋斗目标的重要抓手。积极协调推动规划、政策的制定和实施，建立健全行业区、市规划体系，强化规划衔接落地，提升对行业的宏观调控能力。不断优化政策环境，出台多项措施有效解决基础设施、车辆通行、末端投递、人才建设等方面的问题。加大行业宣传力度，营造良好的舆论氛围，全社会关注邮政业发展、支持邮政业发展的大环境已经形成。

**五年来，全区深入推进邮政改革。**稳步推进完善省级以下邮政监管体制工作，组建了5个市级邮政管理机构，为推动行业健康发展提供坚强的组织保障。进一步简政放权，深化行政审批制度改革。着力优化政府服务，简化许可备案流程，大大缩短办理时限。平稳实施“营改增”税制改革，助力行业结构调整转型升级。邮政企业改革创新顺利推进，国有经济活力、影响力、控制力和抗风险能力进一步增强。

**五年来，全区深入推进法治邮政建设。**不断

完善执法程序、严格执法责任、加强执法监督、推进综合执法，强化行政执法信息化建设，行政执法的规范化、标准化水平和监管效能大幅提升。明确邮政管理部门层级职权，将31项职责下放到市局，实现执法重心下沉。健全完善安全管理制度，不断夯实安全基础，切实加强行业安全管理。

## 四、各市(地)主要管理工作概况

石嘴山、中卫局主动对接，成功将邮政业发展纳入地方国民经济和社会发展、现代服务业发展"十三五"规划。

银川局在宁夏天豹快递开始试点实行寄递实名制，天豹快递安装了全区第一台身份证识别系统；扎实推进快递服务规范化标准化建设，超额高标准完成建设任务，截至2015年底，银川市80%以上快递营业网点已经完成标准化改建；市非公快递企业联合工会第一届委员会选举成立。

中卫局大力推动快递下乡工程，依托"农村电商"平台，与较偏远乡镇的特产店、便利商店、电信营业点等建立合作关系，签订协议，由其提供快件代投服务；积极与市商务局、发改委、工信局、扶贫办、市邮政公司等部门合力推进快递与电商协同发展、优势互补。2015年，在与中宁县政府沟通协调下，已建成农村"快递＋电商"网点5个。

固原局大力支持电子商务与物流快递协同发展，鼓励电商、商贸、物流企业积极参与城乡供应链、物流链整合，优势互补，每个县组建2～3家快递物流配送骨干企业，构建工业品下乡、农产品进城的网上通道，提高农村商品物流配送能力；指导彭阳县三泰科技实业公司抢抓固原市"互联网＋扶贫＋X"项目机遇建成加工、电商、快递综合服务平台，实现生产、加工、电子商务、快递的深入融合；引导顺丰、邮政公司借助各自电商平台，建立冷链物流中心，将固原市特色农副产品积极向外推广；积极协调，成功将快递下乡、快递物流园区建设等内容纳入《固原市农村扶贫电子商务发展规划(2016年—2020年)》；推动建成首个"校园快递服务中心"，成功解决校园快递服务"最后一公里"问题。

吴忠局在寄递企业中全面实行"四色安全预警管理机制"制定出一套完整的监管模式，完善评星定级制度，保证评定公开公正，评定结果多渠道公示，分级管理落实到位根据企业色彩不同，采取不同的管理方式。

石嘴山局积极协调市政府及有关部门，全力打造"快递下乡"示范县；争取为部分快递企业购置X光安检机分配支持资金53万元；为该市快递企业安装视频监控设备项目分配支持资金47万元。

## 五、快递市场存在的突出问题

**规划滞后**。尚未编制邮政业专项规划，无法将邮政业规划纳入城市总体规划，造成快递业用地难、通行难等问题突出。

**同质化竞争**。在同质化竞争的背景下，快递市场主体为了抢占市场份额，过于依赖低层次的价格竞争，甚至有些快递企业低于成本价格揽收快件，出现了只增量，不增收，阻碍了行业健康发展。

**服务质量不高**。快件的延误率、损毁率、丢失率等较高，成为快递服务质量投诉焦点。

**发展不平衡**。进出港比例严重失调，进出港量达到6∶1，同时地区和品牌之间差异大，影响行业可持续发展。

**基础设施薄弱**。快递分拨中心等一些基础设施建设资金不到位，基础设施条件不适应行业发展需要。同时，寄递网络的不健全也制约行业发展。

**安全监管难度较大**。近年来快递企业数量急增，盲目扩张，"小而弱、大而不强"现象突出，从业人员流动性大，素质参差不齐，都给安全监管带来难度。同时，由于县级没有监管机构，监管力量薄弱，监管手段滞后等问题，也给行业安全监管带来巨大挑战。

# 新疆维吾尔自治区快递市场发展及管理情况

## 一、快递市场总体发展情况

2015年,新疆维吾尔自治区快递企业业务量累计完成7050.7万件,同比增长18.7%。其中,同城438.7万件,同比增长11.2%;异地6606.4万件,同比增长19.2%;国际及港澳台5.6万件,同比增长10.4%。快递企业业务收入累计达到12.9亿元,同比增长20.5%。其中,同城0.6亿元,同比增长11.2%;异地9.7亿元,同比增长18.3%;国际及港澳台0.2亿元,同比增长19.7%。同城、异地、国际及港澳台快递业务收入分别占全部快递收入的5.0%、74.9%和1.5%;业务量分别占全部快递业务量的6.2%、93.7%和0.1(表7-31)。

表7-31 2015年新疆维吾尔自治区快递服务企业发展情况

| 指 标 | 单 位 | 2015年累计 | 同比增长(%) | 占全部比例(%) |
|---|---|---|---|---|
| 快递业务量 | 万件 | 7050.7 | 18.7 | 100 |
| 同城 | 万件 | 438.7 | 11.2 | 6.2 |
| 异地 | 万件 | 6606.4 | 19.2 | 93.7 |
| 国际及港澳台 | 万件 | 5.6 | 10.4 | 0.1 |
| 快递业务收入 | 亿元 | 12.9 | 20.5 | 100 |
| 同城 | 亿元 | 0.6 | 11.2 | 5.0 |
| 异地 | 亿元 | 9.7 | 18.3 | 74.9 |
| 国际及港澳台 | 亿元 | 0.2 | 19.7 | 1.5 |

## 二、行业管理工作及主要成效

**促进自治区社会稳定和长治久安。**新疆维吾尔自治区邮政管理局坚持把安全发展放在行业管理工作的首位,把保障人民群众生命安全作为最大的民生,深入做好邮政行业安全监管各项工作,坚决遏制重特大安全事故发生。努力克服编制少、人员紧张、行业管理任务重等困难,下派住村工作组成员20余人,积极承担转变干部作风、加强民族团结、促进宗教和谐、保障改善民生、维护社会稳定、强化基层基础六项任务,突出做好群众工作、加强基层组织、推进"去极端化"三项重点工作,不断将"访惠聚"活动引向深入,服务了群众、凝聚了人心、维护了稳定、推进了发展、锻炼了队伍。2015年,新疆局累计投入5.2万元,在和田市拉斯奎镇波斯坦阿勒迪村开展救助、慰问、帮学等活动;积极协调引进投资项目资金30万元,建立鸽子养殖基地,推动该村集体经济发展。塔城局、昌吉局分别为工作组所住村争取建设资金87万元和36万元。其他地州市局也积极为所住村争取一些"短、平、快"的项目和资金,发展壮大村级集体经济,开展扶贫帮困活动。深入贯彻党的民族政策,坚持各民族一律平等。认真组织开展第33个民族团结教育月活动,加强"三个离不开"和"五个认同"教育,汇聚民族团结正能量。伊犁、昌吉等局成功创建自治州级民族团结进步模范单位。坚持把社会管理综合治理工作列入重要议事日程,切实加强领导,将社会管理综合治理工作与业务工作同部署、同检查、同考核,与所在社区建立联系制度,积极配合街道、社区开展社会管理综合治理,密切沟通,及时解决,切实把不稳定因素消灭在萌芽状态。乌鲁木齐、阿勒泰、巴州、塔城、昌吉等局成功创建地州市级综合治理平安建设先进单位。

**大力促进行业改革发展。**新疆维吾尔自治区邮政管理局将快递分支机构名录核定发放、年度报告审核、分支机构备案和许可注销初审等多项职权全面下放地市州局。进一步优化快递业务经营许可审批流程，实施快递许可、变更、年度报告等工作全流程网上申请和办理，准入材料由22项减为9项，审批时限极大缩短，许可变更绿色通道企业范围进一步扩大，方便了企业办事。

**持续改善行业发展环境。**新疆维吾尔自治区邮政管理局争取《新疆邮政条例》修订立项，梳理明确条例修订主要内容和方向，向自治区人大常委会和人民政府提出申请，争取纳入自治区人大五年立法规划。地方立法取得重大突破，《伊犁州邮政管理条例》通过伊犁州人大审议和自治区人大常委会批准，于2015年8月正式施行。该条例实现了市（州）级民族自治地方邮政立法试点的突破，立法意义重大。广泛收集资料，主动与发改委、经信委、交通运输、商务等相关部门沟通联系，查找近年来新疆经济社会发展统计数据资料，了解与邮政行业发展关系紧密领域的发展战略、规划和政策导向。召开邮政、快递企业规划座谈会，征求企业意见建议。开展实地调研，掌握行业发展现状。新疆邮政行业发展"十三五"规划已进入修改阶段，南疆区域规划以及各地州市规划编制工作同步推进。积极协调做好规划衔接工作，将新疆邮政业发展"十三五"规划纳入自治区交通运输规划体系。各地州市邮政业发展规划均有相关重点项目和内容纳入地方总体规划和交通运输、物流等行业规划。与交通运输厅、新疆邮政分公司签署战略合作框架协议，加快交邮融合发展步伐。积极争取自治区对企业购置X光安检机的财政补贴，协调解决企业安防投入能力不足的问题。协调推动阿拉山口市、吐尔尕特国际邮件互换站的设立。继续推进新疆快递电商物流产业园区建设，巴州、哈密、昌吉、喀什、克州等局积极协调当地政府部门推动建立快递物流园区。积极帮助解决企业发展用地需求。地方支持力度地不断加大，为行业发展转型升级增添了动力。

**全面推进依法治邮。**新疆维吾尔自治区邮政管理局深入开展规范和清理快递企业经营范围专项活动，打击违法招揽加盟商行为。部署开展快递服务质量专项整治工作，对违反《快递市场管理办法》《快递服务》标准等严重损害用户合法权益的行为，全面加强治理。塔城局开展"快递服务规范年"活动。阿克苏局开展为期三个月的服务环境整治活动。组织开展打击侵犯知识产权和制售假冒伪劣商品行为。落实《新疆邮政行政执法责任制》，扎实开展行政执法责任制考核和评议工作，组织2015年行政执法案卷评查和重大案件审核，强化行政执法监督，提高办案能力。举办全区邮政管理系统法律法规及行政执法培训班，提升执法队伍法律素质和执法水平。

**突出抓好行业安全监管和应急保障工作。**新疆维吾尔自治区邮政管理局根据国家邮政局统一部署，结合新疆地区实际，成立新疆邮政管理局邮政业安全中心。完善安全监管联合工作机制，贯彻九部委《关于加强邮件、快件寄递安全管理工作的若干意见》精神，协调成立新疆物流及寄递行业安全管理工作领导小组和14个地州市寄递渠道安全管理领导小组；联合相关部门做好寄递渠道禁毒、反恐、"扫黄打非"以及整治"三非"等工作。督促企业成立安全保障机构，配备安全员，建立隐患排查、登记、报告、整改、销号闭环管理制度，开展安全隐患排查治理，加强安全生产宣传教育，落实企业主体责任。集中开展寄递渠道清理整治专项行动，全面贯彻落实"收寄验视＋实名收寄＋过机安检"三项制度。加强督促检查，确保企业严格执行收寄验视制度。全面实行实名收寄制度，对收寄的邮件、快件实行实名登记。塔城、伊犁、博州等局积极与地方报纸、电视台等媒体合作，大力宣传收寄验视和实名收寄规定，争取用户理解和支持。强化安检机配备，加强对邮件、快件的安全检查，全区寄递企业X光安检机配备数量达到110台。哈密局与企业签订快件过机安检协议。和田、喀什、阿克苏、巴州、吐鲁番、哈密等地州市法人快递企业全部配备X光安检机。加强寄递服务信息安全管理，保障用户寄递服务信息安全。巴州、哈密、昌吉、博州、喀什、阿克苏等局组织快递企业集中销毁过期快递面单1631万余张。寄递渠道安全监管工作有效推进。圆满完成全国两会、抗战胜利70周年纪念活动、新疆维吾尔自治区成立60周年、第11届喀交会等重大活动期间寄递渠道安保任务。严格执行节假日期间24小时专人值班和领导带班制度，做好应急处置准备工作。乌鲁木齐、阿勒泰、塔城、昌吉、和田、喀什等局妥善应对暴雪、暴雨、地震、交通事故等突发事件，维护了行业安全平稳运行。

**不断提高行业服务能力和水平。**新疆维吾尔自治区邮政管理局认真贯彻落实《快递业务经营许可管理办法》，严把快递市场准入关，全年新增法人快递企业及其分支机构489家，进一步扩大了全区快递服务网络覆盖面。借力电子商务与快递联动发展、电商进农村等鼓励政策，着力推进“快递下乡、进团场”工程，全区共设立乡镇团场快递网点400个，覆盖160个乡镇团场。其中克拉玛依市实现乡镇团场快递网点全覆盖。加强与乌鲁木齐海关联系，共同推进乌鲁木齐国际快件监管中心建设。支持有意向发展国际快递业务的企业申请国际快递业务经营许可证，推动快递服务网络向境外延伸。全力做好“双11”旺季服务保障工作，积极克服冰雪天气不利影响，在快件最高日处理量近百万件、同比增长近一倍的情况下，实现了“全网不瘫痪、重要节点不爆仓、保畅通、保安全、保稳定”的目标。委托开展2015年度全区快递服务满意度调查，及时掌握当前快递服务满意度状况。妥善处理申（投）诉问题，共受理消费者申诉9794件，有效申诉3232件，为消费者挽回经济损失45.86万元，促进了全区邮政行业服务水平稳步提升。

**不断加强干部和人才队伍建设。**新疆维吾尔自治区邮政管理局加强公务员队伍建设。充分发挥邮政行业职业技能鉴定中心作用，着力培养行业人才队伍，全年先后组织4批次大规模职业技能鉴定考试，共鉴定考生1154人。积极开展“送培训进企业”服务。成功举办第十一届“振兴杯”全国青年职业技能大赛（快递业务员）新疆赛区比赛，并在全国大赛中取得较好成绩。

## 三、“十二五”时期快递市场发展与管理总体回顾

“十二五”时期，新疆邮政行业发展规模不断扩大。与2010年相比，全区邮政行业业务总量和业务收入分别增长1.22倍和2.23倍，年均增长4.08%和17.42%。快递业业务量和业务收入分别增长5.3倍和3.02倍，年均增长39.57%和24.75%。五年新增就业近6千人，支撑网络零售交易规模突破240亿元。

**五年来，快递业服务能力明显提高。**新增快递企业及其分支机构1404家，快递企业及其分支机构达到1714家，全区独立快件分拨中心超过20个，面积超过10万平方米。全区主要品牌快递企业在160个乡镇团场设置乡镇快递网点400个。

**五年来，快递业服务水平稳中有升。**快递服务作业流程更加规范，违反《快递市场管理办法》、《快递服务》国家标准等严重损害用户合法权益的行为明显减少，快递服务满意度持续提高。2015年全区快递服务满意度82.45分，比“十一五”末提高了5.7分。

**五年来，行业安全监管能力显著增强。**基本形成了相关部门共同协作、政府企业齐抓共管、行业人员全体参与的寄递渠道安全保障机制。安全监管手段不断完善，邮政管理部门开始使用便捷式痕量爆炸物毒品探测仪进行安全检查，法人快递企业积极配备X光安检机。全面落实“收寄验视+实名收寄+过机安检”三项制度。

## 四、各市（地）主要管理工作概况

巴州、哈密、昌吉、喀什、克州等局积极协调当地政府部门推动建立快递物流园区。喀什、阿克

苏、哈密、昌吉等局引导快递企业强化与客运站点、供销社、电子商务企业等关联主体的合作，推动产业融合发展。塔城、伊犁、博州等局积极与地方报纸、电视台等媒体合作，大力宣传收寄验视和实名收寄规定，争取用户理解和支持。和田、喀什、阿克苏、巴州、吐鲁番、哈密等地州市法人快递企业全部配备X光安检机。巴州、哈密、昌吉、博州、喀什、阿克苏等局组织快递企业集中销毁过期快递面单1631万余张。

经伊犁局的不懈努力，《伊犁州邮政管理条例》通过伊犁州人大审议和自治区人大常委会批准，于2015年8月正式施行。克州局协调解决快递企业仓储、货物集散用地。昌吉局协调市政府解决邮政分拣中心建设30亩用地。吐鲁番局通过积极争取，吐鲁番市将支持邮政业发展条款纳入《吐鲁番市促进现代物流产业发展实施意见》。哈密局联合地区公安局印发《关于给予快递车辆便捷通行和作业便利的通知》，争取快递车辆便捷通行。塔城局开展“快递服务规范年”活动。阿克苏局开展为期三个月的服务环境整治活动。

**五、快递市场存在的突出问题**

部分地区和部门对政策的理解不一致、执行标准不统一，给行业发展造成一定影响。如：乌鲁木齐政府委托社区、派出所开展对快递网点的执法行动，对网点未配备安检机的要求关闭。同时，市工商部门根据市领导的指示，停止办理快递企业工商营业执照；库车县经济和信息化委员会出台《关于取缔物流寄递行业派送、送货业务的通知》，取缔全县范围内的寄递行业派送业务；沙雅县商务和经济信息化委员会出台《沙雅县物流、托运、快递行业专项行动实施方案》，暂时取消“快件投递”业务，用户领取快件要提交身份证复印件、开箱验视、实名登记；乌什县商务和经济信息化委员会规定：快递公司营业场所集中作业，营业场所必须安装X光机等。

在专项整顿中，有的派出所、管委会、社区、交通运输等部门因寄递企业网点未配置X光机等问题，采取对寄递企业网点“封门式”停业整顿。有的社区工作人员警告寄递企业网点，逾期未改则焊门；有的派出所干警用铁锁封门，“一锁走之”。造成用户待取待投的快件无法投交，进、出疆快件无法进行登单录入，造成快件的积压延误，给快递业正常运营特别是“双11”期间运转产生较大影响。导致有的寄递企业撤出了相关的县(区)。

# 第八篇　协会活动

## 第一章　中国快递协会 2015 年工作情况

### 搭平台　强服务　推动行业健康有序发展

#### ——2015 年中国快递协会工作综述

2015 年，是全面深化改革的关键之年，也是全面完成“十二五”规划的收官之年。面对错综复杂的国际形势和国内经济下行压力加大的局面，快递业主动适应经济新常态，全行业齐心协力，克服年初“马鞍效应”等带来的不良影响，我国快递业继续保持了良好发展态势，初步实现了稳中有进的目标。2015 年快递业全年完成业务量 206 亿件，同比增长 48%，最高日处理量超过 1.6 亿件；快递业务收入完成 2760 亿元，同比增长 35%，为国家“稳增长”战略作出积极贡献。

中国快递协会深入贯彻落实国家邮政局局长马军胜在年初全国邮政管理工作会议上的讲话精神，统一思想、凝聚力量，始终围绕国家邮政局中心工作，充分发挥桥梁纽带作用，反映行业诉求，强化行业自律，努力服务会员企业，推动行业健康有序发展。2015 年重点在以下五个方面开展了工作：

**一、拓展沟通渠道积极反映诉求，快递业发展环境不断优化**

（一）通过全国政协反映行业发展中存在的困难和问题

在高宏峰会长的积极协调下，全国政协于 5 月和 10 月为快递业两次召开专题座谈会。全国政协副主席、全国工商联主席王钦敏率领十余位政协常委、委员对快递企业进行了实地调研并与行业管理部门、协会和企业负责人座谈，倾听我国快递业在发展中遇到的困难与问题，为快递支撑国家战略、打造“快递强国”支招探路、排忧解难。委员们认真听取了快递业发展过程中面临的用地难、融资难、基础设施缺乏、快递车辆通行难、跨境快件通关难等阻碍快递业发展的问题与困难。下一步政协经济委员会将形成调研报告报送国务院，为我国快递业做大做强提供有力支持。

协会还参加了全国政协社会和法制委员会召开的《快递条例》调研和专题座谈会，代表行业对《快递条例》的制订提出了相关意见和建议。

（二）向国务院报送贯彻落实 61 号文件措施及建议

12 月中旬，按照国务院要求，协会就《国务院关于促进快递业发展的若干意见》（国发〔2015〕61 号）的贯彻落实情况向国务院办公厅进行了报告。报告围绕《若干意见》提出的促进快递业发展的总体要求、重点任务和政策措施，结合行业发展实际，重点就快递业在做大做强过程中，需要国家顶层设计来解决的制约快递业发展的突出问题向国务院进行了汇报，推动行业加快发展。

（三）多渠道推进企业“走出去”步伐

在政协第十二届全国委员会第三次会议上，高宏峰会长提交了促进跨境电子商务和快递物流发展方面的政协提案，就加快跨境电商和快递物流综合改革试点、快件快速通关以及国有、民营、外资快递企业享受同等通关便利等方面提出建议，推动跨境快递业务发展过程中相关问题的解决。提案形成过程中，协会三次召开快递企业国际业务座谈会，跟进企业国际化进程，交流探讨企业在“走出去”过程中遇到的问题与困难，并向相关部门反映。协会参加了由国家邮政局、海关总署和欧盟世贸组织共同召开的“邮政和快递包裹安全监管和通关便利化研讨会”，并在会上与相关部门就快递安全、快件通关等问题进行了深入探讨。

（四）积极参与行业相关政策法规的制定工作

国务院法制办对《快递条例》向协会及快递企业两次征求意见，协会综合企业相关意见建议进行了反馈。对数十项国家相关法律法规政策、业务主管部门和相关部委的规划标准和规范等的意见征求，从维护行业权益、促进行业发展的角度，认真提出相关意见与建议，为快递业健康持续发展积极建言献策。

## 二、搭建交流平台引导发展方向，行业影响力进一步提升

（一）2015 中国快递论坛

2015 中国快递论坛于 3 月 26 日在上海青浦区隆重召开。论坛由国家邮政局、新华社、上海市人民政府指导，中国快递协会、新华社上海分社、国家邮政局新闻宣传中心承办，参会人数超千人，规模与质量超过历届。论坛以“全面开放下的中国快递业转型升级”为主题，邀请专家、学者与企业家们齐聚一堂，分析中国快递业在经济新常态下的新形势和新格局，共同探寻行业未来发展之路。论坛首次发布了中国快递发展指数，揭晓了 2014 年中国快递业十件大事，并启动了《2015 中国快递业蓝皮书》项目。本次论坛吸引了社会舆论的广泛关注与热评，海内外 100 多家主流媒体现场参与报道，新闻宣传效果显著，行业影响力进一步提升。

（二）首届中国（杭州）国际快递业大会

11 月 13 日，首届中国国际快递业大会在杭州桐庐召开，国务委员王勇同志亲临大会并作重要讲话。会议由国家邮政局、浙江省政府、中国快递协会联合主办，杭州市政府和桐庐县政府承办。大会以“便民惠民 · 通达天下”为主题，邀请国内外专家共同探讨“互联网 +”视野下的市场开放与中外快递合作、大众创业万众创新与物流产业发展、快递与关联产业融合发展、快递业的质量与安全等话题。会议还解读了《国务院关于促进快递业发展的若干意见》，并发布了 2015 年第三季度中国快递发展指数。来自国内外 15 个国家近 700 名快递业及关联产业代表齐聚桐庐参加此次盛会。大会还同时举办了“2015 中国国际快递物流采购博览会”，数十家快递及上下游企业参展。

（三）加强对外合作交流帮助企业开拓国际市场

中国快递协会率领快递企业先后出访德国、印度和台湾，对海外快递市场进行考察，并与德国电子商务与快递协会、印度快递协会及台湾国际物流暨供应链协会建立了联系与交流机制，为国内快递企业发展国际业务铺路搭桥。协会受对外友好协会邀请在印度参加了中印论坛，EMS 在大会上作了发言。随京交会推介团在德国法兰克福书展上对快递板块进行了推介。与台湾国际物流暨供应链协会在年内实现了互访，双方签订了合作意向书及备忘录，考察期间协会还与桃园机场、台北港等探讨了合作方向，目前大陆快

递企业陆续在台开设分支机构，有力推动了两岸贸易往来。

（四）组织参加中国电子商务创新发展峰会

协会组织会员单位参加了5月份在贵州举行的“2015中国电子商务创新发展峰会”，并承办了“快递物流分论坛”，进一步推进快递与电子商务的协同发展。

## 三、加强行业自律，服务质量与水平不断提升

（一）加强行业安全做好旺季服务保障工作

每年的快递业务旺季特别是“双11”都是对快递服务能力和安全保障的双重考验。协会高度重视快递旺季服务工作，及早着手，召开预备会、动员会，分析研判旺季特点，准确把控行业走势。协会与快递和电商会员企业加强沟通，听取快递企业寄递服务工作安排汇报，积极协调促进电商与快递企业的顺畅衔接与协作共赢，指导企业合理安排生产，确保行业运行安全有序。在协会牵头下，15家快递企业与菜鸟网络向社会共同发出快递服务保障承诺。

（二）行业自律机制不断完善

针对快递业存在的安全软肋，协会发出了《快递行业安全倡议书》，号召行业坚守发展底线，维护快递安全。在南京与品牌快递企业签订了《2015年快递服务质量目标责任书》，督促企业提高服务质量。开通快递业失信警示查询系统。

（三）组织企业积极履行社会责任

为落实国家邮政局提出的“绿色快递”要求，引导行业走节能环保发展之路，协会发布了《绿色快递节能包装倡议书》，号召快递企业应用节能环保的包装技术和包装材料，实现快件安全寄递，达到“绿色快递”的发展目标。协会组织快递企业分别参加了国家邮政局、国家濒管办举办的快递业濒危物种保护履约培训和倡议活动，以及国家邮政局、国家禁毒委在广州举办的寄递行业禁毒主题宣誓倡议活动，推动企业积极履行社会责任。

## 四、增强服务意识，积极服务行业发展

（一）为会员企业提供法律咨询援助工作

收集整理快递业相关的法律、法规、政策和文件，出版了《快递行业法规文件汇编》，为快递企业法律法规的查询提供便利。召开快递企业法务工作座谈会，传达贯彻中央综治办、公安部等九部门《关于加强邮件、快件寄递安全管理工作的若干意见》，就协会开展的法律服务工作听取会员企业的意见，不断改进完善，帮助企业协调解决法律事务。

（二）为会员企业开展培训服务

举办了快递业危险品航空运输基础知识培训班，就危险品航空运输的规定和技术标准、未申报危险品的识别、航空公司运输操作流程、对危险品的应急响应演练以及个人防护等知识进行全方位的讲解。举办了快递服务制造业专题培训班，加快快递企业功能整合与服务延伸，加速向综合型快递物流运营商的转型升级。与亚太邮联联合在泰国举办了企业高级管理人员培训班，积极推动了快递走出去战略的实施，为快递业培养高端人才，全面提高快递企业的管理水平和业务能力。编辑出版了快递员操作手册《快递小哥》。

（三）为行业谋划长远发展

一是编制《快递业发展“十三五”规划》，推动我国快递业在“十三五”时期进一步转型升级，迈上新的发展阶段。二是与国家民航局、中国航空运输协会联合对上海、南京、杭州三地的快递与航空合作发展进行调研，为下一步出台促进我国航空物流发展的相关政策提供基础与依据，推进航空快递业的发展。三是完成《快递企业信息化进程分析报告》，为下一步推进企业信息化建设奠定基础。四是直接推动了圆通货运航空正式获批成立和其他相关工作，促进了我国快递业自主航空能力的

建设。五是与北京快递协会共同推进快递企业京津冀一体化布局。邀请北京市规划委员会、北京铁路局等部门，就快递企业未来发展规划中的用地需求、车辆通行、最后一公里平台创建与资源共享等问题举行座谈。相关部门对此给予了政策解答，并建议快递企业从长远发展角度出发，结合国家京津冀一体化发展思路，优先在周边交通顺畅区域选地用地，走出一条行业资源需求整合与公用平台共享的集约化发展之路。铁路部门也表示，将考虑对原有利用率不高的货场进行改造，并将高铁快递车辆研制纳入铁路发展工作计划。

## 五、重视党建工作，协会自身建设不断加强

### （一）党建工作和精神文明工作扎实推进

按照国家邮政局党组和机关党委的要求，党支部深入学习贯彻党的十八大、十八届三中、四中、五中全会精神和习近平总书记系列重要讲话精神，全面贯彻落实国家邮政局党组和中央国家机关工委工作部署，积极开展"三严三实"专题教育活动，组织党员干部开展专题学习和交流。党支部专门召开会议，传达马军胜书记的党课精神，支部书记以《"三严三实"——永恒的从政准则》为题目，开展专题教育党课，通报了协会秘书处贯彻落实"三严三实"专题教育实施方案。制定了《中国快递协会党风廉政建设制度》。组织开展了纪念建党94周年、世界*反法西斯*战争和中国人民抗日战争胜利70周年的纪念活动。积极推动行业文化建设，提出中国快递协会全面推进行业文化建设的指导意见，通过培育和践行快递业核心价值理念，增强行业的凝聚力，增强行业发展的软实力。积极发挥工会作用，特别是在细微之处为群众办实事、办好事，在具体工作中体现党组织把群众的生活放在心上，构建和谐的工作环境。

### （二）自身建设迈上新台阶

一是荣获4A级行业协会称号。协会通过了民政部2014全国性社会组织评估，并荣获4A级行业协会称号。通过此次评估，使协会规范化、制度化管理迈上新的台阶。二是会员队伍不断壮大。今年新增会员17家，会员覆盖面不断扩大，结构不断优化。三是定期召开会员大会和理事会。3月，中国快递协会二届二次会员大会和二届三次理事会在上海召开。审议通过了《快递业中长期发展规划》及《促进快递业发展三年行动计划(2014－2016)》。

# 第二章　各省(区、市)快递协会2015年工作情况

## 北京市快递协会工作情况

2015年,北京市快递协会在党的十八届五中全会精神的引导下,在国家邮政局、北京市邮政管理局和中国快递协会的关心和指导下,深入落实国务院《关于促进快递业发展的若干意见》。紧紧围绕"规范管理、自我约束、完善服务"的宗旨,以促进快递业发展为主线,以服务会员、服务行业、服务政府为目的,以加强协会自身建设为契机,带领和团结会员单位,积极推动行业诚实守信,求真务实,扎实工作,促进快递业保持健康有序发展,协会各项工作取得了显著成效。

### 一、发挥协调作用,加强行业自律,促进行业规范发展

协会积极主动与市邮政管理局保持紧密的工作联系,以国家邮政局部署的治理整顿市场秩序活动为契机,配合市邮政管理局加强行业安全管理,督促企业规范经营、提升快递服务质量。同时加强行业自身管理,依据行业自律公约,向会员单位发出了守法经营、规范经营、提升品质、打造名牌的倡议,得到了会员单位的积极响应。

(一)做好"九三阅兵"及"田径世锦赛"两项活动期间北京邮政行业服务安全保障工作

配合市邮政管理局做好"九三阅兵"及"田径世锦赛"两项活动期间北京邮政行业的服务安全保障工作,是北京邮政行业的首要工作和政治任务,是行业管理工作的重中之重,尤其是阅兵活动期间,多国首脑齐聚,国际影响巨大,邮路安全和行业安保工作不容有失。必须做到全力以赴,严防死守,确保万无一失。市邮政管理局成立了两项活动邮政快递服务安全保障工作领导小组,制定了《两项活动邮政快递服务安全保障工作方案》和《应急预案》,协会配合市场处积极努力工作,收集企业相关信息,对企业遇到的困难帮助出主意,为保安全、保畅通努力工作。

(二)扎实推动非公党建各项工作

1. 协会和市邮政管理局共同推动快递业内非公企业党建工作。更好地加强非公有制企业党建情况的调研和信息采集。在本市16家规模以上非公有制品牌快递企业中开展了党建基础情况调研。共同制定了《快递企业非公党建情况调查表》,主要对从业人员的基本情况、党组织建设情况、党组织负责人信息以及企业党建工作内容几方面进行调研。进一步摸清非公经济组织中党组织的建设情况、党员情况和党组织负责人情况,及时调整党员情况变动的相关数据,建立健全"电子档案",协调相关部门理顺党员组织隶属关系。

2. 协会和管理局共同举办党务工作培训会,邀请市直机关工委组织部副部长作党建工作实务的辅导,组织成立党支部快递企业党建工作负责人及相关公司领导进行学习,掌握、贯彻非公党建文件精神,落实党支部的各项重点工作。

(三)推选快递业劳模树快递业典型

快递业广大职工群众默默无闻积极投身首都现代化的建设事业,深化改革,锐意创新,爱岗敬业,无私奉献,涌现出了一大批先进典型。协会按照北京市服务工会下发的《关于2015年北京市劳模和模范集体名额分配数量与人员结构的通知》,

推荐了基层一线顺丰快递员工王培正同志。经过协会、市评委会(经市委、市政府批准成立2015年北京市劳动模范和先进工作者评选表彰工作委员会)审批，并在2015年表彰活动中荣获了北京市劳动模范、北京市先进工作者证书和两万元的现金奖励。协会号召全体从业人员以王培正同志为榜样，体现时代精神，树立快递人的文明形象，为实现快递业大发展上水平的目标聚集强大精神力量。

(四)继续深化联合团委工作

1.协会联合团委根据团市委要求，开展了北京市青年文明号评选工作。协会联合团委与团市委、市邮政管理局组成评审委员会按照公开、公平、公正的原则，遴选出30家快递企业的先进班组报团市委审批，最终有12个班组荣获“2014年度北京市青年文明号”先进集体称号，协会与市邮政管理局组织召开了全市规模以上快递企业代表及获得青年文明号的集体进行表彰授牌大会，为获得“2014年度青年文明号集体”快递企业授牌。活动树立了快递业良好集体形象，弘扬了快递业“诚信、服务、规范、共享”的核心价值理念，为首都邮政业的发展提供了强大的推动力。

2.协会联合团委按照团市委通知要求，在充分调查研究的基础上，推荐北京顺丰速运有限公司申请2015年度“北京市五四红旗团支部”，并组织填报2015年度“北京市五四红旗团支部”、北京市系统表彰奖励先进集体的事迹材料和重点工作落实情况。经过协会联合团委认真审核后，已上报至团市委，基础材料已通过审核，以初步认定可以获得荣誉称号，预计今年3月份公示结果。

3.协会联合团委加强宣传舆论阵地建设的精神，按照北京市团市委企业部要求，为了进一步加强快递企业精神文明建设，协会免费为EMS、顺丰、宅急送、四通一达等十几家快递企业订阅《中国青年报》97份。协会联合团委充分发挥了引导的作用，让基层青年第一时间了解青年的时时动态，让报纸传播文化知识，通过阅读增长知识，拓宽青年职工的视野，进一步增强团组织青年文化素养的提升。

(五)推进快递下乡工作

协会根据市邮政管理局推进“快递下乡”的工作部署和要求，以北京市2969个偏远地区乡村为调研对象，进一步了解各快递企业在各郊区县的网点建设情况、乡村覆盖率和服务深度，会同南区邮政管理局实地走访房山区、丰台区、大兴区部分乡村，召开专题座谈会，听取多家民营快递企业站点负责人意见，搜集快递下乡工作的具体困难及网点建设相关意见。在反复核对相关数据、实地考察建设情况、广泛听取相关意见的基础上撰写了《“快递下乡”项目房山及大兴地区调研报告》。2015年11月，大兴区马村“农邮通”合作站展开试点，与申通、圆通、中通、韵达等快递企业签订代收转投协议，此项工作极大的节约了快递企业在当地的收投成本，缓解了快递企业与当地消费者之间的供需关系，将共同配送理念得以初步实现。协会共调取10家民营快递企业乡村网点建设情况相关数据，回收了《“快递下乡”统计表》和汇总表，经过快递企业核对信息后将表格汇总报送至市邮政管理局。

## 二、发挥桥梁作用，搭建行业平台，促进企业交流

协会多次组织进行行业调研，召开座谈会、现场会、交流会，向会员单位通报行业发展动态，提供政策信息，促进政府与企业、企业与企业间的交流。通过卓有成效的工作，帮助会员单位解决发展中遇到的困难和问题。

(一)协会组织召开关于快递企业申请政府资金项目的培训会

会议邀请北京市商务委相关部门专家授课，阐释了申请政府资金相关政策申报的内容，详细介绍了物流标准化2015年试点项目申报工作的流程和注意事项。对企业如何能够获得申请政府

项目资金支持、如何与政府对接、如何提前布局进行了培训。EMS、顺丰、宅急送、四通一达等16家企业参加会议，企业在会上了解如何获得政府部门的专项扶持资金的相关政策，对报送项目内容重点、难点、要点的掌握更加熟悉。参会企业代表均对这次培训会的举办给出高度肯定，并希望协会能够多举办一些类似的培训，来更好地帮助企业、服务企业。

（二）协会和中国快递协会共同召开物流空间规划调研座谈会，为北京快递业未来共商发展大计

这次座谈交流让快递企业感受颇深，快递企业代表就快递发展用地、快递车辆进城、快递最后一公里平台创建与资源共享等困扰快递企业发展难题进行了深入探讨，并对快递企业未来发展规划中的用地需求提出了建议意见。北京市规划委员会王玮副主任、北京市城市规划设计研究院总体规划所路林所长给予了关于空间规划政策解答和可行性操作方法指导，王玮主任建议快递企业从长远发展的角度出发，结合国家京津冀一体化发展思路，走出一条行业资源需求整合与公用平台共享的集约化发展之路。北京铁路局参会领导表示，针对快递业发展需求可以对原有闲置和利用率不高的货场进行改造，并将高铁快递车辆研制纳入铁路发展工作计划。

（三）继续推进新能源车工作

按照市邮政管理局工作部署，为推进快递业新能源车推广使用，充分了解快递企业在使用新能源车方面需求，协会组织召开的部分企业新能源车调研会。会上各快递企业就新能源车的需求、使用情况、遇到的问题进行了充分讨论。协会还对8家新能源汽车生产企业进行重点走访调研，考察适合快递应用的车型，对新能源汽车租赁公司和充电桩厂商配套工作进行了调查研究，现已初步掌握了新能源汽车车型的整体情况，为下一步在快递企业中推广奠定基础。协会向部分快递企业下发了《北京市快递企业新能源汽车需求调查表》，根据企业上报数据显示，2016年年底企业预计增加新能源汽车共计约3125辆，其中末端投递新能源汽车共计约2262辆，约占73%。各快递企业对新能源汽车的需求主要是在末端收投的用车（电动三轮车）和中短途盘驳车辆，同时企业对新能源车使用问题也提出了一些亟待解决的问题。

（四）快递专用电动三轮车规范工作

随着北京市电动三轮车禁行管理对快递业发展的限制力度不断加大，为了维护快递业良好发展，切实解决快递企业实际困难，受市邮政管理局委托，协会成立专门调研组，针对23家快递企业的快递电动三轮车使用情进行摸底调查。在了解企业现状，掌握数据的基础上，借鉴全国其他省市管理快递电动三轮车相关措施，重点走访了顺丰、中通等快递企业经营网点，进一步了解车辆使用情况，结合北京市地域等实际情况起草了《北京市快递企业专用电动三轮车管理办法》。在《办法》中明确了快递专用电动三轮车运营标准、车辆通行以及驾驶人员的管理规范，快递专用标识图样、电动三轮车准行证样本、《北京市快递专用电动三轮车准行证审批、核发流程》、《电动三轮车使用登记表》和《快递专用电动三轮车驾驶人员管理指导意见》等相关标准。目前，协会将此《办法》再次提交政府相关部门，力争与各部门协同推进，实现方案的真正落地，完成邮政管理局交办的任务。

（五）帮助会员单位解决建设快件分拨处理中心的土地难题

2016年1月15日北京市金韵达速递有限公司和北京日报社在新闻大厦举行了合作签约仪式，韵达快递租赁使用北京日报社106亩土地建设现代化快件分拨处理中心的工作正式启动。这是第一次政府牵头解决民营快递分拨中心的土地问题、第一次大型国有企业与民营快递合作共赢的成功案例、第一次将快递分拨处理中心作为民生工程，纳入北京地方基础设施建设。

从2015年10月22日至2016年1月，经过100余天的多轮洽谈，在协会的多次协调下，在众多政府部门的共同努力和支持下，韵达快递和北京日报社达成合作，实现了引导企业良性发展做大做强，提升管理水平和科技含量的目标。此次韵达快递和北京日报社的合作，一是达到多重资源重合，创新了商业模式，也创新了邮政服务模式，从而使快递成为了真正的民生工程，城市必需品。二是优化首都功能；一方面疏解一方面优化，做好民生之需使城市健康有序运行，快递是满足市民基本生活需求的服务的朝阳产业。三是多个部门协同，各部门很重视土地使用需求，此项目国家邮政局、首都规划委、通州区委、市邮政管理局、市快递协会都给予大力支持，反映出各界领导对新生事物的扶持与促进，对优化疏解城市功能的深刻理解与准确落实。这次合作既盘活了国有资产，又解决了民营企业的用地难题，达到了共创共赢的目的。

（六）慰问企业，送去温暖

在快递业务旺季高峰期，市邮政管理局局长靳兵在协会秘书长王宝华的陪同下对申通、中通、圆通和韵达等4家会员单位进行指导慰问，慰问奋战在一线的快递员工并送去节日的温暖。靳兵详细询问了企业整体运行情况，了解旺季期间站点各项服务保障工作措施、收派业务量变化等情况，并对企业做好旺季生产服务提出了指导意见。要求企业要高度重视生产安全，确保“双11”期间快递网络不瘫痪，集散分拣节点不“爆仓”，不发生安全生产事故，不发生重大用户申诉。同时向坚守在生产一线的快递员工表示了问候。

（七）为会员单位提供服务车辆保险工作

2015年，协会继续与人保公公司就车辆保险相关业务开展联合工作，为企业搭建桥梁，降低经营成本。923辆会员单位的运营车辆享受了保险优惠政策，节约成本共计120万元。协会一年来为部分快递企业开据车辆信息证明，方便企业车辆顺利投保，及时提醒续保企业车辆续保等一系列后期售后服务工作，进一步推动了企业车辆管理工作更上一个台阶。

## 三、立足协会发展，加强了协会自身建设

协会2015年加强了组织机构建设。在会员单位的支持下，从部分企业抽调骨干力量到协会秘书处协助开展工作，为协会顺利开展工作提供了组织保证。其次，加强了协会制度建设。随着各项工作的顺利开展，各项规章制度也日趋完善。通过加强制度管理，使协会工作一开始就步入了正规化、科学化、规范化管理的轨道。

1. 在协会的正规化建设方面，注重并要求协会的每个工作活动程序均要按照相关规范的流程进行，包括协会的各种活动的举办、评优评先以及协会各类文件（如通知、策划书、文讯稿等）等均有必要的流程规定，必须遵守。协会把相关制度、方针、方案、创新发展思路等统一起来，形成一套有理有据，逻辑清晰的理论思想，在各种工作活动的实践中，进行取舍、修改、创新和完善，确保协会各项工作的顺利开展和进行。

2. 财务工作井然有序，协会的经费来源以会员缴纳会费为主，协会严格按照规定收取会员会费，不搞乱收费、乱摊派。协会在经费管理方面，主要由协会秘书处负责，协会所收会费皆为协会公共收入并用于协会日常办公及组织活动的费用，不得私自占用、挪用。协会设立了账册及财务清单，由协会办公室相关成员详细列载经费收支，并定期向协会负责人进行汇报，接受协会全体会员的监督。协会在经费使用上，必须用于协会的相关工作和活动，经费使用以高效和节约为原则。每次活动前均详列预算，活动过后提交正规发票等凭据，做到财务收支协调合理，账务数据清晰完整。

## 四、协会工作中的若干问题和不足

一年来，协会在各项工作和活动的开展中，始

终把尊重会员的权利，保障会员利益放在首位，竭力为协会全体会员服务，并注重结合社会和行业发展的需要，从而使协会受到各界的关注和好评。虽然取得了一定成绩，但在工作中也还存在着一些不足，一是对会员单位指导力度不够，造成一些方针战略没有得到应有的实施效果。二是开展工作的渠道比较单一，影响了协会作用的发挥。三是沟通交流不够，深入会员单位服务还存在惰性。这些都需要协会今后工作中着力加以解决。

## 天津市快递协会工作情况

2015 年，是全面深化改革的关键之年，也是全面完成“十二五”规划的收官之年。面对错综复杂的国际形势和国内经济下行压力不断加大的局面，我国快递业主动适应经济新常态，通过全行业齐心协力，使天津市快递业持续保持了良好的发展态势，初步实现了稳中有进的目标。2015 年，全国快递业全年完成业务量 206 亿件，同比增长 48%，最高日处理量超过 1.6 亿；快递业务收入完成 2760 亿元，同比增长 35%，为国家“稳增长”战略做出了积极贡献。

天津市快递企业在天津市邮政管理局的领导下，按照管局“稳中求进”的工作总基调，积极推进“五个邮政”建设和平安天津、美丽天津建设，始终把促进邮政业发展作为第一要务，为行业发展创造良好环境，为完成管局下达的目标任务打下了坚实基础。2015 年，全年完成快递业务量 2.5 亿件，同比增长 104%，最高日处理量 396.3 万件；快递业务收入完成 43.9 亿元同比增长 75.2%。初步实现了邮政业项目落地年计划目标，促进了电商快递深度融合，实现了天津快递业跨越式增长，增幅位列全国第一。

2015 年，天津市快递协会深入贯彻落实国家邮政局局长马军胜在年初全国邮政管理工作会议上的讲话精神，在天津邮政管理局的领导下，统一思想、凝聚力量，始终围绕天津邮政管理局的中心工作，充分发挥桥梁纽带作用，反映行业诉求，强化行业自律，努力服务会员企业，推动行业健康有序发展。2015 年重点在以下几个方面开展了工作：

### 一、加大快递科技投入，促进快递业转型升级，为加快实现从快递大国到快递强国的目标贡献力量

4 月 8 日，协会组织召开了“促行业转型升级新科技产品推介会”，主要内容有：快递末端银联 POS 机应用；新能源汽车远程监控服务平台；快递安全视频监管与反向追溯；新能源汽车知识普及以及智能化充电技术在快递业的应用；新能源汽车未来发展趋势和国家补贴政策；智能快件箱普及推广等，通过此次会议使各快递企业对上述先进的科技产品和先进的科技管理理念有了初步了解。在下半年，协会又先后多次组织培训会、协调会、研讨会等，通过企业之间的沟通、对接，形成共识，取得突破。

（一）新能源汽车推广应用 634 辆，智能充电桩安装近 100 个。

（二）新能源汽车远程监控服务平台已由科委制定方案即将投入运营，该平台的建设不但解决新能源车辆的监控，同时也为下一步实现智慧邮政“快件信息全程监控”，打下基础。

（三）截至年末我市智能快件箱已投入使用 1400 余组，使用率逐月提高，目前已超过 40%，此外，在智能快件箱进校园方面也有所突破。

（四）快递经营场所、快件分拨场所视频监控

逐步更新换代，基本达到国家“强标”标准。

## 二、积极拓展沟通渠道反映企业诉求，为快递业发展创造良好环境

（一）全年接待各类媒体70余次，其中包括人民日报、新华社、央视天津记者站等，有的已形成内参报至国务院，为9月份《国务院关于促进快递业发展的若干意见》的出台，为通过国家顶层设计来解决制约快递业发展中的突出的问题，传递了天津快递的声音。《若干意见》的出台，对于中国快递发展起到里程碑的作用，从李克强总理三次视察快递企业，五次为快递点赞，到《若干意见》的出台足以看出党中央国务院对快递业的高度重视。也足以看出国家邮政局、中国快递协会，在方方面面所付出的努力。天津协会反映的诉求其中主要有：快递车辆通行、车辆喷涂、快递进校园进社区、智能快件箱进校园等快递“最后一公里”问题，以及快递市内经营场所租赁难等。

（二）全年参加市政府新能源会议，以及涉及其他政府相关部门参加的会议20余次，会上主动介绍目前我市快递业现状，争取全社会的理解与支持，反映制约市快递业发展的瓶颈问题，探讨解决的办法。向市长呈报新能源车辆通行问题、喷涂问题、新能源租赁公司合法地位问题、个人购车享受通行政策及清源问题车辆召回等问题。

（三）全年接待国家邮政局、中国快递协会等调研6次，接受上级主管部门的指导。

## 三、参与政策法规制定

（一）参与制定《天津市邮政快递车辆管理办法》。

（二）参与制定《天津市农村地区快递服务标准》《天津市智能邮件快件箱标准》。

（三）参与制定《快递业十三五规划》。

（四）参与制定《天津市邮政快递新能源汽车推广应用实施方案（2015）》。

（五）参与制定《天津市邮政快递新能源汽车监控平台实施方案》等。

## 四、完成邮政快递业新能源汽车推广应用试点工作

按照国家能源战略和汽车产业的战略调整，以及面对日趋严重的环境压力，按照国家邮政局“发展绿色邮政”的行业发展理念，天津邮政快递作为全国行业试点城市，天津管局承接了推广应用新能源汽车的艰巨任务，由于推广应用领导小组办公室设在快递协会，为此推广应用新能源汽车成为协会2015年的重点工作，在邮政管理局以及各派出机构的领导下，协会主要做了以下几方面的工作：

（一）召开全市新能源汽车推广应用动员部署大会；参加各派出机构组织的动员部署会；召开新能源产品推介会、租赁模式推介会；召开与企业老总一对一座谈会；召开新能源汽车知识介绍及安全隐患治理排查会，协助召开与北汽新能源战略合作会议；召开新能源推广应用总结表彰会等。

（二）积极考察新能源车企，引入竞争机制，为快递企业遴选适合的车型，积极引入融资机制，促成三家租赁公司的成立，为快递企业用车需求提供全方位的服务，此外，在上海中国快递论坛期间向各快递企业总部递交天津邮政管理局《关于加快天津市邮政快递新能源汽车推广应用的函》（简称：争取三级补贴的函），为部分企业争取总部的资金支持和政策倾斜，并在随后的几个月里通过电话督促落实。

（三）积极跟踪快递新能源车辆使用情况，对用户使用过程中发现的问题及时反馈至新能源车企，督促新能源车企及时改进工艺，完善以及弥补、整改、优化（如：增加转向助力，新能源标志、充电异常等），使新能源车平稳渡过磨合期；聘请电力专家测试用电环境，请电池专家分析电池问题，督促车企认真落实安全隐患治理排查，对问题严重的车型积极组织召回等等。

（四）为使新能源车畅通无阻，先后与市交管

局秩序处、车管所、市交委运管处数十次沟通协调,解决车辆通行问题、喷涂问题、新能源车租赁模式问题以及因限行导致扣车罚款,因办不了营运证被扣车罚款问题等等。

在邮政管理局及各派出机构的领导下,在各快递企业的全力支持配合下,截至2015年年末,天津市邮政快递共计完成634辆新能源汽车推广应用,提前并超额完成市政府下达的推广应用任务,推广应用数量位居全国同行业第一。同时我市新能源汽车推广应用工作还具备推广模式创新(融资、租赁、购买)、政策最优惠、车型最全、使用覆盖率最高等特点(涉及90%以上的品牌快递),天津邮政快递新能源汽车的推广,为全国邮政快递业探索快递用车,解决快递"最后一公里"难题做出了积极的尝试,为节能减排、发展绿色邮政、建设美丽天津做出了巨大贡献。为此我代表快递协会向各位讲政治、顾大局、有责任、敢担当,关心、支持新能源汽车推广工作并做出巨大付出的天津快递人表示衷心的感谢!

## 五、加强行业自律,加快快递诚信体系建设

(一)2015年8月,快递协会发出"建设绿色邮政,快递包装再利用的倡议书"号召各快递企业积极行动起来使用绿色环保可回收、可降解包装材料,抵制过度包装,鼓励快递包装再利用,鼓励快递包装统一保管分类回收。同时号召快递从业人员为绿色邮政建言献策。

(二)针对社会普遍关注,并被媒体屡次曝光的快递野蛮分拣问题,协会深入企业座谈、调研,提出加强员工培训、教育,加强管理、建立考核机制,彻底改变粗放、原始的管理模式和作业模式,学习借鉴先进企业的经验(如使用笼车、分拣筐、撑带器等)以彻底解决野蛮分拣问题。

(三)为确保寄递渠道安全,按照中央综治委关于在邮政快递落实三个百分之百的要求,配合快递实名制,结合快递诚信体系建设,在邮政管理局的统一部署下,由快递协会牵头实施快递全体从业人员"诚信卡"工程,目前已经进入实施阶段。

## 六、开展安全生产培训

(一)为确保新能源汽车推广应用工作扎实、平稳推进,确保用车安全,2015年9月13日,按照市新能办要求开展节能与新能源汽车安全隐患排查,为此,在天宇大酒店召开"天津市邮政快递新能源汽车推广应用安全保障工作会议",会上由北汽专家讲解新能源汽车安全注意事项,新能源车用户用电安全及突发事件的应急处置。秘书长对新能源汽车推广工作提出要求,要求落实企业安全主体责任,开展安全隐患自查,有条件的一律安装充电桩,无条件的要确保安全,各快递企业新能源汽车驾驶员、车管、安全管理员参加了会议。

(二)10月20日,在天宇大酒店召开"天津市邮政业安全生产培训会"协会秘书长祝志平讲解安全形势、明确安全员职责、下发四个模板(日志、安全检查报告、整改通知、安全员岗位职责),下发《收寄验视现场手册》5000册。请市公安局经保总队杨卫江、安监局监管处曾途讲寄递渠道安全形势,解读《中华人民共和国安全生产法》,解读天津滨海"8·12"特别重大火灾爆炸事故背景。快递企业安委会成员、安全员、车管参加。

## 七、协会其他工作

### (一)开展慰问活动

1.按照邮政管理局机关党委和市直机关工委安排,协会与南开区学府街特困户开展一帮一扶贫活动,春节前看望特困户朱大娘。

2.陪同邮政管理局领导慰问"8·12"事故中受伤的宅急送快递员,同时看望"8·12"重灾区坚持快递生产的一线员工。

3.4月24日,协会赴韵达企业慰问韵达快递参与献血的40多人,看望并送去营养品和慰问金,并对韵达快递员工的义举进行了表彰。

4."双11"快递服务旺季期间,对部分企业进行慰问,对个别因快件爆仓导致网点瘫痪的企业

进行协调解决快件积压问题，并参与快件派送。

（二）开展募捐活动

8月中旬，组织开展“8·12”滨海重大火灾重大事故募捐活动。

（三）完成快递协会迁址工作

8月18日天津市快递协会迁址解放北路89号。

（四）开展业余文体活动，增进企业交流

5月11日快递协会组织开展第二届“天津市快递行业诚信服务杯羽毛球比赛”。

（五）党建工作

8月中旬，完成快递协会党组织改选，30名快递党员参会，选举产生新一届快递协会党组织，并完成党组织具体分工。

（六）与北汽签署战略合作框架协议

7月29日，快递协会“新能办”牵头，召开主题为“发展绿色邮政、从北汽新能源开始”的天津邮政管理局与北汽签订战略合作框架协议，此举将成为天津邮政快递新能源汽车推广应用工作的里程碑，使天津局在邮政快递行业推广应用新能源汽车成为全国全行业试点，影响巨大、意义深远。北汽将在价格、服务等方面给予天津最大优惠。邮政管理局全体干部参加（含派出机构领导）。会后，各派出机构分别召开新能源汽车推介会，协会分别去了静海局、武清局、滨海局介绍新能源汽车推广情况。

（七）9月22日，参与天创特来电与嘀嘀达汽车公司战略合作签约仪式

该合作项目为新能源汽车发展奠定基础，提供安全保障。会上，协会对新能源租赁模式提出要求，确保安全、确保售后、确保应急保障。

（八）诚信体系建设

11月中旬参加快递员智能胸卡管理工程研讨审议、标准制定、管理办法出台等工作。通过该项工作建立快递员信息管理，企业诚信系统建设，黑名单制度落实等均成为全国全行业首创。12月4日，召开全市快递企业会议宣贯部署“诚信卡”实施工作。

（九）自身建设迈上新台阶

一是天津市快递协会荣获4A级行业协会称号，协会通过了民政部民间组织管理局2014年天津市社会组织评估，通过此次评估，使协会规范化、制度化管理迈上新台阶。二是会员队伍不断扩大，去年新增会员60家，会员覆盖面不断扩大，会员结构不断优化。三是定期召开会员大会和理事会，及时通报协会各项工作进展及财务收支情况，及时通报协会章程和协会自律公约修订情况。

# 河北省快递协会工作情况

2015年，河北省快递协会在中国快递协会、河北省邮政管理局的关心和指导下，在全体会员的积极参与和支持下，紧紧围绕“五个邮政”建设的总体目标，充分发挥行业协会联系政府、联系企业、联系社会的桥梁和纽带作用，以快递行诚信体系建设，贯彻快递行自律公约，为企业办好事办实事等项工作为切入点，推动了全省快递业快速、稳定、健康的发展。

2015年，是邮政业发展“十二五”规划的收官之年。“十二五”期间，是河北省快递业发展史上很不平凡的五年，是行业发展突飞猛进、跨越提升的五年。特别是党的十八大以来，在国家邮政局、河北邮政管理局、中国快递协会的坚强领导下，全省快递企业主动适应经济发展新常态，顽强拼搏，努力进取，圆满完成了“十二五”主要目标任务。到“十二五”末，业务总量和业务收入迅猛增长，分别是“十一五”末的2.3倍和2.7倍。其中快递业务量五年增长11倍，业务收入增长3.7倍。2015

年湖北省快递业务累计收入 56.18 亿元，同比增长 36.78%，业务总量累计完成 5.49 亿件，总比增长 61.93%。快递业务量跃升至全国第 8 位，取得“十二五”后三年每年进 1 位的佳绩。石家庄、保定、廊坊等市快递业务量进入全国城市前 50 名。保持了持续、健康、快速的发展态势。

2015 年以来，河北省快递协会在省邮政管理局和中国快递协会的正确指导下，在各位理事及全体会员的关心、支持下，紧紧依照协会章程，以“服务、协调、自律”为宗旨，充分发挥协会全体人员“积极主动、团结协作、顾全大局”工作精神，圆满完成了 2015 年全年工作。

## 一、统一思想，细化目标，落实责任，为全年工作开好头，起好步

按照中国快递协会二届二次会员大会确定的工作思路和省邮政管理局对协会工作提出的要求，结合省协会的具体情况，提出了省协会 2015 年“1211”工作目标。即：围绕“五个邮政”建设这一总体目标，着力抓好诚信体系建设和行业自律公约贯彻落实这两项系统工程，明确了十一项工作重点，并落实了责任单位和责任人。

在明确全年工作思路后，协会召开了省协会二届理事会第四次扩大会议，安排布署了 2015 年的全年工作。为下一步各项工作的顺利开展奠定了坚实的基础。

## 二、发挥优势，深入调研，制定政策，积极配合中国快递协会和省邮政管理局做好工作

### （一）出台了“河北省快递企业网点基础建设与管理指导意见”

为贯彻落实国家邮政局《快递服务标准》及相关规定，规范快递企业的经营行为，扩大快递企业的经营范围，省协会在省邮政管理局的指导下，自 2014 年开始着手制定《河北省快递企业网点基础建设与管理指导意见》。成立了由十一家规模快递企业参加的编写组，深入到企业基层调研，多次召开各级企业代表参加的研讨会，广泛征求各方面的意见，“指导意见”于 2015 年 5 月 26 日正式印发。为快递企业网点建设与管理提供了可参考的依据。

### （二）诚信体系建设迈出可喜步伐

按照国家邮政局、省邮政管理局的总体工作思路，协会负责河北省快递业诚信体系建设方案的编制工作。协会依据国务院颁布的《社会信用体系建设规划纲要（2014 －2020）》《中华人民共和国邮政法》《快递市场管理办法》及国家邮政局提出的“诚信邮政”总体要求，结合河北省快递业的发展现状，综合了各快递企业、快递业务的大客户等多方面的意见，与河北经贸大学课题组合作，经过反复研讨论证，于 2015 年 7 月中旬正式向省邮政管理局提交了《河北省快递企业诚信建设活动方案》。

## 三、顺应形势，主动工作，优化环境，行业自律公约贯彻初见成效

为规范快递企业行为，维护快递市场的良好秩序，建立和完善快递业自律机制，促进快递业可持续发展，2014 年 7 月，协会草拟了《河北省快递行业自律公约》，并召开理事会讨论通过。

2015 年，在协会的积极督导下，全体会员单位经历了对快递业自律公约的学习贯彻、理解消化、自觉践行的过程。从 2015 年 6 月开始，在会员单位中开展了自律公约的督导、考核工作，并于 7 月 6 日下发了《关于开展快递企业自律公约专项督导检查的通知》，对检查的时间、检查对象、检查方式、检查结果提出了明确的要求，同时下发了检查的操作方法和打分标准。

9 月 6 日开始，协会抽调企业部分人员，分四个组，对 11 个设区市、48 个县 20 多家快递品牌的 179 家企业，进行了自律公约落实情况的检查考核。历时 48 天、行程 7800 余公里，采集各类数据万余条，各类图片、文字资料 8000 余份，对 179 家快递企业进行现场打分，企业法人现场认定。

通过自律公约检查考核，企业进一步认识到自律守信是企业发展的根本，特别是随着快递业越来越受到国家和社会各界的重视和关注。对此，多数企业认识到位、常抓不懈，并列入了主要领导的重要议事日程。同时，在企业内营造了良好的学习氛围，多数企业领导亲自带队，深入生产一线，对收寄验视、分拣运输、派送投递、文明作业、业务查询等企业生产中各环节，进行检查指导，建立健全有关制度，制定有效奖惩办法。在邮路组织方面，按照公约要求，结合企业自身业务，大部分企业均对分拣、运输设备进行升级改造，邮路组织和安全生产方面得到了明显的优化和完善。

11月下旬，协会隆重召开了2015年度自律公约贯彻落实总结表彰授牌大会，对148家“自律守信企业”授牌，自律守信企业代表做了发言，省邮政管理局局长魏水旺副参加了大会并做重要讲话，指出省协会开展自律公约贯彻落实活动，顺应了当前快递市场的发展形势，也为河北省快递业诚信体系建设工作做了很好的铺垫。

此项工作得到了省邮政管理局领导的充分肯定，得到了快递企业的普遍认可，也受到了社会各界的广泛赞誉。

## 四、发挥优势，履行职责，积极参与，协会进一步发挥了参谋助手和纽带作用

### （一）注重安全生产，开展“河北省快递行业服务安全生产宣传月活动”

为了更好地贯彻落实《邮政行业安全监督管理办法》，切实维护行业的安全稳定，保持快递业快速发展的良好势头，协会于5月份开展了快递业服务安全生产宣传月活动。在协会的多方督导和企业积极配合下，活动取得了良好的收效。

一是通过安全宣传教育，企业的安全意识得到了明显的提高。

在活动期间各企业充分运用标语、板报、组织员工培训、收看安全教育专题录像片等多种形式宣传安全生产知识，增强了全员的安全生产意识，形成了“关爱生命，安全发展”的良好企业氛围。

二是通过安全检查，排除了安全隐患，安全生产的各项规章制度得到了进一步完善。

### （二）举办企业高管人员培训班，提升企业的管理水平

省协会于6月19日在石家庄举办了“快递企业经理及高管人员培训班”，来自89家企业的经理、高管参加了培训。

此次培训邀请了高校的教授和专家授课。教授运用古圣贤的思想和思维方式，帮助企业剖析发展和管理中的难题和困惑，并且对快递企业相关的法律知识进行了由浅入深的辅导。参加培训的人员普遍反映培训内容新颖，针对性强，讲师表达水平高，对提升企业高管人员的综合管理水平和能力起到了极大的帮助。

### （三）积极参与“世界邮政日”、“中国法制宣传日”宣传活动

按照省邮政管理局的统一安排和布署，协会积极开展了这两项宣传活动。并通过网站、杂志等手段向社会传递湖北省快递业的良好形象与责任担当。同时下发相关文件到各会员单位，要求企业积极搞好宣传，企业出现了学法用法新局面。

## 五、练好内功，建全机制，协会的工作效率明显提升

协会为进一步加强管理，调动全体工作人员的积极性，主动性，创造性，制定了《河北省快递行业协会秘书处绩效考核办法》《河北省快递行业协会考勤奖惩制度》等相关制度，健全了秘书处的机构设置，理顺了秘书处的工作流程，细化了各部门、各岗位的职责、明确了日常的工作标准，从而有效的提高了工作效率。

协会的党建工作也逐渐步入了正轨。成立了党支部，行业的党员队伍建设也列入了议事日程。坚持了秘书处支部政治学习制度，积极组织了“三严三实”教育活动。

回顾2015年的工作,省协会在各级政府部门的关心支持下,在各会员企业的积极参与下做了大量工作,也取得了一定的成绩。但与上级部门的要求相比,与各会员企业的期望相比还有较大的差距。全省179家会员企业在快递企业网点中占比不大,协会的工作对全省快递企业的影响面还有一定的局限性。为快递企业维权还需进一步加强。秘书处工作人员的专业水平有待于进一步提高。中国快递协会、省快递协会、各市快递协会之间的关系尚需进一步理顺。

## 山西省快递协会工作情况

2015年,是全面深化改革的关键之年,也是全面完成“十二五”规划的收官之年。全行业按照稳中求进工作总基调,坚持依法治邮,以建设普惠邮政、智慧邮政、安全邮政、诚信邮政、绿色邮政“五个邮政”为抓手,主动适应经济发展新常态,保持了持续快速发展的良好态势。全省快递业务量首次突破亿件,完成1.15亿件,同比增长25.7%,最高日处理量达到234.85万件;快递业务收入完成15.29亿元,同比增长47.74%,为山西“稳增长”战略作出积极贡献。

山西省快递协会深入贯彻落实党的十八大、十八届三中、四中、五中全会和全省邮政工作会议精神,统一思想、凝聚力量,充分发挥桥梁纽带作用,反映行业诉求,强化行业自律,努力服务会员企业,推动行业健康有序发展。2015年重点在以下五个方面开展了工作:

### 一、增强依法合规经营意识,行业得到健康安全发展

根据国家邮政局、中国快递协会、山西省邮政管理局的工作安排,加强了对《国务院关于促进快递业发展的若干意见》、《快递业务经营许可工作优化方案》等相关法律法规的宣贯;组织会员单位开展了“快递服务质量专项整治”活动,与全体会员单位分别签订了《快递服务质量专项整治活动工作目标责任书》;配合会员单位认真做好“抗战胜利70周年纪念活动等重大活动期间快递安全保障工作”和“快递业务旺季服务保障工作暨集中开展危爆物品寄递清理整顿”,积极推进“收寄验视+实名收寄+过机安检”三项制度的落地实施,认真落实“三个100%”,确保了全省快递业安全健康发展,较好地实现了国家邮政局提出的确保“两不”(全网不瘫痪、重要节点不爆仓)、“三保”(保畅通、保安全、保平稳)目标。

### 二、积极沟通反映行业诉求,行业发展环境不断优化

按照“三服务”(服务会员、服务政府、服务社会)的工作宗旨,发挥桥梁纽带作用,反映快递企业发展中存在的困难和问题,不断优化行业发展环境。一是借助专题调研、工作会议、现场观摩等多种形式,对快递企业进行了实地调研并座谈交流,倾听企业在发展中遇到的困难与问题,积极支招探路、排忧解难。去年10月份,省委常委副省长付建华到快递公司进行调研时要求在注重安全的基础上特别提出要加强与有关部门的合作,共同解决快递车辆进城难、停靠难等制约行业发展的问题。二是围绕重点、热点问题,从维护会员单位权益和行业发展角度出发,适时反映会员诉求,积极主动向山西局和相关部门反馈意见、提出建议和要求,以帮助企业解决一些共性问题,特别是针对电动三轮车送件通行难问题,多次与各市邮政管理局、太原市交警队协调,取得了一定成效,基本上保证了正常运行。三是针对快递业发展中

面临的用地难、融资难、基础设施缺乏等阻碍快递业发展的难点问题，及时向省人大、政协报送意见提案。作为省政协委员的张勤学会长联名其他委员报送了《关于将城市邮政快递配送车辆纳入新能源机动车范围予以规范管理的建议》《关于解决快递服务车辆通行问题的建议》《关于快递车辆太行路通行的建议》《关于适当增加政府投入确保寄递渠道安全的建议》，引起了政府有关部门的关注，既为行业发展营造了良好氛围，又为政府重视快递业发展争得了利好政策。四是定期出版协会会刊，搭建交流学习平台，并加大了对行业发展的宣传报道，为行业健康发展营造了良好氛围。

### 三、强化自律改善行业形象，企业发展能力不断增强

为尽快适应快递业快速发展态势，帮助会员企业改变“小、散、弱”的状况，增强其综合能力和发展活力，协会一是根据国家邮政局提出的“三向工程”（向下、向西、向外）、“三上工程”（上车、上船、上飞机）和“绿盾工程”总体思路和专项整治等活动，继续在全体会员单位中开展了《企业自律公约》星级评定活动，从合规经营、基础管理、员工素质、基础建设操作流程、服务质量、安全生产等六个方面组织实施，特别是将山西局的“三化建设”作为重点进行考量。对在2014年度星级评定中获得五星级和四星级的单位进行了事迹宣传报道，极大地调动了各会员单位创星积极性，企业“四基”建设（基础设施建设、基本制度建立、基础管理工作、员工基本素质）得到了进一步加强。山西申通、太原圆通及长治圆通等公司投入巨资改造扩大分拨中心场地、流水设备，山西中通、山西申通、太原圆通、山西顺丰、太原韵必达、百世汇通山西分公司等购买了安检机；大部分会员单位积极加大市、县营业部投资改造力度，进一步增强县域网络建设和乡镇网点建设，服务能力、服务深度逐步扩大。由此使全省快递业硬件设施（中心场地、网点门面、设备配置）及对外形象有了明显改善；作业流程、操作处理更为规范有序；经营管理水平和服务质量大幅提升；安全工作得到了有效保障；快递旺季服务保障工作有条不紊。二是积极配合山西局做好快递人员的培训、职鉴工作，2015年共有4300多名快递员参加了职业技能鉴定考试，2900多人取得了职业资格证书，全行业快递员业务素质有了进一步提高；10月份，配合省人社厅、团省委、省邮政管理局组织开展并成功举办了第二届山西省“号角杯”电子商务师与快递业务员青年职业技能竞赛活动，省邮政EMS、顺丰、申通、中通、圆通等十家快递企业参加了竞赛；之后又组织优胜选手进行了强化培训，并带队参加了第十一届“振兴杯全国青年职业技能大赛”，在快递工种业务技能大赛中，1名选手获得了第15名的好成绩，受到了组委会的表彰奖励。三是继续开展了优秀快递员评比活动。一方面通过会刊对30名获得2014年度山西省优秀快递员的事迹进行了连续宣传报道；另一方面通过继续开展评优活动，既为全省快递员树立了学习好榜样、亦为行业发展提供了正能量，在提高员工队伍素质、提升企业服务质量、改善行业良好形象等方面起到了较好作用。

### 四、重视协会自身组织建设，服务能力得到不断提高

按照山西局党组要求，一是深入学习贯彻党的十八大、十八届三中、四中全会精神和习近平总书记系列重要讲话精神，积极开展“三严三实”专题教育活动，组织党员干部开展专题学习和交流。二是坚持“依法建会、履行职能、发挥作用、效果明显”的原则，自觉遵守相关法律法规、社团组织有关规定，严格执行本会章程、制度，做到依法建会、规范运行。三是注重充分发挥好理事会及秘书处的作用，协会领导和工作人员经常深入会员单位进行调研，了解情况，广泛征求会员单位意见建议，借鉴兄弟省市快递协会的工作经验，认真做好本会工作，并重视对会员单位管理，引导企业遵纪

守法，合规经营。四是积极推动行业文化建设，通过培育和践行快递业核心价值理念，增强行业的凝聚力，增强行业发展的软实力。五是依据《章程》规定加强对会费管理，以严守财务制度、严格财经纪律为准则，做到收好、管好、用好会费，做到了计划使用、量入为出、留有余地。

回首 2015 年，协会全体会员单位在省、市邮政管理部门的领导下，在省快递协会的协调指导帮助及各快递企业的共同努力下，各项工作均取得了较大的发展进步。市场规范化步伐进一步加快，快递业务发展快速增长，快递业务旺季服务保障成效明显，“三化建设”和“快递下乡”工程稳步实施，安全生产能力显著提升，社会影响力不断扩大。特别是在业务快速发展的同时，消费者申诉处理满意率达 97.83%，县乡以下的网点有了大幅度的增加，乡镇覆盖率达 75%，使网络购物的便利和实惠惠及到广大农民群众。

在取得业绩的同时，也存在一些问题，如少数会员单位不严格履行会员义务和《企业自律公约》，诚信度较低，主要表现在参加政府及协会活动不积极，拖欠会费、搞低价揽收、恶意竞争等；还有企业基础工作还比较薄弱，体现在人员素质不高、法律法规意识淡薄、基本管理制度缺失、经营管理水平不高，安全工作不到位、服务质量比较差、用户满意度低，在行业内外评价不高。这些问题需引起大家高度重视，积极深入研究加以主动解决，全力推进全省快递业实现转型发展目标。

# 内蒙古自治区快递协会工作情况

2015 年，内蒙古快递协会在中国快递协会、自治区邮政管理局和自治区民管局的正确领导下，本着对行业负责，为会员服务的宗旨，紧紧围绕“保安全、抓服务、促发展”这个中心，认真贯彻落实科学发展观，坚持为政府决策服务，为行业发展服务，反映企业诉求，强化行业自律，在推动行业创新产品和服务、促进企业提高服务质量增强服务效率等方面开展了工作，较好地履行了协会的各项职能，主要有以下几方面：

## 一、坚持求真务实的工作作风，为政府决策和企业发展服务

内蒙古快递协会一直都重视并关注着困扰快递企业的快递车辆市内通行难、停靠难问题，在这方面做了大量工作，也取得了一些实效。2015 年 10 月 15 日，呼市交管部门在城市交通整治过程中对市区快递企业的电动三轮车采取了禁行措施，协会了解情况后立即起草了《关于恳求解决好呼和浩特市扣押快递电动三轮车（车上快件）问题的报告》内快协〔2015〕11 号文件，向内蒙古自治区政府、内蒙古政府办公厅秘书长、呼和浩特市政府及分管市长反映情况，力争为呼和浩特市快递企业的旺季生产争取一个宽松的运营环境，在协会和业务主管部门的共同努力下，内蒙古自治区快递企业 2015 年旺季生产平稳过度。协会将继续关注国家和自治区有关政策的出台，与业务主管部门携手做好自治区快递业在绿色、低碳、车辆通行等方面工作。

## 二、做好法律法规的宣传贯彻工作，营造良好的企业发展环境，促使快递服务向更加专业化方向发展

根据网络消费升级对提升快递服务专业化水平的需要，结合目前存在发展质量不高，市场低价格，同质化竞争严重和企业标准化、自动化、信息化水平不高，寄递渠道安全和用户信息安全隐患

依然存在的实际，协会在广泛征求各方意见的基础上制定了《内蒙古快递行业自律公约》，并于2015年内蒙古快递协会二届四次常务理事会上审议通过。为了方便企业学习贯彻落实《中华人民共和国邮政法》等相关法律法规，推进《快递服务》标准的贯彻实施，协会把《中华人民共和国邮政法》《快递市场管理办法》《邮政行业安全监督管理办法》《禁寄物品指导目录》等相关法律法规汇编成册并印发给会员，同时为会员提供法律咨询服务。为引导企业树立品牌意识，2015年，协会为自治区邮政速递物流、圆通、韵达、顺丰、宅急送、中通、联邦、百世汇通、申通等几家品牌快递企业制作了业务广告宣传单并广泛发送。2015年，协会与全区会员单位签订了服务质量责任书，强化快递企业提质增效意识。协会始终坚持以“保护消费者权益和增进人民福祉”为出发点和落脚点，努力营造企业自觉依法规范经营，为用户提供优质、高效服务的良好发展环境，促使我区快递服务向更加专业化方向发展。

**三、做好基础工作，提高服务能力和水平，提升行业协会的影响力和凝聚力**

协会把不断提高服务能力和服务水平作为努力方向，坚持理事单位联络员制度，不断完善会员联络沟通机制；抵制不正当的低价竞争，完善行业自律机制；健全协会工作制度；按时完成财务审计和年检报告，较好完成了业务主管部门和监管部门布置的各项工作。

做好会刊编印工作。通过此平台宣传国家的方针政策；介绍行业发展和普法教育；充分发挥会刊的政策导向和行业引领作用。

**四、加强队伍建设，提升协会组织的影响力、凝聚力**

根据《协会章程》发展会员。做好组织建设，充实协会领导力量。2015年，发展北京京邦达贸易有限公司呼和浩特分公司为协会会员。

**五、强化自律，以身作则，维护好行业的诚信体系建设**

“人无信而不立，业无信而不兴。”诚实守信、规范经营是快递业做大做强的根本。协会把贯彻落实好“十八大”提出的“积极培育社会主义核心价值观和社会主义道德行为规范”作为自查的标准，在强化自身建设的同时严格自律，以身作则。做到协会的信息资料真实、准确、完整、可靠。不摊派会费、不强行服务、不乱搞评比、乱培训、乱表彰。不超出章程规定的业务范围开展经营活动，积极履行社会职责。在职能、机构、人员、财务等方面与业务主管部门完全脱钩，实现了行业协会自我运作的组织要求。建立健全换届选举、议事决策、人事管理、财务管理、机构管理等内部管理制度。

## 辽宁省快递协会工作情况

2015年，是全面深化改革的关键之年，也是全面完成“十二五”规划的收官之年。辽宁省各级快递协会和快递企业认真落实辽宁省邮政管理局提出的各项工作目标，按着稳中求进的工作总基调，围绕推进快递与小康社会相适应发展的要求，不断推动快递服务未端下沉沿伸，不断加大分拨节点能力提升，不断加强服务网点标准化改造，积极克服“马鞍效应”带来的不得影响，保持了持续快速发展的良好态势。全省快递企业共完成快递业务量2.5亿件，同比增长47.5%；完成快递业务收入40.2亿元，同比增长34%。全省有8个快递企业进入收入亿元行列。

### 一、理顺省、市两级快递协会的关系

2014年下半年以来，根据国家邮政局和辽宁省邮政管理局要求，全省各市邮政管理局积极引导当地快递企业组建本地快递协会，省快递协会对各市筹建工作给予具体指导和帮助，经过各市筹备组的努力，2015年一季度各市快递协会全部成立。各市快递协会的成立对加快转变政府职能，完善邮政监管体系，改善行业发展环境，加强地区行业自律，促进行业有序发展起到积极的推进作用。由于快递业属于网络性行业，具有全程全网联合作业，网点分布各地的特点，快递业按着《中华人民共和国邮政法》六十条规定，也应成立国家、省、市三级协会管理模式。由于市级快递协会成立后与省快递协会的关系没有给予明确，中国快递协会和省邮政管理局的工作部署不能通过省快递协会指导市协会得到扎实、有效贯彻实施。国家、省、市三级协会工作无法形成统一思路、统一规划、统一指导、统一安排、统一要求的工作局面。另外，市快递协会成立时间短、成员少，缺少组织管理和工作开展经验。为此，省快递协会根据省邮政管理局要求，积极协商各市快递协会加入省快递协会，经各市快递协会申请，辽宁省快递协会二届八次理事会通过，全省十四个市级快递协会全部加入省快递协会，其中：沈阳、大连为省协会的副会长单位，其他各市为常务理事单位。

### 二、组织快递企业签订《2015年快递服务质量责任承诺书》

为认真落实《辽宁省邮政管理局关于印发2015年快递服务质量专项整治工作方案的通知》（辽邮管〔2015〕53号）文件要求，组织省内规模快递企业签订《2015年快递服务质量责任承诺书》，邮政、顺丰、申通等18家签订企业承诺：

（一）遵守国家法律法规，落实《快递市场管理办法》和《快递服务》国家标准，不断提高企业和员工的服务能力、服务水平和服务形象。规范服务、统一着装、文明用语。

（二）坚持公平有序竞争，自律诚信经营，不扰乱正常市场秩序。严格执行快递服务公示制度，对服务范围、价格标准、服务时限等进行公示，信守相关服务承诺，杜绝弄虚作假、见利忘义、侵害客户利益等不良行为。

（三）规范格式合同条款，拒绝霸王条款，做到收寄时告知用户赔偿条款，认真履行合同义务，保证服务质量，严格快递面单管理。

（四）严格执行收寄验视制度和投递验收制度，文明分拣，杜绝暴力和露天分拣，保证投递频次、深度和时效。

（五）畅通消费者投诉渠道，认真解决消费者的每一个投诉、每一条意见，做好投诉处理和跟踪回访，保障消费者的合法权益。切实分析存在的主要问题，降低快件丢失损毁比例。

（六）严格遵守索赔、赔偿处理时限，主动承担违约责任，自觉接受社会监督，减少负面新闻报道，切实提升服务质量。

（七）接受行政主管部门的监管和检查，接受行业协会的指导和监督，以优质服务引导经营，以行业服务先进为标杆，为2015年行业服务提升，企业经营增效多做贡献。

### 三、与省邮政管理局联合推进全省快递下乡工作

为进一步总结快递下乡，推广农村快递末端投递服务平台建设经验和巩固乡镇快递平台建设成果，促进快递服务与农民网商协同发展，确保全省实现乡乡进快递。5月28日至29日，省邮政管理局和省快递协会联合召开全省快递下乡现场推进会，现场经验交流，总结“下乡”成果，理清巩固稳定网点的思路。

会议分现场参观和经验交流两部分进行。首先是现场参观，各市邮政管理局、市快递协会、相关品牌快递企业代表50多人，深入农村快递网点现场观摩，听取介绍，学习交流，比照样板找差距。

在经验交流中，围绕农村快递下乡“建得起、立得往、用得久”的核心主题，铁岭市邮政管理局介绍了充分发挥市协会作用，“协商设点、共建平台、综合利用、有序发展”的“下乡”经验；营口市邮政管理局介绍了采取“N＋1”模式巩固扩展乡镇快递平台建设成果的经验；本溪市邮政管理局介绍了促进快递服务与农民网商协同发展，提高网点稳定性的经验。与会代表通过这次现场会，看到了“快递下乡”推进过程中的新情况，决心用先进经验指导本地的农村快递网点建设。

积极指导本溪、朝阳、葫芦岛等地管理局和协会开展快递下乡实践活动，帮助分析当地环境、特点、市场需求、企业能力，因地制易地制定快递下乡方案，并及时总结工作成果，指导全省“快递下乡“工程全面开展。目前，全省已有98.8%乡镇开通了快递服务，部分市地已实现乡镇快递网点100%全覆盖，在完成数量的基础上，加强网点的服务质量建设。让农民得益，让企业得利，让普惠邮政在农村扎根。

## 四、组织开展快递服务论文征文活动

2013年，国家邮政局出台了“关于提升末端服务水平的指导意见”，要求以多种形式推进快递末端服务水平不断提升。辽宁省邮政管理局根据实际也强力推进“三进一下”工作。为了及时总结、交流各快递企业的先进做法，分析各种模式利弊，扬长避短，探索适宜对路的合作模式，完善配套的管理手段，使企业末端投递服务能力和管理协同发展的改革创新工作扎实推进，少走弯路，健康发展。经东北三省快递协会协商，决定共同组织开展“以提升末端投递服务为支点，创新快递发展管理新模式”征文活动，省协会提出重点结合快件智能投递箱模式、第三方投递合作模式、快递零售店合作模式、社区收发室模式、自有社区投递网络模式等五种创新模式专题论文征文，经过各市协会和企业三个月的精心组织和撰写，全省共征集论文29篇，经东北三省专家评选，辽宁省有1人获一等奖，2人获二等奖，4人获三等奖。

## 五、加强工作指导、积极开展学习交流和专题调研

为提高各市快递协会工作能力，省协会在大连市举办了协会秘书长培训班，系统地讲授了协会秘书长工作职责、如何组织开展协会工作，如何当好秘书长。

为指导各市协会和企业开展快递下乡，省协会主动联系国家邮政局新闻中心，将《中国快递报》上半年刊载的《快递下乡——优秀案例巡礼》32篇汇编成册，印制280册，发放各市协会和快递企业，各单位收到后一致反映很有学习、借鉴意义。

为让各市协会和企业掌握行业发展最新理念和行业新技术应用成果，协会三次组织市协会和企业负责人参加上海、北京、贵州等快递业发展高峰论坛、峰会和成果推广会，先后有十余人参加，通过这些会议，使参加人员开拓了眼界，增长了知识，树立了做好做大企业的信心，增强了办好协会的信念。

省协会结合省邮政管理局得出的重点工作，多次深入各市、各企业开展快递汽车运向需求调研、市级快递企业分拨现场升级改造调研、农村快递企业发展现状调研、农村快递代办现状和发展趋势调研等，现场解答企业提出的国家政策问题，发展解决对策问题，帮助分析利弊，出谋划策，促进快递服务提升。

组织在沈理事以上企业参观学习沈阳邮政中心局自动包裹分拣流水线和运行指挥调度中心，提高企业运用新技术提升生产能力和管理的认识。

## 六、不失时机的宣传行业正能量

为引道新闻媒体正面宣传行业发展和行业动态，协会保持与主流新闻媒体的行业信息沟通，注重宣传行业亮点，如新年、春节期间的企业战严

寒,保畅通;申通公司快递员工见义勇为抓窃贼;"3·15"消费者权益保护日如何维权等,分阶段宣传行业服务特点和典型,以正能量向社会展现行业服务新风。半年来,协会积极与辽宁电视台、沈阳电视台、辽沈晚报、华商晨报、时代商报等省内主流宣传媒体多次报道行业信息和好人好事37篇,受到用户和企业的好评。

### 七、发挥协会的平台作用,积极反映企业诉求

配合各市管局、快递协会开展快递职业技能考试考前培训。各市管局为推进企业提升服务素质,积极组织辖区内企业从业快递人员参加全省组织的快递技能考试,为通过考试提高从业人员业务技能,使参加考试人员全面掌握业务技能要求,各市管局和协会多次要求省协会提供培训帮助,省协会协调各局,抽调赵迁秘书认真备课,深入各局现场授课,培训初、中级快递业务员1300多人。

启动快邮合作,促进双赢发展。为了贯彻落实国家邮政局和辽宁省委、省政府关于农村电商及快递服务发展的有关部署,为充分发挥邮政乡镇邮政局所、村邮站、"三农"服务站、"农村e邮"站点等服务平台在农村快递服务体系建设中的主体作用,改善农村快递服务,支撑农村电商发展,起草了《辽宁省农村快递服务体系建设战略合作协议》,分发各企业讨论征求意见,为快递搭乘邮政便车下乡做好准备。

针对沈阳地区整治电动车辆,查扣快递电动三轮车,影响快递服务的问题,与沈阳市快递协会向沈阳市政府上报《关于尽快允许快递企业运用电动三轮车服务未端投递的函》,引起新闻媒体的关注,并采编了专题报道《如何让快递电动车不再"裸奔"》。

积极吸收快递上下游企业入会,为企业发展提供高质量的品牌服务。

## 吉林省快递协会工作情况

2015年,是快递业快速发展的一年,快递业得到了国家高度重视和支持。10月23日国务院发布《国务院关于促进快递业发展的若干意见》,《意见》是国务院出台的第一部全面指导快递业发展的纲领性文件,是快递业发展进程中的重要历程碑。《意见》突出问题导向,强化顶层设计,聚焦长期以来快递业发展的瓶颈问题,明确了转型升级提质增效的战略方向,为快递业发展提供了强大的动力,必将对行业发展产生广泛而深远的影响。

吉林省委、省政府高度重视吉林省快递业的发展。2015年8月,国家邮政局局长马军胜来吉林就加快推进快递下乡工程与吉林省政府签署合作协议。根据协议将在吉林省建设便捷高效、竞争有序、服务优质的快递服务体系,更好地满足农村地区的快递服务需求。

2015年,全省各快递企业处在发展速度快、经营效益好的健康、稳步、有序发展的最好时期。一是,生产场地又有新变化。在省邮政速递物流公司、顺丰公司、韵达公司新建扩建生产场地之后,百世汇通公司新购置生产场地于10月已投入使用。省圆通公司、省中通公司又分别新增加了生产场地。二是,按照国家邮政局的要求各企业正积极购置安检机及相关设备,快件安全逐步得到保障。三是快递从业人员队伍不断壮大,吸纳就业人数快速增加,全省快递从业人员已达1.5万人左右。

全省快递业认真贯彻落实省委、省政府和国家邮政局的决策部署,在经济下行压力较大的情况下,坚持安全为基、发展为要、服务为上,保持了持续快速发展的良好态势。全省规模以上快递企

业累计完成业务收入 17 亿元，同比增长 30.2%；快递业务量 9000 万件，同比增长 35.5%。快递已经成为现代服务业的关键产业，推动流通转型，促进消费升级的现代产业，在拉动投资刺激消费，增加出口，促进经济增长、吸纳就业、服务民生等方面发挥越来越大的积极作用。

一年来，吉林省快递协会在省邮政管理局的领导和中国快递协会的指导下，在各理事单位及全省会员企业的大力支持配合下，较好的完成了各项工作任务。回顾过去的一年，主要做了以下几个方面的工作：

## 一、积极组建快递企业党组织，切实抓好两个文明建设

### （一）按照《中国共产党基层组织选举工作暂行条例》的有关规定会程序，积极组建快递企业党组织

为进一步加强全省快递业非公有制企业党的建设工作，努力提升快递企业党建工作规范化、制度化和科学化水平。2015 年 1 月 9 日，吉林省邮政管理局机关党委牵头组织召开了快递业党组织成立大会。选举产生了快递业党总支委员会。在快递企业设立党支部和联合党支部，分级负责抓好党建工作，发挥好基层党组织战斗堡垒作用和共产党员先锋模范作用，为促进吉林省快递业的健康、快速、科学发展提供坚强的组织保障。

### （二）开展“最美快递员”评选活动

2015 年初，由协会提出，吉林省邮政管理局研究决定；由吉林局精神文明建设办公室、省快递协会在全省快递业联合开展“最美快递员员”评选活动。目的是大力宣传最基层、最感人、最认同快递员典型，展示全省快递业安全规范、优质高效的服务理念，展示新时代快递员工的良好精神面貌，深入发掘快递员工立足岗位、服务社会的感人事迹，弘扬中华民族传统美德，践行社会主义核心价值观，传播行业正能量。

此项活动的开展，引起了社会各界的高度关注，吸引了快递业的广泛参与。活动期间共收到各地邮政管理局、快递协会、快递企业等渠道推荐 54 人。根据条件筛选入围 28 人。在吉林省邮政管理网站上进行投票评选，共收到选票 15048 张。

根据企业推荐、网上得票数、个人事迹，由吉林省邮政管理局精神文明建设办公室、吉林省快递协会、快递企业代表、媒体代表、消费者代表及社会监督员代表组成评委会。依据公开、公平、公正的原则评定产生了吉林省邮政速递物流有限公司珲春市分司刘力群等 10 名同志为“吉林省快递行业 2015 年度最美快递员”。吉林省邮政速递物流有限公司吉林市分公司张伟等 18 名同志获得“吉林省快递行业 2015 年度最美快员入围奖”。吉林省邮政管理局、吉林省快递协会于 2015 年 6 月 26 日召开大会，对刘力群等 10 名“最美快递员”和张伟等 18 名获得入围奖的快递员们，进行了表彰和奖励。协会在吉林省邮政管理网站上和以会刊专刊的形式予以报道，并协会刊物上广泛进行宣传，起到很好的社会效果。

### （三）积极开展“送温暖、献爱心”活动

在冬季天气十分寒冷的情况下，各快递企业都为做好业务旺季期间的工作而积极努力，广大快递业务员们战严寒、抗冰雪，为此而付出了辛勤的劳动和汗水。为推进快递企业继续做好业务旺季期间的服务保障工作，协会会同省邮政管理局开展了以“送温暖、献爱心”为主题的慰问活动，协会和省邮政管理局领导亲自到快递企业进行慰问，送去慰问品，送去一份关爱，送去一份爱心。

## 二、积极宣传新修订的《消费者权益保护法》，依法维护消费者合法权益

### （一）积极组织和参加“3·15”消费维权活动

为纪念“3·15”国际消费者权益日，提供消费者维权意识，推动行业提高商品和服务质量，推动消费在经济发展中的重要基础作用，省快递协会作为举办单位之一会同省消费者协会在 2015 年 3 月 12 日共同组织召开了“吉林省 2015 年‘3·15’

国际消费者权益日纪念大会”。刘英杰会长和省领导及相关部门负责同志共同为“2014年度吉林省消费者满意单位”、“2014年吉林省消费者维权人物”、“2014年度吉林省优秀消费者维权志愿者”颁奖。3月15日协会工作人员还参加了“吉林省纪念‘3·15’国际消费者维权日”现场咨询活动，对消费者提出的快件延误、丢失、损毁等问题进行了解答。对快递业的发展、快递安全等问题接受了《新文化报》、《城市晚报》、《东亚经贸新闻》等新闻媒体的采访。并现场发放了《中华人民共和国邮政法》、《快递服务标准》、《邮政业消费者申诉管理办法》等法律法规，起到了让社会支持、理解快递业的效果。

（二）依法维护快递业消费者和快递企业的合法权益

2015年，协会共接到消费者投诉41件。其中：对消费者已投诉快递企业，快递企业未处理或处理不满意的有6件已转吉林局处理。其他35件由协会会同有关企业进行了处理，依法维护了消费者的合法权益。在依法维护消费者合法权益的同时，协会还十分注重依法维护快递企业的合法权益，全年共处理消费者对快件损毁的赔偿不满而引发的争议两起。

## 三、指导企业加强经营管理工作，夯实企业经营管理基础

（一）积极组织对《快递服务》标准贯彻执行情况的监督检查

受省邮政管理局委托及协会工作安排，从2015年7月份开始协会组成检查组在各市（州）邮政管理局配合下，开展了对第二批、第三批《快递服务》标准化建设企业进行了复查，对未进行标准化建设情况验收企业进行了验收。此次检查、验收企业共111家。其中：复查企业36家，验收企业75家。复查的36家企业是2010年、2011年期间，经省快递协会检查评定验收的企业，也是省快递协会的会员企业。验收的75家企业是未经过省快递协会《快递服务》标准培训，也未进行过标准化检查评定验收的企业。对复查和验收的企业在检查我们严格按照《快递服务》标准和协会印发的“吉林省《快递服务》标准化建设评定细则”，并结合省邮政管理局印发的“推进快递企业落实《快递服务》标准实施方案”、“吉林省快递营业场所规范化建设指导意见”的规定，逐项进行检查。

检查中重点检查企业是否取得快递业经营许可，分支机构是否备案；快递业务员职业资格是否达到要求，是否建立从业人员档案和建立持证人员花名册；快递业务经营场所及设备设施是否达到标准要求；是否建立和严格执行收寄验视制度；分拣快件是否合理分区，是否做到快件分拣不抛扔、不落地；收派员投递时是否统一穿着具有统一标识的服装，并佩戴工号和胸卡；是否在处理时限内妥善处理用户的投诉，是否建立投诉档案。

此次复查的36家企业可继续保持标准化建设企业称号；检查的75家企业中长春市赢和韵达公司、敦化市顺达速递公司（圆通）、吉林省畅邮速递公司等41家企业具备《快递服务》标准的要求，被授予标准化建设企业称号。有34家企业未达标。对检查中发现快递营业厅存在安全隐患、快递营业厅管理混乱和没有快递业务经营许可从事经营活动的企业已现场提出整改意见并会同当地邮政管理部门进行了处理。

（二）组织开展快递企业间相互学习考察交流

根据《快递服务》标准复查、验收了解和掌握的情况，协会组织在长较大快递企业到吉林、敦化、延吉市的相关快递企业进行现场学习、考察交流，并在延吉市组织召开“加强企业经营管理、提升企业经营管理水平”研讨会。对这次活动各企业负责同志都发表了感想和想法，并表示一定要把学习、借鉴到的做法带回去，把企业的管理工作搞好。

（三）组织开展以加强企业经营管理为重点的内容的论文征文活动

2015年3月，协会在全省快递企业中开展了

“加强企业经营理”为主题的论文征文活动。4月，又会同辽宁省、黑龙江省快递协会联合组织开展了“提升未端投递水平，推动快递企业转型升级”论文征文活动。在征文活动中吉林省收到论文33篇，论文的作者有快递企业的高管，也有快递企业的经营管理人员，还有邮政管理部门的干部。他们从不同的角度研究了现代快递业发展进程和发展趋势，提出了如何加强行业自律，如何改进服务模式等。33篇论文中中通公司就组织撰写18篇，吉林省园通速递公司总经理夏立军同志连续3年积极带头撰写论文，今年的论文征文中他本人就撰写了2篇论文，而且论文的质量很高，具有一定的指导性和前瞻性。

（四）认真组织学习贯彻《国务院关于促进快递业发展的若干意见》

《国务院关于促进快递业发展的若干意见》下发后协会立即组织召开吉林省快递业学习贯彻《意见》座谈会，在长较大快递企业负责人参加了会议。会上认真学习了《意见》全文，并邀请省邮政管理局的同志详细讲解《意见》的有关内容，会长刘英杰同志对企业下一步如何贯彻学习《意见》提出了要求和建议。

## 四、指导快递企业积极做好快递业务旺季服务保障工作

（一）认真开展快递业务旺季服务保障工作调研

为贯彻落实国家邮政局和省邮政管理局快递业务旺季服务保障工作会议精神，做好吉林省快递业务旺季服务保障工作，2015年11月初，协会对长春市主要快递企业开展快递业务旺季服务保障工作检查，并对企业在生产中存在的困难和问题进行调研。

调研中详细了解了企业安全生产情况、生产作业现场情况、快件运输情况，以及各企业旺季服务保障工作落实情况。就快递业务旺季服务保障工作提出了要求。一是提高思想认识，认真履行职责。要牢固树立大局意识，充分认识做好快递旺季服务保障工作的重要意义。严格执行《快递业务旺季服务保障工作指南》，建立完善旺季服务保障机制。二是加强监督检查，严格执行收寄验视制度，杜绝安全生产事故发生。三是畅通投诉渠道，要针对快递业务旺季期间业务量增长快，生产任务重的特点，畅通投诉渠道，切实维护消费者合法权益。四是旺季期间要保持和省邮政管理局、省快递协会的沟通和联系，遇有重大问题要及时上报。

（二）及时掌握吉林省快递企业备战“双11”准备情况，加强吉林省快递业旺季期间的信息报送工作

在“双11”到来之前，协会把《新文化报》、《城市晚报》、《东亚经贸新闻》几家媒体请来，分别介绍了省邮政管理局、省快递协会如何做好业务旺季期间的安排和要求和各企业为迎战“双11”的准备工作情况。《城市晚报》、《新文化报》、《东亚经贸新闻》等媒体都在“双11”期间都对吉林省快递企业奋战“双11”进行了连续报道，起到了让社会支持快递，理解快递的良好效果。

在“双11”期间，协会和各企业保持着工作联系，每天安排专人和企业沟通，及时了解掌握各企业生产情况。督促企业完善旺季服务和安全保障方案，落实《旺季指南》的要求，切实做好旺季期间的服务保障工作。

# 黑龙江省快递协会工作情况

2015年,是全省快递业实现“十二五”规划的收官年,是全面深化改革的关键之年。在年初制定的工作指导思想定位下,按照省邮政管理局提出的“稳中求进、持续求进、实干求进”的工作基调,组织会员单位开展有意与行业发展的工作。在深化快递企业体制改革和创新工作中,不断推进企业转型升级和“三化”建设,通过“提质增效、创优争先”竞赛,提升服务质量,维护快递业信誉,诺守服务诚信,坚持高标准、高起点、高质量、高效率的工作作风来实现全年工作总体目标。

## 一、即时召开相关会议,研究落实全年工作任务和目标实现

### (一)组织召开二届十八次常务理事(扩大)会议

除了总结2014年工作、部署2015年工作外,还审议通过了增补常务理事等事宜。本次会议得到省邮政管理局的高度重视,省邮政管理局党组书记、局长訾小春在百忙工作中首次亲临会议并做了重要讲话,他在讲话中充分肯定了协会在2014年的工作成绩,尤其是在省邮政管理局领导下发挥桥梁纽带作用、加强行业自律、深入企业帮助协调解决难点问题、及时传达企业诉求、组织开展有益于企业发展的调研、配合政府抓好安全生产、做好旺季生产期间与新闻媒体的沟通和对外宣传等方面的工作成绩,并给予鼓励。

### (二)召开二届十九次常务理事(扩大)会议

传达贯彻中国快递协会二届二次会员大会精神及2015中国快递论坛盛况 ,还先后通报了市(地)协会成为省协会团体会员的进展情况,解读了《全省快递行业开展“三化”标准建设》验收细则及评定办法;释解了如何借助“互联网+”和“快递+”上下游链接,加快发展快递业既“关于做好与中小制造服务企业联动发展的意见”;以及如何组织好《关于在全省18家大型网络型快递企业开展“提质增效、创优争先”竞赛》活动;如何贯彻落实省邮政管理局党组关于《加快对非公有制快递企业党的组织建设》的意见;会上,还增补了副会长单位、及常务理事和理事单位的原任负责人因工作变动,进行了替补说明。

### (三)组织召开二届第二十次常务理事(扩大)会议

本次会议的主要议题是在总结前八个月工作的基础上,结合省邮政管理局8月份召开的全省邮政工作会议确定的近期工作重心和工作目标,及时调整、安排和部署当年后一时期协会重点工作。会上还宣读了东北三省快递协会开展的征集及评选优秀论文的表彰决定,訾小春等与会领导对获奖者颁发了证书和奖金;会上还对下一步组织实施和复查“三化”标准化建设等工作提出新的标准和要求。

### (四)首次组织召开团体会员会议

省、市(地)两级协会负责人坐在一起,共谋行业发展大计还是首次。全省13个市(地)协会负责人参加的团体会员会议,终结了全省三年来,省、市(地)协会各自活动、各自为政、缺少业务指导与管理关系的非正常局面。会上,协会秘书处就《黑龙江省快递行业协会团体会员单位管理办法》向与会的代表进行了解读,并征求修改意见后得到集体通过;同时还就开展“三化”标准验收评定考核办法进行解读及征求意见;并就组织开展“做好网络型快递企业与全省中小制造服务企业对接、联动发展”、“在全行业组织开展《提质增效、创优争先竞赛》”、“组织第四届东北三省快递行业高层论坛论文征集”、“省、市(地)协会信息交流及反馈”以及“加强在非公有制快递企业建立基层

党组织工作”等方面的工作，提出具体操作办法和指导意见。协会领导还就2014年13个市(地)协会围绕地区快递业发展而开展工作的不同靓点，进行了通报和点评。

（五）召开第二次团体会员会议，通过各专业委员会职责

会议确定以市（地）协会为主，分别建立《经营与服务研究委员会》、《标准化建设研究委员会》、《政策与法律研究委员会》、《生产与安全研究委员会》，并讨论通过四个专业组织的工作职责和牵头协会单位。

## 二、组织18家网络型快递企业开展“提质增效、创优争先”竞赛活动

2015年，省邮政管理局根据省委经济工作会议提出的“全省经济将由工业主导型向服务业主导型转变”的要求，结合省情、业情确定了坚持产业发展方式由“弱小缓慢”型向“质量效益型”转变、企业运营方式由“粗放型经营”向“精细化运营”转变、行业发展模式由“独立发展”向“融合发展”转变的新工作思路和目标，通过培养新的经济增长点和着眼点，力争2015年全省快递出口业务量超过9千万件，增幅不低于40%，业务收入增加4亿元，增幅不低于30%，实现全年收入达18亿～20亿元目标。省邮政管理局、省协会决定从2015年1月1日至12月31日期间，在全行业内组织开展以创新产品与服务、提升发展质量与效益的“提质增效、创优争先”竞赛活动，激发向大省迈进的进取精神。为了搞好本次竞赛活动，协会与省邮政管理局相关处室联合下发文件并提出具体安排和要求。

## 三、认真组织开展以“三化”建设为内容的达标标验收工作

一是及时向全省快递企业、分支机构转发了省邮政管理局和协会共同印发的《黑龙江省快递“营业场所标准化、分拨中心规范化、作业流程制度化”建设方案（试行）》的通知，确定到2015年底，全省标准化营业场所和重点快递企业的规范化分拨中心均达到30%以上，重点快递企业作业流程制度化达到40%以上。

二是会同省邮政管理局联合下印发了《黑龙江省快递“营业场所标准化、分拨中心规范化、作业流程制度化”验收评定办法》。

三是编制和印发了2500册《全省邮政快递企业开展“三化”标准建设验收评定工作手册文件》汇编，为市（地）协会及快递企业和分支机构组织开展“三化”达标建设提供了便捷和方便。

四是协会与省邮政管理局相关部门联合召开会议，推进全省“三化”建设工作。会议结束后13个地市管局和市（地）协会组织，认真贯彻省邮政管理局和省协会的要求，紧锣密鼓、雷厉风行的抓贯彻、抓落实、抓效果；出现了“上下联动、抢前抓早、整体推进、措施到位”的工作态势；上半年经过省、市（地）、企业、分支机构四方的努力，全省标准化营业场所已建成519个，完成率达到66.85%，形象营业场所建成65个，完成率达到58.06%，规范化分拨中心建成39个，作业流程制度化建设完成率到达84.97，全省“三化”建设工作取得了较好的成绩和效果。

## 四、积极配合省邮政管理局做好年度旺季生产服务保障工作

首先，根据国家邮政局和中国快递协会提出的“打一仗，进一步”的要求，以及黑龙江局提出的“全网不瘫痪、重要节点不爆仓”“保畅通、保安全、保平稳”的精神，省协会及时拟定下发了《关于做好2015年快递业务旺季服务保障工作》的通知文件，并从五个方面强调和指导做好旺季生产保障工作的重要性及办法。

其次，深入快递企业调查摸底了解情况，准确研判2015年旺季生产保障工作的综合情况。先后采取深入快递企业、书面调查方式，了解企业迎战旺季应急预案和应急措施，以及针对高峰期的

处理业务总量、峰值、峰期，扩大分拨中心场地面积、储备人员、运输车辆保障等关键问题进行摸底和汇总，做到心中有数。

第三，及时组织召开备战旺季生产新闻媒体通气会。受省邮政管理局訾小春的委托，省协会牵头与市场监管处、市管理局、市协会共同组织召开了黑龙江旺季生产服务保障新闻媒体通气会，就全省《做好 2015 年"双 11"旺季生产服务保障工作》，以及新闻媒体关注的全省迎战"双 11"旺季生产保障工作综合情况，向在哈的八家新闻媒体和记者进行通报和解答。

第四，在 2015 年旺季生产来临的前夕，省协会主动参加由省邮政管理局党组成员带队的三个工作小组，分三次先后深入邮区中心局、邮政 EMS、圆通、宅急送、敦豪、联邦、俄速通、顺丰、德邦、国通、优速、龙邦、中通、快捷、全峰、北方邮联等 16 家快递企业，不分白天和夜晚，深入企业作业场地对车辆、人员等落实情况及快件处理、消化、运转情况进行督察和指导。

## 五、配合省邮政管理局不失时机的开展有益于行业和协会健康发展的工作

### （一）配合省邮政管理局联合举办快递安全生产培训班

为提升快递业安全生产管理水平，落实安全生产主体责任，省协会配合省管理局联会举办了三期快递企业参加的安全生产培训班。13 个市（地）级共 16 家快递企业的负责人及安全管理员共 399 人参训了培训。每期培训结束后，还组织学员进行考试，颁发培训资格证书，并将学员参加培训情况及考试成绩利用文件进行通报。省协会除了派专人帮助和负责培训班的日程组织和管理外，还责成秘书处专职人员参与《邮政业突发事件预警预案》内容的讲课。

### （二）汇同省邮政管理局精神文明办组织开展"最美快递员"评选活动

省管理局精神文明建办、省协会联合下发文件，确定从 2015 年 5 月起至 2016 年 6 月，在全省范围开展"最美快递员"评选活动，即评选出全省十五名"最佳快递投递员"，二十五名"优秀快递投递员"，通过此活动，树立快递人的文明形象，推动行业文化建设，展示文明黑龙江快递业形象。

### （三）配合省邮政管理局相关部门做好"振兴杯"青年职业技能大赛活动的相关工作。

经黑龙江局研究同意由省协会负责本次全省快递业"振兴杯"青年职业技能大赛期间的企业学技术、岗位练功及企业精神风貌的室外展板制作和布展，经协会细心组织和安排，在赛会组委会规定的时间内，组织了 15 个参赛单位，共做了 15 条队旗、20 块展板并在赛会开幕式、闭幕式期间进行展示，用图片和文字对外宣传了快递企业的风采和企业文化缩影。

### （四）对民营（外资）企业党的基层组织及党员状况开展综合调查并提出相关建议性意见

按照省邮政管理局党组的要求，省协会于 6 下旬对在哈网络型品牌 16 家民营（外资）快递企业的党组织情况作以调查和了解。在调查基础上对民营企业党建工作提出建议性意见。一是有条件的快递企业应该建立独立党支部（支委）、其党的关系实行属地管理既便于企业开展工作，同时有利于强化基础党组织的堡垒作用；二是对党员人数不足、又无组织能力的快递企业组建联合党支部，可由大型网络型企业为主在属地建立联合支部。日前，在市管局和市（地）协会的共同工作和努力下，哈尔滨、佳木斯、鸡西、绥化、伊春、黑河等市（地）和快递企业已建立了 10 个联合党支部，99 名共产党员有了组织归属。

### （五）借助"一路一带"战略实施方案契机，为快递企业争取相关优惠政策

按照省邮政管理局的要求和部署，年初在省政府向相关部委局征求全省"一路一带"战略实施方案时，省协会抓住契机，在充分考虑有利于行业发展的前提下，代表行业向省政府发改委提出建议性

意见，为企业挣口袋、要优惠政策。其意见是：

1. 发挥政府在相关部门之间协调和指导作用。在确保国门安全、贸易畅通、物类验关，快件通关，为跨境电子商务的健康发展创造良好环境。要承担和协调邮政业和海关部门建立常规化的联络机制，特别是要在国家层面加强合作，协调安全和便利化的矛盾，共同促进黑龙江跨境电子商务和快递业的协同发展。国家检疫部门要建立与邮政沟通协调机制，在进出境邮件、快件安全检查和便利通行，突发事件处置等方面加强合作和支持，为跨境电子商务发展提供便捷保障。

2. 在国际万国邮政联盟和国家邮政局的关注和支持下，国家和地方政府共同投资，加快和推进现有的省内国际邮件互换局（交换站）的扩大和改建，支持省内沿途俄罗斯边境口岸、海关的邮政、快递部门分别建立通关国际邮件互换局（交换站），减轻目前点少带来的压力和缩短通关时限。

3. 要给予和支持民营快递企业从事跨境快递业发展的政策。政府要支持和提供民营快递经营商在通关方面的相关优惠政策。

（六）与省中小企业协会为制造和服务业与快递企业之间需求和服务对接达成合作发展共识

为使快递业更好服务地方为全省经济发展做贡献，促进快递业与制造及服务业间衔接，实现协同发展和互赢互利的目的；省协会两二次赴省中小企业协会，协商全省快递业与省内制造和服务业就行业间的互相之间资源共享、优势互补、产运联动、互惠互利、实现双赢运作方式和联动有效措施进行协商和沟通。为此，省协会还起草和拟定了《关于促进快递服务业与省内生产制造企业协同发展的指导意见》。

（七）积极参与省邮政管理局“十三五”规划的编制工作

省协会作为省邮政管理局“十三五”规划编制领导小组成员和协办部门，积极、主动参与规划的制定和编制工作，并在调研、相关会议征询意见的基础上，把快递企业今后五年内在发展中需求的政策、优惠、诉求及时反馈到“规划”编委，同时，根据省邮政管理局的要求，即时组织召开了在哈17家大型网络型快递企业和外资企业参加的征求意见座谈会，对《黑龙江省邮政“十三五”发展规划》进行公开征循意见，并把提出的多条建议性意见反馈给省邮政管理局编委。

（八）组织会员单位参加东北三省快递业优秀论文征集和评选活动

经辽宁、吉林、黑龙江三省快递协会协商，共同组织了东北三省第三届暨“快递企业加强行业自律、改善服务，提升企业经济效益”为主题的论文征集和评选优秀论文活动。三省共有35篇优秀论文获奖，黑龙江省推荐的22篇优秀论文有16篇获奖。其中三篇优秀论文获一等奖，四篇优秀论文获二等奖。

（九）参与省邮政管理局年中召开的全省邮政管理系统工作会议上的工作报告起草补充意见

一是提出关于上半年总结工作时，要考虑到今年全省快递量增幅达到平均50%，排在全国第八位，业务收入增幅达到平均67.9%，在全国排在第一位；这些表明了年初省邮政管理局和协会一同组织开展的“提质增效、创优争先”竞赛活动发挥了有效作用，使经营和服务指标初见成效，尤其是国家邮政局考核的经营指标均向前移了好几位，应该对全省竞赛活动给以充分肯定；二是关于下一步工作重点问题，提出了要强调政府主管部门和省、市（地）协会一同做好“提质增效、创优争先”竞赛的经验交流及评比表彰工作；同时，还要一同做好“三化”建设工作的经验交流及检查验收，以及强调做好全省最佳“优秀快递投递员”事迹宣传和评选推荐工作。

（十）积极主动深入基层开展调研工作

四月末，即省协会二届十九次常务理事（扩大）会议结束不久，结合贯彻落实2015年协会全年工作安排，协会在常务副会长林滨华带队下，深入申通、圆通、中通、汇通、国通、顺丰和宅急送就二届十九次常务理事(扩大)会议提出的相关事宜,以及开展“三化”标准建设达标、开展“提质增效、创优争先”竞赛、“最佳优秀投递员”推荐、电子商务配送、快递下乡、分拨中心机械化分拣等工作进行现场调研和座谈,在了解和掌握企业发展中存在相关问题和诉求时,及时反馈给向省邮政管理局相关领导。

**六、时逢春节旺季生产和高寒之即深入企业开展送温暖活动**

2015 年初,正逢元旦、春节旺季生产高峰,全省气候呈现低温度时间持久,省协会组成春节慰问小组与省邮政管理局的领导一同携带保温杯、方便面、口罩等价值 6 万多元的防寒保温器具及适用物品,冒着大雪严寒天气,深入快递企业分拨中心,生产作业现场,营业、收投网点及干线运输班组进行慰问,使企业和员工在最困难时期亲身体验到了了省邮政管理局、省快递协会领导们的关怀和温暖。

**七、与省邮政管理局一同创刊和协办《龙江快递》月刊,及时交流行业及省内经营和服务动态**

根据省邮政管理局领导的建言和要求,从 2015 年起,省快递协会结束了自己编办《协会信息动态》,与省邮政管理局一同创办和编辑了《龙江快递》月刊,至今已共同创办 12 期。

总之,在省、市(地)协会共同努力下,2015 年全省快递协会工作取得了一定的成绩和收获,得到了省邮政管理局的认可。但就整体工作覆盖、措施得当、落实到位、进度程度等情况来说,还存在不足之处,主要表现在:一是在“快递向外”发展方面,尤其是和关联单位如商业厅、工信委、海关、民航、铁路、交通、交管、消协等单位沟通和衔接不够,有些政策落地实施方面有差距;二是在支持快递企业深化改革、转型升级方面力度不大,没有成型的示范样板;三是在践行转观念、转作风、转变职能等方面还有待改进;四是发展会员方面有待补缺空白,今年政府新增分支机构 723 家,但成为会员单位的达不到 60%,省、市(协会)应共同引起重视。

# 上海市快递协会工作情况

**一、协会进行换届改选,修改制定协会章程和制度,跟上形势发展要求**

(一)进行协会换届改选,成立新一届协会领导班子

1. 2015 年 3 月 17 日,召开协会二届一次会员大会暨二届一次理事会,审议通过了《上海市快递行业协会第一届理事会工作报告》、《上海市快递行业协会章程(修改案)》等文件;选举产生了由 51 名理事组成的第二届理事会。理事会选举产生了 12 位副会长单位、选举沙剑湧同志为常务副会长兼法人代表、同时聘任高镇海同志担任秘书长。这次大会顺利完成了拖延已久的换届任务,为正常开展协会工作奠定了组织基础。

2. 2015 年 6 月 16 日,召开二届二次理事会。会议选举协会原常务副会长沙剑湧为协会会长;审议通过了《上海市快递行业协会章程修正案》、《上海市快递行业协会内部规章制度》、《上海市快递行业协会第二届工作人员费用情况》等文件;通报了协会秘书处机构设置情况及各部门工作职责,通报了协会副秘书长设立情况。

根据组织部门新的文件规定,沙剑湧同志不能担任协会法人代表,因此,协会于 7 月份又召开书面通信理事会,以投票形式,选举产生圆通速递

有限公司董事长喻渭蛟为协会法人代表。同时秘书处即按市社团管理局对社团组织改革的要求备齐各类材料向上海市社团管理局报告协会换届改选情况。2015年7月28日,经社团管理局审核批准,协会取得了新的《社会团体法人登记证书》。至此,从法律层面完成了市快递协会换届的全部工作。

(二)制定、修改协会管理制度、使协会工作制度化、规范化

协会根据形势发展的要求和市社会团体管理局关于对社团组织的新要求,修改和制定了协会10余项规章制度,使协会工作制度化、规范化。

同时协会又进行了税务登记更新、银行财务账目更新等一系列工作,使协会做到证照齐全,为协会正常开展各项工作创造了必要条件。

(三)坚持做好会员发展工作,不断壮大协会规模

坚持做好会员发展工作,不断壮大协会组织规模,是我们的一项重要任务。一届协会原有会员单位297家,经过近一年的努力,已发展新会员40家,使协会的会员单位总数达到337家,增长13.5%。有7家企业申请成为理事单位。

(四)积极筹建"上海市快递协会奉贤、金山办事处"

为适应上海快递业蓬勃发展的新形势,推动上海快递业更好发展,我协会积极探索建立地区办事处来做好边远地区协会工作的方法。2015年12月24日,协会在奉贤召开了"成立上海市快递协会奉贤、金山办事处研讨会",酝酿组建奉贤、金山地区办事处。在奉贤邮政管理局帮助和配合下,筹备会开得非常成功。准备经二届三次理事会和二届二次会员大会审核通过后,将于2016年3月召开成立大会,争取尽快挂牌运作。上海市快递协会奉贤、金山办事处成立后,协会将考虑在年底或明年初再成立1家地区办事处。

**二、改版杂志、恢复网站、建立信息员队伍,做好宣传工作**

(一)做好《上海快递》杂志改版工作

一是成功取得内部刊物准印证。协会原有会刊《上海快递》杂志,但一直没有办理内部刊物准印证。二届二次理事会后,协会立即备齐材料向上海市新闻出版局提交了申办内部刊物准印证的申请。经努力,协会会刊《上海快递》现已取得(沪K)第765号内部资料准印证,具有了合法身份。

二是扩大改组了《上海快递》编委会。为确保杂志高效高质地出版发行,我们改组和扩大了《上海快递》杂志编委会,由市邮政管理局主要领导任顾问,协会会长、部分副会长及管局各处室负责人任编委;制定了包括"《上海快递》工作岗位职责"、"《上海快递》编发工作时间节点"、"《上海快递》编辑制作经费使用规定"等全套工作制度。现在,全新改版的《上海快递》杂志已成功出版了3期。从2016年起,杂志由季刊改为双月刊,更好更及时地宣传、报道上海快递业的情况。

(二)恢复运行《上海市快递行业协会》网站

协会原有的网站,因协会《社会团体法人登记证书》失效处于瘫痪状态。新一届协会成立后,通过多方协调,于2015年11月,恢复了协会网站运行,同时增加了力量,争取及时准确发布有关快递业的政策法规、行业研究、新闻动态、会员信息等内容。下一步,协会将重新设计网站版面,增加与外网站的链接,以全新的面貌,及时的报道,更好地为上海快递业和快递企业服务。

(三)建立上海快递业信息员队伍

为使《上海快递》杂志和《上海市快递行业协会》网站正常运行,信息工作被提上了议事日程。经协会与市邮政管理局精神文明创建办商议,决定联手组建上海快递业信息员队伍,上接"天气"、下接"地气"。目前,21名来自基层规模以上快递企业和管局有关部门人员组成的信息员队伍已经成立并已运转近4个月,行政管理信息和各公司

活动信息源源不断汇集，许多信息已发表在协会的杂志和网站上，为宣传本市快递业正能量、宣传快递企业工作业绩、使快递业得到社会的更好认同起到了积极的作用。

### 三、发挥协会作用，做好助推快递业发展实事

（一）制定《快递电子运单》

快递电子运单的应用是行业技术进步的重要标志，是产业融合、市场发展的重要产物，也是快递企业提升运行效率、经营效益的重要途径。协会承接了国家邮政局2015年重要课题——《快递电子运单》行业标准的制定任务。经过广泛听取各方面意见和认真细致的调研、起草、论证、修改、成文，现在该标准已由国家邮政局审议并原则通过，已于2015年12月正式颁布，于2016年3月1日正式实施。为快递业发展起到了一定的助力作用。

（二）完成《上海快递业安全管控研究》课题

我国现为世界第一快递大国。快递业为我国经济社会的发展、为人民生活质量是提高作出了有目共睹的贡献。但与快递业高速发展并存的是，安全隐患问题还比较突出。为加强本市快递业安全管控，协会受上海市交通委委托，承接了《上海快递业安全管控研究》课题。在市邮政管理局的指导下，协会积极调研、认真梳理材料，按时保质完成了课题报告，并经专家开题评审、结题评审，认为该课题质量较高，有较好的现实指导意义。为提高本市快递业安全运行尽了心、出了力。

（三）制订“政府购买服务目录库”

政府向社会购买服务是近年来政府工作改革的一项重要举措，协会在市邮政管理局的指导下，积极开展这项工作。去年下半年，协会起草了《上海市邮政管理局“政府购买服务目录库”》项目报告。在管局各处室的帮助下，协会对该报告进行了多次修改和提高。今年1月份，《上海市邮政管理局“政府购买服务目录库”》项目报告已经专家组评审通过，为管局做好政府向社会购买服务工作打下了良好的基础。

（四）参与制定上海《快递揽投专用电动自行车》团体标准及样车研发工作

协会积极参与上海《快递揽投电动自行车》团体标准的制定工作，并于8月下旬参与市邮政管理局和市自行车行业协会召开的“上海市《快递揽投专用电动自行车》技术团体标准（征求意见稿）专题研讨会”。并在研制出的5种样车中，确定了2种型号的电动自行车纳入上海市电动自行车产品目录，同时参与管局制定《快递揽投专用电动自行车管理办法》。下一步协会将积极配合市邮政管理局在全市推广使用标准的快递专业电动自行车，解决快递员最后一公里用车的困扰。

（五）撰写“上海快递行业发展报告”

为宣传本市快递业发展情况及为社会做出的贡献，协会积极承接上海现代服务业联合会下达的任务，在市邮政管理局的帮助指导下，撰写出业内第一份《上海快递行业发展报告》。该报告已被上海市人民政府发展研究中心和上海现代服务业联合会共同编发的《上海现代服务业发展报告2014》收录，为上海快递业起到了很好的介绍和宣传作用。

（六）组织职业技能竞赛，提升员工素质

为贯彻落实《上海市人民政府贯彻〈国务院关于加强职业培训促进就业意见〉的实施意见》及《关于开展“2014－2015上海市职业技能竞赛活动”通知》要求，协会在市邮政管理局的指导下，于2015年9月组织开展了“2015年中国技能大赛——上海市快递行业首届职业技能竞赛”。这是上海市第一次组织快递业职业技能竞赛，全市共有14家企业，104名选手参加了竞赛。其中，92名选手成绩合格，可获得快递业务员高级证书。按5%的晋升比例，有4人已申报晋升业务师资格，有2人已申报“上海市青年岗位能手”称号。

在此基础上，协会于11月选拔了3名选手代

表上海参加由共青团中央、人力资源和社会保障部联合主办的第十一届“振兴杯”全国青年职业技能大赛决赛。最终上海韵达的选手杨金丰在全国大赛上取得了第三名，为上海快递业争得了荣誉。

（七）开展职业技术鉴定培训，开辟员工技术上升通道

一是继续开展职业技能培训工作。全年组织了19次培训，参训员工近2000人，此外，协助各企业自培3000余人。二是继续开展初中高级职业技能鉴定。2015年组织完成32场初、中、高级鉴定考试。共有6416人报名，鉴定合格4759人，合格率为74%。其中，初级报名4932人，鉴定合格3724人，合格率76%；中级报名636人，合格440人，合格率69%；高级报名848人，合格595人，合格率70%。三是首次启动快递业务师培训鉴定。共有122人报名，参加考试109人，鉴定合格59人，合格率为48.4%。

（八）推广使用智能车辆管理系统、新能源汽车

为了能使快递企业更好体验“互联网+”时代的科学成果，提高企业经济效益和社会责任。在上海市邮政管理局的指导下，上海市快递协会积极开展有关工作。一是组织召开“快递车辆智能管理系统推广会”，为快递企业获取和运用高新科学技术信息，带动企业减本增效，同时又为社会环境减排尽一份力量。中通、圆通、申通、百世汇通、韵达、天天、龙邦、快捷、德邦、优速、速尔、DHL等12家快递公司相关负责人出席了此次推广会。二是开展新能源汽车在快递业的介绍推广活动。协会与普天新能源有限公司合作，组织中通、圆通、申通、百世汇通、韵达、天天、龙邦、快捷、德邦、优速、速尔、DHL等14家快递公司相关负责人赴安亭考察了新能源汽车的研发、使用情况；稍后又组织了部分会员单位赴永康众泰新能源汽车公司，实地考察新能源汽车的生产、使用情况。此类活动使快递企业直观地了解了新能源汽车的经济性、实用性和对环境的保护性，切实体会到使用新能源汽车后，能给快递企业带来的竞争力提升，有效增强了使用新能源汽车的强烈意愿，为今后新能源汽车在快递业的推广使用起到了很好的宣传、引导作用。

（九）开展高温送清凉、生日送蛋糕活动

去年上海的夏天酷热异常，协会积极开展下基层送清凉活动。在活动中，协会不但为一线员工送去了清凉饮料和毛巾肥皂等防暑用品，还向各企业领导提出要求，要以人为本，关心一线战高温员工的身体健康。全年高温期间，协会共走访慰问了中通、申通、圆通、韵达、百世汇通、宅急送、天天、顺丰、国通等10家快递企业网点，受到所到企业网点的一致欢迎和好评。

此外，为进一步增强协会与企业之间的亲和力、凝聚力，协会开展向理事送生日蛋糕活动。理事们收到贺卡与蛋糕都很高兴，加深了协会和企业之间的感情。

（十）组织“黑马杯”篮球赛，推进精神文明建设

8月中旬，在市邮政管理局和协会的指导组织下，第二届上海市快递业“黑马杯”业余篮球邀请赛在青浦区隆重举行，参加这次比赛的有天天、安能、中通、圆通、京东、汇通、韵达、德邦等众多快递企业。“黑马杯”业余篮球邀请赛为企业搭建了一个增进相互了解、相互学习的好平台，丰富了快递员工业余生活、增进了快递企业凝聚力。“黑马杯”业余篮球邀请赛也向社会展示了快递企业文化建设的风采，有利于快递业精神文明建设的深入开展。

（十一）改进工作作风，走访基层单位

协会要发挥好“桥梁、平台、港湾、纽带”的作用，离不开会员单位的帮助和支持。为更好了解会员单位的情况和想法，协会注重改进工作作风，深入一线走访了申通、圆通、天天、韵达、优速、龙邦、中通、EMS、DHL、佐川、宅急送、百世汇通、联

邦、德邦、界龙及部分快递公司的网点共30多家单位,听取他们对协会工作的意见和建议。会员单位对如何进一步搞好协会工作提出了许多真知灼见,为协会更好开展下一步工作开拓了思路。今后,协会将尽可能多地了解广大会员单位需求和意愿,争取把协会的服务工作做得更好。

## 四、树立全局观念,积极完成交办任务

(一)积极投入“双11”宣传活动

在“双11”快递业务高峰期间,为更好宣传本市快递企业的精神面貌和工作业绩,协会配合市邮政管理局在上海市级宣传媒体上进行“双11”宣传。11月12日,上海的《解放日报》在“两新星空”快递专版上,刊登了市邮政管理局以及圆通速递、申通快递、中通快递、韵达速递、百世汇通、天天快递等快递企业的文章,在全市人民面前充分展示了快递人在“双11”期间高效优质为人民服务的良好精神面貌。

此外,协会还充分利用《上海快递》杂志和上海快递协会网站对会员单位“双11”工作进行了深度的宣传报道。

(二)积极参与2015年快递业务旺季服务保障工作

协会认真落实沪邮管170号文件精神,会同市邮政管理局在快递旺季生产期间对各快递公司的工作情况进行督促检查;陪同中国快递协会领导对8家总部企业的安全生产情况进行了巡查,在促进本市快递企业旺季服务的保障工作方面起到了应有的作用。

(三)积极推进“关于规范居民小区快件投递工作”项目

根据上海市邮政管理局“七进”工作要求,协会积极推进“关于规范居民小区快件投递工作”项目。协会在市邮政管理局帮助下完成了《关于规范居民小区快件投递工作的通知》(草稿),并拟订了《居民小区快件代转代投协(讨论稿)》,现与上海市物业行业协会积极协商沟通准备共同发文,为快递进小区做好政策上的支持。

(四)参与上海市快递行业精神文明创建工作

快递企业文明创建工作是上海市邮政管理局近年开展的重点工作,它关系到企业的发展、行业的未来和人民群众的期望。协会积极参与本市快递业精神文明创建活动,配合市邮政管理局精神文明创建办开展了一系列工作。一是每周参加创建办会议,协调、布置文明创建工作;二是参加对快递网点的推进和检查帮助。三是是参与编发《上海市快递行业精神文明创建工作简报》,四是共同举办诸如“黑马杯”业余篮球邀请赛等文体活动等等,较好完成了各阶段快递业精神文明创建任务。

(五)主办首届“上海快递论坛”

在上海市邮政管理局指导下,由协会主办的首届“上海快递论坛　聚焦快递安全”于9月16日在青浦举行,这是协会第一次举办的全市性快递论坛。论坛得到了圆通速递公司、永驿物联智库的大力支持。

上海市寄递安全管理工作领导小组成员单位领导、市邮政管理局领导、行业知名专家学者及15家全国性快递企业总部分管领导共50余人出席了本次论坛。

市邮政管理局分管领导、圆通速递负责人、永驿物联智库专家及有关法律专家、危化品专家分别作了主旨演讲;市交通委、市安监局、市禁毒办、上海海关、青浦公安分局网安支队、联邦快递、顺丰快递等政府和企业的相关负责人,就如何加强快递安全工作进行了交流发言;市邮政管理局局长曾军山作了总结发言。

“上海快递论坛”虽是第一次举行,但将是协会今后每年都要举行的一项重要工作,以此打造政府、企业和智库交流沟通的重要平台。

(六)认真做好客户投诉受理工作

今年第二和第三季度,协会共接听客户投诉电话392件。协会根据不同情况妥善处理:一是

了解客户诉求、联系被投诉企业，通过沟通情况、及时解决客户投诉；二是转给管局12305投诉中心处理，如有需要，还及时与投诉客户联系，协助12305投诉中心共同处理好客户投诉。协会通过认真做好客户投诉处理工作，解决了不少矛盾，维护了快递业的信誉和稳定。

# 江苏省快递协会工作情况

2015年，是全面深化改革的关键之年，也是全面完成“十二五”规划的收官之年。2015年，江苏省快递协会以党的十八大、十八届三中、四中、五中全会精神为指引，在省邮政管理局及省民间组织管理局的领导下，继续秉承“服务于会员”的办会宗旨，以促进江苏快递业发展为目标，以推动快递服务能力建设和快递人才队伍建设为重点，增强服务能力，强化培训交流，鼓励企业做大做强，推进协会各项工作取得新进展。

江苏省快递业在过去的一年里保持了持续快速发展的良好态势。2015年1～12月，全省快递业累计完成业务量22.9亿件，同比增长54.3%，业务收入完成290.7亿元，同比增长44.6%，快递业务量收分别居全国第三位和第四位。江苏省日均快递业务量达到627.5万件，年人均快递业务量突破28件。快递服务满意度位居全省十大服务业前列。

2015年，省快递协会主要做了以下几个方面的工作：

## 一、强化协会服务功能，推进行业服务能力建设

服务会员是协会的主要工作任务。协会高度关注行业发展中出现的热点、难点问题，不断提升自身服务会员的能力，积极帮助协调解决困难，努力推进行业服务能力与水平的提高。

根据中国快递协会及省邮政管理局的要求，2015年，协会组织启动了快递企业分等分级工作。为了使分等分级工作更好操作，向各市协会转发了南通市邮政管理局的《南通市快递企业等级评定办法（试行）》，并召开全省快递企业分等分级工作讨论会，组织各市启动自下而上的分等分级工作。目前已有常州、南京等市拟定评定办法并开始实施。

为进一步推动新能源车辆在江苏省快递业的应用，更好地解决“最后一公里”难题，2015年，协会组织开展了全省快递企业新能源汽车的测评工作，对全省快递企业正在使用的新能源汽车品牌进行调查摸底，对车辆的行驶性能、使用成本、售后服务等方面对快递业的适用度进行评估和分析，目前正根据测评结果研究编制《江苏省快递行业新能源汽车推荐目录》，为省内快递企业配置新能源汽车提供指导。

为做好《关于在居民小区建设快递服务中心的指导意见》的贯彻落实，协会在2015年主动向各市跟踪了解末端配送的推进情况，努力推进解决“最后一公里”配送难题。据了解，目前全省已建成快递末端综合服务平台1579个，推动快递服务进驻社区11437个，投放智能快件箱7818组，累计格口42.85万个。

“9·3”阅兵及快递服务旺季期间，协会加强对企业的指导、协调和服务，督促企业加强组织管理，合理调配服务资源，提高应对能力，增强安全意识，落实国家邮政局关于“三个百分百”的要求。在旺季到来之前，协会配合省邮政管理局召开旺季工作保障会议，指导企业提前做好旺季保障的各项措施，合理安排工作流程。在“双11”期间，协会深入走访了南京中通、圆通、汇通、顺丰、申通

等多家企业，实地了解企业运行状况及旺季应对措施。“双11”期间，江苏省重点企业快件业务量达6600万件，投递量达4400万件。企业都扩大了处理场地，增加人员和车辆，充分保障了旺季期间的生产运营。

## 二、开展在职培训工作，促进行业人才队伍建设

随着社会经济的不断发展，社会对快递服务提出了更高的要求，对快递业的人才队伍素质也提出了更高的要求。加快行业人才培养是江苏省快递业持续健康发展的关键，也是协会历年来工作的重点。

2015年是实施快递企业高级管理人员“512”培训计划（即利用5年时间培训1000名快递高级管理人员，每位学员接受2天全脱产的省级培训）的第一年，同时也是与江苏省委党校进行师资合作的第一年。全年协会共举办两期培训班，为做好高管培训工作，协会与合作单位对行业人才队伍现状进行分析，并有针对性地研究制定了专门的培训计划，科学合理地设置了培训课程，将培训重点放在领导能力、领导艺术、危机公关艺术等方面。经过培训使企业高管们丰富了知识，拓宽了视野，更新了观念。

此外，协会在人才培养方面继续加强与院校的合作，与南京邮电大学继续教育学院再次合作开设快递行业在职职工学历教育大专班，发动快递企业参加，不断提高行业从业人员的学历水平。

## 三、承办最美快递员评选，推动行业精神文明建设

2015年，协会作为承办单位参与组织了江苏省首届寻找“最美快递员”的评选活动。根据活动安排，配合开展活动的前期宣传工作，利用会刊及网站进行宣传并通过公示候选人的事迹，组织投票和专家评审工作，并对10名最美快递员和16名提名奖获得者进行了表彰。为扩大评选工作的影响力，还在会刊的行业热点栏目连续登载了“最美快递员”的先进事迹。

泰州汇通最美快递员曹晓祥还入选由新华社主办的“中国网事·感动2015”第四季度网络人物评选第二名。曹晓祥等三名最美快递员还被省邮政管理局推荐参加全国最美快递员的评选。

## 四、搭建对外交流平台，提升行业社会影响力

2015年，协会组织快递企业参加了中国国际物流科技博览会，共有顺丰、中通、圆通、汇通四家省内企业参展，各家企业在展会上宣传了自己的品牌和企业文化，展示了最新的产品及服务，并参与了物流供需洽谈会、物流人才交流会等相关活动，在全国甚至国际物流行业内宣传展示了自己。同时，协会也组织各市协会及其会员企业参观了博览会，给各快递企业提供了学习、交流、合作共赢的平台。

“江苏快递网”和《江苏快递》会刊是协会重要的对外宣传平台。2015年，为更好地发挥宣传作用，协会对会刊进行了改版，增加了政策法规和深度热点栏目，调整了行业资讯和企业聚焦栏目的报道方向，及时宣传行业最新的政策法规，报道江苏省最新行业热点信息和发展成果，增强了刊物的可读性和时效性。

## 五、加强协会自身建设，做好会员管理工作

会员是协会的根本，协会的发展需要会员的参与和支持。2015年协会在会员发展上既立足于快递企业，又积极探索发展与快递业相关企业会员，比如车辆企业和设备生产企业，从而联动上下游企业，更好为行业服务。同时，还加强了与各市协会的联系，以更好地发挥省协会的桥梁纽带作用。此外，协会还进一步完善了自身用工整理和人员考勤等内部运行制度。

# 浙江省快递协会工作情况

2015年，浙江省快递协会积极配合国家邮政局、省政府、省邮政管理局，围绕政府中心工作，服务行业发展大局，发挥上下联动、内外互动，积极协调发挥作用，参与政府政策制订，贴近快递发展实际，宣传快递业务功能，反映快递发展瓶颈，促进快递安全发展，为快递发展创造良好社会环境。

## 一、围绕政府中心工作，创造快递发展环境

积极配合省人大财经委对国家起草的《电子商务法》相关文稿的审议和修改的要求，组织快递企业听取立法进展、立法意义和基本框架，积极反映快递发展中的瓶颈，积极宣传浙江快递与电子商务协同发展的实践效果，扩大浙江快递企业的知名度，提出符合快递现状和发展趋势的法规政策建议。应邀参加了全国政协社会和法制委员会召开的"《快递条例》的制定专题座谈会"，就《快递条例》征求意见稿提出了修改建议和意见。协会领导陪同全国政协委员、省民革领导到省邮政管理局申诉中心了解维护用户权益的工作情况，到申通浙江公司了解客服中心的用户投诉、处理过程、规范服务、企业理赔等情况。协会领导还参加商务部在浙江召开的电商物流座谈会，为推动快递企业搭建多元化、多层次物流平台，构建电商企业和快递企业供应链综合服务平台提出意见建议。

根据省邮政管理局工作布置和要求，省协会就快递企业安检机配备工作，调查研究、收集资料、实地考察，听取意见、提出设施方案和意见建议。协会在调查研究的基础上，二次召集国内主要7家安检机生产厂家召开座谈会，并召开安检机厂家和省内主要快递企业参加的采购选配介绍会，加强双方的沟通、了解和交流。在协会网站宣传省财政厅、省综治委、省邮政管理局《关于下达寄递业安检机配备补助资金的通知》文件精神，为指导快递企业确保采购工作的顺利进行，减少盲目采购，协会还在省快递行业协会网站二次发布《关于购买安检设备相关要求的公告》，要求企业在采购过程中遵循质量和服务第一的原则，各项指标符合国家标准配置外，还应达到三项补充配置要求。协会还通过厂家座谈会和走访省内主要快递企业，了解安检机购置合同、配备模式、安装进度、管理方法和存在的问题，并及时将检查情况向省邮政管理局专题汇报。下一步协会将按照省邮政管理局的要求，继续配合做好后续安检机的安装检查，使用管理工作。为此项工作有序顺利进行，积极发挥协会的参谋和桥梁作用。

认真准备中央电视台关于《国务院促进快递业发展的若干意见》的认识和体会的采访，积极宣传快递服务社会，服务经济、服务百姓的地位和作用，充分肯定中央政府对快递发展制定的目标、重点任务、措施和政策。在"双11"前期，协会领导主动接受浙江电视台钱江频道栏目的采访，介绍快递企业"双11"期间，按照"全网不瘫痪、重要节点不爆仓"和"保畅通、保安全、保平稳"的保障目标要求，积极准备，就快递企业确保旺季运行作了积极正面的回应。

协会组织了全省22家快递企业34名代表，参加嘉善政府组织的《长三角电子商务与现代物流协同发展论坛》，围绕新常态下电子商务与现代物流协同发展主题作深入的探讨交流。应邀参加省商务厅、省质监局召开的浙江省电子商务地方标准建设新闻发布会，协会领导被聘为省电子商务标准技术委员会第一届委员，促进了省快递行业协会和省电子商务促进会的合作关系。协会参加了快递"最后一公里"峰会、"2015中国快递论坛"和在杭州桐庐召开的《世界快递业发展大会》。

协会参加了国家邮政局组织的《快递电子面单》标准座谈会。根据电子面单所具有的前瞻性、包容性、全面性和安全性原则,协会积极收集和了解快递企业对制作快递电子面单的认知、运作等相关信息,向调研组作详细的汇报和说明。协会还应邀参加国家邮政局召开的《十三五快递发展规划(征求意见稿)》研讨会。就"十三五"快递业发展目标、能力建设、中小快递企业定位、快递信息化、处理中心建设、末端服务创新等提出了修改建议。

## 二、营造社会合作平台,服务会员促进发展

一年来,协会积极主动与省电子商务促进会、省综合交通物流协会等相关协会组织联系合作,建立联系制度协调机制和平台,积极与社会院校和培训企业互动合作,积极引导快递价格竞争向服务质量转变,引导深化快递企业与电商企业沟通协调机制,引导快递企业加强员工培训,拓宽快递企业视野,推动快递持续发展。

积极组织快递企业参与省电子商务促进会、省快递行业协会、省综合交通物流协会共同举办的"浙江省电子商务百强评选"活动,浙江省10家快递品牌企业和2名先进个人位列其中。通过评选活动,扩大全省品牌快递企业的社会知名度,彰显了快递企业与电商企业协同发展的地位和作用,促进快递企业与电子商务企业协同发展的紧密度。协会重点关注2015年省政府十大民生实事网上投票活动,主动了解"e邮柜"的推进工作和使用情况,主动与浙江省电商促进会征询了解评选进程,为在全省城乡社区新建6000个"e邮柜"电子商务投递终端,争取得到社会的认可和百姓的欢迎,主动做好宣传和推进工作。

协会领导参加省电子商务促进会组织的,由省、市标准化研究院、浙江工商大学、浙江工业大学、浙江商业职业院校、阿里巴巴集团和省快递行业协会、省交通综合物流协会等共同参与对《电子商务快递智能终端技术与管理要求》、《电子商务仓储管理与服务规范》两项浙江省地方标准的评审会议。为表彰浙江省节能减排、低碳经济、绿色发展标兵企业,发挥典型示范作用,推进绿色浙江、生态文明浙江、和谐浙江建设作出积极贡献,协会积极主动做好宣传推荐,浙江顺丰速运有限公司、中外运－敦豪国际航空快件有限公司浙江分公司获得第六届"浙江省绿色低碳经济标兵企业"殊荣。

为提高快递企业员工技能加强企业培训工作,协会通过与杭州弘毅人力资源公司的战略合作,将其作为协会的培训基地。协会领导主动到省邮政职业技能鉴定中心汇报协助开展培训工作进展,全年为顺丰、百世汇通、圆通、国通、联邦快递等5家企业进行了四批次快递业务员1431人培训,客服人员42人培训,为企业节约了一定的培训费用。

应杭州金网新能源汽车有限公司的邀请,协会还组织11家市协会和8家快递品牌企业分管领导参加会议、座谈和参观考察。实地了解新能源汽车目前生产情况。协会作为协办单位,举办了"2015电动物流(快递)车产业发展论坛",组织省内9家快递品牌企业分管领导和杭州协会前来参观车展,参加论坛。协会应邀参加《华立集团宝骐汽车与速派得战略合作签约仪式》。还参加了杭州宝骐汽车公司为"最美快递员"石头蛋赠送新能源汽车的现场仪式。一系列的与电动汽车协会和电动汽车生产企业的活动,促进电动汽车生产企业了解快递企业的发展现状和需求,也进一步促进浙江省快递企业新能源汽车的推广应用。

协会积极主动为会员企业牵线搭桥寻求合作共赢机会。根据杭州日昇国际货运代理有限公司的要求,协会领导和公司的负责人一起到天天快递服务公司,应浙江申通快递公司要求,协会领导一起到佳成国际货代公司,共同商讨双方协同发展,发挥各自的优势,积极拓展跨境电子商务的物流快递业务,积极商谈协作事宜。

应浙江省互联网学会的邀请,省快递行业协

会和省互联网协会一起参加了长三角科协在江苏徐州召开的“互联网+时代物流模式创新与发展”论坛，协会领导做《互联网+快递物流发展现状和创新》专题演讲。协会组织快递企业的专家到浙江财经学院东方学院参加《电子商务与快递物流协同发展》论坛，与院校老师和学生互动交流国家发展政策、快递的实际运行情况和人才需求方向。协会还与省物联网协会接触，了解物联网技术当前发展进展，共同探索物联网技术在快递行业的应用。还邀请电子商务资深人士就《移动互联网变革与工商业未来》在协会理事会上作专题讲座，相互交流和提高。

## 三、深入企业调查研究，把握快递发展趋势

一年来，协会组织各市快递协会与快递企业座谈，积极参与中国快递协会的相关会议和调研，根据快递跨境电子商务的新发展和智能快件箱的快速发展等新形势，开展调查研究，掌握基层实际，认识新情况，了解新动态，拓展服务网络，方便百姓生活，促进快递发展。

协会领导主动带领省电子商务促进会前往中国(杭州)跨境电子商务产业园进行调研，对如何打造电子商务强省，推进进出口企业转型升级，探索电商和快递共同推进跨境电子商务等内容进行更加深入的思考和研究。对跨境电子商务中快递的运行模式、运行规模实地了解并撰写调研文章。到“湖州织里中国童装城”进行调研，了解童装产业规模和转型升级情况、快递业务量规模、趋势和占比，快递发展政策环境，现场察看快递企业处理能力和建设状况、快递仓配一体化合作流程，向政府管理部门反映处理场地征地难，需要大力支持。协会配合省邮政管理局，做好交通运输部专家委员邮政组到浙江开展《智能快件箱的发展现状、推广应用和管理的调研》调研工作，主动听取快递企业的意见建议，实地做好参观考察和调查研究。2015年，快递企业新建场地比较多，协会还到中通快递新处理中心参观考察，了解新场地运营后处理能力，业务增长，服务质量，员工生活情况。还到顺丰速运浙江公司新办公大楼参观考察，了解了顺丰速运总部和浙江公司成立以来不断成长、发展和壮大的历程。协会领导鼓励快递企业在快递行业大发展的形势下，不断创新，向综合物流服务商迈进，为浙江稳增长、促改革、调结构、惠民生做出新的更大的贡献。协会参加了台州协会一届三次会员大会，还多次召集地市协会召开相关会议，省市协会互相沟通，互相促进。

## 四、完善协会规章制度，加强协会自身建设

一年来，协会积极完善各项规章制度，提高办事效率，积极发展会员，优化会员结构，坚持依法办会、民主办事，节约合理的原则，充分发挥快递协会的组织协调和服务功能，积极宣传快递行业发展新趋势新成果，快递企业的正能量，扩大快递服务的知名度和影响力，促进快递行业健康快速发展。

协会秘书处及时学习了习近平总书记、李克强总理多次重要讲话，学习和李克强总理视察快递企业的重要讲话和重要意义，认真学习国家邮政局、省邮政管理局工作会议的主要精神和工作部署，在新形势下，努力做好协会工作，发挥协会作用，促进省快递业为浙江经济社会发展中发挥更大的作用。参加“行业协会、商会与行政机构脱钩”全国电视电话会议，会后把主要精神在协会秘书处进行传达和学习。国家邮政局转发的《中共中央组织部关于规范退(离)休领导干部在社会团体兼职的通知》精神，协会秘书处认真学习和贯彻，并向省邮政管理局汇报。根据浙江省民政厅印发《关于进一步整治社会组织乱摊派专项工作方案的通知》要求，我们认真自查，将专项整治检查工作情况报告浙江省邮政管理局。

委托会计师事务所，完成协会2013年、2014年年度财务审计，同时对2008—2013年期间原会长(法人)任职期间财务收支专项审计，由于地址变更，完成协会组织机构代码证变更工作。

召开了二届二次理事会议和二届三次理事会，学习中央领导对邮政快递服务工作指示，传达浙江省邮政管理局工作会议和中国快递协会第二届二次会员大会精神，作2014年协会工作报告，通报新增会员、新增理事。重点学习了中央领导对邮政快递服务工作指示和政府工作报告，介绍和推进《2015年度浙江省“电子商务百强”》评选工作。

根据“积极发展会员，优化会员结构”的原则，根据协会规定，先后吸收快递企业和关联企业的入会和提升为副会长单位的申请。杭州智骐汽车有限公司、浙江时空电动汽车有限公司、浙江锐思科服务外包有限公司、北京京邦达贸易有限公司杭州第一分公司、无锡日联科技股份有限公司成为新会员单位。新增杭州佳成国际货运代理有限公司为副会长单位。

协会积极努力办好协会网站和编撰《浙江快递》，共发布信息和文章197篇，照片36幅，及时转载和报道中央政府、省政府、国家邮政局领导重要讲话、法律法规、政策文件，行业发展数据，及时报道会员企业和全国同行业新情况、新发展，积极主动宣传行业发展动态，企业发展成果、会员企业风貌，积极发挥协会平台和协会一网一刊的作用，宣传了快递企业的社会地位和作用，扩大了快递企业的社会知名度和影响力。

近一年来，协会在会员单位的配合支持下做了一些积极和正能量的工作，但在对企业的调查研究、组织交流考察、主动服务政府服务会员、自身工作效率、发挥协会平台作用方面还存在许多不足，在今后的工作中加以改进和提高。

# 安徽省快递协会工作情况

2015年，安徽省快递协会在省邮政管理局的正确领导及全体会员的大力支持下，认真落实二届八次理事会提出的各项工作任务，有条不紊的开展协会工作，在促进行业发展，规范市场秩序，推动行业自律，维护会员合法权益等方面发挥了重要作用，很好的促进了安徽快递业健康发展。下面对2015年的协会工作进行总结。

## 一、努力适应新形势，推动行业改革创新和转型升级

近年来，安徽省快递业整体发展保持了高速增长、结构改善、服务提升的态势，量收比重差距逐渐缩小，消费者满意度逐年提升。据统计，2015年快递业务量共完成3.99亿件，同比增长67.38%，最高日处理量达400万件；快递业务收入完成46.11亿元，同比增长58.20%。增幅位居全国前列。新形势下，协会按照省邮政管理局的部署，积极推动行业的改革创新和转型升级，指导会员单位努力转方式、调结构，注重速度、安全、质量、规模、结构、区域、城乡等多纬度的协调发展。安徽圆通、合肥中通、合肥韵达等企业去年也相继建成了新场地、投入了新设备，日处理快件均在40万件。快递企业近年来纷纷加大投入，提升服务能力，改善生产生活条件，努力建设配套设施齐全、服务先进的现代化物流快递基地。

同时，快递企业响应国家邮政局号召，积极启动“快递下乡”工程，加快农村网络布局，拓展农村市场，目前，全省快递服务乡镇覆盖率已达85%。

## 二、加强法律法规宣传学习，努力推进依法经营

为更好地发挥快递业对稳增长、调结构、促改革、惠民生的作用，政府部门先后出台了《关于促进快递业发展的若干意见》、《邮件快件收寄验视

规定》、《安徽省邮政条例》等一系列法律法规标准，协会采取各种形式，组织会员单位开展学习宣贯与培训工作。

（一）认真贯彻落实《关于促进快递业发展的若干意见》

2015 年 10 月 16 日，国务院审议通过了《关于促进快递业发展的若干意见》，这是我国第一次出台全面指导快递业发展的纲领性文件，是快递业发展的一个重要里程碑，体现了国家对快递业的高度重视。《意见》明确了快递业发展的新定位、新措施，从“互联网 + 快递”，引导快递企业与电商深度合作，加大财政、金融、用地等政策支持，给予快递车辆城市通行和作业提供便利等方面促进快递业发展。协会组织企业认真领会《意见》精神，要求企业牢牢抓住快递业发展重要战略机遇期，大力推进快递“3 + 1”工程，配合政府部门讨论制定《安徽省人民政府关于促进安徽省快递业发展的实施意见》，切实抓好多项政策的落地实施。

（二）稳步推进《安徽省邮政条例》宣贯落实工作

2015 年 7 月 1 日《安徽省邮政条例》正式施行，《条例》共八章五十四条，针对当前快递业发展存在的实际问题，提出解决办法，并对当前行业发展趋势作出科学判断，制定了新常态下快递业发展的支持措施，为推进安徽省快递业可持续发展提供了坚实的制度保障。《条例》的宣传、贯彻、落实是协会去年工作的一项重要内容，《条例》颁布以后，协会立即组织快递企业宣传贯彻，召开学习培训会议，逐条解读《条例》内容，通过形式多样的宣传活动，进一步增强企业依法经营的意识，真正做到能够正确理解、准确把握和熟练运用，下一步，协会还要继续深入企业一线，听取企业意见，切实保障《条例》落实到位，各项政策能够落地生根，不断将贯彻实施工作推向深入。

（三）举办培训班，提高会员单位安全生产意识，营造良好的安全发展环境

2015 年以来，协会协助省邮政管理局举办了以“提高服务质量、保障行业安全”为主题的“全省邮政业服务与安全培训会”。邀请专家学者对会员单位进行专业培训，以大量案例事实，认真剖析了安徽省快递业安全生产形势，通过深入浅出的讲解，很好地提高会员单位的安全生产意识，保障了快递服务安全。

## 三、切实做好服务保障，促进行业健康有序发展

围绕中心、服务大局，协会认真履行“服务”职能，营造行业发展良好环境，切实做到服务社会、服务政府、服务企业，真正成为快递企业的好“娘家”。

（一）服务政府，协助完成《安徽省人民政府关于促进安徽省快递业发展的实施意见》、《快递条例》和《安徽省邮政条例》等法律规范的征求意见工作

协会按照政府部门部署，举办座谈会，召集企业集思广益，从行业的稳定发展、市场的健康有序及企业的生产经营等方面提出了许多有益的修改意见和建议，为法律规范的修订出台，起到了重要的推动作用。

（二）配合邮政管理部门，切实做好快递业安全生产工作

主动帮助会员单位提高管理水平，加强规范化建设，组织学习《邮政行业安全防范工作规范》、《邮政行业安全生产设备配置规范》，按照“谁经营，谁负责”的原则，认真落实安全责任制和安全防范措施，严格执行收寄验视制度，确保了在两会、国庆春节以及纪念抗日战争胜利 70 周年等重大节日活动期间安徽省快递业的安全运行。

（三）服务企业，协助会员单位抓好旺季生产运营

近年来，随着电子商务与快递的紧密联系，快递已经成为电子商务发展的重要保障和支撑，在每年的“双 11”期间，快递业都呈现出井喷式增长。据统计，安徽省去年“双 11”期间（11 日 ~ 16

日)业务总量3913.2万件,同比增长102.1%,其中投递量2131.1万件,同比增长91.4%。面对严峻的运营压力,协会积极采取措施,协助企业做好旺季服务保障工作。一是提高认识,做到提前部署、措施到位。二是高度重视,积极做好人员、设备、车辆、场地各方面准备工作。三是加强宣传,采取现场采访、在线访谈、召开媒体通气会等方式积极宣传快递企业应对业务旺季的措施及成效,传递行业发展正能量。四是重点督导,在"双11"期间,协会对重点地区、重点企业实地督导,对其中的不足之处提出指导意见和建议,确保安徽省快递业"双11"期间做到"不瘫痪、不爆仓、不曝光",实现了"保畅通、保安全、保平稳"的目标。

(四)服务用户,维护用户合法权益,协调用户和企业纠纷,也是协会工作的一项重要内容

四年来,协会利用自身优势,调解处理了多起用户投诉案件,既维护用户的合法权益,又保护企业的正当利益,很好的充当了"12305"的有益补充。

## 四、强化行业自律,不断提高快递服务质量

(一)加强行业自律,健全自律机制,创造公平竞争的市场秩序

协会认真执行《安徽省快递协会自律公约》,不定期开展《自律公约》落实情况的检查,督促企业合法经营,抵制不正当竞争行为,对行业健康发展起到了重要的推动作用。

(二)维护市场价格秩序,构建行业诚信体系

针对市场上存在的淘宝件快递价格偏低,快递企业同质化竞争,打价格战的现象,协会多次召开座谈会,召集快递企业负责人就快递价格问题进行磋商协调,重申维护市场价格秩序的重要性,要求快递企业将服务价格以承诺书的形式报协会备案,并受全体会员共同监督。呼吁快递企业不垄断经营,不操纵价格,把握价格底线,避免低于成本竞争,自觉维护行业秩序,促进快递市场和谐发展。

## 五、切实发挥协调作用,解决行业发展中的突出问题

2015年,协会努力提高服务能力,切实为会员单位办实事、办好事,以最大的努力解决行业发展中的突出问题。

(一)结合城市发展需要,不断提升快递末端投递服务水平,快递公共服务站、连锁商业合作等第三方服务平台不断涌现

一是加强与社区物业、社区服务中心的合作,推动快递服务"进社区"。六安市开展的小区物业代收快件试点工作,深受小区居民和物业管理单位的欢迎。蚌埠市将快递投递点纳入社区商业便民服务中心,依托专业第三方配送模式,打造便民快件投递网络。芜湖市也启动"10分钟快递便民服务圈"工程,在社区内设立快递综合服务站,目前已建成27家快递服务站。二是在大专院校设立快递服务中心,推动快递服务"进院校"。滁州、池州、宣城等地加强与院校合作,在校园内设立快递服务中心,实现快件的集中揽收、投递,有效解决了院校门口快递摆摊的现象。三是推动快递企业与智能快件箱企业开展合作,让科技进步更好地服务行业发展,目前智能快件箱已经在合肥市100多个小区、机关、写字楼安装并投入使用。合肥、芜湖、六安等地相继出台了智能快件箱运营管理办法,加强登记备案和安全监管,让用户更加放心安全的使用。

(二)努力解决快递车辆通行问题

协会积极宣传推广《快递专用电动三轮车技术要求》,加强与生产企业的沟通,建立产、供、销服务平台,推动生产企业与快递企业更好的交流合作。

## 六、弘扬行业核心价值理念,树立行业新形象

党的十七届六中全会作出了大力加强文化建设的战略决策,国家邮政局制定的快递业"诚信、服务、规范、共享"核心价值理念,这些都为快递业

发展提供了强有力的精神支柱。近年来，安徽省快递业涌现出许多先进典型事例，在社会上反响强烈，树立了安徽快递业的新形象。在继2014年“石头蛋”、王光成荣获“最美快递员”殊荣后，去年，协会继续加强先进事迹宣传，发挥优秀典型的引领作用，在全行业内掀起了学习先进人物的热潮。2015年蚌埠汇通分拨中心获得市级“五一”劳动奖章，阜阳市多家邮政、快递企业被授予“青年文明号”等。安徽省快递业精神文明建设取得显著提升。

## 七、努力搭建合作交流平台，行业影响力稳步提升

协会充分发挥桥梁纽带作用，搭建多渠道沟通平台，增进政府、企业、用户三者之间的沟通和交流，为企业发展创造良好环境。

（一）加强舆论引导，提升行业形象

协会注重与新闻媒体合作，在全国“两会”、“3·15”、“双11”等重大活动期间，接受安徽电视台、合肥电视台、《新安晚报》、《安徽商报》、《合肥晚报》、《市场星报》等多家媒体的采访，对社会关注的快递热点问题进行解答，积极宣传行业正能量，营造良好舆论氛围。协会还多次组织新闻媒体赴快递企业生产一线报道，2015年“3·15”期间，协会就邀请了多家新闻媒体到快递企业进行实地参观和现场采访，为增进双方之间的沟通与理解，取得了良好效果。

（二）广泛开展行业内外的多领域、多渠道的交流与合作

为了贯彻好《关于推进快递服务制造业工作的指导意见》，协会加强了与银行、保险、汽车、学校以及智能快件箱等企业的联系，向会员单位进行产品推荐和业务对接，为双方企业搭建交流合作平台，努力实现快递的集约化、规模化经营，推进快递业融入社会生产和消费的产业链、供应链和服务链，促进与制造业、银行业、保险业的融合发展。

（三）通过“走出去、请进来”的方式，积极开展与兄弟协会的交流合作

2015年，协会组织部分会员单位前往福州、厦门等地参观学习。考察当地一些优秀快递企业，相互交流了在企业发展、管理创新等方面的经验和体会。

## 八、做好各项基础工作，协会自身建设取得成效

（一）规范会员管理，积极吸收规模大、管理优、形象好的快递企业加入协会，提升协会的影响力和代表性。

目前，协会二届理事会共有成员单位17家、会员单位174家。

（二）做好会费的收缴工作

协会严格按照《安徽省快递协会会费缴纳标准与收费办法》的规定，遵守取之于民，用之于民的原则，坚持按标准收费和量入为出、计划开支、节俭办事。

（三）做好各项基础工作，保障协会正常运行

一是根据省民政厅《关于开展社会组织评估工作的通知》要求，进一步完善相关规章制度，较好的做到了按期年检。二是认真履行协会章程，做到严格按章办事。坚持每年召开二次理事会制度，适时召开会长办公会，研究协会工作事项，听取理事会的意见和建议，研究部署下一步协会工作。三是继续办好《安徽快递》会刊，目前《安徽快递》共出版31期，会刊及时刊登法律法规、行业动态、企业信息等内容，为会员间的经验交流和信息共享提供了一个窗口。四是搭建会员网络联系平台，通过邮箱、QQ等方式发布工作信息，加强与会员的联系，使得工作开展更加便捷高效。

# 福建省快递协会工作情况

2015 年,是全面完成“十二五”规划的收官之年,也是全面深化改革的关键一年,同时也是全面推进依法治国的开局之年。“十二五”期间,福建省快递业凝心聚力,深化改革意识,创新服务发展思路,快递企业不断加速快件寄递和信息传送效率,在增强网络能力、拓展服务领域、创新产品种类等方面有了新的提升,快递产业在降低流通成本、促进消费升级、服务生产生活、扩大就业渠道等方面发挥了不可替代的积极作用。据统计,福建省规模以上快递企业业务收入从 2011 年的 31.41亿元增加到 2015 年的 100.85 亿元,年均增长 33.85%;快递业务量从 2011 年的 1.58 亿件增加到 8.89 亿件,年均增长 54.01%。

2015 年,省协会在福建省邮政管理局和福建省民间组织管理局的关怀和指导下,在理事会和广大会员企业的大力支持下,协会坚持以促进行业市场稳定、有序、健康发展为主线,牢固树立为行业发展服务、为企业服务的意识,扎实工作,积极作为,在推动行业人才发展、规范企业经营行为、加深行业间的沟通和交流等方面作了比较充分的工作。

一年来,省协会的主要工作如下:

## 一、遵守法律法规、保障协会正常运行

一是顺利召开了 2015 年会员大会及年中的二届六次理事会。会员大会审议通过了省协会 2014 年的工作报告及财务报告。同时,也把 2014 年福建省主要快递企业在物流配送、转型升级、基础设施建设、职工队伍建设、运营成本控制和安全生产方面上的经验做法进行了宣讲说明,为理事以上 38 家会员单位颁发了铜牌。7 月中旬召开的理事会,对省协会在 2015 年上半年的工作进行了回顾和总结,审议通过了泉州全峰速递有限公司、晋江市韵达快递有限公司及三明市快递协会等单位的会员信息调整、入会申请等事项,同时也对福建高铁速递有限公司等单位的退会申请进行了确认,会议还邀请了福建农林大学人文社会科学学院陈学敏副教授在“国学经典与管理智慧”话题上进行了一场活泼生动的讲座。

二是贯彻落实好省民间组织管理局等上级监管单位提出的工作要求。2 月初,省协会按照省民政厅相关通知精神,参加了全省性社会组织负责人座谈会,并向省民政厅就 2014 年工作和 2015 年工作设想进行了汇报。3 月底省民间组织管理局印送 2014 年年度检查事项公告,省协会高度重视并按要求在限期内顺利完成了社会团体法人、组织机构代码、财务账户等的年检工作,为协会工作的正常运转提供了保障,也督促协会的管理更加规范化。

## 二、强化服务职能,推进行业持续健康发展

一是做好快递业务员职业技能鉴定考前培训工作。4 月省邮政管理局在福州召开全省邮政行业职业技能鉴定座谈会暨 2014 年度工作表彰大会。协会应邀列席会议。大会对去年福建省的邮政行业职业技能鉴定工作进行了全面的回顾和总结,同时也明确要求加强考前培训,确保考生都能得到集中辅导,切实提高职鉴质量。过去的一年,省协会共组织 3 场快递业务员职业技能鉴定考试培训班,全省累计参训学员超过 1000 人,培训科目涉及初级收派、初级处理和中级收派、中级处理。经了解,参培学员综合考试通过率超过 85%。

二是认真组织举办福建省快递业“第二届”和谐杯乒乓球比赛活动。为了做好本届“和谐杯”活动,省协会多次召开专题会议进行研究部署。一方面是成立了以福建省邮政管理局局长王丰为主

任，协会会长为执行主任的竞赛组织委员会，并下设了竞赛组、裁判组和后勤组等负责具体赛事组织工作，在此基础上省协会前往泉州邮电培训中心实地考察比赛用地，会同泉州邮电培训中心、泉州管局、泉州协会、泉州乒协等单位进行分工协作的专题会议并形成赛事经费预算报告；另一方面是为了确保活动的正常开展运营，协会工作人员先期对相关企业报名参赛情况进行摸底登记，最终形成了由省邮政管理局、省 EMS、顺丰、韵达、联邦快递、中通、申通、圆通、国通及天天快递组成的涵盖福建省主要快递企业为代表的参赛队伍。本次活动的顺利举办，也得到了省民间组织管理局、泉州管局、泉州协会、泉州邮电培训中心及泉州乒协的大力协助，也要感谢各位会员，尤其是各位副会长、各位理事企业的积极参与和大力支持，省协会在人少事多的情况下，会同泉州协会等团结协作，确保各参赛项目得到顺利开展。

三是继续做好暑期高温慰问活动。暑期开展的高温慰问活动是省协会的一个传统项目，已经持续了进行了 6 个年头，得到了省邮政管理局、快递企业及基层一线作业职工的赞赏。今年 7 月 16 日，省协会起草了《关于开展 2015 年暑期高温慰问活动方案的报告》，并下发到各市协会征求慰问名单，统一时间进度安排，在福州、厦门、泉州、莆田及宁德 5 个地市进行了慰问活动。慰问基层网点涵盖 EMS、顺丰、圆通、中通、韵达、汇通、天天、全峰等快递品牌。同时，各地区慰问组也对一线员工的生产生活情况进行了了解，对相关快递企业提出了做好高温天气下防暑降温工作的具体要求，确保了行业的安全平稳有序运行。

四是组织部分企业负责人出国考察。

## 三、积极参与活动，密切关注行业动向

一是积极参加中国快递协会举办的各类行业交流活动。3 月 26 日，中国快递协会二届二次会员大会在上海召开，国家邮政局副局长刘君出席会议并讲话，他指出各级各地快递协会在促进发展、优化环境、服务市场主体等方面做了大量富有成效的工作。当前，我国快递业正处于大有作为的重要战略机遇期，发展基础日益雄厚，政策支持陆续到位，改革红利正在释放。同时他也强调了，下一步快递协会要在推动行业发展的四方面奋发有为：一是要坚持第一要务，确保行业发展保持强劲势头；二是要加快转型升级，推动行业加速提质增效；三是要夯实安全根基，落实企业主体责任；四是要加强协会自身建设，充分发挥职能作用。中国快递协会高宏峰会长深入分析了行业在过去一年的行业发展特点和快递业未来的发展趋势，他强调面对世界经济深度调整，我国经济发展进入新常态，快递协会需要认清形势，谋划长远，进一步做好行业服务工作，团结引领全体会员，全面推进与小康社会相适应的现代快递业建设进程。这些发言致辞为省协会的职能定位及工作思路指明了的方向。

同期举办的 2015 中国快递论坛聚焦“全面开放下的中国快递业转型升级”，首次发布了中国快递发展指数，揭晓了 2014 年中国快递业十件大事，并启动了《2015 中国快递业蓝皮书》项目。会上，国家邮政局局长马军胜指出，国家实施“十二五”规划以来，中国快递业抓住邮政体制改革的重大机遇，与迅猛发展的电子商务携手共进，行业发生巨大变化。2014 年快递量达到 140 亿件，问鼎世界第一，行业已连续 4 年实现了年均增幅超过 50% 的速度。他提出要搞好快递与电子商务协同发展，紧密上下游环节间的衔接，进一步巩固和提升合作模式；要继续推进“快递下乡”工程，做好农村网购这篇文章，快递企业在助力农产品进城、促进城乡流通、缩小城乡差距等方面发挥更大作用；要进一步扩大“向外”成果，提升跨境电商服务品质，抓住机遇，加快“走出去”的步伐，合理规划国际布局，拓展国际市场。

11 月 13 日，由国家邮政局、浙江省政府、中国快递协会联合主办的中国（杭州）国际快递业大会在浙江省桐庐县召开。大会共有来自 15 个国家

和地区的600多位同行怀着共同促进快递业和谐、合作、发展、共赢的美好愿望，开展了以“便民惠民、通达天下”为主题的一系列研讨活动。会议期间发布的首届中国（杭州）国际快递业大会《桐庐宣言》呼吁所有快递从业者在与国际加速接轨的同时，要重视畅通联系渠道，深化专业合作，建立协同发展机制，共同促进快递业的健康有序、快速发展，达到互利共赢的目标。同时也要在现有基础上，加强与各行业充分合作，发挥快递企业特色优势，建立公平开放透明的市场规则，共建发展布局，实现资源共享、信息共享、成果共享。

12月10日，各省（区、市）快递协会会长、秘书长座谈会在杭州举办。大会对各快递协会2015年的工作成果及2016年的工作方向进行了筹划交流。中国快递协会常务副会长兼秘书长李惠德强调在今年的工作中，中国快递协会与各省快递协会将共同以深入贯彻落实国务院《关于促进快递业发展的若干意见》为主线，积极按照国家邮政局的要求开展工作，推动行业健康持续发展。会议上省协会就扎实做好行业性常规活动不松懈、增强协会动力与活力；坚持服务行业发展为导向、促进行业有序稳定发展；坚决贯彻上级决策部署、深入推进依法依规治会工作；不断健全完善协会运行体系、优化自身组织机构建设四个方面做了介绍。会议期间，各省快递协会对如何更好的发挥协会作用及长远发展共同建言献策，对行业发展提供了新思路新要求。

二是主动做好安徽省快递协会来闽交流考察安排活动行程。7月上旬，安徽省快递协会袁应前秘书长携安徽省EMS、安徽顺丰、合肥申通、合肥中通等公司负责人一行6人来闽交流考察。在闽期间，考察团一行先后对福州申通、福州乔韵达、厦门顺丰和厦门EMS进行了参观学习，也得到了上述几家公司的大力支持与欢迎。实地观摩了福州申通和福州乔韵达生产分拣场地，深入了解了作业运行流程，尤其是福州乔韵达与电商公司之间实现协同发展、合作双赢的运行模式给考察团留下了深刻印象与一致赞赏。在与厦门EMS和厦门顺丰公司的座谈会上，了解到厦门地区快递企业借助对台的特殊地理优势及自贸区的政策优势，借力跨境电商，进一步拓宽快递运力通道，为考察团成员提供了新的发展思路和管理经验。

三是应邀参加县级邮政管理机构成立大会。2015年福建省先后成立了晋江、翔安和海沧三个县级邮政管理机构。省协会均应邀参加了机构成立大会。县区级邮政管理机构的设立，是深化邮政体制改革的重要体现，也是推进邮政管理工作向下延伸的必要举措，将进一步推进辖区内邮政业的加快发展，促进邮政、快递市场更加规范有序、安全平稳运行。

四是作为协办单位出席由中国绿色物流发展促进联盟、现代物流报主办的图雅诺杯－2015（第七届）福田奥铃勒芒轻卡耐力赛暨2015中国城市绿色物流（福州）发展论坛并致辞。福建快捷、福州乔韵达、福州申通等省协会副会长单位也参加了本次活动。在论坛期间举办的勒芒轻卡耐力赛（东南赛区）上，福州乔韵达获得冠军。

## 四、配合主管部门，发挥协会参谋助手作用

一是做好2015年快递营业场所达标工作。为进一步规范快递营业场所建设，同时也为了夯实邮政业安全生产基础，以更好地应对当前复杂的安全形势。国家邮政局于2015年2月6日颁布了《快递营业场所设计基本要求》并于5月1日起正式实施；《邮政业安全生产设备配置规范》于2015年3月31日发布并于2015年9月1日起施行。按照2015年省邮政管理局市场处的工作任务与业务指导要求，依据以上标准的具体实施内容，4～5月由省协会起草了《福建省快递营业场所达标工作实施方案》。结合福建省实际情况，《实施方案》经过充分征求各市邮政管理局的意见及建议后，成立于以省邮政管理局局长王文胜副和省协会会长为组长、各市局分管副局长为小组成员的福建省快递营业场所达标工作领导小组。

5月13日在莆田召开的全省邮政市场监管工作会议上，省协会正式下发并宣贯了该《实施方案》。本次开展的快递营业场所达标工作的目标是实现全省网点总数的20%、市区50%的达标数量。各市局在限期内及时向达标小组办公室报送了各自辖区的网点基数，经过省邮政管理局市场处确认后，全省应纳入评定网点总数为1025个（其中市区网点为415个）。从5月下旬开始，各市局陆续向所辖区内快递企业传达了网点达标要求，对于不合格的营业场所要求限期责令整改，并于11月上旬旺季生产来临前，全省9个地市都相继报送了各自的初验合格名单。经过各市局八个月的努力，据统计本次初验合格总数为512个，实现总体合格率达到50%，市区合格网点数为343个，合格率达到82.6%。初步顺利完成了达标目标任务。

二是参加国家邮政局关于快递市场管理工作的电视电话会议。2015年6月3日下午，国家邮政局召开关于优化快递业务经营许可的电视电话会议，会议要求邮政系统要以敬民之心行简政之道，从减少材料、下放权限、优化流程、缩短时限等方面入手，做到"五个统一"，即统一基本制度，统一审批程序，统一申请材料，统一核查标准，统一时限要求，全面落实好快递业务经营许可优化工作。国家邮政局副局长刘君在会上指出，优化快递业务经营许可程序、简政放权是顺应大势，促进行业持续健康发展的必然选择，也是克服和抵御经济下行压力，主动作为、精准发力的重要举措。他强调严禁干预企业微观经营活动，不准干预企业人员任命、资产转让等具体经营活动；严禁法外设权扩权，在法律规定之外抬高门槛，增加要求，不准人为限制某一地区许可发放数量；严禁通过社会中介或中间人办理许可，不准以任何名义、任何形式向企业收取任何费用。会议明确提出了此次改革优化的目标：企业申请材料总体减少50%以上；许可准入审批时限由45个工作日压缩至25个工作日以内；分支机构名录发放权下放至省以下邮政管理机构；最大限度放宽绿色通道限制，绿色通道企业变更事项审批时限压缩至15个工作日以内。

三是做好快递业务旺季服务保障工作。10月20日，国家邮政局召开电视电话会议动员部署2015年快递业务旺季服务保障工作。会议要求要建立国家邮政局、省局、市局三级联动和政府、协会、企业三维互动的保障机制。会议结束后，省邮政管理局局长王丰补充了五点具体措施意见：一是成立"双11"期间的工作领导小组，组员由福建局办公室、市场处及协会组成，负责组织督导好本年度业务旺季工作；二是由市场处起拟、福建局办公室把关形成一份工作方案上报分管省领导；三是要召开旺季生产动员会，传达本次电话电话会议精神；四是做好应急预案的制定工作，福建局、协会网站开辟专栏，对接好相关媒体，做好新闻宣传工作，正面报道福建省快递业旺季生产情况并及时做好消费提示工作；五是成立安全督察小组，在快递高峰期间，福建局、市局、协会等成员要深入企业一线，加强督促检查力度。根据上述工作要求，省协会积极跟进福建局工作进度，及时开辟网站专栏、做好消费提示、新闻舆论引导等相关工作，加强宣传、正面报道福建省"双11"等快递高峰期间行业的新闻新事。

### 五、重视协会内部建设，推动协会自身改革发展

一是积极响应上级机关关于行业协会与行政机关脱钩工作的指示。7月上旬中共中央办公厅、国务院办公厅印发了《行业协会商会与行政机关脱钩总体方案》，并发出通知要求厘清行政机关与行业协会商会的职能，同时行政机关与行业协会商会合署办公的，逐步将机构、人员和资产分开，实行独立财务管理，各地区各部门可结合实际认真贯彻执行。省协会也接到了国家邮政局、省邮政管理局、省民间组织管理局等相关单位提出的工作要求。从收到通知开始便着手开展做好"政会分离"工作，至今年10月底省协会职能部门综

合部办公室由市场处剥离,现在省协会会长室、秘书长室、综合办公室都搬到二楼,并进行了资产盘点,实现了办公物理分离、人员和资产分离。

二是贯彻执行中央"八项规定"精神,践行"三严三实"改进工作作风要求。在协会工作过程中,始终坚持把中央"八项规定"、"三严三实"要求与学习贯彻落实党的十八届三中、四中、五中全会精神相结合,先后多次在日常工作会议上要求协会工作人员加强学习,进一步改进工作作风,确保中央的精神落到工作实处。省协会会长、秘书长带头执行党风廉政建设责任制;在下企业基层调研和慰问工作中,坚持明确活动主题,轻车简从,深入实地与企业一线员工交流;在办公用房清理工作上,严格对照《党政机关办公用房建设标准》,对省协会各职能部门办公用房进行了严格的审查清理,目前,省协会办公用房面积共100平方米,协会会长、秘书长、综合部、会员部四个职能部门办公室面积使用均符合标准。

三是大力支持市级快递协会组织机构的建设和完善。今年相继成立了龙岩、宁德、南平三个市级快递协会。到目前为止,全省9个地市除漳州外均已成立注册快递协会,市级快递协会的成立,省协会都坚持到会并致辞。市级协会机构的设立和完善是行业适应形势要求,促进产业发展,加强行业组织建设的一个重要步骤,对服务当地经济发展,尤其是对区域邮政快递业经济产业发展具有积极意义,也有助于协会工作的向下延伸,这对于统筹省、市快递协会之间实现工作上的良性互动、协调同步具有确需的现实意义,更能进一步推动协会工作形成整体效应。

四是办好"一刊一网"工作,努力提升行业和会员企业形象。为适应新形势,更好地服务会员,服务社会,同时也为了确保网站的稳定性。3月至4月协会经过调查研究选定优质网站服务商,用了近两个月的时间筹划建设,全新改版后的协会官网于4月底正式上线运营。新网站页面更加醒目,栏目设置更为合理,内容的可读性、实用性和指导性均有进一步改进,也可响应互联网时代的需求。自改版以来,网站及时刊发行业政策走向及新闻动态、转载各级部门关于快递业的要求指示并更新开设新栏目,并通过文字、图片、视频等多样方式进行资讯传播。协会网站将继续秉承"服务会员、服务企业、服务行业"的思想,新增了一些链接,还能够为会员提供发布企业新闻、合作信息、人才招聘等平台便利,也为社会、从业人员了解和查询更加全面的行业政策方面需求提供了便利,助力福建省快递业的发展。

同时,也加强会刊《福建快递》的编辑管理,提高质量水平。全年编辑出版4期刊物,累计印刷1200本,向国家邮政局领导和部门、全国各省邮政管理局、各省快递协会、主要快递企业及福建省各市邮政管理局、各市快递协会、各会员企业寄送。据统计,会刊"企业风景线"栏目22篇次报道行业企业新闻动向,其中有10篇次报道省协会会员企业新闻新事;"协会动态"栏目累计19篇次报道福建省各级快递协会工作,转载近30余篇次的行业趋势解读信息。

回顾过去一年的工作,在理事会的科学决策下,在会员企业的大力支持下,省协会认真落实上级领导的指示精神和会员大会、理事会等权力机构的决议精神。但是,省协会也清醒地认识到工作仍然与上级领导部门和广大会员企业的期待存在一些差距,在为行业代言、推动行业优化转型方面上还面临一些问题,比如为会员企业服务的深度和广度还需要进一步加强;在全面深化改革的社会大环境下,亟需创造性地开拓新的服务领域;在满足行业企业的现实需求把握准确度上还有待进一步提升。这些的困难和问题的破解,也为今后省协会的工作找准了切入点,对提高工作的针对性和实效性指明了方向。

# 江西省快递协会工作情况

2015 年，江西省快递协会在中国快递协会、省邮政管理局、省民间组织管理局的指导下，团结各设区市快递协会，认真落实中国快递协会、江西省邮政管理局工作会议的相关工作部署，建立和理顺好中国快递协会、省快递协会、市快协的工作关系，积极履行协会服务、协调、自律的职能，充分发挥协会的桥梁纽带、参谋助手作用，努力做到为政府分忧、为企业解难，为江西省快递业的持续、健康、发展作出积极的努力，全省快递业继续保持了良好的发展态势，实现稳中有升的目标，2015 年，全省快递业完成业务量 23471.76 件，同比增长 46.76%，排全国 16 位；实现快递收入 27.67 亿元，同比增长 51.90%。排全国 17 位。回顾一年来协会工作，主要做了以下工作。

## 一、建立完善协会规章，调整发展协会组织

### （一）修订协会章程，完善协会规章

“江西省快递行业协会章程”是 2007 年 10 月成立时制定的，历时八年。八年来，全省快递业快速发展，行业的规模和结构均发生巨大变化。随着设区市邮政管理局的设立，各设区市相继成立了市快递协会，省快递协会的会员结构、职能职责、工作方式都发生了变化。为了适应这种变化，修改省协会章程势在必行。根据江西省快递业的实际情况，参考中国快递协会章程，在征得省邮政管理局同意和登记管理机关意见后，经省快递协会二届十四次理事会审议，一致表决通过了新修订的“江西省快递行业协会章程”并下文正式颁发。根据新“章程”，同时审议通过了新修订的“江西省快递行业协会会费缴纳标准与收费办法”。

为了切实加强协会管理，完善协会制度，规范协会财务收、支管理，经省快递协会二届十五次理事会审议通过，修订了“江西省快递行业协会会议制度”，新制定出台了“江西省快递行业协会财务管理办法”。这些规章的修订制定，为省协会依法依章开展活动，规范省协会管理，保障会员权益打下了扎实基础。

### （二）调整省快递协会会员和理事单位

为了适应各设区市成立了快递协会这一新情况，较好地理顺省、市快递协会关系，明确省、市快递协会发展会员范围，经省邮政管理局研究协调并经省协会二届十四次理事会审议通过，调整了省快递协会会员和理事单位，其中，会员单位由原 101 家调整为 5 家，调减会员单位 96 家，新增 11 个设区市快递协会为团体会员理事单位，保留原会长、副会长、理事单位 11 家；新发展：杭州海康威视数字技术股份有限公司、江西红楼国通快递有限公司为会员理事单位；新发展江西全宏汽车贸易有限公司为副会长单位。截至年末，省快递协会共有会员单位 30 家，其中，会长单位 1 个，副会长单位 6 家，理事单位 18 家，会员单位 5 家。

## 二、创新快递下乡模式，全力助推快邮合作

为了认真贯彻国家邮政局、省委省政府加快快递业发展和推进农村快递服务体系建设的有关要求，重点做好“快递下乡”工作，在省邮政管理局高度重视和大力推动下，在省邮政公司主动作为、全力支持和各快递企业的积极支持配合下，江西省快邮合作稳步推进，成效明显。合作层次之高，合作范围之广，已引起了高层的关注、同行的瞩目，被视为全国典范。省快递协会配合管局和省邮政公司主要做了三项工作。

一是牵头协商沟通，组织协议签订。在 6 月份，会同周慧锋处长在圆通公司组织召开了有多家快递企业负责人参加的座谈会，就全省快邮合作初步方案进行了座谈讨论，形成了较为一致的

合作意向。随后就具体合作条款组织八家快递企业与邮政公司“一对一”的协商，逐步达成了共识。八月份就协议文稿又进行了反复沟通协商，五易其稿，最终形成了经九家合作双方确认的、可以签字的战略合作协议。9月9日组织了隆重热烈的签约方式，邀请了省委农工部、省商务厅和省邮政管理局领导参加见证，省五家主流媒体现场采访报道。“1+8”农村快递服务战略合作协议的签订，标志着江西省农村快递服务体系建设迈出了坚定的一步，也标志着江西省快递业“合作开放、互利共赢”的局面即将形成，对提升“快递下乡”品质和农村快递对农村电商的支撑能力，都具有十分重要的意义。

二是深入调查研究，督促协议落地。签订“战略合作协议”仅仅是快邮合作的开始，关键是落地生根，开花结果。为了推动快邮合作的落实，省邮政管理局和省快递协会联合下发了78号文，就落实快邮合作提出了四点要求，并成立了省级协商推进工作组。11月份，省协会会同省邮政管理局和省邮政公司领导深入赣州、吉安市和瑞金、兴国县市调研督导，通过实地走访、召开座谈会，深入了解快邮合作进展情况，倾听市县合作双方的意见建议，商讨解决合作中困难和问题，指导督导市、县快邮合作试点抓紧推进。通过调研，形成了“三个统一”的认识，即统一合作模式，统一品牌形象，统一建设标准。明确了重点试点单位和时限要求。

三是加强协调推进，沟通解决难点疑点。为了解决合作中的难点疑点问题，12月17日由协会牵头，组织召开了省级快邮合作协调推进工作组会议，省邮政管理局相关领导和省邮政公司、八家快递企业相关负责人参加了会议。会议经沟通协商形成了五点共识，如通过“四个一点”来破解合作中“代理价格”双方差异较大的难点问题；快递企业乡镇“兼职代理制”网点全部纳入快递合作渠道问题；省邮政公司尽快解决信息对接问题，省邮政公司3个月内建成20个以上农村“电商快递综合服务中心”，以达到展现形象、筑巢引凤、以点带面、复制推广的作用等问题。会议最后，周慧锋处长代表省邮政管理局对下一步加快推进江西省快邮合作提出了三点希望和要求。首先，周慧锋代表省邮政管理局对下一步如何更快更好地推进江西省快邮合作提出了三点希望和要求。

截至到12月底，全省快邮合作取得了初步成效，市级层面签订了合作协议的有：上饶（1+8家）、赣州（1+9家）、吉安（1+8家）、抚州（1+16家）、宜春（1+8家）、新余（1+8家）、景德镇（1+14家）等七个设区市，九江、鹰潭二个设区市也将签订合作协议。县级合作试点工作正在全面启动，上饶市玉山县正在8个乡镇推进电商快递超市建设，广丰区也在4个乡镇开展快递超市建设；井冈山市已与8家快递公司签订了合作协议，吉安县的天河镇、瑞金市的壬田镇已建成了“农村电商快递综合服务中心”。正式投入了运营试点。此外，还有抚州市的宜黄县、临川区，宜春市的宜丰县、靖安县，南昌市的进贤县都在积极推进快邮合作试点。特别可喜的是省邮政公司于2016年元月7~8日在吉安县召开了一个规格高、规模大的农村电商服务体系建设现场推进会，现场参观学习吉安县天河镇“农村电商快递综合服务中心”，推出了全省农村电商快递服务体系建设方案，成立以省邮政公司主要领导任组长的建设领导小组，明确了建设目标任务，落实了建设资金来源及补贴办法，设立了100万元的建设奖励基金。要求之高、力度之大前所未有，可以预见2016年，全省快邮合作一定会取得丰硕的成果。

### 三、借助“创优评先”平台，努力提升行业形象

最近几年，省快递协会连续开展服务先进个人、优秀员工、优秀快递员评选活动。通过挖掘、树立、宣传一批快递服务行业先进代表人物，凝聚快递业正能量，用典型的力量激励和带动全行业扬正气、促和谐，立足岗位作奉献，打造新时期“诚

信、服务、规范、共享”的现代邮政行业核心价值理念。2015 年，省协会又开展了三项“创优评先”活动。

一是开展“寻找全省最美快递员”评选活动。2015 年，省快递协会联合省邮政管理局开展“寻找全省最美快递员”评选活动。活动第一阶段（推荐阶段）截至 11 月底收齐各设区市快递协会以及会员企业材料的推荐。活动评审委员会根据推荐的事迹材料，在兼顾公平性、代表性和事迹典型性的基础上，确定了 21 名候选人员。根据“评选办法”，活动又进入第二阶段，即网络评选阶段。投票时间为 2015 年 12 月 11 日至 12 月 31 日。截至 12 月 31 日，共收到网络投票 15908 票，最高得票达 2967 张。省活动评审委员会拿出评选初步意见，报省邮政管理局办公会审定，最终评出 10 名全省最美快递员。对被评选出的全省最美快递员将由省邮政管理局和省快递协会召开专门的表彰会，进行表彰，并给予一定的物质奖励，同时择优推荐参加第二届中国梦 · 邮政情“寻找最美快递员”活动。

二是开展“守行业公约、促提质增效”先进单位评选活动。为了认真贯彻落实省邮政管理局开展“提质增效年”活动精神和中国快递协会指导意见，进一步提升快递企业（会员）规范管理、优质服务水平，促进快递企业实现提质增效，营造学先进、赶先进、争先进的良好氛围，省快递协会 2015 年还在全省快递企业中开展了“守行业公约、促提质增效”示范企业评选活动。活动要求会员企业年底按“评选内容”要求进行总结，并填写“守行业公约、促提质增效”自查自评申报表。自查自评申报表要求申报企业从遵守快递业公约方面、提升服务质量方面、增强经营效益方面三个方面 10 项内容逐一填写，省邮政管理局和省快递协会组织相关人员进行考评，最终由活动领导小组评选出 2 ~ 3 个示范企业。对评选出来的示范企业，省协会将在 2016 年相关大会上进行表彰。

三是组织设区市协会会员开展“抓规范、促活动”优秀基层协会评选活动。随着快递业的快速发展，快递协会的作用和地位以及组织结构也在发生着变化，全省十一个设区市都成立了快递协会。市级协会建章立制、规范管理显得尤为重要。2015 年，省协会对各市协会进行考评，对其是否建立、完善各项规章制度；是否依照协会章程，行使职权，积极开展工作；是否围绕发展、服务、协调和自律的基本职能，充分发挥桥梁纽带作用，服务企业等方面逐项进行考评，并评选出 2 ~ 3 个优秀基层协会，以优促面，推动全省快递协会的工作整体健康、有序开展。

### 四、办好会刊传递信息，关心企业

省快递协会成立后，积极创办会刊《江西快递》（内部资料），按季出版，到 2015 年底共出版 31 期。会刊内容丰富，栏目多样，立足行业，图文并茂，宣传国家的相关政策、法律、法规、条例，传达国家邮政局、省邮政管理局、中国快递协会的相关会议精神及工作要求，报道江西省企业管理、经营、服务、发展等动态，使之成为快递信息交流的平台和企业精神文明建设的园地。为进一步办好会刊，从 2015 年第 2 期开始，会刊调整了栏目，新增了“时政咨询”、“行业动态”等栏目，旨在解读国家最新产业政策，发布行业最新资讯动态、报道行业新闻资讯、剖析产业事件专题，努力扩大会员的视野，帮助企业全面了解行业动态和相关资讯。

协会是会员之家。关心企业、服务企业、为企业排忧解难是协会义不容辞的职责。每年春节暑期，协会都会协同管局前往企业慰问走访。2015 年春节前夕，省快递协会负责人协同省邮政管理局与南昌市局联合组成慰问组，先后前往江西邮政速递物流处理中心、南昌邮区中心局、江西汇通、江西圆通、江西中通等五家邮政、快递企业进行走访慰问，省协会送上了慰问金 15000 元。向春节期间坚守岗位的企业员工表示衷心感谢，并致以新春祝福。

7月15日，正值夏季酷暑时节，省快递协会负责人协同省邮政管理局、南昌市邮政管理局领导，前往南昌邮区中心局和江西顺丰、韵达、天天等三家快递企业，详细了解企业高温安全生产作业和防暑降温工作情况，看望慰问一线职工，省协会并送上了慰问金8千元。

此外，一年来，省协会不断加强自身建设，积极参加省邮政管理局的有关活动，努力完成省邮政管理局布置的各项活动，认真遵守省邮政管理局、省民间组织局的各项规定。积极参加中国快递协会和国家邮政局组织的各项活动，吸取营养，增长才干。加强协会收、支管理，严格遵守协会财务管理办法，严控费用开支，勤催会费收缴，截至到12月底，共收缴会费37.6万元，除个别会员单位因费用暂时困难缓缴外，做到了应收尽收，全年协会开支:32.8万元，比上年节约开支近4万元，当年收支结余4.86万元。

# 山东省快递协会工作情况

2015以来，山东省快递协会在山东省邮政管理局的管理指导下，各会员单位的支持帮助下，认真贯彻落实党的方针政策，根据山东省快递业发展新形势和协会会员构成新变化，紧紧围绕促进发展这个中心，结合工作实际，进一步明确协会自身定位，突出协会两个“服务”职能，服务于政府、服务于企业，充分发挥协会引领和协调的作用，促进和保障了行业各项工作的顺利开展，2015年，主要做了以下工作：

## 一、以省邮政管理局2015年工作部署为指导，配合管局的中心工作，积极主动地发挥自律、协调和桥梁纽带作用

（一）省快递协会与共青团山东省委、省邮政管理局联合发文，组织开展了全省快递业创建青年文明号活动，全程参与企业推荐征集和评选，10个优秀青年集体获得2013－2014年度“山东省青年文明号”称号，促进了行业精神文明建设和科学发展。

（二）省快递协会与省妇联、省邮政管理局联合开展了全省快递业“巾帼建功”评选活动，全程参与推荐和评审，共推选出山东省快递业“巾帼建功十大标兵”10名和山东省快递业“巾帼建功先进个人”30名。为筹备2015山东快递业“巾帼建功十大标兵”演讲活动，协会组织了试讲，并邀请专家对每一位演讲者进行了专业点评，并督促进一步修改讲稿和PPT，努力保证演讲活动的效果，引导激励广大女职工在推动行业提质增效、健康发展献力量、建功立业，促进行业发展。

（三）为配合《山东省寄递安全管理办法》5月1日的正式实施，协会发挥会员作用，行使会员权利，联合十七地市快递协会对全省快递企业进行了一次安全生产摸底调查，由协会秘书处和由会员单位组成的“安全工作委员会”牵头并下发通知，地市协会分别赴快递企业调研，重点对快递企业的安全生产组织是否健全、安全生产工作制度是否落实，措施是否到位以及存在的安全生产隐患等情况有了全面详细的了解。营造了良好的安全生产工作氛围，促进了安全生产工作再上新台阶。

（四）积极采取措施，以承接政府职能转移和购买服务的资格为优势，积极向管局申请快递业相关的业务工作对接。

## 二、加强协会自身建设和发展，坚持联系和走访会员，积极开展调研交流，促成与上、下游产业的合作交流，构建相关行业共赢局面

（一）建立了定期走访会员制度，建立了定期

向省邮政管理局汇报协会工作的机制，征集建议和指导，为更好地开展下一步工作提供帮助。

（二）协会是会员企业的娘家人，2015 年春节前，省快递协会联合济南市市中区农民工服务中心进行了送温暖的“春风行动”，对忙碌奋战在一线的快递会员企业困难职工家庭进行了走访慰问。先后看望慰问了山东顺丰速运有限公司、百世汇通山东分公司的困难职工家庭，并送去了食用油、面粉和大米等实用慰问品，对职工家庭状况、实际困难等表达了亲切关怀，同时送上了新年祝福。

（三）协会陪同管局赴齐河、德州和潍坊考察，对快递下乡的政策实施、快递末端建设，以及探讨和地方政府的合作支持，对上游电商的协同发展进行了深入调研，对规划建设潍坊快递产业园区提出了积极的建议。十月中旬，协会组织了部分地市协会和会员企业赴广东进行了学习考察，参观快递企业，交流学习管理经验。

（四）为了保障业务旺季的安全稳定运行，协会联合山东省电子商务协会共同搭建电商行业和快递业的对接平台，畅通信息渠道，开展合作交流，并组织了两个行业的企业参加的“山东省驻济高校人才招聘会”，有效促进了电商行业和快递业的协同发展。

（五）充分利用行业协会优势，组织物业公司等具有地域优势和人员优势的企业洽谈合作，推进突破快递“最后一公里”的服务瓶颈，以达到多方共赢。

（六）协会注册成立了快递业咨询公司，计划多方面开展业务，增强协会造血功能。

### 三、多渠道加强行业宣传力度，提高知名度

（一）充分利用会员群、微信群，关注会员对行业问题的反应，发挥协会网站的交流平台及信息窗口作用，随时更新网站各栏目信息，增强吸引力，提高安全性和稳定性，提升新闻报导率。

（二）协会内刊《山东快递》正式创刊，全方位、多层面的开展行业宣传，免费发放会员企业、省内各地市管局、协会，省级兄弟协会和中国快递协会各部门等，进一步提高快递企业的宣传工作水平。

（三）协会联合济南市市中区就业办举办了以“创新服务理念起航就业梦想”为主题的“春风行动”就业服务专项活动。为满足快递企业对各类人才的需求，协会积极为会员企业争取了免费参加机会，6 家快递企业参加了此次活动。与农民工服务中心达成合作意向，挂牌成立了山东省快递协会培训基地，组织了市区两级人力资源劳动保障局和快递企业共同参加的外来用工人员恳谈会，帮助会员企业开展人力资源招聘、职业培训和劳务派遣服务。

（四）协会与理事单位济南天地中通快递有限公司参加了由“小火花志愿者团队”发起组织的“衣旧温暖，情系西藏”捐助活动，爱心捐款并帮助将这些衣物及时发往西藏。赢得了社会各界的赞誉。

## 河南省快递协会工作情况

2015 年，是全面深化改革的关键之年，也是全面完成“十二五”规划的收官之年。2015 年，全省快递服务企业业务量累计完成 5.05 亿件，同比增长 71%，最高日处理量超过 1000 万件；业务收入累计完成 62 亿元，同比增长 52%。

2015 年，河南省快递协会在河南省邮政管理局、省民间组织管理局和中国快递协会的指导下，积极组织会员单位围绕促进快递业发展、发挥协

会桥梁纽带和服务协调作用，主要做了以下几个方面的工作：

**一、协助河南局，推动各地市出台促进快递服务业发展的文件**

河南省快递协会深入贯彻落实省政府促进快递服务业发展文件精神，协助管局推动各市政府出台促进快递服务业发展配套文件，为各地市快递业发展提供了基础保障。

**二、积极与其他行业协会建立合作机制**

与省电子商务协会建立沟通协调机制，推进电子商务与快递物流资源整合和上下游的协作配合、电子商务和快递服务市场的培育和发展。与省服装行业协会协商，筹备建立行业服务平台，尽快开展服装、快递企业座谈会。与省工信厅制造业协会协商，在省局和省工信厅联合出台《关于推进快递服务制造业工作的指导意见》文件基础上，尽快召开快递服务制造业对接推介会。目前正加紧筹备推进会相关事宜。

**三、协助河南局做好保障工作**

2015年上合会议期间，省协会协助管局圆满完成了寄递渠道安全保障任务，受到了省委、省政府表彰。“双11”业务旺季期间，协助管局指导企业“错峰发货、均衡推进”，内部联动和多部门互动，在最高日处理业务量达到1022万件的情况下，确保了“全网不瘫痪、重要节点不爆仓、保畅通、保安全、保平稳”。

**四、开展航空快件调查，改善航空运输环境**

为了解河南航空快件发展的基本情况，省局和省协会于2015年联合进行河南省航空快件业务调查，通过重点抽样方式，选取了32家经常使用航空运输方式寄递快件的重点网络型快递企业。2014年调查数据表明，全省航空快件是新郑国际机场货运量的重要构成部分，河南航空快件货运量提升空间很大。省局将建立多单位的协调协作机制，保障航空快件运递的通畅、稳定。

**五、开展快递业诚信企业评选活动**

加快推进河南省快递业诚信体系建设，省协会和省局联合开展快递业诚信企业评选活动。通过利用各种媒介渠道的广泛宣传，2015年共评选出25家品牌快递企业，提高了企业诚信意识，帮助企业树立行业良好形象，有利于提高经济与社会效益。

## 湖北省快递协会工作情况

2015年，湖北省快递协会紧紧围绕湖北省邮政管理局和中国快递协会的工作要求，以促进快递业健康发展为基本目标，按照章程规定召开协会理事会、出版协会专刊、办理协会年审及财务年检等工作；积极组织开展专题调研、慰问帮扶、行业培训、企业座谈交流、优秀快递员联谊、旺季服务指导等活动。全年共召开理事会3次，举办企业高管培训班4期，组织表彰活动2次，组织优秀快递员交流联谊活动1次，出版协会专刊3期，印发学习专辑1次，较好地发挥了协会的服务和桥梁作用。

**一、开展表彰慰问快递企业活动**

年初，与湖北局共同印发表彰决定，授予湖北顺丰、申通、圆通、中通、韵达等8家快递公司“2014年快递业务旺季服务保障先进单位”称号；给予武汉天天等6家快递公司通报表扬。春节期间，协会会长李庭中、副会长周锦堂赴荆门申通、邮政速递物流等多家快递企业进行调研、检查和慰问，并给广大员工送去新年祝福。8月中旬，连续多天联合湖北局领导赴武汉邮政公司及各家快递企业进行高温慰问，并送去降温品，有力地鼓舞了企业员工的工作干劲。

## 二、组织开展服务企业的培训活动

一是与省安技协共同举办一期省邮政业安全生产标准化知识培训班，邀请知名安全生产专家为湖北顺丰、武汉邮政速递物流等多家寄递企业的安全管理人员讲课，为推进湖北省邮政业安全生产标准化建设奠定了初步基础。二是聘请安全防范专家为20多家快递公司高管人员讲解新型智能化监控系统的相关知识，促使企业及时了解当前安全设施的发展水平，推动企业提升技术防范设施的水平。三是利用召开省协会理事会的机会，举办一期法制和标准化知识讲座，聘请法律和标准化专家为参会各企业的老总和高管讲授与快递经营相关的法律及标准化知识，提高企业负责人和高管的相关知识水平。

## 三、组织首届快递员联谊活动

为鼓励在历次协会组织的竞赛活动中获奖的员工，增强协会工作的凝聚力，经协会理事会研究同意，9月中旬，由省协会和武汉市快递协会共同组织了优秀快递员联谊活动，来自各会员单位推荐的27名优秀快递员参加了为期3天的庐山之行，通过组织这次活动，为增进企业员工之间的了解和友谊发挥了积极作用。

## 四、召开主要快递企业座谈会暨理事会

5月召开11家主要快递企业（理事单位）负责人座谈会。会上，周锦堂副会长向各位理事报告了2014年度会费收取和使用情况，提请审议通过了6家单位的入会申请。会议还听取了各快递企业关于经营发展情况的介绍，归纳整理了会上各企业反映的制约湖北省快递服务发展5个突出问题，并形成书面汇报材料报湖北局领导。

## 五、召开快递业高管人员研讨会

为推动湖北省快递"向西、向下、向外"工作，8月中旬组织召开"湖北省快递业高管人员研讨会"。会上传达学习了国家邮政局及湖北局半年工作会精神，组织与会老总围绕如何解决快递服务最后一公里、如何加快快递下乡步伐、如何加强企业自律促进公平竞争等问题，进行了讨论和交流，使大家对当前形势和任务有了更清醒的认识，对企业的今后发展充满了信心。

## 六、加强对市、州协会的指导和帮助

一是组织8家（除武汉外）市、州快递协会的负责人参加3月份全省邮政市场监管暨普遍服务监管工作会，使他们及时了解邮政管理部门的有关工作精神，并利用会议间隙，召开8个市、州协会负责人座谈会，组织各协会在会上交流去年工作情况和经验，研究部署2015年全省快递协会8项主要工作任务。二是指导筹建武汉市快递协会，帮助其顺利成立并于同日召开该协会第一届会员大会和民主选举产生协会会长、副会长及理事、通过该协会章程等文件。三是收集9个市、州协会2015年工作情况，为省协会明年工作提供了思路。

## 七、开展"双11"旺季服务调研和指导

"双11"旺季期间，李庭中会长、周锦堂副会长会同湖北局领导赴邮政速递物流、顺丰、申通、圆通、韵达、天天等多家快递公司了解旺季生产服务及寄递安全情况，指导各企业做好旺季生产应急预案、强化落实人员、设备、资金等应急储备、加强调度，加强信息上报，确保了"双11"平稳安全度过。

## 八、完成优秀安全论文的评选表彰

对2014年全省参加"邮件、快件安全论文竞

赛”评审的论文进行初选，提出一等奖3名、二等奖3名、三等奖8名、组织奖6个的获奖名单，报省竞赛委审定后，由湖北局和协会共同印发表彰文件。8月中旬，利用召开湖北省快递高管人员研讨会的机会，向获奖单位颁发了获奖奖牌。

### 九、做好行业的学习宣传工作

一是完成协会专刊编印。及时收集快递业的热点问题、政策法规、监管动态、企业活动、协会工作等信息，编印出版《湖北快递通讯》三期，刊载各类文章150余篇、照片50余幅，突出了对本省快递下乡、行业监管、行业安全文化建设的宣传。二是印发学习专辑和简讯。印发省协会工作信息1期、《政策学习专辑》1期。《政策学习专辑》全文刊载了国务院2015年61号文件——《关于促进快递业发展的意见》、国家邮政局关于《意见》的解读，并加了《编者按》，要求各快递企业认真组织干部员工学习61号文件，深刻领会文件精神。此外，从5月份开始，协会还每月协助省邮政管理局收集、编辑《湖北邮政行业管理动态》，起到较好的舆论宣传和工作引导作用。全年共编印《湖北邮政行业管理动态》8期。

### 十、推动快递企业与邮政企业的合作

11月，协会会同湖北局召开快递企业与邮政企业经营发展合作座谈会，组织到会快递企业老总就与潜江市邮政公司合作，利用邮政速递物流资源解决快件派件到村的合作事宜进行了初步讨论，为下步制定和完善相关实施方案奠定了良好基础。同时，对开展快递企业与邮政企业在武汉市进行投递业务合作，实现发展互补进行了牵线搭桥。

### 十一、完成协会年审、会费收缴工作

聘请在民政部门备案的注册会计师事务所对省协会2014年度财务情况进行了年度审计，并向协会理事会进行了通报。按照民政部门关于社团组织管理规定，完成协会组织机构登记年审和会刊年审工作。按照协会章程规定，对未缴纳2014年度会费的会员单位进行了催缴，并完成部分会费的收缴。

## 湖南省快递协会工作情况

2015年，湖南省快递协会在中国快递协会和省邮政管理局的正确领导下，在省民间组织管理局的指导帮助下，在全体会员单位大力支持下，准确把握快递业在经济发展新常态中的位置，立足“安全为基，发展为要，服务为上，管理为本”，坚持创新发展理念，在引导行业发展、增强服务能力、提升服务水平等方面积极开展工作，推动了行业快速、健康、安全发展。随着快递市场全面开放，云南省快递业呈现出“多元并存、公平竞争”的发展格局。

截至2015年底，全省共有26个主要快递品牌，依法取得快递业务经营许可证的国有、民营、外资快递企业688家，分支机构1727家，快递从业人员4万余人。全省快递业务量完成3.18亿件，同比增长39.93%，快递业务收入完成33.89亿元，同比增长29.3%；最高日处理量超过800万件。快递业在繁荣经济、促进就业、服务民生、拉动消费等服务地方经济建设方面发挥了积极作用。

### 一、坚持发展为要，优化发展环境

2015年，湖南省快递协会积极配合省邮政管理局对接地方政府，争取地方政府对快递业发展的支持，稳步推进“1+14”规划编制工作。省邮政公司提交了邮政设施建设规划。经协调争取，

邮政规划与地方相关规划深入融合、有效衔接，并持续实现了新的突破。《湖南省电子商务发展规划（2014—2020年）》，明确支持发展快递物流，建立湖南省快递物流园，城市社区建设网络购物快递投送场所，将快递投送场所纳入新建小区规划。《湖南省现代物流业发展三年行动计划（2015—2017年）》将邮政快递内容纳入整体布局。省政府办公厅《关于加快农业互联网发展的指导意见》，明确将深入推进邮政、快递村村通工程，着力打造快递到乡镇、配送到村寨的物流网络。

## 二、加大投入力度，完善服务网络

快递业务持续高速增长和一系列政策、规划的落地实施，进一步激发了快递企业的投资热情。2015年，规模快递企业加大基础设施建设投入力度，新建扩建一批流水线、购置机械化分拣设备和安检设备，全年基础设施投资超过3亿元，省级规模独立快件分拣中心26个，总面积超过30万平方米。全省加快推进快递营业场所标准化建设，制定年度标准化建设工作目标及实施方案，2015年，全省快递许可备案企业2415家，营业场所标准化建设达标率达到15%。

## 三、深度协同拓展，增强发展动力

引导快递企业向"1+3"战略深入拓展，激发行业发展新动能。一是促进电子商务与物流快递协同发展取得新进展。行业协会积极配合省邮政管理局工作，经省邮政管理局和株洲市邮政管理局共同努力对接省、市财政和商务部门，湖南省于8月份推荐株洲市申报2015年全国电子商务与物流快递协同发展试点城市，业已获批。株洲成为全国第二批6个试点城市之一，获主要用于该市快递业发展的中央财政补贴资金3000万元。二是推进快递服务制造业工作。贯彻落实国家邮政局、工业和信息化部《关于推进快递服务制造业工作的指导意见》，与省经信委就建立协调工作机制、搭建合作交流平台、实施示范试点工程、优化政策环境等方面达成共识。搜集各寄递企业服务制造业的情况，协助省邮政管理局制定推进工作方案和实施意见。三是跨境电商发展全面提速。《湖南省现代服务业发展行动计划（2014－2017年）》，明确将加快邮政快递网络化供应链的协同能力建设，作为发展电子商务、现代物流的培育重点，开展跨境电子商务试点，开通长沙至全球主要城市的国际普邮包裹、航空挂号包裹线路，拓展境内网上购物，融合涉农电商等线下资源，利用电子商务带动产业链上下游协同联动。

## 四、积极参与调研，"快递下乡"新成果

积极参与调研，助推"快递向西向下"服务拓展工程推进方案制定，省邮政管理局与省交通运输厅联合启动了在怀化试点推进"快递向西向下"服务拓展工程。各地积极推动整合行业资源，创新工作思路，着力完善农村快递服务体系，努力满足农村地区居民对快递服务的需求。郴州为快递企业"抱团下乡"提供解决方案，引导快递企业成立乡镇"快递超市"11个。截至2015年底，全省快递服务乡镇覆盖率超过80%，其中，株洲、湘潭、常德乡镇网点覆盖率达到100%，其他市州均完成年度工作目标。

## 五、以"三个百分百"为中心，落实安全生产

在推进省级邮政业安全中心组建、保障重大活动顺利进行的基础上，以全面推进三个100%机制落实为中心，推动快递企业安全生产。中央综治办等15部委出台文件，要求在寄递渠道实现"收寄验视、收寄实名、过机安检"三个100%的目标。省快递协会加强中央精神和相关要求的宣传，动员引导各成员单位积极落实，并协助省邮政管理局推进制定配套政策。12月18日，黄关春副省长调研湖南省寄递行业"三个100%"制度执行情况，明确表示支持充实邮政监管力量，加强属地管理。三个100%机制落实情况喜人，截至目前，

省级快件分拨中心已配备12台X光机，并已对航空快件和寄往北京、西藏、新疆等重点地区的快件实行过机安检。

## 六、搭建市级平台，倡导行业自律

指导省内各市州成立市级快递协会，截至目前，全省除省会外各市州均已成立了快递协会。建立行业自律机制，通过自我管理、自我服务、自我协调，维护市场秩序，倡导快递企业减少同质化的低价竞争与粗放型管理，积极发展差异化的服务竞争与精细化管理。

## 七、发挥纽带作用，反映企业诉求

协会充分发挥企业与管理部门间的桥梁纽带作用，坚持倾听会员企业的呼声，抓住会员企业最迫切、最关注、最直接的城市配送"最后一公里"难题征求意见，寻求对策，在省协会和邮政管理部门的共同努力下，省内各市州快递车辆城市城市通行难、停靠难问题得到有效缓解。长沙、邵阳、衡阳等地加大了快递车辆通行证办理推进力度。

## 八、加强能力建设，激励行业共进

开展评先活动。为鼓励先进，树立典型，营造行业内比学赶超的良好氛围，省快递协会在省邮政管理局的具体指导下，开展了行业的评先工作，利用考评契机不断督促和指导企业加强规范管理，依法合规经营，湖南顺丰、湖南汇通、湖南韵达被评为2015年度全省快递行业先进企业。加大宣传力度。协助省邮政管理局开展业务培训。协会在深入重点企业调研的基础上，对企业不同级别负责人、对安全、反恐、禁毒、扫黄打非等主题，全省共培训了20多次，培训3000余人次。

一年来，协会围绕推动快递企业做大做强、支持企业发展做了大量工作，得到了省内主要快递企业的认可，但协会工作与上级要求、与广大会员单位的期许还存在一定差距，主要表现在：湖南省快递业的发展仍然存在基础薄弱，同质化竞争严重，产品结构单一，核心竞争力不强，嵌入供应链程度不深。发展模式较为粗放，创新能力不强，高端管理人才缺乏，技能人员流动性大，寄递渠道安全隐患、信息安全问题还一定程度存在。

# 广东省快递协会工作情况

2015年，是实施广东快递业发展"十二五"规划的重要一年。在各级政府的正确领导下，全行业以党的十八大和十八届三中、四中全会精神为指导，紧紧围绕各阶段行业发展的目标和各项重点工作，克服了许多困难，付出了艰苦的努力，确保了全省快递业持续快速增长。

2015年，广东快递业务量增长到50.1亿件，业务收入增长到615.9亿元。广东快递业持续快速增长助推了广东社会的发展和经济转型升级，同时也较好地满足了城乡人民群众使用快递服务的需求。

在快递业快速发展的同时，广东快递业的基础设施建设力度不断加强，规模不断扩大，"向下"、"向深"、"向外"服务不断拓展，行业的整体服务能力有了较大提升。特别是"双11"期间，在业务量大增的巨大压力下，能够做到在重要的时间节点"保畅通、保安全、保平稳"，保障了旺季快递服务顺利运行。与此同时，快递服务安全生产和服务质量也得到明显改善。通过开展行业诚信体系建设和持续的安全专项整治活动，企业的安全意识和服务质量意识有所增强，依法经营和管理的水平不断提高，行业自律能力得到提高，快递服务用户满意度稳中有升。

2015年，广东省快递协会认真学习贯彻党和政府的各项方针政策，认真执行行业法律法规和各项规定，紧紧围绕行业发展大方向和重点工作，坚持突出服务、协调、自律三大职能，努力发挥桥梁纽带作用，团结和依靠广大会员企业开展各项工作，维持了协会的正常运作，主要做了以下几项主要工作：

## 一、坚持依法依规依章办会，提升协会能力水平

协会能按照国家和行业相关法律法规要求办会，不断规范管理，确保各项工作在法律法规允许的范围内进行。能够认真执行以协会章程为核心的各项管理制度，并在工作实践中努力创新与完善。秘书处能认真执行理事会各项决定，围绕协会年度工作计划落实各项工作任务。秘书处各部门能认真履行职责，发挥了积极性与主动性，相互配合做好日常工作，确保了协会稳定运转。协会党支部发挥了党组织的作用，发展壮大了党员队伍，加强了政治思想教育和作风建设，带领党员和群众开展了党的群众路线教育实践活动与“三严三实”专题教育，改进了思想和工作作风，加强了与会员单位的联系与沟通，及时研究处理和协调企业反映的各种问题。协会重视并坚持创办现代行业协会的目标取得了效果。2014年下半年至2015年2月，经过五个月强化基础管理工作，在依法办会，规范运作、能力建设、发挥作用、社会评价五个方面的能力水平有了新的提升，经民政部门专家组评估，授予广东省快递协会4A级行业协会称号。

## 二、坚持服务为上，努力为企业办实事

协会牢记自己的基本职能，专注行业发展，从不从事实体经营，不谋取创收，坚持把为企业服务、努力把为企业办实事摆在头等位置，主要做了下列事情：

### （一）贯彻行业各项规定，传递行业各种信息

利用协会网站、会刊线上线下两个平台，及时宣传和传递行业法律法规与各种信息。两个平台栏目多样、内容丰富、互补强，发挥了较好的宣贯功能，同时也密切了协会与企业的联系，指导了企业各项工作的开展。为帮助企业解决工作中一些法律事务疑难问题，组织协会常年法律顾问举办了多期快递企业法律事务咨询座谈会，为企业提供法律事务服务。

### （二）收集研究扶持政策，发挥协会引领作用

快递业的发展离不开地方政府的支持。2012年以来，广东省政府出台了相关政府规章支持快递业的发展，还制定了70多项扶持中小微企业发展的专项政策与企业转型升级的措施。这些扶持政策和措施涵盖了税费、融资、基础建设、企业用地、企业转型升级、公司上市、企业科技创新等各个方面。为帮助快递企业了解和掌握有关政策，协会收集、研究、整理了相关文件资料，梳理出30多项印发给各快递企业，方便企业针对不同需要参考使用。

### （三）开展调查研究，反映企业诉求

协会与企业保持着密切联系，并利用各种方式收集掌握大量企业信息。一是利用电话和上门专访了解企业生产情况，倾听建议与各种诉求，指导企业妥善解决各种问题。二是通过参加企业网络会议及重大活动，与企业深度接触，面对面交流，了解企业运营中一些深层次问题。三是与其他工作相结合，上门走访了解情况，如利用企业等级评定中实地核查的机会，先后走访企业。通过上述调查走访，协会基本掌握了企业和市场存在的主要问题，提高了协会工作的针对性与目的性。协会还针对城市快递配送最后一公里通行难以及末端100米快件进社区、园区、写字楼等存在的问题，与社会相关单位协作，进行了一些有益的实践。

### （四）协助企业做好快递许可、年报和企业变更等工作

企业申请办证、年报、变更是项政策性强而又

繁琐的事务，对一些规模较小且偏远的企业而言确实存在一定的困难。协会充分利用自身资质和熟悉政策的优势，在行业主管部门的支持下，接受企业委托，为企业提供全方位服务。通过以上服务达到三方面目的：一是分担了政府部门工作量和压力；二是方便了企业并为企业节省了费用；三是体现了协会服务企业的宗旨。

（五）落实快递税改政策，理顺税务关系

2014年，快递营业税纳入国家“营改增”试点。“营改增”不仅仅是税收方式的改变，更重要的是将“促进加快快递业转变增长方式、促进行业分工不断细化、促进快递业与关联产业的关系深化”，意义和影响重大。为帮助企业了解与操作，协会及时举办了培训班，有针对性地指导企业做好“营改增”试点。不少企业负责人及财务人员通过培训，加深了对税制改革政策的理解，掌握了具体操作方法，减少了企业转制期间财务纳税风险。

除上述工作外，近年协会还尽力帮助企业开启并推动“高铁快递”、新能源汽车运用、快递末端派送、“3·15”维权活动和企业等级评定等工作，其中一些项目收到了一定效果。

## 三、组织参加大型论坛，引导行业发展方向

为贯彻落实广东快递服务“向下”、“向深”、“向外”全方位发展的“三向”工程，进一步推动快递企业转型升级，协会与省内关联行业协会、商会及高等院校共同主办了《传统零售业转型与快递服务创新》、《中国（广州）国际电商物流核心竞争力峰会暨电商物流展览会》，还参与了深圳《国际物流与交通运输博览会》及佛山《中国国际“互联网+”博览会》等大型活动。这些论坛及博览会都紧扣行业和时代主题，探讨研究了行业热点问题，对企业发展起到了引导作用。

## 四、搭建合作交流平台，共推行业发展

（一）与各层级同业协会开展合作交流

广东快递协会与中国快递协会、各省（区市）快递协会、省内各地市快递协会保持了密切的联系和工作配合协作关系。对一些涉及行业全局性的工作，如快递企业等级评定试点、快递成本调查、快递服务旺季保障等都有着较好的协作配合，中国快递协会各层级领导也多次到广东指导工作。几个省（区市）快递协会带领当地企业到广东考察和交流经验，促进了各自工作。广东21个地市快递协会成立后，省快递协会每年都组织各市协会秘书长座谈会交流工作情况。“三级”协会的互动与配合助推了全行业与各地工作的开展。

（二）组织学习参观，提高企业管理水平

针对企业快件集散、分拨转运中普遍存在的问题，为提高快件转运精细化科学管理，2015年协会与省采购供应链协会合作，组织快递企业到苏宁萝岗开发区中心考察学习，深入现场了解苏宁快递快捷高效的自动化分拣模式与操作管理，并就有关问题进行现场研调，通过学习交流，有助企业管理水平的提高。

## 五、加强行业诚信建设，提升企业自律水平

为保障快递市场健康有序运行，确保快递服务安全和质量，维护消费者合法权益，协会积极配合并参与政府部门主导的行业诚信体系建设活动，建立了《快递企业诚信体系考核评估办法》，持续开展了以安全和服务质量为主要内容的专项整治工作。同时，协会认真落实中国快递协会关于《快递行业失信警示制度（试行）》和《快递行业安全自律公约》，制定并印发了《广东省快递行业自律与信用体系建设方案》，召开了省内主要快递企业行业自律座谈会。协会还与省消委会召开联席会议，研究快递服务质量测评存在的问题，并联合召开通报会，向存在问题的快递企业通报情况，与企业签订《诚信经营责任书》，向全省快递企业发出诚信经营倡议书。在各方配合和多种举措下，企业诚信经营、规范运作、安全生产和服务质量的思想意识得到明显增强。

广东快递业虽然保持了快递增长，各阶段重点工作也取得了明显成绩，协会为此也做了许多应做的工作，但行业发展和协会工作还存在一些问题。从整体看，行业在多年持续快速发展中所积累的一些深层次问题已经显现：供需矛盾仍旧比较突出；行业科学和可持续发展的基础并不牢固；城乡、区域间发展不平衡不协调的问题还在延续；寄递渠道安全隐患增多；服务水平参差不齐、投申诉问题还比较多；市场经营秩序不够规范、同质化低价竞争比较突出。从企业层面看，企业各项运营成本不断提高，经营压力加大；企业转型升级和服务创新的意识不够强；企业诚信经营和自律水平有待进一步加强；企业生产用地、用工、融资、车辆通行、末端配送等还存在不少困难。从协会方面看，一是机构、人员偏小，能力提高上还有较大空间；二是服务的层面较狭，特别是为社会和消费者服务面不够宽；三是引进与运用技术创新方面还比较薄弱。

# 广西壮族自治区快递协会工作情况

2015年，是国家“十二五”的最后一年，也是快递业快速发展的一年。广西快递协会在广西邮政管理局领导和中国快递协会指导下，在全体会员单位的大力支持下，以“围绕中心、服务大局、服务会员，服务行业”为宗旨，坚持从实际出发，积极开展调研、培训，着力协调和推动影响我区快递业发展的关键问题的解决，在政策引导、舆论导向、行业宣传、活动组织等方面积极开展工作，较好地完成了预定的工作任务。

## 一、认真贯彻国家有关快递的方针政策，引导快递企业转型升级，做强做大

近年来，国家十分重视快递业的发展。李克强总理对快递业的发展，多次做了重要讲话，并主持制订了《物流业发展中长期规划》和《关于促进快递业发展的若干意见》。

协会全文下发了《意见》，并召开会议，组织会员单位认真学习贯彻。协会要求各快递企业要认真学习，深刻领会和重点把握《意见》对快递业定位、重要作用和存在问题的科学判断，深刻领会和重点把握《意见》提出的促进快递业发展的总体要求、重点任务和政策措施。要把贯彻落实《意见》作为当前和今后一段时期核心工作，列入首要议事日程。全面提升快递业供给能力、运行效率、安全性能和服务质量。但广西的快递业基础薄弱，行业面临着转方式、调结构、防风险等多重任务，与世界先进水平相比还有不少差距，竞争力不强等问题还比较突出，行业安全形势依然严峻。要认真谋划明年工作思路、工作重点，为“十三五”的开门红奠定坚实基础。

## 二、重构协会架构，扩大会员覆盖

按照国家邮政局要求和广西邮政管理局的部署，从2014年开始，广西地市开始成立地市快递协会。针对这一新的情况，协会到相关地市进行调研。协会走访了当地的邮政管理局，召开了快递企业座谈会，阐述了区（省）协会和地市协会的关系。据此，协会制定了《广西快递协会团体会员单位管理办法》，明确区、市快递协会建立起协会间的业务指导、业务联系及业务管理关系，即各市快递协会成为广西快递协会的团体会员单位。在区、市邮政管理局统一领导下，区、市快递协会在思想上、行动上协调一致。整合行业协会资源，建立区、市协会之间的信息通联工作机制，使行业信息、业内动态、技术和经验交流共享，协同组织开展行业大型活动。建立应对全网性各类突发事件

的应急处理协同机制，发挥协同支撑作用。

目前，已有柳州市快递协会、玉林市快递协会、梧州市快递协会、贵港市快递协会等申请加入广西快递协会。地市快递协会的加入，进一步扩大了协会的队伍，同时也扩大了会员的覆盖面。

## 三、积极配合区邮政管理局推动快递企业创“青年文明号”工作

继2014年“全区快递行业青年文明号创建活动动员大会”后，今年协会又两次在副秘书长会议上学习管局《全区快递行业青年文明号创建活动方案》文件，领会精神，明确做法。快递行业青年文明号创建活动对加强行业精神文明建设，促进快递业科学发展，服务快递业青年成长成才，具有重大的现实意义和深远的历史意义。根据广西快递企业情况初步确定广西顺丰速运有限公司和广州宅急送快运公司南宁分公司为重点创建单位。通过推动，2015年10月19日广西顺丰速运有限公司确定了南宁江南分部江南点为该公司创建青年文明号的示范点。协会于10月21日前往江南点考察审核。该项工作正在积极推动中。

## 四、重视快递企业诉求，解决快递车辆通行难的问题

2015年6~8月，快递企业向协会反映，南宁市快递电动年在投递过程中，路过主要街道时，被拦被罚的情况时有发生，造成快件延误。

协会重视企业诉求，发函向几个主要快递企业了解情况，并两次向南宁市邮政管理局作了反映，希望尽快解决快递车辆便捷通行的问题。同时与媒体进行积极沟通，呼吁社会体谅快递这一行业的特殊性。在邮政主管部门和社会的共同努力下，情况得到初步好转。

但是，困扰快递企业“最后一公里”的投递问题，还没有得到根本解决。协会将继续和相关政府部门沟通，在国务院《关于促进快递业发展的若干意见》的指导下，真正解决快递车辆通行难的问题。

## 五、深入企业，督促检查，力保快递旺季保障工作平稳运行

2015年“双11”期间出现旺季峰值，最高日处理量突破1.48亿件，全行业处理的快件业务量将比去年同期增长四成以上。快递业务旺季尤其是“双11”期间，全行业发展将呈现出区域业务明显增多、县域业务明显增加、国际业务明显增长、社会关注明显增强、安全压力明显增大等五大特点。

协会在“双11”前召开了会议，部署落实2015年快递业务旺季服务保障工作。会议传达了国家邮政局副局长刘君在国家邮政局召开的动员部署2015年快递业务旺季服务保障工作电视电话会议上的讲话精神。

各会员单位汇报和交流了旺季服务前的准备工作，表示会后将进一步落实国家邮政局副局长刘君的讲话精神及协会的工作意见，检查目前还存在的疏漏环节，特别是安全防范措施，扎扎实实地做好各项准备，确保快件最后一公里畅通无阻，迎接业务旺季的到来。

会议对全力确保2015年“双11”业务旺季快递服务有序、平稳和安全，提出工作意见，要求各会员单位，认真贯彻国家邮政局电视电话会议精神，总结前几年“双11”的经验和不足，集中全部精力，抓好安全生产工作，确保旺季生产“全网不瘫痪，重点节点不爆仓”，实现“保畅通、保安全、保平稳”的目标。

11月15日，协会由吴全兵会长带队，组织了在南宁的广西邮政速递物流公司、广西顺丰速运有限公司、广西南宁申通速递服务有限公司、广西圆通速递有限公司、南宁广运快运有限公司、广西吉祥中通快递有限公司、广州宅急送快运公司南宁分公司、南宁市天递海航快递有限公司、杭州百世网络技术有限公司南宁分公司（汇通）等九家快递企业开展了一次相互学习及检查活动，以确保今年的双“11”旺季快递服务工作安全平稳顺利完

成。在接发、分拣现场，各位公司老总介绍了本企业的进出货情况及将采取那些保障措施。老总们都亲临现场指挥调度，有的甚至通宵达旦坚持在一线。在总结去年迎战“双11”所存在问题的基础上，及早制订应对及预防措施，有效增加场地、人员、车辆的投入，确保旺季服务顺利完成。广西吉祥中通快递有限公司、广西南宁申通速递服务有限公司都增加了处理场地及设备，解决了原来场地不足的问题，有效地提高了处理效率，杜绝了爆仓积压问题的发生。新建成的广西区邮政速递物流有限公司分拣分发中心，运用了自动化程度较高的分拣流水线，优化路由、设置格眼、编制段道、合理调度、加快了处理效率。广西顺丰速运有限公司、广西圆通速递有限公司分拣封发场地的封闭式管理及广西亨运韵达速递有限公司的多层式分拣设备，都在双“11”旺季快递服务期间发挥了重要作用。

**六、搭建企业合作交流平台，举办讲座，组织快递企业走出去，扩大视野，拓展思路**

（一）4月14日，由协会带队，组织我区快递企业到浙江阿里巴巴集团等企业学习考察。帮助企业开拓视野、学习先进的发展理念和了解当前新技术、新产业、新模式、新业态的最新进展，更好的结合广西企业实际，贯彻落实国家发展战略，实现企业与时俱进、健康、可持续发展。

（二）5月7日，协会组织会员单位参加由国家发改委、海关总署、工商总局、国家邮政局等多部委联合指导，中国网络电视台主办、贵阳市人民政府承办、中国快递协会等协办的2015中国电子商务创新发展峰会。听取了国家邮政局市场监管司司长韩瑞林主旨演讲，试点城市介绍电子商务与快递物流协同发展试点工作情况及试点经验。

（三）10月29日，协会组织快递企业参加长三角民营经济研究会主办的“‘互联网+’催生传统经济新常态”论坛。论坛结合南宁市当前经济环境、产业形态及发展趋势，通过一系列的实际案例剖析，引导企业家对经营管理及销售模式的重新定位和创新，寻找企业发展新动力。

（四）2015年年底，协会邀请了北京双壹快递管理咨询公司总经理龚福照做了“从双11看当前快递发展趋势”讲座。会员单位100多人参加。

**七、办好《广西快递信息》，服务会员单位**

《广西快递信息》出版至今，已经100期了。它伴随着协会成立八年来走过的历程，它见证了广西快递业在国家政策的引导下的健康成长和飞速发展，记录了快递人付出的辛勤劳动。八年来，《广西快递信息》为会员单位提供了政策解读、行业资讯、协会及会员动态以及当前快递发展态势。加强了会员单位联系，交流经营发展情况。

# 海南省快递协会工作情况

2015年，海南省快递行业协会，在海南省邮政管理局和中国快递协会的指导下，以“围绕中心，服务大局”为宗旨，认真履行“服务、协调、自律”职能，坚持创新引领，服务企业，加强行业自律，推动企业自治，深入调查研究，积极反映诉求，充分发挥“推进、引领、服务”作用，为行业持续快速发展积极开展工作。

**一、积极采取措施，推进行业自律，推动企业自治**

一是为提升企业的社会责任意识，推动行业诚信建设。在“3·15”期间，协会与市场监管部门、省消委联合开展保护消费者权益活动，建立起海南邮政消费者申诉处理联动工作机制，成立了以市场监管部门为组长，协会和省消委为副组长的工作领导小组。召开了以“携手共建诚信邮政、畅享邮政快递消费”为主题，海口地区快递网络企业负责人、协会、消委、政府部门及媒体参加的专题座谈会，会上协会秘书长解读了《海南省快递行业保护消费者权益承诺书》的拟草源由及主要条款的内容，由11家主要网络企业签字，共同发起向社会公众的行业服务承诺，省主要媒体进行报道。

二是为推动企业提质增效，提升快递企业的社会主体意识和服务质量责任意识，督促加强服务质量管理，落实好主体责任，配合省邮政管理局开展“快递服务质量专项整治工作”，协会制定了《海南省快递企业2015年度快递服务质量目标责任书》，《责任书》共11条，其内容涵盖明确了责任主体、管理保障、责任追究、工作联系机制等。经广泛征求快递企业和市场监管部门意见后修改定稿，由省快递行业协会与快递企业进行签订。这次协会与企业签订责任书的有在海南主要的19个网络和28家会员企业，本责任书一式三份，企业、协会和省邮政管理局各存一份，以加强督促服务质量主体责任的落实。

三是推动落实行业自律公约，督促企业加强自治。协会认真贯彻国家邮政局电视电话会议精神和省邮政管理局关于保障旺季快递服务工作部署要求，按照旺季保障工作“三不、三保”的目标要求，加强了对旺季工作的组织领导。积极配合市场监管部门做好宣传引导。加强与企业间的沟通交流，深入东西部二片区了解当地经济结构，发展优势以及对快递服务的需求，引导重点网络企业对派送压力较大的网点，采取适当措施保障县域地区服务网络的稳定。印发本省《快递自律公约》，《安全自律公约》和《旺季保障工作承诺书》，给县域网企业，加大力度推动落实自律公约，督促企业加强自治，不断提升企业的社会责任意识，认真履行好企业的社会承诺，确保旺季快递服务保障各项安全制度的落实。

## 二、强化服务，反映诉求，发挥好桥梁纽带作用

协会是企业联系政府和企业间的纽带和桥梁，充分发挥好为企业解难事，办实事的重要平台作用。

一是保持与政府部门之间的沟通联系，及时把政府部门新出台的新规新政及重大事件的工作部署精神，通过各种途径传递给企业。

二是开展调研活动，积极地反映企业诉求。在市场监管部门的支持和帮助，在东西部片区召开三场80多人次参加的快递企业网点负责人座谈会，利用座谈会开展对国务院〔2015〕61号《关于快递业发展的若干意见》和《快递条例》征求意见稿进行宣传，以座谈的形式了解区域行业发展规模，企业发展状况，旺季保障工作及发展中遇到的难点问题，了解快递下乡镇伸延布点状态，交流探讨快递下乡镇的作法与模式和建议，如：快递下乡工程，由于企业规模小，实力弱，派送件量少，多数企业采取代理进行收派，但成本高又难于管理。建议区域市场管理部门能牵头搭建平台，探索乡镇网点管理模式，推进企业抱团下乡，共建乡镇“快递超市”+“乡邮站”的快递下乡模式，向民营企业开放农村配送网络。又如，快递三轮车通行难问题，在全国没有统一规定出台前，建议市场监管部门，结合市县情况加强与相关部门的沟通协调，争取更多的“路权”来减少企业的负责。如申通网络提出海口申通增收进港件扫描费，加大了下属网点负担问题，及时向海口申通通报，要求其及时给网点一个合理的解释。同时，利用申通总部在海南开会的机会，直接向董事长反映，因海南申通网加盟商的企业规模小，实力弱，经营分散，在当前形势下需确保加盟网点稳定，建议总部根据海南实际，采取措施帮助加盟商的稳定和可持续发展的能力。以上建议

均引起重视。

三是利用省政府领导到省邮政管理局考察机会，把企业反映诉求较为集中的“二难”问题(即车辆通行难和快递企业用地难)。以协会的名议，整理成书面材料给省邮政管理局领导递交。四是常务理事会上常务们提议，在行业内要求多组织些文体活动，增加业内的交流。协会主动与省邮政管理局反映沟通，加促了快递文体活动的开展，并参与其中。

### 三、协会组织建设

深入学习贯彻相关的法律法律规定，加强“服务型、自律型、和谐型、创新型”协会建设。

一是不断完善内部机构。2015 年是协会换届的后第二个年头，时任会长(法人)杜标岭，秘书长谢汉志。为加强组织工作，调整内部机构人员，确保组织机构的正常运行，因工作原因，及时调整了财务人员，顺利办理了财务的交接工作，同时完成了2014 年度的财务审计。海汽集团因原副会长人选，因工作变动及时进行了调整补充。及时印制发放了第二届单位会员证书，会员单位从原来48 个增加到 49 个。

二是严格执行相关规定，认真抓好各项会议制度和年度工作报告制度的落实，及时加强了协会法人登记，组织机构代码，税务登记的年审和银行开户许可的法人变更，完成了机构代码网上注册，使协会工作合规开展活动。本着“勤俭办会、严控支出”的原则加强财务管理，严格执行财务管理制度，做好会费的收缴管理和年度审计。2015年应上缴会费的会员单位 49 个，实际上缴的单位有 47 个，达 96%。年度收缴会费 17.4 万元，年底银行账户余额 80 多万元。

三是完成了 2014 年协会年鉴材料的收集与撰写上报工作。

四是不断加强与各省协会的沟通联相互交流探讨，吸取经验。

## 重庆市快递协会工作情况

2015 年，重庆市快递服务企业业务量累计完成 20525.41 万件，同比增长 47.81%；业务收入累计完成 28.65 亿元，同比增长 42.51%。重庆市快递协会深入贯彻落实重庆市邮政管理局局长徐文葛在年初重庆市邮政管理工作会议上的讲话精神，统一思想、凝聚力量，始终围绕重庆市邮政管理局中心工作，充分发挥桥梁纽带作用，反映行业诉求，强化行业自律，努力服务会员企业，推动行业健康有序发展。2015 年重点在以下几个方面开展了工作：

### 一、关注快递基础设施建设

2015 年 3 月，澳大利亚嘉民重庆空港物流中心开业，首批入驻的百世汇通、韵达快递租用操作仓储面积共计约 2.2 万平方米，日处理快件量约25 万件，已正式投产运行，重庆市申通、中通等大型快递品牌今年均在原有处理中心基础上进行了场地扩增。

### 二、加大对新能源汽车在快递企业中的推广应用

目前，重庆市各大快递企业末端配送车辆使用新能源汽车的数量已达到 214 辆，占全国邮政行业新能源物流车推广量的 30% 左右，行驶里程已超 150 万公里；在郊县使用三轮电动车以达到1100 辆。

### 三、推动产业协同发展

积极落实国家邮政局《国家邮政局关于加快

推进快递服务制造业有关工作的通知》(国邮办发〔2015〕32号)文件精神,引导重点快递企业加快建设适应电子商务和制造业发展的配送体系。目前,重庆快递企业已经与奔驰重庆维修站、重庆长安汽车配件,重庆福特长安等汽车公司开展了汽车配件配送业务。

## 四、搭建交流合作的桥梁

为了着力解决快递在"最后一公里"难题,打造绿色末端配送体系,组织企业申通、圆通、韵达、汇通参加在重庆国际博览中心召开的中国电动车推广会。为深入贯彻国家邮政局要求对快件进行3个100%,(100%实名收寄、100%收寄验视、100%过机安检)全方位的保证寄递安全工作,协会为市15家规模企业牵线搭桥推荐企业与上海太弘威视安防设备有限公司联系,多渠道的了解和选择安检机厂家,确保3个100%的落实。

## 五、加强行业安全做好旺季服务保障工作

每年的快递业务旺季特别是"双11"都是对快递服务能力和安全保障的双重考验。协会高度重视快递旺季服务工作,协会及早着手,召开预备会、动员会,分析研判旺季特点,准确把控行业走势。协会与快递和电商会员企业加强沟通,听取快递企业寄递服务工作安排汇报,积极协调促进电商与快递企业的顺畅衔接与协作共赢,指导企业合理安排生产,确保行业运行安全有序。

## 六、畅通城市"最后一公里"末端配送环节

为化解主城快递车辆高峰时段通行压力,支持快递企业配送效能提升,畅通城市"最后一公里"末端配送环节,协助市场处组织规模以上快递企业,参加由重庆市交通运输管理局组织的会议,听取城市交通运行意见和诉求。由于快递业的不断发展,快递车辆的增加,现有的通行证已不能满足需要,在邮政管理局市场处积极努力下,为我市快递车辆办理了绿色通行证和主城区快递企业再度获准办理快递车辆绿色A型通行证。这次办理的绿色A型通行证禁行道路区域进一步缩小,通行权限相对扩大,便利群众享受高品质的快递服务提供了有力保障。

## 七、提出绿色快递节能包装倡议

为响应重庆市邮政管理局和中国快递协会的号召,为行业发展的宏观和长远利益,绿色快递、智慧快递是未来快递业发展的必由之路,快递物流业实现绿色包装将成为一个必然趋势,推行"绿色快递",非常必要。为此,重庆市快递协会和各快会员单位代表共同提出《绿色快递节能包装倡议书》,目前,待协会提交理事会讨论中。

## 八、促进青年创新创业创优

为积极宣传快递员工敬业爱岗,培训高技能人才,通过选拔和激励等方面的积极作用,促进青年创新创业创优,由团市委、重庆市邮政管理局组织在全市快递业开展青年文明号创建活动,得到企业的大力支持和积极参与,按照管理局的统一安排,协会积极向企业进行宣传和介绍,配合管理局顺利完成了此项活动。参加此次快递技能决赛的规模企业16家,共计45人参加比赛,通过理论和三个实际操作的赛事,分别决出前三名分别是中通一名、EMS二名,获得前三名的员工代表重庆市参加在沈阳的全国决赛。

# 四川省快递协会工作情况

## 一、认真贯彻国家的方针政策，引导快递企业转型升级，做大做强

近年来，国家十分重视快递业的发展。李克强总理多次点赞快递业，主持召开国务院常务会议，审议通过了《物流业发展中长期规划》，确定看农产品物流、制造业物流与供应链管理等12项重点工程，提出到2020年基本建立现代物流服务体系的目标和要求。

2015年10月，国务院又出台了《关于促进快递业发展的若干意见》(以下简称《意见》)。这是国务院首次出台的全面指导快递业发展的纲领性文件，是快递业发展进程中的重要里程碑，体现了国家对快递业的高度重视、殷切期望和巨大支持。

《意见》出台后，省快递协会迅速将《意见》全文印发各会员单位学习，并召开会议传达国家邮政局关于深入学习贯彻该《意见》的电视电话会议精神，引导各会员单位深刻领会和重点把握《意见》对快递业定位、重要作用和存在问题的科学判断，深刻理解《意见》提出的促进快递业发展的总体要求、重点任务和政策措施，强调要把贯彻落实《意见》作为当前和今后一段时间的中心工作，全面提升快递业的供给能力、运行效率、安全职能和服务质量。要认清云南省快递面临转方式、调结构、防风险的任务还较重，谋划好明年的工作思路，为"十三五"规划在四川快递业实现开门红奠定坚实基础。

## 二、围绕旺季快递服务和保障快递业务健康发展深入快递企业调研及开展检查活动

### (一)树立行业典型、弘扬正能量，组织评选先进单位和优秀快递员

2015年初，经过省邮政管理局同意，为表彰先进、树立典型，进一步提升快递旺季的服务能力和水平，推动快递服务工作再上新台阶，省快递协会组织了"2014年度四川省快递旺季服务先进单位和优秀快递员"评选活动。经各快递企业评选推荐和评选委员会审核，34家单位和54位快递员获得2014年度四川省快递旺季服务先进单位和优秀快递员荣誉称号。协会还将获奖单位和个人名单通报给部分新闻媒体。通过"评优"活动，省快递协会号召全行业管理者和员工虚心向受到表彰的单位和个人学习，进一步发扬成绩、再接再厉，努力提升服务能力和水平，继续在快递服务生产中发挥表率作用，为人民群众提供更加迅速、准确、安全、方便的快递服务。

### (二)"双11"期间深入调研，确保企业安全平稳运行

2015年"双11"期间快件揽投件量与最高日处理量均创下历史新高，省快递协会高度重视，根据国家邮政局、省邮政管理局的统一部署，按照"保畅通、保安全、保平稳"的工作目标，充分发挥了行业协会的组织协调作用。加强与各企业相关负责人的沟通联系，详细了解了旺季期间收寄、处理、派送等生产环节的运营安排及业务量变动情况、员工劳动强度及收益情况，协调处理企业在高量运行情况下遇到的问题。为四川省"双11"期间的安全平稳有序运行贡献出应有的力量，有利地保障了四川省旺季保障工作扎实推进。

各快递企业对"双11"旺季生产均有积极准备和预案，对成倍增长的业务量应对有序，几个处理中心没有发现大的积压现象，企业管理人员参加生产，并增加临时用工，企业领导亲临现场指挥调度，将快递业务旺季宣传保障工作落到实处。

### 三、搞好快递交流活动，助推快递业“走出去”战略

（一）省快递协会组织按照中国快递协会的统一部署，组织省快递企业参加2015中国快递论坛、2015中国电子商务创新发展峰会、首届中国（杭州）国际快递业大会。这些论坛会议内容都非常丰富，理念新颖，开阔了视野，拓宽了思路，都是非常难得的“充电”机会，促进了快递企业向“品牌优、实力强、后劲足”方向发展。

（二）省快递协会举行了“四川省快递高层论坛”，共同探讨快递产业的发展瓶颈和未来创新趋势。此次论坛还邀请了省邮政管理局局长张生泰副做了主旨演讲，各快递企业负责人分别就快递业当前的机遇和挑战；价格形成机制；工作磋商机制；共赢协作机制；如何更好的提质提速；推进快递下乡等方面发表了自己的看法。会后，协会秘书处将会上发表的论文整理成论文合集，在《四川快递》杂志上刊载，发放和会员单位学习借鉴。

### 四、积极与新闻媒体沟通，引导社会公众正确、客观地认识、了解快递业

协会秘书长接受了西部农村在线的专访，针对“快递下乡”的进展情况，及其遇到的困难和问题都一一作了介绍。

同时协会秘书处与成都商报、成都晚报、华西都市报等新闻媒体建立并保持了工作联系，并做好了来电来访的接待工作。对于快递业出现的一些情况，新闻媒体都主动和快递协会沟通。在今年旺季开始前夕，协会秘书处就向相关媒体介绍了旺季到来之前国家邮政局和省邮政管理局一系列精心布置和安排，快递公司上上下下紧锣密鼓的精心准备的具体情况，得到了相关媒体的认同与支持。促进了媒体与企业之间的相互了解，行业形象得以提升，增进了消费者对快递业的理解与支持。

### 五、积极参与行业相关政策法规的制定工作

配合中国快递协会编制《快递行业法规文件汇编》《快递小哥》《快递业发展“十三五”规划》，配合省邮政管理局编制《四川省邮政业发展“十三五”规划》。省快递协会综合企业相关意见建议进行了反馈，并从维护行业权益、促进行业发展的角度，认真提出相关意见与建议，为快递业健康持续发展积极建言献策。

### 六、加强与兄弟省市协会的交流

积极参加中国快递协会召开的会议举办的活动，会上与其他兄弟省市快递协会进行沟通交流，了解兄弟省市协会近期工作，共同探索协会发展方向，互相借鉴好的经验，创新工作方式。同时还将省内各市州快递协会接纳为省快递协会的团体会员单位，并建立了秘书处QQ群，让全省的快递协会形成合力，高效的传达和贯彻中国快递协会各项会议文件精神，落实四川省人民政府、国家邮政局和省邮政管理局的工作要求。

### 七、协会会议召开合理高效

本着相互交流、共同提高、充分发挥理事单位积极性的原则，协会先后召开了几次理事会和副会长工作会议。通过会议部署协会工作，传达上级精神，汇报协会秘书处工作情况，听取理事意见，座谈交流工作经验。使协会发展呈现出良好的景象和局面。

协会秘书处也定期召开工作例会，对协会的前期工作活动等进行相关的总结及对后期的工作进行规划，促进协会自身建设。

### 八、办好会刊，为全省快递企业提供信息交流平台

协会会刊—《四川快递》及时传达了政府相关部门发布的政策、法规，刊登了企业领导、专家学者对改革、发展、管理、服务等方面的研究和见解，

反映企业动态，展示基层员工爱岗敬业、热心服务客户的精神风貌和感人事迹。为全省快递企业提供了信息交流、宣传平台。

同时协会秘书处工作人员通过邮箱、QQ 等方式与与会员单位加强联系，为会员单位在政策咨询、情况反映等方面热心服务，与大家共同讨论如何加强监管、加快发展等各种话题，沟通更加快捷、方便，与协会成员之间也增进了感情，增加了大家对协会的热情和积极性，使大家积极组织参与协会的相关活动。

## 贵州省快递协会工作情况

2015 年，是全面深化改革的关键之年，也是全面完成“十二五”规划的收官之年。全省邮政行业齐心协力，围绕年初任务目标，把握“五个邮政”建设的总体要求，主动适应经济新常态，初步实现了稳中有进的目标。2015 年，全省邮政业务总量累计完成 33.8 亿元，同比增长 21.7%；邮政业务收入完成 35.0 亿元，同比增长 17.7%；其中，快递业务量累计完成 7034.3 万件，同比增长 50.7%；快递业务收入累计完成 13.2 亿元，同比增长 34.9%，为国家“稳增长”战略作出积极贡献。

2015 年，贵州省快递协会在管局党组的正确领导下，在中国快递协会具体业务指导下，在会长、副会长、理事、会员单位的大力支持和积极配合下，深入贯彻落实国家、省邮政局领导讲话指示精神，始终围绕国家、省邮政局中心工作，充分发挥桥梁纽带作用，反映行业诉求，强化行业自律，努力服务会员企业，推动行业健康有序发展。具体地在“制度建立、财务管理、开展活动、加强企业调研、争取地方政策、服务企业”等五个方面做了如下工作：

### 一、制度建立

（一）建立例会制度，及时向各会员单位宣贯上级和相关职能部门会议、文件精神。

（二）按照规范的工作流程，定期向职能部门（民政厅）请示汇报，修复和完善协会同他们的工作关系，较好地完成了职能部门要求的工作任务。

（三）本着资源共享的原则，协会为加强同各会员单位的沟通联系，建立了全方位多形式的信息平台，以便更好地服务于会员。

（四）根据协会的工作需要和经济状况，建立一支由在职、借调、招聘等员工组团的工作团队。

### 二、财务管理

（一）按照国家税务机关的要求，全面、准确、及时地报送财务报表。

（二）本着合法、合理地筹集、管理、使用资金，节约开支，提高资金使用效率；建立健全财务规章制度，规范财务行为；如实反映协会经费使用情况，对经费使用的合法性、合理性进行监督；防止资产流失，确保财物安全等原则进行内部管理。

### 三、开展活动

（一）根据省直工委党建工作的相关精神，组织贵阳全新申通快递有限公司到贵州省镇宁县城关镇十一村实施六一儿童节扶贫捐赠工作。

（二）组织完成《2015 年贵州省青年职业技能大赛（快递业务员）》全省决赛和第十一届“振兴杯”全国青年职业技能大赛决赛。

为更好的融入全省经济社会发展新常态，迅速提升行业工作效率，2015 年 4 月份以来，协会遵照共青团贵州省委、贵州省邮政管理局等七部门《关于举办2015年贵州省青年职业技能大赛的通知》文件精神要求，在省邮政管理局的直接领导和中国快递协会的具体业务指导下，在EMS等国有企业及全省各品牌快递企业、贵州省邮政培训中心等相关部门的大力支持和密切配合下，圆满地完成了整个大赛的初赛、复赛和决赛的工作。

（三）每年的快递业务旺季特别是"双11"都是对快递服务能力和安全保障的双重考验。协会高度重视快递旺季服务工作，根据贵州省邮政管理局对今年"双11"的服务保障工作安排，节前向全省快递企业发出了"2015年快递业务旺季服务保障倡议书"，节中出资数万元采购"双11"慰问品，节后到品牌企业调究。

（四）为切实贯彻落实中国快递协会有关文件精神和行业发展规划，经贵州省邮政管理局同意，由贵州省快递协会派员赴广东省快递协会就快递业务技能竞赛及行业发展规划开展学习、交流。

### 四、加强行业自律，服务质量与水平不断提高

为贯彻中央综治办、公安部等九部门《关于加强邮件、快件寄递安全管理工作的若干意见》，针对快递业存在的安全软肋，协会多次与公安、交通等部门联合检查行业存在的安全生产隐患，号召行业坚守发展底线，维护快递安全。

### 五、加强企业调研、增强服务意识，积极服务行业发展

（一）协会经常深入企业调查研究，为政府决策提供依据。针对企业基础设施缺乏、快递车辆通行难等问题，结合贵阳市交管部门文件精神，向驻筑会员单位拟发"贵阳市限制电动车通行方案"征求意见稿。

（二）积极参与贵州省快递业发展"十三五规划"和贵州省农村邮政综合服务平台建设工作方案（征求意见稿）"的编制和修改工作。

## 云南省快递协会工作情况

2015年，是全面深化改革的关键之年，也是全面完成"十二五"规划的收官之年。面对全国经济下行压力加大的局面，克服年初"马鞍效应"等带来的不良影响，全省快递业主动适应经济新常态，保持了持续快速发展的良好态势。全年完成快递业务量完成1.11亿件，同比增长29.99%；快递业务收入完成20.12亿元，同比增长31.99%。快递业务收入占邮政业业务收入比重从2014年的45.42%上升为2015年的50.44%。快递服务满意度稳中有升，消费者申诉处理满意率达到97%。为全省"稳增长"战略实施做出了积极贡献。

云南省快递业协会以贯彻落实《国务院关于促进快递业发展的若干意见》精神为指导，紧密围绕省邮政管理局中心工作，落实省协会二届六次理事会提出的各项工作任务，充分发挥桥梁纽带作用，反映行业诉求，强化行业自律，努力服务会员企业，推动行业健康有序发展。

2015年，省快递业协会主要做了以下五个方面的工作。

### 一、企业发展环境不断改善优化

（一）强化行业法律法规的宣贯落实

主动配合省邮政管理局贯彻落实国家有关快递业的政策法规实施。2015年，国务院颁发了《关于促进快递业发展的若干意见》、交通运输部根据国务院立法工作安排，出台《中华人民共和国快递

暂行条例》(征求意见稿),中央综治办、国家邮政局等九部门联合部署《关于加强邮件、快件寄递安全管理工作的若干意见》以及《关于推进“快递向西向下”服务拓展工程的指导意见》等政策文件,国家邮政局审议并通过了《快递业务经营许可工作优化方案》和《快递营业场所设计指南》等 17 项规定和标准。省快递协会通过下发文件和《快递行业资讯》,及时进行宣传公布和贯彻执行,开展了促进快递企业深化依法治邮,增强法治意识宣传活动,对进一步加强行业规范管理,完善企业规章制度,改善发展环境发挥了积极作用。

(二)组织交流开阔视野

2015 年 3 月,由云南省民航发展管理局、省商务厅、云南机场集团等举办的第 13 届亚洲航线发展大会在昆明举行,7 月第三届云南航空旅游市场推介会 7 月 28 日在保山开幕。省协会应邀组织了云南邮政速递、云南顺丰速运、云南中通快递等企业参加了两个大会,主要目的是了解掌握航空业在开发国际、地区航线、航线网络建设、民航货运市场潜力的发展情况,进一步促进快递企业与机场和航空公司间的交流与合作,从而推动企业转型升级,加快快递运输时限,提高行业整体竞争实力。

(三)开展快递企业间的交流考察活动

为进一步加强云南省快递企业之间的相互交流与合作,提高邮政和快递服务水平,根据协会《章程》宗旨,省快递业协会秘书处结合目前云南省快递企业的发展实际,应企业方面的工作需求,3 月 20 日,组织云南邮政昆明邮区中心局与云南顺丰速运公司开展相互交流学习活动。双方共同探讨了在经营管理、业务发展、人力资源和企业文化等方面的经验和做法,以及在企业经营服务中的问题和未来发展进行了探讨和交流,参观考察了操作现场、作业程序以及生产设备。

通过省协会为会员单位提供的交流学习平台,对企业的发展有了新的认识和体会,大家相互借鉴、取长补短,促进了企业间的经营管理和业务发展的提高。

(四)积极向政府部门反映诉求,拓展沟通渠道

2015 年,省委、省政府高度重视跨境物流业务发展,由省发展改革委员会牵头,正在起草《关于支持跨境物流发展的若干意见》。根据云南省发改委办公室来函,要求快递业提供有关“跨境快递、通关便利及跨境电子商务方面需要国家和省帮助解决的问题”的材料,省快递协会高度重视,开展了调查摸底,收集了云南顺丰、云南 EMS 等快递企业在开展跨境快递业务的情况和意见和建议。12 月 2 日参加了省发改委组织召开的“跨境物流发展”座谈会,会上,省快递协会介绍了全省快递业发展情况,并就在开展跨境电商和快递业务中面临的快递物流产业园区建设、“快递下乡”便利政策、快递车辆通行、跨境快件通关以及基础设施用地和融资难等阻碍快递业发展的问题和困难,形成书面材料报送省发改委。座谈会上,省发改委领导表示将汇集采纳大家提出的好的意见和建议报省政府决策,为云南跨境物流和快递电商业务提供有力支持。

## 二、行业经营服务能力不断提高

(一)全力做好快递服务旺季生产。

为贯彻落实省邮政管理局业务旺季服务保障工作要求,协会加强对企业的指导、协调和服务工作,形成政府、协会、企业三维互动的保障机制,协会深入到圆通快运、邮政 EMS、百世汇通、韵达快运、天天快递、中通快运、全一快递和国通快运等多家快递企业开展走访调研工作,落实旺季生产的各项保障措施,听取了各企业备战生产旺季情况。重点做好预案、宣传、组织、督导、应急等五个方面保障工作,督促企业从运力安排、设施设备、调度指挥、后勤保障等方面完善应急预案,抓好“转运、分拣、投递、服务”四个关键点,确保了旺季期间行业安全平稳运行。

(二)快递“向西、向下”不断推进

按照国家邮政局快递“向西、向下”工作部署

和云南省政府《关于推动农村邮政物流发展的实施意见》,云南快递业与电子商务领域协同发展,促进农村流通现代化的步伐进一步加大,支持"快递下乡",助推农村电商发展。全省各地政府鼓励企业将网点延伸至乡镇,依托邮政、快递网络,出台扶持政策,有效解决农村电商末端配送问题。"向西、向下"成为2015年云南快递业发展的主要态势,云南邮政、各大快递公司纷纷进军农村市场,逐步建立了农村市场服务网点建设,部份县级快递网点与邮政公司合作,利用邮政邮路优势,有效拓展了玉溪储橙、马龙苹果、保山小粒咖啡等特色农产品外销市场渠道。全省快递乡镇服务点达到1400余个,快递乡镇服务点覆盖率近40%。

(三)快递企业基础设施建设不断扩大

2015年,云南省快递企业不断加大投入,基础设施不断改善,营业网点数量迅速增加,处理设备和运输设备不断更新,信息系统更加先进,为大幅提升全省快递服务能力提供了强有力的支撑。

一是快件处理能力大幅提升。为不断提高快递服务质量和分拣处理能力,云南邮政、汇通、圆通、中通、顺丰、全一等各快递企业通过扩建和租赁等方式,新建处理中心近50000平方米分拣场地;加大装备、设施和技术投入;提高生产过程的自动化和机械化等措施,增强了基础建设的力度,有效提高了企业日常及业务旺季期间服务保障能力。大理、曲靖、普洱快递物流园区建设已进入筹备和开工阶段,大理州辖区几家品牌快递企业已经布局建成滇西分拨中心,辐射滇西、面向东南亚的快递物流分拨中心初见雏形。曲靖快递园区规划面积200亩,申通、中通、圆通、韵达等快递企业已完成签约入户协议。

二是运输能力不断加强。随着业务的快递增长,快递企业全程全网、联合作业的优势不断增强,2015年,在以省会昆明为中心、辐射全国,直达16个州市的省内快递运输干线基础上,快递运输对接县级中心,并逐步延伸乡镇。云南邮政EMS拥有197条省际航空线路、17条省内航空线路、41条省内邮路。各快递企业不断加大省际、省内快递运输网络的建设,相继开通了昆明至无锡、杭州、上海、郑州等线路;共新增11省际线路、21条省内线路。邮政EMS、顺丰等企业建立航空绿色通道,邮件货物可"直通"停机坪。干线运输运力的提升,进一步优化了各企业服务用户、服务市场的能力,快件时效和安全保障水平得到了较大提升。

三是服务网络和末端投递能力不断提升。2015年,云南省快递企业实现了州市网络全覆盖,经营网点设立遍及全省129个县,并且向经济发达的乡镇快速延伸发展,据统计表明,截至12月底,邮政管理部门累计为符合条件的400余家企业发放了《快递业务经营许可证书》,对符合条件的1400余个分支机构进行了名录核发。全省快递业逐步推进标准化、制度化建设。

针对快递配送末端存在的问题,云南省引导社会资源以多种形式提升末端投递服务水平。在有关政策支持下,鼓励快递企业因地制宜与院校、社区小店、物业等第三方合作。快递企业加强了自有终端建设,推进智能快件箱等自取设备的试点与推广,目前速递易、顺丰快件箱已进入全省1500个小区,智能快件箱的应用在改善和提升快件投递"最后一公里"问题方面起到积极作用。

## 三、行业自律和规范经营取得新成效

(一)快递业自律和诚信建设不断加强

为推进快递业诚信体系建设,引导行业科学发展,根据《国家邮政局关于加强快递业信用体系建设的若干意见》通知精神,省快递协会与省邮政管理局联合开展了以"诚信"为主题的行业建设工作,通过在行业内成立诚信体系建设组织领导机构,落实快递企业经营主体责任,建立健全快递企业诚信系统档案,加强企业的诚信文化宣传教育等多种方式,弘扬诚信传统美德,增强企业法制意识、责任意识、诚信意识,逐步形成了以守法、履责、诚信为核心的企业诚信文化。通过开展企业诚信体系建设考核，实行快递企业诚信考核动态管理、分类管理，共同营造了一个公平竞争、诚实守信的市场环境和消费环境。

（二）贯彻落实“确保寄递渠道安全保障”工作

主动配合省邮政管理局根据中央综治办等九部门《关于加强邮件、快件寄递安全管理工作的若干意见》精神，按照“统筹部署、全面防范、突出重点、源头管控”的工作要求，重点抓好“春运”、全国“两会”、国庆大阅兵、南博会等重大活动期间寄递渠道安全保障。协会多次深入到快递企业了解督导开展专项活动的具体安排和实际落实情况，各快递企业能从讲政治、顾大局的高度出发，充分认识做好安全保障工作的重大意义，成立由主要负责人牵头的安保工作小组，层层签订安全承诺书，把安全责任落实到具体岗位和每一名员工，确保各项措施落实到位。在纪念抗战胜利70周年等重大活动期间，全省邮政、快递企业能够严格落实“收寄验视+实名收寄+安全检查”三个“100%”，目前全省共有19家企业21台安检机上线运行，严把寄递安全“源头关”，全力保障了进京、进藏、进疆邮件、快件的安全畅通。

（三）坚持开展落实收寄验视制度专项整治活动

按照省邮政管理局《关于加强验视，杜绝非法物品和禁寄物品流入快递渠道的通知》和寄递渠道“扫黄打非”、禁毒、反恐等”工作要求，协会深入到快递企业营业网点检查“收寄验视制度”和“云南省快递行业禁毒斗争自律公约”现场执行情况；通过暗访和走访用户了解业务员执行收寄验视情况。根据所了解掌握的情况和发现的问题，及时反馈给企业并和企业负责人商议解决办法。各快递企业通过开展扫黄打非、缉枪治爆、禁毒等专项行动，强化了内部管理和员工教育培训，树立了对利用寄递渠道传播、贩卖毒品及涉毒物品的非法行为“零容忍”。全省快递行业禁毒工作取得了突出成绩，据统计，2015年云南省寄递渠道自查和配合禁毒部门协查夹寄毒品案件71起，缴获毒品137.96千克，为有效遏制和严厉打击利用邮政渠道贩运毒品的犯罪活动贡献了行业力量。6月25日在北京召开的全国禁毒工作先进集体代表和先进个人表彰大会上，云南邮政德宏州分公司员工段志光荣获“全国禁毒工作先进个人”称号，作为全国邮政行业唯一受到表彰的代表，为云南省快递业的赢得了荣誉。

（四）快递服务质量稳步提升

为进一步提高全省快递服务质量，维护消费者合法权益，促进快递健康发展，省协会督促快递企业按照省邮政管理局的部署，坚持开展“快递服务质量专项整治”活动，各品牌企业认真履行服务承诺，努力提升服务质量，基本建立了内部监督机制、风险警示举报制度及处理机制，开展员工业务学习培训，实施快递服务职业道德准则，有效降低了野蛮分拣、扣件丢失等行为的发生。各快递企业主动做好投诉处理工作，不断提升处理企业申诉水平，及时妥善解决用户反映的问题，建立每月通报制度及快速处理机制，有效提高了申诉处理效率和处理问题的速度。据省邮政管理局消费者申诉受理中心通报，全年共受理、处理消费者申诉共9164件，涉及快递业务问题的8014件，占总申诉量的87.5%。已处理申诉中有效申诉3483件，同比下降7.6%。涉及快递业务问题的3006件，占有效申诉量的86.3%。经调解，消费者申诉已全部妥善处理，为消费者挽回经济损失46.48万元，消费者对申诉处理工作满意率为97.7%，对企业申诉处理结果满意率为97.2%。维护了市场秩序和客户的合法权益。

## 四、行业文化建设和企业员工素质不断提升

（一）推进快递文化建设

按照省邮政管理局《关于推进全省邮政行业精神文明建设工作指导意见》和中国快递协会《关于推进行业文化建设的意见》工作要求，省快递协

会紧密围绕行业改革和发展中心，弘扬邮政行业“诚信、服务、规范、共享”的核心价值理念，在企业中大力宣传推进快递业文化建设的重要意义，开展了“创建青年文明号”、“感动行业人物”和“先进企业创业”和“向艾克帕尔·伊敏同志学习”等活动，通过业举办业务培训、文体活动和经验交流等形式，提高了快递员工和管理人员的职业素养、技术技能、科学文化等综合素质。

各快递企业坚持把行业文化贯穿于守法经营、规范管理和诚信服务之中，云南ESM开展了服务质量大比拼和表彰“明星员工”活动；云南国通成立了“诚中学院”，建立了员工文化活动室；圆通快递分批次组织开展服务质量为全员业务培训；昆明申通针对安全生产和规范操作强化员工的教育培训；顺丰速运积极参与社会公益活动和开展员工文化活动；昆明中铁快运作为行业代表，积极参与了年度全国青年文明号申报工作，不仅提升了企业的品牌形象，同时也培养了员工的职业道德素养和社会责任感。

（二）提高行业从业人员业务素质

2015年，省邮政管理局职鉴中心共组织开展了五批次的快递业务员职业技能鉴定考试，参加人数达3807人次，合格达2425人，合格率63.8%，目前全省快递从业人员持证人数已达7200余人。协会积极参与监考和批改试卷，并利用各种机会通过不同方式指导和督促企业做好职业技能鉴定。省协会本着为企业服务的原则，根据云南中通公司提出设立“中通专场”考试申请，积极协调省职鉴中心并通过实地调研，在云南省邮电学校组织设立了“中通专场”考试，企业员工的职业培训考试效率大大提高。积极推动校企合作，通过牵线搭桥、沟通、会议等方式，支持、引导校企双方开展合作。云南交通职业技术学院与云南顺丰、云南EMS等企业合作，开设物流快递专业，建立了12个校外学生实习基地，为企业量身打造专业人才。云南邮政EMS、顺丰、“四通一达”等企业均建立了企业内部培训中心，结合企业长远发展规划，加强员工业务技能培训。2015年11月，由省邮政行业职鉴中心、省快递业协会通过选拔和集中培训的三名快递业务员，代表云南省参加了“第十一届‘振兴杯’全国青年快递业务员职业技能决赛”，三名选手发挥出色，来自昆明ESM红云路投递站的李艾容获得竞赛个人第11名、顺丰速运杨家兴和昆明ESM朱启军分别取得第31名和第47名的好成绩，总成绩排在全国第六位，获得了大赛组委会颁发的“优秀组织奖”。表现出了云南快递业务员的业务技能水平，为云南快递业和职业技能培训争得了荣誉。省邮政行业职鉴中心和省快递业协会对3名选手授予了云南省“快递职业技能能手”称号，并颁发证书和奖励。

（三）开展形式多样的文化体育活动

省协会贯彻落实云南省邮政管理局关于推进邮政行业文化建设工作要求，充分发挥职能作用和组织优势，2015年，在纪念中国共产党建党94周年之际，举办了云南省快递业“和谐杯”员工乒乓球比赛，共有9家企业和单位41名员工参加了比赛，通过比赛，加深了云南省快递企业的沟通与交流，促进了行业体育健身活动的广泛开展，达到了健康快乐、热爱行业的目的，对推动行业文化建设起到了积极的作用。各快递企业结合实际构建自身文化理念，积极在员工中营造健康向上、丰富多彩的企业文化氛围，通过开展读书演讲、文艺表演、户外拓展和员工关怀等活动，丰富了广大员工的精神文化生活，提升了企业的文化品质和员工的凝聚力，进一步增强了员工对企业认同感和归宿感。

## 五、省协会日常管理工作不断提高

（一）加强和完善协会组织建设

根据省委、省政府关于《云南省行业协会商会与行政机关脱钩总体方案》精神和要求，省协会结合实际，主动配合省邮政管理局在资产、人员分离等进行了清理登记，脱钩工作按照实施步骤有序推进。参加了由云南省社会组织促进会举办的第二期全省社会组织负责人能力建设培训。组织召开了二届六次理事（扩大）会，传达学习了2015年全省邮政管理工作会和中国快递协会二届二次会员大会精神，总结2014年协会工作，安排部署2015年工作任务；审议通过了“云南省快递协会工作报告”和“财务工作报告”。积极协助各州市组建快递协会，目前，大理、昭通、普洱、德宏、红河等相继成立了州市级快递协会。到2015年底，省协会共有会员单位93家。

（二）加强行业新闻信息宣传，协会会刊质量进一步提高

2015年，省协会进一步加强了与新闻媒体协作沟通，快递业的发展受到新闻媒体的高度关注，二篇快递热点信息刊登在《春城晚报》和《云南政协报》，五条信息发布在中国快递协会、省邮政管理局网站和中国邮政快递报，宣传行业发展，释放正能量，扩大了行业影响力。全年共编印《快递行业资讯》会刊十二期，建立了各快递企业联系通信员队伍，开通了协会“云南快递”QQ群，加强了企业之间经验交流和品牌形象宣传，进一步提高了会刊的实效性和可读性。协会利用送会刊的机会，坚持每月深入走访各会员单位，听取大家的意见和建议，加强了与会员单位的联系，改进和提高协会秘书处的日常管理工作。

（三）规范协会财务管理工作

协会秘书处始终坚持“节俭、廉洁”的原则，严格执行《民间非营利组织会计制度》和协会财务制度，坚持委托会计师事务所对协会上年度的财务收支情况进行审计，按时参加年检，促进了收好、管好、用好协会经费。协会按照省民政厅的要求，按时按规定提供《社会团体年度检查报告书》及相关资料，顺利通过社团组织的年度检查。2015年9月，按照云南省民政厅“关于整顿规范省级行业协会商会收费的通知”精神，省协会开展了“强制收费、违规收费和财务收支管理制度建设”等方面的自查清理，积极配合省民政厅督查组到我协会现场抽检核查工作，按要求及时上报了工作小结和财务报表。

# 西藏自治区快递协会工作情况

为规范快递企业经营活动，促进行业健康有序发展，2015年，西藏自治区快递行业协会认真贯彻执行政府大政方针，按照《国家邮政法》和《快递市场管理办法》等有关法律规定履行职责，主要做了以下各方面的工作：

## 一、依照法律法规，开展对快递企业的监督检查工作

快递协会积极配合当地邮政管理部门，按照邮政法、《快递市场管理办法》、《快递业务经营许可管理办法》的有关规定，检查快递企业运营工作，调查研究快递企业运营中的实际情况及存在困难及问题，并根据各快递企业的投资规模、网络建设、从业人员资质、安全生产条件等服务能力提出意见建议，对不符合规定条件的快递企业，提出改进意见并督促企业进行整改。

## 二、强化管理，确保行业安全稳定发展

鉴于西藏自治区党委、政府对维护社会稳定工作的高标准、严要求，西藏自治区快递行业协会在确保行业安全稳定发展方面做了大量工作：一是联合公安、安全等相关部门召开安全生产会议，加大对从业人员培训力度，提升安全生产意识和能力；二是督促企业不断完善应急预案，提高其突

发事件处理能力；三是多次开展安全生产专项检查活动，检查生产生活场所、运转中心、办公场地以及运营车辆的安全状况，消除各类安全隐患。

### 三、贯彻《快递市场管理办法》，指导企业规范经营

协会组织快递企业开展互查互学互评活动，督促企业在建立和完善各规章制度的前提下，对内部生产作业流程及安全生产环节严格管控，杜绝不文明分拣、装卸的现象发生，降低快递遗失率、损毁率；对面向市场服务窗口的收寄、派送、查询等业务环节加强管理，对用户意见反映集中度高、行业影响大的问题，重点关注及时协调解决。以树立快递业的良好形象目标，按照《快递市场快递管理办法》的有关规定，规范企业的经营活动。认真对照法规条文的有关要求，逐项落实，促进企业管理的规范化、制度化和科学化。

### 四、组织开展快递企业安全知识征文活动

2015 年，快递协会会同自治区邮政管理局举办了一期安全知识征文活动，所有快递企业从业人员参加了此次竞赛，对优秀企业和个人进行了表彰。

在过去的一年，协会虽然做了大量工作，取得了一定的成效，但还存在不足。为此，对下年度工作作出以下要求：一、以服务会员为宗旨，积极为企业排忧解难；二、发挥协会的服务功能和桥梁纽带作用；三、进一步强化协会自身建设；四、通过快递企业登记评定工作提高行业服务水平；五、根据快递协会总部要求，做好全国快递行业青年文明号创建活动。西藏自治区快递行业协会将在自治区邮政管理局的正确领导下，切实履行协会职能，与各会员单位共同努力，开拓创新，以提升快递企业服务质量为主线、强化基础管理为目标，为促进西藏邮政行业又好又快发展作出新的贡献。

## 陕西省快递协会工作情况

在陕西省委省政府关心指导下，在陕西省邮政管理局正确领导下，全省快递业以科学发展为主题，以转变发展方式为主线，构建可持续发展的便捷高效、竞争有序、技术先进、服务优质的快递服务体系，加快推进“智慧快递、普惠快递、安全快递、诚信快递、绿色快递”建设，圆满完成了“十二五”规划目标任务，实现了从“传统服务业”向“现代物流业”的重大飞跃，在促进经济社会发展和民生改善中发挥了重要作用。主要特点：

### 一、发展速度持续保持高速增长，在国民经济发展中的地位日益凸显

2015 年是“十二五”最后一年，陕西省快递业持续保持高位运行，快递业务收入增长 4.1 倍，快递业务量增长 7.5 倍。全行业业务收入占全省 GDP 比重 0.17%。全行业从业人员达到 3 万人，累计解决就业 2.4 万人。全行业年服务用户超过 3 亿人次，支撑网络零售交易规模突破 300 亿元。

2015 年，全省快递业务收入完成 27.28 亿元，同比增长 51.93%，快递业务量突破 2 亿件，同比增长 47.87%，最高日处理量超过 650 万件，继续保持了“总量增势、稳中有进”的良好发展态势。

### 二、发展环境不断优化，服务质量日益提高

省委、省政府领导高度重视快递业发展，多次作出重要批示，并到快递企业调研指导工作。省政府出台的一系列扶持物流业、服务业、电子商务及民营企业发展的政策文件，分别在不同领域对快递业的发展起到了重要的推动和支撑作用。快递服务、城镇居民楼信报箱建设等纳入《陕西省社

区服务体系建设规划》。村邮站建设纳入村级公益事业范畴，信报箱建设纳入住宅建筑工程验收内容，快递车辆市区通行问题得到有效解决。与此同时，各级政府纷纷出台一系列支持快递业发展的利好政策。宝鸡、咸阳、铜川、榆林、延安、安康等地方政府均将促进快递业与物流业、商贸流通业、电子商务、交通运输等关联产业协同融合发展纳入议事日程。咸阳市将邮政快递基础设施建设纳入城乡一体化发展规划。榆林市政府出台关于促进快递服务业发展的意见，并在园区建设、主体培育、新能源车辆、快递下乡等方面给予政策支持。快递有效申诉率不断降低，服务质量和群众满意度稳步提升。

**三、基础设施不断完善，服务保障能力显著提升**

陕西省快递基础设施建设进展顺利。榆林、渭南快递物流产业园建成启用，汉中快递园区积极推进，西安邮区中心局（草滩）省际邮件处理中心、圆通速递西北转运中心建成投产，韵达西北转运中心、汇通公司入驻普洛斯，顺丰西安电商产业园和陆运中心、申通西北转运中心、EMS集散中心等均已立项。西安咸阳国际机场国际快件监管中心开工建设。圆通"西安—杭州"往返货运航线首航成功，辐射华东、西北地区的杭州、上海、西安、银川、兰州等10多个城市。西安高铁快递开通运行，辐射全国200多个城市。全省快递企业转运中心总面积达到30万平方米，机动车辆3100台，自动化作业水平显著提升，机械化分拣设备、智能手持终端、智能快件箱加速推广，一线员工终端设备手持率达80%，基本实现随时随地联网扫描作业。从业人员素质不断提升，快递持证上岗率达60%。

**四、快递网络向纵深布局，普惠化特征日益显著**

陕西省快递网络正沿着"一心两轴三线四极"（一个中心就是要建设国际大都市的西安，两轴是横穿关中的连霍高速（陇海铁路）和纵贯南北的包茂高速，三线指X型的京昆、沪陕、福银高速，四极即秦东门户渭南、工业重镇宝鸡、能源基地榆林和秦巴要津汉中）向纵深布局，呈现普惠城乡的服务品质。全省服务网点4200个，其中乡镇快递网点1753个，覆盖率超过80%。目前，在快递"三向"工程的推进下，在行业利好政策的影响下，在陕西战略地位进一步提升带来的行业投资信心鼓励下，各骨干快递企业纷纷加快农村快递网络布局，将网点向乡镇延伸，将业务向农村拓展，在推动工业品下乡、服务农民的同时，积极参与当地经济、产业发展，带动农产品走出农村、走向城市，一张覆盖城乡、配套衔接、布局合理、便民惠民的快递骨干网和末端投递网正在迅速形成并逐渐走向成熟。

**五、行业自律体制建设逐步加强，快递安全制度进一步落实**

通过对快递业的依法治理，增强法治意识，以法治推进发展，以法治提升服务，以法治规范市场、以法治保障权利，进一步提升了快递业的自律能力，《中华人民共和国邮政法》、《陕西省邮政条例》等相关法律法规得到全面落实。快递企业无证经营、超范围经营及快件暴力分拣、丢失损毁、延误积压等问题得到有效遏制，寄递渠道安全和消费者合法权益得到有效保障。快件收寄验视和实名寄递制度落地实施，快件安检制度逐步推进。

**六、协会职能作用充分发挥，各项重点工作有序推进**

省快递协会按照省邮政管理局和省政府相关部门的要求，认真履行职责，代表本行业利益，维护会员合法权益。在构建快递业自律机制上，积极探索；在加强自身建设、提升快递服务、扩大行业宣传、协调各方关系、积极为会员和消费者服务上，组织开展活动；通过自身的工作，发挥其社团组织的作用。主要工作有：

(一)发挥桥梁纽带作用,促进快递业转型升级

一是认真落实国家促进快递业发展的若干意见,积极争取地方政策支持。定期向省邮政管理局及相关部门报告快递业发展情况、社会作用和发展诉求,争取各级政府在用地、税收、融资、人才、车辆通行等方面为快递企业提供更多支持。配合省邮政管理局草拟《陕西省人民政府关于促进快递业加快发展若干政策措施的意见》,做好陕西省邮政业“十三五”规划编制工作,积极争取将快递发展的更多内容纳入十三五规划中。二是配合省邮政管理局加快推进快递设施网络和全省快递园区建设。榆林快递园区已开园,西安邮区中心局(草滩)省际邮件处理中心和圆通、韵达西北转运中心投入使用。全省建成标准化快递网点416个,设置智能快件箱2375组。“快递下乡”成效显著,新增乡镇快递网点735个,西安、宝鸡、渭南、咸阳、铜川、延安等地部分县(市、区)覆盖率达到100%。三是加强与企业的联系。多次组织重点快递企业负责人以座谈、观摩、调研等形式,加强协会与企业、企业与企业间的交流、沟通和协作;协助企业举办新产品推广会、产品发布会等,帮助企业出谋划策,搞好经营服务。同时,积极助力新能源运输车的推广使用,协助宝鸡、榆林等地市联系新能源运输车厂商,引导快递企业购买,解决末端投递运输问题。

(二)强化标准化管理,加快快递业诚信体系建设

一是持续做好惯标工作。本届理事会,把贯彻《快递服务》国家标准,加强行业自律,规范企业行为作为首要任务,在贯标、达标,建立行业自我约束机制上积极探索,做好工作。从2012年开始,协会连续数年在全省快递企业中开展达标工作,通过“宣传学习、自查整改、达标申报、达标验收、综合评审、颁发牌扁”等形式,认真组织开展工作。截至2015年底,全省已达标企业77家。为使贯标工作常态化,2015年,协会对已达标满三年快递企业开展了达标复验工作,通过复验,对不符合达标条件的企业取消其达标资格,以促进企业持续达标,提高服务水平,进一步推进快递业标准化、规范化建设。二是实施快递企业质量信誉等级评定工作。从2012年开始,组织开展了快递企业质量信誉等级评定工作。成立了评定领导小组,结合《快递服务》标准,制定了陕西省企业质量信誉等级评定办法,并通过以会代培的方式,对全省地市级以上的50多家企业进行培训,组织学习,开展自查整改,经过综合评审,当年有13家规模企业通过信誉等级评定,促进了全省快递业服务水平、服务质量的稳步提高,使消费者反映强烈的快递延误、赔偿难、野蛮分拣和丢损多等热点问题,得到有效改善和解决,三是在全省快递业实行《快递行业失信警示制度》和《快递行业安全自律公约》,从制度法规层面推进行业诚信体系建设和服务安全工作的落实。

(三)开展争先创优,推进快递服务质效稳步提升

一是开展“快递服务优秀网点”评选活动。为加强对基层网点的规范化管理,解决“最后一公里”服务问题。2015年,协会在全省组织开展了“快递服务优秀网点”评选活动,共评选出44家快递基层服务优秀网点,促进了快递企业服务质量的提高。二是开展“优秀快递员”评选活动。为进一步推进行业文化建设和精神文明建设,树立宣扬先进模范典型,展示陕西省快递人的时代风采和精神风貌,传递行业发展正能量,从2014年起,每年在全省快递业组织开展了“优秀快递员”评选活动。目前,共有49名辛勤工作在快递一线的优秀快递人员受到表彰奖励,大大激发了全省快递人员的服务热情和工作干劲。

(四)坚持安全为基,督促企业提升安全生产管理水平

近年来,协会更加重视快递企业的安全生产,在督促企业提升安全生产管理水平上下功夫。一

是推动快递企业成立安全委员会工作，由企业法人亲自担任委员会主任，督促有条件的企业建立安全警务室，完善备案管理制度，配备专职安全员，加强消防、交通、内保等方面的隐患治理。二是配合省邮政管理局严格落实收寄验视制度，明确收寄验视操作规程，深入企业就寄递渠道“三个100%制度”落实情况进行现场调研和检查，使“三个100%”落到实处。三是积极配合省邮政管理局，开展安全生产大检查、危险化学品和易燃易爆物品安全整治、寄递渠道清理整顿等专项活动。2015年，西安市邮政管理局联合公安部门“快递警察”开展综合执法行动，对西安顺丰、申通、圆通等14个品牌快递共计33家快递企业进行“收寄验视、实名收寄、过机安检”三项制度落实情况及安全生产情况进行检查。对8家实名收寄落实不到位的企业责令整改，13家安全设备不合规的企业限期整改，现场停业整顿了3家收寄验视执行不到位的企业，关停了6家无资质的快递代办点，为健全寄递渠道联合执法机制、增强安全监管合力积累了经验。四是做好快递旺季服务保障工作。通过调研、检查等方式，督促企业推进“错峰发货、均衡推进”机制的实施，并做好宣传引导和上传下达工作。使全省快递业务旺季服务保障工作总体呈现出“应对有方、运行顺畅、员工稳定、媒体鼓劲”的特点，2015年“双11”期间，全省快件进出口总量突破5800万件，同比增长62.3%；最高日处理量突破660万件，同比增长64%，是日常处理量的2.9倍；日均处理量超过580万件，是日常处理量的2.5倍，快递网络旺季服务应对能力明显提高。

（五）照章履职，认真落实各项规章制度

一是围绕服务会员的宗旨，在维护行业利益、消费者利益和社会公共利益方面开展工作。树立行业协会独立公正、行为规范、运作有序、代表性强、公信力高的形象。二是按规定办理社会组织年度检查。按照省政府相关部门的要求，协会积极履行自身义务和职责，完善协会社团法人资格，按年度到民政部门和税务部门办理相关登记手续，做好社团法人登记证书、组织机构代码和税务登记年审工作，近几年均顺利通过年度审检。三是做好行业协会与行政机关脱钩工作。根据陕西省发展和改革委员会、陕西省民政厅《关于行业协会商会与行政机关脱钩有关问题的通知》精神，协会以“明确权责、依法自治、发挥作用”为目标，从2014年起按照要求对协会的人员、财产、资产、职能和机构等方面逐项进行了自查自检，做到政会分开、财产独立、人员分离、职能分开。四是按照会员管理办法，做好会员发展和会费收缴、税费上缴及管理工作。

（六）强化服务，不断提高工作效率

一是按章组织召开会员年会、理事会。每年认真筹备组织召开会员大会，总结上年度工作，分析快递业发展形势，明确发展思路，安排布置当年协会工作；按时召开常务理事会、理事会会议，以及因工作需要临时召开的常务理事会和理事会。四年来，协会召开会员大会4次，理事会8次，常务理事会4次，编发会刊16期，及时更新协会网站，扩大行业宣传，及时为会员企业提供行业政策、行业动态、企业发展情况、协会工作、社会反响等信息服务；二是做好会员吸纳及会费收缴工作。根据快递企业经营变动和协会工作需要，按照《章程》，做好常务理事、理事及会员变更工作。二届理事会由换届时的29人，变更为现在的31人。其中：增补常务副会长1人，增补、变更副会长2人，增补、变更常务理事3人，变更理事5人。会员由换届时的89家，发展至目前的164家，会员单位占全省快递企业的43%。三是实行目标责任制管理，加强日常组织工作。按照年度工作目标，抓好各项工作的落实；精简协会人员，由原来的4人减少为3人，节约了经费开支，提高工作效率。

# 甘肃省快递协会工作情况

2015年,省快递协会在省邮政管理局领导下,在中国快递协会和甘肃省民间组织管理局指导下,深入学习贯彻党的十八大和十八届二中、三中、四中全会精神,以全面深入改革为动力,推动快递企业转型升级,推动快递企业注重管理水平和服务质量的提升,稳步推进快递企业规模化、规范化、科学化发展,结合甘肃省快递业实际情况,开展"着力推进管理上等级、着力推进服务上星级、着力推进诚信建设上水平"活动(简称"三个着力推进"),确保各项工作落到实处。经过上下共同努力,各项工作取得了一定的成效。

## 一、行业自律机制不断健全

为促进甘肃省快递业科学发展,本着共同协商、严守法律、公平竞争、诚实守信、顾全大局、加强自律的积极态度,组织会员签订《甘肃省快递行业自律公约》。公约的签订对快递企业牢记社会责任,合法开展经营活动,为广大消费者提供优质服务,以及规范快递市场秩序,营造良好经营环境,反对和抵制不正当竞争,起到了积极作用。

协会针对会员在提供快递服务中存在的超时限、速度不快、业务不精、态度不好等服务质量问题,协会与会员单位签订《快递服务质量自律公约》,并委托中介机构开展快递服务质量测评,据此作为快递服务质量奖惩依据,督促和指导会员进一步完善企业内部管理制度,提高自身服务能力,以此推动全省快递服务水平上台阶。

随着快递业的迅速发展,末端投递问题日益凸显,尤其是校园快递服务工作一直是困扰政府、学校和企业的难题,因此加快规范快递"最后一公里"及校园快递的管理迫在眉睫。按照国家邮政局发布的《关于提升快递末端投递服务水平的指导意见》,2015年2月9日,省快递协会决定委托第三方专业的市场调查公司在全省高校开展校园快递末端投递情况调查,全面掌握甘肃省校园快递服务中存在的困难和问题,为下一步有针对性的开展工作提供依据。

## 二、职业技能培训力度不断加大

配合甘肃省邮政行业职业技能鉴定中心做好快递业务员的技能培训工作。2015年共举办了四批快递业务员职业技能鉴定培训班,共培训快递企业员工1196,并参与组织全省邮政业职业技能鉴定考试4次,936名考生顺利通过考试取得快递业务员资格证书,合格率达78%。

## 三、不断完善党、团组织建设

近年来,协会一直将党建、团建工作纳入年度工作重点。据不完全统计,在近30个品牌130家会员单位中有团员100多人,党员60多人,党员、团员人数逐年增加。截至目前,邮政速递、顺丰速运、兰韵、中通、汇升、圆通等快递公司成立了党组织。党员先锋在行业中的模范带头作用愈加凸显。8月5日,省快递协会党支部组织部分快递公司负责人及党员代赴延安接受革命传统教育。此次活动激发了大家爱党、爱国的热情,提高了党员们的责任感和使命感,增强了党支部凝聚力,坚定了理想信念。

## 四、狠抓行业转型升级和标准化建设

为加快推进快递企业转型升级和标准化建设,提升快递企业形象,促进快递企业健康发展,协会经过充分准备,组织重点会员单位专门召开了星级企业推进会,并在全省快递业开展了星级企业评定工作。企业等级评定过程中,审核验收小组严格评估企业服务功能、人员素质、服务质量和安全生产、信息网络安全等制定评级的必备条件和基础管理指标、服务质量指标、企业安全生产指标、遵章守纪指标的具体评定细则，评选出“3A”级快递企业4家，“2A”级快递企业14家，为行业发展树立了标杆，并为获得星级的快递企业进行表彰和颁牌。

**五、解决快递车辆通行问题，推进快递车辆标准化**

为配合交警部门做好解决快递车辆通行难题，根据交警部门“快递车辆实行统一车型、统一标识”的要求，省快递协会注册了“甘肃快递”统一标示，于5月25日专门召开理事会成立了由顺丰、申通、圆通、中通、运单、联合等6家会员单位组成的招标小组，由招标小组统一招标，实行“统谈分签”的方式，逐步推行全省快递车辆“统一车型、统一标示”工作，首批采购的350台电动车于9月20日在兰州市区正式投入使用。

**六、积极协助邮政管理部门做好行业安全生产工作**

为了更好地做好企业安全工作，协会协助管局一年内举办了2次甘肃省邮政行业安全培训班，并且给全省一百多家企业配备了1049台金属探测器。由于各会员单位严格落实收寄验视制度和各项安全措施，没有发生重大安全事故。用户信息未发生泄露，全国重大节日和活动期间的邮路寄递安全得到有效保障。

**七、积极配合邮政管理部门做好旺季生产工作**

2015年，协会继续按照邮政管理部门和中国快递协会要求，积极组织会员单位做好元旦、春节、国庆节假日和“双11”、“双12”等重要节点期间的快递旺季生产工作。在业务旺季到来之前，及时向会员单位通报信息并做好安排部署，先后下发了《关于落实国家邮政局做好国庆期间快递服务和安全监管工作的通知》、《关于做好2015年“双11”业务旺季快递服务工作的通知》等文件。为确保2015年全省旺季服务高峰期平稳、有序度过，通过提前部署，制定完善保障方案，与全国网络型重点会员单位签署旺季保障协议，并积极配合邮政管理部门成立应急办公室执行24小时值班制度，延长申诉受理时间，实行每日进出口数据上报制度及夜查等方式确保旺季期间的服务保障监督工作。通过采取多种措施，在“双11”期间甘肃省重点企业进出口业务总量完成1041万件，比去年同期增长65%，连续三天最高日处理量突破100万件，比去年同期增长70%。通过上下共同努力完成了国家邮政局提出的“两不”（全网运行不瘫痪、重要节点不爆仓）、“三保”（保畅通、保安全、保平稳）快递业务旺季服务保障工作目标。保证了全省快递业的良性、有序运转，未发生严重积压情况。

**八、利用协会网站信息平台做好宣传工作**

为更好地发挥协会作用，使会员之间融会交流，同时及时宣传国家对快递业的有关政策，更好的宣传协会会员企业形象与品牌，协会网站自2013年7月建立以来，先后发布行业信息150多条，宣传政策法规15条，发布各类协会动态30条，监管动态37条，公告公示13条，宣传会员风采20条。

**九、加强12305申诉培训工作**

为了更好地保障消费者合法权益，在2015年中旬和年末举办了两次甘肃省邮政行业12305申诉培训班，强调企业做好客服接待工作，并有效、按时处理客户所投诉的问题，避免升级投诉。

# 青海省快递协会工作情况

2015年,是全面深化改革的关键之年,也是全面完成"十二五"规划的收官之年。面对经济下行压力加大的局面,青海省快递业主动适应经济新常态,继续保持良好的发展态势,实现了稳中有升的目标。青海省快递全年完成业务量716.6万件,同比增长23.6%;快递业务收入完成1.82亿元,同比增长18.1%。

2015年,青海省快递协会在中国快递协会的领导下,统一思想、凝聚力量,充分发挥桥梁纽带作用,反映行业诉求,强化行业自律,努力服务会员企业,推动行业健康有序发展。在省、市邮政管理局的大力支持和帮助下,发挥协会服务、协调作用,担当政府联系快递企业的桥梁与纽带。主要做了以下工作。

## 一、参加中国快递论坛

按照中国快递协会的要求,由会长带队参加了2015年3月在上海举办的以"全面开放下的中国快递业转型升级"为主题的中国快递论坛,了解中国快递业在经济"新常态"下的新形势和新格局,结合青海实际,探寻行业未来发展之路。

## 二、参加中国电子商务创新发展峰会

按照中国快递协会的要求,组织会员单位参加了2015年5月在贵州举行的"2015中国电子商务创新发展峰会",学习了解试点城市电子商务与快递物流协同发展的试点情况,以及跨境电子商务试点工作情况及试点经验。以他山之石进一步推进青海省快递与电子商务的协同发展。

## 三、提高行业技能,促进行业健康发展

在西宁市邮政管理局的积极争取和协调下,西宁市劳动竞赛委员会将快递业职业技能竞赛纳入第三届职工职业技能大赛序列,并将其列为2014年全市19个工种(项目)竞赛之一。协会配合西宁局精心组织,周密安排,积极做好各项准备工作,于6月5日至6日圆满完成2015年活动筹办工作,来自全市15家快递企业的85名选手参加了比赛。

本次竞赛集中展现了青海省快递从业人员的职业风貌,营造了快递技能人才交流、学习和竞技的良好氛围,对促进全行业技能人才队伍建设、提高全行业员工队伍素质、提升快递服务能力和质量等方面都有着重要的意义,发挥了良好的作用。

## 四、大力宣传、深入贯彻《青海省邮政条例》

为充分发现、挖掘和树立一批青海省邮政快递业先进人物和典型,大力宣传深入贯彻《青海省邮政条例》、全面加强法制邮政建设成果,协会与西宁市邮政管理局共同举办了《青海省邮政条例》宣传贯彻暨《百姓心中最满意的快递员》评选活动,大力宣传最基层、最感人、最认同的基层投递员事迹,在全市邮政、快递企业中开展以"最美在路上,与文明城市同行"为主题的评选活动,进一步强化邮政快递企业和广大从业者"文明经营、诚信服务"的意识,提高邮政快递业服务质量和诚信经营水平。活动历时半年,并以隆重的颁奖典礼作为收官,收到了社会各界和各邮政快递企业的一致好评,取得了圆满成功。

## 五、为快递企业发展出谋划策,提高快递企业在全省范围内的发展速度,减少企业成本

在青海省邮政管理局的统一领导下,由协会牵头成立青海快递园区建设领导小组。自领导小组成立以来,先后赴江苏、贵阳等地学习考察快递园区建设、运营先进经验,最终在综合考虑地理位置、交通状况、土地价格、快件时效、企业意愿等因

素的基础上，确定将青海省快递园区落户海东临空工业园区。领导小组通过与临空工业园区管委会的多次沟通探讨，确定了“统一规划、定位明细、按需取地、自筹资金、组团建设、集聚发展、功能集中”的快递园区建设与发展模式。此项工作经过持续努力，已取得实质性进展，现正在力争2016年开工建设。

### 六、做好抗战胜利70周年纪念活动期间寄递渠道安全保障工作

为确保抗战胜利70周年纪念活动期间寄递渠道安全保障工作万无一失，8月24日至25日，省邮政管理局与协会共同对西宁市邮政、快递企业贯彻落实纪念活动期间邮路安保措施等情况进行检查。

检查组重点对邮政、快递企业收寄验视制度执行、实名收寄工作开展以及邮件、快件过机安检等“三项百分百”措施贯彻落实情况开展检查，通过随机抽查企业营业网点进行实地督导，并对全省集中安检操作现场开展重点检查。

为做好2015年青海省“双11”快递旺季服务保障工作，11日至12日，青海省邮政管理局局长赵群静、省快递协会会长宋海宁一行，来到青海宅急送、汇通、圆通、申通、韵达、中通等公司的分拨中心进行走访。

现场了解“双11”运行情况。详细向企业负责人员询问“双11”服务保障工作的具体安排、日均处理业务量、车辆及人员配置、应急处置等情况。

通过看现场、听汇报，对企业“双11”旺季服务保障工作做出的努力给予了肯定。通过走访检查，保证各分拨中心的安全平稳运行和全省快递网络的畅通。督促、帮助各企业采取有效措施，增强处理能力，规范快件操作，确保网络运行不瘫痪、不爆仓，全力以赴打好旺季生产的持久战，并要求各企业负责人，抓好处理中心生产安全，平稳渡过旺季期。

此外，省快递协会还数次对各快递企业进行慰问，向辛苦奋战在一线的快递员工送去了慰问品。

## 宁夏回族自治区快递协会工作情况

2015年，宁夏快递协会在中国快递协会和宁夏邮政管理局的指导下，在全体会员单位的配合和支持下，较好的完成了全年工作任务，取得了一定成绩。

2015年，全区邮政业保持了平稳较快发展的良好态势，全年行业业务收入（不含邮储银行直营收入）实现13.5亿元，同比增长17.26%；全年行业业务总量同比增长较去年同时期提高了13.43%。2015年系统企业数同比增长27.9%，市、县级许可企业及其所属分支机构数量增幅较大。统计信息系统中有快递品牌32个。由于宁夏与东中部地区差距较大，整体发展情况在全国排第29位。在西北五省中综合排名第4位，与排名第1位的陕西省有很大的差距。协会联合行业同仁，群策群力，帮助企业解决困难问题，协助政府有关部门，解决了制约和影响行业发展的难点问题，取得了良好的效果。

### 一、开展首届宁夏寻找最美快递员评选活动

随着全区快递业迅猛发展，近年来呈现出业务量增幅高、发展速度快、经营效益佳的良好态势。为展示奋斗在服务第一线快递员的精神风貌，让社会公众更加理解和支持快递业，进一步提升宁夏邮政行业服务质量和服务水平，推动行

业健康快速发展，经寄递行业安全监管领导小组研究决定于2015年11月至2016年1月在全区范围内开展了首届“寻找最美快递员”的评选活动。

开展“最美快递员”评选活动，旨在展示宁夏快递业安全规范、优质高效的服务理念，展现新时代快递员的良好精神面貌，发掘快递员工立足岗位、服务社会的感人事迹，弘扬中华民族美德，践行社会主义核心价值观，传播行业正能量。评选活动采取企业推荐和快递员自荐两种形式在网络上开展，经过为期两个月的投票选举产生了前二十名快递员，最终将通过领导小组的综合评选产生首届宁夏最美快递员。

**二、深入快递企业检查指导工作**

为了解企业生产经营情况，协会多次深入企业调研、检查、指导工作。2015年中，协会先后对全区部分快递企业进行了调研，了解企业生产经营情况，以及企业在发展过程中存在的困难和问题。

**三、配合做好快递服务质量专项整治工作**

为提高快递服务质量，维护消费者合法权益，促进快递业健康发展，协会配合宁夏邮政管理局做好宁夏快递服务质量专项整治工作，督促快递企业结合区内实际情况认真贯彻执行。

**四、加强协会自身建设，扎实开展协会各项工作**

2015年，协会认真学习国家的各项方针政策，法律法规，努力提高协会工作人员的政策水平，提高协会“服务、协调、自律”能力，发挥协会自身优势，促进协会各项工作的有效开展。

一年来，在宁夏邮政管理局的大力支持和正确领导下，在中国快递协会的指导下，协会做了一些工作，取得一定成绩。与此同时，协会也意识到还存在不少困难的问题，与上级要求和兄弟协会相比，还有不少的差距。一是协会工作还滞后于区邮政管理局的中心工作，桥梁纽带作用发挥不够充分；二是协会解决会员单位的实际困难的能力还不足，对会员单位面临的困难和问题还了解不够深入；三是协会工作还不够贴近会员单位实际需求，致使部分会员单位对协会组织的一些活动参与的积极性不高，个别会员单位至今还未缴纳会费。四是因经费等问题未能按时编辑出版《宁夏快递》会刊、不能组织举办各项活动。协会将认真总结不足，按照协会章程，努力把协会办成“会员之家”，不辜负会员单位的期望。

# 新疆维吾尔自治区快递协会工作情况

2015年，是全面深化改革的一年。过去的一年，新疆快递协会在新疆邮政管理局和中国快递协会领导下，在全体会员单位的大力支持下，以“围绕中心、服务大局、服务会员、服务行业”为宗旨，在贯彻《快递服务》国家标准，提升行业服务质量，搭建行业合作平台，指导行业依法经营、政策引导、为会员单位服务等方面积极开展工作，圆满完成各项工作任务。

**一、认真贯彻落实国家邮政局年度工作会议精神，努力促进快递行业改革创新、转型升级**

国家邮政局局长马军胜在2015年度全国邮政管理工作会议中明确指出，全行业要统一思想，凝心聚力，把改革创新、转型升级贯穿于邮政业发展的各个方面，要求快递企业积极推动“向下”“向西”和“向外”拓展，启动“快递西进”工程，进一步促进快递业持续快速发展。

年初，新疆快递协会召开了会长办公会议和年度会员大会，及时传达了国家邮政局工作会议精神，要求各会员单位在快递业发展中要结合新疆实际情况，注重规模、速度、安全、质量、效益等多维度的平衡与发展，着力解决行业发展过程中困难和问题。新疆主要快递企业按照国家邮政局和新疆邮政管理局的要求，抢抓机遇，加强能力建设和网络布局，服务的广度和深度进一步扩大。全年主要网络企业改扩建分发中心1.8万平方米，新增快递法人企业及非法人企业分支机构381家，新增车辆600余台，新增从业人员2000余人。昌吉、巴州等多地快递园区建设提上日程，主要加盟企业直营地域范围不断扩大，“四通一达、天天快”六家企业在博州、克拉玛依、昌吉、哈密、巴州、克州的直营覆盖率达到77%，全国排名第九。

同时，主要快递企业对县域和主要乡镇的网点布局也深入推进。新疆提出并稳步实施的“快递下乡、进团场”工程，经过一年的努力，主要快递企业在乡镇、团场共设立营业网点80余处，覆盖乡镇团场62个。在市场竞争中快递企业内部的优化整合，提升了服务质量，增强全网的管控能力，使全区快递业发展又上一个新的台阶。

## 二、广泛开展协会各项活动，积极做好服务工作

2015年，是建设与小康社会相适应的现代企业进程中具有里程碑意义的一年。面对新疆严峻复杂的反分裂形势，协会按照全区邮政管理工作会议安排，紧紧围绕社会稳定和长治久安的总目标，坚持“稳中求进”的总基调，努力做好以下工作：

一是根据二届三次会员大会提出的工作任务和会员提出的八项工作建议，及时召开了会长办公会议，学习了中国快递协会和新疆邮政管理局全年工作部署，梳理了全年工作任务，针对国家对快递业的扶持政策，成立了新疆快递协会微小企业扶持政策研究领导小组，通过学习讨论，统一了思想，明确了任务，坚定了信心。协会秘书处认真梳理，转发了国务院、自治区人民政府有关扶持微小企业相关政策文件，并深入企业进行了调研宣讲，指导企业如何结合实际利用好政策，抓住机遇加快发展，扎实有效地开展了此项工作。

二是认真开展调查研究，积极为会员服务。根据自治区经济工作会议精神和区管局工作安排，协会以“三个坚持”即：“坚持帮助会员单位谋划好全年和今后一个时期工作；坚持提升会员单位认清形势，服务大局、凝心聚力，有所作为的能力；坚持把引导扶持快递企业全面科学发展作为重要工作任务为已任，特此，协会开展了狠抓安全、强化管理为重点的调研活动，分别深入昌吉、吐鲁番、石河子、巴州、哈密、阿勒泰及乌鲁木齐地区各网络快递企业进行调研。调研的重点是掌握和了解寄递渠道安全保障制度和收寄验视制度执行情况；快递企业规范化服务活动开展情况；传达自治区“电动自行车管理办法”文件精神；了解国家颁布的快递业税收《营改增》执行情况；传达国家和自治区关于微小企业优惠政策；听取地州会员单位的合理诉求及对协会工作的建议和意见等。协会采取实地调查、座谈交流、传达政策、征询意见的方式，取得良好的效果。通过调研，我们认为：

1. 寄递渠道验视制度执行情况存在漏洞。近几年来，经过邮政监管部门检查督导和协会的反复强调，包裹收寄验视制度执行总的来说逐年好转，但存在的问题是，未经培训上岗的新员工对严格执行验视制度的重要性认识不够，以致收寄验视走过场，甚至有个别企业人员只顾揽业务而收寄禁、限寄物品，造成不良的社会影响。

2. 基层网点安全防范工作有待加强。经了解网点服务人员对安全生产知识知之甚少，对安全的重要性认识不足，基层网点服务工作存在诸多安全隐患。这几年快递领域不断拓展，服务规模不断扩张，但基层人员安全教育仍是企业短板，这

势必影响和制约企业的发展。

3. 在“营改增”税收制度执行情况方面，由于快递企业成本费用中人工成本占比较大，可抵扣的进项税少，加上取得增值税发票不足，导致行业税负增加。此外，单位在分支机构变更、揽投车辆配备及通行方面也存在诸多困难。这些问题，有的已得以解决，有的正在协商解决之中，协会始终和上级和有关部门保持沟通渠道，为企业的发展发挥积极作用。

三是开展了《自治区电动自行车管理办法》培训活动。根据自治区人民政府令 188 号《新疆维吾尔自治区电动自行车管理办法》5 月 1 日正式实施，新疆快递协会本着“协会搭台，交警便民，企业受益，集中办理”的原则，协会举办了《电动车管理办法》专题培训会，邀请乌鲁木齐市交警支队两名警官现场授课，来自乌市快递企业 50 余人参加了培训。

培训重点介绍了《办法》制定的原因，目前电动车运行状况和交通事故频发对社会交通造成的重大影响。针对快递企业目前运行的车辆管理，按《办法》要求对车辆的标准、时速、空车质量以及办照、挂牌等情况作了详细介绍，并对大家提出的问题作了详细的解答。

会后，经与车管所协商后，将乌市各快递企业电动车办理流程进行优化合并，将车辆注册与保险申办合并，协会委托邮政 EMS 乌鲁木齐分公司协助会员单位完成办照、培训、挂牌等工作。

协会又专门召开乌市主要快递公司办理电动车证照有关事宜通报会。经过努力，快件最后的 1 公里投递问题基本得到解决。乌鲁木齐市邮政速递分公司在办理挂牌办照过程中以积极认真顾全大局的工作态度，克服了人员少任务重，办理工作分散，难度大等困难，积极与交管部门进行联系沟通，保证工作的顺利进行。同时也解决了办理证照过程中的通行问题，我代表协会特此表示感谢。

四是为确保寄递渠道安全，提高行业维稳能力，新疆快递协会会同邮政管理局举办了安检机操作培训班，邀请专业技师现场讲解，来自乌鲁木齐地区快递企业部分参加了培训。培训活动分理论和实际操作两部分，专业技师通过投影进行理论讲解，并在实际操作中对物品分辨及确认给予指导，大大提高了操作人员的技能素质。

五是为保障第三届亚欧博览会期间的生产安全环境，由会长带领协会全体人员对乌鲁木齐地区主要快递企业作业现场进行了检查督导。

六是在“双 11”旺季服务期间，由新疆邮政管理局安长来局长带领协会全体人员分别到新疆顺丰速运公司，新疆圆通物流有限公司、新疆江南申通物流公司、新疆邮政速递物流公司乌鲁木齐分公司、新疆民航速运公司等十余家快递企业作业现场慰问了基层员工，以示对基层员工工作生活的关心。

七是发扬人道主义精神，倡导各快递企业向国通员工孩子治疗重病奉献爱心捐款 9 万余元。

## 三、加强会员单位基础管理工作，引导企业提升服务质量

为树立快递行业良好的社会形象，提升快递行业软实力和核心竞争力。目前，规范化服务工作在新疆开展还不平衡。部分企业负责人对协会开展的这一活动重视不够，没有长远发展思路，缺乏宏观管理思想，对规范化工作放松了管理要求，在推进活动中表现的很不得力，很不认真，部分网络公司对下属网点也缺乏安排与督导，致使部分部门出现服务质量下降，用户投诉、申诉增多的现象。有些示范网点表彰前后不一样，规范化管理工作不能持久，基层网点脏乱差的问题依然突出。针对以上问题，今年中国快递协会组织编写了《快递小哥》一书，已经正式出版，该书主要是针对一线快递员的业务读本，全书分为接单、收件、分拣、运输、派送、客户管理、培训与考核等八个部分，具有很强的实用性。新疆快递行业协会及时下文件通知，希望这样的问题在新的一年里要逐一克服，

力争全行业规范化服务工作得到均衡发展。

## 四、发挥行业自律作用，进一步规范市场秩序

目前，新疆快递市场尚存在一些不规范行为，如企业无证经营，超范围经营现象时有发生。企业间恶性竞争，乱打价格战，行业安全保障水平低下，损害消费者合法权益，企业转型升级兼并重组中一些内部经营纠纷出现的矛盾等。为此，年初会长办公会议专门进行了讨论，提出要进一步强化行业自律作用，广泛开展诚信经营教育活动，要求各会员单位以诚信经营为基点，以自律公约为准绳，提高自身自觉履行法定义务和责任，自觉维护市场秩序，共同抵制行业内的违法违规行为。

为此，快递协会及时召开了以确保寄递安全、提升服务质量，维护快递市场经营秩序为议题的座谈沟通会议，来自乌鲁木齐地区部分网络企业负责人参加了会议。会上，介绍了全国快递业发展情况，并结合新疆的特殊区情和社情分析了加强行业安全和提高服务质量的重要性。针对当前加强寄递渠道安全，保障能力的提升，成本投入加大，规模电商外迁等问题，都给新疆快递业带来新的困难。面对如此严峻的外部局势，柴副会长表示各快递企业必须确保寄递渠道安全，提升服务，遏制服务质量下滑，投诉增多的状况，网络企业必须加强自律，齐心协力，强化整改，努力推进新疆快递市场健康有序发展。各网络企业负责人针对新疆快递市场寄递渠道安全问题，面单管理问题，快递业务人员的培训与考核，以及低价竞争等问题经过讨论，提出了自强自律，建立监督制约机制，依照中国快递协会关于快递业警示制度的推行，执行黑名单通报制度问题，达成共识。

## 五、积极协助快递企业抓好旺季生产运营，确保旺季服务工作顺利进行

“双 11”期间快递业务量超出预期值，创下历史新高。根据区邮政管理局统计，新疆作为投递量为主的西部省份，迎来了“双 11”之后快件处理高峰，面对严峻的运营形势，新疆快递行业协会发挥组织协调作用，协助快递企业在“双 11”期间实现安全平稳有序运行。

一是结合中国快递协会安排部署，要求各网络快递企业提前谋划，精心组织，完善预案，抓好旺季服务保障关键环节和重点部位，确保收寄、分拨、运输、派送四大环节和投诉受理渠道安全畅通，努力实现国家邮政局提出的“不瘫痪、不爆仓、不延误”，“保畅通、保安全、保平稳”奋斗目标。

二是深入到基层企业督导检查前期备战工作。成立了督导给，安长来局长带领督导一行，在“双 11”前夕，分别深入到乌市多数网络企业和部分地州快递企业检查督导前期备战工作，在“双 11”邮件处理高峰期间每天奔波在现场一线，有时检查到晚上零点钟。同时又分别到新疆顺丰、圆通、汇通、韵达、五家渠等网点检查督导，检查前期服务保障工作。督导组经过座谈了解和实地查看，各快递企业能认真落实国家邮政局电视电话会议精神，按照区邮政管理局提出的要求，成立了以主要领导挂帅的“双 11”保障工作领导小组，设立了以企业网络运行负责人和信息管理负责人为核心的“双 11”业务旺季生产运行指挥调度中心，制定了可行性方案，扩大了分拣场地，提高了运能，增加了人员，较好地保障了业务高峰期的正常运营。

## 六、加强协会自身建设，积极慎重发展会员

一是不定期召开会长办公会议，及时传达国家邮政局、新疆邮政管理局、中国快递协会会议精神，安排部署协会日常工作，经常深入各基层会员单位调查了解企业创新管理和发展愿景，通过各副会长单位向所辖下属单位或加盟企业贯彻协会的意见、要求，并向协会反映基层单位建议和诉求。

二是加强会员队伍建设，积极发展新会员，会员总数达到 118 个。新增会员单位 4 家。

三是继续加强协会各项制度建设,使协会工作更为规范。

四是继续做好信息交流工作。做好《天山快递》杂志的编辑和发行工作,向会员单位提供政策信息、通报行业资讯、介绍协会工作、交流创新成果,拓宽会员视野,成为联系广大会员单位的一个交流平台。

五是为提高协会工作人员综合素质,积极参加2015年5月在贵阳召开的《电子商务发展峰会》、11月在杭州桐庐召开的《中国快递业发展大会》、12月在杭州召开的《中国快递协会座谈会》。

一年来,新疆快递协会做了一些工作,并取得一定的成绩,协会工作呈现出健康发展的良好局面。快递业虽然总体保持快速发展势头,但仍面临较多的困难和挑战,存在“三个不平衡”的局面要克服:快递服务与快递发展不平衡;城市地区与农村地区行业服务能力不平衡;各快递企业之间发展程度不平衡。具体来说存在“四个问题”需要2016年工作中去解决:一是快递服务网络不健全,农村服务能力不足;二是行业发展水平低,行业转型升级任务繁重;三是反恐维稳任务艰巨,行业运营压力加大;四是行业发展规模仍然偏小,核心竞争力不强。面对这些问题,我们应从政治高度和满足经济社会发展及人民生活水平需要的职责定位,充分认识到全区快递行业持续、健康发展的重要性,以“稳中求进”和科学求实的态度把事情办好。

# 2015年各市（地）快递协会成立情况一览表

| | |
|---|---|
| 河北省 | 衡水、保定、邯郸、沧州、张家口、唐山、秦皇岛、邢台、石家庄 |
| 辽宁省 | 大连、盘锦、沈阳、鞍山、营口、锦州、葫芦岛、抚顺、本溪、辽阳、丹东、阜新、铁岭、朝阳 |
| 吉林省 | 长春、延吉、吉林 |
| 黑龙江省 | 哈尔滨、齐齐哈尔、牡丹江、佳木斯、大庆、鸡西、双鸭山、伊春、七台河、鹤岗、黑河、绥化 |
| 江苏省 | 南京、无锡、苏州、南通、泰州、徐州、淮安、宿迁、连云港、扬州、常州、镇江、盐城 |
| 浙江省 | 杭州、宁波、温州、湖州、嘉兴、绍兴、金华、台州、丽水、衢州、舟山 |
| 安徽省 | 合肥、芜湖、蚌埠、淮南、马鞍山、淮北、铜陵、安庆、宿州、滁州、六安、宣城、池州、阜阳、亳州 |
| 福建省 | 福州市、厦门市、莆田市、三明市、泉州市、南平市、龙岩市、宁德市 |
| 江西省 | 南昌、九江、赣州、吉安、鹰潭、新余、宜春、上饶、抚州、萍乡 |
| 山东省 | 济南、青岛、淄博、潍坊、烟台、东营、威海、日照、济宁、泰安、临沂、枣庄、滨州、德州、聊城、菏泽、莱芜 |
| 河南省 | 郑州、开封、洛阳、平顶山、安阳、鹤壁、新乡、焦作、濮阳、许昌、漯河、三门峡、南阳、商丘、信阳、周口、驻马店 |
| 湖北省 | 武汉、襄阳、宜昌、恩施、十堰、孝感、黄冈、荆州、黄石 |
| 湖南省 | 湘潭、株洲、郴州、衡阳、邵阳、永州、常德、娄底、益阳、怀化、岳阳、湘西 |
| 广东省 | 广州、深圳、珠海、汕头、韶关、江门、湛江、茂名、肇庆、惠州、梅州、汕尾、河源、阳江、清远、东莞、中山、潮州、揭阳、云浮 |
| 广西壮族自治区 | 梧州、贵港、贺州、河池、柳州、百色、钦州、来宾 |
| 四川省 | 成都、自贡、攀枝花、泸州、德阳、绵阳、广元、遂宁、内江、乐山、南充、宜宾、广安、达州、眉山、资阳、巴中 |
| 贵州省 | 毕节 |
| 云南省 | 西双版纳、昭通、大理、丽江、普洱 |

# 第九篇　人　物　志

2015年,8位业内外的传奇人物接受了《快递》杂志的专访。八次采访,每一次的对话,都让我们从中看到了一个行业的创新、变革、转型和发展。他们说了些什么？这一年和其他年份相比,有哪些新的感悟,你又能从中读出哪些同与不同——

## 王卫:做企业是长跑

**《快递》杂志:**从"顺丰速运"向"顺丰服务"转变,打造"物流百货公司",用物流"链接"生活,顺丰近两年在战略和理念上的这些转变,具体源于什么样的判断？顺丰商业版图的全景大概是什么样的？

**王卫:**我相信每个企业都在考虑物流、金融跟商流这"三流"。不止是这个行业的企业,其他行业也在考虑。我们通过"三流合一"为客户提供一个完整的服务体系。我认为,要结合每个企业的实际情况来看"三流"。在线上有优势的商流,和在线下有优势的商流不一样;同样在线上有优势的金融,跟在线下有优势的金融也不一样。而我们通过线下的物流体系打造出不同场景或客户服务场景中的顺丰服务,以各种不同的模式更好地为客户服务。

"三流合一"的战略已经是公开的秘密,很多企业都在向这个方向努力。需要大家比速度、比资源、比实现形式。用互联网思维来看,闭塞意味着路越走越窄,哪怕你今天多强大;相反越来越开放,界面就越走越宽。所以,顺丰为客户提供的"三流合一"的服务,采取开放、合作、共赢的态度,和不同行业、不同领域的伙伴共同搭建这套服务体系,为双方的用户提供更完整的服务。

**《快递》杂志:**"嘿客"面世已经快一年了,现在发展情况怎么样？

**王卫:**我们想把线上线下业务打通,门店是一个可以很好地服务于所有电商的平台。不管是售前、售中、售后,我们都可以提供服务,因为它是在小区里工作。我们可以把所有B客户的产品和服务,嫁接在"嘿客"店,让不同的C客户在里面对接,相当于线下的一个接触点。当然,B商家不仅限于电子商务,像银行这样的金融类B商家,也可以用我们的平台,去做社区服务。所以,"嘿客"是一个综合性平台。

未来,你只要把你的产品做好,嫁接在顺丰的物流和"嘿客"店上,产品会卖得更好,售后服务也会做得更好。

**《快递》杂志:**顺丰发展到现在这个规模,对于您来讲,最关心公司的哪些情况？

**王卫:**在公司管理上,我最关心的就是整个信息系统的"底盘"。人是沙子跟石头,管理信息系统是水泥,文化是钢筋。这三样配合,才可以建起一座大楼。如果沙石越来越多,而水泥和钢筋跟不上,就会变成危楼。所以，管理信息系统和企业文化要一路跟得上。这是一套人才的生态体系。这套体系越好，人才就越好。这套体系如果不能跟整个公司的人数相匹配地成长，是一种风险。

原始的寄递方案已经把人的价值发挥到极致。接下来，要靠科技的手段去提升。优化和精简整个快件作业流程，是最重要的。相对于个人效能的提升，组织效能的提升所得出来的结果肯定不是10% ~20%，而是50% ~60%。这要求企业对整个系统的分析能力要很强。对所有的营运、业务、管理流程，系统怎么分析？它“浮肿”在什么地方，哪些可以减？这对信息系统的智能能力要求很高。所以，信息系统的BI(Business Intelligence)能力，就是商业智能化要好。不断分析数据，不断优化流程。怎么让高科技工具取而代之，减少人的劳动时间和劳动强度？就是我给了他一个更高科技含量的工具以后，他可以搬得起更重的东西，可以把效率提高，把生产力提高。这就是企业能带给他的。做不到这点，在未来，就会被淘汰。不能用高科技和智能化去提高人员战斗力，还是靠人类的本钱去提高效率，那已经是没有出路了。

**《快递》杂志**：克强总理讲“要推动大众创业、万众创新”，您如何看？创新在顺丰一直有较好的体现。未来，会不会为员工多提供一些创业的机会？

**王卫**：对于员工创新，我们也是在起步阶段和探讨过程中。我们一直不断追求模式创新，让顺丰一路走在前面。不能为员工或客户带来价值的项目，我们不会做。但是，就像“嘿客”一样，任何事情都在于，还没有遇到问题之前，要敢于去尝试，因为那时候还有资本和资源去做。走到尽头，你再去“穷则变”，我不认同。永远是在“富则变”，而不是在“穷则变”。

我是一个危机意识很重的人。为什么去拼一些创新的东西？最主要是因为，我们意识到未来会有风险。不是说等到穷的时候，再去考虑变。在还有本钱，还可以任性的时候，就是要去试错，去尝试。在这个过程里面，10样东西里有1样成功了，可能这就是规避未来风险的重要业务。

**《快递》杂志**：从《顺丰通讯》上的一些文章中，我们了解到，“求佛悟道”给您的工作和生活带来很大影响和启发，并引伸出很多独特的管理思维和工具。管理一个公司，您认为最长久的“修炼”是什么？具体到行事和做人，您又有哪些体悟？

**王卫**：我认为，做企业是长跑。长跑要掌握一个度。这个度是你自己的节奏，哪一个速度是最省力、最快的，就保持在这个点上，那你的企业健康、身体健康、家人健康、事业健康，都是在平衡的中间点。要找到这个中间点，就是要有得有失，有坚持，有舍去。

**《快递》杂志**：近两年，您还坚持到一线进行业务体验吗？最近一次参加业务体验是什么时候？让您最难忘的是什么？

**王卫**：我每年都要体验不同的基层业务岗位。2014年是和飞行员一起夜飞，坐在驾驶室飞了几天。每一个岗位都是需要去体验的。飞行员说夜航很辛苦，那你也感受一下他怎么辛苦。这也是鼓舞一下我们的团队，打打气。跟飞行员聊聊天，看他们在工作上有什么意见。不能一直坐在办公室里，要体现出整个公司就是一个整体。不是说，你是老大了，就永远坐在办公室里面。

# 喻渭蛟:我不会放弃自我

全球包裹联盟、阿里注资、缺席丰巢、成立航空公司令圆通速递一直处于行业的风口浪尖之上,江湖分化的传闻也一直萦绕着董事长喻渭蛟。与过去的风头正劲相反,这次,他一直没有站出来说话。

这一次聊天,他会说些什么?

## "5年,我就等这一天!"

"这么多的快递企业,阿里为何选择圆通?"

阿里注资,喻渭蛟给出了五个理由:一是多年熟悉,彼此了解,圆通的网络真实可见;二是圆通的航空;三是圆通的信息技术;四是理念吻合,就是通过信息化提高时效、改进质量,做承诺服务;五是通过合作走国际化道路,追求最高性价比。

阿里注资圆通,在业内人士看来,最担心的是被控制。喻渭蛟对这个有相当的自信:"我们刚刚开过股东会,经营上不会有干涉,签约的时候,我就说过,我不会放弃自我。此举不能称之为控制,而是间接地保证自己的平台。做生意的人,不能把他人的劣势转化为自己的优势,然后又强加意志于人,那就没有合作的余地了。人要在想想别人的时候,想想自己,我们也同样需要对方。"

未来的世界,行业是谁的?——互联网和快递的合作。这是喻渭蛟的观点,所以他的很多行为,在实施的当时,都被认为是惊人之举。比如最让喻渭蛟得意的金刚系统。

5年前,圆通开始做金刚系统,这个投入巨资由IBM负责设计和实施的公司核心业务系统,在当时看来让人甚是诧异。从那时候开始,喻渭蛟确定了以信息化作为发展核心战略的目标,期冀有一天,所有的信息和数据,可以通过系统进行整合,通过大数据来分析判断所有的服务环节。

目前,圆通正在推行24小时快件生命周期管控的试用,一票快件的圆通之旅,可以在系统的所有环节当中实现快件全生命周期的可视可控,预计在今年9月全部完成推广,这是5年来金刚打造的核心。

"5年了,我就等着这一天。"

## 找到你的北极星,并忠于它

2006年的时候,喻渭蛟还掉了所有的债务,无债一身轻的感觉,让他自己有点飘飘然。2007年,他去了美国,孟菲斯上空穿梭的飞机,给了他极大的震撼,激起了他对这个时代的思考,"我应该为这个时代、这个行业做些什么?不仅仅是为了钱,而是为自己、为行业、为国家做一份事业的信念"。说这些的时候,他的眼神有着明亮的真挚。

"我知道很多人笑我迂腐,似乎我说这些话都是假的,从那个时候开始,我的内心是真的有这份坚守。我赶上了这个时代,选择了这么好的行业,我就要为此而奋斗。我觉得一个人,一家企业,内心都要有自己的坚守,就像库克演讲时所说的一样,找到你的北极星,并坚守它。我们的北极星就是做中国人的快递,做一家互联网信息技术的快递平台。我们要用信息技术、用互联网平台、用航空建设、用优秀团队来实现未来的目标,用领先的核心价值观引领企业不断创新,不断学习,走在行业的前列。"

为此他追逐着孟菲斯上空的飞机,不遗余力地推动着公司成立航空公司。"到2020年由目前的8架增加到30~50架",这是喻渭蛟的航空梦,他希望这家航空公司不仅为圆通服务,更可以成为一个第三方的货物承运商,向更多的快递公司开放。目前,公司也在培养自己的机组人员,从快递员当中选拔飞行员。

为此他坚决做全球包裹联

盟?在2009年尝试失败之后,又在2015年卷土重来。“在国内竞争压力日趋加大的时候,首先是要守住国内,但不能放弃国外。‘互联网+’、全球经济一体化在加速,特别是中国的自贸区和‘一带一路’两大机遇一定要抓住。2009年那一次的失败,是因为时机不成熟,资金流、信息流、包裹流、关务流、团队等因素都不具备条件,我自己不懂外语,身边没有人才,如何和对方沟通?而现在这一切都不一样了。互联网发展得再快,都需要物流和快递完全的对称,如果不对称,你就给了外企机会。所以我们需要借力用力,搭起一个舞台,大家一起来参与,我们控制终端。”

为此他勾画着走出去的三部曲,让世界因其触手可及。第一是向外资快递学习,找代理;第二是建立海外的代表处;第三是兼并重组。走出去的前提是自身的全球化,而全球化的基础是企业的规模化,所以必须要规模化。他认为和阿里合作,共赢的前提是两者可以做到业务、信息和平台三者合一。目前,圆通正在以韩国作为试点,开启以本土化建设和本土化应用为主的国际战略模式。

## 我把人生,卖给了快递

“我对自己的人生轨迹有一个总结:桐庐养育了我,宁波锻炼了我(做装修时期,宁波人教我做人做事,含蓄低调),井冈山改变了我(装修生意遇挫),上海成就了我。”

今年3月在上海见面时,喻渭蛟随身携带三样东西,手机、香烟和金嗓子喉宝。他的嗓子嘶哑,但离不了香烟,他说自己在烟雾间能感受到一种内心的宁静。外界的波澜、各种各样的传言,没有人找他对质,各种各样的说法不是压力。他说:“我想通了,对与错都是相对的,它寄托了人们对一种信念及个人方式的认同或否定。”

和喻渭蛟聊天的时候,有时候会让我想起著名财经作家吴晓波笔下的“病人”王石,对青春激荡的万科时时警觉,日日维新。喻渭蛟也是如此,他对圆通这个十五岁的“少年”现在所忧心的,一是团队建设,人才的水平支撑公司现在的成长有压力;二是提升品牌、服务和时效,增加客户的黏度;三是让快件价格能够恢复正常,让分公司再多赚一些钱。

对于自己的检讨,喻渭蛟也经常进行。他认为自己最大的弱点是脾气不好,决策果断,但有时过于急切;想法超前,给下面的人太大压力,容易出现沟通上的脱节;在整个发展过程中,他文化和资历上的不足,影响了公司对人才的选拔;过于好强,影响了他和同事的沟通。但他同时认为,敢于用人和争强好胜的特点,在圆通前进的道路上利大于弊。他刚刚拿出了一定比例的股权,让公司更多的员工(包括技术人员、优秀员工以及一些老员工、高管)成为股东,让他们体会到公司的发展。

“像任正非、马云,他们本人以很少的控股依然能够掌管公司的发展,他们是让更多的员工参与到了公司的管理中,把企业当作自己的家,每一个员工有一份责任,这是很重要的。我们目前在做这样的一个体系。我希望自己活得问心无愧,其他的就交给后人评价了。”坐在沙发上的喻渭蛟,往后靠了靠,桌边的香烟拿起又放下。

对于未来,喻渭蛟有着自己的设想:“未来的圆通是个巨无霸,我们应该会位居前三甲,但不当第一。不出意外,2020年中国市场的格局应该很清楚。”

但对于这个未来,他没有自豪,“对我来说,要实现真正的目标还有很长的一段距离,未来就是一个又一个的挑战”。记者起身的时候,喻渭蛟又抓起了茶几上刚刚放下的香烟,烟雾逐渐升腾。

## 对话喻渭蛟

**《快递》杂志:**坊间对阿里融资时圆通估值的传闻,你知道吗?

**喻渭蛟:**估值到底多少钱,坊间有各种各样的传言,想怎么传就怎么传。我和别人的算法不一样。别人说我吃亏了,我不怕,我要看拿的是什么钱,用的是什么技术,有的钱拿着是一时的,可能会套空的;有的钱拿着是和你一起成长的,提升服务质量的。别人的嘴堵不上,我来堵自己的嘴,我心里知道我在做什么。我想通了,对与错都是相对的。

**《快递》杂志:**你不担心被控制吗?

**喻渭蛟:**每个人的经营思路和出发点,以及最终实现的目标都不同。我的目标,就是做中国人的快递,我不会放弃自我。对于坊间传闻,我认为要靠时间和事实来证明。目前我们是靠互联网吃饭的,未来5至10年,不管是中国的快递发展,还是全球的快递发展,电商依然是主核心,那么谁能在这次机会中占据先机,谁就可能在这5至10年内成为领袖企业。2008年,我先来做电商快件。今天,我还和过去一样,走在前面。

**《快递》杂志:**“江湖”分化真的开始了吗?

**喻渭蛟:**这是好事,互联网的发展,需要大家共同参与,如果有分化,那首先逼得阿里自然倾斜,助推几家快递企业成长。

**《快递》杂志:**简单总结圆通最核心的竞争力。

**喻渭蛟:**目前还没有体现出来,但我认为需要三大要素支撑:一是按照标准化、流程化、制度化和信息化,建立符合市场需求的标准作业体系;二是奔着战略目标,拼搏加上共享,发挥团队的核心优势;三是我。为何说我,我如何做决定着企业朝着怎样的方向发展,所以我压力很大。

# 陈加海:风口上的“资本红人”

2013年2月,首轮融资,融资金额2亿元,投资方为鹏康投资、力鼎资本、凤凰资本;

同年2月,第二轮融资,融资金额未披露,投资方为景林资本;

2014年5月,第三轮融资,融资金额未披露,投资方为马云、虞锋、江南春等人联合创办的云锋基金;

2015年1月,第四轮融资,融资金额2亿元,投资方为海通证券。

未来,第五轮、第六轮……还有怎样的惊喜?

**掂清分量 成为靠谱的投资对象**

一轮接一轮成功的战略引资,外界给全峰快递集团董事长陈加海戴上了一顶“资本红人”的帽子。对于这个称谓,陈加海很淡定:“资本也是有规则的,我只是按照资本的规则去做这个事。”

资本是“逐利”的,在任何行业、任何领域,资本的运作,都无法绕过“逐利”这一基本规则。中国人民银行行长周小川在今年两会期间回答本刊记者关于中小企业融资难的提问时,这样解释道:“如果信贷员认为你的项目不好、有风险,就不愿意贷给你。”于快递行业而言,“项目好”自不必说,“世界第一快递大国”的市场体量、“连续48个月保持同比50%以上增速”的发展势头,就足以让资本刮目相看。问题的关键在于“风险控制”。全峰是如何做到让投资方放心的呢?

陈加海的回答很简单:“第一是有规范的管理,第二是有值得信赖的团队。”在他看来,全峰能够持续与资本“交好”,首先得益于公司的规范化管理,“特别是财务管理、税收和员工社保的缴纳等方面的规范”,这是一家公司得以持续发展的基石;其次,全峰组建以来打造的市场反应敏感、跟得上行业发展步伐的创业团队,是赢得资本信赖的关键。

事实上，业已形成的“几大多小”的行业格局，也是资本选择全峰的重要因素。对于自家企业在行业中所处的位置和分量，陈加海掂量得很清楚——身处快递第二军团，加把劲、努把力，就有望在这一军团中脱颖而出，并缩小和第一军团“通达系”的差距。“中国的快递市场体量庞大，不是几家公司就能够瓜分掉的。市场需要多元化的公司存在，这给了我们机会。”陈加海透露，在过去的2014年，全峰的业务增速超过80%，高于行业平均水平。

据国家统计局发布的数据显示，2014年，全国网上零售交易额达到27898亿元，比上一年增长49.7%。国家邮政局发布的统计结果也显示，2014年全国快递服务企业业务量累计完成139.6亿件，同比增长51.9%。两份数据的增速基本保持一致。但业内知情人士向记者透露，2014年，快递第一军团中，多家企业快递业务增速没有超过行业平均水平，甚至略低于全国网络零售交易额增速。这也就意味着，在过去的2014年，快递第一军团并没有完全消化掉电商平台的增量业务，快递业务“溢出”，给了快递第二军团机会，这也不难解释为何全峰在2014年的业务增速超过80%。

资本青睐全峰，除了良好的发展势头外，还有一个有意思的因素是“超值的性价比”。陈加海介绍说，目前全峰的市场估价是十几亿元，而第一军团的“通达系”，市场估价动辄上百亿元。同样的资本，投向“通达系”和投向全峰，所取得的“股权份额”和“话语权”也是不一样的；对资本来说，“不是太小，也不是太大的企业，既有增值的空间，同时风险也相对可控”，自然是资本值得信赖的投资对象了。

### 避开锋芒　做识时务的俊杰

资本青睐全峰，但快递业已形成的由邮政EMS、顺丰和“通达系”主导市场的格局，在短期内不会发生改变。针锋相对，无异于以卵击石。

“识时务者为俊杰”，全峰选择了一条与“通达系”快递企业差异化竞争的道路。作为一家快递企业，快递“主业”的基础设施建设的投入必不可少，这是差异化发展的基石。陈加海介绍说，引来的资本大部分投入到分拨中心建设、网络干线铺设、信息化建设和人才培养当中。其中，仅在2014年投向分拨和干线的资金就超过2亿元，占全年整体投资的50%以上；全峰自主研发的喜马拉雅系统，也将在2015年5月前后上线。

“主业”之外，全峰的业务布局也在向快运、O2O和车货匹配拓展。这是全峰避开锋芒，差异化发展的选择。“进入工业4.0时代，传统的生产制造企业开始触网，营销方式上B2B和B2C并存，需要一家具备综合服务能力的企业来为他们服务。”在陈加海看来，当前国内B2C市场仍然会保持高速增长，以电商件为主的“通达系”，大部分精力还在消化电商增量市场，“我们有资本的介入，就可以有能力去提前布局快运业务”。

而据记者了解，全峰融资后收购的快运企业亚风速运，近半年的增长势头抢眼，网点数从收购时的200多个，扩展到如今的800多个；业务量从收购时一天300多吨，到现在已经稳定在一天1000多吨。

快递业务与快运业务的协同发展，也让资源的利用率大幅提升。陈加海告诉记者，伴随着互联网在西部农村的不断渗透，西部丰富的农产品和生产原料也向东部开拓市场，干线班车将东部的电商快件运往西部，同时又可以把西部的农产品和生产原料运回东部，“不管西部的商家是选择B2C的快递，还是选择B2B的快运，我们都可以提供相应的一站式服务。”陈加海说，“我们的目标，就是做综合物流服务商。”

进入2015年，全峰再获2亿元融资。站在互联网的风口上，这一次，陈加海又把关注的目光投向了风头正劲的O2O社区服务。据他介绍,全峰会组建一个专门的团队,在北京和上海率先上线O2O业务。“O2O物流和传统的B2C物流是完全不一样的运作体系,我们也在进行尝试。”陈加海坦言,O2O正处于起步阶段,全峰希望能抓住机遇,抢先一步布局,在这个全新的电商领域,分得一杯羹。

站在风口上,全峰能够飞得多高、多远,时间将是唯一的证明。

# 余联兵:把一件事情做一千米深

从2009年创立至今,优速快递已经走过了五个年头。在一线快递竞争本来就很激烈的前提下,作为新兴力量的优速如何在夹缝中谋生存、求发展?不打“价格战”,优速有什么妙招?未来有哪些新布局?

“优速要走自己的路,但不是所有的不同都叫差异化。”优速“掌舵人”余联兵接受《快递》杂志独家专访时,首次就优速的“差异化策略”进行无保留公开拆解。

## 速递+快运

拒绝陷入同质化竞争红海的优速剑走偏锋,直指单件50公斤以内、周长不超过3米这一目标市场。单件重量若超过50公斤,则建议客户进行“拆分”,一票多件,单票重量上不封顶,按公斤收费。“以前产品定位没有这么清晰,这是从去年到现在经过半年时间重新梳理的结果,也就是小包裹速递到家,小零担快运到门。”余联兵说。

事实上,优速在成立之初,就确定要将电商快件、商业快递、零担快运三种产品放在一个平台上运营。换言之,优速一直以来都是在用两个拳头打市场——传统快递和快运业务。这套“组合拳”包含了以顺丰为代表的高端电商快件、“通达系”快递为主的电商快件以及德邦物流为代表的商业快运三种不同模式,但这并不意味着要与上述公司同质竞争,而是集众家之长,坚持走“价格差异化、产品差异化、服务差异化”的路线。

具体怎么走?余联兵心里早就有了一杆秤。其一,针对高端电商快件,如果价格比顺丰低30%~40%,即使在时效上晚1~2天,部分客户也能够接受,“这部分市场空间是很大的”;其二,巧食“通达系”不怎么愿意触碰的较高公斤段的快递市场,远离“价格战”,避免同质化;其三,聚焦“小零担”,以快递式的“门到门”高性价比服务切入单件重量在20~40公斤的快运业务市场,拓展产品种类和服务范围。

“现在回头看,我们这样的定位是很正确的。目前优速每天的快件单量是70万~80万票,但每一单的重量比较大。”余联兵说,“从优速的业务量构成来看,目前单件10公斤以内的快件占到总业务量的60%,10~30公斤占比达30%,30~50公斤占比为10%。而且从货物结构和发展趋势来看,单件10~50公斤的门到门快件占优速整个业务量的比例会逐步增加。”

差异化的定位为优速赢得了市场。余联兵表示,与2013年相比,优速2014年的业务量增长了85%,业务收入增长65%,尤其可贵的是,业务量增幅和业务收入增幅比例是较为接近的。

“今年5月优速快递将改成优速速运。”余联兵首次公开透露此消息,他说,“未来,优速要做的就是‘速递+快运’,既做3公斤以下的小快递,也做具有快递属性的门到门小零担快运。”

## 基因决定成败

在余联兵眼里,从“快递”向“速运”转型,并非“任性”为之，而是基于“优速基因”的长远布局——一方面，将近五年的磨合已经让优速的员工和客户习惯了几十公斤快件的产品定位，并渐渐摸索出了一些操作规律；另一方面，扁平化管理也为差异化定位的实现提供了有力支撑，总部与各网点直接对接，省去中间环节，管控力更强。

“员工是否适应产品定位至关重要”，在余联兵看来，同样面对10～20公斤的快件，“通达系”快递的员工无论是在中转操作，还是末端配送，都不擅长，甚至“反感”，因为他们的操作体系和模式大多是针对3公斤以内的快件。而优速最初成立起步时就一直在做“100公斤左右的大件业务”，直到去年8月才减到50公斤，上至管理调控，下至一线员工早已习惯了这种模式。而且，多年的实践也积累了许多宝贵经验。比如，在城区配送大、小件共有两种方式：一种是10公斤以下的快件由电动三轮车配送，其他快件用机动车配送；另一种是按照片区划分，同一片区的大、小件都装在一辆机动车上，但同时在车上装一辆电动自行车用于末端配送。“这种用车型来划分区域的操作比较灵活，优速在起步时就是这么做的。”

此外，扁平化管理的优势也愈加明显。“与顺丰的直营模式和‘通达系’快递的加盟模式所不同，优速是在用加盟式的平台和速度做直营化的管理。”余联兵告诉记者，目前，优速已经在全国各省会城市及其他大中城市建立了共80余个直营的一、二级分拨中心，拥有营业网点近4000家。“优速的营业网点类似于小分拨中心，员工就好比是小加盟商，每个加盟店直接对总部，没有中间环节，实行的是扁平化管理。”余联兵透露，今年会将分拨中心拓展至100个，再用两年时间增加到200多个，在重要的地级市如嘉兴、泰昌、昆山、苏州等地都要设分拨中心。这样将分拨中心搬到了每个网点的“家门口”，总部对网点的掌控性和管理的便利性会越来越高。

尽管有着先天的基因优势，但不可否认，相对于一线快递，优速在网络上并不占优势，对这一点余联兵有着清醒的认知：“弥补网络短板的做法是在产品上下功夫。”全国网络一盘棋，但盘棋中每个棋子又有着各自不同的特点。优速的做法是，先在某一个城市针对特定的市场推出个性化产品，如果有可复制性再向其他城市推广。比如近期启动“限时达”产品，客户下单后12小时内完成本地配送，24小时限本省，跨省1000公里范围内限定48小时，1500公里以上限定72小时。“我们将根据区域的距离来决定规范时效承诺的模板。目前正在内部测试阶段，争取3～6个月成熟之后向市场推广，在我们承诺的时间内快件送不到不收费。这可能是未来优速最核心的一块业务。北京、广州、深圳已经做到当日收当日达，配送时间不超过12小时，这些地方的经验对其他城市‘限时达’产品的开发是很有帮助的。”余联兵坚信，只要在产品结构、收费定位、限时达落地三方面下足功夫，就能避免同质化竞争。

### 占道“国际起跑线”

相对于厮杀异常激烈的国内快递市场，余联兵认为正在崛起和规范之中的国际快递市场正在形成一条新的“赛道”，谁能抢先一步，占道“国际起跑线”，谁就能在未来的发展中赢得先机。在今年年初举办的公司成立五周年庆典上，优速宣布2015年将在国际化布局上写下浓墨重彩的一笔——加快开拓美、俄、日、韩、欧洲、东南亚、南非、澳洲的跨境电商进程。

其实早在2014年，优速就已经入股美国百通快递（现在更名为美国优速百通），在美国7个城市开通跨境海淘业务。依托美国百通在法兰克福、米兰、东京、高雄和罗马等地的仓库，优速的国际业务范围大大拓展，与澳大利亚、俄罗斯等的跨境海淘也在对接中。

跨境海淘，优速做什么？一是利用国际网络做海淘转运服务，二是在主要城市与专业清关公司进行战略合作。比如有客户在速卖通上购买的商品需要退回到德国，那么这个商品可以暂时存在优速的海外仓中，等二次销售之后直接从海外仓发货即可。对于海淘买家而言，优速提供的服务就是把商品集中到海外仓，然后用集运的方式清关、派送，实现一单到底。

做事情就像打井一样，如果不坚持深度，无论打多么宽的井口都不可能得到太多水。“做企业也一样，就是要专一，把一件事情做好做深会有意想不到的效果。优速就是要把一件事情做一米宽一千米深，我们现在可能才做到一米宽十米深，这仅仅是个开始。”余联兵说。

# 童文红：与合作伙伴唇齿相依

“一个人的价值观和取向，决定了你去做什么事，企业亦如此，成长的道路同样由价值、使命和愿景驱动。菜鸟要做什么，就是做平台，一个用数据驱动的物流服务协同平台。”甫一落座，菜鸟网络总裁童文红即开门见山。

菜鸟到底要做什么？从菜鸟诞生的那天开始，各种猜测就一直萦绕，即使走过了两年，它的步伐也让很多人猜不透。2015年9月1日，《快递》杂志记者奔赴杭州，专访童文红，听她一点一点地为我们描摹她心中的菜鸟和伙伴的未来。

**“没有规则的平台都是耍流氓”**

“互联网驱动下的很多企业都是探索性地走自己的路，如果现在让我给菜鸟清晰地画张像，那这个企业就做不大了。如同阿里的使命是让天下没有难做的生意，菜鸟的目标也如此，就是用互联网思维让物流更透明、更诚信、更便利。一是做数据驱动，二是做数据驱动的物流服务协同平台。”童文红说，菜鸟从成立的第一天开始，最远大的梦想就是能够帮助商家货通天下，为消费者提供好的物流体验，这是菜鸟的初心。

“初心”这个词，成为接下来采访中的高频词汇，“不忘初心，携手前行”，这也是在5月28日菜鸟两周年的江湖大会上，童文红分享的题目。但伴随着这份初心，两年走过来，各种声音和异议也如影随形，尤其是对圆通速递进行战略投资之后，各种声音不绝于耳，对于此，童文红并不回避：“我始终相信一句话，群众的眼睛是雪亮的，我们和快递公司唇齿相依，如果他们不好我们就不会好，只要你说的和做的是一回事，我相信总有快递公司看到我们的努力，最终会乐意合作。”

她也同时强调说：“当然，我们会更多帮助那些和平台理念一致，定位在数据驱动，追求开放协同，追求资源合理利用的合作伙伴。绝对的大锅饭不会带来任何进步和变革，没有规则的平台都是耍流氓。我们的目的是推动快递服务升级，因为同质化的网络已经不能满足消费者的需求。如果说十年前能够送到就是惊喜，那么现在更多的消费者追求的是体验，是送得好和送得准。这也是多样化的需求，是自由的选择。”

在童文红的带领下，菜鸟网络这两年相继推出了多个大数据产品，既包括电子面单、大数据分单路由，也有瞄准超时异常件的“鹰眼”项目、旺季预测的物流预警雷达等。这些产品帮助快递公司逐步升级了信息化水平，提升了效率和管理水平。

满足用户体验，自然不能只靠快递，同时也要解决资源问题，所以在“配”之外，菜鸟的另一步棋，是联合合作伙伴搭建全国共享的仓配网络。

童文红介绍说，目前在淘系平台，无论是后期成长的淘系卖家，还是全球知名的品牌商家，单点发全国的物流方式已经不能满足需求，自己做仓库管理费时费力，又容易造成资源浪费，更难以满足促销时期的弹性需求，年年搬仓，时时费力。菜鸟要做的事情，就是要通过平台进行各方资源聚集，通过规模化提升效率，做出效益，在全国的核心城市做出 8 ~ 10 个核心仓，同时打通各地二三级仓，联通各个品牌仓，跑通数据，更快地影响消费者需求，产生新的商业价值。

童文红说，在菜鸟仓配业务上，不少合作伙伴已经共同成长起来，比如做仓内服务的心怡，从过去每天处理几百单到现在每天处理 30 多万单。心怡甚至准备在山东联合一些学校，培养自己专业人才，来满足业务的快速扩张。

**“适应需要颠覆江湖关系、江湖情面”**

对于菜鸟全国建仓，淘系快递会不会沦为落地配的说法，童文红一笑置之，她认为，快递公司未来应该定位于综合物流服务商，落地配只是其中的一个形态，还包括仓配、干线网络和快运网络，以及未来可能产生的其他快递形式。“第一你要看到这个平台的蛋糕是非常大的，不是饱和的市场，一个盘子这么大，抢了 1/3，还剩 2/3，并且还在逐年增长，快递公司首先把快递的盘子抢下来；第二快递公司需要变革，既然落地配是大家看到的趋势，就应该跟着去走，给各地的网络老板第二个机会和产品。”

一直以来，通达系快递的优势在于加盟，快速地复制和扩张。童文红认为，这完全发挥了中国人的智慧和特色，如果谈众筹和众包的概念，中国快递做的是最大的众筹和众包模式，每个股东都拿出钱来，每一个快递员都在参与配送，每个人都在出卖劳动力。但她也在设想，随着未来五年的发展，当每天的包裹达到 2 亿件的时候，快递公司能否还继续沿用这种模式。

“这张网效率很高，通达很广，在中国大部分地区平均效率相对较高，平均分高于别人，但拔尖项目不多，这是目前通达系快递的现状。如何变成能适应不同地域和不同需求的消费者的企业，就需要颠覆以前靠江湖关系维持的利益关系和江湖情面维系的网络关系，变成西方比较科学的、数据化的、结构化的、能够协同的管理结构，同时又能够保留加盟特色，在经济上保持高速增长，思想上保持协调统一，组织形式上保持活泼灵动。”童文红说，菜鸟不能革谁的命，商业形态的不断变化，促使着社会不断变革，真正的革命来源于自己，这个过程会很痛苦，但谁都要变。

童文红说话，直接、爽快，在整个采访过程中，“初心”这个词，不仅仅用在菜鸟平台上，也用在她自己身上，谈到她自己的传奇经历，她说：“我从来没觉得自己与众不同过，我是一个非常平凡的女人，可以走到今天，是历史和命运决定的，是因为选择的目标和企业的价值观一致，所以一直坚持自己，坚持自己的初心并且会把它转化为自己的行动，对得起自己，对得起信任自己的人。”

“当别人把阿里说成神话，我觉得它还是我心中的阿里；别人抨击阿里，我依然觉得它还是我心中的阿里：一群快乐的年轻人在一起，相信透明开放，希望用互联网来帮助中国经济进行变革。我们就是这样围着一个目标，相信你相信的事情，一直去努力。”对于各位快递业同仁来讲，这句话也很贴切，不是吗？

### 对话童文红

**《快递》杂志：**阿里巴巴在与苏宁达成的合作中提及菜鸟与苏宁物流也将达成合作。双方将在哪些方面开展合作？苏宁物流将为菜鸟网络带来哪些变化？

**童文红：**苏宁物流放在平台上合作是肯定的，我们已经开始做全国仓储和物流方面的接入，将来无论是国内还是国际网络，都会开启合作。但毋庸置疑的是，无论任何一家合作伙伴，即使是投资的伙伴，也是独立的个体，有自己坚定的发展方向。

**《快递》杂志：**“最后一公里”一直是制约快递业发展的主要瓶颈问题，菜鸟在这方面也做出了很多尝试。其中，菜鸟驿站的推广和与速递易等智能快递柜企业的合作最受关注。您怎样判断这两种服务模式的未来发展趋势？

**童文红：**末端的形式一共有四种形态的融合，一是小件员送；二是特定波峰之下的众包模式；三是驿站，四是快件箱，目前以小件员为主。四种不同形式组成末端网络，相互协调共存，我们要防止出现一种现象就是人为地割裂，这样无法形成最高效的服务。快件箱完全不收费是做不下去的，但收费模式还需要探讨。未来是消费者驱动的，如何让消费者认可是最大的问题。驿站不只是菜鸟的，而是以物流的刚需为契机搭建的综合服务平台，要做成一个开放的，把互联网的长尾需求聚焦起来的平台，才能更好活下去。

**《快递》杂志：**随着“双11”的临近，除“菜鸟天地”将物流雷达预警日常化外，菜鸟对今年的业务旺季还做了哪些准备工作？目前进展如何？

**童文红：**针对今年“双11”，菜鸟已经和快递公司开过一次会，做了量的预测，内部形成了“双11”的行动小组。今年的“双11”，除了快递，还有仓配体系、跨境、农村，可以说是一个物流的大会战。今年物流数据也会跑在系统上，所以对我们系统的压力会很大。我们希望可以在往年的基础上，和邮政管理部门、快递协会以及快递企业做出更多的互动和联动。

**《快递》杂志：**您在多个场合谈到价格战，如何为价格战支招？

**童文红：**价格战到了失去理智的地步，这已经不再是市场行为，所以抵制价格战是社会责任，是为了改善快递员的生存环境。2004年的时候，淘宝曾统一帮助卖家去谈快递价格，也只从8.5元谈到8元，但十年以后的今天已经变成了3.5元。菜鸟和快递公司唇齿相依，如果他们不好我们就不会好，所以无论是为了社会责任还是我们的发展，我们的参与都可以打破他们自己恶性竞争的局面。

我们一方面会为大家打开一条通道，商家的搜索排序除了销量，也让服务成为评价的一部分，让商家选择快递公司的时候，更多地从服务入手；另一方面是关掉一些不健康的阀门。比如制止“炒信”，下线违规快递公司，同时处罚商家；三是希望能够多方协作，改进快递员的末端派费，让小件员能有职业尊严和信心。这是一个逐步调整的过程，不可能一下子提升，但如果置之不理，压死骆驼的最后半根稻草可能就在不远处。

# 刘强东：管理如瘦身

最近一直在看一本书，《创京东》。刘强东亲述的创业之路，书中采访了258位相关人士，激动、喜悦、彷徨、焦虑、尴尬、窘迫，成长过程中的种种情绪在书中杂糅。不似这次的采访，刘强东更多的是从创业者到企业家的自信和笃定，诚如他所言，“创业的道路是一条孤独的道路，只要你相信你所做的事情是有价值的，并长久地坚持下去，就能获得回报。健身同样如此，你只要设定一个合理的目标，并日复一日地坚持，其实并不是一件难事。”

## 一切只为用户体验

自建物流的勇气和底气在

哪里？这是在采访刘强东之前，大家统一提出的问题。自建物流发生在2007年，这一年，刘强东一意孤行地干了两件事，一是坚持开启全品类战略；二是自建仓配一体的物流体系。如今看来，用丰富的商品留住客户、提供越来越好的用户体验这些都是英明之举，但对于当时的京东来说，无异于一场革命。不过在12年的发展过程中，刘强东早已习惯了自我革命，习惯了探索自我的成长道路。

京东打造物流系统的两个用意，前端是为了给客户提供最佳体验。在电商逐渐同质化发展的情况下，拥有良好的物流体系，能大大提升客户体验和产品品质，这是京东的核心竞争力和差异化优势。但如果牺牲成本去换取用户体验，这个商业模式是不可持续的。

另一个需求就是降低整个物流成本。京东商城十多年来追求的就是降低运营成本、提高运营效率、拥有健康的现金流。

这也是迄今为止京东颇为骄傲的三个层面。在刘强东看来："零售业拼的就是成本、效率和现金流，京东把这三件事做到了极致，行业内最低的运营成本、最高的运营效率、非常健康的现金流。京东的账期和库存周转天数在行业内都是最低的。"

京东物流的核心理念，是减少物品搬动次数，刘强东说："由于我们采用仓配一体化物流模式，建的仓库越多，货物离我们的消费者就越近，货物移动的距离越来越短，速度越来越快，成本也越来越低，因此是一个正向循环，规模越大，成效越明显。同时，我们大部分物流支出是运营性投入而不是资本支出。"

所以，京东一直在不断地推进物流进步，根本目的是将用户体验提升到极致。2010年，京东推出"211限时达"（当日达），是全球第一家推出当日达物流服务的电商。2013年，京东推出了三小时送达的极速达服务，进一步提升了配送速度。今年，京东开始通过"京东到家"实现2小时内送达，未来目标是最快实现15～30分钟配送。在这一点上，刘强东也颇为骄傲："在以用户体验为出发点的基础上，京东的确引领着中国快递行业的服务水平，未来，京东的物流系统也将继续为消费者提供最好的用户体验。"

我们也由此看到了不断完善的物流设施建设带来的"京东效应"，对于物品快速送达的习惯依赖，不断提升的用户体验，为京东带来越来越庞大的用户基数，海量的用户群体产生海量的订单量，海量的订单决定了巨大的GMV交易数据，巨大的GMV数据就产生了可观的实际流水额度。这对京东业务量的稳健增长构成了良性循环。京东2015财年第一季度报告显示，2015年第一季度交易总额达878亿元人民币，同比增长99%，是行业平均增速的两倍。

### 让快递员活得更有尊严

"兄弟们"，这是刘强东对京东员工习惯性的称呼，他在演讲中提到，"让每个快递员、每个兄弟，工作满一年以上的，都能感受到自己活得有尊严。"对于京东而言，自建物流体系中拥有数以万计工作在仓储、配送和客服等部门的一线员工。如同我们身边的其他快递公司一样，这些员工很多是从农村来到城市的打工人员，现在人们习惯性地称呼他们为"新生代农民工"。从乡村到城市，他们没有摆脱身上的农民标签，但他们的思想和行动，在极力地和每一座城市进行融合。

在关爱员工这一点上，刘强东自豪地说，京东为兄弟们提供了相对公平的市场待遇和社会地位，包括具有竞争力的薪水、五险一金、意外伤害险等。此外，京东还设置了针对一线员工的各种补贴关怀，京东的全体员工都享有全勤补贴、餐费补贴、工龄补贴。除此之外，针对倒班的夜班客服，给予夜班补贴；针对搬仓的仓储员工，给予风雨同舟补贴；对于在外奔波送货的配送员和没有空调暖气的仓储员工，给予防寒防暑补贴；对身处丽江、西藏等地的配送员，给予高原补贴等。对于室外作业的配送员，除了提供高于国家规定的高温补贴外，当室外作业气温高于38摄氏度(含)以上时，还将额外给予每人每天20元的超高温补助。所以，2014年春节，京东给春节期间值班且孩子在外地的员工，一个孩子补助3000元的消息，让其他企业的快递员内心也阵阵躁动。

也正是这些实实在在的关怀，让京东的员工形成了时时处处关心别人的习惯，“背起昏迷的老人冲进医院。”“2013年‘7·21’北京暴雨坚持送货，自发参与北京抢险、救人、抢救财物”“砸破出车祸车辆救出伤员”，刘强东说起这些的时候，内心是骄傲的。危急的时候毫不犹豫地站出来，他认为，这就是京东人。

除了物质的关怀，京东也在更多地给予这些员工成长的动力，为他们融入每一座城市增添力量，满足这些基层员工学历普遍不高，但却对教育非常渴求的心理，京东联合一些高校推出“我在京东上大学”、“我在京东读硕士”项目，让员工可以通过远程学习，取得大专、本科和硕士学历。

正向循环的，不只是自建物流带来的距离越来越短、速度越来越快和成本越来越低，还有快递员价值的自我实现、产品的不断创新和消费者的极致体验。刘强东说：“对于消费者来说，京东坚持了12年并将继续在未来100年坚持做的，就是持续提升用户体验。”

未来100年，一个企业的雄心，莫过于此。

## 对话刘强东

**《快递》杂志：**和京东自建物流不同，阿里巴巴旗下的菜鸟一直强调“绝不做快递”，您觉得京东与阿里巴巴物流模式有哪些同与不同？

**刘强东：**京东的商业理念、商业模式、商业追求和阿里是不同的。京东是以自营的方式，大规模地、组织化地管理商品，以最少的搬运次数，最快的流动速率，降低整个社会的交易成本，提升整个社会的交易效率，所以二者的努力方向不一样，二者创造的价值也不同。

京东建立的以“价值链整合”为核心的商业模式，大大降低了社会交易成本，提升了社会交易效率，为社会、行业、用户创造价值，为用户提供最优质的购物体验是京东立于不败之地的核心竞争力。

**《快递》杂志：**京东快递官网上线有一段时间了，在京东开放平台上，也有快递企业提供服务，京东将来会不会做一个“菜鸟”式的企业？为什么？

**刘强东：**京东打造物流系统是为了给客户提供最佳体验。在电商逐渐同质化发展的情况下，拥有良好的物流体系，能大大提升客户体验和产品品质，这是京东的核心竞争力和差异化优势。京东不会牺牲成本去换取用户体验。京东永远也不会去学其他的公司。未来，京东将继续保持在物流上的投资，为用户提供更高水准的电商物流服务。

**《快递》杂志：**大家都对您成功瘦身特别感兴趣，也把这个话题和企业管理结合起来。您一直是一个特别坚持的人，在瘦身这件事上也很坚持，您认为，管理自己的身体和管理企业有哪些异曲同工之妙？

**刘强东：**管理身体与管理企业有很多相似之处，例如，二者都需要有明确的目标，并且制定计划，长时间地坚持。在管理企业方面，京东走过的12年，面临过数次生死抉择，作为一个从零开始的电商企业，如果没有我们在一些重大战略决策上的坚持，也许今天的京东会是另一个版本。2007年，我们决定自建物流体系，在很多人看来，这几乎是不可能完成的任务，但今天我们做到了。我始终相信，创业的道路是一条孤独的道路，只要你相信你所做的事情是有价值的，并长久地坚持下去，就能获得回报。健身同样如此，你只要设定一个合理的目标，并日复一日地坚持，其实并不是一件难事。

**《快递》杂志：**在O2O方面，京东做了很多尝试，最新的是

"京东到家"，做京东众包，"发动广场舞大妈送快递"，您对京东O2O未来全景有什么考虑？

**刘强东**：今年3月16日，京东的O2O项目"京东到家"正式上线，是对原有的京东商城模式的一个重大的修补，解决了消费者消费生鲜蔬菜的问题，即吃的问题。我们提出了京东O2O未来发展的"3P"战略：满足多场景需求的品质产品（Product），最低的价格（Price），以及个性化的服务（Personalized Service）。产品方面：提供生鲜蔬菜等日常生活必需品和多样化的本地生活服务，主要在生鲜类商品上实现突破，而生活服务将主要采取合作的方式推进；价格方面：尽量保持较低的价格；个性化服务方面：针对"多场景"的需求和服务进行大力度的创新。由于O2O业务中的顾客需求和服务具有非标准化的特征，所以京东在投入资源和精力为顾客提供个性化服务方面进行大量创新。

"京东到家"主打生鲜产品，它利用移动互联网，整合3公里范围内的超市、鲜花店、水果店、蛋糕店等实体店资源，为消费者提供"2小时快速送达"服务。除了自有配送体系外，京东还推出了众包物流，利用社会化运力实现商品的快速送达。餐饮外卖、家政、洗衣、洗车、美甲、按摩等本地生活服务也是京东到家的重点发展方向，可为消费者提供专业的上门服务。

**《快递》杂志**：2015年京东的主题是"创新突破"，而今半年的发展是否应和了主题？下一步突破的方向在哪里？

**刘强东**：2015年，京东在电子商务核心业务保持高速稳健增长的同时，在新业务拓展上的积极大胆更为京东交易总量的不断攀升注入持久活力，特别是在O2O领域、互联网金融领域、京东智能领域的触角已经深入行业核心区，并取得了一系列的突破进展。在O2O领域，京东开辟出一个全新的板块——"京东到家"，打造了健康的O2O全生态产业链；京东消费金融和京东众筹平台已经成为了中国行业第一品牌，业界评价极高；在智能领域方面，京东已经形成了比较完整而开放的智能生态链布局。

京东在农村电商方面，通过京东帮服务店、县级服务中心、乡村推广员等形式，深入田间地头，改造落后的农村流通体系，将质优价廉的产品带到农村，让农民享受到高效现代的电商服务，推进消费公平，并在农产品进城上，减少中间环节、消除信息不对称、助推农副产品实现品牌化增值、帮助农民增收。

# 袁岳：唯有热爱、投入和精湛

"两张名片都给你一个。"袁岳拿起他的两张名片递给记者。

一张是零点研究咨询集团董事长，中规中矩的尺寸，呈现着一个成长21年的企业的成熟；一张是飞马旅创业服务机构发起人，瘦长型的竖版名片，散发着拥抱互联网的气息。

面对记者"两张名片风格差异很大"的愣怔，袁岳一笑："不能只是天马行空，一定要有稳固的根基。"零点是立身之本，而"一群老男人组成的飞马旅，则希望让更多小马比其他人飞得更快"。

其实这也只是袁岳诸多身份中的两个。上网搜索他的名字，百度百科上有一长串的注释，独立媒体人、"黑苹果青年项目"发起人、专栏作家、主持人等等，不一而足。

如此多的身份，交织在不同的领域，如何做到腾转挪移，游刃有余，袁岳回答得很开心:“孤独地干活不能持久，你有喜欢做的事，正好碰到其他喜欢做事的人，大家在一起共同投入、互相欣赏、互相激励，就能够持久干下去。你的成就感和满足感，是你比其他人跑得早一点，想得明白一点。以这种能力做天使投资，你就可以在早期用很合适的价钱发现一个很好的项目。”

8 年前，零点集团和快递结缘，开始快递服务满意度调查;3 年前，飞马旅成立，投资对象之一是安能物流，3 年时间总部的年收入从 200 万元做到 24 亿元，给了大家一个互联网时代现实力量和互联网力量共同结合的样本。

如何把快递的发展和互联网结合在一起？如何和在互联网下成长的这代人共进退？这天的采访，从袁岳最近活跃在上海青浦，和民营快递企业老板一起聊天说起。

### 数据不是臭豆腐，越久越好

“七八年前一说干快递，‘傻大笨粗’几乎是代名词，很多快递企业跟我表示，都说我服务不好，我生意都忙不过来，干嘛要搞服务？但最近聊天，他们的思维明显改变，提升服务的意愿强烈，但抓手是什么，每天积累的大量数据怎么用，还都非常模糊。”袁岳开门见山。

“但其实数据又不是臭豆腐，越久越好。”在这一点上，袁岳认为国家邮政局作为一个政府部门，很早用数据和信息来监管企业。可以说企业今天能够重视数据，是被政府带起来的。他说:“现在很多行政管理是靠补贴，我们是靠数据来管理，在数据的运用上做到了点面结合，这是做产业管理的路数。”言语中满是赞叹的语气。

对于如何对待企业满意度不稳定的表现，袁岳认为，满意度的表现由服务模式决定，很多企业管理沿袭一个固定的模式，没有探讨过模式的合理性，而是紧盯干活的人，结果适得其反。国际快递企业都在不断地重构、设计和优化整个服务流程，国内快递企业的运作模式本身需要研究和改进。“但说句很俗的话，满意度是在研究屁股是否擦干净，活应该怎么干？这是站在‘头’的角度应该考虑的问题。一个站在服务前端，一个是站在服务后端，真正想让消费者满意，需要从头考虑，所以一定要有政策前研究。”

“8 年来，在满意度这把尺子的衡量下，可以看出行业的服务流程健全度越来越高，服务做得愈加细致。但是说白了，满意度有点像体检表，当时会有紧张感，但治疗病症和体检是两码事。”袁岳认为，现在大家有很强烈的变革愿望，对新思路感兴趣，对服务指标更加关注，过去有缺口只管抹平，现在是整个服务质量的提升。但是也有一些企业对于满意度的理解仅仅停留在不能往下掉名次上，还没有从深处意识到整个服务链条的抓手在哪里。

### 物流不是物资流，是人员流

袁岳说自己非常喜欢做的测验就是到一个地方，问大家有多少人希望更好的服务，又有多少人愿意自己去为别人做更好的服务。在这两问中，前者在各个地方都接近 100%，而后者的答案从 1% 到 30% 不等。那如何让人愿意自己去为别人做更好的服务？袁岳给出的改进抓手，说白了是在“人”上下功夫。一是神秘客户，二是员工满意度。神秘客户在企业毫无防备下真实深入地了解企业服务情况，但更重要的是防止员工把自身的不满意通过服务传导给客户，所以一定要用好员工满意度这把利刃。

“物流不是物资流，是人员流。对于快递业来讲，已经不是老板打打鸡血就能把员工留下的时代，员工需要的是更好的职业空间、更多的参与感和融入感，更好的荣誉感和存在感。”袁岳说，快递企业目前的隐患问题，是人员流动非常大。客户要求越来越高，但能够达到要求的员工越来越少。所以一要重视员工，了解员工的满意度；二要利用信息化和标准化服务提高物流附加值；三要加强专项人才培养。他给出的人才培养建议，是办学。到偏远地区，培养成批的人才，增强人员之间的人际依赖。

“现在的年轻人，追求和老板之间扁平的关系，比如一个修脚工，可能老板在前台修脚，他在给客人洗脚，这是哥俩的关系。但现在很多快递公司的老板，和员工之间的差距很大，等级很强。从员工培养和保留的角度，真正有感情的员工，还是要从长期培养中产生，从初期知道怎么干，到后期的成熟，再把对顾客的重视，转变为对员工的重视，才能真正留下员工。”袁岳说。

**产业物流的关键，是产品互联网化**

谈到如何服务国内制造业，袁岳说：“目前的产品制造，更多的是用规模效应弥补各个方面的不足，如果货物价值不提高，快递服务制造业就很难实现。”他认为，新时代的年轻人成长在互联网下，是严苛的消费者，生产者不能再生产一堆货品变成尾货甩卖，而是满足消费者对时间、品质的控制，符合唯美的要求，符合定制的需求，提高产品的附加值。只有这样，生产者才愿意把快递物流分包，才愿意付出较高价值的供应链管理。从这个意义上讲，产品互联网化，才是产业互联网化的关键。

在服务产业物流的过程中，袁岳认为外资快递的优势在一定程度上正在弱化，面对中国丰富的消费品类，不仅仅是中国的快递物流公司，很多创业企业都有很多机会。他说，在2012年曾和申通董事长陈德军在飞机上聊过产业物流的话题，申通当时的发展规模为产品细分提供了可能，而且对整个公司的服务品质提升会有很大帮助，最主要的是抓紧行动。

“没有一个优势是不可学习和替代的，只要抓住一个需求，找到一个模式，只要有一群情投意合的人，就会有人愿意为这个模式埋单和投入，就可以做到精湛。”

袁岳起身去机场，他要赶晚上10点的飞机回上海。他的微博上显示，乘坐这趟航班到家的时间为0:45。

这个时间，对他而言，不是一天的结束，而是新的开始。

这一刻，对于快递人来说，是永远没有停歇的现在。

# 张树泉：搏击“新物流”

2013年10月，小麦公社的第一个营业厅落户北京理工大学；10个月后的2014年8月，小麦公社即获得红杉资本1000万美元的注资。截至2014年年底，他们的服务已经拓展至全国438所高校的800多万人群；在未来，他们的目标是覆盖100个城市的1500所高校。

飞速成长中的小麦公社并不是一家快递公司，却成功打通了校园快递“最后一公里”的梗阻，并力图重新定义快递末端服务。小麦公社创始人之一、公司副总经理张树泉在接受了本刊独家专访时，详解了小麦公社搏击“新物流”的方向与路径。

**“做快递的买卖，但不抢快递的生意”**

小麦公社创业团队的办公地点位于北京市海淀区五道口清华科技园内。在这里，你几乎看不到任何传统意义上与快递相关的元素，但他们所做的事情，却不折不扣地与快递相关。

“小麦公社和快递公司是互为补充、相互促进，而非竞争关系。我们做‘最后100米’服务，一方面是解决学校的问题，另一方面也是解决快递公司的问题。我们不是快递公司，我们只是服务于快递的一个环节。”

甫一坐定,张树泉就向记者说明了小麦公社的市场定位和经营理念——“校园物流公司”及“电商校园渠道服务商”。

在创业者眼中,这里仍是一片蓝海。觊觎这块蛋糕的大有人在,但机遇为什么会垂青“小麦”?在张树泉看来,这得益于两点:第一,随着电子商务、O2O的发展,人们的消费习惯和对快递的认知正在发生变化,“校门摆摊送件”已经从快递服务的“痛点”变成社会物流的“痛点”,需要一个社会化的方案来解决,小麦公社独立于快递企业和学校之外的第三方地位,提供的正是这样的社会化解决方案。第二,高校校园作为相对封闭的社区,需要快递服务的进入,但其生态系统中,对快递的承载能力又十分有限,单个快递企业的进驻只能解决该企业一家的问题。因此,在校园快递的生态系统中,急需一个公共服务平台来对接各快递公司,而具备资源整合能力的小麦公社,正顺应了这种趋势和诉求。

“与‘电商+快递’这对‘命运共同体’所构成的产业链式生态圈不同,随着O2O的快速崛起,以校园、社区等为中心,以‘最后一公里’配送为载体的本地生活式的生态圈正在形成,未来可供拓展的空间与商机巨大。”张树泉坦言,“我们确实在做快递的买卖,但未来绝不会抢快递的生意。”

### 前台“傻瓜式”后台“精细化”

小麦公社进驻校园的形式与其他第三方校园共同派送大体一致:在校内设立营业厅,承接快递企业及电商企业的快件,向校内师生提供派件或自提服务。盈利主要来源于和快递公司之间的费用结算。不同之处在于,小麦公社自己研发的IT系统、APP客户端,每一票进入小麦公社的快件,都有唯一与之相匹配的小麦条码,消费者可以通过手机APP和小麦公社进行互动,选择是上营业厅自提还是送货上门。信息系统的应用,不仅增加了小麦和客户之间的黏度,还借此实现了运营管理中的标准化、信息化。

“创业一年多,小麦公社始终坚持做一件事情,即流程优化。”张树泉介绍说,在实践中,通过对快件摆放位置的计算,前台的操作越来越“傻瓜化”,从信息指令收录到找到快件所在货架中的位置,必须在10秒钟内完成。另一方面,通过与快递企业总部的战略合作,实现小麦公社与快递企业之间的信息对接。张树泉透露,目前,小麦公社已经与包括顺丰、圆通、中通以及FedEx等在内多家快递企业总部签署合作协议。

前台的“傻瓜式”操作,离不开后台的“精细化”运营。为了实现这一目的,张树泉和他的团队“不避讳任何负面的东西”。张树泉认为,作为一家初创公司,最需要的就是能够跟客户进行更多、更深入的交流:“小麦刚开始运营时,由于经验不足,客户体验一度十分糟糕。面对这些批评,我们没有回避,而是尽最大努力改变,仅用时半年就研发出一套全新的系统和解决方案,不但解决了问题,在与客户的深度互动中还收获了信任和支持。”

“依托于系统的优化和升级,即便是新入职的员工,每天至少也能收派200件快件。在此基础上,2015年3月,小麦公社还将在全国范围内推行‘即时响应’服务,随时随地满足用户需求。”张树泉说。

### 打造校园生态 服务本地生活

校园快递市场潜力有多大?张树泉的调研结果可见一斑:小麦公社所覆盖的高校中,网购人群占比为17%~25%,根据学校男女比例和区域消费水平略有差异;随着本地生活以及O2O业务的发展,校园网购人群的占比有望提升至30%~40%,这意味着快件量将至少增长一倍;在一线城市,单个学生每月的实际支出约为2000元,但其在校园内的消费仅为100元左右(日常餐饮除外),绝大部分的消费都是在网上或者校园外产生。可以预见,在校园本地生活服务与校园网购的背后,潜藏着一个年产值达千亿级规模的产业。

小麦所关注的，就是这座沉睡中的“富矿”。“校园只是我们进入新物流的切入点。”张树泉说。

所谓“新物流”，是指以本地生活为服务对象的新兴快递配送方式，它代表的是供应链条上各个环节的相互配合、相互刺激和相互促进。除了单纯的快件配送，广义上还包括了O2O零售服务、外卖服务、半成品生鲜电商服务等。

张树泉透露，在小麦公社未来的业务板块中，传统的快递服务只是一部分基础性服务，随着消费者的观念从追求“低价”到追求“有品质”的“便捷”服务，满足消费者的“个性化”需求的“个性化”服务，将是小麦公社未来业务的着力点。

“O2O模式下，消费者对时效的要求，对快递服务能力的要求都会更高，比如说校内的外卖送餐等，‘本地生活’对物流配送的需求，会进一步加速市场的细分，传统快递不能做到的，我们可以做到。细分市场的需求相对较少，但利润会更高。”张树泉说。

采访中，张树泉多次提及“高校即为封闭社区”的概念。目前小麦公社在高校“最后一公里”方面的种种努力，也像是在打造一个可以复制的“样本”。这种运营模式有可能复制到校园外的社区吗？张树泉没有明确表态，而是将关注点再次投向校园：“我们追求的并不是统一的模板，而是力求千人千面，让每一所校园的小麦都有着自身的特点和性格，并争取用2～3年的时间确定校园生态。”

“校园之外的事情，留给未来。”张树泉说。

# 第十篇　行业展望

## 2016 年中国快递市场发展趋势

### 一、快递业迎来政策发展机遇期

近年来，中央先后在大力发展电子商务、加快培育经济发展新动力、积极推进“互联网 +”行动计划、中国制造 2025、发展现代农业等重大国策中，给予快递业巨大的政策支持。特别是 2015 年 10 月 23 日发布的《国务院关于促进快递业发展的若干意见》，对未来五年，乃至更长时期快递业发展做出总体部署和系统安排。这是时隔 10 年之后，再度以国务院名义发布支持邮政行业发展的文件，也是首个具体促进快递业发展的国务院文件，具有里程碑意义。

可以预见，随着《国务院关于促进快递业发展的若干意见》的贯彻落实、《国民经济和社会发展的第十三个五年规划纲要》涉及快递业的诸多政策和重大工程保障措施的出台，以及各级地方政府出台的含金量极高的促进快递业发展的区域政策的实施，2016 年，我国快递业将迎来一个重要的政策发展机遇期。

### 二、优质资源加快向快递业汇聚

伴随着市场经济改革的不断深入，特别是“互联网 +”行动计划和供给侧结构性改革的实施，快递业的转型升级被赋予新的时代内涵，迎来一个新的调整机遇期。市场在资源的配置中起决定性作用，市场的导向作用将会愈加明显。外部资本的积极介入，先进的管理理念和优秀人才等优质资源加快向优质企业汇聚。2016 年，“互联网 +”行动计划将推动各类社会资源要素加速流入快递市场，部分品牌快递企业已经成为“大众创业、万众创新”的重要载体和“互联网 +”的试验平台。快递业在进行供给侧结构性改革中，以“调结构、补短板、强服务”为重点，加快实现发展从被动适应型向主动引领型转变，将有望打破单一化、同质化、低质化现状，向多元化、规范化、精细化转型，压减低效供给，提高质量效率，实现快递业的科学发展。

### 三、快递企业加速重组上市步伐

2015 年 12 月 1 日，上市公司艾迪西发布公告，拟向上海德殷投资控股有限公司发行股份购买其持有申通快递 80% 股份，拟向陈德军、陈小英支付现金购买其合计持有的申通快递 20% 股份，交易完成后，德殷控股将成为上市公司的控股股东，陈德军、陈小英将成为上市公司实际控制人——毫无疑问，申通上市将掀起一股中国快递企业的“上市潮”。实际上，资本市场关注快递业时间已久，快递企业谋求上市也是公开的秘密。在中国快递转型升级的突围中，上市是首选，通过上市，除了获得资本的支持外，还将借助上市公司的规范化管理倒逼企业建立起现代管理制度。据了解，包括顺丰速运、圆通速递、中通快递、百世快递等在内的多家快递企业都有上市打算，并已着手行动。可以预见，以此为目标，2016年快递企业将会加速上市重组的步伐。

## 四、重点工程助力供给侧改革

2015年，快递“三向”工程持续深入推进，农村地区现有快递服务营业网点5.8万个，经过两年的努力，全国乡镇快递服务营业网点的覆盖率提升至70%，江苏、上海、天津等地实现100%全覆盖。全国农村地区收投快件量超过50亿件，带动农副产品进城和工业品下乡超过3000亿元；快递电商协同发展试点工程基本上形成了一批“可复制、可推广”的协同发展模式；快递服务制造业工程在天津、吉林、山东、广东、四川、陕西等地形成了涵盖航天、汽车、造船、电子、制药等多个领域的服务制造业实验群。2016年，在加快推进供给侧改革的进程中，快递“三向”工程将会得到深入推进，包括加快推进末端公共收投服务平台建设，继续提高农村快递网点乡镇覆盖率，继续推动协调解决实物流、信息流、资金流和通关事务“三流一关”问题。协调国际电商企业与快递企业合作，推动跨境电子商务的开展。

## 五、行业安全成为重要“聚焦点”

寄递渠道安全已经成为国家安全的重要组成部分。在当前及今后一段时间内，快递领域面临的安全压力将会更加突出，行业安全将成为全社会的重要“聚焦点”。2016年，行业安全监管将会精准发力，企业主体、政府监管、属地管理三个责任体系不断健全，安全监管基础建设将会全面强化，行业安全监管工作将会从被动向主动转变。具体而言，“收寄验视 + 实名收寄 + 过机安检”三项安全制度，将会是安全工作的重中之重。以贯彻实施《邮政业安全生产设备配置规范》《快递安全生产操作规范》两个强制性标准为抓手，强化企业安全生产流程管控；严格执行用户身份查验、核对和信息登记，确保用户信息可录入、可查询、可核对、可追溯；采取企业投资、政府支持、鼓励购买第三方服务等多种方式推动寄递企业完善安检机配置，年内实现主要寄递企业市（地）以上省际出口处理中心安检设备全部配置到位。

## 六、科技赋能提升品牌形象

经过“十二五”时期的高速发展，中国快递业已经摆脱了起步初期“一张桌子、一部电话、一个本、一辆自行车、两个人”的原始阶段，智能信息系统、移动互联设备、大数据、云计算、电子面单、自动化分拣机等一批科技含量较高的软硬件设备开始装备到快递作业的方方面面。在某种程度上说，快递企业的科技应用水平，决定着这家企业的运行效能，并进一步决定企业的品牌形象。2016年，科技赋能将有望成为企业提升品牌形象的方向。重点企业将进一步对标国际一流水准，自动化分拣、数据化处理、智能化服务等技术应用会更加普及，电子面单的推广运用有望全面铺开，主要品牌快递企业的电子运单使用率将会进一步提升，除此之外，绿色快递会加速推进，逐步试点环保包装材料的应用和分类回收处理，促进资源循环利用。新能源汽车在快递业中的使用范围将会进一步拓展。

## 七、产品结构多元化成市场竞逐方向

随着消费者对快递多元化服务的需求进一步细分，对服务质量评价体系的日渐完善，单纯依靠价格竞争的策略已经很难适应市场竞争的需求。面向市场、面向消费者的多元化产品结构，将是未来一段时间快递企业竞逐的方向。2015年，快递企业、电商平台、电商企业加速在各地建设分仓的步伐，“网络下单、就近出仓、落地配送”的新模式在为快递配送提速的同时，也带来了市场对新产品的需求。2016 年,快递市场进一步细分,产品多元化趋势将会进一步发展,次日达、当日达、限时达等产品将会从商务快件向电商快件发展。快递服务时效将有望得到较大的提升。

## 八、行业结构性矛盾亟待破解

2016 年是“十三五”规划的开局之年。快递业在“十二五”期间的发展为“十三五”的起步打下了坚实的基础,但也需要看到,行业发展的结构性矛盾日益突显,特别是供给结构和发展短板亟待调整补齐。受制于上游的发展方式,快递业内生动力不足,主动调整能力较弱,经营风险较大的矛盾不可回避;企业量增利不高,制约再生产投入热情;受制于各种因素,企业“走出去”的能力相对薄弱;面对剧烈的市场竞争,行业效率、效益低下的短板越发显现,信息化、自动化、智能化水平急需提升,综合运输体系的融合、综合收投平台的建设亟待加强。2016 年将是《国务院关于促进快递业发展的若干意见》的具体落实年,若干意见着眼行业发展中存在的问题,提出了具体的发展目标。若干意见的落地执行,将有助于破解行业发展中的结构性矛盾。

# 附　录

## 一、相关文件(索引)

• 中华人民共和国反恐怖主义法

http://www.gov.cn/zhengce/2015-12/28/content_5029899.htm

• 国务院关于积极推进“互联网+”行动的指导意见

http://www.gov.cn/zhengce/content/2015-07/04/content_10002.htm

• 国务院关于推进国内贸易流通现代化建设法治化营商环境的意见

http://www.gov.cn/zhengce/content/2015-08/28/content_10124.htm

• 国务院关于加快构建大众创业万众创新支撑平台的指导意见

http://www.gov.cn/zhengce/content/2015-09/26/content_10183.htm

• 国务院关于积极发挥新消费引领作用加快培育形成新供给新动力的指导意见

http://www.gov.cn/zhengce/content/2015-11/23/content_10340.htm

# 二、获得《快递业务经营许可证》企业名录

（截至 2015 年 12 月 31 日）

## （一）跨省（区、市）经营国内快递业务并经营国际快递业务的企业

| 企 业 名 称 | 许 可 证 号 | 有 效 期 限 |
|---|---|---|
| 民航快递有限责任公司 | 国邮 20100001A/C | 2010.09.29 至 2015.09.28 |
| 内蒙古德美多式联运有限责任公司 | 国邮 20100004A/C | 2010.09.29 至 2015.09.28 |
| 中国邮政速递物流股份有限公司 | 国邮 20100028A/C | 2010.06.10 至 2015.06.09 |
| 顺丰速运（集团）有限公司 | 国邮 20100031A/C | 2010.09.29 至 2015.09.28 |
| 北京顺丰速运有限公司 | 国邮 20100031－2A/C | 2010.09.29 至 2015.09.28 |
| 广州顺丰速运有限公司 | 国邮 20100031－56A/C | 2010.09.29 至 2015.09.28 |
| 深圳市原飞航物流有限公司 | 国邮 20100067A/C | 2010.09.29 至 2015.09.28 |
| 中外运—敦豪国际航空快件有限公司 | 国邮 20100146A/C | 2010.09.29 至 2015.09.28 |
| 圆通速递有限公司 | 国邮 20100209A/C | 2010.09.29 至 2015.09.28 |
| 深圳市亚风快运股份有限公司 | 国邮 20100215A/C | 2010.09.29 至 2015.09.28 |
| 捷特亨达货运代理（上海）有限公司 | 国邮 20100278A/C | 2010.12.24 至 2015.12.23 |
| 广东港中能达物流有限公司 | 国邮 20100306A/C | 2010.12.24 至 2015.12.23 |
| 上海林道国际货运代理有限公司 | 国邮 20110337A/C | 2011.01.25 至 2016.01.24 |

## （二）跨省（区、市）经营国内快递业务的企业

| 企 业 名 称 | 许 可 证 号 | 有 效 期 限 |
|---|---|---|
| 上海红楼快递集团有限公司 | 国邮 20100207A | 2010.09.29 至 2015.09.28 |
| 北京宅急送快运股份有限公司 | 国邮 20100208A | 2010.09.29 至 2015.09.28 |
| 上海韵达货运有限公司 | 国邮 20100210A | 2010.09.29 至 2015.09.28 |
| 上海中通吉速递服务有限公司 | 国邮 20100212A | 2010.09.29 至 2015.09.28 |
| 申通快递有限公司 | 国邮 20100213A | 2010.09.29 至 2015.09.28 |
| 上海全毅快递有限公司 | 国邮 20100214A | 2010.09.29 至 2015.09.28 |
| 北京世纪卓越信息技术有限公司 | 国邮 20100219A | 2010.09.29 至 2015.09.28 |
| 北京世纪卓越快递服务有限公司 | 国邮 20100220A | 2010.09.29 至 2015.09.28 |
| 杭州爱彼西商务配送有限公司 | 国邮 20100223A | 2010.09.29 至 2015.09.28 |
| 中运蓝宇联合（北京）快递有限责任公司 | 国邮 20100237A | 2010.09.29 至 2015.09.28 |
| 北京日益通速递有限责任公司 | 国邮 20100239A | 2010.09.29 至 2015.09.28 |
| 东莞市鸿鹏快递有限公司 | 国邮 20100246A | 2010.09.29 至 2015.09.28 |
| 重庆华宇物流有限公司 | 国邮 20100248A | 2010.09.29 至 2015.09.28 |
| 北京乐畅快递有限公司 | 国邮 20100251A | 2010.09.29 至 2015.09.28 |
| 广州宅急送快运有限公司 | 国邮 20100264A | 2010.09.29 至 2015.09.28 |
| 上海宅急送物流有限公司 | 国邮 20100265A | 2010.09.29 至 2015.09.28 |

续上表

| 企业名称 | 许可证号 | 有效期限 |
|---|---|---|
| 沈阳宅急送快运有限公司 | 国邮20100266A | 2010.09.29至2015.09.28 |
| 武汉宅急送快运有限公司 | 国邮20100267A | 2010.09.29至2015.09.28 |
| 西安宅急送快运有限公司 | 国邮20100268A | 2010.09.29至2015.09.28 |
| 成都宅急送快运有限公司 | 国邮20100269A | 2010.09.29至2015.09.28 |
| 天天快递有限公司 | 国邮20100270A | 2010.09.29至2015.09.28 |
| 优速物流有限公司 | 国邮20100272A | 2010.11.25至2015.11.24 |
| 深圳速尔物流有限公司 | 国邮20100279A | 2010.12.24至2015.12.23 |
| 上海特能市场推广有限公司 | 国邮20100290A | 2010.12.24至2015.12.23 |
| 哈尔滨市尼尔物流发展有限公司 | 国邮20110316A | 2011.01.25至2016.01.24 |
| 上海飞羚速递有限公司 | 国邮20110321A | 2011.01.25至2016.01.24 |
| 北京安信达快递服务有限公司 | 国邮20110323A | 2011.01.25至2016.01.24 |
| 北京飞康达物流服务有限公司 | 国邮20110327A | 2011.01.25至2016.01.24 |
| 广州市快捷快货运服务有限公司 | 国邮20110331A | 2011.01.25至2016.01.24 |
| 北京中通大盈物流有限公司 | 国邮20110332A | 2011.01.25至2016.01.24 |
| 冠达快递有限公司 | 国邮20110349A | 2011.01.25至2016.01.24 |
| 杭州百世网络技术有限公司 | 国邮20110354A | 2011.8.30至2016.8.29 |
| 德邦物流股份有限公司 | 国邮20120378A | 2012.01.18至2017.01.17 |
| 联邦快递(中国)有限公司 | 国邮20120147A | 2012.09.06至2017.09.05 |
| 优比速包裹运送(广东)有限公司 | 国邮20120010A | 2012.09.06至2017.09.05 |
| 北京如风达快递有限公司 | 国邮20120412A | 2012.10.10至2017.10.09 |
| 上海佳吉快运有限公司 | 国邮20120423A | 2012.12.28至2017.12.27 |
| 苏宁云商集团股份有限公司 | 国邮20120424A | 2012.12.28至2017.12.27 |
| 中铁快运股份有限公司 | 国邮20130435A | 2013.02.06至2018.02.05 |
| 上海益实多电子商务有限公司 | 国邮20130436A | 2013.02.06至2018.02.05 |
| 山东广通速递有限公司 | 国邮20130445A | 2013.05.14至2018.05.13 |
| 北京全峰快递有限责任公司 | 国邮20130456A | 2013.05.14至2018.05.13 |
| 速尔快递有限公司 | 国邮20130475A | 2013.12.05至2018.12.04 |
| 北京京邦达贸易有限公司 | 国邮20130476A | 2013.12.05至2018.12.04 |
| 中通快递股份有限公司 | 国邮20130478A | 2013.12.05至2018.12.04 |
| 上海龙邦速运有限公司 | 国邮20140480A | 2014.01.22至2019.01.21 |
| 微特派快递有限公司 | 国邮20140481A | 2014.01.22至2019.01.21 |
| 海航货运有限公司 | 国邮20140482A | 2014.01.22至2019.01.21 |
| 群蜂快送服务有限公司 | 国邮20140483A | 2014.01.22至2019.01.21 |
| 顺丰速运有限公司 | 国邮20140471A | 2014.08.13至2019.08.12 |
| 上海快捷快递有限公司 | 国邮20140505A | 2014.08.13至2019.08.12 |
| 全一快递有限公司 | 国邮20140047A | 2014.08.13至2019.08.12 |
| 增益物流有限公司 | 国邮20140506A | 2014.08.13至2019.08.12 |
| 嘉里大通物流有限公司 | 国邮20140029－0A | 2014.12.30至2019.12.29 |
| 雅玛多(中国)运输有限公司 | 国邮20140216A | 2014.12.30至2019.12.29 |
| 欧西爱司物流(上海)有限公司 | 国邮20140217A | 2014.12.30至2019.12.29 |

续上表

| 企业名称 | 许可证号 | 有效期限 |
| --- | --- | --- |
| 北京畅速快递有限公司 | 国邮20150565A | 2015.01.12至2020.01.11 |
| 上海麦力快递有限公司 | 国邮20150592A | 2015.05.04至2020.05.03 |
| 北京瑞丰速递服务有限公司 | 国邮20150609A | 2015.07.01至2020.06.30 |
| 广通速递有限公司 | 国邮20150610A | 2015.07.01至2020.06.30 |
| 一站通集团有限公司 | 国邮20150622A | 2015.07.08至2020.07.07 |
| 江苏苏宁物流有限公司 | 国邮20150658A | 2015.12.30至2020.12.29 |

## (三)经营国际快递业务的企业

| 企业名称 | 许可证号 | 有效期限 |
| --- | --- | --- |
| 大连民航快递有限公司 | 国邮20100001－1C | 2010.06.21至2015.06.20 |
| 中外运空运发展股份有限公司 | 国邮20090002－0C | 2010.01.01至2014.12.31 |
| 宁德市彼岸国际货运代理有限公司 | 国邮20100005C | 2010.01.15至2015.01.14 |
| 珠海市隆运国际货运代理有限公司 | 国邮20100006C | 2010.01.15至2015.01.14 |
| 深圳均辉华惠国际货运有限公司 | 国邮20100007C | 2010.01.15至2015.01.14 |
| 汉高货运代理(深圳)有限公司 | 国邮20100008C | 2010.01.15至2015.01.14 |
| 东莞市天峰快递有限公司 | 国邮20100009C | 2010.01.15至2015.01.14 |
| 优比速包裹运送(广东)有限公司 | 国邮20100010C | 2010.05.17至2015.05.16 |
| 北京时代瑞丰进出口服务有限公司 | 国邮20100011C | 2010.05.17至2015.05.16 |
| 成岳国际货物运输代理(上海)有限公司 | 国邮20100012C | 2010.05.17至2015.05.16 |
| 友航(中国)国际货代有限公司 | 国邮20100013C | 2010.05.17至2015.05.16 |
| 东莞市常安国际货物运输代理有限公司 | 国邮20100014C | 2010.05.17至2015.05.16 |
| 北京明邦物流股份有限公司 | 国邮20100015C | 2010.05.17至2015.05.16 |
| 安徽东方国际物流有限公司 | 国邮20100016C | 2010.05.17至2015.05.16 |
| 东莞市正东国际货物运输代理有限公司 | 国邮20100017C | 2010.05.17至2015.05.16 |
| 深圳市递四方速递有限公司 | 国邮20100018C | 2010.05.17至2015.05.16 |
| 芜湖恒诚国际货运代理有限公司 | 国邮20100019C | 2010.05.17至2015.05.16 |
| 广东永邦经贸国际货运代理有限公司 | 国邮20100020C | 2010.05.17至2015.05.16 |
| 杭州泛远国际物流股份有限公司 | 国邮20100021C | 2010.05.17至2015.05.16 |
| 广东易连国际货物运输代理有限公司 | 国邮20100022C | 2010.05.17至2015.05.16 |
| 联合包裹物流(上海)有限公司 | 国邮20100023C | 2010.05.17至2015.05.16 |
| 保利佐川物流有限公司 | 国邮20100024C | 2010.05.17至2015.05.16 |
| 呼和浩特市君立国际货运代理有限责任公司 | 国邮20100025C | 2010.05.17至2015.05.16 |
| 厦门东港国际运输有限公司 | 国邮20100026C | 2010.05.17至2015.05.16 |
| 福建联运国际货运代理有限公司 | 国邮20100027C | 2010.05.17至2015.05.16 |
| 嘉里大通物流有限公司 | 国邮20100029－0C | 2010.06.21至2015.06.20 |
| 惠州市联捷国际货运代理有限公司 | 国邮20100032C | 2010.06.21至2015.06.20 |
| 福建泰航国际物流有限公司 | 国邮20100033C | 2010.06.21至2015.06.20 |
| 东莞市晖翔国际货运代理有限公司 | 国邮20100034C | 2010.06.21至2015.06.20 |
| 日通国际物流(中国)有限公司 | 国邮20100035C | 2010.06.21至2015.06.20 |

续上表

| 企业名称 | 许可证号 | 有效期限 |
|---|---|---|
| 深圳港中旅供应链贸易有限公司 | 国邮20100036C | 2010.06.21至2015.06.20 |
| 重庆安捷国际运输代理有限公司 | 国邮20100037C | 2010.06.21至2015.06.20 |
| 宁波雅戈尔国际贸易运输有限公司 | 国邮20100039C | 2010.06.21至2015.06.20 |
| 深圳市迅达国际货运代理有限公司 | 国邮20100040C | 2010.06.21至2015.06.20 |
| 江西中迅国际货运代理有限公司 | 国邮20100041C | 2010.06.21至2015.06.20 |
| 拓领环球速递(上海)有限公司 | 国邮20100042C | 2010.06.21至2015.06.20 |
| 威海通达货运代理有限责任公司 | 国邮20100043C | 2010.06.21至2015.06.20 |
| 上海雅仕国际物流有限公司 | 国邮20100044C | 2010.06.21至2015.06.20 |
| 珠海庞志国际货运代理有限公司 | 国邮20100045C | 2010.06.21至2015.06.20 |
| 江苏弘业国际物流有限公司 | 国邮20100046C | 2010.06.21至2015.06.20 |
| 全一快递有限公司 | 国邮20100047C | 2010.06.21至2015.06.20 |
| 上海亚东国际货运有限公司 | 国邮20100050C | 2010.06.21至2015.06.20 |
| 运必送物流(深圳)有限公司 | 国邮20100051C | 2010.06.21至2015.06.20 |
| 德莎国际货运代理(上海)有限公司 | 国邮20100052C | 2010.06.21至2015.06.20 |
| 中国外运股份有限公司 | 国邮20100053C | 2010.06.21至2015.06.20 |
| 青岛经汉物流服务有限公司 | 国邮20100054C | 2010.06.21至2015.06.20 |
| 大连国际机场集团有限公司 | 国邮20100055C | 2010.06.21至2015.06.20 |
| 深圳市华信国际货运有限公司 | 国邮20100057C | 2010.06.21至2015.06.20 |
| 北京燕文物流有限公司 | 国邮20100058C | 2010.06.21至2015.06.20 |
| 上海天霖星洲国际货运有限公司 | 国邮20100059C | 2010.06.21至2015.06.20 |
| 武汉中贸发国际货运代理有限公司 | 国邮20100060C | 2010.06.21至2015.06.20 |
| 杭州日晟国际货运代理有限公司 | 国邮20100061C | 2010.06.21至2015.06.20 |
| 中外运湖北有限责任公司 | 国邮20100062C | 2010.06.21至2015.06.20 |
| 深圳市和安国际货运代理有限公司 | 国邮20100063C | 2010.06.21至2015.06.20 |
| 广东秀驿物流有限公司 | 国邮20100064C | 2010.06.21至2015.06.20 |
| 饶平县泰昌快递有限公司 | 国邮20100065C | 2010.06.21至2015.06.20 |
| 饶平铠信速递有限公司 | 国邮20100066C | 2010.06.21至2015.06.20 |
| 威时沛运货运(广州)有限公司 | 国邮20100068C | 2010.06.21至2015.06.20 |
| 厦门雅顺达国际物流有限公司 | 国邮20100069C | 2010.06.21至2015.06.20 |
| 上海东方福达运输服务有限公司 | 国邮20100070C | 2010.06.21至2015.06.20 |
| 上海华兴国际货运公司 | 国邮20100071C | 2010.06.21至2015.06.20 |
| 饶平县达邦快件有限公司 | 国邮20100072C | 2010.06.21至2015.06.20 |
| 饶平万丰快件有限公司 | 国邮20100073C | 2010.06.21至2015.06.20 |
| 浙江中外运有限公司 | 国邮20100074C | 2010.06.21至2015.06.20 |
| 青岛中远国际航空货运代理有限公司 | 国邮20100075C | 2010.06.21至2015.06.20 |
| 深圳市利航国际货运代理有限公司 | 国邮20100076C | 2010.06.21至2015.06.20 |
| 亨达国际货运代理有限公司 | 国邮20100080C | 2010.07.16至2015.07.15 |
| 深圳棋洋国际物流有限公司 | 国邮20100081C | 2010.07.16至2015.07.15 |
| 福建金诚国际物流有限公司 | 国邮20100082C | 2010.07.16至2015.07.15 |
| 中航技国际储运厦门有限责任公司 | 国邮20100083C | 2010.07.16至2015.07.15 |

续上表

| 企 业 名 称 | 许 可 证 号 | 有 效 期 限 |
|---|---|---|
| 深圳天霖华世达国际货运代理有限公司 | 国邮 20100084C | 2010.07.16 至 2015.07.15 |
| 伟光达国际货运代理(深圳)有限公司 | 国邮 20100085C | 2010.07.16 至 2015.07.15 |
| 佛山中新创业国际货运代理有限公司 | 国邮 20100086C | 2010.07.16 至 2015.07.15 |
| 深圳市安达顺国际物流有限公司 | 国邮 20100087C | 2010.07.16 至 2015.07.15 |
| 深圳市意顺达国际货运有限公司 | 国邮 20100088C | 2010.07.16 至 2015.07.15 |
| 中外运速递有限公司 | 国邮 20100090C | 2010.07.16 至 2015.07.15 |
| 广州中远国际航空货运代理有限公司 | 国邮 20100091C | 2010.07.16 至 2015.07.15 |
| 东莞市南翔国际货运代理有限公司 | 国邮 20100092C | 2010.07.16 至 2015.07.15 |
| 海程邦达国际物流有限公司 | 国邮 20100093C | 2010.07.16 至 2015.07.15 |
| 厦门东方环球货运代理有限公司 | 国邮 20100094C | 2010.07.16 至 2015.07.15 |
| 东莞市东港国际货运代理有限公司 | 国邮 20100095C | 2010.07.16 至 2015.07.15 |
| 江苏苏迈克斯国际物流有限公司 | 国邮 20100096C | 2010.07.16 至 2015.07.15 |
| 饶平县龙骏快递有限公司 | 国邮 20100098C | 2010.07.16 至 2015.07.15 |
| 潮州市佳奇物流有限公司 | 国邮 20100099C | 2010.07.16 至 2015.07.15 |
| 饶平县捷诚快件有限公司 | 国邮 20100100C | 2010.07.16 至 2015.07.15 |
| 饶平县新科港快件有限公司 | 国邮 20100101C | 2010.07.16 至 2015.07.15 |
| 东莞市中亚联发运输有限公司 | 国邮 20100102C | 2010.07.16 至 2015.07.15 |
| 东莞市骅达国际货运代理有限公司 | 国邮 20100103C | 2010.07.16 至 2015.07.15 |
| 佛山市冠鸿国际货运代理有限公司 | 国邮 20100104C | 2010.07.16 至 2015.07.15 |
| 深圳市海捷运物流管理有限公司 | 国邮 20100105C | 2010.07.16 至 2015.07.15 |
| 广州番禺中新国际货物运输代理有限公司 | 国邮 20100106C | 2010.07.16 至 2015.07.15 |
| 深圳万邦国际物流运输有限责任公司 | 国邮 20100107C | 2010.07.16 至 2015.07.15 |
| 汕头市三驰国际货运代理有限公司 | 国邮 20100108C | 2010.07.16 至 2015.07.15 |
| 汕头市友华快递有限公司 | 国邮 20100109C | 2010.07.16 至 2015.07.15 |
| 汕头市捷铭国际货运代理有限公司 | 国邮 20100110C | 2010.07.16 至 2015.07.15 |
| 汕头市恒利国际货运代理有限公司 | 国邮 20100111C | 2010.07.16 至 2015.07.15 |
| 中外运—日新国际货运代理有限公司 | 国邮 20100112C | 2010.07.16 至 2015.07.15 |
| 广东全顺国际货运代理有限公司 | 国邮 20100113C | 2010.07.16 至 2015.07.15 |
| 青岛大亚空运有限公司 | 国邮 20100114C | 2010.07.16 至 2015.07.15 |
| 烟台德鸿国际货运代理有限公司 | 国邮 20100115C | 2010.07.16 至 2015.07.15 |
| 深圳市亿翔快递集团有限公司 | 国邮 20100116C | 2010.07.16 至 2015.07.15 |
| 东莞市迅达国际货运有限公司 | 国邮 20100117C | 2010.07.16 至 2015.07.15 |
| 武汉市邮政速递有限公司 | 国邮 20100118C | 2010.07.16 至 2015.07.15 |
| 中山市金洋国际货运代理有限公司 | 国邮 20100119C | 2010.07.16 至 2015.07.15 |
| 青岛金王国际运输有限公司 | 国邮 20100120C | 2010.07.16 至 2015.07.15 |
| 东莞市日安国际货运代理有限公司 | 国邮 20100121C | 2010.07.16 至 2015.07.15 |
| 嘉里大通物流(深圳)有限公司 | 国邮 20100122C | 2010.07.16 至 2015.07.15 |
| 南阳春龙国际货运代理有限公司 | 国邮 20100124C | 2010.07.16 至 2015.07.15 |
| 梅县荣嘉国际远洋货运有限公司 | 国邮 20100125C | 2010.07.16 至 2015.07.15 |
| 深圳市恒立达国际货运代理有限公司 | 国邮 20100126C | 2010.07.16 至 2015.07.15 |

续上表

| 企业名称 | 许可证号 | 有效期限 |
| --- | --- | --- |
| 德莎国际货运代理(深圳)有限公司 | 国邮20100127C | 2010.07.16至2015.07.15 |
| 福建中旅国际客货运代理有限公司 | 国邮20100128C | 2010.07.16至2015.07.15 |
| 中国外运山东有限公司 | 国邮20100131C | 2010.07.16至2015.07.15 |
| 瀚洋国际货运代理(深圳)有限公司 | 国邮20100132C | 2010.07.16至2015.07.15 |
| 饶平县长新快件有限公司 | 国邮20100133C | 2010.07.16至2015.07.15 |
| 山东盛欣国际货运代理有限公司 | 国邮20100134C | 2010.07.16至2015.07.15 |
| 南通新干线国际货运代理有限公司 | 国邮20100135C | 2010.07.16至2015.07.15 |
| 江门市邮政速递服务有限公司 | 国邮20100136C | 2010.07.16至2015.07.15 |
| 深圳市华惠国际货运有限公司 | 国邮20100137C | 2010.07.16至2015.07.15 |
| 中远国际航空货运代理有限公司 | 国邮20100138C | 2010.07.16至2015.07.15 |
| 深圳市文辰国际货运代理有限公司 | 国邮20100140C | 2010.07.16至2015.07.15 |
| 汕头经济特区平野对外运输有限公司 | 国邮20100141C | 2010.07.16至2015.07.15 |
| 深圳市平宇物流有限公司 | 国邮20100142C | 2010.07.16至2015.07.15 |
| 北京华惠国际货运有限公司 | 国邮20100143C | 2010.07.16至2015.07.15 |
| 深圳市凯鑫国际货运代理有限公司 | 国邮20100144C | 2010.07.16至2015.07.15 |
| 天地国际运输代理(中国)有限公司 | 国邮20100145C | 2010.08.03至2015.08.02 |
| 联邦快递(中国)有限公司 | 国邮20100147C | 2010.08.25至2015.08.24 |
| 深圳迈豪国际货运代理有限公司 | 国邮20100148C | 2010.09.27至2015.09.26 |
| 青岛宏洋国际货运代理有限公司 | 国邮20100149C | 2010.09.27至2015.09.26 |
| 上海优益喜国际货物运输代理有限公司 | 国邮20100151C | 2010.09.27至2015.09.26 |
| 广州派亚物流有限公司 | 国邮20100154C | 2010.09.27至2015.09.26 |
| 青岛翔通国际运输代理有限公司 | 国邮20100155C | 2010.09.27至2015.09.26 |
| 上海翼速国际物流有限公司 | 国邮20100156C | 2010.09.27至2015.09.26 |
| 莆田市航鹏货运有限公司 | 国邮20100157C | 2010.09.27至2015.09.26 |
| 广州市赛时多式国际货运代理有限公司 | 国邮20100158C | 2010.09.27至2015.09.26 |
| 北京天霖骐骥国际航空运输代理有限公司 | 国邮20100159C | 2010.09.27至2015.09.26 |
| 北海海志船舶代理有限责任公司 | 国邮20100160C | 2010.09.27至2015.09.26 |
| 汕头市乐递快件有限公司 | 国邮20100161C | 2010.09.27至2015.09.26 |
| 上海恒荣国际货运有限公司 | 国邮20100162C | 2010.09.27至2015.09.26 |
| 东莞市金泰辉国际货运代理有限公司 | 国邮20100165C | 2010.09.27至2015.09.26 |
| 上海空海货运代理有限公司 | 国邮20100166C | 2010.09.27至2015.09.26 |
| 杭州佳成国际货运代理有限公司 | 国邮20100167C | 2010.09.27至2015.09.26 |
| 东莞一辉货运服务有限公司 | 国邮20100168C | 2010.09.27至2015.09.26 |
| 珠海崇宏货运代理有限公司 | 国邮20100169C | 2010.09.27至2015.09.26 |
| 中国外运河南公司 | 国邮20100170C | 2010.09.27至2015.09.26 |
| 佛山市快图仕国际货运代理有限公司 | 国邮20100171C | 2010.09.27至2015.09.26 |
| 中国外运长江有限公司 | 国邮20100172C | 2010.09.27至2015.09.26 |
| 昆山中外运物流有限公司 | 国邮20100172-2C | 2010.09.27至2015.09.26 |
| 南京出口加工区中外运物流有限公司 | 国邮20100172-3C | 2010.09.27至2015.09.26 |
| 安徽宇环储运有限公司 | 国邮20100174C | 2010.09.27至2015.09.26 |

续上表

| 企业名称 | 许可证号 | 有效期限 |
| --- | --- | --- |
| 宁波泛洋国际货运代理有限公司 | 国邮 20100175C | 2010.09.27 至 2015.09.26 |
| 苏州国信集团太仓港东润物流有限公司 | 国邮 20100177C | 2010.09.27 至 2015.09.26 |
| 福建华夏货运有限公司 | 国邮 20100178C | 2010.09.27 至 2015.09.26 |
| 上海华惠国际货运有限公司 | 国邮 20100179C | 2010.09.27 至 2015.09.26 |
| 汕头市龙骑士快件有限公司 | 国邮 20100180C | 2010.09.27 至 2015.09.26 |
| 浙江外运台州有限公司 | 国邮 20100181C | 2010.09.27 至 2015.09.26 |
| 湖州新元国际货运有限公司 | 国邮 20100182C | 2010.09.27 至 2015.09.26 |
| 上海百福东方国际物流有限责任公司 | 国邮 20100183C | 2010.09.27 至 2015.09.26 |
| 上海长发国际货运有限公司 | 国邮 20100184C | 2010.09.27 至 2015.09.26 |
| 汕头中外运有限公司 | 国邮 20100185C | 2010.09.27 至 2015.09.26 |
| 中国外运广东有限公司 | 国邮 20100186C | 2010.09.27 至 2015.09.26 |
| 招商局物流集团江苏有限公司 | 国邮 20100187C | 2010.09.27 至 2015.09.26 |
| 深圳市安梭国际货运代理有限公司 | 国邮 20100188C | 2010.09.27 至 2015.09.26 |
| 大连乾瀚国际物流有限公司 | 国邮 20100189C | 2010.09.27 至 2015.09.26 |
| 中国外运山西公司 | 国邮 20100190C | 2010.09.27 至 2015.09.26 |
| 大连双雄国际货运代理有限公司 | 国邮 20100191C | 2010.09.27 至 2015.09.26 |
| 大连迪比翼爱克斯快递有限公司 | 国邮 20100192C | 2010.09.27 至 2015.09.26 |
| 昆明荣建国际货运有限公司 | 国邮 20100193C | 2010.09.27 至 2015.09.26 |
| 义乌天虎快递有限公司 | 国邮 20100194C | 2010.09.27 至 2015.09.26 |
| 上海泓丰国际货物运输代理有限公司 | 国邮 20100196C | 2010.09.27 至 2015.09.26 |
| 上海翔运国际货运有限公司 | 国邮 20100197C | 2010.09.27 至 2015.09.26 |
| 包头开源鸿瑞国际货运代理有限责任公司 | 国邮 20100198C | 2010.09.27 至 2015.09.26 |
| 大庆国际货物运输代理有限公司 | 国邮 20100199C | 2010.09.27 至 2015.09.26 |
| 黄石中外运国际货运代理有限公司 | 国邮 20100200C | 2010.09.27 至 2015.09.26 |
| 珠海市中景国际货物运输代理有限公司 | 国邮 20100201C | 2010.09.27 至 2015.09.26 |
| 杭州百福东方国际货运代理有限公司 | 国邮 20100202C | 2010.09.27 至 2015.09.26 |
| 河北外运廊坊公司 | 国邮 20100204C | 2010.09.27 至 2015.09.26 |
| 黑龙江省乾瀚国际货物运输代理有限公司 | 国邮 20100205C | 2010.09.27 至 2015.09.26 |
| 雅玛多(中国)运输有限公司 | 国邮 20100216C | 2010.09.29 至 2015.09.28 |
| 欧西爱司物流(上海)有限公司 | 国邮 20100217C | 2010.09.29 至 2015.09.28 |
| 郑州市程驰速递有限公司 | 国邮 20100221C | 2010.09.29 至 2015.09.28 |
| 深圳市国鑫快递有限公司 | 国邮 20100222C | 2010.09.29 至 2015.09.28 |
| 南通三佳快运代理有限公司 | 国邮 20100224C | 2010.09.29 至 2015.09.28 |
| 河北佳通物流有限公司 | 国邮 20100225C | 2010.09.29 至 2015.09.28 |
| 厦门洪赞成物流有限公司 | 国邮 20100226C | 2010.09.29 至 2015.09.28 |
| 菏泽市通世运送服务有限公司 | 国邮 20100227C | 2010.09.29 至 2015.09.28 |
| 深圳市盈安达国际货运代理有限公司 | 国邮 20100228C | 2010.09.29 至 2015.09.28 |
| 南通恒丰国际货运代理有限公司 | 国邮 20100229C | 2010.09.29 至 2015.09.28 |
| 合肥圣捷快运有限公司 | 国邮 20100230C | 2010.09.29 至 2015.09.28 |
| 惠州市辉宇天地货物运输有限公司 | 国邮 20100231C | 2010.09.29 至 2015.09.28 |

续上表

| 企业名称 | 许可证号 | 有效期限 |
|---|---|---|
| 湖南迪比翼快递服务有限公司 | 国邮20100232C | 2010.09.29至2015.09.28 |
| 珠海市宇立物流有限公司 | 国邮20100233C | 2010.09.29至2015.09.28 |
| 东莞市亚世国际货运代理有限公司 | 国邮20100234C | 2010.09.29至2015.09.28 |
| 东莞市东急捷运有限公司 | 国邮20100235C | 2010.09.29至2015.09.28 |
| 嘉兴市乍浦百通速递服务有限公司 | 国邮20100236C | 2010.09.29至2015.09.28 |
| 嘉兴环洋电商物流服务有限公司 | 国邮20100238C | 2010.09.29至2015.09.28 |
| 偌亚奥国际货运代理(深圳)有限公司 | 国邮20100240C | 2010.09.29至2015.09.28 |
| 天津泰利宝国际货运代理有限公司 | 国邮20100241C | 2010.09.29至2015.09.28 |
| 北京网易速达国际货运代理有限公司 | 国邮20100242C | 2010.09.29至2015.09.28 |
| 潮州市外运有限公司 | 国邮20100244C | 2010.09.29至2015.09.28 |
| 中山市康力国际货运代理有限公司 | 国邮20100245C | 2010.09.29至2015.09.28 |
| 广州市快时递快递有限公司 | 国邮20100247C | 2010.09.29至2015.09.28 |
| 中山祥运通国际货运代理有限公司 | 国邮20100249C | 2010.09.29至2015.09.28 |
| 饶平县联港快件有限公司 | 国邮20100250C | 2010.09.29至2015.09.28 |
| 浙江旭日国际货运代理有限公司 | 国邮20100252C | 2010.09.29至2015.09.28 |
| 中山龙盛达国际货运代理有限公司 | 国邮20100253C | 2010.09.29至2015.09.28 |
| 金华市天达国际货运代理有限公司 | 国邮20100254C | 2010.09.29至2015.09.28 |
| 威海田园凯鸽快递有限公司 | 国邮20100256C | 2010.09.29至2015.09.28 |
| 丹阳市海尚国际商务有限公司 | 国邮20100257C | 2010.09.29至2015.09.28 |
| 深圳市三态速递有限公司 | 国邮20100258C | 2010.09.29至2015.09.28 |
| 潍坊联捷国际物流有限公司 | 国邮20100259C | 2010.09.29至2015.09.28 |
| 吉林市飞虎快递有限公司 | 国邮20100260C | 2010.09.29至2015.09.28 |
| 中国外运广西桂林公司 | 国邮20100261C | 2010.09.29至2015.09.28 |
| 青岛金驿路国际物流有限公司 | 国邮20100273C | 2010.11.25至2015.11.24 |
| 浩通国际货运代理有限公司 | 国邮20100274C | 2010.11.25至2015.11.24 |
| 一三九快递(北京)有限公司 | 国邮20100275C | 2010.11.25至2015.11.24 |
| 东莞市天地通速递有限公司 | 国邮20100276C | 2010.11.25至2015.11.24 |
| 常熟外贸运输有限责任公司 | 国邮20100277C | 2010.12.24至2015.12.23 |
| 天津美亚集运国际货运代理有限公司 | 国邮20100280C | 2010.12.24至2015.12.23 |
| 温州天翔货运服务有限公司 | 国邮20100281C | 2010.12.24至2015.12.23 |
| 福州中贸英联航空国际货运代理有限公司 | 国邮20100282C | 2010.12.24至2015.12.23 |
| 包头市中天国际货运代理有限公司 | 国邮20100283C | 2010.12.24至2015.12.23 |
| 深圳市秀驿国际物流有限公司 | 国邮20100284C | 2010.12.24至2015.12.23 |
| 昆山外服迪比翼国际货运代理有限公司 | 国邮20100285C | 2010.12.24至2015.12.23 |
| 常州市奥翔物流有限公司 | 国邮20100287C | 2010.12.24至2015.12.23 |
| 湖南东讯速递有限公司 | 国邮20100288C | 2010.12.24至2015.12.23 |
| 中国外运广西梧州有限公司 | 国邮20100289C | 2010.12.24至2015.12.23 |
| 川妮(厦门)国际货运代理有限公司 | 国邮20100291C | 2010.12.24至2015.12.23 |
| 无锡城晓国际货运代理有限公司 | 国邮20100292C | 2010.12.24至2015.12.23 |
| 青岛昊坤达国际物流有限公司 | 国邮20100293C | 2010.12.24至2015.12.23 |

续上表

| 企 业 名 称 | 许 可 证 号 | 有 效 期 限 |
|---|---|---|
| 辽宁天地国际物流有限公司 | 国邮 20100294C | 2010.12.24 至 2015.12.23 |
| 宁波睿达国际物流有限公司 | 国邮 20100295C | 2010.12.24 至 2015.12.23 |
| 泉州顺鑫快递有限公司 | 国邮 20100296C | 2010.12.24 至 2015.12.23 |
| 厦门安世通国际快递物流有限公司 | 国邮 20100297C | 2010.12.24 至 2015.12.23 |
| 上海伟邦快递服务有限公司 | 国邮 20100298C | 2010.12.24 至 2015.12.23 |
| 宁波富成国际货运代理有限公司 | 国邮 20100299C | 2010.12.24 至 2015.12.23 |
| 天津易运物流有限公司 | 国邮 20100300C | 2010.12.24 至 2015.12.23 |
| 厦门宸迅物流有限公司 | 国邮 20100301C | 2010.12.24 至 2015.12.23 |
| 温州金邦盛德国际货运代理有限公司 | 国邮 20100302C | 2010.12.24 至 2015.12.23 |
| 广西柳州外运有限责任公司 | 国邮 20100303C | 2010.12.24 至 2015.12.23 |
| 张家港顺捷国际货运代理有限公司 | 国邮 20100304C | 2010.12.24 至 2015.12.23 |
| 上海义达国际物流有限公司 | 国邮 20100305C | 2010.12.24 至 2015.12.23 |
| 包头鼎力通国际货物运输代理有限公司 | 国邮 20110308C | 2011.01.14 至 2016.01.15 |
| 上海中外运钱塘有限公司 | 国邮 20110309C | 2011.01.14 至 2016.01.15 |
| 上海柯莱国际货运有限公司 | 国邮 20110310C | 2011.01.14 至 2016.01.15 |
| 苏州百福东方国际物流有限责任公司 | 国邮 20110311C | 2011.01.14 至 2016.01.15 |
| 福建鼎佳国际货运代理有限公司 | 国邮 20110312C | 2011.01.14 至 2016.01.15 |
| 山东中外运弘志物流有限公司 | 国邮 20110313C | 2011.01.14 至 2016.01.15 |
| 中国外运江苏集团公司扬州公司 | 国邮 20110315C | 2011.01.25 至 2016.01.24 |
| 青岛翔通报关行有限公司 | 国邮 20110317C | 2011.01.25 至 2016.01.24 |
| 绍兴希凯易国际货运代理有限公司 | 国邮 20110318C | 2011.01.25 至 2016.01.24 |
| 深圳福霖冠宇国际货运代理有限公司 | 国邮 20110319C | 2011.01.25 至 2016.01.24 |
| 浙江亲和货运代理有限公司 | 国邮 20110320C | 2011.01.25 至 2016.01.24 |
| 长春天地快件有限公司 | 国邮 20110324C | 2011.01.25 至 2016.01.24 |
| 大连通商急便国际物流有限公司 | 国邮 20110325C | 2011.01.25 至 2016.01.24 |
| 深圳市快迅捷运输服务有限公司 | 国邮 20110326C | 2011.01.25 至 2016.01.24 |
| 大连通达货运有限公司 | 国邮 20110328C | 2011.01.25 至 2016.01.24 |
| 绍兴天越货运有限公司 | 国邮 20110329C | 2011.01.25 至 2016.01.24 |
| 湖南省华通国际货运代理有限公司 | 国邮 20110330C | 2011.01.25 至 2016.01.24 |
| 深圳市迪比翼贸易发展有限公司 | 国邮 20110333C | 2011.01.25 至 2016.01.24 |
| 襄阳亚樊敦豪航空快件有限公司 | 国邮 20110334C | 2011.01.25 至 2016.01.24 |
| 宁波金腾国际货运代理有限公司 | 国邮 20110335C | 2011.01.25 至 2016.01.24 |
| 宁波长运国际物流有限公司 | 国邮 20110336C | 2011.01.25 至 2016.01.24 |
| 上海经贸和光旅运有限公司 | 国邮 20110338C | 2011.01.25 至 2016.01.24 |
| 宜昌市联合国际货运代理有限公司 | 国邮 20110339C | 2011.01.25 至 2016.01.24 |
| 嘉兴市锦剑物流有限公司 | 国邮 20110340C | 2011.01.25 至 2016.01.24 |
| 宁波华迅甬通航空货运代理有限公司 | 国邮 20110342C | 2011.01.25 至 2016.01.24 |
| 杭州荣城国际货运有限公司 | 国邮 20110343C | 2011.01.25 至 2016.01.24 |
| 中国外运黑龙江齐齐哈尔公司 | 国邮 20110344C | 2011.01.25 至 2016.01.24 |
| 安徽亚太航空代理有限公司 | 国邮 20110345C | 2011.01.25 至 2016.01.24 |

续上表

| 企业名称 | 许可证号 | 有效期限 |
|---|---|---|
| 深圳市汇通天下物流有限公司 | 国邮 20110346C | 2011.01.25 至 2016.01.24 |
| 长春顺捷速递有限公司 | 国邮 20110347C | 2011.01.25 至 2016.01.24 |
| 黄石天海航运有限公司 | 国邮 20110348C | 2011.01.25 至 2016.01.24 |
| 杭州七逸国际货运代理有限公司 | 国邮 20110350C | 2011.01.25 至 2016.01.24 |
| 广州霆宇国际货运代理有限公司 | 国邮 20110351C | 2011.01.25 至 2016.01.24 |
| 中国货运航空有限公司 | 国邮 20110352C | 2011.01.25 至 2016.01.24 |
| 宁波万邦速运有限公司 | 国邮 20110353C | 2011.01.25 至 2016.01.24 |
| 北京冠捷国际物流有限公司 | 国邮 20110355C | 2011.8.30 至 2016.8.29 |
| 深圳市久荣物流有限公司 | 国邮 20110356C | 2011.8.30 至 2016.8.29 |
| 溧阳溧金速达物流有限公司 | 国邮 20110357C | 2011.8.30 至 2016.8.29 |
| 中国对外贸易运输总公司浙江嘉兴支公司 | 国邮 20110358C | 2011.8.30 至 2016.8.29 |
| 中国外运陆桥运输有限公司 | 国邮 20110359C | 2011.8.30 至 2016.8.29 |
| 浙江云豹国际货运代理有限公司 | 国邮 20110360C | 2011.8.30 至 2016.8.29 |
| 上海服友速递有限公司 | 国邮 20110361C | 2011.8.30 至 2016.8.29 |
| 杭州宏强国际货运代理有限公司 | 国邮 20110362C | 2011.8.30 至 2016.8.29 |
| 山东天泽航国际货运代理有限公司 | 国邮 20110363C | 2011.8.30 至 2016.8.29 |
| 东莞市创运国际货运代理有限公司 | 国邮 20110364C | 2011.10.18 至 2016.10.17 |
| 厦门通宇报关有限公司 | 国邮 20110365C | 2011.10.18 至 2016.10.17 |
| 延边多源快运有限公司 | 国邮 20110366C | 2011.10.18 至 2016.10.17 |
| 安阳市敦豪货运代理有限公司 | 国邮 20110367C | 2011.10.18 至 2016.10.17 |
| 濮阳市敦豪货运代理有限公司 | 国邮 20110368C | 2011.10.18 至 2016.10.17 |
| DHL 空运服务(上海)有限公司 | 国邮 20110369C | 2011.12.01 至 2016.11.30 |
| 上海合久成越国际货运代理有限公司 | 国邮 20110370C | 2011.10.18 至 2016.10.17 |
| 深圳市升蓝物流有限公司 | 国邮 20110371C | 2011.10.18 至 2016.10.17 |
| 中外运安迈世(上海)国际航空快递有限公司 | 国邮 20110372C | 2011.11.04 至 2016.11.03 |
| 义乌市联信国际货运代理有限公司 | 国邮 20110373C | 2011.12.01 至 2016.11.30 |
| 佛山市兆航国际货运代理有限公司 | 国邮 20110374C | 2011.12.01 至 2016.11.30 |
| 龙口亚航船务代理有限公司 | 国邮 20110375C | 2011.12.01 至 2016.11.30 |
| 华世达物流(福建)有限公司 | 国邮 20110376C | 2011.12.01 至 2016.11.30 |
| 常州市美亚国际货运代理有限公司 | 国邮 20110377C | 2011.12.01 至 2016.11.30 |
| 嘉兴市天地迅捷国际货运代理有限公司 | 国邮 20110379C | 2011.10.18 至 2011.10.17 |
| 杭州天豹国际货运代理有限公司 | 国邮 20120380C | 2012.01.18 至 2017.01.17 |
| 杭州旭泽报关有限公司 | 国邮 20120381C | 2012.01.18 至 2017.01.17 |
| 宇航国际物流(大连)有限公司 | 国邮 20120382C | 2012.01.18 至 2017.01.17 |
| 浏阳市东豪仓储咨询服务有限公司 | 国邮 20120383C | 2012.01.18 至 2017.01.17 |
| 青岛世进国际物流有限公司 | 国邮 20120384C | 2012.01.18 至 2017.01.17 |
| 北京快达国际物流服务有限公司 | 国邮 20120385C | 2012.01.18 至 2017.01.17 |
| 深圳市中技物流有限公司 | 国邮 20120386C | 2012.01.18 至 2017.01.17 |
| 上海印华国际货运代理有限公司 | 国邮 20120387C | 2012.01.18 至 2017.01.17 |
| 常州华彩国际货运代理有限公司 | 国邮 20120388C | 2012.01.18 至 2017.01.17 |

续上表

| 企 业 名 称 | 许 可 证 号 | 有 效 期 限 |
|---|---|---|
| 广州晨阳国际货运代理有限公司 | 国邮 20120389C | 2012.01.18 至 2017.01.17 |
| 北京群航国际货运代理有限公司 | 国邮 20120390C | 2012.01.18 至 2017.01.17 |
| 上海美鹰国际货物运输代理有限公司 | 国邮 20120391C | 2012.01.18 至 2017.01.17 |
| 东莞市泛亚国际货运代理有限公司 | 国邮 20120392C | 2012.03.22 至 2017.03.21 |
| 东莞市启盛国际货运服务有限公司 | 国邮 20120393C | 2012.03.22 至 2017.03.21 |
| 东莞市泽盈国际货运代理有限公司 | 国邮 20120394C | 2012.03.22 至 2017.03.21 |
| 上海马风达快递服务有限公司 | 国邮 20120396C | 2012.03.22 至 2017.03.21 |
| 厦门琳龙物流有限公司 | 国邮 20120397C | 2012.03.22 至 2017.03.21 |
| 东莞市怡和国际货运代理有限公司 | 国邮 20120398C | 2012.03.22 至 2017.03.21 |
| 中山市中泰国际货运代理有限公司 | 国邮 20120399C | 2012.03.22 至 2017.03.21 |
| 深圳市康力国际货运代理有限公司 | 国邮 20120400C | 2012.03.22 至 2017.03.21 |
| 东莞市康力国际货运代理有限公司 | 国邮 20120401C | 2012.03.22 至 2017.03.21 |
| 徐州丸全外运有限公司 | 国邮 20120402C | 2012.03.22 至 2017.03.21 |
| 深圳市宅急送快运有限公司 | 国邮 20120403C | 2012.07.13 至 2017.07.12 |
| 上海捷利货运有限公司 | 国邮 20120404C | 2012.07.13 至 2017.07.12 |
| 泉州市华国货运代理有限公司 | 国邮 20120405C | 2012.07.13 至 2017.07.12 |
| 湖南安迅物流运输有限公司 | 国邮 20120406C | 2012.07.13 至 2017.07.12 |
| 广西中外运物流有限公司 | 国邮 20120407C | 2012.07.13 至 2017.07.12 |
| 南通全球通速递有限公司 | 国邮 20120408C | 2012.07.13 至 2017.07.12 |
| 苏州霞丰国际货运代理有限公司 | 国邮 20120409C | 2012.07.13 至 2017.07.12 |
| 北京福鑫快递服务有限公司 | 国邮 20120410C | 2012.07.13 至 2017.07.12 |
| 上海骏佳国际物流有限公司 | 国邮 20120411C | 2012.07.13 至 2017.07.12 |
| 北京宅急送快运股份有限公司 | 国邮 20100208C | 2012.07.13 至 2017.07.12 |
| 上海宅急送物流有限公司 | 国邮 20100265C | 2012.07.13 至 2017.07.12 |
| 杭州百世网络技术有限公司 | 国邮 20110354C | 2012.07.13 至 2017.07.12 |
| 南京朗沁国际物流有限公司 | 国邮 20120413C | 2012.10.10 至 2017.10.09 |
| 上海创兴国际货运代理有限公司 | 国邮 20120414C | 2012.10.10 至 2017.10.09 |
| 上海恒信泓艺国际货物运输代理有限公司 | 国邮 20120415C | 2012.10.10 至 2017.10.09 |
| 上海圆通国际货物运输代理有限公司 | 国邮 20120417C | 2012.10.10 至 2017.10.09 |
| 唐山世骐国际货运代理有限公司 | 国邮 20120418C | 2012.10.10 至 2017.10.09 |
| 东莞市吉通国际货运代理有限公司 | 国邮 20120419C | 2012.10.10 至 2017.10.09 |
| 青岛永广泰国际货运代理有限公司 | 国邮 20120420C | 2012.10.10 至 2017.10.09 |
| 飒达通运输(深圳)有限公司 | 国邮 20120421C | 2012.10.10 至 2017.10.09 |
| 郑州宇迅快递有限公司 | 国邮 20120422C | 2012.10.10 至 2017.10.09 |
| 上海韵达货运有限公司 | 国邮 20120210C | 2012.10.10 至 2017.10.09 |
| 许昌启明快递有限公司 | 国邮 20120416C | 2012.12.28 至 2017.12.27 |
| 上海馨翔航空地面服务有限公司 | 国邮 20120425C | 2012.12.28 至 2017.12.27 |
| 上海晋越国际货运代理有限公司 | 国邮 20120426C | 2012.12.28 至 2017.12.27 |
| 宝应县佳捷货运有限公司 | 国邮 20120427C | 2012.12.28 至 2017.12.27 |
| 上海爱文琪货运代理有限公司 | 国邮 20120428C | 2012.12.28 至 2017.12.27 |

续上表

| 企业名称 | 许可证号 | 有效期限 |
|---|---|---|
| 温州亚泰物流有限公司 | 国邮20120429C | 2012.12.28至2017.12.27 |
| 太仓和信国际货运代理有限公司 | 国邮20120430C | 2012.12.28至2017.12.27 |
| 惠州市鑫田物流有限公司 | 国邮20120431C | 2012.12.28至2017.12.27 |
| 宁波海曙易成货运代理有限公司 | 国邮20120432C | 2012.12.28至2017.12.27 |
| 深圳市有信达物流集团有限公司 | 国邮20120433C | 2012.12.28至2017.12.27 |
| 苏州健行国际货运代理有限公司 | 国邮20130434C | 2013.02.06至2018.02.05 |
| 东方国际货运有限公司 | 国邮20130437C | 2013.02.06至2018.02.05 |
| 大连大田国际货运有限公司 | 国邮20130438C | 2013.02.06至2018.02.05 |
| 湛江邮政速递服务有限公司 | 国邮20130439C | 2013.02.06至2018.02.05 |
| 中山市鸿利国际货运代理有限公司 | 国邮20130440C | 2013.02.06至2018.02.05 |
| 青岛优派斯速递有限公司 | 国邮20130441C | 2013.02.06至2018.02.05 |
| 上海思客亚国际货物运输代理有限公司 | 国邮20130442C | 2013.02.06至2018.02.05 |
| 浙江百鸿国际货运代理有限公司 | 国邮20130443C | 2013.02.06至2018.02.05 |
| 义乌市恒翔国际货运代理有限公司 | 国邮20130444C | 2013.05.14至2018.05.13 |
| 上海中通吉速递服务有限公司 | 国邮20130212C | 2013.05.14至2018.05.13 |
| 大连乾宏国际物流有限公司 | 国邮20130446C | 2013.05.14至2018.05.13 |
| 上海威盛报关有限公司 | 国邮20130447C | 2013.05.14至2018.05.13 |
| 重庆中环国际货运代理有限公司 | 国邮20130448C | 2013.05.14至2018.05.13 |
| 扬州华捷货运代理有限公司 | 国邮20130449C | 2013.05.14至2018.05.13 |
| 运发(厦门)物流有限公司 | 国邮20130450C | 2013.05.14至2018.05.13 |
| 上海畅灵国际货运代理有限公司 | 国邮20130451C | 2013.05.14至2018.05.13 |
| 辽宁中旅国际货运有限公司 | 国邮20130452C | 2013.05.14至2018.05.13 |
| 威海汉信国际货运代理有限公司 | 国邮20130453C | 2013.05.14至2018.05.13 |
| 宁波海田国际货运有限公司 | 国邮20130454C | 2013.05.14至2018.05.13 |
| 江阴市神鹿航空物流服务有限公司 | 国邮20130455C | 2013.05.14至2018.05.13 |
| 广东晟荣国际运输有限公司 | 国邮20130457C | 2013.07.16至2018.07.15 |
| 珠海里洋国际货运代理有限公司 | 国邮20130458C | 2013.07.16至2018.07.15 |
| 青岛丰翔国际物流有限公司 | 国邮20130459C | 2013.07.16至2018.07.15 |
| 深圳市中环运实业发展有限公司 | 国邮20130460C | 2013.07.16至2018.07.15 |
| 广州飞特物流有限公司 | 国邮20130461C | 2013.07.16至2018.07.15 |
| 温州市亚航国际货运代理有限公司 | 国邮20130462C | 2013.07.16至2018.07.15 |
| 上海金迪货运代理有限公司 | 国邮20130463C | 2013.07.16至2018.07.15 |
| 深圳市百千诚国际物流有限公司 | 国邮20130464C | 2013.07.16至2018.07.15 |
| 台州市嘉晖航空国际货运代理有限公司 | 国邮20130465C | 2013.07.16至2018.07.15 |
| 上海东航快递有限公司 | 国邮20130466C | 2013.08.23至2018.08.22 |
| 盐城湖海速递服务有限公司 | 国邮20130467C | 2013.08.23至2018.08.22 |
| 上海博瀚国际货运代理有限公司 | 国邮20130468C | 2013.08.23至2018.08.22 |
| 余姚市凯达货运代理有限公司 | 国邮20130469C | 2013.08.23至2018.08.22 |
| 宁波陆风国际货运代理有限公司 | 国邮20130470C | 2013.08.23至2018.08.22 |
| 顺丰速运有限公司 | 国邮20130471C | 2013.09.30至2018.09.29 |

续上表

| 企业名称 | 许可证号 | 有效期限 |
|---|---|---|
| 山东迅吉安国际货运代理有限公司 | 国邮 20130472C | 2013.09.30 至 2018.09.29 |
| 北京宇迅国际运输有限公司 | 国邮 20130473C | 2013.09.30 至 2018.09.29 |
| 扬州启航货运代理有限公司 | 国邮 20130474C | 2013.09.30 至 2018.09.29 |
| 金华市易航国际货运代理有限公司 | 国邮 20130477C | 2013.12.05 至 2018.12.04 |
| 中通快递股份有限公司 | 国邮 20130478C | 2013.12.05 至 2018.12.04 |
| 东莞市启诚国际货运代理有限公司 | 国邮 20130479C | 2013.12.05 至 2018.12.04 |
| 苏宁云商集团股份有限公司 | 国邮 20140424C | 2014.01.22 至 2019.01.21 |
| 山东三合源云科技信息有限公司 | 国邮 20140484C | 2014.01.22 至 2019.01.21 |
| 新干线(厦门)物流有限公司 | 国邮 20140485C | 2014.01.22 至 2019.01.21 |
| 山东华飞国际物流有限公司 | 国邮 20140486C | 2014.01.22 至 2019.01.21 |
| 厦门闽亚货运代理有限公司 | 国邮 20140487C | 2014.01.22 至 2019.01.21 |
| 上海鸿谊国际货运有限公司 | 国邮 20140488C | 2014.01.22 至 2019.01.21 |
| 荣通国际货运有限公司 | 国邮 20140489C | 2014.01.22 至 2019.01.21 |
| 盐城市新东方国际货运代理有限公司 | 国邮 20140490C | 2014.01.22 至 2019.01.21 |
| 河南西联速递有限公司 | 国邮 20140491C | 2014.03.05 至 2019.03.04 |
| 郴州瑞通物流有限公司 | 国邮 20140492C | 2014.03.05 至 2019.03.04 |
| 郴州捷顺物流有限公司 | 国邮 20140493C | 2014.03.05 至 2019.03.04 |
| 重庆金利国际货物运输代理有限公司 | 国邮 20140494C | 2014.03.05 至 2019.03.04 |
| 昆明普斯特速递货运有限责任公司 | 国邮 20140495C | 2014.04.21 至 2019.04.20 |
| 广州空港国际物流有限公司 | 国邮 20140496C | 2014.04.21 至 2019.04.20 |
| 上海德科国际货物运输代理有限公司 | 国邮 20140497C | 2014.04.21 至 2019.04.20 |
| 鑫睿国际货物运输代理(上海)有限公司 | 国邮 20140498C | 2014.04.21 至 2019.04.20 |
| 珠海市顺联国际货物运输代理有限公司 | 国邮 20140499C | 2014.04.21 至 2019.04.20 |
| 深圳永利八达通物流有限公司 | 国邮 20140500C | 2014.04.21 至 2019.04.20 |
| 北京环宇天马国际货运代理有限公司 | 国邮 20140501C | 2014.04.21 至 2019.04.20 |
| 优速物流有限公司 | 国邮 20140272C | 2014.04.21 至 2019.04.20 |
| 北京宇恒国际快递有限公司 | 国邮 20140502C | 2014.04.21 至 2019.04.20 |
| 天津越洋国际货运代理有限公司 | 国邮 20140503C | 2014.06.09 至 2019.06.08 |
| 上海高飞集装箱储运有限公司 | 国邮 20140504C | 2014.06.09 至 2019.06.08 |
| 天津顺丰速递有限公司 | 国邮 20130471 - 1C(2014) | 2014.06.09 至 2019.06.08 |
| 湖北顺丰速运有限公司 | 国邮 20130471 - 2C(2014) | 2014.06.09 至 2019.06.08 |
| 福建新干线物流有限公司 | 国邮 20140507C | 2014.08.13 至 2019.08.12 |
| 山东冠通国际货运代理有限公司 | 国邮 20140508C | 2014.08.13 至 2019.08.12 |
| 新疆威达世国际贸易有限公司 | 国邮 20140509C | 2014.08.13 至 2019.08.12 |
| 内蒙古海悦通国际货运有限责任公司 | 国邮 20140510C | 2014.08.13 至 2019.08.12 |
| 浙江金瑞国际货运代理有限公司 | 国邮 20140511C | 2014.08.13 至 2019.08.12 |
| 申通国际快递(深圳)有限公司 | 国邮 20140512C | 2014.10.11 至 2019.10.10 |
| 天津百洲达国际货运代理有限公司 | 国邮 20140513C | 2014.10.11 至 2019.10.10 |
| 西咸新区立达国际快递有限公司 | 国邮 20140514C | 2014.10.11 至 2019.10.10 |
| 重庆保时达保税物流有限公司 | 国邮 20140515C | 2014.10.11 至 2019.10.10 |

续上表

| 企业名称 | 许可证号 | 有效期限 |
|---|---|---|
| 济南海谷国际货运代理有限公司 | 国邮20140516C | 2014.10.11至2019.10.10 |
| 北京润顺达国际快递有限公司 | 国邮20140517C | 2014.10.11至2019.10.10 |
| 四川合众兴国际物流有限公司 | 国邮20140518C | 2014.10.11至2019.10.10 |
| 海淘客国际物流(上海)有限公司 | 国邮20140519C | 2014.10.11至2019.10.10 |
| 中外运泓丰(上海)国际物流有限公司 | 国邮20140520C | 2014.10.11至2019.10.10 |
| 宁波路易通电子商务有限公司 | 国邮20140521C | 2014.10.11至2019.10.10 |
| 广州速递有限公司 | 国邮20140522C | 2014.10.11至2019.10.10 |
| 青岛诚业国际物流有限公司 | 国邮20140523C | 2014.10.11至2019.10.10 |
| 宁波纵横伟业国际货运代理有限公司 | 国邮20140524C | 2014.10.11至2019.10.10 |
| 湖北省东立国际货运代理有限公司 | 国邮20140525C | 2014.10.11至2019.10.10 |
| 上海鸿硕国际货运代理有限公司 | 国邮20140526C | 2014.10.11至2019.10.10 |
| 南通迪比翼快递有限公司 | 国邮20140527C | 2014.10.11至2019.10.10 |
| 烟台中外运国际物流有限公司 | 国邮20140528C | 2014.10.11至2019.10.10 |
| 威海新海丰物流有限公司 | 国邮20140529C | 2014.10.11至2019.10.10 |
| 汕头市邮政速递服务有限公司 | 国邮20140530C | 2014.10.11至2019.10.10 |
| 河南盛通国际货运代理有限公司 | 国邮20140531C | 2014.10.11至2019.10.10 |
| 四川欧西爱司物流有限公司 | 国邮20140532C | 2014.10.11至2019.10.10 |
| 北京澜海淳远国际运输代理有限公司 | 国邮20140533C | 2014.12.03至2019.12.02 |
| 港中旅华贸国际物流股份有限公司 | 国邮20140534C | 2014.12.03至2019.12.02 |
| 河南德骊国际货运代理有限公司 | 国邮20140535C | 2014.12.03至2019.12.02 |
| 上海增联物流有限公司 | 国邮20140536C | 2014.12.03至2019.12.02 |
| 深圳市万运国际物流有限公司 | 国邮20140537C | 2014.12.03至2019.12.02 |
| 上海浦东创业国际物流有限公司 | 国邮20140538C | 2014.12.03至2019.12.02 |
| 嘉兴市骏天国际货运代理有限公司 | 国邮20140539C | 2014.12.03至2019.12.02 |
| 大连京大国际货运代理有限公司 | 国邮20140540C | 2014.12.03至2019.12.02 |
| 深圳市拓威百顺达国际货运代理有限公司 | 国邮20140541C | 2014.12.03至2019.12.02 |
| 中国外运江苏集团公司淮阴公司 | 国邮20140542C | 2014.12.03至2019.12.02 |
| 广东高捷航运物流有限公司 | 国邮20140543C | 2014.12.03至2019.12.02 |
| 汕尾市丰腾速递有限公司 | 国邮20140544C | 2014.12.03至2019.12.02 |
| 江门市蓬江区利航物流有限公司 | 国邮20140545C | 2014.12.03至2019.12.02 |
| 上海天行健国际物流有限公司 | 国邮20140546C | 2014.12.03至2019.12.02 |
| 江苏好德国际货运代理有限公司 | 国邮20140547C | 2014.12.03至2019.12.02 |
| 山东鸿程物流有限公司 | 国邮20140548C | 2014.12.03至2019.12.02 |
| 荆州市广瑞源国际物流有限公司 | 国邮20140549C | 2014.12.03至2019.12.02 |
| 昆山天地人国际货运有限公司 | 国邮20140550C | 2014.12.03至2019.12.02 |
| 航都(厦门)国际货运代理有限公司 | 国邮20140551C | 2014.12.03至2019.12.02 |
| 天津时代瑞丰国际货运代理有限公司 | 国邮20140552C | 2014.12.30至2019.12.29 |
| 福建统一快递有限公司 | 国邮20140553C | 2014.12.30至2019.12.29 |
| 浙江点库电子商务有限公司 | 国邮20140554C | 2014.12.30至2019.12.29 |
| 威海鹏宇国际货运代理有限公司 | 国邮20140555C | 2014.12.30至2019.12.29 |

续上表

| 企业名称 | 许可证号 | 有效期限 |
|---|---|---|
| 吉林省天地嘉通物流有限公司 | 国邮 20140556C | 2014.12.30 至 2019.12.29 |
| 辽宁韩一国际货运有限公司 | 国邮 20140557C | 2014.12.30 至 2019.12.29 |
| 广州市乾泰亨通国际货运代理有限公司 | 国邮 20140558C | 2014.12.30 至 2019.12.29 |
| 上海贸盛国际货运有限公司 | 国邮 20140559C | 2014.12.30 至 2019.12.29 |
| 汎韩物流(上海)有限公司 | 国邮 20140560C | 2014.12.30 至 2019.12.29 |
| 赛诚国际物流有限公司 | 国邮 20140561C | 2014.12.30 至 2019.12.29 |
| 汎韩物流(深圳)有限公司 | 国邮 20140562C | 2014.12.30 至 2019.12.29 |
| 重庆奔城国际物流有限公司 | 国邮 20150563C | 2015.01.12 至 2020.01.11 |
| 福建浩翔快递有限公司 | 国邮 20150564C | 2015.01.12 至 2020.01.11 |
| 广州上通国际货运代理有限公司 | 国邮 20150566C | 2015.02.27 至 2020.02.26 |
| 深圳市创业兴运国际货运代理有限公司 | 国邮 20150567C | 2015.02.27 至 2020.02.26 |
| 丹阳浩宇物流有限公司 | 国邮 20150568C | 2015.02.27 至 2020.02.26 |
| 深圳市北泰国际货运代理有限公司 | 国邮 20150569C | 2015.02.27 至 2020.02.26 |
| 北京中铁快运有限公司 | 国邮 20150570C | 2015.02.27 至 2020.02.26 |
| 青岛三星国际货运有限公司 | 国邮 20150571C | 2015.02.27 至 2020.02.26 |
| 山东朗越国际运输服务有限公司 | 国邮 20150572C | 2015.02.27 至 2020.02.26 |
| 哈尔滨市尼尔物流发展有限公司 | 国邮 20150316C | 2015.02.27 至 2020.02.26 |
| 重庆渝速航空货运有限公司 | 国邮 20150573C | 2015.02.27 至 2020.02.26 |
| 黑龙江万木国际货运代理有限公司 | 国邮 20150574C | 2015.02.27 至 2020.02.26 |
| 上海宏杉国际物流有限公司 | 国邮 20150575C | 2015.02.27 至 2020.02.26 |
| 黑龙江省太平洋国际货运代理有限公司 | 国邮 20150576C | 2015.02.27 至 2020.02.26 |
| 中海环球货运有限公司 | 国邮 20150577C | 2015.02.27 至 2020.02.26 |
| 青岛易通快达国际货运代理有限公司 | 国邮 20150578C | 2015.03.11 至 2020.03.10 |
| 深圳市深快国际货运代理有限公司 | 国邮 20150579C | 2015.03.11 至 2020.03.10 |
| 重庆市盈安哒国际货运代理有限公司 | 国邮 20150580C | 2015.03.11 至 2020.03.10 |
| 吉林省冬晨国际物流有限公司 | 国邮 20150581C | 2015.03.11 至 2020.03.10 |
| 河南仁之通贸易有限公司 | 国邮 20150582C | 2015.03.11 至 2020.03.10 |
| 肇庆市新锦洋速递有限公司 | 国邮 20150583C | 2015.03.11 至 2020.03.10 |
| 江苏时进国际物流有限公司 | 国邮 20150584C | 2015.04.16 至 2020.04.15 |
| 上海大誉国际物流有限公司 | 国邮 20150585C | 2015.04.16 至 2020.04.15 |
| 天津市万德隆物流有限公司 | 国邮 20150586C | 2015.04.16 至 2020.04.15 |
| 句容市海通国际货运代理有限公司 | 国邮 20150587C | 2015.04.16 至 2020.04.15 |
| 长兴振华货运有限公司 | 国邮 20150588C | 2015.04.16 至 2020.04.15 |
| 青岛易运联盟国际货运代理有限公司 | 国邮 20150589C | 2015.04.16 至 2020.04.15 |
| 福建跨境易电子商务有限公司 | 国邮 20150590C | 2015.04.16 至 2020.04.15 |
| 智达直邮(上海)物联网有限公司 | 国邮 20150591C | 2015.04.16 至 2020.04.15 |
| 重庆康荣国际货物运输代理有限公司 | 国邮 20150593C | 2015.06.02 至 2020.06.01 |
| 福州四海捷运物流有限公司 | 国邮 20150594C | 2015.06.02 至 2020.06.01 |
| 天津易客满国际物流有限公司 | 国邮 20150595C | 2015.06.02 至 2020.06.01 |
| 沈阳鸿天航国际货运代理有限公司 | 国邮 20150596C | 2015.06.02 至 2020.06.01 |

续上表

| 企业名称 | 许可证号 | 有效期限 |
| --- | --- | --- |
| 郑州聚通国际货运代理有限公司 | 国邮20150597C | 2015.06.02至2020.06.01 |
| 沈阳天添成货运有限公司 | 国邮20150598C | 2015.06.02至2020.06.01 |
| 青岛安特思国际货运代理有限公司 | 国邮20150599C | 2015.06.02至2020.06.01 |
| 汉宏物流(中国)有限公司 | 国邮20150600C | 2015.06.02至2020.06.01 |
| 天津群航国际货运代理有限公司 | 国邮20150601C | 2015.06.02至2020.06.01 |
| 北京中外运嘉航物流有限公司 | 国邮20150602C | 2015.06.02至2020.06.01 |
| 天津川港国际货运代理有限公司 | 国邮20150603C | 2015.06.02至2020.06.01 |
| 深圳市鑫隆华国际货运代理有限公司 | 国邮20150604C | 2015.06.15至2020.06.14 |
| 天津朝旭国际贸易有限公司 | 国邮20150605C | 2015.06.15至2020.06.14 |
| 四会市天马物流有限公司 | 国邮20150606C | 2015.06.15至2020.06.14 |
| 威海瑞盛快递有限公司 | 国邮20150607C | 2015.06.15至2020.06.14 |
| 北京林德国际运输代理有限公司 | 国邮20150608C | 2015.06.15至2020.06.14 |
| 上海甲申速递有限公司 | 国邮20150611C | 2015.07.08至2020.07.07 |
| 河北瀚博国际货运代理有限公司 | 国邮20150612C | 2015.07.08至2020.07.07 |
| 北京陆捷达报关有限公司 | 国邮20150613C | 2015.07.08至2020.07.07 |
| 山东恒古国际货运代理有限公司 | 国邮20150614C | 2015.07.08至2020.07.07 |
| 天津市天地申通物流有限公司 | 国邮20150615C | 2015.07.08至2020.07.07 |
| 万达杰诚国际物流(北京)有限公司 | 国邮20150616C | 2015.07.08至2020.07.07 |
| 北京昊运联合国际货运代理有限公司 | 国邮20150617C | 2015.07.08至2020.07.07 |
| 北京增益物流有限公司 | 国邮20150618C | 2015.07.08至2020.07.07 |
| 山东泛亚国际货运有限公司 | 国邮20150619C | 2015.07.08至2020.07.07 |
| 沈阳铁路局 | 国邮20150620C | 2015.07.08至2020.07.07 |
| 江门市蓬江区利航物流有限公司 | 国邮20150621C | 2015.07.08至2020.07.07 |
| 天津市玉金物流有限公司 | 国邮20150623C | 2015.08.11至2020.08.10 |
| 青岛海蓝钧德国际货运代理有限公司 | 国邮20150624C | 2015.08.11至2020.08.10 |
| 北京聚融国际货运代理有限公司 | 国邮20150625C | 2015.08.11至2020.08.10 |
| 哈尔滨北方邮联物流有限公司 | 国邮20150626C | 2015.08.11至2020.08.10 |
| 中大门国际物流服务有限公司 | 国邮20150627C | 2015.08.11至2020.08.10 |
| 厦门外代航空货运代理有限公司 | 国邮20150628C | 2015.08.11至2020.08.10 |
| 现代之路(内蒙古)跨境电商物流有限公司 | 国邮20150629C | 2015.09.14至2020.09.13 |
| 河北中邮物流有限责任公司 | 国邮20150630C | 2015.09.14至2020.09.13 |
| 吉林飞虎物流集团有限公司 | 国邮20150631C | 2015.09.14至2020.09.13 |
| 内蒙古华洋物流有限公司 | 国邮20150632C | 2015.09.14至2020.09.13 |
| 山东郡成国际货运代理有限公司 | 国邮20150633C | 2015.09.14至2020.09.13 |
| 天津渤海报关有限公司 | 国邮20150634C | 2015.09.14至2020.09.13 |
| 重庆中邮物流有限责任公司 | 国邮20150635C | 2015.10.26至2020.10.25 |
| 淄博泓诺国际货运代理有限公司 | 国邮20150636C | 2015.10.26至2020.10.25 |
| 福建鹭优速物流有限公司 | 国邮20150637C | 2015.10.26至2020.10.25 |
| 天津中远国际航空货运代理有限公司 | 国邮20150638C | 2015.10.26至2020.10.25 |
| 上海和航国际物流有限公司 | 国邮20150639C | 2015.10.26至2020.10.25 |

续上表

| 企业名称 | 许可证号 | 有效期限 |
|---|---|---|
| 上海明驹国际货物运输代理有限公司 | 国邮 20150640C | 2015.10.26 至 2020.10.25 |
| 河南韵达快递服务有限公司 | 国邮 20150641C | 2015.10.26 至 2020.10.25 |
| 山东联顺国际速运有限公司 | 国邮 20150642C | 2015.10.26 至 2020.10.25 |
| 陕西中邮物流有限责任公司 | 国邮 20150643C | 2015.11.16 至 2020.11.15 |
| 深圳市五洲国际货运有限公司 | 国邮 20150644C | 2015.11.16 至 2020.11.15 |
| 深圳市柏威国际货运代理有限公司 | 国邮 20150645C | 2015.11.16 至 2020.11.15 |
| 天津茂友国际货运代理有限公司 | 国邮 20150646C | 2015.11.16 至 2020.11.15 |
| 深圳市高保远东国际货物代理有限公司 | 国邮 20150647C | 2015.11.16 至 2020.11.15 |
| 江门市中岸国际船舶货物运输代理有限公司 | 国邮 20150648C | 2015.11.16 至 2020.11.15 |
| 四川澳速通国际物流有限公司 | 国邮 20150649C | 2015.11.16 至 2020.11.15 |
| 深圳市域禾国际货运代理有限公司 | 国邮 20150650C | 2015.11.16 至 2020.11.15 |
| 辽宁中信国际速递有限公司 | 国邮 20150651C | 2015.11.25 至 2020.11.24 |
| 鹤山市万年松国际货运代理有限公司 | 国邮 20150652C | 2015.11.25 至 2020.11.24 |
| 吉林飞虎物流集团国际物流有限公司 | 国邮 20150653C | 2015.11.25 至 2020.11.24 |
| 辽宁中邮物流有限责任公司 | 国邮 20150654C | 2015.12.30 至 2020.12.29 |
| 青岛韩商海空国际物流有限公司 | 国邮 20150655C | 2015.12.30 至 2020.12.29 |
| 天津市飞迅达物流有限公司 | 国邮 20150656C | 2015.12.30 至 2020.12.29 |
| 天津日月国际物流有限公司 | 国邮 20150657C | 2015.12.30 至 2020.12.29 |
| 天津中邮物流有限责任公司 | 国邮 20150659C | 2015.12.30 至 2020.12.29 |

## (四)顺丰速运(集团)有限公司子公司

| 企业名称 | 许可证号 | 有效期限 |
|---|---|---|
| 安徽顺丰速运有限公司 | 国邮 20100031 - 1C | 2010.09.29 至 2015.09.28 |
| 顺丰运输(常州)有限公司 | 国邮 20100031 - 3C | 2010.09.29 至 2015.09.28 |
| 大连顺丰速运有限公司 | 国邮 20100031 - 4C | 2010.09.29 至 2015.09.28 |
| 顺丰速运(东莞)有限公司 | 国邮 20100031 - 5C | 2010.09.29 至 2015.09.28 |
| 福州顺丰速运有限公司 | 国邮 20100031 - 6C | 2010.09.29 至 2015.09.28 |
| 贵州顺丰速运有限公司 | 国邮 20100031 - 7C | 2010.09.29 至 2015.09.28 |
| 海南顺丰速运有限公司 | 国邮 20100031 - 8C | 2010.09.29 至 2015.09.28 |
| 浙江顺丰速运有限公司 | 国邮 20100031 - 9C | 2010.09.29 至 2015.09.28 |
| 河北顺丰速运有限公司 | 国邮 20100031 - 10C | 2010.09.29 至 2015.09.28 |
| 河南省顺丰速运有限公司 | 国邮 20100031 - 11C | 2010.09.29 至 2015.09.28 |
| 黑龙江省顺丰速运有限公司 | 国邮 20100031 - 12C | 2010.09.29 至 2015.09.28 |
| 武汉顺丰速运有限公司 | 国邮 20100031 - 13C | 2010.09.29 至 2015.09.28 |
| 湖南顺丰速运有限公司 | 国邮 20100031 - 14C | 2010.09.29 至 2015.09.28 |
| 顺丰速运(湖州)有限公司 | 国邮 20100031 - 15C | 2010.09.29 至 2015.09.28 |
| 淮安顺丰速运有限公司 | 国邮 20100031 - 16C | 2010.09.29 至 2015.09.28 |
| 顺丰速运(惠州)有限公司 | 国邮 20100031 - 17C | 2010.09.29 至 2015.09.28 |
| 山东顺丰速运有限公司 | 国邮 20100031 - 19C | 2010.09.29 至 2015.09.28 |
| 嘉兴顺丰运输有限公司 | 国邮 20100031 - 20C | 2010.09.29 至 2015.09.28 |

续上表

| 企 业 名 称 | 许 可 证 号 | 有 效 期 限 |
|---|---|---|
| 江西顺丰速运有限公司 | 国邮 20100031 －21C | 2010.09.29 至 2015.09.28 |
| 金华市顺丰速运有限公司 | 国邮 20100031 －22C | 2010.09.29 至 2015.09.28 |
| 云南顺丰速运有限公司 | 国邮 20100031 －23C | 2010.09.29 至 2015.09.28 |
| 丽水市顺丰速运有限公司 | 国邮 20100031 －24C | 2010.09.29 至 2015.09.28 |
| 连云港顺丰速运有限公司 | 国邮 20100031 －25C | 2010.09.29 至 2015.09.28 |
| 顺丰运输（南京）有限公司 | 国邮 20100031 －27C | 2010.09.29 至 2015.09.28 |
| 南平市顺丰速运有限公司 | 国邮 20100031 －28C | 2010.09.29 至 2015.09.28 |
| 南通顺丰速递有限公司 | 国邮 20100031 －29C | 2010.09.29 至 2015.09.28 |
| 宁波顺丰速运有限公司 | 国邮 20100031 －30C | 2010.09.29 至 2015.09.28 |
| 宁德市顺丰速运有限公司 | 国邮 20100031 －31C | 2010.09.29 至 2015.09.28 |
| 顺丰速运（宁夏）有限公司 | 国邮 20100031 －32C | 2010.09.29 至 2015.09.28 |
| 莆田市顺丰速运有限公司 | 国邮 20100031 －33C | 2010.09.29 至 2015.09.28 |
| 青岛顺丰速运有限公司 | 国邮 20100031 －34C | 2010.09.29 至 2015.09.28 |
| 顺丰集团衢州运输有限公司 | 国邮 20100031 －35C | 2010.09.29 至 2015.09.28 |
| 泉州顺丰运输有限公司 | 国邮 20100031 －36C | 2010.09.29 至 2015.09.28 |
| 三明市顺丰速运有限公司 | 国邮 20100031 －37C | 2010.09.29 至 2015.09.28 |
| 绍兴顺丰速运有限公司 | 国邮 20100031 －38C | 2010.09.29 至 2015.09.28 |
| 四川顺丰速运有限公司 | 国邮 20100031 －39C | 2010.09.29 至 2015.09.28 |
| 苏州工业园区顺丰速运有限公司 | 国邮 20100031 －40C | 2010.09.29 至 2015.09.28 |
| 台州顺丰速运有限公司 | 国邮 20100031 －41C | 2010.09.29 至 2015.09.28 |
| 泰州顺丰运输有限公司 | 国邮 20100031 －42C | 2010.09.29 至 2015.09.28 |
| 顺丰速运（天津）有限公司 | 国邮 20100031 －43C | 2010.09.29 至 2015.09.28 |
| 温州顺衡速运有限公司 | 国邮 20100031 －44C | 2010.09.29 至 2015.09.28 |
| 无锡市顺丰速运有限公司 | 国邮 20100031 －45C | 2010.09.29 至 2015.09.28 |
| 西安顺丰速运有限公司 | 国邮 20100031 －46C | 2010.09.29 至 2015.09.28 |
| 厦门市顺丰速运有限公司 | 国邮 20100031 －47C | 2010.09.29 至 2015.09.28 |
| 徐州顺衡速运有限公司 | 国邮 20100031 －48C | 2010.09.29 至 2015.09.28 |
| 盐城顺丰速运有限公司 | 国邮 20100031 －49C | 2010.09.29 至 2015.09.28 |
| 扬州顺丰速运有限公司 | 国邮 20100031 －50C | 2010.09.29 至 2015.09.28 |
| 湛江顺丰速运有限公司 | 国邮 20100031 －51C | 2010.09.29 至 2015.09.28 |
| 顺丰运输（漳州）有限公司 | 国邮 20100031 －52C | 2010.09.29 至 2015.09.28 |
| 肇庆市顺丰速运有限公司 | 国邮 20100031 －53C | 2010.09.29 至 2015.09.28 |
| 镇江市顺丰速运有限公司 | 国邮 20100031 －54C | 2010.09.29 至 2015.09.28 |
| 中山顺丰速运有限公司 | 国邮 20100031 －55C | 2010.09.29 至 2015.09.28 |
| 佛山顺丰速运有限公司 | 国邮 20100031 －57C | 2010.09.29 至 2015.09.28 |
| 江门顺丰速运有限公司 | 国邮 20100031 －58C | 2010.09.29 至 2015.09.28 |
| 珠海顺丰速运有限公司 | 国邮 20100031 －59C | 2010.09.29 至 2015.09.28 |
| 舟山顺丰速运有限公司 | 国邮 20100031 －60C | 2010.09.29 至 2015.09.28 |
| 顺丰速运重庆有限公司 | 国邮 20100031 －61C | 2010.09.29 至 2015.09.28 |
| 潍坊顺丰速运有限公司 | 国邮 20100031 －62C | 2010.09.29 至 2015.09.28 |

续上表

| 企业名称 | 许可证号 | 有效期限 |
| --- | --- | --- |
| 上海顺意丰速运有限公司 | 国邮 20100031 - 63C | 2010.09.29 至 2015.09.28 |
| 上海顺啸丰运输有限公司 | 国邮 20100031 - 64C | 2010.09.29 至 2015.09.28 |
| 上海顺衡物流有限公司 | 国邮 20100031 - 65C | 2010.09.29 至 2015.09.28 |
| 顺丰速运集团(上海)速运有限公司 | 国邮 20100031 - 66C | 2010.09.29 至 2015.09.28 |
| 汕头市顺丰速运有限公司 | 国邮 20100031 - 67C | 2010.09.29 至 2015.09.28 |
| 汕头市澄海区顺丰快递服务有限公司 | 国邮 20100031 - 68C | 2010.09.29 至 2015.09.28 |
| 山西顺丰速运有限公司 | 国邮 20100031 - 69C | 2010.09.29 至 2015.09.28 |
| 内蒙古顺丰速运有限公司 | 国邮 20100031 - 70C | 2010.09.29 至 2015.09.28 |
| 龙岩顺丰速运有限公司 | 国邮 20100031 - 71C | 2010.09.29 至 2015.09.28 |
| 顺丰速运(沈阳)有限公司 | 国邮 20100031 - 72C | 2010.09.29 至 2015.09.28 |
| 揭阳市顺丰速运有限公司 | 国邮 20100031 - 73C | 2010.09.29 至 2015.09.28 |
| 广西顺丰速运有限公司 | 国邮 20100031 - 74C | 2010.09.29 至 2015.09.28 |
| 潮州市顺丰速运有限公司 | 国邮 20100031 - 75C | 2010.09.29 至 2015.09.28 |
| 梅州市顺丰速运有限公司 | 国邮 20100031 - 76C | 2010.09.29 至 2015.09.28 |
| 江苏顺丰速运有限公司 | 国邮 20100031 - 77C | 2010.09.29 至 2015.09.28 |
| 新疆顺丰速运有限公司 | 国邮 20100031 - 78C | 2010.09.29 至 2015.09.28 |
| 兰州顺丰速运有限公司 | 国邮 20100031 - 79C | 2010.09.29 至 2015.09.28 |
| 烟台顺丰速运有限公司 | 国邮 20100031 - 80C(2014) | 2014.03.05 至 2019.03.04 |